陈桥驿先生（1923—2015）

国家出版基金项目
NATIONAL PUBLICATION FOUNDATION

【第十卷】

中国国家历史地理

陈桥驿全集

陈桥驿 著

人民出版社

目　录

陈桥驿方志论集

陈桥驿方志论文续集

论文　序言

陈桥驿方志论集

序

我不是方志学家，生平并未系统地研究过方志学这门学问，只是自小从我祖父的藏书中看到过许多方志，后来发现，这类文献在地理研究中很有用处，才开始加以重视。50 年代后期，由于带领地理系学生进行野外实习，就为他们开设了一门方志学的选修课。当年曾经听课的侯慧粦副教授不久前撰写了《陈桥驿与地方志》①一文，说到这门选修课的内容是"用新的观点和方法，解释、分析和利用旧方志"。这或许过分夸张。当年，我其实是抱着实用现点，主要是让学生在出奔野外以前的室内资料检索阶段中，也能注意一下当地的志书。不过要在课堂上讲一门课，就不可能完全讲与野外实习有关的实用部分，必须拼凑一点所谓理论的东西。于是我才查阅了诸如"外史掌书外令，掌四方之志"之类的说法，因为我早已知道，把某一种体裁的六朝地方文献称为方志，那是在《水经注》的记载中才第一次出现的。

方志学是一门学问，虽然我对此未尝钻研，却也小有兴趣。据梁启超在其《清代学者整理旧学之总成绩——方志学》一文中说："方志学之成立，实自实斋始也。"②按章学诚的方志学，大概始于他的《修志十议》，此文末云："甲申冬杪，天门胡明府议修县志，因作此稿，以附商榷。"③这是他参与修纂乾隆《天门县志》前的作品，甲申是乾隆二十九年（1764），当时他 27 岁，则这门学问从建立至今，已有 230 年历史。在这 200 多年中，方志学家与方志学著述纷纷登场，诸如瞿宣颖的《志例丛话》与《方志考稿》甲集、李泰棻的《方志学》、黎锦熙的《方志今议》、傅振伦的《中国方志学通论》、唐祖培的《新方志学》、王葆心的《通志集议》等等，不胜枚举。而唐祖培于抗日战争期间在山西大学史学系，胜利后在湖北师范学院史地系均开设方志学课程，使这门课程进入了高等学府。在最近十多年来的修志高潮中，更是风起云涌，气象万千，特别是老一辈专家傅振伦先生赠我的《傅振伦方志论著选》，后一辈专家仓修良教授赠我的《方志学通论》和《文史通义新编》，使我受益非浅。

对上述各种方志学著述，我虽然都作过涉猎，但是我不得不承认，对于这门学问，我至今仍未入门。这些著述提出的许多理论和学说，有的分异，有的雷同，有的似同而异，有的似异而同，我颇感无所适从。在有关这方面的千言万语之中，使我服膺勿失的，大概就是章学诚在《记与戴东原论修志》中的一句："夫修志者，非示观美，将求其实用也。"④梁启超在《清代学者整理旧学之总成绩——方志学》中提及："然其间能认识方志之真价值，说明其真意义者，则莫如章实斋。"我不知梁氏表彰的章学诚对方志"真价值"的认识，是否即是"将求其实用也"。

我之所以服膺章氏此言，完全是从自己出发，因为我是一个方志的用户，我为地理系学生开设方志学课程，目的也是为了让学生在研究工作中利用方志。我所有求于方志者无非资料，这或许就是我在方志学理论上难获长进的主要原因。特别是旧志，其整存或残存而为《中国地方志联合目录》所著录的有8000余种之多，而从六朝以至宋元的亡佚古志为其他古籍所引及的为数亦夥。对于这样一大宗文化财富，我认为利用其资料实比探索其理论更为重要。因为旧志的时代不同，格局不同。六朝以前虽早有地方文献，但作者并无方志概念。方志一词至六朝始出，但六朝方志篇帙短小，与宋代方志绝不相类。北宋盛行图经，体例又经一变。直到南宋，方志的体例才基本定型，这种体例并为元、明、清各代所继承。在此复杂多变的过程中，寻求一种人人皆能接受的理论，或许并非易事，而且也没有必要。若干问题，有时言人人殊，例如《四库提要》列方志为史部地理类，在一个地理学者来看，这是理所当然。但李泰棻却认为"谬误已甚"。⑤又如纪昀为嘉庆《安阳县志》作序，言此志"以康氏《武功县志》、韩氏《朝邑县志》为椎轮"而备加称赞。李泰棻也认为《朝邑》、《武功》等"七志"，"夙负盛名，修志家辄奉为矩矱者也"，⑥但章学诚在其《书朝邑志后》中却说康书"疵谬百出"，韩书"更不可以为志"，康、韩二志，"作者所不屑道也"。⑦又如黎锦熙论方志资料："一切材料，皆有来源，撷入篇中，即非原文，必注出处。"⑧言必有据，这当然是做学问的人应该恪守的准则，但我看眼下许多新修方志，对此都未遵循。由于不少重要的理论和方法，至今都不曾统一认识和普遍使用，所以有人认为方志学不是学问，这当然言出偏激，但或许可以说明，这门学问尚未成熟。而在另一方面，方志拥有大量各类资料，长期以来为许多自然科学家和人文科学家所利用。近人胡乔木指出："地方志是严肃的、科学的资料书。"[9]对于地方志的性质，议论多年，说法纷纭，我认为胡氏所云，真是一语中的。

既然是"资料书"，其主要作用，就是提供资料。对现在大家说的所谓"资治、教化、存史"一类的话，我并不反对，但这只是一种宏观概念。要收到这6个字效果，首先也是提供资料。地方志的资料是五花八门的，地质学家查当地的某一地层，生物学家查一种地方植物，经济学家查某一年的当地物价，历史学家查某一乡村的一块碑记，考古学家查当地出土的某一文物。但经济学家不懂得地层表，历史学家不认得拉丁文二名法，而生物学家又毋需过问当地物价。所以这种"资料书"的资料，是为各行各业提供，没有人能通读这种"资料书"，当然也没有通读的必要。所以它实际上是一种记载地方资料的工具书。

"资料书"而冠以"严肃的、科学的"，这当然是对当今新修方志的要求。对于大量旧志，其中有许多既不"严肃"，也不"科学"，但它们也是"资料书"，有很高的利用价值。包括其中一些我们现在视为糟粕的东西。例如寺庙志、列女传等，在今天的方志中当然不会再设这样的卷篇，但旧志中的这些卷篇，对于我们查索古代的饥荒灾异，有时却能起重要作用。陈正祥先生利用旧志中记载的蝗神庙、八蜡庙、刘猛将军庙等的分布，研究明代华北蝗灾发生的频率，获得了出色的成果。[10]我自己在研究工作中得益于旧志的也很多，侯慧燊副教授在《陈桥驿与地方志》一文中已经举了若干例子，我在此就不再赘述了。

最近十几年来全国掀起的修志高潮，当然是一项令人高兴的重大文化事业。一切都发展得差强人意，成果也十分丰硕。对我个人来说，感到唯一有点意见的是志书在字数上的限制。1985年中国地方志指导小组全体会议讨论通过的《新编地方志工作暂行规定》第二章《志书体例》第十五条说："一般情况下，县志以控制在30万至50万字左右为宜，市志控制在一二百万字至四五百万字左右为宜，省志最好控制在1000万字以内。"这样的字数控制，实际上与"资料书"的说法是矛盾的。在中国的旧志之中，民国《鄞县通志》是非常著名的一种，我曾撰《民国鄞县通志与外国汉学家的研究》一文，说明这部长达550万字的县志，是如何受到外国汉学家的赞赏和重视。我曾以日本近年新修的志书《广岛新史》与中国近年新修的《慈溪县志》作了比较研究，前者对广岛市的每1平方公里土地，平均有11.8万字的记述；而后者对慈溪市的每1平方公里土地，平均只有0.13万字的记述。尽管在我国的新修志书中，《慈溪县志》是属于优秀的一种，但是从资料的角度来说，与日本的方志相比，未免相当落后。在这方面，凡是利用方志做学问的人，大家都有同感。方志的可贵在于资料，方志的生命力也在于资料，在近年新修的方志中，我也看到过一些政府公报式的、有骨无肉的作品，对于这样一类志书，它们的实在生命，或许在首发式以后就告结束。

　　几年前,我曾给《石家庄史志》的编辑梁勇先生写过一封信说道:"旧方志的主要市场是学者从事自然科学和社会科学研究,可以举出大量成果来。新方志的主要市场,到几百年后回过头来看,恐怕也多是如此。"我当然不想否定"资治、教化、存史"的说法,但是这6个字毕竟太抽象,拿不出具体的成果来。很有一些人害怕方志字数太多,篇幅太大,这些人当然不曾拿方志做过学问,其实也是杞人忧天。的确,古代的方志是很短小的,我的一位日本朋友秋山元秀教授写过一篇《中国方志论序说》,⑪他把《禹贡》也作为中国古代方志。《禹贡》记载了九个州,一个州要抵现在几个省的地面,但只用六七十字。六朝方志记一个县就用几百或上千字。宋代方志记一个府有达几十卷的。这是因为物质条件和人事条件都在不断发展,方志篇幅的扩大乃是势所必然。章学诚在《书朝邑志后》中有一段话说得很明白:"古人以竹简为篇,简策不胜;……后人以缯帛成卷,较竹简所载为多;……近代则纸册写书,较之卷轴可增倍蓰。"我可以在这里再补充一句:"现代以电脑贮存资料,多多益善。"当然,收入方志的资料,仍然要有选择,并且经过鉴定和整理,不能滥竽充数。我的意思是,不要硬性限制方志的篇幅,使修纂者不得不因此放弃许多来之不易的资料,从而影响了方志的生命力。

　　前面已经说过我不是方志学家,而收入这本《论集》中的议论,多半是一个方志用户对方志的要求。方志实在是一种门类繁多的地方百科全书,而我所利用的和懂得的仅仅是其中的很小一部分。对于方志学家来说,我的这些议论不仅是班门弄斧,而且也是细枝末节。《论集》中也有一些是省内外若干通志和专志要我为他们的志书所撰写的序言。按眼下时尚,序言有官序与学序之分,官序居高临下,气势磅礴,而且语言高亢,一句可抵千言,显然不同凡响。我所撰者当然属于学序,自然免不了学究气,而且各篇之间又免不了有些雷同的套话。不过我还是尽量注意这些通志和专志的地方特点和专业特点,查索文献,加以考证,个人愿望很想通过序言,为这些通志或专志探讨一些学术问题,增加一点学术气氛。不过由于水平所限,往往力不从心,也只好请读者谅解了。

　　《论集》最后加了一个《附录》,收入了侯慧娠女士的《陈桥驿与地方志》、周乃复先生的《中外地方志比较研究的肇始之作》和周如汉先生的《两教授》3篇论文。侯女士是我50年代的学生,她在大学地理系毕业后,已经从事教学和科研工作30余年,著作甚多,成绩卓著。她在中国自然地理、地方志研究和地名研究等方面,都有较高的造诣,现在担任地理系区域地理教研室主任和研究生导师,作出了不少贡献。不过她撰写此文,难免杂有师生的感情在内,如前已指出的,评价事实,或许过分。我既不能拂逆她的厚意,也不便擅改她的文字,所以只好原文转载。周乃复先生是我的方志界朋友,他原来长期从事教育工作,甚有建树,由于修志亟需人才而于80年代主持《慈溪县志》的修纂。《慈溪县志》是获得全国一等奖的优秀方志,即此一端,就足见周先生在这方面的功力和贡献。继《县志》以后,他又精心构思,缜密作业,编辑出版了《慈溪市图志》,成为我国近年来地方志修纂的一种重要发展,厥功甚伟。他所撰写的这篇介绍拙作的宏文,除了对拙作的过奖我受之有愧外,在分析日本地方志的成就和论证中外地方志比较研究的重要性等方面,其见解都是令人钦佩的。周如汉先生的大作发表在他的个人文集《霜林集——修志漫笔》⑫上。他是新修《余杭县志》的主编,是一位成绩卓著的方志专家。同时又是我的同乡和我夫人的同学,我们之间讨论志书也已经多年了。文中记及的斯波义信教授是我的日本好友,是一位中国方志的大用户。记得那年我在国立大阪大学当客座教授,我的办公室就是他事前为我布置的,他用一整套台湾出版的《中国方志丛书》把我的房间挤得满满的。浙江省有两种流落在日本的孤本方志,即宫内省图书寮收藏的康熙《常山县志》和东京大学东洋文化研究所收藏的光绪抄本《新市镇再续志》,都是他帮助我引回的。我的《论集》收入这3篇论文,当然为拙著增加了光彩,谨在此向侯女士和两位周先生表示感谢。

陈桥驿

1996 年 10 月

注释:

① 《中国地方志》1993 年第 2 期。

② 《东方杂志》第 21 卷第 18 期,民国十三年。

③ 《章氏遗书》卷一五《方志例略》。

④ 《章氏遗书》卷一四《方志例略》。

⑤ 《方志学》,商务印书馆 1935 年版,第 15 页,下同。

⑥ 《方志学》,第 19 页。

⑦ 《文史通义新编》外编六。

⑧ 《方志今议》,商务印书馆 1940 年版。

⑨ 赵庚奇编《修志文献选辑》,燕山出版社 1990 年版。

⑩ 《中国文化地理》,三联书店 1983 年版,第 50—58 页。

⑪ 《东方学报》第 52 册,1980 年 3 月。

⑫ 上海科学技术文献出版社 1994 年版。

地理学与地方志

　　地理学与地方志有密切关系,这在我国已经成为一种传统观念。我国历史上大量修纂地方志始于六朝,从这个时代起,地方志就被认为是一种地理书。《隋书·经籍志》二在著录了如《洛阳记》、《三巴记》、《淮南记》等六朝地志 139 部后,卷末说明云:"齐时,陆澄聚一百六十家之说,依其前后远近,编而为部,谓之地理书;任昉又增陆澄之书八十四家,谓之地记;陈时,顾野王抄众家之言,作《舆地志》;隋大业中,普诏天下诸郡,录其风俗、物产、地图,上于尚书。……以备地理之记焉。"

　　到了清初修《四库全书》时,地方志已经为数甚多。《四库全书》把地方志编入史部地理类,正式录入《四库》的,有从乾道《临安志》起的宋、元、明著名地方志 25 种及清畿辅和各省通志 14 种(地理类一),而《四库》存目的,则有明、清地方志 107 种(计地理类存目二,37 种;存目三,70 种)。由此可知,从六朝到清代,地方志都被认为是地理书,所以这种传统,在我国由来已久。

　　六朝地方志内容简单,一般都不分卷。但到了宋朝,地方志内容增加,志书从此分卷,各卷设有卷目,而地理开始成为卷目的名称。在现存宋代地方志中,最早以地理作卷目的,大概是嘉定《镇江志》。①此志卷一、卷二,卷目均作地理,卷六亦作地理,前后共有三卷。此后,嘉定《赤城志》设地理门三卷(卷一至卷三),咸淳《毗陵志》亦设地理三卷(卷一至卷三)。到了明、清,地方志中以地理为卷目的十分普遍,它们有的称为地理志,有的称为舆地志,其排列与宋代一样,往往置于全志之首。

　　如上所述,六朝地方志在后代的公私著录中都作为地理书,而宋代以后,地方志中又专设地理卷目,地理学与地理志之间的关系自不待言。而最近几年来,全国各地的新修地方志,也继承了我国旧地方志的这种传统,它们普遍以地理作为篇目或卷目,并且收入了大量的有关地理学的资料,丰富了新志的内容。

　　不过在这方面还有一些问题值得讨论。从宋代以至明、清,地方志中的地理志或舆地志,其内容与现代地理学有很大差别。旧志中的地理,或者把它称为古典地理学,这种地理学的概念,用《历代地理志韵编今释》卷首李鸿章序言中的一句话就可说明:"夫舆地之学,乃读史第一要义。"这就说明当时的地理学,是历史学的一门辅助学科,目的是为了帮助读史。因此,它的内容是很狭窄的。如上述嘉定《镇江志》,卷一地理只有叙郡、子目两项,卷二地理也只有城池、坊巷、桥梁、津渡四项,卷六地理则仅山川一项。嘉定《赤城志》卷一地理门下有叙州、叙郡二项,卷二地理门下有城郭、乡里、坊巷三项,卷三地理门下有馆驿、桥梁、津渡三项,此外,它另设山水门,从卷十九到二十六,达8卷之多。咸淳《毗陵志》地理3卷,内容与《赤城志》相似,卷十五也另设山水1卷。说明宋代地方志的地理卷,内容无非是州郡沿革、城邑坊巷、桥梁津渡之类,甚至连山水也不在地理之内,如嘉定《剡录》、淳祐《临安志》、景定《建康志》、咸淳《临安志》等,均只设山川志,不设地理志,足见宋代方志中的地理卷,范围非常狭窄。明、清地方志中的地理志,内容较宋代有所扩充,山川湖陂之属,多已归入此志之中,但与现代地理学所涉及的领域相比,仍然不可同日而语。

　　和古典地理学不同,现代地理学是一门独立的、综合性的学科。它是一门以地球表面的自然环境和人文环境的发展、变迁及其规律性为研究对象的科学。其所以称为综合性的科学,是因为它有属于自然科学体系的自然地理学和人文科学体系的人文地理学两大门类。不论是自然地理学或人文地理学,又都可以分为系统地理学和区域地理学两部分,自然地理学按系统包括气候学、地貌学、水文地理学、海洋地理学、土壤地理学、生物地理学等,按区域则是区域自然地理学。人文地理学按系统包括经济地理学、政治地理学、城市地理学、人口地理学、文化地理学、旅游地理学等,按区域则是区域人文地理学。此外,还有一门特殊的历史地理学。历史地理学与地理学的差别,主要是研究对象在时间上的不同,地理学研究现代的自然环境和人文环境,历史地理学则研究历史时期的自然环境和人文环境。

　　上面简单地介绍地理学的科学体系,主要是为了说明它与古典地理学的差异,目的则是为了在目前的地方志编纂中,怎样处理好地理学与地方志之间的关系。关于这方面,我在拙编《浙江地理简志》②的序言中,已经有所阐述。在谈到旧地方志时,我说:"在现代地理科学未获得发展的古代,地方志中记载的地理事物,只不过是许多地理现象的罗列,还谈不上对地理事物及现象进行分析。"在民国以后修纂的地方志中,我的这篇序言举了一个在这方面成绩卓著的例子:"民国以后陆续修纂的地方志中,人们开始把现代地理学的研究成果编入地理志和其他有关的卷帙。民国二十二年(1933)创修到民国二十六年(1937)基本完成的《鄞县通志》,就是最好的例子。这部方志中有关地理学的内容,除了集中在舆地志中外,还分散在博物、工程各志内,资料相当丰富。它不仅记载地理,并且涉及地质,不仅对地理事物和现象作性状的描述,而且对某些部分(如气象等)作了大量的记录。此外,它摒弃了自裴秀制图六体以来流行了 1500 年之久的方格地图,而改用有经纬网络的新式实测地图,使浙江省的地方志修纂首次跳出旧舆学的窠臼,而步入新的地理科学的体系。"

民国的《鄞县通志》的修纂距今已有半个世纪,在这半个世纪之中,地理学又有了长足的发展,各地区都已积累了比 50 年前远为丰富的地理学研究成果。现在,怎样处理地理学与地方志的关系,如何利用各地地理学研究的丰富成果,已经成为新修地方志中的重要课题之一。

如上所述,旧方志中有以地理设卷的传统,新方志中如何继承这种传统,看来值得研究。古典地理学领域狭窄,旧志在地理志或舆地志卷中,完全可以纳入当时属于地理学的一切资料。但是现代地理学领域广阔,内容繁多,新修方志如以之作为篇卷标题,其结果很可能要流于文不对题。假使勉强地把许多现代地理学的内容,塞入这个篇卷之中,则又势必影响方志的其他篇卷,有损于新志的严谨体例。现在,有的新志以"地理"作为篇卷标题,但内容其实仅涉及自然地理学的若干方面,置人文地理学于不顾,故"地理"这个标题显然不妥。有的以"自然地理"作为篇卷标题,但内容除自然地理学的若干分支如气候、地貌以外,多数均加入"地质"一篇。地质学是研究地壳组成物质的科学,它与地理学是研究对象不同的两门科学,怎能并存于"自然地理"一个标题之下? 但以一个市、县的范围,地质单独列为一个篇卷,看来又无此必要。

根据上述,说明在新修地方志中,似乎没有必要在这方面因袭旧志传统,以"地理"作为篇卷标题。不设标题,并不削弱地理学与地方志的密切关系。因为有关地理学的内容,特别是人文地理学的内容,可以分别吸收到新志的许多篇卷之中。半个世纪以前的《鄞县通志》,虽然尚有舆地志之目,但是大量的地理学资料,其实已经分散在其他许多篇卷之中。现在我们更有必要采用这种方法。

怎样把自然地理学和人文地理学的资料收入新修地方志呢。首先,在自然地理学方面,由于自然环境是地方志开宗明义必须记载的内容,因此,自然地理的资料,可以相当集中地在"自然环境"的篇卷标题下收入志书。以"自然环境"作标题,也就替地质部分收入这个篇卷开了方便之门。因为一个地区的地质、地层、岩矿等内容,同样也是这个地区的自然环境的一部分。而且由于地质是一个地区自然环境的基础,因此,地质可以置于这个篇卷之首。然后再按自然地理学的体系,依次叙述气候、地貌、水文、土壤、生物等,沿海市、县,当然还应把海洋列入。至于有的新志,在气候中增入物候与灾害天气,另外又增加生态平衡、环境保护、自然保护区等等内容,这些当然都可按所在市、县的具体情况而定,不必强求一致。

　　这里还有一个问题需要说明一下,在我过目的新修地方志中,其中有一部分,在动植物的记载中,没有采用二名法的表示方法。对此,有必要在这里多说几句。在动植物名称下加注拉丁文学名,这是半个世纪以前的《鄞县通志》已经采用的先进方法。为什么要用二名法? 因为动植物的种类甚多,而世界上的国家、民族、地区,语言文字又很复杂,因此,在动植物名称中,同物异名的现象十分普遍。命名如不统一,人们就无法知道你所说的这种动植物,究竟是什么东西。例如世界广泛栽培的马铃薯,在英文中作 potato,在法文中作 pomme de terre,在德文中作 kartoffel,在俄文中作 картофель;此物在中国,因为地区不同,也有许多不同名称,如土豆、地豆、山药蛋、洋番茄、洋芋艿等等,假使不使用拉丁文二名法 Solanum tuberosum L. 注明,许多人就会无所适从。在我国各地的旧地方志中,动植物名称也是五花八门,存在着大量同物异名的现象。以栽培极普遍的玉米为例,此物的记载,首见于明正德《颍州志》,称为珍珠秫。以后,明田艺蘅在《留青日札》中称此物为御麦,李时珍在《本草纲目》中称为玉蜀黍。入清以后,由于播种地区扩大,别名愈益增加,如苞萝、苞谷、六谷、乳粟、芋米等等,不一而足。在我所过目的一种新修地方志中,也出现过玉米、山玉米、田玉米这 3个名称,这就是因为不用二名法注明 Zea mays L.,所以造成了很大的混乱。完整的二名法,包括首字大写的属目(Solanum,茄属)、首字小写的种名(tuberosum,具块茎的)和此学名定名人的缩写字母(大写),马铃薯和玉米均作 L.,指的是瑞典博物学家林奈(C. Linnaeus)。但是现在我们在使用中,常常只用由属名和种名组成的学名,省去定名人的缩写。我国土地广大,生物繁多,而方言又很复杂,各种动植物多有当地的旁名别称,若不以学名加以标准化,实在不堪设想。近年来的新修地方志中,由于有一部分不用二名法,已经出现了不少错误,上述三种玉米即是其例。还有一种新修地方志,在植物"铁杉"下说:"俗称马尾松。"这也就是不用学名所造成的错误。铁杉(Tsugechinensis)和马尾松(Pinus massoniana)完全是两种树类,怎能混为一谈。当然,也有可能在该地确把铁杉混称马尾松,但真正的马尾松在该地又称什么呢? 这些问题,都要用学名才能澄清。不错,作为一种地方志,记载当地的动植物时写明当地的称谓,这是必要的,但绝不应只载土名而不载学名。我又在另一种新修地方志中看到:"黄山松又叫短毛松。"其实,短毛松当然是土名,而黄山松也不是正规的名称,这种植物的学名应作台湾松(Pinus taiwanensis)。鉴于动植物名称的错误,在新修地方志中发现较多,所以必须引起注意。

现在再讨论一下人文地理学资料如何收入新修地方志的问题。人文地理学的分支和内容远较自然地理学广泛,在地方志中,它涉及沿革、疆域、政治、经济、文化、城镇、人口、民俗、宗教、方言等许多方面,所以在一部地方志中,大部分篇卷都和人文地理学有关。在修纂地方志的资料积累过程中,有关人文地理学的资料必然数量巨大,对于这类资料,必须进行仔细的分类,收入各有关的篇卷之中。另外,在地方志各篇卷初稿的审阅中,也有必要运用人文地理学的观点,加以补充和修饰。人文地理学不仅重视各种人文现象的发生和发展过程,而且特别重视各种人文现象的地区差异和地理分布。例如,文化教育是一种人文现象,在新修地方志的文化教育篇卷之中,当然要记载这个市、县的文化教育发展程度,必然要统计各级学校和文化机构的数字,各级学校历年来的毕业生数字等等。但从人文地理学的角度对这个问题进行研究,就必须分析各级学校和文化机构在这个市、县内各乡的分布,各级学校历来毕业生在各乡的分布。这样就可以看到市、县内部的文化差异,从而有利于对文化后进地区的扶植。这就是文化地理,是人文地理学的一个分支。用这样的观点和方法处理地方志中的人文地理学资料,必然可以提高地方志的科学性和实用性。

我在最后一段时期读了十几部新修地方志,还有一些地方志的打字稿,看到了新修地方志在人文地理学方面的一些尚可讨论的问题,兹分述如下。

首先是地方志的建置沿革部分,这一部分的内容,其实就是历史地理学的一个分支,通常称为沿革地理。这实在是市、县地方志开宗明义的部分,关系极为重要。在我过目的新志和打印稿中,这一部分的写作水平差距很大,其中有不少错误是随意抄录旧志而造成的。以浙江为例,我看到有"夏代属扬州"的说法。这显然抄自旧志,旧志则来自《禹贡》"淮海唯扬州"一语。其实《禹贡》早已论定是战国时代的作品,《禹贡》九州,完全是一种设想。这一部分的另一种常见错误,是引书不经核对,结果是以讹传讹。由于叙述历史沿革,往往要引用古代文献,我曾经发现几种志书和书稿,它们所引用的古籍如《汉书·地理志》、《元和郡县志》之类,文字和原著很有出入,甚至比原著多出一二句。说明撰写者是从旧志或其他地方文献抄来,未曾找原著核对。较原著多出的一二句,当是他书引用时的按语,撰写者亦作原著抄入,以致造成错误。在新志修纂中,不管是哪一篇卷,凡是引用其他文献,不论古今,都必须与原著核对。另外,建置沿革既然属于历史人文地理范畴,所以内容还应该注意两点。第一,除了郡、县名称和隶属关系以外,地理学重视地理位置的变迁,为此,这一部分必须叙明在历史上市、县治所(即县城)的位置变迁。第二,在沿革叙述中必须涉及地名,地名往往和一地的兴废渊源或其他历史掌故有关,正确的地名解释,甚有裨于历史沿革的叙述。地名学已被认为是历史地理学的分支学科,[③]近年来发展甚速,全国各市、县,多已完成了地名志或地名录的编纂,这些成果,新修地方志应该尽量利用。

近年新修地方志,经济是其中的一个重要篇卷,这当然是正确的。人文地理学与经济有密切的关系,在所有人文地理学的分支学科中,经济地理学是最大的分支,这门科学研究生产力的地理配置。地方志对地区经济的记载,除了对整个市、县的纵向叙述外,还应具备市、县内各乡镇横向比较的资料,这种资料在阐明一定时期中市、县内部的经济发展差异方面很有价值。特别是在近年来,由于乡镇企业的发展,各市、县中心的经济比重有所下降,因此,这种资料对说明市、县内部生产力配置变迁的动向和经济差异,具有重大的意义。新修地方志在经济篇卷中大都重视统计学方法的运用,这是很好的。不少统计图表比文字更容易说明问题。假使能够把统计学方法和经济地理学的资料结合起来,也就是说,在各种统计图表的设计中,能够适当增加若干乡镇对比的资料,例如全市、县各乡镇工农业产值在国民经济总产值中的比重以及各乡镇按人口平均的国民经济总产值等图表,对于说明市、县内各地区的生产发展和人民生活水平等情况,都有重要价值。

在新修地方志中,人口都作为一个篇卷,居于方志中的重要地位。不少新志在这一部分的内容结构中,不仅从人口学的角度记载资料,同时也从人口地理学的角度记载资料,并且还把有重要意义的计划生育等内容列入此篇,成为新方志的显著特色。人口地理学是人文地理学的重要分支,地方志中用人口地理学的观点和方法记述各市、县的人口概况,可以补单纯从人口学的观点和方法记载人口概况的不足。人口地理学非常重视人口密度的区域差异,重视地区内外的人口流动,并且重视每个地区历史上的人口构成情况,除了土著人口以外,是否有外来移民,外来移民是按什么路线移入的。这些事实的调查记载,不仅充实了人口篇卷的基本资料,而且与地方志的其他部分如宗教、民俗、方言等,也都有密切的关系。

我所见到的新修地方志中,多数都已将方言列入篇卷,这也是新方志内容的一大进步。不过,不少新方志的方言部分,从整个市、县记载语言,包括语音、声调、语法甚至声母、韵母、俗语、俚语等等,但另外的一些新志,在市、县范围以内,又记载了若干个方言小区,并记载了这些方言小区的语音、声调、语法等特点。后者当然胜过前者,因为这样的记载,不仅具有语言学的内容,而且兼及方言地理学的内容。其实,在一个市、县以内,语言完全没有差异的情况是很少见的,有的甚至有极大差异。以浙江省为例,杭州市区在方言地理学中就是一个孤岛,它同周围的吴语系统的方言有极大差异,具有明显的中州语的语音和音调的特点。在杭嘉湖平原上的许多市、县境内,常常有绍兴语的方言孤岛,有时是一个村,有时是几个村。在湖州市属的偏西各县,还存在着湖南语的影响,包括方言影响和地名影响(例如这一带有不少称"冲"的村落)。在海宁市沿海的盐官镇一带,又有若干萧山语的村落。这些都是在一个不大的地区内方言差异的例子。对于市、县内部方言差异的调查和记载,涉及移民、民俗、宗教等许多方面。例如上述杭州市区的方言孤岛,显然是两宋间中原居民大量南迁的影响。杭嘉湖平原中的绍兴方言孤岛,是明、清以来绍兴人不断移民的结果。湖州市属几个县的湖南语影响,则是太平天国时代在这一带驻扎的湘军退伍后大批留居所造成。盐官镇一带的萧山语村落,实系 20 年代钱塘江南岸沙地崩坍时成批渡江北迁的萧山居民所建成。由此可以说明,在新方志的方言篇卷中,如能以方言地理学的观点重视市、县境内各地的方言差异,则在语言本身以外,还能由此解决其他许多问题。

除了以上所列举的以外,地方志的其他许多部门,如文化教育、卫生(某些地方病有很大的区域性,故地理学中有疾病地理学)、宗教、商业等,都和自然地理学及人文地理学有密切关系。陈正祥教授在其所著《中国方志的地理价值》④一书中指出,中国的地方志"有点像欧美国家的区域研究(regional study)"。他并在这句话以下作了一条脚注:"区域研究是研究一个区域的地理、历史、文化、经济、人口、产业、社会、宗教、民俗以及艺术等等,故在内容上颇和中国的方志相似。"我从陈氏的这番议论中,引出了地理学方法在新志修纂中的重要意义。在各种地理学方法中,野外实地调查具有重要的地位,我指出:"随着方志内容的发展,方志修纂的方法也必须相应地加以改进,而上述区域研究方法的应用,在今后的方志修纂中,越来越具有重要的意义。尽管资料整理工作仍然必需,但实地调查工作在新的方志修纂中将显得越益重要。这种野外调查的方法,和上述区域研究的方法,实际上是一致的。今后,我们的方志修纂事业的继续发展,其生命力恐怕就在于此。"⑤

总之,地理学和地方志的密切关系,已为地理学界和方志学界所公认,在今后的新修地方志中,如能重视自然地理学和人文地理学的各种观点、资料和方法,必将有助于提高志书的质量。

注释:

① 嘉定《镇江志》与嘉定《赤城志》均设地理卷,前者修于嘉定七年(1214),后者不记修纂年月,但卷末有嘉定癸未十一月既望郡人陈耆卿序,癸未是嘉定十六年(1223),故嘉定《镇江志》修纂在前。

② 浙江人民出版社 1985 年版。

③ 参阅拙作《论地名学及其发展》,载《中国历史地理论丛》第 1 辑,陕西人民出版 1981 年版。

④ 香港中文大学 1974 年版。

⑤ 史念海、曹尔琴合著《方志刍议》卷首拙序,浙江人民出版社 1986 年版。

原载《中国地方志》1989 年第 2 期

地方志的学术性与实用性

——兼论索引的价值

　　修志 10 年，成就非凡，这是人所共见的。不过学术界有一些人对于地方志，至今还有一些看法。他们认为修纂地方志，并不算做学问，而所谓方志学，也不是一门学问。持这种观点的学者，尽管他们也利用方志做学问，而且做出了成果，但是他们的上述观点却很难改变。有些人做学问有了成就，你封他什么家，如史学家、文学家、哲学家……都能接受。唯独不愿别人称他为方志学家。写论文也是这样，许多明明来自方志的资料，总要千方百计避开方志的名称，而把方志作为一种寻求资料的线索，设法转换成其他出处，然后写入论文的脚注。因为在一篇论文的脚注中，假使罗列的方志太多，则论文的身价就会下跌。这些现象当然并不正常，却是由来已久。产生这种现象的原因很多，但简而言之，不少旧方志的质量低劣，实有以致之。所以，要让学术界对地方志持有成见的一部分人改变观点，我们在修纂新方志中就必须努力注意质量，这是十分重要的。在这方面，我们应该看到，这 10 年以来修纂的新方志，确实已有许多达到很高的水平，这是学术界提高方志身价的重要途径。提高地方志的质量，我认为十分重要的是要从提高地方志的学术性和实用性着手。有了这两者，方志的质量就有了保证。这样的方志，从宏观上说，它达到了存史、资治、教化的作用，可以传之后人，裨益后世；而更具体地说，学术界可以既放心又便利地利用它做各种学问，而不少人对方志的成见，或许也就可以消弭了。

　　什么是地方志的学术性？所谓学术性，用最简单的意思表达，就是科学性。首先，地方志是一种各行各业都要利用的工具书，它内容繁多，门类复杂。所以，如同其他工具书一样，它本身并不是一部学术著作。但是我们的地方志，却又有别于诸如字典、百科全书、年鉴、手册之类的工具书。它虽然是许多不同卷篇的组合，但这种组合既继承了历来的传统，而又不断有所创新。我们现在看到的不少具有较高质量的志书，它们从卷首的《大事记》到卷末的《附录》，其中包括地方志的许多共性卷篇和若干个性卷篇，统率全志的概论和总起某一卷篇的无题小序等等。它们在这种组合之中，表现得非常协调和谐。一部编纂得体的志书，虽然内容庞大，子目纷歧，却不会给人以杂乱和拼凑的感觉。这种组合，就是中国传统的志书组合，是具有学术性的。为此，修志同仁，特别是掌握全局的正、副主编，必须尽最大努力，充实和完善这种志书组合，从而提高地方志的学术性。

　　其次，地方志的学术性，特别体现在它的卷篇结构之中。假使把上述志书组合比作地方志的群体，那末，卷篇结构就是地方志的个体。前面已经提到，地方志是工具书，从这个角度，也就是从应用的观点说，个体比群体显得更为重要，也就更可以体现志书的学术性。譬如旧方志都有舆地志（或地理志）这个卷篇。旧志的舆地志，大概都是些山、河、湖、泉等自然地理实体的机械排列，没有内在联系，更谈不上什么理论。新方志的地理卷篇就大不相同，因为我们懂得用科学的自然地理学理论和实践来编纂这个卷篇。自然地理学的重要要素如气候、地貌、水文、土壤、生物，都能各得其所，各有独立的科学体系，而相互之间又有密切的内在联系。当然，这个卷篇在新志修纂中也出现过问题。例如有的志书，把卷篇名称定为《自然地理》，但内容却包括地质，记载了当地的地层、构造、岩矿等等，这当然有损于学术性。因为自然地理学和地质学是两门不同性质的科学。前者研究自然环境的结构及其发生、发展规律，而后者则研究地壳的组成物质，当然不能混为一谈。考虑到地方志记载一市一县，地区范围不大，地质确实没有单独设立卷篇的必要，可以与自然地理合成一个卷篇。但卷篇名称应该是与这两门科学共同有关的《自然环境》。

　　第三，是对具体事物的记载和解释，必须力求正确，这是体现地方志学术性的重要方面。旧方志由于时代的限制，在这方面存在的问题甚多，有的甚至荒诞不经。当然，旧方志中也有在这方面非常出色的例子。如30年代修纂的民国《鄞县通志》，它以现代科学的气象学和气候学理论记载气象气候，用科学的地质学理论记载地质、地层和岩矿，并且首创海洋专目，用现代海洋科学理论记载近海海域。在半个世纪前的旧方志，能够取得这样的成就，的确难能可贵。新方志当然更应有所发展，有所进步。这里所举的《鄞县通志》的例子，涉及的都是重大事物的记载和解释。对一般事物的记载和解释,也都必须正确无误。例如这几年中我们在某些志稿中看到的:用"法币"计算民国二十年的物价,而其实"法币"是 1935 年 11 月 4 日才颁布实施的;又如人物传中记及某教授曾任英士大学地理系主任,但英士大学却从来就没有设置过地理系。诸如此等虽属小事,却也都有损于志书的学术性,不能等闲视之。

第四,是地图和照片。我国地方志发展过程中,从北宋的图经起,开始重视插图,从此建立了图文并茂的优良传统。因此,总的说来,地图和照片,是上述志书组合的一个重要组成部分。这个部分的存在,与志书的学术性具有重要关系。但是由于科学技术的进步,旧方志的示意地图和插图,至今已发展到了计量地图和照片。一幅计量地图,在地图上可以计算出各地的距离、面积和其他有关数值,所以必须由懂得地图的专家来编制设计。照片可以增加志书的直观性,但内容必须严格选择,应该密切配合志书的卷篇。那些仅有宣传意义甚至属于广告一类的照片,必须坚决排除,因为这是非常有损于志书的学术价值的。

现在谈谈地方志的实用性。修纂一部地方志,投入大量人力物力,其目的当然是为了实用。陈正祥在其《中国方志的地理学价值》①一文中述及他在日本用地方志做学问的情景:"为查阅方志,我曾遍访日本各著名大学和图书馆,像蜜蜂采蜜似的辛勤工作。"对于修志同仁来说,我们的劳动成果得到学术界的广泛利用,应该感到慰藉。而正因为此,我们更要提高我们作品的实用价值。

实用性是什么,它与学术性之间有无矛盾?记得往日我曾主编过一种《浙江古今地名词典》②为了让词典读者能够利用词典做学问,我坚持对每一个地名的出处必须写明资料来源和文献卷次。出版不久,得到学术界一位领导的赞赏,他说:注明资料的详细出处,其本身是一种学术性的表现。但读者能够借词典提供的线索,继续扩大加深,从事他们的研究工作,这又是一种实用性。所以学术性和实用性,不仅没有矛盾,而且相得益彰。他的话对我很有启发,地方志的学术性与实用性的关系,大概也是如此。地方志是一种科学的资料书,它不可能做到"引人入胜",但应该力求"引人入用"。使用地方志的人,主要是搜索他所需要的各种资料,为此,地方志必须千方百计,用最小的篇幅,提供最大的信息量,使读者阅读时有左右逢源之感。这就是地方志的极大成功。

另外,地方志为读者提供资料,不仅要丰富,而且要适当。这个"适当"的意思,指的是地方志提供的资料,必须基本上在前述志书组合的范围之内。我们当然提倡地方志修纂必须突出地方个性,但也绝不能因此偏废地方志的共性,也就是不在志书组合上有所欠缺。鉴于用地方志做学问的学者,往往通过大量地方志研究一个课题,所以必须在这方面引起注意。举个简单例子,譬如研究一个较大区域内古今地下水位的变化,由于地方志有井、泉等的记载,在这方面当然具有资料价值。但假使研究者搜集的大量方志中,其中有一些记载不及井、泉,研究工作就会出现地区上的空白,造成困难。

最后,地方志的实用性,除了资料的丰富适当外,还有至关重要的方面,即让读者使用便利。现在社会上出现的各种文献,数量成倍增加,面对浩瀚的资料,研究工作者的工作量也空前增加。陈正祥在前述论文中描述他利用方志的艰苦过程:"中国方志数量很多,每一州县有数册或数十册,在书库用梯子爬上爬下取书,按目逐页地找寻。"这是何等繁琐的工作。假使今后利用地方志都仍需通过如此复杂的过程,势必有人会放弃地方志而另求他书。因此,时至今日,地方志修纂中,索引已经是不可或缺的部分。有了索引,研究工作者利用地方志就不再需要"按目逐页地找寻"。将会空前地提高志书的利用效率。我的一位学生陈田耕君曾编著《地理文献检索与利用》[3]书,他在此书中谈到索引时说:"文献之需要索引,犹如行舟之需要舵";"检索工具没有索引很快就会成为一堆废纸,甚至不成其为检索工具"。索引的价值于此可见。现在,由于电脑的应用,为地方志编制索引,在技术上也已经不是一件难事,所以修志同仁对此必须予以特殊的重视。《中国地方志》和《浙江方志》已经就索引发表过好几篇文章,而我省出版的诸如龙游、慈溪、余杭诸志,也已在这个问题上有了可喜的成绩,我就不再赘述了。

注释:

① 《中国文化地理》,三联书店 1984 年版。
② 浙江教育出版社 1991 年版。
③ 西安地图出版社 1992 年版。

原载《浙江方志》1993 年第 4 期

地方志与乡土教育

　　修纂地方志是我国优秀的文化传统。根据中华书局 1985 年出版的《中国地方志联合目录》的统计，国内外图书馆收藏的我国地方志（包括残本），上起南北朝，下到民国，总计为 8371 种。这是我国的一宗重要文化财富。浙江省历来是修纂地方志的著名省份，现存（或残存）地方志共 602 种，仅次于四川（673 种），居全国各省区的第二位。

　　建国以后，由于种种原因，地方志修纂曾一度趋于停顿，但从 80 年代初期起，百废俱举，地方志修纂也迅速得到复兴。仅十年工夫，全国各省区（除西藏外），即均已有新修市、县志出版。根据《中国地方志》1991 年第 3 期中《各省市县志书出版情况》一文的统计，截止 1991 年 4 月，全国市、县新志总数已达 350 种。其中尤以黑龙江省为最，全省 39% 的市、县已修成新志。浙江省在这一时期，亦已出版市、县志达 18 种，并另有数种正在印刷之中。

　　由于国家的重视和地方的积极性，这一次修志高潮，从组织的完整严密，涉及范围和地区的广泛，投入人力物力的众多，志书质量的普遍提高等各方面来看，在我国地方志修纂历史上确无先例。各市、县都建立了地方志修纂委员会，选定了主编和编委，并组成了有各部门人员参与，人数可达数十人，甚至上百人的庞大写作班子。为了搜集资料，修志人员的足迹几可遍及全国各地的图书馆和档案馆等。有些市、县还千方百计从国外图书馆引回了流散在外的当地旧志孤本的复制本。以我个人来说，近年来即先后应省内市、县委托从美国国会图书馆引回乾隆抄本《越中杂识》，从美国斯坦福大学图书馆引回康熙二十一年刊本《象山县志》，从日本宫内省图书寮引回康熙二十二年抄本《常山县志》，从日本东京大学东洋文化研究所引回光绪抄本《新市镇再续志》。这些都是流散在海外的我省地方志孤本，因这次修志高潮的机会得以引回，确实令人高兴。

在动用了大量人力物力，经过近10年辛勤工作以后，正在陆续出版的各地新修志书，一般都资料丰富，内容完备，图文并茂，装帧精美，是很有价值的地方文献。但现在必须引起重视的一个问题是，花了极大力量修纂的地方志，应该怎样发挥它们的作用？现在的确有一些地方，辛辛苦苦地修纂新方志，热热闹闹地举行新方志发行会，但此后，也就偃旗息鼓了，没有谁再去过问新修志书究竟发挥了什么作用。这无疑是一种极大的资源浪费。

对于地方志的作用，我国历来就有"存史、资治、教化"的说法。确实，历史上存留下来的大批旧方志，它们在科学的学术研究上一直发挥着重要的作用。竺可桢先生写出著名论文《中国近五千年来气候变迁的初步研究》，[①]陈正祥先生研究明朝的蝗虫灾害，绘制成《明代北方蝗灾之频率图》，[②]我编成《浙江灾异简志》，[③]均利用了大量旧志。这些研究成果的取得，旧方志的作用实在功不可没。但是，方志更为广泛的作用或许还在于"教化"。我国历史上不少著名人物，其志向、抱负、品质的构成，常常须追溯到孩提时代所受到的影响，而这些影响则往往同方志所载内容有关。方志实在称得上是一种教材。旧方志在这方面已提供了许多范例，新方志当然应该有更大的发展。

我曾于1990年在浙江省乡土教育研究会成立大会上指出："现在各市县都在进行地方志的修纂工作，地方志的内容非常丰富，涉及乡土的各个方面，是地方的百科全书。"[④]从这以后，我一直在考虑这个问题，如何让各市、县的地方志和乡土教育紧密结合起来，既发挥了新修地方志的作用，又使乡土教育获得雄厚充实的资料源泉。我曾几次在地方志修纂和乡土教育的会议中提出我的这种希望。现在，我已经从青田县的地方志修纂和乡土教育工作的紧密联系中得到了启发。我认为这是一种很好的榜样，值得我们研究、学习和推广。

青田县是浙南瓯江沿岸的一个县份，以青田石雕著名于世，旅外侨民很多，是浙江省著名的侨乡。这个县非常重视地方志的修纂，于1984年由县属近70个单位组成100余人的修志队伍。通过两年努力，搜集了1800万字的资料，最后于1989年撰成32编共98万字的《青田县志》，内容完备，资料丰富，重点突出，特色鲜明，而且文字畅达，图文并茂，是近年来新修地方志中的优秀作品。

《青田县志》的32编中，包括了全县的历史、地理、政治、经济、文化等等，也就是说,包括了青田县的全部县情。在认识青田县情这个问题上,从其全面、详细、系统、正确等要求来说,《青田县志》当然是最权威的文献。但问题在于这是一部篇幅浩瀚的巨书,全书近百万字,它可以提供人民所需的一切县情资料,但对于一般人,特别是中小学生,要阅读这样的大块文章,事实上存在困难。所以从宏观上说,《青田县志》是青田县最完备的乡土教材,但实际上却不宜直接把它搬进课堂。现在,青田县在这方面创造了一种很好的经验。他们在《青田县志》出版以后,随即在《县志》的基础上,进行《青田乡土教材》的编写,由《县志》主编担任《教材》主编,并且遴选了几位熟悉教育和地理业务的人员与若干原《县志》的编辑人员,共同担任《教材》编写工作,把98万字的县志,浓缩成为1.8万字的《教材》(包括插图和作业)。《教材》已经浙江省中小学教材审定委员会审查通过,由浙江少儿出版社出版,在1991年新学年开始使用。

《教材》一共有22课,分成5个单元。我曾把《青田乡土教材》和《青田县志》作了一番对照,材料都出自《县志》。例如第一单元第三课:《青田政区》、《九山半水半分田》、《气候温暖,四季分明》,是《县志》第一编《政区》和第二编《自然环境》的浓缩。第二单元包括《人才辈出》、《光荣的革命斗争历程》、《爱国爱乡的海外华侨》等五课,其内容采自《县志》的《军事》、《人物》、《华侨》等编。第三单元共有十课,篇幅最大,内容包括农业、工业、商业、交通和县城建设等,地方特色产品"青田石雕"也在其中,所有这些内容,也都是从《县志》的相应各编中摘取出来的。第四单元包括三课,内容是文化卫生,教育科技和人口增长及计划生育,取材于《县志》的《教育》、《科技》、《文化》、《卫生》和《人口》各编。第五单元一课《明天更美好》,是《教材》的结尾,它以青田县今后发展的美好远景,鼓舞少年儿童热爱家乡、建设家乡的感情和信心。这一课在《县志》中虽然没有相应的章节,但其中有关发展远景的数字,仍然得自《县志》或以《县志》为基础而推算的。所以《教材》可以说完全是从《县志》取材的。当然,要把《县志》中适宜于作为《教材》的内容提炼出来,在文字上不仅要删繁就简,深入浅出,而且要生动有趣而富于感情,还要配上直观性很好的插图和分量适当的作业,这并不是一件轻而易举的事,必须下一番很大的功夫。现在,《青田县志》和《青田乡土教材》在这方面作出的成就,给我们一种启发,让我们看到地方志和乡土教育的关系及其作用。

我希望地方志的修纂者能够更多地意识到,他们的工作在很大程度上是一种乡土研究,他们的成果在乡土教育中具有很大价值。也希望各地热心于乡土教育的人士,能够特别重视当地的地方志和其他文献,尽量地发挥地方志在乡土教育中的作用。

注释：

① 《考古学报》1972 年第 1 期，

② 《中国文化地理》，三联书店 1984 年版。

③ 浙江人民出版社 1990 年版。

④ 见《浙江教育科学》1990 年第 4 期。

原载《浙江教育科学》1991 年第 4 期

地方志与索引

在《龙游县志》发行会上，我即席凑了一首七绝，最后一句是"余公门下青胜蓝"。因为我看过此志的电脑排字稿，发现卷末有《索引》一篇。发行会上我得到新书后，立刻翻阅卷末，则《索引》已注明页码，使用便利。我一时高兴，才说出"青胜蓝"的话。余绍宋是方志名家，民国《龙游县志》是近代名志，我未经仔细轩轾，不好随便发言。但在《索引》这一点上，新志确实胜过旧志，这是毫无疑问的。《龙游县志》的这一成绩，把新一代的方志，在学术性和实用性方面提高到一个新的层次。

10年修志，成就非凡，这是有目共睹的。我参加过多次志稿评审会，会上评议的细致、深入、坦率、热烈，每次都感人甚深。确是这次修志高潮中的极好风气。经过这样的志稿评审，志书的质量是有所保证的。但是这中间唯一美中不足的是，参加评审的人，几乎全是修志领导和市、县志的编者，现在统称修志同仁。这些人在这次修志中确实作出了重大贡献，经验非常丰富。但是他们虽然十分懂得修志的学问，却并不熟悉于用志的学问。这是因为他们大都不曾系统地用方志做过科研工作。记得去年春季河北《石家庄史志》的责任编辑与我通信，讨论若干修志问题，我的信后来被他们发表在刊物上，其中有一段说："我感觉到，这次修志高潮，确实是我国历史上所少有的，形势很好。但也存在一些问题。……对于历代，特别是近代以来的'用志大户'及其成果，修志者一方许多人知之甚少。如竺可桢先生利用大量方志写成的文章，[①]陈正祥先生利用大量方志撰写的专著，[②]不少修志者甚至都不曾去翻一下。从现在的情况看,旧方志的主要'市场'是学者从事自然科学和社会科学研究,可以举出大量成果来。新方志的主要'市场',到几百年后回过头来看,恐怕也是如此。"③我的这段话因为是作为信件随意写下的,原不料他们会加以发表,所以不够全面,因为地方志除了科学工作者研究所需外,当然也还有其他作用。但既然历来有许多学者在方志上做学问,而且做出了不少成绩,则今天的修志同仁确实有必要为这些"用户"着想。

我曾经向魏桥先生提过建议,即除了一般的志稿评审会议以外,也可以邀请一些方志的"用户",特别是"大用户"座谈一下,征求一些他们对修志的意见。把这些意见反馈到志稿评审会议中去,就可以进一步提高审稿会议的质量,也就是提高了志书的质量。找方志"大用户"到哪里找? 可以查著作。譬如我就是一个"大用户",我编纂《浙江灾异简志》(浙江人民出版社 1990 年版),用了几百种方志,校勘《水经注》(《水经注研究》,天津古籍出版社 1985 年版),用了几千种方志。著作查到,人也就找到了。请这些人集起来谈谈他们的要求,实在很有必要。

假使我应邀参加这样的会议,当然有许多话要说,但首先提出的就是索引。因为利用方志做学问,索引实在太重要了。叶绍钧先生于 30 年代编纂《十三经索引》,他的卷首《自序》中有几句话,可以说明索引的重要:"十二年(按 1923 年)春,余始业编辑。编辑者,采录注释耳,其事至委琐,大雅所不屑道,然以余临之,殊非便易。第言注释,一语弗悉其源,则摊书寻检,目光驰骋于纸面,如牧人之侦亡畜,久乃得之,甚矣其惫。"

与此同时,燕京大学哈佛燕京学社也鉴于做学问的人"如牧人之侦亡畜"的困难,于 30 年代初成立了一个"引得编纂处",陆续把二十几种常用古籍编成《引得》出版。差不多同一时候,这种编纂索引的风气波及地方志,商务印书馆从 1934 年起陆续影印出版了七八种省志,如雍正《浙江通志》、同治《畿辅通志》、光绪《湖南通志》、民国《湖北通志》,每种一般分订 32 开本精装四册,而最后一册的大部分篇幅是商务编辑人员编纂的《索引》。这大概是迄今为止,地方志编纂《索引》规模最大的一次。

30 年代的这股"索引热",并不是凭空掀起的。这一方面是继承我国自己的悠久传统,另一方面也是受到西方书刊的影响。索引在我国由来已久,凡是接触过一点目录学和文献学的人,实际上都已和索引打过交道。东汉许慎撰《说文解字》,收字 9353 个,又重文 1163 个,他考究每个字的字形和偏旁,分成 540 个部首,以方便检索,这其实就是我国极早的索引。到了清朝编《康熙字典》,收字增加到 47035 个,部首则简化到 214 个,这就是索引的进步。图书分类方法其实也是一种索引,从西汉刘歆的"七略"(成辑、六艺、诸子、诗赋、兵书、术数、方技)到唐朝的"四库"(经、史、子、集),都是为了让人在书海中检索方便。中国从三国时代起就开始编纂"类书","类书"的

"类"，实际上具有索引的意义。

西文书籍的传入当然也在我国近代的索引编纂中发生影响。西文按字母排列，在这方面比汉字的部首方便得多，具有很大优势。西文书在卷末附加索引十分普遍，工具书不必说，即一般篇幅不大的专著，也多有索引。

著书立说，目的当然是为了让人用，所以在著作的同时，应该考虑到读者使用的便利。地方志是工具书，各行各业都要用着它，它是各种学问的源泉。举个例子，我校勘《水经注》，此书历代以来出现过大量不同版本，但后来多数亡佚。由于地方志常常引及《水经注》，所以这些已经亡佚的版本中的内容，有的就保存在各地的方志之中。以卷十八《渭水篇》中所载武功县附近的太一山温泉为例，现在流行的版本都说："可治百病，世清则疾愈，世浊则无验。"温泉治病却与"世清"、"世浊"纠缠在一起，实在没有道理，一定是版本传抄中的错误。但现在的所有版本，包括权威的武英殿本及杨守敬的《水经注疏》都是这样，明知其误而无法勘正。结果是依靠地方志校正了这一处长期而广泛流行的错误，我在康熙《陇州志》卷一方舆篇下，查到了此志引《水经注》作："然水清则愈，浊则无验。"说明《陇州志》所引的版本是正确的，这种版本当然早已亡佚，却被《陇州志》引存了这至关重要的一句。

从我的研究工作中再举一例。我自50年代起曾经研究过浙江省天然森林的破坏过程。我先从绍兴一地入手，经过室内文献查阅和野外实地考察，撰成《古代绍兴地区天然森林的破坏及其对农业的影响》一文，发表于《地理学报》1965年第2期。现在我统计这篇不过1万字的论文的脚注，竟引用地方志达50次。在这个基础上，我把研究范围扩充到浙江全省，我在研究中发现，省内天然森林的破坏与人口增长和山地垦殖有决定性关系。因为从清康熙五十二年（1713）到乾隆五十六年（1791）的78年时间，全省人口几乎增加了7.5倍。这种人口的剧增，主要是因为占全省面积70.4%的山地丘陵在这一时期全面垦殖的缘故。之所以导致全面垦殖则是由于两种关键性的粮食作物即玉米和番薯的引入。这两种从海外引入中国的作物，它们的最早引入记录，都记载在方志之中。这就是我在《历史上浙江省的山地垦殖与山林破坏》（《中国社会科学》1983年第4期）一文中所指出的，引入玉米的最早记录是1511年刊行的正德《颍州志》；而引入番薯的最早记录则是1607年刊行的万历《普陀山志》。至于这两种作物在浙江普遍种植的过程，地方志的记载也十分清楚。例如光绪《宣平县志》卷十七苞萝条下说："乾隆四五十年间，安徽人来此，向土人租赁垦辟。"光绪《于潜县志》卷十八也说乾隆年间"将山租安庆人种苞萝"。这和正德《颍州志》的记载和引入浙江路线完全一致。地方志记载番薯如光绪《平湖县志》卷八所说"今温、台人侨居海上多种"。这和万历《普陀山志》所记也恰恰符合。

正是由于上述这类例子，所以我说地方志是各种学问的来源，因而历来学者常用地方志做学问。前面已经提及的陈正祥先生曾有一段话，记述他利用地方志做学问的情形："为查阅方志，我曾遍访日本各著名大学及图书馆，像蜜蜂采蜜似的辛勤工作。中国方志数量极多，每一州县有数册或数十册，在书库用梯子爬上爬下取书，按目逐页地找寻。"④这对我们现在的方志修纂应该是一种安慰。因为我们的工作成果对于做学问的人来说，如同蜜蜂之追求花蜜。但"按目逐页地找寻"一语，却说出了旧方志没有索引的弊病。我和陈正祥先生一样，为了诸如《水经注》的校勘和其他一些课题，不仅走遍了国内各大图书馆，并且也到日本的好多图书馆"在书库用梯子爬上爬下取书"。叶绍钧先生说他的工作："如牧人之侦亡畜，久乃得之。"但在没有索引的方志书海中搜寻资料，如同在没有灯塔的海洋中航行，往往劳碌终日，久无所获。时间和精力的浪费，实在无法计算。

附带还应提及，或许会有人作这样想，编纂索引要花很大力气，而地方志的"大用户"毕竟是少数，为这少数人花大力气是否值得？不错，"大用户"确实是少数，但是偶然需要查阅方志的人却是很多的，有了索引，这些偶然查阅的人，同样因此节省了时间。由于这类偶然的读者总数甚大，而且一部方志使用的时间很长，所以总算一下，为后人节省的时间，肯定比少数几个"大用户"多得不可计数。在这方面，不少西文专业书对我们是有所启发的。曾经在我的研究室作过进修学者的萧邦齐教授的《中国的名流和政治变迁——20世纪早期的浙江省》，全书284页，而索引达94页，占全书的33%。我的另一位美国朋友柯慎思教授的《绍兴——19世纪中国的竞争与合作》，全书315页，索引134页，占全书的42.5%。他们两位都是地道的美国人，当然知道，在美国，研究浙江和绍兴的人数是很少的。他们之所以在书末附上如此详细的索引，一方面当然是从远处着眼，虽然这类研究的圈子很小，但若把书籍的流传时间计算进去，读者还是可观的。另外，从西文书附加索引的普遍情况来看，这在西方作者或许已经是自觉的应尽义务，是作者的一种社会责任。

上面议论的是地方志的价值以及与这种价值相关的编纂索引的重要性。《龙游县志》的出版，在索引编纂上给我们的启发还有超过我上面所论述的。前面已经指出，30年代已经开始为地方志编纂索引，此后多有续编。但所有这类地方志的索引，都是后人为前志编纂的索引，所以虽然有的规模甚大，但技术上困难较小。以30年代影印本雍正《浙江通志》为例，全书有280卷，尽管在影印时把原书两页上下并排，合成一页，但总页数仍近4000，这样一部大书之中，涉及许多页码的词汇甚为常见，如"新塘"涉及27个页码，"长塘"涉及17个页码，"王氏二节"和"东山"等，均涉及15个页码。工作的艰巨繁琐自不待言。但编纂者因有原书在手，页码分明，可以仔细区分，从容就事。而《龙游县志》却不同，由于志书与索引同时出版，而在它的《分类索引》中，不少词汇及页码也很频繁，如"余绍宋"涉及22个页码，"衢江"涉及17个页码等，不胜枚举。所以工作过程的紧张复杂可以想见。必须要编纂者、出版社和印刷厂的通力合作，才能顺利完成。对于新修方志编纂索引的工作，多年来推动较为不易，除了认识上的问题以外，在技术上视为畏途，也有以致之。《龙游县志》在这方面取得的成就，对方志界来说，具有重要的现实意义。由于种种原因而在索引问题上迟疑不前的各地市、县志及其他志书的修纂者，《龙游县志》的出版，有助于他们增加这项工作的信心。

在决定编纂索引以后，当然要选择采用什么方式方法。前面已经指出，由于我们的文字和西方不同，工作确实比他们要困难得多。这种困难从许慎编《说文解字》起直到现在，可以说尚未完全解决。30年代商务印书馆为地方志编纂索引，采用四角号码方法。哈佛燕京学社所编纂的不少"引得"，则采用了一套他们自己创造的"中国字庋撷"法。⑤对我来说，这两种方法都很不熟练，但都照用不误。因为无论如何，总比陈正祥先生所说的"按目逐页地找寻"要便利得多。何况我们还有各种相互补充的方法，以帮助对某一种方法不熟练的使用者。例如《中国地方志联合目录》的索引是用四角号码编制的，但它在最后附上一张《笔画索引与四角号码对照表》，不熟悉四角号码的人就可用此表进行检索。今后在大家编纂的过程中，一定还会有新的创造和进步。例如《龙游县志》的"索引"，包括大事、机关团体与单位、人物、事物、专题目录五部分，但其中大事和专题目录都没有以笔画为序。我们希望今后的索引把一切词汇都纳入"以笔画为序"的范围之内，因为这是最便于检索的方法。此外，从索引的数量来说，《龙游县志·索引》占全志页数的7%。从《龙游县志》而论，这已是一个不小的成绩，但是今后我们还希望增加。我们当然不能把地方志索引与西文书索引相比，但同类书籍的情况我不妨指出一下，30年代商务影印的省志，各志索引的数量大致相似，以雍正《浙江通志》为例，索引占全志页数的15.9%。80年代出版的《中国地方志联合目录》，这是修志同仁最熟悉的方志工具书，索引占全书页数的11.5%。

最后谈一下这几年陆续出版而未编索引的新志如何补编索引的问题。不久以前，慈溪市志办公室编印一种《光绪慈溪县志列传人名索引》。此事给人一种启发，旧志既可补编，新志当然更可补编，而且很有必要。不过，我并不主张大家立刻动手编纂，因为志书既已出版，在这件工作上它已和旧志一样，已经不存在迫切的时间性，可以从容计议，务使补编的索引能够尽善尽美。有许多可以考虑的方法，例如，把一个市、县的新志，和这个市、县比较流行的旧志合起来，编纂一种该市、县几种志书的索引。另外也可以考虑以省辖市或地区为中心，把市、区新志和市、区所属各市县新志联合编纂索引,并且也可以把市、区内比较流行的旧志编纂在内。当然还可作其他种种考虑。至于补编索引应具备哪些内容,这就更兹事体大,需要慎重研究。

希望地方志都能编纂一种内容完备、使用便利的索引,进一步提高地方志的学术价值和实用价值。

注释:

① 《中国近五千年来气候变迁的初步研究》,《考古学报》1972 年第 1 期。又收入《竺可桢文集》科学出版社 1979 年版。

② 如《中国方志的地理学价值》,香港中文大学 1965 年版。《中国文化地理》,三联书店 1983 年版。

③ 《石家庄史志》1991 年第 2 期。

④ 《中国的城》,收入于《中国文化地理》。

⑤ 此法系把汉字按结构分成"中、国、字、庋、撷"五类,编列号码进行查索。但他们所出版的各种《引得》卷首《叙例》中指出:"中国字庋撷虽甚便利,然用本《引得》者,未必皆能娴熟其法,爰取《引得》中目之首一字,别为《笔画检字》及《拼音检字》以为检查之助。"

原载《浙江方志》1992 年第 3 期;《中国地方志》1992 年第 5 期转载

关于地方志的附录

——兼评新修《余杭县志》

地方志在全志之末附上一些各卷不列的内容，一般称为附录，也有称为杂录、杂记、杂志、拾遗、丛录、考录等名称的，其实大同小异。都是在正规卷篇中对不上号，或者是嫌其列入卷内过于冗杂，但内容比较重要，弃之可惜的东西。这种体例自古存在，有的志书甚至把这类内容专门另立一卷。现存的古代方志中有许多这样的例子，如宋（马光祖）景定《建康志》50 卷，最后一卷称《拾遗》，宋（范成大）绍熙《吴郡志》50 卷，最后一卷称为《杂志》，宋（罗愿）淳熙《新安志》10 卷，最后一卷称为《杂录》，在宋（施宿）嘉泰《会稽志》10 卷中，则《拾遗》、《杂记》各占一卷。到了明、清方志，这种体例已经成俗，不必一一列举。

不管是列入卷内或附于卷末，在方志修纂中，这是一种机动灵活的方法。因为它既非志书中的必备卷篇，所以内容可多可少，可有可无，全凭主纂者决定。一部方志的优劣，当然要从各个方面进行综合评价，但这一部分内容，实在最足以估量修纂者的水平。

我读过近年来新修的许多方志，含有这一部分内容的为数不少。其中有一些是编得较好的，但也有一些选用材料不精，公式化，甚至存在滥竽充数、喧宾夺主的情况。也有全部志书修纂甚好，就是因为这一部分"续貂"不够慎重，因而影响整部志书的。所以这一部分内容。虽然从形式上说是卷外余篇，但真实至关重要，假使收录不慎，反致影响全局,这是值得注意的。

最近读了 1990 年出版的浙江《余杭县志》,全志分 16 编,编末附《考录》,内容分为九类:一、余杭县名考;二、余杭建置时间考;三、防风氏国考;四、杭县西镇丰禾乡农民协会布告;五、历代修志录;六、杨乃武与毕秀姑案;七、文录;八、碑记;九、诗词选。在我近年读过的不少新修地方志中,《余杭县志》的这个编末《考录》是比较令人满意的。

我最早注意《余杭县志》的卷末《考录》是在去年暑期此志尚未出版之时。我的一位老友、日本著名汉学家、东京大学东洋文化研究所所长斯波义信教授,对浙江的历史地理有精湛的研究,发表过大量著作。他于 8 月 26 日来到杭州。这次他主要的研究课题是早已和我通信联系的,即余杭南湖历史上的形成和湮废过程。他到杭州的次日,我即陪同他到余杭。我知道余杭正在修志,这类问题,县志办公室想必比较熟悉,所以我请县志主编周如汉先生协助。日本学者研究中国课题,事前都经过详细准备,搜集大量资料,有的甚至超过中国学者。我在日本担任三所大学的客座教授,经常与他们合作,这是我深所了解的。我们和斯波教授到达余杭镇(即原余杭县城)的南湖农场,因南湖大部湮废,早已归为农场。果然不出我所料,斯波教授取出一大堆有关南湖的历史资料,并已绘成南湖历史变迁示意图,复制了多份,分赠大家,持图到南湖现场核对。同行者多以他拥有如此丰富的资料而不胜诧异。我对此当然比较清楚,日本汉学家的研究工作在资料占有上常常超过中国,除了他们自己的辛勤努力,长期来研究环境安定不受干扰以外,另外两个重要的原因是:第一,日本有不少收藏丰富的汉学研究机构和图书馆,如京都大学人文科学研究所,东京大学东洋文化研究所、东洋文库等,我每次去日本均加利用,所以为我所熟知;第二,资料的流通十分便捷,学者向公共图书馆复制资料,除了收取一般复制费用外,不论珍稀版本,都没有其他限制。斯波教授本人曾先后为我引回两部我国流落在日本的方志孤本,其中康熙二十年的《常山县志》抄本,收藏在一个不对外公开的宫内省图书寮之中,但复制手续也很简便,我在新修《常山县志》末《附录》中,撰有《从日本引回康熙常山县志记略》一篇,提到复制费用,"在东京,这不过是三张电影票或二三公斤橘子的价值"。由于这些有利条件,所以日本汉学家有时能够掌握比中国学者更多的资料。以斯波教授为例,他往年出版的巨著《宋代商业史研究》(东京风间书房 1968 年出版),其中注明的参考文献,有些连我们都不易获致。而他用英语撰写的名著《宁波及其腹地》(*Ningpo and lts Hinterland*),收入于美国著名汉学家施坚雅(G. William Skinner)主编的巨著《中华帝国晚期的城市》(*The City in Late lmperial China*,1977 年美国斯坦福大学出版社出版),施坚雅在该书第二编导言中称赞:"斯波关于宁波城市的经济描述,在现有叙述转统中国城市的英语著作中,很可能是最完备的一种了。"我在拙著《评〈中华帝国晚期的城市〉》①一文中,不得不补充施坚雅的话:"在我所读到有关宁波城市研究的中文著作中,像斯波这样的论文实在也是凤毛麟角。"这里的重要原因之一就是他所获致的资料,有不少是中国学者无法得到的。例如在清代有许多以日本北海道的渔港函馆为基地的日本渔船,经常在中国宁波附近的海域中捕捞,这些渔船常常要到宁波港进行避风、采购、补给、修理等活动,他们的渔船日记上充满了关于当时宁波的市场、商品、物价等方面的记载。这些日记后来均为函馆港口博物馆收藏。斯波曾多次到函馆进行采访,大大丰富了他著作的内容。

这一次,斯波在南湖现场告诉我,他的确为南湖的研究搜集了许多资料,但是根据他在一些有关南湖的目录上发现,尚有一种资料,即民国五年的《南北湖测量报告书》,他至今尚未读到。听了他的话,《余杭县志》主编周如汉先生立刻回答,这项资料已经收入新修的《余杭县志》,县志正在排印,但他手头有打印稿。周先生随即拿出打印稿,斯波教授真是如获至宝,而我也为此感到光彩。因为斯波教授为进行这项研究而赶到中国,现在,我们除了引导他考察现场外,还提供了他所未曾获致的资料。我当时就问周如汉先生,这项资料收入县志何处?是他告诉我,县志卷末有"考录"一种,这类资料均收入在"考录"中。

现在,当我仔细阅读这个"考录"以后,感到它确实具有与众不同的特色。开首3篇,即《余杭县名考》、《余杭建置时间考》、《防风氏国考》,这是志书正文第一编《建置》的补充,但是提出了崭新的观点。浙江省在古代是汉族以外的一种少数民族越族的居地,越族与当时其他某些少数民族一样,只有语言,没有文字。当时存在的大量越语地名,均以汉字音释,如余杭、余姚、诸暨、上虞等城邑名和浙、甬、瓯等水名,不胜枚举。这个问题已为某些古代学者所发现并作了解释。例如唐颜师古注《汉书·地理志》"句吴":"夷族语发声也,犹越为于越也。"清李慈铭在其《越缦堂日记》同治八年七月十三日下说:"盖余姚如余暨、余杭之比,皆越之方言,犹称于越、句吴也。姚、暨、虞、剡,亦不过以方言名县,其义无得而详。"但一般人却并不注意这些学者的发现,长期以来按汉字望文生义,强解越语,牵强附会,由来已久。如以"禹航"解释"余杭",以帝尧解释"余姚"(因尧姚姓),以帝舜解释上虞等等,不一而足。甚至新修方志中仍然墨守旧说。例如《义乌县志》释义乌的原名乌伤,引南朝刘敬叔《异苑》的传奇故事,说孝子颜乌丧亲无力埋葬,有一群乌鸦为他往复衔土埋亲,乃致"乌口皆伤",故称"乌伤",真是无稽之谈。"乌"、"伤"二字均是越语常用字,其为越语地名,一望而知。又如《诸暨县地名志》释县名:"境内有诸山暨浦,上下各取一字为诸暨。"《上虞县地名志》释县名:"舜与诸侯会事讫,因相娱乐,故曰上虞(娱与虞通用)。"还称赞这类谬论

"较为合理可信"。其实都是抄录各县旧志,以讹传讹,令人遗憾。但《余杭县志》在这篇《余杭县名考》中,批判了旧志"余杭"即"禹航"的谬说,并指出:"据现代学者研究,余是越语的一个语音,是盐的意思(驿案,《越绝书》卷八:"越人谓盐曰余"),浙江以余为名的如余杭、余姚、余暨(驿案,萧山旧名)等,均越语地名,其义无解,与禹有关只是一种传说,以此名县,不足为信。"这一段文字确实是纠正了旧志的谬误,表现了新志的特色。

"考录"收入了杨乃武和毕秀姑案的《刑部定案奏折》,这就是社会上流传的所谓"杨乃武与小白菜案",曾被称为晚清四大奇案之一,历来道路相传,人言人殊。直到今天,"杨乃武与小白菜",仍是电影、电视、戏剧中的热门题材。在余杭,这当然是历史上的一个重要事件,而其社会影响则远远超过余杭一县。我曾于50年代末期看到过一部国产的《杨乃武和小白菜》的电影。那个年头不比现在,用这样的题材拍电影,假使不与阶级斗争之类的观点连在一起,这是不可想象的。我看得很真切,电影所表现的是清廷的内部斗争,慈禧太后为了要整掉浙江巡抚杨昌浚,所以亲自过问这个案子。结果当然是慈禧胜利,以杨昌浚免职告终。看了电影以后,我回家按年按月地查阅《光绪朝东华录》,才知慈禧要整掉杨昌浚之说实在站不住脚。因为按《东华录》的记载,杨在光绪三年免职,但次年即复起用"佐新疆军事"。官职当然比不上巡抚,但以后一再擢升,从漕运督升任为陕甘总督,加太子太保,官位大大超过了巡抚。想必当年审查此片诸公,和我一样都不知道杨昌浚以后的下落。而且他们都是大忙人,不会像我那样去查阅《光绪朝东华录》。现在,我读了这6500余言的《刑部定案奏折》,觉得它当然远远胜过《东华录》,因为《东华录》不过是整理朝廷《邸报》而成的东西,其实不过是现在报纸上的"新闻提要"一类,而奏折是专门分析叙述此案始末的文件,两者显然不可相比。现在,社会对"杨乃武和小白菜"的兴趣并未减低,最近以来,港台和大陆相继拍摄这个题材的电视片。历史工作者和戏剧工作者,倒是确实应该研究一下此案的政治背景和社会背景。这个奏折将是研究此案的重要文献。

"考录"收入了不少历史上的重要水利文献。除了上述《南北湖测量报告书》以外,还有如《临平湖考》、《南北湖开浚记》以及收入于碑记中的《疏浚临平长安河道碑记》、《重修杭县奉口斗门碑记》、《四岭水库碑记》等,都是值得留传的水利文献。此外还有一些重要的文献,如宋楼钥的《径山兴圣万寿禅寺记》、宋陆游的《洞霄宫碑记》以及近人章太炎的《仲氏世医记略》等等,不再一一列举。

《余杭县志》的"考录"对于现在正在修纂的地方志可能是一种启发,正是因为这一部分内容没有一定的规格和限制,所以它实际上是难度很大的部分。要编好这一部分,或许要比志书正文花更大的工夫。

注释:

①　《杭州大学学报》1985 年第 1 期,《新华文摘》1985 年第 8 期转载。

原载《石家庄史志》1991 年第 2 期

致《石家庄史志》编辑的信

梁勇先生：

久未通信，近况可好。不久前收到寄来的 1991 年第 1 期《石家庄史志》。我对有些文章很有同感。由于担任浙江省方志学会顾问，加上好些县、市方志主编都是我的学生，所以常常不得不去参加评稿会，去年一年竟参加了七八次。我感觉到，这次修志高潮，确实是我国历史上所少有的，形势很好，但也存在一些问题。我觉得最主要的问题是修志者一方，并不十分了解用志一方的情况。"存史、资治、教化"的话大家都说，但实际上把这些话架空、抽象了。对于历代、特别是近代以来的"用志大户"及其成果，修志者一方许多人知之甚少。如竺可桢先生利用大量方志写成的文章，陈正祥先生利用大量方志撰写的专著，不少修志者甚至都不曾去翻一下。从现在情况看，旧方志的主要"市场"是学者从事自然科学和社会科学研究，可以举出大量成果来。新方志的主要"市场"，到几百年后回过头来看，恐怕也多是如此。当然，"存史、资治、教化"虽然拿不出什么成果来，但我们不能说这是空话，作用确实存在。说到底，这是一种宏观概念。我若能抽些时间，很想写一篇文章，主要是想向修志者通报一下学术界利用旧方志做出了哪些研究成果。目的是为了让眼下修志者引起对这方面的注意。举个例子，浙江有些县志的主编提出新方志附上索引，却有不少人以为多此一举。因为这些人自己从来不用旧方志做学问，也没有看过别人用方志作的科研成果，所以不知道方志加索引对用方志搞科研的人将会带来多大的便利，他们也不知道 30 年代商

务印书馆重印的几种通志(如畿辅、山东、浙江、四川通志)都编了索引,索引篇幅占正文的15%—20%。

最近经我呼吁,浙江一些正在编的新方志,有的加了索引。

另外一个问题是对新方志中的某些部分要重视。贵刊本期发表的《新编志书凡例刍议》我很赞赏,并有同感。《凡例》是一个重要部分,但往往被忽视。另外一个部分是《附录》,也常常成为方志中的死角。有鉴于你们的文章,我写了《关于地方志的附录》一稿,其实是我在评稿会上的发言。浙江近几年修志成果中,我对《余杭县志》的这一部分较满意。那些不成话的,我举例时不指名,免得他们难过。

匆此,祝

好

陈桥驿

1991 年 4 月 28 日

原载《石家庄史志》1991 年第 2 期,收入本书时,题目作了改动

在桐乡修志工作会议上的讲话

修志是中国的优良传统。现在全国修志形势很好，到 1987 年年底报道中国地方志办公室的志书就已有 37 部，估计现在(1988 年)有 50 多部了。全国 2000 多个县已经成立班子的大概是 1800 多个县，编纂人员 1 万到 2 万人。修志已有这么大的队伍了，声势相当浩大，全国都动起来了。1983 年我在日本讲课，见到名古屋一位研究中国方志的教授，他写了一篇《中国方志通论》发表在日本的一本著名杂志上。1985 年秋天，一个国际学术会议在兰州召开，是我主持的，那位日本教授也来了。我们从河西走廊到敦煌，经过天水、张掖、酒泉、嘉峪关等偏远地区，那里有好几个市、县志初稿都出来了。当时我对日本专家说，你看河西走廊的县志也搞起来了，修志形势是很好的。下面我谈几点意见。

（一）先简单谈谈地方志的一些基本知识。我们参加修方志最起码的基本知识应该懂得一点。地方志有悠久的传统，方志的词源开始很早，《周礼·春官宗伯》讲到外史"掌四方之志"。现在一般公认最早的方志是《越绝书》，15 卷中，有些篇章同现在的方志格局很相近。《越绝书》距今已近 2000 年了，里面就讲到桐乡的史事。北宋朝廷开始下命令要各地方修地方志，当时不叫地方志，还是叫图经。一次是北宋初年开宝时候；一次是北宋中期大中祥符的时候。到大中祥符三年(1010)，修成了《祥符州县图经》1566 卷，有《杭州图经》、《吴兴图经》、《越州图经》等。图经最早起于汉代，有图有文。我们现在的方志从木刻发展到彩照，这图文并茂的传统是从图经开始的。从务印书馆重印的几种通志(如畿辅、山东、浙江、四川通志)都编了索引,索引篇幅占正文的 15% —20%。

　　最近经我呼吁,浙江一些正在编的新方志,有的加了索引。

　　另外一个问题是对新方志中的某些部分要重视。贵刊本期发表的《新编志书凡例刍议》我很赞赏,并有同感。《凡例》是一个重要部分,但往往被忽视。另外一个部分是《附录》,也常常成为方志中的死角。有鉴于你们的文章,我写了《关于地方志的附录》一稿,其实是我在评稿会上的发言。浙江近几年修志成果中,我对《余杭县志》的这一部分较满意。那些不成话的,我举例时不指名,免得他们难过。

　　匆此,祝

好

陈桥驿

1991 年 4 月 28 日

　　原载《石家庄史志》1991 年第 2 期,收入本书时,题目作了改动

在桐乡修志工作会议上的讲话

  修志是中国的优良传统。现在全国修志形势很好,到 1987 年年底报道中国地方志办公室的志书就已有 37 部,估计现在(1988 年)有 50 多部了。全国 2000 多个县已经成立班子的大概是 1800 多个县,编纂人员 1 万到 2 万人。修志已有这么大的队伍了,声势相当浩大,全国都动起来了。1983 年我在日本讲课,见到名古屋一位研究中国方志的教授,他写了一篇《中国方志通论》发表在日本的一本著名杂志上。1985 年秋天,一个国际学术会议在兰州召开,是我主持的,那位日本教授也来了。我们从河西走廊到敦煌,经过天水、张掖、酒泉、嘉峪关等偏远地区,那里有好几个市、县志初稿都出来了。当时我对日本专家说,你看河西走廊的县志也搞起来了,修志形势是很好的。下面我谈几点意见。

  (一)先简单谈谈地方志的一些基本知识。我们参加修方志最起码的基本知识应该懂得一点。地方志有悠久的传统,方志的词源开始很早,《周礼·春官宗伯》讲到外史"掌四方之志"。现在一般公认最早的方志是《越绝书》,15 卷中,有些篇章同现在的方志格局很相近。《越绝书》距今已近 2000 年了,里面就讲到桐乡的史事。北宋朝廷开始下命令要各地方修地方志,当时不叫地方志,还是叫图经。一次是北宋初年开宝时候;一次是北宋中期大中祥符的时候。到大中祥符三年(1010),修成了《祥符州县图经》1566 卷,有《杭州图经》、《吴兴图经》、《越州图经》等。图经最早起于汉代,有图有文。我们现在的方志从木刻发展到彩照,这图文并茂的传统是从图经开始的。从北宋到南宋,方志又进了一步。南宋出现了很多县、很多州、很多府的方志,而且体例、格局和现在的差不多了。所以南宋是修志的重要阶段。现在存下来的南宋方志还有28部,最有名的是"临安三志"。现在"临安三志"基本上完整的只有一种了。还有"会稽二志",两种全部完整,都接近我们现在方志的体例、格局。明朝也是我国修志史上的重要阶段,现存明朝方志有989种。我们地方官修地方志的传统应该说是从明朝开始的。明朝开始,地方官要修志。这是地方官的一种责任、一种义务,在明朝基本摆定了。明朝做地方官的人就是有那么一种压力。当三年县令假使没有修出方志,要受到两种压力:一种在交卸的时候,没有留下县志是感到很难为情的;一种是卸任回乡,父老询问,为官几年把方志拿来看看。他拿不出,这就是压力。明朝的地方志绝大多数很草率。有些县官要走之前赶紧请几个秀才、举人,拼拼凑凑搞它几卷,回家作为荣宗耀祖的资本。所以明朝的方志好的虽有,但极大部分质量差。到了清朝,方志出得多,既继承传统,又注意质量。现存清朝方志有5701种,而且渐渐地形成方志理论。清代出了著名的方志学家章学诚。他的不少理论我们还在用,譬如"生不立传",就是章学诚提出来的。民国留存现在的方志有1629种。民国的方志学家很多了,如朱士嘉先生1936年就编过《中国地方志综录》。现在地方志的联合目录是在他的基础上搞起来的。到了新中国成立后方志学家更多。中华书局出的那本地方志联合目录,原来出版的时候就有8230种,现在一共是8371种,其中浙江602种占了第二位,四川673种是第一位。

（二）谈谈我们浙江省在历代修志中的地位。浙江省是文物之邦,浙江省在历代修志中的地位怎么样?讲这个问题是为了说明我们浙江省在这次修志高潮中的责任。浙江省有不少县在这次修志中有相当大的压力,桐乡县也是属于有压力的一个县。浙江省在历代修志中的地位如何?简单讲有这几个特点:古、多、名、好。第一是"古",全国地方志中最早的一部方志《越绝书》就是我们浙江的方志。第二是"多",在我国现存的方志中,浙江省占了很大的数字。刚才讲过,我们的方志格局、体例是从南宋开始的。南宋的方志一般都是好志,同明朝的方志不同。南宋现存28部方志中浙江有17部,占第一位。这里面有很多好志,如"临安三志"、"会稽二志",还有嵊县的《剡录》都是很有名的。现在还保存着的唯一的一部宋版的方志也是我们浙江的,现藏故宫博物院图书馆,就是宝庆《四明志》。这部方志留下来是很难得的。它原是雍正年代全祖望家里的藏书。他死了,书留下来,流传到赵昱小山堂,后来藏书归朝廷了。同治皇帝后来也看了宝庆《四明志》,但拿出来一看发现装订线断了,派人拿到武英殿去修,书拿到武英殿后同治就死了,书就放在了武英殿。光绪二十一年时,武英殿起火,许多书烧掉了,另外的书都拿出来卖了,浑水摸鱼嘛!所以后来故宫博物院只留下3

册宝庆《四明志》。一直到民国二十五年,浙江文献展览会,展出王氏九峰旧庐所藏的一册,后来故宫博物院图书馆出高价把这本书收回去。现在故宫博物院4册齐全了。真正的宝庆《四明志》也是我们浙江的。元朝的方志现存11种,我们浙江占了4种也是第一位。明朝的方志很多,现存的989种,浙江115种也是第一位。宋、元、明现存方志中浙江都占第一位。一直到清朝,我们位置降下来了。清朝方志现存的5701种,浙江373种,降到第四位。四川省上去了,四川是大省,比我们浙江大得多。民国方志1229种,浙江90种也是第四位。全部现存方志中浙江居第二位,仅次于四川。第三是有"名",很多有名的方志出于我们浙江。刚才讲过"临安三志"、"会稽二志"、《剡录》和元代延祐《四明志》都是历史上有名的方志。第四是"好",我们浙江出了很多好志,如民国《鄞县通志》现在世界上很多图书馆都复制了,外国的汉学家都认为这是中国的难得的一部好志。

　　我们浙江修志,除了上面讲的古、多、名、好四个特点以外,还有很突出的一点,就是出理论、出人才。如清朝的章学诚,这是第一个发表系统的方志理论的人物。他自己就修了不少志。他还建议各个县都要设立"志科"。所谓"志科",就是方志资料馆、方志档案馆。另外,清朝的李慈铭、民国的余绍宋等都是著名的方志理论家。现在很多县修志有很大压力,因为以前出过很多好志、名志。现在修的社会主义新方志怎么超过前人? 这就是一种压力。宁波的同志讲他们感到压力很大。民国《鄞县通志》500万字,世界各国都流传。现在有没有可能把各方面的宁波专家再请来修志? 这很困难。长兴的县委书记也对我讲,他们的压力很大。为什么呢? 因为清朝时钱大昕修过长兴的县志。钱是江苏人,是名家。《龙游县志》是近代方志学家余绍宋修的,也有压力。桐乡也有压力。桐乡的压力主要在镇志。桐乡的镇志全国有名,不仅全国有名,国际上也有地位。我来前3天拿到《中国地方志集成》的简报,该集成收录2000多种,桐乡的一些有名的镇志都放进去了。从浙江省在历代修志中的地位来看,可以说,整个浙江省现在都有压力。

　　(三)我再简单谈一下方志究竟是什么东西。古代有两种说法:修《资治通鉴》的司马光认为方志源于《周官》,所以他认为方志是地方文献;清章学诚则认为方志是地方之全史,他在《文史通义》中专门讲到过这个问题。现在我们都倾向于方志是地方文献这种观点。外国汉学家在这方面也有他们的特殊看法。"方志"这个词翻译到外国有两种译法,一般如美国的费正清等人就用"方志"这个词,另一种译法叫做"地方的记录"。一般外国人都用这两个词,也有称"地方百科全书"的。胡乔木同志在全国地方志第一次会议闭幕式中讲到方志是严肃的、科学的资料书。今年3月我们在北京提到地方志是各行各业的工具书。这与胡老的话没有差别。因为一部地方志,像小说

那样从头到尾把它读完的,很少很少。几十万、几百万字谁读得完? 你搞财政金融的看财政金融;你搞环境保护的就看环境保护;你搞计划生育就去看计划生育这一些段。一个县委书记要了解地方情况也不是从头到尾读下来,今天他要去搞农业,就读农业这一章;明天研究青少年犯罪问题,他就看公安这一章;他不可能从头到尾看。所以,修地方志把科学的、真实的资料收进去就够了。现在我们就是搞这个东西,不是搞论文、搞总结报告。现在我们搞这个东西,将来各行各业都要用。

(四)谈谈当今的修志问题。这个问题我完全是外行,我只是道听途说向同志们作点介绍。第一,关于方志的种类问题。方志一般分两大类:一类是通志;一类是专志。我们现在修的地方性的省志、市志、县志、乡镇志都是属于通志;以行业为中心、专门的,如工厂志、学校志、人物志、水利志等属于专志。市志、县志现在全国已出 50 多部。省志如湖南、贵州等省已出来了。专志,山西省的人口志已出来了。我们浙江则搞了几部简志:什么人物简志、风俗简志、分县简志等;我们现在修的专志有浙江水利志、钱塘江志、人物志等。我们全国还有个新生事物——地名志。

第二,修志的班子问题。从总的格局来讲没有变化,还是从历史上传下来的格局。一是父母官(县委书记、县长)主修;二是建立编委会,由秀才执笔。很重要的事情,首先是领导重视。今天上午我们的县委书记、县长、人大主任都来了,说明领导都很重视,但做具体工作的是编委会,要有一个十分得力的主编。编委人员应该精干,要有学文的,有学理的,还要有搞后勤的。最理想的是主编是文科出身的,副主编就应是理科出身的;主编是理科出身的,副主编就应是文科出身的。十分重要的是充分发挥编委会以外的力量。在座的诸公都是各行各业的专家,就是编委会以外的重要力量。修志还有个经验,就是要合理使用经费,注意勤俭节约。外省有的县,钱花了几十万,结果初稿也拿不出来。为什么呢? 公费旅游花光了。班子有数百人,东北跑到黑龙江,西北跑到新疆,你是搞外勤的,今天跑到广州,明天跑到广西什么地方。这几十万块钱哪里经得起二三百人这样公费旅游? 结果什么也没有。这种事情千万搞不得。

第三,时间与质量的问题。这本身是个矛盾。又要马儿跑得快,又要马儿不吃草,这种事情是绝对不可能的。我们希望两者兼顾,时间快一点,质量好一点,这是可以做到的。两者有矛盾时,应该服从质量。桐乡已百年断志了。我们现在修一部志,起码要管用半个世纪。你现在多了一年、两年,在 50 年里关系是不大的,但质量好不好,关系就大了。当然,时间拖得很久,质量并不一定就好。时间拖着,大家你看我,我看你,这不是好事情。大家都在干的情况下,时间应服从质量。从全国的情况看,一些父母官总希望修志的进程快一些,因为他们都有一个任期,他们常要调动工作。县委书记、县长要卸任了,但主编不能说搞了一大半,把另外的一小半剩下了,交给了另一个人。

这不行，他们是要负责到底的。父母官尽管卸任了，换地方工作了，但你在本县修志中出了多少力，立了多少功，都应该写进去。编《全国地方志联合目录》的时候，曾发生过这样的事情：民国《贵州省志》编了30年，中间换了9位省长，起初采取简单的办法，主修的人只写开头一位和最后一位省长的名字。有人提出这不公平，可能头一个主修人在刚刚修志的时候就调走了，最后一个主修人到任的时候，可能志书已送印刷厂了。于是在序言中一一交代，并写明哪几位主修人出力最多。所以父母官不要怕，你出了力，不会委屈你。

第四，是内容问题。这个问题要多讲几句。山西修志有个顺口溜，这实际上是编志人员的亲身体会："地理难，社会乱，经济写成流水账，军事写成游击战，文物、文化难分辨，人物志最难办，不知该为谁立传。"山西的陈永贵，大家都不愿意写，觉得这个人物颇难写，是个敏感人物。我在北京开会的时候，郦家驹同志对我讲：魏桥同志很有魄力，亲自去抓《奉化县志》。这个县太难写了，敏感的人物太多了，蒋介石、蒋经国，还有俞济时等等，你都得给他写进去，评价就很困难。上面提到的顺口溜反映了当前修志的一些实际问题。我们没有经验，讲不出究竟该怎么办好。根据一些专家总结，大体上来讲是四句话：行家执笔、专家把关（行家当然也是专家，但这里有大专家、小专家的区别）、编委统稿、主编总揽。这里牵涉两件事情：一是要请在座的同志谅解，文章是你写的，结果志稿出来一看，面目全非了。这没有办法。你写的是总结报告式的，他写的是散文体，另一个人写的可能还有几句诗歌，编委不统稿还成什么东西？所以编委会一定要统稿。中国历史上就有这样的事。《资治通鉴》一共有294卷。当时司马光请刘恕、刘攽、范祖禹3个有名的历史学家执笔。他们当时的编写方式值得我们参考，先排比材料成"丛目"，再搞"长编"，长编就是初稿，到最后由司马光一个人删订定稿。现在我们看《资治通鉴》，一朝一朝记下去，好像是一个人写的，笔法都一样。《资治通鉴》就是这样由一个人统稿的。所以编委会一定要统稿，做到文笔一样，格局一样。执笔写的同志、行家们要谅解。否则就变成一本论文集了，或者一本别的什么册子了。

搞《辞海》的经验值得借鉴。《辞海》的编纂是1955年毛泽东提出来的。到1957年反右以后，指导思想变了，提出什么思想性、阶级性、战斗性。那样编出的就不是工具书，一点用处也没有，结果定稿定不下来。1962年困难时期以后，头脑有点清醒了，认为这样编是编不下去的，又提出三个性来，叫科学性、知识性、稳定性。我有点体会，前三性要不要？我说要的，但不能片面强调思想性、阶级性、战斗性。马克思主义指导就是前三性。后三性是很具体的事情。我们地方志讲思想性，就是要以马克思主义为指导。胡乔木同志特别提出政治性不是政治化，不要搞宣传。这次在北京评的几部县

志,《萧山县志》很好,但有一个很大的缺点,就是题字太多,还有选得不得当的照片。大家认为题字不需要那么多。胡乔木同志说,他过去也题了字,他愿意取消。照片呢,中国方志有图文并茂的传统。彩照是需要的,但是一定要得当,一定要有地方特性。总的来说,我们的方志要以马克思主义作为指导思想,科学性很重要。方志所收的资料是严肃的、科学的资料,这个资料要正确、要适当。山西有些经验。我去山西,听说有人写阎锡山。第一句:阎锡山早年投机革命。后来,人家就问了:阎锡山早年到日本去,加入同盟会,跑到山西搞地下活动,这个"投机"是要把脑袋投掉的。谁知道他早年投机不投机?用不着这样说。早年参加革命就是参加革命,参加同盟会就是参加同盟会,搞地下工作就是搞地下工作;是怎样就是怎样。又如说阎锡山造同蒲铁路就是想在山西"独立为王"。这条铁路从山西最北造到山西最南,这是不得了的。我们浙江到现在平湖到龙泉还没有铁路。我们的金温铁路搞了几年搞不起来。山西的省境比我们要长,从大同到蒲州、到风陵渡。同蒲铁路不是标准轨,用的是窄轨。造同蒲铁路用窄轨,就是想独立为王的证据吗?这多奇怪!同蒲路是阎锡山造的,正太铁路,从正定经娘子关到太原是光绪造的。它也是窄轨,不是标准轨。光绪皇帝是不是想到山西独立为王呢?说不通。又如有人说孔祥熙出身大地主,我也很相信。后来查清楚了,不是大地主,一分土地也没有,父亲早死,有一个寡妇母亲。孔祥熙是拣煤的,他后来怎么会发迹的呢?因为外国人可怜他,把他送到教会小学里念书。这人念书很聪明,成绩很好,从教会小学送到教会中学、教会大学,后来出国留学。这样子发迹起来的,但不是大地主的儿子。这种情况在山西很多。平型关战役是山西的一次大战,宣传得很多的,说是板垣师团一个师团都打垮了,板垣师团长也死在里面。我在河南大学学报里看到过一篇文章,说河南大学一批学生到那个地方去调查,证明当时经过平型关谷地的只是一个辎重大队821人。板垣本人也没有死。这些事情都要订正过来。科学性就是要讲得适当,讲得正确,不要讲过头。我看到这样一本志书稿,说我们这个地方高楼崛起、马路宽广、商品众多,都是过甚其辞,坐井观天。有一次,我到浙东一个县去,对他们县长讲,我28年前到过这里,那时的泥巴路,现在还是泥巴路,农村里的房子还是照旧。我们已搞了28年,国外搞28年是翻了几番的,我们还是老样子,大家都惭愧。所以我们不要讲什么都是我们中国好,什么都是中国第一。什么这是"第一高楼"、"交通四通八达"之类的话都不要讲。这是要注意的。

知识性就是实用性。我们这个资料要知识丰富切合实用。30多年来的老习惯,老是喜欢讲观点。譬如以前讲跟苏联的关系,就说什么中苏友谊是万古长青的、永久的、磐石般的;援越时说什么7亿人民是你们的坚强后盾,1000万平方公里的中国土地是你们可靠的大后方,等等。这类话不讲为妙。所以一定要注意少讲些观点,多记些资料。

　　关于"稳定性"。我们新修的方志起码要用 50 年,光绪时修的县志已经用了 100多年了。如果志书的内容不稳定,把一些随时变动的内容都记进去,这就毫无价值。"稳定性"还表现在一些特殊的事物上,这就是地方特色。这次我们在北京评几部新方志,讲到《萧山县志》中的海涂围垦。这是萧山的地方特色,大家都很感兴趣。这事连外国人也很感兴趣。有一次,我陪一位在我那里进修的美国某大学历史系的系主任到萧山参观。我对他说,以前讲"上帝造海,荷兰人造陆",现在要讲"上帝造海,萧山人造陆"了。他很感兴趣。江西《玉山县志》中关于血吸虫病的篇幅很多,因为那个地方以前血吸虫病很厉害,血防就是它的特色。志书一定要有地方特色。桐乡有什么特色? 我对桐乡没有作过专门研究。我初步想想,桐乡也有一些很特殊的东西,这在方志里是不能回避的,一定要写进去的。第一,桐乡古老,有吴越古战场。春秋时,钱塘江以北,今江苏省界以南这一大片地区,见之于正式文献的只有 5 个地名:武原、陉、语儿乡、辟塞或叫柴碎、檇李。这 5 个地名中,语儿在今桐乡县西南部崇福附近,其他除武原以外,都在桐乡附近,或者是在桐乡的东北角或者在嘉兴的西南部。见之于正式文献的 5 个古地名中,有 4 个集中在这里。第二,就是乡镇志。从国际、国内的研究来看,地方志中最实用的,就是乡镇志。所以准备影印的《中国地方志集成》首先就要出乡镇志,再出县志,然后出各种专志。桐乡出了几种有名的乡镇志,这跟桐乡有几个有名的集镇有关。在中国社会的发展过程中,集镇不是一下子出来的,太湖流域集镇的研究在国际上也是很有名的东西。中国的城市在唐代末叶以前都是行政性的城市,它的建筑都是长方形或正方形的,衙门都在中间。包括首都长安。这就是个典型。皇宫就在中间,整整齐齐一条街。这是行政性的城市。凡是城市,就有衙门在。集镇出来了,集镇再大,也算不了城市。比如江西横峰是个很小的城市,"小小横峰县,两爿豆腐店,堂上打屁股,四门都听见。"但它是城市,因为有衙门。它附近一些大的集镇,如景德镇,当时就不算城市。唐以后,据现在的城市研究,中国发生了城市革命。城市起变化了,行政性的城市转向商业性的城市。它的构造也不像过去那样一定要衙门在中间了。比如北宋的首都开封,那里的皇宫就不在城市的正中。到了南宋,皇宫就不在临安的正中。明朝朱元璋的皇宫也不在南京的正中。到了北京,皇宫又在中间,但城市的性质变了,里面有很多商场。太湖流域,唐代末叶城市革命以后,就雨后春笋般地出现了很多集镇。对此,外国专家有很多研究。日本有个学者专门出了一本大书,专门研究太湖流域的集镇,里面就引用了很多太湖流域的地方志。所以这些地方志很有名。比如乌镇,宋朝时就有了 4 卷的地方志《乌青记》,这是乌镇最早的地方志。从宋朝到民国,都有乌镇的地方志。民国时期的《乌青镇志》,世界有名的图书馆里都有收

藏,它有44卷,加卷首共45卷。这是卢学溥修的,比其他一些地方的县志、府志都有名。从宋朝到民国,乌镇的志书一共有9种,现在还有4种存在。濮院也修了很多镇志,共修了14种,现存5种。民国《濮院志》共有30卷,世界一些图书馆亦有收藏。所以有很多有名的乡镇志,这是桐乡的又一个很重要的特色。对桐乡来讲,这既是一种光荣,又是一种压力。在历史上有很多有名的乡镇志的情况下面,我们现在不得不组织力量,编修出更好、更完美的,包括乌镇、濮院、崇福等大集镇的乡镇志来,这样才能继承前人的光荣传统。

原载《桐乡县志通讯》1988 年第 2 期

给定海县志办的回信："谈内、外越"

黄信先生：

因为《中国地方志集成》的事,我去扬州开会,李文伯先生到舍下几次,都未遇着我,十分抱歉。《集成》是几家出版社合作选旧方志3000余种,16开影印出版,每套售价要15万元,是一笔大数目。他们邀全国主要新华书店及港澳客商在扬州开会,邀我去讲一讲方志的重要性。那是件大事,所以我只好去了。害李先生几次摸空,事非得已也。昨晚李先生又来了,总算相互谈了,并且读了您的信。

因为下月5日我要偕内人去日本讲学,现在正在准备讲稿和出国的其他琐碎事情。尊信所谈的问题,与我去日本讲学有些相同,在我准备的讲稿中,我将在广岛女大讲《吴越文化是中日两国的共同文化》一题,将在九州大学讲《中日两国的史前交流》一题,其实都涉及尊信提到的问题。不过我眼下相当忙乱,不可能仔细答复您信中的事,我只好约略把"内越"、"外越"的事简述一下。在中国古籍中,出现"内越"一词的仅《越绝书》一种;出现"外越"(或东海外越)一词的除《越绝书》外,尚有《林邑记》一种。但《林邑记》是佚书,我们是从《水经注》卷三十六《温水》和卷三十七《叶榆河》所引见到的。现在简单写一点古代越族的情况。

中国东部在晚更新世曾有过三次海进,即星轮虫(asterorotalia)、假轮虫(pseudoro-talia)和卷转虫(ammonia)海进。星轮虫海进始于距今10万年,不必说它。假轮虫海

进始于距今 4 万年,海退发生于距今 2.5 万年。这次海退规模甚大,中国东部海岸后退达 600 公里,东海中的最后一道贝壳堤(shell mound)位于大陆架前缘,今海面 −155 米,C^{14} 测定为 14780±700。此时,舟山和大陆相连,舟山以东,尚有大片海滨平原。越族当时就在今宁绍平原(包括舟山以东大片平原)繁衍生息。从孢粉分析材料看,这里是亚热带海洋性气候,河湖密布,自然条件甚好。但最后一次卷转虫海进在距今 15000 年前后掀起,距今 12000 年前后,海面上升到今海面 −110 米处,舟山开始与大陆分离;11000 年前后,上升到 −60 米,舟山成为群岛;8000 年前后,上升到 −5 米的位置上,大陆开始受到海进影响。7000—6000 年前后,海水直薄会稽、四明山麓线,宁绍平原成为一片浅海。所以宁绍平原的自然环境恶化,是在这次海进的最后 1000 年中发生的。居住在宁绍平原上的越族,就在这 1000 年中分批流散(当然,居住在舟山以东滨海平原上的越族,其流散时间要早得多),越过钱塘江到浙西和苏南丘陵地的称为"句吴";随着海水的南侵而逐步向南迁移(河姆渡即是南迁时的遗址之一)最后进入山区的,称为"内越";海进过程中,漂洋过海外迁的称为"外越"。这就是越族流散的总的情况。等到距今 4000 年前后,卷转虫海退发生,"内越"又返回宁绍平原。情况大致就是这样。但其中还有许多细节,我眼下实在没有时间详述。我想,明年年初我从日本回来以后,让我准备一下,或我去舟山,或你们来杭州,比较详细地谈一下,大家来共同研究这些问题。

　　因为考虑到从今天起到 12 月 5 日之间,我只有越来越忙乱,不会再有空闲时间,所以匆匆先复您一信,辞不达意,写得又很草率,实在抱歉!

　　专此,并祝

撰安!

陈桥驿顿

1989 年 11 月 9 日

附:定海县志办的来信

陈桥驿教授:

　　您是古地理学家,又是方志学界的老前辈,现有两个疑难问题向您老求教,望不吝指教。

一、《汉书》中所说的"东鳀人"与《绝越书》中所说的"外越人"是否俱指东海岛屿上的古代居民？

1.《汉书·地理志·吴地》最后几句：

"会稽海外有东鳀(音题)人,分为二十余国,以岁时来献见云。"

(按：《汉书·地理志》所记,皆在中国境域之内,所谓会稽海外,当指江苏浙江沿海诸岛,则东鳀人似即舟山群岛嵊泗列岛的古代居民。当否?)

2.《绝越书》第八卷《外传·记地传》说：

"无余初封大越,都秦余望南,千有余岁而至句践。句践徙治山北,引属东海,内、外越别封削焉。"

(蒙文通注："句践所统,既有东海内之越,复有东海外之越,故言东海内、外越"。)

又《绝越书·记地传》最后一段中：

"秦始皇帝以其三十七年东游之会稽。……因徙天下有罪适吏民,置海南故大越处,以备东海外越。乃更名大越曰山阴。"

又《绝越书》第二卷《外传·吴地传》说：

"娄北武城,阖庐所以候外越也,去县三十里,今为乡也。宿甲者,吴宿兵候外越也,去县百里,其东大冢,摇王冢也。"

(按：武城、宿甲俱在姑苏以北,阖庐设军以防外越之处。)

从上述三段引文来看,"大越"即山阴,今绍兴市;"内越"是绍兴以东至海口,今宁波市所辖地区;"外越"乃东海诸岛,今舟山市所辖诸岛。岛上居民,春秋时称之为"外越人"。且外越对吴国有军事威胁。当否?

二、"翁山"是否古国名?

唐开元二十六年七月十三日,析鄮县置翁山县(即今定海)。关于取名"翁山"的来历,诸旧县志及四明六志都说,由于县东四十里有翁浦山,故名。然考翁浦山乃海边无名小山,以其在翁浦之侧,因呼之。议者多疑是说。近得镇海县翁氏家谱,其中《翁氏宗图旧引》称：

"按翁氏本姬姓,周昭王庶子,釐食采盐官之翁山。历吴、越、秦、楚,经八百余年而国亡。名爵俱毁,徙居甬东。改名翁洲,今四明是也。"

据此说,远在西周时期,已有翁山古国。家谱之类,虽不可轻信,然联系"会稽海外……分为二十余国"之说,又未可断然否定。又考西晋葛洪所撰《抱朴子》一书中也提到翁洲。"古仙者之药,以登名山为上,而以海中大岛屿如会稽之东翁洲者次之。"则又与家谱中"改名翁洲"之说相合。可见早在西晋时,翁山或翁洲之名已为文人所进始于距今4万年,海退发生于距今2.5万年。这次海退规模甚大,中国东部海岸后退达600公里,东海中的最后一道贝壳堤(shell mound)位于大陆架前缘,今海面－155米,C^{14}测定为14780±700。此时,舟山和大陆相连,舟山以东,尚有大片海滨平原。越族当时就在今宁绍平原(包括舟山以东大片平原)繁衍生息。从孢粉分析材料看,这里是亚热带海洋性气候,河湖密布,自然条件甚好。但最后一次卷转虫海进在距今15000年前后掀起,距今12000年前后,海面上升到今海面－110米处,舟山开始与大陆分离;11000年前后,上升到－60米,舟山成为群岛;8000年前后,上升到－5米的位置上,大陆开始受到海进影响。7000—6000年前后,海水直薄会稽、四明山麓线,宁绍平原成为一片浅海。所以宁绍平原的自然环境恶化,是在这次海进的最后1000年中发生的。居住在宁绍平原上的越族,就在这1000年中分批流散(当然,居住在舟山以东滨海平原上的越族,其流散时间要早得多),越过钱塘江到浙西和苏南丘陵地的称为“句吴”;随着海水的南侵而逐步向南迁移(河姆渡即是南迁时的遗址之一)最后进入山区的,称为“内越”;海进过程中,漂洋过海外迁的称为“外越”。这就是越族流散的总的情况。等到距今4000年前后,卷转虫海退发生,“内越”又返回宁绍平原。情况大致就是这样。但其中还有许多细节,我眼下实在没有时间详述。我想,明年年初我从日本回来以后,让我准备一下,或我去舟山,或你们来杭州,比较详细地谈一下,大家来共同研究这些问题。

　　因为考虑到从今天起到12月5日之间,我只有越来越忙乱,不会再有空闲时间,所以匆匆先复您一信,辞不达意,写得又很草率,实在抱歉!

　　专此,并祝

撰安!

陈桥驿顿

1989年11月9日

附:定海县志办的来信

陈桥驿教授:

　　您是古地理学家,又是方志学界的老前辈,现有两个疑难问题向您老求教,望不吝指教。

一、《汉书》中所说的"东鳀人"与《绝越书》中所说的"外越人"是否俱指东海岛屿上的古代居民？

1.《汉书·地理志·吴地》最后几句：

"会稽海外有东鳀（音题）人，分为二十余国，以岁时来献见云。"

（按：《汉书·地理志》所记，皆在中国境域之内，所谓会稽海外，当指江苏浙江沿海诸岛，则东鳀人似即舟山群岛嵊泗列岛的古代居民。当否？）

2.《绝越书》第八卷《外传·记地传》说：

"无余初封大越，都秦余望南，千有余岁而至句践。句践徙治山北，引属东海，内、外越别封削焉。"

（蒙文通注："句践所统，既有东海内之越，复有东海外之越，故言东海内、外越"。）

又《绝越书·记地传》最后一段中：

"秦始皇帝以其三十七年东游之会稽。……因徙天下有罪适吏民，置海南故大越处，以备东海外越。乃更名大越曰山阴。"

又《绝越书》第二卷《外传·吴地传》说：

"娄北武城，阖庐所以候外越也，去县三十里，今为乡也。宿甲者，吴宿兵候外越也，去县百里，其东大冢，摇王冢也。"

（按：武城、宿甲俱在姑苏以北，阖庐设军以防外越之处。）

从上述三段引文来看，"大越"即山阴，今绍兴市；"内越"是绍兴以东至海口，今宁波市所辖地区；"外越"乃东海诸岛，今舟山市所辖诸岛。岛上居民，春秋时称之为"外越人"。且外越对吴国有军事威胁。当否？

二、"翁山"是否古国名？

唐开元二十六年七月十三日，析鄮县置翁山县（即今定海）。关于取名"翁山"的来历，诸旧县志及四明六志都说，由于县东四十里有翁浦山，故名。然考翁浦山乃海边无名小山，以其在翁浦之侧，因呼之。议者多疑是说。近得镇海县翁氏家谱，其中《翁氏宗图旧引》称：

"按翁氏本姬姓，周昭王庶子，釀食采盐官之翁山。历吴、越、秦、楚，经八百余年而国亡。名爵俱毁，徙居甬东。改名翁洲，今四明是也。"

据此说，远在西周时期，已有翁山古国。家谱之类，虽不可轻信，然联系"会稽海外……分为二十余国"之说，又未可断然否定。又考西晋葛洪所撰《抱朴子》一书中也提到翁洲。"古仙者之药，以登名山为上，而以海中大岛屿如会稽之东翁洲者次之。"则又与家谱中"改名翁洲"之说相合。可见早在西晋时，翁山或翁洲之名已为文人所习闻。唐时置县,或乃沿用古名,亦未可知,但我们遍查古籍,欲求证所谓翁山古国者,竟无可稽考。

故特请教,顺致

敬意

定海县志办

1989 年 10 月 23 日

原载《定海县志》1990 年第 1 期

审阅《绍兴市志·政区篇》批注选录

【绍兴市志编者按】《绍兴市志·政区篇》志稿专业性强,编写难度大,虽经作者几番修改,仍不免有欠妥之处。为确保市志质量,我们又把志稿送请市志顾问、杭州大学地理系陈桥驿教授审阅。陈教授在百忙中仔细审阅,并从志稿的体例、内容、史学观点到资料的考订、运用以及文字表达等方面,提出了许多极其宝贵的意见。陈教授科学、严谨的治学精神,值得我们修志同人学习和仿效。现将陈教授的批注选录如下,希望大家能从中得到启迪,并且举一反三,融会贯通,把志稿质量提高到新的水平。

1. 政区篇设附录"废城镇",共收 31 处。对于"废城镇"这一名称。

批注:市志有此一篇是好的,它不仅是绍兴古代发展史上的一些城邑掌故,并且有裨于人们阅读有关绍兴的古籍。但"废城镇"这个名称似乎不妥,应该改一下,因为不少地名如句无、御儿、鄞、姑蔑等在市外,如琅琊则在省外,是否改成"与绍兴历史有关的废城镇"(太啰唆),或"绍兴古籍记及的重要城邑聚落",或以后者为妥。因为"城镇"一词不好,如御儿、朱余、炭渎之类,既非城,亦非镇,不过是一般聚落。

2. 第一章政区沿革第一节于越国中有一段:"朱句五年(前445年),江淮以北为楚蚕食殆尽。公元前356年,越王无疆继位,越复兴,全力攻齐、楚,与诸国争强。至周显王三十五年(前334年),越国终为楚国败,散为无数小国,而朝服于楚。"

批注:(1)朱句一条值得考虑,我在拙作《於越历史概论》中说:"在句践以后的历代君王中,势力最强盛的大概要算越王朱句。据今本《纪年》所载,周威烈王十一年

'於越灭滕'。《史记·越世家·索隐》也引古本:'于越子朱句三十四年灭滕',而时隔一年,今本《纪年》又载,周威烈王十二年:'於越子朱句伐郯,执郯子鸪以归。'对于这一条,《史记·越世家·索隐》和《水经·沂水注》所引古本也基本相同,说明资料是可靠的。在于越迁都琅琊以后,滕和郯都是它附近的小国,两年之中,先后灭掉这两个小国。此外《孟子·离娄》曾记及它伐鲁;《说苑·立节》曾记及它伐齐,其势之盛,与句践时代,横行于江淮一样,难怪要被人称为'越好战之国'和'猛虎'了。"①请参阅拙作。(2)"越复兴"的话也不可靠,无疆确实有攻齐攻楚之举,但国势早已衰竭,绝非复兴,《於越历史概论》说:"在他(指越王搜)在位八年死后,由他的儿子无疆继位。当时,於越的国势衰落,士气不振,民心离散,已经不言而喻,而楚人一击,就此崩溃,也是可以理解的事。"(3)"散为无数小国"一句说得太简单,应参考《通鉴》及《越世家》等篇,作:"楚尽取吴故地至浙江,越诸族子争立,或为王,或为君,散为无数小国,滨于江南海上,朝服于楚。"

3. 政区沿革章第二节秦—清有一段文曰:"始皇统一六国,全国推行郡县制,先后于今浙江境内设立山阴(以在会稽山之阴而名,治即今绍兴城)、诸暨(治今诸暨城)、句章(治今余姚东南)、郯县(治今鄞县东、山之北)、鄞县(治今奉化白桂)、乌伤(治今义乌稠城)、大末(治今龙游城)等 10 余县。今绍兴市各县分属山阴、诸暨两县。秦末(一说汉初)会稽郡又置上虞(治今百官)、余姚(治今余姚城)。"

批注:"浙江境内"改为"钱塘江以南","郯县"改为"郯","鄞县"改为"鄞",加"余姚、上虞"。现在,各地都希望建县时间提早,明明确实有数说者,显其早而掩其晚,更有甚者,以牵强附会或野史传说为据,但余姚、上虞两县则不同,不必提秦末汉初之说,历来有许多证据可引,而谭其骧《浙江历代行政区划》(《长水集》上册)图表所列甚明。

4. 政区沿革章第二节秦—清有一段:"永建四年……析上虞县南乡置始宁县"(治今上虞滨笕乡浦山头附近)。

批注:治所约当上虞滨笕乡浦山头附近,但始宁县确址,至今不能论定,因为没有考古确证,所以说得灵活一点为妥。

5. 政区沿革章第二节秦—清有一段:"唐武德四年(621),平定江南,罢郡改州,改会稽郡为越州,置总管府,总管越、嵊、姚、鄞、浙(系松州之误)、婺、衢、殻、丽、严、绸十一州……"

批注:因为不是用引号直引,所以可以径行改正,不必写了错字再括注改正。但若用引号直引,则又当别论。

6. 政区沿革章第二节秦—清有一段:建炎四年四月癸未,宋高宗(因)明年正月一日改元绍兴,按唐德宗以兴元元年巡幸梁州改梁州为兴元府故事,改越州为绍兴府(嘉泰《会稽志》),……越州于绍兴二年正月启用绍兴府号。"绍兴"即"绍奕世之宏休,兴百年之丕绪"(陈桥驿《绍兴得名》引宋徐梦莘《三朝北盟会编》卷一百四十四载)。

批注:不必把陈桥驿的名字写进去,因为陈桥驿无非发现了这种文献,而事情是由徐梦莘的记载才弄清楚的。遗憾的是这样相当重要的事,一直来大家都会采取不求甚解的态度,含糊其事,不了了之。从这一点来说,《绍兴市志》完全超过"会稽二志"以及以后明清的《绍兴府志》了。

7. 政区沿革章第三节民国这一名称。

批注:"民国"一词概念不清,作为简称,则中华人民共和国亦可称作"民国",它不过是和"王国"对义而已,所以节名必须用全称"中华民国",文内用简称当无不可。

8. 区域变迁章第一节於越疆域有云:"句践七年,吴许越地百里,东至炭渎(《旧经》:会稽县东六十里),西至周宗(《水经注》:江(浙江)之西岸,有朱室堤,句践百里之封,西至朱室为此也),南造于山,北薄于海。"

批注:"堤"应改正为"坞"。引用古书一定要先了解版本,《水经注》明版错误极多,不堪卒读,是清初全、赵、戴三家校勘后才成为善本的,此处朱室堤,就是误用王国维的错误百出、不堪卒读的本子之故,全、赵、戴三家都改作"坞"字了。

9. 志稿在引用资料时,均随文注明出处。

批注:我完全赞同方志撰写注明出处,这不仅是为了方志的学术性和实用性,同时也是为了继承旧志的传统,只有一些从来没有做过学问,把修志作为临时任务的人,才不赞成方志注明出处。但是方式可以考虑,我认为括注在正文中就可以了,不必篇后注释。

10. 区域变迁章第二节秦—清有一段:"《元和郡县图志》载:州境,东西648里,南北360里(估计此数系开元二十六年前统计)……"。

批注:《元和郡县图志》中的"图"字和括号中的"估计"两字可删去,今已有排印本,作《元和郡县志》,从今书。《元和郡县志》以贞观十三年(639)《大簿》所列十道为准,事实甚明,所以不必"估计"。

11. 行政区划章开头一段写道:"县以下行政区划,东汉《越绝书》已载有秦汉及秦以前的乡、亭、里名。……大越城(今绍兴城)及附近有'阳城里'、'富阳里'、'安城里'、'巫里'等。南北朝时,郦道元注《水经》:'浙江东迳御儿(即语儿)乡','(上虞)县东有仇亭……'。"

批注:引古书不能有一字之误,加了引号引书,即便原书有错字,也不能擅改,只能加注用案语来改。此处把《水经注》写作注《水经》,这是古代类书中的写法,现在不应如此写。引文则有两处错误:①漏了一个"又"字;②原文并无"(即语儿)"字样,引号之内,神圣不可侵犯,故此句应作:"浙江又东迳御儿乡"(御儿即语儿)。至于"(上虞)县东有仇亭"一句,《水经注》不是这样写的,卷四十《浙江水注》说:"《地理志》云:县有仇亭,柯水东入海"。绝无"东"字。既然《水经注》写明"《地理志》云",则引用时应该先去找《汉书·地理志》,而且《汉书·地理志》会稽郡上虞条下,确实写明,"有仇亭"三字,在这样的情况下,当然应该引《汉书·地理志》,而不应该引《水经注》,因为不仅《水经注》之说来自《汉书·地理志》,引书要引原出处,而且《汉书·地理志》比《水经注》更权威。

12. 建置镇章(第四章)"安昌镇"一目。

批注:有清《安昌志》、《安昌记》等乡土文献。案:地方文献甚为重要,要查一查地方文献,如有,要写入,这对于方志(方志本身也是地方文献)来说,可以大大增加其实用性。

13. 建置镇章"平水镇"一目中有一段:平水镇……唐代已为著名的"日铸茶"产销地。

批注:日铸茶据我所知,始见于欧阳修《归田录》,唐代云云,据何资料?

14. 建置镇章中"钱清镇"一目称:据《后汉书》,会稽太守刘宠有善政,临行,山阴县老叟百钱以送。宠选一钱受之,至西水江,投之于水而去。

批注:《后汉书》没有这样的话。又引《后汉书·刘宠传》:"拜会稽太守,山民愿朴,乃有白首不入市井者,颇为官吏所扰。宠简除烦苛,禁察非法,郡中大化。征为将作大匠。山阴县有五六老叟,龙眉皓发,自若耶山谷间出,人赍百钱以送宠。宠劳之曰:'父老何自苦? 对曰:'山谷鄙生,未尝识郡朝。它守时,吏发求民间,至夜不绝,或狗吠竟夕,民不得安。自明府下车以来,狗不夜吠,民不见吏,年老遭值圣明,今闻当见弃去,故自扶奉送。'宠曰:'吾政何能及公言邪!'"勤苦父老,为人选一大钱受之。所以上文"至西小江,投之于水而去"一语,不仅《后汉书》没有,而且不通情理。

15. 建置镇章"甘霖镇"条下有"嵊义公路经此"句。

批注:"义"字之下括加"乌"字。

16. 志稿第四章建置镇"谷来镇"条下有"据《十道志》:舜耕于此,天降嘉谷,以此名之"。

批注:《十道志》其书早已亡佚,何来此书?

17"小蒋镇"条下有"外小将、里小将两村"句。

批注:有语病,外小将确实是"村",但里小将是镇区所在,非村。把此"村"改成

"聚落"较妥。

18."马剑镇"条下有"……据《浦阳戴氏宗谱》……"

批注:宗谱必须写书名、年号,如同引方志一样。写书名年号,证明作者实见此书,不是辗转借引。

19.附录"主要村镇·三江"一目中有"三江……《明史·地理志》:三江者,一曰浙江,一曰钱清江,一曰曹娥江"。

批注:《明史·地理志》并不像引文中所引的那样简单。原文说:"三江者,一曰浙江;一曰钱清江,即浦阳江下流,其上源自浦江县流入,至县西钱清镇,曰钱清江;一曰曹娥江,即剡溪下流……"若既要用引号引《明史》此说,其中必须加省略号。

20.政区篇附录"废城镇·周宗"一目中有:《吴越春秋》卷八:"吴封地百里于越,西至周宗。"

批注:这样引书也是不对的,因为《吴越春秋》原句是:"吴封地百里于越,东至炭渎,西止周宗。"这样一引,就是篡改了原书,所以必须作"吴封地百里于越……西止周宗"。其实,"东至炭渎"4字不必略去,不必用省略号。

21.政区篇附录"废城镇·石城"一目中有"石城,或称石头城,即今绍兴县斗门镇"。

批注:过去很少有人考证过,不能说得这样肯定,除非有十足的依据。

22.政区篇附录"废城镇·石城"一目引《读史方舆纪要》:"钱镠讨董昌,自西陵趋石城。"

批注:我仔细地查核了《读史方舆纪要》卷九十二的"石城"和"西陵城"两条,都不见这句话,这句话从何而来?

注释:

①　《浙江学刊》1984 年第 2 期。

原载《绍兴市地方志工作通讯》1992 年第 73 期

《图经》在我国方志史中的重要地位

　　地方志是我国优秀的文化传统,在我国地方志修纂历史中,一般多以《越绝书》和《华阳国志》等为最早的作品,可称之为古方志。其实,这类所谓古方志,只是由于在内容中有某些卷与后世方志相类。以《越绝书》为例,我早年已经指出:"按照今本 19 篇来看,内容包罗极广,不能一律都作为方志看待。但其中卷二《吴地传》和卷八《地传》两篇,无疑为宋代及其以后的地方志开创了范例。把这两篇作为我国最早的地方志,确是恰如其分的。"①不过,把《越绝书》等作为我国地方志的鼻祖,这毕竟是后人的看法,至于这些古籍的作者,他们绝不会意识到,他们的著作到后世要列入一种称为地方志的概念。

　　古方志以后,方志史中紧接着的是六朝方志。六朝方志的特点是篇幅短小,篇名多称为"记",如《钱塘记》、《会稽记》、《洛阳记》等,著录于《隋书·经籍志》的有 139 种之多。和古方志不同,在六朝方志的撰写人中,显然已经有人逐渐明白他们所撰写的作品的性质,这是因方志一名,在六朝当代已经开始流行。《水经·汝水注》:"会上台下列山川图,以方誌参差,遂令寻其源流。"又《渠水注》:"因其方志所叙,就记缠络焉。"《汝水注》的"方誌"和《渠水注》的"方志",指的就是后来被《隋书·经籍志》所著录的许多称"记"的作品。在我国方志史中,对于方志渊源,学者动辄引《周礼》,所谓"外史掌书外令,掌四方之志"。其实,《周礼》无非是后世学者理想的周朝制度,《周礼》所说的"四方之志",谁都不曾见过,与后世方志实在毫无牵连。方志之名及学者有意识的撰写方志,应该认为是从六朝开始的。

从明、清以至民国,方志的体例格局,与六朝方志有极大差异。明、清方志的体例格局,是在两宋特别是南宋方志的基础上发展起来的。而六朝方志和南宋方志之间,存在着一种明显的纽带和过渡,这就是兴起于隋、唐,极盛于两宋的图经。图经的特点是图文并茂,因为古方志绝无插图,六朝方志亦无插图,方志插图,是从图经开始的。我早年在为点校本《越中杂识》一书写的代前言《从越中杂识谈浙江的方志》一文中提到:"北宋地方志还替后世开创了图文并茂的先例,这就是丰富多彩的称为图经的作品。"②所以图经在我国方志史中,确实具有重要的地位。

我国历史上的修纂图经,当然远比隋、唐、两宋要早。据《华阳国志·巴志》所载,东汉桓帝时,泰山但望(字伯阖)为巴郡太守,他于永兴二年(154)上疏:"谨按《巴郡图经》境界,南北四千,东西五千,周万余里,属县十四,盐铁五官,各有丞吏,户四十六万四千七百八十,口百八十七万五千五百三十五。……"既然但望在公元2世纪中叶已经按《巴郡图经》向朝廷呈报他所治的郡内情况,则《巴郡图经》的修纂当然比但望就任时要早,另外,既然郡守向朝廷呈报郡的基本情况可以根据《图经》,则《图经》的内容就必须相当可靠。比《巴郡图经》成书稍晚的图经作品是《三辅黄图》。③此书记载秦、汉时代三辅(指长安京畿之地)的城池、宫观陵庙、明堂等,清孙星衍在其辑本序中说"旧书有图"。今书存而图佚,古代图经的幸存者,大率类此。

到了隋、唐,图经的修纂开始发展。《隋书·经籍志》著录的《隋区宇图志》129卷,据清章宗源的考证,乃是隋炀帝命虞世基、许善心等所纂,"世基乃钞《吴郡序》以为体式,及图志第一副本新成八百卷奏之。帝以部秩太少,更遣重修,成1200卷,卷头有图,别造新样,纸卷长二尺,叙山川则卷首有山川图,叙郡国则卷首有郭邑图。其图上有山川城邑,题书字并用欧阳肃书,即率更令询之长子,工于草隶,为时所重"。④如上述,可见《隋区宇图志》竟是一部1200卷的敕修巨型图经,《隋书·经籍志》著录129卷,或许只是其残余部分而已。

隋代的另一种大型图经是《隋书·经籍志》著录的郎茂(字蔚子)所撰的《隋诸州图经集》100卷。据清姚振宇的考证,⑤郎茂是隋炀帝时的尚书左丞,"撰《州郡图经》一百卷奏之,赐锦三百段,以书付秘书"。则此书与《隋区宇图志》不同,是一部个人著作而由朝廷收藏的。

上述两部隋代的图经,虽然都早已亡佚,但内容还可窥及一二,即"叙山川则卷首有山川图,叙州郡则卷首有郭邑图,其图上有山川城邑"。不仅是图的内容,图幅的题款也明白记及:"题书字并用欧阳肃书,即率更令询长子,工于草隶,为世所重。"尽管我们没有看到这些图幅,但从其他一些文献来看,这类图幅往往有很高的绘制技巧。

唐褚朝阳《观会稽图》云："良使求图籍,工人巧思饶。全移会稽郡,不散钱江潮。夏禹犹卑室,秦皇尚断桥。宛然山水趣,谁道故乡遥。"[⑥]说明这是一幅会稽郡全郡图,图的内容北起"钱江潮",南到"夏禹卑室",其范围正是隋会稽郡。则褚朝阳所见的《会稽图》,或许是一种单幅图,或许即是上述《隋区宇图志》或《隋诸州图经集》中的一幅。隋代图经中的图幅大概如此。

唐朝建国长久,从全国到地方,图经的修纂成就颇大,而其中最著名的是元和八年(813 年)成书的《元和郡县图志》。此书由元和宰相李吉甫所主纂,李亲自为此书作序,从序末的一段话中,可以看到他主纂这部全国性图志的缘起和图的内容规模:

> 况古今言地理者凡数十家,尚古远者或搜古而略今,采谣俗者多传疑而失实,饰州邦而叙人物,因丘墓而征鬼神,流于异端,莫切根要。至于丘壤山川,攻守利害,本于地理者,皆略而不书,将何以佐明王扼天下之吭,制群生之命,收地保势胜之利,示形束壤制之端,而微臣之所以精研,圣后之所宜周览也。谨上《元和郡县图志》:起京兆府,尽陇右道,凡四十七镇,成四十卷,每镇皆图在篇首,冠于叙事之前,并目录两卷,总四十二卷。……

从李吉甫序中可见,这是一部全国地志,由于"每镇皆图在篇首",所以称为图志。可惜此书到了南宋,图幅就已亡佚,程大昌在淳熙二年(1175)刊行此书时作序说:"此于唐家郡县疆境,方面险要,必皆熟按当时图籍,言之最为可据,宪宗经略诸镇,吉甫实赞成之,其于河北、淮西,悉尝图上地形,宪宗得以坐览要害,而逾定策划者,图之助多也,惜乎其不存。"由于图幅亡佚,此书从此改称《元和郡县志》。这是我国历来所有大型图经中,除图幅亡佚外,硕果仅存的一种。

除了《元和郡县图志》外,唐代修纂的图经还有不少,韦瑾所撰的《域中郡国山川图经》即是其例。此图经仅有一卷,据《玉海》卷十五《唐郡国志》条云:"韦瑾《域中郡国山川图经》一卷,始关内,终剑南,据郡县山川为之图。"《玉海》中的说明或许不够全面,既然称为图经,必然还有文字说明。从此图经仅有一卷来看,大概就是一种有文字说明的单幅全国地图。

上面所述是我国从汉到唐的图经修纂情况,虽然举了几种例子以说明这段时期中图经修纂的发展概况,但是就其数量来说,与图经全盛时代的两宋相比,却是微不足道。总计自汉至唐,有公私著录可查的图经、图志或图说等,[⑦]不论存亡,不过 26 种,还不到宋朝一代修纂的图经(包括图志、图说等)的 5%。[⑧]

现在来看看两宋的图经修纂,如今见于公私著录的图经(包括图志、图说等),不论存亡,修纂于两宋的,共有 566 种,两宋以后包括元、明、清,直到民国,总共只有 83

种（包括民国时代四川、西康等省的 39 种图志在内）。所以两宋是我国方志史中图经修纂最发达的时代。今天我们在公私著录中可以查采的历来图经（包括图志、图说等）总数，不论存亡，共有 605 种，两宋修纂的要占总数的 95%。

两宋的图经修纂所以盛极一时，主要是由于朝廷的提倡。在北宋一代中，曾经有两次由朝廷倡议的全国性图经修纂。据《玉海》卷十四《开宝修图经》条云："四年正月戊午，命知制诰卢多逊、扈蒙等重修天下图经，其书迄不克成。六年四月辛丑，多逊使江西，求江表诸州图经，以备修书，于是十九州形势尽得之。"说明这次全国性图经修纂的准备工作，由卢多逊、扈蒙等于开宝四年到六年（971—973）之间进行。而把全国各州的图经汇总以后，又由宋准（字子平）另纂《开宝诸道图经》。据《宋史·宋准传》云："开宝八年，受诏修定诸道图经。"所以《开宝诸道图经》是从开宝八年（975）创修的。但宋准所修的图经，最后是否完成，卷帙规模如何，《宋史》均无记载。《玉海》在《开宝修图经》条下，有"其书迄不克成"的话，由于《开宝诸道图经》以后从未见公私书目著录，所以其书是否修成，实在是值得怀疑的。

北宋第二次由朝廷倡议的全国性图经修纂，其时在大中祥符时代。据《玉海》卷十四"祥符修图经"条云：

> 庚辰，真宗因览《西京图经》，有所未备，诏诸路州府军监以图经校勘，编入古迹，选文学之官纂修校正，补其阙略来上。及诸路以图经献，诏知制诰孙仅，待制戚纶，直集贤院王随，评事宋绶、邵焕校定。仅等以其体制不一，遂加例重修，命翰学李宗谔、知制诰王曾领其事。又增张知白、晏殊，又择选人李垂、韩羲等六人参其事。祥符元年四月戊子，龙图待制戚纶，请令修图经官先修东封所过州县图经进内，仍赐中书密院、崇文院各一本，以备检阅，从之。三年十二月丁巳，书成，凡一千五百六十六卷，目录二卷，宗谔等上之。诏嘉奖，赐器币，命宗谔为序。

上述由李宗谔等主持修纂的《祥符州县图经》，它和《开宝诸道图经》不同，是确实修纂完成的，《宋史·艺文志》曾有著录。不过《宋史·艺文志》著录"李宗谔《图经》九十八卷"，与《玉海》所记 1566 卷相去甚远。这是因为，《玉海》成于南宋，其内容可能抄自当时尚存的北宋各朝《实录》；而《宋史》修于元初，所录当是内库藏书实数，说明如此一部 1500 多卷的大型图经，到了元代已经残缺殆尽。《宋史》著录中在李宗谔《图经》下，又另有《图经》77 卷，估计不属于李宗谔主纂的《祥符州县图经》以内，所以著录分开。因为据《玉海》卷十四所抄，《祥符州县图经》条下还有这样的话："又诏重修定大小图经，令职方牒诸州谨其藏，每闰依本录进。"所以著录中的这 77 卷，可能就是所谓"大小图经"中的残余部分。总的说来，大中祥符年代这一次全国性的图经修纂，成就是非常卓越的。

《祥符州县图经》的修纂，在我国方志史上具有重要的意义。从上述《玉海》的记叙中，涉及此次图经修纂的朝廷官员超过 10 人，但李宗谔不仅主其事，而且总其成，所以是这次全国性图经修纂中的最重要的人物。虽然图经早已亡佚殆尽，但他为《祥符州县图经》所作的序，为《玉海》卷十四所录出，其中有一段说：

> 昔汉萧何先收图籍，赵充国图上方略，光武按《司空舆地图》封诸子，李恂使幽州图山川，并蹙定封域，章施丹采。今闰年诸州上地图，亦其比也。图则作绘之名，经则载言之别。

上述几句话中，除了指出历代以来图籍的重要性外，还说出了宋朝规定的地方州郡向朝廷呈进图籍的制度，即"今闰年诸州上地图"。按中国历法，实际上是每两年要向朝廷呈进图籍一次。因为地图中的自然要素当然很少变化，但人文要素却变化频繁。所以各州郡闰年呈进图籍，对朝廷掌握全国情况，实在是很有必要的。上述序言中的最后两句，即"图则作绘之名，经则载言之别"。这是李宗谔对图经这种文献所下的定义。他的意思是：图，就是绘制的实体；经，就是文字的说明。李宗谔是这样一次全国性大规模图经修纂的实际领导人，他对图经作出的解释，当然是权威的，令人信服的。

李宗谔不仅在这次图经修纂中主持全国图经的总成，他还对地方的图经修纂有所指导。现在有公私著录可查的修成于大中祥符年代的各种地方图经，共有 33 种，而其中由李宗谔领衔的达 18 种。所以对于这一时期的图经修纂，从全国到地方，他都是很有贡献的。在我国方志史中，应给予他很高的评价。

李宗谔（964—1012），字昌武，深州饶阳（今河北省饶阳县）人。他出身于士大夫门第，父李昉曾任参知政事的要职。但据《宋史》本传所记，他"耻以父任得官，独由乡举第进士"。靠他自己的努力，在真宗时"拜起居舍人，预重修《太祖实录》"。他天资聪颖，7 岁能属文，又工隶书，著作甚多，据《宋史》所列，有《文集》60 卷，《内外制》30 卷，并曾预修《续通典》、《大中祥符封禅汾阴记》、《诸路图经》、《家传》、《谈录》等，称得上著作等身了。可惜他在大中祥符三年十二月呈上《祥符州县图经》后不到两年，即祥符五年五月去世，年仅 49 岁。

自从大中祥符年代的全国性图经修纂以后，从北宋到南宋，图经修纂，蔚然成风。大量图经的修纂刊行，使它成为我国历来地方志中的重要组成部分。当然，图经作为地方志中的一种特殊体例，也并非没有它的缺点。首先是，它的内容比较简单，因为除了图幅以外，文字只不过是图幅的说明，它不可能喧宾夺主，增加大量文字篇幅。这在早期图经《三辅黄图》中就已经如此，孙星衍在此书辑本序言上说："旧书有图，特以文为标识，故其文甚简。"宋代的图经当然也有这样的问题，所以陆游曾抱怨说："《图经》

草草常堪恨。"⑨陆游说的是《祥符越州图经》,此书 9 卷,《宋史·艺文志》有著录,修纂人也是李宗谔领衔的。图经的另一缺陷是,图幅比文字困难,这是显而易见的事,在任何一个时代和社会中,能够作书为文的人,总比能够制图作画的多。所以修纂图经首先必须物色制图作画的人才。在雕版印刷流行以前,书籍的流行全靠传抄,传抄者即使是书手,大都也不谙绘图,因而在传抄中常常抄文舍图,这是图经到最后存文缺图的重要原因。时至今日,我国历来著录的 600 余种图经中,幸存的不过 6 种,此 6 种也都是存文而缺图。

尽管图经存在如上所述的缺陷,但从我国方志发展的过程加以评价,它在我国方志史上无疑具有重要的地位。不仅是在我国方志修纂的历史中,从篇幅简短的六朝方志到内容浩瀚的南宋方志之间,图经是一种承前启后的纽带和顺理成章的过渡,特别重要的是,它是我国方志修纂中重视图文并茂的开端。由于南宋 566 种图经的刊行,方志修纂中图文并茂的要求从此深入人心。从元代开始,以图经为名的方志如前所述虽然骤然减少,这是因为在一般方志修纂中已经接受了两宋以来图文并茂的观点。正如我在拙作《从越中杂识谈浙江的方志》一文中所指出的:"以万历《绍兴府志》为例,全书不过 50 卷,但几乎各门类之下都有插图,总数达到 102 幅之多。又如清雍正《浙江通志》,卷内除了浙江全省地图外,各府县也都有地图,而省内的名山、大川、堤塘、海防、关隘以及著名的寺院、庙宇、陵墓、书院等等,也无不有图。在地方志修纂历史中,这无疑是一个重要的发展。"这个重要的发展,显然是历来图经特别是两宋图经带来的影响。所以虽然历来修纂的大量图经,如今已经亡佚殆尽,所存无几,但是它在我国方志史中依然具有重要地位,值得我们深入研究。

注释:

①　参见乐祖谋点校《越绝书》卷首拙序,上海古籍出版社 1985 年版。

②　浙江人民出版社 1983 年版。

③　(清)孙星衍在此书辑本序中,认为是汉末人所作;(宋)晁公武《郡斋读书志》认为梁、陈间人作;(宋)程大昌《雍录》认为是唐肃宗以后人作。因如淳注《汉书》已引及此书,故从孙星衍说。

④　(清)章宗源《隋书经籍志考证》卷六。

⑤　(清)振宗《隋书经籍志考证》卷二一。

⑥　(宋)孔廷之《会稽掇英总集》卷一五。

⑦　单称"图"的,如《地形方丈图》、《海内华夷图》等,不列入计算。

⑧　本文所举有关历代图经的统计数字,根据《隋书·经籍志》、两《唐志》、《宋史·艺文志》、

《崇文总目》，以及其他一些公私书目，又张国淦《中国古方志考》、朱士嘉《中国地方志综录》及《中国地方志联合目录》等统计而得。

⑨　《剑南诗稿》卷二七。

原载《中国地方志》1992 年第 2 期

关于"沿革"和浙江省新修志书
沿革卷篇的讨论

　　今年年初审读省志丛书的《浙江民政志》稿,以后接着又去浙江的几个县参加志稿评审会,发现这些志稿,有关沿革部分内容,或多或少都有一些问题,我都作了书面或口头的说明。我曾在一部打印志稿中,读到浙江在西周时已有行政区划的说法。不久以前又收到一份打印志稿,在此稿卷一《隶属沿革》中写到:"周敬王六年(前514)置长水县,秦始皇三十七年(前231)改长水县为由拳。"我在骇异之余,就把我手头的省内新修志书,包括市县志和少数镇志,一共26部,略读了其中有关沿革的卷篇,发现除了一部,由于其沿革从"东汉永建四年建县"写起,所以没有错误外,其余25部,在这方面都存在一些欠妥当的字句,有的甚至是明显的错误。为此撰写此文,以引起方志界同仁的注意并进而一起来讨论这个问题。

　　首先得把"沿革"这个词汇说明一下。沿革并不是古老词汇,早期古籍并无使用这个词汇的。"沿",《说文》卷十一上水部云:"缘水而下也。""沿"和"缘"是双声字,意义相同。所以"沿"含有因循不变的意思。现在含"沿"的词汇如"相沿"、"沿用"、"沿袭"等,都有此意。"革"的意思与"沿"恰恰相反,《易经》专设《革》一篇,篇内云:"天地革而四时成。""革"具有"改"的意思,所以现在有个流行的常用词汇"改革";"改"和"革"也是双声字,意义相同。由于一切事物的发展,常有一个从不变到变的过程,因此,人们把"沿"字和"改"字或"革"字组成一个词汇,很足以表达这种意思,这样就出现了"沿革"、"沿改"这类词汇。《隋书·高祖纪》云:"载怀沿革,事有不同。"这大概是最早使用"沿革"这个词汇的历史文献;《新唐书·韦叔夏传》云:"武后拜洛享明堂,凡所沿改,皆叔夏、祝钦明、郭山恽等所裁讨。"这大概是使用"沿改"这个词汇的最早历史文献。后来人们常用"沿革",少用"沿改",于是"沿革"就成了一个描述事物相沿和变迁的过程的词汇。

如上所述,可见"沿革"并不是一个古老的词汇,但"沿革"所描述的这种社会现象,则在很古老的时代就已经存在。《汉书·地理志》首先把事物相沿和变迁的一个方面,即郡县的建置和变迁过程进行了归纳和记载。因为中国自秦建郡县制以后,[①]到了《汉书·地理志》作为依据的元始二年(2),已经有了200多年的历史。当时,郡(包括与郡同级的国)已有103个,县(包括与县同级的道、邑、侯国)已有1587个,这中间,有的是秦置的,有的是元始二年以前历年建置的,而名称和隶属关系历年又常有改变。《汉志》把这一同类事物的相沿和变迁汇为一帙,这当然是一种创造。《汉志》本身虽然绝未使用"沿革"、"沿改"等词汇,但它所归纳记载的,其实就是自秦以来以至新莽的郡县建置沿革。例如京兆尹华阴县下云:"故阴晋,秦惠文王五年,更名宁秦,高帝八年,更名华阴,……莽曰华坛也。"短短数语,把华阴县的几百年沿革记载得清楚扼要。所以谭其骧教授说:"不读《汉书·地理志》,就无法从事历代疆域政区沿革的研究。"[②]而侯仁之教授则认为,由于《汉书·地理志》的著述,"从而形成了'沿革地理'这门学问。论者以为'沿革地理'是从宋朝开始的,实际上《汉志》已创其端"。[③]

由此可知,"沿革"一词,从词义上说,涉及各种事物的相沿和变迁的过程,但是由于《汉志》的撰述,这个词汇以后就为政区的相沿和变迁所专用,即所谓"沿革地理"。侯仁之教授提到:"论者以为'沿革地理'是从宋朝开始的。"这是因为,《汉志》虽然记载了政区沿革,但称这种记载为"沿革",却是后人所加的。而到了宋代,"沿革"一词在地方志中开始出现,所以引起人们的这种议论。在现存的宋代方志中,把"沿革"一词作为卷篇目录的约有7种。绍兴《严州图经》(卷一严州、卷二建德县、卷三淳安县)和乾道《临安志》(卷二)均作"历代沿革",乾道《新安志》(卷一)作"州郡沿革",嘉泰《吴兴志》(卷一)作"建置沿革",宝庆《四明志》(卷一)有"沿革表"和"沿革论"两个子目,绍定《吴郡志》(卷一)和绍定《澉水志》(卷上)则均作"沿革"。这个词汇在宋代方志中开始出现,一方面说明了"沿革地理"的研究已经相当普遍,另一方面也为后世方志建立记叙这种内容的体例。所以最近几年中新修方志都有沿革的记载,既符合我国方志的传统,也是志书内容所不可或缺的。

"沿革"一词既已约定俗成,为历史地理著述和志书等所专用,但此词涵义,随着其所加冠词的不同,仍然有所区别。例如乾道《新安志》的"州郡沿革"和嘉泰《吴兴志》的"建置沿革",所指都是当地有了郡县建置以后的沿革变迁。但绍兴《严州图经》和乾道《临安志》的"历代沿革"则不同,"历代"包括尚无郡县建置的先秦时代在内,时间界限比前者宽广。《汉志》记载许多郡县的沿革都从建置开始。如"沛郡":"故秦泗水郡,高帝更名,莽曰吾符。""颍川郡":"秦置,高辛五年为韩国,六年复故,莽曰左队。"但前面所举华阴县的例子:"故阴晋,秦惠文王五年,更名宁秦。""阴晋"和"宁秦"都是古邑名,并非郡县,所以《汉志》记载的沿革,既有建置沿革,也有历代沿革。如前所述,《汉志》并未使用"沿革"一词,也没有以"建置"或"州郡"等概念限制自己,所以记叙可以按照各郡县的实际情况,自然得心应手。与《汉志》相比,乾道《新安志》和嘉泰《吴兴志》的沿革记载或许是一种退步。不过宋代还有一些方志,目录中虽不言沿革,但其实记载沿革,而且十分详尽。例如嘉泰《会稽志》卷一设"越"、"会稽郡"、"越州"、"绍兴府"、"历代属州"、"历代属县"六个子目,实际上就是当时绍兴府的历代沿革。咸淳《临安志》卷十六有《吴越考》及《古今郡县考》两篇,其实就是议论当地古今沿革的两篇专文。现在有些新修志书中,以《历史沿革》作为卷篇题目,把当地沿革,从历史开端叙起,甚至利用考古资料记及史前,在历来方志的沿革记载中,无疑也是一种创造,值得提倡,值得推广。

现在转到省内新修志书在沿革记载中的若干问题,需要说明的是,第一,我的资料来源是前已述及的 25 部新修志书,凡是我用引号的词句,虽然不写出志书名称,但都是直接录自这些志书。第二,我是把这些志书中发现的错误或值得商榷之处归为 5 个问题撰写此文的,这些问题其实都是旧志沿袭下来的。所以此文目的在于讨论浙江省沿革地理中长期存在的若干问题,绝非对这些新修志书提出批评,这一点需要取得大家的谅解。

第一个问题是禹与越的关系。有一部志书的《大事记》开头就说:"夏帝少康封庶子无余于越。"现在我们不去讨论禹是中原王朝的第一位帝王抑是如顾颉刚先生所说是"南方民族神话中的人物"④的问题,但历史上流行的所谓"越为禹后"、"吴为周后"等说法,学术界已比较一致地持否定态度。我往年曾撰《越为禹后说溯源》⑤一文,说明这种说法的荒唐。刘建国先生在其《吴越文化三论》⑥一文中也认为这是越人和吴人人为编织出来的"光环"。当然,这种说法在《史记》、《越绝书》等古籍中都有记载,但这是于越的传说,并非于越的历史。新志与旧志的不同之处之一,即是新志应该对传说和历史有所区别。志书不是不能记载传说,但必须说明这是传说。在这方面,不少著名的古人是很谨慎的,《孟子·梁惠王下》:"齐宣王问曰:文王之囿,方七十里,有诸?孟子对曰:于传有之。""于传有之",孟子是这样区别传说与历史的,值得我们学习。

这里还应说明一下,今浙江省的历史记载始于何时。《春秋》经传记载吴、越二国的多次交战,这当然是浙江早期的历史。较此更早的则是《竹书纪年》周成王二十四年的"于越来宾"。为时在公元前 11 世纪之末,距良渚新石器文化的下限已不到 1000 年。也有人怀疑《竹书》的可靠性。在这样的情况下,我们倒不妨借助于传说,用传说来证明历史记载。《论衡·超奇篇》说:"白雉贡于越。"《异虚篇》说得更清楚:"周时,天下太平,越尝献雉于周公。"王充当然是根据越地的传说把"献雉"之事记入《论衡》的。王充绝未见过《竹书》,因他撰《论衡》之时,《竹书》尚深埋于汲冢之中。周成王二十四年,周公虽已归政,但在社会上仍有极高威望,故传说作"献雉于周公"。由此可知《竹书》记载的"于越来宾"不讹。则《竹书》所记,是浙江最早见于记载的历史。

第二个问题是中原夏王朝时代,今浙江的行政区划问题。必须指出的是,在秦置会稽郡以前,今浙江地区绝无有关区划的资料。越国的区划如何,或者说当时有没有区划,我们也绝无所知。有一部志书在《历史沿革》章下说:"据《尚书·禹贡》属扬州之域,春秋时属越,战国初,仍属越。""《禹贡》属扬州之域",这显然是钞自旧志。时至今日,《禹贡》是战国晚期的作品,在学术界已有定论。所以九州之说,是战国人的一种想象。其实,在《尚书》中,《尧典》已有"肇十有二州"的说法,因为没有提出"十二州"的具体名称,所以此说不流行。⑦《周礼·职方》、《吕氏春秋·有始览》、《尔雅·释地》等也都有各自的九州之说,因为《禹贡》假托夏的制度,《职方》假托周的制度,前者为早,而《吕氏春秋》与《尔雅》都不能与《尚书》的崇高地位相比,故自来凡说九州,独尊《禹贡》。其实,夏的统治范围很小,怎能及于南蛮鴃舌之地。"扬州之域"云云,旧志虽言之凿凿,但现在人皆知其荒谬,新修志书当然不必继承。

第三个问题是若干先秦地名的问题。由于不少志书有含糊说法,所以有必要说明一下。先说"姑蔑"。"姑蔑"是越语地名,我在拙撰《浙江古今地名词典》⑧的《前言》中曾经指出这个地名在古籍中有姑末、姑妹、姑蔑三种不同的汉译。它是春秋越国西南部的一个见于记载的较大聚落地名。某些旧志曾有"姑蔑国"的说法,认为姑蔑独立于越国之外。至今新修志书中仍有因袭旧志的言语,如:"商周时姑蔑地","春秋为姑蔑,后属越国","春秋时,今之金衢一带初为姑蔑之地,后姑蔑为越所灭,乃属越国"。其实这个问题清初学者就已经明确,《方舆纪要》衢州府下云:"春秋战国时为越地"。"姑蔑国"之说始自《逸周书》晋孔晁注,按《王会解》云:"于越纳姑妹珍,且瓯文蜃,共人系贝,……"孔晁在"姑妹"下注云:"姑妹国,后属越。"春秋于越起初是个不大的部落,他所收纳的各处贡品,均在其辖境之内,姑妹、且瓯、共等地,显然都在越境之内。也有人认为孔晁的所以致讹,是由于《左传》哀公十三年下的一段文章:"六月丙子,越子伐吴,为二隧,畴无余、讴阳自南方,先及郊。吴大子友、王子地、王孙弥庸、寿于姚自泓上观之。弥庸见姑蔑之旗,曰:'吾父之旗也。'"孔氏或因"姑蔑之旗"而误作

"姑蔑国"。但《杜注》明确可考,而孔氏注此书之时,《杜注》已经流行。智者千虑,必有一失,古今都是一样。何况《国语·越语上》早已指明:"句践之地,南至于句无,北至于御儿,东至于鄞,西至于姑蔑。"假使姑蔑作国,则句无、御儿、鄞,都应作国。所以孔氏的附会,一望而知。

另一个地名是"瓯越"。一部志书说:"春秋战国时期,今县境属瓯越地。"按"瓯",最早见于《山海经·海内南经》"瓯居海中"和《逸周书·王会解》"且瓯文蜃"。"瓯"字的解释可以长篇大论,这里毋需赘述。必须说明的是,在春秋、战国时代,瓯是越地的一部分,却绝无"瓯越"之名,当然不能称"瓯越地"。《史记·越王句践世家》:"东越国君,皆其后也。"《汉书·两粤传》:"立摇为东海王,都东瓯。"所以"瓯"与"越"(或"粤")合成一词,成为地名或部族名,它是秦一统以后越族流散而出现的。明焦竑说:"此即所谓东越、南越、闽越也,东越一名东瓯,今温州;南越,始皇所灭,今广州;闽越,今福州。皆句践之裔。"⑨所以在春秋、战国时期无瓯越之名,可以无疑。

还有一个地名是"御儿"。有一部志书说:"因'御'与'语'通用,御儿亦称语儿。""御"、"语"通用,不知根据哪一本字典? 自越人流散,汉人入居以后,许多越语地名都被汉人按汉译文字强解,如《异苑》释乌伤为"乌口皆伤",《万善历》释语儿为"产儿堕地便能语",《太康地记》释上虞为"舜避丹朱于此",⑩不胜枚举。御儿、语儿,不过是越语的不同汉译。正如同一个欧洲国家,大陆出版的地图作"意大利",台湾则作"义大利"。"意"和"义"只是一音两译,在训诂上毫无"通用"之处。

顺便还要提及一个"句"字,浙江的新修方志在记述沿革时常常要用到,因为这是春秋吴越地名和人名的常用字,如句章、句无、句甬东、句践等等。但是在我阅读过的这些志书中,把"句"字刊作"勾"字的比比皆是。这或许不是志书撰稿人的错误,而是编辑或排字人的自作主张。因为我自己的文章,在发表时,往往也以"勾"作"句",使人啼笑皆非。按《说文》无"勾"字,但有"句"字,收在卷三上句部。释文云:"曲也,从口,丩声。"唐徐铉云:"古侯切,又九遇切。"说明"句"原读 gōu,到了唐朝,才有 gōu 和 jù 两种读音。读音作 gōu 的"勾"字何时出现,一时尚难查清,但《史记·仲尼弟子传》"句井疆"下《正义》云:"句作钩。"说明"勾"字在唐朝尚不常用。以后"勾"字逐渐成为常用字,有许多读书不多的人,只知"句"读 jù,"勾"读 gōu;不知"句"原来读 gōu,于是"句章"、"句践"就被写作"勾章"、"勾践",有些仍然写作"句"的(如江苏句容),则"句"被误读作 jù。要辨正"句"不应写作"勾",需费许多口舌,这里不拟赘述。但是有一点必须明确,现在社会上写错字、读别字的情况很多,我们无法干预,而在诸如地名词典、人名词典、地方志、专著、论文等正规文献上,句章、句践等均不能作"勾",否则就是错误。

　　第四个问题是战国后期越的归属问题。讨论这个问题必须说明两点，首先是楚灭越的时间，历来有好几种说法，这里不作根究；第二是楚占越地，浙东、西有所区别，所以我这里只以浙东地区的新修志书作例。有的志书说："楚威王熊商七年，楚破越，遂为越地"，有的说："春秋属越国，战国属楚"，也有的说："战国时属楚国"，此外尚有："战国中期楚威王灭越，遂属楚国"，"战国时楚灭越，一度属楚"等说法。应该说，楚败越以后，并未占领今浙东地区，这个地区在秦一统以前，一直在越人控制之下。《史记·越王句践世家》说得很清楚："楚威王兴兵而伐之，大败越，杀王无疆，尽取吴地至浙江"。《通鉴》"楚人大败之，乘胜尽取吴故地，东至浙江"下胡注："越初都会稽，其境北至于御儿，不能全有汉会稽一郡地，及其灭吴，始并有吴地，今楚取吴地至于浙江，则御儿亦入于楚矣。"⑪近人范文澜说："楚威王取越国浙江以西土地。"⑫对此，我们还可以在《竹书纪年》中获得一条旁证。魏襄王七年："四月，越王使公师隅来献乘舟，始罔及舟三百，箭五百万，犀角、象齿焉。"⑬魏襄王七年即周赧王三年，是公元前 312 年，距《史记》和《通鉴》所记的楚灭越不过 20 余年，越人能向魏贡献如此一大批物资，而且此使者公师隅为"越王"所派遣，则今浙东仍为越地可以无疑。

　　第五个问题是西汉的行政区划问题。新修志书记述建置沿革，在这段时间出现的问题最多，所以在沿革卷篇中，西汉是值得注意的朝代。不少新修志书认为西汉之初的行政区划是沿用秦的郡县制，即所谓"西汉因之"。有的认为当地在秦属会稽郡，西汉"仍属会稽郡"，有的说"西汉仍因秦制"，有的并且写明西汉会稽郡的建置年代："西汉初至元始二年"，有的说，"高祖五年，汉灭西楚，袭秦制，仍属会稽郡"。这种例子甚多，不一一列举。一般人通过《汉书·地理志》看西汉建置，郡县分立，宛然秦制，这大概就是"西汉因之"一语的来由。其实，《汉志》的依据是元始二年的资料，当时，西汉已过去 200 多年，在西汉前期，行政区划的变迁是很频繁的。从全局说，汉高祖定鼎以后，绝非全盘因袭秦制。汉高祖五年（前 202），朝廷自领 24 郡，而 7 个异姓王国，领地几占全国一半。高祖十二年（前 195），异姓王国除长沙国外全被废除，另封同姓王国 9 个，加上闽越、南越、南海 3 个不受朝廷控制的外诸侯，郡数不过 15，土地面积还不及全国的一半。景帝前元三年（前 154）发生了以吴楚为首的七国之乱，朝廷才加紧了削弱王国势力的措施，但直到景帝中元六年（前 144），全国仍有诸侯王国 25，郡 43，加上南海、闽越、东海 3 个外诸侯，王国和外诸侯的领地，仍然接近全国土地的一半。汉武帝元封五年（前 106），为了加强中央集权，置 13 刺史部（又称 13 州）。但直到太初年间（前 104—前 101），郡虽已增加到 109，而诸侯王国仍有 20 个左右。所以"西汉仍因秦制"的话，完全不是事实。

　　当时今浙江省境的情况如何？《汉书·地理志》会稽郡下有几句说明："秦置，高帝六年为荆国,十二年更名吴,景帝四年属江都,属扬州。"这几句说明并不完整,也不完全正确,但是在我所阅读的新修志书中,作者能够注意到这几句说明的,却仍属少数。据《汉书·异姓诸王表》,高祖五年正月,"徙韩信王楚"。故当时今浙江的大部分属楚国。另外《汉书·两粤传》:"五年,复立无诸为闽粤王,王闽中故地,都冶。"所以汉高祖五年,今浙江南部,即秦闽中郡地,属于闽越国。又据《汉书·惠帝纪》,三年(前192)"夏五月,立闽越君摇为东海王"。《汉书·两粤传》说:"迺立摇为东海王,都东瓯。"这个从闽越国分出来的东海国,都东瓯(今温州),属于汉初外诸侯之一。东海国的境域除了今浙南以外,还包括闽北一部分。但《惠帝纪》师古曰:"即今泉州是其地。"按唐泉州治所在晋江,即今泉州,已在闽越国都冶以南,当时闽越国未废,故颜师古之说不足信。此外,西汉前期在今浙江西北还有一个江都国,这是七国之乱以后封置的。在《诸侯王表》和《地理志》均有记载。《地理志》广陵国下云:"景帝四年,更中江都。"广陵县下云:"江都易王非、广陵厉王胥,皆都此,并得鄣郡而不得吴。""不得吴"3字,可以说明上述会稽郡下"景帝四年属江都,属扬州"一句有讹。丹阳郡下云:"故鄣郡,属江都,武帝元封二年更名丹阳。"由此可知,景帝时的江都国,其境域除了今苏南和皖南的一部分地区外,并包括今浙江的于潜、安吉、淳安等地在内。

综上所述,今浙江在西汉初期的沿革变迁是,汉高祖五年,浙江从北部到中部,大部分地区属楚国(异姓王国),南部属闽越国(外诸侯),西部的一小部分(即景帝时属江都国的部分)属淮南国(异姓王国)。汉高祖六年,楚国废除,辖地分散,原秦会稽郡辖地置荆国(诸侯王国),余同五年。高祖十二年,荆国改称吴国,余同五年。汉惠帝三年,今浙南建东海国(外诸侯),余同高祖十二年。汉景帝三年的七国之乱,引起了一次全国性的建置变化,景帝四年以后,今浙江省境内又恢复了会稽郡的建置,此外就是浙南的东海国和西北的江都国。从此直到汉武帝建13州时,由于外诸侯已不存在,今浙江省境除西北部属丹阳郡外,全属会稽郡。西汉一代浙江省境的建置,从此就没有变化。直到东汉永建四年(129)吴会分治。

上面叙述的西汉时期浙江省境的沿革变化,仅及郡国,郡国以下的县,由于篇幅所限,不能详述。总的说来,西汉时期浙江省境的沿革变迁是相当复杂的,殊非"仍因秦制"一语可以说明,必须仔细地查阅《汉书》有关帝纪、《异姓诸侯王表》、《诸侯王表》、《地理志》等卷篇,并进行相互比勘,才能把这一时期的变迁过程辨析清楚。

以上是我个人对"沿革"及浙江省新修志书的沿革卷篇的若干意见,不一定确当,欢迎修志同仁的指教和讨论。

注释：

① 在秦建郡制以前，即春秋、战国时代，郡和县均已出现。《通典》卷三十三，职官十五云："春秋时，列国相灭，多以其地为县，则县大而郡小。故传云：上大夫受县，下大夫受郡。"又云："至于战国，则郡大而县小矣。故甘茂谓秦武王曰：宜阳大县，名曰县，其实郡也。"按春秋、战国时的郡、县，其性质仍是封邑，如《左传》僖公三十三年："晋襄公以再命命先茅之县赏胥臣。"又宣公十五年："晋侯赏士伯以瓜衍之县"等，均是其例。

② 《汉书·地理志选释》，载《长水集》下册，人民出版社 1987 年版。

③ 《中国古代地理学简史》，科学出版社 1962 年版。

④ 《古史辨》，北平朴社民国十五年（1926）版。

⑤ 《浙江学刊》1985 年第 3 期。

⑥ 《国际百越文化研究》，中国社会科学出版社 1994 年版。

⑦ "肇十有二州"句，"今文"在《尧典》，"古文"在《舜典》"十二州"的具体名称，出自宋人蔡沈的注释。

⑧ 浙江教育出版社 1991 年版。

⑨ 《焦氏笔乘续集》卷三。

⑩ 《异苑》、《万善历》、《太康地记》3 种，均见《水经注》卷四〇《浙江水》。

⑪ 《通鉴·周纪二》显王三十五年。

⑫ 《中国通史简编》（修订本）第一编，第 238 页。

⑬ 《水经注》卷四《河水》经"又南过汾阴县西"注所引。

谈舟山异常天气的记载^①

中国很早就有观察和记录异常天气现象的传统。在历代正史中,多有《五行志》的专篇,在各地地方志中,则有《灾异志》或其他类似的专篇,这类异常天气的记录,虽然并不完整,记载的内容,并有语涉荒诞的,但却非常有用,特别是在把这类分散的记录集中起来进行处理,成为系统的材料以后,它们的作用就更大了,对于科学研究和四化建设都具有重要的价值。

不同的生产部门,对于各种异常天气的敏感程度有很大差别。以舟山为例,夏秋二季的长期干旱,肯定会造成农业(指狭义的农业,即种植业)的减产,但却能使盐业获得丰收。在古代,中国是个农业社会,因此,正史和地方志中对于异常天气的记录,往往着眼于各种异常天气对农业的损害。其实,在大农业概念中,种植业、林业、畜牧业和渔业,对异常天气的敏感程度,也各不相同。时至今日,社会的生产部门,已经比古代远为复杂,异常天气的记录,除了对农业仍然有用外,并且也为工业、交通运输业、旅游业和军事部门等许多方面所需要。因此,对于我国古代地方志记录异常天气的传统,不仅值得继承,并且需要发展。古代地方志着眼于农业,按农业受损程度记录异常天气。现代地方志应具有综合观点,编制一种翔实细致的异常天气资料,以满足各方面的需要。

舟山市的异常天气记录,在历史上,比浙江省其他任何地区都要疏缺,其主要原因是建置较晚,而且甚不稳定。直到唐开元二十六年(738),这里才置属于明州的翁山县,但建置不过 30 多年,到大历六年(771)就被撤废,此后一直到北宋熙宁六年(1073),才又在故翁山县地置属于明州的昌国县。明洪武二十年(1387),由于海疆不靖,明朝采用了撤废县的建置,徙民入内地的政策,这一次撤废又持续了 300 年,直到清康熙二十六年(1687)才又在昌国县故地置定海县,舟山建置,从此才得稳定少变。现在各地整理当地的异常天气历史资料,主要依靠当地地方志,这种资料是从历代地方志记录中逐年整理出来的。由于舟山在历史上建置不稳定,所以地方志修纂不能与省内多数市、县相比,现存的舟山地方志只有 4 种:大德《昌国州图志》只有 7 卷,康熙《定海县志》只有 8 卷,上述两志,对于现在整理异常天气资料的工作无甚价值。光绪《定海县志》较为详细,特别是民国十二年由陈训正、马瀛主纂的《定海县志》,全书分《舆地志》、《营缮志》等 15 志,是舟山有史以来最详细的地方志,此志在其《舆地志》中有异常天气记录,是舟山历史记录异常天气最重要的文献。但是,正如前面指出的,由于舟山在历史上的种种原因,虽然民国《定海县志》在这方面作了很大努力,与省内其他许多府、县志相比,民国《定海县志》有关这方面的内容仍然显得简略。

为了对这个地区历史上出现的异常天气记录作较为完整的整理,必须另择其他途径。从气候学与气象学的角度进行考虑,在各种异常天气现象之中,除了龙卷风、雹、热雷雨等往往出现于一个较小地区外,其他异常天气的发生一般具有较大的地域范围。特别是水、旱、热带风暴(台风)等在这个地区最频繁出现的异常天气现象,波及面常常甚大。因此,舟山历史上虽然记载疏缺,还可以从邻近地区进行搜索。例如,夏秋二季的热带风暴,是这个地区常见的异常天气现象,古代文献中常以“飓风”、“海溢”等文字记录这种现象。但舟山在这方面的记载十分稀见。如今若在象山县、鄞县、镇海县(清以前称定海县)的地方志或其他古代文献中,查得在季节、月份甚或日期相同的“飓风”、“海溢”等记载,则舟山虽无这类记载,这类异常天气现象,其实也同时在舟山发生。同样,长期的干旱和降水,波及面也往往不小,例如从明崇祯十三年(1640)到十七年(1644)的大旱,旱情波及全省甚至全国,这场连年大旱,到了崇祯十七年,已经达到了使面积超过 3000 平方公里的太湖为之干涸的程度。吴梅村《鹿樵纪闻》卷上所云的“震泽巨浸,褰裳可涉”就是指此。如此大旱,舟山虽无具体记载,但事实上必然波及,不必置疑。

在补充历史上舟山的异常天气记录方面,除了搜索邻近地区的记载以外,还可以广泛查阅在行政区划或其他习惯区划中包罗舟山在内的大范围地区的这类记载。全国性出现的异常天气记录当然应该收入,此外如扬州、江南、两浙、浙东、越州(唐开元以前)、明州、宁波府等地区记载的异常天气现象,对于舟山这个小地区来说,大概存在三种可能性:第一种是舟山与周围的大地区一样,确实出现了这种异常天气现象;第二种是舟山发生了这种现象,但程度上与大地区记载的有差别;第三种是大地区虽有记载,但舟山并未出现这种异常天气现象。在许多次大地区的记载中,舟山属于第三种情况的可能性确实存在。也就是说,这一年在浙东或宁波府确有干旱,但舟山例外。不过处理历史资料有它的严肃性,遇到这种情况,必须查获"舟山例外"的确实依据,才可确定舟山在当年并未出现异常天气现象的事实,否则,这项大地区记载的资料,仍应收录在内。

　　按照上述方法与程序,编制成《与舟山有关的异常天气资料》(甲)、(乙)两表。因为其中的大量资料,采录于包括舟山在内的大地区及舟山邻近地区,并非舟山当地的记录,因此二表使用"与舟山有关"的名称。(甲)表记录热带风暴(台风)与水情,(乙)表记录旱情。

　　古代文献记录的异常天气现象,均是性状描述,并无数量分析。现在无法把这类古代记录用现代计量标准表达。古人记录异常天气,其目的多是为了从农业角度记载灾异,灾情的大小,在很大程度上反映了异常天气的剧烈程度,为此,(甲)、(乙)二表仍把灾情作为记录的重要内容。此外,古人虽然没有计量的仪器和计量的标准,但在记录用字上,仍然讲究异常天气在性质和程度上的差别,例如:"大雨如注",当属今暴雨概念;"霖雨",指的是强度甚大的降水;"淫雨",指的是雨日连绵的降水。另外,"飓风"、"海溢",多是今热带风暴(台风);"蜃水"、"蛟水",则是指山洪暴发。(甲)、(乙)二表均从古籍直接抄录上述词汇,参考(甲)、(乙)二表者应加注意。

　　(甲)、(乙)二表在年代上采用中国纪元与公历对照的方法。但在异常天气具体情况的记载中,其所涉及的月份,除公元 1912 年以后用公历月份外,其余均是旧历月份。我国历史上使用过的旧历,包括夏历、周历、秦历等种。周历的使用年代仅在西周到秦一统以前和唐武后当权后的短促时期,秦历的使用始于秦一统,终于西汉太初以前,前后约 120 年。故(甲)、(乙)二表中的旧历,主要是夏历,周历和秦历与二表几无影响。(甲表、乙表从略)

注释:

①　本文是作者为《舟山市志》撰写"异常天气"章的引言。

原载《浙江方志》1989 年第 6 期

中日两国地方志的比较研究

——中国慈溪市与日本广岛市的地方志修纂

前　言

　　执笔为这本小册子写几句开头的话,不禁回忆到1989年我应聘到广岛大学讲学,第一堂课的讲演题目——《比较城市学刍议》。

　　我的讲演除了在开头指出了日本地理学界的元老,广岛大学名誉教授米仓二郎先生和广岛大学地理系首席教授森川洋先生在他们的城市研究中运用比较方法的成功外,又说道:"我在广岛这个地方提出'比较城市学'这个名称,或许是班门弄斧,因为广岛的地理学家米仓先生和森川洋先生,都早已在这方面做出了成绩,但是我认为假使我们把这种城市比较研究的方法继续提高,让各国的城市学者都能看到这种研究方法的优越性,从而应用和推广这种研究方法,正如长期以来文学家们所运用的比较文学方法和教育家所运用的比较教育方法一样,让我们也建立起我们的比较城市学方法,这必然会大大有助于城市研究的发展。"

　　当时,我所主编的《中国历史名城》和《当代中国名城》两书,正由米仓先生监修,合二为一,在东京大明堂出版,米仓先生嘱我为这个译本撰序,我在序言中写道:"为了让两国学者的城市研究,达到更高的水平和获得更大成就,我建议,中日学者的城市研究,应该从单一的城市研究向城市的比较研究发展。例如,日本关东平原和中国京、津、唐地区的城市比较研究,日本大阪平原和中国长江三角洲的城市比较研究,日本北海道地方和中国东北地区的城市比较研究,日本濑户内海沿岸和中国浙、闽沿海的城市比较研究等等。这样的城市研究,必将让我们的城市研究引向深入,更为有效地促进我们两国之间的学术和文化交流。"

在广岛大学的讲演中,我最后提到:"我在这里建议进行中日两国间的比较城市研究,则是因为我们两国由于在历史上长期交往,在地理上一衣带水,因而具有非常相似的文化类型,这种相似的文化类型反映在两国的城市之中,形成了我们两国城市之间的许多共同特点,所以拿这两个国家的城市进行比较研究,可以加速中日两国城市科学的发展,对促进比较城市学这门新的学科的建立有利。"

我在广岛讲学以后,由于杂事纷繁,在城市地理学研究中进展甚微,除了为台湾的《大地》地理杂志写了《从军都到和平城市——广岛》和为《中外城市研究》创刊号写了《广岛的毁灭与重建》两文以外,再就是主编了一本《中国七大古都》,这中间,虽然也多少运用了一点我提出的所谓"比较城市学"的方法,但是即使我自己也感到很不满意。使我意识到,"比较"的方法并不是那么轻而易举,却不料在那次讲学以后3年,另外一项比较研究的课题——比较方法学的研究任务就摆在我前面。

使人感到高兴的是,尽管这项课题的研究,其领域或许比城市的比较研究更为广泛,但是它其实也包括了城市的比较研究在内,因为地方志记载地方资料,它总是要把城市也记载在内的。而且,当我接受了这个课题以后,立刻想起了我在拙著日译本序中说到的:"日本濑户内海沿岸和中国浙、闽沿海的城市比较研究"的话。加上我在这个比较研究的《缘起》部分所写的种种理由,我很快就决定了我在这个课题中的选择,把中国的慈溪市与日本的广岛市的地方志修纂进行比较研究,而且接着就在慈溪、广岛二市的学术界的大力协助之下,完成了这项研究。在这方面,我要说的话,已在这项研究的最后一部分《感谢和悼念》中说了,这里不再重复。

当我把研究成果寄交给这项课题的中国方面主持人,南开大学教授、著名历史学家来新夏先生以后,不仅得到他的重视和赞赏,而且特地于去年12月中到杭州和我商谈了有关事宜,承他相告,比较研究是为了交流中日两国在地方志修纂中的经验和成果,旨在促进两国地方志的繁荣和发展,为此,研究成果除了在1994年由中日双方联合发表外,在这以前,研究者可以单独发表他的研究成果,这就是这本小册子所以在今年先行出版的原因。

对于这本小册子的出版,我不得不多说几句,这是慈溪市地方志编委会周乃复先生和编委会其他几位先生大力支持的结果,我深表感谢。在此书出版时,为了让读者多了解一些慈溪市和广岛市地方志修纂的背景,我们加入了一个附录,选择了一批有关两地地情和地方志修纂的文献,其中广岛市的若干文献,由我的夫人胡德芬女士翻译,在此一并致谢。

陈桥驿

1993 年 1 月于杭州大学

一、缘起

首先需要说明,在中日两国的大量地方志中,我的比较研究为什么要选择慈溪、广岛两市,这里大概有三个原因。首先是地理上的原因,慈溪、广岛两市在地理上有许多相似之处。慈溪市境背山面海,南有翠屏山丘陵,北濒东海杭州湾,全市呈南北倾斜;广岛市境北倚中国山地,南临濑户内海广岛湾,全市呈南北倾斜。慈溪的主要平原是三北平原,它的基线是兴建于北宋中期的大古塘,大体与今通过市城浒山镇的公路线一致,两翼向北伸展,成为一个弧形的半岛。我曾在翠屏山丘陵的五磊寺赋诗把这片平原的形成估计为 2000 年。[①]广岛的平原主要是太田川三角洲,它的基点大概在可部与四日市一带,向南延伸到祇园大桥附近,两翼作扇形展开,成为一片典型的河口三角洲,日本地理学家称为广岛平野。据藤原健藏等的研究,广岛市南观音地区(在旭桥和新观音桥之间)的冲积层最上部,C^{14} 测年为 1470 ± 85 年。[②]由此推算,则广岛平野的形成年代与三北平原近似,所以作为自然地理基础的地貌及其发育过程,慈溪与广岛十分相似。

第二,在市境的现代历史上两地也有十分相似之处,慈溪当然不曾发生过广岛的那种翻天覆地的浩劫。但从另一方面看,它的变化也是十分巨大的,那就是市境归属的变化,因为 1954 年的行政区划调整,慈溪原县境的 70% 以上连同它的县城都划归他县,而现在的慈溪市境包括它的市城浒山镇,都是从它县划入的。今慈溪市境 70% 来自余姚,8% 来自镇海,原属慈溪的只有 22%。所以今慈溪市境,从土地来说,是一个新市,至于广岛,众所周知,它不是市境土地的变化,而是市内建筑的变化。1945 年 8 月 6 日的原子弹爆炸,如我在拙作《从军都到和平城市—广岛》[③]一文中所说:"在爆心五公里范围内的建筑物 91.9% 被摧毁",它是从一片废墟上重建的,所以也是一个新市。

第三,应该着重说明我个人对这两个地方的人地关系,此事至关重要,必须多说几句。因为要从事地方志的研究,首先必须熟悉地方。否则只能从志书的内容作点推敲排比,那就无异是纸上谈兵,对于慈溪,由于它和我的工作所在地杭州近在咫尺,其地属于宁绍平原的一部分,而我的科学研究工作,有一部分就在这片平原上。虽然著名的历史学家杨向奎先生对我在这方面的推崇显得过分,④但平心而论,我对这片平原总算是比较熟悉的。50年代中期,我当时是浙江师范学院经济地理教研室主任,曾经多次率领地理系师生到这个地区作野外考察实习。对于今慈溪市境,从浒山镇到观城镇,从庵东盐场到五洞闸棉区,都作过相当长期的考察研究,所以在《慈溪县志》的修纂中,我所概括的慈溪地理特色以及其他一些意见,多为志书所采纳。对于慈溪这块土地,我或许称得上相当熟悉。

我对广岛的认识当然不能与慈溪相比,但由于50年代我曾经根据日文和西文资料撰写过《日本》一书,⑤对日本地理原来有一点基础。从80年代起,又先后几度访日,亲自考察了不少地方。在濑户内海沿岸,从兵库县、广岛县到山口县,我考察过的城市如神户、姬路,相生、赤穗、冈山、吴、广岛、大竹、岩国、下关等,也不能说少。这中间,有的城市当然是走马观花,浮光掠影,但有的城市则停下来,作一段时期的比较仔细的考察。对于广岛,1985年春季曾经考察过一次,由地理学家堤正信副教授作陪,考察了城市、近郊、濑户内海和一些岛屿。当时,堤先生的大作《集落的社会地理》(广岛溪水出版社出版)刚刚问世,因而对市郊和濑户内海岛屿(如江田岛)的聚落地理,在他的启发下多少作过一点观察和研究。而且由于与广岛大学名誉教授,日本的老一辈地理学家,著名聚落地理学家米仓二郎先生和广岛大学教授、日本著名的"中心地理论"⑥倡导者、城市地理学家森川洋先生见了面,与他们畅谈了有关聚落地理学和城市地理学的理论和实际问题,促使我在广岛的日子里,特别注意聚落和城市的考察,并且初步决定了在日本选定广岛这个城市和中国某些城市进行对比,以建立"比较城市学"这门学科的动机。当然,由于这一年我的研究基地在大阪,到广岛访问不过五六天,从某种程度说,考察仍然是走马观花的。不过由于这种短暂的访问,我和广岛的学术界建立了关系。1986年春季,我邀请米仓二郎先生到杭州大学讲学,他所讲的主要课题是比较聚落地理学和比较城市地理学,这使我获得很大启发,坚定了我进一步研究广岛聚落和城市的兴趣和信心。为了开展这种研究,我开始认真地阅读我于1985年带回的正在分卷出版的广岛市地方志《广岛新史》的《地理编》和其他各编,这实在是我对广岛地方志的入门。

1989年冬季,我承广岛大学地理系森川洋教授的邀请到广岛讲学,我在广岛大学所讲的第一课就是《比较城市学刍议》。而在广岛女子大学、广岛修道大学等校所讲的也都和这方面有关。这一次访日,由于时间较长,而且对研究课题有所准备,收获当然不小。到广岛不久,即承市长荒木武先生约日与我们夫妇会见,晤谈之前,又应我的要求,花1个多小时时间,由广岛市都市计画课长河合武先生,主监浦野博先生,技师仓田好晴先生,用地图、文献、画片、幻灯等手段,向我们详细地介绍了这个城市从毁灭到重建的过程以及今后发展的前景。此外,还应我的询问,逐一解释了城市的功能分区、建筑、地价等许多问题,接着是在挂着中日两国国旗的市府大会客室中与市长郑重会见。在大约 1 小时的谈话中,主要的话题仍是广岛的城市建设。我们虽然是第一次见面,但彼此都有某种程度的了解。我看到市长手上拿着的是一份铅印的我的简历和著作目录,这当然是有关方面提供给他的。对于他,我只知道自从 1975 年上任以来,已经当了 15 年市长,对广岛的重建的确贡献卓著。《广岛新史》的封面就是他的书法,一手端庄秀丽的正楷汉字,即使在中国,也不失为一位出色的书法家。这天参加会见的,除了市府中的六七位官员以外,《广岛新史·地理编》的主编,广岛大学藤原健藏教授也特地赶来参加会见。他的到场,加强了《广岛新史》在我的研究工作中的地位。当时,《广岛新史》13 卷已经出齐,虽然篇幅浩大,如全部汉译,估计约在 800 万字之谱。它占了我这一次访日中阅读工作量最大的部分。

　　感谢中国地方(广岛属于中国地方)的最大日报《中国新闻》,在我抵日后不久,即于 1989 年 12 月 11 日报道了我到广岛讲学的消息。当然,我在广岛大学的首场课题《比较城市学刍议》也显然起了作用,许多新老朋友,知道我要进行城市的比较研究,都热诚地愿意为我提供帮助。年逾 8 旬的米仓二郎先生,为了让我全面了解城市功能分区,亲自陪我参观广岛城天守阁和博物馆,而且长途步行于城市中心的纸屋町、本通、立町和八丁堀等繁华街区,然后登上全市最大的百货商店 Sogo 的屋顶平台,鸟瞰全市的布局。藤原健藏先生则驱车陪我到西部丘陵地上的铃峰,考察那一带近十年来的密集聚落,并且从更高之处观察广岛市和广岛港。广岛大学地理系的上居晴洋先生,知道我对聚落地理的兴趣,为我驱车走遍整个西部广岛的丘陵地,直到市境最北的安佐町,仔细地考察了各种各样的聚落。而《广岛新史·地图编》的主编村上诚教授,是广岛大学的经济地理学家,陪同我们访问了市郊农村,与菜农座谈,并且还考察了山口县濒濑户内海的岩国市,研究了该市的城市规划。为了进行以广岛为核心的比较城市研究,大阪商业大学经济学院院长、经济地理学家富冈仪八教授特地赶来陪同我们到广岛的邻县,兵库县濒濑户内海的赤穗市考察。虽然赤穗这个以盐业起家的城市我并不陌生,已经作过几次考察,但这一次是在比较城市的课题下前去考察的,并不是把赤穗作为一个孤立的城市。市长岩崎俊秀先生知道我们夫妇到了那里,一定要富冈先生邀请我们与他会面,当他从富冈先生那里得悉我们到赤穗考察的目的,他的兴致很高,要我谈谈日本各城市的不同地方文化,这实际上也是一种比较城市研究,我们的这次谈话,我已发表在《浙江省中国文化研究会开幕词》上。[⑦]

　　以上只是举了一些例子,我当然不敢自诩,我已经精通广岛地理。但是作为一个外国人，或许可以说，我对广岛及其附近一带的自然环境和人文环境已经有了初步的认识，而这种认识，除了实地考察以外，在文献阅读中，《广岛新史》是十分重要的一种，这也是我在两国地方志的比较研究中选定《广岛新史》的原因之一。

　　以上所述，是我对慈溪、广岛两地在地理环境方面的认识，要进行两地地方志修纂的研究，这是十分起码的也是非常必需的条件。当然，在论及人地关系时，这可能还仅仅是条件的一半，另外一半是我对两地的人际关系，因为要从事这样的研究和写作，还有赖于当地各界人士特别是方志界人士的支持与合作。我应该坦率地说，在日本，人际关系的问题或许比较简单，对于许多机关、团体或个人，单靠一张名片，往往可以得到热情的和真诚的接待。记得那年与爱知大学秋山元秀教授的名古屋郊区考察，我临时提出要参观一所当地颇有名的竹田プレス工业株式会社，这是一所制造和服的年产值几百亿日元的大型手工业工场，就靠一张名片，受到场主竹田嘉兵卫先生的热情接待，除了参观各个车间外，还座谈一个多小时，这中间有人来送上三次饮料。而竹田先生一开始就明白，我不过是个研究学术的教授，绝对不是谈生意的顾客。由于我在日本的这类经历较多，所以在这方面的人际关系，倒是绝无顾虑的。何况对于《广岛新史》，从它的编修委员会委员长，即前广岛女子大学校长今堀诚二先生起，到各卷主编如藤原健藏、村上诚诸先生以及重要的执笔人如森川洋、堤正信诸先生等，都是我的朋友。因此，我对我的研究工作获得他们的支持和帮助方面，确实满怀信心。

　　在中国，特别是近年以来，人际关系的处理比较困难，这是谁都知道的。办一件事情，即使是学术研究的事情，如查阅文献，索取资料等等，不仅需要各种介绍信的冗烦的手续，而且如果没有一定的人际关系，仍然会困难横生。在这方面，我的不少日本学术界朋友，由于曾到中国做过学术研究工作，也大都了解，所以不必讳言。我在新修《常山县志》（1990年浙江人民出版社出版）中，曾经撰有《从日本引回康熙常山县志抄本纪略》一文，文内作了对比，⑧这里不必赘述。但慈溪的情况却和我在该文中所说的迥然不同。在那里，从市的领导层直到志书的主编和编辑，都非常重视他们所从事的文化事业。由于他们在志书编纂之始就邀请我审订志稿，在这个过程中，我曾经几次去那里，从领导到具体编辑的人员中交了不少朋友，他们在编辑工作中的热心和细心，在听取审订意见时的耐心和虚心，常常使我深受感动，为了从事中日两国地方志的比较研究，我曾经写信给《慈溪县志》副主编周乃复先生，他于1992年8月19日给我回信说"比较研究的结果如能引起方志界的重视，对推动中国地方志的发展，肯定会产生重大的影响。因此，您在研究中如果要我们收集或提供资料，我们一定会全力以赴"。

　　综上所述，说明我选择慈溪和广岛二市作为中日地方志与比较研究的具体对象，在地利与人和两方面确实具有较好的条件。而且最后还必须指出的是,慈溪在其地方志的修纂过程中,已经与日本学术界发生了关系。日本学者对慈溪的某一方面的研究,曾经促进了慈溪的地方志编纂。这位学者就是前面提到的富冈仪八先生。

与《慈溪县志》同时出版的《慈溪县志编修实录》^⑩中有一篇《由日本专家考察引起的》短文,其中有一段说:

> 富冈仪八教授作为一名日本学者,为撰写中国清代以来盐业运输历史专著,冒着酷暑,背着用具,来到慈溪考察,我们自己不重视收集、研究,不搞好编志工作,怎么说得过去呢? 富冈仪八教授在考察中,对慈溪制盐工具问得很仔细,并要图纸,我们不但准备了这方面的材料,作了详尽回答,而且还绘了示意图给他,他十分满意;同时,他还仔细地丈量盐板尺寸,计算了面积,这告诉我们,如果县志编修不大量而广泛地收集资料,手中空空,泛泛而谈,志书还有什么价值呢? 过去我们对盐业生产的照片保管不当,丢失很多,这次找到了一张生产过程的照片,我们给他看了,他很高兴,马上用照相机拍了三张,富冈先生离慈时,陪同来慈溪考察的浙江省地理学会理事长、杭州大学地理系陈桥驿教授说:"编写县志是非常重要的,如你们《盐政志》编好了,这次访问就更省力了。"

由于富冈先生的这一次考察,推动了《慈溪盐政志》的修纂。慈溪的地方志修纂,除了《慈溪县志》这一种篇幅最大的通志以外,还有许多篇幅较小的专志,以下将要论及,《盐政志》是其中之一。这部专志正是由于中日两国之间的这种科学技术的交流等原因,终于比《县志》提前3年,于1989年在中国展望出版社出版。我为此志写了七千余言的长序,这篇序言的开头两段,就是为了追述中日两国学者的交流和合作。这或许是慈溪地方志修纂史上一段值得回忆的掌故,所以我把它写在下面:"1983年秋季,我应聘在日本关西大学讲学,日本的盐道专家富冈仪八教授(他是大阪商业大学教授)也在该校兼课,因为参加了一次我的公开演讲会而彼此相识,他邀请我到赤穗市,参观赤穗海水化学工业株式会社,赤穗市政府观光课长藤原正昭先生也特地赶来接待。濑户内海原是日本传统盐产地,但现在已经看不到盐田,藤原先生告诉我,既然盐已在工厂里生产,原来的盐田已经开辟成一个赤穗海滨公园。在工厂里,我看到海水通过吸水管引入车间,经过几个车间以后,大小包装的洁白精盐,就一包包地从传送带上出来。工厂的负责人告诉我,全厂共有职工147人,每年产盐18万吨,盐业生产的这种发展前景,给我留下了深刻的印象。"

　　1985年春季,我在国立大阪大学讲学,富冈教授再次热情地邀请我们夫妇到赤穗市御崎他的家中作客,这天晚餐以后,富冈夫妇和我们夫妇围坐在一起,富冈夫人向我夫人传授她精通的茶道之术,而富冈教授则取出他特地从赤穗市买来的高级纸张,濡墨润笔,请我为他题词留念,我当时颇感踌躇,富冈教授是日本的著名盐道专家,他曾因一部巨著《日本盐の道——セの历史地理学的研究》,获得日本国家的奖状,我不得不班门弄斧,写上一些与盐事有关的词句,整篇题词当然是一个门外汉的即就章,我早已忘记,但开头两句,因为刚刚落笔,富冈教授就拍了照,所以现在还可从照片上看到:"盐是国计民生的大事,所以中国早在汉代就有《盐铁论》的著作。"

以上就是我为《慈溪盐政志》所写的这篇长序的开头,借以说明慈溪与日本之间在地方志修纂方面已经有过一种纽带,这种纽带同样也是我比较研究的缘起。

二、慈溪市的地方志修纂

慈溪市的地方志修纂由慈溪市地方志编纂委员会主其事。其中最主要的成果是1992年由浙江人民出版社出版的《慈溪县志》。之所以称《县志》而不称《市志》,因为慈溪于1988年由县升格为市,而此志书内容截止于1987年,尚不及设市之时。所以仍称《县志》。这是一部16开本、1000余页、150余万字的巨型志书,是慈溪的通志,也是慈溪所有地方志书中的总志。除此以外,在慈溪市地方志编纂委员会的主持下,还有其他许多专志,它们多数已在《县志》以前出版,另外还有一些则尚在编纂或印行之中。下表所列,是慈溪的地方志修纂和出版情况。

志书名称	编纂者	出版者	出版时间
慈溪县志	慈溪市地方志编纂委员会 主编:徐长源 副主编:周乃复	浙江人民出版社	1992
慈溪县志编修实录	慈溪市地方志编纂委员会 主编:徐长源 副主编:周乃得	浙江人民出版社	1992
慈溪县地名志	慈溪县地名委员会	内部发行	1988
慈溪县图书馆志	慈溪县图书馆志编写小组	内部发行	1988
慈溪县二轻工业志	慈溪县二轻工业总公司 主编:陈成余、卢冬芳	内部发行	1988
慈溪盐政志	慈溪市盐务管理局 主编:朱子仙等	中国展望出版社	1989

续表

志书名称	编纂者	出版者	出版时间
浙江省慈溪市供销合作社志	慈溪市供销合作社 主编:孙德顺、张志春	内部发行	1989
慈溪工商行政管理志	慈溪市工商行政管理局 主编:陈银标、卢荻	内部发行	1990
浙江省慈溪市商业志	慈溪市商业局 主编:励永康	内部发行	1991
慈溪市国营工业志	慈溪市工业公司 主编:霍启和	内部发行	1991
慈溪农业志	慈溪市农业局 主编:胡百孚	上海科技出版社	1991
慈溪水利志	慈溪水利志编纂委员会 主编:徐惠钊	浙江人民出版社	1991
慈溪市交通志	慈溪市交通局 主编:毛松卿	浙江人民出版社	1993
慈溪市图志	慈溪市地方志编纂委员会	西安地图出版社	编纂中
慈溪公安志	慈溪市公安局		编纂中
慈溪卫生志	慈溪市卫生局		编纂中
慈溪教育志	慈溪市教育局		编纂中
慈溪邮电志	慈溪市邮电局		编纂中

　　除了上列已经出版和正在编纂的通志和专志以外,《浒山镇志》和《周巷镇志》也在编纂之中。

　　除了《县志》以外的所有专志中,最先印行的是《慈溪县地名志》,也是慈溪除了《县志》以外篇幅最大的志书,由于在"文革"期间,大量地名遭到篡改,"文革"结束以后,国务院成立了地名委员会,各省、市、县也都成立了地名委员会,国务院于1979年公布了《关于地名命名、更名的暂行规定》,随即在全国范围内展开了地名普查工作,改正了"文革"期间各地胡乱篡改的地名,建立了地名档案,而《地名志》是一种专志,也是中国历史上第一次出现的专志,这种专志在一定程度上又具有通志的性质。《慈溪县地名志》是一部字数达60余万、收录标准地名4409条的专志。这些标准地名分为四类,即乡、镇、村及其居民点;主要企事业单位;革命纪念地、名胜古迹及人工建筑;自然地理实体,此外还有《附录》和《地名索引》。按照国务院地名委员会的规定。收录于《地名志》的标准地名,具有法律上的意义,为此,《慈溪县地名志》在许多专志之中,更具有它的权威性。

　　《慈溪农业志》是慈溪的一系列专志中十分重要的一种。慈溪自古以来依靠农业,手工业和其他产业所占比重甚小。1949 年以后,虽然也逐步发展了一些现代工业,但一直到 60 年代之末,农业在工农业总产值中仍占很大优势。这种情况到 1973 年才开始改变,这一年,农业总产值占工农业总产值的 49.3%,而工业跃居 50.7%,开始超过农业,这种自古以来的传统才开始转变。但是无论如何,直到今天,农业在慈溪的国计民生中仍有重要地位。所以《慈溪农业志》是慈溪各专志中的重要一种。

　　《农业志》除卷首《概述》、卷末《大事记》、《附录》外,共分 9 篇,约 40 余万字,内容完整,资料充实。其中第一篇《农业生产条件》,不仅包括农业生产的自然条件和人文条件,而且还描述了农业区域。有此一篇,慈溪农业概貌尽在此中矣。农业生产的自然条件即志书所称农业环境,包括地形地貌、海涂围垦、土壤、植被、水利、气候六节,基本上已经把慈溪的农业环境和盘托出,而其中如海涂围垦和水利两节,则还评述了在农业资源的基础上,长期以来人们的利用和改造。这一章当然也有美中不足的地方,例如“地形地貌”,实际上是词汇的重复,而从海涂、土壤等的叙述需要,有关地质方面的知识,如成陆过程,地层岩石等等,仍有必要作出说明,所以第一节当以“地质地貌”为好。此外,从农业资源的角度说慈溪还有它重要的潜在农业资源,即三北浅滩也有必要详加记述。当然。《农业志》的所有这些缺陷,都由《水利志》作了令人满意的补充,下面还将提到。

　　《农业生产条件》这一篇还详细地记述了耕地、农机具、农家肥料、化学肥料、农药等生产资料,而特别是《农业区域》这一章,把境内农业按其沿革和地域类型,分成沿海棉区、稻棉轮作区、稻区、丘陵林果区四个区域。内容虽然简短,但勾划非常清楚。地方志记载地方情况,空间概念是十分重要的。所以《农业区域》这一章,鲜明地表现了《农业志》的地方特色。

　　《慈溪农业志》对于农业的部门结构和主要农作物分别从第 3 篇到第 7 篇的 5 篇中进行记载。5 篇之中,开首的第三编《棉花》。这一篇分成 9 章,与其他有关这方面的各篇相比,篇幅最大,内容也最丰富。之所以这样安排,用一句通常的话说,叫做“重点突出”。正如篇首无题小序中所强调的:“棉花是慈溪的主要农作物。1954 年划为集中产棉县以前,在慈溪地区(现观城地区)常年植棉十余万亩。1954 年以后,现县境常年植棉增至 40 余万亩。占全县耕地的 60% 以上,占宁波地区棉田面积的 1/2 以上,占全省棉田的 1/3 左右。”

　　1954 年以后,经过 10 年,到 1964 年,县内棉田面积达到顶峰,计 46.52 万亩。产量则以 1984 年为顶峰,计 30399 吨。此后,由于乡镇企业的兴起,由于生产部门的多样化包括农业部门的多样化,纤维品种的增加和人们衣料的多样化以及劳动力的短缺等原因,慈溪的棉田面积和棉花产量都开始逐渐下降。例如1987年,棉田面积已缩小到顶峰时期的61.04%,产量已减少到顶峰时期的61.10%。但是无论如何,慈溪作为浙江省的重要产棉区这一事实,在相当长时期中还不会改变。而且植棉作为慈溪农业发展的历史,也具有至关重要的地位。我曾经强调过慈溪经济发展过程中的所谓"二白"优势,"二白"就是指的棉花和盐。《慈溪县志编修实录》中有署名禾火的一篇《陈教授语语中"的"》[20]一文已述其详,这里不再赘言。

上文已经说到《慈溪水利志》在某些部分补充了《慈溪农业志》的不足。的确,在慈溪近年正式出版的几部专志来说,从科学性和系统性的角度进行评价,《水利志》是非常出色的。此志卷首的四幅地图,就立刻引起了人们的注意,意识到编纂者的知识水平和对于志书的编纂的深得要领。第一幅是包括三北平原的陆域和水域的卫星照片,这当然是利用了美国的资源卫星照片中有关这个地区的部分。不过在行政区划界线上已作过加工。这幅照片置于卷首,不仅突出了这部志书的时代特色,而对以下接着要论述的三北浅滩,具有重要的指导意义。第二幅1∶250000的《慈溪县水利现状图》,全图收入了此县迄今为止的一切水利设施,就这部专志来说,此图属于开宗明义。第三幅与第四幅分别是《慈溪县海岸演变示意图》和《慈溪县三北浅滩图》。这两幅图实在重要,对于慈溪的农业和水利,慈溪的生产发展和经济繁荣,慈溪人民的过去、现在和未来,这两幅图所说明的问题实在不同凡响。对于"三北浅滩",此书在第一章《自然环境》的第一节成陆过程中,就通过卫星照片的判读作了解释:"北部海塘之外,还可见不规则的潮滩轮廓,即'三北浅滩'。"凡是一个眼光稍稍向前的慈溪人,都不难看到,大古塘始建于北宋庆历七年(1047),现在已经逐渐向北筑塘8—11道,共围海涂665平方公里,这就是所谓三北平原。人类在不过9个世纪之中,就创造了这样一片高度繁荣的三北平原。现在《水利志》在第三章《围垦》下的第四节海涂资源中指出:"据1986年9月《浙江省海岸带资源综合调查专题报告》记述,慈溪县一线海塘以北尚有一片浅滩,东自雁门乡大岙闸,西至余姚市曹娥九塘闸,东西海岸线长度77.5公里,南北最宽处12.5公里,按海岸线至吴淞理论基准面量算,面积为433平方公里。"

由此可见,慈溪人的子孙,过不了几代,现在慈溪人的生存环境又可扩大三北平原的大约64.5%。对于慈溪来说,这真是一件不久就要出现的了不起的大事。

《水利志》的内容丰富自不待言,《概述》和《大事记》以外的十七章之中,为《自然环境》、《海塘》、《围垦》、《湖泊·水库》、《河网整治》、《水闸·堰坝》等章,把境内水事,详述无遗,而最后的《丛录》一章,内容包括《水事纠纷》、《碑文·谚谣选辑》、《治水人物》三节,作为一部水利专志,这是一个非常必要的结尾。

《慈溪盐政志》是慈溪另一部正式出版的专志,这部专志如同在本文《缘起》中已经提及的,凝结了中日两国在志书修纂中的一段值得回忆的美好掌故。《慈溪县志编修实录》中有《慈溪盐政志》编写组所撰的《由日本专家考察引起的》一文,已在《缘起》中引及,这里就不再赘述了。

《盐政志》修纂时曾嘱我撰序,由于我在序言中写了前已引及的日本赤穗海水化学工业株式会社的新式制盐方法,慈溪市主管工业的副市长沈祥家先生曾经写信给我,希望能获得这种制盐方法的详细资料。我除了把我在参观中获得的资料交寄外,又请富冈先生为他们提供了不少资料。总的说来,这种制盐的技术并不复杂,问题是要盐的用户能够承受得了由于制作过程中消耗了大量能源而生产的高昂盐价。在中国的现阶段,用这样的方法生产民用盐,显然为时尚早,但将来必然是要实现的。值得注意的是即使到了那个日子,旧式的刮泥淋卤的方法仍然有必要保存起来。不管是称为盐业博物馆或其他名称,让后来的人们懂得盐业发展的历史,总是必要的。富冈先生两次到庵东,因为有了波美表,在这一带曾经长期使用的用以测量卤水浓度的"莲子"就已经无法看到。而在日本,赤穗海滨公园仍然辟有一角,用旧式制盐方法晒盐,是专门让小学生和初中生实习用的。尽管此事已经出乎《盐政志》之外,但通过修志,通过修志过程中中日两国的交往,对我们仍然具有意义。

现在评论一下《慈溪县图书馆志》,在慈溪的所有专志中,《图书馆志》是篇幅最小的一种,但是这部志书修纂得相当精彩。慈溪在过去是一个小县,对于清末民初的许多江南小县,他具有代表性。从这个县的私人藏书楼直到图书馆的发展,可以看到在江南各地地方文化中扮演重要角色的这种文化机构是怎样获得发展的。也可以借此了解在这一时期,江南各城镇,在文化事业上之所以发展较快,绝非偶然。《慈溪县图书馆志》卷首有《大事记》和《概况》,《大事记》从清光绪三十三年(1907)旅日爱国华侨吴锦堂所办锦堂学校,开始建造校舍和学校图书馆馆舍,校址在东山头起,直到1987年,记述了县内有关图书馆的大事。《概述》从清代慈溪私人藏书楼,民国时期慈溪私人藏书楼,记及民国二十四年(1935)的浒山民众教育馆阅报外,藏有图书2000余册并《万有文库》一套,又记及到1954年慈溪余姚重行划界时藏有古籍3万余册和新书1万多册的慈溪县文化图书馆,最后记述慈溪县图书馆,这个图书馆在1987年年底,藏书达12万余册,期刊360余种,报纸近百种。这以下共分6章,卷末有《附录》。6章中的前4章从各个角度记述了县图书馆。第五章记述农村图书馆(室),第六章记述各系统图书馆(室)。在《附录》中有一项极有价值的资料,即《清代至民国时期慈溪私有藏书家传略》。慈溪在建市以前一直是个小县,但历来文人辈出,《图书馆志》或许可以为我们找出这方面的答案。

在约略评价几种专志以后,现在再对这部皇皇巨构《慈溪县志》进行一番讨论。

慈溪自南宋以至民国,曾修志 12 次,今存刊本及抄本凡 5 种,但这一次新修的《慈溪县志》,无疑是所有前志所望尘莫及。这是历时五年,在慈溪的领导者的支持之下,集中了全境精英的作品。慈溪修纂地方志的策略是专志与通志并举,专志属于各有关的专业部门,如农林局修《农业志》,水利局修《水利志》,图书馆修《图书馆志》等,但是所有这些专志的修纂,都在慈溪市地方志编纂委员会的指导下进行,而具体的修纂工作则由这些专志的有关部门组织各专志的编纂委员会进行。所有这些专志的修纂过程,实际上是为《慈溪县志》的修纂在资料上、方法上和编辑人才的培训上做好了准备工作。《慈溪县志》与其他专志不同,它是慈溪的通志和总体,是慈溪一切志书的重点工程,所以由市地方志编纂委员会直接领导,建立办公室,聘请正、副主编和编辑人员,从事修纂工作。

《慈溪县志》卷首有《概述》和《大记事》,卷末有《丛录》和《索引》,而正文共分 28 编。要全面评论这部皇皇巨构,需要大量的篇幅,在此只拟评论其中的几个部分。

第三编《自然环境》是全志中非常出色的部分。它是全志 28 编中篇幅最大的一编,显然是全志的重点。地方志是记载地方的文献,而自然环境就是地理基础。一个地方的所有人文现象,都是从这个基础上发展起来的。以此为志书重点,说明修纂者深得要领。除了第一章《地质》以外。从第二章起到第八章,分别细述了地貌、土壤、气候、水文、植物、动物和自然灾害。也就是说,这是一部内容丰富、资料详尽、图文并茂的慈溪市自然地理教科书。慈溪全部陆域 1100 余平方公里,海域 400 余平方公里,从岸滩、平原到丘陵,其自然地理地貌在此七章之中一览无遗。作为一部自然地理教科书,按照"没有地图就没有地理学"的说法,另外一种重要的组成部分就是地图。此编中的第一幅《地质图》虽然不属于自然地理地图,但却是十分成功的作品。从《土壤分布图》起,自然地理地图共有六幅。其中以土壤和地下水两幅特别成功。两图都是以 1 公分等于 2 公里的中等比例尺地图。由于慈溪海域中有三北浅滩,所以两图都注明:"浅滩边线为吴淞高程 1 米。"图书内容的丰富,注记符号的详明,都证明了作者的水平。图文配合又十分密切,真是相得益彰。

紧接第三编《自然环境》的第四编是《成陆围涂》。这是慈溪的自然环境与人文环境的密切结合,是慈溪与众不同的特色。把这项内容单独立编,确是《慈溪县志》编纂上的很大成功。《宁波市志》主编俞福海先生在《慈溪县志》出版座谈会上以《继往开来谱新篇,惠及子孙振慈溪》为题,引用我的观点说:"陈桥驿教授首先提出的叫海塘博物馆,这是座露天博物馆。《成陆围涂》编对此作了重点记述。"这个问题的基础当然是自然地理学的,钱塘江河口,在有史记载的时代起是走的南大门,但从宋代起,河口开始有北移趋向，自北宋末叶到清初的六七个世纪中，河口终于北移到北大门，而原来的南大门故道，就先后淤塞，成为三北半岛和南沙半岛两个半岛。慈溪的三北半岛也称三北平原，如前在评论《水利志》时提及，从北宋庆历七年（1047）在今周巷、浒山、观城即 329 国道线沿线修筑第一条海塘大古塘开始，现在已经向北筑塘 8—11 道，今慈溪市最主要的境域，就是成陆围涂的结果。成陆靠天工而围涂赖人力。今慈溪市的繁荣昌盛的局面，就是北宋以后历代以来这种天工人力配合的结果。而三北浅滩正在逐渐涸出，等待人们的继续围垦。所以这一编的内容对慈溪实在至关重要，确是《慈溪县志》的特色和重点。编内插图甚多，其中如《慈溪历代海塘图》，绘制精细，注记鲜明，对于慈溪的过去、现在和将来，都有重要的意义。

这一编虽然篇幅不大，但由于整部《县志》的许多章节，实际上都和成陆围涂这个主题有关，因此，这一编的内容涉及全志甚广，例如第八编《水利》，在第一章《河区》的无题小序中就提及："随着三北平原的形成，先后由人工挖掘和随流疏浚大小河流，形成平原水网。"在第三章《水库·山塘》中记述的海涂水库："70 年代在沿海建造海涂水库 3 座，春季多雨时蓄水入库，旱时灌溉农田。"在卫星图上观察这海滨的 3 处淡水水面，真是饶有风趣。这 3 处水库即是浒山海涂水库、长河海涂水库和周巷海涂水库，总库容量达 1000 多万立方米，可灌溉农田 20 余万亩，并且是附近村镇的淡水来源。诸如此类，都和成陆围涂有密切关系。甚至在 28 编以外的卷末《丛录》之中，收有重要历史文献 13 篇，13 篇之中的为首 3 篇，即是北宋王安石、南宋楼钥和元陈旅的《海堤记》，分别表彰北宋谢景初，南宋施宿，元叶恒等先贤修筑海塘之功。楼钥文后有诗，其最后数句说："化斥卤兮，土膏隆隆；变歉岁兮，为之年丰；良耜稷稷兮，多稼芃芃；获之积之兮，将栉比而墉崇；唯后人之勉勉兮，用心似公。"今天我们在三北平原所见一派富庶的景象，都是历代成陆围涂的结果。而这一编在《慈溪县志》中的重要地位，也就不言而喻。

第七编《农业》按篇幅在《县志》中仅次于《自然环境》和《人物》。中国长期以来以农立国，慈溪同样也是以农立县。前面《农业志》的评论中已经指出，对于这个县，工业产值超过农业产值，为时还不到二十年。这是我国绝大多数市、县修志的共性。不过在这方面，慈溪显然还有它的个性。这就是在农业部门的位置排列时，它不像其他大多数市、县的"民食为天"或"以粮为纲"。而是把棉花生产置于首位，以下按次是粮油、林业、果蔬特产、畜禽蜂业和渔业，这就是前面已经提到的"二白优势"，尽管近年来棉田和棉产量都已锐减，但它的历史地位不可动摇，以它置于农业之首，正是突出了志书的特色。

"二白优势"的另一"白"是盐，慈溪的盐业实际上是一种手工业，但《县志》的编排把它单独成为一编,使之有别于工业。按照慈溪的历史情况,这种编排是合理的。慈溪的盐产区庵东盐场,在1956年以前属于余姚,而余姚产盐的历史已经十分悠久。《越绝书》卷八:"朱余者,越盐官也,越人谓盐曰余。"说明余姚的"余",即是古代越语的"盐",则这里制盐历史的悠久可以想见。庵东盐场所产的盐曾经远销湘赣。早在1940年,年产量已达16万吨。而1967年产量223万吨是其顶峰。从此以后,产量趋于停滞,而1979年以后,降至10万吨以下,1987年已仅1万余吨。与此同时,盐田面积也日趋缩小,1958年有盐田10万余亩以上,到1987年缩小为12000亩。这种盐产量和盐田的锐减,是在许多原因之下发生的。从现状来说,慈溪由于其他生产部门的急速发展,所以盐业衰落对经济并无影响。不过从慈溪的历史发展来说,盐业曾是非常重要的基础,《县志》为盐业单独立编,这是尊重历史,所以很有必要。

　　第二十四编《文化》中,最后第七章是《文物胜迹》,这是地方志中受人欢迎的内容。特别是慈溪在这方面有非常引人入胜的事物,这就是全国文物保护单位的上林湖越窑遗址。这是一处知名度极大的,具有国际意义的文物遗址。其所以具有国际意义,因为它是一条国际上交流商品沟通文化的著名道路即陶瓷之路的起点。

　　中国北方在古代有一条名噪中外的道路,即从西安经河西走廊、新疆、中亚而沟通欧洲的"丝绸之路"。不过自从唐天宝十年(751)的恒罗斯(今哈萨克江布尔城)之战唐军为大食人所败以后,这条路从此阻塞,而代之以另一条南方的所谓海上丝绸之路,也就是已故的日本著名陶瓷学家三上次男所首倡的"陶瓷之路"。这里有必要插入几句话,其实倒是中日文化交流史上的佳话,而且与慈溪修志有重要关系。三上次男教授生前是我们夫妇的好友,他于1969年在东京岩波书店出版他的名著《陶瓷之路》,我的夫人胡德芬女士为他翻译了此书于1983年在中国出版。他对此十分高兴,亲自为中译本作序,并且为中译的印制寄来许多照片。他来中国考察时,我们夫妇也常常陪同他,并为他翻译。1985年,我在国立大阪大学讲学,承他热情相邀,我们夫妇到东京他所主持的出光美术馆作客。在宏大的八层大厦之中,到处陈列着古代的陶瓷器,令人目为之眩。

　　三上先生提出"陶瓷之路"绝非单纯的文献资料的总结,而是他亲自沿途考察的结果。这条道路从中国东部沿海的陶瓷产地(特别是越州上林湖)和港口(特别是明州港)经过南海、印度洋到西亚、东非和地中海沿岸。他漂洋过海,到过所有这条路线上的港口和码头,在这些码头上挖掘当年搬运时遗落的破碎瓷片。他在埃及开罗南郊的福斯塔特遗址从事长时期的挖掘,亲手整理古代瓷片六七十万片,其中出自中国的达12000片。在这样的基础上,他写出《陶瓷之路》这本名著。而今慈溪上林湖,就是这条道路上最重要的起点。

《慈溪县志》对上林湖遗址相当重视,在第七章以下专门立了一节:《上林湖越窑遗址》,并且记及了这条陶瓷之路。此外还附了一幅占一整页的《上林湖越窑遗址分布图》,另有一整页的照相版,刊入了从埃及和伊朗出土的上林湖青瓷器的照片。地方志毕竟不是考古书,更非上林湖遗址专辑。从《县志》对此的记述来看,应该认为编纂者已经尽了很大的努力。不过在我这个与日本许多陶瓷专家有过交往,并且参观过像东京出光美术馆这样的陶瓷博物馆的人,深悉日本有关这方面的学者,不会以《县志》对此的 1000 字记述和这些地图、照片而感到满足的。因为我的这项比较研究直接涉及日本,所以必须在这里再为日本的陶瓷学家们指出一点。《慈溪县志》的编纂者对于上林湖遗址的重要性的认识,其实还远远超过《文化遗迹》这一章中的记述。整部《县志》在设计上都是紧扣他们地方的这种国宝的。《慈溪县志》的护封,即是一整幅上林湖的照片,据《护封之用意》[⑪]一文所述,这幅照片的拍摄很不容易:"我们曾作了多次选址和拍摄,最后选择了黄鳝山窑址为主景,春夏时去拍过多次,但因正适雨季,湖水暴满,该湖窑址均淹没在水中,没有成功。直至 11 月初枯水时期,水位下降,窑址碎片显露时,用广角镜头拍摄下来。远景为延绵起伏的栲栳山,中景为波光粼粼的湖水和犬牙交错的湖岸,近景为窑址破碎片堆积层,既反映了越窑遗址的现状,在构图上也比较理想,基本上达到原设想的要求。"

编纂者还别出心裁,精选从唐到北宋时期上林湖越窑青瓷中典型的纹饰 31 种,进行素描,分别插入 28 编、卷首《概述》、《大事记》、卷末《丛录》共 31 个标题下,一般读者可能认为这是一种美化标题的图案;但对于陶瓷学家,这实在十分可贵。当然,这 31 幅纹饰也是得来艰辛的。据《越瓷纹饰放异彩》[⑫]一文的记述:"开始我们想征集越器照片作辑封画面,无奈上林湖完整越窑瓷器为稀世珍宝,形态各异的器皿,要采集到三十余种,殊不容易。于是转而采集越瓷瓷片,遂在市文管会童兆良同志支持下,选择纹饰各异的不同时期的瓷片近百种,并约请市摄影协会的同志,花一天时间跪着拍摄照片,从中选取三十余种作为插图设计的基本素材。"

现在为了满足没有见到《慈溪县志》的陶瓷学家特别是日本的陶瓷学家,我把这 31 种越窑青瓷的纹饰,依次排列如下:

编次	上林湖越窑纹饰
概述	唐上林湖越窑青瓷盏云中飞鸟形纹饰
大事记	唐上林湖越窑青瓷盏托宝相花纹饰
第一编	五代上林湖越窑青瓷粉盒盖对称双蝶纹饰

续表

编次	上林湖越窑纹饰
第二编	五代上林湖越窑青瓷小碗龙纹饰
第三编	五代晚期至北宋初上林湖越窑青瓷碗云鹤纹饰
第四编	五代晚期至北宋初上林湖越窑青瓷盘对称双蝶纹饰
第五编	五代晚期至北宋初上林湖越窑青瓷多边形罐人物纹饰
第六编	五代晚期至北宋初上林湖越窑青瓷脉枕云凤纹饰
第七编	五代晚期至北宋初上林湖越窑青瓷盘对称凤凰纹饰
第八编	五代晚期至北宋初上林湖越窑青瓷盘荷叶飞鸟纹饰
第九编	五代晚期至北宋初上林湖越窑青瓷盘花草飞鸟纹饰
第十编	北宋初上林湖越窑青瓷脉枕花鸟纹饰
第十一编	北宋初上林湖越窑青瓷盘荷叶状龟纹饰
第十二编	北宋上林湖越窑青瓷浅腹碗花卉纹饰
第十三编	北宋初上林湖越窑青瓷碗缠枝花卉纹饰
第十四编	北宋初上林湖越窑青瓷盘缠枝花卉纹饰
第十五编	北宋上林湖越窑青瓷大碗蝶恋花纹饰
第十六编	北宋上林湖越窑青瓷盘莲花双鱼纹饰
第十七编	北宋上林湖越窑青瓷卧足盘牡丹花纹饰
第十八编	北宋上林湖越窑青瓷大碗缠枝花纹饰
第十九编	北宋上林湖越窑青瓷粉盒盖藻形花卉纹饰
第二十编	北宋上林湖越窑青瓷碗对称鹦鹉纹饰
第二十一编	北宋上林湖越窑青瓷盘蝶恋花纹饰
第二十二编	北宋上林湖越窑青瓷碗蝶恋花纹饰
第二十三编	北宋上林湖越窑青瓷碗藻形花卉纹饰
第二十四编	北宋上林湖越窑青瓷盘对称鹦鹉纹饰
第二十五编	北宋上林湖越窑青瓷盘凤凰石榴纹饰
第二十六编	北宋上林湖越窑青瓷卧足洗波涛纹饰
第二十七编	北宋上林湖越窑青瓷碗花卉纹饰
第二十八编	北宋上林湖越窑青瓷碗几何形纹饰
丛　录	北宋晚期上林湖越窑青瓷碗对称鹦鹉纹饰

以上是《慈溪县志》几个主要编章的一般概况。最后简述几句关于正在编纂中的《慈溪市图志》。我是根据慈溪市地方志编纂委员会提供的《慈溪市图志编写提纲》并参阅了《慈溪县志》的插图作这种简评的。《图志》在北宋及其以前多称《图经》,是我国方志修纂史上曾一度流行的体裁。我在拙作《图经在我国方志中的重要地位》[⑬]一文已述其详。慈溪市在《县志》出版以后即有《图志》编纂之举,意在为《县志》增出一种图文并茂的简明本,将《县志》内容加以高度精炼,配以地图,图文对照,一目了然。把1000余页的浩瀚《县志》浓缩在约200页的《图志》之中,使无暇细读《县志》者,亦得以从短小的《图志》中获睹慈溪市概貌。慈溪市地方志编纂委员会的这种设想是很好的,而从它的《编写提纲》来看,内容也确实简明扼要。其成果究竟如何,由于全稿即将编竣,交付出版,我们当可拭目以待。

三、广岛市的地方志修纂

评论广岛市的地方志修纂,主要就是评论《广岛新史》。中国人重视名称,在学院式的方志学课程中,必然要详细论证"史"和"志"的区别,引经据典,写出许多洋洋洒洒的文章,骤见《广岛新史》这个名称,立刻会让人感到,此书属史而不属志。不过我不想一开头就浪费笔墨解释这个问题,反正从以下的论述中情况就会明白。

首先还得简单介绍一下广岛市的地方志修纂历史,第一部广岛地方志《广岛市史》在大正年间(1912—1925)分卷出版,先后共5卷,广岛当时已经被建成一个军都,人们沉浸在军都建设的狂热中,对于修志并不热情,所以旧广岛的唯一一部地方志,显然是因陋就简的。广岛于1945年遭到毁灭。10年以后,广岛正在局部重建,战后第一部市志,《概观广岛市史》于1955年出版。当时由于疮痍尚未完全恢复,城市重建规划也未完全落实,所以这一种单卷本的志书,不过是描述战前、战后广岛的一个简单轮廓而已。6年以后,七卷本的《新修广岛市史》于1961年出版。这是《广岛新史》出版以前最详细的广岛志书。由于《概观广岛市史》出版以来的6年之中,广岛的复兴工作已经有了较大的发展。市中心区如八丁堀一带已经初具规模,全市的百货商店之一"福星"于1954年建成,和平公园的建筑有了进展。而作为日本一切城市象征的广岛城天守阁,也于1958年按战前原样重建落成。广岛港的万吨级码头和广岛空港分别于1960年—1961年建成启用。所以《新修广岛市史》的内容与《概观广岛市史》相比,当然不可同日而语。这部志书的编纂出版,标志着广岛这个城市从毁灭中的复兴。正如当年的广岛市长滨井信之在卷首《序言》中所说:"我认为详细记述四千年前古代创建的广岛直到战后复苏成为新生的和平城市之间的更替过程,介绍给世人,留传于后世,这是本市历史继承者的职责所在,也是自昭和二十六年(按 1951 年)以来重新着手本市修史事业的缘由。"

在《广岛新史》修纂出版期间,市境范围内另外还出版了若干町村志和其他专志。町村志相当于中国的乡镇志。计有《安芸町志》上下两卷,《五日市町志》上中下 3 卷。另有《户阪村史》、《中山村史》、《井口村史》3 部村志。专志主要是《广岛市立学校沿革志》和 5 卷本《广岛原爆战灾志》。需要解释几句的是 1984 年出版的皇皇巨构 27 卷本《广岛县史》。这部大型志书,从 1968 年始纂,经过了 16 年才纂成出版,内容当然十分浩瀚。不过它不同于《广岛新史》,因为《新史》是市志,市在日本是县以下的行政区划单位。《广岛新史》与《广岛县志》的关系,即如《慈溪县志》与《宁波市志》的关系。中国读者不大了解日本的行政区划,所以不得不赘述几句。

在论述《广岛新史》以前,这期间出版的另一种志书《广岛被爆 40 年史·都市之复兴》⑭一书,值得稍作介绍。此书由《广岛新史》编修委员会委员长今堀诚二监修,广岛大学石丸纪兴先生主编。从书名来看,似乎也不是志书,但其实是志书,从内容到形式,它可以列入中国从北宋以来的《图经》系统的志书。中国近年来仍有一些县、市修纂这类志书,除前已述及的慈溪市行将出版的《图志》以外,建德市已于 1990 年出版了由周金奎主编的《建德古今图记》。⑮当然,广岛市的这部图记,它的内容主题,是这个城市的毁灭和新生,正如市长荒木武在卷首《序言》中所说:"广岛的来访者首先是惊叹广岛复兴后的面貌,继而就要提问:一片废墟是如何重建的? 本书的目的就在于回答这种提问,在于追述广岛人民的真挚努力。"广岛市史编修委员会委员长今堀诚二在卷首《序言》中甚至希望广岛的未来能够超过巴黎。他满腔热忱地说:"如蒙读者因此书而理解广岛人民的气魄,则将不胜荣幸。"全书除文字说明之外,并配以表格、照片、地图、示意图、统计图等,共达 390 幅之多,确实称得上图文并茂。

全书共分 7 章,序章是《被爆前的广岛》,内容主要是从甲午中日战争直到第二次世界大战前期,这个军都所表现的战争狂热,连小学生的习字,写的都是"武运长久,日本刀,大和魂","大东亚战争"等字句,使人触目惊心。第一章是《被爆与战灾复兴计划》,照片显示了原爆后的一片废墟和大批死伤者惨不忍睹的形象。这些照片现在都展览在和平公园的和平纪念资料馆中,对于这些照片给人的感受,我在拙作《广岛的毁灭与重建》⑯一文中曾说过如下一段话:

> 凡是参观过和平纪念资料馆的人,都会从内心深处痛恨战争特别是核战争,从内心深处渴望和平。记得 1985 年春季,我们夫妇第一次访问广岛时,在这个资料馆中,我的夫人忍不住涕泪交零,我也情不自禁地在签名簿上用英语写上:In English grammar, peace is an abstract noun; In Hiroshima City, peace is a concrete

noun. Long Live Hiroshima, Long Live peace!

第一章的另一部分是爆炸一个月后就开始提出的各种复兴计划。这部分主要是各种复兴计划提议人所作的水彩画、油画和钢笔画,在当时看来,这些或许都是空中楼阁,其中东京大学副教授丹下健三所提的一整套复兴计划,特别是和平纪念公园计划,受到了广岛市的采纳,而以后终于成为事实。第二章《广岛和平纪念都市建设法构想》,第三章《复兴的进展和市民生活的变化》,第四章《和平纪念公园、和平大道与河岸绿地的形成》,第五章《复兴的最终阶段和新发展》,终章《复兴后的广岛与今天的问题》。以上各章,对我来说,由于都曾经亲眼目睹,所以印象特别深刻。1989 年冬季,市长荒木武先生会见我们夫妇,我对市长的谈话中有几句话,或许就是这种印象的反映,这几句话,已经记录在拙作《广岛的毁灭与新生》一文中:

今天,凡是参观过和平纪念资料馆的人,都会从内心深处对战争特别是核战争痛心疾首。"和平"当然是一个大家喜欢的美好词汇,但是到过广岛的人,才能更为深刻地理解"和平"这个词汇的崇高价值和真正意义。对于广岛市民复兴家园的强烈热情和巨大成就,我们无限钦敬。在这个城市里,我们溯昔抚今,精神为之振奋。因为在这里,我们不仅看到了广岛市民的高贵品质,而且看到了人类的希望。

这本图记出版于 1985 年 8 月,当时,《广岛新史》12 卷中的最后一卷《社会编》,已于这年 3 月出版(别卷,即《年表、索引编》最后于 1986 年 3 月出版),此书卷末已载及《广岛新史》12 卷的重要参考文献。从市长和广岛市史编修委员会委员长都为此书作序这点来看,他们两位都曾顾问此事,而此书不作为《广岛新史》的 1 卷,《广岛新史》既已有单独设卷的《地图编》,为何不以此书为单独设卷的《写真编》,我对此颇感不解而觉得可惜。

现在转入本文议论的重点之一,《广岛新史》。为了此书的修纂,广岛市于 1975 年就开始筹备,建立了一个"广岛市史编纂委员会",由广岛女子大学校长今堀诚二任委员长,市府内则在总务局下成立一个"市史编纂室"负责各编编纂的具体事务,1975 年—1981 年由小堺吉光任室长,1982 年—1985 年由植田保之任室长,从 1986 年起,由半田亨任室长,不过小堺和半田两位任内,仅各出 1 编,其余 11 编,均在植田保之任内出版。现在按出版前后,把 13 卷的名称及出版日期排列如下:

卷名	出版年月	主编
都筑资料编(资料编Ⅰ)	1981.3	都筑正男
复兴编(资料编Ⅱ)	1982.3	今堀诚二,岸本吉太

续表

卷名	出版年月	主编
地理编	1983.7	藤原健藏,村上诚
都市文化编	1983.8	佐藤信行
市民生活编	1983.8	平冈敬,永田守男
财政编	1983.8	舟场正富,佐中忠司
行政编	1983.9	中川刚,田村和之
地图编(资料编Ⅲ)	1984.2	村上诚
经济编	1984.3	高桥卫
统计编(资料编Ⅳ)	1984.3	舟场正富
历史编	1984.11	今堀诚二
社会编	1985.3	八木佐市,伊藤护也
别卷:年表、索引编	1986.3	市府总务局市史编纂室

以上共 13 卷,每卷都单独成册,除了《地图编》采用 16 开装帧外,其余均为大 32 开本,各册页码多在 500—900 页之间。全书由广岛市公文书馆出版发行,13 卷之中,从名称来看,需要解释的只有两卷,最早出版的《都筑资料编》由都筑正男的调查报告、论文和其他一些资料编成。都筑正男教授是一位著名的医生,他于 1945 年—1947 年间,对广岛原子弹爆炸的灾害进行了全面而详细的调查,获得了大量资料,写成了长篇报告。由于《广岛新史》的各编都与原子弹爆炸有关。所以市史编纂室室长小堺吉光在此编《后记》中详细说明了整理此编的经过。他们是本着"要让资料讲话"的原则而把都筑教授的资料收入作为《新史》的第一卷,编内有关原子弹爆炸因放射线造成的疾病问题,则收入了广岛大学原爆放射能研究所宇吹晓氏的资料。编中还有许多英文资料,由广岛女子大学河上道生教授翻译成日语。此外,由于原子弹也在长崎爆炸,所以编中也收入了一部分长崎的调查资料。最后出版的是不列入正卷的别卷《年表、索引编》,由于这一篇的性质必须俟 12 卷完全出版以后才能着手编辑,所以直到 1986 年出版。这一编包括两种内容,第一种是 1945 年—1985 年《年表》,其间共 41 年,相当于我国地方志中的《大事记》。另一种是《出典资料番号表》,即一般所称的索引,由于这编并不涉及专业,只是一些编辑的技术问题,所以没有主编,编辑工作由市史编纂室的官员担任。

日本自从江户时代以来,修纂地方志风气逐渐兴起,至今已经积累了不少成果,正如广岛市史编修委员会委员长今崛诚二在《历史编》卷首的《监修者序》中所指出的:"日本过去曾修成好几百部市史",但这中间,《广岛新史》无疑是空前的一部,为了修纂这部志书,如今堀所说的:"不仅动员了历史学家,而且把人类学、社会学、经济学、行政学、地理学等许多领域中的专业学者都动员起来,"所以他认为《广岛新史》,"其内容值得夸耀"并不言之过甚。

《广岛新史》之所以取得卓越成就,显然也和广岛这个特殊的城市有重要关系。这部庞大的志书发轫于 1975 年,正是广岛毁灭 30 年以后,在这 30 年之中,广岛人民经历了不可想象的磨难,至此已经把这个"原子沙漠"建设得规模初具。和平公园中的和平纪念资料馆在这年改装完成,人们痛定思痛,更加精神振奋。我在拙作《广岛的毁灭与重建》一文中有一段话说:"日本是个精神振奋和讲求效率的先进国家,日本人民绝大多数都是兢兢业业,彬彬有礼和诚恳待人的。但是在广岛,我们总感觉到,这里的人民有一种超乎日本其他城市的气质,或许就称它'广岛精神'吧。这种特殊的气质,显然与这个城市不同一般的经历有关。对于这类事,中国人往往用《孟子·告子下》中的一段话来解释:'故天将降大任于斯人也,必先苦其心志,劳其筋骨,饿其体肤,空乏其身,行拂乱其所为,所以动心忍性,增益其所不能。'或许也有些道理吧。"

植田保之在《市民生活编》的《后记》中,说出了广岛人民战后的痛苦生活:"战争结束后最大的痛苦是没有物资。粮食在战争中已经消耗殆尽,只好用大豆、高粱、甘薯等的配给代替主粮大米。由于严重不足,每天都要忍饥挨饿,因为人民唯一依靠的配给,经常要出现迟配甚至缺配。"植田又提到人民的所谓"竹笋生活",指的是剥光衣服以换取食物的生活。但他痛心地指出:"对于一切都被烧光了的市民来说,还有什么东西可以换取食物呢?"植田接着说:"以后情况逐渐好转,配给的粗砂糖做多孔发糕吃,铁路边生长的艾蒿等野草也采作食物,为了增加数量,任何可吃的东西都磨成粉然后食用,使能做成稀糊填肚,因而市上常有翻砂制成的磨粉机出售。人们还在废墟中开辟菜园和麦地,用以表示伙食费占家庭总支出百分率的恩格尔系数,战后上升到70%,很多家庭的支出几乎全为了食物,通货膨胀和物价直线上升,人民生活坎坷,社会极度混乱,真是山穷水尽,这样的市民生活对现代青年人来说,真是不可想象。"

当然,《广岛新史》的修纂,绝非单纯地回顾战争灾难,而是要从战争灾难中接受教训,所以植田最后说:"绝不能让那种因战争引起的悲惨生活再次重现。"所以这一编用大量篇幅叙述战后市民的痛苦生活,其用意是非常积极的。这就是植田在《后记》中最后强调的:"《市民生活编》是为了从历史回溯广岛市民在原子弹爆炸以后的生活,阐述市民是怎样从废墟上站起来的,他们经受着粮食缺乏和物价飞涨的煎熬,一面致力于文化的发展,在生活穷困的苦难和原子弹带来的肌体苦难之下,树立起他们的广岛精神。"

《广岛新史》的每一编都贯穿着这种精神,甚至像技术性很强的《地图编》,全编主要是由各种注记符号组成的地图,但主编村上诚在卷首《序言》中却很明确地指出了这一编的编纂目的:"本编的编纂以广岛面貌的地图化为目的,把广岛从军事城市转化为国际和平城市,从军需城市转化为产业城市的过程和现状,使之地图化。"

《都市文化编》的主编佐藤信行在《序言》中说得更为明白:"战前和战时的广岛是一个军事色彩强烈的,沿线配置并强化了军事设备的城市,由于原子弹爆炸而毁于一旦,为了在废墟上建起一座和平文化城市的这一目标,就要转 180 度的大弯。在战后38 年的今天,让人民来检阅一下和平文化城市的建设过程,可谓正得其时。"

在《广岛新史》正卷 12 编之中,《复兴编》是阐述广岛从毁灭到复兴的极为重要的一编。所以市史编纂室长植田保之在这一编的《后记》中指出:"广岛从昭和二十年代(按原子弹爆炸于昭和二十年,即 1945 年)起,它所走过的是原子弹惨祸中复兴起来的苦难历程。"植田并且借这重要的一编,说明了《广岛新史》这部巨构的编纂目的:"编纂这部《广岛新史》的目的,在于回顾广岛人民从原子弹废墟中站起来的生活,从而明确广岛的生存道路,坚定对未来美好前景的理想。"

植田所归纳的《广岛新史》的编纂目的,我看是很成功的,我绝不是没有原则地随和,因为我不仅浏览了这部《新史》的每一编,而且相当仔细地考察了这部城市,与上起市长、市府其他官员、大学校长、教授,下到职员、工人、农民的许许多多广岛人谈过话,从所有这些广岛人中,我们找到了广岛之所以能在这 40 多年中在一堆原子废墟上建立起来这样一座繁华壮丽的和平文化城市的原因。这就是我在前面提到过的"广岛精神"。《广岛新史》正得其时地在这个时期修纂出版,它不仅是回顾以往,对促进广岛今后的发展也具有很大的作用。我们的确应该认真对待今堀诚二在《广岛被爆40 年史·都市之复兴》一书的《序言》中所提出的,广岛和平公园要超过法国卢森堡公园,广岛要超过巴黎的豪言壮语。

当然,广岛从现状和未来的发展中,都存在着不少问题。因此,《广岛新史》几乎每一编都述及与该编有关的现存问题和未来估计要出现的问题。其中有些问题,我在实地考察中也作过调查,然后核对《新史》的有关编章,感到《新史》的记述是客观的和符合事实的。例如,《社会编》专门有一章论述《农民生活与农家意识》,对广岛市近郊农村存在的农家产业的继承问题,农业经营的继承问题,以及农民对土地意识的淡薄,土地抛荒和现有农民的老死问题,都作了详细的调查和中肯的评论。

例如,为了考察濑户内海的岛屿情况,我曾经在广岛港正南约 8 公里的江田岛住过两宿,考察那里的自然景观和人文景观。当时,我十分惊讶于这里农村的衰落,大量住宅都已成为空室,农村里主要是老人,田地荒芜,几乎没有一家店铺门口不悬挂着"急募"(这在日本是招雇店员或其他劳动力的告示)的牌子。特别令人慨叹的是丘陵地上的柑橘园,广岛原是以产柑橘出名的,但这个岛上的柑橘园却是满目荒凉,树上结着的是当年的果实。树下狼藉的是去年掉下的果实,尽管这些柑桔都是极好的品种,但是园主人毫不留恋地走了,他们到广岛市、吴市或者更远的城市里工作了,一去不复返了。

为了熟悉农民的生产和生活,我也访问过不少农家,就以广岛市郊的菜农两胜祖一家为例,他一家世居当地,土地是祖产,共 70 余公顷,原有价值 5000 万日元的住宅 1 幢,由于高速公路征地,被征去 30 余公顷,所得款又建成价值 5000 万日元的住宅 1 幢,老夫妇年均过 60,两个儿子都不在家,30 余公顷的菜地靠男当家一人劳动,主要种植作咸菜的"广岛菜"(一种大白菜),小部分土地种植高档菜,如大蒜、韭菜、菠菜等。"广岛菜"送往当地农协的加工厂,高档菜送往市内超级市场,需要整形和包装,这工作多半在晚上做,女当家也参加。他们家有 3 辆汽车、农业机器也一应俱全。两胜祖置备两幢住宅,或许是为了他的两个儿子打算。但其实,两个儿子一个在东京的什么公司,另一个则已由公司派驻墨西哥。兄弟俩肯定地一去不复返了。两胜祖夫妇最多还能劳动 10 年,到那时,有谁来继承他们的家产和事业呢。

在广岛市郊,像两胜祖这样的家庭并不是个别的。他们的一副家产,在日本中产家庭应该是殷实的,5000 万日元一幢的住宅,在城里,一位大学教授,假使没有祖产和其他收入,购置这样的住宅也并非易事,但是他们经营的事业,却使人却步。男当家 1 年的劳动,加上女当家的辅助劳动,所得约日元 600 余万,成本占 4 成,纯收入约 360 万。他们不需缴纳农业税,但却要支付很高的地价税。对此,他们依靠出租一幢住宅对付。问题是付出如此大量劳动所得的 360 万日元,在城内,不过相当于一个大学助教的年收入(工资加上一年两度不交所得税的奖金)。这或许就是他们的两个儿子远走高飞的主要原因。

当我考察和分析这些问题时,我还没有读过《广岛新史·社会编》。当我仔细地阅读了这一编以后,发现我所分析研究的问题,《社会编》中的《农民生活与农家意识》这一章实在都已经作了揭露和论述,而所见当然比我更深更广。尽管问题仍然存在,但志书揭露事实的坦率、大胆和详尽,使人感到佩服。中国人总结志书的功能每言存史、资治、教化。这样的志书才能不枉费修纂的一番心血,才能真正发挥这样的功能。

以上论述的是《广岛新史》总的概况,由于这是 13 编的大书,要对每一编都进行评论是很困难的,我只能选择几编稍作评介。

首先是《统计编》,这是《广岛新史》的特色之一,开创了志书编纂的新体例。这或许是这个计量时代的必然产物,市志编纂室室长植田保之在《后记》中指出,《广岛新史》设置《统计编》的目的,"是为了让人们应用统计资料,从数量上进一步阐明广岛市战后历史的推移和变迁"。不过他同时承认"这是一件极其困难的工作"。现在看来,在这册 900 页的巨编中,除了极少数有关自然要素的统计数字以外,绝大部分统计数字是能够反映广岛市战后各项事业的发展的。《统计编》共分 13 章,总共拥有各种统计图表 190 种,这 13 章分别是:

章次	项目	图表数	章次	项目	图表数
1	土地、气象	7	8	运输、通讯	16
2	人口	21	9	住宅、供给处理	19
3	农业、水产业	11	10	民生、卫生	22
4	工业	12	11	警察、司法、消防	9
5	商业、金融	13	12	教育、文化	9
6	事业所(含市民所得)	7	13	财政、选举	23
7	物价、家计、劳动	13			

要介绍各章的统计图表未免冗繁,总的说来,这确是一本洋洋大观的"数字地方志"。不必进行其他编排,它可以直接进行计算作业,用精密的计量表示广岛市各行各业战后的发展概况。所以从方志的发展历史来说,它不仅是《广岛新史》的特色,也是地方志的一种革新和创造。

其次要介绍的是《地图编》。主编村上诚在此编《序言》中说:"在市史中独立加 1 卷《地图编》,此外很少见到这样的例子",确实,在日本的地方志中,这样的例子据我所知是没有的。但在中国、这样的例子在 1949 年以前是有的,这就是 30 年代修纂的民国《鄞县通志》,[⑰]日本各界对地图的利用非常普通,特别是对于那些大比例尺地形图的公开出版和流通。这是日本充分开放和进步的标志之一,也是这个国家高度繁荣昌盛的原因之一。对此,我在为周日新所撰《地图教学与地图运用》[⑱]一书的《序言》中已有明确论述:

　　　　的确,日本对于地图,不仅重于编绘和收藏,并且也十分重于公开运用。记得1983 年秋,我应聘在关西大学讲学,爱知大学的秋山元秀教授几次从名古屋赶到大阪看我,送我许多县、市的地形图,比例尺为 1∶25000。我以他把如此大的比例尺的地图送给一个外国人而诧异,他轻松地说,书店到处可以买到。1989 年冬,我应聘在广岛大学讲学,广岛市长荒木武先生约期会见了我们夫妇,晤谈之中,当我问到在日本颇为著名的广岛市的地价评议时,他立刻吩咐城市整备局长佐伯邦昭先生向我们赠送一整套以广岛地形图为基础的地价分布图,比例尺为1:10000。也就是这一年,我们曾去广岛以东的赤穗市访问,虽然为时不过一天,但市长岩崎俊男先生闻知我们夫妇到了赤穗,一定要和我们作一次礼节性的会见,会见时谈及赤穗市的城市规划,他随即吩咐所属,送给我们一套赤穗市的城市规划图,比例尺竟大到1:7000。日本人是很聪明而懂得科学的,他们深知在这卫星满天飞的时代,大比例的地图早已不是一种机密文件,而是相反的成了一种值得广为散播的宣传品。广岛市长用大比例尺地图向外国教授宣传他们审议和确定地价的严密性和科学性;赤穗市长则用大比例尺地图宣传他们城市规划的卓越成绩。在对于地图特别是大比例尺地图的公开运用上,可以看到日本这个国家是怎样紧紧地跟住了时代发展的形势。

《广岛新史·地图编》与我在上述《序言》中所说的也大体相似,它开头就使用了1:250000的地形图,主要的地图都是以此为底图的。全编收入的主要地图共有10幅,这就是:《市街发展图》、《地形分类图》、《第二次世界大战时军用设施配置图》、《新旧町丁图》、《人口与城市化图》、《住宅群分布图》、《市民生活设施分布图》、《大规模商店分布图》、《工厂分布图》、《土地利用现状图》,除了上述以外,还有许多附图。

《地图编》与上述《统计编》在《新史》中真是无独有偶。《统计编》如我所已经指出的是"数字地方志",而《地图编》则是"地图地方志"。前面已经指出,中国在这方面也有民国《鄞县通志》的例子,它们的先驱大概就是盛行于北宋的《图经》。但《图经》的地图都是旧式的示意图,而现在的新式的地图是可以计量的。所以《地图编》不仅可以用比例尺运算,而且同样可以进行计算机作业,与《统计编》相比,《地图编》不仅有明确的计量概念,而且有强烈的空间概念,更符合地方志的体例。

最后介绍《地理编》。在12卷的《广岛新史》中,这一编的最令人难忘的特色是它的学术性。全部《新史》,由于有了这一编,不仅使这部地方志的地方色彩备感鲜明,而且使整部志书都登上了学术著作之林。全编分成5章,即《广岛市的地理特性》、《都市的地域构造和再编》、《都市圈的扩大和构造》、《都市环境的变迁》、《行政区的地志》。只要从各章的名称来看,任何一位有经验的地理学家,都可以立刻发现,这是一种结构紧凑的城市地理研究。我当然不能逐一胪列它的学术性所在。举些简单的例子,如第三章论证广岛的都市圈,自始至终,都应用了克里斯塔勒的"中心地理论",从城市在日本全国范围中的"广域中心性"起,举凡城市外部的近接圈(Umland)、腹地圈(Hinter land)、影响圈(Einflu Bgebiet)以及城市内部如金融圈、行政圈、购物圈、通讯圈、人口移动圈等的描述和论证，都与"中心地理论"紧密联系，并根据这种理论，绘制出精密的地图。第四章论证广岛市的都市环境，不仅充分地表现了作者的高度自然地理学理论修养，而且开创了自然地理理论在城市研究中应用的典范。全章从地形、气候、河流、植被等环境要素进行既有深度又有广度的论述。例如在地形特性与土地环境一节中所附的市内地层剖面图中，令人惊异地看到，像十日市町、纸屋町、八丁堀、市政府等这样的闹区，他们都取得了从表层冲积土到以风化花岗岩为基岩的地层剖面资料，说明他们研究的深入程度。又如气候特性与大气环境节中，为了比较市内和市郊的树木年龄与大气的关系，在市内选择了比治山公园，市郊则选择了高阳町。根据1955 年—1975 年的观察数据，制成了精密的《年龄与气温的关系》的曲线比较图，明确地表示了广岛市内热岛效应的结果。又如在太田川与水域环境一节中，利用玖村流量观测所 1974 年的资料所绘制的《太田川流量的变化和流况曲线》图，显示了这条河流在丰水、平水、低水、竭水四种水文情况下的流量和平均流量的曲线变化。另外又附以中国山脉以南的太田川、吉井川等七条河流的《山阳地方主要河流的流况曲线》。一位地理学家，即使没有亲自考察过太田川，看了这些曲线图，也就基本上掌握了这条河流的河型与河性了。

《广岛新史》还有许多值得评介的卷编，限于篇幅，读者就以上面所举的若干卷编举一反三吧。

四、慈溪市与广岛市地方志修纂的比较

慈溪、广岛二市的地方志修纂，有许多相似之处，当然也有它们各地的特色。首先，从修志的组织来说，彼此极为相似，慈溪市的修纂由慈溪市地方志编纂委员会领导，广岛市则由广岛市史编修委员会领导，修志的常设机构也很相似，前者是慈溪市地方志编纂委员会所设的办公室，后者则是广岛市总务局下所设的市史编纂室。

从地方志的结构和内容来说，两地也有它们各自的共性与个性。其结构来说，慈溪市采用通志与专志分别修纂的办法，地方志编纂委员会领导编纂的重点是通志，即现在已经出版的《慈溪县志》。无论其篇幅的浩大、内容的完备、资料的丰富等方面，它无疑都居全市方志之首，是其他专志所无法比拟的。当然，与其他专志相比，它所投入的人力物力，也是最巨大的。《广岛新史》则不同，从形式上说，它是一部广岛市的通志，尽管这部通志分成 13 编，各编都是通志的组成部分，不像慈溪那样，专志虽然也在地方志编纂委员会的领导之下，但它们在体例、格局等方面都和《县志》不同，甚至连出版社也互不相同。但从另一方面说，《广岛新史》的 13 编，都是独立成编的《新

史》不像县志那样,它没有一个总编。因此,这 13 编就其全局来说,它是广岛市的通志,但就每一编来说,它们又各具专志的性质。

　　从内容来看,《慈溪县志》与《广岛新史》当然有许多差别。前者分成 28 编,而后者分成 13 编。从编名来说,这 28 编与 13 编之间,没有一编是相同的。但我曾把两者整理核对一下,则可发现,28 编与 13 编之间有很大的相同,我以《新史》13 编为基础,把《县志》各编中,内容与《新史》相同或部分相同的列成一表如下:

广岛新史	慈溪县志
地理编	建置、自然环境、成陆围涂、农业、水利、盐业、工业、交通邮电、城乡建设、人口、民情各编
复兴编	城乡建设编
都市文化编	文化、卫生体育、教育科技各编
市民生活编	人口、民情各编
财政编	财政金融编
行政编	政法、民政各编
地图编	(慈溪市图志,待出版)
经济编	经济总情、农业、盐业、工业、交通邮电、商业、经济管理各编
统计编	散见各编
历史编	(大事记)、建置、人物各编
社会编	人事、劳务各编
年表索引编	(大事记、索引)
都筑资料编	无相应编

　　在上表中,有的两书的某一编互相雷同,如《新史》的《复兴编》与《县志》的《城乡建设编》、《新史》的《财政编》与《县志》的《财政金融编》、《新史》的《行政编》与《县志》的《民政编》等。它们之间,在内容上有的基本相同,有的部分相同。另外一些编,如《新史》的《地理编》和《经济编》,与《县志》的许多编互相雷同或部分近似,这里举《新史》的《地理编》为例:

　　《县志》的《自然环境编》,内容包括地质、地貌、土壤、气候、水文、植物、动物与自然灾害八章。《新史》与其对待的是其《都市环境之变迁》章。《县志》的编名和《新史》的章名都是非常合理的。因为前者描述的是慈溪市区和广大乡区,而后者描述的仅仅是广岛一个城市。后者的节目可以看出与前者的章目紧紧相扣:《新史》的这一章,包括都市环境与市民,地形特性与土地环境,森林植被与街市地的绿化,生活环境之改善。从章目与节目的对比,可以看到,《县志》有地质、土壤与自然灾害,而《新史》无相应的节。但《新史》地形特性与土地环境一节中,其记述内容其实已经包括了地质与土壤。只要看它的节目下的小标题名称如高田流纹岩类与地形、古生层与地形、广岛花岗岩类与地形等即可明白。有关这方面的插图更多,如第四纪濑户内海地域之地形变化,东乡山——水内川的地形地质剖面图等,不胜枚举,土壤的记述也很详细,在"广岛市的土地分类图"和"广岛市土地分类的基准与顺序"中,把岩层与土壤作了对比。至于自然灾害,在《新史》是分散记载在有关各节之下的,如地形节下记述的土石流,气候节下记述的台风和豪雨,太田川节下记述的洪水等,而且记述都非常详细。此外,《新史》这一章下有关"广岛湾与广岛平原之形成"及"太田川与水域环境"等内容的记述,其内容实际上与《县志》的《成陆围涂》一编相当,因为两者都是记述一片沿海土地的形成过程,而且都记述了自然和人为力量共同的影响。前者记述的是太田川三角洲,后者则是三北平原。

除了《自然环境》编以外,《县志》的许多内容都与《新史》的《地理编》有关。《新史》开头第一章是《广岛的地理特征》,第一节为地理的位置,第二节为行政区划与人口,第三节为地区构造,第四节为都市计划,分别与《县志》的建置,县城、区、乡(镇),城乡建设,人口、民情等编有关。《新史》在《都市地域之构造与再编》章下,工业与交通是两个节目,这就相当于《县志》的工业与交通邮电两编。《新史》的《都市圈的扩大与构造》章下,有"都市圈"和"都市内部的中心地体制"两节,其记述内容,主要与《县志》商业近似。另外又有"广岛市的农业与渔业"一节,这就和《县志》的《农业编》相同。又《新史》如上已述的《太田川与水域环境》一节,其记述内容与《县志》的《水利编》一致。最后,《新史》的最终一章为《行政区之地志》,把广岛市分成中区、东区、南区、西区、安佐南区、安佐北区、安芸区等七区,而《县志》的《县城、区、乡(镇)》一编,首述慈溪县志(今市城),然后把慈溪全境分成龙山、观城、逍林、浒山、横河、周巷、长河、庵东八区进行描述,两者十分近似。

以上是《新史》的《地理编》与《县志》各编的比较,主要是它们之间的相似之处。《地理编》以外,在《新史》的其他十二编中,与《县志》也有十分酷似的。例如《新史》有《年表索引》编,而《县志》卷首有《大事记》,卷末有《索引》。《新史》有《地图编》,而《县志》也正在编纂它的《慈溪市图志》。当然,在图幅的比例尺,《新史》用的是大比例尺,而正在编纂的《慈溪市图志》,一般采用小比例尺。

上面就慈溪、广岛两市在地方志修纂的相似与不同之处作了一点比较研究,我们不难看到,两市的地方志修纂,从其修纂的组织机构起,直到志书的体例内容,两者之间,相似的多而差异的少。当然,就《慈溪县志》和《广岛新史》两者志书的本身来说,其存在的较大差异也不能说没有。这就是慈溪市(县)和广岛市,虽然都是称"市"的行政区划,但是由于中日两国行政区划的不同,加上彼此都有过不少区划境域及名称上的变化,所以必须在这里稍加说明。

广岛市行政区划的变化,主要是境域范围的变化。日本的市制施行于明治二十二年(1889),当时广岛市的面积为 27.29 平方公里,昭和四年(1929),市域附近的草津町、古田村、已斐町、三篠町、牛田村、矢贺村、仁保村等同时并入市区,于是市区面积扩大到 69.36 平方公里。第二次世界大战以后又先后并入祇园、安芸,乃至安佐、可部、白木、矢野等十余町。1980 年,广岛市升格为全国 10 个政令指定都市之一,至此,全市面积达到 675.62 平方公里。慈溪市的行政区划变化,主要也是境域的扩展,但与广岛市不同。广岛市是境域的扩展其中心地域不变,慈溪市则是整个境域包括县城的剧变,前面已经说明,不再重述。中国的行政区划多变,这是大家都看到的。甚至在《慈溪县志》已经纂成以后,又发生了"撤区扩镇并乡"的变化。《县志》所载的是截止 1987 年的情况,在第二编《县城、区、乡(镇)》中,全县共分 8 区、56 乡、15 镇。但 1992 年起,区的建置撤销,全市已仅存 23 乡镇,其中乡 2 个,镇 21 个。至于慈溪县,已于 1988 年改为慈溪市,按中国现行的行政区划,慈溪市属于县级市,改"县"为"市",其境域面积并无变化,和改市以前一样,全市面积(指陆域)为 1154 平方公里。

如上所说,可见广岛市是一个城市,尽管这个城市也有广阔的郊区,但是如我在高阳町甚至可部町所见的一片片鳞次栉比的住宅,这些住宅的主人,都是服务于市区的。郊区的其他行业如菜农、渔民等,他们也是服务于市区的。而慈溪则不同,它是包括城市、集镇、乡村等的一个区域。广岛、慈溪二市的这种差别,或许就是《新史》与《县志》的主要差别所在。若不计专志,仅以《县志》与《新史》对比,则《县志》是一部区域地志。而《新史》则是一部城市地志。假使从地理学的观点进行解释,则每个地理学家都会懂得区域地理与城市地理之间的差异。按照两部志书的篇幅来说,《县志》二十八编,估计字数约当《新史》的 18.7%,但是按两个地方的面积来说,则广岛市仅及慈溪市的 58.8%。按字数和面积计算,《新史》对于广岛市,每 1 平方公里有 11.8 万字进行记述,而《县志》对于慈溪市,每 1 平方公里只有 0.13 万字进行记述。所以两部志书,虽然记述方法和文字运用上都很成功,但他们的写作方法却很不相同,《新史》注意详尽,而《县志》则重视概括。

其次,地方志的修纂必须突出地方特色,两部志书在这方面都做得非常出色。但由于慈溪市是一个综合性的区域,而广岛市则是一座一度夷毁的城市。因此,两书所突出的地方特色也各不相同。《慈溪县志》的地方特色有四:第一是境域的剧变,所以在《建置》编中分别列"旧县境"和"新县境",在《县城、区、乡〈镇〉》编中附述"旧县城";第二是土地的巨变,所以在《自然环境》编以外加设《成陆围涂》编;第三是生产发展中的所谓"二白优势",所以在《工业》编以外增列《盐业》编,而"棉花生产"成为《农业》编之首;第四是上林湖越窑遗址,这是慈溪的国宝,所以除正文叙述以外,加上与此有关的护封和每编编名下的图案。《广岛新史》正与这部志书的书名一样,全书 13 编,都突出了这个"新"字的特色。因为 13 编从内容来说,都从 1945 年 8 月原子弹爆炸,整个城市毁灭开始。我在《中外城市研究》发表的介绍广岛的文题是《广岛的毁灭与新生》,我在台湾《大地》地理杂志发表的介绍文章,文题是《从军都到和平城市》,把这两个文题合起来,正是这部志书的特色所在。

以上评论的是慈溪、广岛二市在地方志修纂中的同异情况,我们看到,虽然两地分属两个不同的国家,相去甚远,但在志书修纂上却存在许多共同之处。这正是说明,地方志的修纂乃是汉字文化圈内的一种共同文化的产物。慈溪、广岛两市,在地方志的修纂中都获得了卓著的成绩。《慈溪县志》及另外许多专志,是中国各市县同一时期所修纂的地方志书中的佼佼者,而《广岛新史》同样也是日本许多县、市地方志书中的杰出代表。以这两市的地方志书进行比较研究,具有揭示两部志书的优异特点,为广大的志书修纂者树立榜样,以普遍提高志书的修纂质量,所以具有重要的意义。当然,对于慈溪、广岛两地来说,也起到互相观摩、互相促进的作用,愿中日两国的地方志修纂水平不断提高,愿汉字文化圈发扬光大。

五、感谢和悼念

在粗线条地结束了中日地方志比较研究以后,我必须要对在这个课题中曾经帮助过我的朋友表示诚挚的感谢;而其中已不幸去世的朋友,我应该向他们表示深切的悼念。

在中国方面,主要是慈溪市,我从 1957 年就开始到这里进行野外考察,这里的许多地方领导和有关人士都对我进行帮助,如庵东盐区的领导皋先生,文书童先生和许多工程师们,五洞闸农场的领导罗祥根先生等。在《慈溪县志》编纂工作开始以后,承蒙编纂委员会的信任,要我审订他们的志稿,我不仅几次到慈溪顺便考察了翠屏山丘陵和著名的上林湖越窑遗址,我们夫妇还在那里度过丰盛繁华的"杨梅节"。《慈溪县志》的主编徐长源先生和副主编周乃复先生以及编辑李公亭、陈淳樵等先生,对于志稿的仔细撰写和认真修改,也很使我感动。为了进行这个课题的研究,我手边还缺乏一些慈溪市的专志,徐、周两位先生特地把这些资料亲自送到杭州,并且在我家中详细而谦逊地说明了慈溪修志中的许多问题。正是在我进行这个课题的研究的时候,因为颈椎病复发而住入医院,感谢徐、周两先生特地从慈溪赶到医院探病,并且带来《慈溪市图志编写提纲》和其他资料,让我更全面地了解慈溪市的地方志修纂情况。

我还要感谢慈溪市盐务局的领导和其他有关先生,我的好友日本大阪商业大学教授富冈仪八由于撰写《中国之盐道》这部巨型著作,我曾经陪同他到慈溪考察,我的夫人胡德芬女士则两度陪他到那里,并为他作翻译。富冈的学术访问,是日本与慈溪沟通的桥梁,慈溪市盐务局在这方面作出了很大的贡献。

在日本方面,我非常感谢广岛市从市长荒木武先生起到市府的许多官员,他们热诚而细心地为我们解释广岛市的发展历程,为我们提供对于这个城市最基础的和全面的知识。我感谢前广岛女子大学校长、广岛市史编纂委员会委员长今堀诚二先生,他慷慨地把他豪华的总统牌座车供我们夫妇使用,使我们能在不多的日子里,驰骋考察广岛的全境。年逾8旬的日本地理学界元老米仓二郎先生,他对聚落地理学的精湛研究,使我的以广岛为基础的比较城市学研究得到启发,获益不浅。我当然感谢广岛大学地理系的首席教授森川洋先生,是他促成了日本文部省对我的邀请。他是《广岛新史·地理编》的重要作者之一,并且是"中心地理论"在日本的倡导者和奠基人。他在城市研究中运用的这种卓越理论对我的研究工作提供了很大帮助。感谢《广岛新史·地理编》的主编藤原健藏先生,承他在冬至日(日本人非常重视的节日)以丰盛的食物宴请我们夫妇,让我们到铃峰高处鸟瞰夜景,并以许多幻灯片向我介绍他在南极洲考察两年的经过。感谢《广岛新史·地图编》的主编村上诚先生,他引导我们考察濑户内海沿岸的城镇,并带领我们访问农村,广岛大学地理系的上居晴洋先生则驱车让我们考察更远的聚落分布。此外,还有许多我在广岛城市研究中帮助过我们的先生们,如现任广岛女子大学校长河道先生和增田欣教授,广岛修道大学的城市地理学家佐伯昭男先生和历史地理学家东皓传先生等,还有我在这一次讲学中为我翻译的紫彦威先生和江新喜先生,这次我进行中日两国地方志比较研究之时,也承在广岛大学森川洋教授指导下攻读博士课程的紫彦威先生为我从广岛复制寄回许多有关这方面的资料。而我的夫人胡德芬副教授又及时地将这些日文译成中文,这些也都是我应该表示感谢的。

借此悼念年轻的广岛女子大学教授堤正信,他也是《地理编》的重要作者之一,早在1983年9月,大阪关西大学为我举行了一次公开演讲会,堤先生也是听众之一,从此,他下决心要到我的研究室进修,1985年春终于如愿带了夫人和孩子到达杭州。他学习勤奋,生活俭朴,我们之间相处甚好,却不幸因心脏病于该年秋逝世于杭州大学专家楼,年仅36岁,广岛地理学界损失了一位后起之秀,我失去了一位高足和益友,令人哀伤。

　　同时还要悼念我的好友大阪商业大学经济学院院长富冈仪八教授,他同时也是慈溪的朋友。他对慈溪庵东盐场的学术考察,曾经促进了《慈溪盐政志》的修纂。他于1990年最后一次来到中国,由我的夫人陪同,冒酷暑到舟山群岛,因为当时我正在岛上为我主编的《浙江古今地名词典》定稿。他在舟山与我竟夕长谈,商量学术合作之事,接着又去慈溪考察。等到他考察完毕返回杭州,我却又不顾他的旅途劳顿,以杭州大学地理系和浙江省地理学会的名义请他作《人文地理学研究法》的学术报告,由我夫人为他翻译,听众十分满意。他这年返国后不久,即因积劳而肝病复发,竟于1991年6月不治逝世,使我痛失一位在学术上互相切磋的异国好友。他生前非常关心慈溪的地方志修纂,而今《盐政志》和《县志》先后出版,或可有慰于他在天之灵吧。

注释:

① 余仁杰《留诗五磊寺》(《慈溪县志编修实录》,浙江人民出版社1992年版):"在五磊寺,当家法师真如拿出文房四宝,请专家们题词,同行的著名历史地理学家陈桥驿教授兴致极高,欣然挥毫题词:翠屏连绵五磊高,两千年来听海涛,如今沧海成桑田,平原沃野逞风骚"。此诗又由余仁杰以《翠屏连绵五磊高——浙江古刹五磊寺纪行》为题,发表于《澳门日报》1990年6月10日。

② 《广岛新史·地理编》。

③ 《大地》地理杂志,1990年7月号,台北锦绣文化企业出版。

④ 杨向奎先生为史念海先生《河山集三集》所作序言中说:"陈桥驿先生是从研究宁绍平原起家的,他六十年代在《地理学报》上发表的两篇关于宁绍平原鉴湖、森林变迁的论文,立即引起注意,以后对宁绍平原的城市、聚落、水系变迁的研究,都被认为是宁绍平原研究的权威。其论文特点之一是能够从全面看一斑,并能从一斑以概全面者,因此在国外都很著名。"按此序言又单独发表于《史学史研究》1987年第3期,而史先生的《河山集三集》则于1988年在人民出版社出版。

⑤ 上海新知识出版社1956年版。

⑥ 又称中心地学说,是一种关于城市区位的理论,由德国地理学家克里斯塔勒于1933年所创立。

⑦ 《浙江学刊》1991年第4期。

⑧ 我在该文中说道:"国外图书馆的书刊复制,效率之高,收费之廉,甚至宫内省图书寮这种性质特殊的图书馆和康熙《常山县志》这样的世上孤本,也同样如此。而如今在我们国内图书馆复制书刊,却常常困难横生,不必说是世上孤本,只要版本稍属珍稀,其'有偿服务'

的'偿',就会使人望书兴叹,对比之下,实在令人感慨不已。"

⑨ 浙江人民出版社 1992 年版。

⑩ "在专家评稿会的讲话中,陈桥驿先生指出,《慈溪县志》应充分记述三北半岛的海岸变迁
和三北平原物产上的'二白'(棉花、盐)优势。"

⑪ 《慈溪县志编修实录》,第 316、317 页。

⑫ 《慈溪县志编修实录》,第 304、305 页。

⑬ 《中国地方志》1992 年第 2 期。

⑭ 广岛市企画调整局文化担当发行,新广告株式会社制作。

⑮ 浙江人民出版社 1990 年版。

⑯ 《中外城市研究》1991 年第 1 期。

⑰ 民国二十六年(1937)排印出版的《鄞县通志》,附地图 1 函,计 26 幅,为傅圣梁、周万祥等
所绘,其中《鄞县总图》为 1∶50000(标高据浙江陆地测量局假定杭州旧藩司紫微园为 50 公
尺计算)。《鄞县分图》共 10 幅,为 1∶25000。《著名市镇图》为 1∶5000。

⑱ 杭州大学出版社 1992 年版。

　　　　　原载慈溪市地方志编委会、陈桥驿主编《中日两国地方志的
　　　　　比较研究——中国慈溪市与日本广岛市的地方志修纂》,
　　　　　　　　慈溪市地方志编委会办公室 1993 年(内部刊行)

中日两国地方志的比较研究附件①

(一)《新修广岛市史》序言

发源于中国山脉的太田川清流,当其注入濑户内海时,在三角洲上发展起来的广岛城镇早已成为中国地方首屈一指的要冲。经历了变化多端的沿革,现在,由于昭和二十年8月6日的原子弹爆炸所造成的史无前例的废墟,已成为了世界上最有名的城市之一。

我认为把详细记述400年前古代创建的广岛直到战后复苏成为新生的和平城市之间的更替过程,介绍给世人,留传于后世,这是本市历史继承者的职责所在,也是自昭和二十六年以来重新着手本市修史事业的缘由。

至于作为本市的全史,则早在大正年代已出版了《广岛全史》5卷,但是战后学术界的历史观已经有所改变,而修史方式也与前不同了。不仅如此,连历史变迁最明显的大正年代以后的史实,在旧市史上实在无处寻觅。因此,现在应该重新构思,整理资料并编修一套真正具有科学性的正史。

然而,一切都因战祸而丢失,不要说资料收集,就连重新确定史实也遇到了不少困难。处于这种情况之下,在昭和三十年1月已暂先完成了一本作为全史摘要本的《概观广岛市史》,以供各方参阅,接着就以此为基础,正式进行编辑,各卷陆续问世,如今已全卷发行。

经历了 10 年岁月和大量研究工作,终于完成了这部《新修广岛市史》全 7 卷,这全赖专业委员及有关诸君所给予的鼎力支持,因此,特由衷地表示感激。我在起草此序言之时,不禁闭目沉思,溯昔抚今,始终不能从原子弹爆炸的回忆中解脱出来。谨献此书,以慰诸灵。

广岛市长　滨井信之

昭和三十六年 2 月 20 日

(二)《广岛新史》序[②]

人类历史大致可以分为三个时期。第一时期是原始时代,是指人类祖先从类人猿分化出来以后的约 200 万年。在这个时期,人类开始用头脑和工具进行生产,以语言和思维形成社会。第二期是国家时代,约 1 万年,直到 1945 年止。在这时期,人类开始农耕,出现了权力,设置政府,制订法律,产生了美术和宗教之类,技术和科学进步显著。这个时期也可以说是人类挣脱了野蛮,发展了文化的时期。第三期就是指 1945 年 8 月 6 日以后的现代,科学由分子力时代进入原子力时代,产业发达,已到了能充分生产人类所需用品的时代。可是,如果弄错了能量的使用方法,那就不仅仅是用核武器毁灭人类,连地球本身也有被毁灭的可能。产业发达到超出国家范围后,全世界就卷入到一个市场之中。于是,人类的生活由国家中心的时代转入世界中心的时代。把世界联结成为一体以后,就会出现学术、艺术和思维等文化领域上的发展。但在另一方面,由于核武器的威胁,地球成为同一命运的共同体以后,为了人类的生存和幸福,就到了必须拼死努力的时代。

广岛市已有大正时代编纂的《广岛市史》和战后编的《新修广岛市史》。两者都是记述广岛发展过程的绝好历史教科书。另外,从昭和四十三年开始,又有《广岛县史》的编纂。全书 27 卷,每卷都是超过 1000 页的巨册,完成于昭和五十九年春。《广岛县史》得到很高的评价,是全国府、县、市史中的佼佼者。所以,也许会有人怀疑,既然有了这样的《县史》,还有什么需要再编纂《广岛新史》呢?理由只有一个,因为在人类已进入第三时期的今天,为了认清我们今后生活的道路,这就有必要编纂现代史来作这种引导。荒木武市长在《广岛新史》《资料编》I 卷首曾经说过:"昭和五十年末着手进行战后史的编纂,其目的在于把从废墟上站起来的广岛市民为了尊严和自由而惨淡经营的痕迹客观地记录下来(中略)。[③]编纂历史并不仅仅为了记述过去,而且还为了展望未来,所以今后还将出版《广岛新史》,愿此书成为照亮广岛未来方向的灯塔,爰为之序。"

《广岛县史》的《原爆资料编》已于昭和四十七年(1972)完成,而《广岛原爆战灾志》全书 5 卷,则早在昭和四十六年(1971)完成。此外,具有原爆受灾白皮书性质的《广岛长崎原爆受害》的英文版,是《纽约时报》和欧美许多报纸都发表书评备加赞赏的资料。至于许多原爆受害者自己写的回忆,也为数不少。因此,在《广岛新史》中已无必要重复记述 8 月 6 日的往事,《新史》的着眼点是要阐明从这一天开始的人类新时代。

不过,历史总是有其连续性与持续性的。原爆的经历在人类历史上是个划时代的事件。逃过 8 月 6 日的人们,是承担着 200 万年再加 1 万年历史而继续生存着的人,这是改变不了的。而且不管遭受爆炸者会作如是想,在没有经历爆炸的日本人中,他们只不过是少数。此外,从废墟上发展起来的今天的广岛,也非战前广岛的重复,这也是很明确的。

战前的广岛市民曾夸耀广岛是个军都。战后,我们作为日本国家的一员,虽然尝尽了战败的辛酸,但是现在又享有 GNP[④] 列于世界第二位的繁荣。国家的荣辱就是每个国民的荣辱,我觉得这一点即使在历史进入第三期的今天,也还将继续不变。然而,现在看来,一个国家只能是为世界的一个成员而存在,这就是为什么那种不考虑他国利益的国策,就会立刻遭到挫折。避免核战争,已是一切国家不可推诿的义务。在第二历史时期中发动侵略战争和煽动他国内乱的行为,今天已不能允许。而在国内的政治方面,也必须坚持与一切国家共存共荣的政策。这是广岛在战后所一直主张的。日本国的宪法强调禁止战争,放弃军备。在这样的宪法之下得以免遭他国侵略而获得安全,这也全赖广岛。因为广岛在反对核战争的同时,对国际的理解和国际的协作,也一直坚持不懈地努力,因而感动了世界的良心,从而避免了第三次大战。

战后广岛的复兴,对国外的旅游者来说好像是个奇迹。战前的广岛没有一所旅馆,游客全都住在宫岛。[⑤]在工业方面,以前也只有一些村镇小工厂,像今天松田[⑥]那样世界瞩目的大企业,连影子都看不到。农业也是如此,当时全县没有一台联合收割机或拖拉机。第三产业领域也一样。现在的广岛成为一个国际城市,但是战前却只有一个古老的城下町。在过去,只有城下町有一些零星商店;而现在,广岛的商店已可跻身伦敦和巴黎的市场。当然,生产力的发展并非是好事,围绕着现代城市的环境问题,一直有增无减。生态平衡已成为一个重大课题,绿色在减少,氧气供给源在消失,而汽车之类排出的气体,正在污染着大气。虽然,作为禁止原子弹、氢弹爆炸的一个成果是中止了在大气层进行核试验,然而,假使爆发第三次大战,那末,全世界的农产品将因"核冬天"而全遭覆灭。为了克服这种阴暗面以维持并发展人类幸福,我们需要做些什么？广岛的历史就一直在提出这个问题。

人们说，战后的广岛是世界和平的麦加。⑦每年8月6日，广岛市发出和平宣言，除了呼吁和平以外，还成了世界联邦亚洲会议和禁止爆炸原子弹、氢弹大会的会场。山田市长致力于世界联邦运动，荒木市长多次去联合国本部，对强化联合国和以联合国为支柱的废除核武器全力以赴。以原爆灾害的宣讲者身份，许多原爆受害者访问世界各国，到处播种反对核武器运动的种子。到广岛访问的和平巡礼者每年达10万人。由于这样的努力，已经避免了好几次战争特别是核战争的危险。今天，国际协调比国家自身更为重要，这一观点已为全世界所接受。现在，违反国际利益的那种民族主义主张已经得不到任何人的支持，这已经成为一种常识。当广岛之声传遍全世界之时，世界上所有国家和他们的国民肯定会出现同胞手足相互帮助的体制。所以，强化联合国裁军和废除核武器，实为当务之急。总有一天会发展到成立一个世界政府，到那时候，我想世界上的所有国家将会同日本一样，采用非武力的和平宪法。强调国家本身的时代已经结束，实现世界全体幸福正在成为今天的课题。

第三个时代同时也是一个文化时代。物质财富是有限的，但精神财富却是无限的。生产力的发展如果超出限度，就会引起贸易摩擦，成为国际不安的原因。而文化发达即使到达高度，也不致威胁他国，为了使世界一体化，今后发展艺术、科学等文化事业，肯定要成为一切国家的目标。在这方面，战后的广岛也已作出了实际成绩，例如，从大学来看，战前只有师范大学，但现在的广岛已有不少出色的教授跻身于哈佛、牛津之伍，竞攀科学研究的高峰。这里每天有欧洲著名的画家和雕刻家在广岛美术馆展出他们的作品，而战前的广岛只有一个很小的美术馆。当然，广岛在文化上还存在很多问题，但它肯定是在踏踏实实地发展着。

《广岛新史》是以解释这个第三时代为重点而编写的，因此，在分析战后的广岛时，不仅动员了历史学家，而且还把文化人类学、社会学、经济学、行政学、财政学、地理学等许多领域中的专家都动员了起来，俾能生动地解释这段历史。日本过去曾经修成好几百部市史，但极少有以现代史为对象的，更没有组织领域如此广泛的科学家通力协作编写的。负责各编的作者，经历了非凡的辛苦以后，才得以编写出独特的资料编和正文编。当然，由于这是初次尝试，所以不能认为已经十分成功。我作为主编，也看到了各编中都有许多不足和缺陷，但它们毕竟是各个专业委员和执笔者的力作，作为新时代的历史书，其内容值得夸耀。

虽然，《广岛新史》旨在客观地叙述历史，但是由于作者收集的资料、写作的方法和他的历史观，都极大程度地影响着他的写作，所以它不可能是没有缺陷的，何况对于现代史，还存在着许多"活证人"。举个例子，过去曾有著名的历史学家，写成了叙述日俄战争的著作,但有一个参加过那次战役的士兵批评说:"日俄战争不是那么一回事。"虽然,这位历史学家是调查了所有日俄战争史料而写成他的名著的,但那位参加过战争的士兵的记忆,作为一种史料,也应受到尊重。现在,对于原爆灾难也是如此,虽然编写者尽了最大努力,写成这部历史,但也常会受到身受原爆灾难者的指责:"不是这么简单的事。"《新史》的内容可能会受到无数受难者的不信和不满,我是竭诚欢迎这类意见的,因为我们如果在这个问题上不谦虚谨慎,就必然会阻碍进步。现在听取意见,对下一次编写广岛史就很有裨益。当然也必须指出,本书执笔者辛勤编写的成果,必能获得有识之士的高度评价。

当本书花了 10 年岁月完成之际,我首先向制定广岛市战后史编纂计划的荒木市长及市政府最高官员的卓识表示敬意。受市长委托,遴选了编修委员。经过编修委员会一再开会、热心讨论以后,决定全部编修方针、正文编和资料编的编目,还决定了规范,同时由广岛市委托专业委员,承担各编的全部编纂工作。《广岛新史》这个名称,是编修委员、经济编专业委员森胁幸次氏提出来的。森胁委员曾长期在满铁调查部和中国新闻社担任调查员,他眼界开阔,对《新史》倾注着热情,可惜不幸早逝。各卷的写作工作是由专业部门决定的,也有接受各专业委员会委托的。由于各位委员的勤奋,受委托担任执笔诸君的热忱,接受调查的许多市民的善意合作,承担实际工作又能任劳任怨的市史编纂室室长和他的室员们的大力支持,使编纂工作顺利进行。虽然在这期间也有过许多变故,例如高桥卫委员去英国留学,牛川刚委员因公去美国,大森元吉和丸山孝一委员分别调往东京和福冈等等。但是新来担任都市文化编委会的佐藤信行努力完成了工作。而广岛市由于年度计划的变更还承受了过量的任务。最后,我作为主编,对给予帮助的有关各位,谨致深切的谢意。

广岛市史编修委员会委员长　今堀诚二

(三)《广岛新史》后记⑧

《广岛新史》曾蒙许多人热情支持和密切协作,现在它的最后一卷《历史编》终于出版了。着手编纂《广岛新史》是昭和五十年,作为原子弹爆炸 30 周年的纪念事业,广岛市开始了昭和二十年 8 月 6 日原子弹爆炸后广岛战后史的编纂。

回顾这个漫长的路程,昭和五十一年 1 月 17 日设置了广岛市史编修委员会,审议了编修方针和编修大纲。在以后的 8 年多时间里,仅编修委员会专业部门的会议就开了 20 多次。由于编修委员会委员长今堀诚二先生和编修委员会诸先生以及担任资料收集调查、原稿执笔、编辑和主编等等许多先生们长期而大量的努力，今天才能看到《广岛新史》全卷的出版发行。大部分历史书通常要花 10 年以上的岁月，而《广岛新史》却只花了 8 年多时间，这全赖诸位先生在百忙中对市史编纂倾注了极大的热情和努力。谨在此向各位先生致以深切的谢意，同时也对我们在这期间向各位提出过多的要求深表歉意。

《广岛新史》的叙述范围是战后 30 年间，这是一个记忆犹新而令人激动的时代，由于时代变化过于剧烈而不易作出历史评价，这是一个难点。因此，编纂时就得煞费苦心。但是无论如何，这部战后史还是编成正文编 8 卷和资料编 4 卷，在以往的市史中，这是没有先例的，这是广岛市独步的战后史编纂事业。

这次出版发行的《历史编》是广岛战后史《广岛新史》的终结，在这一编中，我认为广岛战后的步伐已经指出了世界历史的新方向。把这一编归纳一下，它包括下列主要内容：例如，在原爆以后的废墟中，蓬勃发展了复兴广岛的热忱，这是广岛战后史的象征；广岛作为世界上第一个遭受原爆的城市，怀着决不能让悲剧重演的愿望，发动了禁止原子弹和氢弹的运动；旨在实现真正和平，一律平等的明朗社会的部落解放运动，⑨迈开了步伐；从史无前例的废墟上站起来，培植进行和平城市根基的教育事业的发展和步骤；发扬广岛精神，努力建设一座国际和平文化城市的进展等等。本编还整理刊载了始于昭和二十二年 8 月 6 日的和平纪念典礼上，历届广岛市长宣读的《和平宣言》。《和平宣言》一直向国内外传播了广岛愿望和广岛精神，这也是在核时代人类生活的大道，我认为从历史观点来看，《和平宣言》就是广岛战后史的精神。

在本书出版发行之际，我谨向主编⑩广岛市史编修委员会委员长今堀诚二先生、编修委员赖棋一先生及执笔的诸位先生表示深切地感谢，并致以衷心的敬意。

最后还要提及，市史编纂室除了接受全卷的出版发行任务外，还单独编纂了《年表索引编》，它将于昭和六十年度出版发行。广岛战后史的编纂，全卷 12 编，又别卷 1 编，到此终于完成。

广岛市总务局市史编纂室　植田保之
昭和五十九年 11 月 30 日

(四)《广岛被爆四十年史——都市之复兴》卷头语

保留着城下町面貌的房屋鳞次栉比，铃兰花式的街灯照耀着本通⑪的商店街和人们向往的新天地电影街。⑫在太田川三角洲上发展起来的这个广岛城市一瞬间化成了炎热的地狱以后,40 年岁月已经流逝了。

原子弹爆炸的惨祸对广岛来说是一次极端残酷的经历。然而,广岛市民却在决不让这种惨祸重现的悲壮心愿支撑下,克服了重重困难和障碍,在一直朝着复兴城市和世界和平的目标连续奋战以后站起来了。

广岛的来访者首先是惊叹广岛复兴后的面貌,继而就要提问:一片废墟是如何重建的? 本书的目的就在于回答这种提问,在于追述广岛人民的真挚努力。

作为一种城市形象,广岛市提出了"国际和平文化城市"的目标,正朝着水、绿色和文化的方向,夜以继日地努力前进。

广岛,作为世界上第一个蒙受原子弹爆炸的城市,在它向世界控诉战争的悲惨程度和核武器的残忍程度、为实现世界持久和平而奋斗的同时,正在创造着一个安全、舒适,既具有文化魅力,又富于人情味的城市环境,正在进行这样一种城市建设,它能让市民得到舒适的"居住"、"工作"和"休息"。

在广岛的城市建设中,正规划在能鸟瞰广岛市区和濑户内海的比治山公园里建造一个以"城市"、"市民生活"和"国际交流"为主题的博物馆,它将于 1994 年开馆。关于"城市"的陈列部分,特别计划要探索从筑城起到现代广岛城市的建成和改观,要展望广岛的未来。现在正在锐意进行资料的调查和收集,而本书正是依据了城市陈列部分的资料而编成的。本书以"复兴城市"为主题,特别把镜头放在原子弹爆炸以后的城市复兴上。我认为,本书对于向人们诉说被炸的实况,其资料也是极其珍贵的,而且它也有助于提高市民对建设博物馆计划的兴趣与关心。

愿这本照相集对人类的未来和对广岛的未来,都将成一座桥梁,如蒙读者多多利用,将不胜荣幸。

广岛市长　荒木武

1985 年 8 月 6 日

(五)《广岛被爆四十年史——都市之复兴》发刊词

昭和二十五年,日本文艺家协会在广岛集会,发表了和平宣言。是夜,20 余名会员开了个聚亲会,应邀来宾日本红十字会重藤文夫院长发言,其主旨是:"大家虽然提出了高风格的和平宣言,但却不清楚其严肃认真到什么程度。既然强调和平,那就需要有足够的勇气断言:一旦爆发战争,我就将我自己的胸膛紧贴大炮炮口,一开炮,首先就击穿我的心脏。如果没有这样的勇气而提出这种宣言,那就是极不负责的大话。"曾经倾注全力治疗被爆者的重藤先生的这一席话,深深地感人肺腑。此后,真杉静林女史献其毕生,治疗原爆受害的姑娘;阿部知二氏,为了到处演说原爆事件而献身国外;川端康成会长则积极活跃在世界和平呼吁7人委员会之中等。诚如重藤院长所说,广岛市民都竭尽所能,维护和平,努力于广岛的复兴。正因为这样,才出现了今天的广岛。

访问广岛的人们,看到这样的复兴情况,竟有人讽刺地说:"因原爆而兴旺起来啦!"谁能想到,这一片曾被人称为"原子沙漠",认为在75年内连草木也不能生长的地方,竟已被复兴到现在这种程度,这全是全市人民呕心沥血,艰苦努力的结果。重藤院长等,为了治疗原爆病受苦的市民,40年来一直坚持工作。当然,真杉女史、川端氏等外来的支持,也起了很大作用。和平城市建设法的制订是一个典型事例,在既无电灯,又无自来水,甚至没有道路的废墟上,其复兴确实难以想象。旧市区已经残破到如凡尔登⑬那样的战场遗迹,也曾有人提议:最好把新广岛建到郊外去。但是我们与新德里⑭不同,广岛市政府与市民,手头都没有剩下足以建造这种新城市所需的金钱。尽管如此,市民们以不屈不挠的精神,依靠自己的力量,出色地完成了城市的复兴。本书主要利用照片的形式,显示了广岛市民这种努力的历程。

当然,和平公园如果与法国的卢森堡公园那种世界一流的公园相比,还有许多不足之处。即使说广岛的复兴非常出色,也不能与巴黎同日而语。然而,广岛市民没有屈服于原子弹爆炸,而且已经完成了曾经被认为不可能的事业。我们可以希冀经过彻底重建后的广岛能够超越巴黎。如蒙读者因此书而理解广岛人民的气魄,则将不胜荣幸。

广岛女子大学校长、广岛城市生活研究会会长　今堀诚二

（六）广岛的毁灭与重建
——日本城市访问录之一

我们夫妇又一次来到广岛,一个多月中,我们在这里对大学生和研究生们讲课,和同行学者及教授们交流学术。正和4年前我们第一次来这里访问时一样,这个城市显得更熙熙攘攘,欣欣向荣。但是44年以前,这里是核爆炸以后的一堆废墟,那一幅凄凉悲惨的情景,现在只有在和平公园的和平纪念资料馆中才可以看到。在核爆圆顶屋下,我们痛定思痛;在庄严肃穆的世界和平纪念堂内,我们默默祈祷;在拱形的核爆慰灵碑前,我们追悼亡人。但是,在宽达百米绿树浓荫的和平大街上,在高楼栉比的繁华

中心纸屋町、八丁堀和本通之间,在宏伟壮丽的广岛城天守阁下,在宇品港的松田汽车厂专用码头上,我们看到了人类的建设力量,毕竟超过了破坏的力量;和平的光辉,毕竟战胜了战争的黑暗。我们看到了人间生活的美好,看到人类前途的希望。

感谢广岛市市长荒木武先生,主动提出要和我们夫妇会见,并且指派他的都市计划课课长河合武先生、主监浦野博先生、技师仓田好晴先生,用一小时时间,配以地图、文献、画片和幻灯,为我们讲解广岛市从毁灭到重建的过程以及今后发展的前景。在和荒木武先生会见的四、五十分钟内,他也向我们介绍了这个城市的沧桑经历、重建过程和今后的发展计划。这位既表现出政治家气魄而又具有学者风度的年老市长最后说:"几十年来,我们在这个废墟上的重建工作,的确花了不少力量。我们在重建之初,就确定了把这个城市建设成为一个和平城市的目标。由于国内外的支援和广岛市复兴家园的强烈热情,重建工作总算获得了一些成绩。但是我们毫不满足于城市的现状。广岛在日本是中国地方和四国地方的政治、经济、文化中心,加上它在国内外众所周知的不平凡经历,我们一定要继续努力,把这个城市建设得更为繁荣幸福,实现全体市民把广岛建设成为一个国际和平文化城市的愿望。"对于市长先生这一番热情洋溢,满怀信心的谈话,我们确实十分钦佩和感动。除了感谢他主动邀请会见并指派市府有关官员向我们详细介绍这个城市外,我还不胜感慨地告诉他:"广岛市民在战争年代中付出了沉重的代价,举世震惊。今天,凡是参观过和平纪念资料馆的人,都会从内心深处对战争特别是对核战争痛心疾首。'和平'当然是一个大家喜欢的美好词汇,但是到过广岛的人,才能更为深刻地理解。'和平'这个词汇的崇高价值和真正意义,对于广岛市民复兴家园的强烈热情和巨大成就,我们无限钦敬。在这个城市里,我们溯昔抚今,精神为之振奋。因为在这里,我们不仅看到了广岛市民的高贵品质,而且看到了人类的希望。"

会见结束时,和其他参加会见的市府官员不同,一直恭立而没有就座的市府国际交流课课长藤井正一先生,由市长取来了两件装在精美盒子里的礼物,由市长亲手赠送给我们夫妇。一件是大幅的核爆圆顶屋的织锦,另一件是广岛的著名特产毛笔。这两件礼物确实是寓意深长的。前者让人们把战争和毁灭牢记在心,后者则象征了和平与文化。两件礼物,勾画出了广岛市民在这40多年中的不幸遭遇和他们建设这个国际和平文化城市的热情和信心。

我对市长先生所说的话绝不是一般的客套话,因为在日本的许多城市之中、广岛所给予我的印象的确是与众不同的。在最近这10年中由于我在国际学术界的一点虚名,日本学术振兴会和好几所著名大学,几次聘请我作为客座教授到那里讲学。从北起东京南到九州的广阔地域中,我在不少大学讲学,又访问了许多城市。凭借我夫人的一口流利日语,我们不仅会见过不少市长、大学校长、教授和学者,而且深入基层,访问了许多一般市民、职员、退休的老年人以及城郊和乡间的农民。日本是个精神振奋和讲求效率的先进国家,日本人民绝大多数都是兢兢业业,彬彬有礼和诚慈待人的。但是在广岛,我们总感觉到,这里的人民有一种超乎日本其他城市的气质,或许就称它"广岛精神"吧。这种特殊的气质,显然是和这个城市不同一般的经历有关。对于这类事,中国人往往用《孟子·告子下》中的一段话来解释:"故天将降大任于斯人也,必先苦其心志,劳其筋骨,饿其体肤,空乏其身,行拂乱其所为,所以动心忍性,增益其所不能。"或许也有些道理吧。

我和日本的某些城市好像存在着宿缘,1983 年,我应聘到关西大学当客座教授,住在大阪,这年恰恰就是大阪建成的四百周年。而这次到广岛,竟又逢广岛建城的四百周年,真是一种巧合。四百年前,现在的广岛,只是濑户内海沿岸太田川三角洲上的一个称为"五家村"的荒凉小村。太田川是发源于中国山地南麓的一条长仅 100 公里的短小河流。在注入濑户内海以前,港道纷歧,形成一片河口三角洲,三角洲的北缘是一片海拔 400 米上下的丘陵地,在这片丘陵地上,公元 15 世纪中叶的室町时代,曾在今广岛市以西建过一座已斐城,由于"已斐"(Koi)的读音在日语中和"鲤"相同;所以后来的广岛也叫鲤城。公元 16 世纪中叶,又在今广岛市以北的武田山麓建过一座银山城,它们都是广岛城的前奏。1589 年(日本纪元天正十七年),毛利辉元在"五家村"兴建广岛城,这就是广岛的开始。当时,这片河口三角洲,看去宛如一块广阔的岛屿,广岛的名称就因此而来。

日本和中国是具有共同文化的邻国,两国之间,有许多相同或相似的东西,但是在建城这件事上却颇有差异。在中国,城市的建筑都是先建一座圆形、方形或矩形的城垣,城垣以外,围以壕堑(护城河),城垣之内则是政府、民居、街市等。在日本,城市的建筑却是先建一座碉堡形的所谓城下町,周围也护以壕堑,壕堑以外,才是民居和街市。毛利氏在 1589 年兴建的广岛城,是一座基址面积 1359 平方米,高 39 米的五层建筑,称为天守阁,是日本桃山时代初期的典型建筑。除了整座建筑物的宏伟造型以外,每一层都有它的结构特色。例如最高的第五层,其外形宛如一座瞭望楼,楼壁内缩,四周置回廊,饰以栏杆,使游览者登临此处,可瞭望全城景色。广岛天守阁,原是日本政府规定的"国宝",核爆时全部毁灭,1958 年始按原样重建,由于欣逢四百周年纪念,天守阁内建成以日本战国时代为中心的历史博物馆,整座建筑整饰一新,更显得美轮美奂,引人入胜。

广岛城于 16 世纪末叶的建成,当然是广岛历史上的重要一页,但是从此以后,广岛的发展却相当坎坷。在整个江户时代,1653 年和 1702 年遭受了两次严重的洪水,

1567 年和 1758 年又两度遭大火,使城市蒙受很大损失。1859 年的大地震,更为这个城市带来极大灾难。明治时代来到以后,广岛开始有所发展。1884 年,在京桥川以东,宇品岛以北,建筑了新式的宇品港,为广岛的海上交通创造了非常优越的条件。但是,刚刚走上发展道路的广岛,却立刻蒙上了一层阴影,1888 年,原在东京的日本海军士官学校,迁到广岛濑户内海中的江田岛,从此披上了"军都"的戎装。江田岛在第二次世界大战中成为"特攻队"和"神风突击队"等的训练中心之一,现在尚在那里的旧海军历史资料馆内保存着海军将校和"特攻队"的遗书、遗物 14000 多件。明治二十七年(1894)爆发了中日战争,广岛城天守阁东南方建成了"大本营",就在这年九月,明治天皇亲幸广岛,视察了"大本营",亲送以广岛为基地的第五师团开赴战争前线。刚刚建成的宇品港,不幸从此作了军港。陆军被服厂和其他军需工厂在这里相继建立。1909 年,市内比治山的"御便殿"建成,以备天皇不时视察"大本营"之需。侵华战争发动前夕的 1936 年,这里成立了陆军幼年学校。侵华战争爆发以后,在国民总动员的体制下,这个城市所表现的战争狂热和对少年儿童进行的武士道教育,达到了令人吃惊的程度。昭和十六年(1941),日军悍然偷袭珍珠港,发动太平洋战争。广岛作为一个"军都",浸沉在"胜利"的狂热之中。上柳町习字教室于 1942 年展出的儿童习字作品,都是"武运长久"、"大东亚战争"、"日本刀大和魂"等可怕语言,现在看来,也仍然触目惊心。

1945 年 8 月 6 日,这是广岛的大凶日子。这天上午 8 点 15 分,3 架美国 B29 轰炸机,以 8500 米的高度从东北方向飞入广岛市,其中一架在市中心投下一枚原子弹以后,以 158 度的急转弯向山阴方向飞离市区。原子弹离开机舱后 43 秒钟,就在相生桥以东的今大手町上空离地约 580 米处爆炸。目击者看到,炸弹爆炸时,天空出现一团浅红而略带青白色的火球,一瞬间,全市发生了翻天覆地的巨变,接着就是蘑菇云的出现,从爆炸中心上升,高达 1 万米左右。这枚原子弹的爆炸力,大概相当于 13000 吨 TNT 炸药。但是和一般炸药不同,除了爆炸力以外,它还有热线、暴风和放射线三种更为可怕的威力。

热线的威力在于大量的杀伤和燃烧。爆炸瞬间,那个浅红色的火球,温度达到 30 万度(摄氏),爆炸 0.3 钞后,表面温度仍达 7000℃,爆炸 1 秒钟后,在爆炸中心 280 米范围内,表面温度达到 5000℃。在爆心 600 米范围内,屋基和砖瓦等,表面均被烧成泡沫状;爆心 1 公里范围内,衣服和木制家具以及木结构房屋都立即燃烧,花岗石表面也熔解剥离;爆心 3.5 公里范围内,人畜多被烧死。

暴风的威力也非常可怕,它造成建筑物的严重破坏。在爆心 1.3 公里范围内,由于爆炸而出现的暴风,其最大风压,每平方米达到 7 吨,最大风速达到每秒 120 米。在爆心 2.3 公里范围内,木结构房屋全部倒毁。有的尸体四肢残缺,内脏迸露,也都是暴风造成的。

核爆以后的放射线,更是一种后患无穷的严重灾难。爆炸后 1 分钟内放射线立即产生。在爆心 2.3 公里范围内均蒙受影响,爆心 1 公里范围内,这种影响可持续 100 小时,以致救护人员和探寻亲属尸骨的人,也都成为受害者。核爆后 30 分钟到 2 小时,这个地区降了一场"黑雨",其中含有大量放射线,造成人畜的极大灾难。核爆以后,这里的白血病和其他恶性肿瘤持续多年,夺去了许多人的生命,至今还有呻吟在病床上的。

核爆这一天早上,广岛人民开始一日的夏季生活,工人上工,公务员上班,家庭妇女上街购物。由于这里已经几次遭到轰炸,所以学校均已迁乡。当时,日本政府正号召把市内繁华中心的物资进行疏散,由于战时缺乏劳动力,前一日有 8300 名学生进入市内帮助疏散工作。这天清晨 7 时 20 分,曾经发过一次空袭警报,市民稍作疏散,但警报不久解除,市民又开始从事各种活动。却出现了 B29 轰炸机以迅雷不及掩耳的速度飞入,而一声巨响,顷刻间毁灭了整座城市,并立即造成 14 万多人的死亡。上述前一天入城市帮助疏散工作的 8300 名学生中,也死亡了 6300 多人,广岛市在 1941 年有人口 41.9 万人,战争时期,由于实行了学童疏散和建筑物疏散的措施,1945 年 8 月,人口减至 24.5 万人,核爆一瞬间的死亡人数,竟达当时总人口的 57%。从全市的建筑物来看,核爆中心 1 公里范围内,建筑物全部毁灭,爆心 1.5 公里范围内,毁灭达 99%,总计在爆心 5 公里范围内,建筑物毁灭达 91.9%,真是一场亘古未有的人间浩劫。

广岛核爆炸以后的第三日即当年 8 月 9 日,第二枚原子弹在长崎爆炸。在付出了如此惨重的代价以后,战争终于停止。为了极少数战争狂人的贪欲和野心,作为战争发动国的日本人民,也和被侵略国人民同样地受到了巨大的损害,而广岛市民为此付出了更为惨重的代价。

面对着这一大片包含着放射性残余的危险废墟,经历着战后人民衣食不继、庇身无所的极度穷困的广岛市民并不气馁。他们咬紧牙关,立定脚跟,决心要在核爆废墟上重建家园。核爆刚满一个月,高野源进就提出了《广岛再建之计划》,这个计划发表后两天,平野馨也提出了《广岛复兴之构想》。从此,市民们提出了许多重建广岛的全面的或局部的计划。如桑原市南的《新广岛建设纲要》,楠濑常猪的《和平纪念都市计划》,太田洋子的《河岸绿地的构想》,杉田正治的《综合大学的构想》等等,不胜枚举。1946 年 7 月,这个地区的最大新闻机构"中国新闻社",号召征募《理想的广岛建设》的建议,于是,市民立刻响应。峠三吉随即提出了《1965 年的广岛》,仓田舜一和佐藤七郎两人，都以《理想的广岛建设》为题，提出了他们重建家园的构想。这些方案和建议，都是提议者经过呕心沥血的思考以后的成果。他们的方案中，不仅有文字，而且还附有建设的蓝图。于是，在这大量的方案和建议面前，广岛市复兴局局长长岛敏，组成了一个26人的复兴审议会，来审议这些方案。由于各方面提出的总体和局部的方案建议甚多，内容十分浩瀚。仅以重建后的广岛的人口容量为例，就有各不相同的意见。平野馨认为新广岛的人口不能超过10万，竹重贞藏提出17万—12万人口的方案，峠三吉建议1965年广岛人口为30万，渡边滋提出了新广岛人口为30万—40万的意见。此外如对城市的工商业、文化、居民区域和道路布局、城市的交通、公园和缘地布局等等，真是千头万绪。复兴审议会吸取了各种方案中的长处，经过多方面的分析研究，陆续地决定了各种建设方案，绘制出许多重建地图，如《复兴都市计划图》、《土地利用区划图》、《土地利用区划调整图》等总体图以及如《都市公园配置图》等分类图。重建广岛的工作百废俱兴，广岛市民在废墟中胼手胝足地复兴自己的家园，真是一幅可歌可泣的画面。

复兴工作中十分重要的是和平公园的建设，为了把广岛这个历史上的"军都"改建成为一座和平城市，为了让广岛市民、日本国民和全世界人民共同携手不让广岛的悲剧重演，和平公园将要成为新广岛的象征。1947年就有了建设这个公园的初步构想，并且公开征求对这个公园的设计方案。到1949年，在全部145件应征方案中，选定了东京大学副教授丹下健三的方案。

公园建立在太田川河口三角洲介于本川和元安川之间一个狭长形中岛的北端，所以又称中岛公园，共占地17500坪（日本面积单位，1坪＝3.3057平方米）。主要的建筑物是和平纪念馆、和平纪念资料馆、广岛国际会议中心，这3座建筑物并列在公园最南，紧靠和平大街。其中居中的和平纪念资料馆是最重要的建筑，陈列着核爆后城市变为废墟，死伤狼藉的实物和照片，令人惨不忍睹。这以北，隔公园的大片草坪和花圃，是一座拱形的核爆慰灵碑，其造型像仙鹤的脊背。碑下有一石碑，里面存放着14万在核爆中死亡者的名簿；碑上有用日文写的："安息吧，广岛的悲剧不再重演。"核爆慰灵碑以北是和平之灯，实际上是一擎火炬，自从1964年8月1日点燃以后，一直不灭，象征着和平的持久和光明。和平之灯以北，越过元安川，是原子弹爆炸遗迹，即通常所称的核爆圆顶屋。这座建筑原是战前广岛县产业奖励馆，1945年8月6日的核爆炸，就发生在这座建筑物上空580米处。在全市成为废墟的浩劫中，这座圆顶屋竟奇迹般地七到八斜地保存了下来，好像是上帝有意安排，要在人间留下一个核爆的可怕见证。经过维修加固以后，这座建筑物就成为核爆的重要纪念。前面有一块广岛市立于1967年的纪念碑，碑名就称为"原爆卜"—"ム"（原子弹爆炸圆顶屋），碑文中记叙的死亡人数20万,当是把爆炸后受伤而不治的人数加入在内。以上和平纪念资料馆、核爆慰灵碑、和平之灯、核爆圆顶屋,布置在自南到北的一条直线上。在这条直线以外,还有原子弹受害者追悼纪念塔,原子弹之子之像、祈祷像、和平钟塔等建筑。

　　和平公园的南缘是和平大街。与和平公园一样,这条大街也是新广岛城市重建计划中的重点工程。大街呈东西向,西起太田川放水路的福岛町,东达京桥川的鹤见町,全长达3570米。由于整条街道建筑在太田川河口三角洲上,所以沿途要穿过天满川、本川、元安川三条河流,在横跨本川的西和平大桥与横跨元安川的和平大桥之间,即是和平公园的正门。日本城市在战后的重建计划中,曾有十几个城市有过建造百米宽度道路的计划,但结果由于占地太多和其他一些技术上原因,只有名古屋和广岛实现了这种道路计划,广岛的这条百米宽度道路,即是这条和平大街。

　　经过广岛市民和日本全国人民的艰辛努力,加上来自世界各地的援助,和平公园与和平大街都在50年代到60年代完成(和平公园中的国际会议中心最后到1989年完成)。在和平公园中,每天都有来自世界各地的千万参观者。凡是参观过和平纪念资料馆的人,都会从内心深处痛恨战争特别是核战争,从内心深处渴望和平。记得1985年春季,我们夫妇第一次访问广岛时,在这个资料馆中,我的夫人忍不住涕泪交零。我也情不自禁地在签名簿上用英语写上:In English grammar, peace is an abstract noun, In Hiroshima City, peace is a concrete noun. Long Live Hiroshima, Long Live Peace!

　　从和平公园正门出口就是和平大街,这条百米宽的美丽街道,的确使人流连忘返。在我所访问过的世界著名街道中,巴西里约热内卢的海滨大街,虽然漂亮,但不免烦嚣;美国纽约的百老汇路,高楼栉比,车辆喧闹,令人有一种窒息的感觉。在日本,东京的银座,其实就是百老汇路的东方翻板。我也曾经在名古屋电视塔下的百米宽街道上漫步,尽管它的实际宽度超过广岛(宽122.5米,广岛为100米),但是由于它们是从电视塔向四方辐射的,不少人不喜欢马路中央的这个庞然怪物。而广岛的和平大街却不同,由于商业中心集中在和平公园北缘与它平行的相生大街(八丁崛、立町、纸屋町)以及公园东缘与它直交的鲤城大街(袋町、本通),所以它没有商业上的负担,街道就显得宁静。街道的充分绿化,调和了两侧高层建筑的窒息感。广岛重建中的不少主要街道如相生大街、鲤城大街、中央街、城南街、千里街等,都是核爆前原有的街道,在废墟中重建时加以拓宽,施工比较容易。但和平大街却是一条完全新建的街道,虽然建设于废墟之中,但由于街道较长,路面甚宽,所以兴建是很不容易的。倘徉在这条大街上,环顾一片和平宁静的气氛,不免有心旷神怡之感。虽然在四十多年前曾经发生过那样的悲剧,但面对现实,心境还是宽舒的,这也就是我和市长荒木武先生所说的:

"看到了人类的希望。"每年 5 月 3 日至 5 日,和平公园内与和平大街两旁,举行广岛花节,五彩缤纷的各种鲜花,令人叹为观止。各式化妆的整行队伍,在大街上一批批出现,每年约有 150 万人从世界各地赶来参加这个节日,真是盛况空前。

和平公园与和平大街,当然是广岛市复兴中的两个有代表性的标志,但是整个城市的重建工作,实在还要复杂浩繁得多。商业区、工业区、居民住宅、政府机关、学校等的修建,这是何等庞大的工程量。商业区主要是纸屋町、八丁堀和本通一带,这是核爆前都已存在的,在重建工作中,八丁堀到纸屋町一带的大型商店如 Sogo、福屋、天满、三越等高楼的兴建,本通商店街的布局以及大量银行、保险、信托企业的设置,现在看来已都卓著成效。因工业方面,旧广岛是日本的军需工业城市,重建过程中当然要把它转变成为和平工业。现在,新的工业区主要分布在沿海的宇品东、观音新町、江波、出岛等地,造船和汽车制造,是所有工业中从业最多和产值最高的部门。站在海拔212 米的黄金山上观看宇品东的工厂区,厂房栉比,道路整齐,而山下的日本第三大汽车厂松田汽车厂及其专用码头,待运的各种汽车,成千上万密密麻麻排列在码头上。黄金山山上原来有一座加藤友三郎的石像,他是第一个当上内阁总理(1922—1923 年任)的广岛人。现在,这个海军军官出身的内阁总理石像已被推倒在地,而代之以松田汽车公司的创始人松田的铜像。在人们心目中,这种从制造战争的军人内阁到造财富的实业家之间的转变,也算是和平的好兆头吧。

各种文化设施,如各级学校、图书馆、博物馆等,重建中也取得很大成绩,单就大学和短期大学(多为二年制),全市就有十余所。我这次曾在广岛大学、广岛女子大学、广岛修道大学 3 所大学讲学,校舍都是战后重建,巍巍学府,各有不同风格。其中广岛大学是拥有 11 个学院、教师 1600 人、学生 13000 人的著名国立大学。除了 50 年代重建于市区内的宏伟校舍外,80 年代又开始在西郊建造更为宏伟的大学城,现已部分完成。

名胜古迹和园林的重建,其难处是必须在故址按原样建造;不像其他建筑物那样有在大废墟上自由选址设计的便利。前面提到的广岛城天守阁,就是在原址按核爆前的原式重建的。另一个例子是缩景园,这个又称小西湖的园林名胜,是 1620 年江户时代按照中国杭州的西湖修建的。由于它位于市中心,在核爆中心 1.5 公里范围内当然荡然无存。现在也早已按原样重建。令人惊奇的是,当整个园林在核爆中付之一炬之时,竟有一棵高大的银杏树,虽然上半截被烧枯槁,但下半截仍然枝荣叶茂,成为这一场浩劫的见证。

居民住宅在复兴过程中是一个棘手的问题。广岛在 1899 年设市时居民不过83000 人,1941 年发展到高峰,也不到 42 万人。核爆以后,人口锐减,战后的不少复兴方案中,新广岛的人口估计也很有限,如前所述,平野馨方案在 10 万人以下,竹重贞藏认为最高是 17 万—20 万人,峠三吉认为复兴事业发展到 1965 年,全市人口应为 30 万人。由于复兴工程进展很快,随着工商业和文化事业的发展,人口增加大大超过预计。1965 年的实际人口到达 657000 余人,超过峠三吉方案的一倍以上。1980 年,人口到达 90 万人,1985 年终于突破百万大关,而且增长的势头仍在持续。接近市中心的近郊已经人满为患,于是就在较远的郊区兴建新的住宅区,如北郊的高阳,西郊的铃峰,都是近年来新建的住宅区,如北郊的高阳一区,就新建 1 万户,容纳市民 36000 人。让广岛 100 多万居民人人都有舒适的住宅,看来还需经过一段努力。

随着工商业和文化等的发展,人口的增加,城市的扩大,区内外的交通运输也有了长足的进步。以广岛为中心的铁路网非常稠密,特别是北连大阪、东京,南系九州、博多的新干线,是陆上交通的大动脉。这条新型的电气铁路,车速每小时近 200 公里,广岛与东京间旅程长达 860 公里,车行不到 5 小时就可到达。汽车更是四通八达,与全国多数城市均有班车。汽车总站竟设在市中心的最大百货商店 Sogo 的楼上,占用了大楼第三层的整整一层,每分钟内要发车好几次,每日吞吐量达 150 万人次。宇品港已改名为广岛港,附近还有好几处辅助港,这是日本的最大港口之一,与世界各大港均有联系。广岛机场设在天满川和太田川放水路之间的新观音町,与国内很多大城市之间均有班机,与东京之间的班机,每天就有 7 次之多。

广岛的市内交通,是由一个中枢电脑所控制的,所以线路和车辆虽然极多,但秩序井然。站在车亭上候车,电子标牌上随时告诉你,快要到站的是哪一路电车。现在,一条高速度的高架公共汽车路,正在加紧施工。这条长近 10 公里的高架快速公路从西郊的 1994 年亚运会会场,直达市中心的繁华地区,1990 年就可通车。

城市内的其他管理、服务工作也很有可观。以盲人设施为例,市内街道的任何一条人行道上,都有盲人道的铺设,一切公共机构,也都有盲人道辅入户内。在马路的横道线上,绿灯时都同时播放让盲人过街的音乐,在十字交错的马路上,南北向的音乐和东西向的音乐完全不同,以让盲人有所区别。诸如此等,不胜枚举。

现在,广岛已经从一堆废墟重建成为一座相当美丽宏伟的国际和平文化城市了。但市长荒木武先生仍然说:"我们毫不满足于城市的现状。"说明广岛的复兴还要继续向前,还有更为美好的远景。的确,广岛人都有这样的抱负。我们离开广岛这一天,年过八旬的广岛大学名誉教授米仓二郎先生和广岛大学地理系首席教授森川洋先生等都到新干线车站送行。他们不约而同地说:"欢迎你们下一次再来,你们一定可以看到比今天更美好的广岛!"

1989 年 12 月于日本九州佐贺市叶隐庄

注释：

① 著者附记：为了让中国读者进一步了解广岛地方志书及广岛遭受原爆及复兴的历史，特以广岛地方志的序跋等 6 种文献，作为本文的附件。前 5 种由胡德芬翻译。

② 《广岛新史》没有总序，这是《广岛市史》编修委员会委员长为《新史》历史编所写的序言，具有总序的作用。

③ 原文如此。

④ Gross National Product 的缩写，指国民总产值。

⑤ 宫岛是广岛附近濑户内海中的一个岛屿，是日本三大旅游胜地之一。

⑥ 指松田汽车株式会社，是日本决于丰田、日产的第三大汽车制造企业。

⑦ 喻朝圣地。

⑧ 这是广岛市史编纂室长植田保之在《广岛新史》历史编编末所写的后记，历史编是《广岛新史》最后的一编，所以这篇后记具有全书后记的作用。

⑨ 部落解放运动又称水平运动，在日本，这是指为被歧视的所谓特殊部落民族争取平等的运动。

⑩ 指《历史编》的主编，因为今堀先生同时也是《历史编》的主编。

⑪ 旧广岛的繁华区之一。

⑫ 旧广岛的繁华区之一，因该区的新天地株式会社得名。

⑬ 凡尔登（Verdun），法国东北部的城镇，为军事要塞，因第一次世界大战时，法德两军在此剧战而彻底毁灭。

⑭ 新德里（New Delhi），印度首都，1911 年—1929 年间，在旧德里以南新建。

原载《中外城市研究》1991 年总第 1 期

中国方志资源国际普查刍议

　　这次我出访北美几个月,在加拿大和美国接触了不少汉学家和汉学资料,其中也包括这些国家收藏的中国方志和编制的方志目录及汉籍目录。在交流之中,不少外国汉学家把中国历史上积累的丰富方志称为"资源",认为中国自古以来修纂而成的大量方志是一种价值连城的文化资源和汉学资源,是外国汉学家从事汉学研究的一种重要工具。

　　外国汉学家把中国方志提高到"资源"一词的地位,这当然不是谈论中的客套和捧抬,而是他们在汉学研究实际工作中的深切体会。若干汉学家包括已经很有成就的学者在内,曾经列举了他们凭借方志解决自己研究工作中遇到的难题的过程。他们认为,中国的方志资源是具有国际性的文化财富,因此,对于包括中国在内的世界上各图书馆、研究机构在中国方志的收藏、编目、流通、复制、馆际互借等许多方面提出了不少意见。

　　自从《中国地方志联合目录》出版以后,外国汉学家对于中国方志在大陆各图书馆和研究机构的收藏情况获得了全面了解,这当然是一件好事。但是他们在研究工作中要想阅读或复制某一种藏于大陆的方志,却有很大的难度。最好的办法是委托大陆上的学术界朋友查阅、抄录或复制。但不是每一个外国汉学家都有中国朋友,而且从时间上说,这种方法要通过辗转寄递,也显得非常缓慢。还有一点他们不十分了解的,他们的中国学术界朋友,往往要为此而付出颇高代价。因为大陆上的多数图书馆,取书和阅读都要收费,珍稀版本要价更高,复制则当然愈加困难。对此,我在《从日本引回康熙〈常山县志〉钞本纪略》①一文中已经述及。在这次修志高潮中,我已先后为浙江省的某些市县从海外图书馆或研究机构引回了四种孤本方志:乾隆抄本《越中杂识》,②康熙抄本《常山县志》,康熙《象山县志》,③光绪《新市镇再续志》。④两种引自美国,两种引自日本,其中康熙抄本《常山县志》引自日本宫内省图书寮(现已改称宫内厅图书馆)这种并不公开的图书馆,但是除了正常的复制费用外,都没有其他索需。十五卷的手抄孤本,引回的费用,如我在上述拙文中所论:"在东京,这不过是三张电影票或二三公斤橘子的代价。"

《中国地方志联合目录》当然是我国目前最完备的方志目录,但是它也不免存在一些缺陷。首先,它所收录的方志,虽然数量多达 8371 种,但这些都是现存(或残存)的,并未把历代亡佚书目也收录在内。因目录如兼及佚书,从国际交流的角度来说,有利于学者们的注意和搜索,有的佚书可能存在有朝一日复出的机会。此外也有裨于学术界的辑佚工作。另一缺陷是在此书《前言》中见及的,即这个目录在编成以后,只和"台湾公藏方志联合目录及日本的中国地方志联合目录进行了仔细的复查和校订",则这个目录在国际性方面似乎还有不足。因为中国方志流散在全世界的许多图书馆和研究机构中,现在看来,流散的地区很广,数量不少。如我在北美查访的某些很小国家的图书馆,竟也收藏着中国方志。例如拉丁美洲的一个面积只有 5000 多平方公里的小小岛国特里尼达和多巴哥,却在其首都西班牙港的中央图书馆藏有汉籍 8000 册左右,其中包括方志。《中国地方志联合目录》主要是全国普查的成果,在这种目录的基础上,现在看来很有必要对分布在世界各地的中国方志资源进行一次全面的普查,从而再一次修订我们的目录,让修订以后的目录能够全面、详细而正确地反映中国方志资源,然后再就阅读、复制及馆际互借等方面,商定一套办法,增加这种文化资源的流通和利用,以繁荣学术研究。这当然是国内学术界和国际汉学界所共同希望的。

当然,要在全世界范围内普查中国的地方志资源,中间也存在一些困难。不过,我们可以把这个工作分阶段地进行,首先是摸清国际上一些收藏中国方志的大户,然后再调查那些零星分散的小户。此番我在北美的一些图书馆和若干有关汉学的研究机构中,看到了分布在世界各地的不少收藏大户,为了节省篇幅,我用一张表格来说明这些大户的收藏情况,由于我所获得的资料在年代上有些参差,所以此表并不代表这些大户当前收藏中国方志的实数。

国别	收藏者名称	收藏情况	备　考
美国	国会图书馆 （The Library of Congress）	3750 种 60000 册	包括朱士嘉编《美国国会图书馆所藏中国地方志目录》收录的中国方志
	哈佛大学哈佛燕京图书馆 （Harvard-Yenching Library, Harvard University）	3525 种 35000 册	
	芝加哥大学远东图书馆 （Far Eastern Library Joseph Regenstern Library, The University of Chicago）	2700 种 17000 册	
	夏威夷大学图书馆亚洲文库 （Asian Collection, University of Hawaii Library）	944 种	中国方志作为该馆特载
	宾州大学东亚文库 （East Asian Collection, University of Pennesylvania）	800 种	
英国	英国图书馆 （The British Library）	1750 种	包括缩微胶卷 50 种
	牛津大学图书馆 （Oxford University, The Library）	1760 种	包括缩微胶卷 48 种
	伦敦大学东方与非洲学院图书馆 （School of Oriental and African Studies, University of London, the Library）	1139 种	包括 26 个省份,其中包括缩微胶卷 140 种
	达勒姆大学图书馆东方部 （Durham University Library, Oriental Section）	970 种	
	剑桥大学图书馆 （Cambridge University Library）	302 种	
	里兹大学图书馆 （Leeds University Library）	269 种	
	爱丁堡大学图书馆中文部 （Chinese Studies Collection, Edinburg University Library）	269 种	包括缩微胶卷 1 种

续表

国别	收藏者名称	收藏情况	备　考
法国	法兰西学院高级汉学研究所图书馆 （College de France – Institute d' Asie Institut-edes Hautes Etndes Chinoises）	4211 种	
	法兰西学院亚洲研究院高级汉学研究所图书馆 （College de France – Institute d' Asie Bibliothegue de Institutedes Hautes Chinoises）	1000 余种	注明为原版
澳大利亚	澳大利亚国立图书馆 （National Library of Australia）	2000 余种	注明为原版
日本	天理大学图书馆	1430 种	
	东洋文库	2800 册	属于该文库的莫里逊文库

　　上面表列的显然还不能包罗国际上所有收藏中国方志的大户。因为有些在国际上长期以研究中国和东方而出名的图书馆和研究机构，它们拥有大量汉籍，却没有标明其中的方志数量，我们就无法加以统计。譬如美国的普林斯顿大学—葛思德东方图书馆（Princeton University—Gest Oriental Library and East Asian Collection），是美国收藏汉籍的第二大图书馆，馆藏汉籍达 30 余万册；耶鲁大学图书馆东亚文库（East Asian Collection，Yale University Library），馆藏汉籍达 20 余万册。此外，美国的柏克莱加州大学东亚图书馆（East Asian Library，University of California，Berkeley），斯坦福大学图书馆胡佛研究所东亚文库（Stanford University—East Asian Collection，Hoover Institution on War，Revolution and Peace），达特茅斯学院贝克图书馆东方部（Baker Library—Orientalia，Dartmouth College），威斯康皇麦迪逊大学纪念东亚图书馆（East Asian Collection，Memorial Library，University of Wisconsin – Madison），荷兰的莱顿大学汉学研究院图书馆（The State University of Leyden Sinologisch Institute），日本的内阁文库，京都大学人文科学研究所等，收藏汉籍都在 15 万册以上。在这些图书馆和研究机构的汉籍藏书中，无疑包括许多中国方志，但是，由于它们都没有编制单独的方志目录，所以我们无法统计出它们所收藏的中国方志数量及其内容。此外还有一些国际上著名的图书馆和研究机构，我们明明知道它们的汉籍收藏中，中国方志具有重要的地位，例如日本

的国会图书馆、静嘉堂文库、大阪府立中之岛图书馆——朝日新闻文库等,它们都曾标明以中国方志作为汉籍收藏的特色。德国的波恩大学中亚语言文化研究所(Seminar für Sparche und Kulturaissenschaft Zentralasien – Sder Universität Bonn)曾复制了台湾所藏的大量中国方志,汉堡大学中国语言文化研究所(Universität Hamburg Seminar für Sparche und Kulturchinas)藏有不少中国的早期方志,并且也收藏中国近年来出版的方志。韩国文化财管理局藏书阁、岭南大学图书馆、延世大学图书馆等都收藏了不少中国方志。日本名古屋大学文学部东洋史研究室、中国文学研究室、中国哲学研究室,则收藏了许多中国江南地区的明代方志。由于我们都没有看到它们的收藏目录,所以也无法把它们的收藏列入统计。

另外还有一些国家的图书馆和研究机构,从它们的收藏简目中表明收藏的中国方志为数不多,例如英国伦敦大学东方与非洲学院附属达维特中国艺术基金会(Percival David Foundation of Chinese Art),它们藏有中国方志30余种,英国皇家亚洲学会(Royal Asiatic Society of Great Britian)藏有中国方志13种,新加坡东南亚研究所藏有中国方志8种,但所有这些方志,都列入它们的特藏,所以数量虽少,或许在方志的刊印时代和版本方面具有价值,在没有看到具体的书名和简介以前,我们既无法论断,也没有列入统计。像菲律宾奎松城的华侨图书馆,它们在收藏的中国方志中,特别注记了《惠安县志》和《永春州志》两种名称,却未曾书明刊印年代和版本,虽然区区两种,但仍值得继续查明。又如我发现在巴西圣保罗华侨图书馆(Biblioteca da Cultura Chinesa)藏有汉籍近35000册之多,记得往年我曾访问过这个国家,在里约热内卢旧王宫博物馆中看到了大批明代瓷器,这显然是当年葡萄牙商人和传教士从中国带去的,则圣保罗所藏的这许多汉籍中,很可能包括大量明版方志在内。像这样一类流散于国外的中国方志资源,都有待于进一步普查清楚。

如上所述,进行一次中国方志资源的国际普查,现在看来实在已经很有必要。当然,这项工作存在不少困难,但是也具备了许多有利条件。我们面临的困难首先当然是这种资源地理分布的遥远和分散,使人有一种鞭长莫及、望洋兴叹之感。这种困难在颇大程度上是心理上的,在展开实际工作以后,是可以逐步解决的。另一种困难是信息处理的困难,这是比较实际的困难,必须有一些思想准备。我们的普查工作,除了出访世界各地的学者亲眼目击所带回的信息以外,主要来源要通过世界上各图书馆和研究机构的收藏目录。有些图书馆和研究机构是编制了它们所藏的中国方志目录的,如《中国地方志联合目录》所利用的台湾省和日本编制的方志目录以及其他若干方志目录,朱士嘉所编《美国国会图书馆所藏中国地方志目录》(*A Catalog of Chinese Local Histories in Library of Congress*),匹兹堡大学东亚图书馆的《中国方志目录》(*The Chi –*

nese Local History：A Descriptive Bibliography）以及安德鲁·莫顿（Antrew Morton）所编的
《英国各图书馆所藏中国方志目录》（Chinese Local Histories in British Libraries）等。但
世界上大部分图书馆和研究机构都没有编制它们所藏的中国方志目录,却多有混合编
制的汉籍或东方书籍目录。如哈佛大学的《哈佛燕京学社中日文图书馆所藏中文分
类目录》（Catalogue of Chinese books in the Chinese – Japanese Library of Harvard – Yench-
ing Institute at Harvard University）,柏克莱加州大学的《柏克莱加州大学东亚图书馆作
者—书名和科目编目》（East Asiatic Library，University of California，Berkeley，Author—Ti-
tle and Subject Catalogs）,普林斯顿大学出版、屈万里所编的《普林斯顿大学葛思德东方
图书馆中文善本书目》（A Catalogue of the Chinese rare books in the Gest Collection of the
Princeton University Library）以及斯坦福大学出版、马大任所编的《东亚：胡佛研究所藏
书调查》（East Asia：A Survey of Holdings at the Hoover Institution on War，Revolution and
Peace）等等。根据北美的统计,这个地区共有东亚图书馆 93 所（美国 89,加拿大 3,墨
西哥 1）,到 1977 年,藏书总额为 277 万种、723 万册,其中汉籍占 60%（日文书占
36%,韩文书占 3%,其他东文书占 1%）。[5]如此大量的书籍,主要就编制在上列这类混
合编制的汉籍目录中,要在如此众多的汉籍目录中普查中国方志,当然不是轻而易举
的事。这中间首先要遇到的是汉字拼音的困难,因为国际流行的中国汉字拼音,长期
以来是威妥玛拼音。[6]但我国已于 50 年代后公布实行了我国汉字拼音的罗马化方案。
现在,有些图书馆如规模很大的英国图书馆已经采用了我国实行的汉字罗马化拼音,
但至今仍有大量图书馆采用威妥玛拼音,以澳大利亚为例,在有汉籍藏书的 15 所图书
馆中,12 所仍用威妥玛拼音。当然,汉字拼音的差别还比较容易掌握,但另一种即图
书分类的差别就显得相当复杂。1927 年,裘开明博士担任哈佛燕京图书馆馆长,他在
该馆惨淡经营 40 年,凭他扎实的汉学和日本语文基础,创立了一种汉和图书分类法,
即后来在许多东方图书馆采用的“哈佛燕京分类法”。但第二次世界大战以后,美国
国会图书馆分类法出现,不少图书馆的汉籍编目就改用此法。在美国,除了哈佛大学
和芝加哥大学以外,“哈佛燕京分类法”已被后者取代。在国际上,除了牛津大学、汉
堡大学、荷兰莱顿大学以及澳洲和新西兰的若干大学以外,也都纷纷改用美国国会图
书馆分类法。此外,世界各图书馆的汉籍分类还有采用如杜威十进分类法（剑桥大学
及加拿大、韩国、南美和南非的一些大学）、经史子集四部分类法（韩国汉城大学、文化
财管理局藏书阁、涧松文库等）、王云五中外图书统一分类法（菲律宾华侨图书馆）、刘
国钧分类法（香港市立图书馆）等,在这许多标准不同的图书分类法编制的目录中,寻
觅我们的中国方志,当然得花费极大工夫。

　　除了这些困难以外,现在我们也应该看到,对于普查国际中国方志资源,我们的确

已经具备了许多有利的条件。首先,我们已经有了一种历史上最详细的《中国地方志联合目录》,这是我们开展普查的重要基础。其次,尽管世界上各东方图书馆和汉学研究机构所编制的中国方志目录为数很少,但是如上所述,几乎所有图书馆和汉学研究机构都有它们的汉籍目录或东方书目,我们只要进行一番努力,必然可以在这些书目中清理出头绪。另外,我们现在已和世界上绝大部分国家和地区建立了外交关系,通过这种关系,我们在引进目录、复制和相互交流方面,都会得到许多方便。最后还有一个重要的有利条件,即是现在国际上许多有关汉籍的图书馆,常由外籍华人主持业务。这些外籍华人不仅都是学有根底的专家,而且他们热爱祖国,愿意为祖国的文化事业作出贡献。如前所述的裘开明先生就是这样,他在哈佛燕京图书馆40年,该馆汉籍藏书,从他上任时的7000册增加到他退休时(1964年)的40万册。现在在美国各图书馆担任这种职务的还有很多,如哈佛燕京图书馆馆长吴文津先生(Engene W. Wu)、达特茅斯学院贝克图书馆东方部主任陈澄之先生(Charles K. H. Chen)、美国国会图书馆中韩文组组长王冀先生(Wang Chi)、华盛顿大学东亚图书馆馆长卢国邦先生(Lo Karl)、罗斯格大学东亚图书馆负责人周宁森先生(Dr. Nelson Chou)、俄亥俄大学图书馆东亚文库负责人胡应元先生(Hu David Y.)、马里兰大学东亚图书馆中文部负责人范光耀先生、密歇根大学亚洲图书馆负责人万惟英先生(Weiying Wan)、芝加哥大学远东图书馆负责人陈先生(James Cheng)、中文部负责人戴先生(Tai Wen‑pai)、明尼苏达东亚图书馆负责人王先生(Richard T. Wang)、威斯康星麦迪逊大学纪念图书馆东亚文库负责人王先生(Wang C. L.)、康奈尔大学华森文库中文部负责人陈先生(Paul P. W. Cheng)、布朗大学图书馆东亚文库负责人钱先生(Chiang Imin)等。在欧洲,同样也有许多华人专家从事有关汉籍的图书馆工作,如法兰西学院高级汉学研究所图书馆馆长罗钟皖女士、法兰西社会科学院现代中国研究所中日文图书负责人陈嘉禾先生、德国汉堡大学中国语言文化研究所负责人陆荣安先生(Weng Onn Loke)、荷兰莱顿大学汉学研究院图书馆负责人马大任先生(John T. Ma)、英国爱丁堡大学图书馆中文部负责人刘惠林先生。此外如澳大利亚国立图书馆东方部主任王省吾先生、墨尔本大学图书馆亚洲部主任冼丽环女士、加拿大安大略皇家博物馆远东图书馆负责人徐先生(James C. H. Hsiu)、巴西圣保罗华侨图书馆馆长谢家驹先生等,这些在海外各图书馆和研究机构工作的华人专家学者,他们熟悉各地汉籍和中国方志资源的情况,必能帮助我们的普查工作。

　　国际上许多汉籍丰富的图书馆都是免费服务的。例如美国国会图书馆,它为美国所有使用者服务,一切资料的提供利用,都是完全免费的。此外如斯坦福大学胡佛研究所东亚文库、纽约公共图书馆东方部、密歇根大学亚洲图书馆、康奈尔大学华森文库、夏威夷大学亚洲文库等等,阅读图书都是免费的。若干收费的图书馆,收费也不高,例如宾州大学东亚图书馆每年收费只有 25 美元,达维斯加州大学图书馆每年收费只有 24 美元,收费最高的哈佛燕京图书馆,每年也不过 50 美元。另外还有一些图书馆,对个人读者虽然收费,例如柏克莱加州大学图书馆每年收费 10 元,但馆际互借就不收费。在加拿大的许多城市的公共图书馆,读者申请借书,不管你是否该国公民,只要你向图书馆连续寄发的两封信件都用同一个固定的地址,你就能获准向这个图书馆免费借书。在这方面,我们的图书馆目前由于经费尚不宽裕,所以还难做到。但是我们相信,随着我们经济的发展和国家对文化事业投入的增加,我国图书馆的服务质量必然会不断提高。在国际交流中,我们的图书馆必将为各国之间图书文献的交流和互通有无增加便利,为中国方志资源的国际普查创造良好的气氛和方便的条件。

希望各有关方面共同努力,促使中国方志资源的国际普查顺利成功。

注释:

① 《常山县志》,浙江人民出版社 1990 年,第 688—690 页。

② 《从〈越中杂识〉谈浙江的方志》,点校本《越中杂识》代前言,浙江人民出版社 1983 年版。

③ 《浙江省流落在海外的两种孤本方志》,《浙江方志》1988 年第 4 期。

④ 《〈新市镇志〉考录》,《浙江方志》1990 年第 6 期。

⑤ Teresa S. Yang,Thomas C. Kuo and Frank Joseph Shulman：East Asian Resources in American Libraries,New York,Paragon Book Gallery,1977.

⑥ 此法为 19 世纪末欧洲汉学家威妥玛(Sir Thomas Wade)和翟理斯(Herbelt Review)所创,习惯上称为威妥玛拼音。

原载《中国地方志》1996 年第 2 期

北美汉学家论中国方志

　　我去年曾花半年时间在北美加拿大和美国访问讲学，与当地的不少汉学家和收藏汉籍的图书馆有过较多的接触。汉学，或者说中国学（Sinology），目前在北美是一门相当流行的学问，在西欧也是一样。尽管与以前西欧伯希和（P. Pelliot）、沙畹（E. Cha-vannes）、李约瑟（J. Needham）以及美国的费正清（Fairbank J. K）、卜弼德（P. A. Bood-berg）等著名汉学家相比，眼下的欧美汉学家在研究成果和知名度方面都还逊于昔日，但是随着中国的强大和由于改革开放所促使的彼此间学术交流的频繁，北美的汉学家队伍仍然相当壮大，研究成果也不断增加。以老一辈汉学家施坚雅（G. W. Skinner）为首的学者，包括萧邦齐（R. K. Schoppa）、柯慎思（J. H. Cole）等，都在汉学研究上作出不少成绩。此外还有一批美籍华人汉学家，已故的老一辈学者如洪业（煨莲）、杨联陞等固然著述甚丰，而当今一辈如何炳棣、唐德刚、张春树、马润潮等，也多有汉学著作问世。这中间，特别是公私各方对汉籍的收藏，包括中国方志在内，数量之多，较之以前已不可同日而语。根据不久前的统计，北美现有东亚图书馆 93 所，其中 89 所在美国，3 所在加拿大，1 所在墨西哥。它们收藏的东亚图书虽然包括汉、日、韩、蒙、藏等文（总数约达 270 万种），但其中汉籍要占 60%，这中间包括大量方志，而且有一部分是近年出版的新志。由于我在《中国方志资源国际普查刍议》（以下简称《方志资源》）一文中对中国方志在北美的收藏情况已有较详记述，所以这里我只根据回忆，略述北美汉学家对中国方志的一些议论和看法。我之所以首先提及汉学和汉学家，这是因为就我所见,中国方志在国外的主要用户就是汉学家。这其实在国内也一样,"存史、资治、教化"的话是大家熟知的,但这是一种宏观概念,而实实在在的用户,在国内主要也是那些利用方志埋头做学问的人。

总的说来,中国方志在北美,不论是旧志和新志,都受到当地汉学家的欢迎和重视。这种情况,大概可以用四句话概括,即:收藏丰富,流行广泛,利用普遍,评价较高。当然,由于我自己不是一个方志学家,只不过是方志的较大用户,我在那里的讲学内容,也不过是涉及方志。我所概括的这四句话,主要是每次讲学后的座谈会中以及平时的交往中所论及的,所以这种概括未必全面适当。此外,他们对中国方志主要是近年出版的新志,也有一些意见,我都就当时见闻,作如下的简述。

首先是我国方志在这个地区的收藏丰富,不必说像国会图书馆、哈佛燕京学社、芝加哥大学远东图书馆、哥伦比亚大学东亚图书馆等收藏量达数千种的大户,收藏千种上下以至数百种的小户,更是比比皆是。我在斯坦福大学胡佛研究所看到一份汉籍藏书资料,发现南美洲北边的一个土地面积只有 5000 平方公里的小小岛国特立尼达和多巴哥,在它的中央图书馆(在首都西班牙港),竟也藏有古代汉籍 8000 种,其中包括明刊本方志。有关这方面的事,由于我已撰有《方志资源》一文,这里就不再赘述了。

第二是流行广泛。在北美,由于图书馆藏书利用便利,加上复制简捷和电脑使用的普及,所以中国方志在汉学界的流行极为广泛。凡是我所接触的汉学家,他们个人都无不收藏了数量不等的方志,不过他们除了间或购买或中国同行所馈赠的近年新版方志外,一般都是从图书馆复制的胶卷,在家里编号收藏,近年来则更广泛地利用电脑贮存。举个例子,民国《鄞县通志》是备受国外汉学家推崇的中国方志。此志篇幅达550 万字,1985 年就由当时斯坦福大学著名汉学家施坚雅委托我推介去美的研究生乐祖谋君全部贮入电脑(并包括其他几种方志),这个软盘现在不仅流行北美,而且一直到了日本,我的好几位日本朋友,也利用它从事汉学研究。

第三是利用普遍。汉学研究的领域很大,课题甚多,当然并非单靠方志可以解决。但是现在看来,方志显然是他们研究工作中最普遍利用的重要工具。不少汉学家通过大量中国方志,获得了出色的汉学研究成果。例如施坚雅主编的中国历史城市名著《中华帝国晚期的城市》(*The City in Late Imperial China*)[①]一书中,就引及了几百种方志。萧邦齐所著的《中国的名流和政治变迁——20 世纪早期的浙江省》(*Chinese Elites and Political Change—Zhejiang Province in the Early Twentieth Century*)[②]一书中,即引用了各种省志 4 种,府县志 30 种,乡镇志 12 种。柯慎思所著的《绍兴——中国在 19 世纪的竞争与合作》(*Shaohsing—Competition and Cooperation in Nineteenth Century China*)[③]一书,也引及省志 1 种,府县志 10 种,乡镇志 2 种。这些都足以说明方志在外国汉学家的汉学研究中的普遍意义。

第四是外国汉学家对中国方志在学术价值和实用价值等方面,都有很高的评价。关于这个问题,在上述收藏、流行、利用等方面,外国汉学家已经在事实上作出了他们对方志的评价。特别是去年我在美国听到几位汉学家不约而同地对中国历代积累的大量方志使用"资源"这个词汇。当时我确实感到不胜欣喜与自豪。也正因为如此,所以我才在美国用"方志资源"这个词汇撰写论文。后来我曾反复思考,《中国地方志联合目录》中著录的 8000 多种方志,的确是我们的一宗重要的文化资源,北美汉学家提出的这个词汇,实在是对中国方志的恰如其分的评价。而近年来我们在全国范围内掀起的修志高潮,正在为我国的这一宝贵的文化资源锦上添花。

北美汉学家在议论中提及一些对中国方志的意见和希望。而且主要是针对近年出版的新方志而言。尽管我们之间国情不同,观点有别,但他们的意见仍然不无参考价值,所以我也根据回忆所及,作简略的归纳。

最重要的意见是希望我们的新志能够尽可能扩大规模增加资料。在这方面,他们常常举民国《鄞县通志》为例。这种希望对于外国汉学家来说是可以理解的,也是殷切的。因为他们利用方志从事各种课题的汉学研究,当然希望方志能提供更多的资料。在这方面,我往年也曾经选择中国的《慈溪县志》和日本的《广岛新史》这两种现代方志作了比较。《慈溪县志》对其全境每 1 平方公里土地只有 0.13 万字的记述,而《广岛新史》对其全境每 1 平方公里土地有 11.8 万字的记述。从这个对比来说,我国的某些市县志,内容或许尚可适当扩充增加。现在看来,这方面的情况正在改变。不少新修方志的篇幅内容已较初期充实完备。以浙江省宁波为例,最近出版的《宁波市志》达 570 万字,已经超过了民国《鄞县通志》。当然,方志内容的扩充增加,以及扩充增加到什么程度,这些都应根据各地的具体情况加以研究。我个人认为外国汉学家在这方面的意见和希望是有一定道理的。特别是我在那里看到了几种新志,篇目俱备而内容确实单薄,与一般的工作报告类似,当然不能满足研究工作的需要。所以希望能对这方面的意见,作一点实事求是的考虑。

第二是对于新志内容的科学性问题。近年新修方志的内容,与旧志当然有很大区别,一般都包括地质、自然地理等,有的新志用拉丁文二名法注记动植物,有的新志从工程技术角度记载农田水利工程,有的新志记载地方经济发展,采用许多统计图表,有关这些方面,在加拿大和美国都有汉学家称赞,当然使我高兴。在这里我必须提及的是,十年以前,有一位美国汉学家,正是因为民国《鄞县通志》用拉丁文二名法记叙动植物而他当时看到的新版方志却仍用旧法,因而当面向我提出:"新方志比旧方志倒退了半个世纪。"这句话,我在浙江省的多次方志评审会上提过,因为这是很尖锐的批评。而去年我听到不少称赞新志内容科学性的话,当然是因为我们在这方面确有进步的缘故。为此,这方面我们还得不断提高,精益求精。

第三种意见涉及新修方志的索引,这或许是我去年在国外听到的对于新志的最尖锐的意见。尽管当加拿大的某些汉学家首先提出这种意见时,我曾即席说明,这个问题正在改进。我举浙江省为例,大部分新出版的市县志都已经编制了索引。但后来到美国,仍有人提出这个问题,而且言语相当刺耳,值得我们注意。对于索引的问题,我过去曾在《浙江方志》写过文章,而且《中国地方志》随即转载,说明我们的方志领导是重视的。我在浙江省的某次方志评审会上,还当众宣读我为一本当时刚出版的工具书卷首所写序言中引用的一句外国学者的话:"检索工具没有索引很快就会成为一堆废纸。"所以从浙江省来说,后期出版的市县志和现在正在修纂的省志,对此都已较为重视。希望全国修志同仁正视这个问题,不要使辛苦多年的成果,很快就"成为一堆废纸"。

北美汉学家提及的有关方志的最后一个问题,是他们获得大陆方志十分困难。对于旧志,《联合目录》著录不存于北美而大陆仅有的,他们除了在大陆有同行朋友可以委托查抄以外别无他法。不像北美各图书馆那样存在馆际互借的便利。他们之中也有曾经到中国进行研究的,但是要在图书馆阅读比较稀见的版本,也经常遇到困难。对于新志,尽管这是有国际标准书号而由中国国际图书公司经销的,但是他们在北美也颇难买到。这个问题比较复杂,而且不是方志本身的问题,但是对于相互间的学术交流却有很大影响。特别是像我这样曾经很顺利地从美国引回过两种国内不存的方志孤本的人,对于他们提出的这类问题,就更感到于心不安。我在《方志资源》一文中也提及此事,这里不再赘述。

总的说来,去年我在北美接触的外国汉学家,在论及中国方志时,不论是旧志或新志,他们的意见,从主流来说都是非常肯定的,我当时就很受鼓舞,所以在回国以前就写成了上述《方志资源》一文,建议把流散在世界各地的中国方志作一次普查,以增订《中国地方志联合目录》。现在受方志界领导之嘱,把北美汉学家对中国方志的一些议论,就回忆所及,草就此篇,以供方志界同仁的参考。

注释:

① Standford University Press,1974.

② Harvard University Press,1982.

③ The University of Arizona Press,1986.

原载《中国地方志》1996 年第 3、4 期合刊

《新市镇志》考录

——兼介流落海外的光绪抄本《新市镇再续志》

　　我在陈学文先生所纂《湖州府城镇经济史料类纂》一书的序言中曾经指出了太湖流域城镇在唐末开始的所谓"中世纪城市革命"以来的蓬勃发展。我说："随着生产的发展和经济的繁荣,太湖流域的这些城市和集镇,在文化上也相应地有了很大的提高。多年以来,这个地区教育发达,人文荟萃。而这些事实的具体反映之一,则是地方文献的大量刊行。……在江浙两省太湖沿岸的五府之中,乡镇志修纂最出色的是湖州府,它们不仅种类繁多,而且篇幅庞大,为其他四府所远远不及。"当时我写这一段,其实还只是从宏观上浏览了这个地区的乡镇志,并没有作更为深入的研究。

　　1990 年 8 月,《德清县志》主编来光和先生到舍下要求我为新修的《德清县志》作序,我才开始对湖州府特别是德清县的乡镇志作进一步的研究。德清县属下的新市镇,是湖州府的著名大镇之一。我立刻发现,当年我在日本东京大学东洋文化研究所访问时所抄得的该所所藏的若干汉籍目录,其中有光绪钞本费梧著《新市镇再续志》一种,却为《中国地方志联合目录》所失记。但我随即在洪焕椿《浙江方志考》中找到此书的著录,作费格《新市镇再续志》,而且注明是东京大学东洋文化研究所所藏抄本。纂者姓名与我的记录有异,我以为当是我匆忙抄录时的笔误(但后来证明错在洪氏)。于是,我立刻致函来光和先生,问他德清县是否已在此次修志中引回此志? 复信曰否。为此,则此志属于国内不存而流落海外的孤本可以无疑。

《浙江方志考》的著录优于《联合目录》，不仅是后者失记的现存方志为前者所记及，特别是前者的著录兼及亡佚和现存，而后者只及现存。不过《浙江方志考》对于历来《新市镇志》的著录，仍有颇大缺点。因为它把几种《新市镇志》著录于卷十三《浙江乡镇志》，又把几种《仙潭志》著录于卷十四《浙江山水志》。其实，仙潭原是新市的别名，如明正德《新市镇志》，别名就是《仙潭志》。关于这一点，《联合目录》倒是正确的。该目录在《仙潭后志》著录后注云："新市旧称仙潭。"洪氏因为误解了这一点，不仅把乡镇志误作山水志，而且把乡镇志中已经著录的正德《新市续志》，以其别名《仙潭志》，在山水志中重复著录一次。把《联合目录》和《浙江方志考》两种著录合并起来，则新市镇历修续志，今存者有正德《新市镇志》8卷，明《仙潭后志》不分卷，嘉庆《新市镇续志》8卷、补遗1卷，光绪《新市镇再续志》4卷共4种；亡佚者为清《仙潭文献》10卷。存亡合计，新市镇历修镇志共5种。

当我查明了东京大学东洋文化研究所所藏的光绪抄本《新市镇再续志》是我国流落在海外的方志孤本以后，我立刻写信给在东京大学东洋文化研究所的老友斯波义信教授，托他复制此志。当年他曾从日本宫内省图书寮这种性质特殊（不公开开放）的图书馆中为我引回孤本康熙《常山县志》抄本。现在，书就在他的手边，我估计引回过程必能顺利。事情果然不出我所料，他随即回信并且附寄了此书复制本，感谢他为我二次引回了浙江流落在日本的孤本方志。对我来说，这是我从海外引回的第四种浙江孤本方志，也感到不胜快慰。

此志共4卷，楷书抄写。纂者费梧，字兰舫，生于清道光八年，修纂此志时已经74岁高龄了。卷首有纂者所作序，末云："岁次在元默摄提格桂秋，寨社里人费梧序。"看来这位纂者颇喜玩点笔墨，使现在没有读过几句古书的人感到为难。"元默"应作"玄默"，"玄"写作"元"，是清人避康熙讳。但"默"却是抄写之误。《尔雅·释天》："太岁在壬曰玄默"。"摄提格"简称"摄提"，其实就是寅年之意，这就是从战国到秦汉，当我国的干支纪年法流行以前的一种星岁纪年法。"玄默摄提格"即是"壬寅"之意，所以他的序言作于光绪壬寅（二十八年，1902年）八月。

全志4卷，约有350页，我还来不及详读。但粗粗浏览，即已发现有一些宝贵资料。例如卷四《灾祥》下记载了两次地震：

> 道光十九年九月六日酉没戌初，各家房屋裂裂有声，箱厨之欷叮咚不已，行路者辄云头眩，寺中佛像似下坛阶，无物不动。

> 道光二十六年元月十三日半夜时，忽又大动，余在梦中惊醒，但闻屋上多人行走状，卧榻如倒悬之势，门窗裂裂有声，是年之震，更甚于前，以后小动常有，不记。

以上记载的道光十九年（1839）和二十六年（1846）两次地震，震情十分清楚。新市当然不是震中，但"房屋裂裂有声"，"卧榻如倒悬之势"，而且震后还有余震，所以估计在震中，震级或许不低。但这两次地震，在《中国地震目录》（科学出版社 1971 年出版）中均未曾载及，所以此志所记，足补《中国地震目录》之缺，是很有价值的。

《再续志》除了纂者费梧序外，在费序以前，还载入了陈尚古撰于康熙十三年（1674）的《仙潭志余序》。在全志卷末，又载入了程之彭撰于清辛未年的《修志始末》一文，这是程所辑《仙潭文献考》中的一篇。这些序言除了借以纠正过去方志目录中的一些讹误以外，特别重要的是我们从此获得了新市镇历来纂修志书的情况，把新市镇历修镇志作出一个比较正确的考录。

陈尚古《仙潭志余序》开头说："潭于余不乡东北，晋永嘉成市百余年，当（刘）宋元嘉、太初间，陆修静先生尝隐居潭上，世传有丹光琴响之异，而后人才名为仙潭。"由此可见，仙潭其实就是新市镇的别名。陈序对这个地名的渊源也解释清楚，所以《再续志》卷首所附全镇地图称为《仙潭地图》，洪焕椿《浙江方志考》把《新市镇志》和《仙潭志》分别著录于乡镇志和山水志二类，显然是错误的。前面已经提到，根据《中国地方志联合目录》和《浙江方志考》两者所著录的存亡《新市镇志》共有 4 种，但现在由于光绪抄本《新市镇再续志》的引回，从此志所载《仙潭志余序》（简称《陈序》）和《仙潭文献考·修志始末》（简称《始末》）两文中，我们可以确实考证，新市镇历修镇志，从明至清，共有 10 种，兹按成书时间前后考录如下：

天顺新市镇志　明胡嗣宗纂，未刊，亡，胡字拙讷。《陈序》："追维水南前志，采用胡拙讷旧文。"《始末》："明天顺间，胡拙讷嗣宗采缀仙潭事迹，为之草创。"

正德新市镇志　8 卷，明陈霆纂，童逸、童迁梓行，正德十一年（1516）刊本，今藏北京大学图书馆；又有清抄本，上海图书馆藏，书名作《仙潭志》；又有嘉庆十六年（1811）重刊本，流传较多。陈字水南。案《陈序》："追维水南前志，采用胡拙讷旧文。"则此志系在《天顺志稿》基础上纂成。

明新市镇续志　胡道传纂，刘泗、沈元祥等梓行，刊本年代不详，亡。胡字怀川。案沈赤然嘉庆《新市镇续志序》："胡君道传，潘君穀，虽各有记载而均未成书。"但《始末》："其后胡子怀川道传续志，增补差滥，刘泗、沈元祥、陈学曾、程淮、沈熛、全维、钱霈共梓。"既已付梓，则沈赤然所云"均未成书"不足信。

顺治新市镇后志　明沈谀补辑，清顺治乙酉（二年，1645 年）成稿，未刊，亡。沈原名戳穀，字渚（梓）椒。案《始末》："沈梓椒先生谀，得水南原本抄白，苦心订正，以存先生书；取怀川自著原本抄白，补辑成书，皆非刻本也。故前、后志各成一家言。"故知此《后志》系补辑胡道传《续志》而成。又《陈序》："沈渚椒先生谀，乙酉发前哲之幽微，作末流之砥柱，岂微也哉。然先生怀忧饮痛，举世无可与语，或中夜悲来，篝灯卒读，未尝不废书而涕洟也。"据所云"末流之砥柱","怀忧饮痛"等等，知沈谀补辑当在甲申国变之后，故乙酉可断为顺治乙酉。又案沈赤然嘉庆《新市镇续志序》："沈志成于暮年。"故知沈谀补辑《后志》时年事已高。

顺治新市镇志略　清潘縠纂，稿未成，亡。潘字拙居。案《始末》："潘子拙居縠《志略》，仅据旧文，参以启、祯（案指明天启、崇祯）耳目所及，不全亦不详，此属未成之书。"又案《再续志》卷一《名胜》下，"桃源春小"等八咏后云："右国朝顺治间潘拙居更定'仙潭八咏'。"故知潘为顺治间人，《志略》纂于顺治。

仙潭志补　清胡尔嘉纂，纂于顺治、康熙间，稿成未刊，亡。胡字仲纶。案《始末》："《仙潭志补》，胡子仲纶尔嘉，嗣祖怀川纂辑成书，虽记载与史法不合，而详慎可信，陈子云瞻尚古作《志余》，采用其十之二三而为之。"因陈尚古《志余》纂于康熙十三年，故知《仙潭志补》纂于顺治、康熙间。

康熙仙潭志余　清陈尚古纂，康熙十三年（1674）纂，稿成未刊，亡，陈尚古序收入于光绪《新市镇再续志》卷首。陈字云瞻。案《陈序》："追维水南前志，采用胡拙讷旧文，渚椒后志，亦广胡怀川不逮。"说明陈尚古纂《志余》时，上述各志均尚可见。

仙潭文献考　10卷，清程之彭辑，辛未年辑成，刊否不详，亡。仅《修志始末》一篇存光绪《新市镇再续志》卷末。《浙江方志考》据同治《湖州府志》卷六十著录作《仙潭文献》10卷，嘉庆《新市镇续志序》亦云：程君之彭又辑《仙潭文献》10卷。但光绪《新市镇再续志序》作《仙潭文献考》，而卷首《仙潭地图》卷内《风俗》、《物产》等篇均云"照录《仙潭文献考》"。则同治《湖州府志》著录漏"考"字，书名应作《仙潭文献考》。《始末》末署"辛未春正月"，其所记及于陈尚古《志余》，而为同治府志著录。府志始纂于同治庚午（九年，1870），自《志余》至同治庚午，辛未凡三度，即康熙三十年，乾隆十六年，嘉庆十六年。则《仙潭文献考》成于何代，尚不可定。

嘉庆新市镇续志　8卷，补遗1卷，清沈赤然纂，嘉庆十七年（1812）纂，刊本，姬璜、周开基梓行，今存。沈字韫山，号梅村。据卷首沈氏嘉庆辛未（十六年）序："旁采沈（谀）程（之彭）二书之可存者，妄为修纂，又益以今时所搜采。"则《续志》系据顺治《后志》及《仙潭文献考》而成。

光绪新市镇再续志　4卷，清费梧纂，光绪二十八年（1902）纂，抄本，藏日本东京大学东洋文化研究所，今已复制引回。费字兰舫，生于道光八年（1828）。

从上列表录可知，新市镇志始于明天顺（1457—1464），新市镇是浙江和全国最早纂修乡镇志的集镇之一。从此到清末，镇志凡十修，历程清楚，记载确凿。从整个湖州府来看，除新市镇外，乡镇文献较多的是：双林镇自明至民国，凡十一修；乌青镇自南宋至民国，凡八修；南浔镇自清至民国，凡七修；菱湖镇自明至清，凡五修。我在前面指出的"乡镇志修纂最出色的是湖州府"的话,是完全符合事实的。

希望今湖州市属下各县,继承这个地区乡镇志纂修的优良传统,今后能再接再厉,纂修出更为出色的新乡镇志来。希望浙江省和全国其他的著名乡镇,也都能纂修出更好的新的乡镇志来。

原载《浙江方志》1990 年第 6 期

从日本引回康熙《常山县志》纪略

　　浙江省流落在海外的孤本方志为数不少，近年来由于我省修纂地方志的工作蓬勃发展，大家开始关心这些长期以来收藏在海外各图书馆的孤本方志的下落。于是，这些流落海外已久的孤本方志，才陆续通过各种关系返回祖国。这些海外的孤本方志返回祖国，其意义不仅是我国古代地方文献的失而复得，特别重要的是它们可以为目前的地方志修纂和其他乡土研究工作服务。所以各地在这一时期的方志修纂高潮中，很有必要检查一下当地的历代旧志，看看有没有流落在他乡他国的，然后设法将它们引回，这件工作事关乡土文献，是十分重要的。

　　我曾于 1980 年通过我的美国朋友、斯坦福大学人类学系施坚雅教授（G. William Skinner）的关系，从美国国会图书馆引回了乾隆抄本《越中杂识》，后来于 1984 年年初由浙江人民出版社排印出版。对于这种流落在海外的孤本方志的引回和出版，我国负责古籍整理的领导人李一氓先生在 1984 年 5 月 10 日发表于上海《文汇报》的《三论古籍和古籍整理》一文中，曾给予很高的评价，认为这本书能够失而复显，佚而重现，"对古籍整理是很大的贡献"。当然，对我个人来说，作为一个浙江省籍而又长期在浙江工作的学者，有责任把流落在海外而我又力所能及的我省孤本文献引回，这是责无旁贷而又义不容辞的事。1988 年，我又从国外图书馆引回了两种我省流落在外的方志孤本，并已妥善地物归原主，交给了各有关县收藏应用，这就是康熙二十二年（1683）的抄本《常山县志》和康熙二十一年（1682）的刊本《象山县志》。前者收藏于日本宫内省图书寮,后者收藏于美国斯坦福大学图书馆。

由于《中国地方志联合目录》的出版,为全国各市、县提供了国外图书馆所藏的中国地方志的信息,为各市、县检查当地地方文献流落在海外的情况创造了条件。常山县自从1985年开始筹备县志修纂工作以来,从县领导到县志编纂委员会办公室,都非常关心本县历来的地方文献,他们从《中国地方志联合目录》查得康熙二十二年县志抄本收藏于日本宫内省图书寮,开始与我通信联系,然后于1987年冬派人专程到杭州访问我,要求我设法从日本引回这种孤本方志。他们对本县的地方文献的高度关心和负责精神,使我受到很大的感动。

我和日本学术界的关系比较密切,这是大家知道的。在不少著名的大学中,都有我的朋友。两次在日本讲学,跑过许多大学、研究所和图书馆,东京的著名图书馆如国会图书馆、内阁文库、东洋文库、东京大学图书馆等,几已走遍。但却未去过收藏康熙二十二年《常山县志》抄本的宫内省图书寮。因为这个图书馆属于日本皇宫,并不是完全对外开放的图书馆,情况犹如我国过去的大内藏书。在国外,一般图书馆的服务都比较周到,复制图书资料,即使是珍稀版本,手续都很简便。但这个图书馆性质特殊,复制或许比较困难,我虽然同意常山县的要求,但是否能够顺利引回,当时实在并无充分把握。

我于1987年11月3日,致函我在东京的好友、东京大学教授、东洋文化研究所所长斯波义信先生,请他设法代为复制。他于同月27日即复信,说他已向该馆递交一份申请书,说明复制目的纯系中国学者的委托,大概可望批准。这年年底,斯波先生在寄我的贺年片中就作了几句附言,说申请已获批准,不久就可寄上。随即就于1988年1月22日向我寄发了康熙《常山县志》抄本15卷的缩微胶卷。复制费用只花了4600日元,在东京,这不过是3张电影票或二三公斤橘子的代价。国外图书馆的书刊复制,效率之高,收费之廉,甚至像宫内省图书寮这种性质特殊的图书馆和康熙《常山县志》这样的世上孤本,也同样如此。而如今在我们国内图书馆复制书刊,却常常困难横生,不必说是世上孤本,只要版本稍属珍稀,其"有偿服务"的"偿",就会使人望书兴叹。对比之下,实在使人感慨不已。

此康熙《常山县志》抄本,原书高26.7厘米,宽16.5厘米,全书15卷,修纂者是康熙二十二年常山知县杨溁。此杨溁《中国地方志联合目录》误作杨瀠。洪焕椿《浙江方志考》(浙江人民出版社1984年版)不仅误作杨瀠,并且说:"本志杨序见光绪《常山县志》卷首,据康熙《衢州府志》卷二十九记载,此书当时并未付刻,《日本方志目》作者误作杨溁。"由此可知,《中国地方志联合目录》和《浙江方志考》的作者,由于都没有亲见这种抄本,仅仅从光绪《常山县志》所收录的该书序中,获悉此志修纂者的姓氏。其实,抄本中明明作杨溁,以"溁"为"漾",这是光绪志的刊误,《日本方志目》的著录是正确的。

此志卷首在杨溁序以前,收入明万历志詹莱、傅良言二序及清顺治志王明道序,卷一下著名作"邑人詹莱时殷撰,临川傅良言以德、句曲王明道有功重校,郦城杨溁磻溪新辑"。历来修志当然都以旧志作参考,有的方志还专立卷篇评介历来旧志,但将旧志作者一起署入新志的,却极为罕见,这当然是此志修纂者杨溁的谦逊态度,可以传作志书中的佳话。此志抄本书法秀丽,抄写恭正,作为一种小楷字帖,供学书者临摹,也极有价值。可以与我往年从美国国会图书馆引回的《越中杂识》抄本媲美。

此书是斯波义信教授为我从宫内省图书寮复制引回的,为了感谢他的鼎力相助,在此也介绍一下他的情况。斯波教授出生于 1930 年,1953 年毕业于东京大学文学部,曾任熊本大学副教授,国立大阪大学副教授、教授,现任东京大学教授、东洋文化研究所所长。他是日本著名的历史地理学家和汉学家,著作甚多,受到国际学术界的重视。主要的著作有《宋代商业史研究》(东京风间书房 1968 年版)、《宋代江南经济史的研究》(东京汲古书院 1988 年版),此两种都是他个人独撰的数十万字到上百万字的巨著。与别的学者合撰的著作主要有 *The City in Late lmperial China*"(《中华帝国晚期的城市》,与 G. W. Skinner 等合撰,美国斯坦福大学出版社 1974 年版)、《汉民族与中国社会》(与桥本龙太郎等合撰,东京山川出版社 1983 年版)、《中国江南的稻作文化》(与渡部忠世等合撰,东京日本放送出版协会 1984 年版)、《中国近世的都市与文化》(与梅原郁等合撰,京都大学人文科学研究所 1984 年版)等,此外,他还发表过大量论文,也在中国出版的刊物上发表论文。他不仅是我的好朋友,也是中国历史地理学界的好朋友。

最后,由于此志在中国亡佚已久,我国方志学界和其他爱好方志关心地方文献的人士都没有看到过这部方志抄本,目前要影印或排印出版,也尚有一定困难。为此,特把此志的卷篇目次录出,以供暂时还不能见到这种孤本方志的人士略知一斑。

附:康熙二十二年《常山县志》卷篇目次

卷首:湖广按察使、佥事、邑人范川詹莱序(万历十三年);常山县知事临川傅良言以德序(万历十三年);常山县令王明道有功序(顺治十七年);常山县知事郦城杨溁序(康熙二十二年);凡例;图(县城、山川二幅)。

卷一:舆地表,疆域(市乡附),分野(灾祥附),形势,风俗。

卷二:山川表,山,峰,岩,洞,溪,潭,泉,石,岭,村,池,川。

卷三:水利(陂、塘、坝附),土产。

卷四;建置表,公署,仓库,城池(演武场附),驿途(铺舍附),桥渡。

卷五:学校(各祀典社学坊牌俱附)。

卷六:官师表,品秩,职官。

卷七:循良,分封。

卷八:赋役表,户口,田亩,里,均徭,兵饷,民壮。

卷九:礼秩表,公仪,祀品,乡饮,乡射。

卷十:选举表,进士,举人,岁贡。

卷十一:例贡,杂科,吏材。

卷十二:贤哲。

卷十三:流寓,迁徙,隐逸。

卷十四:孝义,贞节,杂恩(封萌、谕葬、钦赏)。

卷十五:杂纪表,变异,古迹(公所坊牌寺观庵堂祠庙丘墓),台榭(亭馆附),寺观(庵堂阁附),仙释,祠庙,方伎。

原载《常山县志·附录》,浙江人民出社1990年版

《浙江省烟草志》出版有感

　　《浙江省烟草志》的修纂出版,不仅在浙江,在全国方志界也是一件值得重视的大事。因为在中国方志史上,这部志书既是资料丰富、内容完备的,也是题材独特、空前绝后的。

　　中国从明朝后叶,开始引进三种作物,即玉米(zea mays)、番薯(lpomoea hatatas)、烟草(nicotiana spp.)。前二者是粮食作物,后者是技术作物。在一般辞书、作物学文献和农史文献中,多认为这三者都原产热带美洲,通过各种途径引入中国。在这方面,时下也不时出现一些争论。但明季以前不曾有文献记载过这3种作物,这是大体可以论定的。我们现在不计较这个问题,只说这三种作物在中国农史上的巨大影响。对于番薯和玉米的种植,美籍学者何炳棣的一句话可以概括,即所谓"土地利用的革命"。①我在拙作《历史上浙江省的山地垦殖与山林破坏》②一文中曾经指出,由于这两种作物在浙江山区的广泛引种,造成了剧速的人口膨胀,从康熙五十二年(1713)到乾隆五十六年(1791)的近 80 年时间中,全省人口从 2710649 人剧增到 22829000 人,几乎增加了 7.5 倍。这是这两种作物的影响。但是在学术界还很少看到有人研究烟草引入的历史影响。这或许是因为,玉米和番薯是粮食作物,在历来穷困的中国农村,它们是许多饥民的救星,所以受人重视。而以后当人们注意到这些作物在破坏水土和引起人口恶性膨胀的负面影响时,学术界对此也备感关切,所以研究成果很多。但烟草不过是一种嗜好品,尽管它的引种,在中国的影响也很重大而且深远,但并不像玉米和番薯那样容易即时引起注意。所以除了在作物学、栽培技术等农学领域以及制造、运销等工商领域方面的研究，包括近年来从医学和卫生学方面的研究以外，对这种作物引种的历史影响进行全面的研究，似乎还没有见到多少成果。现在，不少人对烟草口诛笔伐，但是他们未必知道这种作物引种和发展的过程，在这四五个世纪的时间中，这种作物除了现在大家公认的消极面以外，是否有过一点积极的东西？为此，时至今日，对它作一番历史的研究，看来很有必要。而《浙江省烟草志》的出版，为这种作物在浙江省其实也是在全国的发展过程和其他细节，提供了丰富的、全面的和系统的资料。因此，这部志书的修纂出版，其重要性实在不言而喻。

对于记载玉米和番薯的最早文献，尽管各家有不同的说法，但年代差距并不很大。我在上述拙作中提出的记载玉米的最早文献是正德《颍州志》（正德元年，1511），而浙江省境内记载最早的是杭州人田艺蘅的《留青日札》。《颍州志》只提出"珍珠秫"一名，并无性状的解释。《留青日札》称为"御麦"，性状解释十分清楚。③对于番薯的传入，我在该文中认为最早见于周应宾的《普陀山志》（万历三十五年，1607）。至于烟草的传入浙江，《浙江省烟草志》引及的最早文献是天启四年（1624）会稽人张介宾的《景岳全书》。我查阅了《韦氏大字典》的烟草条，④指出这是哥伦布时代安的列斯的印地安人吸食的。哥伦布在15世纪末到达安的列斯群岛，按时间计算，说明《景岳全书》的记载比较可靠。三种热带美洲作物，从引入中国到浙江省境内的普遍种植，其间有一个较长的过程。例如，上述田艺蘅记载的"御麦"（玉米），万历初年在杭州就"多有种之者"。但要百年以后才在全省山区普遍推广。烟草必然也有这样一个过程，按《浙江省烟草志》第九编《文化》所载全祖望《淡巴菰赋》："今天淡巴菰之行遍天下。"全祖望是乾隆元年（1736）进士，说明烟草的广泛引种，与玉米、番薯的时期相仿。则这种作物引入中国的年代，与前二者也大致相当。如前所述，玉米、番薯研究者多，而烟草研究者少。但前二者迄今未有专志，而烟草居然出了专志，所以这部专志，其意义实在不同凡响。

我在本文篇首指出这部志书的优点，首先是资料丰富，内容完备。作为一部浙江省的烟草专志，它确实称得上省境内有关烟草的科学的资料汇编。全志分为九编，包括烟叶、烟丝、卷烟、烟机辅料、科学技术、专卖、管理、文化等内容，其中卷烟分成生产和流通两篇，篇幅占全志之首。由于在烟草引种、制作、流通的整个历史过程中，卷烟无疑居于首要地位，所以这种编排，既是合理的，又是必然的。第九编文化在全志之中具有画龙点睛的特色。文化在眼下是一个热门课题，酒文化和茶文化已经都有了专著，骤见此志目录中的文化一编，开始颇感不解，以为修志者或许有赶文化热门的癖好。但细读此编内容，如烟俗、诗文、著述存目、烟草功用、禁戒烟、香烟画片、烟标收藏等子目,则确实都是文化领域中的材料。而诗文作者竟包括全祖望、查慎行、刘鹗等文学名流。饱学如全祖望在《赋》中言及:"将以解忧则有酒,将以消渴则有茶,鼎足者谁? 菰材最嘉。"说明了烟草在一个时期的风行程度和文人学士的赞美。浙江志书设文化一编,使这部专志除了在存史和研究方面的价值以外,并且增加了它在学术上和历史掌故上的意义。显然是此书编撰中的成功之处。此外,卷末附录中所收入的许多资料,对日后的研究工作者来说,也是难能可贵的,其价值不亚于正编。中国方志素有图文并茂的传统,此志不仅继承了这种传统,而且与别的专志相比,其成就或许可以说有过之而无不及。全书有彩照 40 余页,选择称精。特别是两幅地图,其中《1990 年浙江省烟叶种植分布图》,对于从事烟草这个课题的各种研究,都有重要的用途。

我在本文篇首指出的这种志书的另一重要价值是题材独特,空前绝后。这实在是此志在中国方志史上与众不同的显著特色,也是这部志书作为一种历史档案必将流传后世的保证。从哥伦布在安的列斯看到印地安人吸烟至今,为时不过 500 年,但它曾经风靡世界。在中国,由于"开门七件事"之语出自元曲,[⑤]所以它还赶不上列入其中。但长期以来,中国人把敬烟和敬酒,作为同样的社交礼尚。烟甚至成为一种可以列入劳动报酬的项目。最近我审读《绍兴县教育志稿》,稿内收入了订于道光七年(1827)的《敬敷义学条规》。这是一所出过不少名人的绍兴旧学,《条规》中除了书明各级教师的束修金额外,还另加"每月烟点杂费五百文"。烟在道光年间已经成为学校教师的正常收入。

对于这五个世纪为时不长的烟草史,我们作一点浮光掠影的观察。烟农、烟草种植场主当然受惠,而雪茄烟和卷烟厂厂主,更是大展宏图,积累了许多资本,为大量工人创造了就业的机会。所以在社会发展的过程中,烟草显然有过它的积极一面。在中国,也曾建立过一些著名的民族烟草工业,如华成、南洋兄弟等公司。《浙江省烟草志·附录》中,还特别收入《抵制洋烟斗争》的文献。今天,在我们已经可以看到烟草种植和烟草工业的尽头的时候,我们特别应该回顾一下,这件事物,除了当今多数人已经洞悉的消极因素以外,曾经也有过它的积极一面。这种任务,已由这部志书承担了起来。

当哥伦布看到印地安人抽烟的时候,烟草在新大陆流行了多久,我们无法知道。但它流入旧大陆的历史却是基本清楚的。这种异军突起的作物,发展确实极快。但现在看来,它的最终结局,有识之士显然已经有了共见。当然,它眼下的处境,在各个不同地区还颇有差异。几年以前,我曾经访问过拉丁美洲。在那里,不要说男士,女士们口中衔着一根较一般细长的女用卷烟的,也到处可见。但 1996 年我在北美所见的情况已不大相同。加拿大确实极少发现抽烟的,各处超级市场也看不到出售卷烟的地方。有一次,我们夫妇在美国巴尔的摩机场喝咖啡候机,边角桌上两位年老女士对坐抽烟,服务小姐立刻过来,语言婉转而态度坚决,请她们立刻离开。她们终于只好到咖啡馆外的墙角上去享受几分钟的吞云吐雾。

和北美相比,中国人抽烟至少在眼前还自由得多,而烟草的存在也还有一定的社会基础,这是我国的国情。虽然这件事物发展的结局必然相同,但其过程各地总会有一些差异。举个例子,1988 年,杭州凤山门附近的杭州卷烟厂新厦工地上发现了南宋古迹,由于建筑地基在地面下 10 米左右处发现了铺砌讲究的道路,这当然引起考古、文物界的轰动。有关方面邀我到现场看了实迹,并与厂方领导座谈,研究保存古迹的方法。厂方领导相当开明,通情达理,只要有哪一方在经济上承担得了,一切都可以商量。而且,由于因此而停工 10 多天,厂方实际上已蒙受了损失。我们身边还有同去的建筑工程师,请他多方设计,能否把这些南宋六部衙门内的道路保存在烟草大厦之下。但经过仔细研究,一切都没有可能。眼看这一宝贵古迹,就将湮没在烟草之下。侥幸的是当时正值全国几家电视台联合摄制一部《中国七大古都》的系列片,而我是此片顾问,能够调得动此片摄影组把这个注定要沉沦的古迹摄入电视片中。所以虽然南宋六部衙门内的讲究道路眼下还不是烟草的对手,但在《中国七大古都》电视系列片中,海内外观众都看到了这种 12 世纪的古迹。

记得这天下午,参与现场会议的专家教授同声惋惜。几位历史系教授和考古专家甚至迁怒于烟草的引入。这种心情是可以理解的,不过当时我倒是比较平静,因为我深深知道,500 年历史虽不长,也不短,何况在 500 年之中,这种作物的历史影响,也并不完全是负面的。我们既要研究历史,也得尊重当前的现实。好在现代科学知识不断普及,这种作物已经走到了它的尽头。世界各地虽然还存在差异,但殊途同归的结果是不必怀疑的。

记得 50 年以前,当我初次粉笔登场时,同事中颇有一些瘾君子,他们走出课堂就衔上卷烟。当时有人吸华成烟草公司的名牌"美丽牌"。这种号称"美丽"的名牌,还有一句风行一时的"美丽"广告:"有美皆备,无丽不臻。"凡是和我年纪相仿的人,不管吸不吸烟,大概都熟悉这一句动人的语言。但是时隔半个世纪,不仅这类广告已经销声匿迹,而各种卷烟盒上,都已经印上了"吸烟有害健康"的字样。这是 50 年之中的变化,这种变化的继续,是不容怀疑的。

500 年来的历史过程相当复杂曲折,正如同时引进的玉米和番薯一样,正面和负面的历史影响值得继续研究。但研究工作依靠数据和资料,所以时至今日,我们所迫切需要的是一种记录这种作物发展过程的历史文献。现在有识之士都不会对这种作物行将出现的尾声感到惋惜,但是,假使它的 500 年历史过程随着它的尾声一起湮没,那么,我们这一代人就无法向历史交代了。

　　正因为此,所以《浙江省烟草志》的出版正得其时。近年以来,各种专志纷纷出版,但我认为没有一种专志可以与之颉颃。这是因为这部专志与众不同,它既无"前志",看来也不可能再有"续志"。空前绝后,这既是此志的特色,也是此志的真正价值。

注释:

① Ho Ping – ti, *Studies on the Population of China, 1368 —1953*, Cambridge, Harvard University Press, 1959.

② 《中国社会科学》1983 年第 4 期。

③ 《留青日札》卷二六:"御麦出于西番,旧名番麦,以其曾进御,故称御麦。干叶类樱花类稻穗,其苞如拳而长,其须如红绒,其实如芡实,大则莹白。花开于顶,实结于节,真异谷也。吾乡传得此种,多有种之者。"

④ *Webster's International Dictionary*, p. 2404, Tobacco, ⋯ Smoked by the lndians Antilles at the Time of Columbus.

⑤ (元)武汉臣《玉壶春》:"早上起来七件事,柴米油盐酱醋茶。"

原载《浙江方志》1997 年第 1 期

民国《鄞县通志》与外国汉学家的研究

假使把先秦著作经东汉初人整理而成的《越绝书》作为我国地方志的鼻祖,则地方志的修纂已有 2000 余年的历史。假使把与现代方志体例十分接近的南宋方志作为地方志的发端,则地方志的修纂也近千年。据《中国地方志联合目录》的统计,现存(包括残存)的地方志共有 8371 种。不论按哪一种统计方式,民国《鄞县通志》都是我国规模最大的地方志。史念海教授所著《方志刍议》一书的拙序中,曾提到外国汉学家称中国地方志为"地方百科全书"。这个称号,对于民国《鄞县通志》来说,确实名副其实。

《鄞县通志》(张传保、赵家荪修,陈训正、马瀛纂)于民国二十二年(1933)创修,二十六年(1937)纂成。但于民国二十四年(1935)起,就分册在上海排印。由于抗日战争而中辍。民国三十七年(1948)复印,全书在 1951 年印制完竣。共 36 册,计 51 编,分为舆地、政教、博物、文献、食货、工程 6 志。并附地图一函,计 26 幅,全志(不计地图)约 550 万字。台北成文出版社已将此志收入于《中国方志丛书》之中。

此志不仅篇幅浩大,资料完备,而且内容新颖,称得上是地方志步入现代科学的嚆矢。例如它以现代科学的气象学和气候学理论记载鄞县的气象气候,它是我国地方志用现代科学的观点和方法记载地质、岩矿和海洋等卷篇的开创者,它用现代科学的动植物知识记载地方动植物,每种动植物除记载学名外均附以拉丁文的二名法。所以在我国方志史上,《鄞县通志》具有划时代的意义,这是毫不夸张的。

此志所附的地图,是因修志的需要而特别测绘的。地图由周万祥、傅圣樑等所绘,多为大比例尺。《鄞县总图》为 1:50000,《鄞县分图》为 1:25000,《著名市镇图》的比例尺竟大到 1:5000。不过其标高是根据浙江陆地测量局假定"杭州旧藩署紫薇园"为 50 公尺计算,这是因为当时没有吴淞零点图可参照的缘故。

由于民国《鄞县通志》的种种优异特点,所以它极受外国汉学家的推崇。《鄞县通志》在国外的流行,正和宁波帮在国外的活动一样,后者提高了外国商人与宁波通商的兴趣,而前者则提高了外国汉学家对宁波进行学术研究的兴趣。最近半个世纪以来,外国学者对宁波的研究成果很多,民国《鄞县通志》显然起了很大的作用。

1985 年春,我在日本国立大阪大学讲学,施坚雅教授(G. W. Skinner)及其夫人曼苏恩(Mann Susan)在东京庆应大学从事研究工作。施坚雅夫妇为了要和我们夫妇及大阪大学的斯波义信教授夫妇作一次难得的叙会,特地从东京赶到大阪度他的生日。这年 2 月 16 日傍晚,我们 3 对夫妇在大阪市中心梅田的一家和餐馆中过了一个令人难忘的夜晚。宴会中,我们谈到的著作有 3 部,一部是施坚雅主编的《中华帝国晚期的城市》(*The City in Late Imperial China*),第二部是谭其骧教授主编的《中国历史地图集》,第三部就是民国《鄞县通志》。前面两部,后来我都写了书评,并把他们的意见写入书评之中(《评〈中华帝国晚期的城市〉》,发表于《杭州大学学报》1985 年第 1 期,转载于《新华文摘》1985 年第 8 期;《评中国历史地图集》,发表于《中国社会科学》中文版 1985 年第 4 期,英文版 1986 年第 2 期)。但民国《鄞县通志》因为规模实在太大,而又不全属我研究的专业范围,所以我虽然记得当时议论的要旨,以后却没有为此书写过书评。

他们 3 位(包括曼苏恩),都是著述丰富的汉学家,也都是中国方志的大用户,因此,对于中国方志的议论,应该是权威的和公正的。施坚雅认为他在斯坦福大学建立宁绍研究室,除了这个地区在中国的重要性以外,十分有利的条件是这里的雄厚资料基础,而其中特别令他鼓舞的是民国《鄞县通志》。他认为这是中国地方志中的杰作,使他大大增加了对宁波近代的城市发展及其背景进行深入研究的兴趣和信心。此言果真不虚,他的夫人(当时是州立加利福尼亚大学圣克鲁兹分校的中国史副教授,后来被聘为达维斯分校的中国史教授)当时正在撰写《地方商人与中国的官僚政治 1750—1950》(*Local Merchants and the Chinese Bureaucracy*, 1750—1950)一书(已于 1987 年在斯坦福大学出版社出版),书中应用了许多《鄞县通志》的资料。1988 年,他们夫妇曾多次来信与我商量研究"宁波帮"的问题,并随即来到中国,开始这项研究,后来因为"六·四事件"而中止。但估计他们是不会放弃这项研究的,因为正是这段时期,他们委托斯坦福大学的人类学博士研究生(我的历史地理学硕士研究生)乐祖谋君,把《鄞县通志》的全部内容,编成计算机语言输入了计算机。由此可以见到他们对宁波研究的兴趣和对《鄞县通志》的推崇程度。

斯波义信对《鄞县通志》不仅赞赏,而且感慨。认为这样的地方志,才能使研究者左右逢源,才具有学术价值和实用价值。他是《宁波及其腹地》(*Ningpo and lts Hinterland*)这篇著名论文的作者。施坚雅在《中华帝国晚期的城市》中评论此文:"斯波关于宁波城市经济的描述,在现有叙述传统中国城市研究的英文著作中,可能是最完备的一种了。"我在《评〈中华帝国晚期的城市〉》一文中又补充说:"我应该补充施坚雅的话,在我所读到的有关宁波城市研究的中文著作中,像斯波这样的论文,实在也是凤毛麟角。"斯波是个学术上的宁波通。他得之于《鄞县通志》的确实甚多。他在大阪大学作副教授的时代,就已经发表了《宋代明州的都市化和地域开发》的论文,直到不久以前,他还连续发表《20世纪30年代宁波的城乡人口》(《东洋文化》1989年第69卷)和《20世纪30年代宁波地区的城乡关系》(英文,东京大学东洋文化研究所《研究报告》1989年第47号)两篇内容丰富的论文,都利用了《鄞县通志》的大量资料。斯波在他的巨著《宋代江南经济史之研究》(东京汲古书院1988年出版)一书的后编《宁绍亚地域之经济景况》中,特别设立《宋以后之宁波》一章,其中论述宁波的经济概况、都市组织、职业组织与文化、都市不动产、课税与管理、宗教与都市生活、以宁波为核心的商业组织等节下,只要看一看文后注释中频频引用的《鄞县通志》,这部志书的价值就令人肃然起敬了。从斯波对宁波的研究及其卓越成果中,可以看到《鄞县通志》的丰富内容及其在外国汉学家中的重大影响。

现在,在改革开放的形势下,各市、县对于提高自己地方在海内外的知名度的要求都更趋迫切。不少市、县都利用自己的地方文化特色和地方经济特产,举办各种节日活动,这种措施当然有其作用。但是我认为,节日活动的形式可以招来一时的繁荣热闹,但它的影响毕竟是比较表面和暂时的。从民国《鄞县通志》与外国汉学家对宁波的学术研究这一事实来看,我认为各地编纂好自己的地方志书,使它具有更丰富的内容、更高的学术价值和实用价值,对于提高地方的知名度,其影响是深远的和长期的。

原载《鄞县史志》1993年第1期

对《淳安县志》稿的点滴评议

评议一部志稿,总的目的当然是为了提高志稿的质量,但具体地说,总是从两个方面着手,一个方面是增加正值,另一个方面是减少负值。增加正值,指的是对志稿加以完善、增删、修润和提高,也就是我们通常所说的精益求精。减少负值,就是修正错误。

这里,就我已经阅读过的少数章节,提出一点不成熟的意见。

志稿的第一编是《建置》,这是县志的开宗明义,是我国历来修志的传统,是极关重要的。总的说来,这一编写得很好。第一,叙述淳安、遂安两县历史沿革,条理清楚,内容完备;第二,所编沿革表,简明扼要,一目了然;而附录两件,即《睦州沿革》和《淳安、遂安县名考》,资料详细,如数家珍,文字洗练,阅读方便;第三,行政区划部分,不仅备于古,而且详于今,合乎地方志作为一种地方的科学资料的要求;第四,城镇部分,内容详细而完备,这对于地方志特别是对于淳安这样一个新兴县份的地方志很有必要。因为现在淳安县的城镇是新兴城镇。在水库蓄水以前,这些地方原是一片森林、灌木和丛莽的自然景观,现在则出现了城镇繁荣,生产发展的人文景观。这在30年前是不可想象的事,当然值得大书特书。志稿尤其令人赞赏的是,30年前建立在淳遂盆地及其边缘地区的淳城、狮城这两个县城和威坪、港口、茶园这3个集镇,也都以当年情况,作了详细的记载。对于这些永远淹没在水底下的城镇,不仅曾经在这些地方生活过的老一辈淳安、遂安人,对它们有丰富的回忆和永恒的怀念;而从未见过这些地方的后一辈淳安人,对他们祖辈生活过的这些地方,也有必要了解和研究。所以志稿把这些城镇记载下来,确是极有意义的。

上面说的是《建置》这一编的主要优点。当然,这一编中也还存在一些值得商榷的地方。简述如下:

第一,在历史沿革的叙述中,先提出"淳安建县前为北越之地",接着提出"春秋时属吴"。按年代来说,次序显然颠倒。因为淳、遂两县,都始建于后汉建安十三年(208),距春秋甚远,故"北越之地"一句应该移到"春秋"一句以后。

第二,关于淳、遂一带春秋时是否属吴的问题,看来值得商榷。在先秦时代,句吴和于越两个部族的活动和管辖范围,历来有两种不同意见,王充《论衡》说:"钱唐以北属吴,余暨以南属越,钱唐之江,两国界也。"后来如宋僧处默诗:"到江吴地尽,隔岸越山青。"就是根据王充的说法,但比《论衡》早得多的《国语·越语》却明白指出句践之地,"南至于句无,北至于语儿"。"语儿"(亦作御儿)在今桐乡县南境崇福镇附近。按照此地的纬度位置,则淳、遂一带应是越地而不是吴地。当然,吴、越不可能按纬度划界,界线可能是错综曲折的。但志稿确指"春秋时属吴"(包括沿革表的"春秋隶吴"),绝无古籍依据(谭其骧主编《中国历史地图集》中春秋的吴、越辖境,仅在图幅上注明"吴"、"越"两字,并无界线,也只是大体言之而已),所以这是不妥当的。

第三,在《淳安、遂安县名考》中提到:"显然,始新、新定县名之含义,是三国孙吴政权沿古渐水扩张势力,首次析置的县。"这一段有两处值得商榷。首先,"孙吴政权沿古渐水扩张势力"一语,说得不够明确。古渐水即今新安江沿岸,非魏非蜀,原来就是东吴的势力范围。所以"扩张势力"一语应改为"讨伐山越"。山越是秦始皇强制古代于越族移民时逃入山区的遗民,东吴讨伐山越,事详《三国志·吴书》的《全琮传》、《贺齐传》等。其次,以"首次析置的县"一语解释始新、新定两县的地名含义,看来也不够完备。始新县名的含义确实如此,有《水经注·浙江水》可以为证:"孙权使贺齐讨黟、歙贼,……遂用奇功平贼,于是立始新之府于歙之华乡。"则地名源于"首次析置的县"是不错的。但对于新定,《水经注·浙江水》另外有一段明白的解释:"浙江又东迳遂安县南,溪广二百步,上立杭以相通,水甚清深,潭不掩鳞,故名新定。"我看新定的县名解释,直抄《水经注》的这段文字就可以了。

第四,在引及两县历史旧方志时,还存在着一些书写的问题,例如,本编内曾引及"万历《遂安县志》",但万历《遂安县志》有万历四年吴扬谦志和万历四十年韩晟志之别。笼统称万历《遂安县志》是不明确的,在学术界,每遇这样的情况,就应该写明:万历《遂安县志(吴志)》或万历《遂安县志(韩志)》字样。同样,编内也引及《康熙县志》(指《遂安县志》),按康熙《遂安县志》有康熙十二年刘(从龙)志、二十二年刘(阆儒)志和五十四年陈志之别,所以必须写明康熙《遂安县志(刘从龙志)》或康熙《遂安县志

（陈志）》等字样，此外，志稿在别的章节引及的康熙《淳安县志》，也有康熙十三年的张志和二十二年的胡志之别，必须按上述规格写明。

第五，地方志是一种要世世代代流传下去的地方文献，不仅流传在本县本国，还要流传到外国，所以文字必须讲究，古代称那些文字庸俗的文章为"文不雅驯"，所以地方志的措词用字，必须讲究"雅驯"。特别是我们的地方志要让海外、境外同胞阅读，在文字上也要尽可能注意为他们所能接受。当然，原则问题我们要坚持，绝不能让步。最近，台湾台北市锦绣出版企业总编辑赖志明先生曾到杭州一行，因为我在去年曾为这个出版企业所出版的《中国六大古都》一书审稿并作序，而他又是中国地理学会介绍来的客人，所以我以浙江地理学会名义宴请了他一次。在席间，他也提到了这个问题，他说大陆有不少内容丰富的书刊，他们本来很愿意重印和出版，就是因为其中有些措词为他们所不能接受，所以不能直接印行，只好重新撰写，才便于在台湾出版，《中国六大古都》即是其中之一（此书由我主编，1983 年由北京中国青年出版社出版）。我今年主编的国庆 40 周年献礼书《中国七大古都》，已经注意了这个问题。

检查一下我们流行的文字语言，其中有一些确实不够"雅驯"。这些年来，常常有外国学者到我的研究室访问和进修，我经常要和他们外出考察，访问群众，开座谈会，我既当他们的指导教师，又当他们的翻译。这中间，每遇那些粗俗不堪的语言，我实在不敢翻译。有不少我们通行的词汇，假使用外语直译，外国人不仅不能接受，而且无法理解。譬如，某人工作了一个通宵，遍查资料，写了几千字的文章。本来有很多文字和词汇都可以表达这个过程，但有人偏偏要说："我战斗了一个通宵。"又如，某个工厂的某一产品，质量较好，流入了国际市场。这其实也是一件普通的事，但有人却要写作："打入国际市场。"某个地方或某个企业的一种产品，对这个地方和这个企业的经济具有较大意义，这类产品当然重要，但要找一个形容词冠于这种产品之首，字典中"雅驯"的词汇多的是，但有人却欣赏"拳头"，把它们说成"拳头产品"。像上面这样用不着"战斗"，用不着"打"，也用不着"拳头"的过程和事物，却有不少人偏偏欣赏"战斗"，欣赏"打"，欣赏用"拳头"。把我们这个文明古国的优美语言文字弄得粗俗不堪，实在令人遗憾。在地方志的修纂中，对于这类极不"雅驯"的语言文字，当然必须竭力避免。

这里也顺便提一提"解放"一词的问题。这个词汇的含义并不十分明确。我在近年连续主编的几部词典之中，已经用"建国"一词代替。当然，对于一个地方来说，因为"解放"在前，"建国"在后，在这段期间中的若干事物仍然必须用"解放"一词表达，主编孙平先生在《淳安县志稿编纂情况汇报》中已经说明了这个问题。但是在我看来，其中也有一些"解放"是不妥当的。例如《建置》这一编中的第三节《解放后行政区划》，这个"解放"就不妥当。因为行政区划总是一种政权的产物，而"解放"一词并不代表什么政权。所以这一节应作《中华人民共和国建立后行政区划》。

第二编《自然环境》也写得很好。把包括地质在内的许多内容以"自然环境"命题。改变过去不少方志的那个文不对题的"自然地理"的名称，这是去年北京"十教授评议地方志"中我所提出的建议。从此以后，我已看到省内外的不少地方志稿采用了这个命题。《淳安县志稿》的这一部分包括地质、地貌、土壤、气候、生物资源、环保等七个主要部分，最后附历代自然灾害资料，这样的章节安排，除了气候和土壤的位置应该对调外，是符合科学性的。需要指出的是，把水系这一重要内容包含在地貌之内，是从淳安县的实际情况和《淳安县志稿》的具体安排出发的，在淳安县则可，在另外一般市县则不可。我所说的实际情况和具体安排是，由于这个大型水库的建成，原来流注于淳遂盆地的许多钱塘江支流，都已消失而成为水库的一部分，淳安县的水系变得十分简单。而对于水库，志稿安排了一个《千岛湖》的专编。因此，把县境内除了水库以外的简单水系情况包含在地貌之内，编排是比较合理的。

对于土壤，志稿首先按地理环境把全县土壤分成水田土壤、旱地土壤、山地土壤三部分。这三个名称，当然不是土壤学的名称，而是土壤地理的名称。我认为这样的方法具有创造性，值得大家学习。我在1988年年底写了一篇《地理学与地方志》的文章，发表于《中国地方志》1989年第2期。我在那篇文章里指出：修纂地方志，不必用地理学——自然地理或人文地理这样的名称作为篇卷的标题，但是每一种自然景观和人文景观的叙述，都应当注意它们在市县境内的地域差异。因为从地理学的角度说，地方志本身就是区域地理范围的文献。在清代的《四库全书总目提要》中，地方志编入史部地理类，就是这个道理。现在，志稿先从土壤地理学的原则阐明土壤在县境内的地理分布，然后再按土壤学的原理，细述各地的土壤类别。对于一个县的土壤的叙述，这种宏观和微观相结合的写法，是符合地方文献的要求而值得称道的。

生物部分从资源的角度立章，也不失为一种既符合科学体系又具有实用价值的方法。而自然环境在最后以环境保护结尾，从全编的结构来说，称得上是锦上添花的，深得现代志书的要领。

在这一编中，美中不足之处当然还不少。以气候这一章为例，由于大型水库的建成，气候的湖泊效应无疑是显著的，在淳安县谈气候，这当然是非常重要的内容。正和研究城市气候必须重视热岛效应，研究森林气候必须重视绿岛效应一样。志稿的编写看来也注意了这个问题。在温度方面提出湖泊效应的几种数据，如积温的提高，极端高温的下降和极端低温的上升等。但是应该指出，湖泊效应对于气候的关系，涉及各个气象要素，并不仅仅是气温一个方面。例如，年降水量和降水季节的变化，风向和风速的变化,初霜期是否推迟,终霜期是否提前等等,都应该从湖泊效益的角度提出各种数据。

生物资源部分以野生植物和野生动物为标题叙述,这当然是恰当的,因为栽培植物可以列入农业和其他有关章节,不必在这里重复。但是从内容来看,这个部分特别是野生植物项下,如芸香科、山茶科、蔷薇科等,都包括许多栽培植物在内,应该再作适当的处理。关于拉丁文二名法问题,我在发表的《地理学与地方志》一文中已述其详,这里不再赘述。记得我于1988年在萧山市举行的一次全省性的方志工作会议上曾经提过,早在1985年冬季,在我的研究室进修的美国瓦尔巴莱索大学(Valparaiso University)历史系主任萧邦齐副教授(K. Schoppa)已经就当时打印的《萧山县志稿》和30年代出版的民国《鄞县通志》作过对比,指出了50年前出版的民国《鄞县通志》在这方面的优异。因此,作为一种科学的新型地方志,拉丁文二名法的书写无疑是不可缺少的。

在这一编中,还有一些名词术语的错误,必须纠正。例如在地质、地貌部分,"二叠系"、"三叠系"的"叠",在《地质学名词》中早已改用简化字"迭"。正式出版物在这一点上不能随便。内容中出现的"早三叠世末期"一语,"三叠世"一词显然错误。"世",英语作 Series,现在已改译"统",如"更新统"、"全新统"等。而三迭系(System)或三迭纪(Period)是一个大的地层系统或地质年代,必须用"系"或"纪"表示,按内容,原句应作"早三迭纪末期"。又内容中"喜马拉雅山运动"一词,英语作 Himalayan Movement,汉译作"喜马拉雅运动",没有"山"字。由于时间匆促,我没有很仔细地阅读,仅仅举出这几条例子,其他的名词术语错误或许还有,希望修纂者再仔细检查一次。

在我所过目的《淳安县志稿》中,还有两个专编值得提出,其一是《移民》,其二是《千岛湖》。作为地方志的卷篇内容,各市县有它们的类似性,这是事实。但是应该看到,各市县的自然景观和人文景观,除了类似的一面外,必须还存在差异的一面,为此,地方志必须写出各市县自己的特色。去年在北京举行的"十教授评议地方志"会上,对于《萧山县志》的围海造田和《玉山县志》的血吸虫病防治等具有特色性的卷篇,与会教授多给予肯定和赞赏,说明地方志能够写出地方特色,这是地方志修纂成功的重要标志之一。现在看来,《淳安县志稿》的《移民》和《千岛湖》两篇,作为淳安县的地方特色是令人注目的,所以这两编,在全部志稿中具有画龙点睛的意义,对于提高志稿的质量和扩大志稿的知名度,这两编显然是很重要的。当然,这两编在体例和内容上都还可以作适当调整和充实,以求进一步提高。但是两编在全部志稿中的重要地位,都是不必怀疑的。

《移民》一编的内容,显然是淳安县有史以来的头等大事。新安江水库的蓄水,淹没了淳安(淳城)和遂安(狮城)两个县级城市,这不仅在国内,从全世界来说也是罕见的。美国西部的大型水库,如"大苦力"、"胡佛"、"鲍德坝",坝高都在200米左右,但由于地处空旷的西部,没有发生淹没县级城市的情况。巴西的伊瓜苏水电站,其施工为我当年访问巴西时所目击,这是一座装机容量达到1800万瓩的世界最大水电站,但是由于它利用了一个落差极大的伊瓜苏瀑布,所以也没有淹没县级城市。因此像淳安县的这种举世罕见的大事,志书当然有必要作详细的记载。现在,近20万的移民,已经落户安居在江西、福建等省和省内其他许多市县。移民的当代还大多健在,他们当然怀念故土;今后,移民的子子孙孙,对于他们祖辈的根脉,也必然非常关心。所以不仅从淳安本县来说,从移民分布的广大外省外县来说,这一编的内容,都是极关重要的。总的说来,这一编的内容是丰富的,撰写的工作量是非常巨大的。对加强移民们和祖居地之间的密切联系是重要的。原以为淳安县和它的移民之间往来不多,这次与淳安县人大常委会主任、政协主席等领导谈话后,知道这种关系十分密切,淳安县各界领导和代表,经常去移民较多的省、市、县访问联系。因此,这一部分内容,应该补充到《移民》编中,使这一编的内容更完整丰富。

《千岛湖》编的内容,当然是引人入胜的。千岛湖和淳安的关系,或许只有西湖和杭州的关系可以相比。所以这一编在全部志稿中的重要性和它所显示的特色,是不容置疑的。当然,在内容方面还可以作较多的补充。在前面《自然环境》编中已经指出,根据淳安县的实际情况和《淳安县志稿》的具体安排,有关淳安县的水系部分可以不立专节。这是因为淳安全县水系的主体就是千岛湖。因此,《千岛湖》这一编,除了风景旅游的内容以外,首先必须按水系的要求,充实这方面的资料。从水系的角度说,千岛湖不仅是一个人工湖泊,它并且是钱塘江干流的一部分。对于钱塘江干流,这里还须稍作说明。

按《山海经》:"浙江出三天子都。""三天子都",指的是今皖南黄山一带的山岳。因此,在历史上,长期来都以新安江作为钱塘江的干流,直到清代的《嘉庆重修一统志》,情况还是如此。民国以后,开始出现数源并列的说法。建国以后,在各种调查勘察报告和辞书(例如《辞海》)中,把开化县的莲花尖作为钱塘江之源。后来又有人提出以莲花尖以北的青芝埭尖作为钱塘江的江源。为了调查事实,勘明江源的实际情况,浙江省科协组织省地理学会、测绘学会、水利学会等,从1983年开始,对钱塘江的江源和河口,进行认真的重新勘测。经过由几个学会组成的勘测队的两年跋山涉水的辛勤劳动,终于测定了钱塘江的正源应该是新安江的上流,安徽休宁县的六股尖。这个勘测结果,于1985年年底在杭州举行审议。出席审议的有来自省内和全国的著名专家,如测绘总局、科学院地理研究所、长办、黄委等单位都派来代表,最后通过了查勘报告。由于查勘报告的验收，是由华东师大陈吉余教授和我两人签的字，所以我对此事全盘了解（河口查勘部分因不关淳安从略）。查勘结果已经过新华社向国内外发布。所以志稿《千岛湖》编，必须重视和记载这一事实。此外，《千岛湖》编也应该把湖泊的综合利用、经济效益等各方面都进行记载。当然，这一编的重点放在风景旅游方面，这也是无可非议的。

以上是我对《淳安县志稿》的部分内容的肤浅意见，可能有许多不符合实际的空谈，仅供编委会的参考。

原载《杭州市志通讯》1989 年第 3 期

赞新修《淳安县志》

  中华人民共和国成立以来的第一部《淳安县志》,已于1990年由汉语大词典出版社出版。现在的淳安县,其境域包括前淳安、遂安两县,两县都有悠久的修志传统,有史可稽的修志资料:淳安县修志10次(不计民国志稿及民国新志稿),遂安县修志14次。但淳安县刊行的最后一种县志是光绪《续纂淳安县志》,修于清光绪十年(1884年),距今已逾一个世纪;遂安县刊行的最后一种县志是民国《遂安县志》,始修于民国十七年(1928),刊行于民国十九年(1930),至今也已达一个甲子。因此,新志的修纂出版,确是人们盼望已久的事,也是值得庆贺的事。我忝为新志顾问,修纂过程中的艰巨周折,我知之甚稔;出版发行后的煌煌卷帙,我又幸得先睹。心有所感,在此略书数言。

  淳、遂二县是最近30余年中浙江省境内变化最大的县份。在这一时期中,不计新置县份,省内旧有县份迁移县治者,亦不过安吉、慈溪、上虞等县,只是为了行政上和其他方面的需要,原有县治虽撤,但城邑仍然存在。而淳、遂二县则不同,遂安县建置自1958年撤并淳安县后,接着就起了翻天覆地的变化。由于新安江水电站大坝的建成,水库蓄水,两县旧治沦入水库。现在地图上出现的淳安县,是人定胜天的全新布局。所以淳安县就其境域变迁而言,与省内其他市、县存在极大不同,因此,淳安县修纂新志,任务繁重复杂,固非他县可比;而意义深重悠远,也将独步志林。

  现在,经过《淳安县志》编纂委员会和编辑室同仁"历时五载,四易其稿"的辛勤工作,已经完成了这部 31 编 120 万言的巨型志书。就其卷帙而言,淳、遂两县历修县志虽多,但其中篇幅最大的淳安康熙张志和康熙胡志,也不过各 20 卷,则此志实是历来各志中的庞然大物。就内容而言,县境在自然和人文上发生巨变,河山城邑,面目全新,此志更能详尽描述,备载无遗。新修《淳安县志》的辉煌成绩和卓越成就,必将永志此县史册。

如上所述,新修《淳安县志》当然是一部非常出色和相当成功的志书。我在此必须特别指出的是:此志在承前启后中的特殊作用。各市、县新修志中,当然都具有承前启后的意义。但对于淳安来说,此事不同寻常。由于自然环境和人文环境的巨变,目击这一巨变的县人在此次修志中尚多健在,所以新志具有这次巨变的目击者,把淳、遂二县田地、山河、城邑的旧格局和淳安新县的大发展,向后世县民作出交代的历史任务。像这样的承前启后作用,是省内其他一切市、县志书所没有的。

地方志修纂是中国历代嬗递的文化传统。各市、县志书,都有志书的传统内容,这是志书的共性。但由于各市、县自然环境和人文环境的差异,特别是县境内某种特殊事件的发生,各市、县志书中也常常会出现与传统内容迥异的特例,这是志书的个性。修纂一部方志,共性都有常规可循,个性必须着意探索,特别是像淳、遂二县的河山巨变,实在是志书修纂中的极大难题。浙江省自从《越绝书》以来,方志修纂已有 2000 多年历史,但是像新修《淳安县志》所面临的如此难题,历来尚无别例。此志在这方面的精心设计和妥善处理,在我省方志修纂上也属首创。

新修《淳安县志》在承前启后中的特殊设计,集中在《移民》和《千岛湖》两编之中。为了水电站的建设,近 30 万县人,背井离乡,作出舍己为公的贡献,中间包括许多曲折过程,这是两县有史以来的人文巨变。水库蓄水以后,陵谷为湖,峰峦成岛,地图上平添了一个近 600 平方公里的大湖,这就是自然的巨变。此两编记载人文和自然的巨变,内容完备,资料丰富,例如其中《新安江水库移民主要去向表》和《千岛湖已命名岛屿表》,都是十分珍贵的地方史料。

除了此两编以外,全志其实还有许多编、章,载及淳安县的这件空前大事。例如卷首《大事记》中,在有关各年,均记及移民与水库形成过程。《建置》编中,专设《古城镇》一节,记述了今已不复存在的旧淳、遂两城及威坪、港口、茶园 3 镇。而卷末《附录》中,又专撰《雉山县治考》及《遂安故城考》两文,评述淳、遂两县沿革和古代县城迁移始末。所有这些,都将成为淳安县很有价值的历史文献。

我国地方志有图文并茂的传统,新修的《淳安县志》除了上述以文字记载县境巨变外,并且也重视用图片表达这种承前启后的历史使命。卷首有 1:20 万的彩色《新安江水库淹没村落图》,此图今古对照,水陆分明,县境巨变,一目了然,值得世袭珍藏。

在《建置》编中,有 1∶40 万的 1951 年淳安县、遂安县《行政区划图》各 1 幅,又有大比例尺的《淳安县城(贺城)图》、《遂安县城(狮城)图》各 1 幅,并有两城和威坪、港口、茶园 3 镇的照片各 1 帧,都是十分难得的历史资料。

新修《淳安县志》卷末《附录》中,首列《历代修志纪略》一篇,然后选列淳、遂两县旧志序跋 11 种,此举仍然寓有承前启后的深意。《纪略》将两县历来修志始末,志书修纂人员及其存佚等项汇录,征引宏富而文字简练,使后人窥一斑而知全豹,也是此县修志史上的重要文献。不过文中有一项资料尚需修正,即遂安县的第一种北宋《遂安县图经》下:"本志见《太平寰宇记》一条,这是庆历八年(1048)以后所修。"此处,《寰宇记》所引与《永乐大典》所引实系两书。案《寰宇记》卷九十五睦州、寿昌县下引《遂安县志》1 条,此《遂安县志》当修于太平兴国以前,实为两县最早的县志。而《永乐大典》卷九千七百六十六,二十二覃,灵岩下引《遂安县图经》1 条,条中云庆历八年,故《图经》当是庆历八年后所修。《寰宇记》成于太平兴国,撰者乐史向宋太宗呈进此书的《表》上仅云:"不量浅学,撰成《太平寰宇记》二百卷,并目录二卷",不记具体年月。但《直斋书录解题》卷八明说:"起自河南,周于海外,当太宗朝上之。"故《寰宇记》成于太平兴国,无可怀疑。其书较庆历以后成书的《图经》至少早 60 余年,怎能引及《图经》之事? 由此可知,北宋《遂安县志》与《遂安县图经》实系两书。而遂安县在宋初就有县志,益足以说明这个地区历史文化的古老与昌盛。

原载《淳安县志评论集》,淳安县志编辑室 1991 年

关于《安吉县志》卷首《县史述略》篇的讨论

在近年来新修的方志中,往往有《概述》和《大事记》两篇,有的置于卷首,有的列入卷中。这两部分都有总起全志的性质,应该认为是这一次新修志书的良好体例。其中《概述》多是略叙一市一县从自然到人文的概貌,《大事记》则是按年代排列的古今大事。这两部分都涉及当地历史,但都简略而仅存片断。此外在卷内往往还有《沿革》之目,但所述仅及当地建置递变,也没有完整的历史概念。由于我国旧志向无历史专卷,所以以往我在这个问题上并未作过考虑。前年因接受日本方面的研究课题,对中日两国的地方志进行比较研究。发现日本近年新修志书如《广岛新史》,在全书13个分册中,专设《历史编》一册,篇幅达七八十万言,与另一巨编《地理编》相当。我在逐册涉猎了《广岛新史》以后,开始感觉到完整的地方史概念在地方志书中的必要。当然,两国地方志在篇幅上相当悬殊,不可能等同对待。我当年所进行的两国地方志的比较研究,《广岛新史》按其篇幅对广岛市的每 1 平方公里土地有 11.8 万字进行记述,而我所选择与日本方志进行比较的是《慈溪县志》,此志在国内新修方志中篇幅属于庞大,但对于慈溪市的每 1 平方公里土地只有 0.13 万字进行记述,所以我国志书不可能像日本一样专设一个《历史编》。不过根据我国志书的篇幅在全书中增设一卷或一篇的地方简史,看来是可以做到的,或许也是必需的。这种想法在我的脑海中已经翻腾了两年,由于最近出版的《安吉县志》而受到鼓舞。因为此志卷首有《县史述略》一篇(以下简称《述略》),以不到 7000 字的篇幅简述县史,与我两年来的想法很为接近。这是志书体例的一种创新和发展,值得引起方志学界的重视和研究。

《述略》篇首以一小段文字叙述从史前到西汉的一段漫长时期,然后分"东汉至隋"、"唐至宋"、"元至清"、"中华民国"、"中华人民共和国"五个小节分别叙述近2000年的县史,条理清楚,简明扼要,把过程复杂的历史变迁作了整理和归纳,使读者能在短小的篇幅中,基本了解县境以内的历史发展过程。

《述略》涉及的史实当然千头万绪,但主要的其实就是这个县的生产发展史和文化发展史。首先当然是生产发展史,如土地垦殖、农业进步、水利兴修、物产增加等等,都是县境内生产发展的主要业绩。例如东汉时期山越人"迁出山外从事屯田垦殖",唐代"建成石鼓堰、东海堰和邸阁池,改善农业生产的水利条件"。五代吴越国"轻徭薄赋,鼓励垦荒"。两宋"境内西苕溪河谷平原的低洼易涝地区始筑圩围田,加上占城稻引进,稻谷产量提高"。清初"实行奖励垦荒政策"。"安城以下河谷平原,围圩工程大量进行,在丘陵谷地开辟梯田,引种玉米、番薯等杂粮,提高山民粮食自给水平"等等。从这些史实中,可以清楚地看到县境以内土地垦殖、农田水利设施进步的过程。而早在三国时代,此县就"成为东吴军粮供应地之一"。到了唐代,"安吉丝及丝织品质称上乘,奉为贡品"。此外,"茶叶生产普遍","竹和竹笋更是境内特产"。至于两宋,安吉"育蚕则以多为贵,有至数百箔者",因而丝绸产量空前增加,"南宋庆元年间(1195—1200),仅夏税绢一项就多达107079匹"。早在北宋晚期,这里就已经"地富丝枲,人用饶益,豪商杰贾,万里辐辏,为东南大邑"。从以上所举的例子中可以看到,《述略》记叙此县历代以来的生产发展过程,文字虽简而内容完整,记叙虽略而脉络清楚。

除了上述土地、农业、水利、物产等足以阐明县内生产发展的基本资料以外,在地方生产发展史研究中,还有两项与生产发展密切相关的重要指标,即是人口指标和建置指标。而《述略》在这两方面都给予了很大的重视。人口指标也就是劳动力指标,没有人口的增长,就不可能扩大土地的经营,也就无法增加地方的物质财富。对于东汉时期的人口增加,《述略》指出:"江东却较安定,大批中原人民南迁,其中一部分进入县境定居。"另外一部人口是原来避居山区的山越人,由于"中原人民的大批移入和山越人出山从事农垦,县内生产和开发向前迈进了一步"。到了两宋,"靖康之变后,宋室南渡,北方人民再一次大批南迁,……再次推动境内开发"。《述略》对于两宋北人南迁移入县境的史实,提出了十分具体的材料:"如鄣吴村和上墅村的两宗吴姓,赤渔村的方姓,南北庄和凌圩、横塘村的凌姓,赋石水库一带和缫舍的王姓等,均于此时移入。"地方志记述地方的人口动态,能够落实到一村一庄,真是难能可贵的资料。

人口指标以外,建置指标是地方生产发展的综合指标。因为在一个地区,建置的出现和建置等级的提高,实际上就是当地户口和钱粮增加的反映。此外,建置是一种上层建筑,它同时也是一个地区文化发展的标志。所以建置的记述,不仅事关生产发展史,而且涉及文化发展史。在传统志书中记叙《沿革》的缺陷,是把沿革孤立起来,读者不易洞察它与生产发展和文化发展的关系。现在,《述略》把安吉县历史上的建置沿革与生产和文化融合在一起,这当然是一种值得推广的经验。安吉从东汉中平二年(185)建县开始,到明成化二十三年(1487),"析置安吉县南9乡置孝丰县"。到正德元年(1506),"升安吉为州,次年领孝丰县"。这种建置发展的过程,虽然也有政治上的因素,但无论如何都不能排斥此县经济实力不断壮大的事实。

《述略》对安吉县文化发展史的记述虽然简单,但眉目清楚,没有重要的遗漏。南朝当然是此县文化发展的重要时期,"佛教开始流行,出现境内最早的乐平寺、晓觉寺和东禅寺。一些名人如后为齐明帝的萧鸾和史学家裴松之,到县主政。在文坛上出现了著名文学家与史学家吴均"。此后,两宋时期又是一次文化上的飞跃。"经济发展促进文化进步,官办县学(儒学)和朱弁办的'梅溪书堂'均在北宋晚期出现"。"县内学子考取进士48人,并出现大藏书家、目录学家陈振孙等一些名人"。到了明代,由于儒学鼎盛,竟至出现了"吴门四秀,同登进士"的殊荣。清代末年,"西方资产阶级思想文化也在县民中得到传播,新式教育开始出现,安吉县创建两等小学堂,孝丰县创建高等小学堂"。新式教育的兴起和发展,当然会培养和造就一批新式知识分子,而其中有些佼佼者就成为著名的学者,从而进一步促进此县的文化发展,提高此县在文化上的知名度。"出现像莫永贞、张宗绪、陈嵘等知识青年出洋留学的新现象,而后来成为艺术大师的吴昌硕也于此时在书法界崭露头角"。

每一个地方的生产发展和文化发展当然都不是一帆风顺的,常常会受到各种自然的和人为的干扰而出现延缓甚至倒退的现象。《述略》在这方面也都择要有所记叙。例如元代的"赋税沉重";明代的"赋税苛重,迫使农民逋负日多,逃亡相继";清咸丰以后,"因战乱和暴发于同治元年(1862)的瘟疫,人口锐减,田园荒芜",到了同治六年(1867),"孝丰县的荒田多达9万余亩,为耕田的3.6倍";民国时期,"日本侵略军侵入两县,大肆进行炸、烧、杀、掠,县民陷于民族灾难的深渊";建国以后,"在大跃进和人民公社运动中,以高指标、瞎指挥、浮夸风为主要标志的'左'倾错误严重泛滥",而"文化大革命带来严重灾难,……国民收入损失巨大,人民生活水平下降"。《述略》记叙县史所采用的这种兴衰兼述,治乱并书的方式,使人更体会到地方志存史、资治、教化的意义。

如上所述,《述略》一篇,作为一种县志的开宗明义,从资料选择和编辑方法来说,都是可取的。当然,其间也有一些可以补充和修正的疏漏、错误之处,我想顺便举两个例子。

第一，"东汉至隋"以前的一段可以视为无题小序的文字，记叙了从史前到西汉的一段漫长时期。这中间，从史前到秦的一段，除了秦一统并在此建会稽、故鄣等郡外，确实没有多少史实可记，用寥寥数语加以简述并无不当。但进入西汉以后，特别是在初期，建置沿革颇为复杂，不少问题还得下一番考证功夫。所以西汉一段看来不宜并在此间兼叙。按《述略》所叙西汉仅50余字："西汉前期，境地先后为荆王刘贾、吴王刘濞、汝南王刘非的封地。元封二年（前109年），改鄣郡为丹阳郡，郡治移往宛陵（今安徽省宣城），故鄣县隶属丹阳郡。"这段记叙中，有需要修正、补充和考证的各一处。兹简述如下：

首先，关于荆王刘贾的事，按《史记·荆燕世家》："汉六年春，会诸侯于陈，废楚王信，囚之，分其地为二国，……乃诏曰：将军刘贾有功及择弟子可以为王者。群臣皆曰：立刘贾为荆王，王淮东五十二城，高祖弟交为楚王，王淮西三十六城。"说明荆国之封在高祖六年（前201），而荆国的封域是把韩信的楚国一分为二而来的。据《汉书·异姓诸侯王表》，高祖五年正月，"徙韩信王楚"。说明原句"境地先后为荆王刘贾……"应改为"境地先后为楚王韩信、荆王刘贾……"，因为既然刘贾继承的只是属于异姓楚国领地在淮东的一半，可见包括淮东和淮西的韩信楚国，其领域按秦郡而言，当有陈郡、薛郡、泗水、东海、会稽等郡，会稽郡（汉初也称吴郡）是其中之一。由此可知，今浙江境内属于秦会稽郡的地域，从汉高祖五年正月到六年春（前202—前201），曾属于韩信的楚国。由于《汉书·地理志》会稽郡下说："秦置，高帝六年为荆国，十二年更名吴。"省略了异姓王国的一句，造成了浙江许多市县志书在这方面的错误。所以必须改正。

其次，"汝南王刘非的封地"一句，看来有必要加以补充。按景帝前元三年（前177）正月，吴王濞与楚王戊等反，即所谓"七国之乱"。这年六月，叛乱即被敉平，于是吴、楚二国的建置和领域发生了一番较大的调整。吴国被废除，以吴郡（会稽郡）属汉，从此成为直属朝廷的汉郡。吴国的前身是荆国，据《汉书·高帝纪》所载，六年（前201年）"春正月，……以故东阳郡、鄣郡、吴郡五十三县，立刘贾为荆王"。由此可知，荆国和吴国的封地，除了吴郡（会稽郡）外，尚包括东阳郡和鄣郡。东阳郡位于今江、淮之间，而鄣郡则包括今苏南西部、浙西西部和皖南的若干地区。七国之乱后，以东阳、鄣二郡置江都国，徙汝南王非为江都王。这就是《述略》所记短短一语的具体内容。不清楚西汉初年郡国频繁变迁的读者，《述略》所记失于过简，所以必须补充。

最后，《述略》的末句："元封二年（前109），改鄣郡为丹阳郡，……"这里的"元封二年"一语，《汉书》恐有传钞之误，前人已有考证，所以必须加以说明。按《汉书·武帝纪》，元狩二年，"江都王建有罪，自杀"。又《史记·五宗世家》："王服所犯，遂自杀，国除。"所以此事发生在元狩二年（前121）。元狩元年至三年间，正是汉武帝对郡国大举调整之时，因此，改鄣郡为丹阳郡应在元狩二年，决不会在江都国废除以后再拖延十二年（即元封二年）。《汉书》误"狩"为"封"，这是很显然的。清钱坫早已论及此事，他说："江都王建以元狩二年自杀，非元封也。"

第二，《述略》在"东汉至隋"一节中说道，"县内生产和开发向前迈进一步，成为东吴军粮供应地之一，曾于梅溪附近的邸阁山建仓，以作积贮和转运之用"。这里，"曾于梅溪附近的邸阁山建仓"一语，显然存在错误。不管邸阁山这座山名现在是否仍然存在（我曾查阅《安吉县地名志》，梅溪镇和梅溪乡均已无此地名），但这座山名的出现，无疑是由于在此山建仓的结果。建仓以前，肯定无此山名。所以我虽足迹不及其地，却愿意修改此句作："曾于梅溪附近山中建仓，所以此山称为邸阁山。"这是因"邸阁"其实就是"仓"的别名。我国古代的许多仓贮，都称为邸阁。如《通典》卷十·食货十·漕运云："有司请于水运之次，随便置仓。……凡八所，各立邸阁。"《通鉴》卷七十二·魏纪四·明帝青龙元年："诸葛亮劝农讲武，……运米集斜谷口，治斜谷邸阁。"又卷八十四·晋纪六·惠帝永宁元年："乞运河北邸阁米十五万斛，以赈阳翟饥民"等，不胜枚举。所以胡三省说（《通鉴释文辨误》卷三）："魏延所谓横门邸阁，足以周食；王基所谓南顿大邸阁，计足军人四十日粮。"胡三省在《通鉴》卷六十一·献帝兴平二年："尽得邸阁粮谷战具"下解释"邸阁"："邸，至也，言所归至也；阁，废置也。邸阁，谓转输之归至而废置也。"如上诸例，所以我敢断言《述略》之误，梅溪附近的这座邸阁山，当然是因东吴在此建立仓贮才得名的。应该指出，从整篇《述略》来说，邸阁山之误不过是个枝节问题，我之所以提出这个问题，主要是为了说明，对于历史上的事物，处处都需要小心研究，谨慎考证，否则就会常常出错。这是修志工作者所值得重视的。

总的说来，《安吉县志》卷首的这篇《县史述略》，在这10多年来的志书修纂中具有创新的意义。这当然并不是说在今后的志书修纂中要照搬这种体例。因为大凡一种新的尝试，总存在着一些值得研究和讨论的问题。例如，《安吉县志》在《县史述略》以外，卷内仍然存在着《建置沿革》1章，卷末也仍有《大事年表》1篇。三者之间，不免还有一些重复。诸如此类的问题，都还可以继续商榷，以求完善，从而不断提高我们这一代新修志书的质量。

原载《浙江方志》1995年第2期

开发海洋 利用海洋

——评《普陀县志》

　　《普陀县志》是浙江省在这次修志高潮中继《嵊泗县志》以后出版的又一部海岛县志。这是一部值得引起重视的方志。

　　今年省政协举行六届五次会议,会上,我听到魏桥委员的发言,题为《求实存真,贯通古今,为社会主义大业立言》。在他的发言中,列举了浙江省已经出版的 22 部市、县志,《普陀县志》是 22 部中的最后一部。我不想在这里说一些诸如"后来居上"之类的套话。魏桥委员在他的发言中有一段话说:

　　　　社会主义一代新志求实存真,贯通古今,洋今明古,学术性和政治性密切结合,实际上是为社会主义在浙江的巨大胜利立言,为建设具有中国特色的社会主义积累翔实资料,能起到存史、资治、教化、交流,服务当前,传之后世的重要功能。

　　我完全同意他的发言,对于《普陀县志》来说,他的这段话也完全用得上,所以我也不必在这方面多作发挥。我之所以认为这是一部值得引起重视的方志,我的着眼点,主要因为这是一部海岛县志。撇开方志的共性(当然,从共性来说,《普陀县志》也不失为一部佳志),单谈这部志书的个性,就称得上是不同凡响的。

　　普陀县的发展历史,是与海洋分不开的。从小小渔村,发展成为全国最大的渔港;在渔港的基础上,又形成了城市。这本身就是历史上人们开发海洋,利用海洋的结果。《普陀县志》记载了这个过程,赞美了这个过程,而实际上更是引导这个过程继续向前发展。这正是这部县志值得引起重视之处。

从全世界来看,地球表面,海洋占71%,而陆地只占29%。地球上有四个大洋,其中一个太平洋,面积就超过地球上的全部陆地。如今,全世界人口已经达到50多亿。陆地上的人满为患,早已成为现实,人类到外层空间去求发展,将来当然可能,但现在为时尚早。而比陆地大得多的海洋,正是今后一个相当长的时期里,人类赖以扩大生存、提高生活的主攻目标。从这方面来说,普陀县和其他少数几个海岛县,都是浙江省的前哨。

普陀县由舟山岛的东部和其他620个岛礁组成,陆地面积只有386.6平方公里,而海域面积却有6343.4平方公里。也就是说,陆地面积只占全县总面积的5.7%,而海域要占94.3%。这个比数,雄辩地指出了普陀人民的出路。

早在50年代,我曾带领大学地理系的学生到这些岛屿上进行野外考察。当时,这里还流行着旧时代口口相传的一些谚语。其中有一句说:"穷桃花,富六横,讨饭虾崎夹中央。"这句谚语包含着旧时代的社会问题和技术问题,来由比较复杂。但是有一点却极为明显,六横岛对于桃花、虾崎二岛的优势,无非就是耕地。而桃花岛之所以穷,虾崎岛之所以穷到讨饭,无疑是因受社会条件和技术条件的限制而无法有效地开发和利用海洋。可以想象,当时六横岛的所谓"富",也不过是和"讨饭"相比而已。这一切,现在虽已一去不返,但海洋对于这个地区繁荣发展的价值,实在有必要大书特书。

现在再回头来评论《普陀县志》。作为这样一个海岛县的县志,从历史到现状,从现状到未来,都必须让海洋在志书中扮演主要角色。现在,使我感到非常满意的,《普陀县志》在这方面做得十分出色。匆匆地读完全志,使人强烈地感觉到,海洋不仅是整部志书的线索,而且也是整部志书的核心。志书既详尽地记载了这个地区历史上所积累的大量有关海洋的信息,也为今后的海洋开发和利用描绘出了动人的远景。在对于人类和海洋的关系上,读完这部志书,既充满了希望,又树立了信心。

《总述》是全志的开宗明义,而这一篇中的五个标题是:海岛渔都、海运枢纽、海天佛国、海涂绿洲、海甸盐乡。这就从自然景观和人文景观两方面,提纲挈领地叙述了普陀县和海洋的密切关系。人们即使不读这部志书的其他篇章,从这篇《总述》中,就已经可以获得这个被海洋包围的县境的总体印象。

在《自然环境》编中,海洋自然环境成为全编的主体,其中第三章海域,内容包括海底地貌地质、海流、水团、水温、盐度、水色和透明度、潮汐和潮流六节。海洋地貌和海洋水文,在这一章中已经搜罗无遗。我国近代方志中最早记述海洋的是民国《鄞县通志》。现在,事隔五六十年,人类对于海洋的认识,当然已有长足进步,而《普陀县志》在这方面的成就,更令人不胜欣慰。

　　这一编的第六章是自然资源,海洋生物单独作为一节,内容分浮游生物、底栖无脊椎动物、底栖植物、游泳动物四类,详细地记载了普陀海域的海洋生物资源。每一类都附有种类组成表,使查阅方志者一目了然。必须附带指出的是志书对于二名法的运用。这是现代志书与古代志书在自然环境记载中的重要差别之一,也是作为一部新志书在科学性和实用性方面不同于旧志书的重要标志之一。《普陀县志》在这方面也处理得比较恰当。志书对海洋动植物均用拉丁文附记二名法。对于陆地动植物,则采用对国家保护的动植物(如二类保护动物小灵猫、水獭,三类保护动物珊瑚菜等)和稀有动植物(如豹猫、盾叶半夏等)附记二名法的办法。

　　志书的第四编是《岛屿与港口》。其中岛屿一章,把县境内的岛屿分成住人岛、无人岛、列岛、礁、滩涂五类加以记载,可称详尽无遗。而港口水道一章,则分海区、港口港湾、水道三节,从各方面详细地搜罗和叙述了各种有关资料。

　　《普陀山与朱家尖》专设一编,这是《普陀县志》具有创造性的篇目设计。普陀山是中国佛教四大名山之一,是中外知名的旅游和参拜圣地;而朱家尖自然环境优越,山海胜景,得天独厚,是新开发的和前景美好的旅游资源。此二者,都是普陀县的瑰宝,把两者合为一编,确是匠心独运。这一编分成自然景观、佛教、寺院、文物诗文、旅游朝圣、公共设施、朱家尖7章,内容特别丰富多彩。在文物诗文章下,附有《普陀山志考》一篇,把历来修纂的《普陀山志》不论存佚,详加考录。不论从文献的介绍或文物的研究方面看,这一篇附加的文字都具有价值。

　　第六编是《海洋渔业》。海洋渔业是到现阶段为止,普陀县开发海洋和利用海洋的重要手段,志书对此作详尽记述,这是理所当然。此编内容分为渔场资源、渔船渔具、海洋捕捞、海水养殖、渔业生产关系、渔业管理、渔业企业七章。有关县内的渔业资料,已经尽在其中。由于沈家门是一个全国性的渔港,普陀县的海洋渔业生产,其影响及于全国,所以这一编的重要性不言而喻。

　　第八编《水利围垦》,同样涉及人类与海洋的关系。对于普陀县的人民来说,开发海洋,利用海洋,这是人定胜天的一个方面;但在滩涂及浅海水域进行围垦促淤,从海洋中获得土地,成为人定胜天的另一方面。从海洋的自然条件来说,普陀县在这方面具有不少的潜力。全县各岛的潮间带海涂达180处,面积达6.85万亩,具有围垦的良好基础。全县黄海高程-20米以上的浅海水域,面积达216万亩,具有进行浅海促淤的有利条件。在历史上,劳动人民已经在各岛滩涂上围垦了不少土地,而今后,这方面必然还要不断取得成就。志书这一编的详尽记述和丰富资料,不仅具有存史价值,并且富于指导意义。

志书的第九编是《工业盐业》。把盐业与工业并列，并且在编内为盐业单独设置一章，这同样是通过海水资源的开发利用，强调了海洋与普陀县的关系。

如上所述，足见《普陀县志》不仅特色鲜明，而且重点突出。诵读这部方志，宛如置身于海阔天空之下，遨游于佛国胜景之间。在自然景观和人文景观两方面，都让人感受到强烈的海洋气息。这就是普陀县的县情，它不仅总结了普陀人民人定胜天的业绩，而且指出了今后进一步开发海洋、利用海洋的美好远景。从这样的角度进行评价，《普陀县志》是成功的。它不仅是普陀一县之志，对于所有海岛县甚至沿海县，《普陀县志》都具有指导意义。

利用评论这部志书的机会，最后我还想为它提供两项补充。

第一是关于"普陀"这个县名。浙江省境内存在不少非汉语地名，主要是越语地名，如余杭、余姚、上虞、诸暨等均是其例。普陀也不是汉语地名，而是梵语地名。我年轻时曾经学过一点梵语，或许还不到小学生的程度，但可以运用梵语工具书。对于普陀，艾德尔（Ernest J. Eitel）所著的《中国佛教手册》（*Handbook of Chinese Buddhism being A Sanskrit – Chinese Dictionary with Vocabularies of Buddhist Terms*, Tokyo, Sansusha 1904）的解释应该是权威的。现在我把该书第118页的"普陀"这一条，逐字逐句地翻译如下：

Potala or Potaraka，汉字译作：普陀，普陀洛迦、布达拉。意译作：小白花。

这里应该说明，"小白花"是"普陀"一词在梵语中的原意，并非普陀山上开满小白花之意。梵语汉译，往往发生这样的错误。例如梵语 Ku'sa 一词，音译作姑尸、短尸、孤沙、拘舍圣草等，意译作香茅、上茅、吉祥等。学名为 Poacynosuroicles，是印度古代供祭祀时用的垫坐的草类。但清光绪《诸暨县志》卷十九却说："邑吉祥寺旧产，故名。"这些都是因为不谙梵语而造成的牵强附会。

艾德尔最后列举了"普陀"的五种解释，我也按其原文，直译如下：

1. 印度河口的一个港口（现在称为塔塔），是古老的商业中心，释迦牟尼祖居所在；

2. 东马来亚山系中的一条山脉；

3. 普陀岛；

4. 拉萨附近的三峰丘；

5. 传说中的大乘教胜地。

从艾德尔的解释可见，世界用"普陀（小白花）"命名的地名多达5处，普陀岛不过是其中之一。

第二项要补充的是关于番薯的事。在中国农业发展史上，普陀是一个很重要的地方。因为它是番薯这一种高产旱粮作物引入我国最早见于记载的地方。现在农史学界已经公认,玉米和番薯这两种高产旱粮作物在明代引入我国以后所产生的深远影响。我在拙作《历史上浙江省的山地垦殖与山林破坏》(《中国社会科学》1983 年第 4 期)一文中已述其详。玉米的引入最早见于正德《颖州志》,而番薯的引入最早见周应宾所纂的万历《普陀山志》,即本志第四编所附《普陀山志考》中所著录的《重修普陀山志》第五卷。此志卷四说:"番薯,如山药而紫,味甘,种自日本来。"这就是番薯引入我国的第一次记录。本志第七编《农业》,在第三章粮食作物下,对番薯有详细记载:"解放前,农民主食薯丝,50 年代仍占口粮一半。"我记得当年我带领学生到这里考察时,沈家门所有饭店供应的米饭,都搭入一定比例的薯丝。据本志记载,1972 年,番薯产量曾占粮食总产量的 40%。说明这个我国最早引进番薯的地方,一直与番薯发生着重要的关系。所以在人物传略中,出现了胡成友、胡友恺兄弟的所谓"番薯大王"。不过农业编中也提及:"后因发展旱粮三熟制,国家停止收购鲜薯,兑换细粮,产值又低,故种植面积减少,产量降低。"这实在是种植业发展的必然趋势。随着生产的发展和人民生活水平的提高,细粮逐渐取代粗粮,乃是大势所趋。当然,用番薯制作各种点心,或是作为饲料,都仍然具有价值,但种植面积的缩小和产量的降低,这是农业发展中的正常现象。

原载《中国地方志》1994 年第 4 期

古志垂誉　新志辉煌

富阳是秦所建县,原名富春,到公元4世纪末才改名富阳。这是一个历史悠久,文化发达的名邑,而历史上的地方志修纂事业,也阔步于许多县邑之前列,成就卓著,值得钦羡。

根据现在可以考实的资料,富阳县曾有宋代志书2种,元代志书1种,明代志书3种,清代志书7种;新登县曾有宋代志书5种,明代志书5种,清代志书4种,民国志书1种。两县合计,历史上曾有志书28种。而现存明代志书1种(万历《新城县志》),清代志书10种,民国志书1种,计12种。所以今富阳县历史上修志之频,现存志书之多,在全国均属翘楚。

特别是宋元古志,富新二邑曾经八修,实在难能可贵。这些志书虽然皆已亡佚,但它们垂誉方志史,为文献学者和目录学者所津津乐道,也是富阳方志修纂史上值得考证和记叙的大事。由于历来对此邑古志,考证记叙尚不够精实,所以我在此再作一番征引,以供此邑地方文献研究者的参考。

富阳在宋代修志,一般认为只有1种,其实应有2种。按咸淳《临安志》卷七十九《寺观·玉泉净空院》引《周栋记》云:"富春二志,其新志则由翰程公珌为宰相时重修笔也。"由此可知,在程珌修志前,富阳已有旧志,故周栋称程志为新志。此旧志的修纂人和年代、卷数均无考,估计当是宋志。咸淳《临安志》卷六十七《国朝进士表》李勉引《富春志》一条,又卷七十九《玉泉净空院》引《富春志》二条,均是程珌前代的《富春志》，而按《周栋记》，程珌所修之志，应名《富春新志》。此志修于南宋何时？据张国淦《中国古方志考》："程珌，字怀古，休宁人，绍熙进士，累官礼部尚书。"洪焕椿《浙江方志考》照录张书，均未及修志年代。按程珌，《宋史》有传，据传，程在任富阳知县前，已历昌化主簿、建昌府教授两任，绍熙是光宗年号，前后只有五年，则其任富阳知县当已在宁宗庆元年代（1195—1200）。富阳知县任后，又先后任宗正寺主簿及枢密院编修官等五种官职，在其调任江东转运判官时，本传中曾记及宁宗语："程珌岂可容其补外。"当时想必已在嘉泰之初，以后又历任浙西提举常户、吏部侍郎、礼部侍郎等八九种官职，然后擢任刑部尚书，又改任礼部尚书。卒年79，其时已入理宗时代。所以《周栋记》所说"为宰相时重修笔"，当在其任刑部尚书或礼部尚书之时，约在南宋嘉定年代（1208—1224）。身为朝廷宰相而竟不忘为他早年任知县之邑修志，富阳地望的受人重视，可见一斑。

　　除此二志外，富阳在元代有杨维桢所纂《富春人物志》1种，王沂《续文献通考》及嘉靖《浙江通志》卷五十四均有著录。杨维桢（1296—1370），泰定四年进士，诸暨人，曾官江西儒学提举、建德路总管府推官、天台尹等职，著述甚多，可惜《富春人物志》也已亡佚。

　　新登建县较富阳为晚，到公元3世纪初期才析富春地置新城县，以后又数经撤并，但此县古志，仍有丰硕的记录。首先，此县有宋修《图经》两种。按蒲圻张氏《大典辑本》据《大典》淳祐《临安志辑佚》卷一《祠庙·惠灵庙》引本县《旧图经》一条，故知曾有《新城县旧图经》的修纂。又咸淳《临安志》卷六十七《人物列传·国朝姚兴》引《新城县续图经》一条，则此县宋时曾二修《图经》，可以无疑。案宋代的《图经》修纂，据《玉海》卷十四《地理图篇下》所载，朝廷曾于北宋开宝（969—976）及大中祥符（1008—1016）两度下诏全国普修，则新登县的这两种《图经》或是北宋所成，因均已亡佚，无可查核。但此县修志的渊源甚早，由此可以证实。

　　南宋《新城县志》一种，万历《杭州府志》卷五十三著录，咸淳《临安志》卷六十《古今人表·汉杜延年》引《新城志》一条，即是此志，为耿秉所修。耿字直之，江阴人，乾道五年知新城县，修志当在此时。景泰《新城县志》凌志序云："予因先君子升家藏有乾道县志书一帙。"说明此书在15世纪中叶尚存传本。又明嘉靖《新城县志》洪贯序云："新城宋乾道、淳祐、咸淳时皆有志。"则除了乾道《新城县志》外，尚有淳祐《新城县志》和咸淳《新城县志》，南宋有志3种，在浙江各县并不多见。

　　如上所述，富阳（包括新登）有宋元古方志8种，在浙江省各县中，不仅无出其右，而且遥遥领先，在全国亦属罕见，这是富阳地方志修纂史上值得自豪的记录。

　　现在，富阳地方志修纂历史上出现了一块划时代的里程碑，这就是新修《富阳县志》的出版。此志修纂 5 年，其间组织全县 70 多个部门，采编人员达 200 余人，为了采集资料，足迹几遍全国。定稿以前，又经许多专家学者会议评审。所以新修《富阳县志》，动员力量的庞大，搜集资料的广泛，卷编设计的精详，撰写志稿的仔细，评议志稿的深入，修改定稿的审慎，无疑是富阳修志历史上所空前的。而最后终于完成了如此一部卷帙浩瀚、图文并茂的巨构，所以我认为新修《富阳县志》是富阳地方志修纂史上的一块划时代的里程碑，绝非过誉之辞。

新修《富阳县志》的卓越成就之一是内容充实，资料丰富。全志近 150 万言，分为28 编，并加卷首《概述》、《大事记》等，卷末《地方志简介》、《旧志考证》等，真是洋洋大观。地方志是一种科学的资料书，它不是政府公报，绝非官样文章，修纂地方志是为了人们的利用，正如今天我们利用历史上的旧志一样。地方志假使没有资料价值，这种地方志的生命就必然随其出版而结束。而新修的《富阳县志》由于其资料的广泛丰富，必可为各行各业以及自然科学界和人文科学界提供大量的信息，具有坚强的生命力，可以传之后人，受用无穷。

新志的第二项成就是图文并茂。这中间首先是地图，除了卷首 1：250000 的《富阳县政区图》和 1：8000 的《富阳镇城区图》两幅彩色图以外，卷内还有《地质矿产图》、《森林分布图》、《主要水利工程分布图》等黑白图多幅，其中《县境图》两幅，分别引自《康熙志》和《道光志》，属于旧式地图，但非常必要。其余各图，底图正确，清绘严密，比例尺与图例完整，是完全符合地图科学规范的新式地图。地图是近年新修方志中比较容易出错的部分，新修《富阳县志》的这个部分，成绩斐然，值得称道。地图以外，卷首有大量彩色照片，卷中又有许多与内容密切结合的黑白照片，取材精当，印刷清晰，具有很好的直观性。在《人物编》中，对于无法取得照片的古代人物，则采录古籍图像，利用钢笔画加以表达，用意完善，堪称独到。甚至在各卷编首页，利用编名下的空白，插入富阳风光的版画如"鹳山远眺"、"古城遗韵"、"春江水暖"等等，真是别出心裁，为图文并茂的这种方志优秀传统作出了新的创造。

新志的第三项优异之处是特色鲜明。例如，从《工业编》以后，加列《纸业编》，把这种渊源于汉明帝时代、历久不衰的富阳特有工业，从其创始、演变、发展直到当代现状，其间如过程、品种、工艺、产量、运销等，用文字、统计表格与照片等，作了详细记载。这当然是一项极有价值的地方特色资料。此外，富阳长期来以富春江的秀丽风景而名闻遐迩，志书为此特设《旅游编》，以"富春江风景旅游线"、"新登风景区"、"龙门古镇"、"旅游设施"四章，把全县风景名胜以及旅游业的服务机构等，作了生动而翔实的记载。这一编不仅突出了富阳的地方特色，而且还在志书为旅游业服务的新领域中作出了创新。

　　新志的最后一种不同凡响之处，是志书编列了一个详细而实用的《索引》。地方志是一种工具书，为了人们在利用上的方便，引实属必要。对于这个问题，臧军先生和我，都曾发表过专文加以议论和鼓吹。陈田耕先生在其所著《地理文献检索与利用》（西安地图出版社 1992 年版）一书中，引入了许多外国学者对于索引的议论，诸如"文献之需要索引，犹如行舟之需要舵"，"检索工具没有索引很快就会成为一堆废纸，甚至不成其为检索工具"。我们花了大量人力物力，辛苦几年，编成一部志书，谁都不愿意它"很快就会成为一堆废纸"。但是，由于我们的地方志修纂队伍中，许多人都不曾利用方志做过学问，不能体会到索引的作用。所以索引工作的推广，一度相当困难。在浙江，自从新修《龙游县志》首先编制《索引》以后，接踵而起的如慈溪、临安等县的志书，已相继在卷末编列了《索引》，这种发展是令人欣慰的。当然，索引的编制，也有它的进步过程，从简单的索引到详细的索引，从分项目的索引到单一标准（例如按首字笔画、首字发音等）的索引，现在，新修《富阳县志》的《索引》，已经是一种比较详细的、按单一标准（首字笔画）的《索引》，这种《索引》使用便利，是值得推广的。当然，编制这样的一种《索引》，由于首字相同的词条数量可能很多（如"富"字达 96 条、"新"字达 66 条、"农"字达 36 条等），工作量十分浩大，工作过程必须非常细致。不过，现在可以利用电脑从事这项工作，就比全赖人力便利得多，所以在新修地方志中普及索引的编制，现在已经到了时候了。

　　以上所述，是新修《富阳县志》卓越成就中的荦荦大者。富阳，这个历史悠久的名邑，古志垂誉，新志辉煌，不愧为一个方志之邦。

原载《中国地方志》1994 年第 3 期

东阳的地方志修纂史与新修《东阳市志》

地方志修纂在中国已具有悠远的历史。其中特别是郡(府)县志,历来修纂之盛,数量之多,说明了中国文化发展的一个方面。中国自秦始皇始建郡县,而《汉书·地理志》才有精确的郡县统计。共列县邑1314,相当于县邑的道32,相当于县邑的侯国241,郡和相当于郡的郡国103。《汉书·地理志》所列载的郡县,虽然在后代有许多地域上或称谓上的变化,但它无疑是我国历代以来直到今天行政区划建置的基础。从这个基础上进行检阅,自从宋代以降,可以说郡(府)县志的修纂已经普及。地方志修纂普及的这种事实,从一个方面展现了我们这个历史悠久的泱泱大国的辉煌文化。

地方志修纂在全国郡县虽然已经普及,但在始修年代的早晚,志书数量的多寡,卷帙的繁简,内容的精疏等方面,各地却有很大差异,这说明了不同地域的历史差距和文化差距。东阳自古为文物之邦,历代修志之盛,自不待言。案东阳建置于公元2世纪末,始名吴宁,至7世纪后期才名东阳。而早在3世纪后期,郡名已称东阳,当时郡治置于长山(今金华),但因东阳、义乌、金华3县,是郡内建置最早的县份,所以早期以东阳为名的志书,虽然按地域是郡志之属,但今东阳仍是志书记述的重点。

在我国方志史上,以东阳为名的志书,始见于《隋书·经籍志》卷二著录的晋留叔先所撰《东阳朝堂像赞》一卷,这是从两汉到魏晋南北朝流行人物志的一种。以后有《旧唐书·经籍志》和《新唐书·艺文志》著录的南朝宋郑缉之所撰《东阳记》1卷,这是清代学者所称的"六朝地志"的一种,是我国方志史上第一批出现的具有通志性质的地方志的一种。此外,《宋史·艺文志》卷三著录的洪遵《东阳志》10 卷,在《遂初堂书目》、《直斋书录解题》、《文献通考·经籍考》、《文渊阁书目》及《国史经籍志》等公私书目均有著录,说明流行甚广。还有《续文献通考》著录的宋朱子槐《东阳志》,《千顷堂书目》著录的宋钱奎《东阳私志》等。及至元代,又有赵绍所纂《东阳图志》,见于《金华经籍志》卷九及光绪《金华县志》卷十五著录。另有瞻思纂《东阳续志》6 卷,见于钱大昕《元史艺文志》卷二、倪灿《补辽金元三史艺文志》等著录。这些都是以东阳为名的郡(府)志,虽然均已亡佚,但今东阳在这些志书中占有重要位置,可以无疑。

专记东阳一县的志书始于宋何宗社纂、尤焴作序的《东阳志》,雍正《浙江通志》卷二五三及《金华经籍志》外编均有著录,即今《东阳市志》卷末《历代县志修纂纪略》中著录的宋宝祐《东阳县志》。至于元代,有任谦等修、戴壁纂的《东阳县志》,即嘉靖《浙江通志》卷五十四著录的所谓杜氏《东阳志》,这是因为卷首有杜荣祖、王昌序之故。明代东阳修志凡三度,《文渊阁书目》新志类著录的《东阳县志》,当修于明初,不知卷数。缪樗纂修的成化《东阳县志》9 卷,见于雍正《浙江通志》卷二五三著录。郑准纂修的隆庆《东阳县志》17 卷,见于《澹生堂书目》及《千顷堂书目》等著录。此志至今尚残存万历贡修龄补刊本数册,此数册为东阳尚存人间的最早志书,实可珍贵。时至清代,东阳于康熙及道光两朝各修县志,前者 22 卷(首末各一卷),后者 27 卷(首一卷),至今流传。后者因有民国石印本,流传尤广。民国曾修成志稿一部,但不幸毁于抗日战火。

由上述可知,东阳县历修志书称多,但迄今流传的,仅有整存两种,残存一种。与明清金华府各属县相比,甚至少于 15 世纪后期建立的汤溪县,是全府现存历代志书最少的一县,对于东阳这个历史悠久的文物之邦,这实在是一种不幸。

现在,由于《东阳市志》这一部煌煌新志的出版,在东阳的志书修纂史上,出现了一个划时代的局面。我对这部新修志书加以划时代的称号,因为对于东阳的地方志修纂史,新修《东阳市志》具有双重意义。第一,它继承了东阳这个文物之邦从宋宝祐《东阳志》以来的修志传统;第二,它弥补了东阳历史上的许多志书亡佚的缺憾。

对于新修《东阳市志》的优异和特色,我在此志首发式的发言中已经提及,我认为此书是我国方志林中的一株挺拔的秀木,是东阳历史上的一部空前佳志。这里不再重复。不过有一点我应该在这里再加补充,算作我对这部新志的又一种评介。我在此书首发式中,因有感于新志的成就,曾草就一首七绝,其中有一句是:"新志煌煌何所听?"我为什么用这个"听"字,因为中国从宋元以降,父母官上任以前,素有先读地方志的传统,因为地方志有存史、资治、教化的作用,治一府者先读府志,治一县者先读县志,可以了解当地山川风物,民情习俗,具有资治的意义。但现在的地方领导,政事纷繁,千头万绪,要阅读上百万字的志书,确实存在困难。所以我提出这个"听"字,建议无暇细读的领导,请秘书经常择读志书的重要章节,也是很有作用的。我说这话的目的,仍在敦促地方领导重视志书,利用志书,使志书能尽资治之用。首发式以后,我比较仔细地再次阅读《东阳市志》,一开头,我就读到了一篇令人叹服的大好文章,这就是志书卷首的《总述》。

《总述》全文分成四部分,约 7000 字,占全志的 6‰,它其实是一种置于这部内容浩瀚的志书之首的"提要"。这个"提要"写得十分成功,没有时间或一时无暇阅读全志的人,只要阅读这篇《总述》,就可以了解志书的全貌,了解东阳市的全貌。特别是对于地方领导来说,志书卷首有这样一篇短小精悍而概括全局的《总述》,实在十分必要。提高到方志学这门学问来说,这是一种方志体例上的创新。

中国的旧志没有《总述》或其他类似的章篇。旧志的修纂者有时也考虑到这方面的需要,但由于体例所限,无法变通。唯一的办法是在序言中写入一些概论性的材料。以历史上的东阳志书为例,如宋宝祐《东阳县志》尤焴序说:"披卷阅图,山川宫室,宛然旧游,某水某丘,皆在目中,先达传中,诸贤皆与余情分厚甚,静阅盛衰之变。"元《东阳县志》王昌序说:"欢乎风俗之浇淳,人民之多寡,山川之奇胜,版籍金榖,诗歌碑刻,编门分类,采摭拾遗,靡所不载。"在序言中写入这些材料,虽然聊胜于无,却是挂一漏万。现在,新修《东阳市志》以卷首的一篇《总述》,把全书上百万字的内容以精炼的7000 言作了高度浓缩,真是一篇不同凡响的杰作。

在《总述》的 7000 言之中,最后有一段不到 100 字的文章,读之令人拍案叫绝。文章说:

> 宋元以来逐步形成和发展的尊师重教、兴学养贤、尊重知识、尊重人才的社会风尚,是东阳教育久盛不衰的历史渊源和社会基础。百工工艺与兴学重教相辅相成,百工工艺给教育以心理和财力的投入,兴学重教给百工工艺以智力的支持。

假使说,《总述》是志书的精华,那末,《总述》文末的这段不到 100 字的文章,应该是《总述》的精华。它把东阳这个文物之邦、百工之乡的因果和盘托出。唐张彦远所撰《历代名画记》卷七中,写过一个梁武帝要张僧繇在金陵安乐寺画龙的故事,这是"画龙点睛"这个典故的来源。假使把《总述》比作一条龙,那末,这个不到 100 字的结尾,恰恰就应了"画龙点睛"的故事。

原载《浙江方志》1994 年第 5 期

评《黄河志》分卷出版
——兼建议增编《索引》

　　筹划经年的《黄河志》开始分卷出版,这是我国文化史和水利史上的一件令人鼓舞的大事。黄河流域是中华民族的发祥之地,黄河是我们民族的摇篮,即此一端就足以说明,《黄河志》不仅是我国江河水利志中的翘楚,在我国历来的一切志书中,它也具有极端的重要性和崇高地位。

　　我们当然也不能忘记,黄河同时也是我们民族的忧患。几千年来,黄河哺育了我们,但我们在黄河水患中也曾经付出了难以估计的代价。《黄河志》不仅记录了黄河的创造,也记录了黄河的破坏。所以它既是黄河历史文化的总结,也是黄河利用改造的总结。存史、资治、教化,这是我国修纂志书的众所公认的价值,对于《黄河志》来说,这方面的价值或许也要超过其他一切志书。

　　从已经出版的卷一《黄河大事记》、卷六《黄河规划志》、卷七《黄河防洪志》来看,这部志书是成功的,它应该获得很高的评价。

　　《黄河大事记》记载黄河史事,把我国历史从先秦到现代,划分成 10 个时期,依次是夏商西周春秋战国、秦汉、魏晋南北朝、隋唐五代、北宋、金元、明、清、民国、中华人民共和国。这种时期的划分,是以黄河的演变为核心,绝非一般地照搬历史教科书。例如,"北宋时期"以后是"金元时期",南宋虽然是中国的正统朝代,却不见于志书,这是因为南宋疆域与黄河无涉。志书《凡例》中提出的"统合古今,详今略古",在《黄河大事记》的编撰中有极好的体现。第一个时期即"夏商西周春秋战国时期",为时近2000年,但篇幅仅占全志的1.4%。最后一个时期即"中华人民共和国时期",从1949年到1990年,为时不过41年,却占全志篇幅的54.9%,情况可见一斑。从先秦到清代,虽然记叙内容按不同时期逐渐丰富,但都采用按事记叙的方式。到第九篇《民国时期》,则采用按年记叙的方式,内容显然大为增加。最后一篇《中华人民共和国时期》,采用按年择月的记叙方式,内容当然更为详尽。

但从另一方面看,先秦和秦汉的早期大事记录虽然简单,却并无重要事件的遗漏。例如在先秦时期,禹河大徙,楚、赵、秦等国的决河以及早期的黄河水利如引漳十二渠、鸿沟运河、郑国渠等,均记载甚明。在秦汉时期,则不仅是重大的决溢如酸枣、濮阳瓠子、鸣渎口等分别入志,重要的水利工程或事件如白渠、王景治河、八激堤等也均备载无遗。对黄河治理和水沙关系等理论,如贾让治河三策、张戎论黄河水沙等,也都各有记载。

至于在全部记载中论人述事,的确做到了《凡例》所说的:"言简意赅,文约事丰,述而不论,寓褒贬于事物的记叙之中。"既继承了我国传统的志书体例,又从各方面作了创新。得此一卷,黄河4000多年中的大事,尽可知矣。

《黄河规划志》是这部大型志书的特色之一。对黄河进行全面规划,这当然是建国后的事,是黄河历史上的空前大事。从1955年第一届全国人大二次会议上通过的《关于根治黄河水害和开发黄河水利的综合规划的决议》,到1958年开始编制的"三大规划",即水土保持规划、整治河道规划、干支流开发规划,黄河的除害兴利,从此进入了一个新的阶段。当然,像黄河这样一条源远流长、情况复杂的大河,要对它进行规划,绝非轻而易举,正如此卷《概述》中所指出的:"人民治黄以来,进行过多次综合规划,专项规划,支流规划,南水北调规划。实践表明,规划制定后,在实施过程中,无疑会出现新情况新问题。"所以《概述》接着指出:"需要加强追踪决策,对一些重大决策和影响全局的工程,进行调查研究,总结经验,追索进一步治理的措施和途径,根据国家经济发展和治黄需要,对治黄规划滚动地进行补充和修订,才能使治黄规划适应变化了的情况,使黄河丰富的水沙资源和动能资源,更好地为社会主义服务,造福于中华民族。"

由此可见,《黄河规划志》具有十分明显的承前启后的意义。它总结以前的规划,检讨其中的经验教训,为今后的规划提供依据。对于黄河,根治水害和开发水利,当然是我们的长远目标和最终目的,《黄河规划志》在这方面的价值是不言而喻的。

《黄河规划志》包括6篇。第一篇《历代治河方略》,简述从先秦至民国的治河概况。建国以前的历代治河,虽然并无综合规划之可言,但正如本篇篇前无题短序中所指出的：“相传大禹治水至今已有4000多年的历史，在伟大的治河实践中，积累了丰富的治河经验并发展了河工技术成就，治黄文献、典籍之多，为世界各大江河之冠，为治理黄河留下了宝贵的遗产和借鉴。”所以历来治河的经验教训对今天的规划也有重要意义，则这一篇的重要性仍不容忽视。其余五篇分别为《黄河流域综合规划》、《规划补充与修订》、《专项规划与研究》、《支流规划》、《南水北调规划》。最后并有《附录》，收录了十种建国以来有关黄河规划的重要文件，真是详尽无遗。以《支流规划》为例，这一篇包括了湟水、清水河、无定河、汾河、渭河、泾河、北洛河、洛河、沁河、大汾河等10条黄河的重要支流，每条支流都有流域梗概、查勘与规划、治理简况等三方面的详细记述，资料丰富，内容完备，可见一斑。

前面已经提及《黄河志》的重要性和崇高地位，而《黄河规划志》所给予人们的印象显得更为积极。因为从这一卷的内容来看，足以说明《黄河志》在我国的传统志书中有所发展。它不仅是一部静态的资料汇编，而更是一部动态的江河文献。

《黄河防洪志》是全志中针对黄河灾害的1卷。黄河的特性是善淤、善决、善徙，但其直接造成人民灾害的就是洪水。《诗·商颂·长发》曰：“洪水茫茫”，可见黄河洪水对人民的祸害由来已久。当然，从另一方面说，长期以来，对于黄河洪水的防患和抗拒，我们也已经积累了丰富的经验，《黄河防洪志》就是几千年来在这方面的经验总结。黄河作为一条历史十分古老、流域人口相当密集而洪水灾害特别严重的世界大河，这一卷经验总结的重要意义，当然是不同凡响的。

由于黄河洪水在下游和上、中游的暴发原因、灾情严重程度和防洪措施等方面都有所不同，所以全卷分上、下两编。上编专述洪水特别严重的黄河下游地区的防洪，标题为《黄河下游防洪》，下编则为《黄河上中游防洪》。上编包括六编，分别为《洪水与灾害》、《防洪工程》、《工程管理》、《防汛》、《沁河下游防洪》、《防洪效益》；下编则按上中游河段划分，共分四篇，计为《甘肃河段》、《宁夏河段》、《内蒙古河段》、《龙门至三门峡河段》。最后并有《附录》两种：《黄河下游1949—1987年汛期水情工情纪要》及《黄河下游1950年—1987年度凌汛实况纪要》。

前面已经指出黄河洪水对人民的严重祸害，甚至连武功卓著的汉武帝也为之担忧：“泛滥不止兮愁吾人。”但是从另一方面看，以《水经注》为例，此书确实也记载了许多黄河洪水的灾难，同时也记载了不少人民抗拒洪水的事迹。郦道元在《巨马水注》中说：“水德含和，变通在我。”《黄河防洪志》一卷，正是总结几千年来，特别是建国以来，人民对黄河洪水的“变通”。变水害为水利，这一卷的积极意义和实用价值，必将在今后得到很大的发挥。

以上是对最近出版的《黄河志》3卷的一般评价。当然，除上面已经指出的以外，它们还有许多在体例上和其他方面的优异之处。例如,《黄河规划志》和《黄河防洪志》在卷首都有一篇《概述》,把全卷内容作提纲挈领的介绍,有助于读者睹一篇而窥全貌。各卷在每篇篇首都有一段无题短序,文字虽不长,但对读者却具有指导意义。以《黄河防洪志》为例,上编《黄河下游防洪》中,其中有《沁河下游防洪》一篇,体例似不能与其余5篇并列,为一般读者所不易理解。但此篇篇首的无题短序中开头即提出:"沁河是黄河一大支流,是黄河洪水的重要来源之一。沁河下游防洪与黄河下游防洪息息相关,远在金朝就有黄沁都巡河官居怀州兼沁水事。自明、清以来,历代均将沁河防洪与黄河防洪统一管理。"有了这样一段说明,读者的问题就迎刃而解。此外,各卷卷首都有许多照片,其中有不少是历史价值很高的照片。卷内则插有许多地图和各种统计图表,称得上图文并茂。

综上所述,最近出版的《黄河志》3卷,确实令人满意,是值得称道的佳志,不仅具有很高的文献价值,而且具有极大的实用意义。正因为此,在评介之余,我还想对此志的编纂提出一项建议。简单地说,即是《黄河志》在原来计划的11卷以外,应该再增加第12卷《索引》。

修纂志书的目的当然是为了供人们使用,志书的规模越大,价值越高,使用越多,则《索引》编纂就越有必要。因为《索引》可以节省使用者的大量时间,提高志书的实用价值。叶绍钧先生于30年代初编纂《十三经索引》,他在卷首《序言》中的几句话,可以充分说明《索引》之所以必需:

> 十二年(按1923年)春,余始业编辑,编辑者,采录注释耳,其事至委琐,大雅所不屑道,然以余临之,殊非便易。第言注释,一语弗悉其源,则摊书寻检,目光驰骋于纸面,如牧人之侦亡畜,久乃得之,甚矣其惫。

为志书编《索引》,30年代已经流行,商务印书馆当时影印出版了一批省志,如雍正《浙江通志》、同治《畿辅通志》、光绪《湖南通志》、民国《湖北通志》等,都是数百卷的大部头志书。影印出版前,商务印书馆都加编了篇幅很大的《索引》附于卷末,用者称便。以后如江苏省立图书馆编印的《吴县志列传人名索引》、中华书局出版的朱士嘉先生的《宋元方志传记索引》等等,也均是其例。在80年代掀起的全国修志高潮中,前一时期,修纂者对方志《索引》的认识和重视不够,但近年以来,方志界已经逐渐认识到《索引》的重要性和必要性。以浙江省为例,1991年出版的《龙游县志》已经在卷末编列了《索引》,而其他市、县正在修纂的方志中,也多已对《索引》有所重视。《浙江方志》1992年第2期发表了臧军先生的论文《论地方志索引》,文中提及了我在这方面的主张:"陈桥驿先生就极力赞成县志搞索引,他认为编书不编索引,等于只编了一半。"我必须在这里说明,志书编《索引》确实是我极力提倡的,但臧文的后半句"编书不编索引等于只编了一半"的话,其实是我所转述的若干外国汉学家的意见。近年以来,经常有外国汉学家到我的研究室从事历史地理或水利史等的进修和研究,他们一般都已具备了相当熟练的汉籍阅读能力,却常常苦于汉籍缺乏《索引》,使他们不得不如叶绍钧先生所说的"如牧人之侦亡畜",而弄得"甚矣其惫"。因为他们在西文书或日文书上用惯了《索引》,他们自己的著作也非常讲究《索引》,所以对没有《索引》的汉籍,确实感到十分不便,因而大都有上述慨叹。举个例子,美国瓦尔巴莱索大学历史系主任萧邦齐教授(R. Keith Schoppa)曾于1986年到我的研究室从事萧山湘湖水利史的研究。5个月中,查阅了大量汉文古籍,特别是有关的地方志。这些当然都是没有《索引》的,使他不胜其苦。但他后来于1989年在耶鲁大学出版社出版的研究成果《湘湖——9个世纪的中国世事》(*Xiang Lake—Nine Centuries of Chinese Life*)一书,在284页的专著中,《索引》共达41页。

现在,我们看到的正在陆续分卷出版的《黄河志》,是一部内容完备,资料丰富而实用价值极高的大型志书。已经出版的3卷,字数已近180万,全部11卷,字数估计在600万—700万之谱。在这11卷之中,涉及的人名、地名、文献名和其他重要事物名,真是不计其数,假使没有一卷《索引》,而听凭使用者在11卷巨帙中去作"如牧人之侦亡畜"的低效劳动,这实在是一种莫大的浪费。为了使用者的方便,也为了提高这一部佳志的实用价值,所以我提出这个建议。

原载《黄河史志资料》1992年第3期

喜读《偃师县志》

《偃师县志》出版了。面对这部 34 卷、120 余万言的煌煌巨构,令人不胜钦敬,初读一遍,更有感于这部志书的不同凡响。

在动手为这部志书写一点观感以前,还得作一点声明。因为最近周乃复先生在其《中外地方志比较研究的肇始之作——读陈桥驿先生〈中日两国地方志的比较研究〉》一文中,引用了我所说的话:"要从事地方志研究,首先必须熟悉地方,否则只能从志书的内容作点推敲排比,那无异是纸上谈兵。"的确,周先生文中论述的浙江慈溪市和日本广岛市,都是我经过多次实地考察相当熟悉的地方。而我没有到过偃师县,却来议论《偃师县志》,用我自己的话说,就是"纸上谈兵"。因此我必须说明,我虽然没有到过偃师县,更谈不上实地考察,但是偃师是我长期向往的地方。对于偃师县境内的某些方面的研究,也已经有很多年。记得那年全国几个电视台联合摄制电视系列片《中国七大古都》,聘我作顾问,曾经在洛阳集会研究摄制方案,当时我就很想到偃师看看,最后因工作紧张而安排不出时间,引为莫大遗憾,因为我毕生研究《水经注》,而北魏首都洛阳,也就是洛阳的汉魏故城,恰恰就在偃师境内。以此证明我对偃师的特殊感情,大家或许可以相信我并非虚言,而现在对这部县志谈点观感,也不算"纸上谈兵"。

从全国来看,偃师是个面积不到 1000 平方公里和人口不过 70 余万的普通县份,但它却推出这样一部大型志书,从这一点看,也就说明这个县份的来历不凡。若从全部县志概括的情况进行评价,此志资料丰富,内容完备,体例严谨,文字洗炼,而且图文并茂,在近几年来我国各地出版的方志中,称得上是一部佳志。当然,一部34卷的巨书,内容牵涉广泛,我的见识有限,不可能对各卷各章都有所体会,我只是从我自己的专业出发,对志书中我最有兴趣的、最有亲切感的两部分,发表一点读后的观感。

在这部偌大的志书中,我首先注意的,是志书记述自然环境的卷篇。从卷四《地质地貌》起,包括卷五《气候》、卷六《水文》、卷七《土地土壤》、卷八《动植物》,一共5卷。从学科性质来说,这5卷都属于地学的领域,也就是我的本行。

这里不免要提及一件往事。1988年春,中国地方志指导小组曾邀请全国10位教授专家,到北京评议当时已经出版的地方志,我也参与其列。当时,全国出版的县(市)志约有30余种,我发现多数志书都有《自然地理》卷目,而内容包括地质,这当然是不妥当的。所以我在会上曾提出把《自然地理》这个卷目改为《自然环境》的建议,事情的过程,在不久前侯慧粦女士所撰《陈桥驿与地方志》一文中有完整的说明:

> 在这次修志的初期,不少新志往往有《自然地理》一卷,而把地质也列入此卷。而其实,自然地理学是研究自然环境的结构及其发生、发展规律的科学。而地质学则是研究地壳组成物质的科学,怎能混为一谈? 为了及时纠正地方志中这种混淆科学属性的错误,陈桥驿在《中国地方志》1989年第2期中发表《地理学与地方志》一文提出,包括自然地理学和地质学内容的卷编,应该用《自然环境》作为卷名,才符合科学实际。他的这种建议,现在已为新修地方志所普遍采用。

我必须说明,我当时提出以《自然环境》的卷名代替《自然地理》,虽然在科学概念上确实改正了错误,但从我的思想上来说,我的建议实际上是就事论事的。我在大学地理系执教40余年,又是地方志的“大用户”。因此,我对地理学与地方志的关系,有我自己长期形成的看法,后来其实已经表达在拙作《地理学与地方志》一文中。我在该文中述及,我国历史上大量修纂地方志始于六朝,而首先著录六朝方志的《隋书·经籍志》,把六朝方志称为“地理书”或“地记”。从此以后,人们一直把地方志作为一种地理著作,直到清代修《四库全书》,在这部大型丛书中,收录和存目的历代方志多达一百几十种,统统编入史部地理类。从我国的传统和地方志的实际需要,所以我认为地方志应该加强地学的记述,即地质学和自然地理学,亦即我在1988年北京会议所建议后来又写入《地理学与地方志》一文中的“自然环境”。因为地方志从名称上说就是“地方”之“志”,“地方”是这种著述的基础,而地质与自然地理则是“地方”的基础。从另一方面说,一部地方志的大部分卷篇,它们的内容是不断变化的,唯独地质与自然诸要素变化甚微,一个地方的历史演变、人口增损、生产提高、交通进步等等,都是在当地的地质与自然地理诸要素的制约下发展的。因此,各地人民,上起领导,下至群众,包括各行各业的从业人员,必须充分了解这种"地方"基础。从思想上说,这是人们热爱自己家乡的基本知识;从实际上说,这是一个地方赖以发展进步的自然条件。所以我实际是主张地方志要充实地学的内容,增加地学的卷篇。我在《地理学与地方志》一文中,曾举了几个例子,如嘉定《镇江志》有《地理》3卷,嘉定《赤城志》有《地理门》3卷、《山水门》8卷。古代的地理、山水,内容比今天的地学要简单得多,而在志书上却往往有几个卷篇。现在,地学领域变得如此广阔,内容包罗十分丰富,则地方志增加地学的卷篇,实为事实所必需。

不过在1988年的会议中以及在《地理学与地方志》的拙文中,我都没有提出这种建议。这是因为,方志界有一种地方志篇幅不宜过大、字数不宜太多的倾向性意见。而且自上而下,表现得非常强烈。所以我不便在这样的气氛中提出这种与人们格格不入的建议。其实,地方志既是一种朴实的、严谨的、科学的资料汇集,而地学领域的资料,又是一个地方的基础资料,我在拙著《中日两国地方志的比较研究——中国慈溪市与日本广岛市的地方志修纂》一文中,曾经就《慈溪县志》和《广岛新史》这两部志书,在篇幅上加以对比:

> 按照两部志书的篇幅来说,《县志》28编,估计字数约占《新史》的18.7%。但是按两个地方的面积来说,广岛市仅及慈溪市的58.8%。按字数和面积计算,《新史》对于广岛市,每1平方公里有11.8万字进行记述,而《县志》对于慈溪市,每1平方公里只有0.13万字进行记述。

当然,内容确实并不丰富的县市,追求篇幅和字数无疑是错误的。但内容非常丰富的县市,因限制字数而削足适履,实在大可不必。在这方面,民国《鄞县通志》是一个很好的例子。此志的规模大到36册、共550万字,它在外国汉学家的心目中,已被视作一部世界名著。我在拙作《民国〈鄞县通志〉与外国汉学家的研究》一文中曾经记及此书的一段掌故:

> 1985年春,我在日本国立大阪大学讲学,施坚雅教授(G. W. Skinner)及其夫人曼苏恩(Mann Susan)在东京庆应大学从事研究工作。施坚雅教授为了要和我们夫妇及大阪大学的斯波义信教授夫妇作一次难得的叙会,特地从东京赶到大阪度他的生日。这年2月16日傍晚,我们三对夫妇在大阪市中心梅田的一家和餐馆中度过了一个令人难忘的夜晚。宴会中,我们谈到的著作有三部,第一部是施坚雅主编的《中华帝国晚期的城市》(*The City in Late Imperial China*),第二部是谭其骧教授主编的《中国历史地图集》,第三部就是民国《鄞县通志》。

这里提及的美国的施坚雅和日本的斯波义信,都是著作等身的国际著名汉学家。他们把民国《鄞县通志》与饮誉国际的《中国历史地图集》和另一世界名著《中华帝国晚期的城市》相提并论,充分地说明了这部地方志的身价。当然,《鄞县通志》的优势并不完全在于它的字数,我在该文有较详的评论,但丰富的内容和庞大的篇幅毕竟也是它成功的重要因素。

现在,《偃师县志》在地学内容的记述上,摆脱了把地质和自然地理诸要素局限在一卷之中的做法,而是把它们分成五卷,这真是一种值得赞赏的创新。地学领域中,以《地质地貌》卷开头,这当然是符合地学的科学程序的。地质是一门独立的科学,地貌则是自然地理学的一个分支,但是由于标题已经写明,而且地质与地貌的关系密切,各种不同的地貌类型,主要是受地质基础的制约,所以两者合成一卷,这是符合科学的。此卷内容把地质与地貌各设一章,但其实两者是互相联系的。例如地质章内对于地层、地质构造等部分的记述,与地貌章内的分区溉述和山脉等内容,都有密切关系。

气候卷对于气候要素的记述配合了许多地图和统计图表,不仅有明确的计量价值,而且有很好的直观性。对灾害天气的记述,包括暴雨、旱灾、洪涝、干热风、大风、冰雹6个方面,除了论述这些灾害性天气的成因以外,并且有发生次数的统计和它们出现的频率的记录。对于从19世纪中期开始发生的各种灾害天气,在第三章《近现代灾害史料》中进行了逐年记录,直到本世纪80年代。这是一份非常有用的异常天气资料。

《水文》卷以地表水和地下水各设一章,《地表水》章以洛河和伊河为重点。在中国历史上,这是两条著名一时的河流,《水经注》为它们专设一卷,而今天也仍是黄河的重要支流。《地下水》章特别详述了伊洛河一级阶地的地下水埋藏与分布,若干地区并且记及了地下水的单井涌水量数字。此卷第三章《水资源及其开发利用》,在分别记述地表水资源及地下水资源以后,总计了全县水资源总量,最后论述了水资源的开发利用,指出:"全县可利用水量为2.35亿立方米,占水资源总量的62.9%,全县平均每年开发利用水资源总量(P=75%)为2.136亿立方米,其中地表水1.076亿立方米,占开发总量的50.4%,地下水1.06亿立方米,占开发利用总量的49.6%。"这是偃师县水资源的全局,是全县上起领导,下至群众,人人都应该了解的。

《土地与土壤》分为两章,其中第一章《土地》,全文不过70字,另附一张《1981年土地利用情况表》。篇幅虽然十分短小,但全县的土地情况已经勾画清楚,让人一目了然。以如此简洁的手法在志书中记述全县土地,真是一种创造。第二章《土壤》和第一章相反,记述非常详细,包括分类、分布和肥力3节,并且附有好几种地图和统计图表。这一部分内容,对全县的土地利用、农业区划、作物布局和土壤改良等方面,都有重要价值。

最后一卷是《动植物》,在卷首《植物》章前面有一个20余字的无题小序:"偃境地质土壤复杂,气候温暖湿润,植物资源较为丰富,计 1200 多种。"无题小序是这次全国性修志中的一项有益经验,在卷篇以前,加上一段总括全文的短小引言,让读者在检阅全文以前有一个总体概念。但像这一章如此简洁而完整的无题小序,却未尝见,不能不说是作者的匠心独运。《动植物》卷一般说来有详细的内容,并采用括注的方法说明若干动植物的别名与俗称。美中不足的是没有采用拉丁文二名法,这是半个多世纪以前民国《鄞县通志》所首先采用的先进方法,我在拙作《地理学与地方志》一文中已述其详,这里不再赘述。

　　总的说来,把地学内容分列 5 卷的编纂方法,是《偃师县志》的一种具有启发性的创造,它扩充了地方志的"地方"记述,大大加强了地方志的科学基础。而对于像我这样一个与地学打过多年交道的人,获睹《偃师县志》的这种体例创新,更感到由衷的高兴。

　　我对《偃师县志》充满兴趣的另一个部分是卷二十八《文物》。这一卷分为 9 章,在全部志书中,拥有 9 章篇幅的,除此以外,只有卷三十二《风俗习惯》。所以,单从篇幅来看,《文物》卷或许称得上偃师这个古老县份的特色。偃师有古文化遗址 40 多处,新石器时代和夏商古迹到处皆是,二里头遗址曾名闻海内外。但是前面已经说过,我对《偃师县志》中《文物》卷的兴趣,是从《水经注》引起的。主要的就是作为北魏首都的汉魏故城及其周围的山川形势。《水经注》卷十五记载了这个地区的伊、洛、瀍、涧 4 水,而卷十六《谷水》篇,在经文"又东过河南县北,东南入于洛"下,注文写了 7000 余言,是《水经注》全书中的第一篇长注。这 7000 余言内容,主要就是作为北魏首都的洛阳汉魏故城。

　　所以在《文物》卷中,我除了全面阅读以外,又特别细读了《汉魏洛阳故城遗址》一篇。并且以我历来搜集的地图,与这一篇附列的《洛阳汉魏故城遗址图》相对照。北魏洛阳的南门,包括津阳门、宣阳门、平昌门和开阳门,应该都在今龙虎滩一线,而在这以南,则有灵台、辟雍、明堂、国子学堂以及景林寺、双女寺、大统寺等许多寺院,这一切都记载在此卷的《东汉灵台遗址》、《东汉—西晋太学遗址》两篇中,可惜都已被洛水冲毁,思之令人神往。

　　《水经注》记载的东阳门以北的太仓,其位置据《洛阳汉魏故城遗址图》的估计,大概在今韩旗以东,《水经注》说:"大城东有太仓,运船常有千计。"这是一处运输繁忙的水陆码头,由于当时有护城河阳渠水绕城一周,这座码头就建在东阳门的阳渠水上。今保驾庄以西,当是汉魏洛阳故城的建春门。这是当时洛阳 12 门中很著名的城门,《水经注》引建春门石桥的《右柱铭》说:"阳嘉四年乙酉壬申,诏书以城下漕渠,东通河济,南引江淮,方贡委输,所由而至,使中谒者魏郡清渊马宪监作石桥梁柱,敕救工匠尽要妙之巧,攒之重石,累高周距,桥工路博,流通万里云云。"说明了当时城门宏伟,石桥精致,而桥下阳渠水上,舟船群集,运输繁忙的景象。从今寺里碑向东,包括大石桥附近一带,当是《水经注》记载的方湖和鸿池所在。当时这一带河渠曲折,湖池棋布,而七里涧上的不少桥梁,壮观美丽。《水经注》引《朱超与兄书》云:"桥去洛阳宫六七里,悉用大石,下圆以通水,可受大舫过也。"题其上云:"太康三年十一月初就功,日用七万五千人,到四月末止。"用7.5万人,花半年时间建造一座石桥,其规模宏伟,结构精湛,可以想见。我不知道这个地区今天有否进行考古发掘,估计一定会有所发现。

《汉魏洛阳故城遗址》篇中提及:"北魏洛阳京城内经纬通达,东南西北共有八条宽广大道。"从《洛阳汉魏故城遗址图》看,这八条大道中最重要的一条,即从皇城南门阊阖门直通宣阳门的这条铜驼街,全落在今偃师县境内。《水经注》引陆机《洛阳记》描述这条御街"驼高九尺,脊出太尉坊者也"。如此高大的铜驼诸兽,展列在这条豪华的街道之上,想当年,是何等的气派!

在《水经注》中对洛阳汉魏故城的所有记述中,我最感兴趣的是北魏永宁寺九层浮图。所以当我看到《洛阳汉魏故城遗址图》所标出的"永宁寺塔基遗址"时,内心不胜激动。《水经注》对此记载说:"水西有永宁寺,熙平中始创也,作九层浮图,浮图下基方十四丈,自金露下至地四十九丈,取法代都七级,而又高广之,虽二京之盛,五都之富,利刹灵图,未有若斯之构。按《释法显行传》,西国有爵离浮图,其高与此相壮,东都西域,俱为庄妙矣。"为了这座海内第一的宝塔,我早年曾经专门撰写过一篇《古建塔史与〈水经注〉的记载》,搜集许多资料,对此曾作了一些考证。因为此塔建于熙平元(516年),而到永熙三年(534)就付之一炬,其存在时间还不到20年。郦道元当时曾亲睹此塔。《洛阳伽蓝记》对此塔的描述也很细致,杨衒之可能也见过此塔,但当他撰写《洛阳伽蓝记》时,此塔早已不存了。

中国科学院考古所洛阳队,曾对此塔塔基作了勘查,并于《考古》1973年第4期发表了《洛阳汉魏故城初步勘查》一文,对于永宁寺九层浮图,有如下记载:

　　　永宁寺九层浮图塔基位于寺院正中,今残存高大夯土台基,残高约8米左右,塔基平面呈方形,分三层而上,顶上两层在今地面上屹立可见,底层夯基近方形,东西约101米,南北约98米,基高2.1米,中层夯基面积小,呈正方形,东西、南北各长50米,高约3.6米;顶层台基系用土坯垒砌,呈正方形,面积约有10米见方,残高2.2米。这与《水经注》所载永宁寺'浮图下基方十四丈'面积相近。

对于洛阳汉魏故城,长期以来我已看过不少资料,今读《偃师县志》的许多记述,使我更为之神往。记得往年在日本讲学,曾经考察过九州福冈以南的日本古代西都大宰府遗址,这是公元7世纪后半期日本飞鸟时代创建的都城,为时晚于洛阳汉魏故城,但与日本的其他古城如平京城(奈良)和平安城(京都)不同,它已经完全夷毁,成为一片废墟。我到那里考察,发现他们对这个废墟保护得很好,一切古时设施都妥善安置在原位,不仅复原了许多古物和古建筑,而且建立了博物馆。现在,洛阳汉魏古城已于1963年由国务院公布作为我国第一批文物保护单位,希望有朝一日,能够看到在这里兴建一座洛阳汉魏故城博物馆,让这座在中国历史上煊赫一时的古都,能够获得大规模的复原,向后人展现华夏文明的光辉。

原载《偃师县志评论集》,中州古籍出版社1994年版

关于"句"、"勾"的通信

绍兴市文联朱先生:

　　来信及拙序校样均悉。我正想写信给你们。

　　我想写信的原因是另一本书引起的。一个礼拜以前,省社科院的徐吉军副研究员携他们撰写的《浙江历史名人录》的校样(此书即将在杭州大学出版社出版)请我作序,我看了目录和部分内容,发现"句践"的"句"都作"勾"。我立刻警觉起来,翻翻你们留在我处的《图赞》目录,因为我作序时没有仔细看。也发现"句"均作"勾",而拙序校样中,五个"句"字均被排作"勾"字,所以不得不写这封信。

　　古代地名与人名中的"句"读作 gōu,却不能写作"勾"。而近代人往往混写。我从不把"句"写作"勾",但我发表的文章中也常见"勾",这都是编辑或排字人代庖的。文章发表了,改也改不来了,常常因此而苦恼。《说文》无"勾"字,但有"句"字,收在卷三上、句部。释文云:"曲也,从口,丩声,凡句之层皆从句。"唐徐铉云:"古侯切,又九遇切。"说明"句"字到了唐朝有两种读音,一作 gōu,一作 jù。不过《说文》既云"从口","口","有"韵,"句(gōu)","尤"韵,韵相近;而"句"jù"遇"韵,韵相远。所以汉代以前,"句"只有一个读音 gōu,也就是《说文》所说的"丩声"。

　　再说"句践",这是人名,当时,吴人和越人的人名和地名,作"句"者甚多,如句章、句无、句容(此"句"字,今误读 jù)等,不胜枚举。这当然是越音汉译,我在拙撰《浙江古今地名词典》的《前言》中已经举例,如御儿、语儿、姑蔑、姑妹等均是。即以"句践"

为例,亦有不同译法,如1962年在湖北江陵出土的越王剑,其铭文就另译"鸠浅"(《文物》1966年第5期)。此外如今大陆出版的世界地图作"意大利",而台湾出版者作"义大利"。外来语的一音多译,古今均有其例。

现在我们的出版物中把"句践"甚至"句章"、"句无"的"句"写作"勾",这已经不同于一音多译,而是一种文字常识的错误。这是因为"句践"、"句章"等词汇,虽然译自越语,但由于来历古老,已经成为一种汉语的专有名词。先秦著作,如《左传》定公十四年:"句践患吴之整也",《孟子·梁惠王下》:"句践事吴",又如《越绝书》(此书亦为先秦著作,我在拙撰《点校本〈越绝书〉序》中已经考证)等,均作"句"字。即使从译音的角度说,如上面指出的,《说文》尚无"勾"字。则原译作"句"而不作"勾",可以无疑。

汉字之中何时出现"勾"字,考证当然比较困难。不过古时汉人也有姓"句"的,孔子弟子句井疆即是其例。《史记·仲尼弟子传》"句井疆"下《正义》云:"句作钩。"说明直到唐代,"勾"字尚不常用,故《正义》作"钩"而不作"勾"。《康熙字典》"勹"部("句"从《说文》,属"口"部)有"勾"字,释文云引自《篇海》。《篇海》是何时书,我尚未查过,但估计总在宋以后,王禹偁诗:"山形如八字,会合势如勾。""勾"字在宋代已经流行,当可无疑。

现在要查究在"句践"一名中以"勾"作"句"这种错误的来源,或许仍应责备古人。因为至迟到明代,这种错误已经出现。例如《二十四史》,各本均作"句践",但乾隆刊武英殿本《史记》竟作《越王勾践世家》。武英殿本的底本是明代监本,这是一种很不可靠的本子,体例及文字都不工整,武英殿本不幸继承了这种缺陷。即以"句践"而论,正文作《越王勾践世家》,而目录则作《越王句践》,一书之中,"句"、"勾"并用,自相径庭。而许多读者只读正文,不察目录,因而造成不少"从盲"的后人。新版《辞海》即是其中之一。《辞海》不从《说文》,置"句"、"勾"二字于同一"勹"部之中,"句章"、"句无"等均在"句"下,而"句践"竟作"勾践",在"勾"下。以这样一部号称权威的工具书,编者在定条目、撰释文的过程中,竟不遍查古籍,不要说汉语,即从越语汉译的要求说,一音两译,成何体例? 新版《辞海》的错误不少,往年我曾举过《水经注疏》一条例子(《水经注疏排印本说明》),同样十分荒唐,故使用此书,务宜谨慎。

希望《图赞》中把"勾"字统统改正,绍兴的其他文献也应如此。因为这个字汇与绍兴关系甚大,近年来又经常出错,我常想写篇短文辨正,却苦于没有时间。由于《浙江历史名人录》的引发,觉得不宜再因循下去,所以匆匆写此一信,向你们请教。

专此并祝

编祺

陈桥驿

1994 年 7 月 29 日

原载 1994 年 11 月 16 日《绍兴日报》

《宁波市志》序

地方志修纂是中国优秀的文化传统,历代成书,浩如瀚海,而宁波尤为得天独厚。按中国旧时志书,如《朝邑》、《武功》,虽已擅名往昔,但以一地志书而言,则南宋《临安三志》、宋元《四明六志》,均为其中翘楚。其实,宋元《四明六志》无非是一个时代宁波佳志的概括之词,而历来宁波的地方志修纂,其渊源的古老绵远,佳志的前后相继,都超越了宋元《四明六志》的概念。检索宁波历来的修志源流与志书成就,心胸为之畅豁,精神为之振奋。

现在尚可寻求的宁波古老方志,当推清徐时栋《宋元四明六志余考》著录、不知撰人名氏的《明州图经》。张国淦《中国古方志考》据之录入,所以信而有征。徐时栋考云:"按黄主簿鼎序,乾道《图经》,但溯大观,而不言其他,王尚书应麟辨之,以为始自景德、祥符间。余以为尚不始此也,宋真宗咸平四年,苏通判作《善政侯祠堂祀》云:善政侯琅邪王公,讳元晔,册封之典,《图志》载之备矣。其时编葺之诏未下,而吾乡已有志乘,可备征引,然则不特宋元《六志》足以豪天下,即其渊源亦甚古也。书或唐时旧籍,或宋初新修,莫能考矣。"

徐时栋认为《明州图经》成于唐时或宋初,两者确实均有可能。按嘉泰《吴兴志》辑本卷三《乡里·武康县》下曾引唐开元《湖州图经》一条,说明唐时今浙省境内已有图经之纂,明州始建于开元二十六年(738),复建于乾元元年(758),则唐时已有图经固属可能。按《玉海》卷十四《地理图·开宝修图经》所记:"四年正月戊午,命知制诰卢多逊、扈蒙等重修天下图经,其书迄不克成。六年四月辛丑,多逊使江南,求江表诸州图经,以备修书,于是十九州形势尽得之。"又按《宋史·宋准传》,宋准曾于开宝八年(975)受诏修定诸道图经。据此,则《明州图经》也可能为开宝(968—976)时所纂。总之是历史悠久,渊源古老。

《宋元四明六志余考》著录、不知撰人名氏的景德《明州图经》,是目前尚可查考的古代宁波第二种方志。徐氏考云:"按宋真宗景德四年二月,诏诸路州府军监,以图经校勘编入古迹,而上诸朝。及诸路以图经献,体制不一,遂重修之,至大中祥符三年十二月书成,又诏职方牒诸州谨其藏。此见之《会要实录》中,其时明州固当一例编献,而更有可证明者,舒中丞亶《西湖引水记》云:按《明州图经》,鄞县南二里有小湖,唐贞观中令王君照修也。《记》作于徽宗建中靖国元年,在《李志》未出之前,则所引为景德《图经》中语无疑。"此志,张国淦《中国古方志考》亦据徐氏书录入,说明其证据确凿。

景德以后,则有李懋诚所纂的大观《明州图经》,即《舆地纪胜》卷十一及乾道《四明图经》各卷所引的《旧图经》。据徐时栋《宋元四明六志余考》所录乾道《四明图经》黄鼎序云:"大观元年,朝廷创置九域图志局,命州郡编纂图经,于是懋诚撰此书,其书分地里、户口、物产、赋贡、人物、古迹、释氏、道流、山林、江湖、桥梁、坊陌,而物产中又分羽、毛、鳞、介、花木、果蓏、药茗、器用诸子目。既而明州遭金人之祸,书佚不传,孝宗乾道间,张侍郎津重修图经,始访得其书,以为蓝本。"说明此书在宋乾道时尚得见。而据黄鼎所录,此书条目完备,已具后世方志雏形。乾道《图经》既以此为蓝本,即徐氏《余考》所云:"校勘乾道丛残之本,尚足以仿佛大观散亡之书。"则可证宋元《四明六志》取法于大观《图经》,大观《图经》取法于前代《图经》。若无前代《图经》以为典范,则乾道《图经》将无所依恃。而乾道《图经》为《四明六志》之首,承前启后,实所攸关。这就是宁波修志的源流,溯昔抚今,令人为之神往。

自乾道《四明图经》创始,宝庆《四明志》、开庆《四明续志》、延祐《四明志》、大德《昌国州图志》、至正《四明续志》前后相继,这就是载誉志林的宋元《四明六志》,宁波的地方志修纂,从此异军突起。前人对宋元《四明六志》的褒赞之词,不绝于书。如《四库提要》史部地理类一称宝庆《四明志》:"叙述谨严,不失古法。元袁桷延祐《四明志》,亦据为蓝本,多采用焉。"而对于以此书为蓝本的延祐《四明志》,《四库提要》不仅称道其纂者:"桷文章博赡,为一时台阁之冠",对志书的体例,称其"条例简明,最有体要",对志书的内容,又盛赞"故其于乡邦旧典,尤多贯串,志中考核精审,不支不滥,颇有良史之风,视至元《嘉禾》、至正《无锡》诸志,更为赅洽"。周中孚在《郑堂读书记补逸》卷十二评论他所见此志写本:"每考各系小序,义理谨严,考证精审,而辞尚体要,绰有良史风裁。"

　　我国修志历史悠久,在不久前整理出版的《中国地方志联合目录》中,著录了至今尚存(或残存)的全国方志达 8000 多种,在这 8000 余种之中,宋元《四明六志》显然是其中瑰宝,它们在我国的方志史上光芒万丈。

　　宋元《四明六志》以后,宁波的修志事业依然欣欣向荣。明清府志虽然亡佚殆半,却仍能博得学术界的好评。如成于明天顺、成化间的《宁波府简要志》,书虽不过 5 卷,但《四库提要》史部地理类存目二称其"体例简洁,亦康海《武功志》之亚"。

　　除了地括一州一府的州、府志以外,局限一县一邑的县志也代有修纂。宋代县志据《舆地纪胜》卷十一引及的有《鄞县记》1 种,而见于《宋元四明六志余考》著录的则又有《鄞志》一种,今均已亡佚。明代县志仅存《敬止录》抄本 1 种。清代县志称盛,上起康熙,下迄同治,凡六种,除康熙《朱志》不传外,余均完璧。而其中《乾隆志》为钱大昕等所纂,《同治志》为董沛、徐时栋等所纂,他们都是当时学术名流,人物鼎盛,可见一斑。

　　特别值得大书特书的是民国《鄞县通志》,此志共 36 册,厘为 51 编,凡 500 余万言,是我国方志史上规模最大的县志,资料完备,内容新颖,称得上地方志步入现代科学的嚆矢。例如它以现代科学的气象、气候学理论记载气象、气候,并且是我国地方志用现代科学的观点和方法记载地质、岩矿、海洋等卷篇的创始,此外,它首先用现代科学的动植物知识记载地方动植物,每种动植物均用二名法以拉丁文注记其学名。所以在我国方志史上,民国《鄞县通志》具有划时代的意义。

　　民国《鄞县通志》确是宁波地方志承宋元《四明六志》优秀传统的杰作,此书一出,非特流馨国内,而且蜚声海外。由于此书的内容丰富,加上宁波的地方文献如上所述积蓄雄厚,它们引起了国外汉学家研究宁波的兴趣,因而使我想起了一件往事。

　　1985 年春,我应聘在日本国立大阪大学讲学,美国著名汉学家斯坦福大学人类学教授施坚雅(G. W. Skinner)及其夫人曼苏恩(Mann Susan),正在东京庆应大学从事研究工作,因为我们都是老友,施坚雅夫妇为了要和我们夫妇及日本著名汉学家国立大阪大学东洋史教授(后来曾担任东京大学东洋文化研究所所长)斯波义信夫妇作一次叙会,特地从东京赶到大阪度他的生日。这年 2 月 16 日晚上,我们三家在大阪市中心梅田的一家餐馆聚首。知识分子的宴会主要当然是谈论学术,特别是汉学名著。因为施坚雅夫妇当时正在研究宁波,所以谈论很多的就是民国《鄞县通志》。施坚雅说他在斯坦福大学建立"宁绍研究室",除了这个地区在中国的重要性以外,十分有利的条件是这里的雄厚资料基础,而其中特别使他鼓舞的即是民国《鄞县通志》。他认为这是中国地方志中难得的杰作,使他大大增加了对宁波城市发展及其背景进行深入研究的信心。此言果真不虚,他的夫人(当时是加利福尼亚大学圣克鲁兹分校的中国史副教授,后来被聘为达维斯分校的中国史教授)当时正在撰写《地方商人与中国的官僚政治,1750—1950》(*Local Merchants and the Chinese Bureaucracy*,1750—1950)一书(于1987年在斯坦福大学出版社出版),书中引用了大量民国《鄞县通志》的资料。1988年,他们夫妇曾多次来信与我商量研究"宁波帮"的问题,并且随即来到中国,开始这项研究。虽然研究工作到后来因故中辍,但估计他们不会放弃这项研究计划。因为正在这段时期,他们委托斯坦福大学人类学博士研究生(我的历史地理学硕士研究生)乐祖谋君,把民国《鄞县通志》的全部内容,编成计算机语言输入了计算机。由此可见他们对宁波研究的兴趣和民国《鄞县通志》的推崇程度。

在当晚宴会上,斯波义信对民国《鄞县通志》不仅赞赏,而且感慨。认为这样的方志,才能使研究者左右逢源,才具有学术意义和实用价值。他是《宁波及其腹地》(*Ningpo and lts Hinterland*)这篇著名论文的作者,此文收入于施坚雅主编的汉学巨构《中华帝国晚期的城市》(*The City in Late Imperial China*)。施坚雅在该书《导言》中评论此文:"斯波关于宁波城市经济的描述,在现有叙述中国城市研究的英文著作中,可能是最完备的一种。"我在拙作《〈评中华帝国晚期的城市〉》(《杭州大学学报》1985年第1期,《新华文摘》1985年第8期)一文中又补充说明:"我应该补充施坚雅的话,在我所读到的有关宁波城市研究的中文著作中,像斯波义信这样的论文,实在也是凤毛麟角。"斯波是个学术上的宁波通,他得之于《鄞县通志》的实在很多。早在他为大阪大学副教授的时代,就发表了《宋代明州的都市化和地域开发》的论文。直到不久以前,他还连续发表《20世纪30年代宁波的城乡人口》(《东洋文化》1989年第69卷)和《20世纪30年代宁波地区的城乡关系》(英文,东京大学东洋文化研究所《研究报告》1989年第47号)两篇内容丰富的论文,都利用了《鄞县通志》的大量资料。斯波在他的巨著《宋代江南经济史之研究》(东京汲古书店1988年版)一书的后编《宁绍亚地域之经济景况》中,特别设立《宋以后之宁波》一章,论述了宁波的经济概况、都市组织、职业组织与文化、都市不动产、课税与管理、宗教与都市生活、以宁波为核心的商业组织等,只要略窥文后注释中频频引用《鄞县通志》这一点,这部志书的价值,就令人肃然起敬。从上述施坚雅、曼苏恩、斯波等学者对宁波的研究及其出色成果中,可以看到民国《鄞县通志》在学术上和实用上的价值及其在外国汉学家中的重大影响。

宁波地方志修纂的优秀传统与卓越成果已略如上述。现在,在最后一部府志刊行逾两个半世纪、最后一部县志出版近半个世纪以后,中华人民共和国建立以来的第一部市志已经完稿,行将出版。在宁波这个方志之邦中,此时此事,的确令人欢欣鼓舞,奔走相告。新修的《宁波市志》,不仅在编纂上可以与民国《鄞县通志》相颉颃,而在其修纂过程中,组织人力之众,投入物力之多,均有过之。综观全稿,诸凡资料的丰富,内

容的完备,引文录句的严谨,评人述事的审慎,照片地图的精致,语言文字的洗炼,如此
等等,都足以阔步志林,贻惠后世。由此可以说明,溯唐宋《明州图经》的悠久传统,承
宋元《四明六志》的灿烂光辉,继民国《鄞县通志》的非凡成就,新修《宁波市志》不特
克缵丕绪,而且后来居上。爰作此序,既为宁波名邦增一佳志而额手称庆,又为中国方
志史得此奇葩而自豪逾常。

1993 年 6 月于杭州大学
原载《宁波市志》,中华书局 1996 年版

《绍兴市志》序

  在绍兴方志史上的最后一部府志即乾隆《绍兴府志》刊行 200 年以后,中华人民共和国建国以来的第一部《绍兴市志》公开出版,这是绍兴方志史上的重要事件,是值得海内外所有绍籍人士同歌共庆的。

  地方志修纂是华夏文化的特色之一,是中国的优秀文化传统。据中华书局 1985 年出版的《中国地方志联合目录》的著录,至今尚存(或残存)的历代方志,上起六朝,下及民国,为数共有 8371 种。现存之数,加上亡佚之数,中国历来修纂方志的总数,实在难以估计。代代相继、浩如烟海的地方文献,写出了光辉灿烂的中国方志史。

  中国有中国的方志史,绍兴也有绍兴的方志史。值得绍兴人自豪的是,中国方志史是以绍兴方志史开头的。这就是成书于先秦而由东汉初学者重加整理的《越绝书》。自从明清以至近代,学者异口同声,咸以《越绝书》为中国地方志之鼻祖。万历《绍兴府志·序志》称《越绝书》"是地志祖"。乾隆《醴泉县志》毕沅序及乾隆《澄城县志》洪亮吉序,均言"一方之志,始于越绝"。近人朱士嘉《宋元方志传记索引》卷首序言也指出:《越绝书》是现存最早的方志。"

  从中国方志史的阶段看,《越绝书》属于中国古方志。我在拙作《点校本〈越绝书〉序》(上海人民出版社 1985 年版)中,对此书进行了许多考证,提出我的结论:"《越绝书》的渊源远比《吴地传》所说的'建武二十八年'古老,而袁康(假使确有其人)和吴平的工作,无非是把一部战国人的著作,加以辑录增删而已。"所以此书渊源古老,在同一时代中,绝无其他任何同类著作可以与之颉颃。它是中国独一无二的古方志。
《越绝书》为中国方志史创立了第一个篇章,同时也为绍兴方志史记录了一个辉煌的
开头。《越绝书》特别是其中卷二《吴地传》和卷八《地传》两篇,其编撰的方法和格
局,给予后世地方志以重大的影响。

　　在中国方志史上,方志的大量出现以及这类地方文献被冠以方志之称,实始于六
朝。《水经注》卷二十一《汝水》篇说:"以方志参差,遂令寻其源流。"又卷二十二《渠
水》篇说:"因其方志所叙,就记缠络焉。"这是方志史上"方志"一名的正式使用,由于
《水经注》的著述正当其时,所以书内引用了这一时期的大量方志,这就是清陈运溶在
《荆州记序》(收入于《麓山精舍丛书》)所说的:"郦注精博,集六朝地志之大成。"六朝
方志,是在古方志《越绝书》的影响下涌现出来的,绍兴是《越绝书》的故乡,所以得风
气之先。六朝300余年中,绍兴方志大放光彩,从三国吴朱育的《会稽土地记》、晋虞
预的《会稽典录》等,至陈隋间人夏侯曾先的《会稽地志》,为数达10余种之多,仅以
《会稽记》为名的,即有晋贺循、南朝宋孔灵符、南朝齐虞愿3种。修纂之盛,为当时其
他州郡所远远不及。由于六朝方志大率短小,而此时雕版印刷尚未兴起,所以大都均
已亡佚,其中少数亦仅赖辑本流传。而绍兴幸有南朝宋谢灵运的《山居赋》1篇,至今
仍属完璧。此篇《水经·浙江水注》引作《山居记》,《国史经籍志》卷三著录作《山居
志》。它不仅是亡佚殆尽的六朝方志中的杰作,而且是中国韵文方志的滥觞。是绍兴
方志在中国方志史上争得光荣的又一奇葩。

　　六朝方志以后,中国方志史上的重要发展是北宋的官修图经。案《玉海》卷十四
有《开宝修图经》及《祥符修图经》两条。开宝修图经据《玉海》谓"其书迄不克成",以
后亦未见公私著录。祥符图经由李宗谔总其成,据《玉海》所记:"书成,凡一千五百六
十六卷,目录二卷。"至元初此书虽已散佚,但《宋史·艺文志》著录李宗谔《图 经》,尚
有98卷。图经是北宋的官修志书,越州当时已为文物之邦,当然参与修纂。陆游嘉泰
《会稽志序》说:"书虽本之《图经》,《图经》出于先朝。"说明绍兴在当时不仅修成了
《图经》,而且此《图经》还是南宋嘉泰《会稽志》的依据。案《嘉泰志》各卷所引《图经》
共有200余条,各卷引及时,其名目有《图经》、《祥符图经》与《旧经》之别。《图经》与
《祥符图经》当均为祥符《越州图经》的简称,而《旧经》则尚可研究。因为在《嘉泰志》
以后,明《寰宇通志》绍兴府亦引《图经》2条,《旧经》12条,故疑祥符《越州图经》以
前,越州已另有《图经》的修纂,《旧经》者,当是与祥符《越州图经》相比之称,则《越州
图经》或许还不只一种。此事当然尚可研究,但陆游既说《嘉泰志》"书虽本之《图
经》",则《越州图经》的图文并茂可以想见。

　　南宋是中国方志修纂趋于成熟的阶段,南宋方志的编纂方法、体例、格局,以后为

元、明、清、民国及当今方志所大量继承。据《中国地方志联合目录》著录,现存(包括残存)的南宋方志计 28 种,而绍兴居其三。南宋方志甚多名作,浙江省历来有《临安三志》《四明六志》之称,却未及绍兴。而实际上就府志一级而言,嘉泰《会稽志》及宝庆《会稽续志》,比之临安、四明,实有过之而无不及。我于 1983 年为《浙江分县简志》所写的序言中,首先提出《会稽二志》之名。并于 1985 年专撰《会稽二志》一文,发表于《绍兴师专学报》当年第 2 期,我在此文中指出:

> 在浙江省的宋、元方志中,嘉泰《会稽志》和宝庆《会稽续志》,是两部极为难得的佳志。它们不仅内容丰富,体例严谨,并且风格独具,不同流俗。特别是二志至今完整无缺,这是《临安三志》和《四明六志》均不能比拟的。(案《临安三志》均已残缺,《四明六志》成于南宋者三,其中乾道、大德二图志均已无图,延祐志并已残缺。)因此,我认为把嘉泰《会稽志》和宝庆《会稽续志》合称为《会稽二志》,不仅名副其实,而且还称得上浙江省宋代方志中的双绝。

南宋方志中属于绍兴府的县志还有《剡录》10 卷,也是中国方志史上著名佳作。《四库全书提要》史部地理类一认为此志不仅"可为地志纪人物之法",而且"亦可为地志纪山水之法"。所以《四库提要》对它作了极高的评价:"统核全书,皆叙述有法,简洁古雅,迥在后来武功诸志之上。"

我所提出的《会稽二志》的名称,已经获得方志学界的赞同。由魏桥等编著的《中国方志源流》(浙江人民出版社 1988 年版)一书中,在第四章《宋代,浙江修志史上的重大转折》下,用《会稽二志》和《剡录》作为标题。另一种魏桥主编的《浙江修志十年》(浙江人民出版社 1992 年版),在卷首序言中指出:"嘉泰《会稽志》和宝庆《会稽续志》被誉为方志的'双绝'。"由此可知,《会稽二志》在中国志书之林中的出类拔萃,乃是众所共见的事实。南宋一代是中国方志史上的光辉时期,而《会稽二志》和《剡录》的独步南宋志林,则是绍兴方志史上的莫大荣耀。

南宋以后,历元、明、清各代,绍兴在方志修纂中仍然推陈出新,丰富多彩。不仅后先相继,而且佳志迭出。如万历《绍兴府志》和乾隆《绍兴府志》等,都是中国方志史上值得称道的杰作,我在拙著《绍兴地方文献考录》(浙江人民出版社 1983 年版)一书中已列其详,此处不再赘述。

总之,绍兴方志史的不同凡响之处,如我在拙作《绍兴修志刍议》(载《绍兴师专学报》1987 年第 1 期)一文中所归纳的,大概有三个方面。这就是:"第一,它具有我国最悠久的修志历史";"第二,绍兴拥有数量巨大的方志类文献";"第三,在至今存在的绍兴方志遗产中,有许多难得的佳志"。绍兴方志史上的非凡经历和精湛成果,对于绍兴后来的修志者来说,既是一种鼓励,也是一种鞭策。如何缵先人之绪,承祖宗之业,为绍兴的方志史写出无愧乎前辈,有益于后世的续编,实在是一种非常艰巨的任务。在此次修志之初,绍属各邑人士,不论在乡在外,对此均备极关注。而绍兴市当局,以市志修纂,关系至巨,事前曾经反复讨论,通盘计议,在编纂人员之遴选,编纂机构之建立,编纂计划之制定,编纂经费之落实等方面,都作了认真的研究和缜密的安排。自从绍兴市地方志编纂委员会建立以来,六年于兹,编纂过程之崎岖历尽,自非戋戋数语可述其详,而其间,绍兴修志传统的鼓舞激励,市政领导的运筹有方,编辑人员的呕心沥血,社会各界的大力支持,实为志书成功之关键。总计在此 6 年之中,参与编辑及审稿的人员达 400 余人;因编辑、采访及搜集资料而奔走四方,计程 6.4 万公里;搜集各种资料达 16.6 万件;撰成资料长编达 700 万字。经过反复讨论,悉心修订,最后终于成此煌煌巨构。现在,书既出版,其卓越成就,已为海内外绍籍人士及各界读者所共见。在绍兴这个历史文化名邦之中,文献浩瀚,佳志如林,而新修《绍兴市志》,不仅足以承前启后,而且堪称后来居上。

我在青年时代就留意乡邦文献,50 年代起着手编纂《绍兴地方文献考录》,20 余载之间,曾奔波于国内外不少著名图书馆,并且访问名流耆宿,兼及私家收藏。所以对越中文献掌故,稍有所闻。今《绍兴市志》的修纂,动员力量之众,搜集资料之多,采访范围之广,编辑成稿之谨,在绍兴方志史上,实为前所未有,是以其成就卓著,殊非偶然。我忝为此志顾问,志书光辉,亦与有荣,心中感奋,特为之序。

1993 年 10 月于杭州大学

原载《绍兴市志》,浙江人民出版社 1993 年版

《德清县志》序

　　宋嘉熙《余不志》章鉴序云："余不为邑，去天尺五，簪绅宦游，慕其山水之秀而居之者，比他邑最盛。"这是德清在 7 个半世纪以前的情况。"山水之秀"是一种自然景观，自然景观之吸引名门望族来定居，必然有相应的人文景观相配合。唐柳宗元著《永州八记》，至今脍炙人口。永州的自然景观幽美，自不待言。但人文景观却使人却步。柳宗元是被贬遣到那个蛮荒之区去的。德清当然不是这样，在这方面，章序接着阐述："习俗薰染，典制彬蔚，必有可见。"这就是德清当年民风淳朴、制度典雅的人文景观。

　　德清在当年的这种高度发展，于事绝非偶然，首先因为这里是一个历史悠久、文化古老的地区。早在春秋时代，这里是句吴的南疆，于越的北陲。两国之间，在这一带屡有交锋。按《春秋》所记，这一带在昭公五年(前 537)、昭公三十二年(前 510)、定公五年(前 505)、定公十四年(前 496)、哀公元年(前 494)发生过多次战争。历史方志与地理也多有记载。如万历《湖州府志》记载德清县吴憾山，是吴王夫差伐越筑垒之处。《读史方舆纪要》引《城冢记》说："昔吴王夫差憾越王伤其父，进军伐之，筑垒于此。"则所记当指《春秋》定公十四年之战："五月，于越败吴于檇李。"《左传》定公十四年："灵姑浮以戈击阖，阖间伤将指，取其一屦，还，卒于陉，去檇李五里。"檇李和陉均距德清不远，则吴憾山的记载并非全无根据。雍正《浙江通志》也记及勾垒城(按即今德清东南的勾里)，说是越王句践屯军处。又记及德清县南乾元山，言吴王筑城于此。此外,这一带地名涉及古事者甚多,如《十道志》、《太平寰宇记》、《舆地广记》等,均记及武康是古防风氏之国,《读史方舆纪要》引晋张玄之《吴兴山墟名》:武康县西北计岘山,范蠡师计然所居。又县东南计筹山,亦以计然而名。如此等等,不胜枚举。当然,后世方志与地理书的记载不能与《春秋》经传并论,但无论如何,总是说明了这个地区历史文化的渊源悠久。

以上说到名门望族迁入这里定居的事。据《宋书》沈约《自序》,早在东汉之初,沈约的祖上就"避地徙居会稽乌程县之余不乡,遂世家焉"。当时,武康和德清均无县的建置,一直到东汉之末,孙氏才置永安县,晋太康初改永康,复改武康,即沈约所说:"虽邦邑屡改而筑室不迁。"南朝四代,沈氏成为武康显赫一时的望族。仅在正史立传的,《宋书》有沈昙庆、沈演之等7人,《南齐书》有沈冲、沈文景等4人,《梁书》有沈约、沈颙等6人,《陈书》有沈恪、沈众等6人,则四代之中,沈氏家族立传于正史的竟达23人(《陈书》尚有沈君理1人,因本传仅统称吴兴人,故不计在内)。沈约《自序》称:"七世祖延,始居县东乡之博陆里余乌村。"按德清建县始于唐天授二年(691),分武康东境17乡置武源县,今博陆里余乌村虽然已无确证可以查实,但其地在后之德清县境大概可以无疑。至于"余不"一名,《元和郡县志》德清县下云:"景云二年改临溪县,以临余不溪也。"据万历《湖州府志》引北宋李宗谔《图经》(驿按:当指祥符《湖州图经》,今已亡佚)云:"水清澈,余则不。"按沈约《自序》,东汉已有余不乡。《晋书·孙愉传》载,愉尝行经余不亭,后以讨华轶功,封余不亭侯。是知晋朝有余不亭之设。至《元和郡县志》始见余不溪之名,则溪以乡、亭得名抑乡、亭以溪得名尚不可定。况浙江自古以山清水秀著称,何以独此溪清澈?《图经》所释,殆亦刘敬叔《异苑》释乌伤县为"乌口皆伤"之类,殊属无稽。按武康有余英溪,长兴有余罢溪、余渔浦,两浙古地名中以"余"称者甚多。清李慈铭《越缦堂日记》(同治八年七月十三日)云:"盖余姚如余暨、余杭之比,皆越之方言,犹称于越、句吴也。姚、暨、虞、剡,亦不过以方言名县,其义无得而详。"由此可见,余不、余英也均是越语地名,其义虽不可解,而其渊源邈远可以肯定。足见此县历史文化之悠久。所以古老的历史传统,卓越的文化渊源,即章鉴序所谓"习俗薰染,典制彬蔚",这是德清在两宋繁荣昌盛的重要基础。

当然,除了历史文化基础外,德清在两宋的发展,另外还有很重要的因素。我的一位老友,美国著名汉学家施坚雅教授(G. William Skinner)在1977年出版于美国斯坦福大学出版社的、他所主编的巨著《中华帝国晚期的城市》(*The City in Late lmperial China*)一书中,提出了一项美国汉学家在中国历史城市研究方面的创见,即所谓"中世纪城市革命",也就是从8世纪下半叶起至北宋的市场结构与城市化的革命。这种"城市革命"的内容,按施坚雅在该书第一编导言《中华帝国的城市发展》中所总结的,共有五个方面,其中最后两方面是:某些城市迅速扩大,市郊商业区蓬勃发展;出现了具有重要经济职能的大批中小城镇。美国汉学家的研究获得了世界城市研究者的许多好评,我也于 1985 年在《杭州大学学报》第 1 期发表了长篇书评《评〈中华帝国晚期的城市〉》(该文随即为当年《新华文摘》第 8 期所转载),赞赏了美国汉学家在中国历史城市研究中的这种创见。对于杭嘉湖平原和太湖流域来说,美国汉学家的研究是符合实际情况的。这个地区从两宋以来的富庶繁荣,范成大在《吴郡志·杂志》中,首先用生动的语言表述:"谚曰:天上天堂,地下苏杭。"又曰:"苏湖熟,天下足。"杭、湖、苏 3 个大城市在这一时期的发展,属于施坚雅所总结的:"某些城市迅速扩大。"在这 3 个城市之间,也就是施坚雅在其巨著所提出的"江南金三角",此时确实"出现了具有重要经济职能的大批中小城镇"。而这里,德清恰恰处在其间。所以在嘉泰《吴兴志》中列名的著名城镇中,就有德清、武康和新市;在弘治《湖州府志》中,又增加德清的塘栖(后划归杭州府)和武康的三桥埠;至及乾隆和同治《湖州府志》中,则武康的上柏和簿头也列名在内。我的另一位美国朋友、瓦尔巴莱索大学历史系主任萧邦齐教授(R. Keith Schoppa),曾经作为访问学者,于 1986 年在我的帮助下在中国作过 4 个月的研究工作。他来我的研究室时,以他于 1982 年在美国哈佛大学出版社出版的,他对浙江省研究的专著《中国的名流和政治变迁——20 世纪早期的浙江省》(*Chinese Elites and Political Changes—Zhejiang Province in the Early Twentieth Century*)一书,作为对我的见面礼。在这本专著中,他以相当精确的数量分析为根据,把清末民初浙江省的 75 个县按发展程度分为内核、外核、内缘、外缘 4 级,其中发展程度最高的内核共有 20 县,而杭嘉湖平原占了 9 县,计杭州府 2 县,嘉兴府 5 县,湖州府 2 县。湖州府的 2 县就是吴兴和德清。由此可见,自从中国历史上出现施坚雅所提出的"城市革命"以来,直到清末民初,德清县一直是富庶繁荣的县份。

　　7 个半世纪以前,德清纂修了《余不志》2 卷。在知县章鉴序中,知道此志之前尚有《图志》1 种,为张国淦《中国古方志考》所著录。我国的图志纂修盛于宋代,故《德清(或余不)图志》也可能成于宋代。至于武康,唐福州侯官尉沈常纂有《武康土地记》1 卷;又嘉泰《吴兴志》曾引及宋《武康县志》数条;而庆元中(1195—1200),武康人进士刘瞳又纂有《余英志》2 卷,为嘉泰《吴兴志》及《舆地纪胜》等所引及。上述唐、宋五志虽然均已亡佚,但却反映了《余不志》章鉴序所说的"承平既久,文物滋备"的情况。南宋虽然偏安一隅,但杭嘉湖平原和太湖流域的生产力在这段时期有了很大提高,市场繁荣、经济发展都是不必怀疑的事实。故上述唐、宋五志特别是南宋各志的纂修,实际上就是这个地区富庶繁荣在文化上的反映。我在拙序《湖州府城镇经济史料类纂序》(载《浙江方志》1989 年第 3 期)中曾经指出:"随着生产的发展和经济的繁荣,太湖流域的这些城市和集镇,在文化上也相应地有了很大的提高。多年以来,这个地区教育发达,人文荟萃。而这些事实的具体反映之一,则是地方文献的大量编纂发行。自从南宋以来,太湖流域各府、县成为我国地方文献最丰富的地区,除了数量众多的府、县志以外,这个地区地方文献的特色,是府、县以下的乡镇志的丰富多彩。自从南宋以来,太湖流域纂修乡镇志蔚然成风,数量众多,篇幅庞大,内容丰富,为我国其他地区所无法比拟。它们在研究南宋以来这个地区的政治、经济、文化等方面的发展有重要意义,是太湖流域的一宗极有价值的文化财富。"

从县志来源来说,德清自上述宋《图经》起,历修县志达 10 种;武康从唐《土地记》起,历修县志达 9 种,两者共达 19 种之多(现尚存 9 种),成为我国县志最多的县份之一。我在《类纂序》中还举了不少这个地区的乡镇志的例子,而其中纂修最早的就是明德清陈霆于正德十一年(1516)所纂的《新市镇志》8 卷(又名《仙潭志》);明沈戬谷接着纂《仙潭后志》;清沈赤然又在嘉庆间纂成《新市镇续志》8 卷、补遗 1 卷;光绪间,费梧等又纂《新市镇再续志》4 卷;另外还有清程之彭所纂《仙潭文献》10 卷,仅此新市一镇,竟拥有地方文献 5 种。此外,武康的上柏镇在清代也纂有镇志。我在那篇序中,曾把太湖周围的这些大大小小的繁荣集镇,比作"挂在太湖边上的一条光彩夺目的项链"。这个比喻,完全是从这些集镇的经济繁荣着眼的。其实,对于这个地区的集镇,也有必要从文化繁荣的角度作些考察。地方文献的纂修,或许就是这方面的一种重要指标。按照明、清二代湖州府的范围,地方文献到达 5 种或更多的,有乌程县的南浔和乌镇(包括镇区相连而属于嘉兴府的青镇),归安县的菱湖和双林,德清县的新市。这 5 个集镇,不仅在经济上是府、县城以外的广大农村的商业和手工业中心,在交通上是重要的水陆码头和各种货品的集散地,同时也是广大农村的文化中心。在这个方面,它们宛如一盏盏明灯,在文化上照耀着这片河湖交织、阡陌纵横的平原沃野。在这些集镇的丰富乡土文献中,不厌其详地搜罗了集镇本身及其附近广大农村的自然景观和人文景观,让广大家乡后辈了解和热爱自己的家乡。这就是乡土教育的一个重要方面,具有深远的意义,是爱国主义教育的基础。为此,在这个县志和乡镇志名重一时的地区,对于德清、武康历来的诸多县志和新市等镇志及其纂修者,我们都应该给予很高的评价。

现在,在民国《德清县新志》纂修近 70 年,道光《武康县志》纂修逾 160 年以后,中华人民共和国建立以来的第一部包括武康在内的《德清县志》正式问世,使这个著名的方志之乡的方志纂修事业再次复兴。新修的《德清县志》当然不同凡响,它资料丰富,内容完备,体例严谨,文字畅达。而图文并茂,犹其余事。在这样一个具有修志优越传统的县份里,面对历来流传的诸多佳志,对于当今的方志纂修者,既是一种鼓励,也是一种压力。现在看来,新修《德清县志》纂修者的工作是值得赞赏的。他们不仅吸取了前志的许多优点,而且作了大量的创新。新编《德清县志》确实是这个方志之乡中的一部足以承先启后的杰作,是德清县政治、经济、文化等各方面获得长足发展的一块里程碑。在这样一部煌煌巨志卷首,我能追溯此县掌故,略陈数言,真是不胜荣幸。

1990 年 8 月于杭州大学

附记：

　　我 8 月承嘱作序,查索前志,才发现有光绪抄本《新市镇再续志》流落日本东京大学东洋文化研究所。于是致函我在该所的老友斯波义信教授。9 月中旬,即承斯波先生将此志复制寄到。此志记载新市镇历修志书始末甚详,从明天顺至清光绪,前后共达 10 次。则我在序中据《中国地方志联合目录》及《浙江方志考》合计 5 次之数,应予更正。我将另撰专文发表。在此附记数言,既用以通报此一孤本的引回,也为了向斯波先生表示深切的谢意。

1990 年 10 月陈桥驿识
原载《德清县志》,浙江人民出版社 1991 年版

《长兴县志》序

　　地方志纂修是中国的优秀文化传统,而浙江省在这方面无疑是全国的翘楚。我早年在《从〈越中杂识〉谈浙江的方志》(浙江人民出版社 1982 年版)中就已经指出:"就浙江来说,在许多方面都是名列前茅的,浙江不仅有悠久的修志历史和大量的方志卷帙,而且还拥有许多众所公认的优秀作品。"从浙江省内来说,湖州市又显然不同凡响。我也曾在《湖州府城镇经济史料类纂》一书的序言(载《浙江方志》1989 年第 3期)中指出:"在江浙两省太湖沿岸的五府之中,乡镇志修纂最出色的是湖州府,他们不仅种类繁多,而且篇幅庞大,为其他四府所远远不及"。我在那篇序言中强调乡镇志,这是因为《湖州府城镇经济史料类纂》一书与乡镇志关系密切。其实就全部地方志而言,湖州府在江浙太湖沿岸的湖、嘉、松、苏、常五府中,也是位列在先的。现在要说长期来隶属于湖州的长兴县,在湖州府所属各县的县志纂修中,长兴县具有不可争议的首屈一指的地位。

　　在中国的地方志纂修历史中,各家多以《越绝书》和《华阳国志》为渊源最古。清洪亮吉在《新修澄城县志序》说:"一方之志,始于《越绝》,后有《华阳国志》。"近人傅振伦也认为:"《越绝》、《华阳》二书,皆为方志之类。……自古志逸,而此遂为地方志之所自昉。此后是体无存,方志大兴。"[①]持此种见解者甚多,不胜枚举。案《越绝书》是东汉人整理的先秦著作,我在《点校本〈越绝书〉序》(上海古籍出版社 1985 年版)中已述其详,所以万历《绍兴府志·序志》说它"是地志祖",并不夸大,但以《华阳国志》

与之并列,殊为不伦。案此书纂者常璩曾官成汉散骑常侍,其书成于成汉李势归降东晋以后,为时已逾公元 4 世纪中叶。而在此一个世纪以前,三国吴韦昭的《吴兴录》和《三吴郡国志》均已问世。前者,嘉泰《吴兴志》和《舆地纪胜》等都有引及,后者见姚振宗《三国艺文志》著录,《太平寰宇记》和《舆地纪胜》也均有所引。而与此同时,朱育的《会稽土地记》1 卷也已经流行。因此,在中国方志史上可以与《越绝书》并列的古方志,应该是《吴兴录》、《三吴郡国志》和《会稽土地记》。而《吴兴录》和《三吴郡国志》出于名家之手,更值得推崇。尽管当时的吴兴郡范围远比今湖州市大(辖境相当于今浙江临安、余杭、德清一线西北,并兼今江苏宜兴县地),但治所在乌程县。而"三吴",据《水经·浙江水注》,是指吴兴、吴郡与会稽,吴兴与吴郡,均涉及今湖州市。所以湖州在中国方志史中的这些重要记录,不仅必须肯定,而且应予发扬。

到了常璩纂《华阳国志》的时代,地方志纂修在湖州和浙江其他地区,已经相当普遍。晋张玄之所纂《吴兴山墟名》,为《太平寰宇记》及《舆地纪胜》等书所屡引。晋顾长生所纂的《三吴土地记》,见于文廷式、黄逢元二家的《补晋书艺文志》著录。此外如贺循的《会稽记》1 卷,虞预的《会稽典录》24 卷,也都是与《华阳国志》同时代的作品。其实,时至晋代,国内其他地区纂修的地方志如荀绰的《兖州记》,晏谟的《齐地记》2 卷,裴秀的《冀州记》,江敞的《陈留志》15 卷等等,为数已经较多,所以没有独尊《华阳国志》的必要。而湖州的晋代志书也超过他郡,却是值得重视的。

长兴是湖州的属县,它和湖州一样,方志纂修,历来称盛。而且在湖州府属各县中,如前所指出的是首屈一指。案湖州自北宋起领县 6,明领县 6、州 1,清领县 7,即乌程、归安、长兴、武康、德清、安吉、孝丰。除长兴外,其余各县历修(州)县志都不到 10种,其中旧志最多的武康也仅有 9 种,而作为历来州府中心的乌程、归安两县,即使把两县县志合并计算,也不过 11 种(乌程 7 种,归安 4 种)。但长兴却与众不同。上起宋初,下到民国,历修县志有 16 种,假使把《长兴邢志条辨》和光绪《长兴志拾遗》计算在内,则更达 18 种之多。所以在湖州境内,长兴县修志,不仅首屈一指,而且遥遥领先。即使从浙江全省来说,长兴县在这方面也是数一数二的。

长兴县修志,始于北宋县令张韬礼和摄簿韩廷峭在太平兴国(976— 984)初年创修的《长兴县图志》。在中国方志史中,图志和图经的纂修肇始甚早,《华阳国志》引及的汉《巴郡图经》和嘉泰《吴兴志》引及的唐开元的《湖州图经》均是其例,但地方志中这种体例的盛行却始于北宋。据《玉海》所载,北宋朝廷曾于开宝四年(971)和大中祥符元年(1008),先后两次命全国各州县普修图经。又据《宋史·宋准传》,宋准曾于开宝八年(975)受诏修定诸道图经,但此图经久佚,又不见他书引及,所以无可核实。至于祥符图经,据《玉海》所载:"(祥符)三年二月丁巳,书成,凡一千五百六十六卷,目录二卷,(李)宗谔等上之,诏嘉奖,赐器币,命宗谔为序。"此序也全文收录于《玉海》之中。从浙江来说,如《舆地纪胜》引及的《杭州图经》,嘉泰《吴兴志》引及的《湖州图经》,嘉定《赤城志》引及的《台州图经》等,都是宗谔领衔纂修的祥符图经的一部分。北宋图经至今虽然大部亡佚,但为我国地方志纂修开创了图文并茂的传统,在中国方志史中具有重要的地位。这里必须指出的是,北宋开宝和祥符,朝廷两次命全国普修图经,于事绝非偶然,显然是朝廷在当时发现了图经的价值。正如李宗谔在祥符《州县图经序》中所说:"毛举百代,派引九流。举春秋削笔之规,遵史臣广备之法。立言之本,劝戒为宗。守令循良,罔不探录。畯良攸产,往牒备传。自余经界之疆畔,道里之迩遐,版赋耗登,轨迹昭晦,土毛良苦,气俗刚柔,具有差品,无相夺伦。"这就说明了朝廷通过各州县图经,可以了解和管理全国,具体地体现了方志在资治、教化、存史等方面的意义。北宋朝廷之所以如此重视图经的纂修,当然是因为他们看到了若干已经修成的图志和图经。这些图志和图经,都是开宝以前各地自发纂修的,而太平兴国《长兴县图志》就是其中之一。当时,各地纂修图志和图经的,为数并不很多。现在尚可查索的,如宋敏求《长安志》所引的《长安图志》,《舆地纪胜》所引的《合肥图志》等等,大概都纂修于开宝以前,是与《长兴县图志》时代相似的作品。但长安和合肥都是当时的通都大邑,长兴却不过是普通县份,以一个普通县份而在图志纂修中与通都大邑并列,则这个县份在历史上学风之兴隆,人文之荟萃,可以想见,也说明了长兴县在中国方志史上的卓越贡献。

《长兴县图志》以后,长兴县又接着纂修了《长兴县图经》,这种《图经》曾被嘉泰《吴兴志》所引及,由于引文都只谓《长兴县图经》而不及年代,因此,这种《图经》是开宝图经的组成部分,祥符图经的组成部分,抑或是开宝、祥符以后的作品,现在已经无法论定。在上述《图志》和《图经》以后,南宋又纂修了嘉定《长兴县志》,使长兴在有宋一代中拥有三部县志,在湖州属下,除乌程县,也是绝无仅有的。

元朝历史短促,修志不多。但《大明一统志》"湖州府·风俗"下,引及元《长兴州志》一条,说明元长兴州也曾修志。案《大明一统志》修于明天顺二年至五年(1458—1461),说明直到15世纪中叶以后,元《长兴州志》尚未亡佚。元朝的江浙行省范围甚大,属于今浙江境内的有66州县,但所修州县志却不到20种,而长兴竟也居其一。即此一端,就足以说明长兴历史上的方志纂修不比寻常。此后,长兴县志在明代六修,在清代五修,而民国又有志稿。志事之盛,此县为最。

现在,从光绪志以后经过了将近一个世纪,从民国志稿以后也经过了40多年,长兴县已经修成了中华人民共和国建立以后的第一部新志。这次修志,其纂修人员之多,搜罗资料之广,卷帙之浩瀚,内容之丰富,地图照片之完备充实,素描人物之风格独创,均为长兴修志历史上所空前未有。这样一部煌煌巨志,为长兴县的地方文献锦上添花,值得钦佩,值得祝贺。我忝为此志顾问,特为追述此县志事梗概,既用以缅怀旧志之光辉经历,亦用以推赞新志之卓越成就。长兴县是历史上著名的方志之乡,希望在修志事业上再接再厉,为继承和弘扬我国优秀文化传统而继续向前。

1990 年 7 月于杭州大学

注释:

① 《中国方志学通论》,商务印书馆 1935 年版。

原载《长兴县志》,上海人民出版社 1991 年版

《平湖县志》序

　　浙江省文化发达,渊源悠远;郡县建置,来历古老。现存市、县,绝大部分建置于明代以前,而平湖建县于明宣德五年(1430),是省境内建置较晚的县份。但从地方志的修纂来说,平湖县却位列在前,为省内多数市、县所望尘莫及。根据各种著录,平湖县志始修于明嘉靖四十二年(1563),此后,万历、天启、崇祯均曾续修,终明之世,平湖县共修志4次。入清以后,从康熙到光绪,共修志10次(包括咸丰《当湖外志》与光绪《续当湖外志》)。其中康熙一代修志2次,乾隆一代修志3次,确极一时之盛;到民国又修志1次。所以从嘉靖以至民国十五年(1926)的最后一种钞本,其间凡360余年,共修县志15次,平均每24年余修志一次,在浙江省各市、县中,真是无出其右。从现存历史上的旧志来看,平湖县在省内各市、县中又属翘楚。此县今尚存明天启志、清康熙志各1种,乾隆志3种,嘉庆志、咸丰志(《当湖外志》)各1种,光绪志2种(包括《续当湖外志》),又民国志抄本1种,共达10种。所以平湖县历史上不仅修志盛,而且存志多,真是不同凡响。

　　平湖县在地方志修纂方面的昌盛历史,并不是偶然的。它是这个县份经济繁荣、文化发达的反映。前面已经提及,平湖县始建于明宣德五年,据《明史·地理志》,就在宣德五年三月同一时间,这个地区新建县份除平湖外,尚有秀水(按秀水建县据《续文献通考》、《读史方舆纪要》、乾隆《嘉兴府典故纂要》等均作宣德四年,此说始于弘治《嘉兴府志》,此处从《明史》)、嘉善、桐乡3县,在一个范围并不很大的地区,同时新建

4 个县份,实在事非寻常。在古代,一个县的建立,最基本的条件是户口和钱粮,也就是地方的生产发展和经济繁荣。宣德建县的历史事实,其实就是这方面的反映。

美国著名汉学家施坚雅(G. William Skinner)在其主编的巨著《中华帝国晚期的城市》(*The City in Late lmperial China*)一书(1977 年美国斯坦福大学出版社出版)提出了有关中国城市发展史上所谓"中世纪城市革命"的理论,这就是自从唐代末期开始的中国城市化过程中的一些新现象。在这种现象中,特别重要的是某些城市的迅速扩大,城郊工商业的蓬勃发展以及出现了具有重要经济意义的大批中小城镇。施坚雅的这种理论,在今苏南、浙北特别是太湖流域一带,表现得最为显著。这个地区,也就是《中华帝国晚期的城市》中所谓的"江南金三角",自从宋代以来,得到特别迅速的发展。从自然环境和人文环境来看,这个地区的确得天独厚。它气候温暖,降水丰沛,土地平坦而肥沃,河浜交错,湖泊棋布,既有蚕桑之利,又有鱼盐之饶。而内河运输的畅达,海上交通的便捷,都为商品经济的发展提供了优越条件。正如我为陈学文等先生所编《嘉兴府城镇经济史料类纂》一书的序言上说的:"自从'中世纪城市革命'以来,正是这个太湖流域,由于自然条件和人文条件的优越,随着农业生产力的迅速提高和手工业的全面发展,使它在短时期中,出现了许多经济繁荣,交通便利,人口稠密,文化发达的中小城镇,它们正像镶嵌在这片富庶肥沃的土地上的颗颗明珠,成为这个地区历史时期人类社会进步发展的标志。"

在上述这一时期发展起来的许多经济繁荣、交通便利的集镇之中,有若干条件特别优越的佼佼者,结果就成为新建县份的县治。这个地区在宣德五年三月同时出现的四个新建县份中,除了秀水是一府两县,县治设在嘉兴府城内以外,其余 3 县,都是建县治于集镇之上,嘉善县治建于魏塘镇,桐乡县治建于凤鸣市,而平湖县治建于当湖镇。据元至元《嘉禾志》卷三:"当湖市在(海盐)县东北四十里。"说明在宣德建县以前,这个市镇早已为府志所记载,其繁荣发展可以想见。它是"中世纪城市革命"以来在"江南金三角"上兴起的许多集镇之一,由于在许多条件上优于其他集镇而终于在宣德年代成为这个新建县份的县治。

一个集镇成为县治以后,随着政治地位的升级,其经济、文化和其他方面也就同步上升,获得迅速的发展。当湖镇在建治后 60 多年,弘治《嘉兴府志》卷二十一记载其街衢坊巷,已经渐趋完整,俨然城市规模。弘治志所载如仲家弄、黄家弄、苏家弄等,可见氏族聚居之盛,而潮鲜巷、鱼鲜巷等,又可窥及当时的商业与市场于一斑。建治以后的 120 余年,据《读史方舆纪要》卷九十一所载:"嘉靖三十三年,始筑砖城,周五里有奇。"县城在此后又经过扩建,所以在天启《平湖县志》卷一的记载之中,其规模显然超过嘉靖年代:"城凡九里,高二丈五尺,广二丈,周围一千零六十九丈有奇。陆门五:东启元,西毓秀,南豫泰,北丰亨,西南为小南门;水门五:西、南、北各一,东据当湖巨浸为二。城濠周围阔五丈有奇。"在"江南金三角"上出现的这座修建于 16 世纪的城垣,已经气派不凡,而以当湖为中心的水网,更是四通八达,成为一个重要的交通中心。据清初平湖人沈季友所编的《槜李诗系》卷三十九所载,以当湖为中心,"水有九派,东南通故邑,西南近海盐,东则广陈,北则华亭,舟楫便利,为一邑之胜"。由此可见,在宣德五年平湖建县之时,在这个地区的许多集镇之中,选择当湖镇作为县治,确是眼光远大的真知灼见。

除了县治以外,在平湖建县之始,这里早就有了不少繁荣的集镇,最重要的首推乍浦,这个优良海港,据弘治《嘉兴府志》卷二十一所载,早在元朝,"番舶皆萃于此"。乾隆《乍浦志》卷六及光绪《嘉兴府志》卷四,均记及元朝曾在此设市舶司,当时海上贸易的发达可以想见。但明朝初年,由于海疆不宁和朝廷政策的改变,撤废了市舶司,于洪武十九年(1386)在此修筑所城,并于嘉靖三十三年增筑。据天启《平湖县志》卷一所载:"城周九里十有三步",其范围竟超过县城,说明这个港口集镇,原来已有较大规模。不过在明一代,由于海禁森严,海上贸易不振,乍浦在这一时期,发展比较缓慢,但嘉靖《续澉水志》卷一,仍称乍浦"为海滨一都会"。清季海禁初开,情况就迅速改变,据乾隆《乍浦志》卷三所载:"今国家既弛海禁,珠香象犀玳瑁之属,贾胡囊载而至。南关外灯火喧阗,几虞人满。"盛况可见一斑。

此外,元、明时代的平湖繁荣集镇,还有广陈,早在宋《元丰九域志》卷五,此镇已见记载。据咸丰《当湖外志》卷一:"广陈镇元时滨海,番舶所聚,商旅云集,亦我浙一都会也。"另一处新带(埭)镇在明代也非常兴盛,据天启《平湖县志》卷一所载:"今则新带为最,朝来,霞拥云奔,衽帷汗雨,曾不容刀,此又一都会也。"而新仓镇,据《天启县志》:"百货泉流,商民云集焉。""旧芦沥场盐课司在此,此又一都会也。"明、清方志记载的县境集镇还有梁庄城

(《天启县志》)、白沙湾城(《弘治府志》)、旧带镇(《天启县志》)、芦沥市(《万历府志》)、青莲寺镇(《乾隆县志》)等,这是自从 13 世纪以来,连续几个世纪,平湖县兴旺发达的情况。

美国瓦尔巴莱索大学历史系主任萧邦齐教授(R. Keith Schoppa),曾于 1986 年以访问学者名义在我的研究室进行几个课题的研究,他以 1982 年在美国哈佛大学出版社出版的《中国的名流和政治变迁——20 世纪早期的浙江》(*Chinese Elites and Political Change—Zhejiang Province in the Early Twentieth Century*)一书作为对我的见面礼,在这本专著中,他以相当精确的数量分析为依据,把清末民初浙江省的 75 个县,按发展程度分为"内核"、"外核"、"内缘"、"外缘"四级,其中发展程度最高的"内核",全省共有

20 个县,而嘉兴府竟独占 5 县,即嘉兴(因他以民初地图为底图,故秀水已包括在嘉兴之内)、海盐、嘉善、桐乡、平湖。除了石门列入次一级的"外核"外,嘉兴全府均属当时省内经济最发达之区。上述明宣德五年所建各县均属"内核",说明当时建县,实属势所必然。而民间流行的"金平湖,银嘉善"之谚,不仅名副其实,而且由来甚早。

我在为陈学文先生所编《湖州府城镇经济史料类纂》一书写的序言中指出:

随着生产的发展和经济的繁荣,太湖流域的这些城市和集镇,在文化上也相应地有了很大的提高。多年以来,这个地区教育发达,人文荟萃,而这些事实的具体反映之一,则是地方文献的大量刊行。自从南宋以来,太湖流域各府、县,成为我国地方文献最丰富的地区。除了数量众多的府、县志以外,这个地区地方文献的特色,是府、县以下的乡镇志的丰富多采。自从南宋以来,太湖流域修纂乡镇志蔚然成风,数量众多,篇幅庞大,内容丰富,为我国其他地区所无法比拟。它们在研究南宋以来这个地区的政治、经济、文化等方面的发展有重要意义,是太湖流域的一宗极有价值的文化财富。

我所指的太湖流域各府、县中,现在看来,嘉兴府的平湖县在其中是出类拔萃的。因为根据各种公私著录,湖州、嘉兴两府各县,历来修志称盛,如长兴历修县志 13 次,海盐历修县志 11 次,都是方志史上难得的纪录。但平湖历修县志达 15 次之多,这在全国也是数一数二的。至于作为太湖流域各府、县地方志特色的乡镇志,在平湖县也很可观。除了在几种《澉水志》中大多记及乍浦外,专以乍浦一镇修志的,就有乾隆《乍浦志》、乾隆《乍浦志续纂》、道光《乍浦续志》、道光《乍浦备志》4 种,其中道光《乍浦备志》长达 37 卷,属于乡镇志中的巨构。

为了撰写这篇序言,我又一次据各种公私著录及新旧志书目录,将平湖县在建国以前历修通志、专志查核分类。计县志 15 种(存 10 佚 5)、乡镇志 4 种(均存)、杂志 5 种(存 4 佚 1)、山志 5 种(存 1 佚 4)、水利志 2 种(存 1 佚 1)、寺庙志 2 种(均存),真是洋洋大观,这是平湖县的一宗重要文化财富,值得珍贵,值得自豪。

自从民国十五年《平湖县续志》修纂以来,迄今已有 65 年,现在,中华人民共和国建立以后的第一部县志已经修成,行将出版,这的确是平湖县历史上的一件值得重视的大事,为了修纂这部新志,5 年以来,平湖县各级领导、县志编纂委员会全体成员以及平湖县旅外的各界人士,尽心竭力,作出卓越的贡献。前面已经指出,平湖县在方志修纂中具有优越的传统和丰硕的成果,但这一次修志,投入力量之众,搜集资料之多,涉及方面之广,探索查考之深,论人述事之慎,确是前所未有。平湖县的修志历史上,从此又增添了光辉一页,继往开来,任重道远。平湖县的志书修纂值得称道,这是平湖县人民的光荣传统,它必将满载平湖县的伟大建设成就和美好发展远景永远向前。

　　撰序甫竟,欣闻平湖撤县建市的喜讯,为之额手称庆,谨在此为平湖县最后一部县志的出版而祝贺,希望在不久的将来,平湖市的第一部市志,将以更为浩瀚的卷帙和丰富的内容,在平湖的修志历史上写出全新的篇章。

1991 年 6 月于杭州大学

原载《平湖县志》,上海人民出版社 1994 年版

《新昌县志》序

新昌县建置于后梁开平二年(928),至今已有千余年历史。在古代越州或绍兴府所属 8 县之中,新昌县建置最晚,县境最为偏僻,经济也最薄弱。从这些方面评论,新昌历来是绍属小县。但另一方面,它的自然景色优美,社会风尚典雅,则应数浙东名邑。明张琰等《募刊成化志疏》云:"顾兹南明小邑,实为浙东之名区。山川秀丽而土物清奇,风俗淳庞而人材杰特。"其言不虚。万历《新昌县志·吕光洵序》:其地瘠,其民俭,其财富不足以当上邑之十二;独其俗淳厚,先民之流风善教犹如存焉,故于东南为望邑。"此说较《成化志》尤为坦率完整。

新昌位于浙东,浙东原是山青水秀之地,而新昌特为出众。白居易《沃州禅院记》云:"东南山水越为首,剡为面,沃州天姥为眉目。"确实说到好处。李白《梦游天姥吟留别》诗中有许多令人百读不厌的描写,如:"天姥连天向天横,势拔五岳掩赤城";如"千岩万壑路不定,迷花倚石忽已暝,熊咆龙吟殷岩泉,慄深林兮惊层巅";如"列缺霹雳,山岳崩摧,洞天石扉,訇然中开"。李白诗中的这座道家第十六福地天姥山奇景,虽然不是他亲自游历的记录,但他在诗中指出:"越人语天姥,云霓明灭或可睹。"说明这是他向目击此山的越人探询以后的综合描写,仍然反映了唐人对于沃州自然风景的向往和推崇。

新昌的自然风景也有人工雕琢而名闻寰宇的,这中间,南明山大佛寺即是突出的例子。记得曩年在日本讲学,已故日友佛学家小野胜年教授,以八旬之年赶到京都大学向我探询大佛寺及石佛情况,寻根究底,提出许多问题。谈话之中,他多次表示,由于年事已高,不能到中国亲睹这座圣寺为终身恨事。后来,他撰成《浙江剡县石城寺及其弥勒像》的长篇论文,于1983年发表于《江上波夫教授古稀纪念论集》之中。引《高僧传》、《国清百录》、《三宝感应录》及绍兴府属的许多地方志等数十种文献,广博而精深地论述了大佛寺和石佛渊源以及在佛学界的影响。并录钱镠《隐岳洞诗》:"百尺金容连翠岳,三层宝阁倚青霄。手炉香暖申卑愿,愿降殊祥福帝尧。"表达了他对这一名刹的景仰和未能亲临瞻谒的遗憾。

当然,新昌的自然风景远不止上述天姥、南明,其他还有南岩山的山海遗迹,如宋王性之诗:"星摇石鳞雨花滴,日映潭空鸥鹭猜。"穿岩十九峰的嵯峨突兀,如明弘汝威诗:"十九峰头云作巾,峰峰都是石嶙峋。"东峁山水廉洞的悬泉幽邃,如明沈縈《游水廉记》所描述的:"喷吐成珠,联络成组,荡漾成文。"新昌的景点之多,不胜枚举;新昌的自然之美,美不胜收。从今天的观点来说,这是新昌得天独厚的旅游资源,它们必然要为新昌的发展作出重要的贡献。

在如此美好的大自然陶冶之下,历代以来,新昌的民风诚笃,习俗淳朴。前已述及,新昌是绍兴府属下的一个地方僻远,物力塞滞的小县,如康熙《新昌县志·刘作梁序》所说:"其宫室除邑屋数百间外,皆编竹结茅以居,而十家比庐者,盖寥寥焉。"《康熙志》修于康熙十年(1671),刘是当时知县,序中所述新昌县城内屋舍当然是他所目击,但他在序中继续说:"特地多闻人,为孝友、为节义、为理学,经济文章,代不绝书。"财赋上的小县而成为文化上的望邑,真是人杰地灵。

历代以来,新昌确实出了许多知名人物,如北宋兵部尚书石公弼,南宋参知政事王爚,监察御史黄度,明兵部尚书吕光洵等,都是其中的佼佼者。他们不仅为官廉正,留芳宦绩,而且道德文章,名重一时。例如石公弼,即是嘉泰《会稽志》记载的宋代越州三大藏书家之一,而吕光洵则是万历《新昌县志》的主纂。新昌县的民风之淳,文风之盛,我也曾亲眼目睹。我于1948年春起,在此县执教数年,每逢开学伊始,见农村父兄为年幼子弟担笈上学者络绎于途。在这些莘莘学子之中,家境清寒者居多,而学行俱优者实众,足见此县耕读传家,渊源已久。所以新昌县历来人才辈出,于事绝非偶然。回忆我当年执教时的学棣之中,今日振翼各界,获得优异业绩者,诚不胜列举,令人欣慰奚似。

新昌的优越文化渊源,还可以从它的地方志修纂传统得到证明。现在所知新昌的第一部方志是南宋俞瑞所纂的《剡东录》,史称"凡例一新,记载精密"。可见此县志书,其发端即不同凡响。俞瑞据宝庆《会稽续志》是端平二年进士,则《剡东录》之纂,当在13世纪30年代前后,至今已达700余年之久。此后,《宋史·艺文志》又著录梁希夷《新昌志》1卷。元代有《成化志·凡例》著录的《新昌县志》1种,明初则有《文渊阁书目·新志类》著录的《新昌县志》1种。可惜上列各志均已亡佚。此后,明有成化、万历2志,清有康熙、光绪2志,并民国共志6种,除光绪志稿16卷中缺佚3卷外,其余均完好,这是新昌的重要历史文化财富。

新昌历来修志的审慎精密,可以《万历志》为例。据此志卷首知县田琯序,知万历六年(1578)浙江督抚大臣徐栻及提学道乔因阜曾有饬各府县修志之谕。新昌县即请乡居贤达前兵部尚书吕光洵,前辉县县尹吕光化,前江阴县丞何絅,前休宁县训导吕光演,前邵武县教谕何裳及宿儒俞邦时为总裁,并委派生员吕光品等36人为采访,聘山阴县学者张元益为编辑,修纂成一部志稿。但这部志稿付诸审议之时,邑人意见纷纭,据田序所云:“惟俗尚浮夸,是非矛盾,荐绅先生难言之,历三时,论弗克定。”于是知县田琯(按田是隆庆五年进士)亲自过问,他认为:“志犹史也,非公弗核,非断弗成。”他遂“绌浮言,权舆论”,采吕光洵、吕桂泉、潘晟、吕若愚等的议论和撰述,由吕继儒汇集成稿。他自己则“为之严义例,定条格,亲笔削于案牍之间,促胥徒缮写之。大都述故事整齐,其新闻而非所自用也”。志稿完成以后,他又“就正于乡先生暨邑人士,金曰可,乃略加删削,募工锓诸梓”。从田琯此序中,可见《万历志》修纂的过程。此志聘用贤能,广搜资料,斟酌文字,征询意见,然后定稿。《万历志》修纂的经过反复和缜密从事,既说明了主修者田琯的认真负责,也反映了新昌务实不苟的社会风尚。是则《剡东录》“凡例一新,记载精密”的评价,虽然已无物证,却可深信不疑。而新昌历来修志的优良传统,从此也可窥及一斑。

现在,新昌县自然景色优美,社会风尚典雅的特色依然存在,而生产发展,经济繁荣则后来居上,为此县勾画出一幅无限美好的前景。与此同时,中华人民共和国建立以来的第一部县志也已经修纂完成。此志缵此县历来修志的雅绪,得体例格局的创新,而动员修纂人员的众多,搜罗文献资料的宏富,内容的充实完备,文字的斟酌揣摩,地图的精确,照片的美观,都非前志可望项背。它不仅在新昌历来志书中具有划时代的意义,而在现代地方志行列中也显然属于上乘,是一部既有科学内涵,又有实用价值的巨构。我忝为此志顾问,在修纂过程中曾稍尽绵薄,今志书既成,亦与有荣,故乐于为之序。

1992 年 12 月于杭州大学

原载《新昌县志》,上海书店出版社 1994 年版

《崇福镇志》序

　　《崇福镇志》修纂事竟,镇长与主编专程前来嘱序,使我不胜欣慰。地方志修纂是中国的优秀文化传统,乡镇志又是地方志中的后起之秀,而在镇志之中,崇福实在更为不同寻常。

　　崇福镇的前身是崇德县治,崇德县原是杭嘉湖平原中的一个历史悠久的名县。在明、清嘉兴府属县中,除了与中国的郡县制同时出现的由拳(三国起称嘉兴)、海盐两县外,崇德县建于后晋天福三年(938),是这个地区秦以后所建的最早县份。直到1958年并县,县的建置超过千年。早在南宋淳祐辛亥(淳祐十一年,1251),在崇德县第一部县志《语溪志》的陈垲序中,就已经极言此县典章文物之完备。从《语溪志》到《崇福镇志》,为时已有7个半世纪,这中间历修崇德、石门县志,计明代5种,清季3种,志书之丰,亦足显此邑的典章文物,粲然可观。而旧志对县境的各种记述,包括自然景观之优美沃衍,人文景观之兴隆殷实,皆得以历代流传,对桑梓后辈,具有重要的教育意义。旧志所载,如雍正《浙江通志》引祝文彦《语溪学宫赋》以表述崇德的形胜非凡:"地当浙右,土号上腴,脉发昆仑,乳长天目,苕水出其南,雪水拱其北。"如至元《嘉禾志》引北宋沈括《崇德县新修儒学记》以记叙此邑文风之鼎盛:"四方闻令贤,皆来学,惟恐在后。"如《正德志》引南宋杜申《平易堂记》以颂扬当时社会之安谧:"民不骇政,俗皆安堵,市无喧鹊之警,野有驯雉之异。"又如记农事之发达,《万历志》所谓"培壅茂美,不必以亩计"。《康熙志》所谓"柔桑蓊蔚,禾黍离离"。记商业之繁荣,交通之便捷,《万历志》称:"为吴越闽广孔道,贡赋漕挽,辎使四出。"《康熙志》称:"地饶桑田,蚕纱成市,四方大贾,岁以五月来贸丝,积金如丘山。"如此等等,不胜枚举。当然,旧志语言,容有夸张,但也足以窥及崇德历史发展于一斑。现在,距崇德县的最后一部县志即光绪《石门县志》,为时已逾一个世纪,在此百余年中,特别是最近半个世纪之中,境内政治之变迁,人事之更迭,经济之繁荣,文化之发展,都已经积累了大量的资料。而崇德县治在这一时期也已经改易建制,成为崇福镇。则崇德县逾百年的史志记叙,除了来日新修的《桐乡县志》以外,《崇福镇志》势必首当其责。所以《崇福镇志》既须合镇志之格局,又应具县志之实质。修纂者在上百年的浩瀚资料中,分门别类,整理排比,浓缩内容,精简文字,不仅有巨大的工作量,并且有相当的难度。可喜的是现在我所读到的志稿,内容丰富而记叙扼要,体例严谨,文字洗炼,既符合镇志的短小精悍,也兼及县志的纲目完备,确实是一部值得称道的佳志。《崇福镇志》的修纂出版,为这个古城新镇,推出了一部具有极高价值,足以传之后世的地方文献。

利用作序的机会,我还想对有关崇德的两件古老掌故发表一点意见。首先是关于崇德的古名,此邑之所以在古代擅名浙右,因为这里是春秋御儿之地。《国语·越语上》:"句践之地,南至于句无,北至于御儿。"而另外有些古籍如《越绝书》则作"语儿"。历代以来,为这"御儿"、"语儿"之类,写了许多考证文章,作了种种解释,其实都如干宝《搜神记》释囚卷(即由拳)为囚徒污其土表,刘敬叔《异苑》释乌伤(今义乌)为乌口皆伤之类,荒谬可笑。按"御儿"、"语儿",其实是越语的不同汉译。我在我所主编的《浙江古今地名词典》(浙江教育出版社1991年版)的卷首《前言》中曾经指出:

因为越语经过汉译,与其他外语一样,不免发生一音多译的情况。例如乌程,菰城(今湖州),由拳、由卷、囚卷(今嘉兴),姑末、姑妹、姑蔑(今龙游附近),语儿、御儿(今桐乡附近)等均是其例,作为古代这个地区族名和国名的"越",在《春秋》经传、《史记》、《越绝书》等作"越",但《汉书》作"粤"。省境内最大的河流,《山海经》、《史记》、《越绝书》、《水经注》等作"浙",但《庄子·外物篇》作"澜"(制),而《汉书·地理志》、《说文解字》、《水经》则作'渐',情况于此可见一斑。

对于这些越语地名的解释,清李慈铭在《越缦堂日记》同治八年七月十三日下也早已指出:"盖余姚如余暨、余杭之比,皆越之方言,犹称于越、句吴也。姚、暨、虞、剡,亦不过以方言名县,其义无得而详。"所以"御儿"、"语儿",既不必再论证其区别来历,也毋需探索其溯源意义,因为那都是劳而无功的。

另外一件是古代御儿的归属问题。这个地方在春秋战国究竟属越抑是属吴,历来颇有不同见解。所以也有在此说明的必要,按上引《国语》,御儿当然是越地。其他古籍如《越绝书》、《吴越春秋》等也均有类似之说。宋咸淳《临安志》中有《吴越考》一篇,言之甚详。但《史记·货殖列传》却说:"浙江以南则越。"而王充《论衡·书虚篇》说得更为明白:"余暨以南属越,钱唐以北属吴,钱唐之江,两国界也。"按《史记》与《论衡》,则御儿应该属吴。

事实是,《国语》、《越绝书》的说法与《史记》、《论衡》的说法都是正确的,不过在时间上存在差异而已。《国语》所记,是鲁哀公元年(前 494)以前的事。吴越接壤,战争频繁,其中见于《春秋》的战役共有 4 次,即昭公五年(前 537)、昭公三十二年(前 510)、定公五年(前 505)、定公十四年(前 496),战场大概都在檇李即今嘉兴一带。《读史方舆纪要》卷九十一崇德县下记及何城、晏城、萱城、管城:"四城相传皆春秋吴时所筑,以御越者。"《国语》与《越绝书》等记载的吴越疆界即指此一时代。但《左传》哀公元年(前 494)曰:"吴王夫差败越于夫椒,报檇李也。遂入越,越子以甲楯五千,保于会稽。"越国在这一次败绩以后,国土丧失,结果是句践被迫人臣于吴,直到鲁哀公五年(前 490)才由吴释放返越,而据《吴越春秋》卷六所载:"吴封地百里于越,东至炭渎,西至周宗,南造于山,北薄于海。"这里的"北薄于海",所指即是浙江。这种以浙江为界的局面,一直持续到句践二十四年(前 473)越灭吴才结束。在这段时期中,御儿当然属吴。《史记》与《论衡》所记载的,即是这个时代。

以上两件古事,都与崇福镇有关,而历来说法纷纭,莫衷一是,特在此略表拙见,质之高明。

1992 年 5 月于杭州大学

原载《崇福镇志》,上海书店出版社 1994 年版

《东浦镇志》序

　　《东浦镇志》修纂完成，嘱我在卷首写几句序言，感到不胜快慰，不胜荣幸。

　　浙江省富于名镇巨镇，但镇志修纂，历来以浙西为盛。澉浦镇在南宋已经修志，如澉浦、南浔、濮院、双林、菱湖诸镇，历代修志均在 5 次以上，而民国《南浔镇志》已是 60 卷的巨编。浙东诸镇与之相比，不免见绌。绍兴亦多名镇巨镇，镇志修纂虽不能与浙西颉颃，但在浙东诸镇中属于翘楚。如安昌、皋埠、三江、漓渚等均有志书，唯独东浦，历史悠久，声名卓著，自然条件优越，人文景观鼎盛，但历代以来，却未见志书修纂，引为美中不足。近年以来，镇情更趋兴旺，镇名传播弥远，镇志于此日问世，正是适逢其时。所以《东浦镇志》的修纂出版，实为东浦这个历史名镇实现了一件前人未曾完成的伟业，其意义的重大，不言而喻。

　　东浦是江南名镇，这个镇建立的年代，我在朱顺佐先生《江南人物春秋——绍兴东浦》一书的序言中已有论证。关于"镇"的起源，《说文》卷十四上云："镇，博压也，从金，真声。"所以中国早期的镇，纯属军事上的概念，是一种由部队戍守的军事堡垒。《北史·蠕蠕列传》记载的所谓"北魏六镇"即是其例。从唐代末叶开始，在我国的城市发展和城市化过程中，发生了所谓"中世纪城市革命"的现象。据美国著名汉学家施坚雅（G. W. Skinner）在其主编的名著《中华帝国晚期的城市》（*The City in Late lmperial China*）一书中的论证，这种变革的显著内容之一，就是有重要经济意义的大批中小城镇的出现。从此，镇的意义就从军事的转变为商业的，中国历史上的军镇，如同

"北魏六镇"一样,都建立在边陲或其他军事要津。但是"中世纪城市革命"以后的商镇则完全不同,它们一般都建立在人口稠密,交通便利,生产发展的地方。如同著名的明、清四大镇(朱仙镇、汉口镇、景德镇、佛山镇)一样。军镇与商镇的另外不同之处是,前者是在攻守要害之处建立的军事堡垒,原来并无聚落;后者则多由原来的大型聚落发展而成。

南宋建都临安,虽然是偏安一隅,但江南在这一时期生产确有较大发展。范成大《吴郡志》所说的:"天上天堂,地下苏杭",就是"上有天堂,下有苏杭"这一民谚的早期来源。其实,苏州和杭州无非是两个具有代表性的城市,在当时,北起长江以南,包括杭嘉湖平原和宁绍平原等地,也就是施坚雅在其名著中所称的"江南金三角"。这一带,商业集镇一时如雨后春笋般地涌现出来,东浦就是其中之一。正如我为朱顺佐先生的著作所撰序言中考证的,东浦作为一个聚落,其出现年代可能在东晋之末或南朝之初,而由聚落发展成为一个集镇则在南宋,至今也已有千年历史了。

东浦成镇千年以来,由于各种条件的优越,称得上地灵人杰。时至今日,无论在农业、酿造、工业、商业、交通、文化等许多方面,都获得了欣欣向荣、蒸蒸日上的发展,志书记叙甚详,我不必赘述。而未来的东浦镇,当然前景辉煌,可以预卜。这个历史古老的名镇,随着时代的前进而焕发青春,它是富庶肥沃的绍兴平原上的一颗明珠,为这片繁荣秀丽的水乡泽国锦上添花。

在这篇序言的末尾,我不免也要对东浦镇提一点希望。东浦作为历史悠久的聚落和名镇,都是在水乡环境中建立和发展起来的,水乡环境是东浦的特色,也是东浦的优势。所以,在今后东浦继续繁荣发展的过程中,如何保护好东浦的水乡环境,不仅是一个值得认真研究的课题,也是一件必须完成的任务。记得昔年绍兴的文学期刊《野草》要我在扉页写几句文章,我曾以《还我蓝天,还我绿水》为题,写出了我对保护绍兴水乡环境的殷切希望。对于位居河湖水网中心的东浦,这个问题尤为重要。预祝未来的东浦镇,不仅经济繁荣,文化昌盛,而且绿水蓝天,环境宜人。

1994 年 7 月于杭州大学

原载《东浦镇志》,《东浦镇志》编纂办公室 1998 年(内部刊行)

《盛陵村志》序

我是从 50 年代末期开始研究绍兴聚落地理的。由于地理系一年一度的野外实习,加上其他一些生产任务,我选择绍兴作为基地,几年之中,连续在这里跑了好几个月,于 60 年代初期动手撰写有关绍兴聚落地理的论文。论文刚刚完成,"十年浩劫"也就来临,因此,直到 1980 年,我的论文《历史时期绍兴地区聚落的形成与发展》一文,才得以在当年《地理学报》第 1 期发表。想不到这篇文章在国内外学术界发生了不小的影响,特别是在日本传播较广。后来我发现有好几位日本汉学家的著作中都引及此文,并且转载了此文的插图。1983 年,我第一次到日本讲学,应聘在大阪关西大学研究生院授课,该校为我组织了一次公开演讲会,会后,从广岛女子大学赶来听讲的堤正信副教授携《地理学报》此文求见,一开口就提出要我接受他作为进修学者,到我的研究室进修一年,进修研究的主要内容之一就是聚落地理。在经过一系列手续以后,堤正信终于在 1985 年春携眷来到我的研究室。就在这一年,我应聘在国立大阪大学授课,又因为绍兴聚落的这篇论文,与国际著名的聚落地理学家、年逾 8 旬的广岛大学名誉教授米仓二郎会见,会见时,他也携带这篇论文,专心一志地和我作了讨论,并希望能到绍兴亲自考察以慰生平。1987 年春,我邀请米仓先生到杭州大学讲学,并陪同他到了绍兴,满足了他的心愿。所有这些,都是从《历史时期绍兴地区聚落的形成与发展》一文引起的。一篇讨论一个地区历史聚落的文章,能够获得学术界的如此关注,殊出乎我的初料。而盛陵这个普通的水乡村落,不仅列名国家的一级学报,而且还成为国际地理学界的研究对象,在同类聚落中,也是不胜荣幸的。

我和盛陵村的关系,除了上述把这个村名写入我的论文以外,还有一个很重要的方面,则是这个乡村是我从童年到少年长期游憩之地。这中间当然有一段因缘,我5岁时生母贺氏见背;6岁时继母徐氏从盛陵来归。从此,我每年至少有一次随继母到盛陵外婆家小住。特别是夏季,由于出嫁女子有回母家"息夏"的习俗,所以我的小学阶段,暑假往往在这个村子度过。当然,在幼儿年代,城里人到乡下,值得回忆的多半是捕鱼摸虾等玩耍的事。不过由于我从小有一个所谓书香门第的家庭环境,小学五六年级的时候,已经从祖父的藏书里读到了诸如嘉泰《会稽志》、宝庆《会稽续志》、杜春生《越中金石记》、范寅《越谚》等地方文献,而《越谚》附录中的《论涨沙》、《论潮汐》诸篇,使我对盛陵村北这条海塘以及塘外的无垠沙地有了许多知识。因此,我年齿稍长以后,每到盛陵,常常外出观察。我外婆家在后盛陵文和台门,出后门,即是旧山阴海塘,塘上当时还有一座废弃的旧式灯塔。我向东越大和山,曾经沿塘走到党山;向西到瓜沥攀登航坞山,北眺龛山镇和杭州湾。又从盛陵跨海塘,在南沙的桑棉茅舍间北行甚远,可惜未达海边。所以我在这个乡村的最后几次小住中,对这一带的自然景观和人文景观,确已相当熟悉,因而经久不忘。

特别应该提及的是我有机会读到了《盛陵文和堂徐氏宗谱》。由于此书现在已经亡佚,所以必须多说几句。我是1939年五六月间读到此书的。这年5月3日,日机轰炸绍兴,省立绍兴中学仓桥校舍被炸,而且从此每隔数日连续有日机侵扰,绍中不得已紧急疏散,到乡间栖凫、兰亭等地上课,由于乡间屋舍不敷应用,全校学生分两批上学,第一批上课约两个月后放暑假,第二批则先放假两月,到暑假中续学。当时我是初中二年级,排在第二批上学,而城内空袭频繁,所以从5月中到7月初,一直住在后盛陵村。案盛陵徐氏祠堂原名文和堂,而我外祖父从兄弟(同祖父)共10房,因为在金华、兰溪经营钱庄,又在后盛陵开设米店,颇有利润,因而另立新祠堂,名致和堂,而外祖居屋即在文和台门内致和堂正厅,正厅楼上即神龛所在,这里有几架书箱,箱内藏书不多,无非是《康熙字典》、《幼学琼林》之类以及一些手抄的徐氏婚丧祭祀规章等等,但其中有刻本《盛陵文和堂徐氏宗谱》两册,颇引起我的兴趣,就择读了其中的几卷,从而略知盛陵3村的沧桑历程。却未曾料到在20多年以后的论文撰述中又要凭记忆引及此书,而此书的记载竟能说明这个地区沿海聚落发展变迁的规律,盛陵村名,也因此而传播于国内外学术界。

我最后一次去盛陵是1940年暑期,当时,日军已经占据萧山,盛陵位当前线,几乎每天听到炮声,村民离散,人心惶惶。阔别此村半个多世纪,梦寐之间,常见儿时在此村情景,横塘绵亘,塘之内,水乡泽国,村墟相望;塘之外,沙壤沃衍,桑棉与茅舍掩映。

说明我对此村萦怀至深。现在,内容充实、资料丰富的《盛陵村志》已经编纂完成,行将出版,心中喜悦,实难笔述。而盛陵的村庄建设,村民生活,农工生产,文教卫生等等,较之 50 年前,判若别境。回首往事,感慨万端,特为之序。

> 1994 年 8 月于杭州大学历史地理研究中心
> 原载《盛陵村志》,中华书局 2009 年版

《象山县地名志》序

　　中国东部沿海在第四纪晚更新世曾经发生过一次卷转虫海进(ammonia transgression),这次海进到全新世以后而趋于鼎盛。今浙江省境内的主要平原如杭嘉湖平原、宁绍平原以及沿海一带均沦为海域。象山县境在当时无疑是一片岛屿罗列的海洋,犹如现在的舟山群岛一样。海退开始以后,陆域逐渐扩大,原来崛起于海上的岛屿,成为互相连接的山地和丘陵,先民的聚落,次第在山麓兴建。起初,这些沿海地带的聚落,多半是规模很小的渔村农舍,随着生产的发展,较大的聚落上升为集镇,更大的可以建为城邑,象山即是其中之一。据《元和郡县志》卷二十六的记载:"神龙元年,监察御史崔皎奏于宁海县东界海曲中象山东麓彭姥山村置县。"彭姥村即是兴建于象山东麓的一个早期聚落,在公元8世纪之初已经发展到足以建立一个县治,象山县的建置从此开始。当然,这仅仅是一个等级不高的海疆小县,在《元和志》记载中列入"中"等。唐朝划分县的等级,分赤、畿、望、紧、上、中、下7等,但其中赤、畿两等,必须是首都、陪都及其附近地区的县份,与外地无涉,所以实际上是五等,而上、中、下3等以户口为准。唐初武德年间,以5000户以上、2000户以上、1000户以上划分为这3个等级;到了开元十八年(730),由于各地户口增加,又改以6000户以上、3000户以上、2000户以上为划分标准。所以象山在建置之初,全县户数不过4000上下。此外,当时的象山县境与今天也完全不能相比,彭姥村及其以西的象山,无非是海曲之中的一个小小半岛。据《元和志》所载:"东至大海二十里,南至大海三十五里,东北至大海四十里,正北至大海一十五里,唯西南有陆路接台州宁海"。从《元和志》记载的彭姥村各个方向与海的距离,可以约略计算这个半岛的面积。由此可见,公元 8 世纪的象山县,整个县境是一片岛屿纷歧、滩涂泥泞、道路崎岖、环境闭塞的落后海疆,现在象山县境内的最大平原,如丹城、林海、南庄直至东陈一带的平原,岳井洋以东包括大塘、晓塘、后岭一带的平原,石浦港两岸的平原以及象山港南岸的平原等,当时都并不存在,则县内陆域的狭隘可以想见。今天我们在上列平原中所见的沃野连绵、阡陌纵横、禾稼茁壮、村镇栉比的兴隆景象,都是前人围垦的遗泽,是历代劳动人民利用自然、改造自然的丰硕成果。象山人的祖辈创造了平原、聚落、道路、河渠、桥梁和其他许多人工建筑,而且也为所有这些事物留下了地名。现在,《象山县地名志》把县境内的大量地名加以整理,探索它们的渊源来历,查明它们的发展变迁,然后详尽记录,编成一部煌煌巨帙。所以《象山县地名志》的刊行,不仅为象山县各界提供了一部前所未有的地名典籍;而通过许多地名的解释,同时也表彰了前辈人定胜天的业绩。象山县在明《文渊阁书目》中就有县志的著录,从明初直到民国,包括境内一度另建县治的南田在内,历修县志和其他专志,不论存佚,为数将近 30。而以地名成志尚属首创,所以此志问世,确是象山县地方文化上的一件大事。

　　浙江省自从 80 年代初期完成了地名普查工作以来,各市、县多致力于地名志的修纂,至今绝大部分市、县的地名志都已出版。从时间上说,《象山县地名志》已属尾闾,但从质量上说,却显然后来居上。全志分成 10 卷,资料完备,体例严谨,内容既遵循志书规范,而又有所创新。卷一《综述》,通过对象山县名、历史沿革、历代政区等的综合叙述,详今明古,勾划了县情及其发展过程。从卷二至卷九共 8 卷,分别为政区、陆域、海域、交通、水利围垦、专业部门、名胜古迹、历史地名。分类明确,条理清楚,卷首有概述一篇,而其中特别是陆域、海域、交通、水利围垦四卷,其卷首概述,实际上是冠于各该类地名之前的一篇无题小序。如《陆域地名》的概述,从地质、地貌、河流、水文等几方面,论证了县境陆域的发展变迁。《海域地名》的概述,从地质年代中的海陆变迁过程,阐明了境内岛屿、港湾及海域的形成与分布。《交通地名》记叙了全县海陆交通的发展与现状。《水利围垦地名》不仅说明了围垦简史和水利简史,并且介绍了它们的现状和分布。这 4 卷的卷首概述,提纲挈领,短小精悍,读者得此各篇,窥一斑而知全豹,收事半功倍之效,确是一种志书体例的创新。卷九为《历史地名》,分政区、军事、其他 3 类,从地名变迁的历史过程解释地名,也是这部地名志的特色。卷十《附录》,内容包括地名的总览,地名文献辑存、地名文艺 3 类。其中《象山县人口源流、聚落分布规律、命名特点及演变原因考略》一文,论证深入,分析详明,确是一篇地名学研究的优秀论文,具有极高的理论价值和实践意义。不经过地名普查工作和地名志的修纂,是绝不可能写出这样的论文的。

　　总之,《象山县地名志》是一部值得赞赏的地名专志,这部志书的刊行,反映了象山县地名普查工作和地名学研究的卓越成就,它的影响,显然不仅仅限于象山一县,对于国内广大的地名工作者和地名学界,也将是一种重要的贡献。

1992 年 7 月于杭州大学

原载《象山县地名志》,浙江人民出版社 1994 年版

《庆元县地名志》序

　　自从地名普查工作在浙江省开展和完成以来，省内多数市县，已经编纂和印行了地名志。但是迄今为止，市、县地名志公开出版的，除了杭州市以外，庆元县还是第一部，即此一端，可以说明《庆元县地名志》的不同于一般。庆元县是一个比较后进的山区县份，但在地名志的编纂出版工作中却跻入先进之列，这就说明了这个县在社会主义建设中的发奋努力，也说明了这个县的经济和文化潜力。所以《庆元县地名志》的出版，是值得赞赏和祝贺的。

　　庆元县俗称"九山半水半分田"，是一个纯粹的山区县份。虽然建县历史已经长达 800 年，但由于地处浙闽边陲，距离上级行政中心遥远，地形崎岖，交通不便，某些自然条件比较差，所以在一个相当长时期中，发展比较缓慢。这是在浙江省甚至全国，多数山区县份都有过的经历。

　　就浙江省来说，山地和丘陵的面积超过全省的 70%，而平原面积还不到 30%。但长期以来，人们的生产活动却集中在面积狭小的平原地区；山地和丘陵，虽然范围宽阔，却因自然条件上的种种困难，而显得地广人稀。直到南宋，在接近政治中心的绍兴山区，在陆游诗中仍然是："山鸟啼孤戍"，"草市少行旅"。[①]而山区县份人口本来不多，却仍然缺乏劳动对象，不得不按时按节地到平原从事季节性劳动。陆游诗："上客已随新雁到，晚禾犹待薄霜收。"[②]陆游自注："剡及诸暨人以八月来水乡助获，谓之上客，以其来自山中也。"剡是嵊县的古名，嵊县和诸暨二县境内多山地丘陵，因而出现劳动力剩余,不得不在晚稻收获季节到绍兴平原水乡受雇于人,情况可见一斑。

在历史上,劳动人民也曾经运用他们的智慧和劳力,想方设法,开拓利用山地和丘陵,并且取得不少成就。他们向山区引种杂粮,开辟梯田栽培水稻,也利用山区的丰富林木和竹类资源,从事各种副业。这中间,庆元的劳动人民就有杰出的创造。早在南宋初年,这里就掌握了人工栽培香菇的生产技术,香菇生产不仅遍及全县,有栽培技术的农民,还外出许多省区,从事这种生产,使庆元成为一个"菇民之乡"。对于这方面,《庆元县地名志》已有详细介绍。

当然,在古代科学知识和技术水平都相当落后的情况下,开拓和利用山区的工作,遇到不少困难,所以进展显得缓慢。而且在开拓利用过程中,不免会出现一些问题,出现一些失误。例如,从浙江省来说,历史上规模最大的山区开拓发生在清初。我在拙著《历史上浙江省的山地垦殖与山林破坏》[③]一文中已经指出:从清康熙五十二年(1713)到乾隆五十六年(1791)的近80年中,全省人口几乎增加了7.5倍。由于适宜于山区种植的粮食作物甘薯和玉米在这一时期引入省内各山区县份,使山区发生了一次有史以来的巨变,这次巨变的结果及其影响,我在拙著《浙江古代粮食种植业的发展》[④]一文中也已经论及:"甘薯和玉米加入粮食作物的行列,对全省粮食总产量的提高当然起了十分重要的作用。但是,原来由于缺乏粮食以致聚落稀疏,人口缺少的山区,从此却也吸引了大量人口的进入,这就引起了全省性的人口剧增(当然还有其他社会原因)。另外,由于这两种作物在山区的推广,造成了植被的彻底破坏,水土的大量流失。因此,在山区突然增加的粗粮产量中,应该承认其中的一部分是以牺牲平原细粮的代价而换取的。"所以尽管从清乾隆以来,山区垦殖扩大,人口增加,但是生产发展仍然缓慢,经济和文化也仍然落后。这当然与当时的社会情况有密切的关系,但是人们对山区开发利用中的许多不合理方式,显然也起了重要的不良影响。

新中国成立以来,在社会主义建设的不断发展中,浙江省的山区面貌有了很大的变化。特别是最近十多年来,由于改革开放的政策,省内各山区县份在经济和文化上都有长足的进展。庆元县当然也是如此,这个边陲县份,在最近时期的迅速进步,《庆元县地名志》有较详细的介绍,这里不必赘述。对于庆元县的全部经济和文化建设来说,地名志的公开出版当然还不算是一件大事,但是却有举一反三的意义。因为即此一端,还可窥及这个县的各行各业都正在鼓足勇气,振奋精神;从此一端,也可以窥及这个县正在山区建设中百废俱兴,迈步向前。

我在前已提及的拙著《历史上浙江省的山地垦殖与山林破坏》一文中已经指出:"康乾以来浙江省境内所发生的这一场暴风骤雨式的垦殖和山林破坏,对浙江省和其他许多情况相似的省份,都是一种深刻的历史教训。时至今日,在全省范围内,不论是山地和平原,都还在不同程度上为这一时期的破坏支付着代价,并很难估计要支付到什么时候。因此,虽然事情的发生,距今已有两个半世纪之久,但是今天我们来总结这个历史教训,仍然具有十分重要的现实意义。"现在,从庆元县的事例中,我们已经看到了山区建设欣欣向荣、蒸蒸日上的曙光,所以我愿意旧文重提,在这篇序言中再次表达我对山区建设的意见和希望。

1990 年 6 月于杭州大学历史地理研究室

注释:

① 《山行》,《剑南诗稿》卷七六。

② 《秋日郊居》(八首之六),《剑南诗稿》卷二五。

③ 《中国社会科学》1983 年第 4 期。

④ 《中国农史》1981 年第 1 期。

原载《庆元县地名志》,杭州大学出版社 1991 年版

《常山县地名志》序

地方志修纂是我国优秀的文化传统。长期以来,我们不仅已经修纂了为数可观的省志和州、郡、府、县志等通志,而且修纂了许多山志、水志、书院志、寺庙志、游览志等专志。所有这些,都是我国的宝贵文化财富。

由于种种原因,我们的这种优秀文化传统,在最近半个世纪中遭到了中断,这当然是十分不幸的。令人精神振奋的是,党的十一届三中全会以后,拨乱反正,修纂地方志的工作,也开始得到了重视。各地纷纷建立机构,进行修纂的准备工作。盛世修志,正是说明了我们国家兴旺发达、欣欣向荣的气象。

在这次修纂地方志的高潮中,首先问世的是地名志。地名志在地方志的修纂中属于专志的一种,并且是历来专志中所未见的。因此,它是我国地方志修纂历史上的一种新生事物,是值得加以重视的。

我国历史上素有研究地名的传统。《穀梁传》僖公二十八年所谓"水北为阳,山南为阳",就是我国提出的最早的地方命名原则之一。《汉书·地理志》开始解释地名,成为我国地名学研究的嚆矢。从此以后,研究地名的著作陆续问世,为我国的地名学研究积累了丰富的资料。所有这些,都是我们今天修纂地名志的历史基础。当然,今天我们修纂的地名志,除了总结古人在地名学研究上的成果,进一步发展地名学的理论外,同时也具有重要的现实意义。因为地名志不仅是我们整理地名的记录,同时也是我们管理地名的根据。一县的地名志,实际上就是一县地名的最简要的历史档案,它不但总结过去,让人民了解当地地名的沿革变迁;并且更指导未来,为今后地名的命名和更名等工作提供依据。

常山在浙江省称得上是一个历史悠久的县份。它建县于汉建安二十三年(218),始称定阳县,至唐咸亨五年(674),改名常山。从此以后,建置和县名一直稳定少变。悠久而稳定的县的建置,为常山县的县志修纂创造了良好的条件。早在《文渊阁书目》卷二十新志类中,就已经有了《常山县志》的著录,说明在明朝初期,常山已经修纂了县志。此后,在明成化三年(1467)和万历十三年(1585),常山都曾修纂过县志,并且都曾经付刊。至于清代修纂的县志,为数远远超过明代,顺治十七年(1660)补刊明万历本,目前尚有少数刊本流传,康熙二十二年(1683)修纂未刊,但日本宫内省图书寮藏有钞本,雍正元年(1723)和嘉庆十八年(1813)又两度修纂县志,至今刊本流传尚多,并且收入于台湾省影印出版的《中国方志丛书》。至于光绪十二年(1886)修纂的数达70卷的县志,是常山县历史上方志修纂的杰出成就。当然,所有上述志书,都是常山县的通志。在常山县方志修纂的历史中,至今尚未发现过任何一种专志,这或许是美中不足之处。

现在《常山县地名志》已经修纂完成,即将排印问世。这是常山县有史以来的第一部专志,是常山县修志历史上的一件大事,是值得庆贺的。通志与专志,本来是相辅相成的。在长期来通志修纂的基础上,《常山县地名志》终于脱颖而出,成为常山有史以来第一部专志,而专志之出,势必反过来促进通志的修纂,并且提高通志的质量。因此,《常山县地名志》的问世,其意义绝不局限于地名学和地名工作在常山县的成就,更为重要的是,它标志着常山地方志修纂事业的复兴。自从光绪十二年以来,常山县的地方志修纂工作已经中断了足足一个世纪,现在,《常山县地名志》成为这种事业复兴和发展的先锋。可以预料,常山县的修志事业将从此兴旺起来,更多更好的通志和专志,也将相继问世。

1985 年 12 月于杭州大学

原载《常山县地名志》,常山县地名委员会 1987 年印行本

《龙泉县地名志》序

　　龙泉县建于唐乾元二年(795),到宋嘉定二年(1209)就修成了第一种县志。此后,在明初正统以前、嘉靖四年(1525)、万历二十六年(1598)、清顺治十二年(1655)、乾隆二十七年(1762)、光绪三年(1877)又都修了县志。此外,在光绪《处州府志》卷二十六的著录中,还有一种明龙泉陈孝积撰的《龙泉景物志》,这是龙泉县历史上的唯一专志。总计,从宋嘉定二年到清光绪三年的668年中,龙泉一共修成了通志7部,专志1部,平均每83年半就能修成方志1部。从光绪三年到今天,时间又过去了109年,但是却一部方志也未曾修出来。修志是我国优秀的文化传统,我们不能让这种优秀的传统在我们这一代中受到损害。这当然不仅是龙泉一县,对于全省、全国所存在的这种修志事业长期中辍的情况,确是令人焦急的。值得庆幸的是,自从党的十一届三中全会以来,拨乱反正,百废俱兴,地方志的修纂工作在全国各地迅速地发展起来。而龙泉,也终于以地名志这种专志,首先改变了一个多世纪来这个县份方志中辍的局面。我们相信,随着《龙泉县地名志》的问世,龙泉县的地方志修纂工作,一定会得到欣欣向荣的发展。高质量的县志和其他各种专志,也必将一部一部地修纂出来。在地方志修纂沉寂了一个多世纪以后,《龙泉县地名志》异军突起,成为这个县份地方志修纂事业复兴的里程碑,意义当然是十分深远的。现在,我已经看到了这部专志的目录和内容的一部分清样,觉得此志体例严谨,内容完备,资料丰富,无疑是一部值得赞赏的佳志,也是龙泉县的地方志修纂史上的一件大事。

和我们省内不少建置于秦汉时代的县份相比,龙泉县是一个历史并不很久的山区县份。但是在全省,甚至在全国,龙泉却是一个不同凡响的县份。1000多年以来,就是这个县份,以它品质优异的大量青瓷器,在世界各地为我们换回了巨额财富,赢得了莫大的荣誉。而龙泉一名,也就因此传遍天下。

国际著名的陶瓷学家,日中文化交流协会理事,东洋陶瓷学会常务委员,日本贸易陶瓷研究会会长,东京大学名誉教授三上次男博士,他曾经在埃及开罗南郊的福斯塔特废墟,亲手触摸过六七十万片陶瓷碎片,并从中选出中国瓷片12000片,写成了他的名著《陶瓷之路》。下面我录出此书中的一段,让大家看看龙泉这个县份在历史上的光辉。

中国从唐朝后半期起,开始进入政治、经济和社会一起变革的时期。经过十世纪前期的五代以至宋朝(公元960—1279),社会安定了下来,于是就迎来了陶瓷生产在量和质方面都飞跃发展的时期。从此,世界上生产的陶瓷之中,就出现了品质最佳和最美的产品。

具体地说,一进入这个时期,生产青瓷的中心就转移到浙江省的龙泉地方,这种瓷器的青色,其清澈犹如秋高气爽的天空,也如宁静的深海,这就是名闻世界的龙泉窑青瓷。(胡德芬据原书第十一版翻译,天津人民出版社1983年版)

三上次男博士所撰的这本《陶瓷之路》,路线从中国东南沿海各港口起,循海道一直到印度洋沿岸的波斯湾、阿拉伯海、红海和东非沿岸。在这些地方,据三上博士目击,无处没有龙泉青瓷的踪迹。这条漫长的"陶瓷之路",实际上就是中国陶瓷特别是龙泉青瓷所开拓出来的。以《陶瓷之路》与我国古代的一些著作如《诸蕃志》、《岛夷志略》、《西洋番国志》、《星槎胜览》、《瀛涯胜览》等相对照,我们就会进一步明白,在这些著作中连篇累牍记载的如"青器"、"青白器"、"处器"、"青处器"、"青白处器"等等,都是历史上龙泉劳动人民的精湛创造。

我于1985年在日本讲学时,曾经在东京受到了三上次男博士的热情款待。在国际著名的出光美术馆的7层大厦中,他陪同我参观了陈列得琳琅满目的宋、元、明历代的龙泉青瓷器,它们都以非凡的身价,在讲究的橱窗里闪耀着祖国的光辉。

三上博士还告诉我,世界上的一些收藏中国陶瓷的著名博物馆如土耳其的托普卡普萨拉伊博物馆(在伊斯坦布尔)、伊朗的德黑兰国立考古博物馆等处收藏的各种龙泉窑青瓷器,都是他有幸目睹的稀世之宝。我没有到过这些地方,但是他的话也引起了我的联想。在我所亲自访问过的一些世界著名博物馆如美国纽约的米特罗波里坦博物馆,巴西里约热内卢旧王宫的国立博物馆,日本东京、京都、奈良的三处国立博物馆等之中,都有专门陈列中国陶瓷的专室,而大批晶莹如镜的龙泉窑青瓷器,都在那里以无比高贵的姿态,闪耀着中华民族的历史光辉。在这样珍贵的陈列品面前,每个远离祖国的游子,都会情不自禁地感到作为一个中国人的无比自豪。

龙泉这个县份,在历史上曾经为祖国争得了无上光荣,在今天《龙泉县地名志》行将问世,而方志修纂工作正在方兴未艾之际,旧事重提,对我们既是一种自豪,也是一种鞭策。继往开来,承前启后,在社会主义祖国的四化建设中,龙泉必然要为祖国争取更大的荣耀。

1984 年 1 月于杭州大学

原载《龙泉县地名志》,龙泉县地名委员会 1984 年印行本

《遂昌县地名志》序

　　《遂昌县地名志》即将问世,嘱我写几句序言。这几年中,为各县地名志写序言的事,已经习以为常。但这次为遂昌县写作此序,却是感慨良深。因为对于这个县份来说,编出这样一部专志,意义不同寻常,值得重视,值得祝贺。

　　浙江省历史悠久,除了秦会稽郡属县以外,遂昌县算得上是建置很早的县份。据《后汉书·郡国志》"太末"注,遂昌县始建于汉献帝建安二十三年(218)。它不仅是现在的丽水地区所属各县中,建置仅晚于松阳县的县份,而且在清代处州府所辖10县(这是清浙江省11府中辖县最多的1府)之中,也只有松阳县建置在它以前。所以遂昌县是浙江省内历史悠久的县份之一。但是在另一方面,遂昌县历史上流传的地方文献却为数甚少,与它的悠久历史很不相称。查索旧书目,明《文渊阁书目》卷二十著录《遂昌县志》1种,列于新志类。《文渊阁书目》编于明正统年间,此书目新志类著录的方志,大概修于明初,则遂昌县到明初才开始有志。清处州府属10县中,除了府志始修于宋外,龙泉、庆元、缙云3县,在宋代也都已有志,松阳县在元代已经有志,都比遂昌县要早。遂昌县于明初修志后,以后又续修于明嘉靖、隆庆、崇祯,清顺治、康熙、乾隆、道光、光绪,一共修志9次,这在清处州府属下已不算少。但其中多数已经亡佚,至今仅存康熙、乾隆、道光、光绪4志。4志之中,除光绪志流行较广外,康熙志只存南京大学图书馆一部,乾隆志只存6部(另有残本1部),道光志只存2部(另有残本1部),都已经成为凤毛麟角了。鲁迅在其所辑《会稽郡故书杂集》卷首说:"会稽故籍零落。"看看遂昌县的情况,故籍零落,远比会稽为甚。在这样一个地方文献相当缺乏的县份,在地方志修纂中断了近一个世纪以后(遂昌县的最后一种方志即光绪《遂昌县志》刊行于光绪二十二年,即 1896 年),《遂昌县地名志》异军突起,让人们看到遂昌县地方志修纂事业的复兴,这的确是令人十分兴奋的。

　　浙江省的地方志修纂,历来著称于全国。但浙南各县方志偏稀。在过去,这当然与这个地区的地形崎岖,交通困难,经济薄弱,文化后进有关。遂昌县素称"九山半水半分田",山地面积占全县的 90% 以上。在旧中国,这些不利条件都影响了文化的发展和地方文献的修纂。但是在新中国成立以来的 30 多年社会主义建设中,山区面貌已经发生了很大的变化;党的十一届三中全会以后,山区经济更有了迅速的发展。浙江省的山区,资源丰富,潜力无穷。从遂昌县来看,绿色的森林,黄色的黄金,仅此两项,前途就未可限量。遂昌县的四化建设正在欣欣向荣,蒸蒸日上。《遂昌县地名志》的诞生,正是盛世修志在遂昌县的实现。而且可以预期,随着地名志这种专志的问世,遂昌县的通志,即新的《遂昌县志》,也必将顺利修纂,早日完成。在遂昌县四化建设日益发展的基础上,遂昌县的方志修纂事业,必然要获得更大的成就。

1987 年 3 月于杭州大学
原载《遂昌县地名志》,遂昌县地名委员会 1988 年印行本

《丽水市地名志》序

　　《丽水市地名志》经过丽水市地名办公室的几年努力,终于刊行问世。这是浙江省和丽水市地名工作的又一丰硕成果,值得祝贺和赞扬。此志资料详尽,内容丰富,其所提供的地名信息,尤为完备。对于丽水市地名的管理和研究,以及党、政、产业、交通、文化等各有关方面的参考,都有重要的价值。丽水在历史上的最近一次修志,是民国十五年(1926)刊行的《丽水县志》,距今已超过 60 年。如今,《丽水市地名志》以一种前所未有的专志,赓续了在丽水中断已达 60 年的修志传统。因此,它在丽水的历史文化传统上,也具有十分深远的意义。

　　丽水虽然地处山区,府、县建置相对较晚,但在方志修纂上却处于省内的领先地位。自从南宋绍兴年间《处州图经》的修纂以来,历元、明、清以至民国,《处州府志》和《丽水县志》的修纂,总数接近 20 种。特别是至今仍然保存的府、县志,为数在省内也具有优势。明朝一代中,至今尚存的有成化、万历、崇祯 3 种府志并万历《括苍汇纪》,共达 4 种之多。清代则有康熙、雍正、光绪 3 种府志及乾隆、道光、同治 3 种县志,加上民国县志及丽水县《续修浙江通志征访册稿》,总计明、清、民国三代,至今保存的方志多至 12 种,这是我们在今天继续修纂方志的有利条件。前代为我们留下了这许多方志遗产,承前启后,其责任恰恰就在我们。《丽水市地名志》的编纂和刊行,说明了我们这一代在方志修纂工作中正在继续努力,攀登高峰。

　　自从隋开皇九年(589)置处州和括苍县后,唐初又将括苍县改为丽水县,这个地区在政治、经济、文化等方面,开始有了较大的发展。明清两代,处州府下辖 10 县,居浙江各府辖县数之首,而丽水市一直是所属 10 县的政治、经济、文化和交通中心,在历史上具有独特的地位。由于地理位置居浙南的中心,腹地广大,资源丰富,所以它在今后仍然是浙南广大地区的中心。自从党的十一届三中全会以来,四化建设,成就卓著,发展前途,未可限量。如今盛世修志,令人眼界开广,壮志腾霄。它标志着丽水市四化建设的欣欣向荣,蒸蒸日上!

随着《丽水市地名志》的刊行,新的《丽水市志》也必将精益求精,后来居上,为此特在卷首赘述数言,预祝丽水市在修志事业上取得更大的成就。

1987 年国庆于杭州大学历史地理研究室

原载《丽水市地名志》,丽水市地名委员会 1988 年印行本

《瓯海县地名志》序

  瓯海县是一个新建的县份,但也是一个渊源古老的县份。《山海经·海内南经》:"瓯居海中",就是这个县名的根据。晋郭璞注:"今临海永宁县,即东瓯,在歧海中也。"清郝懿行案:"《周书·王会篇》云,欧人(驿案,瓯、欧、沤,古字均通)蝉蛇。孔晁注云,东越欧人也。又云,且瓯文蜃。注云,且瓯在越。"从上述《山海经》原文和各家注释来看,这片在古代称为"瓯"或"且瓯"的地方,当时还是许多海上岛屿,其地则是古代越的一部分。《山海经》是先秦著作,今浙江省境在先秦均是越地,所以至今遗留于省内的越语地名为数不少。但是从县名来说,至今沿用而见之于先秦文献的,已只有《山海经》的瓯海和《越绝书》(《越绝书》是东汉人整理的先秦文献)的余杭和诸暨等几处了。所以瓯海县从全省来说,是一个渊源古老的县份,这是它所值得自豪的。

  瓯海县不仅渊源古老,它在自然地理环境和人文地理环境方面,都显得非常复杂多样,为这个县的建设和发展,提供了优越的条件。从自然地理环境来说,县境以内拥有各种地貌类型和自然景观,西部是一片较高的山地,最高的山峰超过海拔千米。从上戍、藤桥、南雅、瞿溪、老竹一线以东,则是一片冲积平原。"瓯居海中",这一带在古代就是一片浅海,从现在梧埏、三垟一带的水乡泽国来看,可以想象在历史年代中沧海桑田的变迁。舜岙、茶山一线以东,又崛起了一片沿海丘陵,海拔数十米到数百米的丘阜连绵不断,在古代,这些当然都是罗列在海中的岛屿,正像现在的灵昆岛一样,就是《山海经》所记载的海中的瓯地。这一带丘陵之下,即今永中、永昌、三甲一线以东,则是一片近代淤涨的海涂,也已垦殖成为农田。《山海经》记载的"瓯",范围当然更比现在的瓯海县大得多,但瓯海县的自然地理环境,却代表着古代瓯地的缩影。

在劳动人民长期以来的利用和改造过程中,瓯海县的不同自然地理环境,为人民提供了发展生产的基础和提高生活的源泉。这里有茂林修竹,资源丰富的山区,有橙黄橘绿,茶园弥望的丘陵,有河湖纷歧,鱼米之乡的平原,有水族繁衍,蛤美鱼鲜的海涂和海洋,还有屋宇栉比,工商繁荣的集镇。在历代劳动人民胼手胝足的辛勤经营之下,人文地理环境也显得丰富多彩。瓯海县,自然优越,人文鼎盛,这就是全县 50 万人民的美好家乡。

按照我国的优秀文化传统,一个地方的自然地理环境和人文地理环境,往往通过地方志的修纂而流传下来。东瓯地区,历史悠久,人文发达,所以历代以来,已经修纂了大量地方志。这中间以"瓯"为名的地方志为数也颇不少,如元章嚞的《东瓯志》,明陈挺的《东瓯乡贤传》,清黄汉的《瓯乘补》20 卷,洪守一的《瓯乘拾遗》2 卷,佚名的《东瓯志余》3 卷,劳大与的《瓯江逸卷》1 卷,孙锵鸣的《东瓯大事记》6 卷等,不胜枚举。以"瓯海"为名的地方志,则有清孙衣言的《瓯海轶闻》44 卷。上述志乘,它们或存或佚,其记载范围大体上均包括明、清温州府境域。由于瓯海县是一个新建县份,所以还没有一种志乘以目前的县境为记载对象。现在,《瓯海县地名志》作为一部专志,首先为这个新建的县份,提供了详细的记载。对于瓯海县来说,这确是历史上值得纪念的重大事件。

《瓯海县地名志》体例严谨,文字畅达,资料详细,内容完备,而且地图与照片丰富,继承了我国地方志图文并茂的传统。这部专志的问世,不仅有裨于瓯海县的地名管理和地名学的研究,而且对于各党政机关、文化团体等,也都具有重要的参考价值。可以预期,瓯海县的这部最新志乘,在全县今后的两个文明建设中,必将发挥重要的作用。

　　　　　　　　　　1988 年 5 月于杭州大学历史地理研究室

　　　　　　　原载《瓯海县地名志》,瓯海县地名委员会 1989 年印行本

《岱山县地名志》序

　　《岱山县地名志》的编纂已经数年,现在正式发行。对于岱山县来说,这件事实在不同于一般,是值得祝贺并载入史册的。

　　地方志和其他地方文献的编纂,是我国优秀的文化传统。在我国,特别是文化发达的东南地区包括浙江省在内,绝大部分市、县,都拥有大量的地方志和其他地方文献,这是地方的重要文化财富。但岱山县的情况却有所不同,因为它是一个海上岛屿,自从唐朝以来,一直处于设置在舟山本岛的翁山(昌国、定海)县下的一个乡的地位,而舟山本岛这个县的建置,本身又极不稳定。所以不仅是岱山,整个舟山都是缺乏地方文献的地区。

　　从岱山来说,现存的唯一地方文献,是民国七年(1918)定海汤浚所编的《岱山镇志》20卷(卷首1卷),内容并不完备。岱山直到1949年才第一次建县(瀚洲县),至今还不过40余年历史。这以后又两度撤县,建置仍不稳定,这当然要影响以县为基础的各种事业,包括地方志和其他地方文献的编纂在内。岱山县是浙江省极少数几个既无县志,又无其他以县为基础的地方文献的县份之一。这个县的地方文献的工作,一切都要从头做起。而现在,《岱山县地名志》首先以一种专志的形式,为这个建置不久的县份开创了县志编纂的记录。所以对于岱山,这确是一件不同凡响的大事。

　　在中国的地方志修纂历史中,按照志书的内容和形式,历来就有省志、府(州、郡)志、县志等通志和人物志、寺庙志、水利志等专志的区别。地名志是一种专志,却是历来专志中所未曾见,属于近年来所新创,是地名普查工作的成果。一个县的地名志,不仅为全县提供了各行各业都必须遵循的标准地名,并且对于地名的渊源来历,改易变迁,作出了细致的记录,有裨于地名工作和地名学研究的参考。此外,地名志的内容兼及全县自然和人文的各种信息,具有很大的广泛性和综合性。所以它虽然是一种专志,在某种意义上却具有通志的作用,这是一种实用价值很高的志书,应当引起各界的重视。

提到岱山县的地名渊源和变迁,使我想起了一件往事。1983 年秋季,我接受日本关西大学的聘请,到该校大学院(研究生院)讲学。除了聘约中规定的"中国历史地理"和"《水经注》研究"等课程外,还协助该校藤善真澄教授校注一部日本珍藏的古籍,即日本高僧成寻和尚所撰的《参天台五台山记》。成寻的著作本来不必在这里赘述,何况藤善教授已经专门为此写过一篇介绍文章《成寻和杨文公谈苑》,发表在关西大学《东西学术研究所创立 30 周年纪念论文集》,而我又嘱我的研究生乐祖谋君翻译此文,发表于《世界宗教研究》1985 年第 2 期,已经众所周知。但是由于《参天台五台山记》8 卷,内容记载了古代岱山及其周围海域的许多地名,并涉及这一带的自然和人文概况,所以值得在此略作说明。

成寻是日本岩仓(在今京都市左京区)大云寺的寺主,他于平安朝后三条天皇延久四年(北宋熙宁五年,1072 年)三月十五日,从肥前国(今九州佐贺县西部)松浦郡的壁岛秘密登船,偷渡中国。到达杭州后,受到北宋官员的接待,先后参拜了天台山和五台山,然后归国。成寻粗通中文,全记用一种不很通顺的中文写作,但按日记载,从不间断,所以路程和经过地名都很清楚。他从三月十五日出发后,经过 10 天,到二十五日的记载说:"天晴,东北风吹,大悦,进船,巳时以后,四方大霿,不辨东西,午时天晴,顺风如故,未时始见苏州石帆山,大岩石也,无人家,船人大悦,丑时至苏州大七山,宿。从日本国至大唐苏州,三千里。"从此,他进入今岱山县境域内,记及的地名有徐翁山(今在嵊泗县境)、杨山、三姑山、黄石山、北界山、小均山、随稍山、桑子山、大均山、袋山、栏山等。据记,徐翁山"无人家",随稍山"有港无人家",其余各岛均"有人家"。其中如小均山、大均山、袋山等都是大岛。例如小均山:"有四浦,多人家,一浦有十一家。"又如大均山:"有二十四澳,各人家多多也。"

从成寻的记载中,可见北宋的地名,与现时有不少差别。藤善教授和我共同研究时曾经对照了详细的海图。今"岱山",当时作"袋山";今"大、小衢山",当时作"大、小均山";今"双子山",当时作"桑子山";今"黄泽山",当时作"黄石山";今"大、小洋山",当时作"杨山";今"长涂山",当时作"栏山"。在岱山以外,今"大戢山",当时作"大七山",今"徐公岛",当时作"徐翁山"。另外还有些地名,如三姑山(在杨山西)、北界山(在黄石山北)、随稍山(在大均山西)等,除了北界山,在元大德《昌国州图志》中有"北界村在北,吞六十九"一语,或可寻其蛛丝马迹外,其余均无法在现代海图中指出确实位置。因为古代的记载当然不及经纬坐标,在岛礁众多,特别是古今地名悬殊的情况下,尽管成寻在路程、舟行所需时间以及各岛之间的方位关系等方面都记得相当详细,今天要完全无误地校注他的著作,仍然遇到了不少难题。

成寻记载的北宋时代的地名与现时的差异,是否有他误记的可能?作为一个异国人,言语隔阂,这种可能当然是存在的。但核对一下这些古今不同的地名,如现在称为"双子山"的这个岛屿,成寻记作"桑子山"。而在中国志书中,从明嘉靖《宁波府志》到清雍正《浙江通志》,也都作"桑子山",并且注明:"旧名桑石"。说明他的记载不误。又如现在称为"黄泽山"而成寻记作"黄石山"的这个岛屿,不仅雍正《浙江通志》也作"黄石山",而且成寻在其记载中(三月廿七日),还写下了这个地名的渊源来历:"明州黄石山,山石并土,其色如红。"为此,我们就不得不考虑,诸如"袋山"、"栏山"以及"大、小均山"等地名也并非误记,而且各有它们的渊源来历。可惜从北宋到现在,年代久远,加上如前所说的这个地区历来地方文献寥落,时至今日,已经很难查究了。即此一端,也就充分说明了地方文献的记录地名的重要性,同时更说明了《岱山县地名志》的问世,的确是一件可以载入县史的重大事件。

由于如上所述的这一段掌故,所以我对岱山一带的地名是相当关心的,并且非常重视这部志书的编纂和发行。现在看来,我的这种愿望已经得到满足。因为《岱山县地名志》资料丰富,内容完备,体例严谨,文字畅达,而图文并茂,犹其余事。这部志书的问世,不仅结束了岱山没有县级地方文献的历史,同时也结束了这个地区广大的海域地名缺乏研究和管理的历史。从浙江全省来说,《岱山县地名志》属于编纂和发行较晚的一种,但是它吸取了各市县地名志的优点,而且与众不同地收入了地名补查的成果。真是后来居上,成绩卓著。因此,我以十分愉快的心情,为这部志书写作这样一篇短序。

1990 年 8 月于杭州大学历史地理研究室
原载《岱山县地名志》,岱山县地名委员会 1991 年印行本

《会稽方志集成》序

　　《会稽方志集成》为朱志飞、傅振照、王志邦、王致涌 4 位先生所辑注。辑注既成，嘱序于我，4 位都是我的朋友，会稽又是我的故乡，所以我欣然接受了这个任务。

　　读了此书校样，欣知此书是《六朝地域社会丛书》中的一种，卷首并有谷川道雄先生以《六朝时代与地域社会》为题给这套丛书所写的总序。谷川先生是我的老友，1983 年秋，我应聘在大阪关西大学讲学，谷川先生的鹿儿岛同乡藤善真澄先生陪同我访问京都，并为我们介绍认识。我们一见如故，畅谈甚洽。1985 年春，我们夫妇再次访问京都，受到谷川、藤善诸先生的热情接待和宴请，同席还有水津一朗、斯波义信、梅原郁等知名学者。欢聚竟日，无所不谈，宛如一次小型的学术讨论会。1989 年冬，谷川先生获悉我们夫妇在广岛大学讲学，竟以流利的汉语和我在电话中交谈。并且询及，他寄赠给我的《日中国际共同研究·地域社会在六朝政治文化上所起的作用》一书是否收到？此书是 1987 年中日两国学者在日本学术振兴会资助下的共同研究成果，而为谷川先生所主编。可惜由于邮递费时，我们出国时尚未收到此书，直到年底返国，才读到此书。谷川先生不仅在卷首写了《序言》，并且撰有《地域社会在六朝政治文化上所起的作用》一文。当时我拜读全文，特别是文中关于"中世都市的机能"一段，感到获益不浅。因为我很早就想以《水经注》的记载为基础，对魏晋南北朝的城市作一番研究，谷川先生对当时城市的精辟论断，对我的研究工作甚有启发。这次读他的《总序》，又获悉他所提出的论点："六朝时代在聚落史上的特色，就在于都市与农村分化这一点。"使我茅塞顿开。开卷有益,这是中国人的老话,何况使我获益的正是我的异国老友,令人不胜雀跃。

　　现在回到《会稽方志集成》的本题上来。《集成》是《六朝地域社会丛书》的一种。这套丛书中有此一种,正是因为方志就是地域社会的产物。方志修纂是中国优秀的文化传统,而中国正规的方志,恰恰也是从六朝出现的。对于这个问题,必须略加说明。因为人们往往有尚古的爱好,在学院式的方志学课程中,开宗明义必引《周礼·春官宗伯》:"外史掌书外令,掌四方之志",以称道方志渊源的古老。其实,《周礼》的撰述年代历来大有疑议,何况后人根本不曾见过这个称为"四方之志"的东西。清洪亮吉在乾隆《澄城县志序》中认为:"一方之志,始于《越绝》,后有《华阳国志》。"这里提及的《越绝书》,我为乐祖谋点校本(上海古籍出版社 1985 年版)所写的序言中曾经指出:"按照今本全书 19 篇来说,内容包罗极广,不能一律都作为方志看待。但其中卷二《吴地传》和卷八《地传》两篇,……作为我国最早的地方志,确是恰如其分的。"现在我需要补充说明的是,把《吴地传》和《地传》称为方志,这是后人的图书分类。而且这两篇能够得到这样的分类,正是由于被六朝人称为方志的这种文献广泛流行的结果。案《水经·汝水注》:"余以永平中蒙除鲁阳太守,会上台下列《山川图》,以方誌参差,遂令寻其源流。"又《渠水注》:"因其方志所叙,就记缠络焉。"《汝水注》的"方誌"和《渠水注》的"方志",这是我国最早提出的实有其书的方志。《水经注》引及的这类方志,按拙著《水经注文献录》(《水经注研究二集》,山西人民出版社 1987 年版)的考证,为数逾 80 种。所以清陈运溶在《荆州记序》(收入于《麓山精舍丛书》)中说:"郦注精博,集六朝地志之大成。"洪亮吉所提出的《华阳国志》,也不过是为数众多的六朝方志中的一种,我在新修《长兴县志序》中指出:"案此书纂者常璩,曾官成汉散骑常侍,其书成于成汉李势归降东晋以后,为时已逾公元四世纪中叶,而在此一个世纪以前,三国吴韦昭的《吴兴录》和《三吴郡国志》均已问世。"现在我们看到的这本《会稽方志集成》中所辑注的如《会稽先贤传》、《会稽土地志》、贺循《会稽记》、虞预《会稽典录》等,也都早于《华阳国志》。或许因为六朝方志亡佚殆尽,而《华阳国志》得以幸存,因而获得推崇。不过论证一种文献的历史地位,不宜只以存佚为据,何况六朝方志中幸存的还有《三辅黄图》、《山居记》(即《山居赋》)等,而《邺中记》辑自《永乐大典》,也尚存基本面目。洪亮吉把《华阳国志》提高到与《越绝书》并列的地位,或许出于偏爱。对此,我在《长兴县志序》中只用"殊为不伦"四字加以评述。当然,六朝方志的大量亡佚,这是我国历史文化财富的重大损失,必须加以补救,以下当再述及。

　　这里值得探讨的另一个问题是,为什么中国方志史上的这第一批方志,不早不晚地在六朝涌现出来。借用本书《代序言》中的生动比喻,为什么这"第一个洪峰"恰恰就在六朝到来？因为这个问题，与这套丛书的主题关系密切，既与六朝的地域有关，也与六朝的社会有关，所以很有深入研究的必要。六朝时代，涉及地域与社会的一场巨变，是两晋之间的人口迁移。也就是我在拙著《郦道元生平考》（《地理学报》1988年第3期）一文中所提出的"地理大交流"的观点。这场巨变的过程，在我为刘盛佳先生的专著《地理学思想史》（华中师范大学出版社1990年版）一书所写的序中有较详的说明：

> 在这段时期中，大群生活在北方草原上的游牧民族，一个部落接着一个部落地跨过被称为"万里长城"的这道汉族所设置的防线，定居到这片对他们来说是完全陌生的土地上从事农业生产活动。而原来居住在这个地区的汉族，被迫大批南迁，放弃了他们世代定居的这片干燥坦荡的小麦杂粮区，迁移到低洼潮湿的江南稻作区。因此，不论在中国的北方和南方，数量巨大的人群，都面临着新的自然地理和人文地理环境。对于这些移民及其子孙，新领地使他们大开眼界，而故土仍为他们世代怀念。这就是在这个时代中人们的地理学思想所以特别活跃的原因。地理学思想空前活跃的结果，是大量地理著作的出现。

这些在一时涌现的大量地理著作，属于什么性质，具有什么内容呢？我在上述《地理学报》的论文中，曾列举了许多著作的名称，并写道：

> 除了全国地理著作以外，还有为数更多的区域地理著作，它们就是通常所称的"六朝地志"，绝大部分都是东晋及其以后的著作。正是这一大批地理学家和地理著作，标志着这个"地理大交流"时代的时代特色。

六朝地志当然是一种地方文献，它们在书名上就具有强烈的地方特性，各书均冠以地名。方志的这种命名传统一直延续至今。其中一部分称为"志"，以《隋书·经籍志》著录者为例，除了上述《华阳国志》外，如晋张勃《吴录地理志》、《凉州异物志》、晋熊默《豫章旧志》、晋江敞《陈留志》等均是；另外多数称"记"，亦以《隋志》著录为例，如晋陆机《洛阳记》、晋习凿齿《襄阳记》、刘宋盛弘之《荆州记》、刘宋雷次宗《豫章记》等等，不胜枚举。按照张国淦《中国古方志考》的著录约略统计，六朝地志数近200。由于"地理大交流"的强劲刺激，使中国的方志修纂，一开始就出现了这样一番波澜壮阔的形势，它对后世的影响，当然是十分长远和深刻的。现在看来，中国历史上的志书修纂，传统是很分明的。从全国总志来说，战国成书的《禹贡》当然是其发源，以后就是《汉书·地理志》（包括历代继承这种传统的正史地理志）、《元和郡县图志》、《太平寰宇记》等等，以至元、明、清《一统志》。而从各地的方志修纂来说，六朝地志显然是这个传统的滥觞，以后则是北宋的图经以至南宋、元、明、清的方志。所以六朝方志，虽然亡佚十过其九，但在中国方志史上的地位，却是极端重要的。

会稽在六朝时代为海内巨邑，《晋书·诸葛恢传》所谓"今之会稽，昔之关中"一语可以为证。会稽在这一时期的发达，除了"千岩竞秀，万壑争流"的自然环境以外，当然是随着户口增加、经济繁荣而出现的政治地位的提高。从《宋书·孔季恭传》记及的"亩直一金"的地价升腾程度，可以看出这种发展的势头。早在东晋咸和四年（329），据《通鉴》卷九十四所记，由于苏峻之乱，建康宫阙灰烬，而"三吴之豪，请都会稽"。此事虽未实现，但到刘宋孝建元年（454），浙东以会稽、东阳、永嘉、临海、新安五郡建东扬州，州治就在会稽。所以终六朝一代，会稽的政治地位，仅次于首都建康。在政治地位提高的同时，会稽在文化上的迅速发展，也绝非江南他郡可比。永和九年（353）的兰亭修禊，竟聚集了江南一流学者42人，这就充分证明了这里的文化优势。前面已经指出，"地理大交流"培养了许多地理学家，并在全国范围内推动了地理著作的撰写。会稽方志在这一时期中所出现的五彩缤纷的盛况，除了"地理大交流"这个时代背景以外，还有它自己在地域社会上的优越条件，概括说来，就是人杰地灵。

由于雕板印刷在六朝尚未流行，书籍流通全赖传钞，为数当然很少，水火蠹鱼，亡佚极有可能。唐代虽已有雕板印刷出现，但雕印的多是佛经一类。到了北宋，雕板印刷在11世纪之初开始盛行，却因雕板之权属朝廷国子监所有，所以首批获得雕印的，多是四书五经之属，直到11世纪后期，地方和民间才得自由雕印，而六朝方志在这五六百年中已经亡佚殆尽。六朝会稽方志的情况同样如此，在拙著《绍兴地方文献考录》之中，六朝文献为数近30种，但幸存者不及1/5。六朝方志是越中的重要文化财富，它们在研究绍兴地区六朝时代的地域社会方面，具有重要价值，所以这一批文献资料的亡佚，实在是绍兴这个历史文化名城的重大损失。

从六朝方志亡佚殆尽的这个教训中，说明绍兴地方文献整理的必要。因为越中是文物之邦，历代文献汗牛充栋，若不加整理保护，则其损失将不限于邈远的六朝。事实上，六朝以后的文献也已经大量亡佚，所以这早已是绍兴人士所不容等闲视之的大事了。整理和保护古代文献，主要不外乎三种方法：一曰集零散成整体。因为零散的文献很容易亡佚，即使不亡佚，使用者也难以获致，将这些零散的章篇搜集起来，加以整理分类，然后付刊，既不易亡佚，又便于收藏和应用。二曰化珍稀为普及。珍稀的版本当然可贵，但珍稀其实就是亡佚的前奏。把珍稀的版本加以翻刻重印，使之普及，不仅便于流通应用，而且可免亡佚之虞。三曰辑亡佚于散存。原书既已亡佚，不可再得。但原书文字有为历来类书及其他古籍所引用的，把这些散存于他书的原书文字辑录排比，以保留原书的吉光片羽，这种方法叫做辑佚，辑佚所得加以汇印，称为辑本。辑佚是使亡佚文献获得部分复原的唯一方法。

现在回过头来看看历代以来对越中文献整理和保护的实绩。这中间，或许以上述第一种方法做得较好，而北宋孔延之于熙宁五年（1072）编纂的《会稽掇英总集》就是这种方法的先驱。孔氏所作的集零散为整体的成果,在此书卷首自序中已经说明清楚:"自太史所载,至熙宁以来,其所谓铭、志、歌、咏,得八百五篇,为二十卷。"孔延之以后,有宋一代,又有程师孟《续会稽掇英总集》20卷,黄康弼《会稽掇英续集》7卷,丁燧《会稽掇英续集》。可惜这三种续集,本身也都已亡佚。到了清代,杜丙杰又纂成《会稽掇英总集拾遗》20卷,李慈铭在《越缦堂日记》同治十三年二月初十下记及:"惜明经所纂《拾遗》二十卷,未及刊行,今乱后杜氏藏书悉归无何有之乡。"则此书稿本亦已不存,良可深惜。另外,在清代绍兴学者中,如沈复粲、杜春生等,都致力于越中历代碑刻的搜集。这当然也是化零为整的方法,沈复粲编有《越中金石录》一卷,又《越中金石广记》八卷,前者今绍兴鲁迅图书馆和浙江图书馆均尚有钞本,但后者已经亡佚。在这方面成绩最好的是杜春生所编的《越中金石记》10卷(又卷首2卷),现尚存道光十年(1830)刊本。全书起自汉章帝建初,迄于元顺帝至正,计各种碑碣218种。这些碑碣现在当然夷毁殆尽,赖此一书得以流传后世,所以是很有功绩的。现在,收藏于国内外图书馆的化零为整的越中文献可能还有不少,往年我在天津图书馆善本部看到《山阴道上集》稿本34册,又称《越中耆旧诗》。全稿收有历来名宦、寓贤及八邑诗人所作诗,作者达800之谱,可谓集零散之大成。稿本每页中缝有"鸣野山房钞存"字样,当是沈复粲所辑。此稿本集数千首越人诗于一编,价值当然很高,但其本身也已成一部孤本,必须加以抢救。抢救这类孤本,就要用上述第二种方法,化珍稀为普及。越中文献使用这种方法而成效卓著的,嘉泰《会稽志》与宝庆《会稽续志》均是其例。我国现存的南宋方志不过28种,而绍兴竟占其二。但此二志的宋刊本早已亡佚,明正德刊本,全国仅各存四部,清嘉庆采鞠轩刊本,全国仅各存10余部。现在一般图书馆多有收藏的则是民国十五年(1926)周肇祥影印的嘉庆刊本。赖周氏的影印,使此两种珍稀的南宋方志得以普及。我于80年代之初从美国国会图书馆复制引回乾隆抄本《越中杂识》,引回后即点校由浙江人民出版社排印出版,从此,这一流落海外的孤本就成为大家可见的流行版本。最近,绍兴墨润堂书苑又将此书按原来版式在浙江古籍出版社影印出版。一种孤本,经过一再排印、影印,印数已经超过了目前各市、县的新修方志,达到了普及的要求。据我所知,仅在国内图书馆,需要抢救的越中珍稀文献,除上述《山阴道上集》外,尚有南京地理研究所图书馆所藏稿本《山阴旧志续考》,浙江图书馆所藏抄本《绍兴史迹风土丛谈》,宁波天一阁所藏稿本《绍兴掌故琐记》,北京图书馆所藏明刊本《古越书》等。上述已经都成孤本,必须引起越中人士的注意,及早采取措施,免致亡佚。

　　最后一种辑亡佚于散存的方法,这是清代特别是乾嘉以来学术界相当盛行的方法。不过有清一代,却不见有绍兴学者对越中亡佚文献从事辑佚的。在这方面,鲁迅恐怕是第一人。他于民国四年（1915）家刊《会稽郡故书杂集》，卷首序说："会稽故籍零落，至今未闻后贤为之纲纪，乃创就所见书传，剌取遗篇，累为一帙。"此书收有鲁迅从各种类书和其他古籍中辑录的六朝会稽方志 8 种，即谢承《会稽先贤传》，虞预《会稽典录》，钟离岫《会稽后贤传记》，贺氏《会稽先贤像赞》，朱育《会稽土地记》，贺循《会稽记》，孔灵符《会稽记》，贺侯曾先《会稽地志》。从序中所述，他是受武威张澍的影响而从事这种工作的。张澍在清道光中辑《二酉堂丛书》（又称《张氏丛书》），共 21 种，收唐以前甘肃人的著作，并辑录甘肃古代亡佚的地理书，成为一部研究西北地区古代地域社会的重要文献。同样，鲁迅所辑此书，对研究六朝时代绍兴地区的地域社会概况，也有重要的价值。

我受鲁迅《会稽郡故书杂集》的影响，从青年时代起就留意乡土文献。除了从我祖父陈质夫府君接受了一些资料和工作方法外，曾访问越中耆宿如金汤侯、陈津门、尹幼莲诸前辈，并且遍访国内著名图书馆，又借出国讲学之便，访问国外的著名图书馆及美日等国的知名汉学家如美国的施坚雅（G. W. Skinner）、柯慎思（J. H. Cole），日本的谷川道雄、斯波义信、大庭脩、梅原郁、藤善真澄等等。三四十年之中，日积月累，得乡土文献著录 1200 余种，撰成《绍兴地方文献考录》一书。拙著的作用，在于考证越中文献的渊源来历：何者为整帙，何者为散篇，供有意集零散成整体者参考；何者为珍稀版本，收藏于何处，供有意化珍稀为普及者留意；又何者为亡佚文献，是否已有辑本，或尚无辑本而却有遗文散见于他籍，以供有意辑佚者搜索。凡此种种，无非作为进一步整理越中文献的桥梁。至于现存文献，不论是刊本、钞本、稿本或残本，均查明存于何处，这是为了让利用绍兴地方文献从事各种学术研究者检索的方便。但我撰述此书的最主要目的，则是我在卷首序言中的最后几句话："从整理地方文献的角度来说，编纂考录是最起码的工作。假使这一工作能够引起人们对越中地方文献的重视，或者能在整理地方文献中起到点滴作用，那对我来说是最大的慰藉。"所以当我看到这部《会稽方志集成》的校样时，真是由衷的高兴。

《集成》分成 10 卷，它是在《会稽郡故书杂集》的基础上工作的。正如卷首《代序言》所说："我们在认真校读鲁迅《会稽郡故书杂集》之后，重新从现存的古籍中寻索采撷，辑成这本《会稽方志集成》。"现在看来，与《杂集》相比，《集成》显然有了很大的提高。这在《代序言》中已经说得很清楚，我不必赘述。我所发现的《集成》的优点，除了检索的古籍广，辑录的佚文多，考证的内容深，注释的文字精等以外，在体例上还有一种极大的革新。这就是，辑录者在每一条佚文之上，都用黑体字加了一个标题，这就大大增加了这个辑本的实用性。因为辑佚工作的最终目的是为了后人在学术研究中的使用，辑注者所加的黑体字标题，实际上具有索引的作用，让使用者可以免于摸索每一条佚文之劳。在地方文献的辑佚工作中,这种体例是值得提倡的。

《集成》的另一优异之处,是特别加列了一卷《附录》,收入了《山居赋》和节录了《水经·浙江水注》两篇。《山居赋》在六朝方志中的重要性,我在点校本《越中杂识》卷首《代序言》中已经说明:

> 有关浙江的六朝方志,几乎全部亡佚,幸存的仅谢灵运的《山居赋》一种。谢灵运曾在曹娥江的沿岸、界于会稽、四明二山之间的始宁县(今上虞章镇附近)居住,《山居赋》写的就是这个地区的自然环境和人文概况。全篇约四千言,当地的山川形势、田园农事、飞禽走兽、草木花果等等,都有生动而详细的记载。它实际上替这个建置短暂的始宁县留下了一部宝贵的县志。这部地方志是以韵文形式撰写的,它为以后浙江境内以韵文形式撰写地方志开创了范例。像南宋王十朋的《会稽三赋》,孙因的《越问》,诸葛兴的《会稽九颂》,佚名的《四明风俗赋》,葛澧的《钱塘赋》,元赵孟頫的《吴兴赋》等等,都是在《山居赋》的影响下而撰写的韵文地方志。

因为辑注者录入此文时没有特别说明,所以我在这里赘述几句。当然,他们决定录入此文,就从事实上说明他们充分认识了此文的价值。至于把《水经·浙江水注》节选录入,这就更证明了辑注者对于六朝方志的广泛知识和通盘了解。我在前面述及的《地理学报》的论文中,对《水经注》曾作过如下的评价:

> 在整个地理大交流时代中,在所有这些知识丰富的地理学家中,最最杰出的,无疑是北魏的郦道元,而他所撰写的名著《水经注》,正是这个时代的一切地理著作中登峰造极的作品。它不仅是地理大交流的丰硕成果,而且也是我国地理学史上的一颗光辉夺目的明珠。

我昔年曾撰有《水经注浙江水注补注》一篇,收入于拙著《水经注研究》(天津古籍出版社 1985 年出版),篇中统计《浙江水注》所引文献达 25 种,其中六朝方志占 10 种以上,包括《会稽记》和《山居记》(即《山居赋》)在内。所以清人所说"集六朝地志之大成"的话,洵非虚言。由此可见,《集成》由于其节选《浙江水注》的措施,确实使它的身价倍增。

不过,对于《水经注》节选,看来还有两件可以商榷的事。第一,《水经注》涉及会稽的卷篇,除了卷四十《浙江水注》以外,在卷二十九《沔水》篇中,经文"又东至会稽余姚县,东入于海"之下,还有一段涉及会稽的注文。第二,《水经注》本身在某种程度上也是一部残籍,在不少卷篇中都有脱漏,同样存在辑佚的需要。我往年曾广辑郦佚,撰成《论水经注的佚文》一篇,并附录我所辑录的佚文 300 余条,其中有关会稽的有 4条,系从《浙江山川古迹记》(北京图书馆藏稿本)等书中辑出,因为已经收入于拙著《水经注研究》之中,这里就不再赘述了。

　　辑佚是一种专门的学问,它涉及许多学术领域,绝非轻而易举之事。举一个例子,《会稽郡故书杂集》把刘宋时代的《会稽记》佚文,统统归于孔灵符一人。鲁迅提出的理由是:"或云孔灵符,或云孔晔,晔当是灵符之名。如'射的谚'一条,《御览》引作灵符,《寰宇记》引作晔,而文字无甚异,知为一人。"现在,《集成》把孔灵符和孔晔作为两人,提出的理由是:"总观六朝地域社会之状况,作为望族的孔氏,先后均有人撰写《会稽记》不是没有可能的。"这两种说法都有道理,由于六朝方志的流传,主要依靠传钞,在传钞过程中,字的音讹和形讹是经常发生的。在《会稽记》的各种引文和著录中,撰者姓名曾经出现过孔灵符、孔令符、孔晔、孔华、孔皋、孔晔、孔煜等不同写法,令人目眩。另外,古人在撰述中引用他人著作,绝不像现代人写论文作脚注那样认真,即以《浙江水注》为例,注文说:"又有秦望山,在州城正南,为众峰之杰,陟境便见。"我的《绍兴地方文献考录》在《会稽记》中录入《浙江水注》此句,并说:"虽不著书名姓氏,实系此书原文。"我的考录当然要有根据,因为《寰宇记》卷九十六曾引孔晔此句,文字基本相同。《水经注》在此句以后,接着又说:"《记》云,扳萝扪葛,然后能升,山上无甚高木,当由地迥多风所致。"这个《记》,也就是《会稽记》。这就说明,古人引书有很大的随意性,所以利用古书辑佚,确实是件难事,需要十二万分的审慎。现在看来,《集成》把孔灵符和孔晔作为两人,这是对古人与古书的一种小心谨慎的态度,是一种妥当的处置。"晔当是令符之名"的可能性虽然极大,但毕竟没有确凿证据。因为设若二孔实系同人,著录一分为二,无非小讹;设若二孔原是二人,著录合二为一,就是大错。我在《绍兴地方文献考录》中把《越绝书》和《越纽录》作为二书,也是出于这种考虑。我在考录中曾指出:"《越绝书》、《越纽录》之同书异名,固极有可能",但同时又指出:"《越绝》、《越纽》之为同书,尚无确证。"正是因为"尚无确证",所以《考录》分作二书。古籍是很难对付的东西,不论是校勘、注释或辑佚等,都是这样。当然,其中有不少问题是查有实据的,就可以放手从事;但也有不少问题是死无对证的,那就必须穷查极索,反复校核,仔细思考,妥善处理。我是一个历史地理的学者,毕生与古籍打交道,出错当然难免,而且可能很多。但我的宗旨是,与其铸成大错,不如出点小讹。因此,我很赞赏《集成》的辑注把二孔分开的做法。即此一端,可以说明他们在辑注中下了很大功夫,也说明了《集成》的可以信赖。

　　越中文献的需要整理和保护,前面已经说得很多。《会稽方志集成》是一个可喜的开端,希望今后还有更多的成果出来,为这个历史文化名城增添光彩。

1992 年 7 月于杭州大学

原载《会稽方志集成》,团结出版社 1992 年版

影印《越中杂识》原版复印本序

　　绍兴自古为文物之邦，早在汉代，越中学人的著作就名闻遐迩，如袁康、吴平整理的先秦著作《越绝书》，王充的《论衡》，赵晔的《吴越春秋》等，都是流传至今的不朽名著。汉魏以后，政治重心南移，出现了"今之会稽，昔之关中"的局面，绍兴成为文人荟萃之地，著述之盛，甲于江南。雕版印刷兴起以后，绍兴，随即成为全国的重要出版中心。王国维在《两浙古刊本考序》中曾极言宋元两代绍兴刊书之盛："（南宋）绍兴为监司安抚驻所，刊书之多，几与临安埒。元时一代大著述如胡氏《通鉴音注》，王氏《玉海》，皆于其乡学刊行。"由此可见，越中自古学人多、著述多、刊书多。这三多显示了绍兴这个历史文化名城的不同凡响之处。

　　但值得惋惜的是，越中古籍，历来甚有亡佚。以书名《会稽记》者为例，晋贺循、南朝宋孔灵符、齐虞愿，都撰有此书，而如今三不存一。其他六朝著作，如三国吴朱育《会稽土地记》，谢承《会稽先贤传》，晋贺氏《会稽太守像赞》及《会稽先贤像赞》，钟离岫《会稽后贤传记》，虞预《会稽典录》等等，不胜枚举，现在也仅见著录。上列诸书都是地志之属，而经世致用之书，如《水经·沔水注》所引范蠡《养鱼法》，《两唐书》著录称为《养鱼经》，《隋唐》著录《会稽郡造海味法》等等，也都不见流传。六朝以前书情况如此，而六朝以后书如《宋史》著录李宗谔《越州图经》，罗邵《会稽新录》等等，同样早付阙如。甚至为清人所见著录于《千顷堂书目》者，如元韩性《绍兴郡志》、明司马相《越郡志略》等，也均亡佚已久。其中如明诸万里撰于万历末叶的《于越新编》45卷，

30 年代犹为金汤侯先生所见,但我在 50 年代初期搜索此书,竟已遍访不得。《会稽郡故书杂集》卷首鲁迅所谓"会稽故籍零落",情况确实如此。绍兴地方文献之必须整理保护,已为当务之急。

我从青年时代起,就有志于整理乡土文献,数十年来,国内的著名图书馆殆已走遍,国外图书馆,凡出访所能及者,也莫不尽量查索。聚沙集腋,总算获得书篇目录 1200 余种,分作 18 类,逐一加以考录,撰成《绍兴地方文献考录》一书,于 1983 年出版。《考录》之中,存佚并举,而佚书几居其半,存书之中,如江苏地理研究所所藏稿本《山阴旧志续考》,浙江图书馆所藏抄本《绍兴史迹风土丛谈》,宁波天一阁所藏稿本《绍兴掌故琐记》,天津图书馆所藏稿本《越中耆旧诗》,北京图书馆所藏刊本《古越书》等,也都是海内孤本,必须加以复制抢救,否则难免有亡佚之虞。

越中文献的孤本,也有流落海外的,《越中杂识》即是其中之一。此书 40 年代已见于美国国会图书馆出版的朱士嘉先生所撰《国会图书馆藏中国方志目录》,知是乾隆钞本,为国内所无。当时我已留意乡土文献,看到这样的书名,当然心向往之。但书既藏于异国,远隔重洋,鞭长莫及,徒然望洋兴叹而已。不料于 80 年代之初,在国际学术交流中,竟得美国斯坦福大学施坚雅教授(William G. Skinner)之助,将此书引回。当时,此书的引回在国内确实引起了一点震动,我国古籍整理负责人李一氓先生曾在 1984 年 5 月 10 日《文汇报》撰文表扬此一孤本的引回,认为"对古籍整理是很大的贡献"。关于此书引回始末及其内容的优异,我在《杭州大学学报》1981 年第 2 期的《绍兴地方文献之珍稀钞本》一文中即约略介绍,稍后又撰《乾隆钞本〈越中杂识〉》一文,发表于《中国地方史志》1982 年第 2 期。与此同时,我又将此书加以点校,于 1983 年在浙江人民出版社出版,卷首并撰有《从〈越中杂识〉谈浙江的方志》一文以代序言,详情都已在上述各文中讲清,这里不再赘述。

必须说明的是,由于我在上述各文中曾约略记及此书版本情况,如"字迹工整,出于一人手笔"等等,又因《中国地方史志》及点校本《越中杂识》都影印了该书序言、总目、图说等页,因而引起了不少越中人士的兴趣,他们并不满足于点校本,希望一睹原版复印本的风采。我接待这样的访客,真是不计其数。不少人逐页翻阅,爱不释手。许多来访者认为,点校本只是一部历史文献,原版复印本方是一种历史文物。访客中不无书法爱好者,他们认为,原版复印本具有文献、文物和小楷字帖 3 种价值。这类评价是否有道理,我不拟发表意见,因为现在绍兴墨润堂书苑已将原版复印本交付浙江古籍出版社影印出版,由墨润堂发行,原版旧观既已恢复,诸君尽可作出自己的评论。当然,墨润堂的这一措施是值得赞赏的,因为不仅欣赏此书的绍兴人士可以把此书作为一种越中文物而世袭珍藏;而绍兴以外的广大方志界学者,也得以一睹这种流落海外的方志孤本的原貌。在《越中杂识》以后,我又曾先后为浙江省其他县邑从美国和日本引回方志孤本康熙《象山县志》刊本、康熙《常山县志》抄本、光绪《新市镇再续志》抄本 3 种,但引回以后,除了我曾撰短文介绍外,均归各地收藏,方志界仍然难得一见。若各地都能效法浙江古籍出版社和墨润堂书苑之举,则贻惠学林,功在不浅。

　　绍兴墨润堂书苑,创始于清同治年间,早期设在绍兴西营内,称为墨润堂书庄,专业木刻石印,刊书称多。以后在大街水澄桥增设门市,称墨润堂书苑,刊售书籍并兼营文具。墨润堂刊印之书,曾经蜚声国内,并且流传东瀛,曩年前东京大学东洋文化研究所所长斯波义信教授,曾将日本东北大学汉学前驱狩野直禧教授珍藏的《绍兴府城衢路图》一幅复印赠我,图下署"浙绍墨润堂石印",图中并标明西营内墨润堂书庄地址,则此图当是同治年间所印。事详拙著《绍兴地方文献考录》,此处重提,为了说明书苑往昔业绩于一斑。现在,书苑于休业 40 年以后而重振旧绪,实为越中文化界的一 大喜讯。墨润堂书苑是我幼时常游之地,当年曾是我的重要知识泉源,如今年届古稀而幸得目睹此盛,心中雀跃,欣然命笔,略叙越中文化掌故如上。

壬申夏月于杭州大学

原载《越中杂识》,浙江古籍出版社 1992 年版

《绍兴百贤图赞》序

　　《绍兴百贤图赞》编纂完成，行将出版，对于绍兴这个历史文化名邦，当然是一件值得赞赏的大事。《论语·公冶长》云："十室之邑，必有忠信。"绍兴古时是拥有八邑的大州，人杰地灵，圣贤辈出，所以百贤之数，实是积几千年之大贤，择上万人之菁英，其足以启迪民众，垂教后世，是不言而喻的。

　　大凡乡邦先贤，总不外乎传说流播与历史记载两类。我国已故的史学大师顾颉刚于 20 年代就在其名著《古史辨》中指出："禹是南方民族神话中的人物。""这个神话的中心点在越（会稽）。"最近几十年来，由于第四纪学、历史地理学和考古学等学科的发展以及检测手段的进步，顾颉刚早年的论断，已经由于科学技术的发展而次第证实，为学术界所承认。则作为整个中华民族崇拜的治水神明，原来出自绍兴。《图赞》以此列为首篇，这是绍兴的无上光荣。当然，禹是一位神话人物，世界各地，凡是经历过第四纪晚期海进的地区，从《旧约·创世纪》的挪亚起，各地都有这类神话的流传。但是在《旧约》与希腊神话之类所流传有关第四纪海进的神话，其中心思想只是劝善惩恶一个方面。而禹治水的传说则不同，不论是越族人民口口相传的，或是移植到中原见之于记载如《尚书·禹贡》等古籍的，其中心思想除了善恶分明以外，特别重要的是人定胜天。诸如"八年于外，三过其门而不入"（《孟子·滕文公上》）的忘我精神与"以四海为壑"（《孟子·告子下》）的伟大气魄等等。通过对于远古神话的塑造，说明了我们民族的不同凡响。明徐文长《三江汤太守祠联》："凿山振河海，千年遗泽在三江，缵禹之绪"(《徐渭集》四)。"缵禹之绪",当然是我们全民族都可以作为激励自勉的语言,但在绍兴使用这句语言却不同寻常,因为禹是绍兴神话中的人物,是越族祖辈流传下来而为绍兴人所世代崇敬的先贤。

除了传说中的伟大人物禹以外,绍兴历史悠久,史籍记载的先进人物当然更多。《竹书纪年》周成王二十四年:"于越来宾。"这是绍兴见于古籍的最早记载,其时在公元前 11 世纪之末。这说明越人在此时已经登上了历史舞台,而公元前 5 世纪初期的越王句践,就成为绍兴古代的第一位值得纪念的历史人物。他以坚强的意志和刻苦的实践,使越国由小成大,转弱为强。《图赞》以这样一位轰轰烈烈的人物置于禹后,这当然是绍兴人值得自豪的。

总而言之,禹和句践,乃是绍兴杰出人物中的代表,不仅他们的事迹出类拔萃,是绍兴几千年来父以教子,子以教孙的不朽教材;而历代以来,出自绍兴的所有英雄豪杰,志士仁人,贤牧良守,硕学鸿儒等等,无不受教于此两位大贤。昔年我曾撰《绍兴水利史概论》一文,文末结语中提及:

> 回顾绍兴水利史,古代人民依靠什么取得了如此辉煌的成就? 他们依靠传说中的神禹精神,以治平洪水为己任。"八年于外,三过其门而不入"的忘我精神;他们依靠在这个地区实实在在出现过的越王句践精神,即'卧薪尝胆'的艰苦奋斗精神;依靠从越族以来在这片沼泽平原上利用自然,改造自然的长期的、丰富的经验;也依靠从马臻到汤绍恩等历代贤牧良守的擘划经营。古代绍兴人民,就这样地写下了水利史上的动人篇章。

我之所以用绍兴水利史作例,因为禹是越人在"洪水茫茫"中塑造出来的治水神话人物,句践则是把这片沮如泥泞的沼泽地通过围堤筑塘、疏浚垦殖而改造自然环境的带头人。管仲说:"越之水重浊而泊,故其民愚疾而垢。"(《管子·水地》)所以,用人定胜天的精神,改造这片穷山恶水,是这个地区的人文景观得以发展进步的必要条件。禹的传说,为这个地区的改造建立了精神上和思想上的基础。这是绍兴在历史年代中获得开拓和发展的重要关键。

这里顺便提一点禹的传说从越地移植到中原的迹象。后来如《尚书》、《诗经》、《孟子》等许多出自中原人之手的文献都记载禹治平洪水的故事,但禹之所以有治平洪水的能力,则是《吴越春秋》卷四所记的:"三月庚子,登宛委山,发金简之书,案金简玉字,得通水理。"所以,禹治水的传说,其起点无疑出于会稽。而其实,中原文献记载的禹治平洪水的方法是疏导,这种方法即使在今天,也无法施之于黄河,而宁绍平原这片沼泽地,恰恰就是用这种方法获得开发的。

再说越王句践,他是第一位"缵禹之绪"的伟大人物,他继承了传说中的禹的治水方法和精神,脚踏实地地整治了这片被一位中原大国宰相管仲所极端鄙视的不毛之地。在他惨淡经营的基础上,这片泥泞斥卤,积水横流的恶地,到了六朝,就成为"千岩竞秀,万壑争流","山阴道上行,如在镜中游"的人间胜境。随着自然景观的改造,人文景观迅速发展,于是,土地垦殖,望族入迁,经济繁荣,文化昌盛,绍兴终于成为一个鱼米之乡,文物之邦。

《图赞》精选了桑梓百贤,这是绍兴的一部重要乡土德育教材。在这部教材中,如上面指出的,为首两篇,对于绍兴县具有顶天立地的开创价值,没有这两篇,其余各篇就很难赓续。但另一方面,从以下的许多续篇中,可以看到在前贤的开创之下,这个地方后继有人。后继有人,这正是《图赞》编纂出版的深远意义。

绍兴是个自然景观和人文景观都与众不同的名邦,绍兴的美好自然环境并非得天独厚,实是人定胜天。在这美好的自然环境之中,历代以来已经培养出大批杰出人物,今天,有多少绍兴人活跃于全国甚至全世界,在各行各业之中作贡献。他们之中的不少人,将来都要列入《图赞》的续编。《图赞》的编纂对我深有启发,现在,绍兴大学正在筹建,我建议,在今后的这座煌煌学府中,不管是什么系科,都应开设"绍兴乡情"(或"绍兴市情")这一门必修课,讲授绍兴从远古到现代,从自然到人文的完整发展过程。这座学府的学生,不论是否绍兴籍,都应该在绍兴的美好自然环境中,学习绍兴历代先贤的业绩,刻苦砥砺,发奋图强,使自己成为一个学行俱优的完人。

1994 年 7 月于杭州大学

原载《绍兴百贤图赞》,百花文艺出版社 1994 年版

《方志刍议》序

  《方志刍议》是史念海、曹尔琴两位教授在地方志理论研究方面的新作。我受史先生之嘱,在卷首写一点抛砖引玉的体会。书名"刍议",这个"刍"字,当然是作者的谦逊之词。9篇大作,拜读以后,觉得篇篇都是铿铿锵锵的宏论,绝非刍荛者之言,这是读者可以评价的。但这个"议"字却的确深得要领,我觉得在方志领域中,要"议"的东西实在太多了。

  地方志的修纂是我国的优秀文化传统。早期的方志不说,在体例格局上渐趋划一的方志,是从宋朝开始风行的,到了清代至于极盛。以浙江省为例,平湖一县在清一朝中修志7次,而绍兴一府在康熙一代61年中修志5次,但这种盛况到民国以后就逐渐式微,建国以后则完全中止。尽管在1957年以前,国家有过修纂地方志的计划,不少省、县为此还成立了专门机构,进行过若干工作,但最终却因种种干扰而于事无成,使我国这种优秀的历史文化传统,在全国范围内中断了30多年。党的十一届三中全会以后,拨乱反正,百废俱举,地方志的修纂也同样获得重视,迅速发展。据我所知,浙江省目前的情况是令人高兴的。一套短小精悍的《浙江简志丛书》,包括《浙江分县简志》、《浙江地理简志》、《浙江地名简志》、《浙江人物简志》、《浙江物产简志》、《浙江风俗简志》等10余种,正在陆续编纂和出版,这是作为日后编纂全省通志的准备和过渡,已经获得各界的好评。另外,许多地方文献资料,也都在有计划地整理出版,如《临安三志》、《梦粱录》、《西湖游览志》等,甚至连几百年来流落在美国国会图书馆的乾隆年间的手抄孤本《越中杂识》也失而复显，排印出版。李一氓同志对此曾几次指出："这对古籍整理是很大贡献。"从全省各县来说，也都建立了修志机构，从事县志的修纂。我看过不少县的县志初拟目录，内容都比较完整，规模都相当庞大，其中如建德等县，修志工作已经完成，不久就可以出版，真是一派奋发蓬勃的大好形势。同时，我还想说，不少兄弟省、市的方志修纂工作，做得比浙江省更为出色。这说明我国的方志修纂，在经过几十年的沉寂之后，如今又一跃而起，而且其势磅礴，为历来所未有，瞻望前程，怎不令人踌躇满志。

但是，事物的发展总有这样一个过程，在修志沉寂中断的时期，根本谈不上数量，当时，我们只希望有一天修志工作能够僵而复苏，能够看到疏隔已久的方志，一部一部地陆续问世。但时至今日，修纂地方志的事业已经复兴，各省、各县的方志和其他专志即将源源出版，其数必然十分可观。于是，在数量问题得到解决以后，我们的注意力应立刻转向如何提高地方志的质量，要解决这个问题，就必须经过大家的反复议论。通过议论，提高认识，才能推陈出新，精益求精，提高地方志的质量。因此，《方志刍议》的出版，真是适逢其时。此书各篇中的精辟议论，必将对如何提高方志修纂的质量，发生重要的影响。

如何修纂方志？这一问题中值得议论之点确实不少。这中间，我认为关于方志的名称，也就是地方志到底是什么，是值得首先议论的重要课题之一。因为它绝不是一个简单的名词讨论，而是涉及地方志的内容、编纂方法、发展方向和生命力的问题。一句话，是一个头等重要的问题。

方志是什么？历来学者多以《周礼》卷二十六："外史掌书外令，掌四方之志"这句话来解释。我并不反对引用这句话来说明方志的源远流长。不过，先秦时代的这种所谓"四方之志"，我们毕竟没有看到过，因而也无法想象它与后世实际上称为方志的东西有何联系。以后，万历《绍兴府志》卷五十八首先把《越绝书》称为"地志祖"。到了清乾隆年间，洪亮吉在《新修澄城县志序》中说："一方之志，始于《越绝》，后有常璩《华阳国志》。"把《华阳国志》与《越绝书》等同，也归入方志之列。不错，此二书确实都有某些类似后世方志之处。不过，视此二书为我国早期的方志，这只是后世学者的一种见解，两书作者在撰写时，绝不会意识到他们所撰写的著作，将被归入后世称为方志的范畴。这与后世学者已知方志为何物而从事方志编纂的绝不相类。《水经·渠水》经"又屈南至扶沟县北"注："因其方志所叙，就记缠络焉。"这是方志作为一种文字体裁，第一次见于古代文献。既然方志作为一种文字体裁见于郦注，则可推断学者有意识地撰写方志，大概始于六朝。《水经注》所引的六朝方志甚多。清陈运溶在《荆州记序》（载《麓山精舍丛书》）中说："郦注精博，集六朝地志之大成"，这话是不错的。因此，方志作为一种文字的体裁和著作的名称，就其主流而论，应该从六朝开始。可惜这个时期的方志绝大多数都已亡佚。以浙江为例,《水经注》引及的这个地区的六朝方志,计有《东阳记》、《钱唐记》、《会稽记》、《山居记》以及地跨今江、浙两省的《吴地记》五种。这中间,除了《山居记》硕果仅存外,其余都已亡佚。由于《山居记》是以赋的体裁撰写的一种韵文方志,在体例上缺乏与后世方志的可比性,但若以其内容与以后的宋代方志相比,则显得十分单薄。从后人辑录的许多其他六朝方志来看,内容都是综合性的,篇幅往往只有 1 卷。现在看来,这是一种可以称为乡土杂谈或乡土掌故之类的东西。与宋朝的方志相比,体例、篇幅与内容,都有很大的差距。

宋代的方志,特别是南宋的方志,在体例、格局等方面,都为以后大量修纂的方志确定了一种规范,在这种规范的指导下,方志成为一种举世皆知的、体例独特的地方文献,并且最后达到了清代的鼎盛局面。但是,尽管在体例格局上,宋代方志成为后世的圭臬,而早期方志与晚期方志相比,其间的差距仍然是极大的。以浙江省的宁波地区为例,这个地区现存的最早方志是以南宋修纂的宝庆《四明志》,这也是全国硕果仅存的唯一一部完整的宋版方志(藏故宫博物院)。此志共有 21 卷,在当时堪称详尽,但与该地区建国前的最后一部方志,即民国《鄞县通志》相比,其差距简直不可以道里计。《鄞县通志》共分舆地、政教、博物、文献、食货、工程六志,篇幅大于宝庆《四明志》过数十倍。在内容上,此志述疆界已标注经纬度,记气候则根据民国九年至二十二年这 13 年的平均数字,气温用华氏度数表示,雨量用公厘表示。动植物均附以拉丁文二名法。地质部分,不仅罗列地层,同时兼及构造。政教志包括公共卫生与医院设备,工程志甚至附入奥地利人林士考(B. J. Lindskog)设计的四明电话公司施工细则的英文本。此外还附有经纬网格与比例尺的新式实测地图 26 幅。从宝庆《四明志》到民国《鄞县通志》,可以看出,在体例格局相对稳定的情况下,而篇幅和内容的发展却是十分快的。正是由于如此巨大的发展和变化,使得这古老的事物,能够不断地去旧更新,从而增强了它的生命力。

现在再回过头来说一说方志的名称。方志是我国所特有的一种体例独特的地方文献。方志一名翻译成英语时,我们常常称它为 local records,但近年来,我在国外与一些外国汉学家谈论有关这方面的问题时,发现他们很少使用 local records 这个词汇。他们有的干脆说"fang zhi",有的则说 local encyclopedia 或 regional encyclopedia。我虽然没有专门与他们讨论他们所使用的这些词汇,但非常明显,这些外国汉学家,有的认为"方志"这个词汇,没有适当的译法,所以索性说作"fang zhi",有的则认为方志的内容过于广泛,不用 encyclopedia 这个词汇就不足以表达。我认为两者都比 local records好。今年我又到了日本,研究工作和讲学之余,为了要完成这篇序言的任务,有时也不免和几位日本朋友谈谈这个问题,他们也多认为对于大部头的方志来说,encyclopedia这个词汇比 records 更为适当。我认为方志一词的解释和翻译,也绝非单纯的名词解释问题,而是涉及到它的内容、方法、方向和发展前途的问题,所以不能简单从事。陈正祥教授在《中国方志的地理学价值》(香港中文大学出版)一书中指出,我国的方志"有点像欧美国家的区域研究(regional study)"。他并在这以下作了一条脚注说:"区域研究是研究一个区域的地理、历史、文化、经济、人口、产业、社会、宗教、民俗以及艺术等等,故在内容上颇有和中国的方志相似。"他对于方志的这一番论述,应该引起我们的重视。

我认为从宋代以来,直到明朝,这是现行方志的前期,这个时期的方志篇幅一般短小,一部县志常常不出 10 卷。尽管有南宋形成的规范,但记载内容非常简单刻板,因此,称之为 local records 未尝不可。但清代以后,方志的篇幅显著扩大,不要说府志、县志,即便是一乡一镇之志,内容也十分可观。仍以浙江省为例,光绪《菱湖镇志》和民国《乌青镇志》都有 44 卷,而民国《南浔镇志》更达 60 卷。真是门门俱全,样样皆备。因此称其为 regional encyclopedia,就显得更恰如其分。

随着方志内容的发展,方志修纂的方法也必须相应地加以改进。而上述区域研究方法的应用,在今后方志的修纂中,越来越具有重要的意义。大家知道,旧方志的修纂,主要依靠资料的整理排比,随着方志篇幅的增加和内容的扩充,从资料到资料的旧方法,已经完全不能满足新方志的需要。以浙江省宁波地区的方志为例,这个地区濒海,并有许多岛屿。以前,由于人们缺乏有关海洋的各种知识,历来方志都很少记及海洋,或者是语焉不详,或者牵强附会。但民国《鄞县通志》却从岛屿分布、潮差、海洋生物、交通等各方面记载了海洋。所有这些记载,除了资料整理以外,还有赖于实地调查。例如,在博物志中记载的各种海洋生物,就是生物学家王希成实地调查的成果。另外如有关地层和构造的记载,则是地质学家盛莘夫实地调查的结果,由此可知,尽管资料整理工作仍然必需,但实地调查工作在新的方志修纂中将显得愈益重要。这种野外实地调查的方法,和上述区域研究的方法,实际上是一致的。今后,我们的方志修纂事业的继续发展,其生命力恐怕就在于此。

应该指出,在野外考察工作方面,本书作者史念海教授是特别值得推崇的。我在拙作《继续深入黄河历史地理的研究》(载《河南师大学报》社会科学版 1983 年第 1期)一文中,曾就他的名著《河山集》二集评论了他的野外考察工作。我说:"作者在野外考察工作方面不辞劳苦和十分认真的精神,是历史地理学工作者值得学习的。"这里,我想再补充一句:也是方志工作者值得学习的。

1985 年 2 月于日本国立大阪大学国际交流会馆
原载《方志刍议》,浙江人民出版社 1986 年版

《安阳市交通志》序

　　交通是人类交流信息和技术、交换原料和产品的主要手段,为劳动的地域分工创造必要的条件。由于劳动的地域分工,人类社会才有可能从自然经济发展到商品经济,生产力才有可能出现飞跃的增长,而交通在这个过程中起了重要的作用,所以交通是社会生产力的有机组成部分。便利、发达的交通运输,标志着人类社会的生产力提高和经济繁荣。时至今日,随着科学技术的进步和第三产业的发展,人类在旅游和文化交流等方面对于交通的需要,较之以往有了空前的增加。交通对于社会发展的作用不言而喻。

　　人类也曾经设想过一个没有交通的社会。老子说:"虽有舟舆,无所乘之,虽有甲兵,无所陈之,使人复结绳而用之。甘其食,美其服,安其居,乐其俗,邻国相望,鸡犬之声相闻,民至老死不相往来。"(《道德经》卷下)德国学者杜能(J. H. Ven Thunen,1783—1850)的名著《孤立国》中,设想了一个为荒野所包围的,与外间没有联系的城市。杜能的设想,不过是为了研究货物运费和农业生产位置的关系,可置不论。老子的设想,当然决不可能实现。一个与世界隔绝的社会,要想达到"甘其食,美其服",完全是脱离实际的空想,是一种乌托邦。

　　实际上,人类在远古就存在交通往来,早在狩猎业和迁徙农业的时代,人们就循着一定的路线,从事他们的原始生产劳动。《圣经·出埃及记》记载了住在古埃及的犹太人,从埃及出发,经过西奈半岛跋涉到迦南(今巴勒斯坦)的故事。《穆天子传》记载了周穆王西行远达中亚的故事。虽然都是传说,但却反映了上古人们的交通活动。汉应劭《风俗通义·序》云:"周秦常以岁八月,遣輶轩之使,求异代方言,还奏籍之,藏于秘室。"所以扬雄所撰《方言》一书,其全称为《輶轩使者绝代语释别国方言》。"輶轩"是一种轻便车辆,说明我国在先秦时代,已有轻便车辆在广大的地域范围中交通往来。当然,在古代,由于技术条件和其他原因,大部分地区和人们处于一种完全自给自足的自然经济之中,缺乏劳动的地域分工的基础,同样也就缺乏交换的需要。因此,这个时期的交通特别是区际交通必然相当落后,除了战争等特殊原因外,其发展也必然相当缓慢。

从古代的文献记载来看,至迟到战国时代,我国各地的区际交通,特别是水上交通,已经渐趋发达。在这方面,《禹贡》的记载最为详尽。例如:"浮于济、漯,达于河";"浮于汶,达于济";"沿于江、海,达于淮、泗"等等,一个全国性的水上交通网初见雏形。这一时期区际交通的趋于发达,显然与区际交换有所发展有关。由于各地区自然环境的差别,例如,兖州的"漆丝"、"织文",青州的"盐絺"、"海物",徐州的"玄纤缟",扬州的"金三品"、"瑶琨筱荡"、"齿革羽毛"、"织贝"、"橘柚"等等。当然,由于生产力的相当低落,各地区可供交换的物品不多,对于区际交通的促进力量还很微小。

到了汉代,根据《史记·货殖列传》的记载:"安邑千树枣,燕秦千树栗,蜀汉江陵千树橘,淮北常山以南、河济之间千树萩,陈夏千亩漆,齐鲁千亩桑麻,渭川千亩竹。"劳动的地域分工已经有所发展,从而促进了交通设施的进一步增加和扩充,出现了"船长千丈"、"辒车百乘"、"牛车千辆"的情况。国际上的商品交换此时也已经开始。据《史记·大宛列传》中张骞所说:"臣在大夏时,见邛竹杖、蜀布。问曰:安得此,大夏国人曰:吾国人往市之身毒"。大夏位于今阿富汗北部,身毒即今印度,说明当时从我国四川到今印度、阿富汗等南亚和中亚地区的交通已经有所发展。

特别值得大写特写的是"丝绸之路"。这条沟通古代长安和罗马之间的漫长商路,在公元前2世纪已经形成,成为一条东西之间商品和文化交流的十分繁荣的交通要道。直到唐天宝十年(751)大食与唐的怛逻斯(故址在今苏联哈萨克东南江布尔城)之战以后,才由于旅途受阻而冷落。丝绸之路的开拓和繁荣,为我国西北疆域的扩展和巩固,国内民族的融合,国际声誉的提高等许多方面,作出了重要的贡献。丝绸之路式微以后,另一条从我国东南沿海的明州(今宁波)循南海、中南半岛、马六甲海峡、斯里兰卡、印度、波斯湾沿岸诸国、阿拉伯诸国,到西亚和东非的陶瓷之路(又称海上丝绸之路)随即兴起。它为推动我国古代的海洋航行,增加和东南亚、南亚、西亚及东非沿海诸国的经济和文化交流以及提高航海技术等方面,起了重要的作用。陶瓷之路的开辟和经营,为我国明代的大规模海洋活动奠定了基础。此外,在我国古代的国际通道中,日本学者正在研究历史上把我国江南稻作区的水稻引向日本的"水稻之路"，也有学者从事研究从晚明到清中叶从中国东南沿海经菲律宾横越太平洋到拉丁美洲之间的另一条"海上丝绸之路"。以上种种，主要说明在商品经济并不发达的古代，我国各地区区内外和国内外的交通，已经相当便利。这对于我国古代经济和文化的发展，具有重要意义。

从一个区域来说，区内外的交通发展，不仅是区域经济和文化发展的标志，同时也是区域开拓过程的标志。把一个区域(市、县)从古到今的交通发展过程的有关资料，加以汇集和整理，然后对它们进行分析比较，编纂成为专志，由市、县而至于省、区，由省、区而至于全国。这类专志，必将具有极大的价值。因为它们虽然主要记载各地区的交通发展过程，但由于交通的涉及面甚广，因此，对于研究各地区的政治、军事，经济、文化等方面的发展过程，都能提供重要的参考。所以市、县乃至省、区和全国交通志的编纂，不仅是交通部门的大事，也是各行各业的大事，应该引起各界的重视。

安阳市自古以来是我国的一个著名地区。它是我国的七大古都之一，是我国现存的最早古都。这个古都的形成与发展，和它的地理位置、地形、河流等条件有重要关系。而这中间，交通是十分重要的因素。《吴越春秋》卷五记载了春秋越大夫范蠡对于立国建都的卓越见解，他说："今大王欲案元徐天祐：'欲'字下当有'立'字，国树都，并敌国之境，不处平易之都，据四达之地，将焉立霸王之业。"安阳的地理位置和地形，恰恰就是"处平易之都，据四达之地"，所以也成为我国最早的古都，绝非偶然。"据四达之地"，十分确切地说明了交通在立国建都上的重要性，安阳在这个条件上得天独厚，而历代以来，安阳在经济、文化等方面的发展，也都和它的交通运输有密切关系。因此，对于像安阳这样的一个在全国有影响的重要城市，汇集和整理它在历史上和当今有关交通的各种资料，编纂一部《安阳市交通志》，将是安阳历史上的一件大事。

现在，《安阳市交通志》行将正式问世，我忝为此志顾问，审读了此志全稿。深感此志资料丰富，内容完备，体例严谨，文字畅达，而图文并茂，犹其余事。所以此志不仅是安阳古都几千年来交通发展过程的完整总结，而且由于安阳在政治、经济、文化、历史、地理等方面在河南全省乃至全国的重要地位，因此，此志的编纂，也将有裨于河南全省以至全国。志书的编纂，原来具有存史、教化、资治的意义，《安阳市交通志》的编纂出版，必将促进安阳市、河南省乃至全国的交通建设，使我们祖国的交通事业获得更大的发展，使我们祖国的经济和文化获得高度的繁荣。

1990 年 9 月于杭州大学

原载《安阳市交通志》，人民交通出版社 1992 年版

《慈溪盐政志》序

　　1983 年秋季，我应聘在日本关西大学讲学，日本的盐道专家富冈仪八教授也在该校兼课（他是大阪商业大学教授），因为参加了一次我的公开演讲而彼此相识。他邀请我到赤穗市，参观赤穗海水化学工业株式会社。赤穗市政府观光课长藤原正昭先生也特地赶来接待。濑户内海原是日本传统的盐产地，但现在已经看不到盐田。藤原先生告诉我，既然盐已在工厂里生产，原来的盐田已经开辟成一个赤穗海滨公园。在工厂里，我看到海水通过吸水管引入车间，经过几个车间以后，大小包装的洁白精盐，就一包包地从传送带上出来。工厂的负责人告诉我，全厂共有职工 147 人，每年产盐 18 万吨。盐业生产的这种发展前景，给我留下了深刻的印象。

　　1985 年春季，我在国立大阪大学讲学，富冈教授再次热情地邀请我们夫妇到赤穗市御崎他的家中作客。这天晚餐以后，富冈夫妇和我们夫妇围坐在一起，富冈夫人向我夫人传授她精通的茶道之术，而富冈教授则取出他特地从赤穗市买来的高级纸张，濡墨润笔，请我为他题词留念。我当时颇感踌躇，富冈教授是日本著名的盐道专家，他曾因一部巨著《日本の盐道——みの历史地理学的研究》，获得日本国家的奖状。我不得不班门弄斧，写上一些与盐事有关的词句。整篇题词当然是一个门外汉的即就章，我早已忘记。但开头两句，因为刚刚落笔，富冈教授就拍了照，所以现在还可以从照片中看到："盐是国计民生的大事，所以中国早在汉代就有《盐铁论》的著作。"

　　"盐是国计民生的大事"。但从事情的因果关系来说，首先当然是民生所需，然后才为国计所重。盐对于民生的重要性，甚至被写入元代一出杂剧之中，这就是武汉臣所作的《玉壶春》第一折所说："早晨起来七件事，柴米油盐酱醋茶。"人们后来把它精炼成一句更简单的话："开门七件事"。盐是其中之一。

正因为人民生活中的这种普遍需要，所以盐才成为国计大事。我为富冈教授题词中提及的《盐铁论》，是西汉桓宽编写的汉昭帝元始六年（前81）朝廷召开的一次盐铁会议的记录。当时，围绕盐铁官营等国家大事，召集各地推举的贤良、文学60余人，到首都与御史大夫桑弘羊等高级官员举行对话。贤良、文学们提出了许多反对盐铁官营的理由，但桑弘羊逐一加以反驳，认为盐铁事关国计民生，官营乃是形势所必需，决不可废。他说："盐铁之利，所以佐百姓之急，足军旅之费，务积蓄以备乏绝，所给甚众，有益于国，无害于人。百姓何苦尔，而文学何忧也。"（《盐铁论·非鞅第七》）他又说："总一盐铁，通山川之利而万物殖，是以县官用饶足，民不困乏，本末并利，上下俱足。"（《盐铁论·轻重第十四》）不管桑弘羊是否说服了这些贤良和文学，但从当时的形势来说，他的主张是不无道理的。

我国的盐铁官营制度始于汉武帝时代。到这次盐铁会议时，盐铁官营为时还不很久。汉武帝以前，盐铁是私营的，这就是《盐铁论·非鞅第七》中文学们所说的："盖文帝之时，无盐铁之利而民富。"《史记·货殖列传》载："猗顿从鹽盐起，而邯郸王纵以铁冶成业，与王者埒富。"猗顿是战国时代的巨商，"鹽"指的是今山西省的解池。依靠经营解池的盐业，他居然"与王者埒富"。汉初的情况也是一样，《汉书·食货志下》说："冶铸鬻盐，财或累万金，而不佐公家之急，黎民重困。"这些都说明，国家在当时尚未干预盐业。据《史记·平准书》，汉武帝任齐之大盐业主东郭咸阳和南阳的大冶铸主孔仅为大农丞，领盐铁事。所以盐铁会议中的贤良、文学们，往往指名责备此两人："咸阳、孔仅，增以盐铁"（《盐铁论·轻重第十四》）。这大概就是盐铁官营的开始。由于盐为千家万户所必需，是十分容易致富的经营。把这种经营让给私人，私人致富而于国于民都不利，这大概就是桑弘羊坚持官营的理由。

汉朝的盐铁会议既然没有改变盐业官营的制度，除了《汉书·食货志下》所记"元帝时尝罢盐铁官三年而复之"外，这种制度一直为历代王朝所继承，长期不变。盐业官营，成为历代王朝的主要财政来源。《新唐书·食货志第四十四》说："天下之赋，盐利居半。"宋朝的情况也是一样，据《建炎以来朝野杂记》甲集卷十四所说："祖宗盛时，两浙岁入三百三十余万缗，而盐、茶、酒税十居其八。"从这些数字中，可以看到盐利对于国家的重要性。所以，盐业官营的制度，在历代王朝的财政上举足轻重，也就是说，对历代王朝的巩固和发展，起了重要的作用，这一点当然是应该肯定的。

《周礼·天官·盐人》说："盐人掌盐之政令。"因为历来对《周礼》一书的成书年代,争论甚多,可以不论。在盐业私营的时代,盐的生产和销售,并不受政令的约束。及至盐业官营,食盐成为一种国家专卖的商品,我国历史上的盐政从此开始。如上所述,历代王朝在财政上对盐业官营依赖甚深,因此,盐政历来都是朝廷的大政之一。修明的盐政,应该是桑弘羊在盐铁会议中所说的:"有益于国,无害于人"和"本末俱利"。但其实,我国历史上的盐政,问题甚多,弊端至众。虽然,各个朝代和各个地区,情况并不相同,但盐政中所出现的主要问题,大概都是一样,不过是程度上的差别而已。

由于朝廷在财政上依赖盐业官营,为了增加财政收入,势必要提高盐价,于是就出现私贩私制之事。官营的盐价愈高,私贩私制就愈为盛行。这就是《宋史·食货志下四》所说的:"官盐估高,故私贩不止。"历代王朝想方设法,在盐产地杜绝私制私贩。"定伏火盘数以绝私鬻,自三灶至十灶为一甲,而鬻盐地什伍其民以相讥察"(《宋史·食货志下四》)。朝廷对付私贩私制的主要手段就是重刑,这是在桑弘羊时代已经开始的,《汉书·食货志下》所载:"敢私铸铁器鬻盐者,钛左趾。"以后历代,刑法益为严酷。到了唐朝,据《新唐书·食货志第四十四》所载:"贞元中,盗鬻两池盐一石者死。"五代后周广顺元年(951):"诏改盐法,凡犯五斤以上者处死,煎鬻盐犯一斤已上者处死"(《旧五代史·食货志》)。私煎一斤以上和私贩五斤以上的都论死,这是何等残酷的法律。但是,尽管刑法严峻,而"亭户冒法,私鬻不绝"(《新唐书·食货志第四十四》)。这当然是由于官私价格差距太大的缘故。据《宋史·食货志下四》所载:"东南盐利,视天下为最厚,盐之入官,淮南、福建、两浙之温、台、明,斤为钱四,杭、秀为钱六,广南为钱五;其出,视去盐道里远近而上下,其估利有至十倍者。"在这样的情况下,官营实际上是一种对人民的掠夺。则私贩私制,当然无法禁绝。由于私贩获利甚厚,以致不仅是一般的商贾趋之若鹜,甚至"江淮间虽衣冠士人,狃于厚利,或以贩盐为事"(《宋史·食货志下四》)。私贩的普遍,于此可见。

由于官盐价格高昂,在距盐产地较远的地区,人民更是苦不堪言。据《新唐书·食货志第四十四》所载:"商人乘时射利,远乡贫民困高估,至有淡食者。"而食盐和稻谷的比价,竟达到"有以谷数斗易盐一升"者。不仅是价格高昂,而且盐质恶劣。《宋史·食货志下四》说:"纲吏舟卒,侵盗贩鬻,从而杂以沙土。涉道愈远,杂恶殆不可食。"人民无盐可食,其痛苦和不满可以想见。

在获利奇厚,私贩盛行的情况下,当然也有当官的参与其事。他们凭借势力,私贩私运,情况更为严重。例如《续通鉴长编》卷一五一所载:"司勋郎中张可久责授保信节度副使,坐前为淮南转运使,私贩盐万余斤在部中也。"《宋会要辑稿·职官》七十三所载淮东提举陈损之"盗官盐贩于江上,得钱买货入蜀"。宋楼钥《攻媿集》卷三《从政郎钱逊降两资候服阕日与远小监当》文中记及的襄阳府宜城县令于丧服期中,在天台县从事私盐贩运。《续通鉴长编》卷十八所载的曾任辰州知州,后升任千牛卫将军的董继业,私贩的情形更为恶劣:"私贩盐赋于民,斤为布一匹,盐止十二两,而布必度以四十尺,民甚苦之。"和一般商贾的私贩相比,这批贪官污吏对盐政的践踏,真是无所不用其极。

更有甚者,到了南宋末年,身为朝廷宰相的史嵩之和贾似道,竟然也从事官盐的倒卖。宋李昂英《再论史嵩之疏》(《文溪集》卷八)中,痛斥史嵩之以官盐肥己的罪行:"席卷部内之帑藏,囊括诸路之利源,借国用匮乏之名,醝贩易货,笼归私室,是为蠹国之盗臣。"明田汝成在《西湖游览志余》卷五记载了南宋另一遗臭万年的宰相贾似道倒卖官盐的罪行:"似道令人贩盐百艘,至临安卖之。太学生有诗云:昨夜江头长碧波,满船都是相公醝。虽然要作调羹用,未必调羹用许多。"朝廷宰相加入官盐倒卖之列,这是我国盐政史上的最大丑闻。

我在这篇序言一开始就写下这一段,是因为我国盐政史上的这些掌故,现在已经不大为一般人所熟知。历来修纂的盐政、盐法志书,也很少系统地叙述此中因果。时至近代,生产逐渐发展,技术逐渐进步,使国家的岁入结构和人民的生活需要都不断发生变化,盐在国计民生上的重要性,较之古代有所下降。从国家岁入来说,根据《清史稿·食货六》的记载,以光绪十七年(1891)为例,这一年国家岁入计为 89684800 两,在 12 个岁入项目中,盐课位居地丁、洋税、厘金(按:属商业税性质)之下,总数为 7427605 两,仅占总岁入的 8.28%,与上述唐、宋各代相比,为数已经颇小。在民用方面,由于交通运输条件的不断改善,也逐步有所缓解。建国以后,盐运畅达,盐价低平,人民已不复为食盐而担忧,年代久远以后,回过头来看看过去的这些盐政史上的掌故,或许不是没有意义的。

现在再来议论一些有关盐政和盐法志书的事。由于如前所述盐是国计民生的大事,因此,很早以前,盐事就被载入各种志书。西汉盐铁会议以后,第一部具有盐事内容的志书是《汉书·地理志》。此书记载了当时的全国盐产地 30 多处,包括池盐、井盐和海盐。此后,在多数正史食货志中,都有不少篇幅记载当代的盐事。这些都属于正史中的志书。此外,在我国传统的志书中,还有一类全国总志,如唐《元和郡县图志》、宋《太平寰宇记》、《元丰九域志》等等。在这类志书中,也记载了许多盐事。以《元和郡县图志》为例,此书有记载海盐的,如《河南道七》的平度故城:"城西北有土山,古今煮盐处";有记载池盐的,如《河东道一》的解县女盐池:"在县西北三里,东西二十五里,南北二十里,盐味少苦,不及县东大池盐";也有记载井盐的,如《剑南道下》的郪县:"县有盐井二十六所"等等,不胜枚举。在我国传统的志书中,数量最大的是地方志。方志学界公认的我国最早地方志是汉《越绝书》和晋《华阳国志》。这两种最早的地方志中,都有盐事的记载。前者所记载的,是春秋越国的盐产地,这是我国最早的海盐产地之一。后者记载的是今四川、云南等地的井盐,记得非常详细。在这两种方志以后,历代刊行的大量地方志,特别是盐产地的地方志,都有有关盐事的篇幅。志书记载盐事,已经成为一种惯例。

不过上面所说的记载盐事的各种志书,其所记载的盐事,都不过是全部志书中的若干卷篇,并非记载盐事的专志。专门记载盐事的志书,一直要到明代,才有较多的修纂。朱廷立在嘉靖八年(1529)撰成的《盐政志》10卷,书分出产、建立、制度、制诏、疏议、盐官、禁令等七门,内容较为详尽,或许是我国最早的全国性盐政志书之一。与此同时,地方性的盐政、盐法志书也纷纷修纂,例如查志隆的《山东盐法志》4卷,史起蛰和张矩合撰的《两淮盐法志》12卷,何继高等的《长芦盐法志》13卷,王圻的《重修两浙鹾志》24卷等等,都是这一时期的地方性盐政、盐法志书。入清以后,这类专志的修纂为数更多,其中如阮元主修的《两广盐法志》,篇幅达35卷;而刘坤一主修的《两淮盐法志》,篇幅更达120卷。盐政、盐法专志受到社会上的高度重视。

修纂地方志,是我国的优秀文化传统,80年代之初,我国又掀起了修纂地方志的热潮,几年之中,我们不仅修纂和出版了许多市志、县志等通志,而且也修纂和出版了不少地名志、水利志、人物志、工厂志等专志。现在,这一次修志高潮中的第一部盐政专志《慈溪盐政志》已经修纂成稿,行将出版。这确是令人高兴的大事。慈溪是浙江省最重要的盐产地,自然条件优越,历史记载悠久,像这样一个古今都很知名的盐产地,能够一马当先,修成一部盐政专志,这不仅在我国盐业史上具有重要意义,在当今全国修志高潮中,它也为全国各盐产地修纂盐政专志提供了参考。所以《慈溪盐政志》的修纂出版,是值得重视的。

慈溪盐场位于杭州湾南岸。古时钱塘江河口段,江道从南大门入海,今宁绍平原北部的南沙半岛和三北半岛均未形成,所以盐场多位于翠屏山丘陵北麓一线。《越绝书》卷八说:"朱余者,越盐官也,越人谓盐曰余。"既然越语称盐为"余",而这一带的越语地名除朱余外,尚有余杭、余暨、余姚三处,显然也都与盐有关。由此可知,今翠屏山丘陵北麓诸盐场,从春秋越国起就已经存在,至今已有2000余年历史。由于这一带的海岸不断向北淤涨,所以盐场也随着北移。大古塘筑于宋庆历七年(1047),此时,盐场必然已经移到大古塘以北。当然,盐场的名称仍以旧盐场所在地的聚落命名,如石堰、鸣鹤等,一直可以延续很久。宋代以前,今浙江省境内的盐场分布和产量,记载相当疏缺,从宋代起,有关这方面的记载就趋于完整。当时,浙东沿钱塘江口到杭州湾沿岸,主要的盐场有7处。王公勉、杨金森根据《宋史》、《宋会要》、《文献通考》等资料,整理出这些盐场的产量如下表(《中国历史海洋经济地理》,海洋出版社1985年版)。

中国历史海洋经济地理

盐场名称	年产量（石）
西兴买纳场	15965
西兴催煎场	11177
钱清买纳场	6635
三江买纳场	29322
曹娥买纳场	16586
石堰买纳场	64376
鸣鹤买纳场	77365

从上表可以说明，在宋代钱塘江口和杭州湾南岸各盐场中，石堰、鸣鹤两场，产量占全部 7 场的 64%，其重要性可以想见。在盐的质量方面，如《宋史·食货志下四》所说："石堰以东近海水鹹。故虽用竹盘而盐色尤白。"所以无论从盐场历史、产量和质量等方面，石堰、鸣鹤两场，在上列各场中，都是无出其右的。随着钱塘江口的移动和杭州湾海岸的淤涨。唐、宋以来的浙西盐场如芦沥、鲍郎、黄湾、盐官、仁和等，均先后废止。浙东沿钱塘江口和杭州湾各盐场，如西兴、钱清、三江、曹娥等各场，也相继辟为农田。而三北半岛的北淤，除了在 13 世纪末、14 世纪初一度塌陷外，北淤速度一直保持在每年 20 米左右。于是石堰、鸣鹤两场的实际作业区不断北移，而最终形成了庵东盐场。

从以上的简述中可知，在钱塘江口和杭州湾南北两岸，自古以来盐业发达，盐场众多，但在自然环境和人文环境的不断变迁之中，最后出现了各处皆废而一地独存的局面。钱塘江口和杭州湾南北两岸盐业史上的这种特点，更说明了《慈溪盐政志》的重要意义。因为它不仅是慈溪一地的盐政专志，同时也是钱塘江口和杭州湾南北两岸的盐政专志，所以更值得我们的重视。

最后我还愿意说明，我和慈溪的盐场存在着一段宿缘。这也是我乐于为《慈溪盐政志》撰写这篇序言的原因之一。事情是这样的，我对于盐一直只有书本上的知识，对于盐的实际知识，主要是从海水到盐的整个生产过程的知识，我是在庵东盐场学到的。那是 50 年代的旧事，当时，我在浙江师范学院地理系担任经济地理教研室主任，为了学生的经济地理野外考察实习，我于 1957 年年初亲自跑到庵东盐场求教，承那里的领导和工程师热情接待，让我参观厂整个生产过程，使我从理论上和实践上对盐业生产增加了许多知识。从此以后一连三年，我每年都带领教研室教师和学生到庵东盐场作经济地理野外考察实习,研究这个盐场的历史发展和变迁,研究盐的生产过程和运销情况等等。每一次到盐场,领导对我们热情接待,工程师和其他技术人员对我们细心指导。我们观察了从海水到盐的整个生产过程,也看到了盐民们在这个过程中的勤苦劳动,我们不仅学到了业务,并且也受到了教育。此情此景,一直使我念念不忘。而时隔20余年,我又陪同富冈教授访问了庵东盐场,受到了盐业公司领导和工程师们的热烈欢迎和热情接待。富冈教授是为了他的雄心勃勃的著作计划——继他的名著《日本の盐道》一书以后的另一部规模更大的《中国の盐道》而访问和考察庵东盐场的。他对慈溪的这一次访问和考察感到十分满意,而我更因旧地重游而备感快慰。现在,当我读完了这一部内容完备,资料丰富,文字洗炼,体例严谨的《慈溪盐政志》稿本以后,精神更为之振奋。我想,富冈教授也一定会为此书的修纂出版感到高兴。

对于钱塘江口和杭州湾南北两岸过去的盐业发展与变迁,《慈溪盐政志》是一种历史的回顾和总结;对于这个地区盐业生产的前景,《慈溪盐政志》又是一种展望和指导。这部盐政专志的诞生,一定会替慈溪的盐业开拓广阔的前途,获得更大的发展。

1989年7月于杭州大学历史地理研究室
原载《慈溪盐政志》,中国展望出版社1990年版

《慈溪市图志》序

　　《慈溪市图志》(以下简作《图志》)的编绘出版,是近年来我国地方志修纂的一种重要发展。从形式上说,《图志》继承了盛行于北宋的图经,这是我国地方志的古老传统。从内容上说,《图志》又不同于古代图经。古代图经的地图,是没有数值意义的示意图,而《图志》的地图,是以现代地图科学和测量技术为基础的计量地图。通过比例尺,图面上的一切注记符号之间的关系,都可以求得可靠的数值。把这种古老的志书传统继承下来,用崭新的内容使之成为一种富于科学性、直观性和实用性的现代志书,这称得上是我国地方志修纂中古为今用、推陈出新的范例。

　　《图志》是在《慈溪县志》的基础上编绘的。《慈溪县志》是今年全国地方志评比中获得一等奖荣誉的优秀志书,这是一部内容浩瀚的煌煌巨构,具有重要的资料价值和学术价值,但对于一般不作仔细钻研的读者,却颇有山重水复之感。现在,《图志》将《县志》的内容加以高度精炼,将下限由 1987 年延到 1992 年,并配以地图,图文对照,一目了然。把《县志》这个 1000 余页的庞然大物,浓缩在不到 200 页的《图志》之中,并增加了新的内容,使读者得以从短小精悍的篇幅中获睹慈溪的概貌。《县志》和《图志》,真是相得益彰。

　　我曾于去年接受日本方面提出的关于中日两国地方志比较研究的课题,选择了中国的《慈溪县志》和日本《广岛新史》作为比较研究的对象。《广岛新史》有一卷《地图编》,我在这项研究结果的拙文中,对此曾备加赞赏。当时,《慈溪市图志》正在编绘,我在拙文中曾以"拭目以待"一语期待《图志》的编成出版。现在,这本图文并茂的《图志》已经编绘完成,从形式到内容都取得了卓越的成就,是我国地方志修纂中的又一新葩,令人高兴,特为之序。

1993 年 10 月于杭州大学历史地理研究中心

原载《慈溪市图志》,西安地图出版社 1994 年版

《黄河人文志》序

  黄河是一条伟大的河流,它源高流远,奔腾万里。沿流所经,不仅展现着瑰丽动人的自然景观,而且也充满了丰富多彩的人文景观。

  黄河的自然景观,久已遐迩著名,古人传诵,留下了许多生动的篇章。元潘昂霄记载河源:"履高山下瞰,灿若列星";北魏郦道元描述壶口瀑布:"崩浪万寻,悬流千丈,浑洪赑怒,鼓若山腾";汉扬雄形容山、陕间南流东折的伟观:"河灵矍踢,瓜华蹈衰"。的确,黄河是大自然的无偶创造,从晚第三纪的凹陷堆积到第四纪的河湖冲积,由于黄河的形成,北国神州,奔流着这样一条泱泱巨川。而它的庞大输沙能力,又为后世塑造了一片广大肥沃的黄淮海平原。

  在黄河的这种独特的自然景观基础上,多少年来,发展了悠远灿烂的人文景观。远在早更新世,这一带已经出现了诸如蓝田、芮城、三门峡、垣曲等旧石器遗址;到了中更新世,又出现了交城、丁村、河套等旧石器遗址;晚更新世的旧石器遗址更为普遍,如庆阳、长武、铜川、水洞沟、大沟湾、小南海等等,不胜枚举。全新世以后,从上游到下游,新石器遗址比比皆是。从此,黄河的自然景观开始受到人为活动的制约,而人文景观日益趋于发展。

  黄河流域人文景观发展的记录,也就是人类利用和改造黄河的记录。早在全新世以后,人类有组织的生产活动就在这一带发展,砍伐森林,芟夷草地,垦殖农田,从事耕作。人们利用黄河进行灌溉,建造堤防,兴修水利。时日推移,整个黄河流域,由聚落而城邑,由城邑而都会,生齿繁衍,人文鼎盛。黄河流域人文景观发展的过程和事实,充分说明黄河是我们民族的摇篮。

黄河是我们民族的摇篮,但同时也是我们民族的忧患。由于它善淤、善决、善徙的自然特性,加上古代在科学知识和工程技术上的落后,人们在利用改造中难免有所失误,几千年来,它的决溢泛滥,为流域人民招致了严重灾难。面对这种灾难,人们没有屈服,于是就出现了许多治河驭水,抗灾御难的先进人物。从禹的传说开始,历代以还,史不绝书,受到人民的景仰。

禹是我国历史上第一个朝代夏的开国帝王,而禹的业绩以传说中的治水为首。《史记·夏本纪》说他"劳身焦思,居外十三年"。《孟子·滕文公上》赞他:"三过其门而不入。"终于完成了黄河的治理:"道河积石,至于龙门,南至华阴,东至砥柱,又东至于盟津,东过洛汭,至于大伾,北过降水,至于大陆,北播为九河,同为逆河,入于海。"这虽然是一种传说,但传说中的核心人物即是我国第一个朝代的缔造者,这就说明了黄河在华夏文化中崇高无上的地位。

从禹以后,我国历代的治黄人物,他们都本着禹的公而忘私的伟大精神,在治黄事业中作出贡献。《汉书·王尊传》记载的东郡太守王尊,在黄河洪水期中"躬率吏民","止宿庐居堤上"。当水情紧急时,"吏民数千万人争叩头救止尊,尊终不肯去"。这种临危不惧的忘我精神,即是历来治黄先贤中缵禹之绪的一个例子。此外,历代还有许多治黄人物,他们毕生奉献于黄河水利事业,对黄河的河性水情有精深的研究,并且在长期的治黄实践中,累积了丰富的经验。《汉书·沟洫志》记载大司马史张戎所说:"河水重浊,号为一石水而六斗泥。"对黄河含沙量的这种估算,至今仍然不无意义。后汉王景曾指挥数十万河工修建从荥阳到千乘海口的堤防千余里,《后汉书·王景传》记载他的治黄业绩:"商度地势,凿山阜,破砥碛,直截沟涧,防遏冲要,疏决壅积,十里立一水门,更令相洄注,无复溃漏之患。"明潘季驯治黄达 27 年,《明史·河渠二》记载他的治黄理论与实践:"筑堤障河,束水归漕,筑堰障淮,逼淮注黄,以清刷浊,沙随水去。"历来的治黄人物不胜枚举,他们的治黄精神和业绩,为黄河人文景观记录闪烁着无限光辉。

历代治黄人物不仅为黄河的兴利除害作出了贡献,而且还为后世留下大量的文化财富,这就是卷帙浩瀚的治黄著述。上起先秦,下迄近代,有的推究黄河的自然环境,有的研讨黄河的人文概况,有的叙述河渠分布与沿河形势,有的记载决溢时地和救治过程,有的列举堤防兴修和水利设施,有的探索治河的理论与方法。真是汗牛充栋,不可估量。以一条河流而拥有如此丰硕的著述,实为世界水利史上所罕见。所有这些,也都是黄河人文景观中值得自豪的记录。

综上所述,黄河的人文景观真是洋洋大观,而如今《黄河人文志》囊括其要,为志书别开生面。案我国历修志书,人文景观均为重要内容,但无论通志以至专志,此种内容多分散于各卷之中,而《黄河人文志》集为一帙,所以此志不仅继承了我国志书的优秀传统,而且是历来志书修纂中的重要创新。有感于此书的卓越成就,爰为之序。

1993 年 11 月

原载《黄河人文志》,河南人民出版社 1994 年版

《新昌地方史志丛刊》序

  《新昌地方史志丛刊》的编纂出版,是一个值得重视的大事。在浙江,这是方志界的一项创举,是新修市县志已经完成的各市县可以效法的事业。它不仅使这一届修志中辛苦积累的资料得以保存,而且有裨于下一届修志。事半功倍,实可鼓舞。

  新昌县在其新修县志出版以后,继续从事于《丛刊》的编纂,此中过程和意义,主编陈百刚先生在《编撰缘起》中已述其详,而我则特别推崇此举在保护地方文献上的重要价值。古籍和地方文献的亡佚,长期来一直使我耿耿于怀。我从 50 年代之初着手编纂《绍兴地方文献考录》,就是受鲁迅《会稽郡故书杂集》卷首"会稽故籍零落"一语的启示。30 余年中,我搜集国内外的大量藏书资料,遍访藏书丰富的著名图书馆,深知古籍与地方文献若不及时保护和整理,则其亡佚殆不可免。犹忆 1962 年,我曾请绍兴市文管会负责人方杰先生陪同走访当时尚健在的金汤侯先生,探询明诸万里于万历四十六年(1618)所纂《于越新编》45 卷的下落。因金氏于 30 年代尚见及此书,但时隔 30 年,此 45 卷巨著竟从此沦失于人间。这期间,短页散篇的亡佚,更是不计其数。所以我在拙著《郦道元与水经注》(上海人民出版社 1987 年版)一书的《前言》中指出:"书籍从古以来都是用竹简、木片、绢布、纸张之类的原料作成的,它们对于水火蠹虫的抵抗能力非常低,由于兵燹水火天灾人祸,由于贮藏中的虫鼠腐蚀,因而遭到亡佚的书籍,在我们这样一个历史悠久的国家里,数量当然是难以估计的。"新昌虽然是个小县,但历来文物称盛,正如康熙《新昌县志》卷首知县刘作梁序所云:"经济文章,代不绝书。"而其中亡佚之数,必在不小,故籍零落,为之扼腕。

在一段时期中,故籍亡佚,固已难免;而在特殊年代,例如"十年浩劫"之中,古旧文献,成为冲击对象,搜索夷毁,无所不用其极。就方志界而言,张国淦遗稿《中国方志考》即是其例。按张氏从事方志考录,元以前已出版《中国古方志考》(中华书局1962年版)一书,考证精详,载誉中外。元以后计稿300余万言,因张氏物故,请方志学家朱士嘉整理。据史念海《方志刍议》(浙江人民出版社1986年版)跋文所记:"文化大革命期间,抄家之风刚一开始,就有人到其武汉市寓所,指名索取这部遗著,捆载而去。"此稿从此不见。溯昔抚今,能不慨然。

曩年讲学东瀛,看到了日本在图书文献收藏整理中的成绩,斐然可观。1983年,承日本最大的图书馆国立国会图书馆相岛宏先生陪同,参观了该馆书库。1985年,又承日本专门收藏汉籍的东洋文库松本明先生陪同,浏览了文库所藏。这些大型图书馆中,收藏着大量中国古籍,包括方志、族谱、明清鱼鳞册等等,琳琅满目,其中不乏珍稀孤本,在书库中流连竟日,心向往之。但查索日本收藏汉籍历史,其实也并非一帆风顺。据吴天任《杨惺吾先生年谱》(台北艺文印书馆1974年版)光绪八年壬午(1882)下云:"是时日本正值明治变法,百废更新,国人于汉学旧籍,弃如敝屣。"又据杨守敬《日本访书志缘起》(光绪二十七年刊本)云:"日本明治维新之际,颇欲废汉学,故家旧藏,几于论斤估值,尔时鬻于我土者,不下数千万卷。"说明古籍在日本,也有过一次如同我国"文革"的厄运。所以古籍与地方文献的需要保护,凡是流行和收藏汉籍的国家和地区,都是一项重要的任务。

现在,日本在收藏和整理汉籍的工作上已经卓著成效,我已经几次引回我国流落于该国的孤本可以为证。而我国在经过"文革"灾难以后,在古籍的保护和整理方面也已经否极泰来。除了国务院建立古籍整理出版规划小组,从事全国性的古籍整理出版外,在地方文献方面,则由于各地地方志的修纂而获得抢救。形势可喜,令人踌躇满志。

鲁迅在《会稽郡故书杂集》卷首云:"幼时尝见武威张澍所辑书,于凉土文献,撰集甚众。"按张澍所辑书即《二酉堂丛书》,共辑录唐以前关陇著作和地理书21种。鲁迅受张氏影响,辑录六朝会稽方志8种,成《会稽郡故书杂集》一书。这当然是对乡土文献的极大贡献。张澍和鲁迅通过辑佚整理地方文献,使亡佚的资料得以残存,在方法上属于亡羊补牢。而《新昌地方史志丛刊》通过修志的搜集,汇零篇散著于一帙,使易于失传的资料获得保护,在方法上属于未雨绸缪。所以《丛刊》的编纂出版,对于浙江乃至全国的方志界都具有意义,因为之序。

1994 年 3 月于杭州大学

原载《新昌地方史志丛刊》,新昌县地方志编委会办公室 1994 年印行本

原著杭州大学出版社 1997 年版

陈桥驿方志论文续集

序

　　我的第二本关于地方志的文集又要出版了。早在 1997 年,我已在杭州大学出版社出版过《陈桥驿方志论集》。我是在那些年代以前,也就是现在称为第一轮修志之初被公众认为是方志学家的,那本集子的《序》中,我已经说明了这是一种误会。原因是,我在 1956 年就为大学地理系三年级学生开了"方志学"的课程,好像是我们这一辈人中最早开设这门课程的教师之一了。但事实并不是这样的,当时,我在建成不久的浙江师范学院地理系担任经济地理教研室主任。按照部颁教学计划,地理系学生在其毕业(四年级)那年,有 5 周—6 周的经济地理和城市地理野外实习。而我是这项工作的负责人。我选择的实习地址是浙东的宁绍平原,包括六七个县(当时只有宁波称"市")和大片平原。实习的具体时间是在 1958 年春,但由于这是第一次从事这种实习,全班级约 40 位学生和教研室的八九位教师(另有数位年老的可以不去),都要由我领队走这么一个大圈子,虽然带有教辅人员和工友各一人,但我总感到从来没有这种经验,思想上负担很重,所以提早一个学期,在 1956 年就开始准备了。我要学生和教研室教师阅读的文献资料,首先当然是这个地区的 1∶50000 的地形图,其次就是各县的地方志。对于地形图,因为学生在一年级时就读了"地图学"课程,所以并不陌生。但对地方志就不是这样了。图书馆非常配合,把这个地区各县(我事前通知他们尽量选光绪甚或民国的)的方志都送来了,堆满了小小一间。但学生们(包括少数教师)毕生都没有接触过线装书,许多人都不知道中国有称为"方志"这种体裁的书。方志的文言文实在是很浅易的,但学生们多数难以阅读,所以我不得不在这个学期请教务处让我开一门"方志阅读"的选修课,但教务处印下来的课程表上改成了"方志学"。我曾经为此去教务处质问,但处里的一位高级人士婉转地告诉我:"大学里的课程,称'学'比较好。"我原来只打算把宁绍平原各县的方志说个大概,但经他这样一说,我不得不搜罗了几种"方志学"的文献,勉强地讲了一个学期。实际上我也是由于职责所在,不得已而勉为其难,却因此而被"封"为在第一轮修志以前"最早"在大学讲出"方志学"课程的教师。因此,上世纪80年代之初,各地修志前后开始,不少市县(包括省外的)都来请我当顾问,我就这样地因为一个学期的"方志学"课程而被人们称为"方志学家"。反思一番,实在不胜惭愧。

不幸的是,这种一轮修志的附会,在二轮修志还要继续下去。当然应该承认,经过一轮修志的实践,我对方志学的认识较前确实稍有提高,以后为各地审稿作序,或许确实稍有进步。但我自己毕竟明白,虽然我作书撰文运用地方志为时已久,但直到1956年为了学生野外实习的需要,才实际上与方志学有所接触,初步了解了作为一门传统学问的方志学的大概。所以对于方志学,我仅仅是个初步入门的人,要对一门学问登堂入室,实在谈何容易。讵不知从我以往的这种被我自认为"误会"的经历以来,或许又可以称为误会的另一件事发生了。其过程可简述为下:

我的故乡绍兴,当然是个国人皆知的文物之邦,也是首批被定为"历史文化名城"的城市。但此邑文化界包括领导,认为我国陆续公布的"历史文化名城"甚多,而绍兴实为其中的出类拔萃者,因而加意在文化上予以重视,要使绍兴成为一座特强文化名市、大市。先是设计在我的母校浙江省立绍兴中学(今绍初)近旁的仓桥街改建成为一条文化街,沿街修建许多文化馆舍,以显示邑中的优越文化。我由于是1994年国家人事部批定的"终身教授"(建国以来仅此一次),又因著译较多,1980年以后又多次受国际学术界邀请去国外大学讲学,因而在邑中颇受推重。世纪之初,绍兴市文化界与领导几次会议商讨(有详细《会议纪要》),一致赞同在此文化街上为我专设一馆,几次与我互通声气,我当然多次逊谢,竭力谦让。而此邑人士包括领导,对此亦甚坚定,而最后由市府发文,责成绍兴市城市建设档案馆馆长屠剑虹研究员具体负责此馆之建。剑虹女士为绍兴著名学者,先后出版《绍兴老屋》、《绍兴古桥》(上下册)、《绍兴街巷》(上下册)等巨构多部,与我原已熟稔。她在公事和著述之余,倾其全力建馆,为绍兴文化界及领导所赞赏。除了我个人的专著、译著约70种,主编及点校书约30种,加上为他人著述作《序》之书逾百余种及其他稿本等等均为她囊括而去以外,她又在多处悉心搜罗我的其他有关资料,调遣若定,指挥从容,为早期参与的文化界人士所赞佩。并且考虑到免于外界的误会，在建馆基本定局之时，于 2008 年 7 月 25 日在《浙江日报》发布报道："绍兴为在世学者树碑"，副标题："陈桥驿史料陈列馆落户仓桥直街。"这实在使我不胜汗颜。2009 年正式开馆之日，绍兴市领导及浙江大学领导等，均率众参与开馆式致贺，并有香港及韩国贵宾来到，当时，文化街上群众喧腾，盛况空前；而我则不胜惭愧，感到无地自容。

由于第二本方志论文集的出版，因此牵涉到所谓"陈桥驿史料陈列馆"的事，实非得已。绍兴市确实是个特强文化名市、大市。此市下辖诸暨、嵊州、上虞三县级市，绍兴、新昌二县，全市中心则在原市中心越城区。这中间特别需要指出的是绍兴县。如按经济、文化及其他条件，此"县"其实早已超过其他县级市，由于大市既以"绍兴"为名，所以它仍称"县"。因此"绍兴县"在全国百强县中名列前茅。全国著名的"中国轻纺城"即是此县的强大实力。由于原地既已设地级大市，所以县址迁到原城北巨镇柯桥。而柯桥在建县以后，由于其财政经济力量的雄厚，已经建成一座煌煌巨邑，是长三角的一个大县。

我由于籍属绍兴，所以市、县皆是我的故乡。因而与绍兴县图书馆（在柯桥）早已建立了关系，此馆门前馆名即为我所题签，馆内则特设我的书柜，我已有多种著述数年前为此馆所收藏。这次市内"陈桥驿史料陈列馆"建成开馆以后，我的全部著述和一切史料，均为此馆收藏。这对绍兴县不免有所遗憾。为此，在市内陈列馆开馆后不久，绍兴县宣传部长兼《绍兴县志》主任黄锡云先生即莅临舍下，希望我今后对绍兴县也予以照顾。而当时我的全部著述和其他史料，均已由"陈列馆"取走，我家中虽藏书逾万，但其中已无属于我的著述，感到抱歉为难。所幸当黄锡云先生来舍之时，我有几位研究生正在舍下清理藏书，他们在我书房屋角，查到两大袋我为各地方志所撰文字，均为 1997 年以后发表文字，可以合成论文集出版。绍兴县也是我的故乡，经过研究生们的商讨，就以此二大袋悉数交与黄锡云先生。

二袋之中，多数是为各地二轮志书所写的《序》，袋被塞得满满，因为都是由各类志书刊物发表后所寄，数量不少，处理相当困难。但事亦有幸，我早年的研究生王海雷女士，今在绍兴文理学院越文化研究院执教，她居家柯桥，在学时曾修过"方志学"专业课程，属于内行。黄锡云先生得知，可谓喜出望外，海雷君虽执教于市内，但从市内至县（柯桥）其实不过十余公里，于今交通方便，可以经常返家。于是黄先生就将整理此稿任务托付于她。由于稿多而杂，原来的出版刊物规格亦不相同，所以海雷君在其公余从事，其实也是一项不轻的任务。但毕竟是内行人物，经过她悉心整理，终于基本完成。而出版社的责任编辑，显然也花了很大的精力。我实际上不是方志学家，却又一次借他人的业务实力，出版这本论文集，应该感谢海雷君及其他诸君。

陈桥驿

2010 年 10 月于浙江大学

《中国方志五十年史事录》序

　　诸葛计先生《中国方志五十年史事录》（以下简称《事录》）著述告成，行将公之于世。在我国方志史乃至文化史上，都是一件空前的大事。修纂地方志是中国的优秀文化传统，这种传统必将世代流传不绝，而《事录》是我国悠久的方志史上第一部这类著述，兹事体大，所以值得重视。

　　现在且不议论我国修志始于何时的问题，因为各家对此意见并不一致。但历史上曾经出现过的几次修志高潮，是人所共见的，不妨在此略举其端：

　　第一次修志高潮肇始于六朝而终于隋。《隋书·经籍志》著录"以备地理之记焉"139 部，1432 卷。并谓："齐时，陆澄聚一百六十家之说，依其前后远近，编而为部，谓之地理书。任昉又增陆澄之书八十四家，谓之地记。陈时，顾野王抄撰众家之言作《舆地志》。隋大业中，普诏天下诸郡，条其风俗、物产、地图，上于尚书，故隋有《诸郡物产土俗记》一百五十一卷，《区宇图志》一百二十九卷，《诸州图经集》一百卷。其余记、注甚众。今陆、任二家所记之内而又别行者，各录在其书之上，自余次之于下，以备地理之记焉。"

　　第二次高潮在北宋大中祥符年间（1008—1016）。据《玉海》卷十四"祥符修图经"条所载，这是一次全国性的《图经》普修，是朝廷诏命李宗谔主修的。结果是："三年（1010）十二月丁巳，书成，凡一千五百六十六卷，目录二卷，宗谔等上之。诏嘉奖，赐器币，命宗谔为序。"

以上两次修志高潮,成果都在千卷以上,可惜绝大多数已亡佚。

第三次高潮是明嘉靖(1522—1566)到万历(1573—1620)年间。按《中国地方志联合目录》统计,现存嘉靖地方志 340 种,占明朝现存地方志的 34.4%;现存万历地方志 358 种,占明朝现存地方志的 36.2%。

第四次修志高潮是清康熙(1662—1722)到乾隆(1736—1795)年间。现存康熙地方志 1397 种,占清朝现存地方志的 24.5%;现存乾隆地方志 1154 种,占清朝现存地方志的 20.2%。

第五次修志高潮是民国年代(1912—1949),时间不长,但修志甚多,现存民国地方志共有 1629 种。

中国方志史中以上五次修志高潮,除第一次有《隋书·经籍志》的一段简短文字可稽,而第二次有《玉海》条目略获端倪外,其余从明嘉靖到民国,都无人进行总结评论,这是方志史上令人遗憾的空缺。

现在,从上世纪 80 年代之初开始到世纪之末,中国方志史上出现持续 20 年的第六次修志高潮。与历史上的前五次相比,这一次高潮在投入人力之众,涉及地域之广,获得成果之多等方面,实非以前五次可望项背。20 年中,除了已经修成省(区)、市、县三级地方志(指通志)共 4280 余部(卷)以外,志书以外的文献,在此书《例言》中所举:"近 20 年来的地方志期刊就数百种,学术著作数百部,论文上万篇。"所以《事录》不仅事属必要,而且工程浩瀚。诸葛计先生曾经长期担任执地方志期刊牛耳的《中国地方志》主编,在这次修志高潮中博览群籍,总挈全局。所以才能以高屋建瓴的优势,有条不紊地把 50 年特别后是 20 年高潮中涌现的巨量史事,细分缕析,从容编年。在中国方志史中,《事录》无疑具有划时代的意义。

值得指出的还有,《事录》从全局来说,虽然如《例言》所称:"意在全面反映近五十年来志事之概貌"。但是由于作者凭借其在这 20 年修志高潮的亲身阅历从而积累的丰富经验,这种经验使他有能力放弃历来惯用的平铺直叙的编年方法,而是对史事作了深入的归纳和分析,大大提高了这部文献的史料价值。

我十分佩服作者在《例言》中阐明的此书著述方针。例如:《事录》对各种修志的会议和活动,不论规模、规格,而视内容和客观效果为转移。对于文章选介,重实不重名。此外,《事录》按其书名不过是编年录事,但内容实系记事与载言并举,甚至载言多于记事。正因为此,《事录》确实达到了作者撰述此书的宗旨,不仅全面反映了近 50 年来的志事概貌,而且对于这一时期,特别是 20 年修志高潮的经验和教训,作了完整而深刻的总结,不仅有裨于当代方志史和方志学的研究,而且在促进和提高新一轮志书的质量方面,也作出了有益的贡献。

　　这次有机会读到《事录》书稿，实在不胜荣幸；但受命作《序》，却又深感愧惶。我对方志学并无研究，这些年来承蒙方志界的厚爱，所以有必要在此作点交代。因为我所从事的专业需要利用方志，曾因几项研究工作而在国内外图书馆查阅过数千种方志，事详于我的一位助手侯慧粦副教授所撰《陈桥驿与地方志》（《陈桥驿方志论集·附录》，杭州大学出版社1997年出版）一文中。我不过是个方志的用户，我和方志的因缘关系，仅此而已。

　　回忆1956年，我在浙江师范学院地理系担任教研室主任，因为按教学计划规定高年级学生需要进行野外实习，此事由我负责，我选定了浙江宁绍地区作为实习基地。在室内准备过程中，这个地区的方志当然是必读文献，但我发现大学生对旧时志书，阅读很有困难。不得不临时为他们开设一门选修课，目的是为了阅读和利用方志。而教务处却把这门课程定为《方志学》，而且听课的人不少。我就这样获得了为大学生开设《方志学》的经历。正是因为这一点名实不符的经历，上世纪80年代之初，修志高潮刚刚掀起，方志界就邀我参与其事，让我有机会在这20年的志书修纂中说三道四。其实，我所提出的一些主张，只不过是一个用户的意见，很可能并不符合方志学的道理。

　　此外，我在国外有不少汉学界的朋友，他们在研究工作中也需要利用中国方志，例如美国的施坚雅（G. W. Skinner）教授和日本的斯波义信教授，他们都帮助过我引回流失在国外的孤本方志，也经常讨论中国方志。1985年，我们3人曾专门讨论了民国《鄞县通志》。但他们和我一样，也只是方志的用户。所以那天我们在日本大阪的议论，虽然已经见诸文字（见拙撰《民国〈鄞县通志〉与外国汉学家的研究》，收入于《陈桥驿方志论集》），但恐怕也并不符合方志学的道理。

　　特别需要说明的是拙著《陈桥驿方志论集》，从局外人看来，一本方志论集冠以自己的名氏，一副十足的"方志学家"派头。而事实是，当年我并不愿意出版此书。这是1995年，我偶然发现几位研究生在出版社的支持下，正在搜罗我在各种方志期刊所发表的文章及为一些志书所写的《序》等等，我当时就加以劝阻。由于我随即到北美访问讲学，此事就此淡忘，却不料半年后回国，出版社已经排校出了书样，就等我为此作《序》。所以在此《序》开头我就说明："我不是方志学家，生平并未系统地研究过方志学这门学问。"

　　我在本《序》中赘述这些《序》外之言，主要为了说明，自从1956年在大学地理系开设所谓《方志学》的课程以来，直到上世纪80年代参与若干修志工作，对我来说，实在是一个学习过程，而诸葛计先生的书稿给予我十分重要的学习机会。一种明显的感觉是，20年来通过参与修志，当然有所收获，但是这种收获属于零敲碎打而不成系统的。《事录》对我的印象则是一气呵成的一盘全局，它让我把以往20年参与修志过程的片断接触和枝节理解连贯起来，让我看清了半个世纪特别是最后20年修志过程的全貌。而且，由于作者所采用的记事与载言并举的写作方法，使我对20年中修志事业，特别是其中若干重要的问题，获得更为全面和深入的理解。其中不少史事，对于今后的方志修纂关系重大，所以在此举几个例子，说一点体会，实在就是《事录》对我的教益，是我的初步读后感。

第一个问题是修志的队伍问题。在上世纪80年代修志之初，由于来势汹涌，不少地方确实仓猝上阵。许多市县是从政府内部或退休人员中凑集修志班子的，这种临时拼凑起来的班子，当然很难胜任这种对他们来说是完全陌生的工作。《事录》记及1988年3月中国地方志指导小组在北京组织10位专家评议玉山、渭南、萧山3部县志，我忝为其中之一。我的印象是，与会专家中直接参与修志者极少，所以除了志书内容以外，对其他修志问题，诸如人员的遴选、资料的搜集、卷篇的设计等等，专家们很少发言。山西省的刘海清先生或许是当时唯一一位对各地修志比较了解的专家。他在发言中曾经批评某些地方拼凑修志人员的情况："得志的不修志，修志的不得志。"像这样临时拉集起来的班子，当然修不出好志。

这里就涉及到专家的问题，《事录》引及台湾中国文化大学宋晞教授的意见："中国方志的修纂人员比较复杂，由学者或学术水平较高的人主修的方志学术水平较高，反之则低。"《慈溪县志》主编周乃复先生在其《中外地方志比较研究的肇始之作》（《中国地方志》1993年第4期）一文中也提出："我国这一届修志队伍的结构是不够理想的，至少在县（市）一级，专家主持或参与编志的极少，连应邀参加评议的也凤毛麟角，实在应引起领导部门的警觉，采取措施加以改进。"

我在拙撰《回顾与展望——修志跨入新世纪》（《浙江方志》2001年第2期，又收入于杨金荣主编《续志研究——建设文化大省与21世纪浙江地方志事业》，方志出版社2001年出版）一文中，对此也作过一点议论："周先生指出的问题确实存在，而且也确实影响了志书的质量，不过这里有一个'专家'的问题，由于长期没有修志，开始时，除了在30年代有过著述的极少数几位老一辈学者外，实在没有方志专家。倒是某些从政府部门中调出来的人员，因为对于修志发生了感情，从而热爱修志事业，工作努力，锲而不舍，终于修出了佳志，而使自己成了方志专家，这种例子在浙江就有不少。"

其实，经过这20年的辛勤耕耘，全国许多地方都出了一批方志专家，这批在实际工作中培养起来的专家，是以后续修志书的重要力量。所以《事录》记述的1992年6月在成都举行的全国首届市县志工作联席会议中提出的今后修志队伍组织问题，实在事关重要。《事录》在记叙了一些具体事实以后说："十多年来培养锻炼形成的有较高政治文化素质而熟悉地情的地方志工作队伍就这样散掉了。搞得不好,在我国有悠久传统的地方志事业又将会中断,希望在搞好改革开放的同时,进一步加强对修志工作的领导和管理。"

如何保护这 20 年中各地涌现出来的这些修志专家,这是我国地方志修纂事业可持续发展的关键问题,值得我们高度重视。

我对《事录》所记深感兴趣的问题是关于方志属性的议论。方志是什么? 对于方志界来说,这个问题是普遍关心的。我是个方志的用户,甚至可以说是个大用户,接触方志为时很早,阅读方志数量很多,但我对这个问题确实极少考虑,而且自甘不求甚解。我的这种思想其实也存在于其他前辈学者之中。记得 1985 年,已故著名历史地理学家史念海教授与曹尔琴教授合著《方志刍议》一书(浙江人民出版社 1986 年出版),事前嘱《序》于我,并且告诉我,方志一词的概念学术界议论颇不一致,他知道我常常出国讲学,与外国汉学家多有来往,所以要求我把外国学者如何称谓中国方志的内容写入《序》中,希望通过他们对方志的称谓以了解外国学者对中国方志属性的看法,我遵嘱在该《序》中写入了一段关于外国学者对方志一词的不同称谓。外国汉学家使用中国方志的确实不少,但他们对方志的唯一要求就是资料,所以虽然各有各的称谓,但并不反映他们对方志属性的见解。正如《事录》记及我在第二次全国方志工作会议发言中反馈北美汉学家对中国方志的希望之一是:"尽可能扩大规模和资料含量。"

由于我自己长期以来阅读方志就是为了资料,所以并不回避我把资料作为方志核心的看法。我在拙著《论集·序》中说了几句方志界或许存在不同意见的话:"方志的可贵在于资料,方志的生命力也在于资料。在近年新修的方志中,我也看到过一些政府公报式的、有骨无肉的作品,对于这样一类志书,它们的实在生命,或许在首发式以后就告结束。"为此,对于方志属性的纷纭说法中,我十分赞同胡乔木先生所说:"地方志是严肃的、科学的资料书。"现在,《事录》又让我读到他对地方志的另外一些言论:"从事地方志工作,还是要搞学问,要把它当作学术工作来抓,本来不是行政性的事"。"修地方志,应当是个做学问的地方。过去修志是一些很有学问的人去做的,它本身是一项学术性的工作"。"地方志写得好坏,还是应当由学者来鉴定。"

修志是做学问,地方志是资料书,这是我十分拥戴和赞赏的。当然,这两者都有一个前提。对于做学问,现在,有些做官的和做生意的,他们也"做学问",把做学问当作做官和做生意的门面。其实大可不必,做官有做官的本职,生意人有生意人的本职,学者有学者的本职,只要大家都各尽本职,我们的整体事业就会兴旺发达。做学问的前提是什么? 要具备刻苦钻研、锲而不舍的精神,要过得惯清贫淡泊的生活。诸葛计先生从事《事录》的写作,就是做学问的现成例子,不必我另外再说什么。

方志是资料书,这种资料书的前提是什么? 胡乔木先生已经解释清楚!"严肃的、科学的"。对于"严肃"和"科学",《事录》为我们提供了许多有价值的记事。例如在《湖南地方志》的一篇文章中提出的:"要秉笔直书,不要御笔行事"。假使哪一部地方的修纂,不是秉笔直书,而是御笔行事,那么,这些资料有什么"存史"的价值? 更不要说"教化"和"资治"了。

在中国,正史(清乾隆间修《四库全书》,诏定二十四史为"正史")的地位比方志要高得多。长期以来人们尊重正史,因为历史上出现过不少如文天祥在《正气歌》中所赞扬的"在齐太史简,在晋董狐笔"的史官。虽然正史中也有像《魏书》那样沦落为"秽史"的,而中国的礼教传统毕竟培养了许多敢于秉笔直书的史官,维护了二十四史的尊严和声誉。所以地方志在这方面应当以正史为榜样,必须秉笔直书,这样的资料才是严肃的和科学的。

秉笔直书是地方志记叙资料的原则。此外,地方志资料还有一个处理方法的问题。在这方面,《事录》记入《中国地方志》(1992 年第 4 期)载福建曾万文先生撰文呼吁的:"志书应该注明资料出处。"资料有出处,利于人们对"秉笔"和"御笔"的分辨,从而鉴定资料是否"严肃"、"科学",而且也有利于提高地方志的学术性。地方志的学术地位有待提高(包括新旧方志),这是众所共见的事实。我的历届研究生在学位论文中极少引用地方志,其原因除了传统的成见以外,主要就是地方志资料没有出处。所以地方志的修纂者希望读者把地方志视为学术著作,就得像学术著作一样处理它的资料。

地方志记叙资料,孰多孰少,孰轻孰重的问题,20 年来方志界也颇有不同意见,《事录》在这方面不仅记事,而且载言,不仅让我们窥及这种不同意见的渊源脉络,在方志史上,也仍然值得后人继续思考讨论。《事录》在这方面的不少记事中,"湖北模式"或许具有一定的代表性,即所谓"事以类从,详近略远,综述历史,分陈现状。""详近略远"与另外一些人提出"详今略古",其实是雷同的。我在参加《绍兴市志》稿讨论时,该志主编任桂全先生提出"详今明古",在措词上显然更为稳妥一些。地方志资料应该"详今",看来是方志界一致的意见。但《事录》提出了一些例外,如军事志,由于涉及保密,而军事的内容却是越近越需要保密,所以应详古略今。此外,对于向无志书的地方,记叙上限不限,必须贯通古今,不必为"略古"而将有用资料轻易淘汰。

"详今"既然是方志界一致认同的资料取舍原则,但《事录》又以较长篇幅记叙了居然有人不同意地方志记述一件既是当今新事又是头等大事的意见,这就是史无前例、震惊人寰的"文化大革命"。当然,《事录》也记入了这方面的反对意见,特别是陈元方先生所写的《新编地方志不记述"文化大革命"是对我国现代的歪曲》的文章。《事录》引起我的旧事重忆,记得上世纪 80 年代之初,已故史念海先生邀我到西安为他的研究生讲课,这半个多月中,正值陈元方先生接事领导陕西省地方志修纂之时,由于史先生的介绍,陈先生邀我议论中断已久的志事,留餐款待,畅谈甚洽。所以当年我就已经深悉了他对新修志书的真知灼见,特别是对于"文革"入志之事,我们之间的意见完全一致。现在,陈先生已成古人,披读《事录》,不胜感慨系之。

地方志当然应该记叙"十年灾难",而且要记下在这场浩劫之中,地方上受损伤最严重的事实。假使地方志不记载"文革",或者与上一届某些方志那样,下笔唯恐及此,浮光掠影,用套语滥调,匆匆带过。新修方志不记"文革",或者在记载中敷衍了事,这实在是方志修纂者对当地人民和子孙后代的严重失职,对于这样的方志,则续修时应该补叙。在这方面,我认为值得称赞的是《洛阳市志》。此志第 13 卷《文化艺术志》卷首《概述》记载:"1966 年 6 月,洛阳出现'造反'组织;8 月,毛泽东的《我的一张大字报——炮打司令部》出现在洛阳街头,从而把洛阳市的'文化大革命'推向高潮。各种名目的'造反'组织,以破'四旧'为名,捣毁文物、破坏古建筑,烧毁古籍。他们在白马寺烧毁历代经书 55884 卷,砸毁佛像 91 尊。……这种疯狂的大破坏后,洛阳市古代泥塑和近代泥塑无一幸存。"

此志第 14 卷《文物志》第 10 章《文博事业》犹作了记载:"建国后,由于'文化大革命'中'破四旧',1966 年 8 月,白马寺村民将寺内收藏的《大藏经》55884 卷焚烧,砸毁元、明两代所塑像 91 尊。9 月,关林塑像 8 尊及像龛也被全部推倒砸毁。"

我曾经在《在洛阳古都谈修志用志》(《河洛史志》2001 年第 2 期)一文中称赞《洛阳市志》的上述记载是"千古文章"。而且在拙撰《佛教与佛学》(全国中文社科核心期刊《思想战线》2000 年第 6 期)一文中录入了上述文章。今年,阮坚勇先生澳门国际公开大学的硕士论文《绍兴旅游业文化营销战略研究》(中华书局 2002 年出版),求"序"于我,我在此"序"中再次录入上述文章。我认为《洛阳市志》记叙的关于"文化大革命"的资料,不仅是严肃的和科学的,而且充分体现了长期以来众所公认的地方志的存史、教化、资治功能。

《事录》对我的启迪实在很多,不再在《序》中一一列举。总的说来,此书是方志史上一部出色的阶段总结,也是方志学中一种值得推荐的教材。在下轮修志中,它必将发挥承前启后、继往开来的作用,有裨于我国方志修纂事业的繁荣发展。

原载诸葛计《中国方志五十年史事录》,方志出版社 2002 年版

回顾与展望

——修志跨入新世纪

在中国方志史中,20 世纪的最后 20 年是值得夸赞的,这 20 年修志的声势和成绩,确前所未有。

中国历史上从什么时候开始修志,这个问题争论已久,我们不必纠缠于此。但"方志"一词作为一种文献,始于《水经·汝水注》,这是没有争论的。[①] 此书中引及了许多诸如《洛阳记》《广州记》《钱唐记》《会稽记》等,清陈运溶在其《荆州记·序》[②] 中说:"郦注精博,集六朝地志之大成。"由此可知,在六朝时代,不仅始见"方志"这个词汇,而且出现了许多称为"记"的方志。虽然,"六朝"是从 3 世纪初到 6 世纪末的一段漫长时期的统称,而且这个时期的方志已经亡佚殆尽,[③] 但仅仅在《隋书·经籍志》著录的就有 139 种之多。所以这段时期是我国历史上第一批地方志出现的时期,在方志史上是值得重视的。

六朝以后,中国方志史上的另一个重要时期是北宋的开宝(968— 976)和大中祥符(1008— 1016)时代,因为在这两代中,朝廷曾诏令全国普修《图经》。《宋史·宋准传》:"开宝八年,受诏修定诸道图经。"但修纂的过程不详。大中祥符年代诏修《图经》的经过,《玉海》[④] 记载甚详,其成果是:"(大中祥符)三年十二月丁巳,书成,凡一千五百六十六卷,《目录》二卷",说明这是一种规模很大的地方志书。开宝和大中祥符这两次《图经》修纂,使宋朝成为历代这种志书最多的朝代。今天我们可以在公私著录中查到的历修《图经》，不论存亡，总数为605种，其中宋朝修纂的要占95%。[⑤]可惜情况与六朝方志一样，至今幸存的《图经》只有6种，而且都是存经而缺图。但从开宝至大中祥符的这一段时间，是历史上政府号召和组织修志的开端，而且成就不小，所以也是值得重视的。

从南宋开始，中国的地方志修纂，从名称到内容都稳定下来，在全国范围内形成一种整理各地地方志书的文化传统。修志从此成为一种地方官和地方贤达的职责，1000年以来，积累了大量成果。在南宋到民国的这一段漫长时代之中，有两个时期，是全国各地修志的高潮时期。按《中国地方志联合目录》[⑥]著录的现存志书，有明一代，共有府、县志989种，而其中嘉靖一代有志书340种，占明代总数的34.37%；万历一代有志书358种，占明代总数的36.19%。有清一代，共有府、县志5701种，而其中康熙一代有志书1397种，占清代总数的24.50%；乾隆一代有志书1154种，占清代总数的20.24%。[⑦]所以明嘉靖—万历和清康熙—乾隆，也都是我国方志史中的重要时期。

从六朝到民国，其间必有大量志书亡佚，而至今仍存而著录于《中国地方志联合目录》的，尚有8371种。正如《目录》前言所说：“我国现有的八千多种地方志，是我们中华民族文化宝库的珍贵财富。”这中间有不少著名的佳作，就浙江而言，如临安三志、四明六志、会稽二志，都早已名闻遐迩。而民国《鄞县通志》更获得国际汉学家的好评。[⑧]当然，由于年代长远，地区广大，而各时代的编撰风尚，各地区的文化水平，特别是主持修纂者的责任心和学术根底，都有较大的差异，所以在大批旧志中，也混杂着不少滥竽充数的劣品，受到后世的批评，如谭其骧先生所说：“就我看到过的方志而论，修得好的是少数，大多数都是差的，甚至是很差的。……地方志除了少数几部出于名家手笔外，多数是地方官限于朝廷功令，招集地方上的举人、贡生、秀才等一些乡曲陋儒修成的。这些人大多只会做代圣立言的八股文，根本不懂得著述的体例，不懂得前朝的典章制度，更不会做学问。因此在他们的作品里往往夹杂着许多错误的记载，甚至是错误百出。有些地方志是每修一次便增加若干错误，越修越差，越修越错。”[⑨]

谭先生的话是他阅读了大量旧方志的体会，凡是与旧方志打过交道的人，都会有这样的感觉。但是从另一方面说，中国地域广大，县邑甚多，而地方文献却很不平衡，若干县邑非常丰富，不少县邑却十分缺乏。许多县邑特别是偏僻地区的县邑，地方志往往就是当地唯一的地方文献。所以虽然品位不高，但对后世仍然不无使用价值。谭先生在该文中也指出：“旧方志之所以具有保存价值，主要在于它们或多或少保留了一些不见于其他记载的原始资料。”所以用旧方志做学问，仍然有赖于使用者的治学态度和学术水平。也就是谭先生在此文最后说的：“经过方志作者之手的记叙，那我们就必须对每一条都进行审慎的考核，决不能轻易置信，决不能因为旧方志上有了，现在修新地方志时就照抄照搬。"这就说明,只要在使用旧方志时进行审慎的考核,即使是水平不高的旧方志,它们还是具有价值的。所以把我国历代修纂的大量方志作为一种文化总体来看,则《目录》前言所称"珍贵财富"的话是符合实际的。

中国方志史上,在上述从六朝到康、乾的四次发展时期以后,最近数十年来,经历了一个低潮时期。由于众所共知的原因,许多县邑数十年来未曾修志,有的甚至超过百年,但是随着国家的改革开放,百废俱兴,也迎来了一个地方志修纂的高潮时期。从20世纪80年代之初到世纪末的20年中,据统计,全国已出版了省、市、县志4278种(不计乡、镇、村志)。此外还有大量的专志。从上世纪70年代末期的地名志开始,进入80年代后,随着市、县志(通志)的修纂出版,多种专志蜂涌而起,诸如江河水利、地质矿产、农林畜牧、工商交通、金融经济、科技哲社、文化文物以及军事、民政、广电、物产等等,都修纂出版了志书,名目繁多,不胜枚举。以浙江省为例,尽管此省修志早已享有盛誉,但这20年也是历史上无与伦比的。全省已修成市(地区)、县志77种,乡镇志约200余种、村志100余种,专志30余种。⑩20世纪的最后20年,成为中国方志史中修纂志书(包括通志和专志)数量最大、品种最多、地域最广的时期。现在,中国的志书修纂事业,仍以世纪末的巨大声势,再接再厉,跨入新世纪。

回顾这20年的修志,以我国方志传统中至关重要的通志特别是市(地区)、县志为例,确是成就空前的。内容丰富和卷帙浩大,是许多新修志书的共同特色。从浙江省来说,在这以前,拥有500余万字的民国《鄞县通志》,是历来全国府、县志中的巨擘。但在新一代的方志中,荣获全国一等奖的《绍兴市志》有543万字,《宁波市志》有430万字。不久前出版的《绍兴县志》,也有410万字。从省外的情况来看,我虽然见闻不广,但承蒙各地的寄赠,让我看到不少大部头作品。《洛阳市志》共18册(尚未出全),字数超过1000万;《南宁市志》共5册,字数达720万。过去修志很少的边疆地区,这20年中也修出了巨志,如内蒙古《伊克昭盟志》6册,⑪字数达470余万。当然,字数并非志书成就的唯一标准,主要在于庞大篇幅所记叙的内容。从宏观上评价,志书质量取决于其是否具有存史、资治、教化的价值。而在实际应用中,则要看志书内容能否满足各类不同用户的需要。假使一部志书在这两方面都能差强人意,也就是说志书符合胡乔木所指出的"地方志是严肃的、科学的资料书"⑫的精神。那么,庞大的篇幅正是我们所希望的。这些新修的佳志,必将如同民国《鄞县通志》那样,不仅在国内,国际上的汉学家也要用它们从事学术研究,而且交口荐誉。我在1995年访问北美时,曾与美国和加拿大的汉学家谈及中国新修志书的事,他们可以说一致肯定了我国新修志书的成就,事见拙作《北美汉学家论中国方志》,⑬这里不再赘述。

应该说,这20年所修的志书,从其全局来看,大部分作品在内容上是符合前面提出的两项要求的,其中有一些并且可以列入中国历代志书中的精品。我曾于 1997 年参与在北京举行的全国地方志评奖,目睹了许多志书精品,真是不胜荣幸。

当然,20 年修志也并非没有瑕疵。当上世纪 80 年代初修志开始时,各地都遇到缺乏修志人才的困难。许多市县是从政府内部或退休人员中凑集修志班子的。尽管他们尽了很大的努力,但毕竟是初次接触这种工作,缺乏必要的知识和经验。所以在 20 年中,从大体来说,前期志书在质量上逊于后期的现象普遍存在。这种现象也涉及专家参与的问题。《慈溪县志》主编周乃复先生在一篇论文中提出:"我国这一届修志队伍的结构是不够理想的,至少在县(市)一级,专家主持或参与编志的极少,连应邀参加评议的也凤毛麟角,实应引起领导部门的警觉,采取措施加以改进"。[14]周先生指出的问题确实存在,而且也确实影响了志书的质量。不过这里有一个"专家"的问题,由于长期没有修志,开始时,除了在 30 年代有过著述的极少数几位老一辈学者外,实在没有方志专家。倒是某些从政府部门中调出来的人员,因为对修志发生了感情,从而热爱修志事业,工作努力,锲而不舍,终于修出了佳志,而使自己成了方志专家,这种例子在浙江就有不少。当然,这种情况并不能改变这一届前期志书与后期志书质量差异的现实,但是对于新世纪的修志,显然是重要的经验。

缺乏经验、缺乏专家的问题还涉及修志的方法。在这样的情况下,为了集思广益,各地常常采用开审稿会的形式。有的审稿会规模很大,一开几天,花费不小。但我的看法是,不少这样的审稿会,收效并不很大。这中间牵涉到受邀与会者的专业素养和责任心以及志书编纂者的消化水平等等。常常看到的现象是,一些很小的问题,花许多时间讨论,但重要的学术问题却很少人发言。远道请来专家,或许是事前缺乏准备时间,没有很好发挥作用。另外,与会专家的意见,修志一方并未很好消化。《桐乡县志》副主编张森生先生告诉我,邻县修志请他参加审稿会,他发现志稿把所引《读史方舆纪要》书名都误作《读书方舆纪要》,他认真地提了意见,但志书出版时,照样是《读书方舆纪要》。这样的审稿会未免形同虚设。所以举行审稿会必须慎重,事前作好准备,事后仔细消化。另外,以书面形式请负责任的有关专家审阅,或许更易收效。

现在,令人兴奋的是,20 年的修志仍然方兴未艾,声势壮大地跨入新的世纪。少数尚未完成新志的市县,正在加紧努力,将在新世纪之初出版他们的新志。不少在 20 年中已经出版了志书的市县,正在筹备在新的世纪中再次修纂新志。此外,在新的世纪中,当然也还有各种专志的修纂出版。我们的修志事业确实具有持续发展的巨大潜力,将为中国方志史续谱光辉的篇章。当前,方志界已经开始议论有关新世纪修志的事,提出了各种要求和希望。我没有研究过方志学的系统理论,只是看到一些现象,曾在浙江去年举行的"建设文化大省与 21 世纪浙江地方志事业学术讨论会"中发表过

一些不成熟的意见。⑮借撰写此文的机会,再说几句:

第一,上世纪的 20 年修志中,为我们培养了一批修志人才,成为经验丰富的方志专家,这些专家有许多已经退休,在新世纪的修志中,他们多数不再担任主编或其他重要职务,但这一辈人是新世纪修志所必须重视的,后来的修志者仍有必要借重他们的事业心和经验,向他们学习。

第二,一部志书,内容丰富,牵涉广泛,我这个外行人实在无辞可措。但记得《宁波市志》主编俞福海先生曾经就志书的事和我通信,我在复信中有几句话:“志书的性质,不管有多少说法,不管方志学界的见解如何,作为一个学者,我认为与科学性相比,其他都是次要的。”⑯我对新世纪志书的希望也是如此。我想,凡是真正拿志书做学问的用户,大概都会有这种希望。

第三,我在前述“建设文化大省与 21 世纪浙江地方志事业学术讨论会”已经说过,但现在必须再次强调的。事情与我在 20 年前提出的地方志必须编《索引》相仿。对于《索引》,在当时有些人接受不了,有些人比较勉强。现在事实证明,编《索引》的建议是正确的,在浙江省,后期出版的志书多数都编了《索引》。学术界对我国出版物的《索引》问题也引起了关注,在有较大影响的媒体上,可以读到诸如《谁是索引的敌人》⑰这类内容深刻的文章。《索引》已不需我再来强调。我必须强调的是新世纪志书的电子版(光盘)。这个问题,浙江省和《索引》一样地做得比较早。浙江方志界有人发表了文章,⑱若干市县志由于对此引起重视而为他们已经出版的志书补出了电子版,不久前出版的《绍兴县志》,已做到了电子版的同步出版。说实话,对于这个问题,我原来也是认识不够并且缺乏紧迫感的。如我在《浙江方志》2000 年 4、5 期合刊的《笔谈》中所说,是因为在学术会议中与美、德、日、韩等国的汉学家进行了交流,才认识到这个问题的至关重要,所以在此加以强调,以引起方志界的重视。

中国的修志事业跨入了新世纪,展望前景,我们充满希望!

注释:

① 《水经注》卷二一《汝水注》:“余以永平中蒙除鲁阳太守,会上台下列山川图,以方志参差,遂令寻其源流。”

② 收入于《麓山精舍丛书》。

③ 至今较完整保存的只有《三辅黄图》和《山居赋(记)》两种。

④ 《玉海》卷一四《祥符修图经》。

⑤ 陈桥驿《〈图经〉在我国方志史中的重要地位》,载《中国地方志》1992 年第 2 期,收入于《陈桥驿方志论集》,杭州大学出版社 1997 年版。

⑥　中华书局 1985 年版。

⑦　明清方志数字,系阙维民教授按《中国地方志联合目录》统计。

⑧　陈桥驿《民国〈鄞县通志〉与外国汉学家的研究》,载《鄞县史志》1993 年第 1 期,收入于《陈桥驿方志论集》。

⑨　《地方史志不可偏废,旧志资料不可轻信》,载《江海学刊》1982 年第 2 期,收入于谭氏《长水集》续编,人民出版社 1994 年版。

⑩　全国和浙江省新修志书数字,系浙江省社科院王志邦研究员所提供,其中浙江省的专志,仅指《浙江省志丛书》数字。

⑪　北京现代出版社 1997 年版。

⑫　此系胡乔木在全国地方志第一次工作会议闭幕会上的讲话。

⑬　载《中国地方志》1996 年第 3 、4 合期,收入于《陈桥驿方志论集》。

⑭　《中外地方志比较研究的肇始之作》,载《中国地方志》1993 年第 4 期。

⑮　载《振兴方志事业,繁荣浙江文化(笔谈)》,《浙江方志》2000 第 4 、5 合期。

⑯　俞福海《陈桥驿与地方志编纂》,《浙江方志》2000 年第 4 、5 合期。

⑰　《中华读书报》2001 年 1 月 23 日第 23 版。

⑱　周乃复《关于地方志出版媒介的改革》,《浙江方志》1997 年第 6 期。

原载《浙江方志》2001 年第 2 期

我和地方志的情结
——为二轮修志而作

自从上世纪80年代初期掀起停滞已久的地方志修纂以来,这20多年中已经获得巨大成绩。除全国各市(县)基本上修成方志以外,还修纂了许多专志,如水利志、地名志等,不胜枚举。中国的修志传统已很悠久,但这20年显然是前代所不可比拟的。现在,第二轮修志又在各地开展,垂老之年,能看到中国这种优秀文化传统,在沉寂数十年后复兴,而且后来居上,欣欣向荣,确实使人踌躇满志,喜不自胜。

对于这20多年来修志的复兴和发展过程,原中国地方志指导小组办公室主任、《中国地方志》主编诸葛计先生,凭他主持这项工作的多年积累,编撰了《中国方志五十年史事录》(方志出版社2002年版,以下简称《事录》)一书,以70万言篇幅,按年按月地记叙了中华人民共和国成立后50年特别是最近20年来的修志大事,为第一轮修志作了一个全面的总结。承蒙他的厚爱,在其撰写过程中就让我阅读了原稿,并邀我为此书作《序》。我为他写了一篇7000言的长序,其中有一小段话表述了此书的价值:

> 我十分佩服作者在《例言》中阐明的此书著述方针。例如:《事录》对各种修志的会议和活动,不论规模、规格,而视内容和客观效果为转移。对于文章简介,重实不重名。此外,《事录》按其书名不过是编年录事,但内容实系记事与载言并举,甚至载言多于记事。正因为此,《事录》确实达到了作者撰述此书的宗旨,不

仅全面反映了近50年来的志事概貌,而且对于这一时期,特别是20年修志高潮的经验和教训,作了完整而深刻的总结,不仅有利于当代方志史和方志学的研究,而且在促进和提高新一轮志书的质量方面,也作出了有益的贡献。

所以诸葛先生此书,不仅是半个世纪的中国方志编年史,而且也是一部"记、载并举"的专著,为此,拙《序》虽然也涉及我自己与方志的因缘情结,但主要还是对《事录》其书作出评价。现在,《天台县志》主编庞国凭先生约我撰写此稿,正是给了我一个机会,让我能比较自由地表达一点我和地方志的关系。

首先需要声明,也是我多次重复过的,我不是方志学家,而且说得更坦率一些,至今仍然还不懂方志学是怎样一门学问。"我不是方志学家",并不是一句谦逊话,而且也不仅仅出于我自己之口。1990年5月13日至15日3天,海盐县举行志稿评审会,我所崇敬的谭其骧先生因少年时代曾随父寓此邑数载,所以也应邀与会。3天会议,请到的专家包括老一辈方志学家傅振伦先生在内达三四十人。第一天开会,按学术界声名和通例,当然请谭先生首先发言。他也自感义不容辞,在与会代表的鼓掌声中,我清楚地记得他发言的开头几句:"今天有幸参加海盐盛会,与许多方志学家和其他专家见面。但我不是方志学家,在座陈桥驿先生也不是方志学家⋯⋯"所以我不是方志学家,不仅是我自己的自知之明,我尊敬的前辈也是这样认为的。凑巧的是我的研究生王永太君,当时已学成,在省地方志编纂室工作,也参加了这次会议。谭先生的发言,他也在场恭聆,至今还常常与我谈及当年此会情况,并且也曾记得谭先生的发言,可以为证。

我不是方志学家。虽然从小在线装书堆中长大,我祖父藏书极多,但却未曾见过地方志。当是我年幼未及遍览他的书库之故。高小五年级时,我已经获得绍兴县图书馆(古越藏书楼,是我国第一所公共图书馆)的借书证,在那里(此馆藏书全部开架)看到《嘉泰会稽志》和《宝庆会稽续志》,说的都是家乡掌故,感到很有兴趣。后来又在旧书店买到民国初年周氏自刊的《会稽郡故书杂集》,从此对这类文献发生感情,并且与我祖父收藏的《越绝书》《吴越春秋》等结合对比,居然萌发了一种"初生牛犊不怕虎"的幼稚心愿,希望自己也能从事这种家乡文献的搜集和考录工作。而且从此以后,我确开始留心家乡的地方文献,最后于1983年出版了《绍兴地方文献考录》一书。此书当然并不能说明我和地方志的情结,因为按时间说,我在念初中时就着手这项工作。而按搜集考录的内容说,书名称为"地方文献"。全书分成18类,方志类只是其中之一。按数量说,方志类虽然也是全书中的一个大类,共达140种,但水利类也有此数,而名胜、古迹、游记类更多达270种。所以尽管此书在国内外都获得了好评(诸葛计《中国方志五十年史事录》1983年下:"是年,陈桥驿撰《绍兴地方文献考录》由浙江人民出版社出版。是书汇录绍兴地方文献 1200 种,具有很高的学术性和实用价值。美国汉学家柯慎思教授称此书'是一项惊人的成绩'"),但由于编撰过程延续甚久,在上世纪 50 年代以前,我还没有把方志放在非常重要的地位,也并不对此感到特别的兴趣,更不要说对志书内容的研究了。

我确实不是方志学家,只是一个志书的用户,或者可以称得上是个大用户。因为按《中国地方志联合目录》(中华书局 1985 年版)著录,我国现存(包括残存)的历代方志书约 8000 余种,而经过我过目的方志必然超过 6000 种。在上述我年轻时代就从事撰述的《绍兴地方文献考录》中,对所列志书类 140 种之中,当时过目的其实很少,我的工作只是根据历来公私著录收列,无非是考录每一种书修纂年代、修纂者姓氏以及卷数、存佚等等,最多也不过录入若干名流的评论之类。我的考录仅及于此,或者也可以说,我只是做了一点目录学和文献学领域中的起码工作,而并不是方志的用户。我开始用志,是从若干科研项目中发轫。其中有的课题,使用的方志不多,例如对于古代鉴湖的研究,论文《古代鉴湖兴废与山会平原农田水利》(载《地理学报》1962 年第 3 期)中引及的方志仅七八种;又如对绍兴天然森林的研究,论文《古代绍兴地区天然森林的破坏及其对农业的影响》(载《地理学报》1965 年第 2 期)中引及的方志也不过十七八种。当然,在研究中过目而并不引入论文的,为数都要多出好几倍,但总数还是有限的。另外一些课题的研究,则必须在大量方志中检索,这是我成为一个志书大用户的原因。例如我对《水经注》佚文的研究(辑为《水经注研究》,天津古籍出版社 1985 年版),从国内到国外,翻阅过的志书就有几千种。又如我对浙江省历史上灾异的研究,翻阅过的志书或许也有上千种。对于上述两项研究的用志情况,可以各举一例。

从《水经注》的研究来说,因为现存此书是一部残籍,原书 40 卷,在北宋之初已经亡佚 5 卷,今仍作 40 卷,是后人分析凑合而成的。有许多今本缺佚的文字,可以在其他古籍中发现,也包括方志在内。为了校勘和辑录佚文,我就要遍索古代的许多文献,其中当然也少不了方志。例如此书今本卷十八《渭水》经文"又东过武功县北"下的注文记及一处名叫太一山的温泉:"渭水又东,温泉水注之,水出太一山,其水沸涌如汤。杜彦达言:可治百病,世清则疾愈,世浊则无验。"温泉疗疾,却和"世清"、"世浊"牵连在一起,实在让人不解。但现在可见的所有版本,例如我所校的《水经注校释》(杭州大学出版社 1999 年版),曾参校了 33 种不同版本,而这一句都是如此。我能在这一句上得到正确的原文,正是方志所提供的。康熙《陇州志》卷一"温泉"条下引《水经注》作:"水清则愈,浊则无验。"《陇州志》所引的是什么本子,当然无从查核,而且必然早已亡佚。但"水清"与"世清"相比,"世"必是"水"的音讹。用以对今本《水经注》校勘,康熙《陇州志》的这一条,真是一字千金。这里同时也说明了志书资料注明出处的重要性。

从《浙江灾异简志》(浙江人民出版社 1991 年版)来说,此书是我从上世纪 40 年代读正史《五行志》时不经意中开始的,到 1950 年以后,才发现地方志在这方面的记叙颇有超过正史之处,因而引起注意,在各种课题翻阅志书之时,也随手抄录这方面的资料。而当时由于时间有限,所以抄录这类资料多着眼于浙江省境。我所在的地理系内有气象专业,他们对此很感兴趣,"文化大革命"结束以后,这部资料竟获幸存,他们就把它打印成册。我因为接触的志书较多,继续留意这方面的资料,不断在这本打印册子上加以补充。上世纪 80 年代,浙江的方志界策划编撰一套《浙江简志丛书》,主持者与我商量及此,我才作了一次加工,编成了这册《浙江灾异简志》。全书记录的灾异分成水灾、旱灾、雹灾、虫灾、春寒、地震六类。各类均分年月(也有列具体日和时辰的)列载,并且都一一注明出处。有时,一次水灾或旱灾,出处可达 10 种以上,而其中有大量来自方志。所以此书引及的方志甚多。而实际上,在我编撰的过程中,阅读的方志又数倍于在书上引录的。关于这方面,可用在此书所分灾异中,不列入浙江省夏秋常见的"台(风)灾"加以说明。

浙江省在夏秋发生的水灾,有许多显然是台风引起的,但由于旧志记载不详,经过反复考虑,最后才决定把查有实据的台灾也并入水灾之中。因为台风登陆或过境,水灾是必然发生的灾异。例如明隆庆二年(1568)七月在台州发生的一次特大水灾,显然是台风造成的。《简志》以 16 种出处记录了这次水灾,其中 14 种是方志。《简志》记录:

> 七月二十九日,台州飓风挟雨,天台山诸水入城三日,溺死三万余人,没田十五万亩,淹庐舍五万余区,民上屋脊,敲椽折瓦,号泣之声彻城,旧传台州仅留十八家。水未退,有在屋上生育者,裹尸者,或操舟市中者。水退,人畜尸骸满里巷,埋葬数月方尽。温州、瑞安、玉环厅、宁海均大风雨,坏田地禾稼。仙居雹水,山摧。黄岩七月二十九日平地水高丈余。丽水大水。山阴、会稽、嵊县、新昌俱大水。

从上列记叙中,这次大水,显然由 1568 年 8 月(志书所载的七月二十九日是夏历)的一次强台风造成。台风中心在台州登陆,因而附近的温州府和绍兴府等处也都罹灾。不过,在我查阅的志书中,也有同月同日波及省境内许多地方的大风雨,经过比较分析,却并非台风所致。例如清同治十年(1871)的大风雨灾异,波及省境的不少府县。我以 9 种出处,在《简志》中记录了这次灾异,其中 7 种是地方志:

> 三月二十一日未刻,上虞暴风,拔木发屋,吹坠石坊,河舟飞上岸。三月二十二日,诸暨雷雨大风,飘瓦拔木,毙人无算。同日,浦江大风雨,倒屋毙人。同日,湖州狂风骤雨,拔木毁屋,覆舟伤人。同日,杭州、绍兴有大风从西来,压檐大雨,屋瓦尽飞。

这条记载,大风雨在同日之中(同治十年三月二十二日,即 1871 年 5 月 11 日,上虞作三月二十一日,系据《上虞县志校续》卷四一所记,显系误记一日)发生于浦江县和绍兴、杭州、湖州三府,其风力达到"吹坠石坊,河舟飞上岸"、"压檐大雨,屋瓦尽飞"的程度。很易被认为是一次强台风过境。但我逐一查阅温州、台州、明州各府县志书,又查阅闽北、苏南各府县志书,都不见有此记载。而按照季节,夏历三月也不是台风入境的时候。杭州和绍兴的志书,都有"大风从西来"的记载,说明这是一次范围较大的陆龙卷,南起浦江,北到湖州。这样大范围的陆龙卷确属罕见,但志书所记明确,说明这一次灾异确实发生过。

从上列《水经注》和《浙江灾异简志》两个课题的研究中,我接触了大量方志,成为一个方志的大用户。但同时也说明,我使用方志,目的只是从我所从事的研究课题出发,在方志中搜索我所需要的资料。对于志书记载中有这类资料的,我常常反复推敲,仔细研究,并加以摘录。但对于另一些没有我所需要的资料的志书,我不过大略翻阅,匆匆过目而已。所以我翻阅的志书虽然很多,但目的只是为了从中攫取有关资料。记得我曾于上世纪 80 年代受前辈史念海先生之嘱,要我为他与曹尔琴教授合撰的《方志刍议》(浙江人民出版社 1986 年版)一书作《序》,事前并向我关照,因为那几年我经常出国讲学,史先生要我在《序》中介绍外国汉学家对"方志"一词的称谓。当年我确实常与外国汉学家朋友谈论中国方志,交谈之中,发现他们对"方志"一词,称谓甚多,我都写入于该《序》之中。其中有几位称中国方志为"地方百科全书"的,我颇同意这个名称,因为我从年轻时代开始踏入做学问这个行业之时,就是以对百科全书的要求使用方志的,目的只是为了在其间查索我所需要的资料。除此以外,我并不研究方志的其他方面,所以我不懂方志学,当然不是方志学家。但是在另一方面,地方志在我做学问的过程中,曾经起了很大的作用,所以喜欢这种文献,与它结下了不解之缘。

我不是方志学家,却介入了自从上世纪 80 年代开始的志书修纂,这或许是因为我于 1956 年在大学地理系开过一门"方志学"课程的缘故。此事,诸葛先生在《事录》中为我写了大约有 200 字的一段,并说:"主要的内容就是用新的观点和方法,解释、分析旧的志书,引导学生认识祖国这一宗文化遗产。"诸葛先生的这段记载大概来自我的学生们的文章(侯慧粦《陈桥驿与地方志》,载《中国地方志》1992 年第 3 期),当然也表达了他本人对我的厚爱和鞭策。事实上,我在这年确在地理系为高年级学生讲过地方志,但完全称不上作为一门大学课程的"方志学"。按当时的部颁教学计划,地理系本科高年级学生有为时一个多月的经济地理学田野实习。我是教研室主任,负责地理系创系以来第一次做这项工作。我选定离学校不远而我又比较熟悉的宁绍地区(包括舟山群岛)作为全系的实习基地,开始让学生们在室内查阅每个地区各种文献资料。当时,我自己利用志书做学问已经有了一段时期,所以要学生也阅读这些地区的地方志,主要是其中的舆地、水利等部分。当时浙江师范学院藏书丰富,我的助手们把宁绍各府县包括定海、岱山的所有志书,都陈列在我们田野作业的文献资料室中。但是我随即发现,当时的大学生阅读大部头的旧方志,包括卷篇结构和文字等方面,都已经相当困难。为此,我决定替他们开设一门"地方志阅读"的选修课,并且报到教务处以便在课程表上安排时间。却不料教务处在课程表上把这门课程改为"方志学"。记得我当时曾与该处的一位负责人提过此事,但他的回答似乎是"没有关系"。其意似有在大学里开设的课程以加一个"学"字为妥。我和他没有多作计较,因为我自己当时虽已相当钟情于方志,但作为一次田野实习,要学生详读5∶1万地形图和地质图之类,显然比地方志更为重要。但既然教务处在课程表上改成"方志学",为了作为大学课程的这个"学"字,我不得不把傅振伦的《中国方志学通论》(商务印书馆民国二十四年版)和李泰棻的《方志学》(商务印书馆民国二十四年版)等浏览一番。我在这些称"学"的著作中虽然获得了一些知识,但是也对这些先生们的"学"字颇有疑义,特别是对于方志的起源于《周礼·周官》"外史掌书外令,掌四方之志",感到实在牵强附会。当时,修志的事已经停顿,也不曾料到过了20余年以后,修志的传统又会继续开展。所以在那年的讲课中,我只好把我熟悉的《越绝书》卷二、卷八两篇作为开头,因为这两篇,我在初中时就已熟读能背。此后就随便讲了些什么《华阳国志》《三辅黄图》之类。不过一节课,就把这在大学里必须显示身份的"学"字打发过去了。以后每节课都以宁绍地区的地方志为实例,讲这些旧书在当今田野工作中的价值和利用方法。先后不过20个课时,就把这门选修课讲完了。所以课程名称虽然是"方志学",但我其实对此"学"字毫无心得。谭先生是知道此中略情的,所以那年他在发言之始就声明他自己不是方志学家,而随即指出我也不是方志学家。他的这番话,不仅现在还有与会者可证,而我自己也心服口服。

不过为了这一次指导学生的田野作业,除了要学生学点方志知识以外,我自己倒是在地方志这种文献上得到一种意外的收获。1957年年初,为了这年5月份的田野工作,我带领教研室七八位教师,到这个地区进行一番准备工作,在宁波住了四五天。每到一个较大地方,我素来有走访旧书店的嗜好,这次在宁波有幸在开明街买到一部浙师院图书馆恰无收藏的民国《鄞县通志》。随即在宁波、定海、沈家门等地的旅馆中,彻夜阅读这部修纂于上世纪30年代初期的民国方志。全志36册,约有550万字,内容已经包罗了地质、海洋、气象等现代科学,而动植物均使用学名并附拉丁文二名法,让我看到了地方志修纂随着时代发展的必要性和今后修志的前景。其实,当我读到此志时,外国汉学家不仅早已获致,并且已经利用此志做研究工作了。1985年,我执教于日本国立大阪大学,美国著名汉学家施坚雅(G. W. Skinner)正执教于东京庆应大学,日本著名汉学家斯波义信当时也执教于大阪大学,我们3位老友曾专门讨论了这部志书(见《民国〈鄞县通志〉与外国汉学家的研究》,载《鄞县史志》1993年第1期)。遗憾的是,在前一轮修志中,还有不少志书,都达不到民国《鄞县通志》的学术水平,而且差距很大。

我在诸葛先生大作的《序》中,也提到了《陈桥驿方志论集》(杭州大学出版社1997年版)的事,因为《事录》也论及于此,我当然需要说明一下:"特别需要说明的是拙著《陈桥驿方志论集》,从局外人来看,一本方志论集冠以自己的名氏,一副十足的'方志学家'派头。而事实是,当年我并不愿意出版此书。这是1995年,我偶然发现几位研究生在出版社的支持下,正在搜罗我在各种方志期刊所发表的文章及为一些志书所写的《序》等等,我当时就加以劝阻。"由于我随即到北美访问讲学,此事就此淡忘。却不料半年后回国,出版社已经排校出了书样,就等我为此书作《序》。所以在此《序》开头我就说明:"我不是方志学家,生平并未系统地研究过方志学这门学问。"

上面写了几件事,除了解释我不是方志学家也不懂方志学以外,同时也交代了我和地方志的情结。通过上述种种机遇,我和地方志建立了深厚的感情。毋庸讳言,在当前学术界甚至方志界仍有对方志并不重视甚至不屑一顾的人,也有一些在某种场合上为方志说几句好话,但实际上瞧不起它们而且尽量不在自己的论文中引用方志的人。要为地方志在学术界的这种处境作根本的改变,不是一件容易的事。谭其骧先生在其所撰《地方史志不可偏废,旧志资料不可轻信》(载《长水集续编》,人民出版社1994年版)一文中,道出了地方志的这种处境的渊源:"就我看到过的地方志而论,修得好的是少数,大多数是差的,甚至是很差的。地方史一般是私人著作,作者多少是个学者,总的说来质量较高。而地方志除了少数几部出于名家手笔外,多数是地方官限于朝廷功令,招集地方上的举人、贡生、秀才等一些乡曲陋儒修成的。这些人大多只会做代圣立言的八股文,根本不懂得著述的体例,不懂得前朝的典章制度,更不会做学问。因此在他们的作品里往往夹杂着许多错误的记载,甚至是错误百出。有些方志是每修一次就增加若干错误,越修越差,越修越错。"

遗憾的是,在前一轮修出的大量志书中,虽然大多数都在不同程度上超过当地的前志,但是如谭先生所说"越修越差,越修越错"的志书,却不可讳言地依然存在。也就是我在《事录·序》中所说的:"在近年新修的方志中,我也看到过一些政府公报式的、有骨无肉的作品。对于这样一类志书,它们的实在生命,或许在首发式以后就告结束。"举个具体例子,诸葛先生在《事录》中曾经论及方志界有人反对记载"文化大革命"的事,因而引出了陈元方先生的《新编地方志不记述"文革"是对我国现代的歪曲》

的文章。陈元方在上世纪 80 年代初是以陕西省委书记的身份领导该省地方志修撰的,我在《事录·序》中曾经提及,由于史念海先生的介绍,他邀我留餐共叙,议论修志之事。所以我虽然并未读过他的文章,但他对于新志必须记叙"文化大革命"的卓见我早已洞悉。为此,我在《事录·序》中曾就此事写了几句:

> 地方志当然应该记叙"十年灾难",而且要记下在这场浩劫之中,地方上受损伤最严重的事实。假使地方志不记载"文化大革命",或者与上一届某些方志那样,下笔唯恐及此,浮光掠影,用套语滥调,匆匆带过。新修方志不记"文化大革命",或者在记载中敷衍了事,这实在是方志修纂者对当地人民和子孙后代的严重失职。对于这样的方志,则续修时应该补叙。

其实,我在上面所说的几句话中还没论及《事录》上所载陈氏在另一篇《注意新编地方志的政治质量》一文中涉及"文化大革命"的另外几句:

> 对那些怀有政治野心,思想品质恶劣,一贯政治投机者,在"文化大革命"的一些关键时期屡干坏事,作恶多端者,主要责任者,坏得有名气有影响者,就非得写上一个至几个不可。否则见事不见人,隐瞒了事实,歪曲了历史,是无法向人民向历史交代的。

上面的这两段话,那年我与他交谈时,他都详细地表达过,我当时就完全赞同他的见解。一部 1980 年以后修纂的地方志,假使不记"文化大革命",不记在"文化大革命"中的"作恶多端者"、"主要责任者",这确实是对"我国现代的歪曲",是"无法向人民向历史交代"的。为此,这一轮各市县续修的主持者,应该查查尊处的第一轮志书,或许也可对照一下我在此《事录·序》中誉为"千古文章"的《洛阳市志》第 13 卷《文化艺术志》对于"文化大革命"的记载。然后考虑你们市县的续志在这方面有没有"续"或"补"的必要。

我撰写此文,除了表达我和地方志的情结外,还加一个"为二轮修志而作"的副标题。现在由于在志书记叙"文化大革命"这个问题上已经涉及了二轮修志,为此,顺便再在其他方面谈一点刍荛之见。从"二轮修志"这个词汇来说,其意显然是一轮修志的延续。从中国修志的全局来说,"二轮"其实是各地修志历史上的又一次续修,其成果当然是某市县的又一部续志。从《中国地方志联合目录》中著录的 8000 余种方志来说,它们大部分都是续修的成果。往年编撰《绍兴地方文献考录》,在方志类考录的100 多种志书中,除了第一种《越绝书》以外,其余的都可视作续修或续志之列。例如清康熙一代,从其第十二年(1673)到五十八年(1719)的 46 年之中,府志就修了 5 次,平均不到 10 年就续修一次。而在此 5 种之中,实在没有一种好志,近乎谭先生所说的"越修越差,越修越错",都是"地方官限于朝廷功令"的作品。不过在我所考录的志书中,也有前志和续志都为后代学者称誉的佳志,《嘉泰会稽志》与《宝庆会稽续志》即是其例。前者修于南宋嘉泰元年(1201),后者续于宝庆元年(1225),相距不过24年,但两志都为古今学者所称道。如《书录解题》卷八称之为"气壮文雅,盖奇作也"。《四库提要》卷六十八则称:"前志为目一百十七,续志为目五十,不支不漏,叙次有法。"所以在中国方志史上,续修之事,既有"越修越差,越修越错"的,也有如嘉泰、宝庆二志那样名扬书林的。这种情况,在我们的第一轮修志中其实也同样存在。我曾承《河北地方志》的约稿,写过一篇题为《方志续修浅议》(载2002年第2期)的小文章,其中有一段议及:

> 在国内,由于我所接触的新志实在不多,所以说不上什么。倒是在国外,我的确看到了一些令人失望的新志。我是1995年在美国和加拿大的一些收藏汉籍很多的图书馆中看到的。我主要注意有关地理的卷篇,内容单薄,资料陈旧,使用许多过时的地理名词,用《本草纲目》的形式记述动植物,当然不加注拉丁文二名法,全志没有《索引》。常常是洋人汉学家陪着我,我实在有点难为情。因为当年《萧山县志》的生物一篇不加注拉丁文二名法,就是一位在我的研究室从事研究工作的洋人汉学家说:"比半个世纪以前的《鄞县通志》倒退了。"

为此,要改变地方志这种文献在学术界的地位,让学者们消除长期以来的成见,最重要的在于提高地方志的质量。要全面提高第二轮修志的质量,尽可能增加佳志的数量,让上述流到国外图书馆而让我在外国汉学家面前感到惭愧的志书尽量减少。作为一个志书的用户,我对二轮修志提出下面一些管见。

第一,各市县修志(包括专业志),应请一位做学问的人担任主编或副主编,在编辑成员中,尽可能物色一些做学问的人,并注意编辑人员中各种专业(文理科)的搭配。此外,还要请一些做学问的人当顾问。我指的不是挂名顾问,而是实实在在又顾又问的顾问。为什么? 因为修志本身就是做学问。我在诸葛先生《事录·序》中引及此书记录的胡乔木先生的话:"从事地方志工作,还是要搞学问,要把它当作学术工作来抓,本来不是行政性的事。""修地方志,应当是个做学问的地方。过去修志是一些很有学问的人去做的,它本身是一项学术性的工作"。上面提到的《嘉泰会稽志》和《宝庆会稽续志》之所以载誉志林,获得"会稽二志"的美名,是最有说服力的例子。前者的编辑班子都是学者,包括陆游的长子陆子虡在内。陆游本人不仅为此志作《序》,而且是此志的实际顾问。所以雍正《山阴县志》卷三十八评论此志:"山阴人陆游参订且为之序,今人竟谓之《放翁志》,其文辩驳可喜,笔力畅健,有苏氏父子风,非此老宜不若此。"《续志》是张淏一个人独修的,张是当时的著名学者,《四库提要》卷六十八称他"尝撰《云谷杂记》,其学皆有根柢,故是书亦序有条理"。当然,现在的情况与古代不同,修一部志书,还涉及做学问以外的其他许多事务,而这类眼下称为"公关"的事,往往不是做学问的人可以胜任的。所以整个编辑班子要有一个合理的搭配,而做学问的人必须在这个班子中占主要的位置。

第二,我在《事录·序》中,还引及胡乔木先生有关地方志属性的一句话:"地方志是严肃的、科学的资料书。"对于地方志的属性,从清代到民国,特别是上一轮修志过程中,有许多人写过这方面的文章,但我认为胡氏此言实在一语中的。作为志书的用户,假设志书没有丰富的资料,则用户何求于志书? 所以我在拙著《陈桥驿方志论集》卷首《序》中说:"方志的可贵在于资料,方志的生命力也在于资料。"当然,资料不仅要丰富,而且要是"严肃的、科学的"。并且资料还有注明出处的必要。如前所述,我用康熙《陇州志》校勘《水经注》,正是因为《陇州志》注明这条资料出于《水经注》。这样的资料对用户才是一字千金。而没有出处的资料,东拼西凑,道听途说,不过是一大堆破絮。这也是不少学者对地方志抱有成见的重要原因。

第三,上一轮修志,在志稿完成以后,通常都要举行审稿会。有的审稿会规模很大,邀请的各方人士很多。我并不反对审稿会,但是希望这类会议有必要提高质量和发挥实际作用,不要让它成为一种形式。因为从我亲历的见闻,不少这类会议,在不同程度上存在一种走过场的现象。记得《桐乡县志》副主编张森生先生曾经告诉我,他在参加邻县的一次审稿会时,发现志稿有多处引用《读书方舆纪要》,"读书"无疑是"读史"之讹,他当时一再提出此书书名是《读史方舆纪要》,必须加以改正。但等到志书正式出版,照样都是《读书方舆纪要》,成为一种笑柄。说明那一次审稿会实在是一种形式,同时也说明,志书编辑班子中缺乏做学问的人,因为《读史方舆纪要》是一种通用古籍,稍具古籍知识的人都应该知道。

第四,在上一轮修志中,确实培养和造就了一批有事业心而又修出好志的方志学家,涌现出大量有关修志的论文和专著,这当然是值得称赞的。但问题是,在这个过程中写文章的人,绝大多数都是方志的"卖方",却很少看到方志"买方"的说话。我所说的"卖方",指的是方志界的人;"买方"则是经常或大量利用方志做学问的人。例如诸葛先生《事录》中论及,"是年(1987年),著名地理学家曾昭璇等著《历史地貌学浅论》。该书中利用了大量地方志资料,进行了河道变迁的历史地貌学研究,提出了珠江以'通'为主,黄河以'分'为主的整治意见,具有重要的生产实践意义。"《事录》又记及陈正祥利用明代方志中有关八蜡庙(刘神庙或刘猛将军庙)的记载,在其《中国文化地理》中绘制《蝗神庙分布图》,其实是清楚地表述了明代的蝗灾分布。由于上述曾、陈两位都是我的朋友,他们的著作都曾寄赠给我。但除了他们以外,必然还有不少学者利用志书做学问,使用的频率数量虽有多寡之分,其人在学术界的知名度也有大小之别,但对于志书来说都是用户,也就是我所说的"买方"。修志一轮,时间长达20余年,范围遍及全国,可谓声势浩大。但在这样一番热烈的场景中,所见所闻,绝大多数都是"卖方"的市面,很少听到"买方"的声音。我的比喻或许不伦不类,假设一种重要的商品,只看到厂商的广告,而很少听到用户的评论,这种经营,总不是正常的市场规则。《事录》中列举的曾昭璇、陈正祥两位,包括我在内,作为"买方",使用的主要还是旧志。现在,新志与旧志相比,装帧精美,印刷优良,便于阅读,便于收藏,这是其显著的优势。按理,它必能得到更大的用户市场。为此,在二轮修志中,我希望"修"的一方与"用"的一方多多沟通,让志书的资料,在胡乔木先生所说的严肃性和科学性以外,也能对实用性多加重视。一个市县修一部方志,投入的人力、物力很大,所以对于二轮修志,我们希望不仅要提高志书的学术品位,还要扩展志书的实用价值。

2005 年 3 月于浙江大学

原载《二轮修志·浙江论坛》,浙江人民出版社 2005 年版

在洛阳古都谈修志用志

　　1988年初夏,我作为电视系列片《中国六大古都》(后增加安阳,片名改为《中国七大古都》)的顾问到洛阳考察,这是我第一次到洛阳,获得十分深刻的印象。以后不久,我与《洛阳市志》交上了朋友,常常应约在《河洛史志》写点文章,与洛阳的关系就更为密切了。这一次得到盛会的邀请,虽然我比较忙,但还是安排工作,欣然与会。

　　这次会议的主题是全国历史文化名城修志用志研讨会。洛阳不仅是历史文化名城,而且是九朝古都、大古都,全世界著名的大古都。在这个国际名城中,在花中之王盛开的季节里,讨论修志用志的大事,我能躬逢其盛,真是不胜荣幸。

　　中国修志历史悠久,但最近几十年来,由于众所共知的原因,经历了一个低潮时期。许多县邑几十年来未曾修志,有的甚至超过百年。但是随着国家的改革开放,百废俱兴,也迎来了一个地方志修纂的高潮时期。从20世纪80年代之初到世纪末的20年中,据我所略悉的统计数字,全国已经出版了省、市、县志近4000余种(不计乡、镇、村志),此外还有为数浩大的各种专志。河南省是个修志大省,从杨静琦教授寄赠给我的《河南地方志提要》(上、下册)中,我已经稍睹此省旧志的洋洋大观。从上世纪80年代修志高潮兴起以后,此省的修志事业更是不同凡响,是我素所钦慕。我曾应约为《黄河志》第11卷《人文志》及《安阳市交通志》写了《序》,并为《偃师县志》《宝丰县志》等写过书评。至于《洛阳市志》,我曾在《河洛史志》写过多篇书评,并以《庞然大物》为题,赞扬此志的巨大卷帙和丰富内容。今天能在这个方志名城中讨论方志,的确令人鼓舞。

会议的主题除了"修志"以外还有"用志"。我在拙作《为〈洛阳市志〉锦上添花而欢呼——〈洛阳市志·牡丹志〉出版有感》(《河洛史志》1998 年第 2 期)一文中曾引及章学诚《记与戴东原论修志》(《章氏遗书》卷十四)中的话:"夫修志者,非视观美,将求其实用也。"修志的目的是为了用志,时至今日,这个道理是大家都能懂得的。不过修志是一件千头万绪的大事,在座的修志同仁都已深有体会。但用志的事却也并不简单,特别是对于旧志。谭其骧先生曾经指出:"就我看到过的方志而论,修得好的是少数,大多数都是差的,甚至是很差的。……地方志除了少数几部出于名家手笔外,多数是地方官限于朝廷功令,召集地方上的举人、贡生、秀才等一些乡曲陋儒修成的。这些人大多只会做代圣立言的八股文,根本不懂得著述的体例,不懂得前朝的典章制度,更不会做学问。因此在他们的作品里往往夹杂许多错误的记载,甚至是错误百出。有些地方志是每修一次便增加若干错误,越修越差,越修越错。"①

谭先生的这一段话,说明了用志的困难。用旧方志做学问,仍然有赖于使用者的治学态度和学术水平。也就是他在此文最后说的:"经过方志作者之手的记叙,那我们就必须对每一条都进行审慎的考核,决不能轻易置信,决不能因为旧方志上有了,现在修新的地方志时就照抄照搬。"

谭先生论旧方志"修得好的是少数,大多数都是差的,甚至是很差的",这番话是他对新方志修纂者的嘱咐,许多新修志书重视了谭先生的话,对于旧志的错误,既不"轻易置信",也不"照抄照搬"。所以新修志书就其总体来说是好的,其中还有许多精品。1997 年,中国社科院和中国地方志指导小组在北京举办全国地方志评选,我忝为评委,目睹了满室琳琅的新志精品,例如《洛阳市志·文物志》,我早已读过此志,并为它写了书评。所以我毫不迟疑地在选票上画圈。其他评委当然所见略同,此志果膺一等奖。

回顾这 20 年的修志,的确成就空前。内容丰富和卷帙浩大,是许多新修志书的共同特色。以我所在的浙江省来说,在这次修志高潮以前,拥有 500 余万字的民国《鄞县通志》,曾是历来全国府、县志中的巨擘,受到国际汉学家的赞扬,我曾特地为它写过文章。②但在新一代的方志中,省内两个历史文化名城,宁波和绍兴,也都修出了巨志,《绍兴市志》有 543 万字,《宁波市志》有 430 万字,它们都是 1997 年荣获一等奖的精品。不久前出版的,并且是与电子版同步出版的《绍兴县志》也有 410 万字。对于浙江省以外的情况,我虽然见闻不广,但承蒙各地的寄赠,我也看到了不少大部头作品,《洛阳市志》共 18 册(尚未出全),字数当然超过 1000 万;《南宁市志》共 5 册,字数达700 万。过去很少修志的边疆地区,这 20 年中也修出了巨志,如内蒙古《伊克昭盟志》

6 册,字数达 470 余万。当然,字数并非志书成就的唯一标准,主要在于庞大卷帙所记叙的内容。从客观上评价,志书质量取决于其是否具有存史、资治、教化的价值。而在实际应用中,也就是这次会议研讨的"用志"方面,则要看志书内容是否能满足各类不同用户的需要。假使一部志书在这两方面都能差强人意,也就是说志书符合胡乔木所指出的"地方志是严肃的、科学的资料书"的精神。那么,庞大的篇幅正是我们所希望的。以这样的要求评论这一届的新修志书,我认为《洛阳市志》正是如此,是新志中的佼佼者。所以这次能在洛阳研讨修志用志的大事,确实令人鼓舞。

上面说到中国的旧方志,因为错误很多,所以用志必须谨慎。而新方志,就其总体来说是好的。但它们之中有没有水平不高、质量不好的呢? 在国内,由于我接触的新志实在不多,所以说不上什么。倒是在国外,的确看到了一些令人失望的新志。我是1995 年在美国和加拿大的一些收藏汉籍很多的图书馆中看到的。我主要注意有关地理的卷篇,内容单薄,资料陈旧,使用许多过时的地理名词,用《本草纲目》的形式记述动植物,当然不加注拉丁文二名法,全志没有《索引》。常常是洋人汉学家陪着我,我实在有点难为情,因为当年《萧山县志》的生物一篇不加注拉丁文二名法,就是一位在我的研究室从事研究工作的洋人汉学家说:"比半个世纪前的《鄞县通志》倒退了。"

以上说的是我在国外看到的一些水平不高的新志。在国内,也有一些总体不错、水平较高的志书出错,而且是在关键问题上出错。洛阳是白马驮经的我国最早佛地,我就拿我们浙江佛地的志书作例。浙江的主要佛地是普陀,是中国四大佛教名山之一。这些年来出了两部志书,《普陀县志》③和《普陀山志》。④从总体来说都是好志,但是对于"普陀"这个地名,两志都出了错。《普陀县志》说:"往昔山中多开白花小树,清香远布,故又称白华山。"我在书评中指出,⑤"普陀"是梵语地名,汉语译普陀、普陀洛迦、布达拉,此词意译作小白花。"开白花小树"的普陀在印度,不是你浙江的普陀。我引艾德尔的《中国佛教手册》⑥把"普陀"一词的原文和不同译法,普陀的原地以及中国的普陀包括拉萨的布达拉等,都作了清楚的交代。但后来出版的《普陀山志》仍然错误,而且错得更为离谱。它竟把佛经中的"观世音宫殿庄严道场"作为中国的普陀山观音道场,并引佛经:"一时佛在补陀洛迦山。"这里的"佛"即释迦牟尼,其生存时代与孔子相近,当时,今浙江普陀还是一个荒岛,释迦牟尼怎能来此主持观世音道场呢? 由于前引《中国佛教手册》是一本 20 世纪初期在日本东京出版的英文书,一般人不易看到,所以我在为《普陀山志》写的书评中,改引季羡林先生主校的《大唐西域记校注》。⑦此书除了写出普陀的详细原委外,并把普陀原地的经纬坐标也注释清楚。中国地名中出现普陀,正和加拿大、美国地名中出现牛津、剑桥等一样。北美的牛津、剑桥,属于地名的殖民传播;中国的普陀(布达拉),属于地名的宗教传播。

　　我写上面这一段是为了说明，"用志"并不是一件轻而易举的事，用旧志做学问必须小心谨慎，用新志做学问也必须小心谨慎。

　　我不是方志学家，只不过是个志书的用户，往年为了几个课题，曾经翻阅过几千种志书，在我的论文或专著中，也常常引及志书。但我所引的都是旧志，没有新志（近年评论志书的文章属于就志言志，不在此例）。因为到了我这样的年龄，已经谈不上用新志做学问了。但是去年我毕竟还是在论文中引用了新志，而且所引正是《洛阳市志》，所以值得在这里交代一下。我曾在《河洛史志》1998 年第 4 期写过一篇《文化大邦——读〈洛阳市志〉第 13 卷》的短文。引及此志中的一段记述："8 月，毛泽东的《我的一张大字报——炮打司令部》出现在洛阳街头，从而把洛阳市的'文化大革命'推向了高潮。各种名目的'造反'组织，以破'四旧'为名，捣毁文物，破坏古建筑，烧毁古籍。他们在白马寺烧毁历代经书 55884 卷，砸毁佛像 91 尊。……这种疯狂的大破坏后，洛阳市古代泥塑和近代泥塑无一幸存，古旧字画基本无存，古籍珍本失去十之八九。"

　　我在该文中评论志书记叙的这段文字。我说："用旧式评点词汇称赞这一段，就叫做'千古文章'。"

　　我终于在一篇论文中引用了《洛阳市志》的这段"千古文章"。

　　1999 年 6 月，浙江省在宁波举行"国际佛教文化学术讨论会"。因为是国际会议，省里要物色一位会议的执行主席，其要求是用英语主持会议并通晓梵语，结果找上了我。用英语主持会议或许没有问题，但我的梵语恐怕只有小学生程度，实在是滥竽充数。我为此写了一篇《佛教与佛学》的论文，作为执行主席的主题发言。我是用英语讲出的，但外国来的高僧和学者都懂，倒是国内的高僧和学者很多不懂。我只好再把中文稿整理出来。去年到昆明参加一个会议，《云南大学学报》主编索稿，我于是以此文塞责。⑧此文中述及佛教的起源与传播，兼及中国历史上帝王的毁佛故事。众所周知的是所谓"三武一宗"（北魏太武帝、北周武帝、唐武宗、周世宗），但是我认为最严重的是十年浩劫。对此，我引了《洛阳市志》的这段"千古文章"。这是我在论文中唯一一次引用新志，在洛阳提出此事，真是一种巧合。

　　最后还想在此提出一件事，这件事不仅涉及"用志"，而且我必须就此事向河南省表示感谢。"十年浩劫"结束以后，国际学术界开始与中国进行交流。我的一位朋友，美国科学院院士，著名汉学家施坚雅教授（G. W. Skinner）以他主编的一本汉学巨著《中华帝国晚期的城市》（*The City in Late Imperial China*）寄赠给我，我为此书发表了文章，⑨立刻引起学术界的重视。此书由十几位国际著名汉学家执笔，引用的中国志书上百种，既是一种历史城市研究的巨构，也是一种"用志"的杰作。我于是组织翻译这部大书。当媒体报道了此书翻译完成的消息以后,人民出版社、商务印书馆、三联书店等 18 家出版社都提出愿意接受此书出版。后来由于中华书局傅璇琮先生派专人到杭州向我表示出版诚意,才把此稿交中华书局,最近刚刚出版,《光明日报》也在今年 3 月 19 日作了报道。

我为什么在这里提出此事。因为当时除了上述 18 家出版社以外,我还收到了河南省长垣县政府盖了公章的来信,表示愿意承担此书的出版费用,让此书早日问世。我虽然不能接受长垣县的雅意,但立刻向长垣县写了感谢信,浙江省的一种在国内外公开发行的传媒《联谊报》,也在 1998 年 2 月 13 日发表了《听听长垣县的声音》的署名文章,向公众传播长垣县的这种令人肃然起敬的声音,并对长垣县表示谢意。长垣县是河南省的一个普通县邑,但是处境于这个文化大邦和修志大省之中,所以与众不同。我借来洛阳的机会,再次向河南省特别是长垣县表示铭感腑内的谢意。

注释:

① 《地方史志不可偏废,旧志资料不可轻信》,载《江海学刊》1982 年第 2 期,收入于谭氏《长水集》续编,人民出版社 1994 年版。

② 《民国〈鄞县通志〉与外国汉学家的研究》,载《鄞县史志》1993 年第 1 期,收入于《陈桥驿方志论集》,杭州大学出版社 1997 年版。

③ 浙江人民出版社 1992 年版。

④ 上海书店出版社 1995 年版。

⑤ 《开发海洋利用海洋——评〈普陀县志〉》,载《中国地方志》1994 年第 4 期,收入于《陈桥驿方志论集》。

⑥ Ernest J. Eitel, Handbook of Chinese Buddhism being A Sanskrit—Chinese Dictionary with Vocabularies of Buddhist Terms, Tokyo, Sansusha 1904. p. 118.

⑦ 中华书局 1988 年版,第 261—852 页。

⑧ 《云南大学学报》(哲学社会科学版)2000 年第 6 期。

⑨ 《评〈中华帝国晚期的城市〉》,载《杭州大学学报》(哲学社会科学版)1985 年第 1 期,转载于《新华文摘》1985 年第 8 期。

原载《河洛史志》2001 年第 2 期

方志续修浅议

从上世纪 80 年代之初全国各县（市）普修方志以来，历时 20 年，全国大部分县（市）已经修成了方志，不少县（市）正在从事续修的工作。我不是方志学家，只是在自己的专业中常常要用到各种通志和专志，所以与这个行业有些关系，作为一个用户而不免介入此事。有时参加某些志书的评审会，有时为若干通志或专志写序，也有时应约为几种志书写点书评。我的几位助手和研究生，并不知道我在地方志这门学问上的根底浅薄，趁我应邀去北美访问讲学的时候，在出版社的支持下，把我的这些不成系统的文章作了一番整理，等我讲学回来，书的校样已经出来，我不得不在既成事实下写了一篇《序》，开首第一句就是："我不是方志学家"。当然，作为一个方志用户，我在《序》中仍然坚持我对志书作用的观点。我说："方志的可贵在于资料，方志的生命力也在于资料。在近年新修的方志中，我也看到过一些政府公报式的、有骨无肉的作品，对于这样一类志书，它们的实在生命，或许在首发式以后就告结束。"我在此《序》中引用了我给《石家庄史志》梁勇先生信中的话："旧方志的主要市场是学者从事自然科学和社会科学研究，可以举出大量成果来。新方志的主要市场，到几百年后回过头来看，恐怕也多是如此。"此《序》写好后不久，《陈桥驿方志论集》[①]随即正式出版，我居然成了"方志学家"中的一员，实在不胜汗颜。当然，比比眼下那些托人情、买书号、利用公款或自掏腰包出书的"学者"，我于心无愧。但当出版社的领导亲自上门送样书和稿费，特别是以后有些刊物对我称赞的时候，我实在感到惶惑不安。现在有些人到处钻营,谋求一个"家"的头衔,我却无功而成"家",实在让我不知所措。

我在前面所说的那一类随着首发式而结束生命的志书,是那年在加拿大和美国的若干图书馆看到的。在国内,虽然收到过不少地方寄赠的书志,由于教学和科研工作的紧张,实在没有时间细读(应该指出,寄赠给我的通志和专志,都是质量较高的)。我在《在洛阳古都谈修志用志》②一文中曾经略述这种经历:

> 在国内,由于我所接触的新志实在不多,所以说不上什么。倒是在国外,的确看到了一些令人失望的新志。我是1995年在美国和加拿大的一些收藏汉籍很多的图书馆中看到的。我主要注意有关地理的卷篇,内容单薄,资料陈旧,使用许多过时的地理名词,用《本草纲目》的形式记述动植物,当然不加注拉丁文二名法,全志没有《索引》。常常是洋人汉学家陪着我,我实在有点难为情,因为当年《萧山县志》的生物一篇不加注拉丁文二名法,就是一位在我的研究室从事研究工作的洋人汉学家说:"比半个世纪以前的《鄞县通志》倒退了。"

不过总的来说,这20年的新修志书中,属于这一类生命力极其短促的毕竟是少数。1997年,我应邀到北京为地方志评奖,几天之中,读到了大量精品,所以我对这20年的地方志修纂是满意的,的确成就空前。虽然也有一些滥竽充数的,但是瑕不掩瑜。

以上说的是上世纪80年代以来的地方志修纂,现在常被方志界称为"第一届社会主义新方志"。暂且不论这样的称谓是否妥当,但对于这些已经成志的县(市),续修问题是摆在眼前的现实。现在方志界对此已经议论纷纷,发表了许多文章,提出了各不相同有时也是大同小异的意见,成为这一时方志界讨论的热点。

现在说续修,当然是对上世纪80年代以来的所谓第一届修志而言。中国的修志起源甚早,若干方志学家曾经推溯到《周礼》:"外史掌书外令,掌四方之志。"且不论此说是否言之过早,但北宋普修《图经》,见诸朝廷诏令,③而南宋一代,府县修志已经相当普遍,为以后历代修志开创了体例格局上的规范。所以凡是在两宋已经修纂图经或方志的县邑,以后的志书修纂都是续修。这种续修,历元、明、清以至民国,大部分府县都一再进行。其中也有些县邑,书名就标以"续修",以示其赓续前志之意。以河北省为例,现存的《易州(水)志》有弘治、顺治、康熙、乾隆等种,则弘治以后,其实都是续修。而其中韩文煜在康熙年代修纂的,书名就称《易水续志》。其他如光绪《续修平山县志》、顺治《威县续志》、顺治《邯郸续志》、咸丰《正续献县志》等均是其例,续修而书名称"续"的,仅此一省就不胜枚举。正是因为许多府县一再续修,地方志修纂才成为我国独特的文化传统。所以"续修"对于"第一届社会主义新方志"来说,属于一种特殊概念;而对于中国的修志传统来说,则是一种普遍概念。此外,从南宋以至清末,学术界习惯于以帝王年号冠于志书之上以示区别。目录学界和文献学界都遵循这样的原则。在某些历时较长的年号下,如明嘉靖、万历,清康熙、乾隆,若干府县曾经不止一次地修志。我往年曾撰有《绍兴地方文献考录》④一书,绍兴府在康熙一代中,从康熙十二年到五十八年,其间 46 年,曾经五修府志,这样的康熙《绍兴府志》,必须标以年代才能区别,这是续修的又一种概念。

如上所述,在我国方志史中,"续修"有一些不同概念,而整部方志史和修志传统,其实就是"续修"谱成的,所以"续修"在我国方志史上,实在意义非凡。南宋以后,志书续修成为一种朝廷功令和地方父母官的职责。此事就其全局来说当然是好事,但其中也不免有一些流弊。谭其骧先生就指出其中的问题。他在《地方史志资料不可偏废,旧志资料不可轻信》⑤一文中说:"就我所看到过的方志而论,修得好的是少数,大多数都是差的,甚至是很差的。……地方志除了少数几部出于名家手笔外,多数是地方官限于朝廷功令,招集地方上的举人、贡生、秀才等一些乡曲陋儒修成的。这些人大多只会做代圣立言的八股文,根本不懂得著述的体例,不懂得前朝的典章制度,更不会做学问,因此在他们的作品里往往夹杂着许多错误的记载,甚至是错误百出。有些地方志是每修一次便增加若干错误,越修越差,越修越错。"谭先生的这一段话并不否定我国地方志的续修传统,因为"越修越差,越修越错"的仅仅是"有些地方志"。而以浙江省为例,续修成功的志书为数不少。例如长期传诵的《临安三志》。清陈鳣在嘉庆四年(1809)所作的《咸淳临安志跋》中说:"吾在南宋建都为临安府,其志凡三修:一为乾道时周淙撰。……[淳祐志]书虽不全,良足宝贵,遂与乾道、咸淳二志共藏,且为《临安三志》。"按《乾道志》成书于乾道五年(1169),《淳祐志》成书于淳祐十年(1252),《咸淳志》成书于咸淳四年(1268),其间为时不到百年,而志书一续再续,虽然至今只有《咸淳志》基本完整,而三志均得到学者的称赞。上世纪 80 年代,我也提出了南宋绍兴府的《会稽二志》⑥即《嘉泰会稽志》和《宝庆会稽续志》,此正续二志相去 25 年,前志当然是现存的南宋佳志,而续志由于如谭先生所说的是"名家手笔",也得到不少学人的好评,如清钱大昕说:"其提刑、提举、进士题名,皆前志所未有,而人物一门,亦多补前志阙漏。吴越钱氏尝称越州为会稽府,前志不载而独见于此书,可谓留心掌故矣。"⑦周中孚《郑堂读书记》卷十二说:"至其叙述有法,条缜续密,固当与前志并骖,不容轩轾者也。"这些就是前代续修成功的例子。

现在谈谈当前的续修。首先让我感到高兴的是,"续修"在中国方志史上原是一件历代相传的常事,但这一次续修引起方志界的高度重视,《中国地方志》和其他方志期刊都发表文章讨论,并且在各地举行了有关续修的会议。不久以前在北京召开了第三次地方志工作会议也讨论了续修之事。这种历代以来方志修纂中的例行常事,当前的方志界却作为一件大事,说明我们对此实在逾格重视,这无疑是下一届修志的好兆头,也是"续修"成果在质量上的保证。从这种势头看我国的修志前景,确实令人鼓舞。

至于续修应该注意什么问题,如何提高质量?我不得不再次声明,因为我不是方志学家,如我在拙著《序》中所说:"生平并未系统地研究过方志学这门学问",所以我所说的,或许都是方志界的行外话,不过是隔靴搔痒而已。因为对于旧志,我还可以作为一个用户说几句话,而对于新志,我连用户的资格也够不上,所以只是姑妄言之而已。

这20年来出版的新志,就我1997年在北京评奖时所见,当然都是佳志。但我在会上也发表过一些意见,因为有若干志书(包括得奖的),所插附的地图不符合规格,有的没有比例尺,有的在注记符号上出了问题,也有的把只能称为"示意图"的图幅标作"地图",显然是因为编纂班子里缺乏懂得地图学的人。这当然也是续修中需要注意的。但总的说来,送到1997年会上去参评的志书,质量都是不错的,是一批优秀的成果。不过就我于1995年在美国和加拿大所见,其中有些新志,实在令人懊丧,它们是谭先生所说"越修越差,越修越错"的例子。它们不仅不符合作为一种严谨的、科学的资料书的条件,说句老实话,还够不上称为一部志书。所以在这次续修以前,每个县(市),确实有必要对前志作一番仔细审读,检讨其成败得失,这是续修质量提高的重要手段。

下面我想把第一届修志中比较普遍的缺陷说明一下:

首先是动植物标注拉丁文二名法问题。这个被美国汉学家批评为倒退了半个世纪的失误,其实是一种普通常识。对于拉丁文二名法在志书中的重要性,我在拙作《地理学与地方志》[8]一文中已经详述。我们当然不能要求志书主编或编辑班子的成员中需有生物学者或地理学者,但作为一位方志主编,对于方志界的情况应该有所了解。作为一位主编,不知道上世纪30年代前期曾有一部驰名国际汉学界、篇幅达500余万字的民国《鄞县通志》,这部志书已经用拉丁文二名法标注了动植物。这就是浙江省《慈溪县志》主编周乃复先生所说:"我国这一届修志队伍的结构是不够理想的,至少在县(市)一级,专家主持或参与编志的极少,连应邀参加评议的也凤毛麟角,实应引起领导部门的警觉,采取措施加以改进"。[9]

第一届修志中的另一重要失误是志书的索引。一部书,特别是大型的资料书或工具书,必须编制索引,这是国际学术界大家知道的常识。我们当然也不要求志书主编或编辑人员都懂洋文、读洋书。但是据我所知。不少县(市)在志书编纂中,为了寻访资料,不惜花费,频频出差、跑遍国内各地,却为什么不留意一下在稍大的图书馆里都有收藏的上世纪30年代商务印书馆影印出版的一套方志(主要是省志)。这套影印的方志怎样编制索引,索引的篇幅有多大以及为什么必须编制索引,我在拙作《地方志与索引》⑩一文中,其实都作了详细的论证。

中国地方志第三次工作会议于 1996 年在北京召开,我应邀与会并且受嘱作了《北美汉学家论中国方志》的大会发言。⑪我在发言中提及:"这(指索引)或许是我去年在国外听到的对于新志的最尖锐的意见。尽管当加拿大的某些汉学家首先提出这种意见时,我曾即席说明,这个问题正在改进。我举浙江省为例,大部分新出版的市县志都已经编制了索引。但后来到美国,仍有人提出这个问题,而且语言相当刺耳,值得我们注意。"

索引的问题,由于我几次在浙江省的有关会议中大声疾呼,因而可以让我以此省为例应付国际汉学家的询问。而其实,我们的第一届新志中有很大一批(包括部分在 1997 年获奖的)都没有编制索引。这实在是个很大的失误,而且已经引起国际汉学界的议论,所以必须在续修中切实注意。

由于时代的发展,另外还有一个现在看来比索引更为重要的问题,就是志书的电子版。1999 年,我应邀去台湾"中央研究院"讲学,讲学内容涉及中国古籍的版本和校勘,我发现我所引及的古籍,那边都已有了电子版。接着又参加了在台北举行的"电子古籍中的文字问题学术讨论会",美、英、日、韩等不少汉学家都赶来宣读论文,我才知道,国际上已有许多汉学家从事这个问题的研究,而且已经把中国的不少古籍制成电子版。对古籍尚且如此,则像新修志书这样重要的现代文献,电子版已经没有犹豫的余地。关于志书的电子版,浙江省已经在上一届修志中注意这个问题,有好几个市(县),都在最近几年补出了电子版,其中 1999 年出版的 400 余万字的《绍兴县志》,即是与电子版同步出版的。

对于续修,方志界已经说了许多话,我是应约凑凑热闹的,识浅见浮,请方志界指教。

注释:

① 杭州大学出版社 1997 年版。

② 《河洛史志》2001 年第 2 期。

③ 参见《玉海》卷一四《开宝修图经》及《祥符修图经》。

④ 浙江人民出版社 1983 年版。

⑤ 原载《江海学刊》1982 年第 2 期,收入于《长水集》续编,人民出版社 1994 年版。

⑥ 原载《绍兴师专学报》1985 年第 2 期,收入于《陈桥驿方志论集》。

⑦ 《潜研堂文集》卷二九。

⑧ 《中国地方志》1989 年第 2 期。

⑨ 《中外地方志比较研究的肇始之作——读陈桥驿先生〈中日两国地方志的比较研究〉》，
《中国地方志》1993 年第 4 期。

⑩ 《中国地方志》1995 年第 5 期。

⑪ 《中国地方志》1996 年 3、4 合刊。

原载《河北地方志》2002 年第 2 期

关于编纂《国外图书馆收藏中国地方志孤（善）本目录》的建议

——并简介新近引回的顺治《秦州志》

　　中国地方志修纂历史悠久，数量浩瀚，而版本形式又有刻本、稿本、抄本等，所以要编纂一种完整的目录确实困难。上世纪 30 年代，朱士嘉先生编《中国地方志综录》（60 年代又加以修订），内容相当完备。1985 年中华书局出版《中国地方志联合目录》，对现存（包括残存）志书搜罗尤为详尽，使学术界基本了解我国历代志书的存在与分布情况。但朱编显然颇有缺漏，而《联合目录》虽称完备，却仍有其局限性。首先是它不著录亡佚志书，佚书之所以值得著录，除了有裨于学者辑佚外，同时还能提起学术界的注意，因为佚书并不排斥偶然发现一旦复出的机会。其次，《联合目录》系以 1962 年朱编修订本为蓝本，并参照国内各种藏书目录编成，大陆以外，仅与台湾公藏方志联合目录及日本的中国地方志联合目录核补，所以并不涉及国外收藏的许多方志，成为这个目录的很大缺陷。

　　1995 年我去北美访问讲学，在加拿大时，曾以《联合目录》与当地若干大学和公共图书馆的汉籍目录查对，发现了好几种国内不存的志书。后来到了美国，与国会图书馆及哈佛燕京图书馆的汉籍目录查对，发现我国稀见志书流散海外的还不在少数。实有必要对海外的中国志书作一次普查，然后设法把孤（善）本引回国内。于是就以在美国搜罗较多的汉籍书目，撰成《中国方志资源国际普查刍议》一文，回国后寄交《中国地方志》1996 年第 2 期发表。文中列表统计了美、欧、澳三洲及日本各著名图书馆收藏中国地方志的情况，包括美、英、法、澳大利亚、日本五国，收藏中国地方志近 13000 种，其中当然有我国不存的孤（善）本。所以我在该文中建议先普查后引进的工作步骤。其实当年我在美国的工作非常粗略，因为忙于访问讲学，所以只把这些国外汉籍目录与《联合目录》作点约略的核对，并未逐书抄录。而且不少目录仅载汉籍种数却不列其中的地方志，例如拉丁美洲的一个面积仅 5000 余平方公里的小国特里尼达和多巴哥，其首都西班牙港的中央图书馆就藏有汉籍 8000 册。此国位处大西洋与加勒比海的航行要冲，是新大陆发现时代西班牙和葡萄牙商人常到之处，估计其所藏汉籍之中必有明版方志。所以虽然我的工作粗略，但按我过目的这些汉籍书目约略估计，彼有我无、彼全我缺的志书，不下 50 种左右。如能作一次全面的普查，当然远不止此数。

我从上世纪 80 年代起，借出国访问讲学之便，曾引回过几种流散国外的孤本方志，其事实不足道，却蒙诸葛计先生的厚爱，在其所撰《稀见著录地方志概况——关于合力编纂〈中国稀见著录方志提要〉的建议》[①]一文中对我作了称赞。他说："八十年代最先从国外引回志书，而且引回志书种数量最多的，则是杭州大学的著名地理学专家、方志专家陈桥驿教授。"他又说："曾记得，1989 年，当陈桥驿先生从美国引回孤本志书——乾隆本《越中杂识》在国内排印出版时，[②]我国负责古籍整理领导工作的李一氓先生，曾以十分兴奋喜悦的心情说，这'对古籍整理是很大的贡献。'"诸葛计先生并其所引李一氓先生对我的表扬，我实在受之有愧。因为国外图书馆对公众完全开放，即使是珍稀版本，除正常的复制费用外，也无额外索取。所以我的几次引回，都是不费周折的事。当然，诸葛计先生建议编纂《中国稀见著录方志提要》确实很有价值，我非常赞成，并且希望在第一届修志已经基本完成而续修正在方兴未艾的时候，能够看到此书的问世。

诸葛计先生在《中国地方志》发表此文，我颇因此受到一点压力。他的大作发表以后，国内有好几处方志办公室或个人打电话或写信给我，要求我为他们引回流散在国外的志书；也有人写信，说他们对国外志书信息不灵，要求我为他们县（市）查访有否志书流散国外。他们的要求都表达了对当地县（市）志书修纂的责任感，是令人感动的。但由于中国方志在国际上的流散面很大，我在国际学术界的关系毕竟有限，加上年老体衰而杂务冗繁，所以对于这类要求，实在难以应命，只好借此文表示歉意。不过我仍然认为，引回我国流散在国外的志书，是我国方志界的一件重要任务。记得 2000 年 5 月，浙江省举行"建设文化大省与 21 世纪浙江地方志事业学术研讨会"，我在会上仍然表达了我的这种希望。我说："在这一届修志中，我们采用零敲碎打的办法,一本一本地从国外引回志书,而在下一届修志中,我们应该通盘地解决这个问题。前提是'普查',只要普查能够完成,引进实在是容易的。浙江省在这一届修志中成绩卓著,浙江方志界人才济济,完全有能力把我那篇拙文中的'国际普查'任务承担起来。至于我个人,一定竭尽驽钝,为'普查'贡献一点微薄的力量。"③

不过我以后考虑,由一个省来办理涉及各省的事,毕竟见闻不周,事倍功半。最好还是由各省及其所属县市,查出各自的志书流散情况,然后汇总,请熟悉国外图书馆收藏情况的人进行增补。最后如同诸葛计先生的建议一样,编出一个《国外图书馆收藏中国地方志孤(善)本目录》,有了这样一个目录,引回就不是困难的事了。

我之所以要在这个《目录》中除孤本外兼及善本,因为我曾在国外看到过不少有后人批注的志书,其中有些批注内容平平可以勿论,但有的批注既为志书纠谬,又为志书补遗,蝇头小楷,写得密密麻麻,显系当地宿儒所作。这样的志书,应该视作善本,也在引回之列。

今年7月,我应甘肃天水市之邀,到那里参加一次文化活动。市志办刘玛莉主任获悉我到天水,即偕同几位志书编辑到宾馆访问,除了与我研讨该市耕耘十余年、行将问世的《天水市志》以外,还托我设法引回该地流散在日本的顺治《秦州志》13卷。我实在为她对天水地方文献的责任心所感动,当时就答应她在可能的情况下努力争取。

我曾经担任过日本3所大学的客座教授,并在其他不少大学讲学,在那里有不少学术界的朋友,所以同意作引回的尝试,但我也知道其中有一定的困难。这是因为,我虽然至今仍然在职,但当年在日本时的同辈朋友都已经退休,现在活跃于日本学术界的都是当年的一些年轻人,他们或许认识我,但我并不熟悉他们。我抱着姑且一试的心情,首先与我年前去日本的一位研究生联系,请他查访一下顺治《秦州志》在日本的下落。根据《中国地方志联合目录》,此书仅藏于东京内阁文库。但据我在国外访书的经验,国外图书馆不仅对公众开放,馆际之间也交流密切,相互间录制珍稀版本甚为经常。例如在美国,国会图书馆和哈佛燕京图书馆等所藏的汉籍孤本、善本,我在斯坦福大学图书馆都看到过复制本。因此,内阁文库藏书不一定要到东京才能得到。事情果然不出我所料,京都大学人文科学研究所汉字情报研究中心早已从内阁文库缩印一套收藏。由于我过去的一位研究生钟翀君正在京都大学,我就请他联系此事,而结果顺利。该校人间环境研究生院的金坂清则教授得悉我的这种请托,陪同钟翀君去人文科学研究所,而该处主管富谷至教授据他自己说当年曾听过我的讲学,欣然同意复制。13卷巨帙,一般总是用海邮寄递,但金坂先生慷慨地用了空邮,让我很快收到,实在令人感谢。

流散志书既已引回,因方志界对此书尚无所知,所以略作介绍。

　　甘肃地处西陲，从全省来说，历来志书较内地各省为稀。但天水是古秦州，为我国西部的重要历史文化名城之一，历史上著录的志书为数不少，可惜多已亡佚。如《遂初堂书目》地理类著录的《秦州图经》及《秦州志》，当是宋代志书，但早已不见。此后《大明一统志》巩昌府引《天水志》一条，又乾隆《甘肃通志》疆域、风俗各引《天水记》一条，估计当是明代志书，但也都已亡佚。所以顺治《秦州志》是天水硕果仅存的最早志书。

　　此书是清顺治甲午（顺治十一年，1654 年）刻本，按日本所藏，13 卷分为 4 函（卷一—四、五—六、七—十、十一—十三）。卷一首为修者宋琬《序》，其中言及："秦之有志自胡可泉先辈，载笔以后百有余年而阙焉。"此处所谓胡可泉，名缵宗，曾于嘉靖三十七年（1558）纂有《秦记》一书。此书于万历二十一年（1593）由陕西按察使李国士重刻，李所撰《重刻秦州记序》列于宋《序》之后，李《序》说："秦故有记，为秦安胡中丞所编，其人往矣，其岁远矣，残缺弗可考，余乃檄秦安令征遗编于其家，得完书。"说明此书初刻本在四十余年以后已几乎失传，所以作了重刻，但嘉靖、万历二本，于今也都不存。卷首最后是初刻本胡缵宗《序》，序中称其书为《秦记》，万历重刻本作《秦州记》，当是李国士所改易。

　　卷首以后为《目录》，计：第一卷《述》，州郡述、郡县述；第二卷《表》，疆域表、沿革表、职官表、古今人表；第三卷《志》，地理志；第四卷建置志；第五卷官师志；第六卷选举志、仪制志、边防志；第七卷食货志、兵戎志；第八卷灾祥志；第九卷艺文志；第十卷《考》，皇纪考、帝纪考；第十一卷《列传一》，名宦；第十二卷《列传二》，列贤；第十三卷《列传三》，隐逸、流寓、文苑、群雄；第十三卷④《列传四》，孝行、列女、节妇。

　　《目录》以后列《秦州志纂修姓氏》，仍以胡缵宗领衔纂修，清宋琬、姜光胤重修，王一经重纂。说明《顺治志》实以《嘉靖志》为底本，所以仍尊胡氏。但当时《嘉靖志》已经不存，胡全书显系录自《万历志》。所以在列传卷中有胡缵宗传，艺文卷中有胡缵宗《卦台记》《分心石说》两篇，又胡缵宗诗数首，这些想必都是万历重刻时加入的。此书《表》中，疆域、沿革、职官三表均迄于明，而古今人表迄于胡缵宗，显然也据万历重刻本。从万历重刻到顺治重修已逾 60 年，但全志未及此 60 年事，说明顺治《秦州志》，其实就是万历重刻本的再重刻本。所以卷首《秦州志纂修姓氏》冠以胡缵宗，这是重修者宋琬、姜光胤的妥当处置。

　　既然《顺治志》录自万历重刻本，而万历本又出于嘉靖本，自嘉靖至于顺治，此书内容其实极少增损，所以胡缵宗实为此书的实际作者。胡是天水秦安人，嘉靖二十七年（1548）进士，宦游甚广，曾历官四川、安徽、江苏、河南等省，而任苏州知府就达 8 年。其人学有根底而阅历至博，他撰《秦记》时年已七十有九，属于他在乡土的毕生见闻。书虽已亡佚,但按今引回的顺治《秦州志》推溯,胡缵宗《秦记》确是天水方志史上可以考实的开创之作。

顺治《秦州志》的渊源已如上述。此书是一部体例严谨、内容丰富的志书,例如第三卷地理志,计60余页,近万言,其所记叙的山川如陇山、渭水等,内容详悉而条理井然;其所总结的秦地风景如"八胜"、"八观"、"八咏"等,对当今旅游业的开发,也甚有裨益。第九卷艺文志亦甚可观,首选《羲皇列图》一篇,有八卦及秦州山川图15页。伏羲氏是天水长期来的远古传说,此篇内容以图表述,不仅别开生面,而且富于研究价值。人物传占全书3卷,入传人物达270余人,不少重点人物记叙相当详尽,如汉李陵、李广两人,均超过1500字,而赵充国则愈1800字,其中有不少有价值的史料。好在此书已经引回,现藏天水市地方志办公室,以后可以从详研究,我就不再赘述了。

最后,感谢协助引回此书的日本京都大学金坂清则教授、富谷至教授和研究生钟翀君。

注释:

① 载《中国地方志》1999年第3期。

② 此书排印本于1983年,由浙江人民出版社出版。1992年,又按美国国会图书馆所藏原本影印,用宣纸线装,由浙江古籍出版社出版。

③ 《振兴方志事业,繁荣浙江文化》(笔谈),载《浙江方志》2000年第4、5合刊。

④ 《列传三》及《列传四》,均作"第十三卷",原书如此。

原载《中国地方志》2002年第1期

喜读《注重专题调查,提高志书学术品位》

——兼记与郑晓沧先生的交谊

　　在浙江各地市县区地方志办公室编发的各种修志报道中,大多都结合实际,具有较高的质量,这显然与这个省在文化水平上历来居高有关,这在首轮出版的志书质量上可以证明。首轮出版的《萧山市志》,不仅在时间上领先,在质量上也粲然可观。我曾于1988年3月应邀到北京出席中国地方志指导小组主持的地方志讨论会,即当时所谓"十教授评志",其时,全国出版的志书尚不过几十部,指导小组事前选出了其中较好的陕西渭南、江西玉山、浙江萧山3部为评论对象,只要稍加浏览,水平显而易见,《萧山县志》当然遥遥领先。由于我是浙江去的,不便多加轩轾,但其余9位包括指导小组的成员在发言中,显然一致推崇萧山。追溯往事,回忆当年《萧山县志》在首轮修志之初就荣膺佳评,令人踌躇满志。

　　上面已经提及当今各地都有方志刊物报道工作进展情况。我个人经常收到的就有不少,只因我年逾8旬,而且至今仍然在职,校内外事情颇多,所以每得这类书刊,一般都只能约略浏览,明知其佳,却不及细读。但这次收到《萧山市志简报》第6期,首页标题《注重专题调查,提高志书学术品位》,立刻引起我的很大注意,才从头到尾,读完全文。让我深深悟及,这或许就是萧山修志从首轮就形成的作风,也是1988年所谓"十教授评志"荣获桂冠的原因。而这种优良作风在第二轮续修中依然保持。这篇文章中所表述的更让我确信,萧山修志重视专题调查的优良作风,不仅赓续保持,而且有了进步和发展。从此文所举的几处实例中,让我深深感到,按这样的作风和方法修志,志书的学术品位必然能够得到长足的提高,萧山一定能够在这一轮续修中修出一部学术品位很高的佳志。当然,我也希望全省和全国修志同仁,能够有机会读一读这篇文章,让大家都在修志中注重专题调查,让第二轮志书在学术品位上得到显著的提高。

我毕生做学问是比较重视专题调查的。以对萧山这个地区为例,对于浦阳江的碛堰问题,我曾于 20 世纪 60 年代初期"三年自然灾害"时期作过大半年的专题调查,奔波于临浦和闻堰之间,终于查清事实,发表了《论历史时期浦阳江下游的河道变迁》一文(《历史地理》创刊号,上海人民出版社 1981 年出版),此中经过,我在为陈志富先生所撰《浦阳江下游的防汛与管理》(浙江大学出版社 1991 年出版)一书所写的《序言》中已述其详。1986 年,美国汉学家萧邦齐(R. K. Schoppa)教授到我的研究室进修,主要目的之一是研究湘湖,我曾陪同他到萧山,并带了一些助手和研究生作为见习。他在萧山作专题调查一周,调查得十分仔细,回杭州后又参阅了许多文献,在杭州大学为此作了 8 个多月的研究,回国后写了《湘湖——九个世纪的中国世事》(*Xiang Lake——Nine Centuries of Chinese Life*)一书,于 1989 年在美国著名的耶鲁大学出版社出版。以上所举的专题调查例子,我所调查的无非是一个"碛堰"问题,而萧邦齐调查的也只是一个"湘湖"。但修一部志书真是千头万绪,需要专题调查的事实车载斗量。所以对于《简报》上的这篇文章,我不仅感到值得修志同仁们的重视,而且应该在第二轮修志中认真从事。

这里又让我顿时回忆起在这个问题给我启发和教导的已故著名教育家郑晓沧(宗海)先生。他是与胡适同时代的留美学者。我在上世纪 50 年代之初才有缘拜识了他。当时,他是浙江师范学院(杭州大学前身)教育系的知名教授,专业不同,本来无缘相识,当时的政治情况是一切推崇苏联,所谓"苏联的今天就是我们的明天"。图书馆中订阅了大量俄文报刊,而西方报刊,如世界著名的美国国家地理杂志(National Geographic),全省只有浙师院图书馆才有一份。郑老很喜欢阅读此刊,我也很喜欢阅读。两人常在图书馆见面(当时学校在六和塔原之江大学校址)。我当然很尊敬他,而他也很欣赏我,两人常在图书馆同阅此刊,而且用英语交谈。1956 年春,知识分子在经过"思想改造"和多次运动,大家都感到"自惭形秽"之时,周恩来发表了一个关于知识分子问题的报告,内容是褒赞知识分子,并提出了"高级知识分子"这个名称。于是学校对我们这些被称为"高知"的人倍加关怀,例如特设了一个小食堂,发给"红卡",专供"高知"用餐。但因为多数持有"红卡"者多随带眷属,在家属宿舍用餐,到小食堂用餐的人甚少,而郑老因家居城内龙游路,并不天天回家,我们两人就成了常客,常常同桌点菜用餐,边吃边谈,甚至在就餐完毕以后,仍留在席上畅谈多时。因为他是著名教育家,所以我告诉他,40 年代之初,我曾读过美国教育家杜威(John Dewey 1859—1952)的名著原版本《明日之学校》(*The School of Tomorrow*),其中一句话我一直牢记:Learning by Doing。他顿时赞赏我,说我懂得读书。因为这句话就是杜威的主要教育思想。杜威曾于 30 年代到中国讲学,他在北方讲学时,由胡适担任翻译,而到南方讲学时,就由郑老担任翻译。他也教导我,从字面上说,这句话可以直译为"从做中学"。但其实这个"做"字大有文章,应该广义地理解为调查研究。像地理学这样的学科,特别应该在调查研究中寻求正确的结论。由于我在地理系担任了经济地理教研室主任,从 1957 年起,我每年都要带领教研室教师和高年级学生到宁绍平原和舟山群岛进行经济地理和城市地理的野外实习,其实就是《简报》所说的专题调查。

我与郑晓沧先生的这段因缘,郑老师当年的谆谆教导,除了我们两人以外,可以说没有第三者知道。他的确是一位德高望重的学者,也是我为学为人的表率。可惜我们的关系好景不长,时隔 1 年,就降临了反右运动的大风暴,我们两人虽然都幸免"右派"之难,但知识分子从此有噤若寒蝉,道路以目。而最后终于都逃不掉"牛鬼蛇神"的厄运。他弃世之日,虽然大家都已从"牛棚"里出来,但还是谁都不能前去吊唁这位博学宽厚的学者。我只好默默地追思我们之间的这一段不为人知的交谊。读了萧山《简报》的这篇重要文章,使我溯昔抚今,不胜感慨,匆匆撰写此文,既用以推赞此文的重要,也以此追思教导我重视实地调查的郑晓沧先生。

原载《中国地方志》2006 年第 10 期

论地方志的特色与重点

——兼评《遂昌县志》

　　近年以来,方志界在议论和评述各类志书时,往往提出地方志的特色问题。有的地方志特色鲜明,就可作为佳志的条件之一。地方志以此作为一种评价的条件,自然无可非议。所谓特色,完整的概念应该是"地方特色",因为地方志记载的是地方资料,不及其他。每个地方当然都有它的特色,大至山川自然,小至方物特产,没有特色的地方是没有的。这类特色,在志书修纂中,往往尽量记入。用若干部地方志进行比较,其中许多内容,是各志都有的,这是志书的共性;也有一些内容,是某志所独有的,这是志书的个性。所谓个性,其实就是特色。拿若干部方志就其记载的特色加以比较,就可以发现其中有不小的差别。不少方志记载的特色,在当地确实具有"特"的意义,但是并无很大的重要性,它既不在当地的国计民生中举足轻重,也不具有较高的知名度。另外还有一类特色,在当地也确实可以称"特",但以若干部志书作横向比较,这类特色在其他县市也同样存在。从志书所在的当地来说,这类特色当然也应该记入,但若从较大的地区或较多的志书同时进行研究,这类特色常常不受研究者的重视。

　　但是也有一类记入地方志的地方特色是容易受人注意的。例如,《淳安县志》的《移民》与《千岛湖》两篇,由于千岛湖的出现,原来的淳安、遂安两县,包括县城与大部分县域沦入湖底,这是一场自然与人文的巨变。我在《赞新修〈淳安县志〉》[①]一文中指出:

　　新修《淳安县志》在承前启后中的特殊设计,集中在《移民》和《千岛湖》两编之中。为了水电站的建设,近三十万县人,背井离乡,作出舍己为公的贡献,中间包括许多曲折的过程,这是两县有史以来的人文巨变。水库蓄水以后,陵谷为湖,峰峦成岛,地图上平添了一个近六百平方公里的大湖,这就是自然的巨变。这两编记载人文和自然巨变,内容完备,资料丰富,例如其中《新安江水库移民主要去向表》和《千岛湖已命名岛屿表》,都是十分珍贵的地方史料。

又如《萧山县志》把《围垦》单独设编,记载了该县围垦海涂从历史、现状到未来的丰富资料。这项沧海为田的工程,不仅在国内十分著名,而且得到了外国汉学家的赞赏。我在为陈志富《浦阳江下游防汛与管理》②一书所写的序言中提及:

> 现在,萧山水利史上的一个重要续篇,即工程浩大的海涂围垦,正在不断地取得辉煌的成果。记得那年我陪同萧邦齐先生③到南沙,在头蓬的围垦指挥部举行了座谈会。在江堤现场,面对已经围成的和正在围垦的土地。我和他说:上帝造海,荷兰人造陆的话,你想必听到过,现在,我们得加一句:上帝造海,萧山人造陆。他跷起大拇指说:OK! 的确,这是萧山水利史上的光荣一页,是萧山人的骄傲。

以上两志记载的特色都属于人类改造自然和自然环境的重大改观。当然是地方的重要特色,应该载入志书。人文景观同样也可以成为著名的地方特色。例如《龙泉县志》把《龙泉青瓷、龙泉宝剑》专设一编。这中间,特别是青瓷,国际知名度极大。我在《青瓷的光芒——评龙泉县志》④一文中,已经记及了国际著名陶瓷学家日本三上次男教授在其《陶瓷之路》⑤一书中对龙泉青瓷的赞美:

> 具体地说,一进入这个时期(按指从五代到宋朝),生产青瓷的中心就转移到浙江省的龙泉地方。这种青瓷的青色,其清澈犹如秋高气爽的天空,也如宁静的深海,这就是闻名世界的龙泉青瓷窑。

省外出版的志书我所见不多,但其实也是一样。例如河南省《洛阳市志》⑥把《白马寺志》和《龙门石窟志》合二为一,单独成卷(第15卷),这一卷长达48万字。白马寺和龙门石窟都是举世闻名的我国国宝,国宝当然应该入志,这是志书的重大特色。但是某些看来是轻微的东西,在某个特定的地方,却也可以成为志书的重要特色,四川省涪陵市的榨菜即是其例。《涪陵市志》⑦把《榨菜》作为全志29篇(200万字)中的1篇,这1篇包括4章10节,内容有植物引种、品种改良、加工、运销、科学研究等等,记载得非常详细。这是因为"四川榨菜"闻名国内,涪陵在经济上靠它起家,涪陵的知名度也借它传播。正如我在《喜读涪陵市志》⑧一文中所说:"这个以榨菜出名的城市,在我念初中的时代就已经知道"。

把一个地方的特色记入志书,除了存史的价值以外,实际上还具有让这种特色进一步发扬光大的意义。譬如我在《青瓷的光芒》一文中,就说出了龙泉青瓷必须再接再厉,重振光芒的希望。我说:"我们希望这条'青瓷之路'今后能够继续延伸和扩展,让青瓷在这条国际路线上闪耀更大的光芒。"我在《赞〈洛阳市志〉第15卷——"国宝"志》[⑨]一文中,就该志中《埋毁景观》《石窟遭受的破坏》等章节,而以我在日本所见的文物保护成就提出呼吁:"提高游客素质,实在也就是提高人民素质,这是我们国家必须正视的现实和任务。借为'国宝'志评论赞美的机会,再次提出我的这种呼吁。"我又指出这部志书:"除了记录国宝的史绩,宣扬国宝的光辉,研究国宝的学问以外,它还要教育我们的人民,重视国宝,珍惜国宝,加强对国宝的保护。"对于四川榨菜,由于它至今仍然事关涪陵经济和地方知名度,所以我在上述拙稿中也提出:

　　这里,我还得提醒一下涪陵人,长期来唯我独"占"的榨菜,现在已经扩散了。譬如在我们浙江省,榨菜的种植和加工,前几年数桐乡市第一,现在则余姚市追过了桐乡。商品社会必然有竞争,因为正当的竞争能促进事物的进步。"下江人"很有一套竞争的办法,涪陵人必须认真对付,以确保你们这种长期来的"榨菜优势"。

以上5种方志,我用以举例说明地方志的特色,这些方志之能列入佳志之林,特色鲜明当然是一个重要原因。但是地方志的特色决定于地方的特色与这种特色在当地和更大范围内(省、国,国际)的知名度。前面已经提及,任何地方都有特色,而且往往都在当地志书中有所记载,但并不都能像上述五志一样,足以把地方特色列为专门的卷篇。这样就涉及一个问题,不具有上述五志条件的地方,能否修纂出佳志来呢? 当然能够。这是因为一部地方志是否成功,并不完全取决于特色。而且,即使从特色的角度说,大量不具备上述五志条件的地方,一般的地方特色并非没有,志书修纂者,如能妥善处理,把这材料进行广泛的搜集和仔细的整理,然后记入志书,把它们作为地方志的重点内容,这些重点内容,作为一个县市来说,当然具有重要的存史价值。它们不仅同样受到读者的重视,而对地方领导和利用地方志的研究工作者,也仍然能够引起注意,加强他们对这些重点内容的研究、保护、扶植、发展等等,所以,一般志书的重点内容,就志书本身来源,其所记载,仍然属于地方特色。因此,地方志如能处理好地方的重点内容,尽管许多地方都没有像上述五志那样的显著特色,却仍能修纂出一部成功的佳志。关于这方面,最近出版的《遂昌县志》是值得介绍的。

遂昌是浙南的一个山区县份,县情总的说来与浙南其他山区县市大同小异,没有十分显著的特色。但从其县境本身来说,特色仍然是存在的。我在十年以前为《遂昌县地名志》作序,序中写到:"浙江省的山区,资源丰富,潜力无穷。从遂昌县来看,绿色的森林,黄色的黄金,仅此两项,前途就未可限量。"的确,森林资源和金银矿藏对遂昌来说具有很大的重要性。不过与整个浙南各县市比较,按照《丽水地区志》提供的资料,遂昌的林业在国有林场面积、森林蓄积量以及从业职工等项指标来看,它和地区内若干兄弟县市只能说在伯仲之间,与省内其他林业发展的县市如开化、淳安、临安等相比,情况也是如此。至于金矿,按地质构造和岩矿学的角度进行考察,遂昌金矿在矿床类型和发展前景来说,都不可能成为一个名矿、大矿,这是自然条件所限,是不可强求的。此外,遂昌在居民的民族构成中,存在着浙江的主要少数民族畲族,约占全县人口的 6% 稍多。但是由于丽水地区每个县市都有畲族的分布,畲族在整个地区要占居民人口的 3.2% 以上(据《丽水地区志》),而地区内已经成立了景宁畲族自治县,该县畲族人口要占全县人口的 6.27%(据《景宁畲族自治县县志》)。

丽水地区以外,浙南其他地区畲族分布也较广泛,所以畲族的内容同样不是遂昌所独有,这是人文条件的限制,同样不能强求。所以森林、贵金属和少数民族等虽然与遂昌休戚相关,但对于当地国计民生的重要性和知名度,不仅不能与龙门石窟、青瓷器等和洛阳、龙泉的关系相比,同样也不能与四川榨菜和涪陵的关系相比。所以森林、黄金和少数民族,虽然在当地都具有特色,但这种特色不可能像上述五志那样的在地方志的横向比较中独步志林。这不仅是遂昌一县的县情,也是其他大部分县市的县情。现在,《遂昌县志》由于在这个问题上处置适当,获得了很好的效果。志书修纂者把该县的这类资料进行广泛的搜罗和仔细地整理,分别记入志书,让读者一望而知,领会这些资料都是全志中的重点内容。这叫做寓特色于重点,其实仍然是表达了此县县情的特色所在,而志书也仍然不失为一部佳志。由于在我国的大量方志中,具有上述五志那样特殊县情的毕竟是极少数,因此并不具有普遍的意义。而像遂昌一类的县市在我国属于大多数,所以《遂昌县志》在这方面的修纂方法,具有更为普遍的意义。

《遂昌县志》在其丰富的森林资源的基础上,专设《林业》一卷,分章记载了山林权属、森林资源、森林更新、森林防护、森林经营、林特产品、林场等内容,把林业作为全部志书的显著重点。此外,在《自然环境》卷中,不仅记载了县内的珍稀树种,并且列表记录了县内现存的古树。在野生动物和常见木本植物的记载中,详细地用拉丁文二名法注记县内的各种树种。从拉丁文二名中可以窥及,县内野生木本植物如华东野胡椒、小叶青岗栎、褐叶青岗、白豆杉、柔毛糙叶树、浙江新木姜子、凸脉冬青、秀丽槭等许多树种,都是我国植物分类学家的定名,这不仅说明此县木本植物种类的丰富,也足见我国植物分类学的发展进步,同时也说明了地方志记载动植物使用拉丁文二名法的重要。

遂昌的黄金在县内当然是一项重要的内容。浙江省境内的金矿和金银矿带,一条位于江山——绍兴深断裂带,如诸暨璜山金矿、绍兴中吞金矿等均是。另一条位于丽水——宁波隆起带,遂昌金矿即在这一带的西南段。两条金矿带中以璜山——中吞地区的基性火山岩中含金最高。但总的说来,按地质基础和成矿过程,浙江不可能有大型金银矿。因此,《遂昌县志》不可能将金矿单设一个卷篇。不过在浙江这个贫矿省份中,遂昌县属于有开采价值矿物种类较多的县份。所以志书在《工业》卷以后专设《矿业》一卷,用这样的资料处理方法,以突出志书的重点内容,可以称得上因地制宜。《矿业》卷包括地质矿产勘查、矿产资源、矿产开发、矿山企业、矿山环境保护与矿工保健五章,这中间,贵金属矿产、金银矿开发、遂昌金矿三项各成一节,分别作为第二、三、四章的第一节,明确地提高了金银矿的地位,使贵金属特别是黄金成为全卷的重要内容。

志书在《居民》卷之后,专设《畲族》1 卷,内容包括人口、经济、政治、文化、习俗、语言6 章。按《丽水地区志》1990 年的统计,畲族居民在丽水地区各县市的分布,遂昌要占18.4%,因此,《遂昌县志》专设 1 卷,作为全志的重点内容,当然是顺理成章的。

如上所述,像遂昌县一类的县市,其县情与我国大部分县市一样,它具有许多县市的共性,但缺乏前面所举的若干县市的非常突出的个性。作为一部县市志,《遂昌县志》显然具有更为普遍的意义。所以这部志书在其修纂中寓特色于重点的方法,是值得许多县市志修纂者重视的。

注释:

① 《淳安县志评论集》,淳安县志编辑室 1991 年发行。

② 浙江大学出版社 1991 年版。

③ R. Keith Schoppa ,美国瓦尔巴莱索大学教授,汉学家,萧邦齐是他的汉名(美国汉学家多有一个汉名)。

④ 《浙江方志》1995 年第 5 期。

⑤ 据胡德芬译本,天津人民出版社 1983 年版。

⑥ 全志 18 卷,每卷 1 册,正在陆续由河南人民出版社版。

⑦ 四川人民出版社 1996 年版。

⑧ 《史志文汇》1996 年第 4 期。

⑨ 《河洛史志》1996 年第 4 期。

原载《浙江方志》1997 年第 5 期

庞然大物

——从《洛阳市志》论志书篇幅兼评第十七卷

  《洛阳市志》出版了第十七卷,使我不胜感叹。修志是我国的优良传统,这种传统中断了近40年于80年代中期得到恢复,而且蓬勃发展。20年之中,据统计已经出版了三级地方志(省志、大市或地区志,市县志,不包乡镇志和各种专志)近4000种,确实令人鼓舞。这届修志,虽然尚存在某些不足之处,有过议论,也有过争论。但是我认为首先必须肯定成绩,而且这种成绩是前无古人的。毫无疑问,这20年的修志,为我们积累了一宗巨大的文化财富。

  我不是方志专家,从来没有研究过方志的理论。但我是一个方志的用户,所以我看重章学诚的一句话:"夫修志者,非示观美,将求其实用也。"[①]为此我认为胡乔木所说"地方志是严肃的、科学的资料书",[②]对于方志的性质,真是一语中的。过去由于几个课题的研究,我翻阅过的旧志,不下数千种。[③]这大概就算章学诚的"实用"吧。我翻阅地方志是为了找资料,所以胡乔木的"资料书"对我也是正中下怀。我曾经在日本大阪与美国科学院院士施坚雅教授(G. W. Skinner)及日本汉学家斯波义信教授专门讨论过民国《鄞县通志》[④]这部30年代前期修纂的县志,拥有550余万字的资料,而且显然是应用现代科学修志的嚆矢。例如它以气象学、气候学原理记载当地的气象、气候,以现代地学原理记载地质和岩矿,在生物记载中,用拉丁文二名法标注动植物属种。所以这部资料书,按照当时的水平,称得上是"严肃的"和"科学的",因而受到国际汉学家的高度重视。

前面已经提到对于这 20 年修志有过一些议论的话。作为一个方志用户,我也曾经发过一些不知是否正确的议论,这就是我在拙著《陈桥驿方志论集》的《序》所提出的:

> 最近十几年来全国掀起的修志高潮,当然是一项令人高兴的重大文化事业。一切都发展得差强人意,成果也十分丰硕。对我个人来说,感到唯一有点意见的是志书在字数上的限制。1985 年中国地方志指导小组全体会议讨论通过的《新编地方志工作暂行规定》第二章《志书体例》第十五条说;"一般情况下,县志控制在 30 万至 50 万字左右为宜,市志控制在一二百万字至四五百万字左右为宜,省志最好控制在 1000 万字以内。"这样的字数控制,实际上与"资料书"的说法是矛盾的。在中国的旧志之中,民国《鄞县通志》是非常著名的一种,我曾撰《民国〈鄞县通志〉与外国汉学家的研究》一文,说明这种长达 550 万字的县志,是如何受到外国汉学家的、赞赏和重视。我曾以日本近年新修的志书《广岛新史》与中国近年新修的《慈溪县志》作了比较,[⑤]前者对广岛市的每 1 平方公里土地,平均有 11.2 万字的记述;而后者对慈溪市的每 1 平方公里土地,平均只有 0.13 万字的记述。尽管在我国的新修志书中,《慈溪县志》是属于优秀的一种,但是从资料的角度来说,与日本的方志相比,未免相当落后。在这方面,凡是利用方志做学问的人,大家都有同感。方志的可贵在于资料,方志的生命力也在于资料,在近年新修的方志中,我也看到过一些政府公报式的、有骨无肉的作品,对于这样一类志书,它们的实在生命,或许在首发式以后就告结束。

令人慰藉的是,我的这番议论,事实上得到不少修志同仁的赞成。拙著出版后不久,浙江《象山县志》主编林之龙先生于 1995 年 4 月 17 日给我一信,信中说:"我从事方志工作近 20 年,非常赞同先生在《序》提出的方志的可贵在于资料,方志的生命力也在于资料的观点。……先生可能知悉,《象山县志》因为囿于地方志指导条例规定的一部县志三五十万,故从一稿的 220 万缩至 50 万,精是精了,并且获得浙江方志一等奖,但许多得之不易的资料,因为字数的限制而忍痛割爱。"

现在,更令人高兴的是,不少志书已经突破了字数框框。我前年应邀参加在北京举行的全国优秀志书评选,许多佳志如《绍兴市志》543 万字,《苏州市志》483 万字,《宁波市志》430 万字,都荣膺一等奖之榜。充实资料,扩大篇幅,这种势头在当前的志书修纂中看来不可遏制。最近出版的《南宁市志》,篇幅已达 720 万字.市志如此,县志也是一样,最近出版的《绍兴县志》,篇幅达 409 万字。在这方面,《洛阳市志》的确值得大书特书。皇皇 18 巨册,字数 1000 余万,这中间当然拥有大量宝贵的资料。作为一个方志用户,我为这个新修方志中的庞然大物而热烈欢呼!

或许会有人不同意我的看法,特别是在当前的所谓信息爆炸的时代。一部方志拥有此庞大的篇幅,让使用者怎样从中找出有用的资料?确实,与我年龄相似的这一辈人在使用旧志时都遇到过这种困难。我的老友陈正祥先生在其《方志的地理学价值》⑥一文中回忆他在日本图书馆查阅中国方志的情况:"中国方志数量极多,每一州县有数册或数十册,在书库用梯子爬上爬下取书,按目逐页地找寻。"

其实,我和陈正祥先生一样,在查阅中国旧志时也经常遭受这种折磨。侯慧粦女士在其所撰《陈桥驿与地方志》一文中提到:"无独有偶,正当陈正祥在日本'为查阅方志,我曾遍访日本各著名大学和图书馆,像蜜蜂采蜜似的辛勤工作'的时候,陈桥驿由于几个课题的研究,也正在国内到处查阅方志。而陈正祥在日本查阅方志10年以后,陈桥驿应邀去日本几所大学讲学,利用课余时间,他也到日本各大图书馆查阅方志。"

我们当年利用中国旧志做学问,其所以遇到困难,浪费时间,原因只有一个,就是因为这些志书没有编制《索引》。这就说明了新修方志编制《索引》的必要。值得高兴的是,现在已有不少新修方志编制《索引》,前面提及的获得全国一等奖的《绍兴市志》,《索引》十分详细,是当前唯一的《索引》单独成册的志书,检索非常方便。特别值得指出的是,现在又有了比《索引》更为进步的光盘,前面提及的出版不久的《绍兴县志》,除了详细的《索引》以外,并且同时出版了志书的光盘版。有了光盘版,用户需要的资料,在几秒钟就可查到。在这一届全国修志中起了重要作用的期刊《中国地方志》,从1981年创刊至今19年,计112期,约1300万字,也准备出版从创刊至今的光盘版。⑦所以随着检索技术的进步,志书篇幅的扩大,看来是大势所趋。当然也必须指出,我们绝不希望以滥竽充数的资料来扩大志书,但是如前所提及的《象山县志》,因为字数限制而忍痛割爱的现象决不应再次发生。

现在回过头来说一下《洛阳市志》第十七卷。如本文标题所指出的,《洛阳市志》是这20年新修志书中的庞然大物。洛阳是九朝名都,中国七大古都之一,庞然大物当然是由这个城市的历史地位决定的。不同凡响的历史是这部皇皇巨著的资料基础。但资料必须经过整理,资料愈多,整理过程也就愈加艰巨。全书18卷,如《文物志》《牡丹志》可以单独成卷;如《白马寺志》《龙门寺志》,可以联合成卷。但有的需要多志成卷,例如卷十一,就包括了《计划志》《统计志》等8志。所有这些,都是经过资料整理以后而加以编辑的,具有很大的工作量。现在出版的第十七卷,包括《人民生活志》《民族宗教志》《民俗志》《方言志》4志,在内容上,这4志相互间存在密切关系。

《人民生活志》涉及这个地区古往今来有关民生的方方面面,内容千头万绪。编纂者着眼于城乡人民生活差别的由来已久的事实,将全志分为城市人民和乡村人民两章分别记叙,这是一种必然会受到社会学家赞赏的编纂方法。在城乡人民生活的繁复内容中,编纂者突出了一个重点:"人们对文化生活的要求不断增强,精神需求逐步向高层次发展,城乡居民用于精神生活的投资大量增加。""仓廪实则知礼仪,衣食足则知荣辱"。⑧这实在是管子早已说过的道理,精神生活是随着物质生活的充实而得到提高的。志书最后提出了这方面的有力证据:"1989年洛阳人口的平均预期寿命为72.02岁,比全国的63岁高出4岁。"

《民族宗教志》对洛阳来说事关重要。由于历史上"处天下之中"的地理位置,交通辐辏,四方云集。各个不同民族,带来了各种不同的宗教。尽管汉族及其优越的文化传统最后在这里占了绝对优势,但至今存在于这个地区的宗教却都是外来的。最有影响的宗教当然是佛教,我在为吕洪年教授《万物之灵——中国崇拜文化考源》⑨一书所写的《序》中曾经提出,《史记·秦始皇本纪》所载秦始皇三十三年"禁不得祠"。这个"不得",就是Buddha的音译,所以佛教传入中国其实很早。我在该《序》也引及《魏书·释老志》记及汉明帝夜梦金人的故事,内容与此志所引《四十二章经序》相似。所以韩愈说:"汉明帝时,始有佛法。"⑩这个故事里记叙的"白马驮经",是朝廷正式接纳这种外来宗教的开端,其结果就是洛阳的白马寺。所以此志记叙宗教把佛教列为首篇,而且内容详尽,这是深得要领的。

《民俗志》是第十七卷中非常成功的特色。《礼·曲礼上》说:"入境而问禁,入国而问俗,入门而问讳。"所以仅仅从使用价值来说,《民俗志》也是十分重要的。在这一卷的四志之中,《民俗志》占了40%以上的篇幅,编纂者显然以此为全卷的重点。由于涉及民俗的内容甚多,所以除卷首《概述》外,全志分为生活风俗、生产风俗、商贸习俗、乡里社会、人生礼仪、岁时节日、民间游艺、民俗研究八章,记叙堪称详细。编纂者在《概述》中用简练的语言概括中州民俗的特色。这种具有特色的民俗文化,"成为闻名中外的河洛文化的根基和柱石"。全志中收入了许多宝贵的资料,例如在"乡里社会"章中所附录的《清同治九年秋扒蒿坪社〈乡规〉》,即是其中之一。

最后是《方言志》,这是一种属于语言学领域的研究和记叙,是一门专业性很强的学问。读此志,使我回想起近代方言研究的前驱和大师赵元任(1893—1982)。他早年在前中央研究院历史语言研究所⑪筹划领导对全国各地方言的研究,带领研究人员深入两广、安徽、江西等地作长期的调查研究。现在,历史语言研究所(台北)还保存了他当年领导调查的大量方言资料。他本人不仅著作等身,而且在中国语言基本的几大类中,除了闽南话以外他都能说。并且最后于1959年以前也学会了闽南话。⑫赵元任在抗日战争爆发后去美国,先后任教于耶鲁、哈佛等大学。大陆上的方言研究,自他以后,显然趋于式微。直到这次修志高潮掀起,各地志书才又恢复有关方言的研究和记叙。而第十七卷在这方面的成就尤为突出。此志《概述》指出,不仅要尊重方言的历史价值,并且要用历史方言学的方法进行方言研究。对于今后各地的方言研究,《概述》之言很有指导意义。

　　本文开头已经指出,在这 20 年的修志历程中,确实成就非凡,前无古人。而《洛阳市志》这部庞然大物,无疑是这 20 年中值得自豪的杰出成果。为了让包括《洛阳市志》在内的许多硕果在使用中的得心应手,我最后还要赘述一点《索引》的问题。我往年为陈田耕《地理文献检索与利用》⑬一书所写的《序》曾经引及两句外国学者有关索引的话:"文献之需要索引,犹如行舟之需要舵";"检索工具没有索引,很快就会成为一堆废纸"。前面已经提及,1997 年出版的《绍兴市志》,是这一届修志中第一部《索引》单独成册的志书。在该志的首发式上,我为了表彰这部志书在《索引》上的成就,引用了当年 1 月 8 日《光明日报》上发表的一篇议论《索引》的话:"每一个自视甚高的学者,如果不为自己的专著编好索引,那么就是对学术生命的自杀。""每当我买到一本渴望读却没有索引的名著,就会想起英国史家卡莱尔的建议:应该将没有索引的书籍的出版商,罚往地球以外十英里的地方。"

　　现在我们还不能要求这一届所修的志书都出版光盘版。但是对于《索引》,这是绝对必需的。除了那些把装潢考究的志书为自己的客厅显示一点书香气的先生们以外,真正用志书做学问的人,现在已经不能再容忍没有《索引》的志书了。当前,不少已经出版了志书的市、县,已经在着手准备下一次修志的工作,这当然是件好事。这中间,也有一些市县,他们已经出版的志书是没有《索引》的。对于这些地方,我就不得不向他们大声说一句:且慢,请你们先把前面这一部志书的《索引》补编起来。

注释:

① 《记与戴东原论修志》,《章氏遗书》卷一四《方志例略》。

② 《全国第一次地方志工作会议闭幕会上的讲话》,赵庚奇编《修志文献选辑》,北京燕山出版社 1990 年版。

③ 侯慧粦《陈桥驿与地方志》,《中国地方志》1993 年第 2 期,又收入于《陈桥驿方志论集·附录》,杭州大学出版社 1997 年版。

④ 《民国〈鄞县通志〉与外国汉学家的研究》,《鄞县史志》1993 年第 1 期,又收入于《陈桥驿方志论集》。

⑤ 《中日两国地方志的比较研究——中国慈溪市与日本广岛市的地方志修纂》。慈溪县地方志编委会印有单行本,又收入于来新夏、斋藤博主编《中日地方史志比较研究》,南开大学出版社 1996 年版,又收入于《陈桥驿方志论集》。

⑥　《中国文化地理》三联书店 1983 年版。

⑦　《中国地方志》光盘版征订启事,1999 年第 5 期。

⑧　《管子·牧民》。

⑨　广西民族出版社 1996 年版。

⑩　《论佛骨表》,《韩昌黎集》卷三〇。

⑪　历史语言研究所于 1928 年成立于广州,属中央研究院,院长蔡元培,所长傅斯年,赵元任为语言组主任,他在这一年就出版了《现代英语研究》的专著。

⑫　赵如兰《赵元任和史语所》,《新学术之路》上册,《中央研究院历史语言研究所七十周年纪念文章》,台北历史语言研究所 1998 年发行。

⑬　西安地图出版社 1992 年版。

原载《河洛史志》1999 年第 4 期

赞《河洛史志》

　　《河洛史志》已经出满了 10 年,我不胜荣幸,曾经为这个刊物写稿。更为高兴的是,在这 10 年之中,看到它的欣欣向荣,蒸蒸日上。

　　自从上世纪 80 年代初全国掀起修纂地方志的热潮以后,随着修志的需要,有关这方面的刊物如雨后春笋似地萌发出来。除了《中国地方志》是具有指导意义的全国性刊物外,各省市也都纷纷办起了这类刊物。曾经约我写稿的这类刊物超过 10 种,但是实话实说,我确实钟情于《河洛史志》。

　　《易·系辞上》:"河出图,洛出书,圣人则之。"当然,龙马负河图,神龟负洛书,这是一个上古神话。但"洛出书"却是真实不虚的事实。就以地方志类文献为例,据张国淦《中国古方志考》[①]著录的元代以前的洛阳古志就达 26 种,其中以《洛阳记》为名者,有晋一代即达 5 种。虽然所有这些古志除元《河南志》10 卷尚有传本外,其余均已亡佚,但由此可以窥及古代洛阳修志之盛。据刘水之、耿瑞玲所编《河南地方志提要》[②](上册)著录今洛阳市境域,包括河南府、洛阳、偃师、孟津、宜阳、嵩县、伊阳、洛宁各县,明、清、民国三代志书竟达 40 种之多,而至今基本完整。其中如乾隆《河南府志》,篇幅达 116 卷(卷首 4 卷),嘉庆《洛阳县志》篇幅达 60 卷,均属内容丰富的巨志。在中国方志史中,河南是修志大省,而洛阳(河南府)是修志大府。现在,洛阳市继承了这个修志大省、大府的余绪,修纂一部前无古人的"庞然大物"。[③]而与此同时,这种依附于这个庞然大物的《河洛史志》就应运而生,真是相得益彰。嘉泰《会稽志》卷十七"凌霄花"条说："天下凌霄藤必依大树。"如把《洛阳市志》比作大树,则《河洛史志》就是藤坚枝繁、叶茂花鲜的凌霄。

凌霄依大树,也就是《河洛史志》非常成功的特色之一,是此刊与《洛阳市志》各卷的出版紧密配合。例如《河洛史志》(以下简称《史志》)1995年第2期,这实在是《洛阳市志》(以下简称《市志》)第14卷《文物志》出版后的专辑。《文物志》当然是全部《市志》中非常杰出的一卷,而《史志》刊载的对这一卷的报道、评论、褒赞文章,确实为这部佳志作出了画龙点睛的贡献。我国方志学元老傅振伦先生对此卷内容的评论是："取材广博而翔实,远自古代各类文物,以迄现近代史迹以及当代文博事业,纲分目列,叙述详瞻有法,不仅是文物工作者的完善工具书,也是历史科研、教学者的重要参考书。"傅先生对此卷的价值则概括为："对于阐扬祖国文化,宣传爱国主义,尤具有不可磨灭的功绩。"《史志》刊载傅先生的这一篇短小精悍的评论,实际上是对此卷在1997年全国志书评奖中获捷的预报。

又如《史志》1998年第2期,这一期是《市志》第16卷《牡丹志》的专辑,为了与天下花王、洛阳市花的《市志》专卷相配合,《河洛史志》的编辑的确显出了匠心独运的功夫。除了卷首"题辞·贺诗"外,全刊分成"《洛阳市志·牡丹志》首发式"、"笔谈"、"书评"三部分。副市长宋克耀先生在首发式上的讲话指出,《牡丹志》是"我国第一部全面、系统、准确记述和反映洛阳牡丹历史和现状的科学著述和大型资料工具书"。市领导的这句开宗明义的评论,概括了《史志》在这一期中刊载的"笔谈"和"书评"中许多学者的大块文章的精神。市领导的话当然一言九鼎,而《史志》的编辑手段确实事半功倍。

除了上述两例外,还有如第5卷《外事·旅游·侨务志》,第15卷《白马寺志·龙门石窟志》以及《洛阳年鉴》(2000年)等,《史志》的配合也都是显得唇齿相依,无懈可击。例子实在不胜枚举。

《河洛史志》除了如上所譬凌霄依大树的卓越功能以外,这棵凌霄,还具有凌霄俯瞰的独立风貌。这就超越了它依附《市志》的不凡姿态。这是因为《史志》也选载了不少关于历史学、地理学、地名学、方志学、民俗学等的专题论文,其中不少论文具有甚高的学术水平,从而提高了刊物的学术品位。例如钱宗范先生《试论河洛文化的兼容性》(1994年第3期)和同期朱和平先生《河洛文化的形成、发展与辐射》两文,对于我国重要的区域文化河洛文化剖析甚深,是区域文化研究中值得重视的作品。于希贤、武弘麟先生的《隋唐元明清时期洛阳长安间黄河航运问题的研究》(1994年第4期)一文,以大量数据论证公元6世纪末期以来,两京、河洛在航运上的发展和史实,是一篇有价值的历史交通运输地理论文。张金龙先生《北魏迁都后官贵之家在洛阳的居住里坊考》（2000 年第 1 期）一文，对北魏历史、民族以及洛阳历史城市地理等方面，都具有参考价值。2000 年第 2 期李健超先生《洛阳古代民族说略》、张赞恭先生《西周武王都洛考》两文，都是上古洛阳的卓越研究成果，有裨于历史学者的继续深入研究。周得京先生《洛阳历史上的进士与状元》（2000 年第 3 期）和《洛阳历代宰相述略》（2000 年第 4 期）两文，实际上是从地理环境角度探讨与之相关的文化发展，即所谓人杰地灵。中国历史上的不少人才分布现象，例如"陇东出相，陇西出将"等，都是在人地关系中值得研究和饶有兴趣的问题。《史志》刊载的有关方志学的论文当然更多，如鲁德政先生《四议续志篇目的总体设计思路》（2000 年第 3 期）一文，是在总结这一届修志的基础上，探讨续志的修纂问题，对续志修纂和我国方志事业的发展有重要意义。特别值得指出的是《史志》也发表国外汉学家的论文，妹尾达彦先生的《洛阳史地研究在日本》即是其例。总的来说，《史志》具有较高水平的论文实在很多，只能约略提出几篇用以说明这个刊物在学术上的价值而已。

　　《史志》在学术性方面的另一重要特色是对不同观点论文的兼容并蓄。关于这个方面，1994 年第 4 期刊载的《洛阳历史地位暨建都朝代笔谈》一篇，是很典型的例子。28 位学者就这个问题发表了意见，而其中不少意见属于学术争论。例如葛剑雄先生的《古都应分为不同等级》一文，议论马正林先生反对"七大古都"意见（马文载 1993 年《陕西师范大学学报》），并提出了针锋相对的看法。朱绍侯先生的《洛阳还是称九朝古都为好》一文，对于洛阳究竟应称几朝古都，提出了他的看法。此外如尚仁杰先生的《"汝阳"释辨》（1999 年第 4 期），张玉桥先生的《建置之称不可滥充洛阳古名——〈古代洛阳别称考略〉辩驳》（2000 第 4 期）等文，都是不同意见的交锋。学术争论可以推动学术发展，《河洛史志》在这方面也为同类刊物作出了榜样，当然是值得称道的。

　　我在《河洛史志》上写过几篇评论《洛阳市志》的文章，现在又对《史志》本身进行议论，其实我并非方志学家，只不过是个方志的用户。由于河南是个修志大省，曾经为我提供过不少我所需要的志书。例如当年为《水经注》辑佚，在此省的嘉靖、顺治、雍正三种《通志》中，都辑获了郦佚，又在嘉靖《尉氏县志》和道光《辉县志》中辑获了郦佚，俱见拙著《水经注研究》。④我毕生所用的志书都是旧志，唯一为我的研究工作所引用的新志也出于河南，即是《洛阳市志》。那年为了出席一个佛教文化的国际学术会议而撰写《佛教与佛学》⑤一文，文中提及中国历史上以毁佛著称的四个帝王，即所谓"三武一宗"（北魏太武帝、北周武帝、唐武宗、周世宗）。但"三武一宗"的毁佛行径又岂能与"十年浩劫"相比，而"十年浩劫"中的毁佛事例，显然以红卫兵在中国第一佛刹白马寺的暴行最为典型，为此我在论文中引用了《洛阳市志》第 13 卷《文化艺术志》和

第 14 卷《文物志》中各一段。当年我曾推崇《市志》第 13 卷能够记述这一段浩劫故事,属于这部志书中的"千古文章"。⑥

本文一开始就提及,自从这一届修志开始以来,全国各地纷纷编行与当地修志相配合的刊物,而我至少在十种这类刊物上写过文章。说实话,写这种文章常常是情面难却的急就章,写了就算,不会在自己的研究撰述工作中再引用这类文章。但查阅我近年发表的文章中,我确实引用过一篇这类文章,而且无独有偶,正如我引用《洛阳市志》一样,我所引用的这篇文章,恰恰也发表在《河洛史志》上。

事情是这样,我的故乡绍兴,是一个春秋古都,著名的历史文化名城,拥有许多古老的建筑,特别是各种宅第民居,即所谓"老屋"。为了保护这些"老屋",绍兴的城建部门搜集了大量照片,编成一部篇幅庞大、装帧精致、售价高昂的巨构,书名称为《绍兴老屋》,由历史悠久的著名出版社西泠印社出版,而我为此书写了《绪论》。开头就说:"我往年曾撰有《聚落、集镇、城市、古都》一文,阐述了一个原始聚落发展的过程。"而我在此作了一条脚注,也是这篇文章的第一条脚注:"《河洛史志》1994 年第 3 期。"前面说到我钟情于《河洛史志》,这个例子也就是我所以钟情的原因之一。

《河洛史志》是随着《洛阳市志》这个庞然大物而诞生的。现在,《市志》的修纂出版已濒完成,但我希望《史志》还能赓续存在,而且进一步发展壮大。我十分赞赏刊物封面上的"学术性、动态性、指导性、实践性"这种以"学术性"为首的四性。10 年以来,《史志》在这四性的指导下,确实获得了不断地充实和提高。希望《河洛史志》继续对洛阳市、河南省和全国的地方志事业发挥作用。

2001 年 5 月于浙江大学

注释:

① 中华书局 1962 年版。

② 河南大学出版社 1990 年版。

③ 拙作题名,见《河洛史志》1999 年第 4 期。

④ 天津古籍出版社 1985 年版。

⑤ 此系 1999 年国际佛教文化学术讨论会论文,后发表于《云南大学学报》(哲学社会科学版)2000 年第 6 期。

⑥ 拙作《文化大邦》(《河洛史志》1998 年第 4 期)语。

原载《河洛史志》2001 年第 3 期

致《河洛史志》编辑的信

《河洛史志》刊发的辛硕《方志事业与时俱进的理论思考》(载《河洛史志》2002 年第 3 期)去年即已拜读,现在议论"续志"的文章很多,似乎成为方志界的一个热门,其实从全国来说,方志本身就是"续"的结果,修志传统原来就是"续"下来的。所以大量议论"续"的文章,实在大同小异,续志的质量与前志一样,还是决定于修纂班子。不过《方志事业与时俱进的理论思考》一文,当时我就感到确实说出了一番道理,但该文的基础,仍然是由于《洛阳市志》这部佳志。否则,请恕我直言,作者也写不出《理论思考》来的。续修的《洛阳市志》我想必然能够与前志一样,因为你们一班人的业绩必然会传下去。这次又读了辛硕《年鉴编纂与时俱进断想》,是对年鉴有指导价值的佳作,我初读就认定了。

通过 20 年的修志,实际上涌现了许多方志学家,《洛阳市志》诸君即是其中的佼佼者。对于有人反对志书记叙"文革",我这次在诸葛先生的书稿中才知道,所以特地引及了尊志的那些"千古文章"。我反正是实话实说,知我罪我,像我这样年逾 80 的老头,当然不必计较了。

陈桥驿

原载《河洛史志》2003 年第 2 期

我是方志用户

各位女士,各位先生:

　　承邀访问天台,并邀请我到这里谈论修志,不胜荣幸。但是惭愧的是,我不是方志学专家,讲不出一套道理来。

　　我充其量不过是个方志的用户。我和地方志的因缘,无非是上世纪 50 年代在大学地理系为学生讲授过一门《方志学》,内容只是让不懂文言文的大学生稍稍懂得一点旧志的用法而已。此外就是我的专业需要利用地方志,所以曾经读过几千种方志。又因我常常出国讲学,结识了许多外国学者,他们之中也有不少中国方志的用户,从而有机会从国外图书馆引回了几种国内已经失传的方志。所以我在这里讲的,只是作为一个方志用户的意见,希望各位见谅。

　　首先我想讲的是地方志的属性,也就是地方志到底是什么东西。对于这个问题,我很拥护胡乔木先生的意见:"地方志是严肃的、科学的资料书。"既然是"资料书",则资料就是志书的生命力所在。当然,地方志资料的前提是"严肃的、科学的"。资料要有出处,既不是道听途说的,也不是牵强附会的。一部地方志假使达不到使用者寻索资料的目的,那么,它的生命或许在首发式以后就告消失。我确看到过一些国内(也有省内)的方志,内容简单,资料单薄,类似于政府公报,有骨无肉。但是浙江也修出过一些佳志,民国《鄞县通志》修成于上世纪 30 年代,共 36 册,550 万字,不仅在国内,在国外也获得国际学者的好评。我曾在日本大阪与美国学者施坚雅(G. W. Skinner)

和日本学者斯波义信两位教授专门讨论过这部方志,而且写了文章(收入于《陈桥驿方志论集》)。新志之中资料丰富的更多,《绍兴市志》和《宁波市志》都是1997年全国评奖中获得一等奖的,篇幅在500万字以上。当年我也是评委,在北京参加投票,《绍兴市志》是获得一等奖的三十几部方志中唯一一部得全票通过的。《绍兴县志》出版较晚,也有400多万字,而且是文字版与电子版同步出版的,出版后也获得方志界的很高评价。从全国来说,新修志书中资料丰富的佳志更多,例如《洛阳市志》,全志18卷(每卷一巨册),共达1000多万字,此志也有很高的知名度。

近年来,各地修志已经相当重视资料,但是与国外相比,我们还有很大差距。许多国家都有志书,只是形式和名称不同。在日本,由于受我国文化的影响,他们的志书,从名称到体例内容,和我们基本相同。好几年以前,方志学界曾经倡议进行中日两国地方志的比较研究,我也参与此事。我选择了中国慈溪市和日本广岛市两地的方志作为比较研究对象,因为前者修志请我作顾问,志书修得很好;后者因为我曾任广岛大学客座教授,几次到那里讲课,也熟悉当地的志书。文章写了5万字(除了单行本外,又收入《陈桥驿方志论集》),比较的内容很多,从字数比较:《广岛新史》按广岛市面积计算,每平方公里有11.8万字,而《慈溪市志》按慈溪市面积计算,每平方公里仅有0.13万字。说明了日本志书的资料丰富。

我在慈溪、广岛两地志书比较中,举出在字数上的巨大差距,并不是鼓励我们的志书大量增加字数,扩展篇幅。字数是资料的重要指标,这是众所周知的,但我绝不赞成志书漫无限制地追求字数,十分重要的是志书字数中所包含的"严肃性"和"科学性"。不过在上一届修志中,确实存在由于字数限制而影响资料的现象。《象山县志》主编林志龙先生,在读了我的《陈桥驿方志论集》卷首《序》以后,于1998年4月17日写信给我,其中有一段说:

> 我从事方志工作近20年,非常赞同先生《序》中提出的,方志的可贵在于资料,方志的生命力也在于资料的观点,一语中的。方志编纂包括现今纷纷扬扬出版的各种所谓方志学著作,应该说强调了这个问题,但未曾像先生那么明确、确定,不可动摇。如果这一观点在方志编纂方兴之际,即予强调并探讨深研,浙江方志新编的质量可能更高人一筹。先生可能知晓,《象山县志》因为囿于地方志指导条例规定的一部县志三五十万(字),故从一稿的220万(字)缩至50万(字)。精虽精了,并且获得浙江方志一等奖,但许多得之不易的资料,因为字数的限制而忍痛割爱。有些用户在县志应该查到的资料而没有收录,遗憾而终不能弥补。

林先生信上所述的《象山县志》的"遗憾",希望在今后的修志中不要再发生。因为《象山县志》所"忍痛割爱"的100余万字,实在是象山县的宝贵资源。

称中国地方志为"资源"，这是我 1995 年在美国讲学时从外国汉学家口中听到的，为此，我特地在美国写成《中国方志资源国际普查刍议》一文，寄给《中国地方志》（在 1996 年第 2 期发表），后来又收入于《陈桥驿方志论集》。我在该文中提到："外国汉学家把中国方志提高到'资源'一词的地位，这当然不是谈论中的客套和捧抬，而是他们在汉学研究实际工作中的深切体会。"所以我认为中国的方志工作者，应该重视和研究我们自己的这种"资源"。

现在谈谈天台县的修志问题，我对天台县地方志的情况并不熟悉，可能是无的放矢，仅供大家参考。

首先是修志者必须摸清自己的方志资源。天台在历史上修纂过的志书不少，见于著录的在宋朝有《祥符天台图经》和《嘉泰天台图经》（5 卷）二种，在明朝有永乐《天台县志》（16 卷）、宣德《天台县志稿》、正德《天台县志》（8 卷）、万历《天台县志》（共修二次，其中一种为 12 卷，另一种为 20 卷）。各代所修县志，明初又有《天台要览》（8 卷），可惜上列各书都已亡佚。清代有《天台治略》（10 卷）及康熙《天台县志》（15 卷首 1 卷），此二志现在都有流行。此外还有一种篇幅较大的民国《天台县志稿》（38 卷首 1 卷），此志清光绪时开始修，到民国四年（1915）才修成油印，共 14 册，今浙江图书馆、上海图书馆、南京图书馆和南京大学图书馆都有收藏。上面列举的属于天台历史上的通志，此外还有专志。天台历史上的主要专志是《天台山志》，从唐朝起直到近代，见于著录的有 11 种，但多数也已亡佚，现在仅存两种。上述都是天台的方志资源，或佚或存，当今的修志者都要心中有数。亡佚的也要查清，国外是否尚有留存？如有，应该设法引回。我在这 20 年中先后从国外图书馆引回国内无存的方志孤本 5 种，其中多数都是应所在地市县的要求而引回的，说明这些市县对本市县的方志资源下了工夫。国内有存而本县没有的，如民国《天台县志稿》油印本 14 册，则应与收藏此书的图书馆联系，复制引回。

顺便提及，浙江省有些市县，在历史上曾经出过名志佳志。如杭州的"临安三志"，宁波的"四明六志"和民国《鄞县通志》，绍兴的"会稽二志"等。但天台县在历史上没有出过名志佳志。名志佳志在当地市县当然是有价值的资源，值得自豪。但另一方面也是当今修志者的一种压力。《宁波市志》主编俞福海先生曾与我表示过他的这种负担：现在要修出一部像民国《鄞县通志》这样水平的志书，实在谈何容易。但经过他几年的辛勤耕耘，此志获得全国一等奖，虽然与民国《鄞县通志》相比，此二志孰优孰次，尚难分轩轾，而对俞先生来说，他已算不负众望了。在这方面，现在的天台修志者没有这种压力，从另一个角度看，这也是一种优势，天台历史上的第一部名志佳志，或许就出在这一代修志者手上。

　　摸清天台历史上的方志资源是动手修志前的首要工作。接着就要处理修纂工作的一些具体问题。由于我国方志领导规定各地每隔 20 年续修一次，所以近年来议论"续修"成为方志界的热门话题。大家重视"续修"，这当然是好事。河北省地方志办公室的王广才先生既挂电话又写信，要我为《河北地方志》写一篇关于"续修"的稿子。我只好凑出一篇（发表于该刊 2002 年第 2 期）。其实，《中国地方志联合目录》中著录的 8700 多种志书，绝大部分都是"续志"，中国的修志传统，就是这样"续"下来的。历史上有非常出色的"续志"，也有利用前志拼凑剪接出来的"续志"。天台县从县领导到方志的主编和编辑人员，都非常重视续修工作，所以一定能修出一部超过以前所有志书的续志。

　　在上一届修志中，我作为一个志书的用户提出过一些建议，其中有的在国内和省内的许多志书中先后采纳，现在举几个例子，对天台修志或许也有参考意义。

　　第一是关于卷篇名称中"自然地理"与"自然环境"的问题。上一届修志初期，志书中多以"自然地理"作为卷篇之名，但其中包括地质一章或一节，这就是个重要的科学性问题。因为自然地理学是研究自然地理环境的结构及其发生、发展规律的科学，而地质学则是研究地壳组成物质的科学，是两门研究对象完全不同的科学，怎能让地质学包含在自然地理学之中？1986 年，中国地方志指导小组邀请各地 10 位专家到北京讨论当时已经出版的几部方志，几乎全部都有包含地质在内的"自然地理"篇章。我在会上提出此事，并加以解释，接着又受他们之嘱撰写了《地理学与地方志》一文（刊于《中国地方志》1989 年第 2 期，收入于《陈桥驿方志论集》）。从此以后，各地所出志书绝大部分都采用我建议的以"自然环境"取代"自然地理"为篇名的篇目。

　　第二是关于志书中记载的生物及作物卷篇内容的问题。以植物（包括作物）为例，每一种植物都有多种名称，不仅互不统一，极易混淆，而且没有科学性。上世纪 30 年代的民国《鄞县通志》就已经加注了拉丁文二名法，我们上世纪 80 年代出版的方志，在这方面竟比《鄞县通志》倒退了半个世纪。我在《地理学与地方志》一文中对此也详加解释，方志记载生物，必须使用现代国际公认的二名法。譬如玉米，历史上曾流传许多名称，各地又有各地的土名。玉米是明代从美洲传入的作物，中国第一次记载此物的正德《颍州志》，称为"珍珠秫"，《本草纲目》称为"玉蜀黍"，明人田艺蘅在其著作《留青日札》中称为"御麦"。此外还有乳粟、苞萝、苞谷、六谷、芋米等许多地方名称。所以方志记载此物，必须用二名法："玉米（Zea mays L.）。"这里拉丁文 Zea 是属名（首字大写），mays 是种名（不大写），L. 是定名人林奈的缩写，林奈（C. Lininnaevs，1707—1778）是瑞典博物学家，也是二名法的创始人。不过现在我们在方志上记载植物，仅写出属名和种名已可，定名人可以省略。我提出此建议后，浙江省的许多方志已经使用了二名法，但从全国来说，特别是小的市县，还没有采用，成为志书的很大缺陷。

第三是志书必须编制《索引》的问题。地方志是资料书，也就是一种工具书，是为了供各种用户使用。一部几百万字的志书，假使不在卷末编制一种《索引》，则用户就很难查获他所需要的资料。对此，我曾撰有《地方志与索引》(原载《浙江方志》1992年第3期，转载于《中国地方志》1992年第5期，收入于《陈桥驿方志论集》)，介绍了这个问题的国际行情。在国外，不仅是资料书和工具书，即一般书籍也往往在书末编制《索引》。在国内，上世纪30年代，学术界也曾重视了索引的问题，当时，商务印书馆影印出版了好几种清朝的省志，如雍正《浙江通志》、光绪《山东通志》等，也都编制了详细的《索引》。我的建议提出以后，浙江省的新修方志基本上都采纳了，其中《绍兴市志》的《索引》占整整一巨册，已和国际上的同类书籍接轨。1997年在北京举行全国方志评奖时，《绍兴市志》的《索引》曾受到评委们的许多称赞。

现在，由于科学技术的发展，较索引更为便捷的电子版开始出现。电子版图书不仅轻便廉价，而且查阅非常方便。1999年，我应台湾"中央研究院"之邀前去讲学，同时又参加了在台北举行的"电子古籍国际研讨会"，专门讨论中国古籍的电子化问题，美、英、日、韩等不少国际汉学家都赶来与会。在会中，我获悉台湾"中央研究院"已经完成了7万种中国古籍(中国的古籍包括整存残存，约有12万种)的电子化工作，这项成果令人称赞。在浙江省，地方志的电子版在上一届修志的后期也已经出现，好几个市县的方志都补出了电子版，其中特别值得重视的是《绍兴县志》，这部志书的文字版与电子版同步出版，在国内还找不出其他例子。希望《天台县志》也要重视《索引》和电子版的工作，使这次续修的《天台县志》达到更高的水平。

第四是志书的插图问题。图文并茂是我国方志的良好传统，上一届修志，各地已经注意了这个问题。但也存在一些缺陷。插图包括照片和地图等，上届志书的一般形式是卷首放许多彩照。从国际情况来看，这实在是我们出版物的一个误区，这种卷首插入好几页彩照的情况，现在已经从方志蔓延到了其他一般书籍，这不仅提高书籍成本，而且其中有些彩照，实在没有必要。在1986年北京中国地方志指导小组邀请10位专家参加的志书讨论中，浙江省的一种县志曾在彩照方面受到批评。希望今后能逐渐摆脱这个误区，减少卷首彩照，而多在卷内插入与内容密切相关的黑白照。国外出版物包括百科全书等工具书，都是用的这种形式，值得我们学习。

此外是地图的问题。地图是一种专业性很强的东西，没有受过专业训练的人，往往在这方面出错。旧方志也有地图，但都是示意图，没有计量价值，当然，在新方志中选用几幅也是可以的。新方志的地图是计量地图，是具有数值概念的。没有这方面专业知识的人，容易发生错误。1997年我在北京参加全国方志评奖看到好几种方志，其他样样都很好,错就错在地图上,实在可惜。地图是一种专业,《地图学》是大学地理系的一门课程,这个问题在这里是讲不清楚的。修志工作者必须注意的是,志书内的地图,一定要请懂得地图的专业人员处理,或者请他们审核,以免出错。

最后说说地方志的共性与个性问题。修志是中国的长期传统,这种传统是依靠志书的共性维系着的。在中国,各县普遍修志主要是从宋代开始的,从宋至今,时隔千余年,但志书的体例格局基本上没有大变,一部县志,记叙的主要就是全县的自然和人文。而卷篇排列也大体上有一种规范。由于地方志的这种共性,让人们通过地方志,可以了解各地自然与人文的基本概况。

除了共性以外,地方志也有它的个性,现在常常用"特色"一词来说明这种志书的个性。由于每个地方的自然和人文都不相同,其中包括一些非常突出的与众不同的东西,这当然是志书必须着重记叙的。一般的特色,譬如金华的火腿,绍兴的黄酒,庆元的百山祖,宁波的东钱湖,虽然都是各地的特色,但并不是非常突出的特色,可以在相关的篇章中重点记叙,或者单独成为一节。但另外一些地方特色,如淳安的千岛湖,杭州的西湖风景区,就属于特别突出的事物,有必要单独设置专卷专篇。从天台县来说,我认为天台山即属此类。天台山不仅是著名的风景区,并且是历史悠久的佛教圣地。不但在国内,就是在日本,天台宗佛教也是信徒最多和最受人崇奉的佛教宗派。那里专门有一个天台宗编纂所,专门研究天台宗并出版天台宗和天台山的书籍,所长野本觉成先生曾经两度到杭州造访我,与我讨论天台山、天台宗以及浙江其他地区有关佛教的问题。所以我认为天台山是天台县的重大特色,是《天台县志》必须设置专卷进行记述的。

希望天台县修出一部名志佳志。谢谢大家!

　　　　　　　　　　　　　　　　　　　　　　　　　　　　　原载《天台方志》

在志书的高峰上再接再厉

——在《绍兴市志》首发式上的讲话

　　承邀出席《绍兴市志》首发式，不胜荣幸。我想在此发表两点意见，第一是《市志》称不称得上是一部佳志？第二是《市志》出版了，今后怎么办？

　　对于第一点，刚才全国修志领导高德先生和全省修志领导魏桥先生都已说了话，肯定《市志》是一部佳志。绍兴是方志之邦，我在拙著《绍兴地方文献考录》（浙江人民出版社1983年出版）一书中著录的绍兴方志类文献超过140种，不论存佚，我多作了议论褒贬。但是对于这部新修的《市志》，面对着这许多领导和来宾，我颇难随意启齿。一方面由于我是绍兴人；更重要的原因则因我是此志顾问，并为此书作了序。假使我说"好"，就难免自吹之嫌；假使我说"不好"，也会有人认为这不过是一种自谦。所以此事对我颇为作难。

　　我认为评论任何一种事物，都应该根据有一种大家认可的标准。当然，有的标准是民间流行，约定俗成的；有的标准是公家颁布的。但只要这种标准为多数人所信服，同样都可以作为议论褒贬的根据。以绍兴辖下的诸暨为例，那里历史上出过一位名叫西施的美人。中国人评论美人，特别是历史上的美人，不像眼下国外流行的"选美"那样，有详细而明确的标准。但我们却有简明通俗，为人们所信服的标准。历来很有用"花容月貌"，甚至"羞花闭月"等辞藻来形容美人的，但这些辞藻不能令人信服，原因在于"花"和"月"并不能作为美的标准。牡丹花的容貌当然美，牵牛花的容貌就并不美;满月当然好看,缺月就并不好看。《长恨歌》里形容杨贵妃,"芙蓉如面柳如眉"。但所形容的仅仅是一个面孔,并不及身材,假使杨贵妃面如芙蓉而身如侏儒,恐怕唐明皇也不会爱她。在这方面,自从登徒子的《好色赋》出来以后,才算有了大家公认的标准:"增之一分则太长,减之一分则太短;施朱则太赤,敷粉则太白。"这样的美人叫做恰到好处,无可挑剔。

评论一部方志,要替它说些好话,可用的语言实在很多。诸如文字生动,内容丰富,特色鲜明,图文并茂等等之类。不少人喜欢用一个"性"字,例如思想性、科学性、实用性、可读性等等,也可以说上一大套。当然有人欣赏这类话,因为语言都很悦耳。但也有人不以为然,认为这些话是套语滥调,不得要领。我看问题也在于标准,假使对地方志的评论也有一种多数人信服的标准,按照标准说话,褒贬就能恰如其分。

历史上有些学者曾经提出过一些评论方志的标准,但时至今日,这些标准未必能使人信服。李泰棻的《方志学》(商务印书馆民国二十四年出版)一书中曾提出《武功》《朝邑》《吴郡》《姑苏》等7种历史上的方志,即所谓"七志"。他说:"是七志者,夙负盛名,修志家辄奉为矩矱者也。"现在来看,"七志"中为首的《武功》和《朝邑》两志,《武功志》只有3卷,仅仅20000余字;《朝邑志》只有2卷,还不到7000字。唐朝的刘禹锡写一间简陋的小屋(《陋室铭》)也要花81个字,而记载1个县,却只花7000到20000字,竟被修志家奉为"矩矱"。这样的标准,当然是当前的新志所断乎不能接受的。那么评论当今的新志,应该用怎样的标准呢?

当20世纪80年代之初,这次修志高潮开始掀起之时,地方上的不少领导包括参与修纂方志的人,对于地方志究竟是什么,还懵然无知。某些地方当局,也颇以此为一件上头交下来的,既不可不做,也不必大做的任务。所以一时曾有"修志的不得志,得志的不修志"之类的俏皮话流传。而初期出版的不少志书,也确实存在许多问题。一直要到胡乔木先生在全国地方志第一次工作会议闭幕会上发表了讲话以后,人们对地方志的性质和评论地方志的标准,才开始有所认识。我不妨把这篇很长的讲话中的若干段在这里宣读一下:

> 要力求在编辑工作中避免一种所谓"政治化"的倾向。所谓"政治化",就是不适当地表现出一种政治色彩。这样就减弱了著作的严谨性、科学性,使地方志染上了一种宣传色彩。

> 我在这里也需要作一点自我批评,因为我也为有的县志题过词。这我决定撤销。地方志不是发表题词的地方,它也不需要任何不必要的风景照片,因为不是"导游手册"。

> 地方志是严肃的、科学的资料书。

　　上述胡乔木先生的几句话，对这一次全国范围内的志书修纂具有重要意义，是令人信服的。特别是最后一句，我认为正是我们寻求的评论新修方志的标准。因为他明确指出，地方志是一种"资料书"。不是什么政府工作报告或地方文献汇编，不是专著或论文集，也不是具有宣传色彩的地方宣传品。当然，这种"资料书"，应该力求"严肃"和"科学"。有了这样的标准，则评论一部方志，就有了明确的、客观的依据。

　　既然是"资料书"，那末，我在拙作《北美汉学家论中国方志》（中国地方志第二次工作会议上的大会发言，载《中国地方》1996 年第 3、4 合期）一文中所反映的北美汉学家的意见："最重要的意见是希望我们的新志能够尽可能扩大规模，增加资料。"这是正确和合理的。外国汉学家提出这样的意见，是以解放前我国某些佳志为依据的。例如修于 30 年代而在国外负有盛名的民国《鄞县通志》。一部县志，竟拥有 550 万字的资料，而且还有另行成册的 16 幅地图，这些地图是配合修志而实测绘制的。直到今天，据我所知，还没有一部新修县志能够超过它；这次新志修纂之初，曾经对字数有过限制，这其实就是不懂得地方志是什么。他们或许根本不知道 30 年代就修出了 550 万字的县志并且外加一套与修志同时进行的实测大比例尺地图。也不知道这部县志在国内外学术界享有的盛誉。我在拙作《民国〈鄞县通志〉与外国汉学家的研究》（《鄞县史志》1993 年第 1 期）一文中曾经记及：

　　　　1985 年春，我在日本国立大阪大学讲学，施坚雅教授（G. W. Skinner，按美国科学院院士，斯坦福大学教授）及其夫人曼苏恩（Mann Susan，按当时任加州大学圣克鲁斯分校副教授）在东京庆应大学从事研究工作。施坚雅夫妇为了要和我们夫妇及大阪大学的斯波义信教授夫妇作一次难得的叙会，特地从东京赶到大阪度他的生日。这年二月十六日傍晚，我们三对夫妇在大阪市中心梅田的一家和餐馆中过了一个令人难忘的夜晚。宴会中，我们谈到的著作有三部：一部是施坚雅主编的《中华帝国晚期的城市》（*The City in Late Imperial China*），第二部是谭其骧教授主编的《中国历史地图集》，第三部就是民国《鄞县通志》。

他们两位汉学家对民国《鄞县通志》的评价，我在该文中也有所记及：

　　　　施坚雅教授认为他在斯坦福大学建立宁绍研究室，除了这个地区在中国的重要性以外，十分有利的条件是这里的雄厚资料基础。而其中特别令他鼓舞的是民国《鄞县通志》。他认为这是中国地方志的杰作，使他大大增加了对宁波近代城市发展及其背景进行深入研究的兴趣和信心。

　　　　斯波义信对《鄞县通志》不仅赞赏，而且感慨。认为这样的地方志，才能使研究者左右逢源，才具有学术价值和实用价值。

民国《鄞县通志》的所以为国际著名汉学家所高度赞扬，就是因为它拥有大量严肃和科学的资料。所以胡乔木先生的关于"资料书"的发言,对许多参与修纂新志的人,确实具有振聋发聩的作用。从此,志书字数才获得"解放"。现在,据我所知,规模最大的是《洛阳市志》,分18册,正在陆续出版,字数必然超过1000万。我曾做过一个《中日两国地方志比较研究》的课题(慈溪市方志办出有单行本,南开大学出版社1996年出版《中日地方史志比较研究》收有节本,全文又收入于杭州大学出版社1997年出版的《陈桥驿方志论集》),选择了我在浙江比较熟悉的《慈溪县志》和在日本比较熟悉的《广岛新史》(因为我曾任广岛大学客座教授)两部志书作为比较对象。这两部志书,从资料的容量说,前者每1平方公里土地有0.13万字的资料,而后者每1平方公里土地有11.2万字的资料,差距甚大。

当然,我们并不专门从字数议论资料的多寡。但另一方面也不得不承认,出版物的资料容量,总是由字数表达出来的。根据这样的标准来评论《绍兴市志》,我就可以毫不犹豫地重复一句刚才全省方志领导魏桥先生的话:"全省第一。"此外,全国方志领导高德先生和魏桥先生的发言中,都指出了这部志书的许多优越特色,这些大概都可以归属于胡乔木先生所说的"严肃"和"科学"的范畴。

我在这里特别要强调关于志书的索引问题。这实际上涉及志书的生命力,是一个不可等闲视之的问题。我在上述《北美汉学家论中国方志》一文中曾经着重指出,加拿大汉学家对许多新志没有索引而提出专门意见,"这或许是我去年在国外听到的对于新志最尖锐的意见"。"后来到了美国,仍有人提出这个问题,而且语言相当刺耳"。其实,对于这个问题,我早于1992年就在《浙江方志》第3期发表了《地方志与索引》的文章,而《中国地方志》于当年第5期就全文转载,说明全省和全国的方志领导是重视这个问题的。只是由于不少地方志的修纂者不懂得这种道理,所以除了浙江省以外,就我在北美见到的国内各省新志,没有索引的竟占绝大多数。1992年,我为我的学生陈田耕副教授所撰《地理文献检索与利用》一书(西安地图出版社出版)所写的序言中,曾经引用过外国学者对于索引的两句语言:"文献之需要索引,犹如行舟之需要舵"。"检索工具没有索引很快就会成为一堆废纸"。今天,我还要再介绍一篇今年1月8日《光明日报》发表的议论索引的文章(有必要对《光明日报》这种媒体在国内外学术界的影响举个例子。1985年我在日本国立大阪大学任客座教授,我的办公室中,每天送来三份报纸,一份是《朝日新闻》,一份是《纽约时报》,第三份就是《光明日报》),这篇文章指出:"每一个自视甚高的学者,如果不为自己的专著编好索引,那么就是对学术生命的自杀。"作者接着说:"因此每当我买到一本渴望读却没有索引的名著,就会想起英国史家卡莱尔的建议:应该将没有索引的书籍的出版商,罚往地球以外十英里的地方。"现在,当全国的不少志书修纂者还对索引懵然无知的状态下,《绍兴市志》编制了详细的索引,将它单独成为一册。使中国出版的志书,第一次与国际学术界的传统与标准对上口径。因此,我可以断然指出,在索引这件大事上,《绍兴市志》在当前无疑是全国第一。

《绍兴市志》能取得这样出色的成就,当然要归功于市领导和志书编纂人员。八年以来,市领导的周详擘划和大力支持,以任桂全先生为首的全体编纂人员废寝忘食的持续努力。这种成就,确实来之不易。为此,从市领导,编纂人员到国内外的绍籍人士,都应珍视这种成就,引为无上荣耀。大家应该看到,地方志的价值实在不同寻常。我于1995年去北美访问讲学半年,由于讲学内容涉及方志,所以在这方面也曾与北美汉学家作了交流,在美国撰成《中国方志资源国际普查刍议》一文(《中国地方志》1996年第2期),文内提及:"在交流之中,不少外国汉学家把中国历史上积累的丰富方志称为'资源',认为中国自古以来修纂而成的大量方志,是一种价值连城的文化资源和汉学资源。"我在前述《北美汉学家论中国方志》一文中也提及:"我在美国听到几位汉学家不约而同地对中国历代积累的大量方志使用'资源'这个词汇,当时,我确感到不胜欣喜与自豪。"现在,《绍兴市志》又为我国的这种宝贵的文化资源增加了一大宗辉煌的积累,绍兴市(府)修志在中断了两个世纪以后,能修纂出如此一部让人刮目相看的佳志,这确实是绍兴历史上的一件值得赞美的大事。

我今天想说的第二点意见是,《市志》修成以后,我们对于绍兴历史文化的整理和总结方面,还有什么任务?绍兴是个历史悠久的文物之邦,是我国第一批公布的历史文化名城。文化资源丰富,文献资料与出土古物浩如瀚海。这是祖宗留给我们的宝贵财富。《市志》虽然修成,但我们在这方面的任务还很繁重艰巨。由于绍兴的知名度很大,为全世界汉学家所瞩目,他们也都在研究有关绍兴市(府)的各种课题,已经获得了不少研究成果。这次匆匆从山东赶来绍兴,途中在杭州家里稍停,检得了几种外国汉学家对绍兴一带的研究成果,带到这里让大家看一看,例如美国瓦尔巴莱索大学历史系主任萧邦齐教授(R. K. Schoppa)80年代曾到我的研究中心从事萧山湘湖及萧绍平原水利史的研究。在这一带进行了广泛的野外考察。他到来时给我的见面礼是一本名为《中国的杰出人物与政治变迁——二十世纪初期的浙江省》(*Chinese Elites and Political Charge——Zhejiang Province in the Early Twentieth Century*)的专著,此书于1982年在哈佛大学出版社出版。全书对20世纪初期的浙江省记述得十分详细,包括许多有关绍兴的资料。他通过精密的数量计算,把当时全省各县按发展程度分成内核、外核、内缘、外缘四级,绍兴属于发展程度最高的内核。其中很多资料,至今仍然非常可贵。他在我的研究中心半年后返国,不久就于1989年在耶鲁大学出版社出版了《湘湖——九个世纪的中国世事》(*Xiang Lake——Nine Centuries of Chinese Life*)一书,序言中说:"如果不是杭州大学地理系陈桥驿教授慨然相助,我这湘湖史话是不会得出恰当的结论的。……他对湘湖地区的渊博知识又给我增添了丰富的资料,使我避免了许多错误。"他的话说得过分谦逊。在我陪同他的几次野外考察中,我发现他对湘湖的知识实在相当丰富。我与其作为他的指导者,还不如说作为他的翻译。他阅读汉籍的能力极强,但听力较逊,特别是这一带的方言。所以在各种考察和座谈会中,我常常只是作为一个翻译的角色。前年我去北美,当我尚在加拿大时,他们大学的校长即发函邀请我到那里讲学,可惜由于邀请的学校较多而该校的路程不顺,以不能应邀为歉。但我返国不久,却又收到他的一本 300 多页的新著,1995 年加利福尼亚大学出版社出版的《血路——中国革命中的一个神秘人物沈定一》(*Blood Road—The Mystery of Shen Dingyi in Revolutionary China*)序言中又写了感谢我的话。这是他第二次来浙江时的研究课题,时间短促,当时由于我工作较忙,我只派了一位英语较好的研究生陪同他到萧山,由萧山县志办接待了他。他目前仍在继续研究有关绍兴一带的课题,并且指导他的研究生从事这方面的研究。去年他的博士生高哲一(Robert Culp)以这个地区 20 世纪前期中等教育的发展概况作为博士论文的内容,赶到杭州找我帮助。我立刻选择我的母校绍兴第一中学作为他的研究对象。这位年轻的洋人由于其毕生将以汉学研究为专业,所以已经具备了较好的汉语基础。他与我谈话一个多小时,其间需要我用英语解释的话不多。所以我可以放心不派研究生陪同,由他自己迳至绍兴,事前通知我的老校友、市政协副主席陈惟于先生,陪同他去到一中,由费锡如校长接待了他,让他看了校史陈列室,他返杭时告诉我, 此行非常满意,要我向陈副主席和费校长致谢。

　　这次我带来请大家看的另外两本书是我的另一位美国朋友柯慎思教授(James H. Cole)的著作,他原来是耶鲁大学教授,后来到康乃尔大学任图书馆长,其中一本是对于诸暨的一个小小村庄包村的研究,《人民与太平军的对抗——包立身的东安义军》(*The People Versus the Taipings:Bao Lisheng's"Righeous Army of Dongan"*)。这是加州柏克莱大学中国研究中心出版的《中国研究专刊》第 21 种。我实在佩服作者,对于这样一个小地区的太平军战役,能够写出这样一本专著。其中许多资料,就连我们的太平天国研究专家们也搜集不到。第二本是《绍兴:中国在十九世纪的竞争与合作》(*Shaohsing:Competition and Cooperation in Nineteenth - Century China*),这本关于绍兴的专著,于 1986 年在亚利桑那大学出版社出版。在 300 多页的叙述中,我读到了许多我从未接触过的材料。对于柯慎思教授的这部专著,我感到既鼓舞而又惭愧。我是一个土生土长的绍兴人,写过几十万字有关绍兴的论文,走遍国内外图书馆搜罗绍兴的地方文献,出了《绍兴地方文献考录》的专著,也从国外图书馆引回了历史上绍兴流落在图外的手抄孤本，而且被著名史学前辈杨向奎教授谬赞为"宁绍平原研究的权威"（史念海《河山集三集·序》，人民出版社 1988 年出版）。但其实，柯慎思教授专著中的许多资料我都未曾过目。真是学海无涯。

由于我从山东转道来此，匆忙间没有把日本学者有关绍兴的研究成果带来让大家看看。在日本，研究绍兴的汉学家和成果比美国更多，仅仅古代鉴湖这个课题，有成果发表的学者就达四五人之多。此外如研究绍兴的历史、文物、人物、水利等各方面的学者，也都不少，已经发表了许多成果。

我把这些外国学者研究绍兴的消息和成果带到这里让大家看看，主要是为了说明，绍兴是一个国际汉学界极感兴趣的世界名区，从过去、现在到未来，都会不断地有外国汉学家研究有关绍兴的各种课题。我们当然欢迎他们的研究，因为这不仅是一种对我们的鞭策，而且实际上为我们搜集了许多我们自己无法搜集到的资料。对于我们自己来说，《绍兴市志》所获得的成就无疑是巨大的和划时代的。但是对于这个国际瞩目的文物之邦来说，我们任重道远，必须再接再厉。

谢谢大家。

原载《浙江方志》1998 年第 1 期，又收入《绍兴市志述评》，中华书局 2001 年版

《绍兴丛书·地方志丛编》序^①

《绍兴丛书》的编辑，决心已经下定，筹备随即就绪。《丛书》行将陆续问世，人们可以拭目以待。这不仅是绍兴文化史上一件空前大事，也是整部越史上划时代的伟大事业。海内外的越籍人士，包括热衷于这个地区的国际汉学家，都必以先睹为快，奔走相告，闻风鼓舞。

绍兴是越王句践的故都，是举世皆知的历史文化名城，中国大一统以后的第一个王朝开国之君秦始皇，他甘冒着浙江的"水波恶"而亲驾莅此。同样，大一统以后的第一位著名学者司马迁，当时年轻英俊，也到此瞻仰会稽形胜。他们来此的真正目的，都不曾见诸于他们自己的文字。一直要到公元9世纪，我们终于看到一位在此为官8年的中原人士元稹的诗句："会稽天下本无俦。"元稹是浙东观察使兼越州刺史，在权势上完全不能与统治全国三十六郡的万乘之君相比；在学术上也远远及不上开"正史"之首，撰写《一百三十篇》的太史公。而且在《全唐诗》的"四万八千九百"多首诗中，也找不到这一首。但元氏的这句唐诗，在我的专业历史地理研究中却很有价值。在中国古籍中，可以用作历史城市研究的材料颇多，太史公在《货殖列传》中提出的"一都会也"共有8处，但问题是按照他对这8处的记叙，我们很难进行比较研究，无法排列他们的高下次序。郦道元在公元6世纪于《水经注》卷十《浊漳水》篇提出了所谓的"五都"。但这"五都"，按注文描述，也同样难以排列它们的位置。而"会稽天下本无俦"则不同。因为这个"俦"字，虽然在《说文》中即已存在，而历来的小学书上也有不少训诂。但元稹此诗的"侔",显然是同辈的意思《三国志·魏书·高柔传》:"萧曹之侔,并以元勋。"萧何与曹参,对于两汉开国之功,当然是难分轩轾的同辈。元稹此诗也写得很明白确切,在"会稽天下本无侔"之后,下一句是"任取苏杭作辈流"。意思显然是:与会稽相比,苏州和杭州不过是做做配角而已。在越州作浙东观察使治所的时候,苏州和杭州,已经都是江南出名的大州,虽然"天上天堂,地下苏杭"的话要到南宋范成大的《吴郡志》中才出现,但是在唐代,这两个州也不是小州了。好在元稹是唐朝名人,又居官越州多年,以他的诗为证,才不会受到挑剔,所以当年我在日本广岛大学担任客座教授,开设《比较城市地理》这门课程,元稹此诗曾为我多次引用。因为它不像《货殖列传》所叙 8 个"一都会也",也不同于《水经注》所举的"五都",抓不住比较的佐证。这句诗的意思是明明白白的"天下第一"。既然有诗为证,我的讲授是根据充分的。不过尽管这句唐诗为我的《比较城市地理》课程提供了证据,而我自己除了作为一个绍兴人得以沾此诗之光外,同时也对此诗的真正意义感到不解,而且长期为此而耿耿于怀。

按照历史城市地理学的理论和对象,唐代的会稽,为什么能让一位在这里担任行政首长的诗人说出"会稽天下本无侔"的话,这个地方有什么可以应"天下无侔"的称号呢? 特别是当我主持翻译出版了国际汉学名著《中华帝国晚期的城市》(*The City in Late Imperial China*)以后,我对元稹的诗句更感不解。我是一位历史地理学者,由我撰写或主编的历史城市地理专著和辞书已近 10 种。我也可以说跑遍了国内的主要历史名城,而且在 1980 年以后,又多次应邀到国外讲学,访问了许多外国城市。但对于元稹的这句唐诗,我既念念不忘,却又百思难解。

我对"无侔"一句,原来是很简单并且自信地理解为:"越州城市,天下第一。"但是在 1999 年暮春的"唐诗之路"国际学术讨论会中,我对"无侔"的原来理解开始动摇。这次会议以李白《梦游天姥吟留别》这首名诗为主题,所以会议地点设在天姥山所在的绍兴市新昌县。会议筹备者事前殷切地邀我与会并撰稿,我不得已写了《我与唐诗》一文,由于工作甚忙,文章写得相当肤浅。文章说了我从孩提时就以唐诗启蒙,并于七八岁背熟了《唐诗三百首》的往事。后来由于学外文,又读熟了荷马的《伊里亚特》《奥特赛》,并且还涉猎了一点《十四行诗》的经历。但文章最后仍提出了我长期来置于心腹的"会稽天下本无侔"这句唐诗。因为会议在会稽地区举行,我提出此诗,不算节外生枝。我们既然是这次国际会议的东道主,所以我仍以"无侔"一语,为唐朝的会稽作了一番宣扬。我在拙文中有一段说:"我在诸如南美亚马逊河原始森林,北美墨西哥湾浩渺海岸等荒僻之处,或在纽约百老汇路,东京银座大街等繁华地区,都会想到'会稽天下本无侔'的诗句。因为我在这个大千世界中无非跑过几个码头,见闻当然不广。但元稹出身于中原大都会洛阳，官至同中书门下平章事，也就是唐朝的宰相。他口中说出'会稽天下本无俦'的话，足证见过世面的人物，也为绍兴的人杰地灵而倾倒。"

或许也是一种巧合，新昌这个小县的唯一媒体《新昌报》，竟在许多唐诗专家们早期寄去的论文中，选中了我的这篇拙文，函请我的同意，在该报 1999 年 2 月 5 日率先发表，开头还加了编者按语："是一篇难得的好文章。"真是愧不敢当。不过《新昌报》确实给了我便利，因为我寄给会议的是手写稿，既然媒体率先发表，会场上当然人手一份，我不必再像其他代表一样地随身带一包打印稿与会。同时，还得感谢此报编校。会议期间，我夫人在宾馆阅读此报，7000 言的文章，竟无一个错字，让与会的那些精通唐诗和汉文的外国学者可顺利阅读。

这次在新昌小城举行的国际学术会议，或许称得上差强人意。不说中国"专家"，与会的不少为外国专家，确实都是对唐诗有造诣的。让我非常钦佩的是一位来自澳大利亚的汉学家，他不带论文，而在会上朗读了《梦游天姥吟留别》全诗，他竟把李白的这首 280 多字的名诗，每个字都考证了唐音，在会上用唐音一气念完了全诗，所以他虽然不带论文，却实际上宣读了与会的所有专家都做不到的杰出论文。我在国外看到不少汉学家研治汉学的别开生面的方法和作品，这或许是不少既不出国门，也不通外语的学者所难以设想的。

美中不足的是，东道主和与会的中国专家都不懂外语，事前竟不请一位专业翻译，并且也不甚了解国际学术会议的惯例，每一位学者宣读论文以后，都以一阵鼓掌结尾，没有人评论，也没有人提出问题。像那位澳大利亚贵宾如此精彩的发言，也无非以鼓掌相报，连说一句"Excellent"的人也没有。由于此诗是收入于《三百首》中的，属于我在孩提时就熟读之列，当时虽然一知半解，所幸新修《新昌县志》出版不久，此志卷首的序由我撰写，我在序中引及了不少此诗诗句，所以我虽非会议中的唐诗专家，但能够用英语和几位外国学者交流的，或许仅我一个。会议有一次坐船游览长诏水库的活动，因为在水库中可以见到李白诗篇中的"天姥"。东道主安排了一位熟悉情况的先生在船上作了水库风景和天姥山等方面的介绍，至此，我只好自告奋勇出来担任翻译。接着是登岸参观真君殿等名胜，几位外国学者都与我走在一起，承他们谬赞，说我既精通唐诗，又能说一口流利英语。其中还有一位美籍华人，竟随带那份《新昌报》对其他几位介绍我的论文和论文前面的编者按语，让我不胜汗颜。那位用唐音朗诵李白诗的澳大利亚学者与我谈得很多，他很熟悉"唐诗之路"和在此路上旅行赋诗的诗人，因为谈得舒畅而热烈，我竟脱口而出，说了元稹"会稽天下本无俦"的诗句。当时，我的意图只是为了告诉他新昌在唐朝是越州剡县辖境下的小地方，但环境优美，又是天姥山所在之地，所以我们在这里聚会。我已经忘记了当年我是怎么用英语翻译"无俦"的，因为从上世纪90年代开始，我已经怀疑"越州城市，天下第一"的设想了。

与会外宾中还有一位上面提及的美籍华人，从语言估计他不是第一代移民，为了礼貌和方便，我们也用英语交谈，而且谈得很莫逆。我也和他说了"会稽天下本无俦"的诗句，但也忘了当时是怎样翻译的。他显然是一位出自书香门第的华裔，不仅粗通唐诗，而且爱好书法。会议结束后不久，我曾收到他从美国寄来的一封邀请信，邀请我们夫妇去洛杉矶参加一个汉字书法交流会，他是这个会议的支持人之一。因为他知道，我有两个儿子，分别执教于美国和加拿大的大学，而且我自己也已在北美几所大学里讲过学，此番再去，不仅可以与儿子们团聚，而且必然还会有学校请我讲学的。这本来是个很好的机会，不过由于那几年我要参加的会议和讲学一类的差事确实很多，而且都是事前约定了日期的，所以只好婉谢了洛杉矶之行的邀请。

唐诗之路的国际学术会议后不久，接着是一个在宁波举行的佛教与佛学国际学术研讨会，会议主持方面在这年年初就已经坚邀我担任此会的执行主席。原因是有各国的高僧前来与会，所以需要用英语主持会议，并且还得通晓梵语。尽管我的梵语水平很低，但他们认为要物色这样一位执行主席实在困难，我不得已同意滥竽充数。到会的外国僧侣确有不少，中国各名寺的高僧也都到了。有一位年岁颇大的高僧来自我们夫妇都比较熟悉的日本奈良药师寺，受戒前是京都大学的毕业生，他用日语与我夫人频频交谈，才知道他与别的外国和尚不同，不想在会后去普陀山、天台山和山西五台山等参拜名寺古刹，因为他曾多次来华，那些地方都早已去过了。他知道我们夫妇是绍兴人，他决定会后去绍兴半天，然后到上海搭机返日。他到绍兴去的目的，是因为他知道绍兴是一位虔诚敬佩的人物蔡元培的故乡。他在京都大学念书时，就有师长告诉他蔡元培的伟大。他说日本是由明治天皇维新的，而中国实际上是由蔡元培维新的。他认为蔡元培是把中国引入现代教育和现代科学的伟人。言词之间，他对中国是很友好的。他说他虽然已经出家，但是对蔡元培这样的人物，他仍然顶礼膜拜。

回顾这次去宁波充当这样一个会议的执行主席，事前额感犹豫，我夫人也认为当时同意去主持这个和尚会议欠考虑。及至收到洛杉矶会议的邀请，我们确曾动过临时推辞宁波会议而去洛杉矶的想法。但最后或许还是从大局出发和恪守信用的正统意识，改变了我们随心听欲的思想。另外一个原因是，香港和台湾都已邀请我去访问讲学，时间早已排定，手续也已办妥，假使其间穿插一次美国之行，一定会弄得来去匆匆，疲于奔命。所以才决定按时到甬，却不料在会上遇着了这样一位东瀛高僧，让我听到了对于蔡元培的这种如雷贯耳的评价。这实在是我好久以来对"会稽天下本无俦"一诗重新理解的开端，而且也和我今天为《绍兴丛书》编纂出版的鼓舞有关。

　　说到蔡元培，我们两家还稍沾了一点亲戚关系，所以他为我曾祖父母题写的墓碑称"姻愚侄"，为我祖父母寿穴（绍兴人称生前所建的墓为寿穴）题写墓碑称"姻愚弟"。我祖父在世时也一直称道他为人、为学、为事方面都有很高的成就。我幼年时曾经读熟过他在扉页题签赠给我祖父的上下两册《增订幼学琼林》。此书实在是当时让儿童阅读的常识课本。记得开篇是："浑沌初开，乾坤始奠，气之轻清上浮者为天，气之重浊下沉者为地。"但是我就感到这比祖父和我讲的"共工氏触不周之山"及祖母和我讲的"盘古氏开天辟地"要正确得多。特别是在每一篇末尾，都有蔡元培的增订，文字按《幼学》体例，但内容是当时的新知识。例如在"浑沌初开"这一篇篇末的增订，其实就是世界地理："世界五大洲，曰亚细亚洲，曰欧罗巴洲……；世界五大洋，曰太平洋，曰大西洋……"所以他实在是我的第一位地理老师。不过除了《幼学琼林》以外，年长以后，我也仅知他在家乡创办过新式学堂，曾任北京大学校长，提出"兼容并包，思想自由"的主张等等，而读他的著作实在极少，思想上还没有树立他是无可争议的绍兴近现代第一名人的意识。

　　宁波会议结束以后不久，香港绍兴同乡会终身名誉会长车越乔先生就来到杭州，这一次他是专程来接我们夫妇赴港访问然后去台湾的，我们随即同机返港，首先当然到胡鸿烈大律师约请的树仁学院，这是由他创办和惨淡经营的香港著名高校之一。胡、车二位与我们夫妇都是省立绍兴中学校友，而胡学长曾荣膺民国二十二年的全省会考状元（当时初中毕业班都要集中在杭州参加考试，称为会考），我则是民国二十九年全省高中统一入学考试名列前茅的省立绍兴中学公费生。我们4位校友合影留念时，我由于名校之友重聚的自豪感，情不自禁地口吟"会稽天下本无俦"的诗句，4位校友都因这句名诗相顾而笑。

　　在香港访问几天以后就去台北，这是应台湾"中央研究院"的邀请而成行的。此院创建于民国十七年，迁台后兴建于台北市郊南港，规模甚大，除文、理各研究所外，还设两处纪念馆。其中之一是胡适纪念馆，他是在中央研究院院长任上谢世的，纪念馆就由他的原来住宅改建。胡适是我崇敬的现代学者，我们去了纪念馆，并且到研究院边的小山上参拜了他的陵墓。返回大陆以后还应《辞海》所属的期刊《新知》之约，写了一篇《我说胡适》的文章。

　　另一所纪念馆就是蔡元培纪念馆，设在一座大楼第二层的一间单独的小厅中，和由胡适故居改建的胡适纪念馆相比，未免偏僻冷落。但是对我来说，却获得了一种意外的惊喜和崇敬。我们夫妇在到南港后第三天就前去参拜，向塑像鞠躬致敬。在馆内徘徊默念，久久不忍离开。回想半个多月前在宁波听到那位高僧的话，真是感慨万千。

　　特别使我惭愧的是，在南港建馆纪念的这两位现代名人中，对于胡适，我早于小学五年级时就从绍兴县立图书馆（古越藏书楼）借到 4 册《胡适文存》阅读，而非常佩服第一册中的《吾我篇》和《尔汝篇》。但对于这位连日本人都为之倾倒的乡贤，除了《幼学琼林》中的《增订》以外，我实在没有完整地读过他的一篇文章。为此，我决定利用在南港的时间，好好地研究一番这位现代越中第一伟人。估计日子，除了旅游和一对在台北办企业的洋亲戚夫妇坚邀我们到阳明山住宅玩几天以外，在南港泡图书馆的日子最多只有 4 天。要系统地阅读他的著作是不可能的，因而约定抽阅国际上对他的评论，这是我历来用短时间研究一位人物常用的方法。

"中央研究院"的图书馆以著名学者傅斯年命名，称为"傅斯年图书馆"，藏书很多，服务也很礼貌周到。我与他们商量有关蔡氏的国际评论资料，而且指定是英文和日文的。前者我自己读，后者由我夫人帮忙读。其实，据管理员说，对蔡氏的评论文章，德文和法文的也不少，但由于我们的语言能力所限，只好割爱。他们的服务实在无可指摘，我们一边阅读，一边管理员随时送上。国际上对蔡氏的评论确实不少，我们不可能十分仔细地精读，也没有时间写目录和做笔记。我夫人又常常因为一段有关蔡氏的事迹而插言与我谈论，影响了我的阅读进度。虽然有不少在大陆上看不到的文献对我也很有诱惑力。分散了我的一点时间，但整整 4 个下午，我的主要时间，都倾注在"读蔡"之中。除了没有读到那位日本和尚所说的"维新"以外，他在教育科学方面对中国的贡献，这些评论文章上都说到了，其中有不少引用了蔡的文章和演说，我们当然无暇翻阅原著。

我在国外讲学时，也常常利用零碎时间到图书馆翻阅报刊，并且读到外国学者所写涉及家乡的几位热门名人的评论，我是大致浏览一下，文章内容总是有褒有贬。外国人褒贬中国人，这实在是很普通的事。但值得我们回忆的是，我们在傅斯年图书馆所阅读的英文和日本评论中，除了有一些文章说到蔡氏当年遇到困难以外，可以说是有褒无贬。像这样一位在国际评论中有褒无贬的家乡名贤确实令人敬佩，是我们绍兴人的骄傲！

在傅斯年图书馆的几天阅读中，由于对蔡元培的了解和崇敬，其间很重要的收获是对元稹"会稽天下本无俦"的重新思考和豁然开朗。蔡元培是现代越中第一名贤的思想，从宁波听到那位日本高僧的赞扬开始，到南港完全确立。蔡元培的道德文章举国无俦，从蔡氏上溯，就是名播海内的蕺山学派和姚江学派，元有杨维桢、韩性等，宋有陆游、王十朋、曾巩等，其间既有乡贤，也有流寓和名宦，他们都在越中留下了千古诗文。这些都是元稹以后的人事，但都足以列入元稹所称的"无俦"。

现在让我们回溯到元稹的时代，看看当时的天下文章大势。其时，历来最完整的图书目录《隋书·经籍志》已经问世，越人和越地的文章大量入志，当然为元氏所目睹。《四书》《五经》和《春秋》经传等,都是至高无上的经典。《史记》《汉书》也为公众所崇敬。《后汉书》藉续《汉书》而有成,《三国志》也能差强人意;但在当时,恐怕已属次等。记叙两晋史事甚或以《晋书》为名(如臧荣绪所撰)者不少,但多不如人意,否则唐太宗何必领衔重修《晋书》。而唐修《晋书》其实仍有不少疏漏。至于南北朝诸史,欠佳者居多,其中《魏书》竟被詈为"秽史"。而元稹在越州所见,锦绣文章,琳琅满目。其中《越绝书》《吴越春秋》《论衡》三大巨构,当时均是完帙,此越人著述之翘楚,国中罕见之奇书。而右军兰亭修禊,灵运始宁山居,都是流芳千古的人文盛事。至于六朝史志如《会稽记》《会稽先贤传》《会稽典录》等篇,犹如雨后春笋,山花怒放。及至元稹当朝,州中北起西陵,南到剡溪,即以后所谓的"唐诗之路",文人学士,络绎于途,或吟镜湖一曲,或歌会稽天姥。平水无非是个小小草市,乡塾之中,竟也流行他诗友白香山之作。元氏游宦各州,见识不寡,若论州之规制,州境之广袤,当然有逾越州的,但人文之盛,举国实无他州可匹。所以"会稽天下本无俦",显然是他触景生情之句。此句的原意是:文士之才华出众,文风之雅致鼎盛,文章之丰富多彩,殆无与越州相比者。用一句现代语言来说:越州是天下第一的文化大州。

越中文化领全国之先的这种局面,自唐以后,历宋元明清各朝,传承代有其人。到民国出现了先知先觉、拔类超群的蔡元培等人和他光前裕后的伟大业绩。他不仅创导了家乡的新兴教育文化,而且促使全国在教育和科学上的维新,使中国在保持儒学文化的深厚渊源上,沐浴现代教育和现代科学的颖光。蔡氏越人,他对中国文化的功勋,越人实与有荣,也是越中人杰地灵的实证。正因为此,当代绍兴人士对越中自古以来大量学术遗产的整理汇集,不仅义不容辞,也是时不容缓。

绍兴的文士、文风和文章,在公元7世纪就已经"天下无俦",时至今日,又经过十多个世纪的积累,其数量实在是难以估计。但值得当代绍兴人注意的是,在这方面,历来的散失亡佚,也是十分严重的。这当然不是绍兴一地之事,而是全国都存在的问题。韩长根教授曾经对中国古籍做过统计研究,他在《中国编纂文集之始和现在最早的诗文总集:〈昭明文选〉的研究与流传》一文中指出:"中国古籍包括现存的和有目无书,即散佚的,大概不下十五万种,而其中尚存世流传可供披览检证的,也仍在十二万种以上。"韩文论及的这些古籍,不论存亡,都是有目可查的。这个"目"即是历来的公私书目。从《汉书·艺文志》以来的所谓正史和其他一些与正史相当的史书,多有《艺文志》或《经籍志》之类的卷篇。此外,历代文人学士或其他藏书家,他们收藏的书籍文献,也常编制书目。韩氏论文中的"目",就是"公目"和"私目"两类。而后者比前者多得不计其数。如拙撰《绍兴地方文献考录》,所据主要就是各种"私目"。但古人藏书而能编目,编目而能流传的,显然是其中的极少数。至于"公目",著作要上"公目"

谈何容易。以称为"正史"的二十五史为例，这是权威的史书，但也是并不公正的史书，能够收录于这类"公目"的著作，无疑也是少数。从绍兴这个"天下无俦"的文章大邦来说，不查以往，在我手上用过的，见于我的论文或专著中著作文章，现在已有不少散佚无踪了。所以我提出整理汇集的主张，实际上也是一种亡羊补牢的措施。但是假使这种亡羊补牢的事能够在我们这一代中实现，则上对越中列祖列宗，下对我们的子孙后代，都是一种重大的事业和功德。

令人欣慰的是，近些年来，绍兴的有识之士，已经开始对此有了重视，并且着手在这种"天下无俦"的事业上起步。大约在 10 年以前，绍兴县从事修纂中断已久的方志，同时对此邑历史上若干重要地方文献作了整理汇集，如《越绝书》、宋《嘉泰会稽志》、《宝庆会稽续志》，以及清代的此邑若干方志，都进行了整理重印。虽然挂一漏万，但毕竟是良好的开端。新修《绍兴县志》在这样的基础上完成，所以成绩斐然，无疑是从上世纪 80 年代以来的所谓第一轮修志中的全国佳志。

《绍兴县志》成为全国佳志，当然让人高兴。但修志是全国性的文化事业，各市县都修出志书，何况绍兴县的《越绝书》是众所公认的中国方志鼻祖，绍兴能修出一部佳志，这是理所当然。自从我对元稹"会稽天下本无俦"有了正确理解，对蔡元培在全国现代教育和现代科学上的至高功勋得到充分认识以后，对于这座文章巨邑，文化大邦充满了自信心和自豪感。从"天下无俦"到蔡元培，既是海内外绍籍人士的无比光彩，也是我们的沉重负担。我们有责任把"天下无俦"的大块文章从头收拾，汇为一编。这不仅是一种集体功夫，更是一项抢救工程。

我终于看到了家乡学人的"无俦"精神，2003 年，《二十五史中的绍兴人》问世。这是一部牵涉浩瀚的大书，是绍兴历史文化的基本建设。但是我虽然感到满意，却并不满足。这是因为，对于公元 7 世纪就"天下无俦"的绍兴，对于在民国年代出了全国第一文化巨匠蔡元培的绍兴，文士如林，文章如山，一部二十五史怎能"兼容并包"？元稹把绍兴文章列为天下第一，而历来写文章的人，除了绍籍人士还包括绍籍以外的寓贤、名宦和国际汉学家等。此外，越中名士，即使上了二十五史，其事迹也不可能在一篇本传中包罗尽致。我不妨随手举个东汉钟离意的例子。此人，以《后汉书》本传和辑佚而成的《会稽典录》相比，本传中就有不少疏缺。又如本传中有"出为鲁相"一语，但《水经注》卷二十五《泗水》篇在经文"西南过鲁县北"下，注文就有一段他"出为鲁相"期间的重要事迹：

> 永平中，钟离意为鲁相，到官，出私钱万三千文，付户曹孔䜣，治夫子车，身入庙，拭几席、剑履。男子张伯除堂下草，土中得玉璧七枚，伯怀其一，以六枚白意。意令主簿安置几前。孔子寝堂床首有悬瓮，意召孔䜣问，何等瓮也？对曰：夫子瓮

也,背有丹书,人勿敢发也。意曰:夫子圣人,所以遗瓮,欲以悬示后贤耳。发之,
中得素书。文曰:后世修吾书,董仲舒;护吾车、拭吾覆、发吾筒,会稽钟离意,璧有
七,张伯藏其一。意即召问伯,果敢焉。

这样的例子可以举出很多。但对于绍兴学人的这项耕耘成果,我虽不满足,却并
无求全责备之意。因为我心里明白,在这个自古有"无俦"传统而现代又出了蔡元培
这样人物的地方,《二十五史中的绍兴人》,其实无非是一出大戏的开场白而已。所以
我虽然曾几次向几位学术界乡友提出过"兼容并包"的建议,而其实,我很清楚,一项
伟大的事业,总有一个开端,总有一个由浅入深、由局部到全局的过程。引导全国的教
育和科学与泰西接轨的蔡元培,尚且从事于儿童常识课本《幼学琼林》的增订工作,
《诗·大雅·荡》有言:"靡不有初,鲜克有终。"大知大能如蔡元培,他就深知基础的重
要。二十五史中的工作虽然并不简单,而其实与蔡氏当年增订《幼学琼林》一样,也是
一种基础工作。我充分相信,人杰地灵的绍兴,决不会就此止步。

现在,《绍兴丛书》的编纂出版已经成为事实。在这个不同凡响的地方,这是必然
要举办的文化事业。前面所举关于钟离意一类的例子,当然属于杞忧。《丛书》现拟
的 10 辑之中(可能还有增加),就有《绍兴人物传记汇纂》这样一辑。有此一辑,所有
二十五史已叙不详的人物,所有被"正史"所拒而实际上应该入史的人物,都会各得其
所,所以《二十五史中的绍兴人》,它实在向海内外绍籍人士、对越中文化有兴趣的中
外学术界传递一个信息:在这个"天下无俦"和出了蔡元培这样文化巨人的地方,正酝
酿一样让人们刮目相看的文化学术工程——《绍兴丛书》。

当然,《绍兴丛书》是一部硕大无比的巨构。在这样一个历史文化渊源深厚的地
方,从事如此一项广而无际、深而无底的工程,其困难程度是可想而知的。元稹说出
"会稽天下本无俦"的由衷之言。当年,他所读到的上述《越绝书》等 3 部奇书,其作者
是何许人也;兰亭修禊,始宁山居,王谢是何许人也;各具格局的六朝史志,其著者们是
何许人也。有"天下无俦"的学人,才有"天下无俦"的文章。元稹以后,从陆放翁到蔡
元培,其间又有多少"天下无俦"的人物和文章。当今的绍兴人,沾了祖辈们"天下无
俦"的光,当然不胜荣幸,但是我们毕竟都是平凡人,却必须肩负整理祖辈们留下的这
一宗如此巨大的文化遗产,实在任重而道远。关于这方面,现在从事《丛书》重任的人
士,大家都心中有数,用不着我在此赘言。

但是我们也有不少有利条件:由于地方领导的支持扶植,机构赖以建立,人才获得
罗致,经费不虞匮乏。这是《丛书》工程开展的必要基础。特别是这项文化工程感动
了海内外学术界,《丛书》有幸获得全国知名学者和藏书界的指导鼎助,这是《丛书》提
高质量和搜索遗佚的重要关键。

　　天时、地利、人和，当前是《绍兴丛书》编纂出版的难得机遇，希望绍兴的有识之士，把握这个机遇，让《丛书》一辑又一辑地相继问世。《典论·论文》有言："盖文章，经国之大业，不朽之盛事，年寿有时而尽，荣乐止乎其身，二者必至之常期，未若文章之无穷。"早在公元7世纪，绍兴的文章就"天下无俦"。对于绍兴来说，《绍兴丛书》既是一种总结，也是一种鞭策。海内外绍籍人士，应该发奋努力，承前启后，把这种"天下无俦"的精神，一代一代地传承下去。

2006 年 10 月于浙江大学

注释：

① 原载《绍兴丛书》第一辑《地方志丛编》，中华书局 2006 年版，全文又由《中华读书报》2008 年 2 月 20 日转载。

《绍兴史纲》序

　　《绍兴县志》主编傅振照先生以其多年耕耘的巨构《绍兴史纲》嘱序于我。与此同时,台湾汉学研究中心邀请我出席今年 10 月在台北举行的"地方文献学术研讨会",这真是一种学术上的巧合。

　　《绍兴史纲》当然是绍兴的地方文献,傅先生研究绍兴地方文献,成就卓著。其所主编的《绍兴县志》,如我在该志序中所说:"就《绍兴县志》的内容而论,在这十余年来各地新修的志书中,实属后来居上。"我特别指出:"综观全志,内容完备,信息全面,而体例严谨,尤可独步志林。"此外,近年以来,我曾在不少学术会议中(如 2001 年洛阳"全国历史文化名城修志用志研讨会")和文字中(如《浙江方志》2001 年第 2 期《回顾与展望——修志跨入新世纪》)多次称赞这部志书。《绍兴县志》本身是绍兴的一种大型地方文献,它所取得的成就,其实也就是绍兴地方文献的成就。因为方志是历来大量地方文献汇集的成果。

　　傅先生主编《绍兴县志》之时,撰述《绍兴史纲》的策划意图显然已经成熟。我忝为《县志》顾问,曾经略读志书全稿,并仔细地考究了傅先生在卷首所撰写的《史略》一篇。《县志》出版不久,傅先生就和我商量了《史纲》的写作问题,说明对此他早已胸有成竹。故《县志》中的《史略》一篇,实为其提炼《史纲》初稿之作。所以《绍兴史纲》是傅先生在主编《绍兴县志》以后又一部重要的绍兴地方文献。近年以来,绍兴学术界对地方文献的整理研究方兴未艾,成果累累。继《绍兴市志》《绍兴县志》《越国文化》

等的出版,以照片为主的大型画册《绍兴老屋》《绍兴古桥》也相继问世,确实使人踌躇满志。而《绍兴史纲》的出版,其意义尤为不同凡响。《史纲》本身是一种地方文献,是一种以历来大量地方文献为基础的集腋成裘之作。但它反过来为历来大量地方文献勾画出或详或简的历史背景,成为数量浩瀚的绍兴地方文献的纽带。作为一种地方文献,《绍兴史纲》的深远意义和重要价值实在不言而喻。

前面提及《绍兴史纲》的嘱序与台湾汉学研究中心举办"地方文献学术研讨会"的邀请是一种学术上的巧合。这是因为,汉学研究中心举办的这次盛会,其所讨论的主题,正是我为《史纲》作序所考虑的。绍兴是个地方文献丰富多彩的名区,历史上积累的大量遗产和近年来不断推出的新成果包括《绍兴史纲》,可以为台北的这次学术会议提供许多研讨的素材;而台北会议的成果,又可为绍兴地方文献的整理研究提供学术上和方法上的有益参考。所以这不仅是一种巧合,而且更是一种相得益彰的机遇。

台湾汉学研究中心的邀请函附有"地方文献学术研讨会"的一份《会议简介》,我特别注意了《简介》中所列的"会议子题",其中包括四项内容:1. 地方文献之搜集;2. 地方文献之整理;3. 地方文献之研究;4. 地方文献之运用。这四项子题确实抓住了地方文献的要领。从这四个方面对地方文献进行研讨,无疑是对地方文献的全方位探究,显然有裨于学术界对地方文献的认识和重视,从而促进并提高在这个课题中的各种研究。所以我很佩服这次学术研讨会的发起和组织者,因为这四项"子题"的提出,确实是在地方文献学术领域中竭尽思虑之所得,按照这样的"子题"研讨地方文献,可以预卜这次盛会的成功。

这四项"子题"其实也是对《绍兴史纲》进行评价的客观标准。为此,我为此书作序,就拟按"子题"对《史纲》作一点议论;在某些方面,或许还要在《史纲》以外作些泛论。

在地方文献资料的搜集方面,《史纲》作者确实尽了很大的努力。从卷末《主要参考书目》可以窥及,作者的搜集面是很广的,举凡正史、方志、文集、笔记等等都在其中,并且包括馆藏善本和钞本,可称洋洋大观。其中如《绍兴史迹风土丛谈》《会稽县劝业所报告册》等,都是来之不易的珍稀资料。搜集是著述工作的第一步,对于《史纲》来说,广泛全面的搜集工作,成为全书内容充实的重要基础。

在这里我必须指出,地方文献的搜集工作存在很大的难处。由于地方文献种类繁多,篇幅零散,除了其中的少数已经作过整理并出版以外,有很大部分都未经整理,也没有出版,而且往往流徙分散在各处甚至海外,其中有不少是稿本或钞本,常常使搜集工作面临不可逾越的困难。以地方志为例,这是一种各地皆有的地方文献。最近我在《关于编纂〈国外图书馆收藏中国地方志孤(善)本目录〉的建议——并简介新近引回

的顺治〈秦州志〉》一文中,曾经记及了一段从国外引回志书的故事(《中国地方志》2002 年第 1 期):

> 我从上世纪 80 年代起,借出国访问讲学之便,曾引回过几种流散国外的孤本方志,其事实不足道,却蒙诸葛计先生的厚爱,在其所撰《稀见著录地方志概况——关于合力编纂〈中国稀见著录方志提要〉的建议》一文中对我作了称赞。他说:"八十年代最先从国外引回志书,而且引回志书种数最多的,则是杭州大学的著名地理学专家,方志专家陈桥驿教授。"他又说:"曾记得,1983 年,当陈桥驿先生从美国引回孤本志书——乾隆本《越中杂识》在国内排印出版时,我国负责古籍整理领导工作的李一氓先生,曾以十分兴奋喜悦的心情说,这对古籍整理是很大的贡献。"诸葛计先生并其所引李一氓先生对我的表扬,我实在受之有愧。因为国外图书馆对公众完全开放,即使是珍稀版本,除正常的复制费外,也无额外索取。所以我的几次引回,都是不费周折的事。

但这种"不费周折的事",眼下在国内却不是如此。上世纪 80 年代后期,我受浙江省常山县之托,从日本宫内省图书寮(现已改名宫内厅图书馆)引回康熙《常山县志》刊本。宫内省图书寮是属于皇宫内的特殊藏书机关,起初估计有些困难,但结果顺利引回。遵常山县之嘱,在他们新修的《常山县志》写了一篇《从日本引回康熙〈常山县志〉纪略》(《常山县志》,浙江人民出版社 1990 年出版,此文又收入于《陈桥驿方志论集》,杭州大学出版社 1997 年出版)的文章,其中有一段述及:

> 国外图书馆的书刊复制,效率之高,收费之廉,甚至像宫内省图书寮这种性质特殊的图书馆和康熙《常山县志》这样的世上孤本,也同样如此。而如今在我们国内图书馆复制书刊,却常常困难横生。不必说世上孤本,只要版本稍属珍稀,其"有偿服务"的"偿"就会使人望书兴叹。对比之下,实在使人感慨不已。

在另一篇《北美散记》(《野草》1996 年第 4 期)中,我也写了一点有关这方面的对比和感慨:

> 说起国外图书馆,有一点值得我们惭愧。我们这边,许多图书馆,取出一本书来就要钱,不管你看不看。稍稍珍稀一点的版本,要价就更吓人。我的一位研究生曾经抱怨说,假使当年英国图书馆也是这样,马克思这个穷汉恐怕也写不出《资本论》来。在国外,凡是我到过的地方,在馆内看书没有要钱的,不管你看的是什么版本。要复制,也不管是什么版本,按规定的同样价格收费。

在绍兴地方文献的搜集中,也存在这样的例子。绍兴文理学院邹志方教授研究地方诗歌,成就甚著,已经先后出版了《历代名人咏柯岩》《历代名人咏陆游》等著作。为了扩展和加深绍兴地方诗歌的研究,这些年来邹先生确实全力以赴,从事搜集工作。

他在拙著《绍兴地方文献考录》中查到某图书馆藏有《山阴道上集》抄本 34 册，是该馆收藏的善本。全书收有绍兴府属八邑诗人达 800 人之谱，其中当然有许多乡土诗。此书我曾于上世纪 80 年代之初在该馆披读，邹先生为此与我信札往返，希望复制此书，我也十分盼望此书能物归乡土。与收藏者联系以后，他们开出的复制天价，邹先生实在无力承担，令人扼腕系之。

　　傅振照先生在其《史纲》的著述中，引及地方文献甚多，搜集过程中遇到困难可以想见。所以"地方文献研讨会"中关于搜集的这个"子题"是值得共同商榷的一件大事和难事。这是地方文献研究中的一块绊脚石，是清贫的知识分子的一道很难逾越的路障。我不厌其烦地对此加以申述，也正因为此。

　　其次是地方文献的整理问题。地方文献如上述种类繁多，收藏零散，所以在搜集过程中，整理工作也要同时跟上。整理工作大体上可以分成两类，一类是学者利用地方文献研究一个专题，例如傅先生的《史纲》以地方史为研究对象，其所搜集，主要的是地方史料。按此书内容分越国及秦至清代两篇，其中越国篇包括传说、考古和文献几种来源，资料芜杂，来源各异，在整理过程中必须进行审慎的鉴核和细致的排比。秦至清代篇的资料主要来自各种文献，由于文献的来源和性质都有差异，也有很大的整理工作量。现在从《史纲》的内容充实和体例严谨等进行考察，可以看到作者在资料的整理工作中下了很大的工夫。

　　在地方文献的整理工作中，也有另外一些学者，专门以一个地方的散佚文献为整理对象，如张澍的《二酉堂集》和鲁迅的《会稽郡故书杂集》等均是其例。鲁迅在《杂集》序中说："会稽故籍零落，至今未闻后贤为之纲纪，乃创就所见书传，刺取遗篇，累为一帙。"所以张澍和鲁迅的地方文献整理工作，其实是一种辑佚工作。往年我为傅振照、王志邦、王致涌三位先生辑注的《会稽方志集成》（团结出版社 1992 年出版）一书作序，我说："辑佚是一种专门的学问，它涉及许多学术领域，绝非轻而易举之事。"所以像《二酉堂集》和《会稽郡故书杂集》，既是地方文献的辑本，也是地方文献整理工作的杰出例子。

　　我个人在这方面也曾经做过些许工作，编撰了《绍兴地方文献考录》一书，于 1983年在浙江人民出版社出版。我的工作当然属于下里巴人之流，所以在此书《前言》中坦率地提出："从整理地方文献的角度来说，编纂考录是最起码的工作。假使这一工作能够引起人们对越中地方文献的重视，或者能够在整理地方文献中起到点滴作用，那对我来说是最大的慰藉。"因为我从事这种工作始于上世纪 30 年代之末，是在张澍和鲁迅的影响之下而从事的。其间虽然利用了公私书目四百余种，又跑遍了全国主要的图书馆。但是由于从上世纪 50 年代以后的历次运动，无端被剥夺了 20 年工作时间,所以全稿是在 40 年之中断断续续地完成的,不仅文字体例有互不衔接之处,而特别重要的缺陷是没有把谱牒搜集在内。此外,1980 年出版社索稿之前,我曾经编有一个详细的书目索引,以便使用者查阅,却不料在出版以后发现此索引竟被出版社删去,这当然是因为编辑先生没有做学问的经历,令人遗憾。

关于地方文献的整理,一个具有普遍性的问题是年代。因为不论是专题性的地方文献整理,如傅先生的《史纲》,或是一般性的整理,如拙编《考录》,在整理过程中,必须存在次序编排的问题。《史纲》本身就是一部年代著作,不仅资料需要按年代整理编排,撰述内容更必须有严格的年代依据。拙编中收入或存或佚的地方文献达 1200 种之谱,按性质分成 18 类,每一类文献也都是按年代编排的。时至今日,由于地方文献的领域扩大,各地多有如放射性碳素、热释光之类的测年考古资料的积累,所以年代问题显得更为重要。不少地方的文献资料,既有历史时代的,也有史前时代的。在史前时代,我们可以按照地质学的年代划分,譬如说更新世或全新世,因为人类出现于更新世之初,而人类有组织的生产活动始于全新世。也可以按照考古学的年代划分,譬如说旧石器时代或新石器时代。至于历史年代,从我们国家来说,有共和元年以前的年代,也有共和元年以后的年代。对于共和元年以前的年代,不久前曾经花费巨资进行了所谓夏商周的断代工程。不过我的意见是,从宏观上说,我们宁可使用"五千年历史"的传统说法,因为这类"工程"所获得的数据,包括以前如东京《民报》或黄藻《黄帝魂》等所采用的黄帝纪年,我认为并不是科学的。我在拙作《浙江的历史时期与历史纪年》(《杭州师范学院学报》1999 年第 2 期)一文中曾经指出:

至于中国的历史纪年,这是众所周知的西周共和元年(前 841)。也有想把这个年份向上延伸的,愿望虽好,但恐怕没有可能。当然,现在大家都知道科学的测年手段,如放射性碳素、热释光、中子活化、铀系等等,日新月异。但是我们也知道作为'年'的精确数值概念也早已测定:1 回归年,即太阳中心在黄道上连续两次经过春分点(或夏至点、秋分点、冬至点)的间隔时间,其数值为 365 日 5 时 48 分 46 秒(365.2422 日);1 恒星年,即地球公转的恒星周期,也就是地球公转 360° 的周期,其数值为 365 日 6 时 9 分 10 秒(365.2564 日)。太阳中心在黄道上转移和地球公转都有误差,这种误差数是'秒值'(每遇这种情况,天文台都要'安排'这一二秒误差数并且公告)。现在我们使用的任何一种科学测年手段,也都有误差,这种误差数是'年值'、'十年值'和'百年值'。由此可知,在'年'的数值如此精确的现代,要想通过科学的测年手段或其他考古学和历史学等方法,使中国的历史纪年从共和元年向上延伸,这显然是极度困难的。

当然也会有人提出,共和元年及其以后的年代,是不是都有回归年或恒星年的依据呢？回答很简单：第一是没有；第二是因为这是约定俗成的传统，使用已久，不必计较。

"子题"的最后两个方面是研究和运用，这两者关系密切，可以合起来议论。地方文献数量庞大，种类繁多，牵涉广泛，其中还包括许多神话传说，也有后来传写的许多以讹传讹、牵强附会的东西。在搜集、整理以后，必须经过研究，才能加以运用。《绍兴史纲》在这方面也有值得称道的例子。从历史文献来说，这个地区最早见于记载的是周成王二十四年"于越来宾"，为时在公元前11世纪之末。但这项资料出于今本《竹书纪年》，按文献来源价值不大。作者之所以重视这项资料，无疑是与地方传说相互印证的结果。《论衡·超奇篇》说："白雉贡于越。"《异虚篇》说得更清楚："周时，天下太平，越尝献雉于周公。"王充必然是根据越地的传说把"献雉"之事写入《论衡》的。他绝未见过《竹书》，在他的年代，《竹书》尚深埋于汲冢之中。周成王二十四年，周公已经归政，但在社会上仍有极高声望，所以传说作"献雉于周公"。以《竹书》与越地传说核对，可以说明"于越来宾"的记载不讹。

《史纲》对地方文献的研究和运用，值得重视的还在于作者对于神话传说与信史之间的处理方法。流传于这个地区的远古神话传说当然以禹的故事最为重要，这个神话故事虽然荒诞不经，但是内容生动，深入人心。对于这个故事的性质，前辈学者早有议论，如傅斯年所说："盖禹是一种神道，即中国之 Osris，禹鲧之说，本中国之创世传说。"（《庆祝蔡元培先生六十五岁论文集》，1933 年）美籍俄罗斯汉学家卜弼德在其《试论中国上古的演变》(*Selected Works of Peter A. Boodberg*, *University of California Press, Berkeley and Los Angeles*, 1979.)一文中也指出："中国上古的洪水故事，正如大家所知道的，不过是个神话。"顾颉刚在《古史辨》中提出："禹是南方民族神话中的人物"，"这个神话的中心点在越（会稽）"。在许多古籍中，诸如："到大越，上茅山，大会稽，爵有功，封有德，更名茅山曰会稽"（《越绝书》）；"东巡狩，至于会稽而崩"（《史记》）；"登宛委之山，发金简之书，案金简玉字，得通水理"（《吴越春秋》）等等，不胜枚举。所有这些神话传说的地理背景都在越（会稽），所以《绍兴史纲》对此是无法回避的。《史纲》的撰述当然需要依靠绍兴地方文献，而对禹及其相关的一系列传说的记叙，实在是个棘手的问题。值得称道的是，由于作者对绍兴地方文献的研究精深，所以运用自如。《史纲》在这方面的记叙中，既讲清了这些神话的渊源脉络，也没有因此而损害科学的历史学。

这里不得不再次提到的夏商周断代工程，因为这项"工程"同样涉及夏这个朝代，而传说这个朝代是由治平洪水的禹建立起来的。在国内，不要说芸芸众生，即使在学术界，对于这项耗资巨大的"工程"似乎并不热心，见诸报刊的评论不多。倒是在国外,颇有些议论纷纷。当然,国外的议论是多数国内人所听不到的。至于网上的讨论,从理论上说大家都能看到,但实际上是,当前的社会潮流并不导向人们包括学术界对这类事情发生兴趣,而且由于网上使用的语言是英语,更增加了交流的难度,所以了解情况的人只是很少数。不过《中国文物报》曾在 2001 年 6 月 6 日以《夏商周断代工程引起的海外学术讨论纪实》为题,用一个整版的篇幅翻译摘登了国际网议的部分内容。我并不评论参加网议的这些国际学者们对"工程"的臧否,但这个版面的署名者刘星在版末《这场争论引起的若干思考》中有一段话,确实值得我们深思。他说:

> 关于是否有夏、二里头是否夏以及二里头文化是否步入了国家社会等等问题,我们在上述的评论中已经多少表明了我们的立场。运用'同代文字证明'的逻辑,我们只能对夏的存在打一个问号,因为目前还没有出土文字证明司马迁关于夏的记载是真实可靠的;同样,二里头是否夏,也存在类似的问题。

我真佩服刘星先生的这段话,他确实说得既科学,又含蓄。"因为目前还没有出土文字证明司马迁关于夏的记载是真实可靠的",所以,"我们只能对夏的存在打一个问号"。司马迁对夏说了些什么?《夏本纪》中抄录了《禹贡》全文,这里记录了大禹移山倒海的神功,竟把第四纪甚至第三纪的地质变迁都包罗在内。我在《大禹研究》(浙江人民出版社 1995 年出版)的序中谈到禹疏导黄河的神话:"黄河的上流在西戎,下流在东夷,神话当然不必计较谁管辖的问题,让禹从西戎的积石一直疏导万里,导到东夷的九河。其实黄河历来都用'堙'的方法,如今郑州以下,黄河大堤高高在上,就是'堙'的结果"。我在《水经注记载的禹迹》(《浙江学刊》1996 年第 5 期,以上两文均收入于《吴越文化论丛》,中华书局 1999 年出版)提到:"最引人入胜的是《史记》,《越世家》中说:'越王句践,其先禹之苗裔。'《匈奴传》也说:'匈奴,其先祖夏后氏之苗裔也。'就这样,南蛮鴃舌,祝发文身的越王,与韦鞲毳幕,膻肉酪浆的单于,结成了一南一北的昆仲关系。"所以我在《关于禹的传说及历来的争论》(《浙江学刊》1995 年第 4 期,收入于《吴越文化论丛》)一文中曾把禹的第六世国君少康封他的庶子无余到越地作为越王的故事比喻为:"宛如近代维多利亚女王派遣一位总督到印度一样。"刘星先生的含蓄就在于此,等到那一天"同代文字"奇迹般地发掘出来以后,能够找得到司马迁记载的这些东西吗?

佛教经籍中有一种《维摩诘所说经》(简称《维摩经》)。往年我偶然见到一种汉文译本,只是毫不经意地随便翻翻,却在其中看到了一个天女散花的故事,颇能引人入胜。我才知道,原来天女散花之事,如同神禹"导河积石,至于龙门"一样,也是有出典的。不过对于"导河积石"一类的神话,由于内容枯燥,所以在读过地质学和古地理学一类的书以后,就不再想着它了,但是天女散花的故事,由于近年以来鲜花行业的兴旺,逢年过节,学校领导和学生们往往以花篮相赠。见花起意,不免要想到《维摩经》这种少为人见的佛教经籍。现在读到刘星先生《这场争论引起的若干思考》这一篇,倒是让我获得一种启发。二里头遗址,姑且不论它属于哪一级规模,但毕竟是一处让人看得到、摸得着、举世公认的古代文明遗迹,是一件客观存在的实体。逢年过节摆在舍下客厅中的这些花篮,与二里头当然不好相比,但是它们也同样是客观存在的实体。现在杭州市面上的鲜花,其货源有来自当地的、邻县的,也有以空运来自广州和昆明的。来源不同,但是都可以查得清楚。绝对不会有哪一家花店,敢于打出《维摩经》的招牌,说他们的鲜花是天女散下来的。那末,二里头这个举世闻名的古代文明实体,又怎样与刘星先生所说的要"打一个问号"的夏挂起钩来呢?

我的比喻或许不伦不类,说我玩世不恭,这是很轻微的批评,因为欣赏《维摩经》天女散花为生动有趣,讨厌《禹贡》"奠高山大川"为枯燥乏味,乃是实足的数典忘祖。对此,因为我既然有这样的思想,所以并不计较。我之所以把自己的想法和盘托出,主要是为了说明《史纲》作者对流传于绍兴一带的这类神话所作出的适当处理。因为在这一带流传的神禹故事,并不像《夏本纪》那样的板起面孔,而是饶有趣味的。例如禹到这里举行一次大会,召集全国诸侯前来参加,而防风氏迟到了一步,竟被斩首示众。绍兴的几种地方文献中,又描述了防风氏被"执行"的场景,由于此人身躯高大,刽子手的刀斧砍不着他的头颈,所以必须搭起一座高台,才能行刑。诸如此类的故事,在绍兴地方文献中还有不少,如前面所说,它们内容生动,深入人心。《史纲》当然可以撇开太史公和《禹贡》之类,但对于流传在这个地区的神话传说,却不能不作出交代。何况在拙作如《关于禹的传说与历来的争论》《大禹研究序》等有关这方面的好几篇文章中,都曾提到过这类神话传说的积极意义。

我在此文开始就提出,《绍兴史纲》的嘱序和"地方文献学术研讨会"的邀请是一种学术上的巧合。我是在这种巧合中为《史纲》写序的,所以文字显然非常拉杂。因为既要说明《史纲》作为一种地方文献的卓越成就,又要就"地方文献学术研讨会"所提出的四项"子题"作点发挥。我撰文素不雅驯,所以此文,或许是两者都辞不达意。还请方家们批评指正。

2002 年 4 月于浙江大学

原载傅振照《绍兴史纲》,百家出版社 2002 年版

《嵊州市志》（1986 年—2002 年）初稿的几点意见[*]

午江^①先生：

　　尊志稿，我曾经利用一次为研究生讲《方志学》的机会结合谈过一次，由于时间短，谈得很简单，他（她）们都说了一点意见。后来，由我口讲，他们作了一点记录，我看了一下，都是符合事实的，所以把他们记录的寄给您，写得很粗糙，仅供参考。

　　匆此并祝

编祺

陈桥驿

2005.11.18

[附]

《嵊州市志》（1986 年—2002 年）初稿的几点意见

　　阅该志"概述"第二编《自然环境和资源》，第七编《茶叶》，第九编《领带业》后的意见如下，仅供参考。

＊　原题"陈桥驿顾问的来信"，收入本书时题目做了改动。

一、概述

A. 第二段，多次提到市人均耕地少，具体多少，未提。

B. 第二、三、四段，叙述的顺序需调整，该三段讲嵊州自然环境，最好顺序是按①地质地貌(作一段)②气候水文(作一段)③植被(文中未写，应补)④土壤(作一段)。

C. 概述中提全市面积 1784.43 平方公里，而第二编第三章第一节土地资源全市面积 1787.62 平方公里，同一志书中，面积却不一样，请核实。

二、第二编　自然环境与资源

A. 全编的无题小序写："1986 年至 2002 年，境内气候水文，地质地貌，土壤及矿产资源等自然环境和资源无明显变化……"既然如此，为什么以下单写气候、水文、动植物和矿产、土地等资源，缺地质地貌、土壤，阅者认为从 1986 年后，有逐年气象站、水文站历年的实测资源，而地质地貌、土壤未经再调查，故略，若如此，那么，把无题小序改为全编概述来写，把全市自然环境作介绍，然后点明气候、水文有实测资源，以下再详写。

B. 无题小序中说本市"冬季气温有所升高"，气候一节也说"出现暖冬"，应该用气温数字说明之。

C. 气候第四节划分按候温来分，应明确提"候温"这一名词。

D. 市平均降水量 P85 写为 1405.6 毫米，而 P88 却写为 1470 毫米，请核实。

E. 植被节，是否补充些，写明水平分布及垂直分布情况。

F. 市特色矿产之一——硅藻土，补充写其功能。

三、第七编　茶叶

A. 第一章第二节基地建设(p.455)，茶园面积逐年有变化，有下降，有上升，原因未分析。(p.453 表中亦可见)。

B. 本编第三章有相当长一段无题小序，但全编其他章却没有，从体系来说，全志未统一。

注释：

① 午江，指《嵊州市志》主编金午江。

原载《嵊州春秋》

《齐贤镇志》序①

　　《绍兴县志丛书·镇村志系列》陆续修纂完成,行将分批出版,在我国方志史中,实在事关重要,是修志事业上的一块里程碑。镇与村都是社会结构与人民生息的最基层的地域单位。从政治上说,为政者对于国情、民情的了解,这是最基础的信息来源;从学术上说,学者对各种自然科学和人文科学研究的许多有关资料,都可从这些志书上攫取。以往人们言志书,往往着重州、郡、府、县,这是因为秦建郡县制以来,郡(州、府)县一直是最稳定的行政单位,是一个地区中行政、经济和文化的荟萃。所以地方志的修纂,历来盛于郡县。乡、镇、村、里之类,都是县所隶辖的基层行政单位,不仅是经济、文化等方面的力量薄弱,而且名称与管辖范围也变迁频繁。历来虽然也有修纂志书的,但数量很少,卷帙单薄,当然不能与郡县志书相比,所以并不受到重视。但是随着人类社会的发展,无论对于政治和科学,人民的视野,在宏观上发生了空前的扩大,在微观上则愈益细致深邃。所以小区域志书必然要获得社会的重视,则《绍兴县志丛书·镇村志系列》的修纂出版,实在是大势所趋。

　　这里还必须穿插这 20 年修志中的一件往事。由于台湾从上世纪 60 年代起出版了《中国方志丛书》,①使用甚为方便。大陆方志界也考虑及此,策划将现存方志进行整理精选,编纂《中国地方志集成》,由江苏古籍出版社、上海书店、巴蜀书社合作从事,分区出版。他们聘请了十余位学术顾问,于 1987 年在南京集会,商讨《集成》的编选事宜。我忝为顾问之一,从杭州去南京与会,顺道在上海探望另一位顾问谭其骧先生,希望能与他同行。但谭先生由于那年脑血栓以后身体不佳,不能赴宁与会,却郑重地要我会上转述他对《集成》的一项重要建议:"必须重视乡镇志,以之作为《集成》的一个重要组成部分。"

南京的《集成》会议除了学术顾问以外,还邀请了一些收藏志书丰富的图书馆负责人,因为由专家们审定入选的志书,都分散于各图书馆之中,必须获得他们的支持。我在会上把谭先生的建议作了认真的传达,并获得与会专家们的赞同。于是,《集成》的设计,除了地方辑外(如《江苏辑》《四川辑》等,都以府县志为主),又特别增加《乡镇志辑》一种。乡镇志开始受到学术界的重视,这实在是谭其骧先生的卓见。

南京会议以后,3 家出版社随即按分工进行搜集、整理、出版工作,经过两年的运作,已经有数十种志书问世。由于工程浩繁,投入甚巨,所以发行工作也必须同时跟上,使此书扩大社会影响,并有裨于资金的周转。于是,3 家出版社于 1989 年冬在扬州举行《中国地方志集成》发行研讨会,邀请各地新华书店和其他发行机构参加。或许是考虑到有港台及国外书商与会,会议还有学术宣传和翻译的任务,所以也邀请我以学术顾问的身份参加。我在会上作了一个关于《中国地方志集成》的讲话,除了说明《集成》在内容和版本上的精选以外,特别指出了学术界的著名人士谭其骧先生的卓见,因而全书具有《乡镇志辑》这样一枝奇葩。所以《中国地方志集成》比台湾的《中国方志丛书》具有更高的价值。我的讲话中关于《乡镇志辑》的强调,很得与会者的共鸣。不少来自新华书店和其他发行机构的代表和我谈及《乡镇志辑》的重要性。但我印象最深的是一位来自香港的出版界人士,曾特地到我房中谈论中国志书的问题,他认为按照当前学术界对地方研究愈益精细的趋势,《乡镇志辑》确实十分必要。但他也抱怨中国方志中乡镇志实在太少,他自谦不懂得方志,却举出《澉水志》的例子,认为《澉水志》没有获得各地的响应,所以乡镇志得不到像府县志那样的发展。这次会议中与我接触的许多代表中,我对他的确刮目相看,因为我发现他不仅具有书刊发行的经验,而且熟悉学术界包括地方志的行情,其本身显然是一位学者型的人物。所以我特地把他的意见告诉了陪我去扬州的上海书店经理路惊先生,敦促他们加强对这一辑的重视。因为路先生也出身高等学校,容易理解和重视这方面的意见。

其实,在扬州会议以前,由于我在南京会议中传达了谭其骧先生的意见,《集成》的学术顾问们和 3 家出版社对此都已作了很大的关注。他们在扬州会议以前就寄给了我《中国地方志集成·乡镇志专辑选目》的打印文件。这个《选目》是根据《中国地方志联合目录》选出的,而且特别写明:"《联合目录》中著录现存残缺的乡镇志,从保存流传出发,也予收入。"足见《集成》对乡镇志已经加以重视。但是由于前面提及的,在我国历史上,县以下的行政单位存在着建置多变和经济、文化力量薄弱的缺陷,所以收入这个《选目》的乡镇志不过 270 余种,按现在的省市区分,《联合目录》中只有 14 个省市有乡镇志的著录,在《选目》中入选的:上海、江苏、浙江、安徽、广东 5 个省市占了 93%,其余四川、陕西、山东、台湾等 9 个省市只占 7%,此外各省市都没有乡镇志。

为了撰写这篇序文,这里有必要把县以下的行政单位稍加论述。在中国历史上,县以下的行政单位名称很多而且变迁频仍,但主要有乡、亭、里三者。《汉书·百官公卿表》:"十里一亭,亭有长;十亭一乡,乡有三老。"这是汉代的制度。但这些名称其实在汉代以前就已经出现,解说也各有不同。如《广雅·释地》:"十邑为乡。"《管子·度地》:"百家为里。"《诗·郑风·将仲子》:"无踰我里。"《传》:"里,居也,二十五家为里。"以绍兴为例,历史上著名的兰亭,据《水经·浙江水注》:"湖上(按指镜湖)有亭,号曰兰亭,亦曰兰上里。"这里就涉及"亭"和"里"两个县以下的行政单位的名称。所以清于敏中认为:"兰亭非右军始,旧有兰亭,即亭堠之亭,如邮铺相似。"[②] 由此可知,王羲之修楔的兰亭,也称兰上里,原来是亭或里一级的基层行政单位。

除了上述有级次和户籍计数的乡、亭、里以外,古籍记及的县以下的地名称谓还有聚、村、墟、戍、坞、堡等等,不胜枚举,此外还有一个后来居上的"镇"。我在拙著《聚落、集镇、城市、古都》[③]一文中,对此曾作过较深的议论。所有上述名称,在现代地理学上都称为"聚落",或者也作"居民点"。现代人文地理学中,有一门称为聚落地理学的分支学科,专门研究聚落的形成、发展、形态及其地理分布等。我由于曾在《地理学报》发表过一篇《历史时期绍兴地区聚落的形成与发展》[④]的论文,获得国内外学术界的重视,国际著名的聚落地理学专家、广岛大学名誉教授米仓二郎因而推荐他的学生、广岛大学副教授堤正信到我的研究室进修。对于这门学科,除了现场考察以外,乡镇志是最重要的参考文献。我曾以对绍兴地区的聚落地理研究获得国际汉学界的推崇,而今天作为聚落地理研究最重要的参考文献《绍兴县志丛书·镇村志系列》在全国范围内率先修纂出版,确实使我为故乡而喜不自禁,因为这正是说明了绍兴在历史文化上的渊源深厚。

《中国地方志集成》设置《乡镇志》专辑,而《绍兴县志》汇集的成果以《镇村志》为名,这中间,名称并不抵牾,也绝非《绍兴县志》的标新立异。实在因为前面已经指出的,县以下的基层行政单位,名称和辖境多变,因而志书名称也只好相应而变。从志书的性质来说,镇村志与乡镇志,都是县以下的聚落志,是当前值得提倡的小地域志书。不过对于前面提及的所谓"后来居上"的"镇"的这种聚落名称,其渊源来历,一般人并不了解,所以有说明一番的必要。"镇",原来并非县以下的基层行政单位名称,而且也并非一般的聚落名称。按《说文》卷十四上:"镇,博压也,从金。"所以镇原来是一种军事要塞。我往年曾撰有《"六镇"与〈水经注〉的记载》[⑤]一文,议论了北魏在军事上设镇的措施。北魏入主华北和中原,北方草原的柔然族(即蠕蠕族)经常侵扰边境,所以北魏在其旧都平城(今山西大同附近)以北,阴山以南,横贯达 3000 里的地带,设置了 6 处军事要塞,这就是著名的"北魏六镇"。后来北魏迁都到黄河以南的洛阳,又设置了"河南四镇",即洛阳、碻磝、滑台、虎牢。洛阳是首都,当然要设重兵保卫,而其余三镇,都曾与南朝发生过剧战。唐朝在西域设置"安西四镇"(龟兹、疏勒、于阗、焉耆),西域是唐朝继汉朝开拓的西部边陲,当然有驻军置镇的需要。所以《说文》说:"镇,博压也"。

镇作为一种工商业聚落的名称,是在美国著名汉学家施坚雅(G. W. Skinner)所谓"中世纪城市革命"⑥以后才出现的。这种"中世纪城市革命",从时间来说,始于唐朝末期;其内容包括五种现象,其中第五种按施坚雅的原话是:"出现具有重要经济职能的大批中小城镇。"对于历史上中国城市化的进程,施坚雅提出的观点,已经获得国际学术界的普遍赞同。事实确实如此,中国的城市化发展,从唐朝末期起,出现了明显的加速,历来用于军事的这个"镇"字,开始作为工商业发达的大型聚落的名称,"明清四大镇"(朱仙镇、汉口镇、景德镇、佛山镇)就是最具体的例子。施坚雅在其著作中并且对这个时期纷纷崛起的工商业集镇的地理分布作了阐述,最发展的地区即所谓"江南金三角",其中特别是太湖流域。我为陈学文先生所撰《嘉兴府城镇经济史料汇编》⑦一书所写的《序言》中指出:

> 自从"中世纪城市革命"以来,正是这个太湖流域,由于自然条件和人文条件的优越,随着农业生产力的迅速提高和手工业的全面发展,使它在短时期中,出现了许多经济繁荣,交通便利,人口稠密,文化发达的中小城镇。它们正像镶嵌在这片富庶肥沃的土地上的颗颗明珠。

上述《中国地方志集成·乡镇志辑》入选的乡镇志,完全可以证明"中世纪城市革命"以来太湖流域集镇发达的事实。在这个专辑的 270 余种乡镇志中,按当今辖属的地域区分:属于上海市的有 51 种,此外是江苏省 87 种,浙江省 74 种,占全辑的约 79%,而这三者的乡镇志,主要分布在太湖流域及其毗邻地带。

在乡镇志修纂的掌故以及县以下基层行政单位和聚落的发展变迁作了上述史料上和学术上的议论以后,现在回到绍兴县的镇村志本题上来。绍兴是我的故乡,所以从年轻时代起就喜爱并搜集各种有关故乡的地方文献,后来编撰了《绍兴地方文献考录》⑧一书,对一千多种或存或亡的故乡地方文献作了研究考证,并且查索其中的濒危钞本,写作了《绍兴地方文献之珍稀钞本》⑨一文,以引起故乡人士的关注。又从美国国会图书馆引回了流落域外的孤本《越中杂识》,加以点校出版。⑩我对故乡地方文献上所作的些许工作,国内外学术界人士多有见及,并且承蒙他们的谬赞。⑪

　　这里有一点需要提出的是,除了地方文献的搜集研究以外,我还在这个地区作了较多的田野考察工作,可以说踏遍了绍兴、上虞、萧山3县的山山水水,也拟利用撰写这篇文字的机会作一点回顾。我在这个地区以科学研究为目的的田野考察工作,是通过两次机遇而进行的。第一次是1959年,这一年,杭甬铁路曹娥江桥作加设人行道的扩建,省交通厅利用这个时机委托浙江师范学院(这年暑期后改为杭州大学)地理系以上虞为试点,制订全省的交通规划。此事由我负责,在6月间带领了三四位教师和四五十位学生,在上虞工作了一个多月,用两条腿跑遍了县境各地,东及曹娥江以西的哨睑、道墟、东关,直到汤浦、三界,南到丰惠、下管、阮庄,并翻越四明山到达余姚、梁弄,北至谢塘、小越。其间,曹娥江以西的这一片,原来都隶属于绍兴。

　　第二次田野考察,是一次更为难得的机遇,在规模、时间和考察条件等方面,都比第一次更为有利。那是1960年,虽然"大跃进"的负面效应已经充分显现,物资已经十分匮乏,但"鼓足干劲,力争上游"的"抱负"在领导层中还相当坚持。在钱塘江口拦坝建造潮汐发电站的设想尚未放弃,水利部领导亟需获得钱塘江下游两岸的技术经济普查资料。于是下达指示,要华东师范大学地理系负责杭嘉湖地区,杭州大学地理系负责宁绍地区。如同上年一样,校系领导仍然要我主持此事,而且由于其事属于高层领导的意旨,在当时的困难条件下,我们的工作在人力物力方面都相对优裕。绍兴县委书记亲自出面,指定了一位姓李的副县长负责协助,工作上遇到任何困难都可以去找他解决。水利局为我们安排了两间房子作为工作室,需要任何资料,都请该局一位姓王的秘书去检索,而且确实做到有求必应。这年,我带领了十几位教师和三四年级学生共约七八十人,分别在绍兴、余姚、宁波、萧山4地设点,但重点放在我所选定的绍兴,我自己就常驻于此。

　　当时的工作方法称为"解剖麻雀",所以一开始就花三四天时间,让全体师生到漓渚试点,我们住宿在小步,但考察范围以漓渚街市为中心,上行到谢坞、苦竹(古筑),下行至厗石湖及其沿岸诸村,并且沿会稽山北麓考察了阮江、坡塘、栖凫、南池、平水、上灶等地,然后从上灶乘船返城。试点以后,我就带了一位教师和两位学生,从平水翻陶晏岭,用两条腿考察会稽山区,花七八天时间,西到与诸暨交界的驻日岭(从此岭到枫桥我往年走过),南到嵊州境内的孙家岭(越此岭到嵊州崇仁,我往年走过几次),东到上虞辖境的汤浦。其间曾在车头、王坛、汤浦、宋家店等地宿夜。最后翻日铸岭回城。水利局随即为我们提供了两艘脚划船,我选了两位教师和3位学生,考察了整个水乡,花了大概10天时间,先后在皋步(埠)、孙端、斗(陡)门、安昌、钱清、柯桥等地宿夜。此外,我在其他如宁波、余姚、萧山等几个工作点的查看中,特别重视了萧山,我与几位师生步行到南部的楼塔和戴村,又从临浦乘船到闻堰,然后沿湘湖返回萧山城关,并且还到了南沙。所以在这两个多月的田野工作中,从浦阳江到曹娥江之间,凡是较大的镇村聚落,都留下我的足迹,加上前一年在上虞的工作,宁绍地区的西部,我殆已走遍。

　　这一年在故乡的田野考察工作,或许是小有收获的。任务完成以后,结合文献资料的查核,我在《地理学报》先后发表了《古代鉴湖兴废与山会平原农田水利》[12]和《古代绍兴地区天然森林的破坏及其对农业的影响》[13]两篇论文,又写成了《历史时期绍兴地区聚落的形成与发展》《历史时期绍兴城市的形成与发展》[14]以及《论历史时期浦阳江下游的河道变迁》等文,由于"十年灾难"的折磨,后来的几篇都于上世纪80年代才获得发表。著名的前辈史学家杨向奎先生说我是以宁绍平原的研究起家的,[15]我的学术生涯或许确实如此。遗憾的是,我对宁绍地区东部的研究,显然比较薄弱。此中原因,我在为王清毅先生主编《慈溪海堤集》一书所写的《序》中已经说明了。

　　《绍兴县志丛书·镇村志系列》首批14镇6村修成出版。所有这些村镇,我都是经过现场考察的,其中如钱清、马鞍、兰亭、盛陵等镇村,都曾见诸我过去发表的论文之中,所以感到十分亲切。不过从我个人的经历议论这种《镇村志系列》,毕竟还是小事。而从我国修志事业来说,这种《镇村志系列》的修纂出版,却是一件了不起的大事,也就是我在此文开头所说的,是修志事业上的一块里程碑。我国在最近20多年来,修志事业获得了空前的发展和辉煌的成就,这是众所共见的。但这段时期中的修志,各方重视的主要是市县志和专业志,乡镇志虽然也有修纂出版的,但数量不多,方志界对此也并不专注。由于修志事业的多年中断,人们的注意力着重于市县志和专业志,这是势所必然。但现在的情况已经有了变化,全国绝大部分市县都已完成各自的市县志,不少市县正在着手续志的修纂,续志成为眼下方志界讨论的热门。所以《绍兴县志丛书·镇村志系列》正是在这个前后交接的关键时期给了我们一种重要的启发。这个系列的修纂出版,让方志界有必要在续志的讨论上开拓眼界。按《中国地方志联合目录》著录的八千余种方志来看,绝大部分府县志都是续志,所以,上世纪已经修成志书的市县,现在着手续修,这是我国的修志传统,当然应该重视。但另一方面,如前面指出的,当今的科学研究,从自然到人文,在地域上已经发生了愈益细致的趋势,则地方志的续修概念,除了市县志本身以外,还应兼及市县境内的镇村聚落。从比较长远的要求来说,每一个市县除了市县志的修纂以外,还应该做到镇镇有志,村村有志。所以《绍兴县志丛书·镇村志系列》,是另一种类型的续志,是志书续修的大势所趋,或者也可以说,是我国修志事业可持续发展的必然途径。

2005年7月于浙江大学

注释：

① 何光谟主编，台湾成文出版有限公司于 1967 年起分批出版，全书分华中、华北、华南、西部、塞北、东北六地方和台湾地区等部分，合计约 1500 余种，以后又有若干增加。

② 《浙程备览·绍兴府》，参阅陈桥驿《兰亭及其历史文献》，收入于《吴越文化论丛》，中华书局 1999 年版。

③ 《河洛史志》1994 年第 3 期。

④ 《地理学报》1980 年第 1 期，收入于《吴越文化论丛》。

⑤ 《水经注研究》，天津古籍出版社 1985 年版。

⑥ G. W. Skinner, *The City in Late Imperial China*, Stanford University Press, Stanford, California 1977. 中译本，《中华帝国晚期的城市》，叶光庭等译，陈桥驿校，中华书局 2000 年版。

⑦ 浙江省社会科学院发行。

⑧ 浙江人民出版社 1983 年版。

⑨ 《杭州大学学报》(哲学社会科学版)1979 年第 2 期，收入于《吴越文化论丛》。

⑩ 此书有两种标点本，一种为浙江人民出版社排印本，1983 年出版；另一种为浙江古籍出版社按原书复印本复印，线装，1 函 4 册，1992 年出版。

⑪ 诸葛计《中国方志五十年史事录》(方志出版社 2002 年版)："乾隆《越中杂识》由浙江人民出版社出版标点本，是书早年流出海外，现存美国国会图书馆，为海内孤本。1980 年由杭州大学陈桥驿教授，通过美国斯坦福大学的施坚雅教授从美国引回。……故是书记述了前志所无的不少珍贵史料，价值不凡。无论是版本或是内容上，均有其特殊价值，至是出版后，国家负责古籍整理领导工作的李一氓先生，称之为'对古籍的整理是很大的贡献'。"

⑫ 《地理学报》1962 年第 3 期，收入于《吴越文化论丛》。

⑬ 《地理学报》1965 年第 2 期，收入于《吴越文化论丛》。

⑭ 《纪念顾颉刚学术论文集》下册，巴蜀书社 1990 年版，收入于《吴越文化论丛》。

⑮ 杨向奎先生在其为史念海先生《河山集三集》(人民出版社 1988 年版)所写的《序言》中说："陈桥驿先生是从研究宁绍平原起家的，他 60 年代在《地理学报》上发表的两篇关于宁绍平原鉴湖森林变迁的论文，立即引起注意。以后对宁绍平原的城市、聚落、水系变迁的研究，都被认为是宁绍平原研究的权威。其论文的特点之一是从全面看一斑，并能从一斑以窥全面者，因此在国内外都很著名。"

原载《齐贤镇志》，中华书局 2005 年版

与历代旧志相比　新志书是最好的[*]
——在《德清县志》发行会上的发言

　　《德清县志》当然是一部很好的地方志,我还为这部志写了序。我对这部县志所要讲的好话,已经都写在序中了。因为署名作序,我不得不把德清过去的县志,凡是存在的都拿出来看了。已经亡佚的,我看了目录。从纵的来比,我感觉到,我们省旧志积贮很多,有些县的县志,现在修出来了,我老实地讲,它们与历史上的旧志相比,还有少量是比不上的。现在我们对《德清县志》进行综合的评价,我可以毫不保留地讲,有史以来,这是一部最好的方志。这是纵的来看。我也作了一些横的比较。把我们省里,在我手头有的,新修好的方志,拿出来比了一下,我发现《德清县志》在我们新修的各县、市志里面,应该说是优秀的。所以,作为现在一代德清人,我们对得起德清的列祖列宗,也可以向我们的子孙后代交代了。

　　《德清县志》出版了,德清的修志工作还没有结束,以后还有很多地方文献的工作要做,假如,我们每一个县、每一个市,都能把修志工作继续做下去,每一个县、每一个市都有大量大量的地方资料,这些资料,都来进行互相流通,这样,我们今后的资料就方便了。所以在这个会议上我有感触。我感觉德清县新志出版了,今后,还要不断为我们地方文献、地方资料的积累努力,希望我们每一个市、

---

　　* 摘自陈桥驿在《德清县志》发行会上的讲话,收入本书时对题目作了改动。

每一个县都能这样做。让我们互相流通资料,逐步克服资料上的难关,要这样,我们今后的工作,一定会比现在更顺利,德清县今后的地方文献编纂工作一定能取得更为出色的成绩。

回忆义乌

马年岁杪,新修义乌市志的主编吴潮海先生以及傅健先生到舍下拜年,赠我以展翅昂首、雄姿英发的石雕飞鹰和装帧精美的《骆宾王文集》。对于飞鹰,我这个逾8旬老人,只能对它凝神而感慨。对于《骆宾王文集》,我更为喜爱逾常。当时虽未开卷,我随即向吴、傅二先生背诵《为徐敬业讨武曌檄》。至骆宾王痛斥武氏:"虺蜴为心,豺狼成性,近狎邪僻,残害忠良。"两位对我能流利背诵颇感惊异。这是因为我们当年的读书方法,就是被当今一些有识之士所不齿的"死记硬背"。记得在小学三年级时,祖父教我念《古文观止》,念到这一篇中"一抔之土未干,六尺之孤何托"(《古文观止》与《骆宾王文集》字句稍异)一句时插言说,武氏读到此句,曾拍案赞赏"好文章",并说:"此人不用,宰相之过。"

我写这一段,主要是为了说明,祖父当时告诉我,骆宾王是义乌人。这是我生平第一次知道义乌这个地名。我第二次重温义乌地名是在《水经注》中。此书我在小学高年级时就开始阅读,读到其中"乌口皆伤"的故事。不过当时我并未联系义乌,只是把它作为一个神话故事。直到念高中时,细读《浙江水注》中的这一段:

> 浙江又东迳乌伤县北,王莽改曰乌孝,《郡国志》谓之乌伤。《异苑》曰:"东阳颜乌以淳孝著闻,后有群乌衔鼓集颜所居之村,乌口皆伤。一境以为颜乌至孝,故慈乌来萃。衔鼓之异,欲令聋者远闻。"

由于年齿已经稍长,才查清这个故事的来源,皆本于汉刘向《说苑》一书,知道乌伤是秦一统后在会稽郡所建县名,是今浙江省境内第一批出现的县邑。乌伤当然是个越语地名,"乌口皆伤"实在是汉人进入这个地区以后越语地名的汉化过程。虽然故事出于南朝宋刘敬叔的《异苑》,但王莽既已改为乌孝,说明这个故事在西汉已经流行。而唐代改为义乌,仍是这个故事的延续。浙江在古代是越族聚居之地,遗留的越语地名为数甚多,如乌程、由拳、余杭、会稽、余姚、姑蔑等等,不胜枚举,乌伤是其中之一。因汉人用汉义解释,编出许多神话故事,在地名学上称为地名的汉化。由于这些故事内容生动,而且流传已久,所以我于上世纪90年代初主编《浙江古今地名词典》(浙江教育出版社1991年出版)时,仍然予以保留,并且在卷首《前言》中特别指出:"由于秦统治这个地区后,越族居民流散,越语随之消亡,迁入的汉人不谙越语,就不免要以汉字字义解释越语,乌伤县(今义乌市)就是其中之一。"在《词典》的"乌伤县"条下,也仍引这个故事,只是在最后加上一句:"实系越语地名,其义不明。"我为我主编的《词典》作《前言》,特别写入乌伤的例子,说明我对义乌很早就有了感情。但是直到1941年,我才第一次进入义乌境内。由于吴、傅二先生的光临,给了我一个回忆义乌的机会。

卢沟桥事变爆发时,我刚刚进入初中二年级。从此一直在战火弥漫、颠沛流浪中求学。我第一次进入义乌县境,就在颠沛的旅途之中。记得这年(1941)春季,我在省立绍兴中学念高一,当时,学校因避敌机轰炸而迁移在诸暨枫桥的花明泉村。4月初,日军突然侵占绍兴县城,在枫桥的绍兴中学即向设在嵊县(今嵊州)崇仁附近廿八都村的分校转移。到了分校以后,由于嵊县的风声也很紧张,我走投无路,只好返回已经沦陷的绍兴城。等到这年7月,因为情况趋于稳定,日军已从诸暨等处撤退,占据宁波到绍兴一线,于是我就潜出沦陷的绍兴城,返回枫桥花明泉,探悉绍兴中学当时暂迁缙云壶镇,暑假后可能回嵊县分校复学。我约了一位同学,从枫桥出发,步行到当时浙赣线上行终点站义乌苏溪。

到义乌县境后曾经过一条并不高峻的白峰岭,在岭下茶亭中休息,遇到几位老农,闻悉我们是到苏溪上火车的学生,就与我们讲了这次战役中敌我双方在白峰岭激战的经过。对于我军的英勇抵抗,拼死战斗,附近这一带的村民都十分钦佩和感动,村民纷纷自动救死扶伤,为我军做了大量服务工作,并且也有牺牲的。正由于我军在白峰岭的有力阻击,敌人才只敢进军到苏溪而止,随即撤退。骤出沦陷区,在义乌境内听到农民们的这番话,精神为之一振,同时也深深钦佩义乌人民助阵杀敌的勇敢精神。

由于敌机空袭频繁,当时都是夜间行车,所以在苏溪候车甚久。我是在初中国文课本中读著名学者傅东华所写的《杭江之秋》,知道苏溪这个地名的。当时浙赣铁路的前身杭江铁路(杭州到江山)已经通车,大概因为傅是金华人,所以才写这篇文章,全文从萧山尖山写到义乌苏溪而止,他显然认为这一段是全程风景最好的。我利用候车的时间欣赏风景,全镇坐落在一块河谷地上,溪流淙淙,群山环抱,村落棋布,炊烟袅袅……在沦陷区忍气吞声生活一个多月后,来到这片风景如画的自由天地,所以我初进义乌境内,心境愉快,印象极好。车在义乌站停靠,见到站上屋舍栉比,市容繁盛,人来人往,熙熙攘攘。我不禁想到幼时读骆宾王的文章,想到《水经注》的美好传说,义乌,真是人杰地灵,得天独厚。

在兰溪度过暑期,这年8月底,我第二次坐火车到义乌,下车出站,时已黄昏,灯光闪耀,一片繁闹。却因当时的一种特殊情况,我在站场上不到5分钟,就匆匆离开了义乌。这里所说的特殊情况是当时的盐运。由于敌军占领从宁波到绍兴一线,供应东南地区的主要盐产地余姚庵东孤悬海边,浙江省盐务局日夜抢运盐包,溯曹娥江到嵊县,用卡车循公路到义乌,然后用火车转运,义乌成为一个浙、赣、皖、闽、湘各省的食盐转运枢纽。大批运盐卡车满载而来,但回头都是空车,都想找几个去东阳方向的旅客弄点外快,所以我立刻被接上一辆卡车,只花一元钱就到东阳。本来可以到嵊县,由于东阳以东的歌山大桥被炸毁尚未修复,所以盐车分成两组,一组从嵊县到歌山,用人工把盐包搬过临时建成的便桥,由另一组运到义乌。所以我第二次到义乌,不能在此宿夜,看看义乌风貌,实在不胜遗憾。

我第三次到义乌是1942年的元旦后一天,这个日子,我永远不会忘记。前一年(1941)在这里搭盐车到歌山,后又步行到嵊县崇仁廿八都村复学,当时我读高中秋二,整个学期过得比较安定。除夕之夜,同学们还在廿八都瞻山庙表演节目迎接元旦。不料演戏开场不久,崇仁镇送来紧急通知,敌军发动流窜,学校必须紧急疏散。于是师生乱成一片,我们同级五六位在金华、兰溪一带有亲可投的同学,除夕午夜就摸黑从廿八都到崇仁,次日上午走到长乐镇,恰遇敌机滥炸,我们立即跳下溪流,躲在一座公路桥下幸免于难。空袭后长乐镇满街断垣残壁,死伤累累,一片啼哭呼号之声,真是惨不忍睹。我们在冰冷的溪水中浸透了裤子鞋袜,傍晚到沿公路的东阳上胡村(在胡村附近),投宿于路旁小客栈,承店东为我们生火烤干了裤子鞋袜,次日天尚未明,即匆匆上路,晚上9时许赶到义乌火车站。

使我惊异的是,原来热闹异常的站场,这天却灯光昏暗,一片静寂。站内购票窗口全闭,而站台洞开,亦无旅客出入。我们进入站台,见到一位全身白长袍紧裹,足登高靴的防疫队医生,他看到我们这些逃难的学生,非常同情我们,告诉我们一些情况:由于义乌鼠疫疫情严重,火车不停靠站台已有一个多星期,他是到站等候从金华来车抛掷报刊的。正谈论间,果然有一列从金华上行到诸暨安华(当时上行车的终点)的列车过站,机车上丢下一个布包,这是省防疫队每天交给在义乌工作的防疫队的。他捡起布包,然后在站台与我们说了一些情况。现在回忆起来,其实就是诉说日本侵略者的滔天罪行。得知我们是高中学生,"白长袍"先介绍了有关鼠疫的知识,又介绍了历史上国外发生此病的情况和中国东北往年流行的惨状。但他着重说明,最近几年在东南各地发生的鼠疫,病源是敌机投放的。前几年宁波发生了一次,结果是政府果断地自行烧掉疫情严重的一条街。但义乌不能这样做,因为城内出现疫情的地区分散,也没有烧街的经济能力。主要只能采用防治和消毒,包括灭鼠灭蚤等方法。他又说,鼠疫一般有3种:腺鼠疫、肺鼠疫、败血性鼠疫。最近几年在中国发生的都是腺鼠疫,疫源肯定是日本侵略者培育而成的。义乌的疫情经过他们的防治,本来已经有所好转,但元旦前不久,他们防疫队的队长突然罹此病而死亡,所以情况紧张,人人自危,而铁路也就采取了不停靠的决定。他劝我们赶快离开,到下一站义亭站,上下行火车都在那里停靠。

我们这一天已经走了十几小时路,确实饥寒交迫,精疲力竭。但听了他的话又感到非常害怕,只好在凛冽的寒风中,饿着肚皮循铁路线继续走10多公里路,深夜赶到义亭,黎明前才来一列下行火车,离开了义乌这个被日本侵略者制造的疫区。所以近年来在媒体上见到有关当年日军进行细菌战的报道,回忆这年年初的义乌之行,真是痛定思痛,刻骨铭心。这年在金华、兰溪20多天,由于战局趋于稳定,又准备重返嵊县崇仁。但返程火车仍不卖义乌车票,我们是到终点诸暨安华,然后步行返校的。当列车驶过义乌车站时,我们都对义乌人民的不幸感到同情与痛心,当然更对日军罪行切齿痛恨。

我第四次经过义乌的经历更为特殊。这年(1942)从金华返回嵊县后,学校继续上课,但到了5月间,日军的一次大规模军事行动开始了,当年称为浙赣战役,浙赣全线曾被其打通,但最后退缩到金华、兰溪、武义一线,义乌当然被敌所占。由于这场浩劫,我只好重返沦陷的绍兴。1943年夏季,得悉日军已经修复了从杭州到金华的铁路,我约了一位志同道合的同级同学,经过策划,决定从萧山乘敌人经营的火车到金华,然后潜出沦陷区到内地继续求学。当时的火车全是堆满货物的货车,乘客攀登而上,摇摇晃晃地坐在货物顶上,实在非常危险。车行极慢,清早从萧山上车,薄暮才到金华。当列车在义乌站停靠,上下车的旅客极少,我在货车上眺望,原来屋舍毗连,商贩云集的站区,那时除了一间临时搭成作为车站的木屋以外,已成一片废墟。而遥望义乌城内,也是断垣残壁,满目疮痍。义乌境内的其他两处车站,即苏溪与义亭,也都和义乌县城一样破败萧条,真是惨不忍睹。我的第三四两次到义乌,都是义乌人民受日本侵略军蹂躏的苦难岁月,也是中国人民的苦难岁月,溯昔抚今,实在不胜感慨。

我第五次到义乌,也是我在这60多年中最后一次到义乌,实在是一种偶然的机遇,心境异常愉快。这次出行,属于省政协委员的考察。我担任省政协常委10年之久,其间由于出国讲学和频繁的学术活动,实在没有尽到政协委员的责任,因为在这

10年之中,我参加考察的,仅仅就此一次。这次的考察组成员由杭州大学的省政协委员六七人组成,校长、省政协副主席薛艳庄教授带队。考察的对象是绍兴,目的是听取绍兴市有关领导筹备绍兴大学(即今绍兴文理学院)的汇报。我不仅是绍兴人,而且被聘为筹备组织的顾问,所以这一次考察是义不容辞的。但实际上由于当时我正在杭州主持一个国际学术会议,所以到绍兴还是比其他委员晚了1天。

那天杭州的会议活动结束,我夫人陪我到绍兴已经晚上10时,与其他委员会合,次日在绍兴市府大楼听取汇报,晚上由纪根立市长设宴招待。招待会上,薛艳庄校长才告诉我,明日不返杭州,而是乘便去视察杭州大学义乌分校。这是1994年10月21日,我们在午前到达义乌,由义乌市政协接待。与以前的4次相比,这一次因缘机会地到了义乌,让我看到了盛世义乌的欣欣向荣,真是无比快慰。上午参观了市容,午后就去分校。分校的校舍和设备,也使我甚感满意。特别是学生宿舍,4人一间的寝室,还连同一间自修室,当时杭大本校也没有这样的条件。最后是分校师生与我们见面。我很怪当时主持会议的杭大统战部长,在介绍到我时,特别用了"著名教授"这样的称谓。于是,在鼓掌声中,我不得不即席说几句话。开始,我谈了地方的悠久历史,这是省内第一批出现的县邑,从乌伤、乌孝直到义乌。后来也谈到抗战时期我几次经过义乌的感受和我今天对义乌市以及分校的愉快心情和殷切期望。

次日上午,我们参观了著名的小商品市场,实在让我开了眼界。但是也使我想到一件惭愧的事,1989年,我应聘在日本广岛大学担任客座教授,那里的经济地理教授在与我谈及中国商品经济发展的问题,曾经举了浙江义乌的例子,他以此推断中国商品经济发展的美好前景。当时,我既没再去过义乌,也十分缺乏这方面的知识。而义乌的小商品市场在那时就已经引起了国外经济地理学者的注意。这也就说明了义乌小商品市场不可限量的前景,而事实恰恰正是这样。

义乌于前年开始编修市志,屡屡邀我前往指导,实在不胜荣幸。遗憾的是,每一次讨论修志问题的会议,我都因其他事务的纠缠而不能参加。这次主编吴潮海先生和傅健先生莅临舍下,真是愧不敢当。不过我与义乌是很有感情的,为此写下以上一点拉杂的回忆。恭祝义乌市在经济和文化等各方面继续蒸蒸日上,让义乌举世闻名。并祝市志的编修工作顺利进行,让中国方志史中又平添一部佳志。

2003年2月于浙江大学

"桂林山水甲天下"

——评《桂林市志》

  南宋淳祐九年(1250),李曾伯出知静江府(府治临桂,即今桂林),这位宦游四方、见多识广的人,到这里突然处身于他前所未见的奇山异水之中,于是就情不自禁地写下了"桂林山川甲天下"的赞叹之句。这就是以后长期传诵的"桂林山水甲天下"的由来。明代著名地理学家王士性对此作了更为深刻的解释。他在《广志绎》卷五中说:"桂林无地非山,无山而不雁荡;无山非石,无石而不太湖;无处非水,无水而不严陵、武夷。"所以他作出总结:"真天下之奇观也。"既然是"天下奇观",则"甲天下"的话也就无可争议了。

  现在,当我读了最近问世的《桂林市志》以后,顿时又想起了"桂林山水甲天下"这句话。桂林山水当然是值得赞美的,而《桂林市志》同样也值得称赞。在浏览了这部煌煌巨构以后,不免要发表一点意见。正像议论桂林山水一样,我只能举七星岩、独秀峰之类的几个例子,不可能把所有千姿百态的胜景都写进去。所以对于这部志书,我也只能择其荦荦大者,议论其两种优异,提出我的两点观感。

  第一种优异之处,在于此志有一篇内容丰富、全面,论证严密、科学的《自然环境志》。记得在80年代中期前后,这次修志高潮中第一批出版的志书,多有《自然地理》一卷,但内容兼括地质。1988年,中国地方志指导小组曾邀请十位专家在北京举行几天会议,评议当时较佳的《萧山县志》《玉山县志》《渭南县志》三部新修方志。我当时就提出了这些志书《自然地理》卷名的不妥,因为卷内都包括地质篇章,而自然地理学与地质学是研究对象不同的两门科学,怎能混为一谈。由于在一般市县志中,专设地质一卷,确实无此必要,所以我建议把卷名改作《自然环境》。这次会议由《中国地方志》作了报导。①接着,我又撰成《地理学与地方志》②一文,再次阐明:"地质学是研究地壳组成物质的科学,它与地理学是研究对象不同的两门科学,怎能并存于'自然地理'一个标题之下?"因此我建议:"以'自然环境'作标题,也就替地质部分收入这个篇卷开了方便之门"。在此以后,新修志书大概都以《自然环境》代替了《自然地理》。不过篇卷名称虽然改变,但以后陆续出版的不少新志,《自然环境》的内容仍然不能使人满意。其中还包含了不少陈旧、错误的东西。例如,我曾经见到一部出版于 1995 年的县志,在《自然环境》卷的《自然资源》章下,列有包括植物和动物的生物资源一节,编者不仅不知动植物分类学为何物,而竟对初中课程中的动物学和植物学都未曾懂得,竟至把诸如"王不留行"、"米瓦罐"、"米口袋"等都作为正式的植物名称,而在动物之中,甚至把"人中白"、"人中黄"、"人爪甲"等中草药名称都搜罗在内,实在荒诞不经。而其实,30 年代出版的民国《鄞县通志》,③不仅以动植物分类学区分了动植物,而且每种动植物都标注了拉丁文二名法。在志书修纂中的这种科学上的倒退,令人不胜遗憾。所以当我读到《桂林市志·自然环境志》的篇卷以后,确实感到慰藉和兴奋。全志分为地质、地貌、洞穴、气候物候、水文、土地、生物、自然灾害八章,对桂林的自然环境作了细致深入的记述。而就其科学性来说,像我这样一个在高等学校地理系执教四十多年的人,也认为无懈可击,非常满意。对于这个篇卷,此志确实代表了近年来出版的志书中的较高水平。地质章除了地层和构造写得简明扼要外,环境工程地质一节,对于这个特殊的喀斯特地区,具有重要意义。地貌章的三节同样博约可观,不说文字的严密逻辑和清晰条理,文内所附插图如《典型峰丛洼地图》《边缘峰丛洼地图》等六幅断面图,即使插入于一部区域地貌专著或一篇科学论文,也都毫不逊色。洞穴一章,显然是由于这个特殊地区而增设的,但十分必要。当然,内容完全从地貌学原理进行探讨,不同于一般的导游介绍,而所附的四幅大比例尺《洞穴分布图》,也都很有价值。这一志中的其他各章如气候物候、水文、生物、自然灾害,也都有翔实的资料和科学的论证。其中如气候章中的旅游气候和物候二节,水文章中的记载兼及地表水、地下水以及水质,土地章中记及不少土类的 PH 值,生物章中不仅以拉丁文二名法注记了各种动植物,而且标明了有关植物的国家保护级别。诸如此类,都是非常出色的。

　　地方志以地方为记载对象,所以写好自然环境这一卷,对整部志书具有关键的意义。因为任何一个地方,人文环境的发展变迁,都以自然环境为基础,所以《桂林市志》所取得的卓越成就,与《自然环境志》的优异,无疑存在重要关系。

《桂林市志》的另一优异之处在于该志具有鲜明的特色。也就是说,志书除了传统的共性以外,也表现了它突出的个性。前面已经提及,诸如地质章中环境工程地质下的岩溶塌陷,地质章以后再设洞穴一章,气候章中专设旅游气候一节等等,这些都是编者在一般志书的共性篇卷中穿插的桂林个性,也是不少志书编者曾经采用的编纂方法。但除此以外,《桂林市志》在突出地方特色方面,还有较此更为重要的成就,这就是《山水志》《园林志》《旅游志》3 志。在全部志书,由于这些匠心独运的篇卷,引人刮目相看。

这 3 志,不仅在命题上的别开生面,在写作上也是非常成功的。以《山水志》为例,此志显然是在前面《自然环境志》的基础上加工而成的,但它却并非《自然环境志》的重复。前者论述的是自然景观,后者是在自然景观的基础上描述了人文景观。这一志记载了"奇山"68,"美石"19,"异洞"37,"秀水"17,"洲渚"3。最后以《山水诗文题咏》一章结尾,并且外加一个《附录》,介绍了桂林市周边各县阳朔、临桂、灵川、兴安、龙胜、资源 6 县的景区。读此一志,宛如乘空鸟瞰全境,也如驰骋于奇山异水之间,引人入胜,心旷神怡。其余《园林》《旅游》两志也都是一样。以《自然环境志》与《山水》《园林》《旅游》3 志对照阅读,真是相得益彰。用一句最简单的话表述:前者是严密的科学,后者是优美的文学。此 3 志,确实为"桂林山水甲天下"锦上添花。

在约略论述了志书的上列两种优异之处以后,读了这部志书,还使我联想到这些年来方志界的某些问题,借此提出我因这部志书而引起的两点观感。

第一是关于志书的篇幅问题。《桂林市志》是一部上、中、下 3 册,内容有 73 志,并概论、大事记、丛录的大型志书,字数达到 530 余万。对于志书的篇幅和字数问题,方志界至今其实仍然存在不同的意见。有不少人主张限制志书的字数,我不知道这些先生们读过多少部志书,也不知道他们有没有用志书做过学问,但这种限制字数的意见,至少是与胡乔木所说的:"地方志是严肃的、科学的资料书"④一语存在矛盾。因为既然是"资料书",则篇幅大小、字数多寡,应该以志书所在市县的资料为依据,怎能随意规定一个各地都适用的限制字数,使志书价值受到损害。浙江省《象山县志》⑤主编林志龙先生于 1998 年 4 月 17 日写信给我,对其 10 年前主编出版的志书,由于字数受到限制而删去了大量重要资料,至今耿耿于怀。他在信上说:"我从事方志工作近 20 年,非常赞同先生在序⑥中提出的,'方志的可贵在于资料,方志的生命力也在于资料'的观点,一语中的。……先生可能知晓,《象山县志》因为囿于《地方志指导条例》⑦规定的,一部县志三五十万字,故从一稿的 220 万字缩至 50 万字,精是精了,并且获得浙江方志一等奖,但许多得之不易的资料因为字数的限制而忍痛割爱,有些用户在县志应该查到的资料而没有收录,遗憾而终不能弥补。"

其实,在这次各地新修志书中,像林志龙先生主编《象山县志》过程中"忍痛割爱"的遭遇显然不是少数。总的说来,中国当前的志书,如果与日本的志书和现在世界各国编纂的相当于中国志书的文献加以比较,中国志书的篇幅和字数显然偏少。我曾经把中国的《慈溪县志》和日本的《广岛新史》这两部都是近年修纂的地方志加以比较,前者,对慈溪县境的每1平方公里土地,有0.13万字的记载,而后者,对广岛市境的每1平方公里土地,有11.8万字的记载,差距实在很大。[⑧]我在《中国方志资源国际普查刍议》[⑨]一文中指出:"不少外国汉学家把中国历史上积累的丰富方志称为'资源',认为中国自古以来修纂而成的大量方志是一种价值连城的文化资源和汉学资源,是外国汉学家从事汉学研究的一种重要工具。"但是他们同时也希望我们的新修方志能够容纳更多的资料。我在1994年全国地方志第二次工作会议的大会发言中,阐述了我所接触的北美汉学家对当前新修志书的意见:"最重要的意见是希望我们的新志能够尽可能扩大规模增加资料。在这方面,他们常常举民国《鄞县通志》为例,这种希望对于外国汉学家来说是可以理解的,也是殷切的。因为他们利用方志从事各种课题的汉学研究,当然希望方志能提供更多的资料。其实,在国内,凡是真正用方志做学问的人,也无不希望我们的志书有更大的篇幅,更多的字数和更为丰富的资料。"[⑩]当然,我们不能盲目地追求字数,收入那些滥竽充数的资料。如胡乔木所说,所修方志的资料,应该是"严肃的、科学的"。但另一方面,如我在《绍兴市志》首发式上所说:"当然,我们并不专门从字数议论资料的多寡,但另一方面也不得不承认,出版物的资料容量,总是由字数表达出来的"。[⑪]现在,530余万字的《桂林市志》是一个现成的榜样,在这部志书之中,有不少资料是十分可贵的。例如在《邮电志》中关于"邮驿"、"民信局"、"邮政局"的资料,特别是附件之中的《1902年大清邮政设立邮局备忘录第3号英文原件》(中册第2296页),在中国邮政史的研究中,实在是价值连城的资料。又如《金融志》中的一幅插图《唐明清三代鼓铸的部分桂字钱图》(中册第2350页),对中国钱币史的研究者,同样有如获至宝之感。可以设想,在这次全国各地的志书修纂中,特别是在其前期,由于篇幅和字数的不适当限制而被湮没的像上述《象山县志》的宝贵资料,为数必然相当可观。所以我建议,各市县志编者应该珍惜当年已经搜集而未曾发表的资料,就其严肃性和科学性等方面进行一次甄别,然后加以整理排比,用《补遗》或《存佚》的形式继续出版,或作内部交流,务使得之不易的地方资料,不致散失。

我读《桂林市志》以后的第二点观感,是希望这部大型志书能够补编一个比较详细的《索引》,以提高此书的实用价值。拿志书作为插架摆饰的人当然不会虑及这种问题,但是对于用志书做学问的人,《索引》是件至关重要的大事。我已经多次强调过

《索引》的重要性，专门写过《地方志与索引》[12]的文章。我为陈田耕所著《地理文献检索与利用》[13]一书所作的序言中，曾经引用外国学者的话："文献之需要索引，犹如行舟之需要舵"，"检索工具没有索引很快就会成为一堆废纸"。我在《北美汉学家论中国方志》[14]一文中也曾提出过加拿大汉学家对许多中国新志没有索引而提出的意见，"这或许是我去年在国外听到的对于新志的最尖锐的意见"。"后来到了美国，仍有人提出这个问题，而且语言相当刺耳"。说明新修志书的《索引》问题，已经引起国内外学术界的共同关注。特别是像《桂林市志》这样一部篇幅庞大、内容浩瀚的巨帙，没有《索引》确实会让用户望书兴叹。不说别的，仅以志书内的插图为例，除了卷首彩色地图8幅外，我略加计算，卷内各志插附的地图和示意图，共达34幅之多，此外还有许多统计图表，所有这些，都是志书不可或缺的组成部分。全志并且还有许多照片，除各册卷首的彩照以外，卷内的黑白照片数量更为可观，而这些照片都是图像清晰，很有价值的。可惜全书既无图照《索引》，也无图照《目录》，引为美中不足。我的这点观感，不仅是对于《桂林市志》，也是对于所有已出新志或待出新志却未曾编制《索引》者的普遍希望。

注释：

①　《三部县志评议会综述》，《中国地方志》1988 年第 3 期。

②　《中国地方志》1989 年第 2 期，又收入于《陈桥驿方志论集》，杭州大学出版社 1997 年版。

③　参阅拙撰《民国〈鄞县通志〉与外国汉学家的研究》，原载《鄞县史志》1993 年第 1 期，收入于《陈桥驿方志论集》。

④　全国地方志第一次工作会议闭幕会上的讲话。

⑤　浙江人民出版社 1988 年版。

⑥　指拙著《陈桥驿方志论集》卷首序言。

⑦　当指 1985 年中国地方志指导小组全体会议讨论通过的《新编地方志工作暂行规定》第二章《志书体例》。

⑧　《中日两国地方志的比较研究——中国慈溪市与日本广岛市的地方志修纂》，慈溪市地方志编委会印有单行本，收入于《陈桥驿方志论集》。

⑨　《中国地方志》1996 年第 2 期，收入于《陈桥驿方志论集》。

⑩　《北美汉学家论中国方志》，《中国地方志》1996 年第 3、4 期合刊，收入于《陈桥驿方志论集》。

⑪　《浙江方志》1998 年第 1 期。

⑫　原载《浙江方志》1992 年第 3 期，《中国地方志》1992 年第 5 期转载，收入于《陈桥驿方

志论集》。

⑬　西安地图出版社 1992 年版。

⑭　《中国地方志》1996 年第 3、4 期合刊,收入于《陈桥驿方志论集》。

原载《广西地方志》1998 年第 4 期

洋洋卷帙　皇皇巨构

——读《南宁市志》

在这 20 年的我国修志热潮中,《南宁市志》可以称得上是一项浩大工程。

我不是方志学家,只不过是个方志用户。由于对几个课题的研究,曾经走遍国内许多图书馆,也跑到国外的著名图书馆,在那里翻阅方志,搜索我所需要的资料,经过我手上的各种方志不下数千种,侯慧娴在《陈桥驿与地方志》[①]文中已有记述。由于我需要地方志提供资料,所以希望志书有更大的篇幅。我过去常常以驰名国际汉学界、拥有 550 万字的民国《鄞县通志》而自豪,曾撰有《民国〈鄞县通志〉与外国汉学家的研究》[②]一文,记叙我在日本大阪与美日两国的著名汉学家施坚雅(G. W. Skinner)[③]和斯波义信[④]两位教授对这部志书的讨论。这部志书由于内容丰富,受到国际汉学家的很大重视。

现在,当我面对着这部 5 大巨册、4 卷 79 志、720 万言的《南宁市志》,确实感到踌躇满志。如卷首林国强《序》所说,这是一部"经过千名修志工作者 17 个寒暑的辛勤劳动"的成果。这 20 年来的志书修纂,的确成就辉煌,前无古人,为我国积累了一宗巨大的文化财富。这中间,《南宁市志》显然属于佼佼者。

4 卷之中,作为第一卷的是《综合卷》,卷首有一篇 15000 余言的《总述》,这是一篇开宗明义的高度概括之作。它不仅让没有时间阅读 700 多万字大块文章的读者获知南宁市古往今来的概貌,而且也让读者了解这部皇皇巨构的编纂格局。这种编纂格局是应该得到表彰的,4卷之中的79志,每一志首篇都是简明扼要的全志《概述》。如果把卷首的《总述》和79篇各志的《概述》拼合起来,实在就是一本《南宁简志》。

胡乔木在全国地方志第一次工作会议闭幕会上的讲话指出:"地方志是严肃的、科学的资料书"。⑤这句话清楚地说明了地方志的性质。它是一种供各行各业使用的工具书。所以作为一部通志,它必须具备这个地方的基本资料,这就是这种"资料书"的共性。为此,志书的编纂,需要一种共同遵循的规范。也就是说,要有大家必须具备的卷篇目录。但每个地方都有各自的特色,因此,志书的卷篇目录除了共性以外,还应存在它自己的个性。譬如说,同样的自然环境卷篇,在记叙地貌时,山西的黄土高原,云南的坝子,广西的喀斯特等等,就都是它们各自的地貌特色。地方志的特色,既可以表现在记叙内容上,也可以表现在卷篇目录上。怎样处理地方特色的问题,事关志书的质量,是一个值得研究的问题。天下没有千篇一律的地方,但我们确实存在千篇一律的地方志。这是近年来新修方志(当然是少数)让人们不够满意的缺陷之一。现在,《南宁市志》在这方面无疑作出了可喜的成绩。此志不仅在内容记叙上,而且在卷篇目录上,都突出了南宁的地方特色,这是今后的志书值得学习的。

此志分成《综合》、《政治》、《经济》(上、下)、《文化》四卷,每卷内包括若干《志》。我初经浏览,发现每卷之中,都有别具风格、推陈出新的《志》。这些《志》,有的可以表现南宁的地方特色,有的则表达了编纂者对新修志书的独到见解。以《综合卷》中的《环境保护志》为例。读过此志记叙以后就会明白,环境保护之所以专立一志,这实在是南宁的地方特色。因为这个城市在1995年就获得国家授予的"环境综合整治优秀城市"称号和"全国卫生城"称号。在中国,由于"十年灾难",人们的环境意识和各地的环保实绩,确实与世界先进国家有一段很大的差距。正如我在拙作《环境保护与生态平衡——徐霞客研究与可持续发展》⑥一文中所说的:"1972年2月,联合国在斯德哥尔摩召开的世界环境大会中,第一次敲响了资源和环境的警钟,提出了著名的'可持续发展'的概念。而正是这个攸关人类前途的概念正式提出的年代里,我们恰恰又在演出一场疯狂的悲剧。"为此,我们的环保意识和环保工作,起步实在已经很晚。许多城市都在这方面存在问题,而南宁市却已经荣膺两个称号。为此,把环境保护作为专志,这显然表现了这个城市的地方特色。

在《文化卷》中,我很高兴地看到与众不同的《档案志》。把档案立为专志,在这些年来的新修志书中,恐怕还找不出其他例子。这无疑是编纂者的独到安排。一般人不大会理解档案何以要单独成《志》。其实,对于一个地方来说,档案实在至关重要。在国际学术界,档案常常能在研究工作中扮演重要角色。前面已经提到我的美国好友、国际著名汉学家、美国科学院院士施坚雅,他的一位学生,美国华盛顿大学人类学系教授郝瑞(Stevan Harrell),正在利用美国所藏的档案,从事于中国的某些地方的家族史的研究。他于今年(按:指1999年,下同)8月20日写信给我,要求我帮助他解决一些研究中的问题,特别是希望我为他安排在浙江省若干档案馆查阅档案的问题。今年9月21日,他先从美国到天津,请著名的方志学家来新夏教授陪同来到我处,讨论了他的研究课题,并由我为他安排了在几处档案馆查阅事宜。与此同时,另一位美国汉学家肖帕教授(R. K. Schoppa),⑦他曾于1986年在我的研究中心工作过半年,今年10月1日来信说:"我打算来杭州和绍兴进行关于中日战争等两项课题的研究,为期6周至两月,您是否知道绍兴市里或县里有档案馆,我可以在那里进行研究? 如有,您可以替我介绍否?"(原信是用英文写的。)以上举了最近发生于美国汉学家的两个例子,对于《南宁市志》把《档案志》立为专志的创见,就不必再由我作什么解释了。

此外,如在《政治卷》中把《信访志》立为专志;在《经济卷》中把《"菜篮子"工程志》立为专志,也都属于志书编纂者的匠心独运,都是值得赞赏的。

《南宁市志》在每一卷卷首都插有许多照片和地图,符合我国志书图文并茂的传统。其中有些地图,不仅设计新颖,而且具有较大的实用价值。如《综合卷》中的《南宁市区最高水位及防洪设施图》(1996)和《南宁市园林绿化图》(1995),《经济卷(上)》中的《南宁市"菜篮子"工程分布图》(1996)等,都是这方面的代表。

我对《南宁市志》的洋洋卷帙当然还称不上细读,但确实已经感到此志的不同凡响。不久以前,我在对《广西通志·政府志》的评论中,曾经回忆到我青年时代对昆仑关战役的感受:"当我在《政府志》中翻阅到昆仑关战役的记载之时,实在百感交集,展卷凝神,久久不能释手"。⑧现在,我在《南宁市志》卷首的《总述》中,再次读到昆仑关战役的记载,而《文化卷》卷末《附录》中选载的田汉《咏昆仑关之战》:"倭师几处留残垒,汉帜依然卷大风。"眼前立刻浮现起当年捷报传来时的一片欢腾,溯昔抚今,不胜感慨。

《南宁市志》当然是一部佳志,但毕竟也存在一些瑕不掩瑜的不足之处:

第一,志书在各卷以后应该编制一个《索引》,或者合四卷五册,单独另编《索引》一册。前年全国志书评比中获得一等奖的《绍兴市志》(540万字),《索引》即单独成册,获得与评专家们的称赞。今年刚出版的《绍兴县志》(400余万字),不仅编制了详细《索引》,而且在志书出版后不久,接着出版了志书的光盘版。在当前这个信息爆炸的时代,为了志书使用者的方便,这项工作是必须跟上的。

第二,前面已经提及了此志所插地图的优点,但美中不足的是,不少地图没有比例尺。作为一幅现代地图,比例尺是不可或缺的要素,有了比例尺,图上的所有注记符号,都可以借此求得数值。地图应该注明底图的来源,性质和范围相似的地图,最好使用相同的比例尺。没有比例尺的图,应该标明"示意图",以示与地图的区别。

第三,南宁市位于北回归线以南,属于典型的亚热带气候,生物界异常丰富。80年代初期,我曾在市郊考察过一些植物地理概况,的确种类繁多,令人眼花缭乱。今读此志,得知这里列为国家重点保护的植物就有 20 多种。所以此志的《生物》一章实为很可宝贵的资料。但美中不足的是,没有用拉丁文二名法标明各种生物的属、种。为什么地方志记载地方生物必须用拉丁文二名法? 我在拙作《地理学与地方志》⑨一文中已经评叙,这里不再赘述。前面提及的民国《鄞县通志》是 30 年代前期的志书,但已经采用了拉丁文二名法标注生物。这是值得我们学习和继承的。

为了今后志书修纂的精益求精,所以对于这部佳志,也提出以上的几点意见。

注释:

①　《中国地方志》1993 年第 2 期,收入于《陈桥驿方志论集》卷末《附录》,杭州大学出版社 1997 年版。

②　《鄞县史志》1993 年第 1 期,收入于《陈桥驿方志论集》。

③　美国著名汉学家,汉学著作甚丰,代表作为其主编的《中华帝国晚期的城市》(*The City in Late Imperial China.*)中译本即将在中华书局出版。

④　日本著名汉学家,汉学著作甚丰,代表作有《宋代江南经济史的研究》,其中有关浙江省的部分,已有中译本《宋代浙江经济史研究》,徐海荣、徐吉军译,北京京华出版社 1999 年版。

⑤　赵庚奇编《修志文献选辑》,北京燕山出版社 1990 年版。

⑥　《徐霞客在浙江》,浙江教育出版社 1998 年版。

⑦　汉名萧邦齐,汉学著作甚丰,代表作为《湘湖——九个世纪的中国世事》(*Xiang Lake—— Nine Centuries of Chinese Life*)。

⑧　《高屋建瓴——读〈广西通志·政府志〉》,《广西地方志》1999 年第 4 期。

⑨　《中国地方志》1989 年第 2 期,收入于《陈桥驿方志论集》。

原载《广西地方志》2000 年第 3 期

图文并茂　不同凡响

——祝贺首卷《洛阳年鉴》出版

　　第一部《洛阳年鉴》出版，皇皇巨构，把全市 1999 年全年大事进行梳理，分类记入，而且图文并茂，不同凡响。和方志一样，年鉴同样多为存史、资治、教化服务，但其编纂不同于方志，必须一年一度，真是千头万绪，非同小可。现在我们开卷有益，首先应该感谢列名卷首的编辑同仁。因为此书门类繁多，材料充斥，但时间紧迫，年初运作，年梢见书，凡是有过一点编辑经历的人，都会视这样的任务为畏途。所以面对这样一部面面俱到的庞然大物，不禁为其编辑的艰巨而惊异，也为其丰硕的成果而鼓舞。

　　《洛阳年鉴》内容包括 27 大类，卷末附有"索引"。书内有"彩色插页"7 组（包括卷首）。全书 135 万字，可称洋洋大观。27 大类囊括了洛阳市的政治、经济、文化的各个部门。原稿当然由各部门和有关人员撰写，但编辑工作量显然十分巨大。要全面议论这部年鉴的内容，当然是我力所不及，只能选取几方面稍加评议，举一反三，借此窥其全貌。

　　开卷"党和国家领导人视察洛阳"、"特载"、"大事记"三类，其性质属于开宗明义，而"总述"或许就是这部《年鉴》的实质性开头。"总述"内容包括"基本情况"等 7 项，而其中"基本情况"概括全市自然地理和人文地理，是《年鉴》的基础。在此以下，诸如"国民经济与社会发展"、"经济体制改革"等项，内容除了符合年鉴体例，罗列 1999 年各种统计数字外，每一项开首都设有概况，内容简单扼要，其实就是每一项的基本情况。所以"总述"不仅提供了每个项目 1999 年的最新信息,而且也为这种最新信息提供了背景材料。所以《洛阳年鉴》是一种既有实用价值,又有理论研究价值的地方文献,值得长期收藏保存。

"总述"这一大类中如上所述有许多内容对洛阳市来说属于基本情况,有较大的稳定性,与每年变化的信息不同,它们具有更大的收藏价值,所以措词构句,都必须更为谨慎。例如"历史沿革"节下:"禹划九州,河洛属古豫州地。""河洛属古豫州地"是不错的,但"禹划九州"却不是事实。在禹的时代,其领域还不过是今山西、河南的一部分,"九州"地域多在荒外,居住着其他部族,禹怎能将他们的领地划"九州"呢?"九州"始记于《禹贡》,而《禹贡》学术界已经论定为战国后期的作品,是战国人就当时已知的地域对夏禹的假托。所以"禹划九州"应改为"《禹贡》九州"。

《洛阳年鉴》在其 27 大类中,把"黄河小浪底水利枢纽工程"列为一类,这不仅是 1999 年洛阳市的空前大事,同时也是这部《年鉴》的特色。洛阳市编纂第一部《年鉴》,欣逢这一著名的黄河水利工程下闸蓄水。这一机遇,为《年鉴》平添无限风光。对于这项水利工程,《年鉴》从"综述"、"工程建设"到"移民工程"记载得十分详细,把全部基础资料和盘托出。由于这些资料,使《年鉴》更增加了它的收藏价值。

在全部《年鉴》中,每一大类的内容细节,当然都是经过仔细排比和认真考虑的。可以随手举个例子,譬如在"政治"这个大类中,以往不够重视的档案工作,也能在"中国共产党洛阳市委员会"项下,与组织、宣传、统战等工作一样地列入《年鉴》,而且内容记载得相当详细。这当然是由于在新的形势下,人们认识了档案工作的重要性。其中"档案馆业务建设"条目下记及:"伊川县、嵩县档案馆在达标升级工作中,克服了重重困难,购置了 48 列 141 组密集架以及微机、复印机、警报器、空调等设备,并组织全馆职工加班加点整理案卷,分别顺利通过晋升省二级、三级标兵档案馆的验收。"说明档案工作在洛阳已经获得了重视。对于档案,这 20 年来,各地修志同仁是充分地认识了它的重要性的。其实,档案是一个地方政治、经济、文化的全面记录。希望全国各地的年鉴,都能和《洛阳年鉴》一样,把档案工作列为重要内容。

《洛阳年鉴》除了文字以外,非常突出的特色是插图。图文并茂原是我国修志的优良传统,近年以来,各市、县修志和编辑年鉴,也已经重视了插图,但能够获得像《洛阳年鉴》这样成就的,实不多见。《年鉴》中除了列入目录的"彩色插页"以外,还有不少黑白照片,其中也不乏内意深刻、形象生动的佳作。例如"政治"大类中的"海外人士来洛阳寻根问祖"(第 112 页),生动地表达了洛阳外侨和祖国家乡的血肉相连,也表达了洛阳这个历史名都的巨大凝聚力。在"交通邮电"大类中的"送邮上门服务"(第 210 页),看似寻常,但画面洋溢着亲情感和人情味,突出了人民邮电为人民的生动形象。又如"文化·新闻·卫生·体育"大类中的"河南省读志用志研讨会现场"（第 349 页）和"国际园艺生产者协会主席柯什先生为《洛阳市志·牡丹志》题词"（第 350 页）两幅，主题都和这一届洛阳修志密切联系，洛阳在这一届修志中所获得的荣誉和成就，也就在这两幅似乎平淡无奇的照片中充分体现。至于《年鉴》中大量彩色插页，当然更富丽堂皇，气象万千。如环衬"龙门石窟跻身世界文化遗产行列"，真是一幅动人心弦，让人拍案的绝唱。这是一幅占两页版面并不列入"目录"的彩插，但是记载却为《年鉴》的全部彩插作了一个石破天惊的开头。其实，彩插的精湛远不在于版面的大小，可以举"洛阳市文物管理局"的一组彩插中的一幅小小的"研究落实永宁寺塔基保护方案"（彩插 42 页）为例。一幅小小的照片，却体现了洛阳古都在文物保护工作中的细致深入和卓越成就。永宁寺浮图建于北魏熙平元年（526），据《水经·穀水注》所记："作九层浮图，浮图下基方十四丈，自金露槃下至地的四十九丈，取法代都（案指北魏故都平城）七级而又高广之，虽二京之盛，五都之富，利刹灵图，未有若斯之构。"这是郦道元的目击记载，这当然是当年的一座名扬海内外的宏伟佛教建筑。难怪当此塔于北魏永熙三年（534）失火焚毁时"观者皆哭，声振城阙"（《通鉴》卷 152）。70 年代初，中国科学院考古研究所洛阳工作队就塔基作了实地勘测，结果与《水经注》记载的"浮图下基方十四丈"近似。所以像这样一幅一般人不会加以重视的照片，实际上具有重要的意义。永宁寺浮图从建成到焚毁，其存在还不到 20 年，但洛阳市的文物工作却要把这座在当年举世无比的名塔塔基永远保持下去。

　　《洛阳年鉴》编有一种查索方便的"索引"，这当然是值得称道的，但我却还有一点希望。前面已经提到这部《年鉴》具有重要的保存收藏价值，不过从此书的体积、重量、定价几个方面来说，对于保存收藏，特别是个人保存收藏，都并不协调。为此，对这部皇皇巨构，我希望能够补出电子版。以后的每一部《年鉴》，希望做到精装本和电子版同步出版。

原载《河洛史志》2001 年第 1 期

致洛阳市地方史志办的贺信

洛阳市地方史志办公室：

　　欣闻经过多年惨淡经营的《洛阳市志》已经全部问世，这是洛阳市有史以来的一项巨大文化工程，也是我国方志史上必将特别记录的重要事件，值得高度评价，热烈庆祝。

　　洛阳在历史上是九朝古都，在地理上处天下之中。《洛阳市志》缵史之宏绪，得地之灵秀，在市领导的支持擘划和全体修纂同仁的辛勤耕耘之下，终于脱颖而出，成为这20年新志之林中的翘楚，在地方志理论和各种研究工作中，都有重要价值，令人钦敬！

　　我在上世纪80年代，为了拍摄《中国七大古都》电视系列片，曾对洛阳作过相当详细的实地考察，对这座著名古都建立了深厚感情。以后由于《洛阳市志》的修纂，一再披览先后出版的各册志书，并且曾在《河洛史志》中作过多次褒赞和评论，所以对这部志书的卓越成就，早在意料之中。值兹全志出版，大功告成之时，再次表示我对《洛阳市志》的祝贺，对全体修志同仁的慰问和钦佩。希望洛阳市的志书、年鉴和其他地方文献的编撰事业，希望洛阳市的经济、文化和旅游事业，能够继续欣欣向荣，蒸蒸日上！

陈桥驿

2003 年 11 月 23 日于浙江大学

原载《河洛史志》2002 年第 4 期

大古都之省

——并忆《洛阳市志》

中国有七大古都,但除陕西、北京、江苏、浙江 4 个省市外,河南竟独占其三,所以河南省是大古都之省。

今年 6 月 18 日,安阳市电视台专题部陈弘旻主任和雷艳红主任编辑来到杭州舍下采访。而随即又收到陆新朔先生 6 月 28 日发自洛阳的来信,并赠《河洛史志》今年 1、2 两期。我年逾 8 旬,由于仍然在职,虽然常时居家少出,但每日接到电、信不少,研究生和各处来客也陆续不绝。不过在一旬之中,两度与大古都之省接触,追忆往事,令人不胜感慨。

中国是个历史悠久的大国,朝代嬗递,留下了许多古都,我曾在《河洛史志》1994 年第 3 期发表过《聚洛·集镇·城市·古都》一文,阐述了有关这方面的问题。古都这个词汇是早就存在的,但后来又出现了"大古都"的概念,其间并有过不少议论。我在这方面或许是牵涉较多的人,最近两次与大古都之省联系,勾起了我的不少回忆。

记得是 1980 年夏,我所尊敬的侯仁之先生请中国青年出版社的胡晓谦先生专程送一封信到杭州。信上说,台湾已经出版了《中国五大古都》,[①]大陆却还没有这样的书,历史地理学界亟应编写这样的书。侯先生在信中嘱咐:历史地理学界推出一位此书的主编,"非你莫属"。我当然非常赞成侯先生的创议。但问题是,当时正值闭关锁国时代的结束,外国大学生纷纷到中国大学举办中国文化学习班,其时正值美国匹兹堡大学的数十位学生在杭州大学。由于长期封闭,学校遴选出来的十几位教师中,能用英语讲课的只有两人,我是其中之一。除了讲课以外,诸如座谈、讨论、参观等等,我都必须到场。此外,美国和日本等大学邀请我前去讲学或担任客座教授的聘函也已陆续来到。加上手头的许多积稿,我实在无力承担前辈所嘱的这项任务,只好写了封恭恭敬敬的复信请胡晓谦先生返京复命。不料时隔一周,胡先生又奉侯先生之命再度来杭。嘱我务必承担这项任务,而且书中的《北京》一篇,侯先生承诺由他撰写。在这样的情况下,我实在不敢再拂逆前辈的厚意,但我当时在杭州执教已届30年,认为杭州也有资格列入此书。因此向胡先生提出:由于侯先生的嘱咐,我只得勉为其难,但书名应改为《中国六大古都》。② 胡先生随即挂电话到北京请示,结果获得同意。于是我就挤出时间,分头发函组稿。

京、杭两篇已有着落,其余西安、开封、南京3都,我都有师友可以承担。唯独洛阳,我不知当时是否已有大学,考虑者再,最后是委托谭其骧先生的高足、中国社科院历史所的史为乐研究员承担,为写这一篇,他曾经两度去洛阳考察。先后历一年多时间,六都各篇终于完成,我在卷首写了一篇《序言》,交中国青年出版社整理发排。

我们编写《六都》,开始是受台湾出版《五都》的启发,《六都》问世以后,台湾也随即响应。因为此后不久,大陆与台湾之间的交往旅行恢复,台湾同胞向往祖国大陆的古都胜迹非常殷切,台北锦绣出版社着手编制一种大型的《中国六大古都》照片集,事前派专人与我联系,要我为这种照片集作序,并请溥杰先生题写封面:《雄都耀光华——中国六大古都》于1989年出版,此书照片精美,文字简练,受到台湾同胞的高度赞赏和欢迎。

与台北编制《六都》照片集的同时,大陆上的五家电视台(北京、陕西、河南、江苏、浙江)合作拍摄一部《中国六大古都》的电视系列片,计划在1989年新中国成立40周年完成放映。除了各电视台领导及有关人员外,还聘请了侯仁之、史念海和我3个担任顾问。由于3人中数我年轻能走,所以多次与电视台到"六都"拍摄。六都之中,除了洛阳以外,我以前都多次到过。1988年7月,我第一次随电视台到了洛阳,对这个九朝名都作了全面的考察以选择拍摄的对象。骤入名都,确实让我眼花缭乱。可以入选的内容实在太多,考虑到"六都"在镜头上的相对平衡,不少实在应该摄入的景点,不得不忍痛割爱。在洛阳留居五六天,这个我生平第一次来到的古都,确实给予我毕生难忘的印象。

当《中国六大古都》正在紧张拍摄之际,中间又发生了一个不得不考虑的问题:安阳市正式向拍摄组提出,该市有意向、并且迫切希望进入这部系列片。与此同时,河南省委宣传部,给系列片的3位顾问写了信,表达了这种要求。事情发端于我所尊敬的前辈谭其骧先生,他曾经提出过安阳也应列入"大古都"的意见。由于当时另外还有一些不同的意见,主要是这座古都的主要部分邺,现在已划入河北省。所以这个问题一直被搁置着。我个人是完全赞同谭先生建议的,特别是作为殷都重要部分的小屯,这个甲骨文明和青铜文明的中心,就在今安阳附近。对河南省委宣传部的信,3 位顾问都表示同意,于是,安阳市于 1988 年 10 月,邀请 5 家电视台领导和 3 位顾问(侯仁之先生缺席),到安阳作了为时约一周的现场考察。最后,电视台领导和顾问(安阳市领导回避)作详细和反复的讨论。结果取得一致意见,安阳列入"大古都"行列,电视系列片易名为《中国七大古都》。与此相应的措施是,中国青年出版社重新出版《中国七大古都》,③并仍由我主编。同时,为了对外宣传的需要,河北美术出版社出版了英文本巨型画册《中国七大古都》,④卷首也有我的英文序言。

　　中、英文的两本《七都》相继出版,而《中国七大古都》电视系列片也随即完成播放,确实发生了很大影响。不过由于不少人知道,在这个过程中,我曾经出过一些主张,为此,在中、英文本出版和系列片播放以后,我曾受到过一些压力。因为学术界一直有人不赞同安阳列入"大古都",有些人公开发表文章,也有些人写信给我,表达有关于此的意见。另外也发生了一点误会,有些地方传闻我对古都之事有些发言权,因此有的城市写信给我,纠缠若干有关这个城市的传说掌故,希望把这个城市列为古都。也有已经是古都的城市写信给我,提出种种"理由",希望把这个城市从一般的古都上升为"大古都"。实在使我感到烦恼,所以我接受江西教育出版社之约,主编了《中国都城辞典》,⑤这部辞典的开卷六条:"古都"、"大古都"、"五大古都"、"六大古都"、"七大古都",都由我署名撰写,每条都按历史发展过程和学术概念作了阐明。现在看来,对于"古都"和"大古都"的不同意见已经平息。中国七大古都,河南一省占有其三,河南省有幸成为一个大古都之省,这是中国历史上的客观事实,是河南省的得天独厚。

　　河南是大古都之省,这三大古都,我都经过相当深入的考察。在这三都之中,我毫不讳言,特别钟情于洛阳。当然,河南省的这三大古都,都是历史悠久,文物璀璨,闪耀华夏文化的辉煌。我对于洛阳的情愫,实在是与《洛阳市志》维系起来的。因为我认为《洛阳市志》的杰出成就,充分显示了这个大古都的文化实力,用另一句话说,这部志书,十足地摆出了这个大古都的气派。1997 年在北京举行全国方志评选中,我忝为评委,亲眼看到《洛阳市志》不仅在河南古都,而且在全国古都中所获得的成就和光荣。

　　记得前年《中国地方志》原主编诸葛计先生以其所编巨构《中国方志五十年史事录》⑥嘱序于我。在他的书稿中,获悉上一届修志中,对于这场陷国家人民于万劫不复的"十年灾难",竟有人反对记入志书的。使我即时回忆起当年刚刚接手修志的陈元方先生与我在西安的一次晤谈。陈先生坚持新志必须详记"文革"的深重灾难。所以我在诸葛先生大著的序中写下了这样一段:

> 地方志当然应该记叙"十年灾难",而且要记下在这场灾难之中,地方上受损伤最严重的事实。假使地方志不记载"文革",或者与上一届某些方志那样,下笔唯恐及此,浮光掠影,用套语滥调,匆匆带过。新修方志不记"文革",或者在记载中敷衍了事,这实在是方志修纂者对当地人民和子孙后代的严重失职,对于这样的方志,则续修时应该补叙。对于这方面,我认为值得称赞的是《洛阳市志》。

在这段以下,我抄录了一段此志第 13 卷中的"千古文章"。此后,我又在不少其他文章中,如《在洛阳古都谈修志用志》⑦《佛教与佛学》⑧《旅游业文化营销战略研究序》⑨等之中,一再引及《洛阳市志》的这一段"千古文章"。

上一届修志 20 余年,成果累累,其中当然不乏佳篇杰作,但是像《洛阳市志》记述"十年灾难"的这篇"千古文章",实在值得珍视,在志书的存史、资治中具有万古长存的意义。

河南是得天独厚的大古都之省,《洛阳市志》为这个大古都之省锦上添花。

2004 年 7 月于浙江大学

注释:

① 王恢著,台北学生书局 1966 年版。

② 中国青年出版社 1983 年版。

③ 中国青年出版社 1991 年版。

④ 河北美术出版社 1991 年版。

⑤ 江西教育出版社 1998 年版。

⑥ 方志出版社 2002 年版。

⑦ 《河洛史志》2001 年第 2 期。

⑧ 《云南大学学报》(哲学社会科学)(又名《思想战线》)2000 年第 6 期。

⑨ 阮坚勇著,陈桥驿序,中华书局 2002 年版。

原载《河洛史志》2004 年第 3 期

喜读《宝丰县志》

我不是方志学家,尽管这十多年来与各地修志有若干接触,这是由于我长期是个方志的用户,至今仍不过以一个方志用户的身份与方志界打一点交道,目的主要是希望新修志书能够更大程度地满足用户的需要:用得得心应手,用得快捷便利。前者是对志书内容的要求,后者是对志书编辑的要求。

以上所说与方志界的接触,在地域上主要限于我所在的省内,譬如参加志稿评议,为某些志书作序以及从海外引回某些县市流失在他国的志书孤本等等,对外省的接触不多。河南省是中州文物之邦,历史悠久,人文隆盛,本来应该向这个省多多学点东西。由于自己本行的教学和科研任务并不轻松,所以常常失去这种机会。这些年来,只是为《黄河人文志》和《安阳市交通志》写过序言,为《洛阳市志》的某些卷篇写过一点读后感而已。上述这些志书,都出于河南的大城市,而现在读到的《宝丰县志》则是一个小县城的志书,按照志书所载,这个我在《水经注》上早已过眼的贾复城,①即现在的县城,10年之前,城内非农业人口还不到2万人。再向前推溯一点,则如志书《概述》所说:"宝丰在历史上为一贫穷小县。"对于河南和全国来说,评论一部县志,像宝丰这样的县,或许更具有代表性,更具有实际意义。

大致浏览了这部志书以后,我对《宝丰县志》的总的印象是满意的,它有许多优点,值得其他很多县情与宝丰相似的县市学习。当然,也有一些美中不足,值得改进的地方。但整部志书应该说是瑕不掩瑜。本文开头就说明我不是方志学家,评论一部志书,我说不出一套方志学的理论,我仍然是以一个方志用户的身份对《宝丰县志》作一点议论。当然,方志学家有他们的一套完整理论,而用户也有用户的衡量标准。我所持的评论依据,已在拙著《陈桥驿方志论集》[②]的序言中提及:"近人胡乔木指出:地方志是严肃的、科学的资料书。对于地方志的性质,议论多年,说法纷纭,我认为胡氏所云,真是一语中的。"作为一个用户,我有求于志书的无非是严肃的、科学的资料。所以我在这篇序言中也提到:"方志的可贵在于资料,方志的生命力也在于资料。"我说:"在近年新修的方志中,我也看到过一些政府公报式的、有骨无肉的作品,对于这样一类志书,它们的实在生命,或许在首发式以后就告结束。"但是如果是另一种倾向,资料貌似丰富,但并不严肃、科学,用这样的资料做学问,就谈不上我前面所说的"得心应手",而是"疑心棘手"。

现在来看,《宝丰县志》这部"资料书"的许多优异之处:

和眼下的许多志书一样,志书的卷首往往有不少照片和地图,有些人常用"图文并茂"这句话来捧场。我认为《宝丰县志》在某种程度上可以获得这句话的荣誉。举个简单例子,此志所选用的1935年《宝丰县图》和1947年《宝丰县图》,就足以说明编辑工作的深入细致。我是一个地理学者,毕生与地图打交道,所以在阅读志书时,首先就从地图读起。此二图,相隔12年,县界当然有一些变迁,但这并不是最重要的。值得重视的是,在1935年图上,县境之内,分布着大大小小的10块临汝县的"飞地",即志书所称的"插花村"。这种"飞地",一直分布到县境南边今平顶山市境内。但在1947年图上,这些"飞地"就不见了。在本编第三章第二节《民国时期的区划》中可以见到,移交"插花村"的事,在1934年就开始进行,到1936年才基本解决。"飞地"是历史上遗留下来的、各地普遍存在的行政区划问题。这个问题的逐步解决,是行政区划体系中的一种进步。在我国,许多县市(包括省区)实际上都存在过这个问题,但能够在志书上用地图和文字说明这个过程的却十分稀见。现在,《宝丰县志》图文配合,把这个历史上存在过的问题和盘托出,这在新修志书十分难得,值得重视。

与上述优点相关,《宝丰县志》对历来县以下的区划制度,记载得非常详明,这也是当前不少新志常常疏缺的,但作为一个县市的沿革史料,实在是一种相当重要的资料。此志第一编《建置》第三章《行政区划》下,在《明清时期区划》和《民国时期区划》两节内,记载了从明成化十一年(1475)复置宝丰县起的县以下行政区划:如成化的"里",正德的"保图制",清乾隆的"里甲制",清末的"区",民国元年的"里",民国十二年的"团总制",民国十八年的"区乡制",民国二十二年的"保甲制"等等。或许有人对这种记载掉以轻心,但这实在是严肃的、科学的资料,在这方面能够作出如此详实记载的志书,并不多见,有不少志书在这方面存在错误。为了引起重视,我不妨抄录一段

某省某县县志的原文：[③]

> 1931（民国 20 年）全县遭受大水，仅××镇就淹死 400 多人。在水灾面前，国民政府驻××镇的省建设厅水利局官员，竟托故乘火轮离开，乡、保、甲长不见人影。

按国民政府曾于民国二十一年（1932）八月一日在豫、鄂、皖三省颁行《各县编查保甲户口条例》，到民国二十三年（1934）十一月七日，才明令全国实行保甲制度。此县不在豫、鄂、皖三省境内，何况水灾发生于民国二十年，所以"乡、保、甲长不见人影"的话，显然是志书编者想当然而编造出来的。正是由于这一句，使用资料的人就得小心谨慎，整段除了 1931 年水灾可信以外（因为邻县志书也有记载），其余的都得仔细查考，不好轻易采用。这样的资料就不是严肃的和科学的。河南省属于民国二十一年首先实行保甲制的省份之一，与志书记载的民国二十二年实行保甲相符（因为国民政府的《条例》颁于二十一年八月，经过几个月的准备，所以在次年才实行），说明《宝丰县志》的资料是可靠的。

志书第五编《政党社团》之中，对于"大跃进和人民公社运动"，记载得非常具体坦率。这实在是志书的十分重要的资料。这段记载足以留给后人深刻的教训和反思。志书记及当时全县响应中央赶英（国）超美（国）的号召："首先大办教育，不顾客观条件建立红专大学，下设师范学院、工学院、医学院、马列学院等 12 个学院，68 个系，并实行厂校合一"。"工业学院掀起'大办'高潮，全县办各种厂矿 2663 个，这些厂矿绝大多数是无厂房、无设备、无资金，有名无实"。这样的行动，当然要产生严重后果。而由此来的各种难堪局面，在这部志书的不少编章中都可以查得出来。例如在第三编《人口》的附表《1949—1957 年人口情况表》中，1961 年的全县人口就比 1960 年减了 14690 人，减少数超过 1960 年全县人口的 5%。而这种人口减少主要集中在男子人口中，计减少达 14380 人。从人口总数来说，这种遭受损伤的元气要到 1964 年才开始复苏，而对于男子人口来说，则要到 1965 年才完全恢复。

这种鲁莽行动的后果在志书第十一编《农业》中也看得出来，例如在宝丰县有悠久历史的柿树，明代已有 41.6 万棵，1949 年产柿子 36.6 万公斤，1954 年产 155.4 万公斤，到 1961 年，全县仅产柿子 9.31 万公斤，直到 1985 年，全县产柿子 32.5 万公斤，还没有恢复到建国前的水平。如志书所说，这是由于"大跃进期间毁坏严重"的缘故。此外如苹果，1955 年全县产 64.13 万公斤，但是由于"在全民'大炼钢铁'运动中，境区果园大部分遭毁"，所以到 1960 年，仅产 2.6 万公斤。又如梨，1957 年产 143.3 万公斤，"1958 年，由于对林木大砍大伐，许多梨园遭毁"，1961 年仅产 7.8 万公斤。我们常说志书的功能是存史、资治、教化，《宝丰县志》在这方面的成就，已经可以无愧于后人。

这部志书另外还有不少有价值的编章,但往往同时也存在一些缺点,有待以后改进。例如第二编《自然环境》,全编之中,地质、地貌、气候、水文、土地资源和土壤都编得很好,提供了大量严肃的和科学的资料,但第六章《生物资源》却没有在动植物下加注学名和拉丁文二名法。我不必再解释学名和拉丁文二名法的重要性,不妨引一段我为何业恒教授所著《中国珍稀鸟类的历史变迁》④一书所写的序言中的话:

> 知他编纂这套丛书,曾广采博引,利用了大量资料,其中仅地方志一项即达六千余种,近九万卷。对此,我立刻意识到,旧方志的动植物记载不列学名,何先生在这方面一定煞费揣摩,花了大量的精力加以辨证。在这些志书中查索动物名称,通名与俗名混用,本名与别名交错,有时一名为数物所共有,有时数名却仅系一物。混乱颠倒,不胜其烦,鲁鱼亥豕,出错更属难免。按中国方志史中,动植物记载使用学名并加拉丁文二名法者,始于30年代的民国《鄞县通志》,所以80年代之初,当一位美国学者看到当时新修的某种方志时,见动植物记载仍不异旧时。曾感慨地和我说:"比比《鄞县通志》,倒退了半个多世纪。"这话对我确实十分震动。从此以后,凡我参加各种志书评审会,我都以这位美国汉学家之言,敦促修纂者重视这个问题。

《宝丰县志》在卷末有一个《附录》,对于《附录》的重要性,往年我也已经撰文有所论述。⑤而这部志书的《附录》,的确附入了不少重要的资料,如两篇考证"城父"、"父城"的文章,《牛金星宝丰人新证》以及两篇有关汝窑的文章等,都是很有价值的。但其中《父城非城父考辨》一文,在做学问的方法和写作的严肃性上都存在问题。此文开头引《汉书·地理志》:"颍川郡有父城县,沛郡城父县。"既然用引号引用古书,引号之中必须是一字不易的古书原文,这是学术界公认的准则。⑥但读过《汉志》的人都知道,《汉志》哪有这样的体例?显然,此文应作:《汉书·地理志》:"颍川郡有父城县,沛郡有城父县。"此文又用引号引《左传·昭公十九年》,但引文错漏,不能卒读。"是得天下也"下漏"王说从之"4字,"故太子建居城父","居"下漏"于"字。同样,在引《左传》僖公二十三年和哀公六年(均在866页)中,前者,擅改"楚成得臣帅师伐陈"为"楚人伐陈",以下漏"讨其贰于宋也遂"7字;后者,《左传》原文有30字,作者擅改成11字,例如把"师于城父"改成"军城父"。第868页引《通鉴》也漏(或略)41字。作者当然有权用自己的语言表达古书的意思,但自己的语言怎能加上引号代替古书?作者也有权在引书时省略古书原文,但必须用省略号标出。因为假使引用古书可以随心所欲,则文章还有什么说服力?这些都值得注意。

志书最后有一个《〈宝丰县志〉图表索引》,有关索引的事,我往年已经谈过多次。⑦我为陈田耕副教授所著《地理文献检索与利用》⑧一书所写的序言中曾经引用外国学者的话："文献之需要索引,犹如行舟之需要舵","检索工具没有索引很快就会成为一堆废纸,甚至不成其为检索工具"。作为一个志书的用户,我对索引确实是十分关心的,外国汉学家在这方面也是一样,目的是为了使用的快捷便利。记得1983年,我把一位研究生送到我的美国朋友著名汉学家施坚雅(G. W. Skinner)所在的斯坦福大学深造,施坚雅要他做的第一件事,就是把550万字的民国《鄞县通志》和其他几部著名志书输入电脑。1985年,我在日本讲学,发现民国《鄞县通志》的软盘,已在日本汉学家之间流行,这是因为凡是做学问的人,大家都希望方便。前年我去北美讲学,本来与方志无关,由于国内有朋友要我留心一下那边学者对中国方志的使用情况,⑨我才稍加留意。立刻发现,80年代流行的软盘已被废弃,而代之以效率更高的光盘。因为一张光盘至少可以容纳几千万字,而你所需要检索的资料,在1—2秒钟内就可以得心应手地拿到。在这方面,我们的差距确实不小。当然,眼下我们的步子还不能走得太大,⑩而索引则是我们当前所必须重视的工作。现在,《宝丰县志》做了图表索引,就是向方志用户们的要求迈进了一步。尽管与先进的方法还有很大差距,但这一步无论如何是值得欢迎的。

　　以上就个人所见,对《宝丰县志》作了一点肤浅的议论。这部志书的优点是很多的,是一部佳志。至于我所指出的一些有待改进之处,则也无非是一个用户的要求。而且这些问题目前不少志书在不同程度都有存在,我的意见其实也是供方志界参考的。

注释:

① 卷二一《汝水》,卷二二《滍水》。

② 杭州大学出版社1997年版。

③ 为了避免指出这种方志的具体名称,所以在抄录原文时仅说镇。

④ 《中国珍稀动物历史变迁丛书》之一,湖南科技出版社1994年版。

⑤ 《关于地方志的附录——兼评新修《余杭县志》》,原载《石家庄史志》1991年第2期,收入于《陈桥驿方志论集》。

⑥ 古书中也有错字,但用引号引古书,即使明知错字也不能改,只能在错字下括注:(按某字当是某字之误)。

⑦ 《地方志与索引》原载《浙江方志》1992年第3期,《中国地方志》1992年第5期转载,收入于《陈桥驿方志论集》。

⑧ 西安地图出版社1992年版。

⑨　我曾为此撰写《中国方志资源国际普查刍议》及《北美汉学家论中国方志》两文,前者发表
　　于《中国地方志》1996 年第 2 期,后者发表于 1996 年第 3、4 期合刊,均收入于《陈桥驿方志
　　论集》。

⑩　地方志的光盘版国内已开始发行,《东阳市志》《浙江省名村志》并附《浙江新编地方志书
　　目》的光盘版,已于 1997 年 7 月由宁波金轮计算机有限公司、浙江省地方志办公室、东阳市
　　地方志编纂委员会联合制作发行。

原载《河南史志》1997 年第 6 期

评《桐梓县志》

读了《桐梓县志》上下两册,洋洋二百数十万言,确实使我不胜感慨。

贵州在我国是一个深处内地的省份,一般人所知不多。对我而言,说来也实在惭愧。在大学地理系执教,至今已经 40 多年。长期来读《水经注》,早就接触了牂柯(牁)、夜郎,却并不多加留意。特别是 1953 年受上海地图出版社之约,为该社组织的一套《地理小丛书》写过一本《民族融洽的贵州省》的小册子(1954 年出版),也算查看过一些此省资料。但当我骤见这部煌煌巨构时,我的确料想不到这个我所知极少的黔北县份,竟能修得出如此一部大志。我虽然谬膺中国地方志协会的学术委员,由于志书不是我的专业,所以除了自己所在的浙江省以外,对近年来全国各地修纂的大量方志,所见实在不多。1995 年去北美访问讲学,在加拿大和美国的不少公共图书馆中,获见他们收藏的许多近年出版的我国新志,这是我过去到这些国家时未曾留意的。去年应邀到北京参加全国方志评比,陈列室内供评委阅读的志书,也是琳琅满目,而且都是这次修志中的精品。使我进一步认识了,这十余年来,我国各地的修志工作者,不仅辛勤耕耘,而且确为后世留下了一宗价值连城的文化财富。在开始展读《桐梓县志》以前,顷刻之间,勾起了我的这些遐想。当然,这并不涉及《桐梓县志》的内容和成就。

在中国历史上,或许是宋太宗第一个说出"开卷有益"这句话(《渑水燕谈录》卷六)。对于《桐梓县志》,我恰恰也有了这种体会。这是由于此志开头的《自然环境》1卷,使我感到非常满意。这里还必须赘述几句,在这次修志之初,80 年代前期出版的新志,这一卷的卷名往往作《自然地理》。《自然地理》作为卷名当然不错,但问题是卷内都加入"地质"一篇。地质学和自然地理学是两门研究对象不同的科学,怎能混为一谈? 1988 年,中国地方志指导小组在全国邀请了 10 位专家到北京开会,评论当时修得较好的浙江《萧山县志》、江西《玉山县志》、陕西《渭南县志》,并讨论一些修志中的问题。在这次会议中,我发现包括这 3 部志书在内的不少当时出版的新志,在《自然地理》这一卷中都包含了地质的篇章。所以我就此在会上作了发言,由于在一般县市志中,地质确无单独设卷的必要,因此我建议把包括自然地理和地质的这一卷,改卷名为《自然环境》,这样才不致有损于志书的科学性。接着我又在《中国地方志》1989年第 2 期发表了《地理学与地方志》一文(也收入于《陈桥驿方志论集》,杭州大学出版社 1997 年出版),再次阐明这个问题。从此以后,新出志书大概都改用《自然环境》作为卷名。

不过卷名虽已改变,由于这一章的专业性极强,因此,以后的不少志书,卷中内容仍然常常不能使人满意,有的甚至仍然与旧志中的《舆地志》相似,令人遗憾。现在,《桐梓县志》的《自然环境》卷,可以显然看出,这是出于专家之手。全卷除了第一章《地质》的地层与地质构造两节,无疑由当地地质机构供稿以外,属于自然地理学的地貌、山脉、水系、气候、土壤诸要素,也都可以肯定由地理学家所执笔。在上述自然地理要素的阐述中,不仅具有严密的科学性,而且紧紧地结合了桐梓县的地方事实。

对于一个小地区(县、市)的自然地理记载,我们原来的要求,主要就是按自然地理学的科学规律,就各要素作出客观而不背离科学原理的描述(包括定性描述和计量描述)。由于自然地理学是一门成熟的科学,要在这些描述中作出什么创新,事实上相当困难,而我们在这方面也无所希冀。但令人欣慰的是,《桐梓县志》在这方面仍然有所创新,而绝未影响严密的科学性。在《气候》章中的《桐梓县气候综合示意图》即是一个突出的和成功的例子。在这幅精心设计的示意图中,不仅把影响桐梓气候的主要气象要素,包括气温、降水、相对湿度等,有条不紊地绘入图中,并且都与"节气"和"月份"两栏相配合,使人一目了然。此外在"初终期"一栏中,写入了"年均气温"、"年雨量"、"年积温"、"无霜期"(包括初霜和终霜)等项目。而示意图的下半幅,以"主要灾害天气"和"主要农作物主要生育期"两栏,使这个县的气候(包括异常天气)与农事作了紧密的联系。从这幅示意图进行评价,绘制者已经把自然地理学的气候学发展成为这个小地区的应用气候学,所以这是一种值得称道的创新。

地方志是记载地方的文献,而自然环境是每个地方的基础,地方的人文环境是在地方的自然环境中发展演变的,为此,《自然环境》这一卷的成败,关系到整部志书的其他各卷,而《桐梓县志》所取得的成就,这一卷显然是重要关键。

　　《桐梓县志》当然还有其他不少优异之处,其中包括这部志书突出的地方特色,即眼下方志界流行的词汇所谓"独家资料"。这些独家资料之中,有的确是桐梓一县所独有的,属于桐梓志书的个性,别家无法仿效,但对于桐梓却有重要的存史价值。也有的是《桐梓县志》所开创的一种修志体例,是以后其他各地的志书修纂可以取法的。前者如卷十七《桐梓系军政集团》,对桐梓来说,这确是志书必须设卷详载的史实。一个在地理上并不受人瞩目的山区县份,却在此崛起一个势力不小、影响颇大的军政集团,它不仅在一段时期中左右贵州全省,并且还涉及滇蜀。志书详细地记载了这个集团从崛起到瓦解的全过程,列述了集团中的几个重要代表人物的生平简历,既写了他们翻云覆雨、割据称霸的事实,也写了他们在位时期的政绩,可称得是史家笔法。后者如卷二十二《文化》中的第十章《史志编辑》。章前有简短的无题小序:"桐梓,历来有修志优良传统,但历代修志均多有磨难坎坷,尤以新一代方志编修之难为最。故设专章以记述之。……"全章分为"机构人员"、"学术活动"、"史志著作"、"方志修纂"四节。最后一节除略述历代修志外,主要是记述这部新志的修纂过程,内容十分详尽。从这一章特别是最后一节的记载中,我们对这部上下两册的巨型志书的来之不易,有了深刻的了解。在我国历来修纂的旧志之中,常常也设置名为《序志》之类的篇章,收录旧志的序言和其他当地的修志掌故,但内容均不涉及当时所修的新志,所以《桐梓县志》有此一章,是在志书体例上的创新。眼下,也有若干县市志在出版以后,另外再编辑一种诸如《修志实录》之类的文献。但这种另起炉灶的做法,由于本身与志书分离,既浪费物力,又不易为志书收藏者和用户的获致和重视。因此,《桐梓县志》的这种体例是值得提倡的。

　　《桐梓县志》最后编制一个《索引》,虽然从国际标准来说,这个《索引》还不够详细,但是从中国方志界的现状来说,《桐梓县志》是值得赞扬的。地方志也和其他一切资料书和工具书一样,没有《索引》就会造成使用中的许多困难。早在1992年,我已经在《中国地方志》第5期发表了《地方志与索引》一文(也收入于《陈桥驿方志论集》),阐明了地方志编制《索引》的必要。现在已有不少志书编制了详细的《索引》,去年出版并在北京的评比中获得一等奖的浙江《绍兴市志》全志六册,其中第六册即是《索引》。《索引》单独成册,这就已和国际上的文献资料接轨。关于《索引》的重要性,我为我的学生陈田耕副教授所著《地理文献检索与利用》一书(西安地图地出版社1992年版)所写的序言曾经引及一句外国学者的话:"检索工具没有索引很快就会变成一堆废纸"。在当今这个信息爆炸的时代,地方志作为一种地方信息,编纂者的重要任务之一就是要考虑到用户使用的方便。现在,以浙江省为例,光盘版的地方志如《东阳市志》《慈溪县志》等已经陆续出版。在这样的形势下,没有《索引》的志书,其结果必然要成为"一堆废纸"。这当然是历尽艰辛的编纂人员所不愿设想的结果。为此,《桐梓县志》编制《索引》之举,特别是对于当前内地省区此风尚未普遍的情况下,确是一件得风气之先的进步措施,是值得在志书修纂中尚未考虑及此的县市引起重视并加以仿效的。

一部 200 多万字的巨编,不可能没有缺点,但总的说来,这部志书的某些缺点和不足,都是瑕不掩瑜的,《桐梓县志》无疑是一部佳志。修纂如此一部志书,真是千头万绪。事非经过不知难,一般人是不容易体会此中艰辛的。但我完全理解《史志编辑》章中所说"尤以新一代方志编修之难为最"的话。现在,志书已经问世,可以对上述"为最"一语作出补充的是:新一代的《桐梓县志》,在此县的方志史中,无疑是出类拔萃的,我们为桐梓县出了这样一部佳志而鼓舞欢欣。

原载《贵州师范大学学报》(社会科学版)1999 年第 2 期

喜读《涪陵市志》

读了《涪陵市志》以后，总的印象是，在这一次全国的修志热潮中，又增加了一部值得称道的佳志。

虽然这个以榨菜出名的城市，在我念初中的时候就已经知道，但是我从没有到过涪陵。几次入川，都是为了什么学术会议，不可能有机会到这里。1991 年春，日本文部省委托我进行一个课题的研究，即中国人声称的"西南的丝绸之路"，究竟是否存在?[①]我们夫妇因此入川一个多月，在四川省丝绸局的协助下，从成都租了一辆小轿车，到处奔波。条件当然是不错的，但所到之处都是蚕桑业和丝绸业比较发达的地方，除了成都及其附近地区外，南边只到乐山和重庆。涪陵虽然也有蚕桑业，但并非四川的重要蚕桑区，不在我们考察的范围之内。只是在离开四川时，由于想看看三峡风景而不坐飞机，从重庆顺流东下，曾在船舷上看到涪陵城市的轮廓而已。此番读了《市志》，虽然读得很不仔细，但是我想，即使那年到涪陵住上几天，也不可能像现在读了志书以后的如此了解这个地方的。

《涪陵市志》是一部拥有 29 篇以及卷首《概述》、《大事记》、卷末《附录》的长达 200 万字(版权页字数)的皇皇巨构。这里，我提出"200 万字的皇皇巨构"这句话，有必要在文章一开头就说明一下。因为我不是方志学家，却是方志的一个较大用户。凡是用方志做学问的人，都希望方志有较多的内容和较长的篇幅。我在《中国〈慈溪县志〉与日本〈广岛新史〉的比较》[②]一文中，曾经比较中日这两种方志的字数："按字数和面积计算,《新史》对于广岛市,每1平方公里有11.8万字进行记述,而《县志》对于慈溪市,每1平方公里只有0.13万字进行记述。"假使把这种计算方法用之于《涪陵市志》,则此志对涪陵市的每1平方公里土地面积,只有0.068万字进行记述。由于我在该文中没有细述这种对比必须注意地区差异,可能会产生一些误解。《广岛新史》是一部城市志,虽然也包括一片郊区,其中,北部的山地丘陵区,要占全市面积的85.7%。平原只占全市面积的15.3%。③但广岛的郊区,包括这片面积很大的山地丘陵,它们已经充分开发,与城市的差别基本消失。《慈溪县志》当然是一部兼括城乡的地方志,但其地平原占70%,丘陵只占30%,④丘陵部分也已较高开发。涪陵则不同,市境内山地丘陵占82.81%,利用方便的平坦土地,包括平坝、台地、山原只占15.3%。但地方志的内容,不管是中国或日本,记述的主要是人文景观而不是自然景观。《广岛新史》有13巨册,但除了《地理编》记述自然景观较多外,其余均是记述人文景观。涪陵的山地丘陵区,除了地形平缓的所谓"山原"以外,开发程度都是较低的,这在此志《自然环境》第三节末尾《地貌类型、面积及耕地分布》表中可以明显地看出来。从这种角度进行评论,这样的地区每1平方公里有600多字进行记述,内容应该称得上丰富了。我在《北美汉学家论中国方志》⑤一文中曾经提及,我在加拿大和美国看到有一些近年新修的中国志书,"篇目俱备而内容确实单薄,与一般的工作报告类似,当然不能满足研究工作的需要"。《涪陵市志》显然不属于这一类。

《市志》卷首的《概述》写得十分成功。这篇只用全志一百多分之一的文字,浓缩这一大部志书,做到面面俱到,真是一种高度的写作技巧。不是对全市"市情"和全志"志情"有充分的了解,是写不出这样一篇短小精悍的文章来的。譬如第二部分写的是自然环境和资源,把全市地质、地貌、气候、河流水文、土壤、生物等要素,有条不紊地按科学次序简述,文字精炼而科学性严密。又如第三部分写到古代土著:"夏商和西周时,境内主要居民为汉人(又称百汉),……春秋中后期,巴人进入川东,建立了奴隶制社会的巴国。"这里,不禁使我想到我国东南地区的某些方志,直到今天,仍有混淆神话传说的诸如"越为禹后"、"吴为周后"等荒唐记述。也就是说,科学的新志仍然受不科学的旧志的干扰。对比之下,益见《市志》的真实确切。又如记及"整个民国时期,经济文化较清代有进步"的这一段文字,也是实事求是的史家笔法。而《概述》的最后几句:"如今,一个新的城乡格局正在形成,……到21世纪初,涪陵将成为长江三峡地区环境优美,水陆交通运输发达,城乡经济文化繁荣,人民生活达到小康水平的富庶之区"。短短数语,文字毫不夸张,却让人看到了涪陵的美好前景,为整篇《概述》作了一个完美的句号。

第二篇《自然环境》是全志十分出色的一篇。记得我对日本《广岛新史》的评论中曾经说道：

> 最后介绍《地理编》，在十二卷的《广岛新史》中，这编最令人难忘的特色是它的学术性。全部《新史》，由于有了这一篇，不仅使这部地方志的地方色彩倍感鲜明，而且使整部志书都登上了学术著作之林。

现在，我确实认为，我对《广岛新史·地理编》的评价，加之于《涪陵市志·自然环境篇》，也是非常适合的。这一篇共7章，每一章显然都出于专家之手或是由专家提供的资料。我在高等学校地理系执教已有40多年，这方面我固然完全清楚，全章以自然环境为名，[⑥]但在大学地理系，它属于两门不同的课程，即普通地质学和普通自然地理学。前者能由一人执教的也不多，往往需要两人（地质学、岩矿学），后者则从来需要由地貌学、气候学、河流水文学、土壤地理学、植物地理学5位教师分别讲授。由此可知，对于这一篇，方志的编纂者，从物色作者到编辑定稿，是一个十分复杂的过程。特别是外行的编辑整理内行专家的稿子，这中间确实是有许多困难的。我生平出书已逾40种，经常与编辑先生们打交道，所以深知他们的这种难处，也很感谢他们的辛劳。《市志》编纂者在这方面付出的大量劳动当然是毫无疑问的和成就卓著的。从科学性进行评价，这一篇具有很高的水平，这也是我愿意把《广岛新史·地理编》的评价加之于《市志》的原因。我不可能就全篇内容一一评论，总的说来，全篇不论是文字、地图、表格，如《涪陵市长江和乌江主要水文特征》《涪陵市土壤资源构成》等等，都是很有价值的。第七章《自然灾害》末尾注有"资料来源"。当然，比较严格的做法，是每一年的自然灾害都应列出资料来源，[⑦]但能在最后总列，也已差强人意，特别是资料来源中引及宗谱和档案，这说明了作者的工作量和成果的可靠性，也是值得称赞的。

在这一篇中使我得到启发的，还有一个志书的学术性和地方性的问题。此篇中出现许多地理学的专有名词，这些名词都是国际通用的，必须按照全国自然科学名词审定委员会公布的《地理学名词》，[⑧]否则就与旧志一样，说不上学术性。但志书的性质却又与科学专著有别，它除了学术性以外还必须照顾地方性。因为在地方上，读志书的人并不都是科学家。《市志》在这一篇中的作法是妥当的，例如第二章《地貌》第三节的标题用《平坝、台地、山原》，这中间，"平坝"和"山原"，都是不见于《地理学名词》的规范用语，但为当地人所熟悉。从科学的地理学名词来说，这一节的"平坝"和"台地"，都属于"河流阶地"（river terrace），但在当地，平坝如同云南的坝子，是群众习惯的名词（第五篇《农业》中也出现这个名词），许多地名如陈家坝、余家坝等，就是以"坝"命名的。现在志书用平坝作标题，但在文字上仍作科学解释，把这种平坝分成冲积平坝和河谷平坝两类，并且说明了它们的成因，效果是很好的。另外一类是动植物名词，不少动植物，在不同地区，都有它们的地方名称，关于这方面，早在汉朝，扬雄已在《輶轩使者绝代语释别国方言》⑨记载明白。但是科学发展到今天,动植物分类学已经建立了多年,假使动植物记载如目前某些方志一样,仍然未纳入分类学的规范,那只能成为笑柄。现在,《市志》采用了括注地方俗名的办法如蚯蚓(悬巴虫)、蜗牛(干螺蛳)、蟾蜍(俗称癞蛤蟆、癞疙宝)、华南虎(扁担花、大猫、老虎)等等,这些都是顾及两头的可行办法。

当然,《市志》的《自然环境》也有一个美中不足之处,那就是动植物没有使用拉丁文二名法,我在多年以前的《地理学与地方志》⑩一文中就提出了方志记载动植物使用拉丁文二名法的重要性。而今年在全国地方志第二次工作会议的大会发言中又一次提出:"十年以前,有一位美国汉学家,正是因为民国《鄞县通志》用拉丁文二名法记叙动植物,而当时他看到的新版方志却不是这样做,因而当面向我提出:'新方志比旧方志倒退了半个世纪。'"⑪这种批评虽然尖锐,但却是忠言逆耳。以《市志》为例,如一级保护植物"秃杉",日渐稀少的"岩源鲤",由于没有拉丁文二名法的标注,我们就无法知道,这些是什么东西。对此,我将在文末引用一个《附录》,这里不再赘述。

前面已经提及,志书不论古今,其所记载,大部分是人文景观。但同样是人文景观,古今仍有很大区别。旧志篇幅中,人物志往往占了大部分;而今天的新志,占篇幅最大的显然是经济。这个部分的内容,实在千头万绪,《市志》在这个重点领域采用了一种很好的方法,即在各行各业之前,先设一篇开宗明义的《综合经济》,而特别值得称许的是在这一提以后各篇之纲的首篇,开头就设《经济条件》一章,分两节论证了涪陵经济发展的自然资源条件和社会经济条件。这种论证是建立在充足的数据和科学分析上的,既看到有利的一面,也注意薄弱环节。例如,在自然资源条件方面,根据涪陵市在自然地理位置上处于川东平行岭后(即地貌区域中的川东褶皱带)与川鄂湘黔过渡地带,这个地带的各种自然地理要素,"提供了良好的环境条件,但也给当代经济发展造成了一定的制约因素"。在社会经济条件方面,《市志》对能源交通、工农业技术和设施、劳动力资源、经济建设资金等方面,提出了许多具有发展前途的有利因素,但论证中并不忽视这个地区在历史基础上的薄弱一面:"20世纪40年代末期,涪陵还十分落后,劳动者文化素质很差,文盲半文盲占70%以上,农业能源交通等基础产业薄弱,虽有较好的资源条件,却未能得到很好的开发利用。"人们常说志书具有存史、资治、教化的功能,对于这样的功能,像上述《市志》的这种记叙,或许可以说,虽不中不远矣。

有关经济的其他篇目,《涪陵市志》与眼下的许多方志当然大同小异,这属于志书的共性。但第十篇《榨菜》却显然是这个地区的特色。一部志书,为了一种地方食品专设一篇四章,写上近四万字文章,乍看起来似乎小题大作,但只要稍稍涉猎一点涪陵的经济发展史,就会理解,这一篇实在很有必要。不说别的,涪陵的知名度,在很大程度上,就是这种不起眼的植物捧抬起来的。现在,涪陵人当然不好亏待它,而且这一篇的内容,确实称得上丰富多彩。不仅有发展史,有栽培的农业技术,制作的工业技术,管理、运销等商业操作,并且还有植物分类学的理论。在《自然环境》篇中见不到的拉丁文二名法,在这里居然也出现了。榨菜原料开始从野生芥菜(Brassica juncea)进化到大叶芥(Var. rugosa Bailey),大叶芥是一位名叫贝利(Bailey)的外国学者定名的。而大叶芥发展到笋子芥(Var. crassicaulis Chenet Yang),最后成为榨菜原料的茎瘤芥(Var. tumida Tsente Lee),从二名法中可见,笋子芥和茎瘤芥都是中国学者定名的,前者是一位姓陈的和姓杨的,后者是一位姓曾的和姓李的。虽然志书把这4人的姓名都写了出来,但懂得二名法的人,从二名法中就已经看到,说明拉丁二名法的重要和必要。

　　这里,我还得提醒一下涪陵人,长期以来唯我独“占”的榨菜,现在已经扩散了。譬如在我们浙江省,榨菜的种植和加工,前几年数桐乡市第一,现在则余姚市追过了桐乡。商品社会必然有竞争,而且也需要竞争,因为正当的竞争能促进事物的进步。“下江人”很有一套竞争的办法,涪陵人必须认真对付,以确保你们长期来所拥有的这种“榨菜优势。”

　　在以往的方志中,人物志是十分重要的部分。《市志》的最后一篇《人物》,虽然在篇幅上不再像旧志那样占很大的比数,但在内容上显然经过编者的精心安排的。篇首有一段300余字的无题小序,精炼地叙述了古往今来的人地渊源。正文分《传记》《简介》《人物表》《烈士英名录》4部分。《传记》当然最为重要,而传主都是19世纪到本世纪的近现代人物。《简介》较《传记》为次,但传主也是清、民国时期的近代人物和部分现代人物。古代人物(包括若干近现代人物)均简列于《人物表》。最后是只列姓名的《烈士英名录》。由于涪陵自古修志甚多,现存志书按《中国地方志联合目录》著录,从康熙至民国(包括光绪《涪乘启新》)也尚有6种。这些志书中对当地古人已经多次记载,作为一部新志,人物重点放在近现代,而古人仍列于人物表,这不仅是合理的,而且也是一种体例上的创新。

　　《市志》最后有一个《附录》,包括《旧方志序跋》《考证》《1986年—1993年大事记》《市领导人名录(1986—1993)》《1986—1993年主要市情数据辑录》《索引》6部分。这中间,《旧方志序跋》是历来志书所常录,而1986—1993各项,具有志书截稿以后的补遗性质。这里特别值得重视的是《考证》和《索引》两部分。前者包括《关于枳》和《涪陵考》两则,其实是两篇地名学的出色论文,具有较高的学术性。而《索引》部分,特别是人名索引大大地增加了志书的实用性。当然,按照志书使用者的要求,

《索引》还嫌简略。但总的说来，由于这两个部分，使《附录》身价倍增。

在简单评论了《涪陵市志》以后，还有必要提出我对这部志书非常赞赏的两个优异特色。第一个特色是收录在若干篇末的《附录》，具有很重要的价值。例如《自然环境》篇《地貌》章后的《涪陵市地貌区划》，《土壤》章后的《涪陵市土壤区划》。这两种涪陵的自然景观资料，当然都是当地的科学工作者的劳动成果，因为它们都是经过实地调查的具有数值根据的资料。以之收入志书，当然是很有意义的。《农业》篇《农业生产关系》章末的《杨文宣地约》，虽然短短300余字，但是对于揭露旧时代的农业生产关系，真是一件十分重要的证明。而《种植业》章中所附《农作物区划》，这是80年代农业区划工作的成果，对于这个地区的作物布局有重要指导意义。《商业》篇中所附"单家国货庄"的"生意经"和"德成园"的兴衰材料，也是一种极有价值的文献。因为这不仅是一种涪陵的商业掌故，而且更是放之四海皆准的道理。记得去年我在北美讲学，从加拿大进入美国后，立刻就有人告诉我，华人大资本家王安的事业垮了，濒临破产。原因是他死前把企业交给了他在这方面才能不足的儿子，而没有交给一位能人（最近据说又稍有起色）。为此，单家的"生意经"和"德成园"继承者不善经营，终入不敷出而停业，确实具有重要的现实意义。

第二个特色在与志书同时编印的《涪陵市志编纂始末》第三章《部门志、区、乡（镇）志》中，从此章第二节《区、乡（镇）志》获悉，在市志编纂的同时，各区、乡（镇）也都编纂了志书。"到1995年年底止，市志办收藏的区、乡（镇）志共44部，计757万字"。这样大量的乡镇志，确实是涪陵的一宗难得的文化财富，不能等闲视之。按我国方志史，修纂乡镇志之风始于宋代，但主要集中在若干当时经济发达地区。乡镇志记述的地区较小，篇幅不大，截至1949年以前，全国历修乡镇志，所存者不到300种，属于今上海市及江苏、浙江、安徽三省的，就占90%。但由于它们在学术研究上很有作用，所以甚受学术界的重视。记得1987年，上海书店、江苏古籍出版社、巴蜀书社3家，筹备刊行《中国地方志集成》，把现存的8000余种方志，选收3000余种，加以影印出版。他们在全国聘请了15位学者组成《中国地方志集成》指导委员会，我也忝在其列。这年冬季，我们受邀到南京开会。委员之一的谭其骧先生因故未能与会，但他事前委托我在会上提出，即乡镇志必须选入其中。我在会上提出谭先生的意见后，得到一致赞同，所以绝大部分的历修乡镇志，其中也包括四川省的3种，均收入于《集成》之中。我提出这件往事，主要为了说明涪陵市志办所藏的这一批乡镇志的重要价值。

总之，《涪陵市志》是一部资料丰富，内容完备，编纂很得要领，体例有所创新的佳志，是值得赞赏和表彰的。当然，任何一部好书，都不免存在某些缺陷，此志的主要不足之处，我在前面已经论及，第一是动植物没有标注拉丁文二名法，第二是卷末还应扩充,除了人名以外,诸如地名、文献名以及其他专名等等,也都宜编入索引,如同30年代商务印书馆影印出版的几种各省通志一样,使真正用方志做学问的人得到便利。

对于上述两种不足之处,我过去曾发表诸如《地理学与地方志》《地方志与索引》[⑫]等文章,发表于方志刊物之中。其实,在方志刊物以外,我在为他人著作所写的序中,也提及过这两件事,语言或许比我在方志刊物中所说的更重,却恐怕不曾为方志界所注意。鉴于《涪陵市志》各种《附录》的不同凡响,我想利用评论这部志书的机会,也添加一个《附录》,把我对拉丁文二名法和索引的意见,节录于此,供方志界的参考。

附录一:何业恒著《中国珍稀鸟类的历史变迁》(湖南科技出版社1994年出版)拙序节录(关于拉丁文二名法):

拙序既竟,却还有一点题外的话必须在此稍叙。何业恒教授编纂这一套《中国珍稀动物历史变迁丛书》,可谓浩大工程。1990年在上海参加谭其骧教授80寿诞历史地理国际学术讨论会时,何先生曾以丛书中的第一册《湖南珍稀动物的历史变迁》见赠。拜读该书,知他编纂这套丛书,曾广采博引,利用了大量资料,其中仅地方志一项即达六千余种,近九万卷。对此,我立刻意识到,旧方志的动植物记载不列学名,何先生在这方面一定煞费揣摩,花了大量的精力加以辨证。在这些志书中查索动物名称,通名与俗名混用,本名与别名交错,有时一名为数物所共有,有时数名却仅系一物。混乱颠倒,不胜其烦,鲁鱼亥豕,出错更属难免。按中国方志史中,动植物记载使用学名并加列拉丁文二名法者,始于30年代的民国《鄞县通志》。所以80年代之初,当一位美国汉学家看到当时新修的某种方志时,见动植物记载仍不异旧时,曾感慨地和我说:"比比《鄞县通志》,倒退了半个多世纪。"这话对我确实十分震动。从此以后,凡我参加各种志书评审会,我都以这位美国汉学家之言,敦促修纂者重视这个问题。而在浙江省,确实因此而收到了较好的效果。现在浙江省修纂的新方志,多数已在动植物卷中使用了学名,并加列拉丁文二名法。"倒退了半个多世纪",虽是一句逆耳之言,却也是诤诤之语。方志要求科学,要求实用,岂能让动植物这一卷,陈旧落后而不及半个多世纪前的旧志?何业恒教授是方志的大用户,必定也有同感。谨为他的大著作序的机会,向方志界进此一言。

附录二:陈田耕著《地理文献检索与利用》(西安地图出版社1992年出版)拙序节录(关于索引):

为了让新修志书编列索引,我曾经到处呼吁,费了许多口舌。甚至《浙江方志》1992年第二期所载臧军的《论地方志索引》一文中,也已引及了我在这方面的呼声:"陈桥驿先生就极力赞成县志搞索引,他认为编书不编索引,等于只编了一半。"现在,田耕君在此书中专门列入了《地理文献检索工具中索引的结构》一节,洋洋五千余言,按索引立目、索引参照系统、索引档的组织方法三个方面,从理论到方法,对索引进行了广义的论证。其言索引的重要性:"文献之需要索引,犹如行舟之需要舵"。"检索工具没有索引很快就会成为一堆废纸,甚至不成其为检索工具",则臧军文中引述我的所谓"一半"之论,并不言之过甚。

注释:

① 我的研究报告,除交给日方外,曾发表于《郑州大学学报》(哲学社会科学版)1993 年第 2 期,题为《关于四川省蚕桑、丝绸业的发展和南方丝绸之路的论证》。文内提及:"日本文部省为了论证这条丝绸之路的存在,特地设立了一项课题,于 1990 年夏季,由大阪商业大学商经学院院长富冈仪八教授来到中国把这项课题委托给我。希望从四川省现代丝绸业的发展状况,回溯历史,以证明古代丝绸业的发展和丝绸之路的存在。"我的结论证实了这条丝绸路的存在,并定名为"南方丝绸之路"。

② 来新夏、斋藤博主编《中日地方史志比较研究》,南开大学出版社 1996 年版。

③ 《广岛新史·地理编》。

④ 《慈溪市地图集》,西安地图出版社 1993 年版。

⑤ 《中国地方志》1996 年 3、4 期合刊。

⑥ 在 80 年代初期出版的不少新修志书中,把包括地质和自然地理内容的卷篇冠以"自然地理"之名。地质学与自然地理学是不同研究对象的两门科学,怎能混为一谈。1988 年全国地方志指导小组在北京的一次专家座谈会上,我提出了这个问题,并建议把这类卷篇名称改为"自然环境",此后多数方志均改用"自然环境"的卷篇名称。

⑦ 参阅拙著《浙江灾异简志》,浙江人民出版社 1991 年版。

⑧ 科学出版社 1988 年版。

⑨ 此书简称《方言》,今有《戴氏遗书》、《聚珍版丛书》、《丛书集成初编》等本。

⑩ 《中国地方志》1989 年第 2 期。

⑪ 《北美汉学家论中国方志》,《中国地方志》1996 年 3、4 期合刊。

⑫ 《浙江方志》1992 年第 3 期,《中国地方志》1992 年第 5 期转载。

原载《史志文汇》1996 年第 4 期

喜读《晋县志》

收到新修《晋县志》后,由于立刻想起了往年旅行中的一件旧事,所以随即兴致勃勃地浏览了这部志书,使我获益非浅。

记得 1988 年秋,我去太原主持中国地理学会历史地理专业委员会召开的两年一度的国际历史地理学术讨论会。从上海乘火车北行,列车从德州西折,在衡水站作了短时停靠以后,在广大的黄淮海平原上奔驰。我平日出门旅行,往往随带《水经注》消遣,车过晋县虽不曾停靠,但我在卷十《浊漳水》篇中读到了这个地区的历史掌故,在经文"又东北过扶柳县北,又东北过信都县西"注中,有一段文字说:"其水又东迳昔阳城南,世谓之直阳城,非也,本鼓聚矣。"又说:"下曲阳有鼓聚,故鼓子国也。"列车正行驰在春秋鼓国境内。注文又花了较长篇幅,记载了《左传》昭公十五年晋荀吴伐鲜虞的故事,由于这个故事相当曲折,晋军包围鼓国三月而鼓人投降,以后,晋国放回了鼓国国君鸢鞮,但不久鼓国又叛,晋军采用了"使师伪籴"的偷袭方法再次灭鼓。不过我很赞赏在这场战争中"不戮一人"的温和过程。由于这段掌故.我当时很想到晋县去看看,还有什么鼓子国的遗迹,当今的城市是个什么样子? 但当我作这种遐想的时候,列车却已经在石家庄停下了。太原的会议结束,看一看晋县的外貌,因为买到了飞机票,这个愿望也没有达到。但是,晋县的历史和现状,一直为我所萦萦于怀。

所以当我在收到《晋县志》时,颇有一点相见恨晚的心情,而卷首一篇《概述》,使我得到了较大的满足。这个当年在火车北侧短暂一现的城市,在《概述》中已经和盘托出。这篇短小精悍的文字,把晋县的历史和现状,自然景观和人文景观,从近160万字的庞大篇幅,浓缩到5000多字,而内容却面面俱到,无所遗漏。这样内容的高度概括,的确需要下很大功夫。作者必须对晋县县情有通盘的了解,并且对全部《县志》融会贯通,否则是写不出这样的《概述》来的。志书是大部头文献,绝大部分读者都不可能也不需要通读,为此,《概述》实在就是一般读者了解晋县县情的一把钥匙,其意义非同小可。这也说明,在这次全国各地的修志之中,卷首设此一篇,显然是一种成功的体例。现在,《晋县志》通过这一篇,让我知道,这个城市在清末民初已经是"银号鳞次对立户,门市栉比竞相开"的繁荣商业城市。这里民阜物殷,人文荟萃。1991年撤县设市,显然是此县经济、文化迅速发展的结果。

　　由于我是一个历史地理学者,所以第一编《建置区划》很引起我的注意。应该说,这一编的内容是标志了这部志书的学术水平和实用价值的。首先,对于历史历代的沿革变迁,志书不仅记载详尽,而且有古代文献作为依据。全篇引及的各种古代文献达10余种。诸如引《春秋》经传记及年份,引二十四史记及篇名,这是学术界引证古书的通例,志书能注意及此,当然值得赞赏。其次,在行政区划的记载中,能附以明嘉靖《真定府志》及清光绪《晋州志》图,图文对照,有裨于存史。最后能把沦陷时期的行政区划,作为附录记入志书,这在志书的实用性方面具有重要意义。胡乔木在全国地方志第一次工作会议闭幕会上指出:"地方志是严肃的、科学的资料书。"这句话在论定地方志的属性方面极端重要。既然地方志是"资料书",则沦陷时期的行政区划,是在一段时期中,在这个空间上实在发生过的行政区划变化,是地方志必须记载的资料,理应记入志书,所以《晋县志》在这方面的处理是完全正确的。

　　第二编《自然环境》,是志书记载当地自然景观的唯一卷篇。但它与其他不少卷篇关系密切,在全部志书中具有重要地位。《晋县志》的这一编分为地质、地貌、河流、气候、土壤、自然资源、自然灾害六章,其结构次序,符合于地学要素的逻辑体系。所以在科学性方面是正确的。在地质部分,其所附图表,包括《晋县地层划分简表》、《晋县赵兰庄——营里地质剖面》和《晋县赵兰庄钻探地层柱状图》,都具有科学的依据和完整的数据。在地貌部分,虽然所附的《晋县地貌图》是一幅简单的黑白图,但由于大平原的地貌特征,四条等高线勾画清楚,仍然可以看出县境自西向东的缓斜形势。河流一章记述的主要就是滹沱河。从历史地理学的角度说,这一章的资料具有非常重要的价值。滹沱河是海河的重要支流之一,北魏《水经注》即已见记载。只是由于《水经注》的这一篇记载在宋初以后亡佚,所以北魏及其以前的此河情况,除了以后在《太平寰宇记》等文献中引及郦注的若干词句以外,已经无法查明。所以本章记载,始于唐《元和郡县志》。不过假使我们能把自唐至今的河道变迁过程进行细致的分析研究,也可以大体掌握这条河流在历史上迁徙变化的规律性,从而推断北魏及其以前的河道概况。在这方面,《晋县志》的记载是相当完整而富于历史地理价值的。特别是文末所附的《滹沱河历史变迁图》,此图根据许多文献资料,绘入了从唐朝起到清同冶十一年(1872)即今河道的20次迁徙改道过程。这是一幅价值极高的滹沱河自唐以来的历史变迁图,对于滹沱河本身以及海河的其他支流的历史变迁,都具有研究价值,在《晋县志》的全部插图中,这幅地图无疑是佼佼者,是值得赞赏的。

　　河流以后,气候和土壤两章,也都有丰富的内容。这两章提供的资料,对于进一步研究这个地区甚至整个海河平原的自然环境,都有重要的意义。土壤部分所编制的土壤养分平均含量和土壤分类系统两种表格,要素完整而分类详明,都有很好的实用价值。可惜前者在地区分布上还是用的公社范围,如能换算成现在的乡镇范围,当然更为理想。

　　《自然环境》编中美中不足的是自然资源一章,主要是其中的生物资源一节。这一节中记载的植物与动物,都没有采用现代植物分类学和动物分类学的分类方法,没有用拉丁文注明二名法,说明与《自然环境》编的其他各章不同,这一章不是专家执笔的。按照现代科学的要求,这一节有必要加以改进。

　　以后各编不再逐一评述,但总的说来,志书修纂者对于资料的搜集、选择和分析,都下过很大的功夫,对事物的评论,也都能做到审慎公正。举个例子,在《人物》编中对于魏收其人的议论,特别是其书《魏书》的评价,志书没有回避反面的物议。按魏收,的确如志书所说,有其"文章才华横溢,大显名声"的一面,但《北史·李灵传》却记及:"(李浑)尝谓魏收曰:雕虫小技,我不如卿;国典朝章,卿不如我。"而《北齐书·魏收传》记及他修撰《魏书》时的言论:"何物小子,敢共魏收作色,举之则使上天,按之当使入地。"而志书对于《魏书》的评价,能够客观地收入各方意见:"对《魏书》有褒有贬,褒者,誉之为博物宏才,有大功于魏室;贬者,称之为秽史。"这是符合历史事实的。

　　此志卷末编有《索引》,包括《人名索引》和《地名、机构名、事件及其他索引》两部分,共达15页。《晋县志》在编制《索引》方面走在河北省方志界的前头,所以,我对此要多说几句。时至今日,关于索引的重要性,很多人实际上已经懂得。我于1992年在《浙江方志》发表了《地方志与索引》一文,《中国地方志》立刻转载,说明我国的方志领导是重视此事的。事实上,只要不把地方志作为摆设,或是偶然翻翻作为消遣,而是真正地使用方志,拿方志做学问,这些人都懂得,以今天来说,索引就是方志的生命力。1995年我去北美讲学半年,在多次的出国讲学中,第一次涉及方志。因此,从加拿大到美国,引来了不少汉学家的提问。我在拙作《北美汉学家论中国方志》一文中,提到加拿大汉学家对于中国新修方志没有索引的意见:"这或许是去年在国外听到的对于新志的最尖锐的意见。""后来到美国,仍有人提出这个问题,而且语言相当刺耳"。其实,我早于 1992 年为我的一位学生陈田耕副教授《地理文献检索与利用》一书所撰的序言中,就已经引用了外国学者的话:"文献需要索引,犹如行舟之需要舵。""检索工具没有索引,很快就会成为一堆废纸"。现在,我还可以再举出一篇新近发表于《光明日报》的文章,此文议论索引,语言更为尖锐。作者指出:"每一个自视甚高的学者,如果不为自己的专著编好索引,那么就是对学术生命的自杀。"作者引用英国历史学家卡莱尔的话:"应该将没有索引的书籍的出版商,罚往地球以外十英里的地方。"眼下,有些省的地方志,除了编制《索引》以外,已经开始出版发行志书的光盘版,所以现在再谈索引,或许已经过了时令。但是全国的情况并不是平衡的,前年在美国,为了撰写《中国方志资源国际普查刍议》一文,在那边的不少图书馆查阅中国方志,发现其中大部分新志都还不曾编索引,难怪北美的汉学家对此提出意见。现在,《晋县志》编制了《索引》,虽然这个《索引》规模不大,但毕竟使我感到鼓舞,对于河北省和其他一些编制方志索引还不很普及的省区,这是值得引起重视的。

我和慈溪
——读《十里长街——坎墩》有感

《十里长街——坎墩》出版了。这是一种新型的地方志，也是一种值得推广的地方志研究形式。总而言之，这是一本让人喜欢的书，一本成功的书。

由于此书写的是慈溪境内的一个地方，而且眼看这个地方，将面临一种特殊的机遇。不管怎样，它首先勾起的，是我和慈溪的情愫。这是我从童年起就值得回忆的地方。

从初闻"庵东"到带大学生实习

那是"一二八"十九路军在上海抗日的一年，暑期后我从省立第五中学附属小学（不久就改为省立绍兴中学附属小学）的二下级升到三上级，也就是从学校的低段升到中段（五六年级为高段）。开学第一节是按例的始业式。因为校舍是龙山（府山）脚下的原第五师范旧址，非常宽敞。大礼堂、教师宿舍、住校生宿舍、膳厅等，都在一条石级岭路攀登的山麓边上。附小主任诸暨人祝志学说话简单，除介绍了几位新教师外，只说几句："新的学年开始了，小朋友们都要更上一层楼，更上心读书。"随即排队从岭路下来回到教室。三上级级任（现称班主任）是一位女先生（当时没有"老师"这种称呼）杨芝轩，因为时间还不到第二节上课，所以比较随便。她说："刚才祝先生说更上一层楼,低段教室在楼下,中高段都在楼上,你们真的是更上一层楼了。"我随声接应:"白日依山尽,黄河入海流,欲穷千里目,更上一层楼。祝先生说的是《唐诗三百首》的话。"我是虚龄6岁就背熟《唐诗三百首》的。附小的教师都是拿高薪的一流人物,但我断定他(她)们多数人都背不出全部《唐诗三百首》。至于我,当年不仅是《唐诗三百首》,而且已经读背了《四书》和《诗经》,另外如《千家诗》和《幼学琼林》之类,就更不在话下。①这是我在求学时代,常常睥睨一切,看不起教师的顽劣习性的原因。

中段与低段,按当时教育部的课程规则,的确上升了一大层。低段只有国语(今称语文)、算术、常识、音乐、游戏(类似体育)5科,而中段有国语、算术、社会、自然、卫生、党义、音乐、劳作、体育、家事10科,而且都有专任教师。听吴文钦先生的社会课,讲到罗斯福与胡佛的竞选,老总统胡佛落选,罗斯福就是这年上台的。又讲东北义勇军马占山、丁超、李杜、唐聚五、朱霁青等利用"青纱帐"(高粱)打日本人。听王汤诰先生的自然课,当时正是我最爱玩蟋蟀、纺织娘等秋虫的时节,他说这些秋虫都是节肢动物,而人、猴子和马、牛、羊等都是脊椎动物,并且说清了其间的主要区别。这些都是我在《唐诗三百首》和"子曰诗云"之类中闻所未闻的。而我藐视教师和自命不凡的顽劣习性一度稍有收敛。

级任杨先生特别器重我,第一周就几次在国语课表扬我的日记(当时每天都要在规定的日记簿上用毛笔做日记)是全级第一。周末的整个下午都在大礼堂做周会,是文艺活动,每次由两个班级负责(第一周是六下、一上两级,第二周是六上、一下两级,以后类推)。第一周周会散场,她就邀我到她寝室,对她的女儿杨麟书(比我低一级)说:这位三上级的陈哥哥,读了许多书,而且都能背,你要向他学,上心读书。这时她才告诉我,她们不是绍兴人,家在余姚海边的庵东,那里都晒盐,她们家也是晒盐的。我回家曾和祖母说起过此事。祖母说:"母女都姓杨,一定是个入赘户。一个女人家,知书识字,带了女儿当上附小教师,不但是大户人家,而且是书香门第。"今年绍兴第一中学110周年校庆邀我去作报告,送给我一厚册《校史》,我才看到,她是绍兴旧女师第一届毕业生(1928年)。

从三上级到四下级,杨先生一直是我们的级任,经常褒赞我,我的作文几乎每篇都在班上宣读。我12虚岁初小毕业,升到五上级,她和女儿也离开了附小。这年暑假后就不再见到她们。但是海、晒盐、庵东,都是我生平第一次从她口中听到的,也都是极感兴趣的。我很想有哪一天到庵东去,她所讲的一切就都能看到了。

20世纪50年代,我执教于浙江师范学院地理系,到1957年才有四年级的本科生,按部颁教学计划,四年级学生有一个多月的经济地理野外实习。我是经济地理教研室主任,事情当然由我负责,系主任早一年就通知我准备。我当时就决定以宁绍平原和舟山群岛为实习基地,庵东盐场当然是其中重点。1957年年初,春节才过一个多礼拜,学校尚未开学,我就带领教研室中留在杭州的五六位教师到这个地区预习。曹娥江以西我已经发表过好几篇论文,可以放开,预习队直奔宁波落脚。看了宁波以后到舟山,那里的最高领导王裕民非常欢迎,实习时所需的船只和其他一切都由他负责供应。当时舟山发愁的是大批海鲜卖不出去,冷库都塞满了。我们在宁波也早已看到,所有海货店都挂着"爱国带鱼运动月"的大红幅,花两角钱去买一斤又阔又大的带鱼,就算一种"爱国"运动。

从舟山回到宁波,由于开学将届,我要多数教师径返杭州,只带了一位中国人民大学毕业不久的助教,到了我长期以来萦萦于怀的慈溪。先到五洞闸访问罗祥根先生,那里是机耕棉区,"机耕"在当时是新事物。一排五开间的新建砖瓦平房,罗先生住在五间中的一间,他对大学生将要到来不胜雀跃。接着就到慈溪,也就是原来的姚北浒山镇,全城是一直一横两条砖瓦房子建成的狭窄小街。最后才到了我向往已久的庵东。当时,庵东是个特区,区长是一位姓皋的南下干部,还有一位工程师和几位技术员,其中一位姓沈的是杭州人,谈起来很亲切。他们十分欢迎大学生到这里实习(其实是参观)。小镇以北就是大片盐田,直到此时,我才知道了小学三年级时杨先生所说的"晒盐",其间包括刮泥、淋卤、板晒三个过程。因为是冬天,而且刚刚下过一场小雪,所以我们没有到海边。又因为这几年人事变化极大,所谓兴亡刹那间,所以我也不敢打听镇上有没一家姓杨的大户。而从小学三四年级就心向往之的庵东,时隔二十五六年,毕竟亲履其境,感到非常满足。

这年4月,我带了教研室的八九位教师和四年级的30多位学生到了慈溪,县政府的一位秘书为我们介绍了全县概貌,看了五洞闸的机耕和三塘、四塘等的塘基。最后才去庵东,天朗气清,一直跑到海边,观察了刮泥、淋卤、板晒的全过程。在引进海水处不远,竖了许多带着竹叶的竹竿,工程师告诉我们,这叫做"枝条架",是从日本濑户内海引进的新技术,那边的制盐方法和我们一样,但让海水引进时喷过"枝条架",可以增加蒸发,提高海水的含盐度。当时我心中就闪过一种想法,不是一切都要紧跟苏联老大哥吗?为什么也有向日本学习的东西呢?我因为以前看过不少西方人记述苏联的反面材料,所以对"老毛子"一直并不崇拜。但其他师生对"枝条架"的事,或许会产生另外一种想法。一直到1983年,我受聘到日本关西大学研究生院做客座教授,到那边讲课一学期,熟悉了一位盐业世家的富冈仪八教授,他陪同我到濑户内海沿岸参观"赤穗海水化学工业株式会社"。哪有什么盐田,什么"枝条架"?盐田早已改建为"赤穗海滨公园",而在工厂里,我看到海水通过吸水管进入车间,经过几个车间以后,大小包装的洁白精盐,就一包包地从传输带上出来了。[②]

　　从这年以后，每年我都带师生们到庵东一次，一直到我被关进"牛棚"。我是北京的大字报出来以后的第三天就荣膺"反动学术权威"头衔而成为"牛鬼"，进"牛棚"最早，出"牛棚"最晚，关了好几年。1973 年，刚出"牛棚"不久，身份当然仍是"牛鬼"，每天上午与同"棚"10 多个"牛鬼"关在一间小房间里读"红宝书"，下午扫厕所或其他"劳改"工作。料不到一个上午被工宣队叫出来，到办公室见了一位省出版局革委会领导，竟出口"请坐"，并叫我"陈先生"，这是我多年未曾遇到的事。他从皮包里拿出一份国务院文件，内容大概是："文革"取得了伟大胜利，美中不足的是对一些外国的情况生疏了。经调查全国有 9 个省市有翻译力量，要这些省市的出版局负责，组织翻译一套外国地理书。浙江也在"九"数之内，省出版局自然不胜荣幸。他们经过反复调查研究，浙江省的任务决定要我这个"牛鬼"负责。要我从此暂时离开杭大，由省出版局调配。当时我确实惊骇万分，连称自己的立场观点没有改造好，不宜担任这项工作。陪同而来的杭大革委会副主任说话就不客气了，"这是命令，你照着做就是了"。于是我就顿时成了一个"自由牛鬼"，手上有一纸国务院文件，出版局管钱，可以在全国到处跑。因为造反派毕竟没有学好《水浒传》，不曾在我额头上烙上"牛鬼"字样，所以到处对我都很客气地接待。当时我实在也想到过慈溪，因为我的行动完全自由。可是考虑到两点：第一，因为他们知道我学过一点梵文，我负责的一片是南亚诸国，而慈溪我知道只有一个并不出名的五磊寺，唯恐以后被人指摘；第二，慈溪当然也掌握在造反派手中，过去的老朋友恐也无法见面。所以只好打消这个不现实的念头。

失而复得，弥亲弥笃

　　只怪自己学了几句洋泾浜，在情况进一步宽松的 1980 年就为美国匹茨堡大学的高年级学生讲课。到了 1982 年，从美国讲学，一直讲到南美洲的巴西。而日本请我当客座教授的事情也已经落实了。从此接二连三地出国，正如《光明日报》（2006 年 10 月 29 日）那篇报道中为我归纳的"三不主义"之一。多次带了夫人出国，不花国家一分钱外汇。其实我在国外，心里仍然常常想到慈溪，我很担心，以为要和这个地方绝缘了。但事情终于出现了转机，全国忽然发起了普修地方志的热潮。正是因为 1957 年的野外实习，我曾为高年级学生开过《地方志》课程。[③]因此省内外不少市县，请我担任修志顾问，慈溪也是其中之一。为了讨论志稿，我们夫妇曾多次到过浒山。而且与野外实习时代不同，当时由于时间与实习内容的限制，能看的只是庵东盐场、五洞闸机耕和三北半岛的几条塘基（为了说明海岸淤涨过程），接触的人物也局限于县府秘书和几位固定的人士。修志的情况就不同了，在这个过程中，我有幸结交了不少文化界朋友,而且看了以前不曾看过的重要地方,例如北宋以前的海岸基线鸣鹤场,著名的越窑中心上林湖。而且攀登了在第四纪最后一次海进中成为孤岛的翠屏山丘陵。那年忽然接到一位澳门朋友的来信和剪附的《澳门日报》:"素知你不是诗人,但写的诗竟传到澳门来了。"原来是那次攀登翠屏山,五磊寺住持摆开了文房四宝,我没有思考的时间,只好三句不离本行,写了几句歪诗:"翠屏连绵五磊高,两千年来听海涛。如今沧海成桑田,平原沃野逞风骚。"这就是后来结识的一位慈溪朋友寄到澳门去的。

在慈溪的修志工作中,我还动了一点笔墨。1989 年,我为《慈溪盐政志》④写了一篇长《序》,而且因此节外生枝,《浙江盐业志》⑤也要我作《序》,我只好应命。我又为《慈溪市图志》⑥写《序》,地图是我的本行,而《图志》又属于慈溪的首创,所以我写此《序》,不仅欣悦,而且推崇。在这方面,特别值得回忆的是我写了《中日两国地方志的比较研究——中国慈溪市与日本广岛市的地方志修纂》。在接受这个课题时,我首先要考虑的是两国的城市选择。在前一轮修志中,我曾经参与了省内外不少通志和专志的评审,仅在拙著《陈桥驿方志论集》⑦中收入的为省内外通志和专志所写的《序》就有 30 多篇。但在国内的志书中,我很快就选定了在儿童时代已经向往的慈溪。在日本,由于担任客座教授,我们夫妇跑遍了除了北海道以外的整个国境,但必须在其中选择一个有名声、有佳志,而且在自然和人文方面都具有和慈溪对比性的城市。最终我考虑广岛,我曾去过这个城市 3 次,1989 年又在著名的国立广岛大学教课一学期,广岛在日本是我除了大阪、京都、东京、奈良等以外最熟悉的城市,这个城市因为二战的原子弹而世界闻名,自然和人文都有与慈溪可比的特点,特别是它有一部新修的高品位志书——《广岛新史》。我在日本各校讲课,是受托使用英语的(为了提高他们的英语水平),其实我的日语也确实低劣,好在娴熟日语的夫人一直陪同,所以对那边各地情况都非常了解。⑧对慈溪和广岛两部志书对比的研究大概可以差强人意,而结果果然得到《慈溪市志》副主编周乃复先生撰文称赞,⑨并且印行了单行本。我让在我处的日本访问学者带了若干到日本,因此,慈溪市包括它的志书,在日本也很出名。

除了志书的比较和交流以外,慈溪还获得让日本学者亲临考察的机缘。这就是我在小学三年级时级任教师杨先生告诉我的她老家庵东的盐。前面已经提及日本濑户内海沿岸的盐业世家富冈仪八教授,他家住赤穗市,以祖辈经营盐业致富。我们的关系极好,每次赴日,他和夫人都要邀请我们夫妇到他家做客几天。他虽不经营盐业,但精研"盐道"(盐的运输),其所著《日本的盐道》一书曾获得国家级奖状。有一次在他家做客,闲谈中我曾怂恿他研究中国的盐道。他知道中国土地辽阔,盐的品种多样,这个课题较之日本要复杂得多。但由于毕生与盐打交道,所以有知难而进的心愿,希望我能促成此事。我立刻通过中国地理学会和中国科协,同意他到中国从事此项研究,并予以协助。由于日本所产的都是海盐,所以他决定到中国先从池盐入手。在西北跑了盐产地,直到南疆和田。

他在西北各地,一直与我保持电话联系。我还是敦促他,在池盐研究有了头绪以后,也应对中国海盐运输加以关注,对象当然是慈溪庵东。他当然尊重我的建议,一年以后,他从北京由科协的人陪同到杭州,我们夫妇陪同他到慈溪,在慈溪住了两天,对庵东作了细致的考察,举行了座谈会,市领导设宴招待他。反正有我夫人为他翻译,他对慈溪盐业所提的许多问题,事无巨细,都得到详尽的解答,所以他对慈溪之行感到充分满意。此后一年,他又一次来到中国,这是为了受文部省的委托,向我转达一个他们要求我从事的课题。⑩我趁机请他在杭大地理系作了一个《怎样研究经济地理学》的学术报告,也是由我夫人为他翻译。经济地理学是他的本行,师生们都很满意。令人遗憾的是,由于他的过度劳累,这次回国后不过一年多,他竟因肝病而于 1994 年去世。噩耗传来,我们夫妇和他在中国的其他朋友都十分哀悼,而他对中国盐运的研究,包括从慈溪考察所得的资料,都因全稿没有完成而未曾发表,对于中国盐业界和日本盐业界,实在是一种很大的损失。

《十里长街——坎墩》——区域百科全书

我在本文开头就点出了这是一本让人喜爱的书,一本成功的书。而其实,我虽然与慈溪有密切的关系和深厚的感情,也多次到过慈溪,但却未曾跨入过这个十里长街的坎墩镇,使我为多年的错失而惋惜。不过历史地理学的研究内容也包括聚落地理,我不仅研究过曹娥江以西的聚落地理,发表过《历史时期绍兴地区聚落的形成与发展》⑪的论文,而且广岛大学的堤正信副教授曾于 1985—1986 年带妻携幼,到我的研究室进修这门课程。所以我虽未研究过曹娥江以东的聚落地理,但从萧绍平原的沿海聚落推论,慈溪鸣鹤场以北的聚落形成过程和模式是可以比照的。曹娥江以西的沿海聚落,由于其地位于钱塘江河口,是随着钱塘江河口的南大门从明末清初北淤而形成的,所以聚落的形成为南北向,我在论文中也提及一条十里长街,即萧山航坞山以北的坎山镇。这个聚落在宋代已见记载,是一个从事海运的港埠,其聚落是略呈南北向的由两行房屋构成的狭街。随着江岸的北移,这条狭街就不断向北延伸,整个聚落最后成为东西宽不过十来米而南北长达 3 千米的狭窄街道。所有这类聚落,最后由于钱塘江河口整个移向北大门,南大门完全淤塞成陆,因而形成了现在这种形式。这里有一个南沙半岛,它位于萧山以北,但地名却称"南沙",这是因钱塘江河口走南大门时,这是海宁(今盐官)城南的一片沙地。河口走北大门后,其地于清嘉庆年间划入萧山,但地名一直未改,所以至今仍称"南沙"。但慈溪的地理位置与萧绍不同,鸣鹤场以北自古濒海,即《海国闻见录》⑫上所称的"后海"。三北半岛属于海涂淤涨,与南沙半岛的河口移动完全不同。所以《坎墩》的首篇首句:"由海而涂,由涂而盐灶,由盐灶而农田而小镇而街道。"已经点出了慈北聚落的形成过程不同于萧绍,所以坎墩的十里长街必然是东西向而不像坎山那样呈南北向的。

坎墩是一个由盐灶和海塘发展起来的聚落,由农村到集镇,从短街到长街。总的来说,这是一切聚落发展的大形势。我往年曾经写过一篇《聚落—集镇—城市—古都》⑬的论文,阐述了一些聚落地理学的理论。不过需要指出的是,在聚落发展的大形势中,并不是每个聚落都是按着这种模式发展的,其间是很不平衡的。这里要涉及许多条件,现在常常用一个概括的词汇——机遇。而坎墩恰恰碰上了这个词汇。三北平原的聚落,都是按上述本书首篇首句的几句话形成和发展起来的。但历史上如观城、浒山、庵东之类的集镇不多。而20世纪50年代由于姚、慈两县县境从西东变为南北,余姚的浒山镇一跃而成为慈溪县城,这就是一种机遇。但是由于从此以后,我们奉行的一直是"闭关锁国"和"计划经济"。所以浒山虽然从一个集镇成了县城,城市规模在以后的20多年中,无非是一直一横的两条小街。人们还是过着如同我在《旅行、旅游、旅游业》⑭一文中所说的:"吃一根油条付半两粮票,买一双袜子付两寸布票的生活。"

终于获得了又一次机遇——改革开放。在这次机遇中,乡村、集镇、城市都迅速地发展起来,由两条小街合成的慈溪县城,发展成为今天这样一座豪华壮丽的慈溪市城,就是这种机遇的样板。当然,十里长街——坎墩也同样地在这种机遇中获得了空前的发展。但是还得再说明一次,聚落在这种机遇中的发展,也不是平衡的。因为对于聚落的发展来说,改革开放是大家受惠的机遇,这种全体受惠的机遇之中,还存在一种特殊机遇。由于这种特遇的获致,一个小聚落可以一旦崛起,出类拔萃。什么是特殊机遇?内容很多,例如一种特殊行业的发展,一项特殊资源的开发,一条特殊交通路线的落成等等。历史上这类例子就有不少,隋代开运河,永济渠与卫河沟通处的临清;清末造铁路,津浦铁路的终点站浦口,都是一举成名、迅速扩展的例子。改革开放以来,这种特殊机遇更为常见:浙江的义乌,原来只是一个浙赣线上的普通县邑,由于从事了小商品贸易,居然成了一个举世闻名的小商品城。湖南的大庸,清朝还是一个不建县城的"千户所",民国以后,才算是个边境小县,由于张家界旅游资源的开发,一跃而成为一座繁华的旅游城市张家界市。这种特殊机遇,眼看就要转到浒山和坎墩了。这就是已经合龙而即将成为与沪杭交通捷径和要道的跨海大桥。就在这种特殊机遇降临的前夕,坎墩人编纂出版这部《十里长街——坎墩》,真有先见之明:存旧迎新,可谓正得其时。

　　本文开始就指出这是一种新型的地方志,也是一种值得推广的地方研究著作。全书16篇,包罗了140多篇文章。从自然到人文,可以说一应俱全。往年史念海先生撰《方志刍议》,[15]事前就嘱《序》于我。因为他知道我常常出国讲学,结交了不少国际汉学家朋友。他要我在《序》中提及国外汉学家对我国方志有哪些称谓。我于1985年在日本国立大阪大学为史先生写了此《序》,罗列了我在国外听到的对中国方志的各种译言。其中包括 Local encyclopedia(地方百科全书)和 Regional encyclopedia(区域百科全书)。当时,我曾以全书有44卷的光绪《菱湖镇志》和民国《乌青镇志》以及60卷的民国《南浔镇志》为例,我称道这些志书门门俱全,样样皆备,称其为 Regional encyclopedia,就显得恰如其分。现在,《十里长街——坎墩》全书的140多篇,虽然每篇多短小精悍,但总其门类内容,实在超过上列几种镇志,所以完全称得上是一部"区域百科全书"。

　　《十里长街——坎墩》书内记载了不少桥,从"泥桥"到"全长112米、宽度达66米"的三跨连续桥。但这样的桥,许多村镇都有,在江南水网地区,是一种到处可见的普通事物。桥,是交通上的一种过渡建设,此书记载的许多桥,当然在这条"十里长街"的发展中起了有益的作用。但"跨海大桥"的意义就不同一般,它当然也是在交通上的一种过渡建设,但更重要的,它是一种时代的过渡建设。它要把慈北的大片地区,包括浒山、坎墩和其他许多周边的聚落,带进一个更新的时代,这就是前面所说的特殊机遇。我之所以在前面指出《十里长街——坎墩》的编纂出版是"正得其时",因为在过了若干年以后,年轻人翻读此书时,必然会说:哟!那时的坎墩是这样的。"存旧迎新",现在我们对此书评价不低,若干年以后,此书必将获得更高的评价。

注释:

① 颜越虎《陈桥驿教授访谈录》,《史学史研究》2006年第4期。
② 参阅拙撰《慈溪盐政志序》。
③ 侯慧粦《陈桥驿与地方志》,《中国地方志》1993年第2期。
④ 中国展望出版社1990年版。
⑤ 中华书局1997年版。
⑥ 周乃复主编,西安地图出版社1993年版。
⑦ 杭州大学出版社1997年版。
⑧ 我已于1956年在上海新知识出版社出版过《日本》一书,对日本已经作过一番资料上的研究。

⑨　周乃复《中外地方志比较研究的肇始之作——读陈桥驿先生〈中日两国地方志的比较研究〉》,《中国地方志》1993 年第 3 期。

⑩　他们委托我进行"南方丝绸之路"是否存在的考证。我们夫妇为此到四川一个多月,撰成《关于四川省蚕桑丝绸业的发展与南方丝绸之路的论证》,除送交日本外,并在《郑州大学学报》(哲学社会科学版)1993 年第 2 期发表。

⑪　《地理学报》1980 年第 2 期,又收入于拙著论文集《吴越文化论丛》,中华书局 1999 年版。

⑫　(清)陈伦炯撰,共 2 卷。成书于雍正二年(1730)。李长傅有校注本,中州古籍出版社 1985 年版。

⑬　《河洛史志》1994 年第 3 期。

⑭　《人文旅游》第 1 辑,浙江大学出版社 2005 年版。

⑮　史念海、曹尔琴著,浙江人民出版社 1986 年版。

原载《十里长街读坎墩》,杭州出版社 2008 年版

《十里长街读坎墩》序

《十里长街读坎墩——〈十里长街——坎墩〉评论文集》（以下简称《评论文集》）已由我的老友来新夏教授主编完成。《十里长街——坎墩》是一本佳作，所以能够邀集到不少国内名家对此书举行一个研讨会。名家们都对此书从各方面发表了评论。现在《评论文集》随即问世，这既是对"坎墩"的赞美，又是"十里长街"的延伸。所以，对于《十里长街——坎墩》来说，《评论文集》的出版，称得上锦上添花。

记得大约在距今20年左右，全国几个著名出版社合作编纂一套大部头的《中国地方志集成》，来先生与我都被聘为学术顾问，应邀到南京开会。当时他在南开大学，我在杭州大学，但相逢时竟有一见如故之感。我们两人同庚，而他长我两月，所以我得称他"老兄"。时至今日，两人都已到了逾八近九之年，能在十里长街坎墩聚首参与这个研讨会，而会后来兄居然以耄耋之年主编这部《评论文集》。我确实对这位同庚"老兄"感到不胜钦佩。而十里长街对此也是很有光彩的。

许多专家们在去年10月能够应邀聚首于十里长街坎墩，并不是因为这个集镇有多少名胜古迹或其他引人的魅力，而是因为对于刚刚出版的《十里长街——坎墩》一书的认可和赞赏。这本近50万言包括16个卷篇的地方文献，确实特色鲜明，内容精辟。读过此书的专家们，大家多有同感，这也是许多专家们能够专程到这片海隅之地参加研讨会的原因。而坎墩的领导层，能够组织编写出这样一部佳作，实在让人佩服他们对地方文化事业的重视。

坎墩原来是个三北小镇。如全书第一篇中《希望的田野》所说："五月棉花秀,八月棉花开,花开天下暖,花落天下寒。"这里以前不过是个海边棉乡。经过多年的策划经营,才发展成为一条"十里长街"的坎墩镇。一个小小聚落而由乡成镇,这种事例不要说全国,在浙江一省就可以举出许多例子。但一个镇能够编写这样一部形式特致、内容丰富的地方文献,实在并不多见。所以不少学者都愿意参加去年的研讨会,并且为研讨会撰写文章,这当然不是逢场作戏,而是此书实际价值的证明。为此,我们应该感谢坎墩镇的领导层,当然也应该感谢参与此书编写的文化界同仁。

我个人与参加研讨会的其他专家们又有所不同,因为我对这个地方有长久的渊源和特殊的感情,自从20世纪50年代中期起,按教育部的规定,大学地理系的高年级本科生有为时五六周的经济地理和城市地理田野实习。我当时担任了浙江师范学院地理系经济地理教研室主任,我们的实习基地由我选定在宁绍地区。所以在"文革"以前,前后几乎有10年时间,每年一度,我都要带领教研室教师和高年级本科生到这个地区作田野实习,年复一年,慈溪为我们师生提供了大量知识,而特别是我,由于作了长达10年的田野实习领队人,熟悉了这个地方的许多人地事物,所以对这里产生了深厚的感情。"文革"以后,我担任了由国务院一个文件规定的外国地理翻译组的浙江负责人。开始是忙于翻译工作,接着又因为外国学术界的不断邀请,忙于出国讲学和担任客座教授。尽管我即使奔波在国外,甚至远在南美巴西亚马逊河原始森林中的时候,脑海中也常常浮现出这片肥饶秀美的三北平原,但总感到对这片我曾有10年考察经历的地方,恐怕无缘再旧地重游了。而以后的事态发展,让我意识到人间总是充满着机会。20世纪80年代以后,作为我国长期传统的地方志修纂工作,由于那些文化破坏者的消逝而获得恢复。这一任务又让我有了重新访问这片我多年来萦萦于怀的美好地方的机会。此外,因为在日本的几所名校担任客座教授,结识了彼国的不少汉学家,其中大阪商经大学的富冈仪八教授是著名的"盐道"专家,而且彼此成了好友。为此,我们夫妇又几次陪同富冈教授到慈溪考察盐业,我也因此为《慈溪盐政志》(展望出版社1990年版)写了《序》。盐业的研究不同于综合性的田野考察,它直接涉及三北平原的海岸伸展,让我有机会专门对三北平原及其海岸淤涨的自然和人为过程作了比较细致的观察和查考。十里长街坎墩正是三北平原自然淤涨和人为垦殖的产物。为此,我非常高兴地参加了《十里长街——坎墩》这本特色鲜明的地方文献佳作的讨论,并且在《评论文集》中表述了我对这个地方的回忆和展望。2007年10月的这个研讨会,对我来说,真是不胜荣幸。

十里长街坎墩的发展,经历了一个相当漫长的过程。一片滨海的盐碱地,一个"花开天下暖,花落天下寒"的棉乡,要经过多少先辈胼手胝足的劳动,才发展成为"十里长街"这样一座三北名镇。而且,事物的发展还在不断地加速,以慈溪这个地方来说,从宋朝的大古塘到眼下三北半岛的十塘,这个过程是积累了上千年经营的成就。而现在,钱塘江口的一座跨海大桥已经合龙,行将正式投入运行了。这是三北腾飞的一个机遇,我们可以拭目以待。

桥梁,这是一个不可思议的词汇。早在独木桥出现之时,桥梁就是人类文明发展的标帜。往年我为《绍兴桥文化》(上海交通大学出版社1997年版)作《序》,曾经说过这样几句话:"我曾经考察过黄土高原,那里有许多渊深而狭窄的沟壑,站在两边可以谈论家常,但要握手言欢,有时要绕道走上个把钟头。"由此可见,桥梁在人类生活中是何等重要。在人们之间相互沟通这个环节上,它实在是人类发明史上的一种飞跃进步。现在的桥梁,在我所举的黄土高原已经不可同日而语,政治、经济、文化都通过这种建筑获得便捷的联系,它已经成了社会繁荣发展的标帜。

对于桥梁,我或许称得上稍稍见过世面。且不论国内的名桥大桥,就是国外的名桥大桥,我也跨越过不少。记得那年在美国讲学,曾经驱车跨过路易斯安纳州新奥尔良市以北的潘查德林湖(Pontharthrain L.)大桥,这座连拱式的跨湖大桥,全长38千米,是我生平经过的第一长桥。但是说到底,不过是一座架设在湖泊上的桥梁。我们当然不必贬低它的价值,但与我们今天建成的钱塘江河口的杭州湾跨海大桥相比,其差距就不必由我赘叙了。

十里长街坎墩,得天时地利人和之缘,正位于这座跨海大桥南端的桥头堡地段。为此,今天这个镇的领导层和许多文化同仁们编写出版《十里长街——坎墩》这部传世佳作,又邀请国内名流参与讨论,再次出版《评论文集》,这实在是一件具有远见的事业。居全国经济、文化繁荣之首的长三角,有这样一座大桥的出现,对这个地区的影响,已经用不着人们评估和夸赞了。坎墩镇的巨大发展变化,实在是指日可待的事,在这样的现实面前,前后两专著的出版,其意义或许可以说价值连城。我为慈溪的繁荣发展而振奋,更为坎墩镇在其巨变来临前夕的这种在文化上先行一步的成就感到无比欣慰和钦佩。存史、资治、教化,原是我们在修志事业上长期来沿用的褒赞之词,而坎墩镇这前后两部杰作,确实可以当之以无愧。国际史地学界名流、我友陈正祥先生在其《中国方志的地理学价值》(此文为其就任香港中文大学客座教授的上任演讲,由香港中文大学出版)一书中指出:"我国的地方志,有点像欧美国家的区域研究(regional study)。"我由于多次在国外讲学,耳濡目染,所以很同意陈先生的这种观点。现在,由于跨海大桥的建成,这片包括坎墩镇在内的南岸桥头堡地区,其区域性质和形态,即将发生很大的变化。所以我认为,不久前出版的《十里长街——坎墩》和现在出版的《评论文集》,在存史的意义上极端重要。但是由于这个正在剧变的区域,区域研究的工作应该在原来的基础上紧跟不舍。希望这个区域的区域研究新成果，在不久的将来能再次与我们见面。

2008 年 3 月于浙江大学

原载《十里长街读坎墩》，杭州出版社 2008 年版

《浙江省水利志》序

读完《浙江省水利志》稿,使我十分高兴,因为又有一部志书佳作,即将公开问世。我是研究《水经注》的,最近又刚刚出版了一本有关方志的拙著《陈桥驿方志论集》(杭州大学出版社),对水利与方志两者都有关系,而这部志稿,无论从水利和方志两方面进行评价,都是令人满意的。

《水经注》卷首郦道元序中说:"天下之多者,水也,浮天载地,高下无所不至,万物无所不润。"这是古人看到的一面。现在我们看到的还有另一面,即是水资源其实并不充裕。地球上淡水资源的80%以上集中在南极洲和格陵兰,因此,世界上许多国家的水资源都是紧张的。浙江省1980年人均水资源为2415立方米,低于全国人均水平,而目前,农田灌溉渠系的水量,其中有效利用系数仅0.45—0.55,工业用水的重复利用率也只有0.20—0.25,蓄水工程目前供水率为0.6—0.75。所以水利对于浙江省来说,显得尤其重要。因此,《浙江省水利志》修纂,其重要性也就不言而喻。

水利志与市、县志不同,因为这是一种专志,其修纂的难度可能超过市、县志等通志。我曾于今年七月底应邀去北京参加全国地方志评奖,参评的志书有1718部(限于1993年—1996年出版的),结果评出一等奖51部,二等奖127部。前者包括通志27部,专志24部,后者包括通志86部,专志41部。专志中包括诸如城乡建设志、民政志、财政志、交通志、民俗志、农垦志、邮电志、出版志、工会志、宗教志等等。一等奖中没有水利志,二等奖中才有一部《广东省志·水利志》。这个评奖结果说明了一种事实,即是水利志的修纂具有很大的难度。所以在全部获奖的 178 部志书中,只有一部水利志,而且是二等奖。前面已经提到,我是研究《水经注》的,所以在评奖过程中,对水利志特别注意,但结果使我颇感失望。

这次比较详细地阅读了《浙江省水利志》稿以后,首先使我感到高兴的是,这是一部内容完备、资料丰富、体例严谨的水利志稿本,尽管稿中还有不少需要商榷和修改、补充的内容,但全稿具有良好的基础,经过讨论修改,可以成为一部优秀的志书。为此,我不仅愿意对志稿存在的问题提出坦率的意见,而且愿意竭尽绵薄,为志稿提供一些修改和需要充实的资料。

水利是一件贯穿整个人类历史和遍及全部人类活动地区的大事。中国人早已懂得水利是农业的命脉的道理。而在这半个世纪之中,第三世界许多国家通过"绿色革命",使农业获得较大发展,不少国家因此解决或缓解了粮食问题。"绿色革命"的核心,就是品种和水利。对于我们浙江省来说,整个省境开拓发展的过程,在某种程度上说,就是水利发展的过程。从考古资料来看,今浙江省境在距今 7000 年以前的河姆渡文化时期就有了农业,有了水稻的种植,说明从这时候起,我们的先民就有了水利。由于从全新世起掀起的中国东部沿海的卷转虫(Ammonia)海进,今省境内的所有平原地区都沦为海域。在距今 5000 年— 4000 年海退开始以后,省境内现有的主要平原如杭嘉湖、宁绍、温台等,都是一片泥泞沮洳的沼泽地,所以当今省境内历史时期开始之时,我们的水环境是非常恶劣的。当时,北方文明大国的宰相管仲曾经描述了今浙江省境的恶劣自然环境。《管子·水地篇》说:"越之水重浊而洎,故其民愚疾而垢。"为此,我们的先民在今省境内历史时期之初,就开展了改良水环境条件的艰苦斗争。他们依靠简单的工具,修建了各种水利工程,管仲所描述的"越",其中心在今宁绍平原。在管仲以后经过了十个世纪的水环境改造和水利建设,到了东晋(317— 420),这个"重浊而洎"的泥泞沼泽之区,就成了"山阴道上行,如在镜中游"的一个风景秀丽、文化优越、民阜物殷的鱼米之乡了。这就是水利事业发展的成果。

在今浙江省境开拓发展的历史中,水利建设一直起着极端重要的作用。从春秋末期(公元前 5 世纪之初),越王句践在今绍兴平原兴建富中大塘、吴塘、山阴古水道等水利工程以来,两千多年之中,今省境内涌现了大量的水利建设,其中有不少具有高度精密的设计,巨大的工程量和长远的效益。例如后汉永和五年(140)的山阴南湖(《水经注》称长湖或大湖,唐时称镜湖,宋以后称鉴湖),这是一个面积超过 200 平方公里,能灌溉 9000 顷土地,包括一个完整涵闸系统的大型人工湖泊。又如南北朝梁兴修的处州通济堰,唐代兴修的鄞县它山堰等,都是浙江省历史上的重要水利工程,具有很大的知名度,有的至今仍在发挥作用。

对于浙江省的水利发展过程和许多水利建设,历史上曾经留下了不少文献记载。以拙著《绍兴地方文献考录》(浙江人民出版社 1983 年出版)一书为例,此书中考录的水利类文献就达 140 余种之多。省境内其他各地,有关水利史和水利建设的文献为数也很可观。如明张国维的《吴中水利书》28 卷,内容涉及苏、松、常、镇、杭、嘉、湖各地,元任仁发的《浙西水利议答录》(又名《浙西水利集》)10 卷,清方观承的《两浙海塘通志》20 卷(卷首 1 卷),清翟均廉的《海塘录》26 卷(卷首 2 卷)等等。可惜的是,我们迄今还没有全省性的水利志书,而各地的水利文献,有很多已经亡佚缺散。例如前面提及的我省最早的大型水利工程鉴湖,兴建于公元 2 世纪,但直到公元 5 世纪的南北朝宋才见于孔灵符的《会稽记》,而《会稽记》本身也已经亡佚。现在我们能够看到的比较详细记载这个水利工程的文献,是北宋曾巩的《越州鉴湖图序》,距这个工程的修建已经九百多年。历史文献的缺佚,现在必须由我们想方设法,追溯研究,从事弥补,以使浙江省历史上水利发展的过程、重要的水利工程和对水利事业有贡献的先贤业绩,能够比较完整地世世代代流传下去,为我们省的水利事业起存史、资治、教化的作用,这是一件十分重要的事业。

必须指出,对于浙江省历史上的水利事业,不少外国汉学家也非常重视。他们不仅收藏和阅读有关的历史文献,而且亲自前来考察,写出了不少水平很高的论文和专著。以绍兴鉴湖为例,日本学者对此就很感兴趣,迄今已发表了不少论文,如西冈弘晃的《宋代鉴湖的水利问题》(《史学研究》117 号,1972 年),寺地遵的《南宋乡绅对于湖田的对抗——陆游与鉴湖》(《史学研究》173 号,1986 年)等等。又如对萧山湘湖,虽然现在已经基本湮废,但美国汉学家瓦尔巴莱索大学历史系主任肖帕(R. K. Schoppa,汉名萧邦齐),曾于 1986 年到我的研究中心从事近半年的研究,我陪同他到萧山、绍兴各地考察,不仅在文献资料上给予指导,而且充当他的翻译。他回国后不久,就写成《湘湖——九个世纪的中国世事》(*Xiang Lake——Nine Centuries of Chinese Life*),于 1989 年在耶鲁大学出版社出版。在我所读到的有关湘湖的古今文献中,这或许是内容最丰富和科学性最好的一种。此外如日本佐藤武敏的《明清时代浙江的水利事业——以三江闸为中心》(《东洋学》1968 年第 20 期)、小野寺郁夫的《宋代陂湖之利——以越州、明州、杭州为中心》(《金泽大学文学部论集》第二集,1964 年)等等,不胜枚举。好在这部志书的《丛录》中,有一个水利文著辑目,这里就不必赘述了。

综上所述,说明了浙江省水利事业在历史上的发展经过和重要业绩,也说明了古今中外学者对于浙江省水利史的关注。由此可以论定,《浙江省水利志》修纂的重大意义。现在,这部志书在浙江省水利厅领导的关心下,在志书编纂人员十余年夙兴夜寐的辛勤耕耘下,已经基本告成。在经过这次集思广益的讨论修改以后,这部煌煌巨构,不久就可以公开问世,我们浙江省从此有了一部优秀的、可以世代流传的水利志,可以让我们浙江的水利事业继往开来,获得更大的发展。

1997 年 12 月于杭州大学

原载《浙江省水利志》,中华书局 1998 年版

总结以往　　指导将来

——贺《浙江省水利志》出版

　　经过十多年的辛勤耕耘，《浙江省水利志》终于步入我国近年来新修的佳志之林，值得水利界、方志界和其他各界的祝贺。

　　浙江省与内地省区不同，在第四纪经历了几次海进、海退的水情环境变迁。在最后一次卷转虫海退以后，省境内沼泽连绵，泥泞沮洳，即《禹贡·扬州》所谓"厥土惟涂泥"。也就是《管子·水地》所说的："越之水重浊而洎，故其民愚疾而垢。"而今我们看到的山青水秀、沃壤膏腴，乃是历史上水土整治、水利发展的业绩。对于省内以往的水利事业，我们拥有不少有关河渠、湖陂、海塘、闸堰等文献，可惜这类文献，基本上都是专题性的和地方性的，至今尚无一部记载全省范围的综合性水利志书。所以《浙江省水利志》是浙江省有史以来第一部以全省地域为记载对象的水利志书，是浙江省水利文献的一块里程碑。此志内容完整，资料丰富，数据确实，详今明古，在学术价值和实用价值两方面都成就卓著。

　　中国是个历史悠久的河湖大国，自古以来就讲究水利。战国晚期成书的《禹贡》，曾记载了大禹导山、导水的传说，这虽然是个虚构故事，却反映了古人的水利意识。而当水灾发生之时，虽然技术条件与今天完全不能相比，但重大的灾害也往往举国震动。例如西汉元光三年（前 132），黄河决于濮阳瓠子口（今河南省濮阳市西南），东南注入巨野泽（今山东省巨野县附近），黄淮地区成为一片泽国。汉武帝于元封二年（前

109）亲临黄河督促堵口，"命从臣将军以下皆负薪塞河堤"（《汉书·武帝纪》）。当年，伟大的历史学家司马迁也在汉武帝的从臣之列，亲自参加了"负薪塞河堤"的抢险工程，由于切身感受，使他在《史记·河渠书》中写出了一句水利史上的名言："甚哉，水之为利害也！""水利"一词，在司马迁时代已经有了明确概念。以后，郦道元在《水经·巨马水注》指出："水德含和，变通在我。"说明到了公元 5 世纪，人们对"水利"的认识又前进一步，有了更为完整的概念。"变通在我"，这就是要通过人的力量，变水害为水利。这就是人定胜天的思想。浙江省的水利发展过程，正是人定胜天的例证。

在浙江省水利史中，我们有许多经验和教训，至今并留下了大量著名的古代水利工程。可惜所有这些，在已往的文献记载中，显得零星分散，有的甚至遗缺亡佚。现在，《浙江省水利志》经过认真细致的搜集考核，对于省内历史上的水利事业，作了完整和翔实的记载。所以这部志书，是浙江省水利史上集其大成的文献。

对于当代的水利事业，志书的记载当然更为详尽。浙江省在这几十年中特别是最近 20 年中，水利建设的成就非凡。其中有些水利业绩，外国学者也为之叹服，海涂围垦即是其例。记得 80 年代中期，美国瓦尔巴莱索大学历史系主任萧邦齐教授（R. Keith Schoppa）曾到我的研究室从事较长时期的浙江水利史研究。我陪他到处考察和举行座谈会。我为陈志富先生所著《浦阳江下游防汛与管理》（浙江大学出版社 1991 年出版）一书所写的序言中，曾记及有关一段："在头蓬的围垦指挥部举行了座谈会。在江堤现场，面对已经围成的和正在围筑的土地，我和他说：'上帝造海，荷兰人造陆的话，你想必听到过；现在，我们得加上一句：上帝造海，萧山人造陆。'他跷起大拇指说：'OK。'"

在浙江省的许多水利建设中，可以让外国学者说 OK 的是为数不少的，而所有这些，《浙江省水利志》都已备载无遗。

总结以往，指导将来。《浙江省水利志》必将发挥它的重要作用，应该受到称赞。

原载《浙江方志》1999 年第 2 期

50年来浙江省哲学社会科学的发展和复兴

——读《浙江省哲学社会科学志》

中国社会科学院和中国地方志指导小组于1997年在北京举行全国地方志评奖。我忝为评委,有机会在北京读到许多参评的志书。这中间有通志,也有专志。时间不长而佳志如林,评委们都有应接不暇之感。其中有一部《哲学社会科学志》是《河北省志》之一。我清楚地记得,在初评推荐的180部志书中,以《哲学社会科学志》为名的,仅此一部,说明这种志书修纂的不易。我当时对这部志书引起注意,不仅是作为一部专志,在中国方志史上绝无前例,特别是哲学社会科学是一个极大的领域,50年来,这中间的很多部门获得了发展,但也有不少部门受到了损害。当我在浏览此志时,其中罗列的不少学科,包括这些学科的研究队伍和机构,都是劫后余生的重灾户。现在居然都重振旗鼓,载入志书,实在使我不胜感慨。此志后来荣获二等奖,令人欣慰。

现在,当我读到《浙江省哲学社会科学志》时,我立刻回忆起1997年在北京读到的第一部同名志书。和那年在北京的匆匆浏览不同,现在我有时间比较仔细地全面阅读。我不想说后来居上之类的话,因为有前人的经验可循,后者超过前者是必然的事,是没有什么值得夸赞的。值得夸赞的是,浙江省的这部卷帙浩大、门类繁多的志书,在我看来,至少具有三个方面的显著特色。

由于哲学社会科学是一个硕大无朋的学术领域,而志书的特色首先是资料浩瀚,覆盖面极大,让人一读就知这是一部牵涉广泛、内容丰富的煌煌巨构。卷首一篇大约四万言的《总论》，是一篇既提纲挈领又面面俱到的杰作。它是志书编者开宗明义，为没有时间展读全书的读者所提供的一个志书节本。在这篇总揽全局的《总论》以后，志书用 14 章分述哲学社会科学的 15 门学科，这中间包括每一门学科中的无数分支学科。对于所有这些学科在浙江省内的兴起、发展和变迁过程，都有值得存史的资料。志书并载入了省、市、高等学校、政府部门的 80 余所科研机构和 100 多个科研团体。编纂了从 1840 年—1988 年共 148 年的《大事记》。为历来哲学社会科学领域的 184 位名流学者撰写了传记。真是洋洋大观。

志书的第二个特色是，尽管全书涉及的学科众多，资料的广度可观。但对于不少重要部分，志书仍然很重视内容的深度。例如在人口学中有关马寅初《新人口论》的阐述。这是半个世纪来举世瞩目的学说，但长期来人们只能在"批判"中看到断章取义的一鳞半爪。志书把《新人口论》的基本观点概括成四项，让后世能获悉和理解这一重要学说的基本论点。又如志书对各学科的分类叙述，重要的学科如哲学、经济学、语言文学、历史学等，当然内容详细。而对若干一般读者不甚熟悉的学科如图书馆学、档案学等，也能设章分节，深入记叙，提高了志书的实用价值和收藏价值。在《著名学者传略》中，对于一些离开大陆的学者，他们在哲学社会科学的后期著作，常为大陆学人所不见，志书也能详细胪列，当然有裨于存史价值。

志书的第三个特点是，严肃的志书体例，慎重的史家笔法。修纂志书是中国的优秀文化传统，在长时期的修纂历史中，已经建立起一套严肃的志书体例。此外，虽然志书的性质属史属志历来存在争论，但修志素来使用慎重的史家笔法，这也是志书的传统。这种传统一方面是对于志书所涉及的事物和人物，秉笔直书，和盘托出，不轻易论定，也不轻易褒贬。另一方面是对于十目所视、十手所指的事物和人物，则有笔如刀，绝不姑息。不妨举两个例子：对于"十年浩劫"，志书毫不回避，在《总论》中就引载中共十一届六中全会通过的《关于建国以来若干历史问题的决议》："是一场由领导者错误发动，被反革命集团利用，给党、国家和各族人民带来严重灾难的内乱。"《总论》指出："在这个过程中，知识分子特别是社会科学界的知识分子，更是横遭迫害，浙江不少著名学者、专家被当作反动学术权威，被抄家、游街、批斗，承受了残酷斗争、无情打击，迫害至死者也不乏其人。"另外一个例子是《著名学者传略》，在入传的 184 位学者中，其中如张其昀、罗家伦、谢冠生等等，他们原来都是旧政府的高级官员，解放前离开大陆，有的定居海外，有的在台湾继续任官。他们所处的政治环境不同，所持的政治观点也不同。但志书没有在这方面加以褒贬，而只是如实地记述他们的生平履历，着重介绍他们在哲学社会科学上的事迹和著述。

上述特色当然是志书的成功之处，但这部志书的主要贡献在于它不仅总结了 50

年来哲学社会科学在浙江省的发展,并且也记叙了这门科学最近20年来在浙江省的复兴。应该说,中华人民共和国的建立,对哲学社会科学的发展创造了十分优越的条件。而我们确实也看到,正如这部志书所总结的,在这个庞大的科学领域中,许多学科获得重大发展,这是众所共见的事实。但是在另一方面,我们也不应忽视,在相当长的一段时期中,这个领域中的不少学科,有的在建国之初就受到打击而不复存在,有的则在十年浩劫中横遭摧残而销声匿迹。对于这些学科,如志书所记叙的,都是在"四人帮"粉碎、拨乱反正以后获得复兴的,而在这20年中,从凋零伤残到欣欣向荣,作出了许多成绩。在这方面,哲学社会科学界以外的学者,或者并不深悉,而这个学术领域中的学者,也因学科部门的不同而互不了解。其实,从50年代的极"左"思潮到六七十年代的"史无前例",哲学社会科学所蒙受的损伤是极其严重的。正因为严重,所以最近20年的复兴和取得的成绩,就更具有存史、资治、教化的价值。

这个领域受到伤害的大小学科为数实在不少:今年谷雨节,绍兴市举行祭禹并越文化和大禹学术讨论会。广西民族学院的人类学家徐杰舜教授在会上宣读了按人类学观点研究越文化的论文。我作为学术讨论会的执行主席,在他宣读论文以后的发言中指出:"徐教授从事的这门学科人类学,[①]是新中国成立以后的30多年中,受到严重摧残的人文科学之一"。据我所知,建国以前有一些浙江学者涉足人类学的研究,但现在这门学科还没有进入这部志书。这或许是,这门学科至今还没有在浙江恢复元气。

当然,志书中记述的备受摧残的学科是不少的。作为专章的人口学就是一个例子。志书说:"当时,马寅初及其他有识之士对现实人口问题的研究,本来有助于人口问题的解决,并可以成为全国和浙江省人口科学研究的先导,可惜不久就受到了有组织的无端批判,以至在政治上受到非难,使人口学的研究在此后20年内成为禁区。"其实,成为"禁区"的不仅是人口学,凡是与人口学沾边的学科都同样受到摧残,例如人口地理学。不久前华东师范大学人口地理学专家严重敏教授发表《人口居民点地理小组成立前后记略》[②]的文章,文章说:"新中国成立后,各行各业向苏联学习,地理研究工作也大体按照苏联模式发展,除了'经济地理'一枝独秀,整个人文地理学被认为是资产阶级伪科学,受到批判和否定。"诸如此类的学科,实际上在建国之初就被"封杀"。而这20年中,如志书所载,浙江省的人口学获得许多研究成果,确实令人踌躇满志。

志书在《经济学》一章中专门设有《旅游经济研究》一节。在浙江省已经成为一个旅游大省,旅游经济蓬勃发展,特别是《邓小平论旅游》正式出版的今天,一般读者或许不会理解志书中能够列入这一节的意义。旅游经济成为经济科学的一个分支,实在

令人感慨无穷。我不妨抄录一段我在 1998 年发表的我于 1961 年第一次去雁荡山的回忆：③

> 我第一次到这里至今还不过 30 多年，那是 60 年代之初，当时，一场愚蠢而又荒唐的游戏"大炼钢铁"、"大办食堂"等刚刚进入尾声，我因为一个研究课题，从杭州经临海到温州。当时沿途一片萧条景象，很难买到果腹的东西，所以在临海街上用高价买了几个煮熟的番薯，到大荆下车，当时的人文环境是很可怕的，山里人大多面有饥色……游客当然绝迹，因为游山玩水在当时被视为资产阶级腐化没落的行径，而且在那种大家都吃不饱的时代，即使有冒天下之大不韪的胆量，也不会有翻山越岭的能耐。

今天，旅游已经成为一种许多人都能获得的生活和文化享受。但读了上面我所抄录的这段文章，对此志书所设《旅游经济研究》这一节的记叙，我看谁都会对浙江省在这 20 年中的飞跃发展感到鼓舞，同时也能更进一步理解《浙江省哲学社会科学志》的重要价值。

注释：

① 人类学有两个分支：人文人类学和体质人类学，后者属于自然科学。

② 此文收入吴传钧、施雅风主编的《中国地理学 90 年发展回忆录》，学苑出版社 1999 年版。

③ 此文收入于石在等主编的《徐霞客在浙江》，浙江教育出版社 1998 年版。

原载《浙江方志》2000 年第 4—5 期

丝绸　中国的骄傲
——兼评《浙江省丝绸志》

　　20年来的修志热潮，不要说通志，包括省（区）、市（地区）、县（市）志和乡、镇、村志，确实五彩缤纷，令人眼花缭乱；即从专志而言，不仅是传统的专志，如江河、水利、名山、寺院等志，各地纷纷推出，远胜古人；而方志史上绝未闻见、方志目录中从无著录的专志，也一时登场，使人如入山阴道上，应接不暇。以浙江省为例，诸如测绘志、电影志、外事志、围垦志、烟草志等等，不一而足。长江后浪催前浪，真是气象万千。这些年来，每一种前无古人的专志问世，虽然不关我的专业，但内心总感到一番激动，为我国专志修纂推陈出新的形势而无比兴奋。

　　现在呈现在读者面前的《浙江省丝绸志》，是这些年来所有前无古人的专志中非常杰出的值得重视的文献。当我展读这部志书时，溯昔抚今，遐想连绵，不胜感慨。这是浙江省的一部具有鲜明特色和不同凡响的专志，正因如此，我们在讨论这部志书时，首先还得撇开地域，从志书的主题看事物的全局。"丝绸"，对于这个习见的词汇，一般人或许无动于衷。但是我必须指出，这里面凝结着我们祖先的卓越智慧，是我们民族的光荣，国家的骄傲！

　　首先是丝绸的来源，这大概人人都知道，它是蚕吐出来的丝。但恐怕很少有人深究，蚕是什么？按动物分类学，学名称为家蚕，它是昆虫纲、鳞翅目、蚕蛾科的动物。昆虫纲是地球上种数最多的动物，总数约有100万种，要占地球上全部动物种数的4/5。

驯化各种野生动物供人类利用,是我们的祖先付出了长期和大量劳动所获得的成果。《韩非子·难二》言:"务于畜养之理,察于土地之宜,六畜遂,五谷殖,则入多。"这就是先秦对动物驯化的记载。所谓"六畜",指的是马、牛、羊、鸡、犬、豕,后来通常称为家畜。世界各地都有驯化家畜的记载,而且种类很多,六畜只是其中最重要的几种而已。昆虫的驯化则不然,从远古直到今天,在这100万种的庞大数量中,完全成功而且长期让人类受益的,其实就是家蚕和蜜蜂两种,而从各种资料证明,中华民族是世界上最早驯化家蚕的民族。在河姆渡新石器遗址中发现了家蚕的图形,钱山漾新石器遗址发现了丝线和丝带,所以《中国蚕业区划》①中指出:"根据文献和考古证实,我们的祖先早在5000年前就开始了养蚕制丝,到殷商时代,我国的蚕业已具雏形。"

当中国人已经驯化了这种昆虫并制成丝绸之时,欧洲人对此还懵然无知。公元前1世纪,他们看到这种奇特的纤维时,古希腊著名地理学家和历史学家斯特拉邦(Strabon)竟认为"它是用亚麻皮弄细而制成的"。②同一时代的古罗马诗人维吉利厄斯(Publius Vergilius Maro)在其所撰《农耕赋》中写道:"丝是由某种树叶通过疏理后而采集的细线。"③一直到公元2世纪,希腊旅行家波萨尼阿斯(Pausanias)才知道丝是蚕吐出来的。

古希腊人和古罗马人称中国为"赛里斯"(Serse),"赛里斯"其实就是"丝"的转音,在他们的设想中,中国就是"丝国"。公元2世纪的古希腊著名天文学家和地理学家托勒玫(Claudius Ptolemenus)在其所著《地理学指南》中描述中国:"赛里斯地方面积很广,人口也稠密,东接大洋。适于居住的地区在东端,地面一直扩展到伊马厄斯和大夏为止。他们是态度谦和、彬彬有礼的文明人。"④

如上所述,说明在家蚕的驯化和丝绸的制作方面,欧洲与我们的差距达到多大的程度。这就是《浙江省丝绸志》引发我的第一种自豪。

由于我们的祖先驯化了家蚕,制作了丝绸这种轻巧、鲜艳和闪闪发光的纤维及织物,欧洲人的麻织品变得黯然无光,让古希腊和古罗马的学者们瞠目结舌,手足无措。接着就出现了他们对这种纤维和织物的迫切需求,中国丝绸顿时成为国际贸易中特别抢手的商品。这就是这部志书所引发我的第二种自豪:丝绸之路。

说起丝绸之路,因为它最后要涉及《浙江省丝绸志》,所以必须赘述几句。一般人注意的这条古代商道,是指从西安经过河西走廊、新疆、伊朗高原,再从伊拉克出叙利亚,由此经海路或陆路到罗马的贸易道路。1986年暑期,中国地理学会历史地理专业委员会曾经假兰州大学举行过一次"中国历史地理暨丝绸之路国际学术讨论会",会议是由我主持的。会后用几辆大轿车载着百余位中外学者,穿过河西走廊直到敦煌,用一周时间考察了这条丝路的一段,至今记忆犹新。因为这条道路是由著名的德国学者李希霍芬[5]（Ferdinard Von Richthofen）提出来的，所以盛名不衰。其实据日本学者前岛信次的考证，在这条丝路以北，还有一条东西横亘沟通欧亚的"草原之路"，[6]同样是一条运输丝绸的商道，而为另一日本学者所证实，因为这条道路上也发现了不少丝织品。[7]

以上两条丝路都在中国北方，这是由于早期的蚕桑业以华北为盛的缘故。例如《北史·崔逞传》记及北魏时在中山（今河北定州）一带的战争中，竟以当地的桑葚作军饷以代租赋，则桑林之广，育蚕之盛，可以想见。至于宋代，据宋代庄季裕《鸡肋编》记载："河朔、山东，养蚕之利，逾于稼穑。"南方的蚕桑业肇始也很早，且不说考古资料，即从历史记载检索，《越绝书》卷四记及越大夫计倪之言"省赋敛，劝农桑"，《吴越春秋》卷一记载伍子胥"乞食溧阳，适会女子击绵于濑水之上"，都是这方面的例子。南方的气候条件优越，《水经·温水注》所记的岭南地区"桑蚕年八熟茧"可以为证，所以在魏晋南北朝以后，江南的蚕桑业逐渐超过华北。既然南方早已有了丝绸产品，而且产量后来居上，这种产品同样为国际所需要，因此，南方同样存在着国际贸易的丝绸之路。下面阐述的这两条南方的丝绸之路，都与我的研究工作有些牵连，而且其中的一条与《浙江省丝绸志》存在密切的关系。

第一条南方的丝绸之路是从四川成都开端的。对于这条丝路，三四十年来已经有不少论文和专著进行讨论，而且流传到了日本。在几所大学的汉学家们的建议下，日本文部省同意设置课题，对这条丝路进行研究，并于1990年8月委托我的好友、大阪商业大学商经学院院长富冈仪八教授专程到中国要求我承担这个课题。记得那年我主编的《浙江古今地名词典》在岱山定稿，富冈先生由我夫人陪同从杭州赶到定海，我们在定海华侨饭店讨论这个课题。他除了转达文部省的委托外，还介绍了不少日本汉学家对这条丝路的讨论以供我参考。

1991年春，我们夫妇到四川，四川省丝绸局为我们创造了非常便利的工作条件。我们在那里一个多月，最后提出了我的论证报告《关于四川省蚕桑丝绸业的发展和南方丝绸之路的论证》。除了送交日本文部省外，全文又在《郑州大学学报》哲学社会科学版1993年第2期发表。1999年应台湾《历史月刊》之约，为该刊撰写了《从"丝绸之路"到"陶瓷之路"》[8]一文，我在此文中摘引了我当年的这篇论证报告中的一段："四川省蚕桑业已跃居全国首位，丝绸业发展有很大前途，而历史悠久，渊源古老，为此可以论定，古代确实存在一条丝绸之路。古印度史书《政事论》、史诗《摩诃婆罗多》、婆罗门教的《摩奴法典》等，均载有中国丝绸的资料。据学者研究，这些丝绸产于四川，它们从四川经云南、缅甸到达印度，即所谓蜀身毒道（印度古译身毒）。这条道路在中国境内包括西山南道、临邛道、始阳道、牦牛道、岷江道、石门道、博南道、永昌道等段落,可以称为'南方丝绸之路'。这条丝绸之路,近年来才在学者的研究中逐渐明朗起来,它的重要性或许不低于其他几条丝绸之路,值得继续深入研究。"

现在再说另一条南方的丝绸之路,这条丝路引起我的注意也是在日本开始的。1983年秋,我在大阪关西大学研究生院担任客座教授,应邀出席当时在东京和京都举行的第31届国际人文科学学术讨论会。在会上邂逅了久已慕名的经济史专家、香港新亚研究所所长全汉昇先生,他赠给我许多著作,其中有一种论文的油印本,是一篇用英文写的长达万余言的论文,题为《从晚明到清代中期中国与西班牙美洲的丝绸贸易》。⑨全先生告诉我,为了撰写这篇论文,他曾到菲律宾作过详细的调查。我在日本就通读了这篇论文,并引起了极大的兴趣和重视。此后由于我又任教于国立大阪大学,没有时间翻译这样的长文,直到1985年秋,才把此文交给我的研究生鲁奇君(现任中科院地理所研究员),由他翻译后刊载在《历史地理》第6辑。⑩此文发表后,如我所回忆的:"有好几位读者发表了他们的意见:这条航路倒真是条'海上丝绸之路',从运载数量和贸易额估计,李希霍芬夸耀的那条古道,与之相较之下,实在是驼峰马背上的一点小额经营。"⑪其实,北方的这条丝道,自从天宝十年(751)安西节度使高仙芝所率领的三万番汉大军在怛罗斯(今哈萨克江布尔城)被大食部队打得溃不成军后,这个地区落入大食之手,早已无法通行。从成都开端的那条丝路,由于沿途崇山峻岭,也同样是马帮们的小额经营,而这条海上的丝绸之路,如我在上述《从"丝绸之路"到"陶瓷之路"》一文中所简述的:"西班牙在美洲的殖民地是当时全球最大的白银产地,这些横越太平洋的西班牙船舶就带了白银从菲律宾转道中国的江浙沿海。"他们的目的,就是以白银换取丝绸。全先生的论文指出:"除极少例外,离开马尼拉开往墨西哥阿卡普尔科港的大帆船可称为丝绸船,因为他们载来的船货的价值,大部分由中国的生丝和丝绸品构成。"由于这一条丝道的开辟,太湖流域和浙江的蚕桑业受到极大刺激而飞速发展。全文说:"明代,当桑田遍布中国的趋势日益强化之时,太湖沿岸的江苏、浙江的基本区域,尤其是浙江的湖州、嘉兴、杭州和江苏的苏州等地的丝织工业都有极大的发展,许多人因之致富。有关太湖南岸湖州的一条明代晚期的原始资料写道:沟渠的边地都栽满了桑树。例如,毛堪(毛双春)于16世纪中、晚期在湖州地区种植了几十万株桑树,他精心除草、施肥、控制虫害,这样,他的产品质地优良,从而取得巨额钱钞。……湖州生丝、织锦、茧绸、罗、缎、薄丝始集于双林镇,然后运销全国和国外。晚明和清初,这项收益每年可达1.1亿两白银。随着丝绸产量的增加、织造技术的进一步提高,丝绸销售市场得以发展。湖州以东的小城镇,包括濮院、王江泾、嘉兴、石门,都一变而为重要城市。与湖州、嘉兴一道,杭州附近的塘栖镇也成了重要丝织业中心。"

全先生将他在菲律宾查得的资料制成统计图表,用以说明从杭嘉湖等地出口丝绸的数量和价格。论文指出:"1636 年以前,每艘帆船有 300 到 500 箱的丝织品登记注册,但 1636 年的航运商船中,有一艘装载量超过 1000 箱,另一艘装载量大约 1200 箱。"按论文说明,每箱重量约为 250 磅。所以,按运载的丝绸数量和贸易额,前述其他几条丝绸之路与这条丝绸之路相比,实在微不足道。和西安、成都一样,杭嘉湖地区正是这条丝路的开端。

我们的祖先在驯化家蚕和发展丝绸业的过程中,祖国大地上到处都有过育蚕制丝的记录。时至今日,经营蚕桑和丝绸业的仍多达 24 个省市,[⑫]但能够以一个省的蚕桑丝绸业撰成一部志书的其实不多。自从 1983 年读了全汉昇先生的论文以后,匆匆十余年,现在读到了卷帙浩大的《浙江省丝绸志》,推究这两者的关系,我不胜感慨。全氏文中一再提及的杭州、湖州、嘉兴等大小城镇,当年曾是这条漫长的海上丝绸之路赖以存在的货源基地,而这条丝绸之路反过来又促进了这个基地的丝绸繁荣,为今天修纂这部《浙江省丝绸志》奠定了基础。丝绸是中国的骄傲,而浙江省在这方面做出了重要的贡献。

现在再来评价这部志书。《浙江省丝绸志》以《概述》和《大事记》两篇作为卷首,让无暇细读全志的读者能窥一斑而知全豹。卷首以下,志书的主要内容分成 11 篇,详载育蚕、制丝、织绸、印染等全部工艺过程,兼及贸易、管理,并包括丝绸的科教技术和文化。最后是省内有功于蚕桑丝绸的古今人物,卷末并编有《丛录》,内容包括桑蚕茧生产收烘、重点企业厂情、丝绸工业生产情况 3 种,都有重要的存史价值。正文以前有照片 26 页,搜集有关照片达 100 种,而封首和封底的扉页,饰以宋楼璹的《蚕织图》,尤属别开生面。

全志各篇都称得上资料丰富,内容充实,记叙详悉,是一部学术性和实用性兼具的优秀专志。特别引人入胜的是第九篇《科教技术》和第十篇《文化》。前者是浙江省丝绸业欣欣向荣的人才基础,这一篇包括教育、科研、学术 3 章,系统而详尽地记叙了自从南宋以来浙江省在培养这个行业的人才方面的措施、经验和成就。特别是光绪二十三年(1897)在杭州创办的蚕学馆,这是现代蚕桑科学教育的嚆矢。从此继续发展,由浙江中等蚕桑学堂、公立蚕桑学校、浙江省立蚕桑科职业学校、浙江大学农学院蚕桑系、浙江农业大学蚕桑系以至浙江丝绸工学院。这期间,蚕桑丝绸业发达的杭嘉湖等地也纷纷创办各种蚕桑、丝绸学校,为省内外培养了大批专业人才。专业人才的培养和科研的发展是相辅相成的。就在蚕桑丝绸人才培养的过程中,大量科研成果,包括栽桑、育蚕、制丝、丝织、染整、绢纺等方面,不断涌现,推动了蚕桑丝绸业技术水平的迅速提高。浙江省在民国初年就设置了丝绸科研机构,此后,蚕桑改良场、蚕桑研究所、丝绸科学研究院等在杭州和其他蚕桑丝绸业发达的地区先后建立,形成省内的蚕桑丝绸研究网。研究机构以外,还有基础扎实、成员广泛的学会,如浙江省蚕桑学会、浙江省纺织工程学会等,它们在组织和推动科学研究方面起了重要作用。志书在这一篇中罗列了各种专著、论文和刊物,还记载了最近 40 多年来获奖的科研项目和论文。从篇幅来说,这一部分只占全部志书的几个页码,但应该看到,这些专著、论文和科研项目其实是这部志书的精髓,它们是浙江省的蚕桑丝绸业能够承前启后的关键。

第十篇《文化》内容非常丰富,包括诗词,民间谣谚小说,散文、传说,美术、影片、录像,风俗,遗址文物,地名七章。浙江境内的蚕丝生产从先秦就有记载,唐宋而开始发展,由于横越太平洋的丝绸之路的刺激,明清时期出现了高度繁荣。如顾炎武所说:"崇邑田地相等,故田收仅足支民间八个月主食。"[13]这里的所谓"田地相等",指的就是粮田与桑地的比例。其实在这段时期中,杭嘉湖及浙东的若干地区,农桑对等的情况与崇邑(按指崇德即今桐乡)相似的为数还有不少,在蚕桑丝绸的发展历史如此悠久、行业规模如此广大、从业人员如此众多的情况下,丝绸文化无疑是农业文化中的重要组成部分。正是由于这一篇的广泛搜集和生动记叙,为整部志书平添了无限光彩,大大提高了志书的学术品位。

志书当然也存在一些不足之处。例如在《概述》中提及的夏代的"织贝"和《大事记》中提及的"公元前 21 世纪(夏代)浙江所处的扬州,禹时的贡品有织贝",这实在是个不小的误会,原因出于撰者对《禹贡》一书的误解。《禹贡》成书于战国后期,学术界已有定论。把战国后期可能为华北人所见的"织贝"作为夏代的贡品,当然无稽。而"浙江所处的扬州",这是出于撰者对《禹贡》九州的误解。《禹贡》九州是《禹贡》作者对夏代境域的臆想和假设。其实,当夏之时,今浙江一带为越人所居,浙江所处的是"越"而绝非"扬州"。现在学术界引用及此,都作"《禹贡》扬州",意思是"《禹贡》臆说的扬州",因为学术界大多知道《禹贡》的年代。

此外,我在前面引及的全汉昇先生的论文,对研究浙江省蚕桑丝绸业的发展实在至关重要,由于志书撰者没有留意及此,所以在《概述》《大事记》和第七篇《贸易》中的"外贸"业务一节中,都没有涉及这个长达 4 个世纪的浙江丝绸的最大市场。此外,《大事记》在"明"以下有这样一段记载:"明政府规定凡民有田五亩至十亩者栽桑半亩,十亩以上倍之。栽桑从四年起科,不种桑出绢一匹,多种桑不限。"全氏论文中同样有此一条。两书同载,说明资料可靠,我不必再用《明史》《明实录》或其他文献进行核对。但全氏论文最后还有一句:"从 1393 年起,种桑的人,无论多少,豁免土地税。"(由于全氏论文用英文撰写,今从英文转译,译者不曾核对原始文献,而以英文语意用现代汉语表达)这一句极关重要,如全氏所说:"这个鼓励的自然结果就是丝产量的大幅度增长。"不知《大事记》的撰者是没有看到这条资料,抑或遗漏了这条资料?
这类问题当然属于点点滴滴,但事实告诉我们,对于做学问或著书立说,占有资料是何
等重要。

　　志书最后有一个《图表索引》,对于收藏家以外真正用志书做学问的人,这显然是
不够的。不过,眼下浙江省出版的不少通志和专志,同时(或稍晚)都出了光盘版,希
望这部重要的专志也能有光盘版问世,这就弥补了检索困难的缺憾。

注释:

　① 　全国蚕业区划研究协作组编著,四川科学技术出版社 1986 年版。
　② 　前岛信次:《丝绸之路的 99 个谜——埋没在流沙中的人类遗产》,东京讲谈社 1965 年版。
　　　 中译本(胡德芬译),天津人民出版社 1981 年。按斯特拉邦撰有《地理学》17 卷,至今大部
　　　 分尚存。
　③ 　同上。
　④ 　同上。据冯承均《西域地区》(中华书局)第 33 页,托勒玫语中的"伊马厄斯"即今慕士塔
　　　 格山,在新疆喀什以南的帕米尔高原。
　⑤ 　李希霍芬(1833—1905),德国地质、地貌学家,曾任波恩大学、莱比锡大学、柏林大学教授,
　　　 柏林大学校长。曾于 1868 年—1872 年来中国考察,著有《中国》3 卷,"丝绸之路"即在此
　　　 书中提出。
　⑥ 　前岛信次《丝绸之路的 99 个谜——埋没在流沙中的人类遗产》,东京讲谈社 1965 年版。
　　　 中译本(胡德芬译)天津人民出版社 1981 年版。
　⑦ 　护雅夫《游牧骑马民族国家》,东京讲谈社 1967 年版。
　⑧ 　《历史月刊》1999 年第 5 期,台北《历史月刊》杂志社。
　⑨ 　《纪念陈学义教授七十五寿辰论文集》,劳伦斯. G. 汤普森主编《亚洲研究特辑》第 29 号旧
　　　 金山中国资料中心 1975 年版。
　⑩ 　上海人民出版社 1988 年版。
　⑪ 　《从"丝绸之路"到"陶瓷之路"》,台北《历史月刊》1999 年第 5 期。
　⑫ 　《中国蚕业区划》第二章《分区论述》。
　⑬ 　《天下郡国利病书》卷八四。

原载《中国地方志》2001 年第 1—2 期

林业与自然环境的可持续发展

——祝贺《浙江省林业志》出版

《浙江省林业志》经过多年耕耘，终于正式出版，这是方志界值得祝贺的，也是林业界值得重视的大事。浙江并不是林业大省，却能修纂出这样一部内容充实、资料丰富、记叙详细、图文并茂的林业志书，不论从方志的角度还是从林业的角度进行评价，都是不同凡响的。除了领导的重视以外，当然要归功于主编和许多编纂人员的努力。

记得 1997 年，中国社会科学院和中国地方志指导小组在北京举办全国地方志评比，我忝为评委，不仅事前有不少参评志书寄到我处，到北京又阅读了许多方志精品。我不知道当时有没有林业志的修纂，但在申报参评的大量志书中，却不曾看到一部林业志。因为我与林业稍有渊源，所以颇感失望。为此，对于《浙江省林业志》的修纂，我确曾寄予很大的希望，现在能够获睹这部志书的出版，实在感到踌躇满志。

我之所以对林业志（包括浙江的和其他各省区的）寄予希望，因为我虽非森林学家，但对森林，曾经略见世面，并且作过点滴研究。我曾在南美巴西的赤道雨林中，花整整两天时间，跋涉于深及膝盖的落叶和腐殖层中作过一次考察，目击了赤道雨林在林相学中的所谓"三层楼"现象——地下攀缘植物、树木本身以及由于树冠密集而在顶层繁殖的寄生植物群落。我曾经在北美加拿大魁北克省的大片枫树林中考察这个地区寒温带森林的生态。枫叶是加拿大的国徽和国旗，在那里，不论城乡都普遍栽种，但以魁北克最为著名。按植物分类学，其学名应该称为槭（Acer），由于槭科植物的族、科很多，所以在魁北克森林中，各种形式和颜色的枫叶都有，成为加拿大的旅游资源。我也有机会进入了美国加利福尼亚的茂林（Miur Woods），这也是由巨杉（Seqnoia-dendron giganteum）即所谓"世界爷"构成的原始密林，树身高的可达百米，到处都生长着四五个人才能合抱的巨木，树龄高达上千年，确实是森林奇观。

我当然没有关于林业的实践经验，但是在文献与地图方面，这三四十年中也做了一定的工作。历时20年的《国家地图集·历史地图卷》，今年起就可以以四开本的大型图集开始分册出版。我是这部图集中历史植被图组的主编，我们是从第四纪的更新世开始，一直编绘到清王朝，其中最主要的就是森林变迁。为了编绘这个图组，我曾经阅读了大量历史文献，并且反复地观察了资源卫星照片和航测照片以及各地的孢粉分析和放射性碳素测年资料。我是浙江人，当然很注意浙江的森林变迁。记得前年在宁海参加一个有关徐霞客研究的学术讨论会，我在发言中曾经提及"我曾仔细观察过资源卫星相片、航测图和大比例尺地形图，知道在浙江东部地区，从新昌、宁海两县县界直到天台，植被保持得完整良好，按卫星相片所显示的，这是浙东沿海地带一片难得的森林"（《撇开〈游记〉——再论徐学研究》，《徐霞客研究》第7辑，北京学苑出版社2001年版）。

对于古代浙江省境内的森林分布及其破坏过程，我往年曾经发表过若干论文，现在举两篇在一级刊物上发表的为例。对于古代省内森林的密集程度，我在《古代绍兴地区天然森林的破坏及其对农业的影响》（《地理学报》1965年第2期）一文中指出："当时，绍兴以南的丘陵地常被称为南山（《吴越春秋》卷六），而这片森林相应被称为南林（《吴越春秋》卷九）。南林的范围很大，其南部由于山地绵亘，很可能和当时浙江中南部及闽、赣地区的原始森林连成一片。"这种论断，后来在河姆渡遗址的孢粉分析中获得证实。

但是古代浙江的原始森林，在长期的人为活动影响下，逐渐遭到破坏。这种破坏的过程，我在《历史上浙江省的山地垦殖与山林破坏》（《中国社会科学》1983年第4期）一文中作了论述。浙江省境内的山地丘陵要占全省面积的70.4%，由于在山区进行垦殖相当困难，所以森林虽然遭到砍伐，但在相当长的时期中仍能保持较好的状态。从明朝后期起，由于玉米和甘薯两种粮食作物的引入省境，导致了省内山地丘陵的大规模垦殖和森林的砍伐殆尽。这项研究与美籍华人学者何炳棣的"*Studies on the Population of China, 1368—1953, Cambridge, Harvard University Press, 1959.*"（《一三六八年——一九五三年中国人口问题研究》，哈佛大学出版社1959年出版）的结论基本一致。

我在这三四十年中，通过文献、地图和其他有关手段，对浙江省的森林变迁作了较长时期的摸索，现在，《浙江省林业志》这部煌煌巨构，它不仅包罗了我的点滴研究，而且对全省林业作了全方位的详尽记叙。它不仅是浙江省林业的一部严谨的、科学的资料书，而且在学术性方面，也有很高的价值，是一部既有广泛的实用意义又有很高的理论水平的林业专志。前面提及，我在1997年的全国地方志评比中，以没有见到一部林业志为憾。现在，假使再有一次全国性的志书评比活动，我认为《浙江省林业志》是应该受到称赞和获得荣誉的。

浙江省境内的森林在历史时期遭受了很大的破坏，自从玉米和甘薯引入以后，这种破坏达到了前所未有的程度。而上世纪50年代末期，又蒙受了"大炼钢铁"、"大办食堂"等的严重损害。现在，《浙江省林业志》在有关全省林业的所有领域，作了动态的和发展的系统记叙，让我们看到，自从改革开放以来，省境以内在造林育林等方面都有了很大的发展进步。我在上述《历史上浙江省的山地垦殖与山林破坏》一文中，曾经提出人类生态学（Human Ecology）的现代科学，现在大家都懂得，森林与耕地保持适当的比例关系，是自然环境可持续发展的重要条件。在这方面，我们显然可以从《浙江省林业志》中获得教训和收益。

原载《浙江方志》2002年第3期

《绍兴文物志》序

  《绍兴文物志》的修纂出版,对于绍兴的历史文化以及志书的体例格局等方面,都是一块有价值的里程碑,具有划时代的意义。

  自从越王句践七年(前490)修山阴小城而定都,及至秦一统后置会稽郡山阴县,迄今已近2500年,可谓历史悠久,文化璀璨,其所传承积累的文物,实在不可计量。即以历史文献(历史文献也是文物)一项而言,自从出于先秦的《越绝书》以来,[①]历代修纂的志书和其他著述,按拙编《绍兴地方文献考录》[②]统计,就有一千数百种,但迄未见以文物修志的。数年前曾有《绍兴县文物志》的修纂出版,[③]我亦曾为之略序数言。但该志所叙,仅及山、会两邑,对于像绍兴这样一个境域广袤的历史州府,不免有陆放翁所谓"《图经》草草常堪恨"[④]的感觉。而此《绍兴文物志》则包罗今绍兴市属各市县,物类齐全,内容丰富,是历来绍兴地方文献中一部难得的佳志。

  这里必须着重指出的是,这个地区的建置沿革常有变迁,但自从唐武德四年(621)罢会稽郡置越州以后,虽然州郡名称仍有分异,但所辖境域基本稳定,即东起余姚,西达萧山,南兼诸暨、嵊州(汉、唐称剡县,五代吴越从剡县分增新昌)。而从后梁开平元年(907)亦即吴越国发轫之初,钱镠在此建东府越州,州境与辖县从此直到民国二十四年(1935)的第三行政督察区,[⑤]其间历时达一千余年,都稳定不变。我为《萧山方言趣谈》[⑥]所撰的《序》中曾经指出:"当时把这一片地区划入越州,语言显然是重要的因素,因区内通行的都是一种方言。"现在从文物的角度进行观察,虽然最近的半个多世纪中,行政区划变迁频繁,《绍兴文物志》在地域上不再包括余姚(指今慈城及沈师桥一带以西的今余姚、慈溪两市境域)和萧山,但50几年的区划离析,显然改变不了1000余年的历史文化,所以只要仔细咀嚼,仍然可以看到此志与越州及绍兴府的紧密关联。

前面指出,从初唐以来的越州境域,在当时是一个方言区,但语言从属于地区居民的习俗,是地方文化的重要内涵。所以越州和绍兴府,实际上也是一个文化区。文化(culture)的概念十分复杂,我在拙编《浙江文化》⑦一书的《前言》中已有详细论述,这里不必赘叙。其中普遍流行的解释之一是:文化是人类社会历史发展过程中所创造的物质财富和精神财富的总和。这个解释就涉及文物,和文化一样,文物一词也包涵了多种不同的概念,其中为许多人所公认的解释之一是:文物是历史上遗留下来的在文化发展史上有价值的人地事物(cultural relic)。所以《绍兴文物志》修纂的地域范围虽然限于今绍兴市境,但其所包罗的内容仍然涉及千余年来积累文物的文化区域。这是《绍兴文物志》修纂中一个难题,依靠修纂者的匠心独运而得以妥善解决,展读全志,令人感慨。

前已提及并且也是众所周知的事实是,余姚和萧山已经不在唐越州和南宋以后的绍兴府辖属之内,在志书修纂中,越境而书又是通行的方志学中认为应该避免的体例。但文化和文物却是历史上长期形成和积累的事实,《绍兴文物志》在章节子目上,显然有意地回避了越境而书的规范,但在内容上却仍然包罗了自从唐越州以来这个长期形成的文化区域的文物精华。先说余姚,此邑有四大名贤:严光、王守仁、黄宗羲、朱舜水,除严光是汉朝人外,其余三者都是明绍兴府人。他们自己显然也以此自豪,如黄宗羲(梨洲)在其所著《今水经序》⑧中就声称:"余越人也。"

此志《名贤墓冢》节内有"绍兴王守仁墓"。王守仁出生于余姚,因讲学于会稽山阳明洞天,故学者以阳明先生尊称。他不仅誉满海内,而且名扬东瀛。回忆上世纪30年代后期,由于日机空袭,省立绍兴中学迁校至诸暨枫桥花明泉,当时我求学此校,常常徒步于娄宫与枫桥之间。行程过兰亭后即是令人肃然起敬的王阳明墓,当年就树有墓道碑碣,同学们多趋前参拜,而先师姚轩卿先生尝称道此墓形势为"两山环抱,局势宏敞",并表彰师生们对此墓的尊敬为"一堂师友,高山仰止"⑨阳明先生是余姚名贤,而其墓建在绍兴,所以志书有"绍兴王守仁墓"一条,按人物已经"越境",按体例却是名正言顺。

上面议论了"绍兴王守仁墓"是按人物的"越境"。阳明先生是名垂海内外的越籍大贤。全志中按人物"越境"的仅此一人,但事在必需,正因虾山留墓,让志书修纂者如释重负,也必将受到当今海内外绍籍人士的称赞。其实,对于余姚来说,《绍兴文物志》还有更为重要的按器物"越境"的内容,这种器物的重要性实在价值连城,它们是全世界许多著名博物馆所珍视和收藏的重要文物,即志书《陶瓷器》节内所记叙的越窑青瓷。

按建窑制器之事,在新石器时代已经存在,瓷窑的出现虽然较晚,但今上虞曹娥江沿岸汉代已有古瓷窑出现,这是全国建窑制瓷最早的地区,学术界也基本论定。此后,瓷窑在全国各地兴起,其中虽不乏名窑,但越窑无疑是此中翘楚。越窑之名始见于唐朝在此建越州以后,陆龟蒙诗:"九秋风露越窑开,夺得千峰翠色来,好向中宵盛沆瀣,共遗中散斗遗杯。"⑩陆氏的此一七律对于越州的这种著名文物具有三大意义:其一,"越窑"之名以此为嚆矢。其二,"夺得千峰翠色来",描述了越窑青瓷的无与伦比。这就是国际著名陶瓷学家、日本东京大学名誉教授三上次男在其名著《陶瓷之路——东西文明接触之探索》⑪一书中所说的:"这种瓷器的青色,犹如秋高气爽的天空,也如宁静的深海。"⑫其三,陆龟蒙这首七律的诗题作《秘色越器》,说明以后盛传吴越国制"秘色瓷器"实系仿前代之事。陆龟蒙是唐懿宗、僖宗时代人,说明越州青瓷精品中的"秘色瓷器",在唐朝中后期已经存在。三上教授在其专著中也已论证:

> 中国从唐朝后半期起,开始进入了政治、经济和社会一起变革的时期。经过十世纪前期的五代以至宋朝(960—1279),社会安定了下来,于是就迎来陶瓷生产在量和质方面都飞跃发展的时期,从此,世界上生产的陶瓷器中,就出现了品质最佳和最美丽的产品。⑬

《绍兴文物志》为了避免越境而书,没有直接记叙前越州即今余姚和慈溪境内的越窑青瓷,但《陶瓷器》节中所列各种青瓷器逾百件,有指明出土地点的,也有未指明出土地点以及由文博机构收藏的,其中必有来自余姚的。我在拙作《从丝绸之路到陶瓷之路》⑭一文中曾经提及:"在越州曹娥江沿岸烧制世界上第一批瓷器的时候,越州的另一处地方即余姚上林湖(按今行政区划已属慈溪)也悄悄地兴起,开始制作青瓷器,而且不久就后来居上名扬天下。"三上教授也指出,他曾在埃及开罗南郊的福斯塔特遗址中发掘瓷片,拣出中国瓷片 12000 千片,"其中特别多的是越州窑瓷"。⑮从中晚唐到北宋,正是上林湖越窑青瓷产品最精,声名最盛的时期,三上教授在其专著中就详细地记录了上林湖越窑青瓷遍天下的事实,则《绍兴文物志》的《陶瓷器》节内,必有许多来自余姚的珍品。记得 1985 年在日本国立大阪大学担任客座教授,三上教授为了答谢我夫人为他翻译《陶瓷之路》在中国出版的事,特邀我们夫妇到由他主持的东京出光美术馆作客。在其巍巍的七层大厦中,有一层专门陈列越窑青瓷,其中有不少注明来源,而大多属于绍属八邑,特别是上林湖的产品。所以《绍兴文物志》虽然未及余姚,但实际上是以上林湖的越窑青瓷,把余姚写入志书。由于越窑其事由来已久,声名远播,所以这是一种不动声色的越境而书,是引人入胜的修志妙笔。

现在再说绍兴府属的萧山。此县与山、会二邑,在自然地理上原是一片河湖沟通、水系相连的平原,即所谓萧绍平原。所以此志的《古桥闸塘》一节,即是把萧山纳入旧绍兴府的纽带。例如"三江闸"条,就是顺乎自然,把萧山与山、会三县水系,受控于一个水利枢纽。按后汉郡守马臻主持鉴湖兴建,在郡北建斗门以为蓄泄,由于当年技术条件所不逮,而把以钱清江为主干的萧山平原水系排除在山、会水系之外。及至明嘉靖十六年(1537),知府汤绍恩在斗门老闸以北修建三江闸,钱清江从此也纳入此闸蓄泄之中,如我在《绍兴水利史概论》⑯一文中所述:"建闸以后,钱清江随即成为一条淡水内河,这就是清全祖望所说的'嗣是以后,钱清有江之名而实则不复为江,可以引江之利而不受其害'。于是,萧山平原的淡水内河与山、会平原合而为一,形成统一的三江水系,这是继东汉鉴湖以后,绍兴水利史上的又一伟大成就。"至于"海塘",《越绝书》卷八所载的"杭坞"、"防坞"、"石塘",多是在今萧山境内的最早海塘,而唐、宋以来,钱塘江江道走南大、山、会北濒后海(今称杭州湾),向有东江塘、北海塘、西江塘作为屏障,其中北海塘从坎山到党山(党山原属绍兴县)一段,在钱塘江江道北移以前,长期以来都是萧、绍二县御海所共。至今虽然行政区划变迁频繁,但从瓜沥经大和山到党山,南沙内外,萧绍二邑的村落仍然犬牙交错。所以行政区划的变迁,实际上改变不了萧、绍之间在自然地理和人文地理上的科学规律和历史渊源,因此,《绍兴文物志》卷内可以清楚窥及它们之间的这种不可分割的关系,显然也是此志修纂的特色和成功。

我之所以不厌其赘地叙述余姚、萧山与绍兴之间长达千余年的关系和最近半个多世纪的行政区划变迁,因为这是一个涉及地方志修纂的重要问题。地方志修纂是我国的优秀传统,我们有责任让这种传统赓续不断而且发扬光大。但从地方志的属性来说,它具有严格的地方性,一部志书既要把地方事物和盘托出,却又不能越境而书。但另一方面,这半个多世纪以来,我国成为世界上行政区划变化最频繁的国家,各地在修纂志书的过程中,往往对"地方"的概念感到非常惶惑并发生许多困难。因为不论是地方通志或地方专志,就以绍兴为例,它既要尊重"地方"的约束,又得表述1000多年的历史渊源,特别是地方专志中的文化、文物、宗教、民俗等志,修纂者所面临的困难是可以想见的。所以《绍兴文物志》在这个问题上的处理方法确实值得赞赏。这就是,在"地方"概念上,它严格恪守今绍兴市范围,绝不越境而书。但在文物内容上,它考证历史渊源,并不回避文物本身与历史辖境的关系。用一句常说的语言,就是"让事实说话"。为此,各地修纂这一类志书,《绍兴文物志》既应该学习,也值得推广。

从全局进行评价,《绍兴文物志》是一部成功的志书,是值得推崇和祝贺的;对此志修纂者的辛勤耕耘和精心设计也是值得赞赏和称道的。由于文物志的性质特殊和绍兴市境在最近半个多世纪中的频繁变迁,所以我的序言就着重于这个方面,因为这是这类志书在全国各地都面临的问题。

2005 年 7 月于浙江大学

注释:

① 今本《越绝书》署东汉袁康、吴平辑录。但前代学者早有此书出于先秦的论证,参阅乐祖谋校本卷首拙序,上海古籍出版社 1985 年版。

② 浙江古籍出版社 1983 年版。

③ 浙江古籍出版社 2002 年版。

④ 《剑南诗稿》卷二七。

⑤ 从五代吴起越州或绍兴府属下均有八县(山阴、会稽、余姚、上虞、萧山、诸暨、嵊县、新昌),民国以后,山阴、会稽合并为绍兴县。

⑥ 刘宪康著,方志出版社 2004 年版。

⑦ 全书一函六册,由富阳华宝斋宣纸繁体字精印,浙江人民出版社 2004 年版。

⑧ 沈善洪主编《黄宗羲全集》第二册,浙江古籍出版社 2005 年版。

⑨ 《蠡瓠随笔·五》,燕山出版社 2001 年版。

⑩ 《全唐诗》9 函 10 册《秘色越器》,上海古籍出版社 1986 年版。

⑪ 日本东京岩波书店 1969 年版,胡德芬据 1979 年第 11 版汉译,天津人民出版社 1983 年版。

⑫ 中译本第 21 页。

⑬ 中译本第 20—21 页。

⑭ 《历史月刊》1999 年 5 月号,台北《历史月刊》杂志社。

⑮ 中译本第 15 页。

⑯ 《吴越文化论丛》,中华书局 1999 年版。

原载《绍兴文物志》,2006 年版

《绍兴县文物志》序

　　《绍兴县文物志》编纂完成，行将公开问世。绍兴在历史上拥有大量的地方文献，仅以志书一项而论，按拙著《绍兴地方文献考录》（浙江人民出版社 1983 年出版），包括存佚，为数就在 140 种以上。但是对于这个文物之邦来说，以《文物志》为名的志书，却还是首次出现。所以这部志书的重要性，实在是不言而喻。

　　绍兴是国务院公布的第一批 24 座历史文化名城之一，此后，历史文化名城又陆续有所增加。但是我在《论绍兴古都》（中国地理学会历史地理专业委员会编，上海人民出版社 1990 年出版）一文中指出：

　　在我国，历史文化名城的数量确实还可能增加，但是有一点可以论定，不管历史文化名城今后增加到多少，绍兴将永远是其中的佼佼者。因为不论从历史的悠久或文化的优秀进行评价，绍兴无疑都是名列前茅。绍兴城建于公元前 490 年，至今已有 2478 年的历史。一个城市，在原来的地理位置和基址上持续存在达到如此长久的，不仅在江南绝无他例，从全国来说亦属罕见。

　　绍兴不仅是一座名列前茅的历史文化名城，而且它还有超越一般历史文化名城的特殊性质，因为它是一座古都。我在该文中继续作了论证：

　　绍兴作为古都，不仅开端甚早，而且地理位置稳定。我们在研究各地古都时，在它们的地理位置上常常发生一些争论。但是对于绍兴这座古都却完全无疑，因为九座孤丘，特别是最高的种山、蕺山和怪山，三山鼎峙，屹立城中，成为这个古都 2400 多年来绝对稳定的地理坐标。於越以后,虽然沿革变迁,地名更改,但不论是会稽郡城、越州之城、绍兴府城,包括山阴、会稽两县之城,除了种山以西稍有扩大外,在地理位置上与大越完全吻合。在我国,实在很难再找出像绍兴这样一个古都,在地理位置上如此稳定不变。

所以我在该文的结论中说:"绍兴不仅是我国历史上一个毫无争议的古城,而且是一个著名的古都。"由此可见,绍兴的文物,不仅是历史文化名城的文物,而且是古都的文物,殊非寻常可比。

绍兴作为一个著名的古都和历史文化名城,历代积累了大量珍贵文物,实在不同凡响。现在,《绍兴县文物志》在详细调查、深入研究的基础上,对历史上的大量文物进行了整理和分类,全书概括为《古文化遗址》、《古窑址》、《古代胜迹》、《越国遗迹》等十一章,这中间包括各种遗址、窑址、胜迹、墓葬、寺庙、园林、石窟造像、摩崖题记、文物珍品等近二百五十种以及近三十年来各级政府公布的文物保护单位名单十余种。每一种文物都有生动扼要的解释;所有解释,都有翔实可靠的依据。我不必用其他语言说明绍兴文物和《绍兴县文物志》的价值,只要重提一下前面已经指出的这个古都的独特性质,人们就不得不对它刮目相看。我在我所主编的《中国都城辞典》(江西教育出版社 1998 年出版)的《前言》中指出:

现在,我们把西安定为古都,因为现代西安在地理位置上虽然与周丰镐、秦咸阳、汉长安无涉,但它毕竟建立在隋唐长安的故址上。同样,我们把洛阳定为古都,因为现代洛阳虽然与东周王城及汉魏故城无涉,但它毕竟建立在隋唐故城的基础上。

由此可以说明,像西安、洛阳这样名闻遐迩的古都,它们当今的城市基址,都是公元 6 世纪才建立的。而绍兴这座古都,其城市基址,从公元前 5 世纪越王句践建立以后,经历了中华帝国从秦汉到明清的历代王朝,直至今天,其城市主体,仍在原址上屹立不动。即此一端,足证《绍兴县文物志》所载文物,不仅粲然可观,而且价值连城。所以《绍兴县文物志》的编纂出版,除了为方志界和文物界平添了一部宝籍以外,海内外广大绍籍人士,必将交口荐誉,世袭珍藏。

拙序将竟,却还有两件事需要赘述几句。第一,《绍兴县文物志》当然是绍兴人值得自豪的桑梓荣誉,但同时也对绍兴人交付了重大的责任。在这部志书对其中的不少文物的解释中,我们看到诸如"文化大革命"时期如何遭遇的记载,在痛定思痛之余,还应该在如何弥补这方面的损失和今后怎样保护我们的文物遗产方面有所作为。这不禁使我想起往年我为《洛阳市志·文物志》所写的一篇评论文章《文物之邦的文物志》(《河洛史志》1995 年第 2 期)。洛阳是我国著名的文物之邦,其《文物志》是 1997

年全国地方志评比中获得一等奖的 51 部志书中的唯一一部《文物志》。洛阳的大量宝贵文物，其沧桑经历，实在也和绍兴一样。我在那篇评论文章中指出这部优秀志书的意义："让读者在漫游这个文物之邦，饱览大量文物之后，接受一次对于这许多稀世之宝的发掘非易和保护维艰的教育。"绍兴同样是一个文物之邦，为此，我也想把当年我对《洛阳文物志》的这种刍荛之见奉献给我的故乡。

　　第二，绍兴是个年代悠久、人才辈出的古都和历史文化名城。除了《绍兴县文物志》记载的许多珍贵文物以外，历代以来，还积累了大量地方文献。我曾经花 20 多年时间，在国内外不少著名图书馆搜寻追索，查得或存或佚的绍兴地方文献 1200 余件，出版了《绍兴地方文献考录》一书。在通常情况下，文献当然不同于文物；但在特殊情况下，文献本身也就是文物。例如我在《绍兴地方文献之稀见钞本》(《杭州大学学报》(哲学社会科学版)1981 年第 2 期，又收入《陈桥驿方志论集》，杭州大学出版社 1997 年出版)一文中列举的 7 种散见于国内外图书馆的绍兴地方文献手钞孤本。这 7 种文献，其实已经属于珍贵的文物。这中间，除了乾隆钞抄本《越中杂识》已从美国国会图书馆引回，并且先后在国内出版了排印本(浙江人民出版社)和影印本(浙江古籍出版社)，其余 6 种至今仍然散处各地，无缘相聚。它们都是人间孤本，既是绍兴的地方文献，也是绍兴的珍贵文物。多年以来，一直使我耿耿于怀。借为《绍兴县文物志》作序的机会，旧事重提，希望引起家乡人士的注意。

1998 年 4 月于杭州大学

原载《绍兴县文物志》，浙江古籍出版社 2002 年版

名人名地 相得益彰

——在绍兴市名人文化研究会成立大会上的发言

绍兴市成立名人文化研究会,这是绍兴文化界的一件大事。值得重视,值得祝贺。更值得群策群力,把这个研究会办好,发挥研究会的重要作用。

要说名人,先说名地。绍兴在历史上名人辈出。他们之中,有的是土生土长的绍兴人,不管他们的事业在家乡或在外地,我们都称他们为"乡贤"。也有的是慕绍兴之名而移居入境的,我们奉他们为"寓贤"。也有的是历代地方官,他们虽非绍籍,却为绍兴作出贡献,我们尊他们为"名宦"。诸如此等名人,他们都在绍兴这块土地上生活过,这块土地曾经孕育出许多名人,令人自豪。人杰地灵原是一句老话,但其间确是存在因果关系。古人说:仁者乐山,智者乐水。绍兴的自然环境是山青水秀,所以研究名人,同时也应该研究名地。

近年来,我听到家乡提出了豪迈口号,要把绍兴市创建成为经济强市,文化名市,旅游大市。作为一个绍兴人,听到这样的口号,我当然非常高兴。不过对于创建"文化名市"这一句,我感到"创建"一词还可商榷,因为我们的前辈早已为我们在这块土地上创建了卓越的历史文化。绍兴是国务院公布的第一批历史文化名城,绍兴所属各市县,在文化上也都名闻遐迩,所以对"文化名市"的概念,已经不是"创建",而是充实提高。

"强市"、"名市"、"大市",这样的目标当然让人兴奋。"市"在当前是一种新概念,它既有城市的概念,也有行政区划的概念。"强市"、"名市"、"大市",总的来说可以理解为"大城市"或"大都市",是一个出类拔萃的名区。我的意见是,绍兴市的口号,不必理解为国际上的"大城市"或"大都市"的概念。绍兴市既不需要也不可能按国际"大城市"或"大都市"的概念发展。按照国际行情,城市大小的主要指标是人口,我曾经到过号称世界第二大城市的巴西圣保罗(次于墨西哥的墨西哥城),市区范围内的人口有1800万,聚落密集的城市直径有80公里,夜间登上市中心最高的意大利大楼的转楼,四处的灯火望不到边。绍兴人确实多,但他们大量活跃在五湖四海,所谓"麻雀、豆腐、绍兴人",在外地创立事业,为家乡增光。而在绍兴市境域内,不可能也不需要聚集上千万人口。作为一个"大市",另外还有一些硬件指标,如高楼大厦、宽广马路等等之类。纽约的世贸大厦我上去过,并且摄影留念,照片还挂在我家客厅里,但两幢大厦已经毁于一旦。芝加哥的西接斯大厦也是110层,但高度超过纽约世贸大厦,现在有些亚洲国家如马来西亚等,也正在竞建高楼,但我认为绍兴没有这种需要,绍兴是个水城,高楼只会破坏水城的风貌。到过旧金山的许多人都有这样的感觉,过金门大桥后从柏克莱回望旧金山,这些滨海高楼宛如一群怪物,与滨海风光实在格格不入。再说宽广的马路吧,我跑过宽广马路,纽约的百老汇路宽达70多米,广岛的和平大街宽达100米,名古屋市中心电视塔下(电视塔在十字路口中心)的四条马路各宽110米。绍兴市属各市县城都没有这样的需要。今越城区于上世纪70年代把原山阴大街和会稽大街合二为一,填废了两县之间的府河(也称城河)。我认为没有这样的需要,所以曾经建议挖开来,进行渠化和绿化,让它成为贯穿在原山阴大街(解放路)和会稽大街(后街)之间的一条城市绿带(从南门到昌安门),而山阴和会稽的这两条大街,都修建成为依傍这条绿带的单面街,充分显示水城的独特风貌。

　　绍兴在城市建设的硬件方面,与国际上的大城市还有极大差距,而且今后既不需要也不可能按国际流行的大城市指标建设这个城市(当然,在推动城市向现代化迈进这方面,我们仍将加紧步伐),这是一个方面。但另一方面,绍兴在国际上已经非常有名。绍兴没有众多的城市人口,没有宏大的城市规模,没有摩天大楼,没有宽广马路。绍兴在国际上的知名度缘何而来?简单一句话,我们依靠这座古城的文化。所以前面指出,对于"文化名市",已经不是"创建"的问题,而是充实提高,进一步发扬光大。

　　我生平第一次感到"绍兴"这个地名的分量,同时也感到作为一个绍兴人的自豪,是我受聘担任日本关西大学大学院(即中国的研究生院)客座教授的1983年。那时候,由于我们闭关锁国的时代刚刚结束,国际学术界开始到我国延聘一些客座教授以交流学术。我是由日本文部省提名(当然是因为日本地理学界的推荐)聘请的客座教授,日本学术界比较重视,这年9月22日,关西大学为我举行了一次公开演讲会。这是因为,既然我是文部省提名的人,却让关西大学捷足先登(次年就为国立大阪大学续聘),所以这个学校有责任让我与其他大学的地理学者见面。这次公开演讲会是很隆重的,日本地理学会会长河野通博教授主持会议,20所左右大学地理教授和副教授约80余人到会。河野教授为我作介绍,第一次说的是日语,我没有听清楚。由于我在该校讲课时所约定是用英语的,他大概是为了礼貌,接着又用英语说了一遍,我听得十分清楚,第一句是:"陈桥驿教授的家乡是著名的绍兴",然后才接着介绍我的职务和研究成果等等。开始我并不理解,也并不在意。公开演讲会以后又举行酒会,中国教授到日本讲学在那时是件新鲜事,我当然成为一个许多学者都要攀谈的中心。其中好几位教授在谈论中都说到绍兴,有几位对绍兴文化已经相当熟悉。大阪商业大学商经学院院长、经济地理学家富冈仪八教授(后来成了我们夫妇的好友)说:"绍兴是个出人才的有名地方。"酒会以后,我细细体会,才知道河野教授为什么要在介绍中首先提出我是绍兴人。"绍兴"这个地名在国际上的分量确实不轻,我开始感到作为一个绍兴人的自豪。

我在为《绍兴酒文化》一书所写的《序》中,也提及上世纪80年代之初,我在美国纽约和日本名古屋看到的绍兴加饭酒。绍兴名酒远涉重洋,实在让我喜不自胜。所以我在那篇《序》中说:"外国的高等学府请我讲学,当然是我的一种荣誉,但作为一个绍兴人,看到家乡美酒在那里得到如此隆遇,油然而生的自豪感,更超过了前者。"却不料《绍兴酒文化》又引出了另一件事。1994年,国际酒文化学术讨论会在杭州举行。日本的酒文化学者和酿造业主在这个会议中占了多数,事前协商时,他们竟提出要我担任会议的中方主席(会议由中日双方各选一主席轮流主持)。会议筹备人与我商量此事时,我实在感到惊讶。我是个既不嗜酒又与酒没有关系的人,无非是为《绍兴酒文化》写了一篇《序》,却要把主席的头衔落到这个外行人身上。直到我登上主席台执行任务以后,我才开始理解,因为酒是绍兴的历史名产,绍兴酒文化源远流长,而我恰恰是个绍兴人。绍兴是个出名人的地方,但并不是大家都是名人,像我这样就是个普通的知识分子。正是由于承许多前辈名人的余荫,才让日本酒文化学术界选中了我。

这里就要涉及名人的问题。因为在绍兴的历史文化源流中,名人确实起了显要的作用。他们不仅是后辈越人的榜样,而且在各方面促进了越文化的繁荣。历代的绍兴名人不胜枚举,我在这里只能举一个不久前亲身感受的例子。台湾"中央研究院"于1999年邀请我前去讲学,研究院建立在台北市郊南港,由于这里兼括了自然科学和人文科学的许多研究所,所以规模很大。但全院却只有两处名人纪念馆。一处是胡适纪念馆。胡适逝世时是研究院的院长,纪念馆就设在他生前的住宅中,所以院内有这个纪念馆,这是理所当然的事。另一处是蔡元培纪念馆。蔡元培于1940年逝世于香港,实与台北南港无涉,正是由于他的卓越贡献和崇高声望,南港才特设这个纪念馆。我们夫妇特地去参拜了这处纪念馆,向座像鞠躬致敬。我们在纪念馆流连久久,既感到对这位桑梓先贤的无比崇敬,也感到作为一个绍兴人的强烈自豪。

　　现在,绍兴市名人文化研究会成立了,对于历代名人的研究,必然有极大的促进。名人名地,相得益彰,文化名市必将因此而获得充实和提高。我对这个研究会寄予很大的希望,愿它欣欣向荣,在绍兴市的名人文化研究中作出重大的贡献。

2002 年 5 月于浙江大学

原载《绍兴人》,绍兴市名人文化研究会 2002 年印行本

《鉴水流长》序

　　有幸在 8 旬之年读到邱志荣先生的《鉴水流长》。我从小生长于鉴水之畔,受鉴水哺育成人。千岩竞秀,万壑争流;山阴道上行,如在镜中游。这是我自幼心旷神怡的自然环境。鉴水灌润的膏腴之地,这是我衣食所恃的生存环境。我从家教以至小学、中学,一直受到许多鉴水名师(包括历史上的和当代的)的教育栽培,这是我日后略知读书明理、处世为人的社会环境。生我者鉴水,育我者鉴水。我离开鉴水 60 载,曾浪迹于海内外许多地方。但无论何时何地,让我念念不忘的就是鉴水。鉴水赐予我的何其多,而我能报答鉴水的却何其少,常常扪心自愧。所以读了《鉴水流长》,实在使我溯昔抚今,备增感慨。

　　此书作者不仅是一位水利专家,而且长期从事于越中水利事业,这就是此书的不同凡响之处。全书 30 余篇文章,都是作者的身体力行之作,对越中水利瞻前顾后,如数家珍,在绍兴水利史上具有重要价值。全书以合邑水利人物、水利文献和水利实绩为主要内容,而其中《绍兴水利概论》、《论绍兴水利文化》、《悠悠若耶溪》3 篇,资料丰富,记叙全面,论证深刻,实为全书的骨干。

　　《绍兴水利概论》是一篇对越中水利高屋建瓴的文章。全篇分"大禹治水"、"越国水利"、"鉴湖水利"、"平原河网水利"和"当代水利"五节,也就是绍兴水利史上的五个发展阶段。读此一篇,对了解越中水利的古今全局,实有事半功倍之效。大禹治水是起源于远古越族的一个想象丰富、内涵生动的神话。正是因为这个神话的意境崇高、发人深省,所以它不仅能够万世流传,而且在海内外的炎黄子孙中起了重要的核心作用。神话既然源于古越。作为《概论》的开篇,对于绍兴水利以至全国水利,其意义确实不言而喻。大禹治水的神话是古代越族对部族所在地区自然环境的一种殷切愿望,这种愿望在远古越人中世代口传,而终于形成这个地区改造自然环境、发展水利的崇高精神。这种崇高精神,最后扩展成为我们全民族的敬业精神。"三过家门而不入"的公而忘私,以"四海为壑"的宏大气度,都从越中传播到我们全民族。大禹治水的精神至今并且永远都是我们民族的伟大凝聚力,而绍兴实与有荣。

当然,大禹治水的神话毕竟只是越族先民的愿望,由于第四纪海进,越族播迁,"人民山居","随陵陆而耕种,或逐禽鹿而给食"。当时的部族居民实在是处于一种穷山恶水的自然环境之中,所以作者在记叙了大禹治水及其对于越中"深厚的历史渊源和基础"以后,接着就以"越国水利"一节,揭示了从越王句践发端的早期水利:"越国水利因地制宜,规模不是很大,又大多分布在富中大塘为主的东南部,但这些水利工程适应了越国的生产力发展要求,为农业、渔业、制盐、冶金、制陶、纺织、酿造以至军事提供了基础条件。"句践经营的水利工程规模确实不大,但应该看到这是越人在大禹精神的启发之下,变穷山恶水为青山绿水的开端。我必须在此重申我历来坚持的观点,绍兴的自然环境绝非得天独厚,而是人定胜天。这种人定胜天的精神力量来自大禹治水,而越王句践则是这个地区自然环境改造的先驱。

此篇中的"鉴湖水利"一节,在绍兴水利史上具有划时代的意义。鉴湖是我国历史上出现于江南的最早、最大的水利工程。这个建成于公元2世纪前期的水利工程,从时代的邈远,设计的魄力,工程的规模和效益的显著,都充分说明了大禹的崇高精神和越王句践的艰苦实践对这个地区的深远影响。自从句践在公元前5世纪从会稽山区把都城迁到平原以来,平原水环境虽然获得局部的好转,但从大范围来看仍然还是一片泥泞沮洳的沼泽。鉴湖工程是从全局改造这片沼泽的开始。南起会稽山区,北到鉴湖水域,山青水秀的自然风光从此展示于人间。

由于鉴湖的建成,使山会平原北部直到杭州湾沿岸的大片沼泽平原,即所谓"九千顷"土地获得了垦殖的条件,这就是此书"平原河网水利"节中所阐明的山会平原河网的形成过程,从鉴湖水体北移直到山会平原南北汇成一片。这中间,特别是戴琥、汤绍恩等贤牧良守在越中水利建设的卓越贡献,山会平原终于从一片泥泞沮洳、潮汐出没的沼泽,改造成为旱涝保收,稳产高产的鱼米之乡。

不过,由于自然环境特别是人文环境的不断发展变迁,越中的水利形势和各行各业对水利的要求也随着不断地发展变迁。自从鉴湖兴建和平原河网完成以来,一向以河湖网稠密、水资源充沛、水利设施完美著称的山会平原,在这半个多世纪中,发生了河湖填废、水资源短缺和水体污染等问题。从上世纪70年代到80年代,绍兴水环境的这种负面发展趋势,已经达到了十分严峻的程度。对于家乡水环境的这种每况愈下的变迁,我确实忧心忡忡,曾经多次在公开发表的文字中,以我在国外所见的情况进行对比,殷切希望"山阴道上行,如在镜中游"的自然风光能够有朝一日在家乡复现。所幸的是,从上世纪90年代中后期开始,由于人们环保意识的加强和领导的重视,越中水环境的负面发展趋势已经得到了遏制,水污染包括大气污染的严峻现实已经有所好转。所有这个过程,作者都在此篇的"现代水利"节中作了详细的阐述。这个过程是绍兴其他地方文献和近代志书都缺乏记载的。人们历来推崇志书的功能是存史、资治、教化,现在,此篇的"现代水利"一节,把这种功能承担了起来。

全书的第二篇巨构是《论绍兴水利文化》。自从远古以来,水利与文化一直具有永涨船高的关系,文化促进了水利,而水利又丰富了文化。这就是作者在此篇开头指出的:"绍兴既是著名的水乡,同时也是闻名海内外的文物之邦。"在越中水利史上,水利与文化的这种关系,实在可以作为相辅相成的良性循环典型。我们不必遍索文献寻求这方面的例子,本书所引明徐渭的三江闸汤公祠石柱楹联即是最有说服力的明证:

　　　　凿山振河海,千年遗泽在三江,缵禹之绪;

　　　　炼石补星辰,两月新功当万历,于汤有光。

绍兴是一个历史悠久,水利史过程复杂而文化繁荣的地方,要阐明水利与文化的关系,实在千头万绪,作者缕分事类,细析内涵,以"崇尚献身、求实、开拓精神"、"追求人与自然的和谐"、"力求水利与艺术完美结合"、"重视管理制度和规范"以及"注重水利著述和整编"五节谱写了这篇大块文章,把绍兴的水利文化,从远古到近代,生动翔实地和盘托出。特别是有了前一篇《绍兴治水概论》的基础,读者浏览此篇,顿有"欲穷千里目,更上一层楼"的观感。前一篇让读者获得大量的知识积累,对越中水利尚未入门的人,《概论》是一种知识丰富的教材。而后一篇则引起读者对知识的追索,与《概论》不同,《文化》让读者从一般的知识积累发展到对知识的寻根究底。从水利与文化的关系中,人们不仅看到了做学问的方法,并且领悟到做学问的享受。此篇最后介绍水利著述和整编一节,既为读者提供了研究这个课题的重要文献,又给予有志于越中水利文化的研究者以鞭策和鼓励。长江后浪催前浪,绍兴历来人才济济,今后的贤牧良守、乡邦学士,必将在这些课题上作出继往开来的更大贡献。

全书的第二篇宏文是《悠悠若耶溪》。凡是一位对绍兴历史与水利稍有涉猎的人,都会高度评价这篇文章。若耶溪是绍兴至今仍存的古代越语地名,它是越地介于东、西两江之间南北流向的最大河流,是鉴湖三十六源的主干。越人从远古起就与它休戚相关,越族领袖的驻地如嶕岘大城和平阳等,都是受此水哺育而形成的远古聚落,它是越人从会稽山区进入沼泽平原的主要通道,泱泱若耶,也是越人改造沼泽平原的重要水源。从春秋、战国以至两汉、魏、晋、南北朝,多多少少人文掌故都在这里发生。而隋唐以还,由于受鉴湖水位之惠,此水舟舫畅捷,流域中文化愈益兴盛。两浙由于山青水秀,诗人多有游访,所以至今不少地方都提出"唐诗之路"的名号,但若耶溪实在是此中翘楚。当时,流域中诗人云集,名诗连篇,有唐一代,若耶溪实在远胜两浙各地的"唐诗之路",而是名人名诗盛极一时的"唐诗大道"。

从这一篇中也可以窥及作者研究这条古越名川的功力。全文广征博引,涉及正史、全国总志、地方史志、名著、游记、诗赋等不下数十种,名流学者数十人,而六朝以来的不少诗文,如六朝谢诗,唐元、白唱和阳明洞天以及明刘基松风阁、活水源二记等,都全文录入。所有这些,不仅可读、可赏、可存、可据,而且都是越中山水文化的瑰宝。作者对全篇的结尾,使我深受启发,这实在是画龙点睛:

> 古老的若耶溪是大自然给予越民族的厚赐,我们的前人对其开发取得了卓越的成就,深厚的历史文化对越族的思想文化产生了久远的影响,清幽秀丽的山川风光是稽山镜水的绝胜。若耶溪的开发越来越受到绍兴人民的重视。君耶溪终归大海。

以上3篇大块文章,在我看来,当然都是《鉴水流长》的代表作,由于此3篇的吸引力,使我在披阅全稿时,就对它们全神倾注,所以体会较深。其余各篇,其实也无一不是作者殚精竭虑的力作,而序言毕竟受篇幅的约束。所以不再逐一评议了。总的说来,作为一部越中水利的专著,此书总结了从远古到现代的大量研究成果,为后来的研究者树立了值得遵循的规范。对绍兴今后的水利事业,具有重要的指导意义。最后我还必须在此书的直观效果上赘述几句。图文并茂大大提高了《鉴水流长》的直观性。图文并茂是中国学者著书立说的长期传统,但收入于此书的照片,其中有不少来之不易,值得珍藏。

《鉴水流长》就其记叙的境域来说,是一种很有价值的地方文献;就其议论的专业来说,是一本值得赞赏的水利书。它对我们的重要启示是,如何保护好绍兴的水环境,让这个地区从春秋以来逐步完善的水环境良性循环机制能够长期地可持续发展。这是海内外越籍人士和广大的水利界学者必须继续深究的,也是当代和以后的绍兴领导必须谨慎从事的。前面提及,绍兴水环境的负面发展趋势,在上世纪90年代中后期已经得到遏制。但必须指出。水体的缩减和污染,从当前到今后,仍然是绍兴水环境所面临的和必须继续尽全力解决的重大问题。前面已经提出,我个人曾经在不少正式发表和出版的文字中阐述了我对家乡水环境的忧虑和改良的意见。2000年春季,绍兴市在公祭大禹之际,举行了一次有关水利问题的学术讨论会,我作为讨论会的执行主席,宣读了《绍兴水环境的严峻现实必须改变——让"山阴道上行,如在镜中游"重现》的论文,后来收入于次年在中华书局出版的《越文化研究文集》(李永鑫、张伟波主编)之中,至今,我仍然坚持我在该文中的所有意见。

　　有感于《鉴水流长》的出色成就,所以不揣简陋,在卷首略书数言。愿鉴水永远长流,绍兴的水环境世世代代长期地可持续发展。

2002 年 1 月于浙江大学

原载邱志荣著《鉴水流长》,新华出版社 2002 年版

《南北湖志》序

　　《南北湖志》修纂就绪，行将公开问世。湖而有志，在浙江湖泊志中，这是第十种。[①] 而且内容完备，资料丰富，体例严谨，图文并茂，可谓后来居上。是海盐县文化事业上的一枝奇葩。中国修志历史悠久，最近二三十年中又掀起一个高潮，但湖泊志却相当稀见，所以从全省乃至全国，《南北湖志》的修纂，应受到重视。

　　《南北湖志》之所以值得重视，首先得考证一番湖泊所在地区的历史地理背景。南北湖坐落在澉浦镇，澉浦镇属于海盐县。海盐与澉浦，在浙江省的历史沿革中，都有别具一格的特色。中国的郡县制始于秦，秦王政二十五年（前222）："定荆江南地，降越君，置会稽郡"，[②] 郡下辖20余县，秦在这个地区建县，县名多数都采用原来的越语地名，如由拳、乌程、钱唐、诸暨、乌伤、句章等等，我在拙编《浙江古今地名词典》[③] 都按条作了说明。唯独山阴与海盐两县将原来的越语改为汉语。其中渊源，有《越绝书》可以为证。此书卷八说："因徙天下有罪适吏民置海南故大越处，以备东海外越，乃更名大越曰山阴。"说明"山阴"是原"大越"改称的。此书卷二说："海盐县，始为武原乡。"又卷八说："觐乡北有武原，武原今海盐。"说明"海盐"是由越语武原改称的。秦始皇为什么要把"大越"改为"山阴"，我在拙著《绍兴历史地理》[④] 中说明："越族的势力在这里是根深蒂固的，秦始皇当然不愿在这里建立郡治，不仅如此，他并且改变原来的地名，把'大越'改为'山阴'。"[⑤] 至于海盐，《越绝书》卷八说："越人谓盐曰余。"既然汉语的"盐"在越语中称"余"，则"海盐"当然是汉语地名。盐在古代是国计民生中的大事,当时越国的盐产地是不少的,如余姚、余杭、余暨(今萧山)等均是,为什么在许多盐产地中专门用汉语建成一个"海盐"县?说明这里是当时的最大盐业基地。这种事实从以后西汉吴王濞的经营中完全得以证实。秦会稽郡的领域很大,而其辖县以汉语命名的,就是山阴和海盐,山阴是越国故都,其重要性自不待言。而海盐的重要性,一般人往往不易察觉,其实,在秦会稽郡所辖今浙江境内各县中,海盐的重要性仅次于山阴。

再说南北湖所在的澉浦,澉浦之名,首见于《水经·沔水注》,此名既然出现,说明当时钱塘江口的内坍现象已趋加速,澉浦一带开始濒海,在谷水入海处有了若干沿海聚落。唐开元五年(717)置镇,说明澉浦已经成为一个较大的沿海聚落。按"镇",《说文》十四上:"博压也,从金。"所以镇的建置,在创始之初,其职能重在军事,著名的北魏"六镇"即是其例。⑥以后,随着人口的增加,生产的发展,城市化的加速,出现了美国汉学家施坚雅(G. W. Skinner)在其名著《中华帝国晚期的城市》⑦一书中所阐明的,从唐代末期起的所谓"中世纪城市革命"。在施坚雅所总结这个时期的五项现象中,其中有一项:出现了具有重要经济意义的大批中小城镇。说明"镇"的性质,已经从军事转向经济,而数量则大有增加。这种现象在经济发达的杭嘉湖平原特别显著。1989年,我为陈学文先生所辑《湖州府城镇经济史料类纂》一书作序,序中有一段言及:

> 在唐代末期的所谓中世纪城市革命以后,这个地区得风气之先,不仅城市有了较大发展,而且还雨后春笋般地崛起了一批城镇,其中特别是在太湖沿岸的河网地带形成的集镇……围成一串,正像挂在太湖边上的一条光彩夺目的项链。

这一段话是针对湖州府而说的。假使对于嘉兴府,那末,光彩夺目的项链就有两条,一条挂在太湖之边,另一条则镶在东海沿岸,而澉浦镇正是这条项链上的一颗闪烁的钻石,我国方志史上第一部镇志绍定《澉水志》应运诞生,即是有力的证明。《澉水志·风俗》说:"通番舶,地方富庶。"这是这个集镇的最概括的写照。而且,与太湖边上的那些集镇不同,澉浦镇除了"番舶"带来的商业繁荣外,同时仍具有海防的职能,所以嘉靖《续澉水志·沿革》说:"宋时置澉浦水军,又置澉浦税场。"

以上是南北湖所在县、镇的历史地理背景,下面再说湖泊的本身。

郦道元在《水经注·原序》中说:"天下之多者,水也,浮天载地,高下无所不至,万物无所不润。"这话是不错的,地球上存在着一个巨大的水体。但这个水体之中,海洋水(咸水)占总水量的98%,陆地水(淡水)只占总水量的2%。除了地下水以外,陆地水主要贮存于河流与湖泊之中。这些年来,江河志的修纂已有不少,但湖泊志还不多见。应该重视为湖泊修志,希望引起方志界、水利界、旅游界等的注意。

为什么要重视湖泊志的修纂,我在拙撰《湖泊湮废》⑧一文中,为此提出了两种缘由：

第一，拙文指出："湖泊是除了河流以外对人类生产和生活具有重要意义的水体。湖泊可以调节江河水量，免致洪涝。湖泊承受江河流水中的泥沙腐物，接受空气中的尘埃污浊而在湖底沉淀，可以澄清河水，清洁空气，起着保护环境的作用；由于水陆比热的差异，湖泊又具有调节气候的价值；湖泊可以发展水产养殖，而湖底的泥炭和淤泥，是取之不尽的有机肥料；湖泊替运输提供了廉价的航道；有些湖泊可以利用其湖口的水位落差装机发电；还有一些湖泊具有秀丽的天然美景，是重要的旅游资源。"

第二，拙文叙及："与面积相似的其他一些国家相比，中国是个非常缺乏湖泊，特别是排水湖（淡水湖）的国家。"拙文中曾以中国与国土面积相似的美国和加拿大两国相比：在美国，每国土1万平方公里，有淡水湖面积260平方公里；在加拿大，每国土1万平方公里，有淡水湖面积130平方公里。但在中国，每国土1万平方公里，只有淡水湖面积17平方公里。

在古代，中国的湖泊是很多的，汉代成书的《尔雅》中曾有"十薮"的记载，"十薮"就是10个大湖，但后来大多都湮废消失。我在拙作《历史时期西湖的发展和变迁》⑨一文中说道："对于一个天然湖泊，因为注入这个湖泊中的河流的泥沙冲积，在地质循环和生物循环的过程中，必然要发生泥沙淤淀、葑草蔓生而使湖底不断变浅的现象，而最终由湖泊而沼泽，由沼泽而平陆，这就是湖泊的沼泽化过程。"沼泽化是湖泊发展的自然规律，假使没有人为的干预，任何湖泊都是按这个规律发展的。

在古代浙江，湖泊比今天多得多，由于沼泽化过程，加上人为的围垦，许多湖泊都在这种过程中湮废消失。从地质条件来看，浙江全境濒海，在第四纪的最后一次海进，即卷转虫海进时期，全境平原都沦为卷转虫海域。拙作《先秦时代と秦汉时代の杭州》⑩一文中，曾插有《卷转虫海进时期今浙江省境示意图》一幅，可以参阅。

卷转虫海进始于距今约12000年，至距今约5000年前后出现海退。当时，今省境内所有平原均成为一片沼泽，其中低洼地区则形成大量湖泊，而沿海一带海湾罗列，这些海湾，由于长江口泥沙的南流堆积，形成湾口的许多沙咀，最后逐渐封闭，在沿海出现一系列的潟湖，这中间如杭州的西湖，宁波的东钱湖和《南北湖志》所记叙的海盐南北湖，都是典型的例子。

现在回到《南北湖志》的本题上来。海盐南北湖，正如此志《概述》所说："是钱塘江口的一个潟湖。"南北湖的形成过程，与杭州西湖大致相似。值得探索的是，今浙江海岸，特别是钱塘江以北这一段，在历史时期是变迁频繁的。卷转虫海退以后，今海盐县以东，还有大片陆地和滩涂。直到公元四五世纪，今王盘洋中的许多礁岛包括王盘山（亦称黄盘山）在内，都还与大陆连成一片。绍定《澉水志·古迹》所载："黄盘山邈在海中,桥柱犹存,淳祐十年,犹有于旁滩潮里,得古井及小石桥、大树根之类,验井砖上字,则知东晋屯兵处。"但从此以后,这一带海岸发生了内坍现象,陈吉余教授在《钱塘江河口和杭州湾的历史变迁》①一文中,提及若干有关于海盐一带的海岸变迁过程:

> 长江南沙咀的伸展,必然导致扬子角的东移,湾口东移又必然使得外海潮流愈益受到约束,从而改变了杭州湾的动力条件。潮流强度的增加,加大了海流的挟沙能力,从而引起杭州湾海岸的内坍。北岸的九涂十八滩,海盐东南 50 里的贮水陂,县东 15 里的望海镇,以及海月亭、望月亭等,都在唐宋间沦入海中,元时更把海盐岸外的宁海镇也坍掉了。

由此可知,自从唐宋以来,海盐一带的海岸曾经发生了很大变迁,在海岸内坍的过程中,必然会有不少潟湖型的湖泊沦入海域。《元和郡县图志》卷二十五海盐县记及:"其后县城陷为柘湖,移于武原乡,后又陷为当湖,移置山旁。"所记即是这一带沿海潟湖生成和迁移的过程,这些都属于自然环境的变迁所导致的这一带湖泊的移动和缩减。而另一方面,历史上的人文环境变迁,也引起这个地区的湖泊湮废,这就是人们由于对土地的需要而垦湖为田。海盐原来是个水乡泽国,从现在分布于县境内的地名来看,凡带有荡、浜、泾、港、汇、桥、塘、堰、埭等的地名,必然与河湖有关,但其中大部分都因围垦而缩小以至消失,至今尚存的较大湖泊,不过是沈荡镇以南的千亩荡、化成荡和百步镇以南的马腰湖等少数几处而已。不要说古代,即民国初尚绘入地图的如庄柴湖、黄道湖、长湖、六部漾、八汇漾、白水漾、白湖漾、方田漾、小墅漾、白蚬漾等,今日均已不再入图,或许是面积缩小,也或许完全湮废了。在一个缺乏湖泊的国家里,在水乡泽国的杭嘉湖平原,而湖泊却大量湮废的过程里,南北湖竟能众废独存,真是历史地理上的一种难得机遇。对于海盐县来说,南北湖是何等的重要,而《南北湖志》的修纂又是何等的及时。

我在前述《历史时期西湖的发展和变迁》一文下,还附加了一个副标题《关于西湖是人工湖及其何以众废独存的讨论》。现在,以杭州和西湖与海盐和南北湖相比,两者实在非常酷似。我在上述发表于日本的《先秦时代と秦汉时代の杭州》中,插有《西湖形成示意图》一幅,在远古的海岸变迁中西湖由海湾而潟湖,由潟湖而成为一天然湖泊。从自然环境来说,今西侧的连绵山岳起了重要作用。在拙编《浙江古今地名词典》的"西湖群山"条下说:"绵亘在杭州市区西北、西南和东南三面呈马蹄形的环湖山体的总称,以西湖而得名,是千里岗山脉的尾闾,呈西南——东北走向,海拔 100 米——300 米,地势从西南向东北降低。"西湖群山是西湖从海湾、潟湖到湖泊的发展过程中的一道天然屏障,而山中溪流下注入湖,在潟湖转变为湖泊的过程中,起了洗咸蓄淡的作用,让它最后成为一个淡水湖泊。从人文环境来说,西湖周边的许多湖泊,在历史上都在沼泽化过程中遭到围垦湮废。西湖也几度濒围垦湮废之危,依靠历代有远见卓识的贤牧良守如李泌、白居易、苏轼、杨孟瑛等的疏浚整治,而得以众废独存。湖山胜景,至今擅名国际。

南北湖与西湖一样,也是从一个海湾演变而来的湖泊,从自然环境来说,在其演变过程中同样依靠了西部崇山峻岭的作用,即《南北湖志》卷四所称的环湖 11 峰。此志说:"山势呈南西——北东走向,总的趋势是西高东低,如西侧的高阳山海拔为 251.6 米,西北侧的金牛山为 156.6 米,而东侧的飏山为 103 米,荆山仅 40 米。"这些山岳与南北湖的关系,正和西湖群山与西湖的关系相同。从人文环境来说,南北湖在历史上也同样曾遭围垦。据新修《澉浦镇志·大事记》[12]所载,元至元十四年(1277),澉浦镇守王熔曾围湖为田,而到二十六年(1289)杨思谅继之,以致"濒湖居民效尤,尽欲决而田之"。所幸到大德九年(1305),地方有贤牧良守"亲临纠恶,即令废田为湖复原貌积水灌田"。此后,明洪武二十七年(1394)、清康熙十一年(1672)、乾隆三十五年(1770)等各年,此湖都有疏浚记载。这类事迹与西湖也差可相比,

如上所叙,西湖与南北湖,原来都是钱塘江口的海湾,从远古到近代,具有基本一致的形成过程,所以它们的自然环境有十分酷似的共同性。在人文环境方面,它们附近的其他不少湖泊,都在沼泽化的过程中,受到人为活动的干预而围垦湮废,而此两湖竟由于人为活动的保护而众废独存,所以杭州西湖和海盐南北湖,实堪称我国东南地区湖泊的"双绝"。

现在看来,它们之间的主要差距在于志书。西湖由于出名较早,从唐代以来,专记此湖山水的文献诗赋就不断涌现,而文献之中可以视为志书的如《西湖志类钞》,在明万历就有刊本。但南北湖由于其人文环境在古代逊于西湖,所以历来专记此湖山水的文献诗赋不多,绍定《澉水志》虽独步志林,但毕竟属于镇志,并非专叙湖山胜景。现在,令人兴奋的是,新修《南北湖志》终于脱颖而出,而且卷帙浩瀚,纂辑超群,对于南北湖,从其形成、兴废、整治、装点的整个过程,包括自然和人文,无不详叙细述,如数家珍。南北湖的天生丽质,此志已和盘托出,它必将受到海内外学术界和广大读者的关注和厚爱,南北湖的前景,将与此志相得益彰,擅名天下。

2004 年 6 月于浙江大学

注释:

①　据洪焕椿《浙江方志考》(浙江人民出版社 1984 年版)及陈桥驿《绍兴地方文献考录》(浙

江人民出版社 1983 年版）的著录，浙江省境的湖泊修有志书的，计有西湖（杭州）、南湖（余杭）、南湖（白洋池，杭州）、东钱湖（宁波）、杜白二湖（慈溪）、湘湖（萧山）、东湖（临海）、旸湖（永嘉）、鉴湖（绍兴），计 9 处。

② 《史记·秦始皇本纪》。

③ 浙江教育出版社 1991 年版。

④ 上海书店出版社 2001 年版。

⑤ 《谷梁传·僖公十八年》：“水北为阳，山南为阳”，改“大越”为“山阴”，因此城在会稽山之北，取《谷梁》“山南为阳”之意。

⑥ 陈桥驿《“六镇”与〈水经注〉的记载》，《水经注研究》，天津古籍出版社 1985 年版。

⑦ G. W. Skinner, *The City in Late Imperial China*, Stanford University Press, Stanford, California 1977. 中译本：叶光庭等译、陈桥驿校《中华帝国晚期的城市》，中华书局 2000 年版。

⑧ 《郦学札记》，上海书店出版社 2000 年版。

⑨ 《中原地理研究》1985 年第 2 期，收入于《吴越文化论丛》，中华书局 1999 年版。

⑩ （日）千田稔编《東アジアの都市形態と文明史》，日本京都国际日本文化研究センター，2004 年发行。

⑪ 谭其骧、史念海、陈桥驿主编《中国自然地理·历史自然地理》，科学出版社 1982 年版。

⑫ 中华书局 2001 年版。

原载《南北湖志》，中华书局 2005 年版

《萧山围垦志》值得重视值得祝贺

　　《萧山围垦志》的编纂出版,是我国方志史中的一件大事,值得重视,值得祝贺!

　　在最近十几年的修志高潮中,常常有各种通志和专志的出版,又常常举行这类志书的首发式。不少人已经习惯了一套在首发式上的老生常谈,诸如"重视"、"祝贺"之类。但我必须声明,我认为这部志书值得重视和祝贺,是有的放矢的话,并非老生常谈。

　　这部志书引起人们重视的首先是名称。它是我国方志史上第一部以"围垦"为名的志书。不过我所说的"第一部",并非一般的所谓"物以稀为贵"的意思。因为这一届修志,特别是专志,方面很广,内容极多,诸如电影志、烟草志、外事志、测绘志,都是前所未有的,都是我国方志史上的"第一部"。但是围垦志却与众不同,应该说,这个"第一部",其重要理由是任何专志都不能比拟的。

　　围垦志的重要性之所以无与伦比,在于它所记述的内容,对于一个地区、一个国家、一个民族,是至关重要的头等大事。它所记述的内容,是人类获得土地的过程。说得明白一些,是人类怎样生存下来的过程。人类从狩猎社会进入农耕社会以后,如何获得可以耕种的土地,成为他们延续生命的关键。这就是《大学》所说的,"有人此有土,有土此有财"。

　　获得土地和延续人类生命的关系是全世界、全人类都是一样的。我们可以把范围说得具体一些,就说包括萧山在内的宁绍平原吧。距今约 5000 年以前,海退开始,越族居民从会稽山区和其他浙江中部山区进入宁绍平原,他们就开始在这片泥泞沮洳而且一日两度咸潮出没的沼泽地上,从事围垦以获得土地。这些事实在我国的第一部方志《越绝书》上就有了记载。整片宁绍平原,就是在几千年中人类通过围垦所获得的土地。

现在,我们在地图上看到宁绍平原的北部,东西分列着两个半岛,东边的是三北半岛,西边的是南沙半岛。这两个半岛都是宁绍平原晚期的围垦成果。三北半岛的围垦始于北宋庆历年间(1041—1048),南沙半岛的围垦始于明末清初。为了获得土地,我们的前人,已经为此付出巨量劳动,获得很大成果。

如上所述,这个地区的围垦工作已经进行了几千年,围垦成果人所共见,但是对于历史上人定胜天的这种重大业绩,除了历来通志零星提及外,至今没有一部专志进行记叙,确实令人不胜遗憾。现在,《萧山围垦志》异军突起,在这一件不可或缺的大事上,填补了这个不该遗漏的空白。因此,《萧山围垦志》的编纂出版,它的意义和价值,可以用四个字来概括:石破天惊。

《萧山围垦志》为这种历来未受重视而实际上极端重要的志书作了一个前无古人的开端,这当然是值得赞扬的。但是,从浙江省来说,沿海各市县,历史上围海造田的事实普遍存在,对于这个地狭民稠的省份,在扩大土地和发展农业方面,具有重要的意义。

原载《话说萧山》1999 年第 12 期

名山佳志

——读新修《普陀山志》有感

  当《普陀县志》在 1992 年公开问世以后，我曾以《开发海洋，利用海洋》[①]为题，评介了这部海岛新志，我认为此志"不仅特色鲜明，而且重点突出。诵读这部方志，宛如置身于海阔天空之下，遨游于佛国胜景之间"。现在，《普陀县志》出版 3 年以后，海上佛国的《普陀山志》接踵问世。一地之中，3 年以内，佳志迭出，确实令人高兴。所谓"开发海洋，利用海洋"，对于普陀这个特殊的海岛县份来说，占全县面积 94.3％ 的海域，当然大有可为，但这是所有海岛和沿海县份的共性。而普陀在这方面还有它与众不同的个性，这就是说，它对海洋的开发利用有一个明显的重点，这个重点就是名闻遐迩的普陀山。因为普陀山是一种特殊的海洋旅游资源，这种资源是取之不尽用之不竭的，所以《普陀山志》的出版，其意义实在不同寻常。

  评介《普陀山志》的成就，首先应该归于第一编《自然环境》。按历来修纂的普陀山志书，如今见存者超过 10 种，而新志与旧志的最大区别就在这《自然环境》一编。这当然是由于时代不同，科学的地学知识较之过去有了飞跃发展的缘故。但是另一方面也是由于新志修纂者的见识有了极大提高的缘故。周乃复在《中外地方志比较研究的肇始之作》[②]一文中曾经指出："我国这一届修志队伍的结构是不够理想的，至少在县（市）一级，专家主持或参与编志的极少，连应邀参加评议的都凤毛麟角，实应引起领导部门的警觉，采取措施加以改进。"周乃复所说的确是事实，而这种事实首先反映在作为志书开宗明义的自然环境之中。在这次修志的初期,不少修纂者,完全不懂得地质学及自然地理学为何物,而随心所欲把这两门研究对象完全不同的科学,并在《自然地理》卷篇之下。他们更不懂得什么是"二名法",用李自珍撰《本草纲目》的体例和材料对付新修志书的植物卷篇,以致被熟悉中国方志的外国汉学家对比民国《鄞县通志》的成就,提出"倒退了半个世纪"的批评。现在,随着修志队伍结构的改变,自然环境卷篇已经获得了很大的进步,而新修《普陀山志》的成就尤为突出。全编在卷首的所谓"无题小序"中,列述普陀山的礁岛组成以及岛形、面积、经纬位置、海拔高度等自然地理要素。此后分《地质地貌》、《气候水文》、《土壤植被》、《古树名木花卉》5章。《地质地貌》章开始以短小篇幅简叙了这个地区海陆变迁的发展过程,然后在地质学领域记述了岩石、构造、断裂、节理,在地貌学领域记述了山地、海蚀、海积阶地,海积地貌,海蚀地貌。最后有一个科学的附录,简明地列述了洞、沙、石景点的地质结构和形成。这就是用地质、地貌的科学原理解释风景名胜的形成。这不仅是作为朴实的、严谨的、科学的资料汇集的现代志书所应该达到的水平,而也是高层次的旅游者所希望的科学内涵。

《气候水文》章的成功之处是用一系列计量数值的统计图表代替冗长的文字。现代科学技术发展的重要特点就是计量,在过去许多只能通过性状描述作出解释的现象,现在都可以而且必须用精确的数量加以表述。这就是所谓"计量革命",应该作为新方志不同于旧方志的重要标志。当然,计量革命并不意味着对电脑的滥用,而必须通过计算,提出一整套能够充分解释事实的数据。例如此志的气候一节,4种统计图表就包罗了这个海岛的全部气象要素。而水文部分的计量特别重视了岛上的淡水水质,详细表列了感官指标、化学指标和毒理学指标的计量数据。对于一个淡水资源相对缺乏,而旅游业用水超过全年用水量60%的岛屿名胜区,这种计量是目的明确的,也是必需的。全章末尾对"海火"的记述,充分说明了修纂者对于一部科学的新志书的指导思想。志书说:"佛门信徒以为'神火'。其实,乃海生物发光现象,海水中有无数含有磷质的浮游生物和菌类,春夏季节,水温升高,密度较大,发光强烈,地理学称为'弥漫型发光'。"我们并不反对志书记载传统的神话,但是我们更提倡要对这些神话作出科学的解释。

《土壤植被》章记叙了岛上的13个土属,重要的土属并记及所属的土种、成土母岩、分布地区和占全岛面积的百分率。其中对占全岛土壤总面积43.36%的主要土属沙黏质红土属,则详细地记载了包括PH值在内的许多计量数据。植被一节不仅简明扼要,而且科学性也很严密。我曾读过许多新修方志中的这一卷篇,发现不少志书对"植被"和"植物"两者的概念尚存在模糊。植被是指一定地区具有一定种类组成的所有生活植物或植物群落的泛称,而有些新修志书却出现虚设章节或混淆概念的现象。《普陀山志》这一章节可以作为圭臬。

《野生动植物》章列举了岛上最重要的动物和植物,并且附有重点保护的动物包括它们的学名。这一章的美中不足在于动植物分类没有使用公认的界、门、纲、目、科、属、种的分类标准,例如使用了动物分类学所不见的"畜类"。把许多不同纲目的动物如灵长目的猿,食肉目的野猫、水獭,偶蹄目的鹿、麂,啮齿目的狸等,都归入此"类"。啮齿目的鼠种动物单独冠以"鼠类"之名,把不同科属的鼠,如鼠科的褐家鼠,仓鼠科的田鼠,松鼠科的松鼠都归入此"类"。"蛇类"之下则把如游蛇科的翠青蛇,眼镜蛇科的银环蛇都归入此类。还专立一个"水生动物"的名目,把各种不同纲目的动物,如两栖纲的青蛙,甲壳纲的虾,鱼纲的鲤鱼,腹足纲的螺蛳等都混合在一起。"水生动物"这种名称也不妥(水生植物是可以的),当以"水栖动物"为妥,但乌龟(龟鳖目)的不少科属并不水栖,两栖纲动物还不能列入水栖。

第二节植物失之于过分简单,对于这个植物区系发达,植物种类繁多的地区,全节不过 250 字。我深信,原来必有一份植物科属的清单,后来因故遭到删节。对此,我完全谅解志书的修纂者,删节十分重要的内容,不会是修纂者的原意。这中间,除了前已提及的周乃复所说的原因外,主要是因为眼下在志书修纂、讨论、定稿等过程中,还没有做到供需见面。许多长期利用方志做学问的学者,还很少有机会表达他们对方志内容的要求。涉及这个问题,说来话长,以后总会逐步解决。而《普陀山志》植物节内割爱的内容,希望以别的形式加以发表。③

《自然环境》的最后一章是《古树名木花卉》,这是普陀山自然环境的特色之一,因为载入志书的不少植物如普陀鹅耳枥,是当地特有的品种,其他如舟山新木姜子、普陀樟等,都是区域性很强的稀有树种。这一章的所有植物,都用拉丁文二名法表示,这当然是值得称赞的。

《普陀山志》的《自然环境》编是很有水平的。我在拙著《中日两国地方志的比较研究》④一书中,曾对日本近年新修的方志《广岛新史》的《地理编》作过这样的评价:"在十二卷的《广岛新史》中,这一编最令人难忘的特色是它的学术性。全部《新史》,由于有了这一编,不仅使这部地方志的地方色彩倍感鲜明,而且使整部志书都登上学术著作之林。"现在,用这种评价加之于新修《普陀山志》,我认为也是适当的。

从旅游资源的概念来说,《自然环境》是普陀山的自然旅游资源,是这个海天佛国发展旅游业的基础。在这以后,志书接着设置了另外 3 编,即《名胜古迹》《佛教丛林》《文化艺术》,这中间,《名胜古迹》是自然旅游资源与人文旅游资源的结合。志书首先把全岛分成 10 个景区,而且匠心独具,插入了 12 幅从旧志引来的古色古香的国画,然后把全部旅游资源分为山峰岭沙,岩石洞门,泉井池涧,塔亭阙坊,洋礁湾岙,香道古桥,碑刻石雕七节,并加上古遗址和海市奇观。每一种胜迹不仅有简明的文字解释,并配以多幅照片。这一编最后设文物保护一章,介绍了文物珍品十多种,表列了重点文物保护单位 8 处,展示了这个地区在发展旅游业方面的雄厚实力和远大前景。

第三编《佛教丛林》,这是普陀山在优越的自然环境基础上建立起来的人文旅游资源的主体,所以志书在介绍了发展历史以后,随即设古刹梵宇一章,以三大寺为主,全面地记叙了岛上的佛教寺院庵堂。对于作为普陀山核心的三大寺,不仅有平面图,而且有建筑设施的详细统计图表,此外还有全山 285 个庵院和 38 个茅篷的统计图表。这些庵院现存的已经不多,茅篷则已全部移作他用。但志书原来具有存史的意义,所以这些统计图表作为普陀山佛教建筑的档案,仍然是很有价值的。

《文化艺术》一编,选录了自唐以来的游记散文、诗词歌赋、楹联匾额、民间传说,所有这些,同样也是这里的人文旅游资源。这些诗赋文章,不仅文字生动优美,在文学上具有价值,而且记载了这个海岛胜地在各个时代的海陆交通,风俗习惯,民情佛事,历史掌故等等,对于今日研究普陀山的历史发展,很有参考价值。此外,由于这些诗赋文章,往往录自旧志与其他一些稀见文献,常为流行的诗文集所不收,例如唐王勃的《观音大士赞并序》为《全唐诗》所不收,明宋濂的《清净境亭经》为四库《宋学士全集》所不收,所以在文献学上也有重要的价值。

志书在上述各编把普陀山的所有自然旅游资源和人文旅游资源和盘托出以后,第五编《旅游》就显得顺理成章。而阅读了前面数编的读者,当然盼望这一编的出现,所以从志书设计的体例格局来说,《旅游》安排在上述各编之后,真是恰到好处。此编内容是非常丰富和完备的,有了这一编,前面各编才具有现实意义,而对于普陀山今后的繁荣发展,也就充满希望。

顺便需要提及的是,志书最后还有一个《附录》。这个《附录》对于全志具有锦上添花的作用。从存史的意义上说,《附录》的价值当然众所共见。此外,和我对第一编《自然环境》的最后评价一样,《附录》又一次让《普陀山志》提高了志书的学术性。

所以总的说来,新修《普陀山志》显然是很成功的。它当然是一部专志,但是由于内容丰富,记叙范围很广,按照中国志书的传统,它具有山志、名胜志、寺院志、宗教志和旅游志等的性质,志书从来很少有人通读,它的各编各章,除了对朝山进香的信徒和观光采风的游客具有引导和收藏价值以外,对于涉及宗教和旅游事务的官员以及从事学术研究的专家学者,也都将是一种重要的知识泉源。

最后,利用撰写书评的机会,我还想提出一点或许属于题外的意见,由于 1992 年出版的《普陀县志》对"普陀"这个地名的解释不够正确,所以当年我在为该志撰写的书评中,最后引及艾德尔的《中国佛教手册》,⑤解释了"普陀"这个外来语地名在地名学上的正确意义。现在,《普陀山志》没有专门解释这个地名的章节,而我则认为在志书中解释地名,特别是像"普陀"这个容易引起误解的外来语地名是必要的。清康熙皇帝在其《补陀罗迦山普济寺碑记》中说"稽考梵书,补陀罗迦山有三,一居厄纳忒黑,一居忒白忒,一居南海,即是山也。本山志书未得其详。"说明康熙是认真对付这个地名的。他稽考了梵书,并且对他见到的普陀山旧志提出了批评:"本山志书未得其详。"康熙的意见是正确的,志书不解释地名,由谁来解释地名? 其实,在康熙以前,考证这个地名的人是有的。元盛熙明在其《补陀洛迦山传》⑥中曾经作过考证,虽然朱绪曾和徐时栋都说他的书"文辞不雅驯"。盛是西域人,汉文"不雅驯"情有可原,但他谙梵语,对"普陀"这个地名的考证是正确的:"谨按补陀洛迦者,盖梵名也,华言小白花"。所以我认为作为普陀山的志书,还是按照康熙的意见,把这个外来语地名的渊源解释清楚为好。我当年在评论《普陀县志》时抄录艾德尔的解释,说明从南亚到东南亚,以"普陀"为名的地方多达五处。当时颇有人感到奇怪。其实,一个地名从策源地传播开来,最后出现许多异地同名的例子极多,不足为奇。我随手检阅身边的一种美国出版的《汉蒙特世界地图》,在图末的地名索引中,发现英国首都伦敦,在北美有同名 12 处。⑦英国的古老城市牛津和剑桥,在北美同名的各有 33 处和 23 处。⑧不过由于"普陀"是梵语地名,懂梵语的人比懂英语的要少得多,所以更容易以讹传讹。记得1973 年以后,我曾经参与当时国务院布置的由全国九个省市合作进行的外国文献翻译工作,浙江省是由我负责的,我们翻译的地区是南亚次大陆,凭我的一点浅薄梵语知识当然对付不了,因此我曾几次北上请教国内的梵语权威、北大东语系主任季羡林先生,为我解决了许多难题,让我增长了许多知识。对于这个"普陀",除了艾德尔的解释无讹以外,我还可以再一次请教季先生,这一次不是面请,而是参阅季先生主校的《大唐西域记校注》。⑨他在此书"布呾落迦山"(第 861—862 页)下有一段注释,与艾德尔基本相同并可作为艾德尔的补充。这段注释是:

　　布呾落迦山:布呾落迦,梵文 Potalaka 音译,又译作补怛洛迦、补陀落迦、普陀落,意译作光明山、海岛山、小花树山。慧苑《新翻华严经音义》卷下:此翻为小花树山,谓此山中多有小白花树,其花甚香,香气远及也,此山位于提纳弗利(Tinnevelly)县境,北纬 8 度 43 分,东经 77 度 22 分地方。此山是佛典中的名山,《华严经》对此山的描绘与《西域记》颇为相似。多罗那他《印度佛教史》记载,优婆塞寂(Santivarman)和月官(Candragomm)也曾到此山巡礼。我国的普陀山与拉萨的布达拉均由此而得名。

由于"普陀"是个梵语地名,而梵语(Sanskrit)是现在已经不通行的文字,但是它和巴利语(Pail)一样,在研究佛教经典方面,具有重要的作用。所以仍须认真对待,否则就容易致讹。例如《普陀山志》第三编第一章第一节下的一个梵语词汇就值得商榷:"观世音,梵名 Avdiokitesvdld,音译阿缚卢枳底湿伐罗"。梵语原来是用"天城体"书写的,实在太繁难,所以现在一般用罗马字拼音,从"天城体"到罗马字,由于拼音的关系、可能有一两个字母的差异,但这个 Avdiokitesvdld 却不是小小的差异。我还是用季先生的著作说明问题,因为季先生把这个词汇在语法上和读音上都解释清楚了。《大唐西域记校注》乌仗那国"中有阿缚卢枳低湿伐罗菩萨像"下有一段注释:

> 阿缚卢枳低湿伐罗,梵文 Avalokitesvara 音译,这个词是由 avalokita(阿缚卢枳多,义云"观")和 isvara(作湿伐罗,义云"自在")两个字复合组成的。前一字的尾音 a 与后一字的首音 i 在一起时必须读作 e。在梵文文法中,这种现象叫做连声(samdhi)。原注"合字连声"就是这个意思。原注"分文散音",意即把有连声关系的字拆开后按原来读音来读。原注"旧译为光世音,或云观世音,或观世自在,皆讹谬也"。是正确的。其中观世音一名已在我国广泛流传。此译系将梵文 Avalokitesvara 误读为 Avakkitasvara 所致。avalokita 义云"观",svara 义云"声音"故全名也误译作观世音或观音。

此外,这一节中所记:"史籍中关于普陀山观音道场的记载,最早见于《大悲心陀罗尼经》'一时佛在补陀洛迦山,观世音宫殿庄严道场中',《华严经》曰:'南方有山,名布怛洛迦,彼有菩萨,名观自在……'。"这里,《大悲心陀罗尼经》和《华严经》所说的"补陀洛迦"和"布怛洛迦"都是今印度南部西高止山南段秣剌耶山以东的巴波桑那山。这一段的错误凭一般常识就可以判断出来。因为在一切佛教经典中,"佛"是对释迦牟尼的尊称。《大悲心陀罗尼经》所谓"一时佛在补陀洛迦山",说的是释迦牟尼到了此山,则此山怎可能是南海普陀呢?

记得往年我在日本讲学时,曾与药师寺及唐招提寺的主持谈过话,他们都懂得梵语和巴利语。为此,在普陀山这种特殊的佛教圣地环境中,世界各地前来顶礼的高僧一定不少,所以我认为,在这个地区,不仅是僧侣和宗教界人士,甚至从事旅游业的工作人员,也都有学一点梵语和巴利语的必要。

注释:

① 《中国地方志》1994 年第 4 期。

② 《中国地方志》1993 年第 4 期。

③ 《新昌县志》的经验,凡是修纂时因故割爱的和其他一些不宜编入志书但有存史价值的材

料,另出不定期《新昌地方志丛刊》加以发表。

④　慈溪市地方志编委会 1993 年印行。

⑤　Handbook of Chinese Buddhism Being A Sanskrit – Chinese Dictionary with Vocabularies of Buddhist Terms ,Tokyo Sansusha ,1904.

⑥　雍正《浙江通志》卷 253、经籍 13 著录作《补陀洛迦山考》。

⑦　Hammend's Ambassador World Atlas,Hammand and Co. Maplewood ,New Jersey ,1955 ,Index ,p. 285.

⑧　同上,p. 322—323、p. 196。

⑨　中华书局 1985 年版。

原载《浙江方志》1996 年第 2 期

"甚哉！水之为利害也。"

——读《钱塘江志》

　　《水经注》原序说："天下之多者水也，浮天载地，高下无所不至，万物无所不润。"在《水经注》的时代，"水"是河流的通名，如黄河称为河水，长江称为江水。古人很早就认识到中国是个河流大国，所以对河川湖陂非常重视。不过，古人对于水的正确认识，其间也有一个发展过程。孔子看到水的有利一面，所以他赞美水的伟大："仲尼亟称于水，曰：水哉，水哉！"[①]春秋末期晋国四卿之一的智伯，他看到水可以浸城亡国的有害一面："吾始不知水可以亡人国，今乃知之。汾水可以浸安邑，绛水可以浸平阳。"[②]对于水的完整认识，或许是从司马迁开始的。这就是我们今天在《史记·河渠书》中读到的几句："甚哉！水之为利害也。余从负薪塞宣房，悲《瓠子之诗》，而作《河渠书》。"这里所说的"负薪塞宣房"，是指汉武帝元光三年（前132），黄河决于濮阳县瓠子口（今濮阳市西南）的事。决口的黄河东南注入巨野泽（今山东巨野县附近），黄淮一带成为一片泽国。元封二年（前109），汉武帝亲自到这里督促堵口，即《河渠书》所载："令群臣从官自将军以下皆负薪填决河。"汉武帝在现场作《瓠子之歌》，其中有"宣房塞兮万福来"之句，这就是指的黄河上的宣房堰。司马迁要在他"成一家之言"，"藏之名山"的《一百三十篇》[③]中，列入《河渠书》两篇，因为他当年也是随汉武帝到瓠子决口现场参加负薪填河的官员之一，亲眼目击了这场震动皇帝的黄河水灾。也就是他能说出："甚哉！水之为利害也"一语的原因。"水之为利害也"一语，概括了水的两个方面,即水利和水害。他在此篇中同时指出:"自是以后,用事者争言水利。"说明瓠子决口的这一场严重水害,引起了"用事者"对水利的重视,因而诞生的《史记·河渠书》,为我国创立了正史《河渠志》的传统。此后,《汉书》设《沟洫志》,《宋史》《金史》及元、明、清诸史,均设《河渠志》。正是由于司马迁对水的完整认识,促使后世人们加强了对江河湖陂的研究。郦道元在《水经·巨马水注》中说:"水德含和,变通在我"。这个"变通",其实就是对司马迁"水之为利害也"的注释。也就是说,要把水害变为水利。

《河渠书》除了创立正史《河渠志》的传统以外,还推动了其他有关江河湖陂著作的出现。在《河渠书》诞生以后 70 年左右,桑钦撰写了我国历史上的第一部《水经》,可惜已经失传。此后,三国魏人又撰写了一部《水经》,北魏郦道元为它作注,成为我国第一部研究江河湖陂的名著。从此,像《水经注》这样从全国范围研究和记载江河湖陂的著作如明、清间人黄宗羲的《今水经》和清齐召南的《水道提纲》等,陆续问世。而除了全国性的著述外,对若干重要河流的著述也相继出现。以黄河干支流为例,唐贾耽就撰有《吐蕃黄河录》十篇,此外如宋沈立的《河防通议》,元潘昂霄的《河源记》、李好文的《泾渠图说》,明潘季驯的《河防一览》等等,不胜枚举。

对钱塘江研究和记载的著述,按公私著录,当以宋潘洞的《浙江论》为最早(《水经》与《水经注》等全国性著述不计),可惜已经亡佚。此后如清齐召南的《浙江诸水篇》及阮元的《浙江图考》等,至今仍存。此外还有不少涉及钱塘江江道以外的著述,如宋燕肃的《海潮论》,其所论述,即是钱塘江涌潮。清翟均廉的《海塘录》,如《四库提要》④所说:"浙江海塘在海宁州南,唐宋以来递有修筑。"其实就是河口及杭州湾沿岸的海塘。对于钱塘江的支流和湖陂,如清胡凤丹的《曹娥江志》、毛奇龄的《湘湖水利志》等,为数也很不少。

当然,《史记·河渠书》的传统是不断发展的。本世纪 20 年代前后,随着科学的河流学、湖泊学、水文学、水利学等相继引进,在这半个多世纪中,我们对全国河流水体的研究,有了很大的进步。从而发表和出版了许多全国的和各地区的有关江河湖陂的论文、专著和志书。而现在我们看到的这部《钱塘江志》,显然是后来居上的佼佼者,是最近这些年来出版的江河水利志中的杰作。

《钱塘江志》的编纂发轫于 1986 年,经过十多个寒暑的辛勤耕耘而终于问世。从编纂过程中的巨大室内资料工作量和野外考察工作量来看,此志之所以能够获得如此成就,显然不是偶然。全志体例严谨,结构精密,篇章完备,资料丰富。除了作为志书核心的 10 篇 47 章外,卷首有《概述》和《大事记》,卷末有《附录》《后记》和《索引》。按照《河渠书》的传统推溯,历史上最早涉及此水的《水经》,浙江水不过寥寥 16 字,

《水经注》称此水为浙江,注文约有7000字,而此志洋洋100余万言,溯昔抚今,令人鼓舞。卷首《概述》约当全志的1%,这无疑是志书完成以后所进行的浓缩,让一般非专业用户或没有时间细读全志者得以管窥而略知全局。《概述》能如此繁简得体,确实不易。

第二篇《水系及其环境》称得上是志书的基础篇,因为全篇以大量资料,记述了这条河流的自然基础和社会人文基础。这中间,许多资料都是有数值依据的。篇内有关资源和自然灾害两节,正是司马迁所说的:"甚哉!水之为利害也。"这就是《河渠书》的传统。志书第二篇《治理开发基础工作》,包括测绘、水文、查勘和规划3章,都是钱塘江治理开发的基础工作,其目的无疑是为了除害兴利。此后连续5篇,把钱塘江分成新安江、兰江、富春江、重要支流及河口五部分,分别记述它们的治理开发,资料翔实,具有很高的学术价值和实用价值。第八篇《海塘建设》,其实是钱塘江河口包括杭州湾沿海的一种治理开发的特殊形式。第九篇《管理》,内容涉及钱塘江干支流和整个流域的治理开发,从主持治理开发的机构起,包括农田水利、水力发电等直到综合经营,方面甚广,头绪最多。最后一篇是《人文》,这是我国志书的传统篇目,特别是像《钱塘江志》这种以河流的自然属性和兴利除害的水利工程为主的专志之中,这一篇就显得非常必需,正如《钱塘江诗词曲选注》一书的编者按语:"是《钱塘江志》不可或缺的一个组成部分。"[⑤]志书最后有一个《附录》,是用表格形式编制的《钱塘江流域面积100平方千米以上河流基本特性表》,详细记录了钱塘江干流及其150条支流的源地高程、起讫点、分河段值、河源起算的累计值等有关河流的主要要素。前面提到此志卷首的《概述》可供一般非专业用户的管窥,而卷末的这个《附录》,对于志书的专业用户来说,实在是十分珍贵的资料。首尾呼应,相得益彰,让不同的读者各取所需。志书的这种精心设计,令人佩服。

全志当然有其重点和特色,我在这篇短文中无法逐一细述,只能举几个例子。如第一篇第五节论述涌潮,这显然是钱塘江的十分突出的特色,志书在这一节中,从涌潮的现象、科学的解释直到古代记载涌潮的许多文献、诗篇等等,记述堪称详尽。志书也以钱塘江涌潮和巴西亚马逊河涌潮作了对比。我是目击亚马逊河涌潮的为数不多的中国人之一,所以也曾在拙作《钱塘江及其河口的历史地理研究》[⑥]一文中,把这两条河流的涌潮作了对比:

> 全世界具有涌潮现象的河流,除了钱塘江以外,只有巴西的亚马逊河一处。但我曾于1982年出访南美,考察亚马逊河流域的赤道雨林,并特地到河口观察此河涌潮。所见无非是一种高低不齐的汹涌浪潮,从河口滚滚进入,完全不能与钱塘潮相提并论。所以钱塘潮实际上是唯我独有的世界绝胜,是一种价值连城的旅

游资源。

志书第七篇《河口治理开发》和第八篇《海塘建设》，无疑也是钱塘江的重点和特色。钱塘江河口具有明显的特殊性，古代曾有不少文献议论及此，近现代也有一些专家发表过若干论文，而今后也仍然是一个值得继续研究的课题。伦敦距泰晤士河口达88公里，而汉堡在易北河口之内更达100余公里，两处都是著名的国际大港。今杭州距河口不过80公里，但宋人著作中就视这条航道为畏途。[⑦]所以钱塘江的河口问题，确实需要加强研究，以求有朝一日获得解决。现在，此篇在篇首的无题小序中，用简明扼要的300余言，清楚地说明了这条强潮河口的问题，而全篇以《科学研究》作为第一章，也正是突出了科学研究对于钱塘江河口的重要性。至于海塘，它实际上也属于河口治理开发的一个部分。钱塘江海塘是我国历史上最早见诸记载的海塘，这就说明了它与众不同的特色。此篇搜罗古今一切资料，堪称完备无遗。篇中所附各种统计图表16幅和工程技术插图17幅，尤为可贵。

《钱塘江志》所附地图，包括卷首的彩色地图、卷内的黑白地图和示意图，也都有很高的水平，对于传统的赞语"图文并茂"，它实可当之无愧。卷首方块计值的同治《浙江海塘全图》，具有重要的历史价值，而卷内如几幅《水系树状图》和《钱塘江流域地质构造略图》等，都能化复杂的事物为简要，所以都是很成功的作品。志书最后编有从河流湖泊、蓄水工程直到人名的9种《索引》，让《钱塘江志》成为一部与国际惯例接轨的志书。我曾经多次提出过这个问题，[⑧]对于眼下不少以书籍作摆饰的先生们，这是一件毫不足道的事；而对于那些以志书做学问的人，《索引》对于他们，真是如鱼得水。

读完《钱塘江志》，令人感慨系之。如同黄河是中国的母亲河一样，钱塘江是浙江的母亲河。我为新修《黄河志》第11卷《人文志》[⑨]所写的序言中说：

> 黄河是我们民族的摇篮，但同时也是我们民族的忧患。由于它善淤、善决、善徙的自然特性，……几千年来，它的决溢泛滥，为流域人民招致了严重灾难。

但是钱塘江的河性、河型与黄河完全不同，除了河口泥沙来自长江以外，它是一条含沙量和输沙量都极小的河流，它没有冰期，水能蕴藏丰富。河口以上，干支流很少淤、决、徙的水害，大自然赋予这条河流以优越的条件。当然，我们也应该看到钱塘江存在的一些不利自然条件，除了河口的重大问题外，干支流也并非完美无缺。所有这些《钱塘江志》都有详细的记载。此志不仅让我们了解钱塘江的过去，并且更为我们研究钱塘江的未来，提供了充分的依据。"甚哉！水之为利害也"。这是一切江河湖陂如何持续发展必须考虑的前提，对于浙江人民的母亲河，我们今后如何承先人之绪、继续治理开发，当然也必须遵循司马迁在2000年前提出的这句名言。

注释:

① 《孟子·离娄下》。

② 《水经·浍水注》。

③ 司马迁自称《一百三十篇》,当时或称《太史公书》,《史记》是以后的名称。

④ 《四库提要》卷六九《史部·地理类二》。

⑤ 《河口与海岸工程》专辑,1996 年第 3 期。

⑥ 《浙江档案》1997 年增刊。

⑦ 宋姚宽《西溪丛语》卷上:"海商船舶,畏避沙滩,不由大江,惟泛余姚小江,易舟而浮运河,达于杭越矣。"

⑧ 《地方志与索引》,原载《浙江方志》1992 年第 3 期,《中国地方志》1992 年第 5 期转载,又收入于《陈桥驿方志论集》,杭州大学出版社 1997 年版。

⑨ 河南人民出版社 1994 年版。

原载《浙江方志》1998 年第 6 期

研究湖泊　保护湖泊

——《南京莫愁湖志》对我的启发

　　我是 1947 年第一次到南京,并且走马观花地在莫愁湖转了一圈。意想不到,过了整 60 年,素昧平生的吴小铁先生寄赠我一套装帧考究,内容丰富的《南京莫愁湖志》,并外加两个精致的长卷。骤获此书,如得瑰宝。虽然年来又老又忙,但还是作了从头到尾的浏览,深感用这样的形式和方法修一部湖泊志,称得上匠心独运,别开生面。在这 20 多年中,全国掀起了修志热潮,各地和各行业寄赠给我的各种通志和专志,为数实在可观。这期间,我曾经出席过多次评论志书的会议,并被邀担任 1997 年由中国社会科学院主持的全国志书评选委员,在北京看到了许多通志和专志。佳志如林,但其中却没有一部湖泊志,我因为从事的专业而素来钟情于河湖,中国的名湖不少,但在一场全国性的志书评比中,却不见湖泊入志,感到相当遗憾。

　　从 20 世纪 50 年代初期起,我执教杭州,而家居南京,所以寒暑假都在南京与家人团聚。全家外出走走,玄武湖实在人多繁嚣,比不上莫愁湖清静闲适,所以这处西郊胜境给我留下了很好印象。接着举家迁到杭州,西子声名当然超过莫愁。但不料甫抵杭州,阶级斗争之弦骤然拉紧。从反右开始,运动不断,而夫妇都在高等学校工作,都属于"资产阶级知识分子",常常要提防被阶级斗争的风浪泼到。所以虽然身在西湖之滨,却常常怀念在莫愁湖畔游憩的悠闲岁月。

　　这次喜读《南京莫愁湖志》,不仅勾起了我对莫愁湖的回忆,而且对我自己曾经从事的湖泊研究作了一番思考。我不仅自己研究过湖泊,并且与外国汉学家共同研究过湖泊;不仅在国内研究湖泊,并且也在国外研究湖泊。我最早研究湖泊是在 1961 年。当时,由于历次运动带来的负面影响,阶级斗争稍趋缓和,对高等学校发布了所谓"高教六十条"。知识分子有了从事科学研究的心情和时间。虽然时值"三年自然灾害",物资极端匮乏,但我还是克服了一切困难,进行对历史上的著名水利工程——绍兴鉴湖的研究。经过大量的文献阅读和多次现场考察,用一年时间完成了研究工作,于 1962 年在《地理学报》发表了研究成果。①由于这是我们学校地理系建系以来第一篇在高级刊物上发表的论文,所以很受学校领导的鼓励。于是我又制定一个对宁绍平原所有湖泊进行研究的计划。可惜为时不过一年,我们又听到了"千万不要忘记阶级斗争"的口号,政治形势日益紧张,终至出现了"十年动乱"。我们的湖泊研究当然中断。不过自从 20 世纪 70 年代末期起,我还是带着研究生,踏遍整片宁绍平原,完成了因"十年动乱"而被搁浅的研究计划。②

1980 年以后,我多次出国访问讲学,经常与外国汉学家打交道。记得那是 1985年,我在日本国立大阪大学担任客座教授,我的汉学界好友斯波义信教授刚刚发表了一篇他对中国湖泊研究的论文《〈湘湖水利志〉和〈湘湖考略〉——浙江省萧山县湘湖水利始末》,③全文附有多幅有关湘湖的地图。湘湖与杭州只是一江之隔,而我对此湖却所知很少。由于我的夫人擅长日语,所以我们决定把此文翻译出来到国内发表。不过在地理上她必须求教于我,而文字上也得与斯波斟酌。于是我们 3 人就在我的办公室内工作,花了一个礼拜时间,才把这篇长达万言的论文译成中文。事情实在凑巧。正当我们把斯波的《湘湖》译后不久,斯波忽然接到美国瓦尔巴莱索大学历史系主任萧邦齐(R. Kieth Schoppa)的来信,他也是一位很有成就的汉学家,并且获悉我正在大阪大学任教。他给斯波写信,是为了要斯波敦促我,接受他于这年秋季到杭州大学我的研究室从事一项研究工作,而研究的对象恰恰就是萧山湘湖。斯波随即把他的信交给了我,当然也为他说了一番希望我接受的话。事情是如此得巧合,我只好同意。于是斯波给他写了复信,要他先向中国教育部办好手续。

我在大阪大学讲课满一个学期后返国,萧邦齐带了他夫人和 3 个孩子接踵而至,住在杭州大学专家楼,开始进行他对湘湖的研究。萧山县在当时还没有一家涉外宾馆,但对于美国学者能够到他们县里从事研究引为自豪,为我们专门布置了一处高雅的住所,我和萧邦齐人各一室,我的助手和研究生们则合住数室。我们在湘湖和萧山的其他地区考察了很久,与当地的水利部门及考古、文物界开了多次座谈会。他在美国显然已经阅读了许多有关湘湖和萧山的水利资料,所以情况相当熟悉。他们一家在杭州半年,1989 年年初,耶鲁大学出版社就出版了他的研究成果:《湘湖——九个世纪的中国世事》。④卷首序言中写了一大段感谢我的话,我实在颇感惭愧。因为在他的研究过程中,我与其说作为他的指导者,还不如说作为他的翻译。

我与外国汉学家的湖泊研究在湘湖以后还有续篇。那是2001年暑期,我和夫人在绍兴寓所休息。浙江大学文学院领导急如星火地赶来,因为他们举办一个中国文化学术的国际研讨会,而著名的汉学家伊懋可(Mark Elivin)居然同意与会,并且用电脑传来了用英文写的长篇论文《洱海研究》。我是理学院教授,文学院的事与我无涉。但伊懋可是国际第一流汉学家,他的与会对文学院来说是一件大事。所以在他宣读论文以后必须要有一位旗鼓相当的人用英语进行讲评。结果硬是把我们夫妇拉回杭州,住进了体面的花家山庄会场。当时,文学院只知道我与伊懋可熟悉,并且能够说英语。他们并不知道,我之所以最后同意与会,是因为我对远在云南的这个高原湖泊,也作过半天的现场考察。那是在此前一年,中国地理学会历史地理专业委员会在昆明举行国际学术讨论会。我刚刚从担任了10多年的专业委员会主任上卸任下来,或许是为了表示对我的慰劳,东道主云南大学为我们夫妇安排了一项特殊待遇,让我们作一次香格里拉的旅游。返程中在大理休息一天,我当然知道这里离洱海西岸很近。这个面积达300平方公里的高原湖泊,因为属于构造湖,湖形狭长(南北长40公里,东西宽仅7公里—8公里)。湖的东岸已经受到旅游部门的人为干扰,西岸则仍然保持原始面貌。只是从大理到那里没有正规的道路。宾馆主人通过努力,为我们在附近找来一辆木制的破旧马车,由一位农民替我们驾驶。经过崎岖不平的十多公里山道,终于把我们夫妇带到了湖边,让我沿湖作了半天的考察。从泥泞的湖滩到淹水的浅滩,可以清楚地看到湖泊缩小的痕迹。虽然是深逾20米的构造湖,但沼泽化的自然规律仍然不可避免。过去的湖盆显然比现在要大,历史上的"叶榆泽"比现在或许要大上几倍。伊懋可对洱海曾经作过长期的研究,而且恰恰我对这个地处僻远的湖泊也作过半天考察,所以他对我的讲评非常满意,会上会下,我们谈得很投机。

前述了我对湖泊研究的浅历,也就说明了在1997年全国志书评选中我因为看不到一部湖泊志而失望的原因。所以今天当《南京莫愁湖志》展现在我面前时,喜悦之情,当然不言而喻。这是一部佳志,我不想对此作长篇大论,只要看看卷末的《莫愁湖研究资料一览表》,志书编纂者做学问的态度和方法就令人钦佩。搜集和洞悉前辈的治学业绩,这是继业者后来居上的必由途径。所以《南京莫愁湖志》是莫愁湖研究中的翘楚,以此一《表》就可论定。

莫愁湖论面积不过是个小湖,论名声在国内也并不超群,但在这20多年中,通志和专志大量问世,而湖泊志却相对冷清。所以《南京莫愁湖志》的修纂,除了莫愁湖本身的价值外,还有更为重要的意义。首先,由于这样一部以湖泊为对象的佳志的问世,必然会对各地湖泊志的修纂起促进和示范作用,让这个在当今志书修纂中的薄弱环节获得充实和提高。这是一种文化遗产,其在文献学上的意义,更不可小视。

《南京莫愁湖志》对我的启发实在不小,所以还得多说几句。前面已经谈过我对湖泊研究的一点经历,湖泊在人类可持续发展中的意义,不是几句话说得清楚的。对我来说,除了国内的大湖名湖以外,自从 1980 年以后,我借出国访问讲学之便,也参观和考察了世界上的不少大湖名湖,并且了解了一些他们对湖泊的重视、研究和保护情况,心有所感,曾经写过一篇《湖泊湮废》⑤的小文章。我在该文中提到,中国在古代曾经是个湖泊很多的国家,从先秦的《禹贡》《职方》和汉朝的《尔雅》三书统计,中国古代曾有很大的淡水湖 19 处。这些大湖多在以后的围垦中不断缩小甚至全部湮废。时至今日,中国已经成为一个缺乏湖泊的国家。我在该文中曾以美国和加拿大这两个面积与我们相当的国家作了比较:在美国,每国土面积 1 万平方公里,有淡水湖面积 260 平方公里;在加拿大,有淡水湖面积 130 平方公里;而在中国,只有淡水湖面积 17 平方公里。中国已经成为一个贫湖国。保护湖泊,是我们的当务之急。所以我们希望各地重视湖泊志的修纂。一部湖泊志的问世,其实就是向公众宣告了一个湖泊的存在。莫愁湖是在一个特殊的环境中受到特殊保护的湖泊。一个好湖修出一部好志,这是一个令人鼓舞的例子。但我们同时希望为正在湮废中的湖泊修志,并希望为历史曾经存在如今已基本湮废的湖泊修志。因为当前我们已经听到了有识之士对于停止湖泊围垦甚至废田还湖的呼声。说明在保留水体和增加土地之间孰得孰失的问题,已经受到人们的关注。在这样的形势下,修纂各种类型的湖泊志,显然有助于对湖泊的保护。

注释:

① 《古代鉴湖兴废与山会平原农田水利》,《地理学报》1962 年第 3 期,又收入拙著《吴越文化论丛》,中华书局 1999 年版。

② 《论历史时期宁绍平原的湖泊变迁》,《地理研究》1984 年第 2 期,收入《吴越文化论丛》。

③ 原文载《中国水利史论丛》,东京国书刊行会 1984 年版,译文载《中国历史地理论丛》第 3 辑,陕西人民出版社 1988 年版。

④ 叶光庭等译,陈桥驿校 *XiangLake—Nine Centuries of Chinese Life*,中译本,杭州出版社 2005 年版。

⑤ 《郦学札记》,上海书店出版社 2000 年版。

原载《中国地方志》2007 年第 6 期

文物之邦的《文物志》
——贺《洛阳市志·文物志》出版

　　《洛阳市志·文物志》的出版，不仅是我国方志史上的一件大事，而且也是我国文物界的重大喜讯。我为此感到不胜兴奋，为我国方志事业和文物事业的繁荣发展而踌躇满志，无比自豪，

　　洛阳是我长期向往的名都。我的祖父是清末举人，从小就教我读古书，尽管对《召诰》和《洛诰》中的洛邑和成周，年幼不甚理解，但祖父书室中挂着一幅明徐渭（文长）的手笔，开首第一句就是"洛阳处天下之中"。我从孩提起就在这个书室读书，直到中学时代抗战开始后离家，每天都要读李格非的这段名句和徐文长的名书好多遍。所以洛阳从小就让我留有深刻的印象。

　　年齿稍长以后读《水经注》，在卷十六《穀水篇》经文"又东过河南县北，东南入于洛"下，读到了7000余言的全书第一长注，内容主要就写洛阳古都。郦道元笔下的洛阳，是他在当代的目击记载，繁华壮丽，令人遐想无穷。1980年以后，我受出版社的委托，主编一本《中国六大古都》。承担此书主编，首先就要物色每个古都的作者。当时使我为难的是，六大古都中的5个，我不仅到过，而且都或长或短地居住过，偏偏就是没有到过洛阳。在五大古都中，我都有熟悉的知名学者，但是却没有交过洛阳的学者朋友。要写一个古都，主要的条件之一是熟悉这个古都，不仅在资料上必须能得心应手，而且一定要有丰富的感性知识，也就是说要到当地作一段时期的实地考察。为此，

我聘请了当时还比较年轻的史为乐先生,他受业于历史地理学泰斗谭其骧先生,功底深厚,而且在体力上能够胜任野外考察的辛苦。经与他商量,承他同意,专程去到洛阳作了一段时期的实地考察,最后写成了稿子。通过他的文章,使我又一次获得了对这个历史名都的知识,并且更进一步地增加了对她的崇敬。

1988 年夏季,我总算达成了我的宿愿,到了这个长期渴望的历史名都。由于《中国六大古都》电视系列片(后来增加安阳,改成《中国七大古都》)的拍摄,我作为此片学术顾问,到洛阳举行了一次拍摄的现场会议。会议的性质就是要考察这个古都,因此让我得到一个驱车驰骋于洛阳全境的机会。伊洛蜿蜒于南,邙山孤峙于北,龙门石窟的峥嵘雕琢,白马名刹的古朴、幽雅,加上市区内外的其他许多文物古迹,真是气象万千,光怪陆离。几天的考察参观,实在应接不暇。这个城市,无论从外观到内涵,从历史到现状,处处都显出了她与众不同的独特风貌。这些年来,我访问和考察过的国内和国外城市数实不算少,而洛阳确实不同凡响。

现在,卷帙浩瀚的《文物志》正式出版,展卷浏览,立刻涌现起 7 年以前实地考察的美好回忆。当年的洛阳之行,让我开阔了眼界,而现在的皇皇巨编,让我得以在当年考察的基础上,细细地回味和咀嚼,更深入地了解这个名都的内涵。洛阳是个文物之邦,在这个充满各种文物的大千世界里,能清理出纷繁的头绪,编纂出如此一部内容丰富,资料完备,体例严谨,图文并茂的志书,而且脉络清楚,有条不紊,实在令人赞叹。

卷首是一篇 6000 言的《概述》,它不仅提纲挈领地介绍了洛阳的文物全貌,而且实际上是一篇很有价值的学术论文。文章最后说到"开展文物科学研究,是认识文物价值、发挥文物作用和提高民族自豪感的重要环节"。对于《文物志》来说,这几句话是画龙点睛的,因为整部志书,其实就是对洛阳古都文物科学研究成果的系统总结。通过对这部志书的阅读,大家都会以我们有洛阳这样一个文物之邦而提高民族自豪感。

全志分为 10 章,第一章是石器时代遗址,洛阳境内至今已经发现的新石器时代遗址多达 200 余处。这里有诸如孙旗屯、王湾、土门、高崖等许多仰韶文化的遗址,说明了洛阳一带早期的自然环境。伊、洛、瀍、涧在新石器时代早期就哺育了这片土地上的先民,而《召诰》和《洛诰》记载的占卜实际上是在选定了这个优越的自然环境后的一种仪式。第二章是城址,从夏都斟鄩叙述到隋唐东都城。记得往年我曾在一篇拙作《论绍兴古都》(《历史地理》第 9 辑,1990 年)上议论作为古都的条件,文中涉及了洛阳。我说:"我们把洛阳定为古都,因为现代洛阳虽然与东周王城及汉魏故城无涉,但它毕竟建立在隋唐故城的基址上。"这是由于我提出的作为古都的两个条件之一,可以称为古都的现代城市,在地理位置上必须和当年的古都重合,或部分重合(《中国的古都研究》载《杭州师范学院学报》1994 年第 1 期）。但我在另一篇题为《聚落·集镇·城市·古都》（《河洛史志》1994 年第 3 期）的拙文中，曾特别强调了洛阳作为一个古都的特殊例子。我说："像洛阳这样完全新建的都城，在世界现代都城中，也只有澳大利亚的堪培拉和巴西的巴西利亚等差可相比，在中国则尚无这样的例子。"所以志书的城址这一章，可以说通篇充满了这个文物之邦的自豪感。

　　以后各章分别是作坊遗址、墓葬、建筑、石窟寺等，这中间，如西周的铸铜作坊遗址，东周的制陶遗址，大量陵墓和名人墓葬，都是文物中的精华。而佛教建筑中以白马寺为首的许多寺院，使人想起了后来遍及全国的大量寺院的鼻祖。《洛阳伽蓝记》卷四说："白马寺，汉明帝所立也，佛入中国之始。"同时也使人想起了《水经注》的时代，当时，北魏各地的寺院多达 13000 处（《通鉴》卷 147，武帝天监八年），而洛阳一地，寺院竟多达 l367 处（《洛阳伽蓝记》卷一）。溯昔抚今，对至今犹存的这些佛教古迹，真是不胜感慨。

　　第六章石窟寺，以龙门石窟单独作为一节，这一处洛阳文物也是华夏文物中的稀世珍宝，如志书所说："密如蜂房般的石窟群，南北绵延长达一公里。"对于这片伊水两岸山间的 10 万余尊佛像，没有一位参观者不是流连忘返、叹为观止的。在第七章碑碣、墓志、石刻中所列载的许多文物精品以后，第八章是馆藏文物，分别记述了青铜器、陶瓷器、金银玉石器和其他文物共 200 余件，所有这些，都是价值连城的国宝。在第九章近现代史迹以后，以文博事业作为志书的尾章，让读者在漫游这个文物之邦，饱览大量珍贵文物之后，接受一次对于这许多稀世之宝的发掘非易和保护维艰的教育。这样一部辉煌灿烂，古色古香的志书，用这样一个具有现实意义的篇章结尾，这也是编纂者煞费苦心的设计。《礼·祭统》说："善终者如始。"前面已经指出，《文物志》卷首的《概述》是一篇很有价值的学术论文，而《文物志》的结尾，同样匠心独运，前呼后应，相得益彰。

原载《河洛史志》1995 年第 2 期

赞《洛阳市志》第十五卷"国宝"志

　　去年我到北美加拿大和美国讲学半年。因为在讲学内容中涉及中国方志,所以每次讲学后的座谈会中,或是平常与北美汉学家的谈论中,对方常常提及中国方志的问题。其实,我不是方志学家,不过是个方志用户,但彼方人却非常热衷于此,有好几位学者,言谈之中不约而同地称中国历史上积累的大量方志为"资源"。我出国讲学已经多次,与外国汉学家谈论方志和从国外引进中国方志孤本的也已经多次,但听到外国汉学家以"资源"一词称道中国方志,却实在还是初次。所以不免踌躇满志。为此从加拿大到美国后,讲学之暇,我有意地调查了一下美国各东方图书馆和研究机构,对于中国方志的收藏和利用情况。因为既然外国汉学家称此为"资源",所以我是把它们作为一种在国外的文物资源进行调查的。调查的初步结果,使人发现,不久前出版的《中国地方志联合目录》,[①]恐怕有不少遗漏,有必要再加以修订增补。因此我在美国就撰成《中国方志资源国际普查刍议》一文,在《中国地方志》今年第 2 期发表。今年五月,我应邀出席全国第二次方志工作会议,以《北美汉学家论中国方志》[②]为题,在会上介绍了北美汉学家在他们的汉学研究中对中国方志的利用和意见。特别指出,在国际汉学家的心目中。中国历史上所积累的这一宗文化财富,已被他们认为是一种宝贵的"资源"。正因为此,我们这一代的新修方志,更应该继续我们这种优秀的文化传统,重视学术性和实用性,努力提高新一代方志的质量。

　　现在,当我读到《洛阳市志》第十五卷时,情不自禁地联系到去年北美汉学家对中国方志的评价,他们用"资源"一词推崇中国方志,而今天,《洛阳市志》第十五卷的内容《白马寺志》和《龙门石窟志》的合编,骤见此卷,我立刻意识到,此卷当然为"资源"锦上添花,但"资源"一词,已经不足以说明此卷的价值,一个我认为十分恰当的名称在我的思维中油然而生——"国宝"志。因为此卷内容,既是中国佛教史上的先驱,又是中国佛教艺术上的精华,是名闻遐迩的"国宝"。所以,《洛阳市志》第十五卷可以当之无愧地称为"国宝志"。我曾有幸考察过这两种国宝,现在又读到这部"国宝志",真如旧地重游,既为祖国的"国宝"而自豪,又为这部必将引起海内外高度重视的"国宝"志而欣慰奚似。对于这部志书,不仅是国内的宗教界、方志界和其他学术界,国际上的许多佛学家、汉学家和收藏家,都必将视同至宝,世袭珍藏。

《白马寺志》共分10章,并有卷首《概述》和卷末《附录》。对于这座佛教传入中国以后首创名刹,从历史渊源到高僧、佛籍,以及寺院建筑、佛教法器、碑碣、墓地、佛事活动等,已经包罗无遗。此外,志书还有十多幅生动的彩色照片,寺院的平面图及许多黑白照片和拓片,使志书继承了中国方志图文并茂的传统,并且推陈出新,设置了第九章《佛事活动》和第十章《管理接待》,记述了许多白马寺在近现代发生的新事物和新资料,都具有重要的存史价值。卷末《附录》中选录了若干文件,如《白马寺规约》、《白马寺僧人守则》等,都使人很受启发。而其中1984年5月8日,《洛阳市人民政府关于整顿白马寺宗教活动场所秩序的通告》中有一段话,实在是很重要的,"僧人和信徒在寺院内进行正当的宗教活动,受到法律保护,任何人不得干涉,不得在寺院内进行无神论的宣传,或者在信徒群众中发动有神还是无神的辩论。"所有这些,除了白马寺这座在我国佛教史上独占鳌头的寺院的丰富内涵和崇高声望以外,这部志书的编写,也应受到赞扬。正是由于他们对白马寺的精深研究和细致编写,才能获得如此成就。使白马寺这座著名的寺院实体和这部煌煌巨构的志书相得益彰。

《白马寺志》通过创建、沿革、高僧佛籍以及碑碣塔志的翔实记载,阐述佛教渊源,佛教传入中国的过程和佛教教义。因而使志书有很高的学术性。佛教是一种宗教,但也是一门学问。由于现在社会上研究和懂得这门学问的人太少,因此在涉及这种宗教和这门学问之时,有不少人往往一知半解,以讹传讹,甚至闹出笑话。例如浙江省不久以前出版了新编的《普陀山志》,志书编得不错,但是由于编者对佛教渊源、中国佛教史不甚了了,编者之中或许没有人懂得梵语和巴利语。因而竟不得"普陀"的地名来源。我过去曾引艾德尔的《中国佛教手册》[③]为早年出版的《普陀县志》作过地名解释,[④]他们不曾留意。因此在这部志书中不仅弄错了"观世音"一词的梵语拼写,而且在"普陀山观音道场"一事中闹了笑话。此志说:"史籍中关于普陀山观音道场的记载,最早见于《大悲心陀罗尼经》:'一时佛在补陀洛咖山,观世音宫殿庄严道场中'。《华严经》曰：南方有山，名补怛洛迦，彼有菩萨，名观自在……"⑤艾德尔在《中国佛教手册》中已经列举了亚洲各佛教圣地名普陀之处，包括西藏拉萨的布达拉宫在内。《大悲心陀罗尼经》和《华严经》所说的"补陀洛迦山"和《华严经》所说的"補怛洛迦"，都是指今印度南部西高止山南段秣刺耶山以东的巴波桑那山。而志书竟把它当作中国的南海普陀，岂不移山倒海？所以我在评论《普陀山志》一文中最后提出：⑥

> 记得往年我在日本讲学时，曾与药师寺及唐招提寺的主持谈过话，他们都懂得梵语和巴利语，为此，在普陀山这种特殊的佛教圣地环境中，世界各地前来顶礼的高僧一定不少，所以我认为，在这个地区，不仅是僧侣和宗教界人士，甚至从事旅游业的工作人员，也都有学一点梵语和巴利语的必要。

另外一点意见是与《白马寺志》编者商榷的。此志卷首《概述》中引《洛阳伽蓝记》："白马寺，汉明帝所立也。佛入中国之始。"第一章《创建》第一节《水平求法》中更广征博引，从《四十二章经序》到《魏书·释老志》共有文献十多种，用以证明："历史上，长期以来流传着汉明帝永平年间因梦见佛陀而派人到西域拜求佛法的说法，公认为佛教正式传入中国的开始。"当然，这种说法在中国历史上是很流行的，或许也是权威的。直到唐朝，饱学如韩愈，他也曾说："汉明帝时。始有佛法。"⑦不过，志书是一种资料汇编，不是个人专著。关于佛教传入中国的问题，除了汉明帝之梦以外，也还有不少不同的说法，把这些不同的说法录入志书，绝对无损于白马寺的崇高地位，例如，隋费长房《历代三宝记》，唐《法苑珠林》卷二，《佛祖历代通载》卷五等文献中，都记及秦始皇二十六年，西域沙门室利房等18人，赍佛经来咸阳，遭到秦始皇禁制之事。因为这种记载与《史记·秦始皇本纪》三十三年所载："禁不得祠，明星出西方"，有可以印证之处。"不得"，很可能是梵语 Buddha 音译，⑧则秦始皇或许是唐武宗之前禁佛的皇帝。当然，这类问题都是属于尚可讨论的学术问题。志书不是专著，孰是熟非，不必作出结论，从各方面汇编不同观点的资料，有裨于开宽志书利用者的思路，提高志书的学术性和实用性。

现在再来议论一下《龙门石窟志》。此志编纂体例与《白马寺志》无异，除《概述》及《附录》外，共分7章，篇幅稍大于《白马寺志》。从内容的丰富，资料的完整，编纂的严谨等各方面评价，与《白马寺志》一样，是编纂者辛勤耕耘，精心雕琢的杰出成果。

有缘参观这两种国宝的人都会有这样的感觉，两者都是国宝，但是要认识白马寺的价值，参观者必须首先涉猎中国佛教史，才能领会这座寺院在我国遍地皆有的寺院中的与众不同的地位。但龙门石窟却不同，即使是一个与学问之道毫无关系的普通游客，面对这一大群岩石上的古老雕琢，也会叹为观止。对于这两大国宝的来历，假使说,白马寺是国际交流的产物。那末,龙门石窟是我们国内的民族融合的产物。这样两种来历不同的国宝竟能汇集在洛阳一地,这或许得归功于"处天下之中"的这种得天独厚的优势。

在第二章《洞窟造像》中,志书一开头就说:"龙门石窟的石刻造像,产生于公元5世纪佛教在中国兴盛时期,是北魏孝文帝改制,实行汉化政策的产物。"这一段话真是抓住了我国文化史上的要领。我在拙著《郦道元评传》[9]中,曾经大大地歌颂了两位在我们民族融合过程中起过关键作用的历史人物,一位是战国赵灵王,他于其在位的十九年(前307)断然决定:"胡服骑射以教百姓。"[10]另一位北魏孝文帝,他于太和十八年(494)正式下诏:"禁士民胡服。"[11]一位汉族领袖要汉人穿上胡服,而另一位胡人领袖又要胡人穿上汉服,这真是一出历史喜剧。我说:"把中国历史上这件戏剧性的掌故用这两个年代确定下来,在这一段戏剧的时代中,中国境内的许多民族发生了接触、交流和融合的过程。这个过程是错综复杂的,这中间有战争,有和亲,有商品贸易,有文化交流,有一族对另一族的统治,有另一族对另一族的反抗等等,然后终于出现了民族的融合,伟大的中华民族终于形成。"[12]

太和十八年,孝文帝元宏就是在这一年排除了极大的阻挠把首都从北国平城迁移到洛阳来的。迁都完成,他在这个"处天下之中"的中原都城宣布包括改姓易服的一切措施,说明北魏的汉化已经基本完成。"五胡乱华"的混乱局面已因拓跋鲜卑的胜利而结束。胡汉对立的局面由于拓跋鲜卑的汉化完成而终结。这就是龙门石窟能够屹立于伊水之滨的时代背景。面对着中州古都的这两种作为国际交流和民族融合标志的国宝,真是感慨无穷。而现在,《洛阳市志》第15卷把两大国宝合而为一,所以这部志书确实称得上价值连城。

第二章《洞窟造像》和第三章《碑刻题记》当然是志书的重点,其内容的完备已经达到纤患无遗的程度。而第七章《石窟研究》更为别开生面,从这一章的内容中,让人们不仅领略石窟的文物价值,而且进一步认识石窟的学术价值。从《有关龙门石窟著述、论文、文章一览表》和近年来两次学术会议的简要记载中,可以窥及这一国宝在国际上的崇高声望和深远意义。

我特别留意的是第四章《景观胜迹》中的《堙毁景观》一节和第六章《石窟的保护与利用》中的《石窟遭受的破坏》一节。中国各地的名胜古迹,在这个问题上的确是令人忧心忡忡的。而龙门石窟是国宝,更非一般可比。这种范围广大,又是露天而无法封闭的胜迹,如何保护?实在不能等闲视之。从《堙毁景观》中,志书记载的有13座寺院和其他不少胜迹,实际上恐怕还不止此数。而在《石窟遭受的破坏》一节中,记述了石窟在近现代的自然损坏和人为破坏情况,就更使人为国宝而担忧。当然,在同章中的《保护管理》和《技术保护》各节中,看到在这方面正在进行的种种努力,则又令人感到欣慰。保护国宝,这是一种值得引起各界关注的头等大事。

我游览过世界上的不少著名胜迹,深知对于文物的保护,除了加强管理以外,十分重要的是游客的素质。在日本,不少宫殿寺院中,奈良时代(公元 8 世纪)的地板,仍然平滑无损,光洁可鉴。因为游客都自觉地在进入时换上一双特制的拖鞋,而把自己的鞋子提在手上,在出口处再换上自己的鞋子。在这方面,我们不必讳言,我们的游客,还有待提高素质。最近我在拙作《郦学札记》(十)⑬中提及:"前几年我在日本京都清水寺一条木柱上看见一条墨迹犹新的'游此留念',署名者端的是炎黄子孙姓氏。异国相见,令人不胜惭愧。"提高游客素质,其实也就是提高人民素质,这是我们国家必须正视的现实和任务。借为"国宝"志评论赞美的机会,再次提出我的这种呼吁。

志书的修纂是为了存史、资治、教化,现在,《洛阳市志》第十五卷是一部不同凡响的"国宝"志,这部志书,显然更有与众不同的特殊意义。除了记录国宝的史绩,宣扬国宝的光辉,研究国宝的学问以外,它还要教育我们的人民,重视国宝,珍惜国宝,加强对国宝的保护。

注释:

① 中国科学院北京天文台主编,中华书局 1985 年版。

② 《中国地方志》1996 年第 3、4 期合刊。

③ *Ernest J. Eitel*,*Handbook of Chinese Buddhism Being A Sanskrit——Dictionary with Vocabularies of Buddhist Terms*, *Tokyo Sansusha*, 1904.

④ 《开发海洋,利用海洋——评新编〈普陀县志〉》,《中国地方志》1994 年第 4 期。

⑤ 《普陀山志》第 81 页,上海书店 1995 年版。

⑥ 《浙江方志》1996 年第 2 期。

⑦ 《论佛骨表》,《韩昌黎集》卷三十。

⑧ 韩长耕《佛教传入中国论考》(《湘潭大学学报》1951 年第 1 期)注释 5:"古代外语转汉,对音本不统一,梵文 Buddha 不仅可以译写为不得,往后还有步他、复豆、部多、勃陀母陀、佛驮、佛图、浮陀、浮头、没驮、没陀、佛陀等数十个不同音写。又如唐代传入的景教(基督教),其最初耶稣(Yisseu)之名,从敦煌发现的唐代景教经文写本(均归日本人弄走)看,一译'翳数',一译'移鼠',这都是耶稣一名的古译。"

⑨ 南京大学出版社 1994 年版。

⑩ 《史记·赵世家》。

⑪　《资治通鉴》卷一三九《齐纪》五,明帝建武元年。

⑫　《郦道元评传》第 7 页。

⑬　《中国历史地理论丛》1996 年第 1 期。

原载《河洛史志》1996 年第 4 期

贺《洛阳市志》第三卷出版

　　我高兴地读完了《洛阳市志》第三卷,我对《洛阳市志》是很有感情的。记得3年前,我曾经读了此志第十四卷《文物志》,并且为它写了一篇简略的书评。[①]我在那篇短文中开头就说:"《洛阳市志·文物志》的出版,不仅是我国方志史上的一件大事,而且也是我国文物界的重大喜讯。我为此感到不胜兴奋,为我国方志事业和文物事业的繁荣发展而踌躇满志,无比自豪。"

　　接着我就到北美加拿大和美国访问讲学。也可能是由于《文物志》对我的深刻影响,这次出国讲学和以往历次不同,我留心了一下中国方志在北美的情况,[②]并且非常欣慰地在美国一所著名大学的东亚国史馆藏书中看到了《洛阳市志·文物志》,异国相逢,当然使我不胜雀跃。

　　今年7月底,全国地方志在北京评奖,作为评委,我赴京出席这次会议。当我开始浏览陈列在评奖现场琳琅满目的精品时,《洛阳市志·文物志》赫然置于申报一等奖的大柜面上,这一次是评奖重逢,当然又使我感到十分高兴。评奖的过程是非常严肃认真的,经过了来自全国的评委们几天的审读和讨论,在最后的投票中,《文物志》如我意料中的那样,名列前茅,光荣地获得了一等奖。

　　从《文物志》的荣膺大奖,使我联想到正在继续修纂中的全部《洛阳市志》,据我的见闻,《洛阳市志》是这次全国修志高潮中规模最大的地方志书。我虽然不是方志专家,但却是个方志用户。这十多年来,我一直呼吁各地修志要尽可能地充实内容,增加

篇幅。对此,我不得不引用一段不久前出版的拙著《陈桥驿方志论集》③序言中的话:

最近十几年来全国掀起的修志高潮,当然是一项令人高兴的重大文化事业。一切都发展得尽如人意,成果也十分丰硕。对我个人来说,感到唯一有点意见的是志书在字数上的限制。1985 年中国地方志指导小组全体会议通过的《新编地方志工作暂行规定》第二章《志书体例》第十五条说:"一般情况下,县志以控制在 30 万至 50 万字左右为宜,市志控制在一二百万字至四五百万字左右为宜,省志最好控制在 1000 万字以内。"这样的字数控制,实际上与"资料书"的说法是矛盾的。在中国的旧志之中,民国《鄞县通志》是非常著名的一种,我曾撰《民国〈鄞县通志〉与外国汉学家的研究》④一文,说明这部长达 550 万字的县志,是如何受到外国汉学家的赞赏和重视。我曾以日本近年新修的志书《广岛新史》与中国近年新修的《慈溪县志》作了比较研究,⑤前者对广岛市的每 1 平方公里土地,平均有 11.8 万字的记述;而后者对慈溪市的每 1 平方公里土地,平均只有 0.13 万字的记述。尽管在我国的新修志书中,《慈溪县志》是属于优秀的一种,但是从资料的角度来说,与日本的方志相比,未免相当落后。在这方面,凡是利用方志做学问的人,大家都有同感。方志的可贵在于资料,方志的生命力也在于资料,在近年新修的方志中,我也看到过一些政府公报式的、有骨无肉的作品,对于这样一类志书,它们的实在生命,或许在首发式以后就告结束。

《洛阳市志》全部有 18 卷 49 篇,字数大概要超过 1000 万字,而从我已经看到的几卷,包括荣获一等奖的《文物志》来说,它确实称得上是一部"严肃的、科学的资料书"。⑥现在,此书第三卷(包括《城市建设志》《交通志》《邮电志》)又正式问世,整部市志的巨大工程逐步走向完成,这当然是值得祝贺的。

第三卷的为首一篇(全志第七篇)是《城市建设志》。洛阳是中国的七大古都之一,而且被我国历史地理学权威、已故谭其骧先生列为七大古都中的第一等。⑦这一篇的重要性实在可想而知。10 年以前,全国几个电视台联合拍摄《中国七大古都》系列片,我作为此片顾问,曾于 1988 年比较全面地考察了洛阳城市,对于这个城市的历史和现状都有一定程度的了解。的确,这个城市是不同凡响的。我特别赞赏志书把《城市规划》作为全志的发端。因为据我所知,洛阳是我国见诸历史记载的第一座通过规划而兴建的城市。

我的一位异国朋友,美国科学院院士、斯坦福大学教授威廉·施坚雅(G. W. Skinner)曾于 70 年代主编了一部《中华帝国晚期的城市》⑧(*The City in Late Imperial China*)的巨著,我曾应他的要求写过长篇书评,⑨书评中除了肯定此书的许多优点以外,也指出了一些缺点,其中有涉及洛阳的问题,这就是芮沃寿(A. F. Wright)的论文《中国城市的宇宙论》。芮沃寿是一个地道的美国人,他能够读《洛诰》、《召诰》等中国古代文献,说明他的汉学基础是不错的,可惜他的理解很有偏差。他仅仅从这些文献的字面揣摩,认为洛阳是占卜的产物。因此,我在这篇书评中指出:"假使中国古代的城市出现,真的都和《绵》、《召诰》、《洛诰》那样是几片乌龟壳的产物,那末,这许多中国古代城市的诞生,岂不是一种儿戏,是一种偶然的巧合。它们有什么生命力,像洛阳那样,延续到 2000 多年以后的今天呢? 显然,对于这些文献的字面上的话,芮沃寿教授不免看得过于认真。对于洛阳的建城,尽管《洛诰》确记载了周公拜手稽首,念念有词的那一套出色表现:'予惟乙卯,朝至于洛师,我卜河朔黎水,我乃卜涧水东、瀍水西,惟洛食。我又卜瀍水东,亦惟洛食。'对待中国古书上的这一套记载,假使过于认真,就往往会掩盖事实的真相。不过,这种不可言传只可意表的事,对于一位外国学者,确实是颇难领会的。其实,当北魏郦道元记载这件事情的时候,他显然是心中有数的。尽管他也引用了《洛诰》的这一句话作样子,但他最后老实指山:'南系于洛水,北因于邙山,以为天下之凑。'[10] 谁都不会相信,把城市建在这样一种优越的地理位置和自然条件上,不通过精心的勘测,而是依靠几片乌龟壳获得的。我过去已经指出:'把都城建在这样一个地理位置上,在地形上背山面水,在交通上处于天下的枢纽,事前曾经绘制地图,这样的建城,与其说是占卜所得,毋宁说是勘测的结果,占卜无非是一种礼仪上的形式而已。'"[11]

《城市建设志》共分 10 章,详细记述了这个城市的历史和现状,提供了大量重要的资料。例如第五章《园林绿化》,就是作为现代城市建设的十分重要的内容。我在《水经·榖水注》中曾经读到过这个北魏首都中的许多园林,如芳林园、华林园、疏圃、土山苑、鹿苑等等,说明洛阳在历史上是重视城市的绿化建设的。现在,从国际上的城市建设标准来看,每个城市中,按人口平均的绿地面积,已经成为城市进步的标志。我曾经走过许多加拿大城市,以首都渥太华为例,除了城市中心(Down Town)以外,绿化的程度,已经很难区别市区和郊区的分异。美国东北部的人口是稠密的,但徜徉在首都华盛顿,举目所见,到处都是绿地,按人口平均的绿地面积达到 40.8 平方米。即使像东京这样一个地狭人稠的城市,登上东京塔,也可以看到分布在城内的许多片绿地。从《洛阳市志》的这一篇来看,这个城市这些年来也为城市绿化做了大量工作,取得了显著的成绩。加上名闻海内外的市花牡丹,洛阳在这方面的前景是很乐观的。

这一卷的第八篇是《交通志》,李格非称"洛阳处天下之中",但郦道元早就把它作为"天下之凑"。古往今来,交通对于这个城市的重要性当然不言而喻。我曾在《水经·洛水注》读到过著名的"八关",在《伊水注》中又读到过"伊阙"。这八关和伊阙,都是联系着重要道路的。《榖水注》引戴延之《西征记》:"次至白超垒,去函谷十五里,筑垒当大道,左右有山夹立。""又南迳函谷关西,关高险隘,路出廛郭"。古代文献记载的洛阳道路,真是气象万千。而《交通志》全卷以《古道》为首,其中并包括《丝绸之路》,然后再详细记述现代道路,志书的这种溯昔抚今,详今明古的体例,显然大大有裨于它的存史价值和现实意义。

最后一篇《邮电志》,内容同样是从古代的邮驿起首,然后详述现代的邮政和电信。作为一种资料书,这一篇的资料,也是详尽而完整的。

在北京的全国地方志评奖过程中,我读了许多这一时期的志书精品,而时隔不久,又读到了《洛阳市志》第3卷。说明全国修志的形势很好,志书质量正在不断提高,这确实是令人鼓舞的。

注释:

① 《文物之邦的〈文物志〉——贺〈洛阳市志·文物志〉出版》,《河洛史志》1995年第2期。

② 我曾在美国撰写了《中国方志资源国际普查刍议》一文,载《中国地方志》1996年第2期;回国后又在中国地方志第二次工作会议中作了《北美汉学家论中国方志》的大会发言,载《中国地方志》1996年第3、4合刊,两文均收入《陈桥驿方志论集》。

③ 杭州大学出版社1997年版。

④ 此文记载在日本大阪与美国、日本汉学家谈论民国《鄞县通志》的情况,原载《鄞县史志》1993年第1期,收入《陈桥驿方志论集》。

⑤ 此文,《慈溪县志》编委会有单行本,收入《陈桥驿方志论集》。

⑥ 见1986年12月24日胡乔木在全国地方志第一次工作会议闭幕会上的讲话。

⑦ 见陈桥驿主编《中国七大古都》卷首谭其骧序,中国青年出版社1991年版。

⑧ 美国斯坦福大学出版社1977年版。

⑨ 《评〈中华帝国晚期的城市〉》,《杭州大学学报》(哲学社会科学版)1985年第1期,《新华文摘》1985年第8期转载。

⑩ 《水经·洛水注》。

⑪ 《读〈中国王朝时代晚期的城市〉的两篇书评》,《杭州大学学报》(哲学社会科学版)1980年第4期。按:此书在中国初期译作《中国王朝时代晚期的城市》,以后改译为《中华帝国晚期的城市》。

原载《河洛史志》1997年第4期

为《洛阳市志》锦上添花而欢呼

——《洛阳市志·牡丹志》出版有感

　　《洛阳市志》寄来了第九卷《商业志》和第十六卷《牡丹志》。我是一个过了 50 多年粉笔生涯而至今还带着几位研究生的教书匠,对于商业是彻底的外行。但对于《牡丹志》,由于过去曾经读过一些古人的诗词文献,所以还可以说几句话。白居易诗:"花开花落二十日,一城之人皆若狂。"此情此景,我只有几次在日本当客座教授之时,逢到那边樱花盛开的季节才可相比。日本的樱花季节,其实不过半个月,但确实也有"一城之人皆若狂"的感受。不过日本的樱花,除了是他们的国花以外,还没有其他更多尊贵的封号。而牡丹则不同,李格非在《洛阳名园记》的《天王院花园子》一篇中说:"洛中花甚多种,而独名牡丹曰花王。"花而称"王",这在普天之下,恐怕没有另外例子。

　　《洛阳市志》据我所知,是这次全国修志高潮中的大志。我在《绍兴市志》首发式上说:"现在据我所知,规模较大的《洛阳市志》,分十八册,正在陆续出版,字数必超过 1000 万(全文发表于《浙江方志》1998 年第 1 期)。"现在,18 册之中,居然把李格非所说的"花王"也成为 1 卷 1 册。花而入志的事历来多有,但一种花成为志书中的 1 卷 1 册,对于这部全国大志来说,真是锦上添花。

　　《牡丹志》当然是一部中国方志史上前无古人的出类拔萃之作,单单卷首 30 多页的上百种彩色名贵牡丹,这部志书的收藏价值就不言而喻。但是对于自从 80 年代开始的这一次大规模修志高潮中,在展读这部锦上添花的佳志之时,起伏于我心头的,倒并不是这18卷之一的《牡丹志》,而是整部《洛阳市志》。因为如上所述,它是当前全国最大的一部市志。而从《牡丹志》本身来说,它既不是一种花卉学专著,也不是一种园艺学专著,而是一部志书。这部志书当然优秀,但它毕竟是18卷群体中的个体之一。现在,让我们在花言花,语云:"牡丹虽好,全靠绿叶扶持。"所以《牡丹志》不可能离开《洛阳市志》这个群体。去年我应邀去北京参加全国方志评奖,经过30位评委的认真评阅,《洛阳市志·文物志》荣膺大奖。和《牡丹志》一样,《文物志》也是《洛阳市志》这个群体中的一员。所以,从全局来说,在18卷之中,《文物志》也好,《牡丹志》也好,其他任何一志也好,这些都不是洛阳的"花王"牡丹,18卷的《洛阳市志》才是洛阳的牡丹。而18卷中的任何个体,都是扶持牡丹的绿叶。正是由于这些绿叶的扶持,才显出了《洛阳市志》——"花王"牡丹的光荣。

上面提及,《洛阳市志》是我国当前新修志书中的一部大志,在我看来,这实在是一件意义深远的大事。因为直到今天,对于志书的篇幅大小,方志界仍然存在不同的意见。章学诚《记与戴东原论修志》(《章氏遗书》卷十四《方志例略》)中说:"夫修志者,非示观美,将求其实用也"。直到今天,对于新修方志的用途,无非就是两种:一种是把眼下装潢讲究的志书作为家庭摆饰,以示"观美";另一种则是利用这些新修志书做学问。对于方志篇幅大小的不同意见,主要就是反映了这两类人的意见。我个人曾因需要翻阅过几千种旧志,当然属于后者。但是我并不提倡志书编纂者在资料实在不多的情况下拼凑资料。胡乔木指出,地方志是"严肃的、科学的资料书"。做学问的人,包括我所接触的外国汉学家(参阅《中国方志资源国际普查刍议》,《中国地方志》1996年第2期;《北美汉学家论中国方志》,《中国地方志》1996年第2、3期合刊。两文又均收入于《陈桥驿方志论集》,杭州大学出版社1997年出版),当然都希望我们的方志有更大的规模和更多的资料。

顺便指出,方志当然是我国开创的地方文献形式,但时至今日,世界上许多国家都已有了与我国方志类似的地方文献,所以已经不是我国所独有的了。而且,世界上其他国家的这类文献,规模和资料都趋向庞大。我曾经把中国的浙江《慈溪县志》(此志获得1997年全国方志评比一等奖)与日本《广岛新史》这两部近年出版的地方志作了比较研究(参见《中日两国地方志的比较研究》,慈溪市地方志编委会印行,又收入于《陈桥驿方志论集》)。按字数计算,前者对慈溪市的每1平方公里土地有0.13万字进行记载,而后者对广岛市的每1平方公里土地有11.2万字进行记载。差距甚大。现在,《洛阳市志》撇开这些实际上并无多大价值的篇幅议论,而经过精密设计,辛勤耕耘,为这个名闻遐迩的古都名城提供了18卷上千万字的"严肃的、科学的资料"。

事实上对这种议论作出了答案。我想,对于方志的真正用户,包括中国学者和外国汉学家们,一定是高度赞赏的。

前面已经谈及关于绿叶扶持牡丹的话。对于《洛阳市志》来说,由于绿叶葱翠,使这株"花王"牡丹衬托得更为豪华壮丽。但是我在此必须提出,为了更好地扶持这株牡丹,还必须让它再长上一片重要的绿叶,那就是 18 卷以外的《索引》。对此,我已发表过《地方志与索引》(《中国地方志》1992 年第 2 期,又收入于《陈桥驿方志论集》)等文章,我为我的学生陈田耕副教授《地理文献检索与利用》(西安地图出版社 1992 年出版)一书所写的序言中曾经引及一句外国学者的话:"检索工具没有索引很快就会变成一堆废纸。"

对此还要赘述几句。河南省毕竟是个修志名邦。《洛阳市志》是当前最大的市县通志,而离洛阳不远的郑州,那里修纂的《黄河志》则是当前最大的江河专志,全志 11 巨册,今年就可出齐。我作为该志的学术顾问,当其第一册《大事记》出版以后,我应约写了一篇《评〈黄河志〉分卷出版——兼建议增编〈索引〉》的文章(《黄河史志资料》1992 年第 3 期),说了一番关于对此一部大志有必要增加第十二册即《索引》的道理。今年 5 月初,《黄河志》总编室领导打来了电话,说全志 11 册中的最后两册今年可以问世,并且决定增编第十二册《索引》。为此,他们要派一位编辑人员到杭州与我商量有关《索引》事宜。3 天以后,《黄河志》的这位编辑就到了杭州,详细地讨论了《黄河志》第十二册《索引》的编制计划和方法。我并且介绍他专程再去绍兴,因为《绍兴市志》的《索引》,在当前无疑是全国志书中的翘楚。该志 6 册,第六册即是专门编制的《索引》。去年全国地方志在北京评奖,《绍兴市志》荣获一等奖,其中《索引》的编制曾为评委们所一致赞扬。相信他到绍兴与他们讨论以后,必然有所收获,而《黄河志》的《索引》必将后来居上。

我相信《洛阳市志》一定也在考虑这个问题。编纂这样一部巨志,目的自然不是供人们插架,而是为了利用,则《索引》无疑是十分重要的。现在我们已经进入了一个信息爆炸的时代,《洛阳市志》作为一个著名古都的信息,《索引》就是打开这座信息库的钥匙。眼下,不少已经出版的新修志书,为了适应这个信息爆炸的时代,他们已经或打算出版志书的光盘版。以浙江为例,诸如《东阳市志》《慈溪县志》等光盘版,都已正式问世。对于当前全国大志的《洛阳市志》来说,除了《索引》以外,来日还希望看到它的光盘版问世。

回过头来再说说《牡丹志》,这当然是一部为《洛阳市志》锦上添花的佳志。而且由此让我想起"牡丹虽好,全靠绿叶扶持"的老话。想到《洛阳市志》这株"花王"牡丹的许多绿叶,包括我所殷切希望的《索引》在内。

祝贺洛阳牡丹的盛开,祝贺《洛阳市志》的成功!

1998 年 5 月于杭州大学历史地理研究中心
原载《河洛史志》1998 年第 2 期

文化大邦

——读《洛阳市志》第十三卷

　　当前全国篇幅最大的市志《洛阳市志》第十三卷问世,此卷包括《文化艺术志》、《新闻志》、《卫生志》、《体育志》4篇。不久以前,曾读市志第十四卷《文物志》及第十五卷《白马寺志》、《龙门石窟志》3篇。那3篇记述了洛阳在各个时代积累的丰富多彩、价值连城的文物宝藏;而现在这4篇,名称不同而都在文化领域之中,记述了不同文化领域的发展实绩。让我们看到了古都优秀文化传统的继往开来。所以洛阳不仅是个文物大邦,而且也是个文化大邦。

　　一部皇皇巨构,内容丰富,我当然不可能在短小的篇幅中面面俱到。现在不妨在志言志,对此卷《文化艺术志》中《地方史志编纂》这一章稍抒己见。前面已经指出,洛阳是个文化大邦。而在文化领域的广大内涵中,洛阳实在称得上是一个方志大邦。在这一章中,详述了洛阳古今地志的渊源演变,这是我国方志史的一种缩影,关心方志者值得一读。在"都城史志编纂研究"一节中,上起《国语·周语》,下至民国时代的《洛阳古今谈》,搜罗至广,评述称详。议论的主要对象是从西晋、北朝以及隋唐的文献,其实就是我国方志史中第一批出现的作品,是我国的一宗重要文化财富。这些财富,正如我们经常议论的,具有"资治、教化、存史"的功能。志书特别着重地记叙了司马光在洛阳纂修《资治通鉴》的事,这实在是洛阳的莫大荣耀,因为此书正是中国历史上的一部不朽的"资治"文献。从英宗皇帝为此书制定《御序》(治平四年,1067年)之日算起,或者从此书正式告成之日(元丰七年,1084年)算起,前者不过60年,后者只有43年,英宗皇帝的孙子(徽宗)和玄孙(钦宗)就被金人俘虏去了燕地。英宗在《御序》中说:"商鉴不远,在夏后三世。"①英宗说的这个"商鉴",当然指夏桀、殷纣之事,其间相去达五六百年。②而发生在北宋的这个"商鉴",真是立竿见影。志书把《资治通鉴》置于洛阳历代文献中的重要位置,真是第十三卷修纂者的匠心独运。我在拙著《陈桥驿方志论集》③卷首序言中曾经论述了旧方志和新方志的主要市场:"是学者从事自然科学和社会科学的研究,可以举出大量成果来。"我在该序中说:"我当然不想否定'资治、教化、存史'的说法,但这六个字毕竟太抽象,拿不出具体的成果来"。我的这句话,其实是对志书审稿会上常见的少数专唱政治高调的不学无术者而说的。现在,此志记叙的《资治通鉴》,在洛阳纂修,在东京(开封)就获得"商鉴",弹指四十三年间。真应佩服英宗皇帝《御序》中的真知灼见。志书在"资治、教化、存史"上的功能确实不容低估。我们的为政者,实在都应该读读《洛阳市志》第十三卷,读读司马光在洛阳纂修的《资治通鉴》。当然,《资治通鉴》是一部全国性的编年史,它虽然在洛阳纂修,但并非洛阳的地方史志。所以志书编纂者也举了洛阳地方史志中的例子。李格非在《洛阳名园记》的后论中说:"洛阳之盛衰,天下治乱之候也。……园圃之废兴,洛阳盛衰之候也。"英宗皇帝看到大局,而李格非看到小局,但道理都是一样的。从洛阳的地方史志来看,志书提及的另一种文献即杨炫之的《洛阳伽蓝记》,不就是"资治"的重要教材吗?

这一篇中的另一重要特色,是志书附入了一幅《汉唐时期洛阳都城志佚书一览表》。凡是涉猎过目录学和文献学的都能体会到,这一幅表格的制定,要仔细查核大量公私书目和正史的经籍、艺文诸志,工作量十分巨大。但是对于做学问的人来说,这幅表格具有很大的价值。第一,有助于学术界继续追踪辑佚。尽管表格在备考栏中都有关于该书著录、引文和辑本等说明,但是对于亡佚的古籍,辑佚实在是没有止境的。以《水经注》一书为例,往年我曾在140多种古籍中辑出此书佚文460余条,其中以往学者已经辑出的约占2/3。④说明由于我国古籍浩瀚,所以辑佚的潜力很大。第二,亡佚的书,在某种程度上并非一定亡佚,所以此表之成,有助于学者继续查访,其中也不完全排除失而复得的可能。对此,我在拙作《中国方志资源国际普查刍议》⑤一文中已经论及,而我个人在这十几年中,也已陆续从国外图书馆引回了4种国内认为"亡佚"的书籍。当我在80年代初从美国国会图书馆引回乾隆抄本《越中杂识》时,我国古籍整理的领导人还特地撰文表彰了此事,⑥称赞此书的"失而复显"。

这一篇的第二节记载了旧府、县志编纂,志书先述《河南府志》,从《隋书·经籍志》著录的《司州记》等佚书及宋敏求《河南志》并明清志书作为一个引言,然后按明弘治、清顺治、康熙、雍正、乾隆以至民国的历代志书,逐代加以介绍。最后是一幅《河南府(河南道、河南省第十行政公署)及所属各县修志一览表》,把至今尚存的河南府属志书逐一表列。府志以后是《洛阳县志》,记载的方式与府志相同,最后也有一幅《清朝、民国时期洛阳县志(含专业志)现有情况一览表》。这部分内容由于有《中国地方志联合目录》可以参照,工作量当然比前面的"都城史志"要小。但是两种表格所显示的洛阳这个方志大邦的志书积累,实在不同凡响。在全国各府、县中,的确也是无与伦比的。当然,如同我在上述《刍议》一文中批评《中国地方志联合目录》的不足时所说:"目录如兼及佚书,从国际交流的角度来说,有利于学者们的注意和搜索,有的佚书可能存在有朝一日复出的机会。此外也有裨于学术界的辑佚工作。"对于《洛阳市志》的这两幅表格,其不足之处也是一样。

这一篇的第三节记载了新方志,对市志、县志、区志和其他专志的编纂,都作了详细的介绍。作为一个方志大邦,新方志在继承旧志传统,创建新志格局方面成绩斐然。除了市志以外,这些年来,这里共修成了区志 4 种,县志(含各县"概况")14 种、各种专志 129 种,确实是一个庞大的数字,也是洛阳市新增的一宗可观的文化财富。

在这些新修志书中,重点当然是《洛阳市志》,我先后读过此志的不少卷,1997 年 8 月,中国地方志指导小组和中国社会科学院在北京举办全国地方志评奖。我忝为评委,对当时参评的《洛阳市志》第十四卷《文物志》作了推赞,而此志经过评委投票获得一等奖,感到非常高兴。由于我已经撰写了《文物之邦的〈文物志〉——贺〈洛阳市志·文物志〉出版》(见《河洛史志》1995 年第 2 期)一文,对此就不再赘述。

前面已经指出,洛阳不仅是一个文物大邦,而且也是一个文化大邦。《洛阳市志》第十三卷和第十四卷等卷,不仅记载了全市文物和文化的丰硕积累和光辉渊源,并且也记载了它们极不平凡的沧桑经历。对此,我曾因此志提及的《洛阳伽蓝记》一书而无限感慨。洛阳在北魏盛时,曾有寺院 1367 处。例如永宁寺,《伽蓝记》记及,"僧房楼观一千余间,雕梁粉壁,青缫倚疏,难得而言"。但是对于作者杨衒之来说,他的著作无非是他对往事的沉痛回忆,在连年战火以后,当他于武定五年(547)重访洛阳时,这里已经是城壁崩落,宫殿倾倒,寺院灰烬,塔庙废墟,昔日繁华都已化为乌有了。和《洛阳伽蓝记》一样,《洛阳市志》第十三卷《文化艺术志》的《概述》中,也记及一段如同 6 世纪前期的悲惨时光:

> 8 月,毛泽东的《我的一张大字报——炮打司令部》出现在洛阳街头,从而把洛阳市的"文化大革命"推向了高潮。各种名目的"造反"组织,以破"四旧"为名,捣毁文物、破坏古建筑、烧毁古籍。他们在白马寺烧毁历代经书 55884 卷,砸毁佛像 91 尊。孟津县老城公社老城大队是明末清初书画家王铎的故乡,自古有

不少藏书大家。8月25日，红卫兵组织把这些私人藏书焚烧殆尽，烧毁古籍近8万册。短短一个月内这种打、砸、抢活动迅速扩展到整个洛阳地区，仅栾川县就扒神庙217座，毁佛像833座，打房顶饰兽2117个，砸匾额、碑碣159块，烧毁服装道具14357件、古字画13344件、书籍32480册，其他一些古迹、古建筑、盆花、盆景尽遭洗劫。这种疯狂的大破坏后，洛阳市古代泥塑和近代泥塑无一幸存，古旧字画基本无存，古籍珍本失去十之八九。

用旧式评点词汇称赞这一段，就叫做"千古文章"。从这一段文章中可以判定，这个方志大邦修纂志书，是紧紧地扣住了中国几千年来的修志传统，和9个多世纪以前司马光在这座古都纂修《资治通鉴》一样。《洛阳市志》的修纂，实实在在地遵循了"资治、教化、存史"的优秀传统。从这段文章中，我们看到了，洛阳在30多年前又一次蒙受了《伽蓝记》时代的创伤；但我们同时看到了洛阳人的胸襟和气度，也可以预卜洛阳的更为美好的未来。

注释：

① 《诗·大雅·荡》，"商鉴"，各本多作"殷鉴"。

② 因共和元年（前841）以前无法纪年，此是约数。

③ 杭州大学出版社1997年版。

④ 《论水经注的佚文》，《杭州大学学报》（自然科学版）1978年第3期；又收入于《水经注研究》，天津古籍出版社1985年版。

⑤ 《中国地方志》1996年第2期，又收入于《陈桥驿方志论集》。

⑥ 李一氓《三论古籍和古籍整理》，上海《文汇报》1984年5月10日。

原载《河洛史志》1998年第4期

向"旅游大市"迈进

——喜读《洛阳市志》第五卷

　　1988 年 7 月,《中国六大古都》①电视系列片拍摄工作会议在洛阳召开,我是此片顾问,又是《中国六大古都》②一书的主编,到洛阳出席会议,得以对这个古都作了全面而细致的考察。时隔 12 年,当我展读《洛阳市志》第五卷时,溯昔抚今,真是不胜感慨。

　　第五卷包括《外事》《旅游》《侨务》3 志,《旅游志》显然是这一卷的核心。外事和侨务虽然各有其记叙重点,但它们与旅游都有密切关系。从外事来说,不仅接待外国旅游者和旅游团体,都是一种外事活动;而对于洛阳这样一个历史文化名城和古都,在不涉及旅游的外事活动中,也往往会安排旅游的节目在内。在侨务方面也是一样,侨胞无不热爱家乡风土,何况对于洛阳这样一个人杰地灵、出类拔萃的城市。

　　《外事志》的篇幅虽然不大,但由于这是一个历史悠久的古都,所以从卷首《概述》中就阐明了它在国际交流中的渊源古老。其实,我在自己的研究工作中也已经利用了古代洛阳的外事成果,昔年撰《水经·浿水篇笺校》③一文,由于学术界对浿水为今何水,至今存在不同意见。④拙文引《水经·浿水注》:"其地今高句丽之国治,余访蕃使,言城在浿水之阳"据《魏书·高句丽传》:"迄于武定末,其贡使无岁不至。"说明建都于洛阳的北魏,与高句丽之间的外事活动非常频繁,所以郦道元可以在洛阳访问来自该国的使者。我在拙文中说:

由于高句丽"贡使无岁不至",故郦氏"余访蕃使"无法查实何年。唯蕃使所言'城在浿水之阳'一语,可为平壤在浿水北岸之确证,亦可为浿水即今大同江之确证。

由于古代洛阳的外事活动为我的研究工作提供了依据,为此,我对此志倍感亲切。而其中特别是改革开放以来,洛阳外事活动的蓬勃发展和取得的成绩,更使我感到鼓舞。无可讳言,由于1949年以后我们闭关自守的倾向,各地的外事活动,特别是科学文化的交流,显得非常缺乏。不要说一般群众,知识分子包括高等学校教师,思想上也不曾考虑到对外交流的问题。所以从上世纪70年代末期到80年代初期,当这个禁区一旦放开之时,大家都觉得跟不上形势。例如《外事志》在"友好院校"中列名的美国匹兹堡大学,他们的30多位学生于1980年暑期到我所在的学校举办文化学习班。我们实在是仓促应战,担任课程的10多位教师,只有教育系的一位教授和我两人用英语直接讲课,其余的都不得不与翻译一起上台,像演相声一样。现在,当我读到此志四章中记叙的关于近20年来的外事成就,确实为洛阳在改革开放以来国际交流的欣欣向荣而不胜欣喜。因为这种交流不仅有裨于提高洛阳的国际知名度,而且也必将为洛阳旅游业的发展锦上添花。

第五卷的《侨务志》殿后,篇幅也较短小,但记叙清晰,资料翔实,洛阳在侨务工作中取得的成就已备载无遗。作为一部志书,它不仅记载了侨务实况和成绩,同时也记载了在这方面曾经发生过的失误。如《概述》中的"文化大革命"时期的一段和"归侨贡献"一节中,都记及了有关侨务的负面材料,提高了志书存史、资治的价值。

在第一章《侨情》的"出国历史"一节中记及,1948年洛阳解放前夕,是洛阳出国人数最多的一个时期。这一批出国者的后代,许多人在国外留学,毕业后大部分留在国外就业,成为当地的华侨。后来,80%的人加入了居住国国籍。对于这些祖籍洛阳的旅外人士,志书在"侨胞特点"和"侨胞贡献"两节中都有记载:"他们在大陆有亲属和朋友、祖宗庐墓;在台湾有亲戚朋友,不少人经常往来于海峡两岸,介绍大陆和家乡的变化。华侨、华人与台湾的这种关系,对沟通海峡两岸的感情,促进统一祖国大业,起到了积极的作用。"所以我认为对于分布在国外的洛阳人后裔,提高他们的乡情和向心力,应该是洛阳侨务工作的重要内容。正如"侨胞特点"节内所分析的,这些海外人士中,有许多各行各业的菁英,他们都是热爱自己家乡的。所以洛阳的侨务工作实在大有可为。

第五卷中篇幅最大的是《旅游志》,占全卷的70%以上。所以整部第五卷从其全局来说,实在是洛阳的一部旅游专志。由于洛阳历史悠久,地理位置优越,自然旅游资源和人文旅游资源丰富,加上这些年来旅游设施的日益完备,旅游市场的广泛开拓,旅游管理水平的不断提高,因此,此志不仅是对于洛阳市和河南省,对于全国各地与旅游事务有关的机构,也都有参考的价值。

前面提到我在 12 年前到洛阳的考察,当时由于准备古都电视系列片的拍摄,所以对这个古都的山川形势特别是名胜古迹,看得相当全面和细致,我也赴过著名的"水席"宴会,品尝过醇美的"杜康酒"和各种名点。但当我今天展读这部志书时,顿时感到眼花缭乱,因为其中记载的许多旅游内容,都非我当年所见及。12 年时间不算长,但洛阳的旅游业已有了巨大的发展。这中间,自然旅游资源的开拓和整治,人文旅游资源的恢复和修葺,各种名目繁多的旅游设施的紧紧跟上、密切配合,旅游管理体制和机构相继建立、健全完善,这真是一种千头万绪的巨大工程。而这种巨大的工程的施工场面,不仅在于市区,而且兼及九县。洛阳旅游业在我考察以后的这 12 年中的巨变,真是石破天惊!

洛阳市地方史志办公室在寄赠我这部志书的同时,还有一封内容明悉、词意恳切的信。信中述及这一卷志书的编写,"是为落实中共洛阳市委、市政府《关于加快洛阳旅游业发展的决定》精神,由市志办组织精干的编纂班子,与承编单位通力合作,从服务改革开放及逐步把洛阳建成以历史文化名城为依托,旅游产业发达,服务功能配套齐全,环境良好的旅游大市的战争高度为全书谋篇布局的。"从这一段说明中,让我了解这一卷志书,特别是其中的《旅游志》修纂的指导思想和编写中的具体措施。应该说,以《旅游志》为核心的《洛阳市志》第五卷,确实取得了很大的成功。从这一段说明中引及的《关于加快洛阳旅游业发展的决定》,充分表达了市领导加快旅游业发展的决心。这实际上也是《旅游志》能够取得如此成就的重要原因。

洛阳市领导对于旅游业的发展是倾注了极大力量的。这从上面提及的我所感到的 12 年巨变完全可以证明。《旅游志》第十二章《旅游管理》中,在"旅游政策法规"节下,曾经记入了从 1983 年到 1988 年之间的 7 种《通知》、《通告》、《布告》等政策法规,内容多是整顿旅游秩序、规范旅游服务等方面,当然有利于旅游业的发展。不过史志办公室信中引及的《关于加快洛阳旅游业发展的决定》,或许是一个颁发较晚的文件,所以没有收入志书。但是我仍可从信中获悉这个《决定》的内容重点:"逐步把洛阳建成以历史文化名城为依托,旅游产业发达,服务功能配套齐全,环境良好的旅游大市。"这确是一种宏伟的构思,而且从《旅游志》编纂中所表现的成就来看,洛阳已经向"旅游大市"迈进,上述构思是完全可以达成的。

我由于曾经主编过《六都》和《七都》两书,⑤接触过不少洛阳的资料。12 年前又亲自考察了这个古都。在读了《旅游志》以后,更进一步地引发了我对洛阳的感情和希望。因此,我还想对这个大步迈进中的"旅游大市"赘述几句。我虽没有看到上述

《决定》的全文,但我深知《决定》中除了对"旅游大市"在"硬件"上的要求以外,一定也非常重视它的"软件"。对于一个地方的旅游业来说,景点建设和各种旅游设施都属于"硬件",而上文已经涉及的如"服务功能"、"环境良好"等,其中就包括大量"软件"。而特别重要的是人的素质,即这个地方的群体素质。记得去年年初,我所在的杭州市,市政协举行了一个"创文化名城"座谈会,邀我出席发言。我就以我在国外所见,从他们的群体素质,作了以《效率和礼貌》为题的即席发言,后来发表在杭州市《政协通讯》1999 年第 3 期上。我在发言中举了几个在国际交流中经历的例子,它所接待的主要是旅游中的人们,为此,我选择那次发言中关于旅途所见的例子,在此稍作介绍。

　　1995 年,我去北美访问讲学,10 月初离加拿大去美国,清晨,我在加国大学执教的大儿子送我们夫妇到渥太华国际机场。在加拿大,老人是允许让人陪同进入国际候机室的。登机前,儿子用电话通知他弟弟接机时间。他执教于美国南方巴登鲁日的一所大学,由于我们有两件大行李,必须先到他家中安顿。美航班机在巴尔的摩尔着陆,进了海关,从自动电梯进入候机区。立刻有一辆电瓶车过来迎接,这也是老人的特权。候机区走廊长达数百米,电瓶车按我们的机票驰到规定的候机室,才知由于墨西哥湾的热带风暴,到巴吞鲁日的班机已被取消。于是,电瓶车又送我们到一间小小的办公室。一位女士告诉我们,由于航班取消,只好搭下午五时到夏洛特的班机,从那里可以换机到新奥尔良,请我儿子在新奥尔良接机。立刻挂通电话,把情况告诉我儿子,并且也让我们与他说了话。这位女士说了好多遍抱歉的话,但我还是告诉她,天时固然无法改变,但对我们两个老人来说,确实带来很大麻烦。当时还不过上午 11 时,我们只好上咖啡馆吃点心,然后在长廊的椅上坐观机场风景。忽然有一位女士急急忙忙地找到我们:"你们是陈先生夫妇吗? 为了让你们的旅行少些麻烦,我们总算找到今天唯一一班去巴登鲁日的班机,是台尔泰公司下午二时从奥特兰大始发的,请即乘我们 12 时起飞去奥特兰大的班机,到那里再换机,我们已和台尔泰联系好了。"于是又领我们到那个办公室,几位女士忙着用电脑改换我们的机票,又和我小儿子通了电话。但我却想到我们那两件已经上了夏洛特班机的行李。我向她提起此事。她们回答:"请放心,一切都安排好了。"机票尚未换竣,去奥特兰大班机的空姐已经从甬道出来接我们,因为时间已到 12 时。我们刚登机就座,飞机即驶入跑道起飞。我在机上才想到,"美航"和"台航"不正激烈竞争着吗? 著名的泛美航空公司,不就在几年前被他们竞垮了吗? 但是为了两个中国老人,他们可以从竞争到合作。在不到 1 个小时时间里,"美航"的人要做完许多工作:首先是要在南行航班大部取消的情况下,从网上找出这个唯一尚未取消的航班。随即与这个航班的台尔泰公司联系,取得他们同意。一面取下已经装到夏洛特班机的行李换到去奥特兰大的班机上,一面派人在这条长廊上找寻我们,拿我们手上的机票进行改换。真是值得称赞的服务态度和工作效率。

　　1 个小时以后我们到达奥特兰大,从机舱走出甬道,甬道口等着一位挂了"美航"胸章的女士:"你们是陈先生夫妇吗?请在此稍等,'台航'会派人来接你们。"正说着,一位挂着"台航"胸章的高个子已经赶到:"我是台尔泰的马登,特来接你们。"说着就把我夫人的手提小拎包接去,领我们在"美航"候机室走了几百米,然后下地铁,开了两站,才到台尔泰领域。然后领我们到这个班机的候机室。奥特兰大空港真大,要不是这位马登先生,我们的确会遇到困难的。我向他道谢,但是他却说;"这是我应该做的,祝你们旅途愉快!"1 个多小时以后,当我们走出这一天唯一的到达巴登鲁日的班机时,我们的儿子正在等着。

　　我在那次发言的最后说:"在不到一天的旅行中,我们欣赏了一支效率和礼貌的交响曲。这就是那个社会的群体素质,难道不值得我们学习吗?"

　　1 年以前,我在杭州市的"创文化名城"座谈会上说了这番话,现在旧话重提,目的是为了向这个正在迈向"旅游大市"的人们打个招呼:对于一个外出旅行的人,像效率和礼貌这类"软件",是何等的重要。当然,我也完全相信,不久以后,我们到洛阳旅游,一定可以得到这个"旅游大市"的高效率的和彬彬有礼的接待,让我们宾至如归。

注释:

①　后来因为安阳获得批准,《中国六大古都》电视系列片改为《中国七大古都》电视系列片。

②　《中国六大古都》,中国青年出版社 1983 年初版,1985 年重版。因为安阳获得批准,我又主编《中国七大古都》,中国青年出版社 1991 年出版。

③　《韩国研究》,杭州大学出版社 1995 年版。

④　有清川江、大同江、鸭绿江、礼成江、临津江等不同说法。

⑤　两书中的洛阳篇,都由我约请中国社会科学院的史为乐研究员撰写,他在撰写前也曾到洛阳考察,我们商讨了他的书稿。

原载《河洛史志》2000 年第 1 期

读《洛阳泉志》有感

　　有幸拜读范振安、霍宏伟合著的《洛阳泉志》。在中国方志史上,志书分成通志和专志两大类,通志以地域为基础,历代以来,州郡府县等都有志,数量十分巨大。专志以专门事物为基础,举凡学校、寺庙、人物、水利等等无不有志,门类实称繁多。但以钱币修志,却自古未见,《洛阳泉志》是中国方志史中第一部这种专志,是专志的创新。披阅这部志书,令人感慨万千。

　　人类社会自从物物交换的原始贸易结束以后,钱就成为许多人都迫切需要和努力追求的东西,成为财富的标志。于是就出现了毕生以敛钱为目的的人,也出现了爱钱逾命的人。巴尔扎克笔下的欧也妮·葛朗台,吴敬梓笔下的严监生,虽然是小说中人物,但社会上确实存在。

　　20年以来,由于改革开放,国家和人民都富裕起来。因为富裕总是用钱来表示,所以社会上掀起了滚滚钱潮。自从"让一部分人先富起来"和"万元户"纷纷冒头以来,万元户、十万元户、百万元户、千万元户,甚至亿元户,以钱计数的少数人确实先富了起来,而且扶摇直上。司马迁在《货殖列传》中说:"布衣匹夫之人,不害于政,不妨百姓,取与以时,而息财富,智者有采焉。"现在当然不完全这样,有些人有钱,他们是通过办企业,贡献高精知识技术,从事各种有利可图的经营,或是唱歌、演戏等途径得到的。也有些人有钱,他们是通过权钱交易,偷漏捐税,假冒伪劣,走私、贩毒等途径得到的。有些人多看正面,因而对"钱潮"交口称赞;有些人多看负面,因而对"钱潮"忧心忡忡。

　　一位朋友和我说，现在有些人要钱要得发疯了。这句话或许对，或许不对。因为要钱而出现发疯的行径，当前社会上确实比比皆是。但同样，不要钱也能出现发疯的行径。年岁稍大的人总不致健忘那个"大跃进"的时代。大炼钢铁，大办食堂，刚刚成立的"一大二公"的人民公社，挂出"吃饭不要钱"的牌子。回首当年的"不要钱"和眼下的"要钱"比一比，同样伴随着许多疯狂的行径。1958 年秋《人民日报》通栏标题是："（河北省）徐水县进入共产主义！"接着就挨饿，不知饿死了多少人？所以不论"要钱"或"不要钱"，都会出现疯狂的行径。问题在于社会对"钱"的导向。所以"钱"实在是一个值得研究的课题。

　　从大前提说，钱潮当然是好事，它提高了生产，促进了流通，繁荣了市场，改善了人民的生活。当然，如前面所说，钱潮也存在许多负面的问题。眼下的现状是，在滚滚钱潮中游泳的人们，它们倾注全部精力于钱，他们对钱的唯一认识：钱是财富的标志。所以当我展阅《洛阳泉志》时，顷刻之间就感到心情激动。这些年来，我们已经看惯了许多人用"钱"做生意（做正当的生意当然是好事），现在毕竟也让我看到仍有很少数学者用"钱"做学问。在杭州的时候，南宋钱币博物馆馆长屠燕治先生曾经到舍下访问，与我讨论在西湖疏浚中发现的历代钱币问题（他的论文后来发表于《中国钱币》2001年第 1 期），并赠我珍贵的巨构《北宋真钱宝鉴》，让我在用"钱"做学问方面开开眼界。所以当我从霍宏伟先生手中接过这部我国方志史上第一种钱币志其实也是一部钱币专著之时，我的确受到很大的鼓舞，因为它让我顿时感觉到，做学问的人并不是孤立的。即使在这钱潮滚滚、钱欲横流的日子里，仍然有人用"钱"做学问，对于不少自甘清苦的学者来说，这实在是一种莫大的安慰。

　　以洛阳为基地研究"钱"的学问，确实得天独厚。在古代，"洛阳处天下之中"，它是 13 朝古都，每个时代的钱币都会流落在这里。所以《洛阳泉志》实际上是一部在地理上总揽全国（包括域外）、在历史上兼及古今的钱币专书，此书的卓越成就，当然不言而喻。

　　全志在卷首冠以一篇短小精悍的《概述》，让一时不能通览全书的人得以窥一斑而知全豹。《概述》简练而清晰地叙述了洛阳古都和"作为中国货币的重要发源地"的货币源流，最后有几句话的生动小结："让我们俯首静心，聆听古钱的丁冬泉韵；让我们翘首企盼，再创古都泉坛的烈烈辉煌。"在当前这种波涛汹涌的钱潮之中，"聆听古钱的丁冬泉韵"，确实沁人心脾。

　　全书从第一章《贝币》到第七章《金银币与纸币》，是一篇完整的中国钱币史。这中间，从贝币到铲币，到圜钱与称量货币，接着是秦汉的半两钱制，从两汉、魏、晋、南北朝直到隋的五铢钱制,最后是内容更为详尽的开元通宝钱制。这种在废止了五铢钱以后兴起的钱币,如《泉志》所说:"对我国封建社会经济产生了重大影响。"对此,霍宏伟、董留根两先生另外还撰有《洛阳出土唐代开元通宝金银钱之考察》一文(《中国钱币》2001 年第 1 期),指出:"在全国范围内,开元通宝金银钱主要发现于唐代的'东西两京',即今洛阳与西安地区。"这就是我在前面所说的,洛阳在钱币研究上的得天独厚。

第八章《丝绸之路钱币》,是洛阳钱币研究中的特色。现在方志学界常常议论志书在共性以外要有个性,也就是每种志书应该具有自己的特色。《洛阳泉志》作为一部前无古人的专志,这一章正是它的特色。由于这个城市是丝绸之路的起点,这种特殊的历史渊源,为志书提供了许多难能可贵的材料,在志书著者的精心策划下,于是,"丝路钱币"这种特殊的古钱名称为这部志书锦上添花。包括 5 世纪末的阿纳斯塔修斯一世(Anastasius I)金币在内的许多东罗马帝国和波斯萨珊王朝的金银币以及日本银币。此外还有更多的铜钱,其中有高昌吉利钱和突骑施钱等罕见的西域铜钱。

"丝路钱币"不仅是《洛阳泉志》的特色,而且在丝路学的研究中也是一种有前途的领域。日本著名陶瓷学家三上次男教授,从中国沿海经马六甲海峡、印度、波斯湾,直到红海沿岸和东非,根据沿途各港口发掘而得的陶瓷碎片,写成了他的名著《陶瓷之路》(日本东京岩波书店出版,中译本,胡德芬译,天津人民出版社 1984 年出版)。丝绸没有碎片,但作为贸易媒介的钱币,其作用正和陶瓷碎片一样。这一章第三节《铜钱》下,志书说:"洛阳铸行的东汉建武五铢、北魏太和五铢、永安五铢、隋五铢、唐开元通宝钱等,在丝路贸易中都曾充当过重要角色。"通过对这种"重要角色"的发掘和研究,必能为丝路学的研究增加许多新的资料。

第九章是篇幅很大的《钱币铸造》。因为钱币铸造是钱币学的重要组成部分,而洛阳因其历史上长期雄踞天下的政治地位,成为中国的重要铸币中心。所以早从先秦时代起,这里就有铸铜作坊的存在。以后历两汉、魏、晋、南北朝直到隋、唐、北宋,这里一直有钱坊、钱监之类的铸钱机构。近年来发现的古代铸钱遗址,从西汉以来,历代不绝。这中间包括烘范窑址以及历代陶范、石范、铜范等,真是琳琅满目。志书最后通过出土资料记叙了洛阳古代的铸钱工艺,包括制模翻范、烘范和铜材的熔化、浇注等,所有这些在钱币研究中都有重要价值。

《洛阳泉志》的第十章是钱币研究至关重要的《钱币文化》,而第十一章《泉坛人物》和第十二章《钱币管理研究与学术活动》,也都是文化领域中的钱币研究。前面说到,古往今来多多少少人用"钱"做生意,却只有极少数人用"钱"做学问。而在用"钱"做学问的许多课题中,钱币的文化研究显然是很重要的方面。"铜臭"一词出于

《后汉书·崔寔传》，后来常用于对钱币的蔑视。晋鲁褒曾撰《神钱论》以讽刺时俗："亲之如兄，字曰孔方，失之则贫弱，得之则富昌。"因此，长期以来，"孔方兄"也是钱币的一个不雅称号。这些掌故除了若干古人的自命清高以外，当然也存在对钱币的片面理解，从这一点看来，就更说明了我们对钱币文化研究的重要。所以志书的最后三章，对于《洛阳泉志》全书来说，实在具有画龙点睛的意义。而从最后一章所记叙的洛阳钱币学术活动中，可以让读者了解，《洛阳泉志》的问世，实在是洛阳钱币学者长期研究所积累的成果。

　　《洛阳泉志》的另一重要特色是图文并茂。图文并茂原是中国方志的长期传统，但近年来的志书常常在这方面进入一个误区，即在志书卷首插入许多彩照，但正文之中却缺乏针对性的黑白照。这实际上是形式美观而内容贫乏的一种表现。对于一部记叙钱币的志书，假使在正文中缺乏大量针对性的黑白照片，则志书就将变得没有效果，难以卒读。《洛阳泉志》的著者充分重视了这个问题，全书卷首只有二页彩照，但卷内插入了大量配合正文的针对性黑白照片、拓片，每一个时代的每一种钱币，都有实物照片、拓片相印证，这也是这部志书成功之所在。

2001 年 5 月于浙江大学
原载《河洛史志》2001 年第 4 期

高屋建瓴

——读《广西通志·政府志》

　　《广西通志·政府志》的出版，不仅是广西壮族自治区的一件大事，在当前全国纷纷出版的新一代地方志中，也是一项光辉的记录，是值得祝贺的。广西地处边陲，在历史发展过程中相对后进。《元丰九域志》卷九所记，广南路始分东、西。广南西路辖州23，军3，县64。都督府桂州始安郡静江节度使，治临桂县，即今桂林市。《元丰九域志》（成于于元丰三年，1080年）的"广南西路"，是"广西"这个区域称谓第一次见于史籍记载，是"广西"作为一个区域的滥觞。而书内记载的所辖州、军、县，也就是明广西承宣布政使司和以后的广西省、区的雏型。

　　正是由于这个地区在历史发展过程中的相对后进和区域建置形成的较晚，所以在地方志书文献的修纂和收藏方面，较之我国东部地区也相对后进。例如六朝是我国方志修纂开始发展的时代，但这里没有可以相当于今省区的六朝方志。宋代是我国历史上的又一次修志高潮并且是奠定地方志体例的基本格局的时代，但可以代表广西整个省区的宋代志书，见于公私著录和他书引及的，总共不过3种。

　　第一种是北宋张田修纂的《广西会要》，《宋史·艺文志三》作2卷，《通志·艺文略四》作五卷。据《宋史·张田传》（卷三三三），张田字公载，曾知桂州，"熙宁初，加直龙图阁，知广州"。其知桂州，尚在知广州之前。其书早已亡佚，《玉海》卷十五记及："《广西会要》二卷，治平中知桂州张田撰，载二十九郡及羁縻化外诸山川地理"，说明这是一部志书。

　　第二种是《广西路图经》106卷，《通志·艺文略四》著录。著录未及成于年代，但图经作为一种方志体裁，虽在汉、唐已经出现，而由朝廷颁布命令在全国普修图经实始于北宋。《玉海》卷十四记及开宝四年(971)朝廷命各地修纂图经之事，但开宝图经从未见于公私著录，说明实未修成。《玉海》同卷又记及祥符修图经之事，此图经共1566卷，于大中祥符三年(1010)修成。《通志》著录的《广西路图经》，卷帙甚大，很可能是祥符图经的一种，由于其书早已亡佚，其事尚可继续研究。

　　第三种是南宋张维所纂的《广西郡邑图志》1卷，《宋史·艺文志三》著录。张维于乾道五年(1169)知桂州，其书也已亡佚。

　　上列三种宋代志书，虽然均已亡佚，但是从《广西会要》和《广西路图经》二书中，对我们研究广西历史，仍然不无启发。前面已经指出，《元丰九域志》是当今尚存的历史文献中第一次出现广南路区分东、西的史籍。但实际上，"广南西路"的出现，显然比元丰(1078—1085)要早。我们虽然不能断定《广西路图经》成于大中祥符年代，但张田所纂的《广西会要》，《玉海》称其"治平中知桂州"，与《宋史本传》核对，《玉海》的记载当无讹误，说明至迟在治平年代(1064—1067)，广南西路的建置已经出现。

　　与宋朝的志书缺乏形成对比的是，广西在明、清两代中，全省性的方志修纂，显得相当丰富。在明代，嘉靖和万历修纂了两部《广西通志》，而且现在都仍然存在。在清代，雍正和嘉庆两朝，也都修纂了《广西通志》。不仅至今存在，而嘉庆《广西通志》，篇幅达279卷(卷首1卷)，内容浩瀚，是有清一代中卷帙较大的省志之一。现在问世的《广西通志·政府志》，在年代上以此志(嘉庆六年，1801年)为上限，就是继承了这个地区明、清志书的优势。

　　当然，今天的《广西通志》，只从《政府志》所见，就显然不是《嘉庆志》可望项背的。虽然我并不知道新修《广西通志》的全部卷目和规模，但《政府志》的成就，其实已经展示了这部《通志》周详精密的设计和不同凡响的格局。《政府志》是我读到的新修《广西通志》的第一部，虽然我不知道在这以前，《通志》是否已有别的卷帙问世。但自从桂州从宋代成为广南西路的政治中心以来，"政府"总是这个地区的核心。《政府志》在全部《通志》中的高屋建瓴的地位，这是不容置疑的。这或许就是新修《广西通志》全盘设计中的匠心独运，是一种值得赞赏的省志体例。

　　《政府志》除卷首《概述》和卷末《附录》外，正文分成四篇，从紧密衔接《嘉庆志》的晚清直到1998年。《概述》篇的成功之处，在于作为这部高屋建瓴的志书之首，用16000言的简明文字，浓缩了全志100万言的内容。显示了这篇短文居高临下，俯瞰全志的形势。让一时没有时间披阅全志的读者，睹此一篇而窥全豹。不是掌握志书全局的人,要撰写这样一篇提纲挈领、简明扼要的文字,实在是没有可能的。从《概述》一文中,可以看到编者们在志书上所下的非凡功夫。卷末《附录》收入了三个时期中的最重要文件,对于《政府志》来说,无疑也是锦上添花。

正文4篇,当然是志书的核心所在。各篇都是根据相应时期的政府行为,详细地记载了每个时代的省政大事。它不仅是广西每个时期的政治史,而且也包含了经济史、文化史、军事史……志书的存史、教化、资治价值,已经尽在其中。我不可能对每一篇的许多精辟独到之处进行细评,仅以第一篇《晚清》第一章《政府机构》的第一节《省级机构》中列载的"两广总督名录"、"巡抚名录"、"布政使名录"、"按察使(提法使)名录"、"提督学政(提学使)名录"、"提督名录"为例。在这些名录中,包括了上起嘉庆下到宣统近300人的姓名、籍贯、任职年龄、出身、任职由来和离职原因等资料。此外,对于这些省级最高官员的官阶、年俸、养廉银以及随从人员的编制等,也都一一查明记入。省级以下,第二节是《道级机构》,第三节是《府、直隶州、直隶厅级机构》,各类官员当然比省级要多得多,但也都一一录出记入。即此一端,就足以说明《政府志》修纂中的浩繁工作量和存史价值。此外各篇也就不再举例说明了。

胡乔木在全国地方志第一次工作会议闭幕会上的讲话指出:"地方志是严肃的、科学的资料书。"正是因为方志的资料书属性,所以它主要是供有关领导和专家们在领导工作和其他研究工作中使用的,并不像其他书籍一样供人们阅读浏览,而一般人也没有阅读这类志书的兴趣和需要。不过,像我这辈年龄的人,面对《广西通志·政府志》这样一部内容丰富的资料书,在信手翻阅之中,也会读到不少珍贵的资料而令人感慨无穷。举个例子说,我是一个从中学到大学都在抗日战争的兵荒马乱、颠沛流离中过来的人。当年,每一场大的战役进行之时,我都盼望着看到我们胜利的消息。譬如在昆仑关战役进行之时,我每天都到学校图书馆的阅览室等候为数不多的几册报纸的到来。当1939年年底读到了我军攻克昆仑关的消息之时,我内心的激动和同学们的一片欢腾,虽然时隔六十年,但至今记忆犹新。可惜的是,尽管我在大学地理系执教已近50年,但很少再能读到有关昆仑关的资料。现在的年轻人,包括大学地理系的学生,许多人已经不知道昆仑关的所在和这一段"鬼神泣壮烈"的战史。所以,当我在《政府志》中翻阅到昆仑关战役的记载之时,实在百感交集,展卷凝神,久久不能释手。

近年以来,阅读过的新修志书为数不少,由于修志人员的辛勤耕耘,佳志实在很多。这次有幸阅读《广西通志·政府志》,给我的印象尤为深刻,当然是佳志之林中的新秀。

原载《广西地方志》1999年第4期

欣欣向荣的广西旅游业

——读《广西通志·旅游业》

　　读毕《广西通志·旅游志》这部 120 万皇皇的巨构,我确实感慨万端。我不必用眼下详论地方志的诸如内容丰富、资料完备、文字流畅、图文并茂等套语,因为这部志书引起我的"感慨万端",实在就是下列两个方面:

　　首先感慨的就是这 20 年来的旅游业发展。我为阮坚勇先生所撰《旅游业文化营销战略研究》(中华书局 2002 年出版)所写的《序》中提到:"记得 1973 年,国务院下达一个文件,组织有翻译力量的 9 个省市翻译出版一套外国地理书,浙江省出版局要求我负责这项任务。在全国分工中我们承担南亚各国,而第一本翻译的是英国东方朗曼公司(Orient Longmans LTD.)于 1969 年出版的《尼泊尔地理》(*Geography of Nepal*)。此书中译本于 1978 年由浙江人民出版社出版。翻译中遇到的困难就是旅游业,因为原书在产业部门分设农业、工业、运输业和'Tourism'等几章,我和翻译组的几位同事都想不到'Tourism'这个词汇居然出现在产业部门,也不知道应该怎样译法。后来查对了几种同类的外国地理书,才知道此词应译成'旅游业'。由于历次运动所带来的余悸和多年封闭造成的无知,中国的大学教师们竟想不到在我们这里受批判的游山玩水,在国外甚至像尼泊尔这样一个小国中已经成为一门重要的产业。此章开头就说:'人的游历癖好促使其到世界各地旅行,不辞辛劳,不惜花费,以换取访问新的观察事物的机会。'"自上世纪 50 年代以来,由于历次政治运动,由于一种令人畏缩的气氛,我们的"游历癖好"遭到压抑,失去了"访问新的观察事物的机会"。正是因为改革开放,让我们的旅游业在这不长的年代中获得长足的发展,溯昔抚今,怎不令人感慨。

我的另一种感慨是,正是因为上述原因,虽然我们国家的旅游资源非常丰富,但是作为一个产业部门的旅游业来说,比之世界上的其他国家,我们属于一个旅游业后进的国家。自上世纪80年代之初,我因经常出国访问讲学,看到国外的旅游业,无论在硬件和软件方面,都是我们不易攀比而值得学习的。就以旅游的文献资料来说,许多国家都编制有关这方面的《手册》、《年鉴》之类,篇幅很大。至于一般的这类资料,在不少旅游点都是免费赠送的。例如在美国,驾车从一个州进入另一个州时,都有一块挂着"欢迎中心"牌子的建筑,没有见过世面的中国人,立刻会按自己国内的惯例,认为这是收费站。但美国的这种"欢迎中心"不仅不收费,还免费供给热咖啡和冰可乐,特别是桌上摊满了该州的各种旅游文献,包括州的地图,让你任意携取。

由此我又联想到1997年在北京举行的全国方志评比,这是我所经历的规模最大的全国性评比,由于忝为评委,让我饱览了参比的许多佳志。但是在最后评出的51种一等奖和127种二等奖的志书中,没有一部《旅游志》。按我的回忆,在会场上陈列的许多佳志中,也没看到过一部《旅游志》。这说明,我们的旅游业起步较晚,当时还没有哪一个省区能够拿得出一部《旅游志》来。

以上就是我骤睹《广西通志·旅游志》后在脑海立刻浮现出来的感慨。广西是个旅游资源十分丰富的大区,这个省区发展旅游业具有得天独厚的优势。现在《广西通志·旅游志》的出版,正是说明了这个地区的丰富旅游资源,正在得到有效地开发和利用,广西的旅游业,正在欣欣向荣,蒸蒸日上地发展。

我不是方志学家,但是我对广西的方志修纂不仅极感兴趣,而且很有缘分,所以几年来愿意挤出一点时间,应约为《南宁市志》、《桂林市志》、《广西通志·政府志》等写了书评。因为我觉得这几部志书的修纂,不仅是认真的,而且是优秀的。现在,在读了《广西通志·旅游志》后,除了原来对以前几部志书的印象以外,新的感觉是,广西在旅游业的发展上形势喜人,而《广西通志·旅游志》的出版,更是得风气之先。

对于这部志书的浩瀚内容,我不拟再作其他评论,因为志书的成就,也就是广西旅游业的成就,这是众所共见的,只是由于年轻时代的阅历,我特别对昆仑关有所关注。我在《高屋建瓴——读〈广西通志·政府志〉》一文的文末曾经阐述了对抗日战争中的昆仑关血战的回忆。我说:"现在的年轻人,包括大学地理系的学生,许多人已经不知道昆仑关的所在和这一段'鬼神泣壮烈'的战史。所以,当我在《政府志》中翻阅到昆仑关战役的记载之时,实在百感交集,展卷凝神,久久不能释手。"我在《洋洋卷帙　皇皇巨构——读〈南宁市志〉》一文中,又重复这段话。现在,《旅游志》的第一章第七节,专设《昆仑关》的专题,把当年的这场抵抗日本侵略军的血战记叙得简明清晰,生动感人。记得前《中国地方志》主编诸葛计先生曾以其巨著《中国方志五十年史事录》(方志出版社 2002 年出版)一书索序于我(此序又发表于《中国地方志》2003 年第 2 期),我在该序中特别引用了《洛阳市志》第 13 卷《文化艺术志》卷首《概述》中关于"文化大革命"的一段记叙,称赞这段记叙是一篇"千古文章"。现在,对于《广西通志·旅游志》的《昆仑关》记叙,和《洛阳市志》一样,我认为也称得上是这二十年修志中的一篇"千古文章"。

原载《广西地方志》2004 年第 2 期

赞《农七师志》

　　读完《农七师志》,心潮起伏,感慨无穷。这不仅是一部难得的佳志,而是在我国方志史、边疆史、屯垦史等等诸方面都有重要价值的文献。我在拙著《陈桥驿方志论集》[①]的序言中,第一句就说:"我不是方志学家。"但是我是一个方志的用户。正如此书卷末《附录》中收入的我的 50 年代的学生侯慧粦副教授所撰《陈桥驿与地方志》[②]一文中所说的:"他花了 20 多年时间积累资料而编纂的《浙江灾异简志》,用了数百种方志。他校勘《水经注》,查阅了除福建以外(福建与《水经注》无关)的全国所有方志,不下数千种。"这指的都是旧志。至于新修志书,我虽然没有如同旧志一样地用它们做过学问,但我接触过的也着实不少。特别是那年在北美几个收藏汉籍的图书馆中,我看到了大量近年新修的各地志书,事见拙作《中国地方志国际普查刍议》[③]和《北美汉学家论中国方志》[④]两文。1997 年,我应邀去北京参加全国地方志评选,更看到了新修方志中的许多精品。此外,各地修志,常常有嘱我撰序的,收入于拙著《陈桥驿方志论集》中的各地志书序言就近 40 篇。所以对于新志,我也有一般的了解。

　　现在再说新疆,对于祖国西北的这片广阔土地,我一直心向往之。我是一个地理学者,在国内、国外跑过许多地方。遗憾的是没有到过新疆,本来没有资格对新疆的事物说短论长。但生平也有一件往事与新疆有关。那是在新中国成立之初,地理学界的前辈葛绥成先生担任上海地图出版社的总编辑,他为了传播中外地理知识,组织地理学者编纂一套《地理丛书》。由他拟具了中国各省和世界各主要国家的地名目录,邀请大家撰写。承他的信任,要我多写几种。我当时的教学工作颇忙,但又不忍拂逆他栽培后学的雅意,所以承担了中国和外国的选题各数种,对中国,我承担的第一个选题就是《祖国最大省份新疆省》。⑤尽管我没有去过这个边陲省份,而地理学者在当时去到那里的人也极少,但我很希望人们能多多地了解这片大西北的美好土地。接受任务以后,我就动手搜集古今中外有关新疆的资料。花1年多时间写成了这本10万字的小册子,于1953年在上海地图出版社出版。由于在文献资料上下了不少功夫,所以从那时起,我对这片边陲大地,不仅是在自然地理和人文地理方面获得不少知识,而且更重要的是对它有了很深的感情。当然,我自己也很清楚,我对新疆的各种知识,不仅是肤浅的,而且是模糊的。其原因,首先当然是我没有亲履其地,另外则是由于我搜集的许多资料,有的彼此径庭,有的自相矛盾,并不是完全可靠的。1986年,新疆大学苏北海教授完成了他的力作《西域历史地理》,⑥嘱我为此书写序。我在序中就提及几句:

> 可见西域地区在历史上名声很大,历来研究者甚多,而文献资料也甚丰富。但由于种种原因,不论是在历史自然地理或是历史人文地理方面,不仅是以讹传讹者比比皆是,而说法纷纭者亦复不少。这就说明,对于西域历史地理,在前人研究的基础上,继续进行全面的、系统地和科学地研究,实在十分必要。

历史地理如此,现代地理也是如此。与内地相比,这里确实是一个实地调查和定位考察相对疏缺的地区。像《农七师志》这样,既不乏各种历史地理资料,又拥有大量现代地理资料,而这些资料都是经过几十年的实地调查和定位考察积累起来的,其价值实在不同凡响。这是我开始翻阅这部志书时的初步感受。

骤看《农七师志》这部志书的名称,以为这是一部兵要志、军事志之类,总之是一部记载部队训练征战之事的文献。但在通读了全志以后,顿时领悟到,志书虽然涉及部队兵要,但全志的核心却是在祖国西北大地发展生产、创业之基的大事。正如史骥先生在卷首《序》所说的:"《农七师志》是镌刻和昭彰农七师近半个世纪以来屯垦戍边伟业和创造性劳动的一座丰碑。"也就是华士、张万安二位先生在此志《序》中开头指出的:"屯垦戍边,历代有远见卓识的政治家、军事家都将其视为安邦定国的重大谋略。……真正取得举世无双伟绩而引起百代回响的是用步枪加砍土曼唤醒西域万古洪荒的兵团人从事的屯垦戍边的伟大事业。农七师40余年开发建设,就是这一伟大事业的重要组成部分。"两序都使用了"屯垦戍边"这一词汇。因此,《农七师志》,其实是一部在我国方志史中异军突起的屯垦戍边志。中国历史上在西域屯垦戍边已经超过两千年,而中国修纂志书即使从六朝算起,也已达一千五六百年。在《中国地方志联合目录》⑦中著录的现存(或残存)的8000多部志书中,从未见到过一部屯垦戍边志。所以《农七师志》在中国方志史中,真是一种前无古人的创造。

　　《农七师志》从其体例来说,与近年来新修的各地志书一样,继承了我国志书的文化传统。全志 10 编,每编分成若干章节,标题名称,也都无异于志书体例。但第一编《开发垦区》,却开宗明义,一语惊人。决定了这部志书在我国方志之林中的不同凡响。这个标题其实也提醒了志书读者,以后各编,虽然章节名称无异于一般志书,但从每一章节的内容来说,其实也多是与众不同的。眼下方志界评论志书,常常强调方志的特色,以致有些志书的编纂者勉强搜索和渲染地方特色。我虽然并不反对志书记载地方特色(假使确是特色),但其实在我们这个车同轨、书同文已经超过 2000 年的国家里,作为一种传统格局的地方志书,总是共性多而个性少。何况,真正用志书做学问的人,并不计较志书的特色。因为现在我们众所共见的事实是,凡是利用志书做学问而获得成功的课题,往往是通过许多部志书进行综合研究的成果。例如竺可桢先生研究历史气候,[8]陈正祥先生研究历史蝗灾[9]等等,都是现成的例子。

　　现在,我们推崇和赞赏《农七师志》,因为在我看来,整部志书都是特色。当然,这部志书有它独特的渊源来历,并不是一般志书所能达到的。举个例子,当前新修的大量市、县志,这些志书都以一个市城或县城作为其政治、经济、文化的中心。我往年曾在拙著《聚落、集镇、城市、古都》[10]一文中论述城市发展的过程。我们现在的绝大部分市城或县城,都是在历史时期经过我在这篇拙文中论述的过程发展起来的。尽管现在有些城市建设得宏大壮丽,但其发展总是循着一种我们通常所称的“城市化”的过程。而农七师中心的奎屯市在这方面的特色却令人刮目。“奎屯”据第二编《建置》所说:“蒙古语寒冷之意。”第一编“开发垦区”介绍了这个地方的原貌:“原为乌苏县的一个村庄,除零星农田外,皆是戈壁荒滩、苇湖及沼泽。”但不过 30 多年,《建置》编指出,这个“寒冷”的“戈壁荒滩、苇湖及沼泽”,已经成为一座人口 7 万余人,国内生产总值 3.3 亿元的“戈壁明珠”。一个城市,在荒漠上从勘测设计到迅速发展如奎屯市这样,在国内显然是不多的;在国外,我所访问过的城市,也只有南美洲巴西首都巴西利亚差可相比。这就是奎屯市的特色,这是真正的特色。

　　10 编之中,当然拥有大量珍贵的资料。除了一般志书的功能以外,《农七师志》必将激发海内外炎黄子孙对于祖国这片美好的边陲土地的无比向往和热爱。前面已经提及我为苏北海教授《西域历史地理》作序的事。今年之初,苏教授《西域历史地理》第二卷撰写完成,再次嘱序于我。看了他的原稿,我也十分感慨。因为这让我对这片边陲的广大领土又一次增长了知识和感情。我自幼爱读岑参所写的轮台诗篇,我在 50 年代初写作的《祖国最大省份新疆省》中也引及了岑参的诗篇。由于苏教授的著作激发了我长期蕴蓄的感情,我在他的第二卷《序言》中除再次引用岑参诗外,又写了如下一段:

除了上述岑参的轮台诗篇以外,我还可以举一个我在大学时代的例子。我是抗日战争后期在江西省念大学的,当时是一个兵荒马乱的战争年代。大学生生活艰苦,功课繁重,而新疆离江西又那么遥远。但奇怪的是你在校园中行走,到处可以听到男女同学们哼着一首流行的、许多人爱好的与新疆有关的歌曲。至今我还能全部唱出来,在这里不妨写上几句:"左公柳拂玉门晓,塞上春光好";"过瓜田,碧玉丛丛,望马群,白浪滔滔";"想乘槎张骞,定远班超,汉唐先烈经营早";"当年是匈奴右臂,将来更是欧亚孔道"。……从工学院到文学院,从农学院到理学院,大家学的是不同的专业,但大家都喜欢这支歌曲。凡是和我年龄相仿的知识分子,许多人都记得起这支歌曲,而且热爱这支歌曲。这实际上就是热爱这片从汉、唐以来的我国的美好领土。

现在,当我读到此志《概述》中的一段:"乌伊公路(312 国道)与独克公路(217 国道)交汇于此,连接亚欧的北疆铁路横越市区,新建的火车站为铁路进入中国境内的第一编组站。占此优势,轻工崛起,商贸繁荣,成为自治区利税大户。奎屯,居地理之津梁,扼交通之管钥,拥物产之富饶,得市容之清秀,为改革开放中的明星城市。"半个多世纪以前,我们这批在抗日烽火中的大学生所吟唱的:"将来更是欧亚孔道",现在已经在奎屯市实现了。

《农七师志》是这十多年的修志高潮中出现的值得称赞的一部佳志。是生长于戈壁荒漠中的一棵苗壮瑰丽的奇葩。

1998 年 11 月 25 日

注释:

① 杭州大学出版社 1997 年版。

② 原载《中国地方志》1993 年第 2 期

③ 原载《中国地方志》1996 年第 2 期,收入于《陈桥驿方志论集》。

④ 原载《中国地方志》1996 年第 3、4 期合刊,收入于《陈桥驿方志论集》。

⑤ 上海地图出版社 1953 年版。

⑥ 新疆大学出版社 1988 年版。

⑦ 中华书局 1985 年版。

⑧ 参阅《中国近五千年来气候变迁的初步研究》,原载《考古学报》1972 年第 1 期,收入于《竺可桢文集》,科学出版社 1979 年版。

⑨ 参阅《方志的地理学价值》中的《八蜡庙之例》一节,《中国文化地理》,三联书店

1983 年版。

⑩　《河洛史志》1994 年第 3 期。

原载《农七师志评论集》，香港银河出版社 2007 年版

原著中华书局 2011 年版

论文　序言

绍兴县乡土地理

位置和自然概况

　　文化革命伟大的旗手——鲁迅的故乡绍兴县,位于宁绍平原西部,介于北纬29°41′—30°10′和东经120°18′—120°48′之间。北濒杭州湾,有海岸线16.5公里,东界上虞,西和西北与萧山接壤,东南和西南各与嵊县及诸暨为邻。县境南北最长52.5公里,东西最宽40公里,面积为1454平方公里。绍兴县属于浙江宁波专区,境内有钱清、柯桥、东浦、鉴湖、齐贤、斗门、马山、皋埠、城南、东湖、富盛、漓渚、平水、稽东、越南等15个人民公社,绍兴城区则为单独设置的绍兴市。

　　绍兴县在大地构造上属于华夏陆台的东北部,是浙闽地盾的一部分。本区在震旦纪以前已基本稳定,其基底由复杂的变质岩系组成。在整个古生代的漫长时期中,除了缓慢的升降运动和局部海侵外,没有较大的变动。中生代以后,火山喷发从侏罗纪开始,一直延续到白垩纪以后,使许多古老岩层覆盖上凝灰岩、粗面岩和流纹岩等火山喷出体。花岗岩的侵入作用,此时也大量开始。到第三纪,火山活动还局部存在,曾有玄武岩的喷出。第四纪主要是沉积作用,北部的大片平原即于此时形成。

　　根据地史演变,绍兴县境内的地层分布以中生代火成岩最广,包括凝灰岩、流纹岩、花岗岩等,在南部越南、稽东和西部柯桥、钱清各公社,分布至广,约占全县面积的1/2。沉积岩多较古老,分布不广:震旦纪砂岩分布在漓渚公社的西南部和越南公社的东南部;寒武纪灰岩则分布于漓渚、城南二公社的坡塘和兰亭一带。此外,在漓渚公社以东的华岩尖一带,还有奥陶纪和志留纪的页岩分布。第四纪沉积和近代冲积层的分布仅次于火成岩,约占全县面积的 1/3,范围遍及整个北部平原和南部河谷地带。

绍兴县的地形总貌是西南高东北低,会稽山脉绵亘在和诸暨、嵊县交界处,其尾闾分成数支,成西南—东北向伸入县境南部和西部,构成一片崎岖的丘陵地。丘陵地南部较高,一般在海拔 300 米—400 米之间,最高峰可接近海拔 800 米。但延伸至萧穿铁路西侧和南侧约 5 公里—10 公里不等地带,高度已降低到海拔 20 米左右。接着是无数开展的冲积扇,和北部冲积平原相连。丘陵地面积占全县面积的 53%。

县境北部是一片广大的冲积平原,平均高度仅海拔 6 米—7 米。偶然也有火成岩的孤立残丘崛起于深厚的冲积层之上,但高度都不超过海拔 200 米。平原占全县面积的 47%。

绍兴拥有一个很大的河湖网系统,中间包括两个水系:南部稽东、越南二公社的大部分地区属曹娥江水系,曹娥江支流小舜江流经境内,构成 314 平方公里的流域面积。小舜江滩多水急,水位变化大,富于水力而不便航行。

另一个是三江水系,面积达 1140 平方公里,占全县面积的 78%。这里的河流均发源于会稽山麓,主要有平水江、娄宫江、漓渚江、夏履江等。这些河流的上流和小舜江一样,具有丘陵地区河流的共同特点,但它们在萧穿铁路西侧和南侧各约 5 公里—10 公里处,即纷纷流出山麓冲积扇而进入平原地区,面貌立刻有了很大的改变。水流缓慢,水位稳定,水量丰富。它们首先与和萧穿铁路平行的萧绍曹(娥)运河会合,然后流入绍兴北部,经三江口注入杭州湾。三江口设有长 106 米的 28 孔大闸一座,为绍兴平原(包括萧山和上虞的一部分)的水利枢纽。在绍兴平原上,河流如织,湖泊横布,景色与太湖流域无异。大小河流的总长度约有 1960 公里,宽度在 10 米—50 米不等。此外还有数 10 个较大湖泊,其中面积在 0.5 平方公里者有 14 个。绍兴平原地区河湖水面的总面积有 87 平方公里,占平原面积的 13%。

绍兴的气候一般说来是温暖湿润的。月平均气温在最冷的 1 月份为 3.5℃,最热的 3 月份为 29.5℃,年平均气温为 16.4℃。初霜发生在 11 月上旬到中旬,终霜在 3 月上旬到中旬。常年无霜期在丘陵区为 220 天左右,平原区则可达 240 天,有利于双季稻的成长。

绍兴的全年平均降水量为 1608 毫米,其中 2/3 在 4 月—9 月份降下,正是作物需水时期。在这段时期中,5 月—6 月是梅雨,9 月是秋雨,均是冷暖空气接触形成静止锋所致。但 7 月—8 月由于副热带高压盛行,天气炎热干燥,除了偶然的台风雨和局部的对流雨外,常常形成干旱。

绍兴的灾害天气主要有四:(1)7月、8月间的亢旱,对作物影响最大,受害面最广,而山区尤甚;(2)梅雨或秋雨过多,可能造成洪涝,但情况远不如前者严重普遍(全县易涝面积只占耕地总面积的10.8%,易洪面积只占1.6%);(3)冬季或早春的寒潮,对油菜、小麦和阴坡茶叶等都能造成损害;(4)台风,特别是早期台风(7月中旬前后),因正值早稻成熟期,故为害最烈。解放以来,由于一系列防灾和改造自然的措施,灾害天气对绍兴的影响已经日益减小。

绍兴的土壤分布,从沿海到丘陵,有其一定的规律性。北部沿海沙地区包括齐贤、斗门、马山等公社北部,以浅海沉积物为成土母质,主要土类是咸沙土,呈碱性反应,土质疏松,宜于种植棉麻。中部平原水网区主要以湖泊沉积和江河冲积物为成土母质,有黄堘土、青堘土、乌沙土等。特别是黄堘土,是全县面积最广的土壤,其分布占全县水田面积的42.2%。这种土壤通透性好,土质亦肥,宜于水稻和春花的种植。南部丘陵区地形复杂,土壤也较参差。大概山麓沿线以黄泥土为主,呈酸性反应,肥力不高,宜于茶叶、果木、毛竹、杂粮等的种植。河谷地带则有白浆泥土、沙砾土、浮泥沙土等主要土类;其中浮泥沙土主要分布在小舜江沿岸地带。三种土类中以白浆泥土肥力最高,宜于水稻和春花的种植;其他两种肥力较差,宜于发展杂粮和山林特产。至于较高的坡地梯田等,土壤更为复杂,包括旱地红壤、乌沙土等,多呈酸性反应,肥力一般较低,宜于杂粮、果木、茶叶、毛竹等的种植。由于长期的垦殖,绍兴的劳动人民对于各种土壤的土质、施肥和改良等方面,具有丰富的经验。解放后于1959年春完成了全县的土壤普查和土地规划工作,进一步摸清了全县土壤情况,为今后土壤改良和农业发展创造了条件。

绍兴的自然资源很丰富。河湖中拥有取之不尽用之不竭的水产资源。河湖底部蕴藏着厚约0.2米总量达2.5亿担的泥炭和为数更巨的淤泥,是一个巨大的肥料库,河湖的巨大蓄水量使平原地区的灌溉用水无虞匮乏。而鉴湖水又是绍兴著名特产"绍兴酒"的不可缺少的原料。此外,丘陵区的河流也提供了水力资源,全县的水力蕴藏量约有10500千瓦。

新中国成立以前,绍兴是被认为根本没有地下资源的。事实上,经过新中国成立后的大力勘探,绍兴已发现了丰富而多样的矿藏。磁铁矿分布在漓渚、平水各公社。此外,如漓渚公社的黄铁矿,城南、越南和稽东等公社的磷灰石,都具有开采价值。石灰石、高岭土、建筑石材等,也都有很大的储藏量。这些矿藏,解放后,特别是1958年的大跃进,已先后加以开采利用。

居民和历史发展

根据 1958 年的资料,绍兴全县有 208000 余户,计 877000 余人,平均密度每平方公里达 603 人以上。但县内各区在人口分布上也颇有差异,北部平原水网地区密度最高,达 800 人以上,其中东浦、齐贤二公社更高达 1100 人以上。南部丘陵区密度转低,一般在 200 人—300 人之间,密度最低的越南公社,每平方公里为 185 人。

在总人口中,城镇人口约占 22.6%,其中绍兴市有居民 13 万余人,是全省仅次于杭州、宁波、温州的第四个城市。集镇主要分布在北部平原,7000 人以上的有柯桥公社的柯桥和齐贤公社的安昌,此外如东浦、齐贤、华舍、钱清、孙端,人口均在 5000 左右。这些集镇都分布在主要航道的两侧,以河为街,以舟代车,别具景色。南部丘陵区的集镇不甚发达,多分布在冲积扇沿线的航运起点,较大的有漓渚、平水等,人口均在 5000 人左右。

在居民的职业构成方面,按照全县劳动力(男子 16 岁—60 岁,女子 16 岁—55 岁)在各生产部门中的数字,从事农业的占 61.3%,工业占 11.2%,运输业占 1.8%,商业占 3.4%,其他占 22.2%。

绍兴是开发比较早的地方。春秋时代(前 500 年左右)是越国疆域,今绍兴市为当时的国都。耕作业、渔业(越国大夫范蠡著有《养鱼经》一书)和织葛布、制席、酿酒等手工业都有了发展。不过当时人类活动主要在目前萧穿铁路以西和以南地区,北部还是一片低湿的沼泽平原,开发利用还少。秦汉时代,绍兴是会稽郡郡治所在,生产更为发展。会稽太守马臻在公元 140 年(汉永和五年)领导人民疏浚会稽山麓和北部沼泽平原之间地区,修成了巨大的水利工程——鉴湖,周围达 360 里,可灌溉田 9000 顷。一直到宋朝熙宁时代(1065—1078),由于盗湖为田的结果而废弃了这个工程。但直到现在,在古代鉴湖的范围内,还遗留许多大大小小的湖泊。在晋代,绍兴成为当时文人荟萃之地,户口锐增。当时沿着鉴湖湖塘,从钱清到曹娥,又疏浚了另外一条水道,即今之萧绍曹运河。自此,绍兴的对外联系更为便利,有助于生产的进一步发展。隋唐时代,北部海塘已经初具规模,整个绍兴平原殆已完全开发,不仅农业发展,手工业产品如甜酒、花绫、罗等,也都名闻海内。宋朝南迁以后,绍兴由于毗邻国都,户口再次剧增,生产发展。加上当时宁波已为海口贸易的要港,绍兴的转运物资增加,在运输业和商业方面也有了很大的发展。以后历元、明、清各代,生产力不断提高。但是在那个时代,由于封建剥削的严重,加上天灾人祸的频仍,生产力常常出现停滞状态。特别是在辛亥革命以后,在国民党反动派的罪恶统治下,农村破产,工商凋敝,人民生活日益艰苦。到新中国成立前夕,经济已濒崩溃。由于人民革命的胜利,新中国成立后的绍兴,在党的领导下,才迅速摆脱了经济上的困难,得到了欣欣向荣的发展。

经济概况

新中国成立以来,绍兴也和全国各地一样,在党的领导下进行了一系列的运动,展开了空前未有的大建设。10年以来,已经取得了辉煌的成就。特别是1958年的生产大跃进和人民公社化运动,使绍兴工农业生产获得飞速的共同高涨,工业产值(1958年占工农业总产值的61.88%)一跃超过农业产值;在农业上粮食亩产成为千斤县,从历史上的缺粮县一跃而为余粮县。除了说明绍兴县经济的蓬勃发展外,也说明了社会主义制度的优越性和党的英明伟大。

新中国成立以前,绍兴的工业是非常落后的。除一个装机能力仅1000千瓦的发电厂和几家碾米厂外,几乎完全没有现代工业可言。手工业包括酿酒、制茶等,也都分散落后,处于每况愈下的境地。唯一畸形发展的是制造迷信用品的锡箔业,直接从业人员最多时曾达2万余人,产值最高年份要占全县工业总产值的70%。当时绍兴工业的落后和畸形情况可以想见。新中国成立后,在党的领导下,一方面对原有工业进行了整顿和改造,另一方面又恢复和新建了酿酒、制茶、纺织等许多工厂。对锡箔业进行了改造,有计划地帮助职工转业。到1952年,工业产值已占工农业总产值的44.45%。此后,经过了第一个五年计划和1958年的大跃进,绍兴新发展了黑色冶金和食品工业,使绍兴工业渐具规模。

绍兴的动力工业目前以火力发电为主,发电能力已为历史上最高年份的1.8倍。但由于工业发展迅速,用电量剧增,以致仍不敷需用。1959年起已开始从杭州输入电力。因此,绍兴正在加紧水电站的建设。正在建筑中的较大水电站有平水公社的平水江水电站,发电能力为2400千瓦,将于1961年全部完成。其余较大水电站也将先后完成,将大大改善绍兴的电力供应。

黑色冶金工业是绍兴新近发展,也是特别重要的工业部门。绍兴发展黑色冶金工业,具有有利的条件:铁矿石由漓渚铁矿供给,石灰石由萧山供应,白云石由上虞供应,都很近便。唯一缺陷是所用焦炭需从山东一带运来,不过运输便利,也可部分弥补这方面的缺陷。铁矿石全部进行水运,焦炭和石灰石等则由铁路专用线直接运入厂内。绍兴钢铁厂在1957年建厂时原为年产4万吨的小型炼铁厂,在1958年的大跃进中进行扩建,并增建炼钢轧钢设备,准备建成为一个年产数十万吨的钢铁企业。

黑色冶金工业的发展也促使了其他工业部门的发展。首先是土法炼焦,由于高炉的大量需要,在铁路沿线的钱清、柯桥及绍兴市,都建立了这个部门,用炼炭炼焦,供钢铁厂应用。机器制造工业由于原料供应的便利,也从无到有地建立起来了。现在已能生产轴承、打稻机和其他各种新式农具,正在继续扩建中。此外,利用炉渣又建立了规模不小的水泥厂。原来生产日用陶瓷的陶瓷厂也开始了耐火材料的生产。就这样,过去根本没有重工业的绍兴,通过大跃进后,生产资料的生产比 1952 年增加达 13 倍。这是何等巨大的变化。

在绍兴的轻工业中,制茶工业是很重要的一个部门。绍兴原是历史上平水茶区的中心,平水珠茶是我国外销绿茶中的珍品,最高年份曾占外销茶的 20%。但过去全系手工操作,技术落后,质量无法保证。在国民党反动派统治下,新中国成立前夕,平水茶产量已减为历史上最多年份的 1/12。解放后,绍兴市建立全国范围内的大型机器制茶厂,承接浙江许多县的初制茶,加工成外销珠茶和红茶,每年有大量输出。制茶工业的产值,占全县工业总产值的 18.1%,居各工业部门中的第一位。

酿酒业在绍兴已有 2000 多年的历史,是轻工业中的另一重要部门。“绍兴酒”为全国八大名酒之一,长期来享有盛誉。“绍兴酒”之所以在绍兴获得发展,主要有两个条件:其一是长期来累积的酿造经验和特技,另一则是微含矿物质的鉴湖水。而主要的原料糯米,却完全靠嘉兴、宁波等地供应。新中国成立后,绍兴市郊建立了规模宏大的酿酒厂,并在鉴湖沿岸的东浦、柯桥、阮社等地建立了酿造车间,几年来已使新中国成立前夕濒于停顿的酿酒业,得到了迅速的恢复和发展。1958 年的产值已比 1952 年增加达 5 倍,占全县工业总产值的 17.26%。产品除行销国内各地外,并外销至南洋和欧洲等地。

此外,绍兴的轻工业和手工业还有织绸、酱制食品(腐乳、酱菜等)、花边、折扇等,产品有的行销国内,有的运销国外,都有系统的特技和广大的市场。新中国成立后经过整顿改造,目前绍兴的轻工业和手工业都获得了迅速的发展。

绍兴的农业发展,具有悠久的历史,长期来被人们认为是鱼米之乡的富庶之区。但是在过去由于封建剥削的严重,全县 68% 的耕地为地主所有,以致农村破产,民生凋敝,单位面积产量在平原区的肥沃水田上也不过 350 斤而已。以致缺粮严重,每年要进口大量稻米,广大农民则一直过着糠菜半年粮的生活。这种情况在新中国成立以后才有了迅速而根本的改变。

绍兴的农业中最基本的部门是耕作业,其产值要占农业总产值的 81.8%。由于丘陵和水面较广,耕地只占土地面积的 39.9%。但复种指数甚高,目前已达 240%。

耕作业中又以粮食生产为主导部门,种植面积要占耕地总面积的 89%。最重要的作物是水稻,整个绍兴平原和丘陵区的沿河谷地,都以水稻种植为主。新中国成立前,绍兴基本上是一个单季晚稻区,目前绝大部分已改为双季连作稻,单位面积产量和总产量,历年来有很大提高,1958 年的单位面积产量已达 1034 斤。除水稻外,平原地区的春花以小麦为多,山区则有玉米、番薯等杂粮。1958 年的粮食总产量达 64800 余万斤,为 1952 年产量的 156.8%。

经济作物中播种面积最广的是油菜,主要在北部平原。杭州湾沿岸地带还有少量的棉麻,城郊附近有许多专业性的菜园。丘陵区最突出的经济作物是茶叶,主要分布在越南、稽东、平水等公社,其中越南产量占全县的 48.7%。1958 年,全县产茶 3.6 万担,已超过战前最高水平。

新中国成立后绍兴耕作业的迅速发展,是和农田水利工程分不开的。在党的领导下,10 年中绍兴人民在农田水利上投放了劳力 932 万工,完成了山塘、水库、川坝、堤防、河渠等工程 15000 余件,平均抗旱能力已到达 70 天以上,发挥了巨大的作用。

农业中的另一个部门是渔业。平原河网区各公社都发展了淡水渔业,其中以皋埠、鉴湖二公社最发达。利用广阔的河湖水面,分段拦设竹箔,放养鲢、鳙、草、青等 4 大鱼类,每年有大量出产。1958 年全县产淡水鱼达 20 万担,为 1952 年产量的 3 倍。

畜牧业在新中国成立后也有了较大的发展。1958 年,全县有牛 9946 头,猪 99789头,羊 22104 头,兔 20478 只,家禽 261230 只。1959 年春季以后,由于采取了更积极的措施,畜牧业有了突飞猛进的发展,像猪和家禽等,都比 1958 年有了成倍的增长。

由于河湖网的发达,绍兴除南部丘陵外,城乡都通舟楫,交通称便。但在过去反动派统治之下,现代交通的发展却是异常迟缓的。沪杭甬铁路的杭甬段(即现在的萧甬线),还是 1902 年填土开工的,但工程拖了 35 年,到 1937 年抗战开始,由于曹娥江桥未架好,仍未全线通车,以后即遭全毁。萧绍曹公路也要到 1929 年才全线通车,直到新中国成立前夕,全县仅有这一条公路。新中国成立以后,交通建设一日千里。萧甬铁路于 1954 年开工,1955 年即行通车。公路建设则深入丘陵区,新建了绍兴至诸暨、绍兴至五坛(拟南延至嵊县)等数条干支线。此外并疏浚河道,增辟定期航线,大大地发展了运输业,便利了人民生活和物资交流。

在各运输部门中,内河航运仍是目前极为重要的部门。全县通航河道达 879 公里,有定期轮航线 8 条,计 150 公里。自从铁路通车后,内河航运主要负担区内运输的任务,并为铁路集散物资。目前运输的主要物资有矿石、粮食、煤、焦炭、酒等等重商品。俟将来萧绍曹运河与钱塘江和曹娥江打通以后,绍兴的内河航运必然还有更大的前途。

萧甬铁路主要负担区际运输的任务。目前绍兴进出口物资的 90% 是依靠铁路运输的。从铁路输出的物资主要有矿石、钢铁、水产、茶叶和其他山林特产等,输入物资主要是煤、焦炭、工业设备、肥料和日用百货等。

公路运输以客运为主,货运量不大。但丘陵区各线,由于山货运输颇多,故货运意义较大,它们从山区运出竹木柴炭和其他土特产,为铁路运输起了集散作用。

绍兴是个古老的地方,长期来以其秀丽的风景和众多的名胜古迹闻名。新中国成立十年来,由于经济面貌的根本改变,古老的绍兴显出了年轻的活力,充满了欣欣向荣的气象。稽山鉴水,风采倍增;名胜古迹,焕然一新。

原载《地理知识》1960 年第 1 期

Map-making in Ancient China

Two of the oldest existing Chinese maps are in the museum of stone tablets in Xián, Shanxi province. One is the Hua Yi Tu or "Map of China and Foreign Countries", showing 12th century China and the countries on its borders. Mountains, rivers, lakes and administrative regions are all well located. The other is the Yu Chi Tu or "Map of Ancient China", covered with a network of 5,110 squares, each side of which represents 100 li. [1] The coastline and the major rivers such as the Yellow and Yangtze do not vary greatly from those on modern maps. Engraved on stone in A. D. 1137, both remain outstanding examples of cartography in ancient China.

Perhaps the most important map-maker of ancient China was Pei Hsiu (A. D. 224-271). He was born in an official family at a time of great political and military upheaval when the country was divided into three kingdoms, the Wei, Shu and Wu. Unstable political conditions caused constant changes of territorial boundaries and geographical names, resulting in the frequent call for new maps. Incessant wars led to a pressing demand for military maps. Pei Hsiu had been a staff officer in the Wei army and well understood such needs, a fact that may have led to his taking up cartography.

---

[1]   one li is 0. 5 kilometre or 0. 3mile.

By A. D. 265 all three kingdoms were swallowed up by the new Tsin empire. Because of his ability and extensive learning, Pei Hsiu was appointed secretary in charge of memorials to the throne and later minister of public works in the Tsin court, an office close to that of prime minister. His duties included supervision over the different types of maps then in use. With the country unified, great changes took place in administrative divisions and place names.

The old maps were no longer practical. Pei Hsiu began the work of making new ones.

Ancient Maps

Pei Hsiu was able to advance the science of cartography because he made extensive studies of Chinese map-making before him. Primitive maps mentioned in legends date back to King Yu of the Hsia dynasty (c. 21st century B. C.).

After successfully controlling floods, it is said that Yu divided the land under his rule into nine chou (regions) and cast nine bronze ting ritual vessels—each one with engraved pictures of the mountains rivers, plants and animals of the region it represented. Historical records show that maps were made in the succeeding dynasties. Emperor Chou Cheng Wang who reigned 1024-1005 B. C. sent people to make surveys and draw maps of the Luo River Basin in preparation for building cities there.

During the Spring and Autumn and the Warring States periods (770-221 B. C.) both the central government and the feudal states set up offices to supervise map-making. Important in administration, these maps showed the size of the territories, the terrain, rivers and lakes, and vegetation, distinct information on the locations of cities, towns, passes, trunk communication lines, and the distances between them. Under the unified rule of the succeeding Qin empire (221-206 B. C.), the maps of the Warring States were re-edited and combined. Sizes increased and techniques improved. The Han dynasty (206 B. C. -A. D. 220) used more types of maps for different purposes and this led to improvement in the techniques of cartography. The Ssu Kung Chun Kuo Yu Ti Tu or "Map of the Country Compiled by the Ministry of Public Works" of the Eastern Han dynasty (A. D. 25-220) was the map on which subsequent central governments based theirs. Records show that this map was drawn on a huge piece of cloth made of 80 pi, or approximately 1,000-metres, of double-woven waterproof silk sewn together.

From Practice to Theory

Makers of new maps always referred to the old ones, so that even though the old maps themselves were often abandoned or lost, their merits were absorbed and developed.

While Pei Hsiu did not see many of the ancient maps, he used information preserved to his day and improved on it in his Yu Kung Ti Yu Tu or "Map of Ancient China", a compilation of 18 maps of previous historical periods. He based himself on Yu Kung, a work of the Warring States period which described the geography of the nine natural regions of China. It included information on the positions and directions of mountain ranges and rivers, the distribution of products and the nature of soils.

In working on his collection. Pei Hsiu distilled the experience of his predecessors into theories and presented them in the preface to his Yu Kung Ti Yu Tu. His famous "Six Rules of Map-making" were: (1) draw to exact scale, (2) indicate position in relation to directions, (3) give actual distances of peripherization of terrain, (5) show the contour of hills and moutains, and (6) plot the actual course of rivers and mountain ranges. His first three rules are recognized today as universal principles in map-making. All six rules are interrelated and serve as an accurate guide for drawing maps of the most complicated terrain. In fact, Pei Hsiu in the third century outlined the entire set of modern map-making principles except for projection and the use of longitude and latitude.

Another major work of Pei Hsiu's was the Ti Hsing Fang Chang Tu or "A General Map on Reduced Scale", based on the Eastern Han Ssu Kung Chun Kuo Yu Ti Tu mentioned above. He pointed out that the huge size of the Eastern Han map—1,000 metres of silkwas necessitated by the lark of scale. He reduced this map to a scale of one Chinese inch to 100 li, or 1:1,500,000 still of considerable size, this contained all the information included in the government to know the geographical situation of the whole country without stepping out of their offices, and was possibly one of the earliest hanging maps in the world made to scale.

In supervising and planning the compilation of maps and crystallizing theories from practice, Pei Hsiu was aided by competent assistants. Best known was Ching Hsiang-fan, a cartographer in his own right. The tremendous amount of actual drawing was done by many professional draftsmen.

Pei Hsiu's Yu Kung Ti Yu Tu is known to have been well preserved in the Northern Wei dynasty(A. D. 386-533)and his Ti Hsing Fang Chang Tu was in existence during the Tang dynasty(618-907). Both exerted great influence on the map-making of later days. Before maps with longitudinal and latitudinal lines appeared in the 17th century, Pei Hsiu's six rules constituted the only basis for map-making in China.

The most outstanding cartographer after Pei Hsiu was Chia Tan(730-805)of the Tang dynasty. Chia's most important work was Hai Nei Hua Yi Tu, or "Map of China and Foreign Countries Within the Seas". According to Chia himself, to compile the map he had studied in detail all the geographical and political changes throughout the ages. Chia regarded Pei Hsiu's six rules as the best method in cartography and adopted Pei's scale of 1: 1, 500, 000.

Chia Tan's map, too, was lost. But it is possible that in 1137 an unknown cartographer of the Northern Sung dynasty reduced his map to two smaller ones and that these are the Hua Yi Tu and the Yu Chi Tu now preserved in the museum of stone tablets in Xian.

原载 *China Reconstructs*，April 1966，《中国建设》(英文版)1966 年第 4 期

地名学与地理教学

　　地名学是一门学科,它以地名为研究对象,不仅研究地名的发生与发展,同时也研究地名的地理分布。地名学一词在英语中称为 toponymy,在其他西方语言中也大体相似,它起源于希腊语,由希腊语中的"地方"和"名称"两个词汇组成,地名学一词的意义在它的语源中就已经相当明白了。中国的地名学渊源十分古老,甲骨文中出现的许多地名暂且不提,早在《穀梁传》僖公二十八年,就提出了"水北为阳,山南为阳"的地名命名原则,至今仍然沿用不变。

　　地名学的科学属性,世界各国存在各不相同的看法。地理学家从地名研究与自然地理及人文地理的密切关系着眼,认为地名学是地理学的分支学科,特别是历史地理学的分支学科。历史学家从地名的历史渊源及其在历史时期的发展变迁出发,认为地名学是历史学的分支学科。语言学家着重地名的语源研究,认为地名学是语言学的分支学科。正因为如此,所以也有人认为地名学是一门边缘科学。其实,我们可以暂且不要在它的科学属性上花费很多精力,而且,许多学科都以地名学的研究和发展为己任,从各个不同的领域进行地名学的研究,这种百家争鸣、百花齐放的局面,对地名学的繁荣发展,无疑会带来很大的好处。

　　既然地名学以地名为研究对象,因此,凡是与地名有关的学科,或多或少地总可从地名学的研究中吸取养料,而在所有学科之中,地理学显然是使用地名最为频繁的学科,所以,尽管许多学科都需要进行地名学的研究,但地理学与地名学之间的密切关系却是不言而喻的。因此,地名学的一般知识与研究方法,对于地理学者具有特别重要的意义。

地名是各种地理事物的名称,它具有十分巨大的数量。从世界地名来说,在商务印书馆出版的《世界地名译名手册》中所收录的外国地名(包括外国报刊中常见的中国地名数百条),为数就达 12 万条左右。这些地名,应该说都是世界各国的常见地名。中国地名的数量当然也是十分可观的。现在各省正在进行地名普查工作,从某些已经基本完成普查的省份来看,大队以上的行政单位和重要的自然地理事物如山、河、湖、泉等名称,往往数达 1 万上下。从一个省来说,这些地名也并非稀见地名。而且除了现代地名以外,还有为数更为巨大的历史地名。以我国为例,由于历史悠久,幅员广大,历史地名的数量就更为惊人。按照朱士嘉编的《中国地方志综录》(商务版),全国的地方志总数约为 7000 种、10 万卷(最近正在增编此书、数量又有了增加)。假使从低估计,平均每一卷涉及地名 50 处,则仅仅在地方志一项中,就拥有历史地名 500 万处以上。在这古今中外的无边无际的地名海洋中,地名学恰恰就像一座灯塔,它考订地名的渊源,探索地名的发展变迁,查究地名的地理分布,把千头万绪、浩瀚无垠的地名、整理得有条不紊,为人们检索、使用和研究地名,提供了极大的方便。从陕西一省来说,史念海教授对本省县名的考证和整理工作,即是这方面的一个杰出范例(参阅《陕西师大学报》)。

每个人在他的一生之中,必然要接触并且熟悉许多地名,当然,这是随着人类文明的进步而不断发展的。在日出而作、日入而息的古代,一般人接触和熟悉的地名,仅仅是他自己的乡土地名,数量自然非常有限。随着生产的发展、交通的便利和科学文化知识的广泛传播等等,人们接触和熟悉的地名就日益增加。时至今日,人们接触和熟悉的乡土、国内和国际地名,较之闭塞的古代,已经不可同日而语。对于每个人来说,他所接触和熟悉的地名,和他受教育的程度、文化水平、社会经历和职业等有密切的关系。在现代人所接触和熟悉的愈来愈多的地名之中,一般说来,他所生活过、旅居过或舟车所经的地名,总是只占很小的比例,而大量地名则是通过不同形式的地理教学而获得的。对于一个受过一定程度的学校教育的人来说,教师在课堂中的地理教学,往往在他毕生所掌握的地名之中占了很大的比例。当然,学校的地理教学是很广泛的,像小学生的语文、常识、政治等课和中学生的语文、历史、生物、政治等课中,都进行着地理教学。但在这些课程中间,地理课无疑具有最大的作用,而地理教师在这方面显然担负着最大的责任。

人们常常说,没有地图就没有地理学。但是摊开地图来看,地图上的一切注记符号的名称,绝大部分就都是地名。除了暗射地图以外,没有地名的地图是没有的。所以,一个教师要教好地理课,重要的关键之一是必须教好地名。地名正和地图一样,它在地理教学中扮演了很重要的角色。在地理教学中,学生不积累一定数量的地名,地理知识,特别是区域地理的知识就无法落实。但另一方面,地名本身却又是相当枯燥刻板的东西,在教学中堆砌地名,往往使学生不胜厌烦,而结果并不能得到巩固。因此,在地理教学中如何教好地名,往往成为教学成败的重要关键之一。正因为如此,地理教师学习一点地名学的知识就很有必要。

中国的传统地名学和其他某些国家的地名学都很重视地名的渊源,而正确的地名渊源在地理教学中的适当运用,对于提高学生学习地名的兴趣、巩固地名的记忆和扩大知识面等,都会带来好处。例如,在世界地理的教学中,可以适当告诉学生若干有关的地名渊源:

Asia(亚洲):The region of the rising sun(日出之地)。

Europe(欧洲):The region of the setting sun(日没之地)。

Arab(阿拉伯):Clnhabitant of thedesere(沙漠居民)。

Iran(伊朗):As a synonym for "Indo—European"("印度—欧罗巴"的同义词)。

(以上例子根据 1971 年版《克莱因语源综合辞典》。在英语基础较好的班级里,教师不妨写出英语)。

在中国地理的教学中,也可以告诉学生若干有关的地名渊源:

咸阳:因位于九嵕山之南,渭水之北,在山水之阳,故名。

泗水:源出山东泗水县东蒙山东麓,四源并发,故名。

九嶷山:在湖南宁远县南,因山有九峰皆相似,故名。

函谷关:因关在谷中,探险如函得名。

(以上例子根据辞书出版社 1979 年版《辞海》)。

以上不过是就中外地理写几个例子,举一反三,在于教师。在地理教学中联系地名渊源是肯定能够获得良好效果的。但是在这中间,还必须注意下列 3 点:第一,这些地名,应该是课本上和教学大纲上规定的地名,不要因为联系地名渊源引起了学生的兴趣就漫无限制地拉扯许多额外的地名,增加学生的负担。第二,选择的地名渊源,必须有可靠的依据,切不可随意在课堂中讲那些人云亦云、以讹传讹的东西。例如有关陕西省的地名渊源,史念海教授所整理发表的是信而有征的,可以在课堂教学中讲授。第三,联系地名渊源,当然会引起学生的学习兴趣,但是这种方法的运用必须适当,因为教学时间有限,但课本中的地名却较多,如果运用不适当,势必要影响其他地理知识的讲授。

当然,地名学的内容并不仅仅就是地名的渊源。其他如地名在历史时期中的发展变迁,现代地名与古代地名的关系,地名与语言的关系和方言地名等等,也都可以在地理教学中加以运用。

由于地名在地理教学中存在着这种既重要又困难的性质,因此,地理教师在如何教好地名这个问题上进行一些研究和尝试是必要的,而地名学的知识在这方面的作用也应该受到重视。

原载《中学地理教学参考》1980 年第 5 期

浙江古代粮食种植业的发展

一、古代的粮食种植业

历史上,浙江地区的粮食作物种植业发轫甚早,以目前的考古资料来说,余姚河姆渡的第四文化层上部,普遍夹有一层至数层的谷壳、稻秆、稻叶的混合堆积物和炭化谷粒,[①]证明这里的稻谷种植,距今至少已有 7000 年左右。此外,在吴兴钱山漾的文化层中,与红陶、黑陶同时出土的,有很多炭化的稻谷凝块。[②]杭州水田畈,也有类似的炭化稻谷凝块,[③]这些都可以说明原始部族在这一带种植水稻的情况。当然,新石器时代的粮食种植,规模必然很小,在技术上也无疑是粗放和落后的,而且仅仅依靠几个点的发掘资料,还不足以描述当时粮食作物种植的全貌。

浙江的正式历史记载始于春秋于越,规模较大的粮食作物种植业,实际上也从此时开始。于越部族的分布范围很广,所谓"南至句无,北至御儿,东至于鄞,西至于姑蔑"。[④]但当时的部族中心,在会稽山地一带。因此,从地区上说,浙江古代的粮食种植业,首先应该对会稽山地加以注意。

会稽山地在古代,是一片茂密的原始森林,部族利用一些山间盆地或山麓冲积扇,进行刀耕火种的原始迁徙农业,这就是《吴越春秋》所描述的:"人民山居,……随陵陆而耕种,或逐禽鹿而给食。"[⑤]当时粮食种植虽然已有发展,但仍和狩猎业相辅而行。由于这种迁徙农业的需要,部族酋长的驻地要随着不断迁移,因此,早期的于越都城,就经常移动于会稽山地南部的诸暨和北部的大城一带。[6]

　　这个时期粮食种植之所以不发展到广大的沿海平原，主要有两个原因。第一，沿海平原虽然广阔，具有远大的发展前途，但是由于这些平原大多是咸潮出没的沼泽地，垦殖利用必须化很大的力量和有较高的技术，而且在平原生活，诸如居住、饮水等问题，当时也都难以解决，第二，由于技术水平的限制，粮食种植业的产量并不足以满足部族居民的食物需要，必须辅以狩猎业。平原主要是一片动物资源并不丰富的沼泽草地，部族自然不能远离森林茂密的山区。

　　随着生产力的提高和技术的改进，从于越前期到后期，原始的迁徙农业逐渐过渡到比较高级的定居农业。这种转变过程在地域上的表现则是农业从会稽山地移往宁绍平原。根据记载，在吴王僚时期，由于公子光之祸，吴王子庆忌的家族，曾南渡浙江，隐居在会稽山地以北的平原地区，并且得到越人的帮助："予湖泽之田，俾擅其利，表其族曰庆氏，名其田曰庆湖。"[7]公子光之祸载于《春秋》昭公二十七年（前515），当时平原地区的垦殖已经开始。越王勾践即位后，部族中心从会稽山南移到山北，建都于山麓冲积扇附近的平阳，[8]接着又北迁建都小城。[9]这就更为具体地说明了于越的农业已经发展到一个新的阶段。据传说，"勾践得范蠡之谋，乃示民以农桑"，[10]说明对于种植业的开始重视。在以后所谓"十年生聚，十年教训"的励精图治过程中，垦殖土地以发展粮食种植业成为重要的内容。勾践的谋士计倪讲过，"兴师举兵必且内蓄五谷"，[11]这说明于越之最后能战胜句吴，粮食种植业的发展，也是其中重要原因之一。可见，勾践在位之后，粮食种植业已经成为于越农业中的主导部门，而且由于粮食的逐渐充足，替技术作物的种植和畜牧业的发展创造了条件，使这两个部门也开始有所发展。

　　在平原地区发展定居的粮食种植业与在山区的迁徙农业极不相同，农田水利建设就成为必要的措施。而且，在潮汐直薄的宁绍平原，首先就必须围堤筑塘。当时建筑的堤塘是不少的，例如富中大塘、吴塘等均是其例。[12]此外，为使粮食作物得到稳定的收获，就必须掌握农时，进行农事。《越绝书》提到："发号施令必顺于四时，四时不正则阴阳不调，寒暑失常，如此则岁恶，五谷不登。"[13]《吴越春秋》也指出农时与农事的关系："春种八谷，夏长而养，秋成而聚，冬畜而藏。"[14]耕作的精细程度至此也有了显著的提高，特别是对于田间管理和耘田等工作，都已得到了注意。[15]甚至对于自然现象和旱涝规律，也已进行了初步的研究。[16]这些，说明当时粮食种植业的发展情况。

　　最后需要探讨的是于越粮食种植业主要有哪些作物。《越绝书》和《吴越春秋》中经常提到"五谷"、"八谷"等称谓，说明当时粮食作物的种类已经不少。当然，五谷和八谷都还是一种总称，历来解释很多，并无一致的意见。于越粮食品种的具体情况，

《越绝书》中列举的"十货",[17]给我们提供了很好的资料。十货之中,辛货为"果",不是粮食,壬、癸二货未举名称,亦可不论。此外,从甲货到庚货按次是粢、黍、赤豆、稻粟、麦、大豆、矿七种。这些无疑都是当时于越粮食作物中的主要品种。在这 7 种作物之中,黍、赤豆、麦、大豆 4 种,古今称谓基本相同,粢为稷,矿为大麦的一种,也无多大疑问。需要进一步探索的是丁货稻粟,究竟是水稻抑或是粟类。从考古学所得的资料来看,河姆渡、钱山漾、水田畈等地已经出现的稻谷,按理不应在于越消失。其实,《越绝书》和《吴越春秋》的记载也可以找到这个问题的答案。《越绝书》记载于越岁饥请籴于句吴的事,说"吴王乃听太宰嚭之言果与越粟"。[18]句吴的粮食种植是以水稻为主的,则吴王粜与于越的"粟"必是稻谷,足见《越绝书》所称的粟乃是谷物的通称。《吴越春秋》记载得更为明确,它说"吴王乃与越粟万石",以后"越王粟稔,拣择精粟而蒸还于吴"。[19]但吴王由于看不出粟是蒸熟了的,认为"越地肥沃,其种可嘉,可留使吾民植之",因而造成"粟种杀而无生者,吴民大饥"。[20]这里说明,吴越双方籴粜的这种粟,可以大量蒸熟加以保藏而外形无异。至今,把稻谷蒸熟后加以保藏的方法,在浙江的不少地区还很流行,这也是《越绝书》"稻粟"即是稻谷的极好证明。

水稻种植既可确定,但其位置却列在稷、黍、赤豆之下,这项资料对说明于越后期的粮食种植颇有意义。于越后期虽然已从迁徙农业进入定居农业,但其耕作技术毕竟仍然较低,宁绍平原虽已开始垦殖,但其活动范围却仍限于今萧甬线以南比较高燥的地带。稷、黍、豆类等都是旱地作物,对水利条件要求不高,都是迁徙农业时代所常种的作物,因此当时种植仍很普遍,在全部粮食作物中仍占重要位置。而对技术条件要求较高的水稻,当时还居于次要地位。

二、汉唐时代的粮食种植业

如上所述,于越时代的粮食种植,在地区分布上以山区和半山区为主,在作物种类上则五谷杂出,而以旱作为主。这种情况到汉代就有了很大的改变。与于越恰恰相反,自从秦汉以后,浙江的粮食种植主要转入平原,而水稻成为唯一重要的作物。

于越原来是一个山居部族,尽管其后期的活动已经进入平原,但整个部族对平原的开发为时不长,在平原农业的劳动素养方面并无较多经验。从战国后期起,浙江境内的于越部族开始流散,秦统一中国后,具有平原农业生产经验的汉族大量流入境内,[21]这样就空前加速了省内平原的开发和粮食种植业的发展,从汉代起,省内的主要平原,如宁绍平原、杭嘉湖平原、温黄平原和金衢盆地等,都次第得到开发,成为重要的粮食仓库。与山区不同,平原地区的水土资源异常丰富,在水利设施逐渐改善的情况下,水稻终于后来居上,成为唯一重要的粮食作物。

东晋以后,由于政治中心南移,浙江地区的重要性空前增加,即所谓"今之会稽,昔之关中"。[22]随着中原居民的大量南迁,粮食需要量剧增,刺激了浙江粮食种植业的进一步发展。以宁绍平原为例,到了刘宋时代,就已经出现了"土地褊狭,民多田少"[23]的现象,而使地价提高到"亩直一金"[24]的程度。而随着粮食播种面积的扩大和产量的增加,粮食的商品性也有了提高,境内各区的粮食,有着经常的流动。

在粮食种植业的经营方式上,秦代以后也从于越的粗放种植逐渐过渡到精耕细作,由于农业区由山区转入平原,种植的作物由杂粮为主变为水稻为主,农田水利问题就成为当务之急。秦代以后,前述主要平原地区的农田水利工程大量出现,为水稻种植创造了有利的条件。

杭嘉湖平原和宁绍平原是浙江最大的两片平原,但它们都面临咸潮的威胁,发展粮食种植业,必须拒咸蓄淡,才能保证灌溉。早在汉代,这一带就有海塘的建筑,如杭州的钱塘,绍兴的玉山斗门及后海塘等均是其例。至于平原内部的蓄淡灌溉,杭嘉湖平原由于地形平坦而广阔,所以除了边缘近山地区外,主要是依靠河渠灌溉。早在秦代,这里就完成了北起嘉兴南通钱塘江的水道。到了隋代,就完成了规模更大的江南运河,这是杭嘉湖平原农田灌溉的最大干渠。在湖州一带,灌溉河渠更为周密,例如三国时代开凿的青塘河,晋代开凿的横塘河、荻塘河、谢塘河等等,不胜枚举,都具有很好的灌溉效益。在平原边缘接近山区的余杭、富阳、长兴等县,则在山麓筑堤围湖,以资灌溉。

宁绍平原的地形与杭嘉湖平原不同,由于范围比较狭窄,地形自南向北比降较大,故农田灌溉以山麓的人工湖泊为主,绍兴的鉴湖即是其例。鉴湖修筑于后汉,湖堤长达120余里,全湖面积超过200平方公里,可以灌溉农田9千顷。[25]此外如上虞的夏盖湖、余姚的牟山湖、宁波的广德湖等等,在整个宁绍平原上,较大的人工湖达数十处,均于汉唐之间陆续修建,成为这个地区农田水利的特色。

温黄平原的水利形势与宁绍平原相似,虽然这个地区的开发和粮食种植业的发展较宁绍平原稍晚,但自汉代以后,海塘、人工湖泊和河渠等的修建也渐趋完备。金衢盆地是浙江境内的最大平原,这里有钱塘江上游的许多支流作为灌溉水源,早自汉代起,就开始建塘筑堰,设置了不少农田水利工程,成为境内的重要粮食产区。

此外,境内其他一些较小的平原和盆地,在唐代以前,也都出现了不少农田水利工程,例如温州平原的会昌湖,[26]丽水盆地的通济渠、金沟渠和好溪渠,奉化盆地的白社河和土堁堰,[27]诸暨盆地的大农湖,[28]建德盆地的西湖,[29]淳遂盆地的古渠,以及寿昌盆地的西湖[30]等等均是其例。在这些平原和盆地中,也都发展了粮食特别是水稻的种植。

　　由于大量农田水利工程抗御了旱涝,保证了主要作物水稻的灌溉,就替复种技术逐渐提高创造了条件。在春秋战国的于越时代,粮食作物是一年一熟的。前述《吴越春秋》所说的"春种八谷,夏养而长,秋成而聚,冬畜而藏"四句话可以为证。《越绝书》也说"非暮春中夏之时,不可以种五谷",[31]这也是单季水稻种植的极好证明。其所以如此,原因当然是多方面的,这和劳动力、肥料、气温、作物品种等都不无关系。但灌溉却是其中最重要的关键之一。随着水利问题的解决,从三国时代起,温黄平原首先出现了水稻一年两熟的记载,这就是《临海异物志》所说的"丹邱各冬夏再熟"。[32]嘉定《赤城志》解释说:"夏熟者曰早禾,冬熟者曰晚禾。"[33]至此境内粮食作物种植业中,已出现了早晚禾两熟的耕作制度。

　　随着水利问题的解决,耕地的扩大,复种指数的提高,粮食产量自然有了较大的增长。在古代粮食产量数字资料十分缺乏的情况下,地区人口的增长资料,很大程度上可以反映地区粮食产量的增长情况。根据记载估算,后汉永和五年(140)到永寿二年(156)之间,属于今浙江境内的20个县的户数,只占当时全国户数的1.7%。[34]到了唐天宝元年(742),全浙十州以及苏州辖下属于今浙江的嘉兴、海盐二县,户数已占当时全国户数的8.8%,[35]增长迅速,可见一斑。韩愈说:"赋出东南而江南居什九。"[36]唐代的江南道范围甚大,包括今苏皖二省的长江以南部分,今浙闽赣湘全部以及川鄂黔的各一部分,在这个范围之中,今浙江境内各州县的户数要占全道户数的44%。[37]户口繁盛,可以想见。在唐一代,湖州的糯米、黄糯,苏州(包括省内嘉兴、海盐二县)和婺州的香秔,均被列为贡品,这也说明了粮食种植的发展情况。

三、宋代以后的粮食种植业

　　宋代以后,浙江境内以水稻为主的粮食种植业,随着社会情况的改变,其发展与前代有了较大的差异。

　　宋代以来,影响粮食种植的主要社会因素是人口剧增。在北宋元丰年代(1078—1085)。浙江的户数已占全国总户数的10.4%,较唐代有了显著的提高。到了南宋,北方居民大量南移,绍兴年间,"渡江之民,溢于道路",[38]确数很难估计,李心传所谓。"中原士民扶携南渡,不知其几千万人",[39]也只是一个近似的数字。而这些移民的主要集中地即在浙江,即所谓"四方之民,云集两浙,百倍常时"。[40]从此,浙江就一直成为全国突出的地狭人稠的地区。加上南宋建都浙江以后,地主兼并土地的情况愈益严重,以致"百姓膏腴皆归贵势之家,租米有及百万石者"。[41]在这样的情况下,尽管全省的粮食产量一直冠于国内,特别是杭嘉湖平原和宁绍平原的秋谷收获,成为南宋朝廷经费的主要来源。但从境内来说,早在北宋时代,就已经出现了粮食不够自给的地区,例如,在当时土地利用率较低的金衢盆地,由于人口增加,就出现了口粮不足的情况。即使在粮食素称丰富的宁绍平原,在南宋初年,朝廷也已颁发了禁止外省前去贩粮的诏谕。[42]说明粮食紧张的趋势已甚明显,这种趋势到了明清各代,表现得更为尖锐,终至出现了全省性的缺粮现象。

此外,从宋代以来,浙江的土地利用率虽然不断提高,但由于技术作物品种的增加和播种面积的扩大,使粮食作物的播种面积不能随着人口的增加而相应扩大。在所有技术作物中,与粮争地的首先是蚕桑业。太湖流域的蚕桑业,从宋代起已经位居全国第一。于是杭嘉湖平原上栽桑的旱地就逐渐增加,其中增加最快的崇德县,在明代后期已达到桑地与稻田两者相等的比例。[43]而清代以后,这种比例续有发展,这就使稻田面积有了较大的缩减。在宁绍平原也是一样,根据明代的记载,"绍兴多种桑、茶、苎"。[44]这一带特别是茶,从宋代以来已居全国第一。[45]尽管茶树种于坡地,但宜于植茶的向阳缓坡,不仅可以种植杂粮,而且也可开辟梯田种植水稻。因此,茶园的大量发展也仍然与粮食种植存在矛盾。除此以外,从元代起,棉花的种植在省内开始普遍起来,[46]这种后来居上的技术作物,无疑也占用了不少粮地。

粮食种植业的本身,这段时期中也出现了一种新的情况,这就是由于酿造业的发展而促使糯米播种面积的日益扩大,它实际上影响了粮食的产量。江浙一带播种糯米为时较晚,直到南北朝后期尚属罕见。[47]如前所述,直到唐代,湖州的土贡中才首先出现糯米。到了宋代,朝廷为了扩大税源而大量鼓励酿造业的发展,[48]于是,糯米的种植才盛极一时。以酿造业特别发达的绍兴一带为例,南宋时代,糯稻播种面积竟占水稻播种总面积的60%。[49]到了明代,尽管这个地区已经非常缺粮,但绍兴依然"邑壤多秫少秔",[50]糯稻占播种面积的40%。[51]这就是徐渭所指出的:"酿日行而炊日阻,农者且病而莫之制也。"[52]以致像绍兴这样的粮食产区,却出现了"虽甚丰登,亦只供半年之食,是以每借外贩,方可卒岁"[53]的现象。

为此,宋代以来,浙江的粮食种植业在提高粮食产量方面也有了一些新的发展。这中间首先是扩大耕地面积,其方法主要有下列3种。

第一是围垦湖田。如上所述,浙江最主要的粮食作物种植区杭嘉湖平原和宁绍平原都是水乡泽国,河湖水面广阔,加上长期的水土流失,底部已经淤高,围垦相当容易,于是,地主豪强甚至驻军兵卒都竞相围垦。在浙西,太湖成为围垦的重要对象。绍兴二十三年(1153)右谏议大夫史方言:"浙西民田最广,而平时无甚害之忧者,太湖之利也,数年以来,濒湖之地,多为兵卒侵据为田,擅利妨农,其害甚大。"[54]此外,如杭州的临平湖、西湖，余杭的南下湖、北湖等，也都遭到全部或局部的围垦。在浙东，宁绍平原的许多人工湖如鉴湖、湘湖、临浦、夏盖湖、广德湖等等，也都在这一时期围垦殆尽。从此以后，历代围湖为田，史不绝书，这就是顾炎武所说的："上下历代，则田日增，湖日损，至今侵湖者犹曰未已。"[55]在人口迅速增加的情况下，围湖为田，乃是势所必然，所以顾炎武也说："地狭人稠、固其势也。"[56]围垦的结果，增加的耕地面积是不小的，例如仅仅绍兴一个鉴湖，就垦出肥沃的湖田 2000 余顷，[57]因而增产了不少粮食。但是另一方面，历史上的这种围垦，是在无政府状态下漫无限制地进行的。围垦者只管自己获得土地，根本不考虑到其他水利等问题。因而就一时出现了愈来愈多的旱涝现象，造成宋王十朋所指出的："每岁雨稍多则田以淹没，晴未久而湖已枯竭"[58]的情况。

第二是开垦山地。从秦汉时期汉族移居浙江时起，粮食种植主要发展在平原地区，山区基本上仍是茂密的原始森林。以最接近生产发展地区的会稽山地为例，在东晋时代，满山还是茂林修竹，[59]直到五代年间，衢州和金华一带都还有象群出没。[60]但是到了宋代，由于山区的开垦，会稽山地已出现了"有山无木"[61]的情况，《明史·祥祥志》描述浙江山区的火烧地，"草木皆披靡"。说明宋代以后山区垦殖的普遍。当然，山区初期的垦殖，主要还是植茶，这在唐代已有进行，但规模并不很大。宋代以后的大规模开垦，却主要是为了粮食种植。到了明初，则深山幽谷如仙霞岭地区，也已经"满山秅稻"，[62]当然还有其他作物。山区的垦殖和粮食种植业的发展，造成了日益加剧的水土流失，宋代以后平原地区旱涝现象的所以日趋严重，这也是重要的原因之一。

第三是利用海涂河滩等荒地。这是宋代以来浙江扩充耕地行之有效的途径之一。在浙西，主要是垦殖钱塘江沿岸及河口的涨沙地。早在绍兴二十八年（1158），朝廷就已诏谕："浙西沙田芦场，官户十顷民户二十顷以上，并增纳租课。"[63]说明垦殖的规模已经不小。这样的垦殖，以后在明清各代也继续进行，特别在海涂河滩淤涨迅速的年代，则围垦的规模更大。例如在乾隆十四年（1749）一年中，海宁县垦出涂地 1063 顷，仁和县垦出 167 顷。[64]在浙东，除了钱塘江河口以外，东部沿海的海涂，宋代以来也有较多的围垦。早在北宋熙宁七年（1074），沈括就已指出："温、台、明州以东海滩盐地，可以兴筑堤堰，围裹耕种，顷亩浩瀚，可以尽行根究修筑，收纳地利。"[65]南宋嘉定年代（1208—1224），临海、黄岩、宁海 3 县就已垦出涂田 37000 余亩。[66]在钱塘江河口，余姚慈溪（今慈城镇）以北，从北宋庆历七年（1027）筑浒山大古塘后，到清朝末年，已经先后筑了新塘 7 条，垦区向北伸展了约 30 里。[67]此外，沿海岛屿的垦殖也次第进行，近陆如南田岛，远海如大衢山，在清代都有明文规定开垦。[68]

除了上述扩大耕地面积外，宋代以来对于扩大水稻复种面积，更为重视。前面提到，唐代以前浙江已经有了双季稻的种植，这毕竟是极少数，但到宋代以后，早晚两熟制就获得了普遍的推广。早在北宋至道年代（995—997），处州即有稻再熟的记载。[69]
在气候和水利条件较好的温黄平原，南宋时代就出现了"黄岩出谷半丹邱"[70]的情况。
若以双季稻的两季产量较单季稻的一季产量高40%—50%计算，则当时黄岩县的双
季稻播种面积至少已达水稻播种面积的30%以上。此外，据明《谷谱》所载，"浙江温
州岁稻两熟"。[71]说明从宋到明，双季稻的播种在浙南已经相当普遍。位置偏北的宁绍
平原和杭嘉湖平原，虽然还没有水稻连作的记载，但春花作物中的麦类种植比以前也
有了显著的增加。浙江农民自来较少种麦，宋李心传曾研究了这方面的原因，认为：
"大抵江浙须得梅雨乃能有秋，是以多不种麦。"[72]这当然是一个重要的原因，但另外如
劳力、肥料等方面，也不全无关系。所以直到明代，湖州一带还有"湖州无春熟"[73]的农
谚。这种情况，从宋代以来，也开始有了逐步地改变。例如明嘉靖年间，嘉兴一带比较
富裕的农民多已种麦，[74]而在杭州一带，则更是"田畴万顷，一望无际，麦浪高下，碧浪
层层。"[75]则种麦已很普遍，复种亦自然随之提高。

　　最后，在宋代的粮食作物种植业中，还可以发现粮食品种的改良和扩大的情况，这
中间首先是水稻品种的改良和扩大。嘉泰《会稽志》列名的水稻品种已达56种，[76]而
明代的《乌青文献》所说的粳稻更达70余种之多。[77]在大量增加的水稻品种中，具有特
别重要意义的是籼稻数量的增加。籼稻的大量传人浙江，大概始于宋大中祥符年
代。[78]由于这种稻种生长季节短，耐旱耐寒，因此，籼稻的推广，实际上就是水稻种植向
山区梯田、冷水田发展的重要指标。嘉泰《吴兴志》指出："粳稻大率多坝田所种，山田
易旱，惟种金成。"[79]因此，山地广阔的绍兴府属各县，黄籼就成为南宋时代的四大优秀
水稻品种之一。[80]据万历《杭州府志》所载，杭州府平原各县，包括仁和、钱塘、海宁等多
种粳稻，平原和山乡各半的余杭县则是早晚半之，而其余山区各县则多种籼。[81]所以籼
稻的推广，空前扩大了水稻的播种面积。当然，在初期，籼稻的产量并不很多，正如明
《东阳县志》所说："此耕农所借以接之，非食租者所尝也。"[82]但以后产量逐渐增加，到
康熙十二年，"户部覆准浙省被灾州县，许以籼米兑运。"[83]则籼米产量到清初就已很可
观了。

　　除了籼稻以外，这一时期还选育引进了不少其他优良水稻品种。从省外来的有江
西早、宜黄白稻、建阳早、泰州红、宜兴晚、松江稻、昆山晚、宣州白等等，在省内相互引
种的有剡籼、江山早、龙泉禾、湖州晚、余杭白等等。此外，劳动人民还根据各地旱涝发
生的情况，选出了耐旱的品种如旱稜、旱湖等，耐涝的品种如料水白、倒水赖等。[84]优良
品种的引入，对粮食增产也起了一定的作用。

　　除了水稻品种以外，宋代以来，杂粮的播种也有了显著的增加。早在宋初太平兴
国年代（976—984），朝廷为了保证自己的粮赋收入，曾诏谕江南地区，改变专种粳稻

的习惯,从淮北调运粟、麦、豆种,要人民"益种诸谷"。[85]以后在南宋开禧二年(1206)及嘉定八年(1215),又曾两次诏谕浙西及两浙路,要人民多种杂粮。[86]因此,南宋时代,诸如粟、稷和各种豆类等杂粮,种植已比较普遍。不过这些杂粮都是旱作,因此种植均在山区。嘉泰《会稽志》说:"今吴越泽国,唯山乡高原有种穄(即稷)者。"[87]嘉泰《吴兴志》说:"粟,今山乡人种。"[88]则杂粮种植与前述山地开垦有密切的联系。

在所有杂粮中,甘薯和玉米的引种具有极端重要的意义。浙江省山区面积广大,与平原相比,山区气候寒凉,灌溉困难,人口稀少,肥料短缺,所以不利于粮食作物特别是水稻的种植。但甘薯和玉米这两种作物,不仅耐旱耐寒,对土壤和肥料的要求都不高,十分适宜于山区的粗放播种,自从明代后期传入境内后,[89]就立刻在山区广泛种植,成为浙江最重要的旱地粮食作物。甘薯和玉米加入粮食作物行列,对全省粮食总产量的迅速提高,当然起了十分重要的作用。但是,原来由于缺乏粮食以致聚落稀疏、人口缺少的山区,从此却也吸引了大量人口的进入,这就引起了全省性的人口剧增(当然,还有其他社会经济原因)。另外,由于这两种作物在山区的推广,造成了植被的彻底破坏,水土的大量流失,因此,在山区突然剧增的粗粮产量中,应该承认其中的一部分是以牺牲平原细粮的代价而换取的。至于这两种作物的引种及其实际产生的各种影响,笔者拟另撰专文,这里不再赘述。

综上所述,历史时期浙江粮食作物种植业的发展可以归纳为:

一、浙江在春秋于越时代,粮食种植业已经开始有所发展,当时,农业的经营方式,开始从迁徙农业转入定居农业,农业的分布地区,逐渐从山区转入平原。粮食作物的品种较多,但水稻可能还不是主要作物。

二、从秦汉以至隋唐,境内各平原次第开发,农田水利建设日趋完善,粮食作物的品种相对减少,水稻成为主导作物,双季稻的种植开始出现。

三、宋代以后,由于人口剧增和技术作物播种面积扩大等原因,粮食发生了短缺的现象。因而采取了增加耕地、采用复种、改良品种等多种办法,以增加粮食产量。杂粮又在山区大量播种,特别是甘薯和玉米的引入,在增产粮食方面取得了巨大的效果,但也因此而产生了相当不良的后果。

注释:

① 浙江省文管会,浙江省博物馆《河姆渡遗址第一期发掘报告》,《考古学报》1978年第1期。

② 浙江省文管会《吴兴钱山漾遗址第一、二次发掘》,《考古学报》1960年第2期。

③ 浙江省文管会《杭州水田畈遗址发掘报告》,《考古学报》1960年第2期。

④　《国语·越语上》。

⑤　《吴越春秋》卷四。

⑥　《水经·浙江水注》："又有秦望山，……山南有嶕岘，岘里有大城，越王无余之旧都也。……《吴越春秋》所谓越王都埤中，在诸暨北界。"

⑦　(三国吴)谢承《会稽先贤传》，《会稽郡故书杂集》本。

⑧　(清)毛奇龄《重修平阳寺大殿募疏序》，萧山陆氏补刊本《西河合集》序十六。

⑨　《越绝书》卷八。

⑩　《述异记》卷上。

⑪⑭⑲⑳　《吴越春秋》卷五。

⑫㉑　《越绝书》卷八。

⑬　《越绝书》卷一三。

⑮　《吴越春秋》卷五"留意省察，谨除苗秽，秽除苗盛。"

⑯　《越绝书》卷四："计倪对曰：太阴三岁处金则穰，三岁处水则毁，三岁处木则康，三岁处火则旱。"

⑰　《越绝书》卷四。

⑱　《越绝书》卷五。

㉒　《晋书》卷四七《诸葛恢传》。

㉓　《宋书》卷五四《孔季恭传》。

㉔　《宋书》卷五四《孔季恭传》史臣曰。

㉕㊼　陈桥驿《古代鉴湖兴废与山会平原农田水利》，载《地理学报》28 卷 1962 年第 3 期。

㉖　光绪《永嘉县志》卷二。

㉗　雍正《浙江通志》卷一五二引成化《四明志》。

㉘　《隋书·地理志》。

㉙　雍正《浙江通志》卷六〇引《严陵志》。

㉚　雍正《浙江通志》卷六〇。

㉛　《越绝书》卷三。

㉜　嘉定《赤城志》卷三六引。

㉝　嘉定《赤城志》卷三六。

㉞　根据《后汉书·郡国志》推算。

㉟　根据《元和郡县志》推算。

㊱　(明)邱浚《大学衍义补》卷二四引。

㊲　根据《元和郡县志》、《新唐书·地理志》等推算。

㊳　《宋会要辑稿》第一六〇册。

㊴　《建炎以来系年要录》卷八六。

㊵　《建炎以来系年要录》卷一五八。

㊶　《宋史·食货志》淳祐六年,谢方叔言。

㊷　《建炎以来系年要录》卷三五。

㊸　《天下郡国利病书》卷八四:"崇邑田地相等、故田收仅足支民间八个月之食。"

㊹　(明)陆容《菽园杂记》卷一三。

㊺　(宋)欧阳修《归田录》卷一。

㊻　《元史·世祖本纪》。

㊼　(梁)陶弘景《名医别录》:"道家方药俱用稻米、粳米,稻米白如霜,江东无此。"按、此处稻米即糯米。

㊽　《建炎以来朝野杂记》甲集,卷四。

㊾　(宋)孙因《越问》,载宝庆《会稽续志》卷八。

㊿　万历《会稽县志》卷三(浙江图书馆藏抄本)。

51 52　(明)徐渭《物产论》,载《青藤书屋文集》卷一八。

53　(明)祁彪佳《救荒杂议》,载《祁忠惠公集》卷六。

54　《建炎以来系年要录》卷一六五。

55 56　《天下郡国利病书》卷八五。

58　(宋)王十朋《鉴湖说》上,载《王忠文公全集》卷七。

59　(晋)王羲之《兰亭诗序》。

60　《十国春秋》卷一八,吴越宝正六年:"秋七月,有象入信安境。"《吴越备史》卷四、癸丑三年:"东阳有大象自南方来,陷陂湖而获之。"

61　(宋)庄季裕《鸡肋篇》卷上。

62　(明)刘基《过闽关诗》,雍正《浙江通志》卷三七,《仙霞关》引。

63　《建炎以来系年要录》卷一七九。

64　《清实录·高宗实录》卷四九三。

65　《宋会要辑稿》一二四册。

66　嘉定《赤城志》卷一三。

67　据乾隆《余姚志》卷八,光绪《余姚县志》卷八等。

68　《东华录》光绪元年十月。

69　光绪《处州府志》卷二五。

70　(宋)熊克《劝农诗》,载嘉定《赤城志》卷三七。

71　雍正《浙江通志》卷一〇七引《谷谱》。

72　《建炎以来系年要录》卷一〇〇。

73　《补农书》卷下,陈恒力《补农书研究》注云:"湖州无春熟,一般是坂田过冬,只种一季水稻。"

74　光绪《嘉兴府志》卷二十二。

75　光绪《杭州府志》卷七八引《遵生八笺》。

⑦　嘉泰《会稽志》卷十七。

⑦　据民国《乌青镇志》所引。

⑧　《宋会要辑稿》一二四册："大中祥符五年,遗使福建取占城禾分给江淮两浙,并出种法,择民田高者种之。"

⑦　嘉泰《吴兴志》卷二〇。按:金成即占城。

⑧　嘉泰《会稽志》卷一七。

⑧　万历《杭州府志》卷二八。

⑧　雍正《浙江通志》卷一〇六引。

⑧　雍正《浙江通志》卷七六。

⑧　据嘉泰《会稽志》卷一七,嘉泰《吴兴志》卷二〇,嘉定《赤城志》卷三六,雍正《宁波府志》卷一三,同治《湖州府志》卷三二,嘉靖《仁和县志》卷三,光绪《嘉兴府志》卷三三等。

⑧　《宋史·食货志》。

⑧　《宋史·宁宗本纪》。

⑧　嘉泰《会稽志》卷一七。

⑧　嘉泰《吴兴志》卷二〇。

⑧　甘薯引入浙江,首见于万历《普陀山志》;玉米引入浙江,首见于田艺蘅《留青日札》。

原载《中国农史》1981 年第 1 期

论地名学及其发展

地名学一词,英语作 toponymy(或 toponomy),法语作 toponymie,德语作 topono-masik,俄语作 топонимика,其语源都来自希腊语,由 τοπος(意即地方)与 ονυμα(意即名称)二词组合而成。所以《克莱因语源综合辞典》根据此词的语源,概括其定义为"地名的研究"。《新英国百科全书》及德国《布罗克豪斯百科全书》的说法与《克莱因语源综合辞典》完全相同。《牛津大辞典》对于地名学一词的解释是:"研究一个国家或一个地区的地名的学科"。国外的另外一些辞书对地名学的解释偏重于语言学的意义。《拉鲁斯大百科全书》提到:"地名学要求语言学家追溯得更远一些。诚然,大多数地方名称一般不靠现代口语来解释。因此,很多法国区域地名远溯于已经消失的语言,人们不知其由来,不然,亦非直接地可以理解,如高卢的古塞尔特语,甚至,塞尔特人到达前的高卢口语。"《韦氏大辞典》认为地名学"是一个地区或一种语言的地名,特别是对它们进行语源学的研究"。《苏联大百科全书》认为:"既然在某种程度上地名学是语言中词汇的一部分,那么,研究地名称谓的学科—地名学,首先就是语言学的学科。"

上面列举若干外国辞书中对地名学一词的解释,只是为了让我们了解一下这门学科在国外流行的看法。实际上,世界上对地名学研究渊源最久、成果最丰富的是我们中国。尽管地名学在科学上的定义各方看法并不一致,但是它以地名特别是历史地名为研究对象,这是没有疑问的。我国幅员广大,历史悠久,几千年来所累积的历史地名浩如瀚海,是世界上任何国家所望尘莫及的。

只要稍稍统计一下古代地理著作中出现的地名,就会发现我国的历史地名数量之多是惊人的。从南北朝以前的几种重要的地理著作来看,《禹贡》记载的地名约 130 处,《山海经》记载的地名约为《禹贡》的 10 倍。《汉书·地理志》涉及的地名超过 4500 处。这只是几种早期的地理著作。在南北朝时期中完成的几种正史地理志中,涉及地名的数量就进一步增加了。《后汉书·郡国志》超过 4000 处,《宋书·州郡志》超过 2000 处,《南齐书·州郡志》超过 2000 处,《魏书·地形志》更多,超过 6000 处。在这一时期的所有地理著作中,记载地名最多的是《水经注》,全书记载的各类地名,达 2 万处左右。

以上所举的仅仅是南北朝以前的几种地理著作中的地名,数量就已经十分可观。再以我国拥有的地方志为例。宋代以来的地方志总数超过 7000 种、10 万卷。从低估计,平均每一卷涉及地名 50 处,则单单地方志一项,涉及地名就达 500 万处以上。在我国整个历史时期的一切著作之中,地名更是一个难以估计的数字。如此巨量的地名,对我国的地名学研究提出了艰巨的任务,但同时也为我国的地名学研究开拓了广阔的前途。

地名学在我国源远流长。早在战国就已经流传而于西汉成书的《榖梁传》中,就提出了为后世广泛使用的地方命名的原则之一“水北为阳,山南为阳”。我国的第一部具有地名学研究内容的著作是《汉书·地理志》(以下简称《汉志》),在此书记载的 4500 多处地名中,曾对其中的 40 余处作了渊源的解释,成为我国地名学研究的嚆矢。举下列几个例子:

郡　　县	地名	渊源解释
京兆尹	华阴	太华山在南。
京兆尹	霸水	古曰兹水,秦穆公更名以章霸功,视子孙。
汝南郡	上蔡	故蔡国。
益州郡	叶榆	叶榆泽在东。
金城郡	河关	河水行塞外,东北入塞内。
敦煌郡,敦煌县	瓜州	地生美瓜。

《汉志》以后,我国的地名学研究开始发展起来,在后汉一代中,对地名渊源进行研究的不乏其人,而其中最著名的是应劭。应劭的著作,据记载有《集解汉书》、《十三州志》、《地理风俗记》等多种,其中就包括大量的地名渊源的研究。在《集解汉书》中,他对《汉志》地名作渊源解释的近 160 条。此外,《地理风俗记》(据《水经注》所引)中

有关地名渊源解释的有 27 条,《十三州志》中有 1 条。除了其中互相重复的以外,为应劭所解释的地名渊源达 180 条左右,为后世的地名学研究作出了重要的贡献。应劭解释地名渊源的方法和内容,绝大部分还没有超过《汉志》的范围,但其中也有一些比《汉志》有了显著的进步,例如《汉志》辽东郡险渎,应劭云:"朝鲜王满都也,依水险,故曰险渎。"这条解释,从地名渊源说明了这个城市的政治地位和地理形势。又如《汉志》京兆尹新丰,应劭云:"太上皇思东归,于是高祖改筑城市街里以象丰,徙丰民实之,故号新丰。"这条解释,从地名渊源说明了这个城市建立的历史经过。再如《汉志》广平斥章,应劭云:"漳水出治北入河。其国斥卤,故曰斥章。"这条解释用自然地理现象来说明城市之所以命名。

汉代的另一种有丰富的地名学研究内容的著作是《越绝书》。此书卷二《吴地传》与卷八《地传》中,记载了古代吴越地区的许多地名,其中有地名渊源解释的达 30 余处。《越绝书》不仅解释地名,而且还总结地名命名的规律性。卷八《地传》练塘条云:"练塘者,句践时采锡山为炭,称炭聚,载从炭渎至练塘,各因事名之,去县五十里。"这里,《越绝书》指出练塘、锡山、炭聚、炭渎等地名,都是"因事名之"。"因事名之",这是我国古代地方命名中广泛使用的原则。《绝越书》解释地名渊源,在内容上也有超过《汉志》和应劭等之处的。例如卷八《地记》朱余条云:"朱余者,越盐官也。越人谓盐曰余。去县三十五里。"在越部族的语言中,"盐"称为"余",这就是《拉鲁斯大百科全书》所说的:"已经消失的语言。"而这种已经消失的语言,借《越绝书》的地名学研究得以保存。

汉代以后,地理书中解释地名渊源之风顿开。诸如魏的如淳、孟康,吴的韦昭等,都对《汉志》地名作了解释。而在晋一代,许多地理著作,如《太康地记》、王隐的《晋书地道记》、袁山松的《郡志国》、乐资的《九州要记》、张勃的《吴地志》等等,都有大量的地名渊源的解释。可惜这些著作大多亡佚,我们只能在后人的引述中窥其一斑。晋代地理著作至今尚完整保存下来的还有常璩的《华阳国志》,在这部著作中,解释地名渊源的达 20 余处。

在晋代的有关地名学的著作中,特别值得提出的是京相璠的《春秋土地名》。这是我国的第一部地名辞典,在这部辞典的释文中,有不少是解释地名渊源的。可惜这部辞典已经亡佚,我们只能从杜预的《春秋释例》和《水经注》等书所引及的中间看到一点。《春秋土地名》解释《春秋》地名渊源,简洁明白。兹从《水经注》所引,举二例如下:

郲鄩:郲,山名;鄩,地邑也。(《穀水注》引)

华泉:地名,即华不注山下泉水也。(《济水注》引)

东晋之初,另一位对地名渊源研究很有贡献的人物是郭璞。他是一位地理学家,曾经做了许多地理和地名工作,体会到历史地名的难处。他说:"凡山川或有同名而异实,或同实而异名,或一实而数名,似是而非,似非而是,且历代久远,古今变异,语有楚夏,名号不同,未得详也。"所以他重视地名渊源的研究工作。他的研究成果主要保存在他所注的《尔雅·释水》之中。下面举的是黄河下游所谓九河中的两个例子。

　　马颊:河势上广下狭,状如马颊。

　　钩盘:水曲如钩留盘桓也。

晋代以后,地名渊源的解释在南北朝的地理著作中更为普遍。诸如北魏阚骃的《十三州志》,宋盛弘之的《荆州记》,庾仲雍的《湘中记》,刘道真的《钱塘记》,宋、齐间刘澄之的《永初山水记》和《荆州记》,陈顾野王的《舆地志》等许多著作中,地名渊源的解释常常占了颇大的篇幅。在这个时期的所有著作中,地名学研究成果最丰富的无疑是《水经注》。全注对地名作渊源解释的达2300余处,又《水经注》佚文中对地名作渊源解释的也达50余处,总共约有2400处之多。这是《水经注》以前的一切著作所不可比拟的。

《水经注》不仅解释地名,而且还总结了一整套地方命名的规律。卷二《河水》经"又东入塞,过敦煌、酒泉、张掖郡南"注云:"凡郡,或以列国,陈、鲁、齐、吴是也;或以旧邑,长沙、丹阳是也;或以山陵,太山、山阳是也,或以川原、西河、河东是也;或以所出,金城城下得金,酒泉泉味如酒,豫章樟树生庭,雁门雁之所育是也;或以号令,禹合诸侯,大计东冶之山,因名会稽是也。"

说明到了《水经注》的时代,地名渊源的研究已经趋于成熟。的确,在上述约2400处地名中,其渊源解释远比以前的著作丰富多彩。

《水经注》以后,地名渊源的研究,几乎成为我国一切地理著作中的必有项目。正如沿革地理的研究为我国历史地理学奠定了基础一样,地名渊源的研究就为我国的地名学奠定了基础。

应该指出,沿革地理仅仅是历史地理学研究中的一个方面,地名渊源的研究,也仅仅是地名学研究中的一个方面。现在看来,在整个地名学领域中,还有比地名渊源远为广泛和重要的内容。因为地名渊源只能反映地名的原始概况,这是地名的静态研究;而现在我们需要更进一步地了解地名的发展和变迁,进行地名的动态研究。历史地理学发展的结果,已使历史自然地理与历史人文地理研究,基本上取代了沿革地理的研究。可以预料,地名学发展的结果,必然也将是地名的动态研究取代地名的静态研究。当然,从现状来看,历史地理学的这种发展方向已经完全肯定,而地名学的这种发展方向还有待我们作进一步的努力。

　　顺便说明,在我国古代的地名研究中,并非完全不涉及地名的变迁。例如《水经·渭水注》记载的华阴县:"《春秋》之阴晋也。秦惠王五年,改曰宁秦;汉高帝八年,更名华阴。王莽之华坛也。"这里,注文说明了华阴县500多年的地名变迁。但这种变迁仅仅是沿革的变迁,并不涉及自然面貌和社会经济等的变迁。因此,我国古代地名学中对于地名沿革的研究,实际上仍然是我国古代历史地理学中沿革地理的一部分。而我们今日所要求的地名动态的研究,乃是随着地名变迁而反映的自然环境和社会经济的变迁。事实上,如应劭所解释的斥章,"其国斥卤",正确地反映了这个地区古代土壤盐碱化的情况。郭璞所解释的钩盘,"水曲如钩留盘桓也",也如实地反映了古代黄河三角洲水道交错的自然面貌。这些地名解释,都已经摆脱了沿革地理的窠臼。像这样一类的地名渊源解释,是我们研究地名动态的重要基础。

　　以《春秋》、《职方》、《竹书纪年》、《尔雅》、《汉书·地理志》等著作中都有记载的圃田泽为例,尽管各书记载不全相同,但是从地名反映的情况来看,直到后汉,作为一个大型湖泊的圃田泽一直存在。但是在《水经·渠水注》中,这个地区却出现了大渐、小渐、大灰、小灰等24浦的名称,实际上就是24个分散的小湖泊。《渠水注》说,这些湖泊之间,"中有沙冈","津流径通,渊潭相接"。从圃田泽地名的这种演变中,我们知道了北魏,湖盆已经淤浅,湖泊开始湮废。《渐江水注》中记载的一处称为苏姥布的地名的注文说:"水悬百余丈,濑势飞注,状如瀑布。"分明是一处落差很大的瀑布。但这个地名到了明代末叶已经称为苏姥滩,说明时隔千余年,瀑布已经成为急滩,这样的地名变迁,就为我们计算河流的向源侵蚀的速度,提供了依据。

　　再举一个例子。《水经·沔水注》记载盐官县云:"故司盐都尉城,吴王濞煮海为盐于此县也。"从这个地名的渊源中,我们知道这个地区在汉初就已经发展了盐业生产。三国吴置盐官县,历晋至宋,盐官县县名一直不变。《元丰九域志》卷五记载,盐官县有"六乡,长安一镇,一盐监"。说明直到北宋,这里仍有盐场存在。盐业生产是一种海涂作业,因此,地名的稳定,既反映了盐业生产的稳定,也反映了这个地区海涂的稳定。但元天历二年(1329),地名改为海宁州,把地名改为海宁,很可能就是海不宁的反映。而事实恰恰就是如此,据《宋史·五行志》记载,早在南宋嘉定十二年(1219),"盐官县海失故道,潮汐冲平野三十余里,至是侵县治"。说明由于钱塘江河口的北移,盐官县南的海涂从南宋起已经开始坍陷。海涂既然不存,盐业生产无从继续,盐官这个县名也就相应发生改变。与盐官县海涂坍陷的同时,隔江相望的萧山县北部,却淤出了一片600平方公里的涨沙,称为南沙。既然位于萧山县北,地名又何以不称北沙而称南沙?这是因为这片沙涂在钱塘江河口北移以前,原是盐官县的南沙,历时已久。河口北移以后,虽和盐官县隔离,人们在习惯上仍然称它为南沙。从上述盐官、海宁、南沙这些地名的形成、发展和变迁中,不仅反映了这个地区历史上盐业生产的兴衰,而且也反映了钱塘江河口的摆动过程。由此可见,历史地名的动态研究,在很大程度上就是历史自然地理与历史人文地理的研究。

在阐述了地名学及其在我国的发展以后,最后我想把我的看法归纳为下列三点:

第一,地名学以地名,主要是以历史地名为研究对象,因为即使是现代流行的地名,绝大部分也是历史上遗留下来的。这也就是《拉鲁斯大百科全书》所说的:"大多数地方名称一般不靠现代口语来解释。"单单从这一点来说,地名学与历史地理学的关系已经不言而喻了。

第二,地名学的研究成果可以为包括语言学在内的许多学科所利用。虽然我们不能苟同所谓地名学"首先就是语言学的学科"的说法。暂且不谈地名的动态研究,即使只从传统的地名渊源的研究来看,除了方言地名、词义地名可以直接为语言学服务外,所有各类,首先都是为历史地理学服务的。至于地名的动态研究,则无论在方法上和内容上,与历史地理学都是一致的。因此,我们认为,地名学按其科学属性来说,无疑是历史地理学的分支学科。

第三,我国具有悠久的地名渊源研究的传统,这种研究为地名学累积了丰富的资料,建立了巩固的基础。至今,在地名学领域中进行这方面的研究也仍然不无价值。但是科学毕竟是不断发展的。时至今日,在地名学研究中假使仍然强调"特别是对它们进行语源学的研究",这就未免故步自封了;因为既然地名学是历史地理学的分支学科,而今天历史地理学已经摆脱了沿革地理的窠臼,步入了现代科学的行列,则地名学必然也要有一个新的飞跃。如何改变长期以来对地名的静态研究,转而进行对地名的动态研究;如何改变长期以来对地名的沿革变迁的研究,转而进行对地名的发展变迁及其所反映的历史自然地理和历史人文地理的研究,是摆在历史地理学工作者和地名学工作者面前的重大任务,也是地名学步入现代科学行列的必由途径。

原载《中国历史地理论丛》第 1 辑,陕西人民出版社 1981 年版

论浙江省的方言地名

目前,地名普查、地名志和地名词典编纂工作正在进行。认真研究和正确阐明地名的来源,是一项不可或缺的、十分有意义的工作,这也是历史地理科学工作者义不容辞的责任。我们高兴地看到,一些有志于此的同志正在进行有益的探索。然而,不能不指出,在探讨浙江省地名来源的文章中,存在着不少牵强附会的解释。究其原因,就在于往往忽视了浙江省的地名很多来源于古代吴越方言。如果搬用汉语来穿凿附会、以讹传讹地解释方言地名,便难免闹出笑话。因此,加强方言地名的研究,实在是解开浙江地名渊源的一把钥匙。

一

不加分析地沿袭古人之见,往往造成今人的谬误。我们发现至今有的文章对地名渊源的解释,都是从古书——主要是古代方志中照抄而来,其错误也实在是"古已有之"。但若将这些错误完全归咎于古人,却也并不公道。因为在古人的见解中,也不乏真知灼见。如唐朝颜师古注"句吴"说:"夷族语之发声也,犹越为于越也。"① 宋朝刘昌诗说:"于、於,皆越人夷语之发声,犹吴人之言句吴耳。"② 晚清的李慈铭说得更为清楚,他说:"盖余姚如余暨、余杭之比,皆越之方言,犹称于越、句吴也,姚、暨、虞、剡、亦不过以方言名县,其义无得而详。"③ 既然古人中的一些有识之士已经正确地解释了这类地名,我们不应该至今还要以讹传讹了。

李慈铭提出,这些地名"皆越之方言"。为此,首先对"方言"这个概念有必要稍加探讨。方言,顾名思义是地方的语言。在中国,方言一词可能与《方言》这本书名有关。传为汉扬雄所撰的《方言》(全称应该是《輶轩使者绝代语释别国方言》)一书,确实颇为详尽地记载了当时的地方语言,但可惜其中没有有关地名的卷帙,④否则,此书对于方言地名的研究必将大有裨益。

在西方,方言一词在语源上是由希腊文 dia(联系)和 legein(语言)二词构成,英语叫 dialect。《韦氏大字典》释 dialect 作:"为一群人所使用的一种语言,它和另一群人所使用的语言在词汇、语法或语音特点上具有区别。"⑤《韦氏美国语新世界字典》则释作:"语言的地方特点的总和。"⑥把两种韦氏字典的解释合在一起,"方言"一词的科学涵义大概已经包罗尽致了。

既然一种方言与另一种方言之间具有词汇、语法或语音的差异,因此,仅将语音上的某些区别作为不同方言的指标,这不仅是不妥当的,同时也是很困难的。因为语音的差异有时很大,有时也可能极微。以绍兴市的旧县山阴和会稽为例。山、会两县,在绍兴府城之内,虽然仅仅隔了一条宽不过三四米的小河,但某些词语的读音却是不同的。联系到地名来说,旧山阴县西南部有个村子(今属萧山县),在 30 年代曾经编印过一部村志(见洪焕椿《浙江地方志考录》第 300 页),叫富家墩;而旧会稽县有个集镇,在著名的宋六陵附近,叫富盛。但就是这同一个"富"字,山阴人读作"fu",而会稽人却读作"hu"。能不能说,山阴人的话叫山阴方言,会稽人的话叫会稽方言呢? 当然不能。这说明在同一城市之内,语音也会存在差异,所以用语音作为区别方言的单一指标,其尺度是很难掌握的。

怎样的地名才是方言地名? 方言地名当然要从属于方言。但如上所述,构成方言的指标是综合性的,因此,要十分严格地区别方言地名,可能存在一些困难。然而有一条却是十分明确的:地名具有地域性,因此所谓方言地名,必然是该种方言流行或曾经流行的地区的地名。例如客家话流行的地区,必然有许多客家话的方言地名。但是用客家话说"北京"、"上海"等地名,尽管与普通话有很大差别,它们却绝不是客家人的方言地名。正如我们说英国的牛津、剑桥,说美国的旧金山、费城等,英美人是根本听不懂的,但它们也绝不是我们的方言地名。

就历史地名而言,《水经注》就记载了不少方言地名。⑦例如《河水注》的半达钵愁,就是一个典型的方言地名。《水经注》释之作:"半达,晋言白也;钵愁,晋言山也。"所以这个地名按汉语意译就是白山。至今,我们还可以按语音和地名的所在地区,查明它即是梵语 Punda Vasu 的音译。古代梵语方言地名,在《水经注》中还不止白山一例，卷一《河水注》中的"中国"，也正是一个同类方言地名。"中国"为什么成为梵语的方言地名？因为这个"中国"，并非我们中国，我们中国在梵语中叫"支那"（古书中也译作"脂那"、"震旦"或"真旦"等）。《河水注》说："自河以西，天竺诸国；自是以南，皆为中国。"这里的"河"，是指印度河，"中国"则是指古代北印度地区的国家。这个"中国"，梵语读作 madhyadêsà，madhya 即恒河中游一带地区。在梵语中是中间的意思；dêsà 则是国家，madhyadêsà 就是"中间的国家"。

除了梵语系统的方言地名，《水经注》中也还有其他语言的方言地名。例如卷二《河水注》引释氏《西域记》："牟兰海东伏流龙沙堆，在屯皇东南四百里阿步干鲜卑山。"清全祖望考证说："阿步干，鲜卑语也，慕容廆思其兄土谷浑，因作阿干之歌。盖胡俗称其兄曰阿步干，阿干者，阿步干之省也。今兰州阿干山谷，阿干河，阿干城，阿干堡，金人置阿干县，皆以阿干之歌得名。"[⑧]由此可见，在这许多称为阿步干或阿干的地名中，所谓"阿步干"或"阿干"，原来就是古代鲜卑语中的"兄"的意思。

是不是所有方言地名都能查得出它们所属的方言系统，查得出它们在汉语上是什么意义呢？这当然是不可能的。在《水经注》记载的方言地名中，就有许多是无法查明其渊源的。例如卷三《河水注》记载的骨律镇城，注文说："河水又北薄骨律镇城，在河渚上，赫连果城也……但语出戎方，不究城名。"这里所说的赫连，即十六国时期夏的建立者赫连勃勃（407 年—425 年在位），属于匈奴族的铁弗部。则骨律镇城当是匈奴语的方言地名，但究竟是什么意思，在 6 世纪初的郦道元也已经无法解释，仅知"语出戎方"而已。

法国《拉鲁斯大百科全书》在地名学一条下说："地名学要求语言学家追溯得更远一些。诚然，大多数地方名称一般不靠现代口语来解释。因此，很多法国区域地名远溯于已经消失的语言，人们不知其由来……"[⑨]像上面列举的骨律镇城，就是《拉鲁斯大百科全书》所说的"已经消失的语言"。这样的方言地名，公元 6 世纪初就已经无法根究，今天，我们自然更"不知其由来"了。

《拉鲁斯大百科全书》所说的这段说，对于浙江省的方言地名来说，恰恰也是符合的。浙江省现存的方言地名和历史上曾经使用过的方言地名，也都要"远溯于已经消失的语言"，而且我们也同样"不知其由来"了。浙江省（其实还可以包括今江苏、安徽和江西的部分地区）的方言地名，就是古代的越语地名和吴语地名，或者也可以称为吴越语地名。

二

众所周知，于越和句吴是古代活动在东南沿海地区的两个著名的部族，它们之间曾有过一段互相攻伐、复仇称霸的战争历史,最后于越在其雄才大略的领袖句践领导下,终于并吞了句吴,并称霸中原达五代之久。直到越王无疆为楚所败,土地被楚兼并为止,⑩这才结束了这两个部族载入史册的一段轰轰烈烈的历史。

从历史上看,句吴和于越很可能是同一原始部族中的两个分支,在部族蕃衍发展的过程中,由于居地分散和某些其他条件的不同,才逐渐造成了部族间的若干差异。但他们在语言和风俗习惯等方面,基本上仍然是近似的。《越绝书》卷六说:"吴越为邻同俗。"卷七又说:"吴越二邦,同气共俗。"《吕氏春秋·知化篇》说得更为明白:"吴之与越也,接土邻境壤,交通属,习俗同,言语通。"可见它们之间共同之处很多,所以谭其骧教授认为,吴和越是语系相同的一族两国。⑪

尽管这两个部族的语言早已泯灭,但从现在尚存的人名和地名之中,可以发现它们在语音上是有许多相同之处的。例如句吴之"句",与于越句践、句无、句章、甬句东之"句";句吴国都姑苏之"姑",与于越姑蔑之"姑";句吴地名无锡、无湖之"无",与于越人名无余、地名句无之"无"。例子甚多,不胜枚举。可惜人名与地名都是专门名词,我们很难获悉它们的意义。幸亏后汉时的袁康和吴平这两个会稽人,他们把战国以来流传的于越记载收集起来,写成《越绝书》一书。此书不仅为我们保存了吴、越两族的许多社会和历史情况,而且还为我们保留了于越语言中的两个普通名词。其中一个是汉语中的"盐",越语称为"余"。《越绝书》卷八说:"朱余者,越盐官也,越人谓盐曰余,去县三十里。"另一个是汉语中的"船",越语称为"须虑"。《越绝书》卷三说:"越人谓船为须虑。"这两个词汇中特别是"余"字,由于在地名中大量出现,所以对解释当时的地名,有很大意义。

据史籍记载,吴越曾分别以今江苏南部的苏州和浙江东部的绍兴为其部族中心。至于这两个部族的交界线应划在何处,历来是有争议的。⑫但今浙江省的全部版图当时都在两族的活动范围之内,这一点却是可以确定无疑的。秦始皇统一中国以后,建立了郡县行政制度,在今苏南、皖南、赣东和浙江的大部地区,设置了会稽郡。全郡分为20多个县,虽然其中有些县名颇有争论,但多数是可以肯定的。在今浙江省境内的,有乌程、由拳、海盐、余杭、钱唐、山阴、上虞、余姚、句章、鄞、诸暨、乌伤、大末等。在这些地名中,绝大部分都是由于越地名沿袭而来,只有少数才是秦更改的汉语地名。更改过的汉语地名是容易识别的,例如海盐,既然"越人谓盐曰余","盐"当然是汉字,所以这显然是个汉语地名。又如山阴,据《穀梁传·僖二十八》:"水北为阳,山南为阳。"地名按方位而区分阴阳,这是汉人的命名原则,则会稽山北的山阴,当然也是汉语地名。《越绝书》卷八记载"秦始皇帝以其三十七年……更名大越曰山阴。"说明这个地名从越语改为汉语还是有案可查的。

除了海盐与山阴,上述其余地名大概都是越语地名,也就是我们所说的方言地名了。它们有不少一直沿用到今天,在县名中,像余杭、余姚、上虞、鄞等等均是其例。此外如绍兴简称越,宁波简称甬,这类简称,也都是方言地名。在小地名中,方言地名仍然保留的如嘉兴的语儿,绍兴的朱储等等,恐怕为数更为不少。另外,有的县名虽已更改,但原来的方言地名却仍然保留在当地的其他自然地理实体中。例如钱塘(唐)县虽然早已不存,但地名仍然保留在全省第一大河钱塘(唐)江的江名之中。剡县的改名比钱塘(唐)县更早 1000 年,但地名仍然保留在附近的河流剡溪之中。不仅对于自然地理实体,方言地名在人文地理方面的影响也是非常深刻的。例如,30 年代建成而至今仍为全省第一的大桥,就叫钱江大桥,而钱江即钱塘(唐)江这个方言地名的简称。这样一座现代化的大桥,其名称却仍然和几千年以前的"已经消失了的语言"结合在一起。在嵊县,尽管钱武肃王在公元 10 世纪就嫌"双火一刀"的剡字字形不吉而改掉了它。但人们却至今仍视这个"剡"字为古色古香,把它冠之于许多人文地理实体乃至人工建筑物的名称之上。

由此看来,浙江省的方言地名尽管由来久远,是"已经消失了的语言",但却有很强的生命力,已经渗透到全省的自然地理、人文地理和其他许多方面。正因为此,我们就更有必要趁目前地名普查、地名志和地名词典编纂的机会,把浙江省各类地名中历史最悠久、解释最困难的方言地名整理一下。首先当然是把方言地名从其他地名中区别开来,至于渊源推究的问题,就应当本着"知之谓知之,不知谓不知"的精神,不必急于勉强解释,反致弄巧成拙。对于那些长期以来以讹传讹,牵强附会的歪曲,现在应该加以澄清,不要再继续自欺欺人,贻误后学了。

三

浙江省有些讹传已久而比较重要的方言地名,有必要加以澄清。

一、杭州　这个地名,自从隋文帝杨坚于公元 589 年第一次使用以来,至今一直沿用,已经超过了 12 个世纪。杭州地处钱塘江和大运河之交,具有航运之利,人们常常按汉字"航"、"杭"字义相通,把杭州与航运联系起来。这种附会,由来已久,到明朝的田汝成而集其大成。他在《西湖游览志余》卷一《帝王都会》的标题下说:

> 杭州之名,相传神禹治水,会诸侯于会稽,至此舍杭登陆,因名禹杭。至少康,封庶子无余于越,以主禹祀,又名余杭。秦置余杭县,隋置杭州。窃谓当神禹治水时,吴越之区,皆怀山襄陵之势,纵有平陆,非浮桥缘延,不可径渡,不得于此顾云舍杭登陆也。《说文》:杭者,方舟也;方舟者,并舟也。《礼》:大夫,方舟;士,特

舟。所谓方舟,殆今浮桥是也。盖神禹至此,溪壑萦回,造杭以渡,赵人思之,且传其制,遂名余杭耳。

按《诗·卫风·河广》:"谁谓河广,一苇杭之。""杭"、"航"两字在古汉语中确是相通的。至于田汝成引《说文》"杭者,方舟也",按《说文》卷八下,此字应作"航"字,《说文》说:"航,方舟也,从方,亢声。"就算"航"与"杭"也通用吧,但《说文》是解释汉字的辞书,而《诗经》的《国风》则是汉人的民歌,怎么能和于越部族居住地区的地名牵连在一起呢?而且必须指出,隋文帝把南朝陈所置的钱唐郡改为杭州时,州治设在余杭县,说明这个"杭"字,是从余杭县而来的。也说明建州之初,在地区上和今杭州也绝无关系,只是两年以后(591),才把州治移到凤凰山下的柳浦,即今江干一带。所以,杭州得名于余杭,也正和越州得名于大越一样。⑬虽然"杭"字也和"越"字一样,其意义如李慈铭所说"无得而详",但它们都是由古代越语构成的方言地名这一点,却是不必怀疑的。

二、"三余"　《水经·浙江水注》:"天子当兴东南三余之间。"何焯校本中何注说:"三余,余暨、余杭、余姚也。"这三余之中,余暨县的正式建置,见于《汉书·地理志》,三国吴改为永兴,唐天宝初又改为萧山。尽管余暨不列入秦会稽郡县名之中,但"余"字与"暨"字,都是于越地名中使用的词汇,所以它是方言地名不必置疑。至于余杭和余姚,则至今仍然沿用。前面已经引及《越绝书》所说的"朱余者,越盐官也"。因为越语中称盐为余,所以盐场所在的地名叫朱余。同样,"三余"在地理位置上都濒临沿海,而余姚长期来是全省最大的盐场所在(解放后盐场才划入慈溪县),则三余在于越时代与制盐业的密切关系是完全可以肯定的。当然,三个地名中的"暨"、"杭"、"姚"三字,在越语中的意义不得而知;但既然"余"字的意义在越语中已经可以解释,则把虞舜、夏禹等汉族地区的传说人物拿到于越地区生搬硬套,其荒诞无稽就可想而知了。

三、钱唐(塘)、钱唐(塘)江　钱唐是秦会稽郡所置县名,其义无法解释,显然也是于越遗留下来的地名。"唐"字后来改作"塘"字,大概始于唐代,这是因为县名与国号相同的缘故。《水经·浙江水注》曾引南朝宋钱唐县令刘道真所撰的《钱唐记》一书,记载了一个修筑防海大塘的传说:"防海大塘在县东一里许,郡议曹华信家议立此塘以防海水,始开募有能致一斛土者,即与钱一千,旬月之间,来者云集,塘未成而不复取,于是载土石者皆弃而去,塘以之成,故改名钱塘也。"这个传说对于说明我国海塘建筑的最早年代,当然是十分可贵的资料。但故事本身却是牵强附会的,有识之士也早已指出这种"千钱诳众之陋"是不可置信的。⑭若以这样的"钱塘"来解释钱塘县名和钱塘江名,那当然就更为荒唐可笑了。

再说钱唐(塘)江。这条河流最早见于《山海经·海内东经》:"浙江出三天子都。"但比《山海经》晚出的《说文解字》中,却出现了浙江和渐江两个地名。《说文解字》的作者许慎,自己也没有搞清楚,浙江和渐江,原来就是同一条河流。[15]在古籍中,像《史记》、《越绝书》、《吴越春秋》、《论衡》等书,都只有浙江,没有渐江。唯有《汉书·地理志》和《水经》作渐江,但《水经》晚于《说文》,它显然是从《说文》抄来的。有人认为"浙""渐"两字字形相近,"渐"字是"浙"字之误,看来也有可能。"浙"字按字义不可解释,大概也是方言地名。至于钱唐江一名,其出现比浙江要晚得多。王充在《论衡·书虚篇》中说:"有丹徒大江,有钱唐浙江。"又说:"钱唐之江,两国界也。"说明在后汉时代,浙江还没有钱唐江这样一个别名。王充所说的"钱唐浙江"和"钱唐之江",其中的"钱唐"二字,都是指的县名。而后来的钱唐江一名,开始可能就是"钱唐浙江"或"钱唐之江"的省略,以后逐渐成为一个固定的地名,最后甚至取代了浙江。不过钱唐江因河流流经钱唐县而得名,这是毫无疑问的。因此,它是一个相关地名。由于与它相关的钱唐县本身是一个方言地名,所以钱唐江同时也是方言地名。

以上所举各例,都是省内的大地名。其实,除了这些众所周知的大地名以外,于越时代遗留下来的小地名,为数必很可观。由于小地名没有全省意义,不易受人注意。特别是由于大地名的流传依靠文字记载,地名一旦写成文字,就容易固定少变。但小地名则不然,它们常通过世世代代的口传而遗留下来。在口传的过程中,后来迁入的汉族,就不免要以自己语言中的音义,和原来的越语地名相混淆,从而使这些方言地名发生汉化或半汉化的变迁。仍以朱余为例。因为朱余是个小地名,《越绝书》以后就不再见于记载。到了宋代,由于沿海建筑堤塘和斗门,这个于越时代的盐场又在记载中出现,但"朱余"已经成为"朱储"。[16]直到今天,朱储村仍然存在,其盐灶遗迹,也仍为老一辈人所熟悉。越语的"余",变为汉语的"储"。这就是许许多多方言小地名改变的例子。谭其骧教授认为:"今江浙地方多以句、于、姑、余、无、乌等为地名,与古代吴越语的发语音有关。"[17]为此,浙江省内与这些字音相近的小地名,若能追本溯源,可能都会找出它们与越语地名之间的关系。当然,这项工作是很细致复杂的,需要在今后地名学的研究中逐步进行。

综上所述,对于浙江省的方言地名,我们要做的工作,首先是把它们和其他地名加以区别,不要再按汉字望文生义,作荒诞不经的解释。由于我们对古代越语的研究还很不够,目前要对这些地名进一步作渊源的解释,还具有很大困难。当然,这并不意味着对浙江省方言地名的研究就到此为止。因为随着科学技术的发展,地名学的研究方法,必然也会获得除了文献资料以外的崭新途径。例如,于越部族是在秦统一中国以后开始从这个地区迁移流散的。对于这个部族从秦以后迁移流散的路径,历史上记载颇多,我们并非茫然无知。例如明焦竑解释"三越"说:"此即谓东越、南越、闽越也。

东越一名东瓯,今温州;南越始皇所灭,今广州,闽越今福州。皆句践之裔。"⑱明欧大任在《百越先贤志自序》中说:"译吁宋旧壤湘漓西南,故西越也,群柯西下邑容绥建,故骆越也。"在上述东越、南越、闽越、西越、骆越等地区,目前存在的少数民族为数也颇不少。语言学家仍有可能从这些少数民族的语言和方言地名中,寻求古代越语的蛛丝马迹。当然,这样的研究并非轻而易举,必须集中历史学、地理学、民族学、语言学等各方面的力量,才能获得研究成果。

注释:

① 《汉书·地理志》颜师古注。

② 《芦浦笔记》卷四(《知不足斋丛书》本)。

③ 《息荼庵日记》,同治八年七月十三日(《越缦堂日记》2 函 11 册)。

④ 可能因扬雄撰此书未完,也可能因此书缺佚(此书原有 15 卷,今只存 13 卷)。

⑤ *Webster's Third New International Dictionary*,p. 622.

⑥ *Webster's New World Dictionary of the American Langnage*,p. 389.

⑦ 详见拙著《水经注与地名学》,载《地名知识》1979 年第 3、4 期。

⑧ (清)赵一清《水经注笺刊误》卷一。

⑨ *La Grande Encyclopedie Librairie Larouse*,T. 14,p. 8781—8782.

⑩ 《越绝书》卷八。

⑪⑰ 邹逸麟《谭其骧论地名学》,载《地名知识》1982 年第 2 期。

⑫ 有两种说法,一种以《国语·越语》为代表,认为国界在今嘉兴一带,附和的有《越绝书》、《吴越春秋》等;另一种以汉王充为代表,认为吴越以钱塘江为界(《论衡·书虚篇》),附和的有明徐渭等。

⑬ 《越绝书》卷八:"更名大越曰山阴。"说明在秦改名山阴以前,这里名为大越。

⑭ 《水经注》全祖望五校抄本(天津市人民图书馆藏)施廷抠注。

⑮ 《说文解字》卷一〇下:"渐水出丹阳黟南蛮中,东入海,从永,斩声。"同卷:"江水至会稽山阴为浙江、从水,折声。"按江水即指长江,长江根本不到会稽山阴,故说明许慎对此亦甚模糊。

⑯ 见(宋)赵宗万《修朱储斗门记》(杜春生《越中金石记》卷三)。

⑱ 《焦氏笔乘续集》卷三。

原载《浙江学刊》1983 年第 2 期

历史上浙江省的山地垦殖与山林破坏

本文对浙江省的山地垦殖与山林破坏进行了历史的探讨,指出:康、乾以来,随着玉米和番薯的先后传入,浙江省内大量人口拥入山区,而随着人口机械变迁而来的自然增殖又导致人口数量的猛增,为了养活突然增加的大量人口,只好不断扩大垦殖,增加粮食产量,这便造成了山区植被的彻底破坏和水土的大量流失。本文认为,这一不幸的恶性循环,实质上是一个人口再生产与生态平衡之间的关系问题,时至今日,在全省范围内,都还在不同程度上为这一时期的破坏支付着代价。康、乾以来浙江山区所发生的这种情况,对我们今天在广大国土上治山治水,如何正确处理好人口限制与生态平衡间的关系,都是十分重要的历史教训。

浙江省的地形以丘陵、山地为主。包括以天目山为主干的浙西丘陵,以天台、四明、会稽诸山为主干的浙东丘陵和以括苍、雁荡、洞宫、仙霞诸山为主干的浙南山地。总计丘陵和山地面积占全省面积的70.4%。省内平原除杭嘉湖平原和宁绍平原较大外,其余如温州、黄岩一带的沿海平原与金华、衢州一带的内陆盆地,面积都较狭小,只占全省面积的23.2%。浙江省河流稍多,但湖泊甚少,河湖水面只占全省面积的6.4%,这正如群众谚语所说的:"七山一水二分田。"浙江山地面积占了如此大的比例,山地利用对全省的重要性是不言而喻的。本文试图对历史上省内山地利用的过程及其得失加以探讨,这对今后我国的山区建设,可能不无意义。

浙江省境内不仅山丘遍布,而且气候温暖湿润,因此,在古代,这些山丘上生长了茂密的原始森林。近年来在河姆渡遗址的考古发掘中,获得了诸如酸枣、麻栗果等果实。[①]根据出土树叶的鉴定,当时这个地区的森林树种,计有山毛榉科的赤皮槠(Querens gilva Bl),栎(Quercus sp),苦槠(Castanopsis selerophylla[Linbl.]Schottky);桑科的天仙果(Ficus heekeyana Hook Arn);樟科的细叶香桂(Cinnamomum chingii Metcalf),山鸡椒(Litzea Cubeba[Lour.]Pers),江浙钓樟(Lindera Chienii Cheng);虎耳草科的溲疏比较种(Cf Deutzia scabra Rehd)等。而孢粉分析的结果,证明这一带原始森林的主要建群树种有蕈树、枫香、栎、栲、青岗、山毛桦等。[②]古代浙东的原始森林,属于亚热带的混交林和阔叶林,它们很可能与当时浙江中南部以及赣、闽等地的原始森林连成一片。[③]根据历史记载,这片森林中除了大量松柏科植物如松、柏、栝、桧等以外,[④]还有檀、榈、柘谷、楝、楸、柽、柞、樗、枫、桐、樠、榧、梓、梗、枏、栎、槠、榆、豫章、[⑤]棕榈、榇[⑥]等等,古木参天,树冠茂密,拥有许多树身高大的树类。《吴越春秋》所载“大二十围,长五十寻”[⑦]的巨木,虽然语涉夸大,但是直到森林开始破坏的南北朝初期,这里确实仍有许多“干合抱,杪千仞”[⑧]的巨大树木。在浙江北部,以天目山为主干的丘陵、山地中,原始森林也非常茂密。《水经·浙江水注》记载天目山的森林:“山上有霜木,皆是数百年树,谓之翔凤林。”这说明在古代,浙江境内从南到北的所有丘陵、山地中,森林发育都很良好。

　　无论在什么时代,人类都必须攫取自然资源,作为他们的生产资料和生活资料,以发展生产力,延续社会的生命。浙江省境内的山地垦殖与山林破坏,实际上是一件事物的两个方面。自从省内有人类活动以来,这一过程就在不间断地进行着。而且,在人类活动的早期,由于人类利用自然、改造自然的能力非常薄弱,他们对山地的依赖,较之以后的任何时期,都要强烈得多。当时,浙江境内除了原始森林茂密的山地以外,就是几块沼泽平原。这些平原由于潮汐直薄,土地泥泞,燃料、饮水和其他生活资料都很匮乏,因此,人们还不可能对它们进行大规模的开发利用。浙东的河姆渡文化和浙西的良渚文化在地理位置上都没有远离山区,就是一个很好的证明。当时,人们的生活来源依靠“随陵陆而耕种,或逐禽鹿而给食”,[⑨]是一种狩猎业和迁徙农业并存的生产类型。在河姆渡出土的文物中,农具的骨耜和猎具的镟镞并见,[⑩]就是这种生产类型的反映。

　　这些远古居民由于狩猎活动和刀耕火种的迁徙农业,对山林就必然有所破坏。还因为当时人口分布有地域的差异,按目前的省境范围来说,破坏的程度又很不相同。我在拙作《古代于越研究》一文中曾经指出,在先秦时代,省内存在着一个人口聚集中心,即句践从句吴释放后的疆域,所谓“吴封百里于越,东至炭渎,西至周宗,南造于山,北薄于海”,面积估计约5000平方公里。[⑪]这个范围,包括会稽山和四明山的一部分，就是当时省内山地垦殖最发达和山林破坏最显著的地区。当然，由于整个于越部族的总人口不过 30 万人之谱，[⑫]因此，其垦殖规模和砍伐程度显然不可能与后代相比，加上森林有自然更新能力，所以，先秦时代的山林破坏，无疑是十分轻微的。

越王句践时代（公元前 496 年以后），由于手工冶炼业、造船业等的发展，对会稽山地的森林是有所砍伐的。见于记载的大规模砍伐有两次，一次是句践十年（前 487），句践命"木工三千余人入山伐木一年"。[⑬]另一次是句践二十五年（前 472）迁都琅琊之时，曾"使楼船卒二千八百人，伐松柏以为栌"。[⑭]像这样数千人出动的大规模砍伐，对山地生态可能已经有影响。但是，由于当时运输力量的落后，砍伐地区都在森林边缘，不可能深入森林内部。另外，到这个时代，于越部族的狩猎和迁徙农业的生产方式已经基本结束，居民开始离开山区，进入北部的冲积平原，从事定居农业，因此，从总体言之，对山林的破坏实际上反而逐渐减少。

于越时代浙江境内的粮食种植业，在地区分布上以山区和半山区为主，在作物种类上则五谷杂出，而以旱作为主。[⑮]时至秦汉，于越部族流散，具有平原农业生产经验的汉族大量进入境内，于是，省内各重要平原次第垦殖，水利建设有了极大进步，水稻成为唯一重要的作物。从此，平原成为生产基地和人口聚集的中心。在汉一代中省内各平原兴建的较大水利工程，在宁绍平原有慈溪的旧陂，[⑯]上虞的夏盖湖和白马湖，[⑰]绍兴的鉴湖和玉山斗门等；[⑱]在杭嘉湖平原有杭州的防海大塘，[⑲]余杭的南下湖，[⑳]长兴的荆塘和皋塘等；[㉑]在金衢盆地有金华的白沙堰等。[㉒]它们在拒咸蓄淡，防洪灌溉等方面，都起了重要的作用。因此，虽然平原在土地面积上完全不能与山地相比，但其生产潜力却是十分可观，吸引了大量的居民，使省内的广大山区，在一个相当长的时期中相形冷落，成为一片地广人稀的深山老林。直到公元 10 世纪中叶，在南部衢州和金华一带的山地中，仍有象群出没，[㉓]其森林之茂密，可以想见。

自从平原获得垦殖利用以后，山区的垦殖遂陷于停顿。由于两晋之间北人大批南迁，平原的某些部分开始出现人多地少的趋向。这中间，开垦历史最悠久的山阴县，首先在南北朝初期发生了"土地褊狭，民多田少"[㉔]的情况。但是这种情况在当时并未造成居民向山地的移动。因为省内各平原在垦殖程度上是很不平衡的，尽管宁绍平原的西部已经到达"亩直一金"[㉕]的程度，但宁绍平原的东部却仍然地广人稀，还有许多未曾垦殖的水网沼泽地，可以从山阴县"徙无赀之家于余姚、鄞、鄮县界，垦起湖田"。[㉖]从魏晋南北朝直到唐代，省内各平原上的水利工程仍然不断增加。例如在宁绍平原上，又出现了萧山的临浦和湘湖，[㉗]慈溪的慈湖和花屿湖，[㉘]宁波的广德湖和小江湖；[㉙]在杭嘉湖平原上，有富阳的阳陂湖和苋浦，[㉚]余杭的北湖和南湖，[㉛]嘉兴的汉塘和魏塘，[㉜]湖州的荻塘河、青塘河、蒲帆塘河等；[㉝]在黄温平原，有临海的高湖等。[㉞]这说明平原在土地资源上还具有较大的潜力。

　　当然,在平原垦殖的同时,山区的局部垦殖也是存在的。特别是到了唐代,茶叶已经成为一种商品,浙江各山区的植茶业开始发展。唐代的茶叶专家陆羽在品评各地茶叶质量时说道:"越州上,明州、婺州次,台州下。"[35]这就告诉了我们,当时在会稽山、四明山、天台山以及浙南的一些山地中,都已有茶园的开辟。这是对山区的一些较大规模的垦殖。但也应该看到,茶树是一种比较特殊的作物,它需要一定的地形的小气候条件。具体地说,即坡度不宜太陡,并且需要选择向阳避风的地形。特别是在这种作物栽培的早期,它还是一种身价很高的商品,社会需要量并不很大,因此,由于茶叶栽培而对山区进行的垦殖,其规模不可能太大,范围也不致于甚广。

　　两晋以后,我国的又一次人口大流动是在两宋之间。在这一次人口流动的过程中,北人南迁的规模,远远超过两晋之间的那一次。我曾经作过一个统计,从后汉永和五年(140)到永寿二年(156)之间,属于今浙江境内 20 个县的户数,只占当时全国户数的 1.7%。[36]到唐天宝元年(742),全浙 10 州以及苏州辖下属于今浙江的嘉兴、海盐二县,户数已占全国户数的 8.8%。[37]到了北宋元丰年代(1078—1085),浙江的户数更占全国总户数的 10.5%。[38]浙江人口在全国总人口中的比例,是提高得相当迅速的。及至南宋初年,由于北方的战乱,北人更大批南迁。在绍兴年间,"渡江之民,溢于道路"。[39]李心传说当时"中原士民,扶携南渡,不知其几千万人"。[40]而这些移民的主要集中地就在浙江,即所谓"四方之民,云集两浙,百倍常时"。[41]我在拙作《古代鉴湖兴废与山会平原农田水利》一文中作过一个统计,以山阴、会稽二县为例,从北宋大中祥符四年(1011)到南宋嘉泰元年(1201)的 190 年中,人口就增加了 1.4 倍。从此,随着人口压力的加大,粮食不足的情况就日趋严重。如素来以粮食富足著称的宁绍平原,在南宋初年,朝廷就颁发了禁止外商前去贩运的诏令,[42]由此可见一斑。

　　由于人们长期以来的生产和生活习惯,也由于当时的平原在自然地理和人文地理条件上均比山区远为优越,在人口压力开始沉重的初期,离开平原进入山区的居民毕竟还是极少数。为了增加粮食生产,人们仍然试图挖掘平原的土地资源潜力。这首先就是围垦湖田。在浙西,太湖是重要的围垦对象之一。绍兴二十三年(1153),右谏议大夫史方言:"浙西民田最广,而平时无甚害之忧者,太湖之利也。数年以来,濒湖之地,多为兵卒侵据为田,擅利妨农,其害甚大。"[43]此外,杭州的临平湖、西湖,余杭的南下湖、北湖等,也都遭到全部或局部的围垦。在浙东,宁绍平原的许多湖泊如鉴湖、湘湖、临浦、夏盖湖、广德湖等等,也都在这一时期围垦殆尽。围垦的结果,增加的耕地面积是不小的,例如绍兴的一个鉴湖,就垦出肥沃的湖田 2000 余顷,因而增产了不少粮食。但是在另一方面,历史上的这种围垦,是在无政府状态下漫无限制地进行的,围垦者只管自己获得土地,根本不考虑到水利等其他问题,因而就出现了愈来愈多的旱涝现象,造成宋王十朋所指出的:"每岁雨稍多则田以淹没,晴未久而湖已枯竭"[44]的情况。

在挖掘平原的土地潜力方面,除了围垦湖田外,这一时期还重视提高土地的复种指数。尽管早在三国时代浙江平原地区种植双季稻已见于记载,[45]但这毕竟是极少数。到了南宋,双季稻的播种面积在气候条件较好的温黄平原,已占水稻播种面积的30%以上。[46]在历来没有种麦习惯的杭嘉湖平原,[47]南宋以后,也开始改变耕种习惯,普遍播种了春花作物,扩大了平原土地的复种面积。

这一时期,人们也设法在原有的平原以外扩大耕地,他们着眼的,首先是耕作比较容易的海涂。绍兴二十八年(1158),"诏浙西、江东沙田、芦场,官户十顷,民户二十顷以上,并增纳租课"。[48]这表明在钱塘江以北的沿海地带,当时已经垦殖了不少海涂。钱塘江以南,海涂垦殖在这一时期也同样有所发展,据嘉定《赤城志》卷十三所载,当时仅临海、宁海、黄岩3县的海涂田,即达3.7万余亩。

至于面积广大的山地,这一时期在山林破坏的速度上也有显著的增加,接近城市、交通方便的会稽山地,某些地方甚至到达"有山无木"[49]的地步。但这种砍伐主要是为了木材的需要。在山地垦殖方面,发展则比较缓慢。茶园面积在这一时期当然有所扩充,但单是若干种技术作物进入山区,对于广大的山区来说,影响并不太大。山区存在着粮食缺乏和交通困难的问题,特别是粮食问题没有解决以前,人们很难在山区长期定居,因此垦殖始终是有限度的。当然,宋代以来,平原地区由于人口压力的加重,人们也曾在粮食作物引入山地方面作过不少努力。例如,在条件适宜的山地开辟梯田,种植水稻,向山区引入比较耐旱的杂粮作物等等。但对于山区来说,这种努力仍然是有限度的。因为开辟梯田需要有利的自然条件,必须是坡度较小取水方便的山垅地或溪谷地,而且需要耗费大量的劳动力。所以尽管这一时期确实开垦了不少梯田,但由于田片狭小,气候条件不佳(灌溉水源水温低、无霜期短),肥料缺乏,产量显然无法与平原相比。投资大而收益小,是引不起人们兴趣的。至于杂粮的引种,当然比水稻简易。南宋以来,在山区引种较广的杂粮之一是粟,嘉泰《吴兴志》卷二十说:"粟,《续图经》[50]载,今山乡人种。"《宋会要》第一六三册所说临安府属"山田多种小米",也就是这种作物。另外一种是稷,嘉泰《会稽志》卷十七说:"穄,稷也。今吴越泽国,唯山乡高原有种穄者。"粟和稷都是低产作物,在山区种植这类作物事倍功半,是出于不得已的。这吸引平原人口进入山区,仍然起不了多大作用。为此,在南宋一代中,一方面,平原有人满之患;另一方面,山区则仍然地广人稀。以会稽山地为例,像平水镇这样历史悠久的集镇,在陆游笔下依然是"山鸟啼孤戍,……草市少行旅"。[51]而"山重水复疑无路,柳暗花明又一村",[52]也正是会稽山地聚落稀疏的写照。那时尽管山区人口稀少,但是每当平原地区的农忙季节,仍须下山出卖零工劳动力。[53]这就具体说明了,山地的垦殖规模很小,农活不多。关于这个问题,从户口统计数字中也可以找到证明,按《元丰九域志》所载,两浙路户数为 1,414,316 户,而《宋会要》所载乾道五年两浙路户数为 2,158,653 户,这说明从北宋元丰到南宋乾道的 90 年左右时间里,户数增了0.52 倍。但乾道五年,两浙路计有人口 4,216,816 人,[54]到了明嘉靖年代,浙江全省人口计有 5,073,566 人。[55]假使乾道人口统计中属于今苏南部分估计占两浙路人口的1/5,则当时省内人口数为 3,373,153 人。从乾道到嘉靖的 350 多年中,全省人口的增加也不过 0.5 倍,而两宋之间的 90 年,户口增加的速度竟超过宋明之间的 350 年。前者之所以迅速,显然是由于这段时期中的大规模北人南迁;后者之所以缓慢,原因之一是平原人口已经趋于饱和,而山地的垦殖并无较大的发展。

上面已经指出,山区由于粮食不足和交通困难,无法吸引大批人口到那里安家落户。在南宋省内人口突然增加以后的相当长时期里,大量人口一直聚集在占全省面积不到四分之一的平原之上。这种状况一直到 18 世纪前后,才开始被突破,发生了迅速的改变。何炳棣在其《一三六八——一九五三年中国人口问题研究》一文中指出:"中国人口在一七○○年为 1.5 亿左右,至一七九四年增至 3.1 亿左右,一世纪中增加了107%,到一八五○年太平天国起义前夕,增加到 4.3 亿。在短短一五○年间,人口增加 187%,平均每年增长率为千分之七。"[56]何炳棣所指出的全国性的人口增长,同样发生在浙江省境内。根据《嘉庆一统志》卷二八一的记载,康熙五十二年(1713),全省人口为 2,710,649 人。康熙年代的人口比嘉靖年代少了 60 多万是可以理解的,因为这中间经过明末清初的长时期战乱,加上连年水旱,特别是从 1640 年起的连续 5 年大旱,"震泽巨浸,褰裳可涉",[57]造成了"民食树皮草根",[58]"人相食"[59]的悲惨局面。但到乾隆五十六年(1791),在这不到 80 年的时期里,全省人口竟跃升到 22,829,000人,[60]几乎增加了 7.5 倍。在这一时期全国性的人口猛增中,浙江表现得更为突出,其原因是多方面的,过去已有不少学者对此发表了意见。但是对浙江来说,必须看到这片占全省面积 2/3 以上的山地,假使不是这片山地的吸引,那短时期内出现的人口猛增的现象,就是不可思议的。

事实果然就是如此。自从于越部族结束刀耕火种和狩猎业生产进入平原以后,沉寂了 2000 多年的山地,在这一段时间中又一次大开门户,招徕了许多居民的进入。引起这一变化的原因就是何炳棣在他的论文中所指出的"土地利用的革命"。[61]事情的整个过程必须从玉米和番薯这两种作物的传入说起。

玉米和番薯原是新大陆的作物。这两种作物随着新大陆的发现于明代辗转传入我国。1511 年刊行的正德《颍州志》卷三列名的"珍珠秫",可能就是我国对玉米的最早记载。[62]在万历元年(1573)成书的《留青日札》中,关于玉米的记载就十分清楚了。该书说:"御麦出于西番,旧名番麦,以其曾进御,故称御麦。干叶类稷,花类稻穗,其苞如拳而长,其须如红绒,其实如芡实,大而莹白。花开于顶,实结于节,真异谷也。吾乡传得此种,多有种之者。"[63]

《留青日札》的作者田艺蘅是杭州人,由此可知杭州一带最迟在 16 世纪 60 年代已有玉米的种植。除了此书以外,万历《山阴县志》"乳粟"条所记载的也正是这种作物:"粒大如鸡豆,色白,味甘,俗名遇粟。"[64]《山阴县志》所说的"鸡豆"即是芡实的绍兴方言,直到今天,玉米在绍兴方言中也仍称"遇粟"。这也说明玉米在绍兴开始种植的时间和杭州不相上下。

番薯传入我国可能较玉米稍晚。关于这种作物的传入经过,各方说法不一。[65]有的认为是万历初年从缅甸传入云南的,有的认为是万历初年从安南经海道传入广东的,也有的认为是明代从吕宋岛传入福建的。其实,一种作物有时也可能从几处不同的地方分别传来。番薯来源,众说不一或许就反映了这种事实。在浙江,最早记载番薯的是刊行于万历三十五年的《普陀山志》,该志认为番薯是从日本传来的。[66]到崇祯十年(1637),山阴人祁彪佳在他的《寓山注》中也记载了这种作物,[67]可见番薯在明代末叶已经传入了会稽山地。

对于自然条件比较恶劣的土地来说,玉米和番薯的确是十分难得的作物。道光年代刊行的《淳安荒政纪略》说:"百谷之中惟苞芦不烦灌溉,不忧旱潦,不计土之肥饶。"光绪《宣平县志》卷十七说番薯"虽陡绝高崖,皆可栽种,止宜去草,不必用肥。"因此,这是两种生命力异常顽强的新作物,它们一旦传入以后,就立刻在浙江的山地和沿海沙荒地站稳了足跟。当然,在开始传入的万历年代,播种还是较少的,所以成书于万历六年(1578)的《本草纲目》卷二十三说:"玉蜀黍出西土,种者亦罕。"但是,随着时日的推移,播种就逐渐扩展开来,到了康乾年代终于遍及全国。

这两种作物引入省内的具体过程是有差别的。根据各种记载,玉米传入浙江多来自安徽。光绪《于潜县志》卷十八说该县在乾隆年间"将山租安庆人种作苞芦",光绪《开化县志》卷二说苞芦"种自安庆来",光绪《宣平县志》卷十七苞芦条下记载:"乾隆四五十年间,安徽人来此,向土著租赁垦辟。"这类记述还有不少,不胜枚举。至于番薯,大概是从沿海传播而来的。嘉庆《余杭县志》卷八说:"近年多闽粤篷民,不种苎麻,即种番薯。"光绪《永嘉县志》卷七说番薯"初从闽来",光绪《平湖县志》卷八说番薯"今温台人侨居海上多种之",光绪《嘉善县志》卷十二说番薯"今温台人侨居境内多种之"。总之,到了康乾以后,玉米和番薯都很快地涌进省内的广大山地。何炳棣说这些作物"单产大,营养丰富"。[68]与南宋以来在山区种植的粟、稷之类显然不同,种植这两种作物,使得省内的山地之中,有史以来第一次有了比较充裕的粮食,使山地从此可以接纳较多的定居居民。从另一种角度说,省内的山地也因此第一次遭到规模最大的垦殖。

这种垦殖的规模和速度是可以想象的。为了开垦土地和获得肥料,垦殖者常常采用烧山的办法。清初撰写的《明书·機祥志》说:"浙江山中先有火烧地,及左右草木,皆披靡成一径。"光绪《余杭县志》卷三十八刊载了一首该县境内山区垦殖的诗:"瘠土山氓井邑稠,谁知海贾也勾留,翻忧陵谷多开垦,遍种番薯上山头。"这都说明在这个时期内,由本地居民和外来移民一齐动手,山地垦殖殆尽,原有植被荡然无存。

前面已经指出,浙江的广大山地,尽管历来常有技术作物和杂粮的种植以及为了木材需要的砍伐,但垦殖规模并不很大,植被破坏也并不十分剧烈。以垦殖和砍伐历史最悠久的会稽山地为例,直到明代初年,平水镇还没有专为出口竹木抽税的税务机构。[69]这反映出山地中的森林资源仍有可观。但到了清代,会稽山地就"无森林之可言了"。[70]至于远离平原的深山,原始植被保存得更为完整。以衢州为例,据民国《衢县志》卷一所载:"衢地多山,郁乎苍苍,参天蔽野。"但是,"晚近以来,用之者众,生之者寡,旷览四郊,有牛山濯濯之叹"。深山里的森林在清末民初以后同样遭到了严重的破坏。

由于垦殖的势头的一个短时期中来得这样猛烈,山林破坏得如此迅速,人们也立刻发现了这件事实的严酷后果。光绪《余杭县志》卷三十八记载该县番薯种植的后果说:"山遭垦松,遇潦即沙土随水入河,屡为农田水利之患。"光绪《宣平县志》卷十七记载该县广种玉米以后所出现的不祥之兆说:"山中种此,则土松石出,每逢大雨,山石随势下坍,溪涧填淤。宣(平)自嘉庆五年大水,溪潭患沙石堆积,水不能蓄,职是之故。然山种苞芦十年必败,并不可栽竹木,利尽而害随至矣。"光绪《于潜县志》卷十八数说种玉米之害;"山经开掘,遇霖雨土即崩裂,湮灭田禾,填塞溪涧,以致水无潜滋,稍晴即涸,旱潦交忧,害实不浅。"在这样的情况下,有识之士必然会考虑到,这种滥垦必须制止。于是,嘉庆初年,浙江巡抚阮元下令禁止在山区进行这种开垦。[71]

但是,浙江巡抚的这项命令,看来并未收到什么效果。因为在短短几十年中,人口已经增长了几倍,大批居民已经拥入山区。在沉重的人口压力之下,除了增种粮食,没有其他可以解决问题的办法。在阮元命令禁止山区垦殖以前不过十几年,清廷曾在乾隆五十一年(1786)因侍郎张若淳之请,饬各省广种番薯,以为救荒之备。[72]这反映了在人口恶性膨胀之下的严峻事实。在这样的情况下,政府纵有一点赈济,也是杯水车薪,无济于事的。《淳安荒政纪略》在评论浙江巡抚禁种苞芦的命令时说:"夫一日之赈,固足以拯万人之命;而民食能不致匮乏者,则半由苞芦之功。"刘继庄也曾在康熙年代推崇番薯之功说:"饥馑之年,民多赖以全活。"[73]由此可见,通过开垦山地种植玉米和番薯这两种粮食作物,可以养活平原地区的稻米所无法供养的人口。于是,大量人口拥入占全省面积2/3以上的山区。随着人口的机械变迁而来的自然增殖,导致人口数量的迅速增加,而为了养活突然增加的大量人口,人们就必须不断破坏植被,扩大垦殖,增加这两种作物的产量。这是一种不幸的恶性循环。在爆炸性的人口问题面前,这样的恶性循环,就一直往复继续下去,致使浙江的广大山地,在一个较短时期中,土地的垦殖,山林的破坏,水土的流失,都到达十分惊人的程度。

我国历史时期的植被变迁,按其主流来说,实际上就是古代劳动人民利用自然和改造自然的巨大成果,是具有深远的积极意义的。正如恩格斯所说的:"人消灭植物,是为了在这块腾出来的土地上播种五谷,或者种植树木和葡萄,因为他们知道这样做可以得到多倍的收获。"[74]但也必须看到,人们对于自然发展规律的认识和掌握,是有一个复杂的过程的。古代人们对于自然界的认识的片面和落后,过度的垦殖加上不良的耕作方法和技术,使他们在利用和改造自然的过程中,不可避免地留下了许多消极因素。也正如恩格斯所指出的:"美索不达米亚、希腊、小亚细亚以及其他各地的居民,为了想得到耕地把森林都砍完了,但是他们却梦想不到这些地方今天竟因此成为荒芜的不毛之地,因为他们把森林砍完之后,水分积聚和贮存的中心也不存在了。"[75]恩格斯的这段话,对于康乾以来浙江省的山地垦殖和山林破坏同样是适用的。

总之,康乾以来浙江省境内所发生的这一场暴风骤雨式的山地垦殖和山林破坏,对浙江省和其他许多情况相似的省份,都是一种深刻的历史教训。时至今日,在全省范围内,不论是山地和平原,都还在不同程度上为这一时期的破坏支付着代价,并很难估计要支付到什么时候。因此,虽然事情的开始发生,距今已有两个半世纪之久,但是今天我们来总结这个历史教训,仍然具有十分重要的现实意义。

从实质上说,在浙江省的广大山地中,自从康乾以来所发生的、直至今日仍然面临的问题,是一个人口再生产与生态平衡之间的关系问题。治山治水是我们今天已经普遍懂得的道理。但是,假使离开人口再生产的问题而侈谈治山治水,将会使一切归于徒劳。实际上,广义的国土治理,本来就包括人口再生产的计划性在内。现在有一门称为人类生态学(Human Ecology)的科学,它研究人类和环境间的物质和能量的收支关系,亦即人口限度与生态平衡的关系。我们总结康乾以来的历史教训,其所亟待解决的,也正是这种关系。

恩格斯指出:"人类数量增多到必须为其增长规定一个限度的这种抽象可能性当然是存在的。但是,如果说共产主义社会在将来某个时候不得不像已经对物的生产进行调整那样,同样也对人的生产进行调整,那么正是那个社会,而且只有那个社会才能毫无困难地做到这一点。"⑳恩格斯所说的"对人的生产进行调整",也就是人口再生产的计划性,现在看来,真是十分重要。尽管我们现在还不是共产主义社会,要进行这项工作,还不能像恩格斯所说的那样"毫无困难"。但是对于人口再生产和山林破坏的问题,在新中国成立以前以及新中国成立 30 多年来,我们都有过难忘的教训,我们在这方面所背负的历史包袱比世界上一些发达国家远为沉重,今后我们一定要比较妥善地处理好这个问题。对于浙江省的广大山区,我们一定要在那里把人类和环境间的物质和能量的收支关系调节妥当,让这片占全省面积 2/3 以上的土地得到全面的整治。

注释:

① 《河姆渡发现原始社会遗址》,载《文物》1976 年第 8 期。

② 浙江省博物馆自然组《河姆渡遗址动植物遗存的鉴定研究》,载《考古学报》1978 年第 1 期。

③ 见陈桥驿《古代绍兴地区天然森林的破坏及其对农业的影响》;载《地理学报》1965 年第 31 卷第 2 期。

④ 《越绝书》卷八,南北朝宋孔灵符《会稽记》(《会稽郡故书杂集》本),唐李德裕《平泉山居草木记》(《说郛》第七十册)。

⑤ 南北朝(宋)谢灵运《山居赋》(《全宋文》卷三〇),《平泉山居草木记》,(宋)王十朋《会稽三赋》。

⑥ 宝庆《会稽续志》卷四。

⑦⑬ 《吴越春秋》卷五。

⑧ 《山居赋》。

⑨ 《吴越春秋》卷四。

⑩ 浙江省文管会,浙江省博物馆《河姆渡遗址第一期发掘报告》,载《考古学报》1978 年第 1 期。

⑪⑫ 陈桥驿《古代于越研究》,载《民族研究》1982 年第 1 期。

⑭ 《越绝书》卷八。

⑮ 载《中国农史》1981 年第 1 期。

⑯ 《晋书·孔愉传》。

⑰ 陈桥驿《古代鉴湖兴废与山会平原农田水利》,载《地理学报》1962 年第 28 卷第 3 期。

⑱ 光绪《上虞县志续》卷三八。

⑲ 《后汉书·朱隽传注》。

⑳ 雍正《浙江通志》卷五三。

㉑ 雍正《浙江通志》卷五五。

㉒ 雍正《浙江通志》卷五九。

㉓ 《十国春秋》卷一八,《吴越备史》卷四。

㉔㉕㉖ 《宋书·孔季恭传》。

㉗ 陈桥驿《论历史时期浦阳江下游的河道变迁》,载《历史地理》1981 年创刊号。

㉘ 雍正《浙江通志》卷五六。

㉙㉚㉛ 《新唐书·地理志》。

㉜ 《天下郡国利病书》卷八三。

㉝ 雍正《浙江通志》卷五五。

㉞ 嘉定《赤城志》卷二三。

㉟ 《茶经》卷下。

㊱㊲㊳㊻ 陈桥驿《浙江古代粮食种植业的发展》,载《中国农史》1981 年第 1 期。

㊴ 《宋会要辑稿》第一六〇册。

㊵ 《建炎以来系年要录》卷八六。

㊶ 《建炎以来系年要录》卷一五八。

㊷ 《建炎以来系年要录》卷三五。

㊸ 《建炎以来系年要录》卷一六五。

㊹ 《鉴湖说》上篇,载《王忠文公全集》卷七。

㊺ 嘉定《赤城志》卷三六。

㊼ 《补农书》卷下:“湖州无春熟。”

㊽ 《建炎以来系年要录》卷一七九。

㊾ (宋)庄季裕《鸡肋编》卷上。

㊿ 指《吴兴续图经》,修于绍兴年间。

(51) (宋)陆游《山行》,载《剑南诗稿》卷七六。

(52) (宋)陆游《游西山村》,载《剑南诗稿》卷一。

(53) (宋)陆游《秋日郊居》载《剑南诗稿》卷二五:“上客已随新雁到,晚禾犹待薄霜收。”陆游自注:“剡及诸暨人以八月来水乡助获,谓之上客,以其来自山中也。”

(54) 《宋会要辑稿》第一六一册。

(55) 按嘉靖《浙江通志》统计。

(56)(61)(68) Ho Pingti, *Studies on the Population of China, 1368—1953*, Cambridge, Harvard University Press, 1959.

(57) (清)吴梅村《鹿樵纪闻》卷上。

(58) 光绪《临海县志》卷一一。

(59) 同治《湖州府志》卷四四。

(60) 严中平等《中国近代经济史统计资料选辑》,科学出版社 1955 年版,第 362 页。

㉒　《颍州志》除了"珍珠秫"三字外，别无解释，所以很难论定。不过浙江省的玉米种植，多数从安徽传入，下文还要提到。

㉓　（明）田艺衡《留青日札》卷二六。

㉔　万历《山阴县志》已佚，系雍正《浙江通志》卷一四○及乾隆《绍兴府志》卷一七所引。

㉕　杨宝霖《把番薯引进广东的陈益》，载《羊城晚报》1980 年 9 月 30 日。

㉖　万历《普陀山志》卷四："番薯，如山药而紫，味甘，种自日本来。"

㉗　《寓山注》卷下："从海外得红薯异种，每一本可收得薯一、二车，以代粒，足果百人腹。"

㉙　（清）王思任《祁忠敏公年谱》，载《祁忠敏公日记》第一册。

㉚　《会稽县劝业所报告册》宣统三年上期，稿本，绍兴鲁迅图书馆藏。

㉛　《淳安荒政纪略》。

㉜　光绪《奉化县志》卷三六。

㉝　《广阳杂记》卷五。

㉞㉟　《自然辩证法》，载《马克思恩格斯全集》第 20 卷，人民出版社 1971 年版，第 571、519 页。

㊱　《恩格斯致卡尔·考茨基》，载《马克思恩格斯全集》第 35 卷，人民出版社 1971 年版，第 145 页。

原载《中国社会科学》1983 年第 4 期

浙江省县(市)名简考[*]

自从秦建郡县制以后,今浙江省境内开始有了县的建置。当时,由于人口稀少,生产落后,县的数量很少,在会稽郡的 26 县之中,位于省境以内的仅 18 县(今钱塘江以南 12 县、以北 6 县)。以后历代,由于户口繁衍,生产发展,县的建置不断增加。到了清代,全省共有 11 府 72 县。新中国成立以后,在 1953 至 1957 年间,曾一度增加到 7 市 81 县。目前,浙江省共有 8 市(其中省辖市 3、地区辖市 5)65 县。根据统计,浙江省自秦建县至今,先后设置的县共达 90 余,秦代所建各县中,只有余杭、海盐、诸暨、上虞、余姚、鄞 6 县,县名至今尚未改易(县境与治所有移动)。秦以后历代增设的县,至今仍然沿用原名的,也只有安吉、平湖、桐乡、桐庐、秦化、新昌、兰溪、云和等 10 余县。其余绝大部分县名,历史上都经过多次更改,总计全省在历史上曾经出现过的县名(不包括王莽所改的县名)共达 180 余之多。因此,尽管浙江在全国是个仅次于台湾的小省,但其郡县建置的历史和县名渊源的变化,还是相当复杂的。

县名的来源总不外乎自然因素和人文因素两个方面。在自然因素方面,举凡山岳、河湖、海洋、气候等等,都能作为地名的来源;而人文因素方面,则历史、语言、风俗、物产等,也都可以成为地方命名的依据。本文主要对浙江省内现有的县(市)名称,包括解放后曾经使用过的若干旧县名,就其来源,作简要的考证。根据自然因素和人文

---

　* 与俞康宰、傅国通合著,署名陈桥驿 俞康宰 傅国通。

因素的区别,把这些县市,分成 8 类,分别论述如下。

一、山岳地名

在各种自然因素方面,地貌的差异对地方的命名有很大影响。浙江省在地貌区划上是东南丘陵的一部分,山地和丘陵分布甚广,而平原却很狭小。这就是人们常说的:"七山、一水、二分田。"既然省内多山,山岳就常常成为县名的来源。省内最早以山岳命名的县,是秦会稽郡的山阴县(今绍兴市),由于位处会稽山以北,根据山南水北称阳的命名原则,这里就名为山阴县。山阴县虽然已不存在,但在目前存在的县名中,山岳地名仍有很大的数量。在这类地名中,有的因为附近的名山巨岳而得名,例如金华市得名的金华山(今称北山),天台县得名的天台山,都是海拔 1000 米以上的高山,也都是至今闻名的旅游胜地,而普陀县得名的普陀山,更是全国佛教四大名山之一。[①]但另外也有一些县名,却得名于附近的培娄小山,例如萧山县因城西 1 里的萧山而得名,奉化县因县东 5 里的奉化山而得名,这些都是无名的小山。全省以山岳命名的县名见下页表。

二、河湖地名

河湖地名和山岳地名一样,它也是一种以自然地理事物命名的地名。浙江境内以河流命名的最早县名可能是秦会稽郡的富春县。据明郭子章《郡县释名》浙江卷上所说:"富春江在邑南,即浙江之上游,邑以江名。"《郡县释名》的解释未必正确,因为富春江一名在秦代是否已经存在,现在已无法考证。所以究竟是"邑以江名"或江以邑名,现在已不可查究。但目前这个县名称为富阳,这是东晋太元十九年(394)因避简文帝母郑太后讳而改易的,当时富春江一名已经存在。按"山南水北"的命名原则,位于富春江以北而名为富阳,就符合实际了。所以富春县是否河湖地名虽无法肯定,但富阳县作为河湖地名却是毋庸置疑的。钱塘江(古称浙江)是省内第一大河,流域面积超过全省总面积的 40%,因此,省内以河流命名的县,多数都在钱塘江干支流沿岸。

浙江以山岳命名的县名表

县 名	来源简考	备注
临 安	邑有临安山,……县取此山为名。(《郡县释名》浙江卷上)	
萧 山	以县西萧山为名。(嘉泰《会稽志》卷十二)	
于 潜	于潜县西潜山,盖因山以立名。(张勃《吴地理志》,《汉唐地理书钞》辑本)	1958 年并入昌化县,1960 年随昌化并入临安县
奉 化	县东五里有奉化山,因以名县。(光绪《奉化县志》卷一)	
象 山	县有一山,……屹如象形,县控此山,因以名之。(民国《象山县志》卷四)	
定 海	定海山在县东,原名舟山。(雍正《浙江通志》卷十四)	
普 陀	新中国成立后新置,因普陀山而得名。	
嵊 泗	新中国成立后新置,因嵊山和泗礁山而得名。	
大 衢	新中国成立后新置,因大衢山而得名。	
嵊 县	东有篔山,南有黄山,西有西白山,为县之秀峰,嵊山在北,乃四山为嵊之义。(嘉泰《会稽志》卷十二)	1964 年并入岱山县
天 台	取城北天台山名也。(《郡县释名》浙江卷上)	
黄 岩	取县四百二十里之黄岩山以名之。(光绪《黄岩县志》卷一)	
温 岭	原名太平县,民国元年,为避免与安徽省太平县同名而改为温岭,取县西十里温岭山而得名。	
玉 环	玉环山,诸山总名也。(光绪《玉环厅志》卷一)	
金华市	县北二十里有金华山,一名长山。(光绪《金华县志》卷二)	金华县同衢县同
衢州市	三衢山在县东二十五里,……州名以此。(光绪《常山县志》卷五)	
江 山	以邑有江郎山也。(同治《江山县志》卷二)	
常 山	常山在县东三十里,因以此名县。(光绪《常山县志》卷五)	
遂 昌	去治东十里,二山前后平叠如昌字得名。(光绪《遂昌县志》卷一)	
龙 游	唐名龙丘,仍以邑有龙丘山,……吴越王恶丘为墓不详改为游,(《郡县释名》浙江卷下)	1959 年并入衢县
丽 水	县北七里有丽阳山(民国《丽水县志》卷二)	
青 田	县治北有青田山,……故名青田。(光绪《青田县志》卷一)	
缙 云	缙云山一曰仙都,一曰缙云。(光绪《缙云县志》卷一)	
武 康	以县有武康山而名。(嘉靖《武康县志》卷一)	
洞 头	新中国成立后新置,因洞头岛(山)而得名。	

　　此外,浙江省也有一些县名是以湖泊而命名的,平湖县即是其例。因为这一带位置濒海,古代多有潟湖存在。平湖县建置于明宣德五年(1430),即以县东的一个称为当湖的潟湖而命名。这些沿海潟湖,后来都在湖泊沼泽化的过程中陆续湮废,但以湖泊命名的县名却依然存在。兹将全省目前存在的以河湖命名的县名列表如下:

县名	来源简考	备注
富　阳	详正文。	
桐　庐	紫溪东南流,迳桐庐县东为桐溪,孙权藉溪之名以为县目,割富春之地,立桐庐县(《水经·浙江水注》)	
分　水	唐武德四年,置严州治桐庐,乃析桐庐七乡别为县,名分水,盖取桐江水中分之义。(雍正《浙江通志》卷八)	1958年并入桐庐县
寿　昌	寿昌溪东北流,……在寿昌县城南。(民国《寿昌县志》卷二)	1958年并入建德县
湖州市	治在震泽西南涯。震泽又名太湖(万历《湖州府志》卷一)	
平　湖	详正文。	
德　清	邑东有余不溪,其水清澈,余则不,故曰余不。邑临是溪,因名德清。(《郡县释名》浙江卷上)	
慈　溪	县南三十里有慈溪。(光绪《慈溪县志》卷三)	
东　阳	东阳溪在县北三里。(雍正《浙江通志》卷十七)	
兰　溪	兰溪一名瀔水,……崖多兰茝,故名兰溪。(康熙《金华府志》卷一)	
永　康	以地有永康溪也。(《郡县释名》浙江卷上)	
浦　江	唐名浦阳,以县南有浦阳江也。(《郡县释名》浙江卷上)	
永　嘉	瓯江在府城望江门外,……一名永嘉江。(民国《永嘉县志》卷二)	
瑞　安	飞云江在城南,……唐名瑞安江。(嘉庆《瑞安县志》卷一)	
平　阳	旧名横阳,横阳江在县西南二十五里。(雍正《浙江通志》卷二十)	
松　阳	县西三十五里有松阴溪。(光绪《松阳县志》卷一)	1958年并入遂昌县

三、沿海地名

　　浙江是一个沿海省份,所以有一些县名常常和沿海的自然环境有关。我国的沿海省份,在夏秋季节往往受到太平洋热带气旋(台风)的侵袭,浙江的沿海地带经常遭受这种灾害,即历代方志中记载的所谓"海溢"。因此,浙江的沿海地名,除了表示海的自然特征外,还常常包含了海域平安的愿望。在现存的县(市)名中,以沿海而命名的计有宁波市以及海宁、镇海、宁海、三门、临海6县市。这些县市,有的至今仍然濒海,有的则由于县治的迁移或海岸的变化,现在已经远离海岸了。

　　以海宁县为例,现在的海宁县治,是新中国成立后迁移的新治,设在沪杭铁路沿线的硖石镇,其地理位置并不濒海。但新中国成立前的海宁,即是现在的盐官镇,确实是濒临杭州湾的。这是三国吴所建置的县,当时称为盐官县,是一个著名的盐场。在此县建置之时,县城也并不滨海,县城以南,尚有大片盐滩地,一直要到今萧山县北的赭山。赭山与今航坞山之间,才是钱塘江河道,这就是钱塘江的古代出海道,即所谓南大门。直到南宋嘉定十二年(1219),据《宋史·五行志》所载:"盐官县海失故道,潮汐冲平野三十余里,至是侵县治。"说明钱塘江河道开始有了变化。到了元天历二年(1329),才把盐官县改为海宁州,从盐官到海宁的县名改变,实际上是自然环境变迁的反映。由于江道移动,盐场沉沦,制盐业不复存在,所以县名随着改变。因为大片盐场的丧失,是海水侵袭而造成,海宁之名,实在是对海域安宁的一种祈求和希望。当然,自然环境的变迁,不是以一个县名的改变可以阻止的,到了明末清初,钱塘江河道整个北移,从此稳定在北大门,即今日的河道,江水从海宁城下(今盐官镇)东流,这里正当著名的钱塘江涌潮直薄之处,要不是后来建筑了坚固的石塘以捍卫,连海宁城恐怕也早已沉沦江底了。

浙江现存沿海县名的来源简表

县名	来源简考	备注
海　宁	详正文。	
宁波市	取海定则波宁之义。(《郡县释名》浙江卷上)	
镇　海	唐名望海镇,五代名静海镇,宋初改名定海,清康熙改为镇海,取海域镇定之义。	
宁　海	取海涛宁谧之义。(《郡县释名》浙江卷上)	
三　门	解放后新建,因东濒三门湾而得名。	
临　海	唐孟浩然诗:"上逼青天高,俯临沧海大。"(《全唐诗》卷一三九)	

四、气候地名

浙江现有县市中以气候命名的仅有温州市1处。温州的建置始于唐上元元年(759),据雍正《浙江通志》卷八引《图经》说:"温州其地自温峤山西,民多火耕,虽隆冬恒燠。"温州市的这种气候特点至今仍无变化。

五、历史地名

在浙江省的县市地名中,除了上述以自然因素命名的以外,另外还有许多是以人文因素命名的,历史地名即是其中很重要的一种。所谓历史地名,是指地名的来源由于某一历史事件。但历史上所发生的事件内容复杂多样,历史地名是这类地名的总称,按照作为地名来源的历史事件的性质,浙江省的历史地名,可以约略分成下列四类:

(一)以旧乡镇命名

前面已经提列,浙江省境内在秦建郡县之初,不过18县,以后由于生产发展,人口增加,郡县数量也随着增加。后汉出现了吴会分治。三国吴又增置了临海郡、东阳郡、吴兴郡和新都郡等,南北朝又在临海、东阳二郡以南析置永嘉郡。唐朝改郡为州,在今省境内设置了苏、湖、杭、睦、越、明、台、婺、衢、括、温11州,除了苏州地跨今苏浙两省外,已经形成了明清11府的基础。在这个过程中,县的数量也随着不断增加。后来新置的县,大概都是从原有的县中析置出来的,其中有些县名,就以被析置的乡镇命名。以云和县为例,据雍正《浙江通志》卷八说:"景泰三年,析丽水之浮云、元和二乡置,县名曰云和。"所以云和这个县名即由析置成县的这两个乡名拼合而成。又如开化县,它原是宋初所置的一个开化场,到太平兴国八年(983),升场为县,仍以开化为名,县名一直沿用至今。兹将这一类县名的简况表列如下:

浙江以旧乡镇命名的县

县名	来源简考	备注
嘉善	因旧有迁善六乡,俗尚敦厚,少犯宪辟,故曰嘉善。(光绪《嘉善县志》卷一)	
桐乡	宣德五年,割崇德梧桐六乡置为县。(雍正《浙江通志》卷六)	
崇德	天福三年,始析崇德等乡为县,置于义和市,因乡以名县。(雍正《浙江通志》卷六)	1958年并入桐乡县
孝来	知府王殉言:安吉地险远,而孝来,太平等九乡,为里五十余,中有汉县废城存焉,请析置一县,从之,因乡名以名县。(雍正《浙江通志》卷六)	1958年并入安吉县
岱山	岱山本乡名,自庸以来,即称蓬莱乡,统名曰岱岸里。(民国《岱山镇志》卷一)	
新昌	吴越王析剡东十三乡为新昌县。……新昌乡在县东。(民国《新昌县志》卷一)	
开化	宋乾德四年置开化场,太平兴国八年;将开化场为县。(雍正《浙江通志》卷七)	
龙泉	乾元二年,越州刺史独孤屿奏请于括州龙泉乡置县,以龙泉为名,从之。(《唐书·地理志》)	
云和	详正文。	
宣平	景泰三年,以丽水、宣慈等三乡置宣平县。(雍正《浙江通志》卷八)	1958年并入武义县

(二)以帝王年号或姓氏命名

历代地名,常常有以当时的帝王年号或姓氏命名的。这样的地名,在现有县市仍有若干保留。以绍兴市为例,南宋以前,绍兴原为会稽郡治和越州州治,南宋初,宋高宗赵构为了逃避金兵的进攻,曾于建炎三年(1129)到四年(1130)两度把越州作为他的临时首都。建炎四年后,他改元绍兴元年(1131),并且仿"唐幸梁州故事,陞州为府,冠以纪元"。^②从此,越州就改称绍兴府,民国初年废府,县名就改称绍兴。这类地名的简况如下表所列:

浙江以帝王年号或姓氏命名的县

县名	来源简考	备注
绍兴市	见正文。	绍兴县同
武　义	唐武后析(永康)县之西南置武义县,时天下郡邑多以武名。(《郡县释名》浙江卷上)	
景　宁	明代宗景泰三年,……以青田县治西南五百余里为景宁县。(同治《景宁县志》卷一)	1958 年并入云和县
庆　元	宋宁宗庆元三年置县,因诏以纪元为名。(光绪《庆元县志》卷一)	
泰　顺	明景泰帝赐名泰顺。(崇祯《泰顺县志》卷一)	

(三)以历史上的人事命名

以历史上某一人物或某一史绩而命名的地名十分常见,在浙江省现有县名中,还留下建德,乐清与文成3处。据《郡县释名》浙江卷上说:"吴孙权析置建德,封其子为建德侯。"故建德县名的来源,乃是孙权封子的这一历史事实。乐清县是晋代建置的,初名乐成,据民国《乐清县志》卷一说:"邑取大乐正造士,小成七年,大成九年之义,因名乐成。"到五代后梁开平年间,由于避讳,才改名乐清。文成县是民国以后建置的新县,因为它是明文成公刘基(伯温)的故乡,因此名为文成县。

(四)以吉祥的字义命名

古人命名地名,十分重视字义,常常选用吉祥兴隆的字汇,因而替我们留下了一大批美好雅致的地名。在浙江省的县名中,有人把"龙游丽水"和"仙居天台"作为一副地名对联,就是一个例子。当然,这中间也不免有许多封建、迷信、嫌讳等情事。例如现存县名中,嘉兴、富阳、长兴等,都是历代避讳改易的结果。又如今嵊县原是秦会稽郡剡县,五代吴越时,认为"剡"字由"两火一刀"组成,事涉兵火,视为不祥,因而改易。从现在看来,这些当然都是荒诞无稽的。但由于改易以后的地名,仍然讲究字义,因而也就沿用下来了。

在上面以帝王年号命名的县名中,如景宁、泰顺等,已经属于年号和吉祥字义两者结合的名称。前述由自然因素命名的地名中的沿海地名,如海宁、宁海等县,其实也是古人在命名中使用了吉祥的字义。上述地名,都因它们命名的主要属性而归入其他类别。这里专门另立一类,是指在命名中除了讲究字义的吉祥美好外,没有其他原因的县名。例如安吉县,据雍正《浙江通志》卷六说:"东汉光和末,荆扬乱,此乡守险助国,汉朝嘉之,立县,名安吉。"此外如吴兴、长兴、淳安、武康、新登（已于1958年并入富阳）、昌化（已于1960年并入临安）、磐安（已于1958年并入东阳县）,遂安（已为新安江水库淹没）等县,也都属于这一类。

六、传说地名

传说地名与历史地名不同。历史地名不管其内容如何,都是有史可据的;但传统地名却只是历代相传的一种传说,并无可靠的历史根据。其中有些据以命名的传说,还可能是绝无依据的传奇和神话。浙江从秦起属于会稽郡,会稽郡名系从会稽山而来,而这个会稽山,就是典型的传说地名。根据《史记·夏本纪》和《越绝书》等的记载,相传夏禹主苗山（或作茅山、防山）大会诸侯,计功封爵,更名苗山为会稽山,会稽就是会计之意。在目前尚存的县名中,像义乌、仙居、汤溪（已于1958年并入金华、兰溪两县）等,都属于这一类县名。其中义乌得名于一个生动的神话。义乌即秦会稽郡乌伤县,《水经·浙江水注》说:"东阳颜乌,以淳孝著闻,后有群乌助衔土块为坟,乌口皆伤,一境以为颜乌至孝,故致慈乌,欲令孝声远闻,又名其县曰乌伤矣。"乌鸦帮助孝子衔土为坟,这当然是一个神话。唐武德七年（624）。改乌伤为义乌,其根据也仍然是这个神话。此外,仙居县得名于"列仙所居",汤溪县则相传明太祖曾在县西南一池塘中洗手,因池塘水热而得名。

七、方言地名

浙江的大部分地区,在春秋战国时代是于越部族聚居的地方,其北部则是句吴部族聚居的地方。因此,在地名上显然受着这两个部族的语言的影响。这类地名,在字义上无法解释,是浙江境内很特殊的方言地名。

《越绝书》卷六说:"吴越为邻,同俗并土。"又卷七说:"吴越二邦,同气共俗。"由此可以推知,吴越两个部族的语言可能也比较近似。这从现在可以看到的吴越二国在人名和地名上共同的常用字如"无"、"夫"、"余"、"句"、"虞"、"语"等之中可以窥及。吴、越方言在浙江地名中保留甚多,在县名中也不罕见。秦所置会稽郡县名中如句章、上虞、鄞、鄮、诸暨、余姚、余暨、钱唐、余杭等,大概都属于这一类地名。由于吴越方言的无法解释,因此,这一类地名究竟在当时有何意义,现在就无从知道。在于越部族的语言中,现在只有两个词汇,其意义通过《越绝书》尚可得到解释,即"须虑"(意为船)和"余"(意为盐)。[③]"须虑"不见于于越地名,可以勿论,但"余"见于地名者甚多,在目前尚存的县名中有余姚和余杭,过去的县名中有余暨(今萧山),此即《水经·浙江水注》中所说的"三余"。[④]这三余,在古代都是地滨沿海,或许都和当时的制盐业有关。至于其他许多方言地名,必须对古代吴、越语言进行深入的研究,才有可能得到解释。

对于上述受古代吴越语言影响的地名,历来曾有不少人作过许多牵强附会的解释,这是必须澄清的。晋《太康地记》对上虞县名的解释即是一个典型的例子。《太康地记》说:"舜避丹朱于此,故以名县;百官从之,故县北有百官桥。"[⑤]顾野王《舆地志》解释余姚县名的来源也是如此:"余姚,舜后支庶所封之地,舜姚姓,故云余姚。"[⑥]暂且不论尧舜等人物是否存在,在那个时代,对中原来说,浙江远在荒外,把中原的传说搬到浙江,这本身就是十分荒谬的。

对于浙江省的第一大城,即长期以来的省城杭州的地名来源,这里也有加以说明的必要。杭州一名,通常用《诗·卫风·河广》:"一苇杭之"来解释,因为"杭"古与"航"通,杭州乃是通航之地。所以《郡县释名》浙江卷上说:"禹巡会稽至此,舍航登陆,杭、航古字通用,故名杭。"《郡县释名》的解释当然是十分无稽的。因为从历史上郡县建置的过程来看,杭州这个州名,实在是从余杭这个县名而来的。隋开皇九年(589),废钱唐郡置杭州,这是杭州在历史上的首次出现。其所以以"杭"名州,正是因为当时州治设在余杭县的缘故。因此,要解释"杭"字的意义,首先必须解释余杭的意义。余杭是秦会稽郡县名,秦代的余杭县,位置约在今余杭旧城附近,是于越之地。但是根据《越绝书》的记载。当时在句吴境内,也有以余杭为名的地名。例如卷二记载的余杭城,在今苏州附近;卷二、卷五、卷十、卷十二等记载的余杭山(或称秦余杭山),在今太湖附近。说明余杭在句吴和于越是一个常见地名,分明是个吴语和越语地名而绝非汉语地名。因此,从余杭一名中裂取出来的"杭"字,用汉语"航"来作解释,显然是不妥当的。

如上所述,与古代吴、越语言有关的方言地名,是浙江地名中很特殊的一部分,是值得我们继续研究的。在今日尚存的县市名中,杭州、余杭、诸暨、上虞、余姚、鄞县、杭县(已于1958年撤销)等处,都属于这一类地名。

八、物产地名

各地的方物土产,不仅是当地劳动人民辛勤劳动的果实,并且也反映了地方的生产特色和富庶情况。因此,古人也常有用物产来为本地命名的。在浙江现存的县市中,嘉兴市(嘉兴县同)和海盐县二处,都是这类地名的例子。

　　嘉兴原是秦会稽郡由拳县,《郡县释名》浙江卷上说:"吴黄龙三年,嘉禾生于由拳,因改元为嘉禾,改县名为禾兴。"说明这个县名是由于当地的水稻生产而得名的。后因避太子讳而改为嘉兴,但顾名思义,仍然是嘉禾兴旺的意思。以嘉兴这样的名称说明太湖平原上农业生产的兴旺发达,这是十分符合实际的。

浙江省古今县市地名图

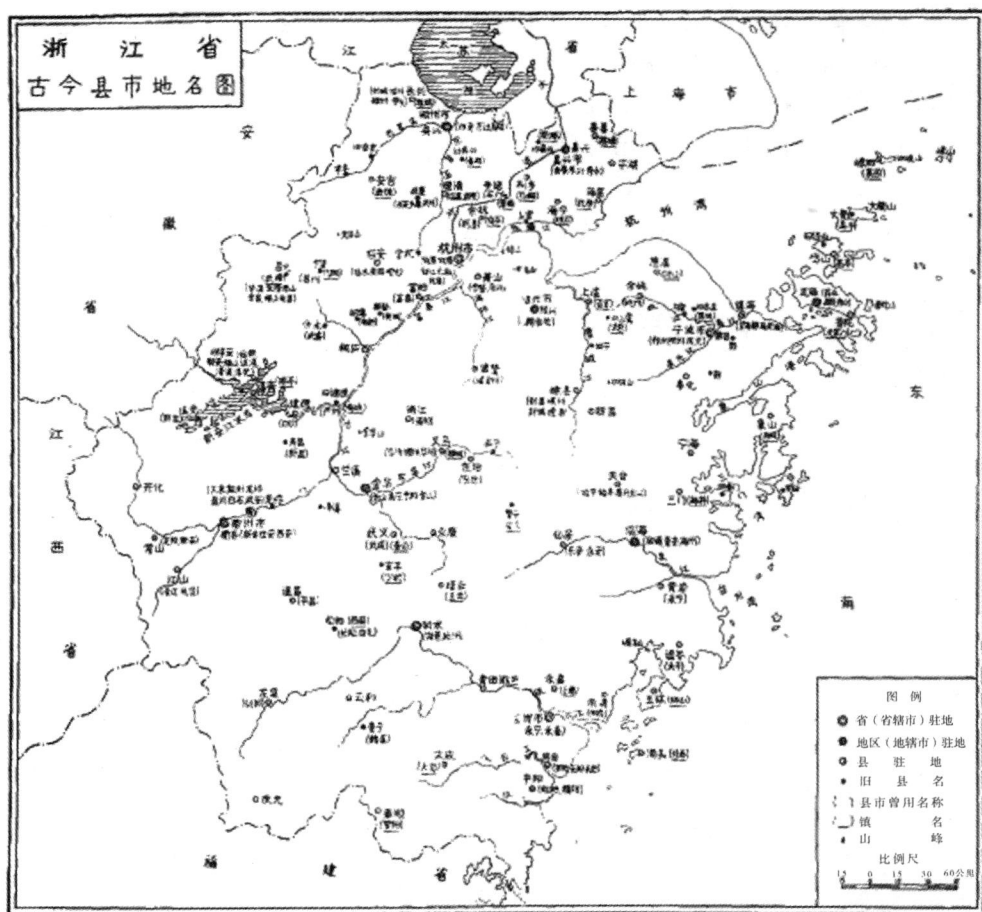

　　另外一个以物产命名的海盐县是秦会稽郡保留至今的县名。按《汉书·地理志》:"海盐,故武原乡,有盐官。"说明此处产盐的历史,已经非常悠久了。

　　以上对浙江省现有县(市)名来源的简要考证是很初步的。因为县名较多,历史上改易频繁,而县名来源,历来说法又很纷纭,我们虽然经过了对不少资料的比较核对,但因限于水平,考证容或有讹,分类也未必妥当,敬希各方批评指正。

注释:

①　其余 3 处为安徽九华山、四川峨眉山、山西五台山。

②　陆游嘉泰《会稽志·序》。按"唐幸梁州故事",指唐建中四年(783)朱泚之变,唐德宗出奔梁州后,于兴元元年(784)诏改梁州为兴元府。见《通鉴》卷二三一《唐纪》四十七。

③　《越绝书》卷三:"越人往如江也,治须虑者,越人谓船为须虑。"又卷二"朱余者,越盐官也。越人谓盐曰余,去县三十里。"

④　《水经·浙江水注》:"汉末童谣云:天子当兴三余之间。"

⑤⑥　《汉唐地理书钞》,中华书局 1961 年版。

原载《中国历史地理论丛》第 2 辑,陕西人民出版社 1985 年版

沟通东西文化的"陶瓷之路"

我国是世界上最早制造陶器的国家之一。近年来,在河南省新郑县裴李岗和河北省武安县磁山出土的新石器时代的陶器,据测定,其制造年代都在距今七、八千年以前。仰韶文化是我国北方早期的新石器文化,这个时期的窑址,据统计已发现了15处,共有陶窑54座。^①当时,陶器制造的技术已经颇高,彩陶即是一种相当高的技术成就。以后,我国陶器制造技术一直在进步与发展,唐朝的三彩陶器和明代盛行的宜兴紫砂陶器等,都是其中技术精湛的产品。

在瓷器制造方面,我国具有更为光辉的历史。我国是世界上最早发明瓷器的国家,早在商代中期,劳动人民通过对白陶器和印纹硬陶器的制造,开始创造出陶器向瓷器过渡的产物,它们已经具备瓷器的条件,即所谓原始瓷器。到了东汉时期,今浙江省曹娥江沿岸地区,首先出现了真正的瓷器,^②距今已有1800多年的历史。从此以后,瓷器制造在我国各地异军突起。近2000年来,各地名窑迭出,真是美不胜收。例如青瓷系统的越窑和龙泉窑,白瓷系统的邢窑、定窑、磁州窑和钧窑,青白瓷系统的景德镇窑和德化窑等等,都是其中的佼佼者。产地之广,品种之多,质量之优,都为我国悠久的民族文化锦上添花。

在我国历史上长期来生产的大量陶瓷器,不仅满足了国内市场的需要,而且还大量地向海外输出,受到海外各地人民的广泛欢迎。古代希腊人和罗马人称中国为赛里斯国(Seres),赛里斯是"丝"的转音,这是因为中国最早生产丝绸。同样,英语中的

China一词,也被用来称谓瓷器。这说明我国的瓷器在国际上具有何等深远的影响。

我国的丝绸从汉代就开始大量向国外输出。运输这种为欧亚各国人民所十分喜爱的商品的道路以后就被称为"丝绸之路"。我国陶瓷的对外输出,其中不少也是通过这条丝绸之路。近代在阿富汗的赫拉特、伊朗的马什哈特、内沙布尔、沙赫鲁德、戈尔甘、雷伊(在今德黑兰南郊)以及东阿塞拜疆省的大不里士、阿尔德比勒等地所发现的中国陶瓷器及其碎片,都是重要的证据。因为上述城市,都是古代丝绸之路上的交通要冲。

但是,从近代中近东和非洲等地出土的中国陶瓷来看,历史上中国输出的大量陶瓷,主要的还不是通过丝绸之路。即使在上述丝绸之路的交通要冲所发现的,也并非全由这条陆路运送去的。例如,在上述伊朗马什哈特博物馆所陈列的,有龙泉窑的青瓷大盆、明代初期和中叶的龙泉窑青瓷,以及明、清二代的白瓷青花产品。内沙布尔出土的中国陶瓷碎片中,也有福建德化窑和广东窑的白瓷,雷伊的出土物中,有南宋龙泉窑青瓷,而远在东阿塞拜疆省的阿尔德比勒神庙所陈列的中国陶瓷,也包括元龙泉窑、枢府窑和其他南方各省的白瓷产品在内。③不必说当龙泉窑等产品行时的时候,丝绸之路已经式微;即使当时这条陆路上尚有零星的运输存在,也无法设想象龙泉、德化和广东等窑的产品能够远程北运,再通过这条陆路而到达那些中亚城市去。毫无疑问,历史上中国陶瓷的大量输出海外,必然还有一条更为重要的运输道路,这就是日本陶瓷学家三上次男所指出的"陶瓷之路"。

早在1968年,日本学者三山隆敏就为"海上丝绸之路"撰写了专著。④章巽在《丝绸之路的西端》一文中,⑤也认为除了陆上的丝绸之路以外,还曾存在一条海上的丝绸之路。现在,我们所说的陶瓷之路,其中的许多段落,恰恰和这条海上的丝绸之路相吻合。

我国古代通过海道与外国进行交通联系,开始甚早。《汉书·地理志》云:"自日南障塞徐闻、合浦,船行可五月,有都元国。又船行可四月有色卢没国。又船行可二十余日,有谌离国,步行可十余日,有夫甘都卢国。自夫甘都卢国船行可二月余,有黄支国。……黄支之南,有已程不国。"

上述海外各国中,黄支国在今印度科罗曼德尔海岸乌德拉斯以南的康契普腊姆附近。已程不国据岑仲勉考证,是马德拉斯以南的Chingleput。⑥这里主要说明,早在两汉,我国在海洋交通方面,已经到达了孟加拉湾沿岸。因此,在马来半岛南端柔佛河沿岸的哥打丁宜等地发现我国汉代的陶片,⑦以及在印尼雅加达博物馆陈列着从爪哇和苏门答腊岛上出土的我国汉代绿釉陶器和黑釉陶器,都是毫不足怪的事。到了公元3世纪间,中国船舶开始进抵波斯湾。韦尔斯(H. G. Qaritch Wales)考证后认为:"公元四世纪时,中国船已往来于印度,其与他国船舶相较,船体特大而又坚固,耐风浪,故印度、阿拉伯商人之海外贸易,随即由中国船舶为任其劳。"⑧以后,随着航海技术的进步和海上贸易的发展,中国船舶的行程愈来愈远。中国船舶、印度船舶、阿拉伯和其他国家的船舶,把我国的陶瓷运送到许多国家和地区,形成了这条陶瓷之路。

陶瓷之路也和丝绸之路一样,有许多历史文献记载着这条航路的行程及所载运的陶瓷的年代和品种等等。宋代以前,这种记载是比较零星的,但宋代以后,记载就很完整。宋宝庆元年(1225)赵汝适所撰的《诸蕃志》和元至正九年(1349)汪大渊所撰的《岛夷志略》二书记载了陶瓷之路在宋、元两代中的一般概况。《诸蕃志》的撰者是一个外贸官员,曾提举泉州市舶司,此书即是他在泉州任职时采访所得,泉州在当时是一个海舶云集的国际港口,所以其记载还是可靠的。《岛夷志略》的撰者汪大渊,据记载"尝两附舶东西洋"。⑨按苏继顾考证,其两次出航,为时达 8 年之久。⑩其所记载都是他的亲身目击,内容是非常真实的。

与上列二书性质相似的,还有明马欢撰的《瀛涯胜览》、巩珍撰的《西洋番国志》、费信撰的《星槎胜览》等等,它们也都比较全面地提供了有关陶瓷之路的资料。

对于陶瓷之路的研究,除了历史文献的记载以外,还有实际上可能比文献记载更有说服力的资料,这就是陶瓷器本身。因为陶瓷器和当时流行于海洋航线上的其他商品如丝绸、香料等具有很不相同的特点。作为一种商品、一件器皿,陶瓷器是十分脆弱和短命的东西,在装载、运送、卸货的过程中其破碎率必然是很高的。即使安全地到达了目的地,在消费者手中,也经常容易损坏。不少高级陶瓷是作为王宫和豪富邸宅的装饰品的,但经过一次战争或一场大火,也会成为一堆碎片而埋入废墟。这是陶瓷器的一个方面。但是另一方面,作为一种历史文物和一件考古材料,陶瓷器却是十分坚硬和永恒的东西。一块小小的陶瓷碎片,一旦发掘出来,通过陶瓷学家的鉴定,就可以判断它的产地、年代、品种和窑别。把朝鲜、日本、南洋群岛、印度、波斯湾、红海、东非沿岸各港口遗址中所发现的这些古代中国陶瓷碎片联系起来,对它们进行鉴定,这样,一条陶瓷之路就清楚地从地图上勾画了出来。它不仅显示了当年陶瓷运送的路线,并且还说明了运送这些陶瓷的时代。

根据中国古代陶瓷器特别是陶瓷碎片的地理分布,可以说明历史上的这条陶瓷之路的概况。

首先是东洋和南洋。在日本的正仓院,收藏着大量中国古代陶瓷器,⑪这些陶瓷器,多数都是当年从中国输入的。在对马海峡以东的玄界滩,1954 年—1969 年间曾经发现唐三彩陶器碎片 22 片,在博多湾沿岸的平和台球场一带(福冈市),古代是接待外宾的鸿胪馆所在,这一带发现了大量越窑碎片。此外,在博多湾内地的太宰府一带,有出土的中国制作的青瓷壶,而海峡对岸的南朝鲜,也发现了唐代长沙窑的青釉褐彩贴花壶。这就说明,早在隋唐时代,从中国宁波等港横越东海经朝鲜海峡到日本的九州岛和朝鲜半岛南部沿岸,有一条便捷的陶瓷之路。

在南洋群岛,正如《诸番志》、《岛夷志略》等文献所提供的资料一样,中国古代陶瓷在那里的出土十分普遍。菲律宾的苏禄群岛、棉兰老岛、米沙鄢群岛等地,都有中国青瓷出土,马尼拉以南的圣卡罗斯城(San Carlos)附近,古代的庇拉部落(Pila),由于有殉葬陶瓷器的风俗,因此这一带的墓穴中出土了大量从宋到明的中国陶瓷。[12]在印度尼西亚苏门答腊、爪哇、加里曼丹各岛,都曾出土大量的中国陶瓷,今日马来西亚的沙捞越省府古晋博物馆陈列的、从沙捞越河河口的尼亚窑洞遗址出土的中国陶瓷,包括9至10世纪的越窑青瓷,11世纪以后的青白瓷、白瓷、黑釉瓷,以及14世纪以后的青釉瓷等。[13]沙捞越之所以能出土如此大量的中国陶瓷,和这里居住的达雅克人的一种古代风俗是分不开的。古代达雅克人往往为死人营造一种"柱墓",即在墓前竖立一根高大的木柱,今古晋博物馆陈列的木柱,高达10米左右,柱上嵌满了中国瓷器作为装饰品。这种风俗一方面说明古代达雅克人对中国陶瓷的珍视,同时也说明历史上输入这个地区的中国陶瓷的巨大数量。

在印度,无论是濒临孟加拉湾的科罗曼德尔海岸或濒临阿拉伯海的马拉巴尔海岸,中国陶瓷碎片都有大量出土。本地治里附近的阿里加梅杜村(Arikamedu),在古代称为波陀基(Podouke),距《汉书·地理志》所载的黄支国不远。这是罗马人与印度人及亚洲其他地区的通商据点。在这个遗址的最上层,已经发现了9至10世纪的越窑和宋龙泉窑青瓷,它们是和"宣和通宝"(1119—1125)的钱币一起出土的。足见这里在两宋间曾和中国有通商关系。阿里加梅杜以北的科里梅杜(Korimedu)遗址,也出土了宋代越窑、12至13世纪浙江和福建诸窑碎片以及14世纪福建和广东诸窑碎片。此外,印度半岛南端托纳维利(Tunevelly)附近的开格尔(Kagel)地方,也有宋、元二代的陶瓷出土。在西部马拉巴尔海岸,重要的中国陶瓷出土地是科泽科德,也就是《岛夷志略》记载的古里佛。而这个港口东北的买索尔邦立考古博物馆中,陈列着龙泉窑青瓷和闽、广两省黑褐釉瓷的碎片。它们是和宋神宗时代的"元丰通宝"(1078—1085)同时出土的。[14]

印度半岛以南,今斯里兰卡西南的达狄加马(Dadigama),出土了10世纪的越窑青瓷、12至13世纪的龙泉窑青瓷和闽、广两省诸窑的碎片。在北部阿努拉普拉(Anuradhapura)以南80余公里的耶帕霍瓦[15](Yapahuva)也出土了宋、元的龙泉窑青瓷和福建诸窑碎片。在印度以北的巴基斯坦,中国陶瓷的主要出土地是卡拉奇以南印度河口的班波尔废港(Banbbore),出土物有晚唐的越窑青瓷和湖南省烧制的黄褐釉瓷,这些大概都是 9 世纪运来的产品。此外还有 10 至 13 世纪的宋代瓷片,包括宋初的越窑青瓷、华南诸窑的白瓷以及宋末元初的龙泉窑青瓷等等。[16] 班波尔港以东的勃拉明纳巴德(Brahminabad)城市遗址,也出土了大量中国陶瓷碎片。据大英博物馆的陶瓷专家霍布逊(R. L. Hobson)的鉴定,为晚唐、五代、宋初的越窑青瓷。

从上述印度半岛及其附近各地的中国古代陶瓷碎片的分布中,清楚地勾绘出了这条沿科罗曼德尔海岸经过锡兰岛到马拉巴尔海岸的陶瓷之路。

继印度沿岸以后,陶瓷之路进入遗址众多的波斯湾。陈万里曾经指出:"波斯湾沿岸的巴士拉(Basra)、乌孛拉(Ubolla)、喜拉(Hira)、吉许(Kish)、西拉夫(Siraf)等地,都有龙泉窑青瓷碎片发现。"[17]

其实,在这个地区,发现中国陶瓷碎片的地点远比陈万里所列举的要多。在波斯湾口的阿曼湾,伊朗莫克兰地区今查赫巴尔以北的达姆巴格(Dambaguh)遗址中,发现了 15 世纪即明代初期的中国青釉瓷器,毫无疑问,这些瓷器是通过查赫巴尔附近的古港铁斯(Tiz)运入的,在今霍尔木兹海峡北岸的米纳布东北的扎格罗斯山北麓,有古代希利达克努斯(Shari Daquianus)遗址,发现了 9 至 10 世纪的越窑青瓷以及可能是 10 世纪烧制的青瓷和青白瓷等中国陶瓷,显然是从今米纳布西南的古代港口喀拉顿(Kalatun)运入的。因为在喀拉顿古港废墟中,也发现了优质的宋代陶瓷碎片。在碎片之中,还混杂了一枚宋徽宗时代的钱币"政和通宝"。[18]

运送到波斯湾的中国陶瓷,必然会上溯底格列斯河与幼发拉底河转运到美索不达米亚平原。这就是诸如幼发拉底河畔的库法(Kufa),底格列斯河畔的威斯特(Wasit)、斯泰西封(Ctesiphon)、亚比尔塔(Abirta)等废墟所出土的中国陶瓷的来由。其中特别是萨马腊(Samarra)墟废,位于巴格达以北约 120 公里,这里是萨拉逊帝国阿拔斯王朝的首都之一,建于公元 9 世纪 30 年代,而在 9 世纪 80 年代就被废弃,这里发现了许多唐代的青瓷和青白瓷。[19]

从印度马拉巴尔海岸西行的陶瓷之路,除了深入波斯湾以外,也沿阿拉伯半岛南岸进入红海。在阿拉伯半岛南岸,中国陶瓷出土的古港口主要有阿曼东岸的苏哈尔,南岸的佐法尔,今南也门的阿布扬(Abyan)和亚丁。其中最重要的是亚丁,因为它是从印度来的船舶进入红海或绕道非洲之角到东非沿岸的中转港,此外,通过亚丁湾沿岸的泽拉古港,[20] 又是中国陶瓷进入埃塞俄比亚高原的基地。今埃塞俄比亚高原东部如阿姆德(Amud)、哥吉萨(Gogesa)、哈拉尔(Harar)、达加布尔(Dagahbur)、埃伊克(Eik)等地,都发现了宋、元、明时代的中国陶瓷碎片。[21]

以亚丁为中转港,陶瓷之路分为北上红海和南下东非两路,在红海沿岸,陶瓷之路沿线最重要的港口是位于今苏丹境内哈拉伊以北的阿伊扎卜(Aidhab),这个古代港口的遗址沿着珊瑚礁海岸分布,长达 2 公里。这里发现的中国陶瓷碎片多达千余,在时代上包括晚唐、宋、元、明各朝,且品种繁多,除了为数众多的越窑和龙泉青瓷窑外,还有白瓷、青白瓷、白瓷青花、黑褐釉瓷等。红海沿岸的另一处出土中国陶瓷的是埃及的库赛尔港,在这个至今尚存的小小港口城市中,发现了晚唐、宋初的越窑青瓷,宋龙泉青瓷和景德镇青白瓷,还有从元末到清初的青釉瓷,说明这个小港,从晚唐直到清初,一直在陶瓷之路上扮演一个海陆中转的角色。

在阿伊扎卜和库赛尔卸货的中国陶瓷,都要陆运到尼罗河边再转入水运。从阿伊扎卜到尼罗河边的库斯,必须横越沙漠和石山,骆驼商队要走 9 至 10 天的路程。到了库斯以后,就可利用尼罗河的河运。沿河上溯,中国陶瓷不仅到达今阿斯旺(发现南宋和元朝前半期的青瓷),并且更远达努比亚地区(发现 12 至 14 世纪的宋朝青瓷)。沿河下行的中国陶瓷,最重要的市场之一是今开罗南郊的福斯塔特(Foustat)遗址,[22]这是阿拉伯人在公元 7 世纪中叶征服了埃及以后兴建的都城。这个都城繁荣了五百多年,于 12 世纪中叶以后,在第二次十字军的战争中毁灭,因而留下了数量巨大的陶瓷碎片。其中中国陶瓷碎片竟达 1.2 万片之多。包括唐代的三彩陶器、邢州白瓷、越窑青瓷、黄褐釉瓷、长沙窑瓷,宋代的龙泉、福建、广东诸窑的青瓷,景德镇的青白瓷。德化及其他南方诸窑的白瓷等等,此外还有元代和明代的各种窑瓷,[23]真是洋洋大观。

顺尼罗河航行的中国陶瓷,并且还直下尼罗河口,然后从地中海运到欧洲各国,这样,陶瓷之路在经过了红海沿岸到埃及的一段陆上路程后又进入了海洋。在河口的亚历山大港,已于 1964 年发掘出了龙泉窑的碎片,是 12 至 14 世纪即从南宋到元代的产品。[24]当然,亚历山大港和福斯塔特所发现的中国陶瓷片,可能还有另外一条输入路线,因为传说早在公元前 6 世纪,古代埃及的法老就曾开通苏伊士地峡,通过尼罗河下游,而把红海和地中海沟通起来。这条运河在红海一端的入口是古代的乌丹城,据章巽的推断可能就是今苏伊士城。[25]但是无论如何,陶瓷之路在红海和尼罗河地区经过一番曲折然后进入地中海,这一点是不必怀疑的。

陶瓷之路另外还有一段是从亚丁湾绕过称为非洲之角的瓜尔菲角向东非沿岸航行的路线。在这一带,古代中国陶瓷的分布北起索马里,南到坦桑尼亚。在索马里,包括首都摩加迪沙以南的伊埃马群岛(Coiama Is)和南部的港口基斯马尤等地。在肯尼亚,北起登福特港(Port Durnford),包括沿海的帕塔岛(Pate I.)、曼达岛(Mande I.)、拉木岛(Lamu I.)、曼布里(Mamburi)、格迪(Gedi)、马林迪(Malindi)、基利菲(Kilifi)、姆纳拉尼(Mnarani)、蒙巴萨等地。坦桑尼亚的中国陶瓷出土地主要在沿海岛屿,包括奔巴岛、马菲亚、基尔瓦基斯瓦尼岛(Kilwa Kisuwani I.)、松戈姆纳拉岛(Songo Mnara I.)、圣济亚开托岛(Sanjiya Kato I.)基尔瓦岛(Kilwa I.)等。在上述地区发现的中国陶瓷碎片,除了晚唐和宋初为越窑青瓷外,更多的是元代的青瓷、枢府窑瓷和明初的青瓷等。

按照以上的简单描述,我国古代,特别是唐朝以来向海外输出陶瓷的这条陶瓷之路的轮廓已经基本明确。和著名的丝绸之路一样,陶瓷之路也是一条古代沟通东西文化的交通要道。它的发轫并不晚于丝绸之路,而它的兴盛,却在丝绸之路的晚期和衰落以后。它的行程不仅远及欧洲,而且还深入东非,超过了丝绸之路。几千年来,在这条海阔天空、白浪淘淘的漫长航道上,曾经有多少我国的航海家,抛井离乡,漂洋过海,为沟通东西文化而奔波。这条道路沿线众多废港和城市遗址散布的我国各个时代、各个地区、各个窑种的陶瓷碎片,不仅以实物证明了这条沟通东西文化的漫长航线的存在,而且更以这种珍贵文物展现了我国古代文化的丰富多彩。正是这种由千千万万古代劳动人民(陶瓷制造者和航海者)所创造的文物,为我们悠久的民族文化平添了无限光辉。

和丝绸之路一样,陶瓷之路也是值得彪炳史册的。但是,和我们对丝绸之路所进行的广泛研究相比,我们对陶瓷之路的研究就显得大大落后。这是值得引起陶瓷学界、史学界、特别是人文地理学界所重视的问题。今天,我们对陶瓷之路进行深入的研究,不仅在探索古代东西交通、东西文化交流等方面具有重要的价值,而且在发展我国现代陶瓷工业、提高陶瓷制造技术和再次为我们这种具有古老传统和精湛技术的器皿和艺术品争取国际市场等方面,都具有重要的现实意义。

注释:

① 中国硅酸盐学会《中国陶瓷史》,文物出版社 1982 年版,第 6 页。

② 叶宏明、曹鹤鸣《关于我国瓷器起源的看法》,《文物》1978 年第 10 期。

③⑫⑬⑭⑮㉔ 三上次男《陶磁の道》,日本岩波书店 1979 年版,第 139—160、206—207、210—211、185—194、195—197、43 页。

④ 三杉隆敏《海のシルクロ ートを求めて》,日本创元社 1968 年版。

⑤ 载《世界地理集刊》第 1 辑,商务印书馆 1980 年版。

⑥ 《西汉对南洋的海道交通》,《中山大学学报》(社会科学版)1959 年第 4 期。

⑦⑧ 苏继庼《岛夷志略校释叙论》,中华书局 1981 年版。

⑨ 《岛夷志略》至正十年翰林修撰河东张翥序。

⑩ 《岛夷志略校释》第 10 页,苏继庼编汪氏年表。

⑪ 正仓院是日本奈良东大寺佛殿西北的木造大仓库、收藏日本圣武天皇(724—749)御用遗物、东大寺文物等公元七八世纪的东方珍贵文物 9000 余件,其中包括为数甚多的中国

陶瓷。

⑯⑱　A. Stein, Archaeological Reconnaissances in North—Western India and the South—Eastern Iran, Appendix A. London, 1937.

⑰　《中国青瓷史略》,上海人民出版社 1956 年版,第 54 页。

⑲㉒　《文物参考资料》第 36 期第 166 页。

⑳　中世纪的泽拉港,在今泽拉港以北的萨丁岛(Saaddin I.)上。

㉑　Garvase Mathew, *Chinese Porcelain in East Africa and on the Coast of South Arabia Oriental Art New Series*, Vol. Ⅱ, No. 2, 1956.

㉓　福斯塔特毁于 1168 年,今出土的中国瓷片却出现许多在这以后的产品,三上次男解释这种现象的原因,是因为这个废墟后来曾经作为北方(开罗)建设新城市的堆土场,这些后期的陶瓷碎片是从北方新城市的废土中运来的。参见《陶磁の道》第 12 页。

㉕　《丝绸之道的西端》,《世界地理集刊》第 1 辑。

原载《天津社会科学》1985 年第 1 期

当今世界城市研究动向

　　当今世界各国都很重视城市研究。在国外与我国一样，有很多的学者从事城市研究工作，并有许多专家、教授讲这门课。我是研究地理学的。从地理学角度来看，国外的城市研究分4个方面：①农业地理；②环境保护；③历史地理；④城市地理。这4个方面综合起来看，除农业地理而外，其他3项都与城市研究有关。国外的古都研究往往包含在城市地理研究中，而城市地理的研究主要分两个方面：一是现代城市的研究，二是古代城市的研究。

关于现代和古代城市的研究

　　国外城市有好多地方是新建的，研究起来比较费劲，国外现代城市研究主要是从城市规划和城市化着手的。生产发展了，城市不断地扩大，不很好规划，城市就会显得混乱。原来的城市有许多地方需要重新规划建设。例如法国的巴黎，有许多地方是重新规划建设的。国外的大城市有许多卫星城，巴西的圣保罗是世界第二大城市，有1400万人口。这个城市的直径有80公里，周围有许多卫星城。卫星城一方面减轻了城市的负担，一方面为城市服务。卫星城市的另一种形式是组成城市群，例如日本的大阪和神户，它的卫星城已超过三、四十个，形成了城市群，这就需要好好地进行城市规划研究。

国外研究古代的城市，往往有两个方面：一方面研究自己的古城，如日本名古屋等城市，他们的市长对我讲，现在第一步是把那些洋化的东西从地面上慢慢拿掉，像大银行、大百货店之类，第二步就准备把这些洋化建筑搬到地下去，在地面上恢复古都的风貌。今后市政建设和城市研究，既要照顾到现代化的生活，又要保持古代城市的风格、形式，要使人知道这是个古城。另一方面有些国家本身的历史很短，没有什么古都，但他们有钱，就花钱去买历史资料，例如大英博物馆花了很多钱，搜集、购买埃及的古都资料和文物，以供研究。

对于中国古城的研究

中国地大物博，历史悠久。国外学者认为研究中国历史上城市的发展有很大的潜力。特别是日本、美国及西欧的一些国家，他们对研究中国古城都有极大的兴趣。日本有位地理学家对我说过，我们日本研究城市很苦，不能与中国相比，日本能研究的对象太少。现在，日本的每一座城的每一条街道，街道的每个角落都研究到了，没有什么好研究的了，只好转向，研究国外的。如研究日本在巴西的侨民，研究东南亚，但东南亚的历史也很短促，巴西的空白点很多。中日建交后，日本的学者很高兴，中日是一衣带水的近邻，有许多地方是相同的，这就为日本学者的研究打开了广阔的领域。

日本好多大学专门开设了研究中国城市这门课。日本有个教授给我一本书，翻译出来的话，约有60万字，叫做《中国古都的城市》，并附有一套很讲究的地图。这可以看出日本研究中国城市，不仅规模很大，参加人员很多，而且有详尽的科目，完整的规划。美国也有众多的学者研究中国。美国学者施坚雅花了两年时间写了一部叫《中华帝国后期的城市》的书，目前已翻译、校对，1985年年底就可出版。这部书中也详细地研究了南京，书中写到：

> 与中世纪的长安、开封与杭州，先后曾是世界最大的城市一样，南京在明改造以后的十年左右时间内赶上开罗，成为世界最大的城市，至十五世纪某一时候为北京所代替。除了十七世纪短时期内，亚格拉、君士坦丁和德里曾向其居首位的地位挑战外，北京一直是世界最大的城市，直到1801年伦敦才超过它。

因此，南京有一段时间是世界第一大城市。施坚雅还有一篇文章研究浙江的绍兴，从我看到的我们中国人写的书，无论在内容的详细，还是数据的完整方面，都没有超过他。外国人研究中国各城市是非常认真细致的。美国有个研究生，他研究中国的城市，把中国地方志中有关城市部分的资料，都整理出来放到计算机里去，这样就形成了城市研究的资料中心。他们每个星期讨论一次,看看又收集了哪些城市的资料,甚至连过去国民党政府在打共产党时临时建立的县城的有关材料也收集了。因此,外国人研究中国城市,收集的资料是很丰富的。

外国人研究中国古代的城市,很自然涉及到什么是"城市"的问题。古代的城市是慢慢大起来的,比如洛阳、西安,那么大到什么时候才算作"城市"呢? 这个问题全世界都有争论。日本学者狩野千秋在他写的《玛雅的神殿城市》一书中,综合过去西欧考古学家和历史学家的意见,把古代城市形成的条件归纳为七个方面:即①最原始的国家组织与王权的确立;②稠密的人口;③社会阶级的分化与职业的专业化;④巨大的纪念性建筑物的建造;⑤文字、金属器的发明与科学技术的发达;⑥由于剩余物质的生产而出现了有余暇从事知识性和艺术性的活动;⑦工商业与贸易组织的发达。这 7条都只有性状的描述而未作数量的分析,所以,最后没有结论。按照这种说法,中国在春秋,战国时代就有城市了。

美国有个学者在总结了中国城市在历史上的发展变化后指出,中国城市与外国的城市不同,中国的城市是以城墙为标志的,例如南京城、西安城、北京城等,围在城墙圈内的是城市。外国不是这样的,有许多国家是先修筑一座城堡,然后围绕城堡慢慢扩大的,例如日本的大阪,现在去参观还能看到一个城堡。

关于城市化问题

现在,我们通常把人口向城市地区集中和农村地区转变为城市地区的这种过程称为城市化。城市化的过程,不仅使城市的数量增加,而且还使各个城市的人口和规模不断扩大。因此,城市人口在全国人口中的比重就不断提高。在我国,这种城市化的进程,到了唐朝后期显然有了加速。美国学者施坚雅在主编的巨著《中华帝国后期的城市》中,把中国出现的这种情况称为"中世纪城市革命"。中世纪城市革命后,城市的性质就变了。表现为下列 5 种现象:①放松了每县一市,市须设立县城的规定;②官市组织衰替,终至瓦解;③坊市制度消灭,而代之以自由得多的街道规划,可以在城内或四邻各处进行交易买卖;④某些城市迅速扩大,城郊商业区蓬勃发展;⑤出现了具有重要经济意义的大批中小城镇。研究中国历史城市的外国学者,他们的汉语非常精通,读了很多的书,掌握了大量资料,他们对研究中国古都,在某些方面已超过了我们国内。

现在,我们已经建立了"中国古都学会"的组织,它有助于开展古都学术研究,加强学术交流。如果古都学会能与国外城市研究中心挂钩,加强国际间学术界的交流,争取国外的专家、学者参加"中国古都学会"的学术讨论会,可以把我们对城市研究工作推向一个新的阶段。

原载《南京史志》1985 年第 2 期

浙江古代柑桔栽培业的发展

　　柑桔是一种重要的水果,它不仅滋味鲜美、营养丰富,特别是由于它成熟于气温较低的秋、冬季节,果皮比较坚实,并有一定的后熟性,使它经得起较长时期的保藏和远程的运输,因而它的商品价值很高,与苹果、香蕉、凤梨,同为世界四大商品水果。所以早在汉代,司马迁就把"江陵千树桔"比作"千户侯",[①]桓宽更把柑桔与食盐、毛织物、木材等并列。[②]古人对它的重视,可见一斑。

　　浙江省历史上以出产柑桔著名,新中国成立以来,柑桔栽培业更获得迅速发展。近年来,栽培面积已比建国前增长了 10 余倍,产量在全国各省中仅次于四川。目前,全省约80%的县市都有柑桔栽培,范围遍及省境南北。而且按现状来看,栽培的地域和面积,都还在继续不断地扩大,产量也将不断增加。从发展生产、繁荣经济、增加外汇收入和满足国内市场的需要等方面来说,这当然都是极大的好事。在这样的形势下,把历史上这个省份柑桔栽培业发展的过程探索一下,让我们从中吸取一些古人的经验和教训,或许是很有必要的。

　　浙江省境内的柑桔栽培业始于何时? 现在很难找到确切资料。《禹贡·扬州》:"厥包桔柚锡贡。"可能是这个地区柑桔栽培的较早记载。但是,《禹贡》扬州的范围大大超过今浙江省境,根据这样的记载,无法了解先秦时代浙江境内柑桔栽培的地域概况。但既然桔柚在战国时期(指《禹贡》的实际成书时代)已经是一种贡品,而且《禹贡》记载的入贡路线是:"沿于江、海,达于淮、泗。"则这时运往北方的柑桔中,若确实包括今浙江省境内的产品在内,则产地在省境以内必然偏北,不可能像以后一样地以位置偏南的浙东丘陵和浙南山地为主要产地。

对于浙江早期柑桔栽培地域范围偏北的这种设想,大概不致有讹。事实上,在北宋以前,浙江的主要柑桔栽培区,都在宁绍平原以北,包括越州、明州、杭州、湖州和当时地跨今江、浙二省的苏州等地。根据成书于公元6世纪前后的《述异记》的记载,南北朝时代,今绍兴一带已经出现了专业化的桔农,称为"橙桔户",或称"桔籍"。他们从事柑桔栽培业,向政府缴纳桔税,是当地较重要的税源之一。③当然《述异记》是一种志怪书籍,其内容或许并不可靠。但是另外一篇《盗稻桔判》,却是完全可信的唐朝官府判例。

> 会稽杨真种稻二十亩,县人张辨盗将,今方知,收辨科罪。诉杨真盗辨木奴。复合科罪。④

这个判例写的就是一场稻农和桔农的官司。张辨即是一个以栽培柑桔为生的"橙桔户"。说明直到唐朝,这个地区的柑桔栽培业仍然非常发达。不仅在乡间,湖畔河岸,都分布着柑桔;⑤即使在城内,也是"有园皆种桔"。⑥有的桔园,拥有桔树千株,⑦其规模已不可谓小了。

钱塘江以北,杭州也是省内早期的柑桔栽培地之一。直到北宋,今市区范围以内,还有大片专业化的桔园。⑧杭州所属的富阳县所产柑桔,在唐代曾被誉为"江东之最"。⑨直到省内柑桔栽培业已经显著南移的南宋时代,这里的柑桔栽培业仍然相当发达。⑩在今市区以北的塘栖镇一带,直到明、清之间,还有柑桔栽培业的存在。⑪此外就是地跨今江、浙二省的苏州。苏州的著名柑桔产地在太湖中的洞庭东、西二山,⑫今均属江苏省。但浙江境内如魏塘(今嘉善县)等地,当时也是苏州范围内的见于记载的柑桔产地。⑬浙江北部的湖州,也是省内早期的柑桔栽培地,北宋梅尧臣诗说:"吴兴近洞庭,桔林正吹花。"⑭这里听说的"洞庭",正是太湖中的洞庭东、西二山。说明当时湖州的柑桔,可以和著名的洞庭山相比。

前面已经指出,这一带的柑桔在《禹贡》记载中已经列为贡品,但不知其具体的产区。到了唐朝和北宋,不仅作为贡品的事实继续存在,而其产区也有了明确的记载。《元和郡县志》卷二十五记载杭州的赋贡中有"桔",卷二十六记载的越州赋贡中有"甘桔",明州赋贡中有"桔子"。《太平寰宇记》卷九十三记载杭州的土产中有"桔",卷九十六记载越州的土产中有"甘桔"。由此可见,北宋以前,今浙江省境内的柑桔栽培地区偏于北部,这是不必怀疑的。

按照柑桔生长的自然地理条件来说,浙江省上述的老柑桔区,不论从积温、无霜期以及极端低温出现的频率和程度等方面,都远远不及北宋以后迅速发展起来的浙江新柑桔区即温州、台州、衢州一带。但是为什么上述老区能够在一个相当长的时期中发展柑桔栽培业呢？这里就必须指出，在今天我们考察古代各种作物区的形成与发展，不仅要从历史自然地理的角度研究作物生长的气候、土壤等自然条件，同时也要从历史人文地理的角度分析产品的市场、运输等社会条件。北宋以前，我国的政治中心多在黄河流域，"桔逾淮而成枳"，黄河流域的自然条件是无法生产商品性柑桔的。但是，那里却是一个柑桔的巨大市场。不仅柑桔本身是一种上等的水果，桔皮和桔核，又是广泛使用的调味品和药材。⑮每年需要量很大，都必须仰给于南方。柑桔是大批运送的商品，在古代，最廉价和最便捷的运输工具当然是水路，也就是《禹贡》所说的："沿于江海，达于淮泗。"南桔北运，后来基本上是走的这条路线。特别是隋代开凿了通济渠和江南运河以后，从洛阳到杭州之间的水路可以直达，大大便利了柑桔的北运。下面所举的一个唐代官府判例《梨桔判》，是说明当时柑桔运输的极好例子。

> 郑州刘元礼载梨向苏州，苏人弘执信载桔来郑州，行至徐城水流急，两船相冲俱破，梨及桔并流。梨散，接得半；桔薄盛，总不失。元礼执信索赔，执信不伏。⑯

这是一个当时利用运河运送柑桔的实例，它清楚地说明了通过隋通济渠转入邗沟越长江循江南运河的南北水运情况。也说明了江南运河沿线及其他与江南运河有水道沟通的地区如苏州、杭州、湖州等地柑桔栽培业所以发达的原因。越州的柑桔栽培业也同样是在这种运输条件下获得发展的，因为越州与杭州之间的浙东运河，在春秋战国时代就见于记载，⑰而到了晋代已完全凿通。⑱

当然，浙江境内在北宋以后显露头角的新柑桔栽培区，即浙东丘陵和浙南山地的温州、台州和衢州等地，在北宋以前，无疑也已经发展了柑桔栽培业。这些地区在柑桔栽培的自然条件上当然比偏北的越、杭诸州好得多，但是由于离开市场遥远，没有直达的水路交通，因此，这些地区的柑桔生产，在当时只有小区域范围的商品意义。所以尽管自然条件优越，却得不到大量发展。

北宋以后，由于北方的战乱，全国的政治、经济中心南移，杭州成了南宋的首都，太湖平原和宁绍平原过去都是柑桔产地，现在又同时成了重要的柑桔市场。于是，原来远离市场的浙东、浙南丘陵山地区，现在顿时变得与市场接近了。而且，既然市场就在杭州湾沿岸，则温州和台州一带，都可以通过沿海航运，把柑桔直接送到市场，没有中途转驳之劳。因此，这些原来在柑桔栽培上有一定基础的新区，就开始很快地发展起来。而且，随着人文地理条件的改变，自然地理条件的优越性就显示出来。所以，尽管老区的柑桔栽培业仍然存在，但是它们在气候、积温、无霜期、低温出现的频率和程度等方面，其条件都不能与新区相比。于是，在一个不很长的时间里，新区的柑桔栽培业就很快地后来居上，超过了老区。

　　最早显露头角的新区是温州,南宋一代中,它一跃而成为浙江省境内最大的柑桔栽培区。南宋以前,这个地区的柑桔栽培业已经有了一定的基础,其产品也早已名闻海内,苏轼《答王晋卿传柑》:"侍史传柑玉座旁。注:故事,上元灯夕,上御端门,以温州进柑分赐群臣,谓之传柑。"而《新唐书·地理志》土贡项下,除了苏州柑桔、湖州乳桔、杭州桔、越州蜜桔外,也已经列入了温州柑桔。《东京梦华录》卷二记载北宋首都东京(今开封)市场上出售的水果中,也已有温柑一种,说明温州柑桔的足迹已经到达了北方。只是由于交通不便,无法大批外运,因而栽培业也就不能获得较大的发展。所以这个地区的柑桔发展比北部老区要晚得多的事实,是毋庸置疑的。韩彦直在他的《桔录序》中说得非常明白:"自屈原、司马迁、李衡、潘岳、王羲之、谢惠连、韦应物辈,皆尝言吴楚之间出者,而未尝言及温,温最晚出,晚出而群桔尽废。"这说明它是后起之秀。

　　温州柑桔栽培业的特点首先是品种繁多,据《桔录》卷上所载,计有桔 14 种,柑 8 种,橙 5 种,共 27 种。这是几个老区中所绝未见到的。其次是拥有当时品质最佳的品种,即所谓乳柑,又称真柑。南宋人称誉这种柑桔是"永嘉之柑天下冠"。[19]第三是有详尽的记载,即韩彦直在南宋淳熙五年(1178)所撰的《桔录》,又名《永嘉桔录》。这是我国第一部记载柑桔的专著,全书分上、中、下三卷,上、中二卷记述温州所栽培的各种柑桔的性状以及在温州境内的具体地理分布,堪称翔实;下卷记述柑桔的播种、栽培、病虫害防治、灌溉、采摘、保藏以及柑桔的医药效用等等,十分齐备。

　　温州柑桔在南宋就名噪一时,成为临安市场上的俏货,这在南宋有关杭州的著作如《梦粱录》、《都城纪胜》、《西湖老人繁胜录》等书上都有记载,直到明朝末叶,始终名擅海内。在明末的某些著作如《农政全书》和《群芳谱》等书上,仍有很高的评价。例如王象晋的《群芳谱·果谱》卷三记载说:"桔出苏州、台州,西出荆州,南出闽、广、抚州,皆不如温州上。"声价可见一斑。

　　明末以后,温州的柑桔栽培业才有了一些变化,一方面是在地区范围内,柑桔的地理分布发生了变化;另一方面是其他新区的柑桔栽培业发展也很迅速,使温州的优势开始下降。清劳大舆记述柑桔在温州境内地理分布的变化十分详细,他说:"宋世产于西山,……厥后盛于隔江之河田,而上冈,而南山洋,渐至于吴田,地气迁徙,昔西北而今东南矣。"[20]这种栽培地区的变迁,可能与海岸及瓯江口的河道移动而相应发生的土壤的微量元素的变迁有关。《桔录》卷下曾指出:"柑桔宜斥卤之地,四邑皆距江海不十里,凡圃之近涂泥者,实大而繁,味尤珍,耐久不损,名曰涂柑。"由于海岸的外涨和桔园经过长期栽培而土壤淡化,因而发生这种在区域内部逐渐迁移的现象。至于在省内地位的下降,则是由于台州栽培区迅速兴起的缘故。

　　台州与温州一样,也是一个在北宋以后显露头角的浙江省新柑桔栽培区。这个地区在自然地理和人文地理条件上,都并不逊于温州。温州之所以在初期能够独擅佳名,很可能是由于韩彦直在那里当知府撰了《永嘉桔录》之故。《桔录》刊行后70余年,陈景沂在宝祐四年(1256)所撰的《全芳备祖》后集卷三中,对台州的柑桔栽培作了评价,他说:"韩彦直之著录也,但知乳柑出于温之泥山,^⑳独不知出于天台之黄岩也。出于泥山者固奇,出于黄岩者尤天下之奇也。"高似孙在嘉定七年(1214)所撰的《剡录》卷十说:"剡素无柑,近有种者撷实来,风味不减黄岩。"说明黄岩所产的柑桔确实早已著名。其实,根据其他各种资料的记载,从南宋到明代,温、台两州的柑桔栽培大概就是齐名的。嘉定《赤城志》卷三十六引曾宏父诗说:"一从温台包贡后,罗浮洞庭俱避席。"元王祯《农书》卷九说:"有乳柑、有海红柑、有衢柑,虽品不同而温台之柑最良,岁充土贡焉。"明徐光启《农政全书》卷三十六说:"又有生柑,有乳柑,有海红柑,有衢柑,虽品种不同而温台之柑最良。"这类评述很多,不胜枚举,大概都是温、台并列,说明两地产品的不相上下。明朝末叶以后,台州的柑桔栽培业逐渐超过了温州。此后,台州在全省各柑桔栽培区中一直领先,直到现在,仍是全省最大的柑桔产区,其产量要占全省柑桔总产量的70%以上。

　　另外一个柑桔栽培区是衢州,这是一个比较后起的较小栽培区。当然,区域内部的栽培史可能也已相当长久。《水经·浙江水注》记载这个地区的植物说:"迳定阳县,夹岸缘溪,悉生支竹及芳枳、木连,杂以霜菊、金橙。"这里的"金橙"无疑就是柑桔的一种。说明至迟在南北朝时期,这里已经有柑桔的栽培了。由于这里地处浙江内陆,地方闭塞,交通困难,所以长期没有较大的发展。南宋定都杭州,钱塘江的水运,就立刻成为这里与市场直接联系的有利条件,于是,柑桔栽培业就开始在衢州以西沿江的航埠一带发展起来,到了明末清初,栽培区域进一步扩大,^㉒形成了省内除了温、台以外的另一个新的柑桔栽培区。

　　如上所述,从南宋开始,随着市场和运输条件的改变,省境内出现了温州、台州、衢州这样3个新的柑桔栽培区。而且后来居上,随即在全省的柑桔栽培和生产中居于最重要的地位,一直持续到今天。在这里还需要说明一下的是,当新区迅速发展之时,原来的老柑桔栽培区又发生了怎样的变化呢?以杭州及其附近的栽培区为例,富阳王洲原是上述《元和郡县志》所记载的著名老柑桔区,在南宋的著作如《梦粱录》^㉓和咸淳《临安志》^㉔中,该地都仍有柑桔栽培和生产的记载。明代以后才告衰落。光绪《富阳县志》卷十五说:"按王洲,即今桐洲,桔树已久无睹矣。"

　　另一个老栽培区绍兴的情况也是如此,南宋时代,这里的柑桔园还相当普遍。陆游诗:"绿苞和叶摘新橙,"^㉕"累累桔弄黄",^㉖"园林垂桔柚"^㉗等,连篇累牍,可以为证。但到了明代就开始衰落。万历《会稽县志》卷三说:"任昉《述异记》,越多桔柚园,越人岁税谓之橙桔户,亦曰桔籍。今非其旧。"这就说明,明代已经"今非其旧",没有专业化的桔农了。

由此看来,南宋以后,浙江省柑桔栽培业的发展趋势,实际上是新区取代了老区。关于这方面,原因当然不少,但其中最重要的显然是新区在自然地理条件上的优势。南宋以前,老区之所以能够获得较长时期的发展,主要是凭借了当时新区所无法得到的人文地理条件。但是到了南宋,当人文地理条件一旦改变以后,新区在自然地理条件上的优越性就充分得到了发挥。而老区恰恰相反,由于自然地理条件上的缺陷,使它从此无法和新区竞争而终至完全为新区所取代。这里所说的自然地理条件,主要当然是气候,特别是冬季的冻害。古代的气温当然没有数量的记录,我们姑且以从50年代到70年代的记录数字作为参考。在老区中,我们选择了湖州、杭州和萧山3地;在新区中,我们选择了椒江(即黄岩以东的海门)、温州和衢州3地,把这些地区有关柑桔生长的重要气温数据列表如下:

地　名	一月平均气温(℃)	一月平均最低气温(℃)	极端最低气温(℃)	日最低气温≤0℃日数	日最低气温≤−5℃日数	极端最低地面温度	记录年代
湖　州	3.0	0.1	−11.1	38.9	3.6	−16.1	1956—1970
杭　州	3.6	0.3	−9.6	37.2	3.0	−14.6	1951—1970
萧　山	5.5	0.4	−12.1	38.9	2.6	−19.2	1955—1970
椒　江	6.0	2.4	−6.6	22.3	0.9	−12.6	1951—1970
温　州	7.5	5.1	−4.5	9.4	0.0	−7.9	1951—1970
衢　州	5.2	1.7	−10.4	24.5	0.9	−10.0	1951—1970

众所周知,尽管不同品种的柑桔在耐寒能力上颇有差别,但0℃以下的气温持续长久,总是十分不利的。而−5℃大体上就是多数品种生长的临界低温。虽然今天的气温记录与古代的实际情况容有差距,但作为老区与新区的对比数据,上列表格仍是很有价值的。

历史上的事实大概也是如此,老区的柑桔园以后陆续衰败,其主要原因就是冻害。对于这方面,《太湖备考》卷六记载的太湖各岛柑桔栽培业的衰落原因可以作为参考。该书说:"湖中诸山大概以桔柚为产,多至千树,贫家亦无不种。今桔产甚少,盖因此树最难培植,节次冻死之后,不再补种也。"至于各岛中柑桔栽培业最发达的洞庭东、西二山,《太湖备考》卷六也有所记载:"桔出洞庭东、西二山,……古人矜为上品,名播天下,自明及今屡遭冻毙,补植者少,品亦稍下,所产寥寥矣。"

"自明及今屡遭冻毙"。这种事实在历史上是常见记载的。《太湖备考》卷十四记载了明弘治十四年（1501）的一次严重冻害："冬，大雪积四五尺，东、西两山桔柚尽毙无遗种，王文恪作《桔荒叹》。"清王士禛在他的笔记《居易录谈》（《学海类编》本）也记载了柑桔的冻害："庚午（按康熙二十九年，1690 年）冬，京师不甚寒，而江南自京口达杭州，里河皆冻。……江南柑桔树皆枯死，其明年，京师柑桔不至，惟福桔有至者，价数倍。"由于这一年的柑桔冻毙，王士禛又联系了历史上曾经出现过的几次严重冻害，他说："宋时江南大寒，积雪尺余，河尽冰，凡桔皆冻死，伐为薪，叶石林作《桔薪》以志其异，元天历中亦然。"

上述王士禛指名的叶石林，就是南宋初年的文学家叶梦得，他是一个对柑桔栽培很有兴趣和经验的人，他曾在太湖地区居住，目击当地柑桔栽培业的情况，因而在他的著作《避暑录话》卷下中作了记载：

> 桔比田利数倍，而培治之功亦数倍于田。桔下之土，几于用筛，不使见纤草，地面必为层级，次第使受日，每岁大寒则于上风焚粪壤以温之。

这里写的当然是利用小气候和防御冻害的有益经验，但是即使是采用了这样的措施，在严寒持续的情况下，冻毙仍然难免。在这方面，叶梦得也有他的亲身经历。他在《避暑录话》卷下记载说：

> 桔极难种，吾吴山十年，凡三种而三槁死，其初移栽皆三四尺余，一岁便结实，累然可爱，未几偶大寒多雪，即立槁，虽厚以苦覆草拥，不能救也。……今吴中桔亦惟洞庭东、西两山最盛，他处好事者园圃仅有之，不若洞庭之为业也。

从叶梦得的记载中可以看出，尽管柑桔栽培业获利甚厚，但其成本也是十分高昂的。从浙江来说，在新区没有兴起以前，尽管若干时期一遇的低温总是难免的，但是由于当时没有条件优越的竞争对手，桔树冻毙后，即使成本高昂也不难加以补种，因为市场价格可以弥补他们在这方面的损失。但是，在条件优越的新区获得发展以后，成本高昂的老区就难以为继了，到最后只好任其冻毙而不再补种，于是，桔园逐渐荒芜，老区的柑桔栽培业，就这样在一个并不很长的时期中次第衰落。正如上述叶梦得所亲见的，早在南宋初期，历史上柑桔栽培业相当发达的苏州一带，除了小气候条件特别有利的洞庭东、西二山还保留了专业化的桔园外，其余都已式微。则浙江境内几个老柑桔栽培区的衰落，也就可以理解了。

本文在开始时已经指出，新中国成立以来，浙江省的柑桔栽培业有了很大的发展。特别是近十多年来，从统计资料可以看出，南宋以前的老栽培区，基本上也都已恢复了柑桔栽培。时至今日，一切条件当然与古代很不相同，特别是在天气预报和防冻措施方面，更绝非古代可以相比，因此今后的发展是可以预期的。但是，既然这些地区在南宋以前已经是柑桔栽培的老区，南宋以后又发生了逐渐衰落以至完全消失的情况，正反两面都有历史经验可以吸取,为此,我们对省内历史上柑桔栽培业发展的过程加以研究,对今天的柑桔栽培业是不无裨益的。譬如,这些老栽培区在南宋以后都并非毁于一旦,而是在一个并不很长的时期中逐渐消失的。为此,今天在这些地区发展柑桔栽培业,就不能因若干年的成功而麻痹大意。而必须加强对历史上灾害天气出现的频率和规律性的研究。至于像耐寒品种的选择和有利小气候环境的利用等古人行之有效的经验,当然也应该重视和研究,使我们的柑桔栽培业兴旺发达,立于不败之地。

注释:

① 《史记·货殖列传》。

② 《盐铁论·通有第三》:"若各居其处,食其食,则是桔柚不鬻,胸卤之盐不出,旃罽不市,而吴唐之材不用也。"

③ 《述异记》卷上:"越多桔柚园,岁多桔税,谓之橙桔户,或曰桔籍。"

④ 《文苑英华》卷五四六。

⑤ (唐)骆宾王《称山寺诗》(载《称山称心寺志》卷五):"沼回桔柚林。"按嘉泰《会稽志》卷九:"称山在县东北六十里。"

⑥ (唐)杜荀鹤《送友人游越》,载《会稽掇英总集》卷一○。

⑦ (唐)李绅《桔园》(载《会稽掇英总集》卷一):"江城雾敛经霜早,桔园千秋欲变金。"

⑧ (宋)陈晦《行都纪事》:"桔园在今丰乐桥投北,自棚前直穿即是,盖向来未建都之时,此地皆种桔。"

⑨ 《元和郡县志》卷二五。

⑩ 《梦粱录》卷一八:"桔,富阳王洲者佳。"咸淳《临安志》卷五八:"富阳王洲,其地宜桔。"

⑪ (清)朱彝尊《鸳鸯潮櫂歌》。

⑫ (宋)叶梦得《避暑录话》卷下。

⑬ (宋)洪迈《夷坚志》卷五。

⑭ (宋)梅尧臣《送张子野知虢州先归湖州》。

⑮ 《齐民要术》卷八、卷九。

⑯ 《文苑英华》卷五四六。

⑰ 《越绝书》卷八。

⑱ 嘉泰《会稽志》卷一○。

⑲ (宋)张世南《游宦纪闻》。

⑳ 《瓯江逸志》(《尤威秘书》本)。

㉑ 《桔录》卷上:"温四邑之柑,推泥山为最。"

㉒ 康熙《衢州府志》卷二三:"明时唯西安县西航埠二十里栽之,今遍地皆栽。"

㉓　《梦粱录》卷一八。

㉔　咸淳《临安志》卷五八。

㉕　《剑南诗稿》卷一三《霜天晚兴》。

㉖　《剑南诗稿》卷二五《秋晚岁登戏作》。

㉗　《剑南诗稿》卷七八《秋来益觉顽健时一出游意中甚适杂赋五字》。

㉘　（清）胡渭《禹贡锥指》卷六："洞庭四面皆水也,水气上腾,尤能辟霜,所以洞庭柑桔最佳。"
说明这里具有优等的小气候条件。

原载《农业考古》1985 年第 2 期

关于徐霞客与江源的问题

  徐霞客是我国古代的著名地理学家,他在地理学上的卓越成就众所共见,历来已有许多学者写过有关的论文,总结了这位地理学家对后世的贡献。

  丁文江先生是近代徐霞客研究的重要创导人,他为徐霞客编撰年谱,号召学术界学习徐霞客的精神,这在我国地学界是很有影响的。叶良辅先生曾撰《丁文江与徐霞客》(竺可桢等著《地理学家徐霞客》,国立浙江大学史地研究所编,1948年,商务印书馆发行)一文,对比丁、徐二人的许多相似之处。文中提到:

    丁先生兴趣虽广,而始终不离科学,因其所专修者为地质学,故二十四岁游学返国,即考察滇黔。其后又两次考察西南。徐公观察之真切,有先生为之实地证明,徐公经历之艰险,有先生为之实地体念。志趣相同,经历相同,又何怪乎先生乐为之表彰,亦徐公之幸也。

  叶氏所说的这几句话确实是非常深刻的。丁文江不仅是我国地质科学的开创学者之一,而且与徐霞客可说是志同道合。他之所以推崇徐霞客精神,绝不是偶然的。对于今天来说,我们纪念徐霞客,整理他的学术成就,学习他的治学方法和精神,在某种程度上,也受了丁氏在30年代倡导的影响。在这方面,丁氏是很有功绩的。

  不过这中间,有一点却还值得商榷。后辈学者的学问,当然是在前辈学者刻苦砥砺的基础上不断累积的结果。因此,对于后辈学者来说,前辈学者是值得尊敬和学习的。现在有人采取前辈学说而不著所出,更有甚者,剽袭前辈学者的学术成就,却诡言是自己多年研究所得,这当然是极不道德的行为。但是在另一方面,对于前人的学术成就,也必须实事求是地予以总结和评价,既不应妄加贬损,也不宜渲染过分。这是科学的态度,也是尊重前辈学者的态度。

丁文江所述徐霞客在地理上的重大发现有 5 项:即南、北盘江之源流;澜沧江、潞江之出路;枯柯河之出路及碧溪江之上流;大盈、龙川、大金沙江三江之分合经流;江流。对于丁氏所论述的徐霞客的这 5 项"发现",谭其骧先生在四十多年前已经撰有《论丁文江所谓徐霞客地理上之重要发现》(竺可桢等著《地理学家徐霞客》,国立浙江大学史地研究所编,1948 年,商务印书馆发行)一文加以辩证。谭文提到:"自余考之中,惟最不重要之第三项(按指枯柯河之出路及碧溪江之上流),诚足以匡正前人,已引见上文,其余四项,皆断乎绝无'发现'之可言"。谭文剖析甚明,本来已无需我赘述。但 1983 年 4 月,纪念徐霞客诞辰 400 周年筹备会在无锡开会,我也参与此会,会上有人又提出了徐霞客的这些"发现",并且言之凿凿,认为《江源考》(《溯江纪源》)阐明江源当以金沙江为正,岷江只是一条支流。这是我国历史上前无古人的重大发现。其实,谭其骧先生的文章对于这类"发现",已经阐述得十分清楚,只是由于谭文发表于 40 年以前,于今已成稀物,会上的发言者,或许根本不曾读过。丁文江指出的徐霞客地理学五大发现之中,枯柯河、碧溪江一项谭文已证明属实。其余 4 项,有的是徐霞客之误,有的则前人早已知悉,实非徐氏所首见。丁氏在年谱中提出:"知金沙江为扬子江上游,自先生始,亦即先生地理上最重要之发现也。"丁氏此言,可能就是今人继续传讹的来源,所以我想把丁氏所说的这项"最重要之发现"即江源问题,继谭文之后,再作一番说明,用以澄清事实,也算是纪念徐霞客的一种方式吧。

在古代,人们对江源的了解,当然不可能与现代相比。《尚书·禹贡》说:"岷山导江,东别为沱。"因为《禹贡》是经书,它在古代是受到极大尊重的,经书的说法,是后世学者的圭臬。所以《说文》说:"江水出蜀湔氐徼外岷山。"《水经》说:"岷山在蜀郡氐道县,大江所出。"它们都根据《禹贡》,把从岷山发源的岷江作为长江的正源。

其实,古人很早就知道,长江还有比岷江更长的源流。《山海经·海内经》说:"有巴遂山,绳水出焉。"这个绳水,就是长江的正源金沙江。《海内经》一般认为是西汉初期的作品,说明人们对江源的认识,到西汉初期,已比《禹贡》成书的年代即战国末期前进了一步。到了《汉书·地理志》,情况就更为清楚:"绳水出徼外,东至僰道入江。"僰道即今宜宾,正是金沙江与岷江汇合之处。

《水经注》记载的长江上游,又大大超过了《汉书·地理志》。卷三十六《若水注》说:"绳水出徼外,《山海经》曰:巴遂之山,绳水出焉。东南流,分为二水,其一水支流东出,经广柔县,东流注于江;其一水南迳旄牛道,至大莋与若水合,自下亦通谓之绳水矣"。若水即今雅泷江,若水与绳水汇合,其下流仍称绳水,这条绳水当然就是今金沙江。《若水注》最后说:"若水至僰道,又谓之马湖江。绳水、泸水、孙水、淹水、大渡水,随决入而纳通称,是以诸书录记群水,或言入若,又言注绳,亦或言至僰道入江。正是异水沿注,通为一津,更无别川,可以当之"。从这段注文中,可见郦道元对当时长江上游的干支流情况,已经清楚了。注文中的绳水,即今金沙江的通称,淹水是今金沙江的上流,泸水是金沙江的中流。马湖江是金沙江的下流,孙水是今安宁河,大渡水是今康定县西的坝拉河。尽管他没有突破《禹贡》的框框,仍把岷江作为长江的正源,但在实际上已经把长江上游的干支流分布记载清楚了。

此外,在卷三十七《淹水注》中,注文还叙述了:"淹水经(姑复)县之临池泽,而东北迳云南县西,东北注若水也。"临池泽即今云南省永胜县南的程海,这是《水经注》明确记载的长江干流所到达的最远之处,说明郦道元对长江上游所掌握的资料已经相当可观了。

如上所述,说明《山海经·海内经》、《汉书·地理志》和《水经注》的作者,实际上都已经知道了长江上游干支流分布的不少情况,而其中以郦道元所知最为详悉。但是他们由于受时代的限制,都不敢突破《禹贡》这部"圣贤书"的框子,遵循"岷山导江"的经典,实际上避开江源问题而不谈。而徐霞客的可贵之处,却正在于他能够摆脱经书的束缚,直言不讳地提出了他对经书所作的与众不同的解释:"故推江源者,必当以金沙为首。"就凭这一点,已经完全可以说明他实事求是的科学态度和勇敢果断的无畏精神,也正是徐霞客值得我们学习的地方。至于所谓"发现",因为事实的确并非如此,我们必须根据历史事实说话,查无实据的事,不论是好事或是坏事,都不应该强加于古人。

我在上面推崇的徐霞客敢于摆脱经书束缚的精神,也是根据徐霞客所在的时代而言的。从今天的观点来说,他对于经书束缚的摆脱,也是很有限度的。不妨抄录《江源考》中的有关一段:

> 其实,岷之入江,与渭之入河,皆中国之支流,而岷江为舟楫所通,金沙江盘折蛮僚谷峒间,水陆俱莫能溯。既不悉其孰远孰近,第见《禹贡》"岷山导江"之文,遂以江源归之,而不知禹之导,乃其为害中国之始,非其滥觞发脉之始也。导河自积石,而河源不始于积石;导江自岷山,而江源亦不出于岷山。

从上文可见,徐霞客虽然指出了岷山不是江源,但是他并不说经书"错了",而只是利用了在当时已经相对清楚的黄河河源的例子,把"导河积石",而河源实非始于积石的事实引用于"岷山导江"之中,用以反证江源亦非始于岷山。而对夏禹跑到积石去"导河"和跑到岷山去"导江"等今天没有人再信以为真的传说,他并无任何异议。

因此,从另一种角度说,他还是尊重经书的。但是,对于这样的事,我们千万不能忘记时代。我们不能苛求于 3 个多世纪以前的徐霞客,也正和我们不能苛求于十多个世纪以前的郦道元一样。这就是历史唯物主义的态度。

原载《纪念徐霞客诞辰四百周年文集》(内部印行),1986 年。
又载吕锡生主编《徐霞客研究古今集成》,中国书籍出版社 2004 年版

浙江省历史时期的自然灾害

　　我国从很古老的时代开始,就有观察和记录自然灾害的传统。在孔子整理删定的《春秋》一书中,已有不少关于自然灾害的记载。这种传统,到了《汉书》就固定下来。《汉书》是二十四史中第一部有《五行志》的正史。从此,历代正史,多数都把该代发生的重大自然灾害记录在各史的《五行志》或其他相应的名称如《天象志》、《灾异志》等之中。这是从全国范围来说。从各个地方来说,这种记录自然灾害的传统则由地方志承担起来,宋代以来,我国的绝大部分地方志中,都包括了这方面的内容。此外,由于自然灾害,特别是严重的自然灾害,对于当时当地的社会影响至巨,因此,常常也见于古人的笔记、日记、宗谱、碑碣、诗文集等等之中。从 50 年代后期起,为了整理浙江省在历史上发生的各种自然灾害,我曾经查阅了历代史、志、会要、实录等历史文献 100 多种,省内和毗邻省境的省外方志近 200 种,古人的笔记、日记、年谱、宗谱、碑碣、诗文集和晚清的报刊 100 余种,纂辑而成《浙江灾异简志》一书。[①]在这项工作的过程中,使我对浙江省自然灾害的种类、发生概率、严重程度、地区分布等方面,有了一些概括的认识。

　　在历史上,中国长期以来都是一个农业社会,所以,在各种自然灾害中,关系最重大的显然是水、旱、雹、虫等直接影响农业的灾害,其中尤以水、旱灾为甚。所以在历代正史和地方志所记录的自然灾害中,水、旱灾往往占了最大的篇幅。古人重视水、旱灾及其他自然灾害的记载,一方面当然具有居安思危、防患未然的用意,即古人所谓的民为邦本,食为民天,耕三余一,耕九余三的道理。但另一方面,他们显然还有更为积极的考虑,这就是他们已经懂得,各种自然灾害的发生,有它们一定的规律性,而从历代水、旱灾害发生的记录中,可以窥及天气变化的规律。前面已经提及,我国第一次把自然灾害的记录,进行规范化记载的是《汉书·五行志》,它一开始就指出:"《易》曰:天垂象,见吉凶,圣人象之。"这就是说,通过天象变化的观察,可以研究吉凶发展的规律。在这方面,浙江省的历史上就有很好的例子。

早在公元前490年,当越王句践在今绍兴市区建立了他们的国都大越城以后,随即在今市区南部的塔山修建了一座称为"怪游台"的高大建筑物,据《越绝书》卷八所载:"龟山者,句践起怪游台也。东南司马门,因以炤龟,又仰望天气,观天怪也。高四十六丈五尺二寸,周五百三十二步。"这是我国见之于历史记载最早的天文、气象综合观测台之一。他们通过对天象变化的观测,研究这个地区水、旱灾发生的规律。这也就是越大夫计倪在《越绝书》卷四中所说的:"太阴三岁处金则穰,三岁处水则毁,三岁处木则康,三岁处火则旱,故散有时积,敛有时领,则决万物不过三岁而发矣。"计倪的这种研究,主要无疑是为了发展农业生产。《吴越春秋》卷五也记载了他的一段议论说:"春种八谷,夏长而养,秋成而聚,冬畜而藏。夫天时有生而不救种,是一死也;夏长无谷,二死也;秋成无聚,三死也;冬畜无藏,四死也。"这就说明了正常天气与灾害天气对于农业生产的不同影响。

当然,由于时代的限制,古人在科学知识、观测仪器等各方面,都还处于相当落后的状态。由于对许多自然现象无法作出科学的解释,他们常常应用阴阳五行的说法,这就使他们的研究,掺入了不少迷信的色彩和牵强附会的东西。但是,应该承认,他们在这方面的很多研究,仍然具有很高的价值,特别历代记载下来的大量有关自然灾害的资料,对于我们今天在历史气象和气候方面的研究,其价值真是无法估量。

我研究浙江省历史时期的自然灾害特别是水、旱灾害的目的,一方面是为了探索浙江境内水、旱灾及其他灾害发生的规律性,其中,曾经在历史上出现过的某些十分严重的灾害和极端特殊的例子,更值得引起我们的注意。另一方面,作为一种历史气象、气候的资料汇编,为气象、水利、农业和方志修纂等方面提供参考。

在我的研究工作中,关于浙江省水灾的资料,始于公元前494年,终于公元1911年,计2405年,其中今省内各地有水灾记录的共有742年;关于浙江省旱灾的资料,始于公元前190年。终于公元1911年,计2101年,其中今省内各地有旱灾记录的共有546年。在水灾记载中有具体月份记录的共1062次;旱灾记载中,有具体月份记录的共553次。我曾经作了一个统计(表1、表2),这个统计可以让我们了解,省内历史上水、旱灾在一年内各月份中出现的概率。

表1　浙江省历史时期年内各月份水灾出现概率

夏历月份	一	二	三	四	五	六	七	八	九	十	十一	十二
水灾次数	28	39	47	90	184	177	229	165	54	30	11	8
占百分比（%）	2.6	3.7	4.4	8.5	17.3	16.7	21.6	15.5	5.1	2.8	1.0	0.8

表2　浙江省历史时期年内各月份旱灾出现概率

夏历月份	一	二	三	四	五	六	七	八	九	十	十一	十二
旱灾次数	6	14	20	39	96	132	105	61	32	23	14	11
占百分比（%）	1.1	2.5	3.6	7.0	17.3	23.8	18.9	11.0	5.7	4.1	2.5	1.9

（1）凡记录只有春、夏、秋、冬等季节而无具体月份者，不列入统计；

（2）同一年份中，不同地区在相同月份中出现的水、旱灾，只作一次计算；

（3）闰月中发生的水、旱灾，凡日期记明在上半月的，计入前一月，记明在下半月的，计入后一月，不记日期的，概记入后一月，闰月中发生水、旱灾的次数很少，对统计表影响极微。

　　从上列两种统计表分析，历史上浙江省境内的水灾，主要发生于夏历五、六、七、八等4个月中，而以七月份为高峰；旱灾主要也发生在五、六、七、八这4个月中，而以六月份为高峰。

　　从历史资料来看，浙江省发生水灾的机会几乎比旱灾多1/3。在全省范围和省内某一个地区进行观察，多年连续发生水灾的情况是屡见不鲜的。例如，从南宋绍兴二十七年（1157）到淳熙六年（1179），连续23年，省内水灾不断；而从清顺治元年（1644）到康熙三十年（1691）间，几乎达半个世纪，省内每年都有水灾的发生。这样的例子举不胜举。从自然条件进行分析，省内发生水灾的机会确实是很多的。全省的主要平原杭嘉湖平原和宁绍平原，地势都较低洼，故易受山水的影响，也易受海潮的影响，常致造成内涝。占全省面积70%的丘陵山地，自从东晋以来，由于森林的不断破坏，水土流失趋于严重，水灾出现的频率也不断增加。特别是浙江地处东南沿海，容易受到台风的袭击。台风入境更是导致省内发生水灾的重要原因之一。在上述省内发生水灾的700余年纪录中，根据资料的分析，可以肯定有台风入境的约在170年以上。而历史记载中灾情特别严重的水灾，几乎都和台风入境有关。从上列水灾发生的规律来看，今后，数十年一遇的特强台风的入境，仍然是这个省份在自然灾害方面所面临的必须认真对付的问题。

　　由于省内农业发达的主要平原多是水乡泽国，因此，历史上旱灾发生的频率显然比水灾要低。但是，连续出现旱灾的可能性，仍然也是存在的。例如，从明嘉靖十八年

（1539）到二十四年（1545）间，省内各地出现了连续 7 年的旱情，使绍兴这个历来有名的水乡泽国，"湖心皆为赤地"。② 使钱塘江"江面十八里，而今一线之水"。③ 从个别地区来看，连续几年发生旱灾的情况，更是常常出现。例如，从明万历十五年（1587）到十八年（1590），金华地区就连续大旱 4 年；从万历三十三年（1605）到三十七年（1609），台州和松阳两地就连续大旱 5 年。特别是从明崇祯十三年（1640）到十七年（1644）连续 5 年的大旱，这是历史上罕见的一次全国范围内的大旱。连续干旱的结果，竟使江浙之间面积达 3000 余平方公里的太湖枯竭，出现了"震泽巨浸，褰裳可涉"的现象。④

此外，在我所整理的浙江省境内历史上的水、旱灾资料中，还有许多值得我们注意的极端和特殊的灾害天气现象。例如：

明嘉靖二十二年（1543），湖州从正月起到十一月，一直阴雨连绵，天无十日之晴；清道光二十九年（1849），孝丰县在一月之间发生了洪水 29 次。这样一类的例子不胜枚举。特别是清同治十年（1871 年）夏历三月所发生的一次特殊的灾害天气。据光绪《上虞县志校续》卷四十一的记载，上虞在这年夏历三月二十一日未刻，"暴风拔木发屋，吹堕石坊，河舟飞上岸"。此外，在诸暨、浦江、绍兴、杭州、湖州等地的方志中，都有这一次特殊灾害天气的记载，除了在时间上其余各县概作三月二十二日（说明《上虞县志校续》的"二十一日"当是"二十二日"之误）外，其余灾情大致相同，如"飘瓦拔木"、"覆舟伤人"、"倒屋毙人"、"压檐大雨"等等。我曾经逐一查阅了沿海各县包括闽北和苏南毗邻浙江地区的地方志，都没飓风、海溢等记载。从季节判断，夏历三月下旬台风入境的可能性也很小。这样看来，这是一次范围很大的飑灾，南起浦江，北到湖州，涉及十几个县，确是十分罕见的。但像这样极端的特殊灾害天气现象，在历史上毕竟已经发生了，这就应该引起我们的注意。

前面已经指出，我所整理的浙江省历史上的自然灾害资料，对于水利、农业等部门可能具有一点作用。例如对于水利部门来说，虽然自然灾害的本身是一种自然现象，但在造成灾害的过程中，不论是水灾还是旱灾，这中间都存在着一个水利问题。此外，水利部门常常需要关心的某一地区、某一河流若干年一遇的洪水流量、水位等资料，历史资料往往有所记载。诸如：平地水深几尺，大水过岸几尺，大水高于城门几尺等等资料，真是俯拾皆是。另外一些记载就更可贵，例如清康熙四十七年（1708 年）五月在长兴所发生的一次大水，据光绪《长兴县志》卷九的记载："禾苗尽淹，路绝往来，较（康熙）三十四年更高一尺，乃本朝绍兴第一水灾也。"又如清乾隆四十一年（1776）四月，在萧山所发生的一次大水，据乾隆《绍兴府志》卷七十六《金石志》二的记载："吴越祇园寺舍利塔题名，在萧山祇园寺，凡塔者四，乾隆丙申四月，海塘圮，水及其二级，水落之后,圮其一塔。"据此,这一年的洪水水位,至今仍可实地查核。

对于农业部门,历史上记载的自然灾害资料,在当地的作物布局、品种引入等方面,也可提供有用的资料。因为,在每个地区记载水、旱灾情时,往往与当地受灾的大田作物,也就是与该区国计民生关系最大的作物相联系。例如明万历十六年(1588)发生于山区开化的一次淫雨,据光绪《开化县志》卷一四的记载:"春,淫雨数月,黄豆无种,二麦淹没。"这就说明了在浙江平原地区意义轻微的黄豆,在山区开化却是一种可以载入方志的重要作物。又如清道光五年(1825)在余姚县发生的一次大风雨中,据光绪《余姚志》卷七记载:"坏庐舍,损棉禾。"道光十二年(1832)的一次大风雨,据民国《杭州府志》卷八十五记载:"海宁、仁和海塘木棉地被淹四万余亩。"这说明钱塘江河口两岸的棉花种植,在道光年代已经达到了很大的规模。

浙江省人民在历史时期的水、旱灾害中是遭受了惨重苦难的,现在我们整理这方面的资料,总结一些值得我们重视的经验教训,是古代人民付出了巨大代价的。以水灾为例,历史上发生的不少灾情,真是惨极人寰。诸如唐总章二年(669)的一次水灾,使永嘉、安固二县"漂民居六千余家,溺死人九千七十余口"。[5]宋元祐六年(1091)的大水,"杭州死者五十余万,苏州三十万"。[6]绍兴五年(1135年)婺州大雨,"溺万余人"。[7]乾道二年(1166年)的温州水灾,"溺死者二万人,江边胔骼七千余人",温州城"浸沉半壁,存者什一"。[8]淳熙八年(1184)在严州和绍兴发生的水灾,"漂民居十万余家"。[9]绍熙五年(1194年)的天目山洪水,"民罹其祸者十万余人"。[10]这中间,明隆庆二年(1568)在台州登陆的一次特强台风,它所造成的灾难,更是不忍卒录:

> 七月二十九日,台州飓风挟潮,天台山诸水入城三日,溺死三万余人,没田十五万亩,淹庐舍五万余区。民上屋脊,敲椽拆瓦,号泣之声彻城,旧传台州仅留十八家。水未退,有在屋上生育者,裹尸者,或操舟市中者。水退,人畜尸骸满闾巷,埋葬数日方尽。[11]

以上是水灾所造成的惨状。旱灾也同样可以造成骇人听闻的悲剧。例如宋熙宁八年(1075)的吴、越大旱,造成"饥馑疾疠,死者殆半"。[12]淳祐四年(1244)的浙西大旱,使"行都之内,气象萧条,左浙近辅,殍尸盈道"。[13]明嘉靖二十三年(1544)的嘉兴府大旱,"水上浮尸及途中饥殍为鸢狗所食者不可胜计"。[14]崇祯十六年(1643)的全省大旱,在湖州出现了"人相食,村落丘墟"的惨状。[15]

以上是浙江省历史上自然灾害中最主要的水、旱灾害的情况。此外,省内历史上常见的另一种灾害性天气现象是雹灾,它不仅损害农业,而且也能破坏城乡建筑物,所以值得重视。历史上出现的严重雹灾有两类,一类是雹体巨大,它可以破坏建筑物并造成人畜的伤亡。浙江省在历史上出现的巨大雹体,如清咸丰十一年(1861)在桐乡

和同治十一年(1872)在嘉兴、嘉善降落的,都重达 17 斤,(清制 1 斤＝580 克,17 斤＝
19.72 市斤);民国五年(1916)在建德陈村庄降落的,也重达 10 斤。此外,方志记载大
型雹体,常用其他物体作比,大如鸡蛋的冰雹在历史上是非常普遍的。更大的有如斗,
如础石甚至如马首等记载,这样的雹体,重量也必然非常可观了。另一类严重的雹灾,
是下雹的强度大或持续时间长,它可以在田地上积起很厚的雹层,作物不仅被击伤、压
伤,而且还要受到严重的冻害。可以把浙江省历史上雹体巨大的雹灾和强度大、持续
时间久的雹灾各列一简表(表 3、表 4)。

表 3　浙江省历史上雹体巨大的雹灾

中国纪元	公元纪年	降雹地区	雹体记载	资料来源
明正德十二年	1517	平湖	大者如马首	光绪《平湖县志》卷二五
嘉靖二年	1523	泰顺	冰雹如斗	《分疆录》卷十
嘉靖二十三年	1544	诸暨	大如斗	乾隆《绍兴府志》卷八
清顺治四年	1647	缙云	大者如盘	光绪《缙云县志》卷一五
康熙六十年	1721	镇海、慈溪、余姚、上虞	大者如盘	雍正《浙江通志》卷一〇九
乾隆十四年	1749	遂安	大如斗	民国《遂安县志》卷四
乾隆十七年	1752	象山	大如础石	民国《象山县志》卷三〇
乾隆五十五年	1790	衢州	大者如盘	嘉庆《西安县志》卷二二
道光二十三年	1843	临海	大如斗	民国《临海县志稿》卷四一
咸丰十一年	1861	桐乡	大者十七斤	光绪《桐乡县志》卷二〇
同治七年	1868	仙居	大如盆	光绪《仙居县志》卷二四
同治十一年	1872	嘉兴、嘉善	大者十七斤	光绪《嘉兴府志》卷三五
同治十一年	1872	仙居	大如盆	光绪《仙居县志》卷二四
光绪十六年	1890	富阳	大如斗	民国《杭州府志》卷八五
光绪二十七年	1901	奉化	大者如盆	光绪《奉化县志》卷三九
民国五年	1916	建德	大者重十斤	民国《建德县志》卷一

表4　浙江省历史上强度大、持续时间久的雹灾

中国纪元	公元纪年	降雹地区	降雹强度或持续时间	资料来源
宋绍熙三年	1191	温州	平地盈尺	光绪《永嘉县志》卷一六
明嘉靖五年	1526	遂昌	顷刻积二尺	雍正《浙江通志》卷一〇九
清康熙十七年	1678	东阳	积雹五六寸	道光《东阳且志》卷一二
康熙六十年	1721	泰顺	雨雹一日	《分疆录》卷十
乾隆五十五年	1790	衢州	积二尺许	嘉庆《西安县志》卷二二
嘉庆十二年	1807	缙云	没黍禾	光绪《缙云县志》卷一五
嘉庆二十四年	1819	泰顺	沟皆满,墙边积至满踝	《分疆录》卷十
嘉庆二十五年	1820	缙云	麦畦为平	光绪《缙云县志》卷一五
道光二十一年	1841	缙云	顷刻间沟渠皆满	光绪《缙云县志》卷一五
同治元年	1862	永康	填满山谷	光绪《永康县志》卷一一
光绪二十一年	1895	开化	积五六寸	光绪《开化县志》卷一四
民国十二年	1923	宣平	积地盈尺	民国《宣平县志》卷一四

　　历史上浙江另外还有一种灾害性天气现象是春寒,包括晚霜、晚雹和在春季时对稻秧和春花作物有害的异常低温。例如唐天复二年和三年(902、903),浙西和嘉兴都出现夏历三月大雪"平地三尺"的现象,[16]元至正二十年(1360),夏历二月,嘉善县"雪大如掌,顷刻积尺余"。[17]明景泰五年(1454),平湖县夏历二月大雪,"四旬不止,平地数尺"。[18]清道光十九年(1839),慈溪、镇海大雪,"平地五尺"。[19]这样的异常天气,当然会造成对作物的极大损害。另外,在暮春甚至初夏出现的阴霜,同样是农业的大害,例如南北朝梁承圣元年(552),遂安县"六月阴霜,杀豆麦"。[20]唐证圣元年(695),杭州"六月阴霜"等均是其例。[21]

　　在各种自然灾害中,还有一种是虫灾。虫灾当然不是灾害性天气,但其实它与气候也有密切关系。在各种虫灾之中,最主要的是蝗灾。与黄河中下游相比,浙江省的蝗灾是轻微的,这是因为浙江省的自然条件不利于蝗虫滋生和繁殖。陈正祥教授在其所著《中国文化地理》(三联书店1983年版)一书中指出:"境态学或生态学(ecolagy)的知识告诉我们,限制蝗虫分布的首要气候条件便是湿度,世界上主要的蝗患地带,都是比较干燥的区域,我国东南各省太潮湿了,所以蝗虫不喜欢来(原书第52—54

页）。"这话当然是不错的。浙江省历史上记载的蝗灾,确实常常与旱灾连在一起。在今天蝗灾已经基本消灭的情况下来看历史上省内出现的灾情,却仍然使人吃惊。蝗虫的来势很猛,例如后唐天成三年(928),杭州一带六月大旱,"有蝗蔽天而飞,昼为之黑,庭户衣巾,悉充塞之"。[22]宋绍兴三十二年(1162),淮蝗入浙,飞入杭州城,"声如风雷"。[23]嘉泰二年(1202),嘉兴、湖州大蝗,"若烟雾蔽天"。[24]开禧三年(1207),慈溪"飞蝗蔽天日,集地厚五寸"。[25]像这样的巨大蝗群,对农业的破坏当然是严重的,例子也很多。明弘治十九年(1506),嘉兴一带,"蝗蔽天,稻如剪"。[26]崇祯十五年(1642),杭州一带,"飞蝗集地数寸,草木呼吸皆尽,岁饥,民强半饿死"。[27]清顺治六年(1649),天台县蝗灾,"食禾殆尽,村舍无烟"。[28]从这些例子中可见,尽管从全国来说,浙江省算是蝗灾很轻微的省份,但灾情有时仍能发展到相当严重的程度。

除了蝗虫以外,浙江省在历史上时常造成灾害的虫类,还有螟虫(或称螟螣)、蟊(食稻根的一种害虫)、蠁(一种地蛹)、蟊、黑虫、黑蝇、青虫、毛载虫(食柏树)、松毛虫(食松针)等,它们也都会在某一地区对某种作物造成严重的损害。

在浙江省历史上的各种自然灾害中,最后不能不把地震稍作记述。地震对于某些省份来说,是一种可怕的自然灾害,但是从浙江省历史上的情况来看,它只能说是一种异常的自然现象。因地震而造成的灾害,在这个省份中是十分稀见的。根据李善邦教授所著《中国地震》(地震出版社1983年版)一书中的统计,浙江省从公元288年到1935年,共发生地震356次,其中有破坏性的只有11次(原书第203页)。明万历三十二年(1604)夏历十一月初九日午夜,发生了全省都有震感的地震。根据《中国地震目录》(科学出版社1971年版)第一册强震目录的记载,这是由于福建省泉州海外的强烈地震所引起的,也是浙江省有史以来最大的地震之一。但是受灾最严重的县份,也不过如上虞、建德等县所记载的,"房屋有倾倒者"、"墙屋有坏者"而已。清康熙七年(1668)夏历六月十七日午夜以山东莒县、郯城一带为震中的大地震,也使浙江全省受到波及,但其中确实出现灾情的只有湖州、长兴二县,发生了"折屋,压死人民"的事,总的看来,灾情还是轻微的。

以上是历史时期发生于浙江省境内各种自然灾害的大概情况。前面已经提及,古人记录自然灾害,具有居安思危,防患未然的意义。今天,我们整理历史时期的自然灾害资料,研究其发生的规律性,同样具有居安思危的意义。从技术进步特别是社会制度的优越性来说,我们今天在预知灾害的发生和抗灾能力等方面,与古代相比,已经完全不可同日而语。但是无论如何,我们的力量,直到今后相当遥远的时期里,还不足以完全控制自然灾害的发生。事实上,时至今日,我们每年仍然不得不在各种自然灾害中付出代价,有时是很大的代价。因此,对于历史时期的各种自然灾害及其发生规律的研究,仍然是非常必要的。

注释:

① 浙江人民出版社 1991 年版。

② 万历《绍兴府志》卷一三。

③ (明)田艺蘅《留青日札》卷一〇。

④ 吴伟业《鹿樵纪闻》卷上。

⑤ 《新唐书·五行志》。

⑥ 《宋会要辑稿》一二四册。

⑦ 光绪《金华县志》卷一六。

⑧ 弘治《温州府志》卷一七。

⑨ 《宋史·孝宗纪》。

⑩ 《文献通考》卷三〇四。

⑪ 民国《台州府志》卷一三二。

⑫ (宋)曾巩《越州赵公救灾记》。载《元丰类稿》卷一九。

⑬ 《宋史·杜范传》。

⑭ 同治《湖州府志》卷四四。

⑮ 冯汝弼《祐山杂说》。

⑯ 光绪《嘉兴府志》卷三五。

⑰ 光绪《嘉善县志》卷三四。

⑱ 光绪《平湖县志》卷二五。

⑲ 光绪《慈溪县志》卷五五。

⑳ 民国《遂安县志》卷二〇。

㉑ 民国《杭州府志》卷八五。

㉒ 民国《杭州府志》卷八二。

㉓ 雍正《浙江通志》卷一〇九。

㉔ 同治《湖州府志》卷四四。

㉕ 光绪《慈溪县志》卷五五。

㉖ 光绪《嘉兴府志》卷三五。

㉗ 雍正《浙江通志》卷一〇九。

㉘ 宣统《天台县志稿》卷五(浙江省图书馆藏油印本)。

原载《中国历史地理论丛》1987 年第 1 期

论"徐学"研究及其发展

1983 年春,全国纪念徐霞客诞辰 400 周年筹委会在无锡举行,我忝为委员之一,出席了这个会议。我在这次会议的发言中,首先使用了"徐学"这个词汇。我记得,在这以前,似乎还没有人使用过这个词汇。1986 年 1 月,徐霞客的故乡,江苏省江阴市各界举行徐霞客诞辰 400 周年纪念会,我承邀与会,在参观徐氏故居时,忽然遇到了一个要参观者题词的节目,我毫无准备,即席凑了一首五言律诗:"郦学与徐学,渊源称悠久,郦将十五纪,徐届四百周,前贤述山水,后儒记卧游,两书相辉映,河山特锦绣。"这是我又一次在徐霞客的故乡使用"徐学"这个词汇,并且把它与"郦学"联系起来。

大凡一门学问的形成,总是经过许许多多人前后相继的研究,发表过许许多多的论文和专著,于是学问就趋于成熟。从人文科学的领域来说,近年来陆续发展,不断壮大的学科如地名学、丝路学、^①敦煌学等,无不如此。以一本书为基础而形成一门学问的,例子不多,其中最著名的就是以《水经注》为基础的"郦学"和以《红楼梦》为基础的"红学"。对于"红学",我一窍不通,毫无发言权;对于"郦学",多少作过一点研究,1983 年我在筹委会上建议开展"徐学"研究,其实是从我历来从事"郦学"研究的基础上提出来的。因为我觉得徐霞客的著作,虽然主要就是他的《游记》一种,在我国,历代以来,游记之多,真是车载斗量,但唯独这一种不同凡响。《徐霞客游记》所包括的学问,门类众多,内容丰富,牵涉广泛,观察精辟,真是前无古人。以此书为基础而形成一门"徐学",其性质与以《水经注》为基础的"郦学"相似。其内容既包含自然科学,

中国国家历史地理

ZHONGGUO GUOJIA LISHIDILI

也包含人文科学,是一门综合性的学问。无论在理论上和实践上,都有很大价值,具有坚强的生命力和远大的发展前途。所以我决心竭尽棉薄,于会后继续在这方面作了一些努力,旨在引起学术界的重视,让与《游记》有关的学科,都来从事"徐学"研究,使这门学问能够更快地繁荣发展起来。

1985年春,南京师范大学地理系决定编纂一部《徐霞客研究文集》,用以纪念他的400周年诞辰。此文集的主编鞠继武教授向我约稿,我欣然命笔,写了一篇《郦道元与徐霞客》的文章。我的所以把3个多世纪前的徐霞客与14个多世纪前的郦道元相比,主要是因为想借已经成熟的"郦学",来推动尚待发展的"徐学"。我在拙文最后说:"让郦学研究继续向前,兴旺发达;让徐学研究后来居上,发扬光大!"也就是这个意思。这年冬季,广西省社科院邀请我参加在桂林举行的纪念徐霞客考察广西350周年学术讨论会,当时由于其他事务而不可与会,但我还是把《郦道元与徐霞客》这篇文稿打印了若干份,寄到那次学术会议上交流,作为我建议建立"徐学"、开展"徐学"研究的一种呼吁。

使我感到十分欣慰的是,今年11月中旬在无锡举行的全国纪念徐霞客诞辰400周年学术讨论会中,我看到了自从1983年筹委会以来我国"徐学"研究所展现的兴旺现象。感谢唐锡仁和杨文衡两位先生,在会议期间亲自到我房中赠送了他们合作的专著《徐霞客及其游记研究》。这是几年来除了点校注解《徐霞客游记》以外,在"徐学"研究中的主要专著。书末有一个附录,称为《徐霞客的生平事迹和文著目录》,让我得以利用这个《文著目录》作出一个统计,以分析历年来学术界对于徐霞客及其《游记》研究的发展情况。

我把这个《文著目录》中所列的所有"徐学"研究文献按时期分成3个阶段。第一阶段从明崇祯十三年(1640)吴国华的《圹志铭》起,包括明、清、民国三代,到1945年方肖矩在《东方杂志》41卷9期所发表的《中国伟大旅行家徐霞客》为止,共有各种文献35种。第二阶段是建国以后,从1955年熊忠英发表于《旅行家》第2期的《旅行家徐霞客》起,到1982年郑祖安在《文汇报》10月11日发表的《徐霞客与上海》止,共有各种文献68种。第三阶段是从全国纪念徐霞客诞辰400周年筹委会举行的1983年,到徐霞客诞辰400周年的1987年底。《文著目录》中所列的各种文献共有48种,但并不包括当年11月在无锡学术讨论会上交流的文献在内。在这次学术讨论会上交流的正式刊印出版的文献,计有江苏出版的《徐霞客研究文集》、广西出版的《纪念徐霞客文集》、南京大学出版的《徐霞客研究》、中国科协、中国地理学会、中国国土经济研究会等联合印行的《纪念徐霞客诞辰四百周年文集》、江苏省江阴市徐霞客研究会和《江风》编辑部联合印行的《徐霞客专辑》,上述5种文集收入的论文,加上在会上交流的于希贤先生的专著《明代地理学家徐霞客》和唐、杨二先生的专著,共有各种文献160种。会议以后,侯仁之教授又在12月9日的《光明日报》发表了纪念徐霞客诞辰400周年的论文《献身科学尊重实践》。所以一共有各种文献161种。从上列几个阶段中的文献数字,可以窥及"徐学"研究的发展概况。从1640年到1987年的近350年之中,作为"徐学"研究成果的各种文献共有264种(各种版本的《游记》点校注释不计在内),其中第一阶段长达300余年,但文献只占总数的13%;第二阶段计27年,文献占总数的26%,第三阶段只有短短4年,但文献竟占总数的61%。从这个简单的统计中,我们可以看到"徐学"研究发展的势头,按这种发展的势头,则"徐学"研究的繁荣发展,其前景是十分乐观的。

当然,从1983年以来的4年中,"徐学"研究以如此的速度欣欣向荣,除了这一年全国纪念徐霞客诞辰400周年筹委会举行的影响外,其他还有许多因素促成的。首先当然是由于徐霞客的献身科学、尊重实践的精神和《游记》本身的价值。除此以外,丁文江先生在20年代末期的创导,浙江大学于40年代初期举行的徐霞客逝世300周年纪念和以竺可桢为首的许多著名学者所撰写的纪念刊的出版。侯仁之教授于60年代初期在《人民日报》的几次号召和亲自到徐霞客故乡的访问。谭其骧教授于70年代慷慨地献出他收藏的《游记》佳本,这就是现在我们看到的上海古籍出版社和云南人民出版社出版的两种《游记》的底本。所有这些,都为这一时期"徐学"研究的发展在学术上奠定了基础。另外,最近几年来"徐学"研究的发展,也要归功于党和国家的一些热心的领导人物的奔走和倡导。例如中顾委的于光远,交通部的潘淇和江苏省的汪海粟等,都是厥功卓著的。还有一些学术团体的领导,如中国地理学会秘书长瞿宁淑高级工程师,为组织几次会议而奔走四方,花了大量精力。此外如广西社科院、地质部桂林岩溶研究所以及无锡、江阴二市的党政领导和学术团体,也都为了介绍徐霞客事迹,宣传徐霞客精神、组织徐霞客研究等工作而作出了贡献。由此可见,一门学问的建立和发展,除了学术界的力量以外,还必须争取学术界以外的各方人士的共同努力,才能获得更大的效果。

现在看来,在"徐学"研究的力量薄弱、研究成果较少的时候,我们的工作偏重于普及和推广,并不十分讲究研究方法,也不很注意各有关学科的分工和合作,对于研究成果的要求,则偏重于数量。时至今日,由于"徐学"研究的迅速发展,"徐学"作为一种专门的学问,已经逐渐从初级阶段向成熟的方向发展,因此,今后的"徐学"研究,无论在方法、成果和研究队伍的组织上,都应该比以前有较大的提高。我们绝不低估以前的研究,这是因为今后的研究,是建立在以往研究的基础上的。但是假使我们满足于现状,而不在研究方法、研究成果质量和研究队伍的组织等方面加以改进和提高,则

"徐学"研究的继续发展,将会是很困难的。

从研究方法来说,前一阶段的研究,主要是围着《游记》转。由于《游记》长期缺佚,没有佳本,一旦得到比较满意的版本以后,这种现象或许是难免的。可以举一个例子,这几年来,流行一种可以简单名之为"走徐霞客走过的路"的研究方法,其实就是按徐霞客在300多年前的旅行路线踏勘一遍。当然,这种踏勘,如能准备周到,目的明确,也能得到较大的收获,周宁霞编辑的几次西南之行即是其例。所以在"徐学"研究的最初阶段,我并不反对这种方法。但是长此以往却并非良法,特别是对于那种考察者缺乏专业知识,考察目的不明、准备不周的尝试。例如在浙江,徐霞客到过天台山和雁荡山,有人单单带了一部《游记》就用这种"走徐霞客走过的路"的方法去尝试考察。连这个地区的一张大比例尺的地形图和大比例尺的地质图也不随带,或者说连读地形图和地质图的知识也不曾具备。譬如说《游记》在天台山写到"短松",但考察者却毫无植物分类学知识,连马尾松(Pinus messoniana)和黄山松(Pinus taiwanensis)也区别不出来。又如《游记》在雁荡山记载了许多岩石,但考察者却根本不懂岩石学,连凝灰岩和砂岩也不知道怎样分辩。这样地"走徐霞客走过的路",耗费了许多人力物力,但其收获不过是用《游记》对照了一下当年徐霞客的跋涉途径和歇宿地点,然后得到一点体会。"《游记》记得多认真详细哟!"、"至今历历如在哟"! 这样的"走徐霞客走过的路",今后实在不宜推广。当然,专业性的考察队和具有明确目的的专题考察又当别论。

从研究的成果来说,如前面所统计的,前一时期的各种成果虽然有264种之多,但是应该看到,这中间,具有深远影响的重要成果是并不很多的。可以列举的是:丁文江在1928年发表的《徐霞客先生年谱》(商务印书馆),浙江大学纪念徐霞客逝世300周年的纪念刊《地理学家徐霞客》(商务印书馆),其中载有著名学者竺可桢、叶良辅、方豪、任美锷、黄秉维、谭其骧等的文章。此后就是两种《游记》,一种是褚绍唐、吴应寿、周宁霞整理的《徐霞客游记》(上海古籍出版社),另一种是朱惠荣校注的《徐霞客游记校注》(云南人民出版社)。最后是今年无锡会议上交流的3种论文集,即《徐霞客研究文集》(江苏教育出版社)、《纪念徐霞客文集》(广西人民出版社)、《纪念徐霞客诞辰四百周年文集》(中国科协、中国地理学会等)和上述唐锡仁、杨文衡合撰的《徐霞客及其游记研究》(中国社会科学出版社)。这一时期,在国外也出版了一些有关"徐学"研究的专著,例如美国密西根大学教授李祁所节译的《徐霞客游记》(*The Travel Diaries of Hsu Hsia-ko*),于1974年在香港中文大学出版,卷首有李祁作为序言的论文《中国的自然之爱》(*The Chinese Love of Nature*),卷末有密西根大学教授张春树所作的详细附录。此外绝大部分是通俗性的一般文章和科普小册子。当然,在一门学问形成的初期,不可能要求许多人都从事深入的高级研究,何况这些通俗性的成果,对于推广"徐学"知识和宣传徐霞客精神方面,也能起很大作用。但是今后当然希望在成果的质量上有较大的提高,希望与"徐学"有关的各门学科,都能提出他们各自的"徐学"研究成果,发表高质量的论文,出版高质量的专著,促使"徐学"研究的繁荣发展。

从"徐学"研究的队伍来说,的确,最近几年来有了明显的扩大。但是,与"徐学",所包罗的内容相比,我们现在从事这方面的研究者,力量还是比较薄弱的。"徐学"是一门内容广泛的学问,它既涉及自然科学,也涉及人文科学,诸如地理学、地质学、地名学、民族学、科学史、文学等,都与"徐学"研究有密切关系。其中尤其是地理学,"徐学"领域内所涉的地理学分支,包括地貌学、气候学、物候学、历史地理学、河流水文地理学、民族地理学、方言地理学、旅游地理学等等。但这几年来,从事"徐学"研究的,主要是历史地理学家和岩溶地貌学家,此外就是少数科学史学家,其他有关"徐学"的科学工作者,参与这种研究的,为数还不多。所以有必要继续争取有关学科的加入,以扩大"徐学"研究的阵地。有关各学科的研究工作者,除了各自作纵深的研究外,还必须重视各学科间的横向联系。为了把有关"徐学"各学科的研究工作者组织起来,随着今年全国纪念徐霞客诞辰400周年活动的结束,应该及时地组织全国性的徐霞客学会或研究会,以免在这几年积蓄起来的研究力量因为纪念活动的结束而分散。为了提供"徐学"研究者相互切磋和发表研究成果的园地,则像《徐学研究通讯》和《徐学学报》一类的刊物,有必要在学会或研究会的主持下筹办起来。

此外,从前一时期"徐学"研究的发展来看,在今后的"徐学"研究中,我觉得还有两个比较重要的方面,值得我们的注意:

第一,如上所述,在前一时期的"徐学"研究中,虽然具有影响的重要成果并不很多,但是在宣传徐霞客精神方面,却是成效卓著的,这是"徐学"初期的成功之处,也可以说,"徐学"一开始就为以后建立了一个良好的传统。前面提到,"徐学"所涉及的学科范围甚广,今后,各有关学科都将在自己学科的领域内进行"徐学"研究,岩溶地貌学家的"徐学"研究,与历史地理学家的"徐学"研究,当然大不相同;民族学家的"徐学"研究,与科学史学家的"徐学"研究,也有很大的差别。但是在所有有关"徐学"的学科之间,却有一种共同的语言,这就是徐霞客精神。徐霞客精神是联结在"徐学"领域中各不相同的学科之间的一条强韧的纽带,它赋予"徐学"以无穷的生命力,也是"徐学"今后能获得繁荣发展的重要条件。

徐霞客精神是什么?首先是他热爱大自然,热爱祖国河山的爱国主义精神。徐霞客毕生热衷于旅行,这决不是那种闲情逸致的游山玩水,而是受着对祖国河山的真挚感情的驱使。他曾经说："丈夫当朝碧海而暮苍梧，乃以一隅自服耶？"②这就是他对祖国河山的无比热爱，而从内心深处迸发出来的肺腑之言。美国学者亨利·G·施瓦茨（Henry G. Schwarz）所撰的《徐霞客与他的早年旅行》③一文中，以"中国的自然之爱"一语来描写徐霞客的为人，真是深得要领。前面已经提及的密西根大学教授李祁，在她所节译的《徐霞客游记》的卷首，就采用了施瓦茨的"中国的自然之爱"作为标题。李祁在这篇具有序言性质的论文中，列举了我国历史上不少热爱大自然的著名人物如谢灵运、柳宗元、陶潜、李白等文学家和诗人，而徐霞客无疑是这方面最具有代表性的人物。

由于他对于祖国河山的无比热爱，因而激发了他对祖国大自然的如饥如渴的求知欲。因此，徐霞客精神的另一方面，是他献身科学，尊重实践的精神。吴国华在崇祯十三年为他所写的《圹志铭》中说："霞客尝谓山川面目，多为图经志籍所蒙，故穷九川内外，探奇测幽，至废寝食"。这就是说，他不甘祖国河山的真实面貌受到错误记载的歪曲，而决心要以他自己的亲身考察，来纠正前人记载的错误。于是就不辞劳苦，"穷下上，高而为鸟，险而为猿，下而为鱼，不惮以身命殉"。④这实际上就是他为科学献身的精神。侯仁之教授最近指出："他凭了自己敏锐的观察，逐渐认识到造成各种各样自然地理现象的内在原因，例如他对岩石的性质，流水的侵蚀能力，地下水的作用，地貌塑造的过程，高山上下温度风力的变化对于植物的影响，不同气候区域之间植物群落的差异，他都有合乎科学的解释。"⑤的确，徐霞客在3个多世纪以前，就已经掌握了自然地理学的许多知识，这种知识，他都是通过长期的野外实践而获得的。他的这种不畏艰难，投身实践的精神，在今天，不仅是地理工作者的榜样，也是一切科学工作者的榜样。

上述徐霞客的爱国主义精神和献身科学、尊重实践的精神，在前一时期"徐学"研究的成果中受到普遍的重视。有些论文如侯仁之教授在《社会科学战线》发表的《徐霞客和徐霞客游记》、⑥和在《地理学报》发表的《纪念作为时代先驱的地理学家徐霞客》⑦等，在这方面并有较为深刻的阐述。对于这种"徐学"研究中的良好传统，今后应该继续保持下去。

第二，以上说的是前一时期"徐学"研究中值得肯定的优点。但是，前一时期的"徐学"研究，却也存在着一种在今后必须防止的倾向。这就是，对于徐霞客生平事迹的正确阐述和对他在科学上的贡献的恰如其分的评价。在历史上，对于徐霞客的生平事迹，主要是他的旅游经历，曾经有过一些十分错误甚至荒诞不经的记载。这类记载，主要导源于明末人吴国华的《圹志铭》，陈函辉的《徐霞客墓志铭》和钱谦益的《徐霞客传》3篇文章。吴文说；"最奇者，晚年流沙一行，登昆仑天柱，参西番法宝，往来鸡足山中，单装徒步，行十万余里，因得探江河发源，寻三大龙脉。"陈文说得更虚无飘渺，他说："由鸡足山西出石门关数千里，至昆仑，穷星宿海，登半山，风吹衣欲堕，望见外方黄金宝塔，又数千里遥矣。"而且为了使他的这番奇谈怪论让人们信以为真，他居然采用了这样的方法，他说："霞客于峨嵋山前，作一札寄予。其出外番界地，又有书贻钱牧斋宗伯，并托致予。"陈函辉所说的钱牧斋，就是明末清初颇有文名的钱谦益，钱文竟说："再登峨嵋，北抵岷山，极于松潘。"真是信口开河。而且为了证实他们所虚构的徐氏西北之行，钱在文中竟拿徐霞客与玄奘相比："《西域志》称沙河阻远，望人马积骨为标识，鬼魅热风，无得免者。玄奘法师，受诸魔折，具载本传。霞客信宿往返，如适莽苍"。在钱谦益笔下，徐霞客竟成了一个法力无边的神人。尽管潘来在康熙年代为《游记》作序时，已经明确指出："余求得其书，知出玉门关，上昆仑，穷星宿海诸事皆无之，足迹至鸡足山而止。"[⑧]但是，到了乾隆年代，很有权威的《四库提要》，却轻信了明末人的荒唐议论，在《史部·地理类四》中说："又由终南山背走峨嵋，复出石门关数千里，穷星宿海而还。"《四库提要》的以讹传讹，造成了后世的很大混乱，直到40年代，方树梅的《大错遗文霞客自滇归年之贡献》[⑨]一文中，竟言《潘来序》之误，他说，"《潘来序》驳《钱谦益传》之误，遂并记上昆仑、穷星宿海诸事，而亦不之信，殆亦武断"。他在重复了诸如"登昆仑天柱"、"参西番法宝"，"风吹衣欲堕，望见外方黄金宝塔"，"策杖西域参大宝法王"等等以后作出结论："似不可不信"。足见直到四十年代，竟还有把《徐霞客游记》这样一部征实派的地理书，和《山海经》、《穆天子传》、《淮南子·地形训》等幻想派地理书混为一谈的思想，[⑩]真是令人诧异。现在，相信徐霞客和周穆王一样地"登昆仑天柱"的人，或许已经很少，但直到最近，对于他是否有峨嵋山之行，却仍然存在争论。这一类问题事关"徐学"研究的健康发展，有必要加以澄清，使之不要再影响今后的"徐学"研究。

　　另外，对于徐霞客及其《游记》对地理学和其他学科的贡献，我们也必须实事求是地给予恰如其分的评价，既不应缩小，也不宜夸大。我在1983年的筹委会中，听到有人发言，说徐霞客对于长江江源的发现，贡献如何伟大。而在这几年发表的文章中，也有援引《江源考》用以说明徐霞客对江源的发现的。关于徐霞客发现江源一事，首先是丁文江提出来的。丁氏认为徐霞客在地理上的重大发现有5项：即南、北盘江之源流；澜沧江、潞江之出路；枯柯河之出路及碧溪江之上流；大盈、龙川、大金沙江三江之分合经流；江流。对此，谭其骧教授在40多年前已经撰有《论丁文江所谓徐霞客地理上之重要发现》[⑪]一文加以辨正。谭文提到："自余考之中，惟最不重要之第三项（按指枯柯河之出路及碧溪江之上流），诚足以匡正前人，已引见上文，其余四项，皆断乎绝无'发见'之可言。"至于江源问题，我在拙著《水经江水注研究》[⑫]一文中，也曾经详加阐明,早在《山海经·海内经》之中,已经知道了今金沙江(绳水)的所在。此后,从《汉书·地理志》到《水经注》,江源情况就有更进一步的明确。但由于《禹贡》说过"岷山导江"的话,后人不敢与作为经书的《禹贡》相抗衡,所以对此多避而不言,这也就是谭其骧文中所说的:"霞客所知,前人无不知之,然而前人终无以金沙为江源者,以岷山导江为圣经之文,不敢轻言改易耳。霞客以真理驳圣经,敢云前人所不敢言,其正名之功诚有足多,若云发见,则不知其可。"

其实,谭氏所谓"霞客以真理驳圣经"的话,也是从当时的历史条件出发而对徐霞客所作的揄扬之词。因为在这个问题上,徐霞客实际上也是避开了触及《禹贡》的错误的。不妨抄录他所撰的《江源考》中的一段:

> 其实,岷之入江,与渭之入河,皆中国之支流,而岷江为舟楫所通,金沙江盘折蛮僚谷峒间,水陆俱莫能溯。既不悉其孰远孰近,第见《禹贡》'岷山导江'之文,遂以江源归之,而不知禹之导,乃其为害中国之始,非其滥觞发脉之始也。导河自积石,而河源不始于积石;导江自岷山,而江源亦不出于岷山。

从上文可见,徐霞客虽然指出了岷山不是江源,但他并不说经书"错了"。而只是利用了在当时已经相对清楚的黄河河源的例子,把"导河积石",而河实非始于积石的典故引用于"岷山导江"之中。用以反证江源亦非始于岷山。而对夏禹跑到积石去"导河"和跑到"岷山"去"导江"等今天再也没有人信以为真的传说,他并无任何异议。因此,从另一种角度说,他还是尊重经书的。不过在徐霞客那个时代,我们不能对他作脱离实际的要求,所以谭氏说他"以真理驳圣经"的话,也不算过分。但对于他在这方面的贡献的评价,如谭氏所说,其功属于"正名",绝非"发见"。

上面所举的关于江源的例子,是为了说明我们应该怎样对他的贡献作出恰如其分的评价。其实,在现存的近70万字的《游记》中,错误的东西也是难免的。古人为时代所限,出错也不足为怪。在今后的"徐学"研究中,对于这方面,我们既不应曲护,也不宜回避。我在拙著《郦道元与水经注》[13]一书中,专门列入了《水经注的错误和学者对它的批评》这样一个专章。为了这个专章,我在该书序言中,特别作了一段说明:

> 郦道元是一个一千四百多年以前的古人,《水经注》是一部一千四百多年以前的古书,都存在着这样那样的缺点。用怎样的观点去看待这样的人物和著作,还在于今人。为此,我特地把《水经注》记载的错误和历来学者对它的批评,同样列为本书的专章,供读者参考。尽管这些缺点和错误决不会遮掩这部历史名著的光彩,但是让读者了解这部名著的美中不足,必将提高我们阅读和利用此书的能力。历史是早已写好了的,我们没有可能去改造古人和古书,我们的唯一途径,是把古人和古书中值得我们学习的东西继承下来。

　　我认为,对于"郦学"是这样,对于"徐学"也是这样。这样的态度,有利于今后"徐学"研究的发展。

注释:

① 《陈桥驿教授的开幕词》(载《西北史地》1986 年第 4 期,按指当年在兰州举行的国际历史地理学术讨论会);"对于丝绸之路的研究,这是许多门学科的共同成就,它可以单独形成一门'丝路学'的学问,这门学问,有远大的发展前途。"

② (明)陈函辉《徐霞客墓志铭》。

③ Bellingham, Washington:Program in East Asian Studies, Western Washington State College, Occasional Paper No. 3, 1971。

④ (明)吴国华《圹志铭》。

⑤ 侯仁之《献身科学尊重实践——纪念徐霞客诞生四百周年》,载《光明日报》1987 年 12 月 9 日。

⑥ 《社会科学战线》1980 年第 1 期。

⑦ 《地理学报》1982 年第 3 期。

⑧ 潘耒《徐霞客游记序》载《遂初堂集》卷七。

⑨ 方树梅《大错遗文霞客自滇归年之贡献》,载《地理学家徐霞客》,国立浙江大学史地研究所编辑,商务印书馆 1948 年版。

⑩ 顾颉刚《禹贡注释》(载《中国古代地理名著选读》,科学出版社 1959 年版):"我们古代的地理学书,《山海经》开了幻想的一派,后来衍化为《穆天子传》、《淮南子地形》、《神异经》、《十洲记》、《博物志》等书;……《禹贡篇》开了征实的一派,后来班固作《汉书·地理志》,郦道元作《水经注》。"

⑪ 载《地理学家徐霞客》,商务印书馆 1948 年版。

⑫ 载拙著《水经注研究二集》,山西人民出版社 1987 年版。

⑬ 载拙著《郦道元与〈水经注〉》,上海人民出版社 1987 年版。

原载《浙江学刊》1988 年第 2 期

日本学者的中国历史地理研究[*]

  日本学者在中国历史地理这个领域中,曾经做了大量工作,获得了丰硕的成果,这是中国历史地理学界众所共见的事实。为了研究日本学者在这方面的丰富经验、卓越成绩和今后动向,进一步加强两国学者的联系和探索今后在这个领域中互相合作的可能性,我乘日本学术振兴会邀请访日的机会,在这个课题上作了较多的工作。为了了解情况和搜集资料,我特地访问了京都大学人文科学研究所和该校的历史、地理各系,东京大学东洋文化研究所和历史系,关西大学历史、地理各系,奈良女子大学地理系,广岛大学历史、地理各系和广岛女子大学地理系等单位,与这些学校的学者们谈话,并且利用了他们所搜集的资料。此外并访问了收藏中国历史地理资料最丰富的图书馆,如东京国会图书馆、内阁文库、东洋文库和东京大学图书馆等。由于我的工作基地在大阪大学,我还尽可能地利用了这个学校的教授、专家所收藏的图书资料。承蒙所有上述单位和学者的热情接待和支持,这是我首先应该提出并向他们致谢的。

  日本和中国是一衣带水的近邻,两国之间在历史上长期来交往密切,有共同的文字基础和社会习俗。日本学术界素来有重视汉学研究的传统,拥有一批杰出的汉学家

  * 本文初稿是作者 1985 年春季访日期间写成的,感谢大阪大学,为我在该校提供了一间让我单独使用的、设备良好的舒适办公室,为我的研究工作创造了有利条件。特别要感谢该校文学部的斯波义信教授,为我写作此文提供了大量资料,并且陪同我访问了许多学校和学者,解决了我的不少疑难问题。文学部东洋史助教兼国际交流会馆主事松田孝一先生,也在各方面对我的研究工作有所帮助,谨在此一并志谢。

和长期积累的图书资料、研究成果等等,这是日本学者从事中国历史地理研究的良好基础和优越条件。顺便指出,本文所着重讨论的,是日本学者在中国历史地理研究方面的现状,因此,文内引述的资料以第二次世界大战以后为主。当然,现状研究不能离开历史,所以讨论中必然也牵涉到一些历史资料。

　　日本学者的中国历史地理研究,涉及历史地理学的各个方面,范围甚广,但主要的是历史人文地理学的一些分支,其中特别是对于中国历史城市地理和历史农田水利的研究。在这两个分支中,日本拥有许多有成就的学者和优秀的成果。

　　历史城市地理研究或许是日本学者在中国历史地理研究中成果最多和最富于创造性的部门。从50年代以来,在这方面已经出版了许多专著,发表了大量论文。限于篇幅,我在这里只能举若干例子。在专著方面,东京女子大学教授山根幸夫所著的《中国中世纪的城市》①(东京学生社1982年版),是一部有内容、有观点、资料丰富、论证精辟的著作。除了开宗明义的一个引言外,著者在第二节《中国城市的沿革》中,把中国历史上城市的发展归结为:政治中心地、工商业中心地、交通要地、宗教圣地、军事据点5类,他认为,先秦的城市都是政治中心,正方形或长方形的城墙,即是这种城市的特征。此后作为首都的长安和洛阳以及郡、县等地方政权所在的城市,也都是政治城市。唐朝的长安,人口发展到百万,是当时世界上最大的政治城市。著者认为中国古代的城市,具有非生产性的共同特点,但也有特殊的例外,那就是南海贸易据点的广州和大运河的交通要冲扬州。

　　著者论述的主题,从此书第三节《中世纪前期的城市》开始。所谓中世纪前期,指的是唐末、五代和两宋,他根据《东京梦华录》和《清明上河图》等许多资料,研究了北宋首都开封;又根据《梦粱录》和《武林纪事》等许多资料,研究了南宋首都杭州。发现这两个城市,与以前的首都城市相比,已经发生了重大的变化,这中间包括严格的营业控制的解除,市制坊制的崩溃和瓦市的出现,市民自由,城市夜禁弛缓,开封和杭州在当时都出现了不夜城的情况。当然,从理论上来说,山根幸夫对开封和杭州的阐述,绝不是他的一种创见。美国学者,斯坦福大学教授施坚雅(G. William Skinner)在其主编的《中华帝国晚期的城市》(*The City in Late Imperial China*)一书中,②把从唐代末叶开始的这种变化,称为"中世纪城市革命"。他并且分析了这种市场与城市化的革命,表现为5种现象:一、放松了每县一市,市须设在县城的规定;二、官市组织衰替,终至瓦解;三、坊市制度消灭,而代之以多得多的街道规划,可以在城内或四郊各处进行交易买卖;四、某些城市迅速扩大,城郊商业区蓬勃发展;五、出现了具有重要经济意义的大批中小城镇。因此,就中世纪中国城市发展变化的理论来说,施坚雅的贡献无疑是值得推崇的。但是也应该看到,山根幸夫在本书中所广泛进行的资料分析,对施坚雅理论的进一步充实,显然也带来好处。

在著者讨论的最后一节第四节《中世纪后期的城市》中,着重论证了元、明以后,除了政治城市以外工商城市的出现。这是由于嘉靖、万历以来农业生产力迅速上升和手工业发达所引起的。随着大量棉花、布、绸缎、粮食等的流通于市场,城市经济获得了大幅度的发展。著者把南京作为这一时期中国中部的经济城市的代表,他引用了北京历史博物馆收藏的《南都繁会图卷》以及清陈作霖《炳烛裹谈》、正德《江宁县志》、何良俊《四友斋业说摘钞》等文献,其中特别是《南都繁会图卷》所列载的南京的各式各样的店铺,以及那种"东西两洋货物俱全"的招牌。他并且考定,同乡会馆的这种基尔特组织,当时已经在南京流行。

另一种可以作为例子的专著是早稻田大学教授古贺登的《汉长安城及其阡陌、县乡亭里制度》(东京雄山阁1980年版),此书考证汉代长安城的规模、布局及一切城市制度十分详细。例如书内第三节专门探讨汉长安城的城墙规模和城市布局。著者引用了《汉旧仪》、《三辅黄图》等6种资料,然后与现代实测结果相印证,考定了比较确实的数字。此外并且详细考证了长安九市、八街、九陌、九逵、十二城门的结构布局。通过这些考证,著者最后绘制出一幅汉长安城的城市规划推测图。由于有大量的考证作为基础,因此,此图绘制得相当细致完备。

此外,在日本出版的历史城市地理专著还有很多,内容多偏重于中国的六大古都,不再一一列举。较专著更为普遍的是发表在各种期刊和文集上的论文。除了六大古都的讨论仍然居于重要地位外,并且还涉及了其他许多次要的古代城市。例如大阪大学教授斯波义信的《宁波及其腹地》,[③]著者在占有大量资料的基础上,把这个港口城市历史上的农业和农田水利、手工业、商业和对外贸易等,进行细致的讨论和分析,再联系到与宁波发生经济联系的整个腹地,从而阐明这个城市在历史上的发展规律。施坚雅称赞这篇论文:"斯波关于宁波城市的经济描述,在现有叙述传统中国城市的英语著作中,很可能是最完备的一种了。"[④]我在拙著《评〈中华帝国晚期的城市〉》一文中,补充了施坚雅的话:"在我所读到的有关宁波城市研究的中文著作中,像斯波这样的论文,实在也是凤毛麟角。"[⑤]京都大学人文科学研究所教授梅原郁的《宋代的地方城市》一文,[⑥]著者选择了太湖沿岸的若干集镇如平望、黎里、震泽、南浔、双林、菱湖等,这些集镇都是在富庶的太湖流域的农业基础上发展起来的、以农产品交易为主的地方性的集镇。著者对这些集镇的描述和分析,不仅细致深入,而且也阐明了这些集镇的历史背景与地理背景。梅原郁的研究在拓宽日本学术界对中国历史城市研究的领域方面是具有意义的。在他以后,中国中小城市的历史地理研究,在日本学者之中得到了进一步的发展。福井大学副教授林和生的《中国近世地方都市的发展——太湖流域乌青镇的概况》一文即是其例。[⑦]这篇论文资料丰富,论证详细,可以说是梅原郁的论文在 20 年以后所结出的丰硕果实。

用论文集或期刊专辑的形式,把同行学者研究中国历史城市地理的成果集中发表,这是学者之间切磋琢磨,相互学习的有效方法,在日本学术界的中国历史地理研究中已经成为一种极好的传统。这类论文集很多,这中间,特别值得提出的是梅原郁主编的大型论文集《中国近世的城市与文化》。[⑧]这部 500 多页并包括另函封装的 7 幅详细地图的巨著,收入了 15 篇论文,其中属于历史城市地理的有 9 篇,范围包括杭州、扬州、苏州、上海和北京。根据主编在序言中的说明,知道这是京都大学人文科学研究所于 1978 年—1983 年的 5 年之中,每周定期举行的共同研究项目《中国近世的城市与文化》的研究报告中的一部分。15 篇论文的著者,分别属于十几所大学,说明这是一项全国性的中国历史城市研究项目,其中有关历史城市地理的 9 篇论文都很精彩,说明他们在 5 年时间中所研究的这个课题是相当成功的。

在期刊中安排中国历史城市研究专辑的形式,可以用《历史教育》的两个专辑作为例子。一个是 1957 年第 5 卷第 7 期的《中世纪城市特集》,另一个是 1966 年第 14 卷第 12 期的《中国城市特集》。前者包括日比野丈夫的《宋代城市生活的一面》,曾我部静雄的《南宋的城市》,青木富太郎的《元之大都》等论文;后者包括伊藤道治的《殷周时代的城市》,佐藤武敏的《汉代的城市》,服部克彦的《北魏的洛阳》,平冈武夫的《唐之长安》,梅原郁的《宋代的地方城市》,爱宕松男的《元之大都》等论文。所有这些论文,都具有较高的质量。

日本学者的中国历史城市地理研究,在不少场合中,并不一定以历史地理著作的形式发表他们的研究成果,而是发表在其他一些著作之中。这中间,广岛女子大学校长今堀诚二教授的巨著《中国封建社会的构造》一书就是很好的例子。[⑨]今堀是一位著名的中国问题专家,但他研究的主要方面是中国社会问题,并非历史城市地理。正是由于他的研究课题必须了解城市,促使他做了许多近世中国城市结构的调查工作。在上述这本近 900 页的巨著中,他发表了他精心调查研究的不少内蒙和华北的城市资料,特别是这些城市从清代以来的发展概况。在他所调查研究的城市中,较大城市有包头和张家口,县级城市有丰镇、托克托、萨拉齐等,集镇有河口镇、南海子、毕克齐、察素齐、可可以力更(今武川县)等,每个城镇都详细地叙述了它们的历史沿革、工商业和交通、城镇的社会结构等等,并且都附有一幅比较详细的地图。在日本,像今堀一类的著作是不少的,它既是中国历史城市的研究,也是中国历史城市研究成果的应用。

总的说来,日本学者在中国历史城市地理的研究方面是成绩卓著而成果丰富的。正如爱知县立大学副教授秋山元秀所指出的:"关于中国城市的研究,在我们日本也绝不会少。……对于明清时代的社会史以及城市民众的活动和城乡关系的方面的研究兴趣有了加深,并且确实做出了成绩。"[10]秋山只举了斯波义信一个人的例子,在近年来的《亚洲史研究》和《亚洲史论》这两种期刊中,斯波一人提出的有关中国历史城市研究的论文达10篇之多。在同一时期中,恐怕中国的学者也举不出这样的例子。则日本学者在中国历史地理研究中的勤勉努力,于此可见一斑了。

关于日本学者在中国历史城市研究中所使用的方法,秋山元秀指出:"日本的许多研究,是所谓中国学,或者更一般地说,是人文学性的历史叙述。"[11]秋山是在评论施坚雅的《中华帝国晚期的城市》一书时提出他的这种看法的,他推崇施坚雅在中国历史城市研究中所采用的方法。他说:"他(按指施坚雅)一直运用社会学、经济学特别是地理学等所发展的理论,来进行中国城市的研究,对我们所疏忽并且不知所措的问题作出了明确的结论。"[12]秋山把日本学者的这种"人文学性的历史记述"的研究方法称为"中国学"。说明这种研究方法起源于中国,这是不错的,实际上,这就是旧汉学的考证方法。秋山的说法并非没有根据,因为在第二次世界大战以前,日本学者对中国历史城市的研究,这种所谓"中国学"的倾向是非常明显的。第二次世界大战后,这种影响也仍然存在。但是必须指出的是,近年以来,日本学者对中国历史城市的研究,已经出现了新的动态,秋山所指出的社会学、经济学和地理学等理论,在中国历史城市研究中,开始起了重要的作用。也正因如此,日本学术界已经出现了一些不同于往昔的崭新的研究成果。这中间,斯波义信的《宋都杭州的城市生态》一文是一个值得重视的例子。[13]该文不仅是大量地占有杭州城市的历史资料,而且运用现代城市生态学和区划原理,对杭州城市的历史资料作了仔细深入的分析,考证虽然很多,但却绝无烦琐之感,最后把这个南宋的首都划分为官绅区、军营区、补给区,经济中心区等区域,并且进一步从这个城市所表现的现实主义的城市规划,论证了中世纪的城市革命。文章不仅使人信服,并给人以一种新鲜的感受。同样,秋山元秀的《上海县的成立——江南历史地志的一页》一文,[14]也已经在中国历史城市地理的研究中跳出了"人文学性的历史描述"的圈子。上海是中国现代的最大城市,但是从历史地理学的角度研究上海,在日本学术界却绝非多见。其中重要的原因之一是,要论证这样一个晚近崛起的城市,自然地理资料多于历史的资料,而在日本的著名历史地理学家中,绝大部分是历史学家。秋山却是一位地理学家,他具有讨论这个城市形成发展过程中必不可少的历史自然地理学的素养。事实正是如此,他在该文中除了大量的人文地理学考证以外,并且还有许多自然地理学的考证。他运用了冈(堽)身的资料,[15]详细地论证了这个地区从古地理时期到历史地理时期的海岸变迁,并以说服力很强的地图来证实他的论点。对于上海兴起以前的重要港埠集镇青龙镇,他甚至用了1/25000的大比例尺地图,以阐明上海兴起以前这个地区的发展过程。著者在这项研究中所作的这些努力,都增强了这篇论文的理论意义和实用价值。

近年以来,在日本发表的有关中国历史城市研究的论文之中,像上述斯波和秋山的文章有了显著的增加,这是一种值得重视的和令人兴奋的发展趋向。

对中国历史时期的农田水利的研究,实际上是历史河流、水文地理的一部分,近年来已经成为日本历史地理学者的另一个研究重点。许多专著和大量论文先后出版和发表,形成一个明显的热门。关于这方面的专著,往往属于水利史一类,其中特别值得推介的是筑波大学教授长濑守所著的《宋元水利史研究》(国书刊行会 1983 年版)。在日本近年来陆续出版的许多中国水利史专著中,我之所以特别推崇此书,乃是因为此书是一本历史地理著作。在洋洋 700 多页的著述中,讨论了宋、元两代中国南北各地的水利建设的发展,既有大量史料的考证,但是也没有脱离对各地地理环境的评价。以第一编第二章《宋元时代江南三角洲的水利与农业技术的发展》为例,在这一章里,著者引证资料,讨论了江南和淮河以北在农业自然条件上的差异。从降水和土壤差异,论证了淮河以北的畑作(麦作)与南方稻作的自然基础,解释了 900 毫米雨量线大致就是农业上小麦地带与水稻地带分界线的道理,这条分界线与土壤的差异,即石灰质土壤与铁礬质土地的区别方面也同样有关,从而使界线南北在生态系统上产生了重大的影响。在此,著者附入了降水和土壤分布图各一幅,并另加一幅河流简图,用以印证他的论断。著者并利用地名学概念,指出此线以南,河川称"江";此线以北,河川称"河"。从而进一步论证南北河流在地形与水文上的差异。

长濑守的著作在这一时期的其他同类著作中无疑是杰出的。我们可以在这类专著中随手选出一本广岛文理科大学教授吉冈义信的著作《宋代黄河史研究》(东京御茶水书房 1978 年版)相对比。这部 400 多页的著作,在史学考证方面也许称得上无懈可击,但是作为黄河史研究的极端重要的地理背景,竟很少有一点比较认真的讨论。从章节题目上是不容易看出问题来的。此书第一章就以《黄河之自然》为题,似乎是讨论黄河的自然环境的。但令人失望的是,这一章的第一节的标题就与自然环境大相径庭,名为《宋代黄河堤防考》,内容全是河堤的史学考证。第二节的标题是《黄河的四季》。从表面看来,很有可能是讨论与四季气候特别是降水相联系的黄河水文问题。但遗憾的是这一节的主要内容是考证黄河的 12 个月的水名。著者把《宋史·河渠志》、《河防通议》、《海录碎事》等书上列载的黄河 12 个月水名加以罗列,比较它们的称谓异同,例如正月的信水,五月的瓜蔓水,七月的豆花水,九月的登高水之类。假使能从这些水名顾名思义,深究它们的来源,联系到各月的气象和水文,这或许也是可取的,但可惜的是著者唯一的工作是罗列和考证。根本没有涉及其他。秋山所说的

"人文学性的历史叙述",这大概就可算一个适当的例子了。

同样,与《宋元水利史研究》相比,大阪市立大学教授森田明的《清代水利史研究》(东京亚纪书房1974年版)也存在着不接触自然环境的缺陷。这样一部560多页的大型著作,在资料上所引的全是中国的古书,包括大量地方志,却全不引中国论述古代农田水利的现代著作。其实,中国着实有不少研究历史上农田水利的现代优秀著作,它们已经把历史上农田水利事业加以总结,有时候,引用几种这样的现代著作,其效果或许是事半功倍的。特别这类现代著作,多半对古代的自然环境有所分析和评价,它们对于不熟悉自然地理的历史学家,可能是很有裨益的。

必须说明的是,我在这里以吉冈义信和森田明的著作为例,只是站在一个地理学者的立场对这类著作求全责备。因为从地理学的角度看问题,历史时期河流水文的变迁以及与之适应的农田水利措施,离开地理环境是无法全面和深入的理解的。但是若从传统的汉学来评价,则他们的著作资料丰富,考证细致,都是可以自圆其说的。而且这两位学者在中国水利史研究这个课题上历时长久,著述宏富,都是日本有名的贡献卓著的学者。

有关中国历史时期农田水利的论著,在日本确实是很多的。在1970年的《中国水利史研究》第4期中,刊载了两种详细的文献目录,一种是吉冈义信和长濑守合编的《中国水利史文献目录稿》(宋、元),另一种是森田明编的《中国水利史文献目录稿》(明、清)。这两个目录中,不仅细载了日本学者的著作,并且也包罗了中国学者的著作,已经十分详细,这里不再赘述了。

顺便提出,在日本的学者之中,某些人专门集中研究中国某一地区的历史农田水利,连续发表一系列著作,取得了显著的成绩,立命馆大学副教授本田治即是其例。他从事浙东地方的历史农田水利的研究,先后发表了《宋元时代的浙东海塘》、[16]《宋元时代的夏盖湖水利》、[17]《宋代婺州的水利开发——以陂塘为中心》、[18]《宋元时代温州平阳县的开发和移民》[19]等论文,资料丰富,论证详细。即使与中国的同行学者相比,本田治也不愧为一位浙东历史农田水利的专家。

在这类区域性的课题上,斯波义信所研究的地域范围相当广阔,但江南地区显然是他注意的重点。他的论文如《江西宜春的李渠(809—1871)》、[20]《长江下游地区的水利系统》等,[21]特别是后者,由于发表在中国的刊物上,所以具有较大的影响。他又钻研这个地区的历史农田水利文献,以这些文献为中心,深入地探讨当地的农田水利事业及其变迁。《关于〈麻溪改坝为桥始末记〉》、[22]《〈湘湖水利志〉与〈入湘湖水利考略〉——浙江萧山县湘湖之水利始末》[23]两文就是这方面的例子。前者,他通过历史文献,考证了浦阳江和麻溪的农田水利;后者,他通过两种历史文献,论证了湘湖的形成和兴废沧桑,内容十分详尽。由于湘湖现在又一次基本湮废,所以此文不仅阐明了历史事实,而且还具有现实意义。

在中国,有关河川水利的历史文献当然很多,但其中最著名的,莫过于《水经注》。此书由于内容丰富,涉及广泛,文字生动,历来中外学者研究者甚多,已经形成了一门"郦学"。在日本,郦学研究的历史相当悠久,日本的著名郦学家森鹿三,遵照他的导师小川琢治(1870—1941)博士的嘱咐,毕生潜心于《水经注》的研究。并从 30 年代开始,在京都大学《东方学报》发表了一系列论文,形成了以他为首的日本郦学研究中心。战后,森鹿三仍以京都大学人文科研究所为基地,致力于郦学研究,从 1964 年 4 月到 1970 年 3 月的 6 年时间里,举办了一个《水经注疏》订补研究班,每周由他主持一次会读,对《河水》、《汝水》、《泗水》、《沂水》、《洙水》、《沔水》、《淮水》、《江水》等篇进行了集体钻研。这个研究班的研究成果,最后在另一位著名学者日比野丈夫和参加研究班的同仁如藤善真澄、日原利国、胜村哲也等的合作下,翻译了《水经注(抄)》一书,于 1974 年由东京平凡社出版,森鹿三在该书卷末写了《水经注解说》一文。这个译本的篇幅虽然不过《水经注》全书的 1/4,但已经算是此书的第一种比较完整的外文译本了。[㉔]对于这个译本的情况,我在拙著《评森鹿三主译〈水经注(抄)〉》一文中已有详细说明,[㉕]这里不再赘述。

森鹿三于 1980 年去世,他的学生如关西大学教授藤善真澄,奈良女子大学教授船越昭生等,仍然继续他的事业,从事郦学研究。船越曾于 1981 年在《地理》第 3 期发表了《森鹿三先生和〈水经注〉研究》一文,[㉖]详细地介绍了森鹿三的生平以及他在郦学研究上的贡献。现在,日本在郦学研究中出现了不少后起之秀以及他们的研究成果。日本文部省教科书调查官山口荣在《中国水利史论集》、[㉗]《中国水利史论丛》[㉘]二书中,发表了前后连续的《关于胡适的〈水经注〉研究》的两篇文章。著者十分熟悉中国历史上郦学研究的概况,他除了详述胡适在《水经注》研究中的经过和成果以外,对近世中国的郦学研究也有所论述。在评论胡适的研究十分重视版本这一点上,他引用拙作中的一句话:"最近,陈桥驿氏在其《论〈水经注〉的版本》一文中指出,……一种能够代表今天水平的郦注新版本,已经成为当务之急。"[㉙]我已经几次呼吁编纂一部新版本《水经注》,[㉚]对此,在我们国内,除了一些朋友们在口头上表示赞同以外,还没看到过文字上的支持,山口荣的论文中提及此事,这是我所看到的我的呼吁在国际郦学界的第一次反应。

在历史地理领域中,日本学者对中国历史文化地理的研究也占有重要地位。对于中国历史时期的文化发展及其地理分布和区域差异等,日本学者一直是比较关注的和深感兴趣的。因而,在这方面有许多著作。仅仅在最近几年中,就有好几部大型著作问世。由东京大学东南亚研究所所长渡部忠世教授和该所副教授樱井由躬雄主编的,有 20 位教授和专家集体撰写的《中国江南的稻作文化》(日本放送出版协会 1984 年版),是一部研究历史上中国江南地区农业文化发展分布的专著。日本学者把这种文化称为稻作文化。全书从刀耕火种的原始农业开始,一直论述到宋、元时代的圩田和明、清时代的农业集约化,最后以这种江南文化对日本的影响作为结论。在全部论述中,对于这种稻作文化发生和发展的基地,即江南地区的地理环境以及生态、土壤等方面,都作了必要的注意。全书并有地图和实地拍摄的照片多幅。由于在 20 几位作者之中,除了历史学家和社会学家以外,还有地貌学、气象气候学、植物学、农业水文学、农业生态学等方面的专家,所以全书中除了历史考证以外,在地理学和生物学等方面也都作了仔细的考虑。所以这是一本内容全面,资料丰富,论证精辟的历史文化地理著作。

东京外国语大学亚非语言研究所教授桥本万太郎主编的《汉民族与中国社会》(东京山川出版社 1983 年版),是一本比较全面的考证和论述汉民族的文化渊源及其发展、分布和传播的历史文化地理著作。主编桥本万太郎和东京大学地理系教授铃木秀夫写了全书的序论《汉字文化圈的形成》。在这篇序论中,他们非常重视地理环境的差异,特别是中国大陆南北的气候差异。他们认为中国文化的南北差异,与地理环境有密切关系。华盛顿大学客座教授冈田英弘撰写本书的第一章《东亚大陆的民族》,论述中国文明即所谓黄河文明的发生和发展。著者详细地描述他认为黄河文明的策源地洛阳盆地的地理环境。以此为中心的中国文化在历史时期中的不断扩大,汉族与四夷的关系以及中、日文化的相互影响。斯波义信教授撰写以后的两章:《社会与经济环境》及《文化的生态环境》,这实际上是对于汉民族文化发展的历史社会背景和地理背景的分析。前者,著者特别重视了城市和市场的发展,因为城市是文化的中心,而市场的分布,是文化传播和扩散的渠道。斯波专门以《施坚雅的中心地阶层》为题,运用施坚雅在《中华帝国晚期的城市》一书中所倡导的方法,绘制了不少地图,用以阐明城市与地方市场网之间的流通关系。后者,著者着重从地理环境分析了生产和居住的条件。由于中国古代的文化实际上是农业文化,所以著者特别论证了平原三角洲和冲积扇在生产和居住上的意义。此书以后各章分别由圣心女子大学教授末道成男,国立民族学博物馆教授竹村卓二和立教大学教授戴国辉执笔。戴国辉在最后一章《中国人的中原与边境》中,论述了汉族文化在黄帝子孙、客家以及海外华侨之中的发展、传播与影响。由于本书的撰写者之中包括了像铃木秀夫这样的地理学家和斯波义信这样的历史地理学家,因此,本书在编撰方法上特别重视地图和照片的运用。全书有地图 60 余幅,照片一百数十幅和其他许多统计图表,使这部 500 多页的专著显得更为精彩。

由日本著名历史学家京都大学教授谷川道雄领导的一项科学研究《中国士大夫阶级和地域社会的关系的综合研究》，是 1980 年—1982 年度日本文部省科学研究费补助金综合研究项目。这个项目由全国 20 位教授专家共同进行，已于 1983 年提出了研究成果报告书。除了谷川所写的总论《中国士大夫阶级与地域社会》以外，整个成果报告的内容共分两大部分，即《士大夫阶级的形成和地域社会的建立》和《君主独裁政治下士大夫阶级与地域社会》，一共包括 15 篇论文，例如京都大学副教授吉川忠夫的《后汉末年荆州的学术》，东北大学副教授的《晋宋革命与雍州（襄阳）的侨民》，京都大学副教授爱宕元的《以唐代江南社会的宗教关系为媒介的士人与地域社会》，名古屋大学教授森正夫的《宋代以后的士大夫与地域社会》等。在中国古代，士大夫阶级是封建文化的代表，士大夫阶级的地域社会的研究，实际上就是不同地区封建文化的分布、发展和变迁的研究。

关西大学教授大庭修于 1984 年出版了一部 600 多页的大型著作《江户时代吸收中国文化的研究》（京都同朋舍版）。全书分本篇与附篇两部分，本篇题为《根据传入书籍的文化吸收》，附篇题为《通过人与船的文化交流》。在本篇中，著者不厌其详地叙述了日本历代、特别是江户时代，中国书籍输入日本的情况。他根据内阁文库所藏的《唐蛮货物帐》和长崎图书馆所藏的《书籍元帐》等资料，查出了从中国苏州、南京、杭州、福建等地刊印的大量书籍的输入，其中仅各省地方志一类，为数就达 200 余种。汉籍输入日本是相当迅速的，例如，《古今图书集成》是一部万卷大书，始印于雍正四年（1726），著者根据《右文故事》卷十三等记载，证实在此书初印以后 10 年，即日本元文元年（1726），已经开始陆续输入日本，到明和元年（1764），日本已拥有全套《图书集成》。像这样大批汉籍的输入，其实就是大量的文化输入，对日本的影响，当然是不言而喻的。在这方面，著者也作了重点的论述。在附篇中，著者根据《唐通事会所日录》、《唐蛮货物帐》以及长崎图书馆所藏的大批信牌（类似今日的护照），详细地调查了江户时从中国去到日本的各类船舶和人物，通过船舶和人物，著者探讨了当时中日两国的文化交流情况。

大庭修的另一著作《江户时代的日中秘话》（东京东方书店 1980 年版）中，也叙述了当时日本接受中国文化的情况，甚至包括清朝的禁书的输入。不少书籍的输入与当时在两国间往来的某些人物有关，因为除了商人、水手等以外，也有一些中国的文人学士随船去日。著者在《长崎实录大成》、《长崎年表举要》等资料上所查到的如杭州人沈燮庵（名丙），龙湖人孙辅斋（名廷国）等均是其例。孙辅斋是岁贡生，而沈燮庵更是一位有才学的儒士，在《长崎名胜图绘》中，就留下了他当年在日本的酬答诗 25 首。

据《有德院实记附录》的记载,沈于享保十六年(1731)第二次去日时,曾带去他所释文订正的《唐律疏义》一部计18册。由此可见,在江户时代,中国文化的传入日本是相当可观的。

上述大庭修的著作,其实也可以列入中日交通史,或者也可说历史中日交通地理的研究方面。只是因为他的论述重点在于文化交流,所以我仍在历史文化地理中介绍。现在就要讨论日本学者在中国历史地理研究中的另一热门课题,即历史中日交通地理。历史时期中日两国之间的交通来往,首先大量存在的当然是商业交流。关于这方面,大庭修无疑是日本学者中最富有成果的研究者。除了上面已经介绍过的专著外,他在这方面还有许多论文,《平户松浦史料博物馆藏"唐船之图"——江户时代来航中国商船的资料》[30]一文即是其例。他在此文中详细地记述了当时中国船舶的各种型号、结构、船员组成、装载货物数量、启椗港口、出航日数和沿途所经等等,资料十分完备。关西大学副教授松浦章近年来专心于这个课题的研究,已经发表了一系列成果,如《乍浦的日本商间屋——日清贸易的牙行》、[32]《杭州织造乌林达莫尔森的长崎之行及其职名——康熙时代日清交涉的一页》、[33]《中国商船的航海日志——咸丰元年(1852)航行长崎的丰利号"日记备查"》、[34]《李朝时代漂入的中国船的资料——显宗八年(1667)明船漂入和〈漂人问答〉》、[35]《从18—19世纪南西诸岛漂入的中国帆船所见的清代航运业一瞥》、[36]《清代的沿岸贸易——帆船商品流通》[37]等等,从这些论文的详尽资料中可以看出著者在这方面的深厚造诣。松浦章的研究甚至还把中日之间的交通引向更为遥远的南洋群岛,他的《明清时代的中国苏禄关系史》[38]一文,就是这方面的例子。

在历史上,中日之间的交通,除了商业往来以外,僧侣往来也居于重要地位,在这方面,近年以来,关西大学教授藤善真澄的研究最富有成效。他的《成寻与〈杨文公谈苑〉》[39]一文,细叙了日本平安朝后三条天皇延久四年(1072),岩仓大云寺寺主成寻于当年3月15日从肥前松浦郡秘密登船,偷渡中国,到翌年6月12日送一批弟子从明州回国的故事。成寻是偷渡来华的,因此,他的船只在今镇海口就被拦阻,不得进入明州。迫使他不得已从古时舟人视为畏途的钱塘江口进入。[40]由于这段航道非航行通道,因此,他在日记上所记载的杭州湾沿岸地名,即在当时的中国文献上也属罕见。通过艰难的航行到达杭州,他才获得宋朝当局的准许,参拜了天台山和五台山,然后循浙东运河从明州入海返国。在这一年多时间中,他按日作记,写成了《参天台五台山记》8卷,北抵山西,南到浙东,详细地记载了北宋熙宁年间的每日沿途见闻。由于成寻粗通汉语,因此,此书是用比较生硬的汉语写作的,对中国来说,它也不失为一种重要的历史地理资料。现在,藤善教授正在整理这8卷记载,并作了许多注释,不久就可出版。此书的出版，必将引起中、日学术界的重视。

此外，藤善的另外一些有关这方面的著作如《成寻携入的彼我典籍——日宋文化交流的一页》、[41]《〈续高僧传·玄奘传〉的成立——关于新发现的兴圣寺本》等，[42]也都对研究历史上中日之间的交通具有价值。最近出版的《空海入唐》（京都美乃美株式会社 1984 年版）一书，卷首有赵朴初所撰序言。全书 6 章，分别由高野山大学教授阿部野龙正、高野山大学校长松长有庆以及宫坂宥胜、宫崎忍胜、藤善真澄、马得志（中国社会科学院考古研究所西安研究室主任）等执笔，最后并附有空海在中国的旅行路线图。这也是一本叙述历史时期中日文化地理和交通地理的重要著作。

另外一位长期从事中日宗教交流研究的小野胜年博士，于 1982 年在京都明文舍印行了他所著的《雪村友梅与画僧愚中》一书，全书分别以《求法僧的往来》、《十四世纪访问长安的日本僧——雪村友梅纪事》、《明初赴长安的画僧愚中和观音大士像》3 个标题，叙述了历史时期通过宗教交流的中日交通实况。小野博士年过 8 旬，早已退休在家，但仍然孜孜不倦，埋头写作。在我这次访日时期，他特地约我在奈良见面，侃侃而谈，精神矍铄，与我讨论了他的写作计划，老当益壮，真是值得钦佩。

日本学者对于目前中国历史地理学界的研究动态也十分关心。秋山元秀曾于1981 年 3 月号的《地理》中发表了《中国历史地理学界的现状》一文，[43]对中国历史地理学的发展过程、主要成果和最近动态叙述得非常详细。1982 年 9 月，中国地理学会与复旦大学在上海举行了中国历史地理第二次学术讨论会，日本学者海野一隆（大阪大学教授）、斯波义信、秋山元秀 3 位应邀参加了会议，在会上宣读了他们的学术论文。[44]会后，秋山在 1983 年 11 月号《地理》中发表了《参加中国历史地理学术讨论会》的报道文章，介绍了会议情况。斯波则在 1983 年的《东洋学报》第 3、4 期写了更为详细的报道文章《第二次中国历史地理学术讨论会》，不仅把会议过程、宣读的重要论文、出席代表动态、会外活动等报道无遗，而且还提出了他自己对会议的评论。日本学者参加学术会议的认真态度和详细记录，确实也值得我们学习。

除了中国历史地理的上述几个分支，日本学者有大量的研究成果以外，其他分支如历史聚落地理、历史农业地理、历史商业地理等等，在日本也都有学者专门研究，并且发表了不少成果。需要指出的是，日本学者在中国历史地理研究中最薄弱的环节是历史自然地理。近年以来，除了关西大学教授、著名地理学家河野通博在 1981 年《史泉》第 56 期发表的《丝绸之路的自然》一文以外，很少看到学术界还有其他这方面的研究。这种情况，可能是由两个原因所造成的，第一，如前面已经提及的，日本的历史地理学研究者，绝大多数都是历史学家，他们具有中国历史的深厚造诣，却缺乏中国自然地理的素养；第二，从中国历史地理学界来说，历史自然地理的研究，也同样是薄弱的环节,直到 1982 年《中国自然地理·历史自然地理》⑮的出版,才算初步弥补了这个缺门。在这以前,日本学者同中国学者一样,很难从中国的出版物中获得中国历史自然地理的资料,这无疑对日本学者在这方面的研究造成不利影响。今后,随着中国历史地理学界对历史自然地理的开始重视,而日本历史地理学界出身于地理系的学者也正在增加,和中国一样,日本历史地理学界在中国历史地理研究中的这一薄弱环节,今后必然会得到加强。

以上是日本学者研究中国历史地理的大概情况。中国历史悠久,幅员广袤,历史地理领域中的研究课题甚多。日本学者由于历史的和地理的原因,对中国历史地理的研究已有长久的传统,并且已经出版和发表了许多优秀的专著和论文。现在,两国历史地理学家相互访问、讲学、共同讨论问题的机会越来越多,两国历史地理刊物也已经互相登载和译载两国学者的著作,今后,两国学者在这门学科中的合作前途是良好的。我完全赞同秋山元秀教授所希望于两国历史地理学者的:"不能单单停留在相互作报告上,有必要相互学习,互相交换成果,相互批评。"⑯愿我们两国历史地理学者,在目前合作的基础上继续前进,互切互磋,共同提高,发展中国历史地理的研究。

注释:

① 此文是中世纪讲座三,《中世纪城市》中的一章。

② 美国斯坦福大学出版社 1977 年版。此书中译本将由天津人民出版社出版。

③ 此文收入于施坚雅主编《中华帝国晚期的城市》,第 391—439 页。

④ 《中华帝国晚期的城市》,第二编导言《中国社会中的城乡》。

⑤ 《杭州大学学报》(社会科学版)1985 年第 1 期。

⑥ 《历史教育》第 14 卷,1966 年第 12 号,日本书院 1960 年版。

⑦ 梅原郁主编《中国近世的城市与文化》,第 419—454 页。

⑧ 京都大学人文科学研究所,1984 年发行。

⑨ 日本学术振兴会,1978 年发行。

⑩⑪⑫ 《施坚雅〈中国王朝时代晚期的城市〉》,《史林》1979 年第 1 期。此文已有汉译,载《杭州大学学报》(社科版)1980 年第 4 期。

⑬ 《都市史诸问题》,《大阪大学文学部共同研究论集》1984 年第 2 辑。

⑭ 《中国近世的城市与文化》第 455—484 页。

⑮ 由于风浪在海滨的泥沙运动中所起的作用,物质的纵向运动和横向运动相结合,在长江口形成与强风浪垂直方向的沙堤,当地人民称为埋身。埋身开始形成于五六千年以前。

⑯ 《中国水利史研究》1979 年第 9 期。

⑰　佐藤博士还历纪念《中国水利史论集》，东京国书刊行会 1981 年版，第 157—178 页。

⑱　《社会经济史学》1975 年第 3 期。

⑲　佐藤博士退官纪念《中国水利史论丛》，东京国书刊行会 1984 年版。

⑳　《东洋史研究》1977 年第 3 期。

㉑　《历史地理》第 3 辑，上海人民出版社 1983 年版，第 139—151 页。

㉒　西岛定生博士还历纪念《东亚史上的国家与农民》，山川出版社 1984 年版，第 327—348 页。

㉓　佐藤博士退官纪念《中国水利史论丛》，第 283—307 页。

㉔　外国学者翻译《水经注》以法国汉学家沙畹（Edouard Chavannes）为最早，他翻译《水经注》卷二《河水》，载于 1905 年法文《通报》。又据美籍学者胡晓铃《书胡适跋芝加哥大学藏的赵一清〈水经注释〉后》（载 1984 年台北艺文印书馆出版，郑德坤、吴天任等辑《水经注研究史料汇编》下），胡晓铃曾于 40 年代在印度国际大学与印度汉学家师觉月博士（Dr. Prabod-dha Chandra Bagchi）合作翻译过《永乐大典》本《水经注》，但今未见当时所译成果。

㉕　《杭州大学学报》（社科版）1981 年第 4 期。

㉖　此文已有汉译，载《历史地理》第 3 辑。

㉗　日本国书刊行会，1981 年版，此文在该书 345—373 页。

㉘　日本国书刊行会，1984 年版，此文在该书 477—502 页。

㉙　佐藤博士还历纪念《中国水利史论集》第 373 页，拙文载《中华文史论丛》1979 年第 3 辑。

㉚　《编纂水经注新版本刍议》，载《古籍论丛》，福建人民出版社 1982 年版，第 229—234 页。

㉛　关西大学《东西学术研究所纪要》1972 年第 5 辑。

㉜　《日本历史》1973 年 10 月号。

㉝　《东方学》1978 年第 55 辑。

㉞　关西大学东西学术研究所《创立三十周年纪念论文集》，1981 年。

㉟　关西大学《东西学术研究所纪要》1982 年第 15 辑。

㊱　关西大学《东西学术研究所纪要》1983 年第 16 辑。

㊲　京都大学人文科学研究所：《明清时代之政治与社会》，1983 年。

㊳　关西大学《文学论集》1980 年第 2 期。

㊴　关西大学东西学术研究所《创立三十周年纪念论文集》，1980 年。此文已有汉译，载《世界宗教研究》1985 年第 2 期。

㊵　（宋）姚宽《西溪丛语》上："海商船舶，畏避沙滩，不由大江，惟泛余姚小江，易舟而浮运河，达于杭越矣。"

㊶　《佛教史研究》1981 年第 1 期。

㊷　《鹰陵史学》1979 年第 5 期。

㊸　此文已有汉译，载《中国史研究动态》1982 年第 10 期。

㊹　海野一隆论文《扬子江与洋子江》，斯波义信论文《长江下游地区的水利系统》，秋山元秀论文《日本的中国历史地理研究》。

㊺　此书为中国科学院组织编著的《中国自然地理》中的一个分册。由若干高等学校和研究所的 20 几位专家、学者共同编著,由谭其骧、史念海、陈桥驿 3 人汇总,修改、定稿,由科学出版社于 1982 年出版。

㊻　《日本的中国历史地理研究》,《中国历史地理学术讨论会会刊》,1982 年。

原载《历史地理》1988 年第 6 辑

Li Daoyuan f l. c. 500. A. D.

From the early part of the third century A. D. to the end of the sixth century China was in political turmoil, though one result of this time of strife and population movement was to induce the transformation of lowland China as an area of agricultural activity. For many centuries fear of the steppe land people from interior Asia had been prevalent and the stronger rulers had guarded against invasion by building defensive walls, broadly marking the boundary between the steppe and the sown, and by actually invading or in other ways gaining control of oases and other populated area of interior Asia. Even so, invaders came into China, leaving behind the nomadic life of interior Asia and adopting sedentary agriculture suited to the Monsoon land in which they settled.

It has been said that in the four centuries of Han rule, of which the dates given are 206 B. C. to 214 A. D. 'the China of the next two millennia was born' for though after the end of the *Han* dynasty China was split into three kingdoms (A. D. 221—265) on a regional basis, with *Wei* in the north having its capital at Loyang, *Shu* in the west with its capital at Chengdu in the Red Basin of Szechwan, and *Wu* in the lower Yangtze valley with the southeast coast and its capital at Nanking, the idea of unity given by the *Han* dynasty remained. During the so-called 'Age of Confusion' there were many warring kingdoms, some of which lasted for only a short time, and the reunification of China was not achieved until the period of the short-lived *Sui* dynasty (589—618) and its successor, the much-revered *Tang* dynasty (618—907), which is credited with resuming and expanding the work of the Han as a government of unity. It is frequently maintained that under the *Tang* in the seventh and the eighth centuries A. D. the historic civilization of China reached its zenith and that China was then the greatest empire of the world, having the largest populated area and——still more significantly——efficient government. Li Daoyuan was not to see the happy ending of the story of the 'Age of Confusion' for there is evidence that he died in 527 A. D. The date of his birth is not known though apparently his official career began in or around the year A. D. 494, at which time he settled in Loyang, the capital of the northern or *Wei* kingdom.

1. EDUCATION, LIFE AND WORK

Li Daoyuan was inevitably associated with the northern *Wei* kingdom, dated 386 – 534 A. D., which was also known as the Toba Wei. The Toba tribe had been active in earlier times around the Xing' anling mountains of north-east China and from this area they moved south-westward and by 386 established their capital at Shengle, Inner Mongolia. In 398 they moved their capital to Pingcheng, in the vicinity of the present Datong, Shanxi, and there they remained for nearly a century to 494, when their move to Loyang brought them definitely to the margins or the North China lowland. Clearly the northern *Wei* kingdom was one of many which in Chinese history have originated in marginal upland and steppe areas, spread to the richer lowlands and in so doing have become sinicized. Some of the more ambitious rulers in such dynasties have dreamt of unlimited conquest, covering the whole of the 'Middle Kingdom' (generally known as China Proper) as well as (in some cases) the marginal steppe lands from which future invaders might appear. Exactly where Li Daoyuan was born is also uncertain, though he is known to have been a native of Zhuzhou, now the Zhu county of Hobei.

The main work of Li Daoyuan is the *Notes on the Book of Waterways*. This was based on a work written by Sang Qin during the period of the *Han* dynasty, *The Book of Waterways*. A clear distinction must be made between the two works, for though Li Daoyuan used the earlier work as a basis he supplemented it by dealing with another thousand waterways to produce a book twenty times as large. In the classic work of Li Daoyuan there are passages which apparently describe the area in which he was born and brought up, probably Liting, also known as Lichen, identified as situated 20 *li* (c. seven miles) to the north of Zhuzhou. Here is an example:

> Further to the east the Juma River receives the waters of the Liting and is joined by those of the Dukang upstread east of Ziyuan··· This location, flanked on the west by the Juchuan River and on the east by the Zhi River is traversed by various waterways that meander through markets and gardens. It is impressive for its rural scenery and also a wonderful place for the enjoyment of leisure days. . .

Lyrical passages in Li's writings appear to confirm the inference that he travelled round with his father and enjoyed the privileged life of an official family, which they had apparently been for several generations. Li's great-grandfather, Li Shao, was a prefect in the Later Yan state which was absorbed in the gradual expansion of the Tobas as their Army pushed southwards; his grandfather, Li Song, was the prefect of Tianshui and his father, even more successful, was prefect-governor of Qingzhou and in time given various titles of nobility. Li Daoyuan in a section called ' Notes on the Juyang River' from the *Notes on the Book of Waterways* describes some of the pleasures of his youth:

> In my childhood I followed my father to Qingzhou. During the summer, tired of idle thought, I would bring my lyre and invite my friends to pass long summer days in amusement. We rowed on the river··· left the boat and wondered in the forest. The song was in harmony with the music of the lyre and we were very happy···we lingered and made merry to our heart's content. A little to the east there was a lake and on its borders one could find delicious bamboo shoots, as fragrant as peonies and as unsoiled as fish in the water. The water of the lake drained northeastwards into the Juyang River, and was known as the Xunye spring.

This somewhat rhapsodic material shows that he had the upbringing of an orthodox scholarly family in official service, fortunately at a time when the *Wei* kingdom was in a vigorous phase. The extract also shows that Li Daoyuan was deeply conscious of scenery, indeed almost passionately so in the case of areas he knew well such as the waterways, woods and farmlands around Liting village and the Xunye spring.

In 494 when Yuan Hong, the Xiaowen emperor of the northern Wei, moved his capital from Pingcheng to Loyang, Li Daoyuan was a member of his retinue, for in his ' Notes on the Yellow River' he describes how he "attended upon his Majesty" in his tour of inspection. Apparently at that time he was an accredited official of modest status, but above the rank of a commoner. According to the *Notes on the Book of Waterways* the party's tour of inspection reached the Yinshan mountains where the Rouran tribe, a branch of the East Hu, were formidable enemies of the Wei. Six garrison posts were established by the *Northern Wei* along a tract that extended from the upper reaches of the (present) Chaopai River to the great bend of the Hwang (Yellow) River.

Yuan Hong, having established himself at Loyang, assembled his Army and moved southwards on a further military expedition but died at Gutangyuan in 499. Li Daoyuan regarded Yuan Hong's death as a disaster for it removed all immediate hope of uniting north and south China. Unfortunately none of his successors were of comparable ability and the decline of the northern Wei began, to be hastened by military disasters and by personal intrigues. Li Daoyuan, who had inherited his father's title of nobility, realized that the prospects of the *Northern Wei* were not good, for on the northern frontier the garrison posts were under constant attack and on the lowland the defeat in the Hwai River-Nanliang battle of 507 was a disaster. There the *Wei* army, attacked with strong fire by the southern army of the *Liang*, were drowned in such numbers that the river Hwai was blocked up with corpses and the remnant of the defeated army was pursued northwards, leaving their dead scattered over the land for some fourteen miles, with another 50,000 captured alive. Clearly the *Northern Wei* kingdom was menaced both on its frontiers and in its heartland. At this difficult time, Li Daoyuan became prefect at Luyang during the reign of Yongping (508 – 511) and prefect governor of East Juigzhou during the reign of Yanchang in 515: the death of Yuan Xu, the emperor, was followed by the regency of the wanton and muddle-headed Empress Dowager Hu from 516. Although Li Daoyuan was in a dangerous situation he continued to found rural schools, convinced that education could improve the life of backward areas. He favored strict government, indeed to such an extent that it was said that 'the barbarous succumb to his overawing prestige, restraining themselves from making invasions'. He was also said to be so strict and rigorous that 'the noble and powerful came to be in dread of him'. In time this led to difficulties with the imperial family, many of whom hated him: finally a plot was made to kill him and in 527 he was sent as an ambassador, to Guanyou, where the prefect governor, Xiao Baoyin, was fomenting a rebellion. Li went to the area and was killed by Xiao Baoyin's army at Yinpan post, near the present Lintong county, along with his brother Daojun, and his two sons.

2. SCIENTIFIC IDEAS AND GEOGRAPHICAL THOUGHT

Of the various works of Li Daoyuan only the *Notes on the Book of Waterways* survives. It is a large work of 300,000 characters, far greater than the short *History of the Wei dynasty* or the *History of the Northern dynasty*. In these two histories mention is made of the *Waterways* book as having forty chapters, while attention was also drawn to Li's thirteen essays of *Ben zhi*, *Qi pin* and other writings then still in circulation, though not for long. Indeed the 'Record of literature' in the history of the *Sui dynasty* shows that all the writing except for the *Notes on the Book of Waterways* was lost soon after Li's death.

Fortunately this one massive work includes a preface, in which the author is refreshingly frank, indeed to such a degree that he emerges as a man of lively quality 1400 years later. He disarmingly says that 'I was not interested in mountains when was young, nor in rivers until I attained my full age'. He was not one of those authors who cherish the hope of writing a book from their earliest years and almost certainly the major part of his literary work was done in his later years. He was realistic about the books inherited from periods before his own and it was this view that led him to write his own and it was this view that led him to write his *Notes on the Book of Waterways*, a work far greater than the earlier *Book of Waterways* as this extract shows:

> The description of mountains and seas in *Da Yu ji* (*Records of Yu the Great*) though detailed, are not complete. The *Di Li Zhi* (*Geographical records*) are brief and lacking in facts. *Shang shu*, *Ben ji* and *Ji fang* are all too sketchy. The treatment of general matters in prose-poems is too brief to convey the full sense. Similarly the *Book of Waterways* provides only a rough arrangement of river systems and there is a lack of connection with related knowledge. Each of the works named represents the intention of its author but hardly manages to provide guidance on the inter-relation between different aspects of knowledge.

Was Li experiencing the problem faced by geographers of any time in relating on the page what he knew to be revealed in the actual landscape? And with this did he feel impelled to meet a known demand for geographical writing? Since the early part of the fourth century there had been a steady enrichment of knowledge in both natural and human geography and possibly Li thought that he could provide a geographical work of better quality than those of an earlier time. Even so, this is probably only a partial judgment.

Through political circumstances Li was never able to visit southern China, including the major part of the Yangtze basin (here for convenience named 'the South'), and as in his day the division of China had lasted for almost two centuries its reintegration to a kingdom comparable with that of the *Han* dynasty seemed unlikely. Li cared very much for the areas he knew from experience, and described them in such works as his 'Notes on the Juma and Juyang rivers' but he was equally eager to describe areas of China he had never seen, such as the Yangtze gorges in 'Notes on the Yangtze river' and the Lingyin mountains in 'Notes on the Jianjiang river'. These skilful descriptions were much appreciated by readers at a time when one result of national disunion was constant wars with their abundant perils such as homelessness and refugee movements. Li became a literary patriot, singing the praises of a China to be blessed in time with peace. He is thought to have derived much of his inspiration from the example of Yuan Hong, whose death in 499 was a tragedy.

Although there has been controversy on the matter, the *Notes on the Book of Waterways* was certainly written during his later years, for internal evidence suggests the decade to 515 and later during the distressing time of the regency of the Empress Hu from 516.

Evidence within the *Notes on the Book of Waterways* shows that Li Daoyuan acquired all possible written data and also conducted field investigations. His published or other known written work is based on data in geography, history, literature, inscriptions on tablets, study of dialects and other evidence: and in the *Notes on the Book of Waterways* there are bibliographical references to 477 items and to 357 tablet inscriptions: in fact, Li's work provides much evidence of sources long since lost. With these sources there is actual field investigation, on which he observes in the preface that 'I composed my work by tracing the inflow and outflow of the tributaries, by exploring places where their courses flow through, and by visiting and seeking creeks and canals'.

Everywhere he went he gathered data on the natural and human geography of the land, though regrettably he was unable to check material for the southern China he was never able to visit.

During his earlier years Li was convinced that the reunification of China would be possible, for the northern court had talented rulers while the southern dynasties were subject to incessant usurpation and political corruption. In 451, when Toba Tao, a ruler of the *North-*

ern Wei dynasty, was on the throne the Army pushed southward to the north bank of the Yangtze, in the district around the present Nanjing and Zhenjiang and a temporary palace was established at Guabu: in 452 Toba Tao called a mass rally of courtiers and officials on the river and did not withdraw his army until the southern dynasty, now overcome and subdued, had called for peace. Yuan Hong's choice of Loyang as the capital in 494 appeared to be a strategic move to a centre which could have become the military, commercial and administrative focus of a united China reminiscent of the one-time Han dynasty. This was not to be, so the vision of Li Daoyuan was a literary dream in the *Notes on the Book of Waterways*. How he accumulated so much data on lands he never saw remains a mystery and a curious survival, appended by Li to his 'Notes on the river Ying', is a treatment of the two governmental 'commanderies' (in effect districts) of Zhuya and Dan'er which together made up Hainan island:

Zhuge and Dan'er, developed at the same time as Jiaozhou prefecture, were established by the Wadi emperor of the Han dynasty. They are located in the sea, far away from the south land opposite the Xumen county of the Hepu commanderies. On windless days there is a dim view of Zhuya prefecture, as small as a granary in the far distance. Crossing from Xumen with the north wind takes a day and a night. The whole area is over 2,000 li (c. 714 miles) in circumference and 800 li (c. 322 miles) in width and has over 100,000 households. The people belong to an alien race, with long disheveled hair and tattooed skin, though the women are mostly fair and light skinned with lovely long tresses. In general the people live with their dogs and sheep and are intractable and hostile to government control.

The extract given above shows that Li Daoyuan was eager to seize any data on the south he never saw and to use it to the best advantage. Wars with the southern dynasties generally lasted for several years and reference has already been made to the heavy defeat of the *Wei* army in 507. But Li was always faithful to his vision of the whole of China as one unity, an ancient motherland whose rivers and mountains, fields and gardens, woodlands and meadows, were moulded into a landscape of great beauty, charm and attraction. In him one may discern an aesthetic patriotism. This was not all, however, for he was concerned with the relation of man and nature, which in China naturally led to the study of waterways, natural, modified or artificial. In the preface to his *Notes on the Book of Waterways* he uses a quotation from *Xuan zhong ji*, 'One element on earth that abounds to excess is water. The air

floats on it; the earth is burdened with it. It is omnipresent high and low and moistens eve-
rything in the world'. Li was an assiduous collector of data on water, ranging from clear sci-
entific observation to the ancient legend of *Yu the Great* who tamed a devastating deluge.
China had abundant records and memories of former times and in 'Notes on the Huzi riv-
er', Li quotes from 'The song of the Huzi' about the Emperor Wudi of the *Han* dynasty:

　　　The Emperor curses the river god

　　　Who pesters us with his continuous flood

Li in his 'Notes on the Kuai river' mentions the military exploits of Zhi Bo, leader of
the allied army of *Han* and *Wei*, who diverted river channels so effectively that the greater
part of Jinyang was submerged.

Impressed with t. his result Zhi Bo commented that 'It didn't occur to me until today
that water has a power that can conquer a country. The Fen (river) could be exploited to
flood Anyi and the Jiang (river) Pingyang'. Possibly Zhi Bo was only discovering what had
long been known by Li and others for there are many ancient records of the use of contrived
inundations to overwhelm cities and towns in war. Zhi Bo went further, for he saw the pos-
sibilities of controlling and exploiting water: this he expressed in an axiom in 'Notes on the
Juma river', 'in the nature of water lies flexibility, which quality we can adapt to our pur-
pose'. There are fascinating suggestions of mythology, magic and military efficiency in
some accounts of water management. In 'Notes on the Yellow river', chapter 2, these e-
merge:

　　　Suo Li, alia Yanyi, a native of Dunhuang, was a man of talent and resources.
The prefect Mao Yi recommended him to the Ershi General as a leader of one thousand
garrison troops from Jinquan and Dunhuang to be labourers on Army farms in Loulan.
Simple barracks were established. He assembled local forces, each of one thousand
men, from Shanshan, Yanqi and Quici, to block up the Zhubin river. On the day
when the river was blocked the flow of water was rapid and turbulent, lashing against
the hills and overflowing the dykes. Suo Li, observing this, exclaimed sternly that
'When Wang Zun arrived as an envoy the flow over the dyke ceased and the faith of
Wang Ba checked the flow of the Hutuo river. The divine character of water at the
present time should be exactly as it was in ancient times'.

A possible inference is that the right religious ceremonies had not been observed. In
fact control of the waters continued to offer problems as Wang Zun soon discovered, for:

···he prayed and offered sacrifices. But since the rise of the river was still unabated he lined his men in battle array on the bank. For three days they fought fiercely against the flood, making the shouts of battle, spearing and shooting at the waves until the flood subsided and the river was tamed to irrigate the fertile lowlands. The nomadic people were awestruck by Wang Zun and many thought that he was a god. After three years of successful cultivation one million *hu* (a *hu* indicates a storage capacity of 100 hectoliters) of grain was accumulated and foreign nations viewed such wealth with awe.

Wang Zun's fame is reflected in other anecdotes, as for example in ' Notes on the Yellow river', chapter 5:

> During the *Han* period the Yellow river breached the Junti dyke just when Wang Zun, a native of the Zhuo district, had been transferred from the office of prefect governor of Chuzhou to that of prefect of Dongjun. The river, over flowing wildly, submerged Huzi. As the dyke had been breached Wang personally led the people and the officials to the scene. Sinking a sacrificial white horse, he prayed to the river god and, jade in hand, besought the god to let him fill up the breach with his own body and to build a hut on the dyke to live in. All the people and officials hurried away while Wang stood there alone, as firm as a rock. The water stopped rising at his feet, and both the Court and the common people admired him for his heroism and moral courage.

Other mythical stories include an incident where an Ershi general defending a city had the supply of water cut off by an invading enemy, but he thrust his sword into the mountain and at once a fountain of fresh water gushed forth to the joy of his soldiers and the dismay of the enemy forces who fled in terror at the display of apparently miraculous powers. The enemies of the *Han* period were the Huns, invaders of Europe under Atila and others, or their connections.

Much more attention is given to true accounts of the exploitation and remoulding of water bodies by man, told very much as stories of ' man and the conquest of nature'. They include such writings as the account of the Junti and Baji dykes in ' Notes on the Yellow river', the Chexiang canal in ' Notes on the Baoqui river', the Zheng canal in ' Notes on the Ju river', the Dajiang dyke in ' Notes on the Miab river', Shaopi in ' Notes on the Bi river' and also in ' Notes on the Fei river', the Great Du'an weir in ' Notes on the Yangtze river', the Changhu lake and ' Notes on the Jiangjang river', with very many other examples. In ' Notes on the Ju river', for example, it was explained that the new canal was filled with silt-bearing waters that irrigated an area of former saline and alkaline land covering over 1,000 square miles and that since the work was completed crop failure and famine had never occurred on the now fertile land. Such comment was given over and over again: in 'Notes on the Yangtze river', chapter 33, the Great Weir of Du'an is described with the information that 'through its construction water submits to the people's disposal and famine is never known. The fertile waterland stretches away into the far distance and is regarded as the Treasure Land or the Heavenly Abode'.

Li Daoyuan's writings show strong opposition to various backward practices and conventions such as those associated with burial of the dead. The emperors and nobility had most elaborate tombs: in 'Notes on the Wei river', Li writes of the mausoleum of the first Qin Emperor for whom:

An elaborate tomb under the Lirong mountain was cut, the rock hewn, the springs beneath stopped with molten metal and the coffin made of copper. The perimeter of this grand tomb measured more than 30 *li* (about ten miles). On the vaults heavenly constellations were painted, with creeks and rivers of mercury on the floors of the underground chambers: the secular world was symbolized by the Five Mountains and the Nine Departments. Underground there were various offices and temples, with fine ornaments and jewellery. Mechanical catapults were made which would automatically' shoot any unauthorized prowler. Special candles of long-lasting quality were made from salamander fat. When a monarch died many of the ladies in the harem who had failed to bear sons were buried alive with him. The actual mausoleum, with a perimeter of about two miles (five *li*), had been built by 700,000 men working for several years. Hardly was it completed when a rebel army, supposedly of a million men led by Zholl Zhang, attacked the tomb and the 700,000 workers were not successful in defending it. The trophies were of such enormous value that 300,000 men of the invading army spent thirty days plundering them and carrying them away: even after that vast stores of wealth remained in the treasury. Finally a fire raged for ninety days...

The voracity of detail in some of these accounts may be doubted but there was certainly expensive ostentation. Li gave other examples of imperial extravagance on funereal monuments, in one of which earth had to be carried for several miles at such high cost that each load was worth its weight in rice: after years of labour the enterprise was abandoned. The fabled wealth of the various tombs led to robberies and Li, in 'Notes on the Tuan river', speaks of the tomb of Zhang Zhan, a supervisor of the Wei expeditionary army: beside it was a cenotaph with the inscription:

> The coffin of Catalpa made
>
> The clothing moulding and decayed
>
> No metal utensils stored inside
>
> Nor lacquer ware to hide
>
> Oh come whoever you may be
>
> And lay no evil hands on me

For many years afterwards no effort was made to pillage this tomb, which in fact was respected until a time when disastrous floods brought starvation. When the tomb was opened objects made of gold, silver, copper and tin were found as well as lacquer ware, some of which was adorned with sculptures.

When the *Northern Wei* founded their capital at Pingcheng in 398, the imperial family favoured Taoism and Taoist temples and altars were built everywhere. However Buddhism spread after the capital was moved to Loyang in 494 and there were said to be more than 13,000 monasteries and temples within the territory of the *Northern Wei*, of which Loyang itself had 1,376. Li included numerous records about such monasteries, and also of gods and goddesses, in his *Notes on the Book of Waterways*, but was apparently without any personal religious commitment for he said that 'Vague and misty as divinity is, it cannot provide us with a good model'. Independence of outlook did not endear him to the imperial family. Even so there were two elements in his thought that were to be crucial in the life of China for many centuries, indeed to the present time, for both the study of waterways and the definition of a united China came to be regarded as crucial elements of the famous *Notes on the Book of Waterways*.

3. INFLUENCE AND SPREAD OF IDEAS

The *Notes on the Book of Waterways* was one of those works expressing the will of a people, a corporate ethos, rather than some new idea. By the time it was written there was already a will for unity, epitomized by warm regard for the four centuries of the *Han* dynasty from 206 B. C. to 214 A. D. About fifty years after Li's death, the *Sui* dynasty (589 −618 A. D.) and the Tang dynasty (618 −907) were to restore the longed-for Chinese unity and in time the rulers of China saw the advantage of having a national gazetteer, foreshadowed in the *Notes on the Book of Waterways*. And when the *Song* dynasty (960 −1279) appeared after another unsettled period known as that of the five dynasties from 907 −960 (in fact a series of military dictatorships in the north with regional governments elsewhere), another larger and more comprehensive gazetteer was planned. For such works Li Daoyuan's work was regarded as basic.

In addition to its academic veneration the book was regarded as of literary significance and even as a source of poetic inspiration. Lu Guimeng, a celebrated poet of the late *Tang* dynasty period, was a great lover of Li's famous work and is reputed to have wandered ecstatically amid the hills and lakes of China carrying with him the *Notes on the Book of Waterways*, but as a source of spiritual refreshment rather than as a guide to the hills and lakes of China. And in the period of the Song dynasty the famous poet Su Shi wrote with emotion 'What bliss that so often I can read the wonderful *Notes on the Book of Waterways*'. And during the period of the *Ming* dynasty (1368 −1644) the book came into vogue once more and two schools were formed to study it. One, the *school of textual criticism*, was headed by Zhu Mouwei and devoted to the eradication of mistakes that had crept into the work through its repeated copying during the centuries. The other school emphasized literary criticism and was known as the *rhetoric school*: it was represented by Zhong Sing and Tan Yuanchun who carried on the tradition of poets of the *Tang* and *Song* dynasties and specialized in the study of elegant writing. Both the textual criticism and the rhetoric schools published editions of the *Notes on the Book of Waterways* and of these the *Shui jing zhu jian*, the result of a lifelong devoted scholarship by Zhu Mouwei, was commended by Gu Yanwu, an early *Qing* scholar, in these words: 'as valuable as any book ever compiled in the last three centuries'. In part its excellence depended on the admirable editorial work of Zhu but its merit was primarily due to the profound learning and sensitive character of Li Daoyuan.

Study of the *Notes on the Book of Waterways* culminated in the reign of Qianlong during the *Qing* dynasty. Three famous scholars of that time, Quan Zuwang, Zhao Yiqing and Dai Zhen in turn, provided their own excellent editions of the *Notes on the Book of Waterways*, all of which were regarded as the product of lifelong study. Particularly famous was the work of Dai Zhen, who from a variety of sources identified and corrected some 7,000 errors that had crept in through copying at various times. Eventually research on the *Notes on the Book of Waterways* became so varied and considerable in Chinese academic circles that 'Li-ology' almost became a separate branch of learning. In the late *Qing* period, Yang Shoujing and his student Xiong Huizhen published their *Shui jing Zhu shu*, a large scale work compiled with great care. Both these scholars were men of open mind and through their work the rich accumulation of knowledge of physical and human geography derived from centuries of enquiry dating back to the *Notes on the Book of Waterways* in the fourth century was made into a synthetic and systematized study.

During the twentieth century the work of Li Daoyuan has attracted international attention. In 1905 Edouard Charvannes, a French sinologist, translated Li's 'Notes on the Yellow river' into French and published this version in *T'oung-Pao* in the same year. Several other European sinologists, including Paul Pelliot, G. Ferrand, Henri Maspero and L. Annouseau also worked on the *Book of Waterways*. During the 1940s the Indian sinologist Dr Praboddha Chandra Begchi collaborated with Wu Xiaoling at the Chinese College of the International University founded during World War II in the state of Bengal, India, on the translation of the *Yongle Encyclopaedia* edition of the *Notes on the Book of Waterways*. Outside China the most fruitful country for study of Li's famous work has been Japan, where the leading scholar has been Mori Shikazo, who wrote papers on 'Li-ology' from the early 1930s to the end of his life and in 1974 directed the publication of the Japanese edition of *Notes on the Book of Waterways* (*abridged*). Although this edition includes only one fourth of the whole book, it is well provided with explanatory notes and has been well received in academic circles.

In China increasing attention is now given to the work of Li Daoyuan, particularly to the book on waterways of which various editions are appearing but of the author himself little is known, and the meagre probably distorted biographical data in the *History of the Wei dynasty* and the *History of the Northern dynasty* is unhelpful. The present author in 1984 commented that:

> Whereas *Notes on the Book of Waterways* has long since won high praise in the world, nevertheless for over a millennium the author of this renowned historical work has so seldom been discussed that we cannot but consider it as a defect of 'Li-ology' as an integrated subject of learning.

In this present paper the work of Li Daoyuan has been studied and analysed partly as an indication of his character and thought, along with data on his family background and career, as well as his influence on later generations.

Bibliography and Sources

GENERAL SOURCES

a. Classical

History of the Northern Dynasties by Li Yan-shou, written in the time of the Tang dynasty (mid-seventh century) and reprinted by the Shanghai Classics Publishing House (*Shang hai gu ji chu ban she*) in 1974: for the biography of Li Daoyuan, see vol 4, p 107

History of the Wei Dynasties written by Wei Shou during the rule of the Northern *Qi* dynasty, also published Shanghai, 1974 : for Li Daoyuan see vol 3, p 221

Background material known to Li Daoyuan includes two pre-Han dynasty anonymous works now lost, *Da Yu ji* (*Record of Yu the Great*) and Ben Ji, mentioned in the preface to *Notes on the Book of Waterways*. Li Daoyuan also mentions a chapter on 'Yu gong' in the *Shang shu* (Book of documents) written c. 3rd century B. C. in the period of the Warring States by an anonymous author

The History of the Han Dynasty, written by Ban Gu in the later part of the first century, includes a chapter on 'Di li zhi' ('Geographical records'). It was reprinted in *Shang hai gu ji chu ban she*, published by the Shanghai Classics Publishing House, 1974, vol. 1, p 149 −159

History as a Mirror, ed. Sima Guang in the time of the *Northern Song* dynasty (later eleventh century), reprinted by the *Zhonghua shu ju* (*Chinese Publishing House*), 1962. In this work see Sima Guang, chapter 146, in vol. 10, p 4546 −75 and chapter 147, ibid. , 4576 −4610

b. Modern Papers

Li Yanshou, 'History of the Northern dynasties', Shanghai Classics Publishing House, vol. 4, 1907, p 107

Liu Jizhuang, *Guang yang za ji. Cong shu ji cheng* edition, (Library Collection series), Beijing Commercial Press 1937, vol. 2, p 180

Chen Qiaoyi, 'Preface to the inscriptions of *Notes on the Book of Waterways*', Journal of Shanxi University, Philosophy and Social Science Edition, no. 4, 1984, 94 −103

Chen Qiaoyi, 'Preface to the bibliography of *Notes on the Book of Waterways*', Journal of Hangzhou University, Philosophy and Social Science Edition, no. 3,1986,47 −52

原载 Geographers:Biobibliographical Studies , Volume 12,1988:125 −131

法显与《法显传》

　　古代山西省地理学家法显(约337—422),冒着生命危险,跋涉于人迹罕见的沙漠和高山地区,从今新疆帕米尔进入印度,在印度13年,足迹遍南亚,最后从海道回国,撰写著名的《法显传》(《佛国纪》)一书,成为我国历史上最早的一部实地考察的外国地理专著。本文拟对法显和《法显传》作一点介绍。

　　由唐太宗领衔主修的《晋书》不为法显立传,这是《晋书》的缺陷。但历来佛学书中为他立传的甚多,如南朝梁僧祐的《出三藏记集传》卷十五,南朝梁慧皎的《高僧传》卷三,唐智升的《开元释教录》卷三和圆照的《贞元新定释教目录》卷三等。通过这些传记,我们略知,法显原姓龚,晋平阳郡武阳(今山西省襄垣县)人。因为他的3个哥哥均在稚龄夭折,他父母深恐祸延及他,在他3岁之年就让他度为沙弥。法显聪颖敏捷,发奋苦学。他深感当时我国"经律舛缺",下定决心,去天竺求取经律。后秦弘始元年(东晋隆安三年,公元399年),他与同学慧景、道整、慧应、慧嵬等,从长安出发,循陆道去天竺。他们越陇山,沿河西走廊,经张掖到敦煌,从敦煌西入沙漠,在沙海茫茫之中,"唯以死人枯骨为标识",其艰苦可以想见。然后经鄯善、乌夷诸国而到达于阗,这中间也必须经过大沙漠(今南疆塔克拉玛干沙漠),法显在他的记载中提及:"行路中无居民,沙行艰难,所经之苦,人理莫比。"于阗(今和田)是个西域大国,佛法甚盛,有僧侣数万人,大寺院就有14所,法显所寓的瞿摩帝寺,有僧侣3000人,为了观摩这里的佛法,他在此寓居了3个月。

　　从于阗国西行,法显进入帕米尔高原的子合、于麾、竭叉等国,从竭叉国南行,旅途要翻越葱岭,这是他整个行程中极度艰险的一段。他记载说:"葱岭冬夏有雪,又有毒龙,若失其意,则吐毒风、雨、雪、飞沙、砾石,遇此难者,万无一全。""顺道西南行十五日,……下有水,名新头河,昔人有凿石通路施傍梯者,凡度七百,度梯已,蹑悬绠过河"。法显所说的新头河,"新头",其实就是印度的别译,也有译成天竺、新陶、信度、辛头的。均是梵文 Sindhu 不同音译。即此,说明法显已经进入印度河上游。法显所说的"悬绠",即今天所称的索桥,足见该地区交通的困难。

　　经过葱岭以后,法显到达北天竺的乌苌国。继续南行,到弗楼沙国,同行的慧达、宝云、僧景,从此折返回国,法显和慧景、道整 3 人续进。从那竭国向南,又要翻越"冬夏积雪"的小雪山(今苏里曼山脉的分支),慧景因体力不支,在此山病故。于是他和道整两人越小雪山到达罗夷国。以后又经过许多大小国城,从波罗捺国东行到摩羯提国的巴连弗邑(今印度恒河沿岸的巴特那)。法显在北天竺求经,那里都是"师师口传,无本可写"。以后在中天竺得到了《摩诃僧祇众律》、《萨婆多众律》、《杂阿毗昙心》、《方等般泥洹经》、《摩西僧祇阿毗昙》等经多卷。巴连弗邑是阿育王所建造的名城,历史悠久,文化发达,寺院众多,佛法兴盛,著名的摩诃衍僧寺就在这里,所谓"四方高德沙门及学问人,欲求义理,皆诣此寺"。因此,法显就在此寓居 3 年,学习梵文,抄录经卷,同行的道整,目睹这个城邑的寺院佛法,众僧威仪,对比当时国内的众僧戒律残缺,认为既已到了佛地,心愿已足,决定终生居此不返。但法显到天竺的目的,原是为了观摩佛法,求取佛经,流通汉地,所以决心独自返国。

　　他从巴连弗邑顺恒河下行,到达了下游的瞻波大国,然后再到恒河河口的多摩梨帝国(今印度加尔各答附近)。他在这里继续写经画像,又住了两年,于是搭商贾的大船出海,到达狮子国(今斯里兰卡),在此又住了两年,获得了《长阿含》、《杂阿含》等中国所没有的佛教经典。最后于义熙八年(412)搭商船回国。途遇大风,船舶漏水,几遭倾覆。在海中漂行 90 余日,到达耶婆提国(今爪哇),在此又留居 5 个月,再搭商船,欲回广州。但航行途中又遇大风暴雨,原期 50 日可以到达广州,航行 70 余日尚未到达,粮水告尽,只得取咸水作食,不胜困苦。最后终于在长广郡的牢山南岸登陆,已到今山东半岛。

　　法显在印度 13 年,先后经历了 30 多国,海上航行也达一年,终于完成了他的长途旅行。法显去天竺,同行者前后 11 人,但有的半途折回,有的病故他乡,有的留居不返,能一本初衷坚持到底的仅他一人。南朝梁慧皎在其所撰《高僧传》卷三中盛赞说:"发迹则结旅成群,还至则顾影唯一。"于是,他在建康道场寺,与早年从陆路折回的宝云等,就佛陀跋陀罗(Buddhabhadra,汉名觉贤)共译经律。据《开元释教录》卷三所载,共译成 7 部 26 卷。^①此后,他又到荆州的辛寺,在那里去世,年 86 岁。

法显在地理学上的贡献,最重要的当然是他所撰的《法显传》一书。正如我在前面指出的,这是我国历史上最早的一部实地考察的外国地理专著。法显撰此书后 60 余年,南朝梁僧祐所撰的《出三藏记集传》卷十五即提及此书:"其所闻见风俗,别有传记。"梁慧皎所撰的《高僧传》卷三也说:"其游履诸国,别有大传焉。"但僧祐在其书卷二又著录了书名称为《佛游天竺记》1 卷,此书似应为法显所撰之书。法显撰此书后百余年,北魏郦道元在《水经注》卷一、卷二中,6 次指名引述此书,书名作《法显传》、《释法显》、《法显》。从此以后,著录此书者益多,但书名和卷数常有出入。例如隋沙门法经等撰的《众经目录》卷六,作《法显传》1 卷;隋费长房撰的《开皇三宝录》卷七,作《历游天竺记传》1 卷;《隋书·经籍志》史传部著录作《法显传》2 卷,又《法显行传》1 卷,地理部著录作《佛国记》1 卷,沙门释法显撰;唐释道宣撰《大唐内典录》卷三,作《历游天竺记传》,无卷数;唐沙门智升撰《开元释教录》卷三,作《历游天竺记传》1 卷;同书卷十七、卷二十,又各著录《法显传》1 卷;杜佑《通典》卷一九一,作《法明游天竺记》;^②唐沙门圆照所集的《贞元新定释教目录》卷五,作《历游天竺记传》1 卷,并注云:"亦云《法显传》,法显自撰往来天竺事。"故知此书在唐以前各家著录中,主要的通行书名为《法显传》和《历游天竺记传》。

北宋之初,《大藏经》的刊行逐渐兴盛,及至南宋,公私板刻,多达 20 余种,但大多数毁于元初兵燹,在劫余的北宋版 2 种,南宋版 1 种及高丽版 1 种(均藏日本)中,此书都有编入,书名均作《法显传》1 卷,所以在唐以后,《法显传》成为此书最通行的名称。

至于《佛国记》一名,是从《隋书·经籍志》地理部的著录开始的,宋以前各本,罕用此名。明崇祯年间,胡震亨声称他获得南唐本《佛国记》,与其友人沈士龙合校,收入其自刊的丛书《秘册汇函》之中。不仅此所谓南唐本未必可靠,胡震亨在附跋中亦认为此书"当名《法显传》"。此《佛国记》以后又收入于《津逮秘书》、《说郛》及清王谟的《汉魏丛书》等丛书之中。

此书的外文译本也不少。早在 1836 年,巴黎就出版了法文译本 *Fa—hien, Foe koue Ki*(Per—Abel—R'emusat);1886 年,英国牛津出版了英文译本 *Fa—hsien, A Record of Buddhistic*(BrrJames Legge);1877 年,伦敦和上海出版了英文译本 *Fa—hsien, Record of the Buddhistic Kingdoms*(By Herberr A. Giles);1923 年,英国剑桥又出版了一种英文译本 *Fa—hsien, The Travels of Fa—hsien or Record of Buddhistic Kingdoms*。从这些外文译本中,可见国际学术界对此书的重视程度。

《法显传》当然是一部极有价值的外国地理专著,它详细地记载了公元 5 世纪初期从河西走廊、南疆直到南亚各地的自然地理和人文地理。他描述南疆的塔克拉玛干沙漠："上无飞鸟,下无走兽,遍望极目,欲求度处,则莫知所拟。"写得真实生动。他记载帕米尔高原:"其道艰岨,崖岸险绝,其山唯石,壁立千仞,临之目眩,欲进则投足无所。"当地的高山深谷地形,在他的笔下历历如见。他描述印度斯坦大平原:"自渡新头河至南天竺,迄于南海四、五万里,皆平坦无大山川,正有河水。"他记载了旅途各地的气候,其中有高山气候:"葱岭冬夏有雪","雪山冬夏积雪"。这里的"雪山"是今苏里曼山脉的东北分支,他具体地指出此山北坡的气候特别严峻:"山北阴中,遇寒风暴起,人皆噤战。"他记载了印度中部的亚热带气候:"从是以南,名为中国,中国寒暑调和,无霜雪。"他还描述了今斯里兰卡的热带气候:"其国和适,无冬夏之异,草木常茂,田种随人,无有时节。"他常常用植物和作物的变化,来描述各地的气候差异。他在帕米尔高原的竭叉国记载说:"自葱岭已前,草木果实皆异,唯竹及安石留、甘蔗三物与汉地同耳。"他又观察南亚各地的树木和其他植物,记载了不少当地的植物名称,如多次提到的贝多树。这是一种棕榈科的常绿乔木(Barassus flabellifer),古代印度人多拿此树树叶写佛经,称为贝叶经,在印度的热带和亚热带地区普遍生长,所以特别引起他的注意。此外如豆科的阎浮树(prosopis spicigera),马鞭草科的尼拘律树(vitex negundo)等,他均作了记载,至今也都仍是印度的常见树木。至于他所记及的旃檀木(Sautalum album),是一种檀香科的常绿小乔木,佛教中常用作焚烧的香料。他所记载的吉祥草(Reineckea cavnea),是一种百合科的多年生常绿草本植物,佛教中常用作坐禅的敷物。这些都是当时南亚的植物地理资料。

《法显传》中记载了更多的公元5世纪初期南亚地区的人文地理现象。记载中最丰富的是城市地理,他足迹遍历南亚30余国,到达了每个国家的都城,其中有当时南亚的最大城市摩羯提国国都巴连弗邑:"凡诸中国,唯此国城邑为大,民人富盛。""通夜燃灯,伎乐供养"。这确实是个繁华的大城。这个城市的社会福利设施也极好:"凡国中贫穷、孤独、残跛、一切病人,皆诣此舍,种种供给,医师看病随宜,饮食及汤药,皆会得安。"他描述狮子国(今斯里兰卡)都城国际贸易的发达:"因商人来往、住,故诸国人闻其土乐,悉亦复来。于是遂成大国。"当然,他也访问过一些人口稀少,街市荒落的小城市,例如拘萨罗国的舍卫城:"城内人民希旷,都有二百余家。"舍卫城东南另一座更小的迦维罗卫城:"城中都无王民,甚丘荒,只有众僧、民户数十家而已。"法显在他的旅行中,也非常重视对各地人民风俗习惯、语言、物产等等的观察和记载。例如在鄯善国,他观察到:"俗人衣服,粗与汉地同,但以毡褐为异。"他在西域也注意各地语言:"唯国之胡语不同,然出家人皆习天竺书、天竺语。"说明梵语在西域上层人士中的流行程度。他也很注意各国人民的教养和社会风气,例如说于阗国"其国丰厚,人民殷盛"。说摩羯提国"民人富盛,竞行仁义"。但"乌夷国人、不修礼义,遇客甚薄"。他或许是以一位高僧的身份,从佛教的角度观察社会,但是他的记载对于我们研究这个地区历史时期的社会文化地理,却有重要价值。法显也很重视各地的商品,特别是去自我国的商品。他在狮子国都城"见商人以晋地一白绢扇供养",大大地触动了他的故土感情。这其实也说明了我国对外贸易的发展,早在5世纪初期,我国的商品已经到达了今斯里兰卡。

《法显传》作为一种杰出的外国地理著作,它还有两个很重要的地理特色。由于这两个特色,使之倍增光彩。第一个特色是法显记载他的旅途见闻,十分重视他所往各地的地理位置和里程。由于他在这方面的记载翔实,他的行程,可以很清楚地绘出一幅地图来。《法显传》的这一特色,大大地增加了此书的地理性。尽管他撰述的目的是记载他参拜佛地、求取经籍的经过,但实际上他的著作却是一部公元5世纪的南亚地理。《法显传》的第二个特色是他在著作中使用了大量当地的语言文字。这在今天当然是很平常的事,但在当时这事就很不简单。而且由于法显使用的外来语言文字,现在已经很少有人懂得,因此,此书必须详加注释,才能为一般读者阅读。

《法显传》中大量出现的外文主要是梵文。上面提到,当时在今南疆地区,僧侣们已经普遍"习天竺书,天竺语"。法显曾在巴连弗邑专心学习梵语3年。他在南亚13年,诸凡讲经论道,访问游历,起居生活,都必须使用这种语言,所以他当然是精通梵语梵文的。而他在自己的著作中使用一些梵文词汇,这是很自然的事。在法显的时代,我国还没有一种梵文字典之类的工具书,一直要到唐代,才有玄应撰的《一切经音义》(《玄应音义》)和慧琳撰的《一切经音义》(《慧琳音义》),解释佛经中所见的梵文词汇。这两部书的编撰,显然都是参考了法显著译的。

《法显传》中使用的梵文,有一类是法显对梵文所作的省译,符合于汉文一字一音的习惯,在长期使用中,又为汉人所接受的把它当作汉字汉语,"塔"即是其例。此词,原译窣堵波或窣覩波,[③]《慧琳音义》卷十三说:"窣覩波,上苏没反,古译云数斗婆,又云偷婆,或云兜婆,曰塔婆,皆梵语讹转不正也。"故 stûpa 一词,有一种译法是"塔婆",而"塔",则是"塔婆"的译省。《法显传》中记载的塔不计其数,法显一律是"塔"字,现在看来,他的这种省译是很成功的。

另外有一些梵文,法显采用了意译的方法,读者也可以望文生义,而并不意会到这是梵文转译的词汇。"精舍"即是其例,此词在《法显传》中也多次出现,它是梵文 Λihâra 的意译,音译常作毗诃罗,意译精舍、精庐、僧坊等,[④]性质与寺院近似,法显所采用的意译,顺汉人之思路,也是很成功的。

当然,全书有许多梵文词汇,必须经过注释,才能为一般读者所理解。例如书中大量出现的"僧伽蓝",是梵文 Sam̃ghârâma 的音译,原意为园林,后来被引申为寺院。

《洛阳伽蓝纪》的"伽蓝",即是此词的省译。《法显传》常用的计算里程的单位"由延",是梵文 Yogana 或 Yodjana 的音译。此词各书解释甚多,以艾德尔的《中国佛教手册》较为完整:"由延,一种距离的度量单位,为各种不同计算的一日行程(4650 呎),或 40 或 30 或 16 里。"⑤此外,全书中使用的梵文词汇很多,常常造成理解的错误。读《法显传》,这一点是必须注意的。

以书中常见的一个称为"中国"的地名为例,《法显传》多次使用这个地名,如"中天竺,所谓中国";"从是以南,名为中国";"中国寒暑调和"等等,不举枚举。对于这个"中国",《四库提要》史部地理类说:"此书以天竺为中国,以中国为边地,盖释氏自尊其教,其诞谬不足与争。"其实,这个"中国"是梵文 Medhyadêśa 的意译。Medhya,梵文是"中间"之意;Dêśa 梵文是"国家"之意。所以艾德尔在《中国佛教手册》中解释此词说:"中国,中部的王国,印度中部的一般称谓。"⑥这是古代印度人从地理位置的概念对中天竺的称谓,与"释在自尊其教"无关,亦绝无贬低我们中国之意。我们中国在梵文中作 Tchina,一般译为脂那,支那、震旦、真丹等,并不译作中国。《四库提要》的作者,由于不谙梵语,不懂地理,因而造成这样的误会。

总的说来,法显当然是一位高僧,但他同时又是一位地理学家和旅行家。在他以前,虽然我国已经有了不少地理书,其中如《穆天子传》和《山海经》的《大荒》、《海外》诸经等,也有涉及边疆和域外的,但大都是道路传说,荒诞不经。法显以他十多年在南亚地区的辛苦跋涉,以他的亲身见闻,撰成我国历史上第一部实地考察的外国地理专著《法显传》。尽管全书不过 9900 余字,但是它无疑为我国地理学史平添了无限光彩。

注释:

① 《开元释教录》列有《佛游天竺记》1 卷,此书据僧祐《出三藏记集传》著录,即《法显传》,故不能作为他的译经,则法显所译应为 6 部 25 卷。

② 《四库提要》史部地理类四作《佛国记》1 卷。《提要》云:"杜佑《通典》引此书又作法明,盖中宗讳显,唐人以明字代之。故原注有国讳改焉四字也。"

③ 《大唐西域记》卷一:"窣堵波,所谓浮图也。"

④ 《法苑珠林》卷六二。

⑤⑥ Ernest J. Eitel, Handbook of Chinese Buddhism being A Sanskrit—Chinese Dictionary with Vocabularies of Buddhist Terms, Tokyo Sanshusha, 1904. PP. 208 、83。

原载《山西大学师范学院学报》(哲学社会科学版)1989 年第 2 期

杼山地望论证

 参加湖州市地名办举行的"杼山地望论证会"使我感到快慰。因为这是地名学在我国获得发展的一种证明。它充分说明地名学不仅在理论上正在继续获得发展,其实用价值也正在不断提高。

 必须指出的是,地名学是一门人文科学,或者说社会科学。长期以来,人文科学的研究和讨论,和自然科学不同,常常偏重于性状的描述。自从电子计算机的出现,人文科学的研究开始从定性趋向计量,西方学者称之为"计量革命"。80 年代以前,我们和国际学术界往来甚少,在这方面的感觉比较迟钝。1983 年,国际人文科学学术讨论会第 31 届年会在日本京都举行,当时我适在大阪关西大学研究生院担任客座教授,不仅应邀与会,而且担任了 Pre-modern Urban Section(前现代城市组)的执行主席。会上读到了许多论文,使我极受启发。不少讨论历史城市的论文,引用了大量经过计算机处理的计量数据,具有很大的说服力,较之以往那种性状描述的作品,真是不可同日而语。1986 年,美国瓦尔巴莱索大学历史系主任 R. K. Schoppa 副教授到中国在我的指导下研究湘湖水利史,他是一位中年汉学家,与我见面时以其 1982 年在哈佛大学出版社出版的专著 *Zhejiang Province in the early Twentieth Century*(《二十世纪早期的浙江省》)一书作为见面礼。他的这本专著所引用的浙江省各地资料非常丰富,以今湖州市而言,就引及邱寿铭的《湖州光复回忆》、《德清县志》、《南浔志》、《双林镇志》、《乌青镇志》等文献。他利用所有这类文献中可以计量的数据,经过分析比较,并经过计算机处理以后,把当时浙江省的 70 多个县分成内核、外核、内缘、外缘 4 级,其中发展程度最高的即内核,共有 20 个县(今湖州市有吴兴、德清 2 县)。由于这种分级都有经过计算机处理的数值为依据,所以其精确性绝非一般性状描述可比。这些都是值得我们学习的。

另外,由于技术科学的发展,很多新的技术方法,可以为人文科学研究者所应用,这样就使近年来的人文科学研究日新月异。许多在过去被认为是权威的说法,都因此受到冲击,甚至全部崩溃。例如 50 年代出现的放射性碳素测年(C^{14})方法和 60 年代出现的热释光测年方法,使传统的历史学、考古学、历史地理学等不少学科受到严峻的考验。1970 年,英国牛津大学考古所对该所珍藏的 9 件六朝陶俑,进行热释光测年,结果发现其中 6 件是赝品。1972 年该所又对 22 件辉县陶作同样处理,结果发现全是赝品。而这些古器在收藏前都是经过考古学家、历史学家等鉴定的。又如近年来由于对贝壳堤和古海岸研究的发展,我们对浙江省海岸早在第四纪晚更新世的变迁已经基本清楚。当晚更新世的最后一次海侵即卷转虫海侵(ammonia transgression)掀起的前夕,今浙江海岸在现代海岸以东约 600 公里,这里有迄今发现的最外缘的一道贝壳堤,位于现代海面 – 155 米处, C^{14} 测年为距今 14780 ± 700 年。此后,卷转虫海侵开始,海面不断上升,距今 12000 年,到达现代海面 – 110 米处,距今 11000 年,到达 – 60 米处,距今 8000 年,到达 – 5 米处,距今 7000 年—6000 年,海侵到达顶峰,今杭嘉湖平原和宁绍平原沦为一片浅海。70 年代进行人防工程,平原各地,常在 – 12 米层面上下发现蛎壳层,即是这次海侵的物证。我幼年时由祖父教读古书,《禹贡》是最早熟读的,此书开头几句就是:"禹敷土,随山刊木,奠高山大川。"后来读《史记》,又读到:"帝禹东巡狩,至于会稽而崩。"现在算算年代,"帝禹东巡狩"的年代,东方大部分地区还是一片浅海和沼泽。今年的《东南文化》第 4 期,发表了日本考古学家小林达雄的《从传统的考古学中走出来》和加拿大麦吉尔大学人类学教授 Bruce Trigger 的《考古学与未来》二文,都是为了探索在计量研究和技术科学迅速发展的形势下,传统的考古学如何摆脱传统的窠臼。实际上,其他学科如历史学、历史地理举、地名学等等也都是一样。现在看来,人文科学凡是努力利用技术科学的成果,并且想方设法进行计量研究的,都获得了长足的发展,而固步自封、孤芳自赏的学者,就不免大大落后于形势,而最后或许要被排斥出学术界的队伍。

当然,不少人文科学,如历史地理学和地名学等,其研究方法,仍然不外乎室内的文献查索和野外考察两方面,这两者的地位或轻或重,实在也很难简单地加以轩轾。关于这方面,历史地理学界近年来还发生过一点误会。日本爱知大学教授秋山元秀于 1980 年在日本东京出版的一种著名刊物《地理》上,发表了一篇题为《中国历史地理学界的现状》的论文。他把中国历史地理学界分成历史学派和地理学派两派,并指出前者代表人物是谭其骧和史念海,后者的代表人物是侯仁之和陈桥驿。结果引起了我国历史地理学界的一种错觉,认为谭、史二位是偏重于文献查索的,而侯、陈二位是偏重于野外考察的。当然,我们4位即时澄清了这种误会。记得1982年以后,全国纪念徐霞客诞辰400周年筹委会成立,当时就出现了一种"徐霞客热",不少人打算循徐霞客当年考察路线进行野外考察。我作为全国筹委首先提出反对这种盲目的野外考察。徐霞客是一位地理学家,而这些打算进行野外考察的人,多数没有受过专业训练,既分不出石灰岩和凝灰岩的差异,也不懂得山毛榉科植物和樟科植物的区别。从自然地理学的要求来说,他们在野外不过是个瞎子。所以我虽然长期在地理系工作,但并不是盲目地追求野外考察的。野外考察当然重要,但是对于那些没有具备条件的野外考察,徒然浪费时间和精力,是得不到什么结果的。野外考察的条件是什么? 除了熟悉各种专业野外考察的专业知识以外,首先必须建立室内文献查索的扎实基础。

室内的文献查索工作,是从事一切科研的重要基础,必须充分重视,这是全面地占有资料的必要手段。对于与地方有关的讲究课题(杼山地望论证即属此类),首先应该占有全部地方文献。不论是亡佚的、辑存的或实存的,都应该理出一个头绪,然后才有可能在这些文献中进行整理、选择和分析,把其中最重要的提出来,特别是把那些具有计量价值的资料提出来。在这样的基础上进行野外考察,才不至于盲人瞎马,而收到事半功倍之效。

现在回过头来谈谈论证会本身。总的来说,论证会是很成功的。湖州的学者,不管是持哪一种意见的,事前在室内文献查索和野外考察中,都做了大量工作。杭州来的学者在这方面虽然也做了一点准备工作,但与湖州的学者相比,显然望尘莫及。我当然不是责备杭州人,因为他们知道这个论证会已经很晚,客观上有一些困难。但是杭州的资料条件优于湖州,尽管时间局促,有一些应该查索的资料(如地图),他们都未及考虑,令人遗憾。虽然我是论证会前夕才从外地返杭而临时被邀与会的,但是因为杭州来的学者大部分是我的学生,所以我也有责任。

论证会一开始就进行野外考察,这或许是一种可取的方法,而且由于湖州的学者,在这方面已经做了大量工作,所以半天的野外考察,还是很有收获的。要说野外考察有什么缺陷,主要也是因为室内文献查索的工作基础还不够扎实,不能对野外考察的本身求全责备。

从论证会上散发的材料,包括会上的讨论发言,可以看出,这个课题的研究过程中,最薄弱的环节是室内文献查索。我过去并不熟悉湖州的地方文献,今年,由于长兴和德清两县先后要我为他们新修的县志作序,才涉猎了一些湖州地方文献。所以我对湖州地方文献的研究,不过是刚刚入门,但是却已能看到,参加这个课题研究的学者,在这方面也相当不足。譬如,论证的双方,都引用了许多嘉泰《吴兴志》的资料,但看来谁都不曾注意到,嘉泰《吴兴志》是一种并不完整的辑本。宋代方志至今尚存的北宋有 5 种,南宋有 28 种,但嘉泰《吴兴志》显然无法与诸如宝庆《四明志》和嘉泰《会稽志》等相提并论。现存方志,不论是姚觐元、丁氏八千卷楼、章氏读骚如斋、沈氏枕碧楼等清抄本或大量流行的《吴兴丛书》本,都不过是四库开馆时,由馆臣从《永乐大典》分韵辑出的辑本。正如刘承干在《吴兴丛书》本跋尾中所说:"虽非完书,犹胜遗佚。"因此,此书对论证虽然重要,但也必须注意到它不过是内容残缺的辑本,具有一定的局限性。有的学者竟认为:"嘉泰《吴兴志》是吴兴最早的方志。"从今天来说,要对当地的方志作最初步的了解,《中国地方志联合目录》总是应该浏览的。这个《目录》出版于 1985 年,它所著录的,都是当前实存、残存或辑存的方志。在这个《目录》中,排列在嘉泰《吴兴志》之前的,明明还有刘宋山谦之的《吴兴记》一卷,北宋左文质的《吴兴统记》一卷,南宋周世南等的淳熙《吴兴志续编》一卷。它们和嘉泰《吴兴志》一样,也都是辑本。特别是山谦之《吴兴记》,因为在这个《目录》所著录的全部 8371 种方志中,成于唐朝以前的只收入两种,这两种都在浙江,一种是刘宋郑缉之的《永嘉郡记》,另一种就是山谦之《吴兴记》。在我国全部现存的最早方志中,湖州居然二居其一,这实在是湖州值得骄傲的史绩。但参与这次论证的湖州学者,看来还没有注意到这个事实。

对于湖州这个历史悠久的文物之邦来说,嘉泰《吴兴志》不仅不是"吴兴最早的方志",其实应该说是吴兴较晚的方志。趁此机会,我想把就我所知的早于嘉泰《吴兴志》的吴兴方志开列一个简表,供大家参考。

方志名称	纂者及年代	著录古籍及卷次	引及古籍及卷次
吴兴录	三国吴韦昭	顾怀三《补后汉书艺文志》卷五、《舆地纪胜》卷四、嘉泰《吴兴志》辑本卷十八。	
吴兴山墟名	晋,佚名;一说晋张玄之	丁国钧《补晋书艺文志》卷二,文廷式《补晋书艺文志》卷三,秦荣光《补晋书艺文志》卷二,吴士监《补晋书经籍志》卷二,黄逢元《补晋书艺文志》卷二,章宗元《隋书经籍志考证》卷六,《舆地纪胜》卷四。	此书有缪荃孙辑本,又嘉泰《吴兴志》辑本卷二、五、十八、十九、二十引及七十余条。
吴兴山墟名二卷	刘宋王韶之	嘉泰《吴兴志》辑本卷十八。	

续表

方志名称	纂者及年代	著录古籍及卷次	引及古籍及卷次
吴兴记三卷	刘宋山谦之著	《隋书经籍志》卷二,章宗源《隋书经籍志考证》卷六,姚振宗《隋书经籍志考证》卷二十一,《通志艺文略》卷四,《太平御览经史图书纲目》,《舆地纪胜》卷四,嘉泰《吴兴志》辑本卷十八,沈家本《续汉书志注所引书目》卷二,《世说注所引书目》卷二。	此书有严可均辑本,又《舆地纪胜》卷四引二条;嘉泰《吴兴志》辑本卷四引四条,此书又有《云自尻丛书》辑本及《范声山杂著》辑本。
吴兴郡疏一卷	刘宋王韶之	嘉泰《吴兴志》辑本卷十八	
开元(湖州)图经	唐,佚名		嘉泰《吴兴志》辑本卷三引一条
石柱记	唐颜真卿	嘉泰《吴兴志》卷十八,郑元庆《笺释石柱记》,周中孚《郑堂读书记补逸》卷十七。	收入于欧阳修《集古录》。
吴兴志十卷	唐陆羽	《舆地纪胜》卷四,嘉泰《吴兴志》辑本卷十八。	嘉泰《吴兴志》辑本卷一、四、十三,引四条。
吴兴人物志十卷	唐宋璟	《新唐书艺文志》卷三	
吴兴杂录七卷	唐张文规	《新唐书艺文志》卷二,《宋史艺文志》卷二,《舆地纪胜》卷四,《国史经籍志》卷三。	《舆地纪胜》卷四,引一条。
吴兴风俗记	约唐末宋初间,佚名		嘉泰《吴兴志》辑本卷四,引一条。
吴兴记	约唐末宋初间,佚名	《太平御览经史图书纲目》。	《太平御览》卷四十六、六十五、七十一、一百七十、三百三十八、八百六十七、九百七十二、九百八十七,共引十八条;《太平寰宇记》卷九十四,引十六条;《舆地纪胜》卷四,引十八条;嘉泰《吴兴志》辑本卷一、二、四、五、十三、十四、十六、十八、十九、二十,共引三十五条。
(吴兴)续记	约唐末宋初间,佚名		《舆地纪胜》卷四,引一条;嘉泰《吴兴志》辑本卷十九,引一条。

续表

方志名称	纂者及年代	著录古籍及卷次	引及古籍及卷次
吴兴统记十卷	宋左文质	《宋史艺文志》卷三,《绍兴秘书省续刻四库阙书目》卷一,《通志艺文略》卷四,《直斋书录解题》卷八,《舆地纪胜》卷四,《文献通考经籍考》卷三十二,《国史经籍志》卷三。	《舆地纪胜》卷四,引六条;《永乐大典》二千二百六十至二千二百七十七,引六条;嘉泰《吴兴志》辑本各卷,共引三百余条。又此书有石印《范声山杂著》辑本。
祥符(湖州)图经	宋李谔宗		嘉泰《吴兴志》辑本各卷共引十二条
(湖州)旧图经	宋,佚名		《舆地纪胜》卷四,引二条;嘉泰《吴兴志》辑本各卷共引一百三十余条。
(吴兴)图经	宋,佚名		《舆地纪胜》卷四,引二条;嘉泰《吴兴志》辑本各卷共引十八条。
吴兴郡图经	宋,佚名		《永乐大典》二千二百六十,引二条;嘉泰《吴兴志》辑本卷五、十七,引二条。
吴兴续图经	宋,佚名;一作绍兴中教授同郡官编。	《舆地纪胜》卷四,嘉泰《吴兴志》辑本卷十八。	嘉泰《吴兴志》辑本各卷,共引八十七条。
吴兴地志	宋,佚名		《太平寰宇记》卷九十四,引一条;咸淳《临安志》卷二十七,引一条;嘉泰《吴兴志》辑本,引二条。
吴兴地理志	宋,佚名		《舆地纪胜》卷四,引一条;咸淳《临安志》卷三十六,引一条;嘉泰《吴兴志》辑本卷十二、十八,引二条。
(湖州)旧志	宋,佚名		《大明一统志》卷四十,引一条;《永乐大典》二千二百五十六至七千五百十四,引二十七条;嘉泰《吴兴志》辑本卷五、十三、二十,引五条。
湖州志	宋,佚名		《舆地纪胜》卷十,引一条;《永乐大典》二千二百六十三,引一条。

续表

方志名称	纂者及年代	著录古籍及卷次	引及古籍及卷次
（吴兴）郡志	宋,佚名		《永乐大典》二千二百七十六,引四条;嘉泰《吴兴志》辑本各卷共引十二条。
吴兴志旧编十二卷（即淳熙《吴兴志续编》）	宋周世西等	《舆地纪胜》卷四,嘉泰《吴兴志》辑本卷十八	此书有石印《范声山杂著》辑本,又嘉泰《吴兴志》辑本各卷共引二百十八条。

上表所列,都是嘉泰《吴兴志》以前的湖州方志,其中3种辑存,其余的也有不少可以辑存。湖州是个历史悠久、人文荟萃的名城,除了方志以外,其他地方文献如碑碣、笔记、族谱等等,为数必然不少,所以在这方面还有很大潜力。

此外,在这次论证会上,持不同意见的各方,对计量数据都不够注意。其实,只要对目前已经掌握的文献资料加以分析,计量数据还是不少的。仅在各方瞩目的《杼山妙喜寺碑铭》中,就有不少计量资料。"山高二百尺,周围一千二百步"即是其例。但论证者都比较热衷于诸如"地形高爽,山阜四周即此山也"之类性状描述。特别是在全部论证过程中,竟没有一位学者把唐制的"二百尺"和"一千二百步"折算成为今制作为论证的计量数据。说明虽然在论证的对象中唐代事物甚关重要,但论证者对于唐代的度量衡制度却懵然无知。我在我主编的《中国自然地理·历史自然地理》（科学出版社1982年版）一书中,特请熟悉这方面的专家黄盛璋教授编制了一种《历代度量衡折算简表》作为此书附录。这次与会的杭州学者之中,有些人读过此书,却也对此不加注意,使我失望。按唐尺有大尺、小尺之别,大尺合今30厘米,小尺合今25厘米。唐里合 $1800 \times$ 大尺（尺）,唐亩合 $6000 \times$ 大尺（尺^2）。唐斗亦有大小之别,大斗合今6000毫升,小斗合今2000毫升,唐斤合今666克。至于"步",唐以后均5尺为步（唐以前6尺为步）,秦以后亩皆240步,所以唐亩为 $240 \times 5^2 = 6000$ 尺^2。人文科学学者在从事古代课题的研究时,像这样一类最基础的计量知识,是必须掌握的。在一般论证地望的场合中,论证者对历史地名论证标志的选择,与论证的准确性关系极大。选择历史地名的论证标志,首先要注意的当然是这种标志的稳定性。在这方面,自然地理实体比人工建筑要可靠得多。在自然地理实体中,稳定性最大的是山岳。至于河流,山区河流稳定性较好,因为它虽然摆动,但幅度不大;平原河流就极易改道,不是历史地名论证的理想标志。人工建筑除非在确实没有自然地理实体的情况下,否则,像村落、寺院、庙宇、宅第等等,因为变迁无常,重名极多,以此作为论证标志,常常容易发生错误。

现在,说到杼山地望这个本题。在这个课题中,根据颜真卿《碑铭》和其他地方文献的记载,论证的标志,最好的是杼山、黄蘖山、黄浦涧等自然地理实体。此外就是黄浦桥,桥梁当然是容易变迁的人工建筑,但只要河流稳定,桥梁也可相对稳定。这中间,"黄蘖山"一名,因为论证中有人写作"黄蘗山",过去某些文献如同治《湖州府志》也有刻作"黄蘗山"的,所以必须辨明。"蘗",本作"糵"(nie),《说文》卷六上又作"櫱",释为"伐木余也"。而"蘖"(bo),《说文》卷六上释作"黄木也"。《本草》亦作"蘖"。"黄蘗"一词无意义可述,但"黄蘖"则是一种芸香科(Rutaceae)落叶乔木,学名Phellodondronamurense,又有一个别种,学名 Ph. Chinense。因为从地名学的观点,中国的山水地名,常常用生长在山水一带的建群植物命名,所以此山大概应作"黄蘖山"。

论证标志虽然明确,但由于目前流行的地图上,已经没有了这些地名,而文献的记载,由于性状描述居多,各人可以凭自己的想法作出不同的解释,因而无法论定。因此,这类课题,假使能够在具有计量价值的地图上进行查索,疑难常常可以突破。但不幸的是,在课题论证过程中,持不同意见的各方,看来都没有重视这项工作,虽然也有人查阅或绘制过一些地图,但都是没有计量价值的示意图,论证时说服力不大。历史地名必须重视历史地图,这是历史地理学界和地名学界公认的准则。可惜在这次论证会上,这个准则没有引起足够注意。

中国古代的地图,主要是示意地图,没有计量价值。我国历史上第一幅具有计量价值的新式地图,是法国传教士杜德美(Petrus Jartoux)等花了 10 年时间、于康熙五十七年(1718)完成的《皇舆全图》。此图用 1∶1400 万的比例,有经纬网格,用梯形投影绘制。到了乾隆年代,又在此图的基础上,经过对新疆和西藏两地重加详正,完成了更为精密的《乾隆内府舆图》。不幸的是,这些地图均深藏大内,没有对我国地图科学的发展发生应有作用。一直要到乾隆图完成后 100 多年,在以上两图的基础上,由胡林翼于同治二年(1863)在湖北绘制刊行了流传较广的《大清一统舆图》。此图采用经线和方格计量的方法,是我国公开流行的第一种具有计量价值的地图。接着,清朝决定编绘更为详确的《大清会典舆图》,于光绪十二年(1886)在北京设立"会典馆",各省设立"舆图局",规定各省图的比例尺:省图每方边长百里,府图 50 里,县图 10 里。按清制 180 丈为一里折算,其比例尺是省图 1∶250 万,府图 1∶120 万,县图 1∶25 万。按此规格绘测的《浙江全省舆图》于光绪二十二年(1896)完成。这套地图说起来与湖州还有一点渊源,因为"舆图局"的主要领导人,就是主修《湖州府志》的同治湖州知府宗源瀚。在此图基础上,宗源瀚还主持了《浙江全省舆图并水陆道里记》的编绘,这是清末刊行而流行较广的有计量价值的浙江省并分县地图集。此图的县图,采用每方 5

里,比例尺约为1∶10万,山脉用等高线描绘,所以精确度已经较高。民国初年,又对此图作了修订,重新刊印,流行较广。

如果熟悉我国和浙江省历史上计量地图编绘的沿革,就会知道,像湖州知府宗源瀚主持编绘的和以后继续修订的这类地图集,现在还不是稀物,是一定可以找到的。而这些地图集,很有可能拥有我们需要追求的答案。我由于略知这方面的掌故,又充分理解计量数据在人文科学研究中的重要性,所以在相当短促的时间里,终于找到了民国初年的《修订浙江全省舆图并水陆道里记》。在此图集的吴兴县幅中,非常清楚地看到了用等高线绘制的杼山和黄檗山,"檗"不作"蘗",说明地名学的理论还是可以信赖的。黄檗树在历史上某一时期一定是此山的建群植物。从此山发源东北流的这条河流虽然没有标明地名,但"黄浦桥"还是清楚地绘在图上。

由于这一幅地图所提供的计量数据,所以我的意见是,杼山地望的论证,从现阶段来说可以基本结束,因为在近期内,估计不可能获得足以推翻这种计量数据的另一种计量数据。当然,作为一种科学研究,仍可继续进行。另外,十分重要的是,论证会的目的是为了辨明一种事实,参加论证会的学者,不论持什么意见,其实都是在促进论证结果的得出,所以绝对不存在谁胜谁负的问题。参加论证会虽然有许多人,又有各种不同的意见,但其实和个人从事一项课题研究并无两样,因为个人从事研究,也需要就不同观点随时进行论证。从我个人来说,至今已经出版了30多本书,发表了200多篇论文,每一本书,每一篇论文,都要经过反复多次的个人论证,这不过是科研工作的一种过程而已。当然,通过一次论证会,每个人都可以借此吸取一些有益的经验。比如说,对于一个课题的论证,必须首先大量地占有资料,不仅熟悉资料的本身,还得弄清资料的来龙去脉,特别是具有计量价值的资料。必须尽最大努力搜集和运用计量数据,因为这不仅是人文科学研究的重要方法,而且也是人文科学发展的方向。

1990 年 10 月 14 日在湖州市"杼山地望论证会"发言,
数日后在杭州大学历史地理研究室整理完稿。
原载《湖州社会科学》1991 年第 2 期

论当前地理学四大热点*

　　所谓地理学热点,就是由于社会需要及地理学本身的发展特点而引起人们普遍关注的问题所在。它具有时间性,随着地理科学的发展、变化和社会的需求而变化。根据当前国际、国内地理学研究动态及其特点推断,当前我国地理学的热点有 4 个,即:城市地理、农业地理、历史地理、环境保护和环境质量评价。估计在最近 5 年—10 年,不会发生多大变化。这不仅是我国地理学自身发展特点决定的,也是我国当前经济改革,发展国民经济的要求所决定的。

一、城市地理研究急待深入开展

　　城市是文明的结晶,是人类活动的中心舞台。今日世界,城市高度发展,是城市主导人类生活的时代。1983 年,世界约有 44% 的人口居住在城市。本世纪末,世界城市人口比重将接近 60% ,多数国家的城市,都正在飞速发展。

　　城市是一个区域的焦点,是社会劳动分工过程中形成的区域经济中心,同周围腹地存在着密切的经济联系。城市为了生存,必须将它制造的一部分货物(包括各种服务)销出城外,同时又要将一部分产品和服务留在城里消费。一个城市为外地的服务

　　＊　与陈雄合著,署名陈桥驿　陈雄。

越多,就越有实力扩大再生产,促进城市越来越大。城市的各种自行膨胀,以及由此带来的各种社会问题,要求科学工作者探求城市的发展规律,提出治理方案,供决策当局选择。因而在客观上就促使了城市地理学的发展,使城市地理学开始踏上理论与实践,诊断与处理相结合的阶段。

城市地理学在地理科学体系中虽然早已存在,但是在最近几十年中发展特快。我国的城市地理研究,相对来说开展比较晚,是当前地理学中基础甚为薄弱的学科之一。这不仅与国际水平不谐调,也与我国的城市发展状况不相称。我国城市人口的比例虽然不高,但是城市人口的绝对数量达 2.1 亿,近于整个欧洲的城市人口。在广袤的国土上,坐落着 100 多个大中型城市,3000 多个小型城市,5 万多个农村集镇。而且,城市的等级齐全,类型丰富。有一般小镇,也有超级大城市;有沿海城市,也有内陆城市;有历史古城,也有工业新城,为开展城市研究提供了良好的客观条件。当前,随着我国国民经济的发展和现代化建设事业的深入,各类城市正以一日千里,突飞猛进的姿态出现许多新的变化,十分需要城市地理学作出更大的贡献,急待深入开展城市地理学领域的科研工作,使我国城市地理学研究从理论和实践上跃升到一个更高的水准。

城市地理学历来存在着两个研究方向,这是众所皆知的,就是把城市或看作"点",或看作"面",分析这些"点"与"面"的空间运动规律。当前,我国在政治、思想、经济、文化各个方面的变化频率和幅度都在不断加大,这些变化在城市系统中表现得尤为明显,因而今后城市地理学的研究,应注重以下几个方面的动向。

（一）从静态研究向动态研究转变,即从格局描述向过程分析转变。

（二）城市发展预测性研究,注重研究成果的应用价值。

（三）学科的计量化、系统化、现代化。

二、农业地理的进一步研究是国情的需要

我国有 11 亿人口,8 亿多农民,960 万平方公里土地,是一个历史悠久的农业大国。千百年来,我国炎黄子孙在这块富饶美丽的大地上生息、繁衍、耕种、收获,积累了丰富的开发利用自然资源的知识和经验,形成了精耕细作的优良传统,留下了宝贵的物质和精神财富。

但是,由于我国封建社会停滞过久,近百年来又沦为半殖民地、半封建的地位,农业生产长期处于自给自足的自然经济和封闭半封闭的停滞状态。灾年四处逃荒,滥垦乱伐,自然资源遭到严重破坏。新中国成立以后,依靠自己的力量和社会主义制度的优越性,经过 40 多年的艰苦努力,农业生产有了较快的发展,中间虽有挫折和失误,但

以全世界7%的耕地养活全世界22%的人口,基本上解决了11亿人口的吃饭穿衣问题,并有部分地区和农民富足起来,成就是巨大的。现在我国正在进入一个新的历史时期,农村经济开始向专业化、商品化、现代化转变。

我国到本世纪末要实现农业总产值翻两番,和国民收入达到"小康"水平的宏伟目标,清楚地认识我国目前农业发展的条件、优势、潜力、远景,以及我们所面临的困难和问题,并合理开发、利用、保护自然资源,创造一个良性的、高效的生态环境,加强地理科学的农业地理研究,是非常必要的。党中央"八五"计划提出的,实现农业发展目标必须采取的若干重大措施,大部分都涉及到农业地理的问题。"八五"规划指出:"水利是农业的命脉。长江、黄河的水灾仍是中华民族的心腹之患。今后10年要加强大江大河大湖的治理,有计划地建设一批防洪、蓄水、引水的大中型项目,提高抗御自然灾害的能力,抓紧进行南水北调工程的建设,缓解北方水资源紧缺的矛盾。巩固和完善现有灌溉工程,努力扩大灌溉面积,积极建设旱涝保收、稳产高产农田。加强农业区域综合开发,建设一批国家级的重要农产品商品生产基地。分批改造中低产田,有步骤地开垦宜农荒地,改造和建设草原。林业是农业稳产高产的生态屏障。加强速生丰产用材林、防护林、经济林和薪炭林体系的建设,改善生态环境。"还指出:"切实加强土地管理,珍惜和合理利用土地,逐步稳定现有耕地面积,为农业和整个国民经济的发展提供土地保障。大力保护森林资源,严格执行采伐限额,严禁乱砍滥伐。"为了更好地配合"八五"计划的实施,迫切要求地理科学工作者,进一步加强我国自然条件的农业评价,以及土地资源的合理利用,粮食生产布局和商品粮基地建设,经济作物生产合理布局,林业生产发展和合理布局,畜牧业生产发展和布局,水产资源的开发利用,农业分区发展等一系列问题的深入研究。

三、历史地理研究日益引起重视

我国是个历史悠久的文明古国,疆域辽阔,文化传统优越,开展历史地理研究具有远大的前景。历史地理学是研究历史时期地理现象的分布、变迁及其规律,它是地理科学的一门分支学科。历史地理学和地理学一样,也是一门性质特殊的科学。它所研究的对象和任务,除了时间上的差别以外,和地理学完全相同。地理学按照研究对象在时间上的不同,包括古地理学、历史地理学和现代地理学3个部分。历史地理学处于承前启后的地位,它可以分为历史自然地理和历史人文地理。前者的研究包括河流、湖泊、海岸、气候、水文和植被等;后者的研究可以分成居民、城市、经济、政治、军事和文化诸方面。

人们知道,改造自然、利用自然是社会主义建设长期的任务。要改造、利用自然,就要认识自然本身分布、变迁和发生、发展的规律,同时也要了解过去在改造、利用过程中已经取得的经验和成就,这两方面都包括了很多历史地理学的研究工作。具体地说,农业是改造、利用自然的一个重要方面,历史地理学为农业服务就很有可为。例如,水是农业的命脉,而历史地理学就可以给寻找水源提供重要线索。历史时期古河道的研究、恢复,无疑是开辟水源的一个方面。研究古代井泉分布、变迁,也是寻找地下水源的一个好依据。有了水,还需要研究引水和用水。我国古代劳动人民在这两方面曾创造出非常辉煌的成绩,很多古代水利工程仍然是今天利用的基础。因此,历史地理学有关古代水源开辟、渠道的凿引、水工的设计和用水的处理等研究,不仅对发展农业有益,就是对于交通、水电、城市和某些工业需要用水的建设部门也是有好处的。土地是农业生产最主要的手段。从历史地理上研究边疆屯垦的兴废变迁、山区的开发和农牧界限的推移,对当前合理开发、利用土地资源,增产粮食有重要意义。矿源勘探有很多方法,其中历史地理查矿法也有一定的应用价值,它是根据古矿洞的遗存、古代矿产的开采罢废的记载,以及地方志中各地矿产分布资料,作为矿源勘探的线索的。

自然灾害常常威胁生产,甚至危害人类生命。战胜自然灾害,首先对于农业有着非常重要的意义。水旱灾一直是农业上的威胁。历史气候学从事历史时期水旱灾发生的周期规律或者某一区域的气候变迁的研究,对于预防水旱灾,因地制宜地提出措施有一定的作用。历史水文学的研究,可以从古代防洪堤坝的设计和洪水、洪峰、洪区的记载中,提供对今天防洪还有利用价值的东西,过去我们就曾经通过这一研究,解决了某些堤坝工程设计中最高洪峰的问题。要防水,首先要善于治水,我国历史上治水经验丰富,治水成效卓著,文献记载很多。历史地理学上治河的研究对于治黄、治淮等就曾经起过一定的作用。沙漠危害生产建设也很大,从研究历史时期的沙漠分布、变迁和古代劳动人民与风沙搏斗中所取得的经验、教训,对于防沙、治沙工作也是有帮助的。地震影响到人类的生命,某些基本建设也必须考虑到地震烈度问题,我国有关地震的历史记载非常丰富,这些丰富资料的提供,帮助了地震区烈度问题的解决。

各种区划、规划工作都包括多方面的因素,不但要充分了解现有条件,而且要深入了解形成的经过和发展中的特点。就以区域规划而论,有时就要对这一地区的开发经过、开发程度和过去经济发展中的特点作必要的了解,历史地理学有关区域开发的研究就有它的一定作用。城市规划要包括对各种条件的分析、评价,其中必须有城市历史地理的资料作为分析、评价的依据。

关于文化建设方面。我们有必要知道我们的版图及各个地区的面貌是怎样形成的,我们各民族祖先是怎样在各个不同的地区同自然作斗争的。我国的历史地理知识是非常丰富的,把这些丰富的历史地理知识加以系统地研究和整理出来,教育广大人民和后代,激发爱国热情,也是当前历史地理工作者责无旁贷的任务。

四、加强环境保护和环境质量评价

近年来,全球环境问题变得越来越严重,在世界各地都发生了大气、水质、土壤的污染和自然破坏。例如,迄今日本造成光化学烟雾的二氧化氮仍未减少,湖泊的有机污染在加重,化学物质和废弃物造成的污染日益引起关注。数万种化学物质正在环境中扩散,其中很大一部分的影响尚未弄清。环境保护是全球性的重大问题。美国1980年发表的《公元2000年的地球》,研究20年后全球环境趋势,作为制订长期规划的基础。该报告预测:环境、资源和人口的压力在加剧,环境将更拥挤,污染更严重,生态更不稳定,更容易遭到破坏,本世纪末可能发生规模惊人的世界性问题。因此,恢复和保护人类居住的地球在生态方面的稳定,可能是本世纪末最重要的问题。

苏联、东欧等国,把环境保护列为重大任务,保加利亚境内所有河流都不同程度受到了污染。发展中国家,环境污染问题亦日趋严重。墨西哥随着经济的发展,污染越来越严重,每年近10万人死于污染造成的后果。巴西的库巴坦市受化工冶炼厂的污染,被称之为"死亡的山谷"。1980年东盟国家在马尼拉制订了共同环境规划,提出发展经济与保护环境相互协调的方针。尽管我国工农业发展并没有达到世界上工业发达国家60年代那样的水平,但我国的环境问题已发展到很严重的程度。我国的环境污染并不同生产的发展完全成比例,环境污染的程度比工农业生产发展的程度要高。当前我国面临急需解决的主要环境问题有以下几个方面。

(一)能源燃烧引起的污染问题

大气污染的主要根源是能源燃烧。我国能源构成以煤为主,仅工厂烧煤产生的二氧化硫就约占全世界总量10%左右,烟尘排放量也高得惊人,约占全世界总排放量的14%左右。预计我国2000年将消耗13亿吨标准煤,如无控制污染措施,二氧化硫、烟尘和其他有害物质的排放量,必然大量增加。

(二)农业现代化引起的环境问题

农业现代化需要大量化肥、农药、除草剂等等,我国还需要较长期使用有机氯农药,在高产地区,特别是三熟制农区,化肥用量很大,有的土壤已受损坏。在一些缺水地区,引用城市污水灌溉农田,使用不当就极易造成污染。一些有毒、有害的工厂和国家兴办的不少散布在山区水源地的工业,所排放的"三废"很易使整个水系受到污染。

(三) 工业、交通运输和城市的环境问题

当前城市人口比例,比新中国成立初期要高得多,城市人口已达 2 亿多。人口在百万以上的大城市就有十几个,50 万—100 万人口的城市有 20 多个。许多城市工业密布,人口集中,缺乏公共设施,居民区里办工业,文化古迹遭破坏,交通秩序紊乱,噪声很大。据统计,北京、上海、天津、南京、杭州、武汉、广州、重庆、哈尔滨 9 个城市,在市中心的交通噪声强度均在 90 分贝以上,比纽约、伦敦、东京均高得多。东京有 200多万辆汽车,北京只有 14 万辆汽车,杭州仅 1 万辆不到,但北京、杭州噪音高于东京。

(四) 自然资源的保护问题

自然资源是发展经济的物质基础,也是保障人民生产、生活的基本条件,它包括土地、矿藏、水、森林、草地、野生动植物、风景区和大气等等。

由于乱砍滥伐,我国森林面积覆盖率已下降到 12.7%,比世界平均值低一半,居120 位。不少自然保护区,森林被毁,珍贵野生动植物资源已有 20 多种濒临危险境地,有的行将灭绝。土地资源破坏也很严重,仅水土流失一项,每年流失泥沙 50 亿吨,相当于损失 4000 多万吨化肥的养分,折算经济损失 24 亿元。在开采和利用矿产资源时,因未搞综合勘探,使许多伴生矿,如稀土,稀有、稀贵金属都白白丢掉,还污染了土地、江河,使人畜受害。我国水资源占世界第五位,目前 27 条主要河流已受到不同程度的污染,水产资源受到严重威胁。

以前在"左"的路线影响下,我国曾一度对环境污染和生态破坏的危害认识不足,缺乏经验,甚至错误地认为只有在资本主义国家才发生"公害"。当今世界上,环境污染和生态破坏是人类面临的重大社会问题之一。1972 年 6 月,在举世瞩目的斯德哥尔摩"人类环境会议"之后,于 1973 年 8 月,在北京召开了第一次全国环境保护会议。会上从我国实际情况出发,制定了"全面规划,合理布局;综合利用,化害为利;依靠群众,大家动手;保护环境,造福人民"的环境保护工作方针。

近 10 年来,我国环境保护工作,在环境监测技术、环境质量评价、环境污染防治技术、环境科学理论等方面,取得 2000 多项研究成果,反映了我国环境保护工作的发展进程。但是要较全面地解决我国复杂的环境问题,仍然面临着艰巨的任务,因此,加强环境保护和环境质量评价,也是当前摆在地理科学工作者面前势在必行的重要工作。

原载《杭州大学学报》(哲学社会科学版)1991 年第 4 期

扩大徐霞客研究

　　近年来,徐霞客研究在我国有了很大发展。对于一位历史人物和一门学问,在不长的时期内,在国内甚至国外,吸引许多学者从事研究,一时间获得大量研究成果,超过以前几百年的研究,确实十分难得。

　　我在这一时期的徐霞客纪念学术活动中,一开始就提出"徐学"这个名称,而且把它紧紧地与"郦学"联系起来。这并不仅仅因为我一辈子从事"郦学"研究,希望能有一门与"郦学"相呼应的学问。由于我看到,"郦学"与"徐学"除了它们各自的个性以外,也有它们之间的共性,这在拙作《郦道元与徐霞客》一文中已述其详。《水经注》和《游记》虽然时隔千年,但它们在不少地方是互相沟通的。我在拙作《读〈水经注〉札记》中,曾以《弔鸟》为题,指出《水经·叶榆河注》中的弔鸟山,《游记·滇游日记》也同样作了记载,但地名作鸟弔山。朱惠荣先生校注的《徐霞客游记》中,对此一节曾作了详细的注释。我在拙文中说:"朱惠荣先生说:'每年中秋前后',则郦道元所说的'每岁七、八月至'和徐霞客所说的'每岁九月'都没有错。"我在拙文中,从郦道元写到徐霞客,又从徐霞客写到1986年第6期《民族文化》(云南民族出版社出版)的《鸟弔山》一文,该文用现代科学的理论,解释了郦道元和徐霞客所记载的这种动物现象。从这个例子中就足以说明《水经注》和《游记》的关系,也足以说明"郦学"与"徐学"的关系。

　　我在提出"徐学"这个名称以后,对这门学问的是否能顺利发展,曾经寄予颇大的关注,这种关注,常常在我近年来的文字中流露出来。我在为寓居香港的郦学家吴天任教授所著《郦学研究史》一书所写的序言中提到:

> 称《徐霞客游记》研究为"徐学",是我在八十年代所首先提出。虽然各方纷纷响应,但"徐学"作为一种专门的学问,还有待不断研究和提高,庶几名符其实。

这段时期之中,"徐学"研究的迅速发展,的确出于我的意料之外。除了上面提到的在无锡、江阴、桂林等地的纪念学术活动以外,两种点校的《徐霞客游记》先后出版,为徐学研究奠定了文献基础。每次纪念学术活动中都有许多论文,包括外籍学者的论文。有关徐霞客研究的专著陆续出版,其中香港中文大学出版的由美国密西根大学李祁教授主编的英文本 *The Travel Diaries of Hsü Hsia-ko* 也在这一时期传入国内(原书出版于 1974 年)。国内出版了许多专著。不少刊物如浙江省社会科学院出版的《浙江学刊》,设有《徐学研究》的专栏。诸如此等,都说明了"徐学"研究的欣欣向荣,蒸蒸日上。

从上述情况看来,吕锡生先生引我的五言诗:"郦学渊源长,徐学后来昌,郦学与徐学,相得而益彰"的局面已经出现。这原来是我的希望,现在,希望出乎意料地迅速成为现实。因此,我又产生另外一种想法,或者说另外一种希望,提出来和大家商量。

我认为,"郦学"和"徐学",本身都有它们各自的特点。譬如说,"郦学"包含了大量碑版学、文献学、沿革地理学等材料,而"徐学"则包含了许多有关地貌学、岩石学、民族地理学等材料,这些都是这两门学问各自的专业性。但是除了专业性以外,这两门学问显然存在着它们的普及性。他们的普及性,也就是这两门学问的共同基础,其实就是描述和赞美祖国的大好河山。《水经注》和《游记》的作者,都是以自己的亲身实践,描述祖国的大好河山,赞美祖国的大好河山。他们的共同思想基础,即是美国学者亨利·G·施瓦茨所撰的《徐霞客与他的早年旅行》[①]一文中所说的"中国的自然之爱",也就是爱国主义的精神。

对于这两门学问的专业性,譬如碑版学和岩溶地貌学的研究,都是专门的学问,属于各有关学科的专业学者的研究对象,不是一般人所能问津的。但是对于这两门学问的普及性,即对祖国大好河山的描述和赞美,乃是这两门学问留给后世的,让广大人民接受教育,为广大人民所共同享受的部分。应该说,这是"郦学"和"徐学"中的一个重要组成部分。从这个组成部分来看,我认为"郦学"和"徐学"的研究应该扩大,应该开放。因为在中国历史上,通过亲身野外考察的实践,写下生动优美的赞赏祖国大好河山的文章,在思想上充满对中国的自然之爱的人,并不仅仅是郦道元和徐霞客。这样的人物和他们写下的不朽章篇,我们还可以举出很多。

中国古代的游记和地理书,有许多当然不是作者的亲身经历,他们无非是抄录政府资料,搜集道路传闻和加上自己的假想。这样的作品,尽管也记载了祖国河山,但是显然不能与《水经注》和《游记》同日而语。在公元以前,唯一一位经过亲身的野外考察并留下作品的是司马迁。他是夏阳(今陕西韩城以南)人,20 岁就出游,跑遍了华中、华东和华南,后来随汉武帝出巡北方和西北各地,并出使西南,足迹遍中国,他的考察成果记录在《史记·货殖列传》和《史记·太史公自叙》等篇之中。其中《货殖列传》是我国历史上最早的经过实地考察的经济地理著作。公元以后,在 1 至 2 世纪之间,又有两位经过实地考察而留下作品的人,其中之一是公元 1 世纪的马第伯,他于后汉建武三十二年(56)正月二十八日,随侍汉光武帝从洛阳宫出发,二月九日抵鲁,十一日从奉高县登泰山。他撰有《封禅仪记》一篇,生动而详细地记载了泰山的风景。《封禅仪记》可以认为是现存的通过实地考察的最早游记。另一人是公元 2 世纪初期的班勇,他是著名的定远侯班超的儿子。他在汉安帝时曾为西域长史,曾经参与了西域即今新疆一带的许多政治和军事活动,写下了《西域风土记》一书。南北朝初期范晔撰《后汉书》,曾据此书撰成其中的《西域传》,说明这是一部内容丰富的实地考察作品。可惜此书已经亡佚,我们无法知其内容全貌。总的说来,在这一时期,经过作者实地考察而写成的游记或地理书,数量是很少的。

从公元 4 世纪之初到 6 世纪后期,我国历史上出现了一个"地理大交流"的时期,情况就有了很大的改变。正如我在为刘盛佳先生所著的《地理学思想史》②一书所撰的序言中所指出的:

> 地理学思想空前活跃的结果,是大量地理著作的出现。我在《地理学报》上曾列举了这个时代的许多地理著作的名称,这些地理著作和先秦时代的地理著作如《山海经》、《禹贡》、《穆天子传》等很不相同,它们摆脱了先秦作者的那种漫无边际的想象和假设的陋习,而以他们的直接或间接的实践作为他们写作的依据,使中国第一次出现了许多记载翔实,描述生动的地理著作。

这真是一个人们对祖国大好河山进行实地考察风起云涌的时代,也是通过实地考察而撰写的游记和地理书大量问世的时代。《水经注》当然是所有这个时代的大量作品中的杰出代表。郦道元是一位非常重视实地考察的学者,但是非常不幸的是,这个时代恰恰是中国南北分裂的时代,郦道元的足迹不可能到达南方,对于江南半壁的祖国河山,他只能通过他人的实地考察成果,来对这些他自己无法亲自考察的祖国河山作出描述和记载。著名的长江三峡就是一个例子。

郦道元的时代,南北二朝基本上以秦岭为界,长江及其三峡胜景远离北朝,郦道元当然不可能到达这里。他是用亲自在这里考察的袁山松的记载来描述这一片祖国河山的。袁山松是东晋人,曾到三峡所在地的宜都郡当过郡守,写下了一部称为《宜都山水记》(又称《宜都记》)的著作,这是我国历史上第一种实地考察的三峡游记,虽然全书已经亡佚,但郦道元在《水经注》记载长江三峡时曾引及此书10处。可以举出其中几处,以见一斑:

> 《宜都记》曰:自黄牛滩东入西陵界,至峡几百许里,山水纡曲,而两岸高山重障,非日中夜半,不见日月;绝壁或千许丈,其石彩色,形容多所像类,林木高茂,略尽冬春,猿鸣至清,山谷传响,泠泠不绝,所谓三峡,此其一也。

> 山松言:江北多连山,登山望江南诸山,数十百重,莫识其名,高者千仞,多奇形异势,自非烟裹雨雾,不辨见此远山矣。余尝往返十余过,正可再见远峰耳。

从上列为《水经注》引存的《宜都记》的吉光片羽中,可见袁山松笔下的三峡风光,是何等的奇丽险峻,而他的描述,又是何等地生动真切。如此胜景,使他不得不"流连信宿,不觉忘返",不得不"往返十余过"。说明他的野外考察,是何等地细致认真。文字技巧再好,若无亲身实践,是写不出这样栩栩如生的文章来的。时隔十六、七个世纪,现在的三峡风光,实在还是如此,凡是到过三峡的人,都会有这种体会。

在整个"地理大交流"时代,对祖国河山和自然风景进行实地考察的学者很多,通过实地考察而写成的作品也很多。例如刘宋的谢灵运,他曾寓居于始宁县东山(今上虞县以南),对这个地区的自然景观和人文景观进行了细致的考察,写成了《山居记》(又称《山居赋》)一篇。举凡当地山川形势,田园农事,飞禽走兽,草木花果等等,无不作了详尽记载。文字优美,语言丰富,而且全文尚存,成为除了《水经注》以外,"地理大交流"时代撰写的,至今尚存的极少数游记和地理书之一。又如刘宋戴延之,他随宋武帝刘裕征讨北朝,随军从今南京到洛阳,一路上,他把沿途河山风景,城镇聚落,地方风俗,人物掌故等进行实地考察,写成《从刘武王西征记》(又称《西征记》或《从征记》)一书。虽然其书早已亡佚,但从《水经注》等书引及的部分来看,内容相当丰富。"地理大交流"时代,为我国学者开创了考察祖国河山,描述祖国河山的风气,从此以后,历代都有这样的学者和作品。这些人,把他们对祖国的自然之爱,倾注在他们实地考察的作品之中,为后世累积了大量爱国主义教材。

明末清初的学者张岱说:"古人记山水,太上郦道元,其次柳子厚,近时则袁中郎。"[③]这里不说郦道元,只说柳子厚和袁中郎。柳子厚即是柳宗元,他是唐宋八大家之一,其文笔当然众所周知,毕生写下了大量文章。但是在记山水方面的名作,其实就是《永州八记》。[④]这是他被贬永州时所作,也是他亲身实践的成果,是历来传诵的千古文章。袁中郎就是袁宏道,是明公安派的代表人物,其诗文名重一时。他遍游名山大水,写了许多游记,后人从《袁中郎全集》中把这些游记汇集起来,另编《袁中郎游记》[⑤]一种,都是亲身考察的作品,当然不同凡响。这是从"地理大交流"以后直到明代的情况。明代以后,具有实践基础的游记和地理书,就更大量涌现。清代的《小方壶斋舆地丛钞》共 30 余帙,收录清代各种游记和地理著述 1400 余种,其中有大量实地考察的成果。

张岱提出的"太上","其次"之论,或许是从写作技巧方面的要求居多。但他按他的要求而提出来的 3 人,恰恰都是富于野外实践经验的人物,由此益足以证明亲身的野外考察,是培养和表达人们对于祖国河山的真挚感情的重要途径,在提高文字的生动真切方面具有重要意义。另外,在"地理大交流"时代以后,以实地考察为基础而撰写游记和地理书的,也并不仅仅是张岱提出的几个人,例如宋陆游的《入蜀记》和范成大的《吴船录》等,也都是亲身经历的历史名作。而且中国从唐朝开始涌现出大批诗人,他们之中,有不少人遨游四方,即景赋诗。历代以来,我们曾经有大量热爱大自然,热爱祖国河山的诗人,以他们的亲身实践,写下了大量描述和赞美祖国各地河山胜景的动人诗篇。由于数量庞大,这里不加列举。

如上所述,主要是说明了,我国历代以来,特别是在"地理大交流"以后,有许许多多学者和其他知名人物,他们充满了亨利·G·施瓦茨所说的"中国的自然之爱",以他们的亲身实践,即细致认真的野外考察,撰写了大量描述和赞美祖国大好河山的文章诗篇,把他们的真挚感情倾注在文字之中。所以他们作品,文字优美,语言生动,有的豪爽奔放,热情洋溢,有的惟妙惟肖,细腻委婉。他们的文章诗篇,令人百读不厌,为后世留下了大量价值连城的爱国主义教材。

由此可知,今天我们纪念徐霞客,研究徐学的活动,也包括纪念郦道元,研究郦学的活动,实在有必要加以扩大。前面已经说明"郦学"和"徐学"都有它们的专业性和普及性。对于普及性来说,牵涉甚广,关系重要。因为它肩负着提高广大人民的情操素养、教育广大人民包括海外华人热爱祖国的重要任务。而在这方面,具有卓越贡献的古人,实在远不只郦道元和徐霞客;具有深远影响的古书,显然也远不只《水经注》和《游记》。所以我们实在有必要把这个研究领域加以扩大。

在"地理大交流"时代以前,我们要研究司马迁、马第伯、班勇等人物以及他们的著作《史记·货殖列传》、《太史公自叙》、《封禅仪记》、《西域风土记》(据《后汉书·西域传》)等等。在"地理大交流"时代,除了郦道元和《水经注》以外,我们还要研究的人物和著作甚多,尽管至今保存完整的只有谢灵运的《山居记》,但是如前面引及的袁山松《宜都山水记》,写得如此生动优美,所以我们不仅有必要研究袁山松的生平,而且也值得从各种引及《宜都记》的古籍中辑录文字,慎加排比,使近完璧。在"地理大交流"时代以后,我们需要研究的人物利著作更多,不仅是张岱所指出的柳宗元及其《永州八记》,袁宏道及其《袁中郎游记》,我们还要研究陆游、范成大和其他许多对祖国河山进行实地考察的人物和他们的著作,并且包括许多热爱大自然,赞美祖国大好河山的诗人和他们的诗篇。

　　自从 1983 年纪念徐霞客诞辰 400 周年筹委会在无锡召开以来,纪念徐霞客的活动频频举行,"徐学"研究的热潮方兴未艾,研究成果也已经大量出现。今后,徐霞客研究当然要继续发展,"徐学"也要进一步繁荣。但是,如前面指出的,"徐学"有它的专业性和普及性两个方面,从专业性的角度说,我们必须把"徐学"研究深入下去,充实这门学问的内容,使它具有更高的理论价值和实践意义。但从普及性的角度看,我们有必要扩大徐霞客的研究,把研究对象开放到在中国历史上所有和徐霞客其人其书相似的广大领域中去。让广大人民知道,除了徐霞客及其《游记》以外,我国古代出过许多对祖国河山进行细致认真的考察、撰写了生动翔实的游记和地理书的人物。他们充满了对祖国河山的无比热爱,把他们的真挚感情倾注在他们的文章和诗篇之中。他们都是华夏文化中的精英,我们应该认真地研究这些人物和他们的著作,扩大他们的影响。把这些人物和著作,作为我们民族和国家的重要凝聚力,作为爱国主义的感情源泉。

注释：

① Bellingham, Washington: Program in East Asian Studies, Western Washington State College, Occasional Paper No. 3, 1971.

② 华中师范大学出版社 1991 年出版;此文又单独发表于《中国历史地理论丛》1989 年第 3 期。

③ 《跋寓山注二则》,载《瑯嬛文集》卷五。

④ 指《始得西山宴游记》、《钴姆潭记》、《钴姆潭西小丘记》、《至小丘西小石潭记》、《袁家渴记》、《石渠记》、《石涧记》、《小石城山记》8 篇,均是永州(今湖南零陵)风景。

⑤ 中国图书馆出版部民国二十四年出版。

原载《千古奇人徐霞客——徐霞客逝世 350 周年
国际纪念活动文集》,科学出版社 1991 年版

关于四川省蚕桑、丝绸业的发展和
南方丝绸之路的论证

中国是世界上丝绸业发展最早的国家。古代希腊人和罗马人称中国为 Serice,称中国人为 Seres。"Serice"是"丝"的音译,意即"丝国",说明中国很早就向西方输出蚕丝和丝绸。历史上曾经出现好几条"丝绸之路"。

最著名的一条当然是从西安到达地中海东岸的这一条,西安是我国建都年代最长的古都,从此向东,经过九朝名都洛阳直达朝鲜并东渡日本,其实也包含在这条道路之中。我国古代的丝绸,通过这条横亘欧亚大陆的通道,东传朝鲜、日本,西达中亚、西亚和欧洲各国。

另一条称为海上丝绸之路,日本人也称之为陶瓷之路,这条道路,起自浙江和福建沿海,经过南海、马六甲海峡、印度和斯里兰卡沿岸、波斯湾、阿拉伯沿岸,直到红海沿岸和东非沿岸。

上述海上丝绸之路是东西向的一条航路。此外,也存在另一条西东向的航路,即从另一沿海经过菲律宾,然后横渡太平洋到达拉丁美洲各国。这条海上丝绸之路的开拓为时较晚,是西班牙占领了菲律宾和拉丁美洲以后才开始的。从晚明直到清代中期,中国丝绸经这条航路运到马尼拉然后转运拉丁美洲的,数量十分可观。

除了上述以外,最后还有一条西南的丝绸之路,或者称为南方的丝绸之路。这条道路从四川开始,经过云南进入缅甸,然后从仰光和其他缅甸的南方港口入海,循印度洋西行,与前述海上丝绸之路相汇合。这一条丝绸之路包括陆上和海上两个部分。

日本文部省为了论证这条丝绸之路的存在,特地设立了一项课题,于 1990 年夏季,由大阪商业大学商经学院院长富冈仪八教授来到中国把这项课题委托给我,希望我从四川省现代丝绸业的发展状况,回溯历史,以证明古代丝绸业的发展和丝绸之路的存在。

丝绸业发展的地理基础是蚕桑业,在历史上,中国蚕桑业最发达的地区是太湖流域(浙江、江苏)、珠江三角洲(广东)和四川盆地(四川)。从现状来看,珠江三角洲的蚕桑业已经衰落,太湖流域也今不如昔,而四川一跃成为全国蚕桑业最发达的省份。从 1931 年和 1985 年蚕茧产量比较中,可以清楚地说明情况。

省别	1931 年产量(担)	1985 年产量(担)
浙江	1,360,700	1,282,543
广东	1,193,600	525,696
江苏	656,500	1,440,189
四川	561,000	2,031,666

四川蚕桑业分布普遍,全省除甘孜、阿坝两州外,均有蚕桑生产,全省蚕茧和蚕丝产量,分别占全国的 36% 和 32%,均居全国之首。但桑树的种植以"四边桑"和"大行桑"为主,不像江、浙、粤各省的集中大片桑园。所谓"四边桑",指田边、地边、路边、屋边;"大行桑"指的是在旱粮作物中套栽桑树。间距一般达 1 米。我们考察了新都、郫县、灌县、乐山、井研、仁寿等不少县市,大片桑园极为罕见。乐山市凌云乡燕子村的罗友文,是全省著名的蚕桑专业户,他有水田 7 亩 3 分,旱地 2 亩 6 分,桑园 2 亩 7 分。桑园中共栽桑 4000 株,均套作旱粮(马铃薯),另栽"四边桑"1000 株,则"四边桑"仍占罗友文全部桑树的 1/5,四川省无法和江、浙、粤各省的统计桑园亩数相比,全省所栽的"四边桑",估计约有 20 亿株。四川省的蚕桑产值,居粮食、生猪、油料以后的第四位。与江、浙、粤等省不同,农民对蚕桑业的积极性较高,蚕桑业很有发展前途。

四川省的丝绸业分布较广,但主要集中在成都、南充、乐山、重庆、绵阳等地。其中著名的工厂有成都蜀锦厂、成都蜀绣厂、南充丝绸厂、乐山丝绸厂、重庆丝纺厂、绵阳丝绸厂等。除了南充、绵阳以外,其余各厂我们均作了考察。

成都蜀锦厂以生产蜀锦和真丝出口绸为主,有职工 1900 余人,年产丝绸 240 万米。蜀锦已有 2000 余年历史,在日本正仓院、法隆寺等均藏有"飞鸟"、"奈良"时代的"蜀江锦"残片。长期以来,蜀锦使用木机织造,该厂现尚存明清时代使用的手工提花木机一架,为我们作了操作表演。现在当然已经改用新式织机。

乐山丝绸厂是一个生产丝、绸、印染、服装等的综合企业,有职工 3500 余人,年产生丝 300 吨,丝织品 300 万米,印染能力 300 万米,丝绸服装 10 万件。此厂始建于 1914 年,已有悠久历史。

重庆丝纺厂始建于 1909 年,原生产蚕桑土丝,现在则是一个以绢纺产品为主的丝、绢、绸齐备的综合丝绸企业,有职工 3300 余人,年产绢丝 310 吨,䌷丝 190 吨,生丝 73 吨,丝织物 110 万米。该厂赠送了我们 6 种丝织物样品。

四川省蚕桑业已跃居全国首位,丝绸业发展有很大前途,而历史悠久,渊源古老。为此可以论定,古代确实存在一条丝绸之路。古印度史书《政事论》,史诗《摩诃婆罗多》,婆罗门教的《摩奴法典》等,均载有中国丝绸的资料,据学者研究,这些丝绸产于四川,它们从四川经云南、缅甸到达印度。即所谓"蜀身毒道"(印度古译身毒)。这条道路在中国境内包括西山南道、临邛道、始阳道、牦牛道、岷江道、石门道、博南道、永昌道等段落,可以称为"南方丝绸之路"。

从四川省蚕桑和丝绸业发展的现状,可以追溯和论证它的悠久历史;从四川省蚕桑和丝绸业的悠久历史,可以追索和论证这一条自古存在的"南方丝绸之路"。这条丝绸之路近年来才在学者的研究中逐渐明朗起来,它的重要性或许不低于其他几条丝绸之路,值得继续深入研究。

原载《郑州大学学报》(哲学社会科学版)1993 年第 2 期

近10年来历史地理研究的新进展[*]

最近10年是我国历史地理研究蓬勃开展、取得引人注目成就的10年,这表现在一些传统的分支继续取得进步,不断有新成果问世,也反映在一些新的研究课题有了良好的开端,与相关学科的结合获得了初步成功。这些都使历史地理作为一门基础学科和具有广泛应用性这两方面的特点都得到了发挥,预示着现代地理学这一重要分支的广阔前景。

一、学科理论研究和通论性著作

到80年代初,历史地理学界对本学科的性质、任务和学科属性等基本理论问题已经取得共识。但近年面临的新形势对学科理论又提出了新的要求。侯仁之的《再论历史地理学的理论与实践》(《北京大学学报·历史地理学专刊》,1992年)就是对此作出的回答。他认为:历史地理的研究范围,必须扩展到地质史的最后时期,也就是随着人类的活动能力逐渐加强,并开始在自然环境上产生了日益显著的影响以后的时期。他重申历史地理学是现代地理学一个有机的组成部分的观点,并对博士学位专业将历史地理一律归入历史学的做法提出了批评。他指出:目前我国地理学正经历着一

* 与邹逸麟、张修桂、葛剑雄合著,署名陈桥驿　邹逸麟　张修桂　葛剑雄。

个重大的变革,而且是极有利于历史地理学的发展。"地球表层学"作为地理科学的基础理论学科,本身就是一个巨系统,历史地理的研究是它所包含的若干子系统之一,已被纳入到地理科学中属于基础理论的学科体系中来。他根据这一思想提出的具体任务虽然主要是为北京大学制定的,但对整个历史地理学界都有指导意义。

历史人文地理研究曾长期处于停顿状态,近年虽有较快进步,但仍多空白。为此,谭其骧在《积极开展人文地理研究》一文(载《历史地理》第 10 辑,1992 年;改题《历史人文地理研究发凡与举例》上篇)中指出,开展历史人文地理研究不仅对历史地理学有其必要性,对整个地理学也有重大意义。人文地理现象的变化发展一般要比自然地理现象迅速,但也有其延续性和继承性,历史人文地理的研究对于当代人文地理的研究是不可或缺的。文献资料是中国历史人文地理研究最大的优势,并不会因现代化的研究手段而失去其重要性。他预言,历史人文地理将是中国历史地理研究领域中最有希望、最繁荣的分支。

他山之石,可以攻玉。随着改革开放的深入,国外的历史地理理论得到更多、更全面的引进和介绍。前苏联地理学会副主席热库林于 1962 年出版的《历史地理学:对象和方法》一书(韩光辉译,北京大学出版社 1992 年版)和日本学者菊地利夫的于 1977 年出版的《历史地理学导论》一书(辛德勇选译,连载于《中国历史地理论丛》1987 年第 1 期至 1989 年第 4 期)都曾产生过重大影响,起了开阔中国学者眼界的作用。

到目前为止,中国历史地理通论性的著作已有了 6 种,即自 1986 年起先后出版的马正林的《中国历史地理简论》(陕西人民出版社 1986 年版)、王育民的《中国历史地理概论》(上、下册,人民教育出版社 1987 年、1990 年版)、张步天的《中国历史地理》(湖南教育出版社 1989 年版)和《中国历史文化地理》(湖南教育出版社 1993 年版)、史念海的《中国历史地理纲要》上、下册(山西人民出版社 1991 年、1992 年版)和邹逸麟的《中国历史地理概述》(福建人民出版社 1993 年版)。可以说,中国历史地理概论这一长期存在的空白已经被填补。《简论》出版最早,适应了当时的需要;《概论》篇幅大,内容详细,对各方面的研究成果作了较好的概括;张步天的两种虽显得粗糙,但不失为一种有益的尝试;《纲要》是作者近 60 年学术研究的结晶,内容全面,纲举目张,功力颇深;《概述》虽然篇幅不大,但作者本着"人详我略,人略我详"的原则,突出了重点。由于历史地理总论性的著作涉及自然和人文的各个分支,而有的分支目前能够参考利用的成果还相当少,所以基础比较薄弱。另一方面,这些作者中虽有史念海先生这样硕果累累的老一代大家,但多数作者本人的研究范围有限或者为时不久,所以难免以总结别人的成果为主。因此严格说来,其中多数还只是"编"而不是"著"。这种状况的根本改变,有待于历史地理各个分支的实质性进步。

二、历史自然地理

在具有总结性的《中国自然地理·历史自然地理》一书出版之后,中国历史自然地理的研究更加广泛而深入地发展。

"七·五"期间,"中国气候与海平面变化及趋势和影响的初步研究"列为国家自然科学基金委员会和中国科学院联合资助的重大项目。在其带动下,**中国气候变化**的研究进展迅速,获得一批重大成果。施雅风主编的《中国全新世大暖期气候与环境》、《中国气候与海平面变化研究进展》(一)、(二)(海洋出版社1992年、1990年、1992年)等3部论文集以及李克让主编的《中国气候变化及其影响》(海洋出版社1992年版)一书,较全面地反映了这方面的研究成果。其中,施雅风、张丕远等的《中国全新世界暖期气候与环境的基本特征》一文,应用多种学科的资料,确定了全新世大暖期出现于8.5kaBP—3.0kaBP,其稳定暖湿的阶段在7.2kaBP—6.0kaBP,并指出在大暖期内存在多次冷暖与干湿的气候波动,给植物界和人类活动带来严重灾害。鉴于CO_2与温室气体增加,可能导致下世纪全球平均升温1℃—2℃的气候突变,也将带来多种严重灾害。

晚全新世中国气候的研究,在相当大的程度上是以历史文献记载为依据的。因此,全面档案整理、仔细鉴别考订文献资料是历史气候研究的一项重大工程。复旦大学中国历史地理研究所在国家基金会的支持下,系统地搜集了自先秦至元代的数万卷历史文献,并对其中一些重大气候事件及有争议的记载进行了仔细考证。在此基础上,满志敏、张修桂合作发表了《13世纪中国东部温暖期自然带的推移》(《复旦学报·社科版》1990年第5期)和《中国东部4500年以来气候冷暖分期》等论文。前文指出13世纪的自然带曾北移一个纬度,其结论被公认为迄今为止历史气候研究的重要发现,而前人认为的"隋唐温暖期"根据似有不足。

新中国成立以来,**历史地貌变迁**中河流、湖泊、海岸、沙漠、黄土高原等方面的研究较为深入,成果丰富。1985年,曾昭璇、曾宪珊在此基础上,对历史地貌的研究进行系统的总结,其《历史地貌学浅论》(科学出版社1985年版)一书,从理论高度提出独立框架,创建了历史地貌学这一历史自然地理的分支学科,填补了学科的空白,具有开创性的意义。曾昭璇、黄少敏《珠江三角洲地貌研究》(广东高等教育出版社1987年版)一书,即从具体的课题研究说明历史地貌学的理论体系和实用意义。与此同时,历史地貌各部门的研究又有新的进展。

历史河流地貌方面,河北地理研究所的工作堪称细致深入,该所长期坚持科学研

究与生产实践结合的原则,采用各种手段,复原了全新世以来的华北平原的古河道,其
成果汇集在吴忱主编的《华北平原古河道研究》、《华北平原古河道论文集》(中国科学
技术出版社1991年版)两部著作中。他们从古河道观点出发,阐明了一系列相关学科
的学术问题及其与经济建设的关系。海河是华北平原的巨型水系,谭其骧的《海河水
系的形成和发展》(《历史地理》第4辑)详细论证了现代五大支流汇合的海河水系,是
人工开凿运河的结果。其论点早在1957年就已提出,并为学术界广泛采用。最近,张
修桂的《海河流域平原水系演变的历史过程》(《历史地理》第11辑)即在原文的基础
上,全面论证了海河水系从无到有、从小到大的整个历史演变过程。海河流域水系的
形成,与先秦时代黄河下游两大分流所形成的两个"九河"分流系统密切相关。张淑
萍、张修桂的《〈禹贡〉九河分流地域范围新证》(《地理学报》第42卷第1期),首次明
确地指出了"九河"分流系统的地域范围,并分析了当时黄河北分流促使古白洋淀消
亡、演化为雏型海河水系的过程。华北平原河流地貌演变在相当大程度上决定了黄河
的迁徙、决溢与整治。谭其骧主编的《黄河史论丛》(复旦大学出版社1986年版)和徐
福龄的《河防笔谈》(河南人民出版社1993年版)两部论集,共收辑了一些论述历代治
黄的重要文章。此外,李并成的《唐代敦煌绿洲水系考》(《中国史研究》1986年第1
期),利用敦煌石窟发现的户籍和契约研究水系变迁,在史料发掘和开拓方面独具
匠心。

中国湖沼地貌演变,无论在时空上或数量上,皆以华北大平原最为剧烈。邹逸麟
《历史时期华北大平原湖沼变迁述略》(《历史地理》第5辑),研究了唐宋以前该地区
近200个湖沼的分布特点,并指出唐宋以后在自然和人为因素影响下大多走向消亡的
历史过程。在西北内陆湖泊方面,《罗布泊科学考察与研究》(科学出版社1987年版)
一书,是对罗布泊游移变化、周围环境等全面综合考察成果的汇总。奚国金在《罗布
泊迁移过程中一个关键湖群的发现及其相关问题》(《历史地理》第5辑)中,对其迁移
的过程和原因作了更周密的论证和解释。而施雅风、范建华等的《青海湖萎缩的原因
分析与未来趋势预测》(《中国气候与海平面变化研究进展(一)》),分析了1860年至
今,湖面高度下降65m,面积萎缩4500km^{2}的过程,并预测未来趋势的几种可能,意义
重大。此外,传统的太湖潟湖说受到新的挑战,陈月秋《太湖成因的新认识》(《地理学
报》第41卷第1期)综合多种资料,提出太湖是在新构造运动倾斜下沉支配下河道比
降变化,水流宣泄不畅泛滥而成的构造湖的新认识。

估计未来海平面上升将带来的影响,迫切需要进行**海岸变化的相似性研究**。赵希
涛《中国海岸演变研究》(福建科技出版社1984年)根据数以百计的C^{14}测年资料及其
他数据,定量研究了几乎整个中国海岸的历史演变。此外,杨达源、鹿化煜《江苏中部

沿海近 2000 年来海平面变化》(《进展(二)》)的研究结果表明,2000 年来海岸向海推进约 40km,在汉代、唐中期及北宋初三度出现岸线后退。满志敏《两宋时期海面上升及其环境影响》(《灾害学》1986 年第 2 期)还发现两宋时期太湖地区出现过比现代高 1 米左右的高海面。1985 年苏北建湖庆丰剖面发现之后,赵希涛等一批学者对其进行系列研究,获得了全新世海面数次波动的引人注目的成果。

沙漠与黄土地貌变迁的研究,直接涉及森林植被的破坏,学者通常采用综合研究。史念海是该项研究成就最大的代表。5 部《河山集》收辑了作者研究黄土高原的一些重要论文,尤其是《历史时期黄土高原沟壑的演变》(《河山集·五集》,山西人民出版社 1990 年版)一文,具体测算了有史可考的沟壑年平均延伸速度。史念海又与朱士光、曹尔琴合著《黄土高原森林与草原的变迁》(陕西人民出版社 1985 年版)一书,他们认为黄土高原及中国北方环境恶化的主要原因是不合理的开垦、过度的耕种、森林植被的毁灭。景爱《呼伦贝尔草原的变迁》(《历史地理》第 4 辑)、《平地松林的变迁与西拉木伦河上游的沙漠化》(《中国历史地理论丛》1988 年第 4 辑)、李森《对历史时期乌兰布和沙漠成因的几点认识》(《西北史地》1986 年第 1 期)、陈育宁《鄂尔多斯沙漠化形成和发展论述》(《中国社会科学》1986 年第 2 期)以及王尚义《历史时期鄂尔多斯高原农牧业的交替及其对自然环境的影响》(《历史地理》第 5 辑)等,皆有类似看法。另有不少学者指出,除人为因素之外,气候的干湿波动变化是沙漠、黄土地貌变迁的重要原因。如裴善文、李取生等的《东北西部沙地土壤与全新世环境》、高尚玉、靳鹤龄等的《全新世大暖期的中国沙漠》(《中国全新世大暖期气候与环境》)指出,全新世至今,气候经历 4 次干湿旋回导致的亚洲季风环流变化,支配着中国沙漠的活动扩大和固定缩小的波动交替模式发展,但直至目前,中国沙漠的面积仍小于末次冰期。

显然,包括森林植被、沙漠、黄土地貌等在内的历史自然地理的研究,今后应该更注重多学科的科研人员的合作,才能更好地共同推进全新世环境变化的深入研究,为经济建设和环境保护工作服务。

三、历史人文地理

历史产业地理研究,区域开发作为传统课题仍然是研究的热门。长江上、中、下游地区包括太湖流域均有专著出版,其他地区也有类似的著作,不过大多偏重于区域经济史的研究,唯程民生《宋代地域经济》(河南大学出版社 1992 年版)以两宋时期部门经济和区域经济相结合为研究对象,是一本断代区域经济地理专著,对两宋时期各产业部门的地域分布及区域差异,都作了较全面的考察,虽还稍嫌粗略,却也是填补空白的著作,同类成果还很少见。本时期比较集中的是历史农业(主要是种植业)地理的研究,课题比较广泛,有宏观综合的考察,有断代农业区域的综合研究,有对某种作物地理分布及其变迁的研究,有以某省区为范围进行贯通古今的合成综合研究,呈现一片繁荣景象。赵松乔《中国农业(种植业)的历史发展和地理分布》(《地理研究》第 10卷第 1 期),从种植业起源与早期发展、传统农业发展及现代农业区域开发等几个方面论述了我国农业发展的历史,并将其地域分布划分为 7 个地区:黄河中下游、东北湿温区、西北干旱区、长江中下游、华南湿热区、西南湿热区及青藏高原区。其他如史念海对西周时期、唐代河北道北部农牧业地区分界的考察(《中国历史地理论丛》,以下简称《论丛》,1987 年第 1、3 期)、景爱对东北地区农业区域、司徒尚纪对广东地区农业区域、于希贤对云南地区农业区的考察(均刊《论丛》1987 年)等,都是以地区为单元对农牧业分区的研究。

　　对历史上某时期某些作物的地理分布研究是许多青年学者感兴趣的课题。华林甫对唐代人们主要粮食粟、麦、水稻的地理分布及其变迁作了静态的研究和动态的考察(《中国农史》1990 年第 2、3 期)。曹树基《清代玉米、番薯分布的地理特征》(《历史地理研究》第 2 辑,复旦大学出版社 1990 年版)在查阅了大量方志的基础上,认为玉米、番薯集中产区主要分布在南方,玉米集中产区北端以秦岭山脉为界,番薯产区主要分布在杭州湾以南的东南各省,并探讨其形成的社会、自然因素。韩茂莉对宋代农业地理研究发表了系列论文,有探讨小麦、桑、麻产地分布的,有研究川陕、淮南、西夏地区农业发展的(《自然科学史研究》、《中国史研究》、《北京大学学报·历史地理专刊》、《历史地理》),其他还有不少研究蚕桑、棉植的专题,均较以往对农作物笼统研究是一大进步。在所有成果中,最令人注目的是郭声波《四川历史农业地理》(四川人民出版社 1993 年版),这是我国第一部区域历史农业地理专著,内容分为区域农业、五种(种植、副、林、牧、渔猎)作业的嬗替、区域差异、余论 4 部分,以文献、考古资料为主结合实地调查,提出了许多新的见解,填补了不少空白,还为今后四川农业规划提出了 3条建议,可惜目前尚未有第二部同类著作问世。如各地历史地理工作者均能以本省为范围作一全面、贯通古今的研究,则一部完整的中国历史农业地理当可指日而待了。

　　随着改革开放,**城市历史地理**引起了广泛的重视,成果也较以往任何时期为多。一是多角度研究城市的地理学属性,较过去单一城市史地研究大大前进了一步;二是研究思路、方法和手段上有所创新。

　　古都是传统的研究课题,1980 年谭其骧提出的七大古都说为国内学术界大多数人所认同后,不仅新增的安阳成为引人瞩目的课题,其他如江陵、苏州、成都等也都有人纷纷著文论说,于是掀起一股古都热。不过除了少数几篇著述较有深度外,大多还处于一般性的介绍,有待进一步深入。在个别城市研究上开始注意借鉴西方的地理学理论来研究我国古代城市、着重于城市内部区位结构和职能分布考察。高松凡《历史上北京城市场变迁及其区位研究》(《地理学报》第 44 卷第 2 期)论述了元明清至民国时期北京市场的发展变迁,运用地理学计量学派提出的中地论,分析了历代北京城市市场空间分布的中心地结构的形成演变及其影响市场区位的主要因素。王振忠《明清两代徽州盐商与扬州城市的地域结构》(《历史地理》第 10 辑)对明清两代富有的徽州盐商聚居扬州引起城市格局、分区职能的变化,作了细致的阐述。李孝聪、武弘麟《应用彩红外航片研究城市历史地理——以九江、芜湖、安庆三城市为例》(《北京大学学报·历史地理专刊》)采用彩红外航片解译与历史地理常规方法相结合,以文化景观演化为核心,研究这 3 个城市在 19 世纪中叶以后城市拓展、文化景观演化的时空序列及其与河道变迁的关系。区域城市群的研究也是这 10 年来城市历史地理研究的新方向。葛剑雄《西汉长安—陵县:中国最早的城市群》(《纪念顾颉刚学术论文集》,巴蜀书社 1990 年版)、邹逸麟《淮河下游南北运口变迁与城镇兴衰》(《历史地理》第 5 辑)、傅崇兰《中国运河城市发展史》(四川人民出版社 1988 年版)、王玲《北京与周围城市关系史》(燕山出版社 1988 年版)、李孝聪《论唐代华北三个区域中心城市的形成》(《北京大学学报》1992 年第 2 期)等,都是跳出单个城市的研究的模式,而是从一定地域范围来考察一群城市的变迁及其相互关系,这样似乎更可加深对这群城市兴衰嬗替的内在因素的理解,也有益于这一城市群所处区域地理环境变化的研究。就单一城市历史地理研究的著作有曾昭璇的《广州历史地理》(广东人民出版社 1991 年版),这是近 10 年城市历史地理方面最有代表性的成果。

历史人口地理的研究曾经长期处于停滞状态,葛剑雄的《西汉人口地理》(人民出版社 1986 年版)填补了这方面的空白。作为第一本断代历史人口地理专著,本书对这一领域的研究具有引导意义。近年来,韩光辉对北京地区(见《北京大学学报·历史地理专辑》、《论丛》等刊)、费省对唐代(见《论丛》等)、司徒尚纪对海南岛和广东(见《历史地理》、《广东文化地理》等)、行龙对中国近代(见《人口问题与近代社会》,人民出版社 1992 年版)的人口地理研究,都在各自范围内取得了引人注目的成就。葛剑雄的《中国人口发展史》和王育民的一系列论文(见《历史研究》、《历史地理》、《上海师范大学学报》等)虽然以人口为重点,也为历史人口地理研究提供了更可靠的文献和数量基础,且涉及历史人口地理的不少问题。王育民在《中国历史地理概论》下册(人民教育出版社 1990 年版)中有《中国历史人口地理》专篇,内容详细,但偏重于人口数量,分布、迁移等方面尚显不足。吴松弟的《北方移民与南宋社会变迁》(台湾文津出版社 1993 年版),李德滨、石方的《黑龙江移民概要》(黑龙江人民出版社 1987 年版),

曹树基对明初长江流域移民的研究(见《中华文史论丛》)等都是人口迁移研究的代表作。《简明中国移民史》(葛剑雄、曹树基、吴松弟合著,福建人民出版社 1993 年版)则汇集了作者多年的研究成果,是目前最完整一种专著。此外,对某一阶段、某一地区的历史人口地理研究的论著数量也不少。

但目前的研究多数还偏重于人口数量的变化和静态的分布,尽管这些方面对于深入进行人口地理的研究是必不可少的基础,进一步的努力还是必需的。另一方面,至今还有一部分学者对中国历史人口数据的复杂性认识不足,往往不加分析地将历史时期的户口数当作人口数直接加以运用,或者不重视对文献资料的鉴别和考证,盲目套用西方的现成模式,得出了错误的结论却自以为创新。这两方面的倾向都是应该注意纠正的。

历史交通地理研究,自 80 年代以来相当长期间内一直是热门课题。在水陆路交通方面,交通部组织编写的《中国公路交通史》丛书和《中国水运史》丛书,各省已经出版多种,不过多数还是从区域经济史这一角度,对地理环境注意不够,再说交通路线以省区为范围论述不免有所限制。在专题方面多注重于中原通向边区交通道路,如川陕、陕甘、川滇、五岭、青海、直道及东北诸道路的考证。运河作为传统的课题仍然是大家感兴趣的。但没有明显的突破性进展。而水利史学者对运河的水利工程进行过较细致的研究,对运河历史地理的深入有所裨益。此外研究的专题比较集中在陆上丝绸之路。陆上丝绸之路,除传统的天山南北道外,还注意到"草原之路"、"关中道"、"吐谷浑道"、"吐蕃道"、"滇缅道"的研究。蓝勇《南方丝绸之路》(重庆大学出版社 1992年版)就是一本研究川滇缅交通道路历史变迁的专著。海上丝绸之路也是新的热点,联合国教科文组织曾组织了包括我国在内的 10 多个国家的学者进行了海上丝绸之路的考察,大大推动了这一课题的研究。

历史文化地理的研究也是新兴的热点。近 10 年来这方面的研究大体分下列几个方面,一是某一时期某种人才地理分布的自然、社会背景考察,如对汉唐时期高中级官吏籍贯分布的研究,有李泉《试论西汉高中级官吏籍贯分布》(《中国史研究》1991 年第 2 期)、史念海《两唐书列传人物本贯地理分布》(《顾颉刚纪念学术论文集》)等。一是某种文化要素分布的地理背景考察,如周振鹤、游汝杰的《方言与中国文化》(上海人民出版社 1986 年版)、周振鹤《秦汉宗教地理略说》(《中国文化》复旦大学出版社 1985 年第 3 辑)、张伟然《南北朝佛教地理的初步研究》,(《论丛》1991 年第 4 期)、王清廉《服饰与地理环境》(《河北师大学报》1991 年第 4 期)和赵丰《中国古代染色文化区域体系初探》(《论丛》1989 年第 1 期)等。一是以某一地区某种民俗的地理研究,如卫家雄《明清闽台风俗通义》、张桂林《试论妈祖信仰的起源、传播及其特点》(《史

学月刊》1991 年第 4 期)、司徒尚纪《广东风俗文化景观与群落》(《论丛》1991 年第 4 期)等,以上论文都是从多角度对历史文化地理的探索,除了个别研究比较深入外,大多还停留在现象的罗列。这当然是学科发展初期的必经的过程。卢云《汉晋文化地理》一书(陕西教育出版社 1990 年版)以渊博的相关学科知识、扎实的史料基础,对汉晋时期精神文化领域具有代表性的学术文化区域及其变迁、滨海宗教文化带与汉晋三次宗教浪潮、婚姻形态的地域分布、俗乐区域与雅乐中心等四大问题作了深入的研究,填补了多方面的学术空白,同时也为我们展示了历史文化地理研究的广阔前景。最近问世的司徒尚纪的《广东文化地理》(广东人民出版社 1993 年版)虽然是以该省当代的文化地理为研究和论述的对象,但历史文化地理作为历史背景和发展的内因,也占有相当大的篇幅。

四、区域综合研究

经过分支地理学长期发展后,综合性的区域地理学又重新受到重视。近 10 年中区域历史地理专题研究已产生了显著的成果。孙进己主编的《东北历史地理》(黑龙江人民出版社 1989 年版)是这方面的第一部著作,主要着重于政区建置与民族分布,这对我国边区历史地理研究无疑是必要的。稍后的有蓝勇《历史时期西南经济开发与生态变迁》(云南教育出版社 1992 年版),这是从生态学角度,对历史时期云贵川三省地区经济开发与由此引起森林分布的变迁、野生动物的衰亡灭绝、热带作物南移与气候变化、河流航道的萎缩、自然灾害的增多等等生态环境的变化作了开拓性的探讨,突出了人地关系,为大西南的开发提供了借鉴,颇多新意。最近出版的有邹逸麟主编的《黄淮海平原历史地理》(安徽教育出版社 1993 年版)。黄淮海平原在历史上曾是我国经济最发达的地区,然而两宋以后至近代则成为旱、涝、沙、碱灾害严重发生地区,生产低下,人民贫困。本书阐述该平原三四千年的自然和人文地理的环境变迁,对今天制定平原的开发和治理规划无疑具有价值。但目前此类综合的区域历史地理著述还不多,预料其将成为历史地理研究的方向之一。

五、历史地图的编绘和研究

在中国历史地图领域,由谭其骧主编的《中国历史地图集》(中国地图出版社,1982 年—1988 年)无疑是一座里程碑。这部中国历史地图史上的空前巨著有 20 个图组、304 幅地图,全部采用古今对照,收入的古地名约 7 万个。作为一本普通地图集,它主要显示了在历史上中国范围内各个政权、民族的疆域或大致活动范围、相互间的界线以及内部的行政区划和各类地名,同时也描绘了以往 4000 年间一些主要的自然地理要素如河流、山脉山峰、岛屿、湖泊、海岸线等。尽管它是以历史文献记载为主要依据,以考证方法为主要研究手段,但还是充分吸收了近代地理学的研究成果,相当一部分点线的确定是以实际观察或测绘结果为基础的。所以《图集》集中反映了我国历史地理学、测绘制图学和其他相关学科至 80 年代初的研究水平和学术成就。由于《图集》包含了大多数历史时期和各地区的总图或分幅图,所以稍加改造可以成为各种专业地图适用的底图。因此《中国历史地图集》的出版大大推动了各类专题历史地图集和各地区的历史地图的编绘。

在近年来已经出版或正在编绘的专题历史地图集中,由国家地震局地球物理研究所和复旦大学历史地理研究所合编的《中国历史地震图集》是有代表性的一种。这是用地图来反映 2700 年来发生在中国的历次破坏性地震的震中、等震线和烈度的一项创举。由于集中了历史学、地震学和制图学的最新成果,又有全国 24 个省市区的地震局(办)提供本地的历史资料,本图集将是迄今最完整、最权威的中国历史地震地图总汇,在世界也无先例。图集的第二(明时期)、三(清时期)两册已分别于 1986 年和 1990 年由中国地图出版社出版,第一册(元以前)也将在近期问世。

由侯仁之主编的《北京市历史地图集》(北京出版社 1988 年版)是我国第一部也是最杰出的一部地区历史地图集。这固然与北京曾长期作为中国历史上的首都,留下了大量实物、遗迹、地图和文献记载有关,更主要的是由于侯仁之先生及其合作者进行了极其深入细致的调查和研究,积累了数十年的成果。尽管北京市的辖区兼有城市和郊区农村,图集应覆盖整个政区,但城市仍是重点所在,其中十分详细精确的街道图和宫殿图是其他图集所难以比拟的。实际上本图集也开了中国历史城市地图集的先河,对中国其他历史名城历史地图集的编绘起了示范作用。

据了解,自然灾害、工矿、气候等专题历史地图集和山西、广东、福建、上海等省市的历史地图集,有的已在着手准备,有的即将完成。《北京市历史地图集》的第二三册的编绘准备工作也已开始。另外,在近年出版的一些省市地图集和新编的地方志中也附有相关的历史地图。

由于《中国历史地图集》是以疆域政区为主的普通地图集,而全面反映中国整个历史自然和人文地理要素分布及演变的完整的历史地图集依然是个空白,所以作为国家的一项重点科研规划项目,《中华人民共和国国家历史地图集》已于 1983 年起在中国社会科学院主持下开编。这部由谭其骧任总编,中国社科院历史、民族、考古、宗教等研究所及北京大学、陕西师范大学、中国科学院地理研究所、复旦大学、杭州大学、中国革命博物馆等单位合作的图集分为疆域政区、民族、军事和战争、考古、工矿业、农业、交通、人口、城市布局、城市分布、文化、宗教、地貌、植被、自然灾害、气候等图组,预计有近千幅地图,下限将延伸至 1949 年。现在,考古、工矿业、人口、城市布局、城市分布、宗教、自然灾害、气候等图组 300 多幅地图的编稿已经完成,将编为第一册首先出版;其余的编稿工作也已近尾声。

应该承认,对中国历史地图的理论研究还相当缺乏,如对已出版的历史地图集的理论总结和评论还很不够,编绘方法上也没有新的突破。由于地图集的编绘出版需要较多经费和很长周期,专业人员也后继乏人,所以一些有条件编绘的图集无人问津,在编的图集也往往难以如期完成。

六、古地图与文献研究

继马王堆出土后,1986 年在甘肃天水市放马滩一号秦墓出土了 7 幅绘在木板上的地图,将我国现存古地图推前了将近一个半世纪,填补了先秦战国时代实物地图的空白,成为世界上最早的实物地图。何双全、曹婉如、张修桂、朱玲玲等都对这批地图所反映的地域范围、绘制年代、制图技术上的特点及其历史地位作了深入的研究。这是本时期对古地图研究方面最重要的贡献。其他如《历代地理指掌图》的影印出版和《中国古代地图集》(第一册,战国至元)的出版则是历史地图学史上的盛事。对《平江城图》、《禹迹图》、《广舆图》、《皇舆全览图》、《西夏地形图》等均有新的研究。

在历史文献整理方面,则要推陈桥驿对《水经注》的研究成绩最为卓著,他在连续出版了《水经注研究》、《水经注研究二集》、《郦学新论》等专著后,又点校了武英殿本《水经注》,在段熙仲点校基础上又将台湾本杨守敬《水经注疏》和中国科学院图书馆所藏《水经注疏》两本合在一起进行点校,由江苏古籍出版社出版新版《水经注疏》。任乃强《华阳国志校补图注》(上海古籍出版社 1987 年版)是作者潜心研究西南史地数十年的精心之作,是近 10 年来史地古籍整理中的精品。其他如王文楚、魏嵩山点校的《元丰九域志》(中华书局 1984 年版)也是相当严肃的古籍整理工作。

原载《地理学报》1994 年纪念中国地理学会成立 85 周年特辑

论中国的非汉语地名

　　中国是个历史悠久、土地广大、民族众多的国家,在中国人口中占绝对大多数的民族即汉族,原来的境域并不很大,只是分布在今黄河中游一带。后来才逐渐扩大,不仅以武力占有了周边的许多地区,特别是它的优越文化,影响了周边的许多地区,使这些地区的少数民族大量汉化。许多少数民族不仅慑于汉族的强大武力,更为重要的是向往汉族的先进文化。它们之中,自称是汉族后裔的,为数不少。关于这方面,我在拙作《越王禹后说渊源》①一文中已述其详。

　　我在拙著《郦道元评传》②一书中叙述了中华民族形成的过程:

　　　　现在需要论述对于本书至关重要的一个戏剧性的历史掌故。前面指出,在公元前307年,③一位汉族的著名国君赵武灵王,他甘愿冒天下之大不韪,放弃祖宗历代的传统服式,自己带头,并且要他的子民一起穿上人们所不齿的奇形怪状的夷服装。但事隔八个世纪,来自塞北草原的骑马民族的一支,鲜卑族的著名国君拓跋宏,于北魏太和十八年(494)正式下诏:"禁士民胡服"。④……由于赵武灵王是历史上的一位著名人物,也由于他命令汉人穿上胡服有确实年代可证;同样,由于拓跋宏(北魏孝文帝)也是一位历史名人,而他命令胡人脱去胡服的年代也确切可证。因此,我们把中国历史上这件戏剧性的掌故用这两个年代确定下来。在这一段戏剧性的时代中,中国境内的许多民族发生了接触、交流和融合的过程。这个过程是错综复杂的,这中间有战争,有和亲,有商品贸易,有文化交流.有一族对另一族的统治,有另一族对一族的反抗等。然后终于出现民族的融合,伟大的中华民族终于形成。

在这个民族融合的过程中,其间存在着许多有关地域的和文化的种种问题,其中也包括地名问题。直到今天,我们仍然可以在中国地图上看到古代汉族领域周边的许多用汉字书写的非汉语地名:如西北有乌鲁木齐、疏勒、塔什库尔干等等,北边有呼和浩特、西拉木伦河、达来诺尔等等,东北有哈尔滨、齐齐哈尔、呼玛河等等,东南有余杭、诸暨、句容等等,西南有勐腊、拉萨、日喀则等等。这些都是一望而知的非汉语地名,从现在来说,一般人既不会也不必考究这些地名来自何族语言、怎样读法、如何解释等等。譬如在东南地区有许多含"句"字的古今地名,如句章、句无、句容等等。由于这是古代越族遗留下来的地名,"句"读作 gōu。而不能读作 jù,也不能写作"勾"。但现在有不少人,包括新版《辞海》都把"句"写作"勾",而把至今仍存的"句容"的"句"字读作 jù。我曾经为此写过一篇文章,我说:"要辨正'句'不应写作'勾',需要费许多口舌,这里不拟赘述,但是有一点应该明确,现在社会上写错字、读别字的情况很多,我们无法干预,但诸如在地名词典、人名词典、地方志、专著、论文等正规文献上,句章、句践等地名和人名,均不能作'勾',否则就是错误。"⑤

所以对于中国境内的非汉语地名,在一般人来说,并无深究的必要。但在地名学研究中,这都是一个重要的问题,是值得加以讨论的。也有人认为,所谓非汉语地名,无非如同我国翻译的其他外语地名一样,音译或意译中存在某些差异,不值得小题大作。尽管我们也要求外国地名翻译的统一,但其间存在些许差异,也不致发生很大困难。例如新西兰(New Zealand),现在还有人译作纽西兰的,大家也都懂得;又如同一个欧洲的 Italy,大陆译"意大利",但台湾译"义大利"(我念小学时也译"义大利"),人们也不致发生疑义。但这些外国的非汉语地名与分布在我国境内的非汉语地名不同。因为国境以内的非汉语地名都是在历史上长期遗留下来的,有的如乌鲁木齐、齐齐哈尔等一望而知是非汉语地名,但有的如余杭、句容等,一般人看不出它们是非汉语地名。这些地名,有的已被古人作了误解,有的今人尚不明究竟,所以他们完全不同于汉译的外国地名,而是地名学上一个值得研究的课题。

我曾经较长时期地研究若干汉语地名与非汉语地名混杂的古籍如《汉书·地理志》、《水经注》、《越绝书》等,这些书上记载的地名,有的有来源解释,有的没有来源和解释。我本来不大注意这个问题,但有一次偶然与已故的历史地理学元老谭其骧先生谈及《汉书·地理志》敦煌下应劭注:"敦,大也;煌,盛也。"谭先生大不以为然,他说,诚如此。地名就叫"大盛"好了,为何称"敦煌"?明明是个少数民族地名,此注实在牵强附会。谭先生的这席疾,使我意识到,古人解释我国的非汉语地名,确有许多望文生义、信口雌黄之处。不少地区,原来的少数民族已经流散,语言早已泯灭,至今留存的地名,实已无法解释。如清李慈铭所说:"盖余姚如余暨、余杭之比,皆越之方言,犹称于越、句吴也。姚、暨、虞、剡,亦不过以方言名县,其义无得而详。"⑥

李慈铭指出的这些地名,都是古代的越语地名,后世如应劭一样按汉字望文生义、强为之解的也不乏其例。如余杭,唐人的曲解见《元和郡县志》:"秦始皇三十七年,将上会稽,途出此地,因立为县,舍舟航于此,仍以为名。"⑦这种信口开河的解释,到明田汝成而集其大成:

> 杭州之名,相传神禹治水,会诸侯于会稽,至此舍杭登陆,因名禹杭。至少康,封庶子无余于越,以主禹杞,又名余杭。秦置余杭县,隋置杭州。……⑧

越语地名,是春秋越国的地名,于越是一个我国东南部的古代都族,到春秋形成一个国家,所以"于越"或"越",本身也是一个地名。"越"具有什么意思,其实同样是"其义无得而详",但近年来,竟有人著书立说,认为"越"字之中有"戉",戉是斧头,斧头是武器。因此越是一个勇敢尚武的民族和国家。这样的解释,实在比应劭释敦煌更令人啼笑皆非。我在拙作《评〈浙江文化史〉》⑨中,曾经把这种解释比作占卜行业中的"测字先生"。我说:

> 现在,测字先生们把'戉'这把斧头从'越'字中取出来,太史公或许不会说闲话,因为《史记》中用的正是这个'越'字,但班固却立刻要提出抗议,因为《汉书》不译"越"而译"粤","粤"字从哪里去找这把斧头呢?

由于古代越族只有语言没有文字,以"越"或"粤"作为这个部族和国家的名称,这是越、汉二族都承认的,但当时"越"、"粤"二字的发音,是否如今音作"yuè",却是大有可疑。因为越人后来流散,南起中南半岛,北到日本,都有越人的存在,现在这个"越"字,在越南语读作"viet",在闽南语作"wa",在日本,称"越"的地名到处可见,如本州中部越前、越中、越后的"越"读作"azi",四国越智郡的"越"读作"ō",北海道山越郡的"越"读作"keshi"。⑩由于越族不像在敦煌居住过的少数民族,他们流散后足迹所到之处,尚有"越"这个地名可以追索。所以应劭的"大盛"我们仅知其误而无法寻根究底,而关于"斧头"的胡说,我们可以一举击破。

在我国东南地区,除了来自古代越语的非汉语地名以外,还有极少数地名来自梵语,普陀山即是其例。这个地名与以上的例子不同。由于梵语(Sanskrit)是至今尚存的语言文字,一切都查对得清楚,所以可以发现眼下有些书中的错误甚至笑话。新修《普陀县志》是一部佳志,⑪但在其第四编《普陀山与朱家尖》下解释普陀地名:"往昔山中多开白花小树,清香远布,故又称白华山。"对于这个错误,我曾经撰文引艾德尔《中国佛教手册》⑫对此加以解释:

Potala or Potaraka, 汉字译写作：普陀、普陀洛迦、布达拉。意译作：小白花。

我同时也把艾德尔列举的亚洲的 5 处"普陀"一一写在我的文章中。但是隔 3 年，另一部内容也较丰富的《普陀山志》[13]接着出版，而在"普陀"这个地名同样出错。《普陀山志》或许由于已经看到了我对《普陀县志》的批评，所以它在正文中避开了对"普陀"这个地名的解释，编者大概以为这样就可保证志书的无讹。但事实是，一位既不谙梵语也不知地名来源的编者，要想在以"普陀山"为名的志书上避开"普陀"这个非汉语地名总是困难的，而结果比《普陀县志》错得更大。此志第三编记及普陀山观音道场时说：

> 史籍中关于普陀山观音道场的记载，最早见于《大悲山陀罗尼经》'一时佛在补陀洛迦山，观世音宫殿庄严道场中'。《华严经》曰：南方有山，名布怛洛迦，彼有菩萨，名"观自在"。

这一次，我不引艾德尔的《中国佛教手册》，因为这是一本早年出版的英文书，恐怕有些人找不到此书，也恐怕有些人不懂英文。我引了季羡林先生主校的《大唐西域记校注》，[14]此书在"布呾落迦山"（第 861—862 页）下有一段校释：

> 布呾落迦山：布呾落迦，梵文 Potalaka 音译，又译作补怛落迦、补陀落迦、普陀落；意译作光明山、海岛山、小花树山。慧苑《新翻华严经音义》卷下："此翻名小花树山，谓此山中多有小白花树，其花甚香，香气远及也。"此山被比定名现今西高止山南段，秣剌耶山以东的巴波那桑（Pāpanāsam）山。位于提诃弗利（Tinnevelly）县境，北纬 8 度 43 分，东经 77 度 22 分地方，此山是佛典中的名山，《华严经》对此山的描绘与《西域记》颇为相似。多罗那他《印度佛教史》记载，优婆塞寂铠（Sāntivavman）和月官（Candragomin）也曾到此山巡礼。我国的普陀山与拉萨的布达拉均由此而得名。

由此可知，《普陀山志》中所引《大悲心陀罗尼经》的"佛在补陀落迦山"和《华严经》的"南方有山"，都是指的今印度提诃弗利县境的"佛典中的名山"，即今印度西高止山南段秣剌耶山以东的巴波桑那山。由于编者不懂这个非汉语地名的来源，竟把这次在印度举行的观音道场移到舟山的普陀，而"佛在补陀洛迦山"，就成为释迦牟尼曾经驾巡舟山群岛主持这个道场，这就是误解非汉语地名而闹出的笑话。

其实，地名从它原来的母地出移的情况是很常见的。印度的"普陀"因为是佛教圣地，所以为其他信奉佛教的地区所搬用。我曾随手检阅我手边的一本美国出版的《汉蒙特世界地图》，[15]在图末《索引》中，发现英国首都伦敦，在北美有同名 12 处。英国的古老名城牛津和剑桥，在北美各有同名 33 处和 23 处。我们在研究中国的非汉语地名时，也有必要注意这种现象。

　　现在从东南部转到西北部,因为本文是从应劭注敦煌说起的。西北地区的非汉语地名,情况比东南更为复杂,不仅数量比东南多,而且其渊源更难查究。因为在东南,主要的非汉语地名是越语地名,即李慈铭所说的:"皆越之方言。"而西北在古代是许多少数民族角逐的地方,不少民族早已流散消亡,其语言也已经泯灭,现在就无法识别。例如敦煌,就不知是哪一种民族的地名。当然,如维吾尔、哈萨克等民族的地名,由于这些民族及其语言都仍然存在,所以其地名不仅通行,而且来源清楚。另外还有一些非汉语地名。由于古籍记载清楚,至今识别也不困难。例如《水经·河水注》记及:"日暮便去半达钵愁宿,半达,晋言白也;钵愁,晋言山也。"所以我们可知"半达钵愁"的汉义就是"白山",显然,这是一个梵语地名,因而可以立刻把 Punda(白) Vasu(山) 这个地名用梵语复原。又如《河水注》记及:"释氏《西域记》云,耆阇崛山在阿耨达王舍城东北,西望其山,有两峰双立,相去二三十里,中道,鹫鸟常居其岭,土人号曰耆阇崛山。胡语:耆阇,鹫也。"由于注文已经说明:"耆阇,鹫也。"则这个地名不是梵语,就是巴利语(pali)。我们立刻可以将其复原:Gradhrakūta(梵语) 或 Gijjhakūta(巴利语)。不过上述都是西北的非汉语地名中易于识别的例子,而其中还有大量迄今无法考证的。此外,也有一些非汉语地名,前人虽已有了考证,有的并且言之凿凿,而其实并非正确,这些地名,更值得我们继续研究。

　　《汉书·西域传》无雷国条下:"北与捐毒,而西与大月氏接。"颜师古注:"捐毒即身毒,天笃也,本皆一名,语有轻重耳。"清徐松在《汉书·西域传补注》中指出:"捐毒在葱岭东,为今布鲁特地,身毒在南山南,为五印度地。二国绝远,颜君比而同之,斯为误矣。"案捐毒读作 yuanda,是古代西域的一个游牧部族,在今新疆乌恰县境。而身毒,梵语作 sinhda,波斯语作 Hindu,即今印度,颜师古竟把它们混为一谈,铸成大错。从唐到清,这个错误竟因循了 1200 年之久。还有一个大名鼎鼎的统万城,此城废墟位于今陕西省榆林以西,内蒙古伊克昭盟乌审旗以南,是十六国时代赫连勃勃的首都。在一个短时期中,曾经煊赫一时。《水经·河水注》记载此城之筑:"赫连龙升七年,……遣将作大匠梁公叱干阿利改作大城,名曰统万城",郦道元曾以"蒸土加工"的话,记载此城的工程浩大。但对于城名何以称为"统万",尽管郦氏去十六国为时不远,但他绝未有所说明。同卷还记载了赫连的另一城邑:"河水又北薄骨律镇城,在河渚上。赫连果城也。桑果余林,仍列洲上。但语出戎方,不究城名。"案郦道元为《水经》作注,常常在注文中解释地名来源,全注为他所解释的地名达 2400 余处之多。[16]他不仅解释汉语地名,并且也解释非汉语地名,以上所举的如"丰达钵愁"等城是其例。但他对薄骨律镇城却明说"语出戎方,不究城名"。这就说明他不谙赫连语言,对赫连首都统万城的名称来源不措一词,绝非遗漏。

　　但对于统万城这个在北魏时代就无法解释的地名,到了唐初,在唐太宗主编的

《晋书》[17]之中，忽然提出了"统一天下，君临万邦"的解释。以后，《元和郡县志》[18]亦从此说，而《通鉴》[19]因之。直到当今，《辞海》统万城条也依然袭用此说。这个在郦道元已经不知底细的地名，在他的一个多世纪以后，忽然推出"统一"、"万邦"这两个汉语词汇，而且几乎成了定论。

但对于这个非汉语地名，缪钺在他的《读史存稿》[20]中提出了证据充分的怀疑。他说："《北史·宇文奠槐传》称：其语与鲜卑颇异。当是指宇文部落犹属独立时而言。至北魏末叶将近二百年，似宇文氏已不复存在，其与鲜卑语异之匈奴语言矣。然有一事颇可注意，赫连夏之龙昇七年（晋安帝义熙九年，魏道武帝永兴五年）于奢延水之北、黑水之南筑大城，名曰统万而都焉（《水经·河水注》）。《元和郡县志》谓赫连勃勃自言方统一天下，君临万邦，故以统万为名。《通鉴》亦取其说。今案赵万里先生集冢墓四之五四元彬墓志，四之五七元湛墓志，四之六十元举墓志，俱称'统万突镇都大将'，三之二三元保洛墓志，又称'吐万实镇都大将'。吐，统一声之转，是本译胡语，故或统或吐（《古今姓氏辩证》亦言统万亦作吐万），或者去突字。赫连氏当时自无《元和志》所言之义。《水经注·河水》又北［迳］薄骨律镇城，于注云：'赫连果城也，……遂仍今称，所未详也。'薄骨律与统万突皆是胡语，汉人不识其义，强为之说，则较自口骠传说尤为晚矣。"

缪氏之说当然稍有不足，即此说如上所述首见于唐初所修之《晋书》而不是始于《元和志》。但他据元保洛墓志及《古今姓氏辩证》，指出"吐，统一声之转，是本译胡语"。其说是可以成立的。又引赫连薄骨律镇城相对比。郦注称薄骨律镇城"语出戎方，不究城名"，而对统万城亦不置一语，可为缪氏"汉人不识其义，强为之说"的旁证。所以自从《晋书》直到《辞海》，长期以来沿袭的"统一天下，君临万邦"之说，实在很值得考虑。唐初《晋书》主要的根据是南齐臧荣绪的《晋书》，臧书在郦注卷十五《洛水》引及，说明郦氏曾见此书，而注文不及"统一天下，君临万邦"之说，说明南齐时尚无此说。当然，我还不敢论定《晋书》之说完全无据，但至少是口说无凭的不经之谈。《北史·胡方回传》记及："方回仕赫连屈丐为中书侍郎，涉猎史籍，辞彩可观。为屈丐撰《统万城铭》、《蛇祠碑》诸文，颇行于世。"可惜胡方回的《统万城铭》早已亡佚。如此铭存在，则统万城的地名渊源大概可以根究。古籍零落，令人一叹。

除了统万城以外，还有一个至今尚存的地名是阿干。这个地名见于《水经注》卷二《河水》经"又东过金城允吾县北"注，注文记及"阿步干鲜卑山"这样一个地名，这当然是个非汉语地名，而且很可能是个鲜卑语地名。郦道元对这个地名也不置一词，但清赵一清《水经注笺刊误》卷一说："全氏云：阿部干，鲜卑语也。……盖胡俗称其兄为阿步干。阿干，阿步干之省也。今兰州阿干山谷，阿干河，阿干镇，阿干堡，金人置阿干县，皆以《阿干歌》得名。"

上述由全祖望提出而赵一清附和的《阿干歌》的说法,其来源也出自《晋书》。《吐谷浑传》说:"鲜卑谓兄为阿干。"我往年也相信全、赵之说,但后来由于上述"统万城"的传说,又阅《魏书·吐谷浑传》及《宋书·吐谷浑传》,《晋书》的这个"阿干",后二者均作"阿于",而《魏书·常山王遵传》又有遵孙可悉陵"拜内行阿干"之语,据此,由"阿干"似乎又是一种官名。因此开始怀疑这个郦道元不置一词而由全祖望引自《晋书》的解释。后来我又查阅了刘正埮、高名凯等编的《汉语外来语词典》,[21]此书中,对"阿干"一条的解释是:

阿干,āgān,兄长[源]蒙 akan,axan,ax(口语)。

阿干,agan,兄,长者,贵者。"干",有时讹作"于",又作"河步干"、"阿伏干"。[源]鲜卑。

这部词典对"阿干"的解释,除了肯定"于"是"干"之误外,在释义上是《晋书》和《魏书》、《宋书》的兼容并蓄。所以这部词典实际上没有解释"阿步干鲜卑山"这个地名的问题。

不久以前,陈三平在《中国历史地理论丛》发表了《阿干与阿步干初考——〈水经注〉中鲜卑语地名研究一例》[22]一文,又在德国出版的英文期刊《亚洲史杂志》发表了《"阿干"重考——拓跋族的文化和政治遗产》一文,根据原始突厥语、阿尔泰语、中古女真语、蒙古语等许多语言进行论证,并在《晋书》和《魏书》中提出许多证据,以为"阿干"不是"阿步干"的省译,最后指出:"全祖望的上述论证不成立。"陈三平的论断,资料完整,考证缜密,具有很大的说服力,但由于文字甚长,这里不加引录,读者如欲进一步研究,可查阅他的原文。

法国《拉鲁斯大百科全书》在"地名学"条下说:"地名学要求语言学家追溯得更远一些。诚然,大多数地方名称一般不靠现代口语来解释,因此,很多法国区域地名远溯于已经消失的语言,人们不知其由来,不然,亦非直接地可以解释。如高卢的古塞尔特语,甚至,塞尔特人到达前的高卢口语。"

中国的情况显然比法国更为复杂,边疆地区,包括陆疆和海疆,古代曾经是一个民族杂处的舞台,多少民族及语言在这些地方出现,又在这些地方销声匿迹,却留下了许多地名。今天,要解释这些非汉语地名,确实需要下一番极大的工夫。因为在汉族人居这些地区以后,有一部分非汉语地名发生了汉化过程,汉人用汉义解释这些地名,编造出不少故事和神话,如前面提及的越语地名中的"余杭"即是其例。另外还有许多非汉语地名,由于语言泯灭和传讹,作出了错误的解释,上述"阿干"就是可以继续讨论的例子。由于这种现象是在很长的历史时期中形成的,所以我们今天不必也不可能急于解决,随着地名学研究的深入和发展,不少现在看来无法解释或定位的非汉语地名,它们获得解释和定位的希望始终是存在的。例如,博学如李慈铭,他认为余姚、余暨、余杭等越语地名,"其义无得而详"。但是由于我们在《越绝书》的研究中,发现了越语的"余"即是汉语的"盐",而余姚、余暨(今萧山)、余杭的地理位置均濒海边,所以这三个地名,无疑都与盐有关。为此,对于中国的非汉语地名,我们应该在地名学中加强民族史(包括民族迁徙史)和民族语言(包括已经泯灭的民族语言)的研究,看来这是逐步解决这个问题的重要途径。

注释:

① 《浙江学刊》1985 年第 3 期

② 南京大学出版社 1994 年版

③ 《通鉴》卷三《周纪三》赧王八年。

④ 《通鉴》卷一三九《齐纪五》明帝建武元年。

⑤ 《关于"句"、"勾"的通信》、《陈桥驿方志论集》,杭州大学出版社 1997 年版。

⑥ 《越缦堂日记》同治八年七月十三日。

⑦ 《元和郡县志》卷二五《江南道一》。

⑧ 《西湖游览志余》卷一。

⑨ 《浙江学刊》1993 年第 2 期。

⑩ 关于"越"字的各种发音,参阅拙作《多学科研究吴越文化》、《浙江学刊》1990 年第 6 期;又收入于《国际百越文化研究》,中国社会科学出版社 1994 年版。

⑪ 浙江人民出版社 1992 年版。

⑫ 陈桥驿《开发海洋、利用海洋》、《中国地方志》1994 年第 4 期;又收入于《陈桥驿方志论集》。案《中国佛教手册》,原名:Ernest J·Eitel, Handbook of Chinese Buddism being a Sanskrit—Chinese Dictionary with Vocabularies of Buddhist Terms, Tokyo, Sanshusha, 1904.

⑬ 上海书店 1995 年版。

⑭ 中华书局 1985 年版。

⑮ Hammond's Ambassador World Atlas, C. S. Hammond and Company, Maplewood, New Jersey, 1955.

⑯ 陈桥驿《论水经注的佚文》、《杭州大学学报》(自然科学版)1978 年第 3 期;又收入于《水经注研究》,天津古籍出版社 1985 年版。

⑰ 《晋书·赫连勃勃载记》。

⑱ 《元和郡县志》卷四《关内道四》。

⑲ 《通鉴》卷一一六《晋纪三十八》安帝义熙九年。

⑳ 三联书店 1963 年版。

㉑　上海辞书出版社 1954 年版。

㉒　《中国历史地理论丛》1993 年第 4 期。

㉓　A – gan Revisited – The Tuoba's Cultural and Political Heritage, Journal of Asian History, Vol. 30, No. 1996, Wiesbaden, Germany.

㉔　La Grande Encyclopedie Librairie Larousse 1974, T. 14, p. 8781—8782, Toponymie.

㉕　《越绝书》卷八:"朱余者,越盐官也,越人谓盐曰余。"

原载《中国地名》1998 年第 3 期

论地名重合

在不同地域,也就是在不同的经纬坐标上,[①]出现相同的地名,这种现象称为地名重合。对于地名重合的问题,一般可以通过历史学和历史地理学方法,查清在两个或两个以上的重合地名中,哪一个是历史上最早存在原始地名,但这种工作也常常遇到困难。特别是山地名,往往使人束手无策。

地名重合是一种历史地理现象。也就是说,所有重合地名,都是在历史上形成的。现在世界各国都已注意不让当代地名出现重合的现象,有的国家并且制定了法规,以防止地名重合。我国国务院颁布的《关于地名命名、更名的暂行规定》,就有防制地名重合的条文。[②]历史上遗留下来的地名重合,是世界各地多有存在的现象,它不仅对一些当代事务如旅游、交通、邮电等方面产生干扰,特别是对于诸如历史学、地理学、历史地理学等涉及古代地名的学科,在研究工作中造成困难。由于地名重合而出错的事,有时可以错到近乎笑话。我在本刊 1998 年第 3 期发表的拙作《论中国的非汉语地名》一文中提及的"普陀"即是其例。由于地名重合,在一部近年新修的志书中,竟把公元前 5 世纪在印度举行的一次盛大佛事,搬到当时尚未开化的一个浙江省沿海的荒芜小岛上,并且声称这是释迦牟尼亲自前来主持的。这就是地名重合所造成的严重事故。

地名重合的现象发生于各类地名之中,包括自然地理地名和人文地理地名。在自然地理地名方面,诸如山岳、河川、湖泊、泉水等,都存在不少地名重合。在山岳地名中,昆仑山就是重合最多的名山之一。清万斯同曾对这座山名作过考证。他说:"古之论河源者,皆谓出于昆仑,而传记所载不一。……吾为博考古书,其言昆仑,约有十余家。"③清胡渭认为昆仑有四处:一在西域,一在海边,一在酒泉,一在土蕃。④而清陶保廉考证的比胡渭要多。他说:"按传记言,昆仑凡七处,一在海外,一在西宁,一在肃州,一在新疆,一在青海南,一在卫藏之北,一在北印度。"⑤昆仑山是一座历史名山。但地名重合竟至于如此。

在山岳地名中,像昆仑山这样的地名重合是特殊例子,而实际上最多见的地名重合常常发生在用方位词命名的山岳中。以《水经注》记载的山岳为例,仅在《河水注》的5卷之中,就有"东山"5处,"南山"14处,"西山"9处,"北山"8处。

河川地名的重合现象比山岳地名要多。据统计,在全部《水经注》的河川地名中,有"白水"13处,"赤水"、"丹水"19处,"黄水"17处,"黑水"19处,此处还有"清水"、"清江"、"清溪"等30处,"浊水"、"浊河"等8处。

自从汉武帝把这个地名移植到今新疆和田河上源的这片高山以后,"昆仑"就落实了地理位置。⑥其实,它是一个神话地名,在《山海经》、《楚辞》、《淮南子》⑦等古籍中,早已对它有许多离奇的描写。以后仍有人不理会汉武帝对它的定位,而按照流行的神话,把这座山头搬来搬去,在唐宋类书中,"昆仑"的说法比上述清人考证的更多。⑧

由于神话地名而造成的地名重合,在泉水中也很普遍。我在拙作《水经注地名汇编说明》⑨中曾经指出泉水地名容易重合的原因。

> 由于泉水是地下水,它不像江河湖泽一样地让人们看到水源的来龙去脉。它往往是平地出泉,一泓清水;或者是石罅生水,滴沥不断。这就容易使古代的人们产生一种神秘的感觉,于是乎以讹传讹,替不少泉水制造出种种神话。在《水经注》的全部泉水地名中,以"龙"为名的就有十二处之多。

由于地有"龙泉",往往当地的这个聚落也称"龙泉",甚至把所在地的这个县名为"龙泉县"。据清李兆洛所编《历代地理志韵编今释》⑩一书的统计,按清代行政区划,在陕西绥德府、浙江处州府、江西吉安府、甘肃平凉府、贵州石阡府,都曾有过一个"龙泉县"(今唯浙江龙泉仍存)。

"龙泉县"的这种地名重合,当然是"龙泉"这种自然地理地名所引起的,但县名本身已经属于人文地理地名。由于人文地理地名在数量上比自然地理地名大得多,所以其重合现象也更为普遍。以国名为例,这是人文地理地名中数量很少的一类,但至今仍然存在重合现象,非洲就曾经有过两个刚果,不得不以其首都名称区别为刚果(利)和刚果(布),直到刚果(利)⑪更名为扎伊尔而结束了这种国名的重合。但现在存在着两个几内亚,只好以其中之一的首都加以区别,即几内亚(比绍)。在历史上,国名重合的现象曾经涉及我们中国。晋代的《法显传》中就记及过另外一个"中国",全书记及过四次:《北天竺与西天竺》篇中说"中天竺,所谓中国"。《历访中天竺佛迹与东天竺》篇中说:"从是以南,名为中国。中国寒暑调和,无霜雪";"凡诸中国,以此国城邑为大";"中国寒暑均调,树木或数千岁乃至万岁"。对于这个"中国",《大唐西域记校注》有明确解释:[12]

> 这里的"中国",指北印度中部地区。《摩奴法论》2·21 专门给所谓"中国"(medhyadesa)下了一个定义:位于喜马瓦特山和温德亚山之间的,东至钵罗耶伽,西至维那舍那的那块地方叫做中国。喜马瓦特山即喜马拉雅山。钵罗耶伽即朱木那河与恒河汇合处,在今阿拉哈巴德附近。维那舍那即吠陀文献中著名的古河色罗斯瓦底河消失的地方,相当于今旁遮普的巴地阿拉(Patials Distriet)。

从这条校注中知道,古代印度境内的这个"中国",即梵文 medhyadesa,读过梵文的人就懂得,medhya 梵文意为"中间的";desa,梵文意为"国家"。因此,"中国"这个地名的重合,在古代毫不足怪。因为在那时候,凡是势力较大,文明程度较高的民族,都有把自己所在的位置视作中央而把周边那些不发达民族作为四方的观念。北印度中部地区的民族称自己为"中国",就是这种观念的表现。这和黄河流域的汉族称自己为"中国"一样,《诗·大雅·民劳》:"民亦劳止,汔可小康,惠此中国,以绥四方。"这里的所谓"四方",《礼记·王制》有明确解释:"东方曰夷……南方曰蛮……西方曰戎……北方曰狄。"其实,这种观念在古代相当普遍。据《克莱因语源综合辞典》,[13]"亚细亚"、"欧罗巴"这两个洲名,都源于希腊语。前者意为"日出之地",后者意为"日没之地",古代希腊人也认为他们居于中央。

人文地理地名中重合最多的是行政区域地名和聚落地名。这两类地名数量十分庞大,也是造成重合的重要原因。另外一个原因是"地随移民"。旧大陆的大量这类地名在新大陆重合出现即是由此。我在本刊发表的《论中国的非汉语地名》一文中所述的伦敦、剑桥、牛津等地名大量出现于美国和加拿大,就这个原因。在中国也是一样,两晋之间,即所谓永嘉之乱的时代,北人大批南迁,原属郡、县,也随移民而重建于江南,即所谓侨郡、侨县。一时出现了大量郡、县地名的重合。据谭其骧教授的统计,当时仅今江苏、安徽两省的江南地区,就建立侨郡 40 个,侨县 147 个。[14]这类地名大量重合的另一个原因是"地随声名"。声名卓越的地名,例如有关名人、宗教或其他纪念意义的,往往由于他处慕名移植而重合,前面提及的"普陀"即是其例。在美国,东部有华盛顿特区,西部有华盛顿州。在中国,绝大部分城市内,都有中山路。

以上是行政区域地名和聚落地名重合的一般原因。这类地名有时也会由于某种特殊原因而在短时期中出现大量重合。我在拙作《说梦记鬼——〈水经注〉索隐（一）》[15]一文中称之为"表面上实足君子而心底里彻底小人"的王莽，由于"抬轿子"的刘京告诉他一个荒唐的梦，遂决定加紧篡位，而且随即大改全国地名。据《汉书·王莽传》所载："县以亭为名者三百六十，以应符命也"，[16]"其后岁复更改，一郡至五易名而复还其故。吏民不能记，每下诏书，辄系其故名"。由于"岁复更改"，王莽自己也不知所措，于是就出现郡、县地名的重合。例如齐郡和东莱郡各有一个监朐县，而金城郡内有两个修远县。在王莽以后又一次因特殊原因而发生的地名重合在60年代。从1964年开始，各地已经对所谓"封、资、修"的地名动手更改，而在随即到来的"十年灾难"之中发展到极点。与王莽不同的是这次的大规模地名更改一般只及于县以下的镇、乡（公社），所以大量的地名重合只发生于镇、乡（公社）和生产大队（村）之间。出现了被群众讥讽的所谓"白天黑夜'东方红'，两毛钱的'卫星'到处送"。意思是人们出门旅行，从白天走到黑夜，一路上的镇、乡（公社）、生产大队，都取名"东方红"。许多穷困不堪（其实是由于农民没有劳动积极性）的社队，劳动一天只值两毛钱，但名称却都叫"卫星"。

地名重合给人们带来许多不便，也为地名学研究增加了许多麻烦。其实，古人也早已看到了地名重合的弊端，而且也曾想方设法以消除这种重合现象。一种常常采用的方法是，在重合的地名中，对后来者加上东、南、西、北、上、下、内、外等字样加以区别，仅在《水经注》一书中记及的采用这种方法消除的地名重合就近40外。兹各举一例如下：

卷 篇	地名	备考（引《水经注》原文）
卷十三漯水	东安阳县	五原有西安阳，故此加东也
卷三十一㶛水	南新市	中山有新市，故此加南
卷五河水	西平昌县	北海有平昌县，故加西
卷三河水	北舆县	五原有南舆县，故此加北
卷十一境水	上曲阳县	有下，故此为上矣
卷十浊漳水	下博县	太山有博，故此加下
卷二十五泗水	外黄县	魏郡有内黄县，故加外也

《水经注》记载的都是公元6世纪初期以前的地名，说明在那个时代，人们已经对地名重合的问题有所重视。但是由于我国历史悠久，王朝嬗替，加上割据分裂的局面几度出现，所以仅仅从郡、县地名的重合来看，就已经相当普遍。即以前述《历代地理志韵编今释》中的龙泉县为例，在五个重合的龙泉县之中，唐代在浙江所建的此县与

五代南唐在江西所建的重合之县,历宋、元、明、清数代,一直重合并存。当然,龙泉县的重合是由于龙泉的重合而引起的,为此,我又在李书⑰上另找一个与自然地理地名无涉的新昌县。自后汉以来,曾先后在交趾郡(今在越南境内)、北平郡、涿州、吴郡、宿豫郡、瑞州、绍兴府建置过七处新昌县(今唯绍兴市新昌县仍在),重合频繁,可见一斑。县级地名的重合问题,到民国以后开始着手处理。民国三年(1914)《内务部改定各省重复县名及存废理由清单》中,各省的县名重合共有 92 处。⑱直到民国二十四年(1935),全国各省之间才不再存在县名重合。⑲但县以下的地名重合依然如故。

有关地名重合的主要方面已如上述,最后有两个问题需要稍作讨论:

第一是关于当代地名重合的问题。这是一个地名立法和地名管理的问题,现在世界各国多已予以重视。按照我国国务院颁发的《关于地方命名、更名的暂行规定》,全国不会再出现县名重合,一个地区(或大市)内不会再出现镇、乡(《规定》作"公社")名重合,一个县(或市)内不会再出现村(《规定》作"生产大队")名重合,一个城市内不会再出现街道、胡同名重合。

第二是关于历史地名重合的问题。这类重合地名数量庞大,现在都记载在浩瀚的古代文献上,为当前对古代地名有关的各种研究工作带来许多困难。这个问题必须通过地名学研究得到解决。建议地名学者下一番工夫,把我国古代文献上曾经出现过的各类重合地名,作一次全面的搜集、整理、排比,理清它们的来龙去脉,包括原始(第一次出现)地名命名的时间、所在地理位置和记载的文献;重合地名出现的时间、所在地理位置和记载的文献(如重合不止一时一地,则要把所有重合地名清查列出)以及重合地名存在的时间、重合原因、何时更为等一切有关内容及记载文献。此外,有关我国历史上地名重合的所有渊源掌故,也都要进行搜集整理。然后把所有这一切汇编成册出版。这当然是一项难度甚大的工作,但它是解决我国历史地名重合问题的最全面彻底的途径,其成果必然会受到学术界的欢迎。

注释:

① 跨越大片地域和经纬度的地名如山脉、河流、运河等不在此例。

② 见《规定》第二章第八条。

③ 《群书题辨》卷一〇《昆仑辨》。

④ 《禹贡锥指》卷一〇。

⑤ 《辛卯侍行记》卷五。

⑥ 《史记·大宛列传》:"汉使穷河源,河源出于阗,其山多玉石,采来,天子案古图书,名河所出山曰昆仑山。"

⑦　《山海经·西山经》:"昆仑之丘,是实惟帝之下都,神陆吾司之。"《楚辞·天问》:"昆仑县
　　圃,其居安在? 增城九重,其高几里?"《淮南子·陆形训》:"禹乃以息土填洪水,以为名山,
　　掘昆仑墟以下地,中有增城九重,其高万一千里百一十四步二尺六寸。"

⑧　《艺文类聚》卷七《山部上·昆仑山》引及古籍 12 种,《御览》卷三八《地部三·昆仑山》引
　　及古籍 27 种。

⑨　《水经注研究二集》,山西人民出版社 1987 年版。

⑩　《历代地理志韵编今释》卷六《下平一先》。

⑪　曾因首都改名金沙萨而称刚果(金)。

⑫　《大唐西域记校注》卷三《迦湿弥罗国·一,开国传说》注释(二)。

⑬　Kleins Comprehensive Etymological Dictionary of the English, Elesvier Publishing Co. Amster-
　　dam,1971.

⑭　《晋永嘉丧乱之民族迁徙》,《长水集》上,人民出版社 1987 年版。

⑮　《历史地理》第 14 辑,上海人民出版社 1998 年版。

⑯　据《汉书·王莽传》,其梦得自昌兴亭长,故王莽以"亭"为符命。

⑰　《历代地理志韵编今释》卷八上《七阳》。

⑱　陈潮据民国三年二月五日《政府公报》,除《清单》所列 92 处外,另外还有重合县名 20 处,
　　见《地名知识》1980 年第 4 期。

⑲　顾承甫、杨正秦《论民国初期同名县的更改》,《地名知识》1980 年第 1 期。

原载《中国地名》1999 年第 1、3 期

中国古代的地名研究

中国土地广袤，历史悠久，自从甲骨文的时代开始，就有了用文字记载的地名。几千年来，我们积累的各种地名，是一个无法估计的巨大数字。巨量的地名，假使没有历代以来古人的整理，这对后代将是一个沉重的负担。所幸的是，中国从先秦起，就有研究地名的传统，这种传统一直延续下来，所以虽然随着朝代的嬗递和领域的扩大，地名数量日益增加，但是由于先秦以来的地名研究传统，使后代对不断增加的地名，进行不断地研究整理，从而获得了举世罕匹的成果。

先秦以来中国的地名研究，主要有三个方面的内容，第一是地名的地理位置研究，第二是地名的沿革变迁研究，第三是地名的渊源来历研究。从先秦文献到两汉文献。记载了这三个方面地名研究的大量成果。这些文献，不仅为后代的地名研究奠立了基础，而且也为后代的地名研究创造了一种典范，赋予了一项责任。让后代学者明白，地名在政治、经济、文化诸方面的重要意义。对于不断增加的地名，假使不及时研究整理，其后果是很严重的。

现在将上述三个方面的研究作一简要的阐述。

首先是地名的地理位置研究，也就是把每一个地名进行定位。这是古代地名研究中最重要的课题。其所获得的成果也最为丰富。对于后代来说，古人在这方面的研究成果，实在至关重要。可以设想一下，假使历史上遗留下来的千千万万地名，都没有地理位置的考证和记录，那么，面对这一大批无法落实的地名，我们将会束手无策。不仅是对于地名学研究,对于其他许多学科的研究和实际工作,都会面临极大的困难。当然,每个地名的出现,原来都是有地理位置的。但是古代不可能像现代一样地用有经纬网格的地图落实这些地名的精确位置。即使有地图,[①]当时的粗略示意图,估计也收容不了这许多地名。所以我们必须利用文献。正是由于这些古老的文献,使这一大批距离我们最邈远的先秦地名免于流离失所。现在我们尚可披检的有关地名的先秦文献,主要有《诗经》、《尚书·禹贡》、《周礼·职方》、《山海经》、古本《竹书纪年》、《穆天子传》、《吕氏春秋》、《越绝书》[②]等。在两汉,主要有《史记》、《汉书》、《说文解字》、《尔雅》等。这些文献为我们积累了古人研究地名的地理位置的大量成果。古人采用各种方法让地名定位,其中用自然地理实体如山岳、河川、海洋等以确定区域、城邑等等地理位置,是先秦文献中常用的定位方法,而《禹贡》是这方面很杰出的一种。《禹贡》是战国人假托夏禹治水神话的作品。虽然所谓"九州"绝非夏时疆域,但作者以自然地理实体来确定每一州的地理位置,这是"九州"之名能够长期流传的重要原因。例如"济、河惟兖州","海、岱惟青州","海、岱及淮惟徐州"等,兖州、青州、徐州等州名,就这样以海、泰山(岱)、济水、黄河等自然地理实体作了定位。《职方》把黄河作为豫、兖、冀三州的定位依据,即"河南曰豫州","河东曰兖州","河内曰冀州"。《吕氏春秋》对"九州"的定位,比《职方》又进一步,它不仅依据黄河,而且还依据济水和汉水,即"河、汉之间为豫州","两河之间为冀州","河、济之间为兖州"。用河流为"九州"定位的研究到汉代的《尔雅》就更趋完善,它不仅扩大了对黄河、济水的定位依据,并且涉及汉水和长江,即"河西曰雍州","汉南曰荆州","济东曰徐州","江南曰扬州"。

"九州"在当时其实是并不存在的地理区域,其地名属于虚构。既然虚构的地名可以用自然地理实体定位,那么,实际存在的地名,当然更可以借助于自然地理实体以确定它们的具体地理位置。《史记·货殖列传》记载中国第一批出现的都会,就常用这种定位方法:"邯郸,亦漳、河之间一都会也","燕,亦勃、碣之间一都会也","临淄,亦海、岱之间一都会也"。司马迁就这样用漳水、黄河、渤海、碣石山、泰山等自然地理实体为一批古代都会确定了地理位置。从《禹贡》到《史记》,先秦和两汉的文献,在它们对地名的研究中确立了以自然地理实体为地名定位的典范。

如上所述,"九州"是虚构的地名,但自然地理实体却是稳定少变的,所以"九州"虽然虚构,由于为它们定位的自然地理实体的稳定性,它们也因此长期地稳定下来。既然"九州"地名获得稳定,它们就反过来成为各种自然地理实体如山岳、河川、湖泊之类的定位依据。早在先秦,《职方》就采用了这种定位方法,其所记叙的"扬州":"其山镇曰会稽,其泽薮曰具区,其川三江,其浸五湖",它记叙的"兖州":"其山镇曰岱山,其泽薮曰大野,其川河、济,其浸维、庐。"各种自然地理实体如会稽山、具区(太湖)、泰山、大野泽等等,都按"九州"的境域各得其所。既然像"九州"这样的虚构地名可以把许多山岳、河川收归己有,则确实存在的区域地名,当然可将这个区域内的一切自然地理实体以它们的名称进行定位。例如《汉书·地理志》颍川郡阳城县:"阳城山,洧水所出",常山郡石邑县:"井陉山在西,洨水所出。"这样,汉代全国的大量山名、水名,都同阳城山、洧水、井陉山、洨水一样,以当时实际存在的郡县确定了地理位置。与《汉书》同时的《说文解字》也采用这种方法让自然地理实体定位,例如"葛峄山,在东海下邳","巀嶭山,在冯翊池阳"等等,[③]不胜枚举。《汉书》和《说文》为以后一切正史、全国总志、地方志等作出了范例。全国多多少少山水陂湖井泉,都为相关的州、郡、国(郡国、侯国)、府、县、邑确定了它们的地理位置。此外,从《汉书·地理志》以来,中国历史上多多少少州、郡、国(郡国、侯国)、府、县、邑,都按《汉志》采用的方法,以辖属关系,确定了它们的地理位置。

除了上述利用自然地理实体和各级行政区划作为地名定位的依据外,古人也采用计算几个地名之间的里程来确定这几个地名的地理位置,《山海经》和《穆天子传》都是这样。《南山经》说:"南山之首曰䧿山,招摇之山",从此,分别以里程列举了堂庭之山、猨翼之山、杻阳之山、柢山、亶爰之山、基山、青丘之山、箕尾之山共十座山名,最后把各山之间的里程总和作为这种地名定位的总结:"凡䧿山自招摇之山以至箕尾之山,凡十山,二千九百五十里。"《穆天子传》中出现的许多地名也都是用里程定位的。例如此书卷四:"自阳纡至于西夏氏,二千又五百里","自西夏氏至于珠余及河首,千又五百里"。当然,这些先秦文献所提出的里程数字,如我在拙著《郦道元评传》[④]中所说,"其间包括了大量的假设和想象",是并不可信的。在先秦文献中,用里程作为地名定位依据的唯一可信的著作是《越绝书》,此书卷二《吴地传》与卷八《地传》两篇,如前人所论,具有地方志的性质,[⑤]其所记叙的是今苏州和绍兴两个小地区,诸如"虎丘北莫格冢,古贤者避世冢,去县二十五里"(卷二),"浦阳者,句践败失众潀于此,去县五十里"(卷八)。例子甚多,不胜枚举,都是比较可靠的。不过,即使是《山海经》和《穆天子传》那种明显虚构的里程,但其方法还是值得称许的,因为这是一种计量的方法,用以作为地名定位,具有更大的精确性。这种方法对后世的地名定位研究有很大影响,六朝以降,中国的大量地理书,常用里程数字为地名定位,由于这一时期的地理书和以往不同。都是有直接或间接的实践基础的,因此这些文献所提出的里程数字都是比较可靠的。在没有经纬网格地图以前的很长一段时间里,依靠里程数字的方法,让大量历史地名获得相对准确的地理位置。

中国古代的地名定位,还有一种在世界地名学史中唯我独有的地名定位方法。即是以山岳或河川的相关位置,作为与之紧邻的城邑的定位依据,即《穀梁》僖公二十八年所载的:"水北为阳,山南为阳。"这就是中国地名中至今大量存在的所谓"阴阳地名",地名本身就表示了它的地理位置。既然《穀梁传》记载了这种地名的命名方法,说明由来已久。在最古老的先秦文献之一《诗经》上,这种地名就常有出现,如"在南山之阳"(《召南·殷其雷》),"我送舅氏,曰至渭阳"(《秦风·渭阳》),"居岐之阳"(《大雅·閟宫》)等等。《穆天子传》也是这样,如卷一"北循虖沱之阳",卷二"赤水之阳"等等。这种以山南水北为阳,山北水南为阴的地名定位方法,后来就广泛应用,甚至用于域邑以外的区域地名,如《史记·货殖列传》"泰山之阳则鲁,其阴则齐"。当然,在数量巨大的历史地名中,这类地名毕竟还是少数。

除了用"阴"、"阳"表示地理位置命名外,其他还有不少经常用于表示地名位置的词汇,例如《诗·周南·汝坟》:"遵彼汝坟",《诗·卫风·淇奥》:"瞻彼淇奥",《诗·王风·葛藟》:"在河之浒。"《穆天子传》卷四:"黑水之阿","阳纡之东尾"等。这里的"坟"、"奥"、"浒"、"阿""东尾"等,都代表一定的地理位置,[6]常常用以确定地名的定位。至于东南西北,上下左右等方位词,在古代地名上更为习用,不必赘述。

中国古代地名研究的第二个方面是各种地名,特别是政区地名的沿革变迁。这是一个相当复杂的问题,沿革变迁造成大量的一地多名,假使不及时系统整理,就会使后代人面对大量存在的异名同地、异地同名等情况茫然无措。通常认为沿革变迁的研究即所谓历史沿革地理始于《汉书·地理志》,其实,在《汉志》以前,先秦文献中已经注意到地名的沿革变迁而加以记载。例如古本《竹书·纪年》魏今王下:"二月,城阳、向,更名阳为河雍,向为高平。"正是由于地名变迁在先秦早已开始,所以《汉书·地理志》才有必要加以整理研究。与《汉志》一样,《说文解字》在这方面也有所注意。例如此书卷六下邑部:"邶,故商邑","邠,周太王国","邹,鲁县,古邾国"等,都记及了这些地名的沿革变化。当然,《汉志》在这方面的贡献是前无古人的。全书收录了一千多个县邑地名,其中凡是因沿革嬗递而涉及地名变迁的,它都把这个地名从其原始一直记载到班固编纂此书以前,即王莽改易的地名为止。例如京兆尹华阴县:"故阴晋,秦惠文王五年,更名宁秦,汉高帝八年,更名华阴,太华山在南,有祠,豫州山,集灵宫,武帝起,莽曰华坛也。"这样一条寥寥40余字的解释,实在是中国古代地名研究的杰出成果。它以著名的西岳华山将华阴县作了定位。特别重要的当然是对华阴县的沿革变迁和盘托出,从其原始地名阴晋,直到王莽改易的华坛。在这500多年之中,一个县邑的地名变迁,让后人一目了然。所以对于中国这个历史悠久、王朝嬗递、更迭频仍的国家,《汉志》确实在地名的沿革变迁研究整理中,为后代作出了重要的典范。从此以后。历代正史地理志和全国总志如《元和郡县志》、《太平寰宇记》、《元丰九域志》

等,都把地名的沿革变迁作为重要内容。清李兆洛汇集历代正史地理志的州、郡、国(郡国、侯国)、县各级地名,按韵目编辑成《历代地理志韵编今释》一书,总结了清代以前政区地名的沿革变迁,成为一种研究地名变迁的重要文献。此书之所以获得重要成就,追本溯源,仍然应该归功于《汉书·地理志》的发端。

除了政区地名的沿革变迁以外,《汉书·地理志》也记及各种自然地理实体的地名变迁。例如右扶风武功县下:"太壹山,《古文》以为终南;垂山,《古文》以为敦物。皆在县东。"这条文字说明,《古文尚书》记载的终南山和敦物山,在汉代已改名为太壹山和垂山。《汉志》对于自然地理实体地名变迁的记载,对后代也是一种重要的启发。因为在历史上,这类地名的改变也是相当频繁的。所以在后代的文献中也同样重视这类地名的研究整理。北魏的《水经注》就是非常成功的例子,我在拙著《〈水经注〉记载的一地多名》[⑦]一文中,曾经举过一些河川、山岳地名的例子。此书卷二十六《巨洋水》经"巨洋水出朱虚县泰山,北过其县西"注:"巨洋水,即《国语》所谓具水矣,袁宏之谓之巨昧,王韶之以为巨蔑,亦或曰胸涨皆一水也"。一条小小的巨洋水,却是一水五名。卷十八《渭水》经"又东过武功县北"注:"《地理志》,县有太一山,《古文》以为终南,杜预以为中南也,亦曰太白山。"这里,《水经注》所说的《地理志》即是《汉志》,前面提及,在《汉志》中,此山仅举及一个别名,而其实,此山到南北朝已是一山四名。《水经注》记载的自然地理实体地名的变迁,显然是继承了《汉志》的传统。

中国古代地名研究的第三个方面是关于地名渊源来历的研究。前面已经提及《穀梁》僖公二十八年"水北为阳,山南为阳"的地名命名方法,这既是古代地名定位的方法之一,同时也为历史上存在的许多"阴阳地名"说明了渊源来历。在现存的先秦文献中,《越绝书》在这方面是很有价值的。此书卷二《吴地传》和卷八《地传》中,曾对三十几处地名的渊源来历作了解释,例如《地传》练塘条:"练塘者,句践采锡山为炭,称炭聚,载从炭渎到练塘,各因事名之,去县五十里。"这里,除了以比较可靠的里程为这些地名定位以外,并对锡山、炭聚、炭渎、练塘四个地名,按"各因事名之"的命名方法,说清了它们的渊源来历。又如"朱余"条:"朱余者,越盐官也,越人谓盐曰余,去县三十里。"这一条,短短10余字,除了"去县三十里"的里程数字为"朱余"确定了地理位置以外,并且说明了这个地名的渊源来历,是因为这里为古代越国的盐官所在。十分难得的是,在"朱余"的地名解释中,为后代保存了一种稀罕的古代语言知识:越语"余"就是汉语"盐"。让后世研究越国地名可以举一反三,如余姚、余杭、余暨(今萧山)等濒海的古代越语地名,它们都和盐有关。

《汉书·地理志》在这方面也有很好的例子,在前面京兆尹华阴县条下,就按"山南水北"之例说明了华阴县的地名渊源。京兆尹的另一地名霸水条:"古曰兹水,秦穆公更名以章霸功,视子孙。"金城郡的河关县条:"河水行塞外,东北入塞内。"敦煌郡、敦煌县的瓜州条:"地生美瓜。"这样解释地名渊源,文字简单,寓意明了。当然,在《汉志》的全部4000多处地名中,对渊源来历作出解释的不过40多处。说明当时地名研究的重点还在于地名的定位和沿革变迁方面,对渊源来历还不十分重视。不过在《汉志》以后,这方面的研究开始有所发展,应劭在其所撰《集解汉书》、《十三州志》、《地理风俗记》等著作中,收录了这方面的许多研究成果。在《集解汉书》中,他对《汉书·地理志》所载地名中的约160条作出了渊源来历的解释,而《地理风俗记》和《十三州志》中,据《水经注》所引及的(因为此两书都已亡佚)近30条。应劭解释的地名,其中有些是很有价值的,例如《汉志》辽东郡险渎:"朝鲜王满都也,依水险,故曰险渎。"这种解释,从地名渊源说明了这个城市的政治地位和地理形势。又如《汉志》广平国斥漳县:"漳水出治北入河,其国斥卤,故曰斥漳。"从这条解释中可以见到黄淮平原在两汉时还存在许多沼泽地的情况。当然,在应劭解释的地名渊源中,也有一些是望文生义,牵强附会的。我在本刊1998年第3期发表的《论中国的非汉语地名》一文中曾举他所解释的敦煌为例:"敦,大也;煌,盛也。"这就是一个把非汉语地名按汉字望文生义的错误。但应该说,他所解释的地名,大部分还是正确的,在两汉解释地名的风气初开之时。他的著述,对后人具有启发的意义。

东汉以后,地名研究中对于地名渊源来历的解释获得学者的进一步重视,于是,解释地名的著作纷纷问世,其中特别值得称道的是东晋初期的地理学家和地名学家郭璞,他为多种古代地理书作注,撰有《山海经注》、《穆天子传注》、《尔雅注》等书,其中大量内容就是注释地名,特别是地名的渊源来历。他在《山海经·海内东经》"注渤海入齐琅槐东北"下注云:"凡山川或有同名而异实,或同实而异名,或一实而数名,似是而非,似非而是,且历代久远,古今变异,语有楚夏,名号不同,未得详也。"不是对地名的渊源来历作过悉心的研究,是说不出这番道理来的。他为《尔雅·释水》中的不少地名作注,其中就有杰出的例子。

　　马颊:河势上广下狭,状如马颊。

　　钩盘:水曲如钩盘桓也。

上列马颊和钩盘,是《尔雅·释水》对《禹贡·兖州》"九河既道"的解释。《禹贡》记及的"九河"、"三江"、"九江"三个数词地名,"九"和"三"其实是多数的意思,并非实数,但《尔雅》和其他一些古籍,认为"九河"就是9条河流,并且提出了9条河流的名称,马颊和钩盘就是其中的两条。而郭璞则用河口三角洲的自然景观解释了这两条河流的地名渊源,其实正是《禹贡》的原意。

　　以上是中国古代地名研究的三个方面,从先秦到两汉,在这三方面的研究都已奠定了基础,涌现了不少研究成果。两汉以后,地名研究的风气大开,承先秦、两汉的余泽,研究成果有了进一步的提高,专业化的地名研究著述开始问世,晋杜预的《春秋地名》⑧和京相璠的《春秋土地名》,⑨都是这方面的例子。而北魏郦道元所撰的《水经注》,是熔上述三个方面的地名研究于一炉的杰出典范。所以刘盛佳教授称道此书是"我国古代地名学的杰作"。⑩此书收录的各类地名,为数约在两万上下,不啻是一部从先秦到北魏的地名词典。从上述三个方面来说,此书确是面面俱到,前无古人。例如在地名的定位方面,此书查清了许多《汉书·地理志》和其他文献所遗漏的地名,并且考实了它们的地理位置。像卷二十二《渠水注》的淮阳郡,卷二十九《沔水注》的牛渚、姑孰二县,卷十四《沭水注》的临沭县,卷三十二《决水注》和卷四十《禹贡山水泽地篇》的金兰县等,都是《两汉志》⑪失载的郡县地名。卷三十五《江水注》的沌阳县,卷三十六《沫水注》的护尤县,卷三十七《澧水注》的溧阳县,卷三十九《赣水注》的豫宁县等,都是《晋书·地理志》⑫失载的晋建县名。《水经注》都一一加以补正定位。例如它的《两汉志》失载的牛渚、姑孰两县的考证:"《经》所谓石城县者,即宣城郡之石城县也。牛渚在姑孰、乌江两县界中,于石城东北减五百许里,安得迳牛渚而方属石城也。"这里,郦道元正面纠正的是《水经》"又东过牛渚县南,又东至石城县"的地理位置之误,而实际上,他不仅补充了牛渚、姑孰这两个《两汉志》失载的县名,并且用"于石城东北减五百许里"的方位和里程数字为这两个失载县名确定了地理位置。《水经注》所补正的其他地名大率类此,不再赘举。

在地名的沿革变迁研究中,《水经注》也补充了《汉书·地理志》的不少遗缺。例如《汉志》在沛郡相县下只有一句话:"莽曰吾符亭。"其实,相县从先秦到王莽,沿革变迁相当复杂,为《汉志》所失记。《水经注》卷二十四《雎水注》为此作了全面的补充:"相县,故宋地也;秦始皇二十三年,以为泗水郡;汉高帝四年,改曰沛郡,治此;汉武帝元狩六年,封南越桂林临居翁为侯国,曰湘成也;王莽更名,郡曰吾符,县曰吾符亭"。

从上述《汉志》的相县一条中,可以看到《水经注》在地各研究中所下的工夫,它不仅从先秦到西汉已经三易其名,而且还曾在汉武帝时代成为侯国。在这方面,清代史学家钱大昕曾经指出:"汉初功臣侯者四百余人,其封邑所在,班孟坚已不能言之,郦道元注《水经》,始考得十之六七。"⑬班固距汉初不过200余年,而郦道元距汉初达700余年,但他在汉初侯国的沿革变迁研究中远远超过班固,充分说明了《水经注》在这方面的卓越贡献。

在地名渊源来历的研究中,《水经注》的成就更远胜前代。全书所解释的地名为数达2400余处之多。⑭不仅解释了大量汉语地名,并且解释了不少非汉语地名。⑮我在拙著《论地名学及其发展》⑩一文中，曾经把《水经注》所解释的地名，按其渊源来历的性质分成 24 类，列表举例，这里不再赘述。

在《水经注》以后的 1400 多年中，中国的地名研究，主要仍然集中在上述三个方面，已经积累了十分可观的成果，为我们今天的地名研究建立了雄厚的基础。缅怀古人的辛勤研究，今天的地名工作者，有责任加倍努力，继续发掘和整理前代的研究成果，促进当代地名研究的繁荣发展。

注释：

① 《汉书·地理志》在琅邪郡长广县及代郡班氏县下，曾经两次引及《秦地图》。姚振崇《汉书·艺文志拾补》卷五引及《汉舆地图》及王莽篡《地理图簿》。顾櫰三《补后汉书·艺文志》卷五引及《司空郡国舆地图》。侯康《补汉书·艺文志》卷三引及张衡《地形图》一卷。均为先秦及两汉地图，上述诸图均已亡佚。

② 《越绝书》旧题会稽袁康撰。同郡吴平定。袁吴均东汉初人。但历来学者考证，此书实为先秦文献，经袁康、吴平辑录而流传。参见陈桥驿《关于〈越绝书〉及其作者》（《杭州大学学报》1979 年第 4 期）及上海古籍出版社 1985 年出版点校本《越绝书》卷首陈桥驿序。两文均收入陈桥驿著《吴越文化论丛》，中华书局 1999 年版。

③ 《说文解字》卷九下《山部》。

④ 南京大学出版社 1994 年版。

⑤ （清）毕沅乾隆《醴泉县志序》："一方之志，始于越绝。"朱士嘉《宋元方志传记序》："《越绝书》是现存最早的地方志。"

⑥ 据《十三经注疏》，"土贲"，涯也；"浒"，同涯，"奥"，限也。据《康熙字典》引《玉篇》："阿"，水岸也。

⑦ 原载《地名知识》1981 年第 2 期，收入于《水经注研究》，天津古籍出版社 1985 年版。

⑧ 《微波榭丛书》辑本，作一卷。《水经注》引此作《春秋释地》。

⑨ 此书辑本甚多，如《汉魏遗书钞》、《汉唐地理书钞》、《问经堂丛书》、《汉学堂丛书》等，均作一卷。

⑩ 《华中师范学院学报》1983 年第 1 期。

⑪ 指《汉书·地理志》及《续汉书·郡国志》。

⑫ 今本《晋书》为唐初所修纂，郦道元所不及见。但《水经注》引及南朝齐臧荣绪《晋书》以及晋干宝《晋纪》、晋荀绰《晋后略》等。

⑬ 《潜研堂答问》卷九。

⑭ 今本《水经注》中解释地名渊源来历达 2300 余处，据可以查得的《水经注》佚文中，尚有解释渊源来历的 50 余处，共达 240 余处。

⑮　《中国地名》1998 年第 3 期。

⑯　《中国历史地理论丛》第 1 辑,陕西人民出版社 1981 年版。

原载《中国地名》2000 年第 5 期

郦学与徐学

　　1983 年全国纪念徐霞客诞辰 400 周年筹委会在无锡召开,我作为筹委之一,在会上的发言中提出了"徐学"这个名称。由于是即席发言,所以没有见诸文字。筹委会以后,随即接到南京师范大学地理系有关纪念徐霞客诞辰 400 周年论文集的约稿,我即以《郦道元与徐霞客》为题,写了一篇比较研究的论文,论文中也提到了郦学与徐学,最后指出:"让郦学研究继续向前,兴旺发达;让徐学研究后来居上,发扬光大"。

　　但是在此书出版以前,我又一次到无锡参加徐霞客诞辰纪念的盛会,并且在参观徐霞客故居时,即席题了四句五言急就诗:"郦学渊源长,徐学后来昌,郦学与徐学,相得而益彰"。由于题诗见诸文字,而且在时间上早于南京师范大学编辑出版的《徐霞客研究论文集》(南京师范大学《徐霞客研究论文集》,江苏教育出版社 1986 年版),因此,当场看到题诗的吕锡生先生在其后来出版的《徐霞客家传》(吕锡生《徐霞客家传》,吉林文史出版社 1988 年版)中指出:"徐学之说首见杭州大学教授陈桥驿先生在 1985 年 1 月参观徐霞客故居时的题诗"。吕先生的记忆当然是不错的。1986 年 1 月,我又应邀到徐霞客家乡江阴参加纪念徐霞客诞辰 400 周年盛会,同样又遇上了题诗的节目,这一次我题的是一首五言律诗:"郦学与徐学,渊源称悠久,郦将十五纪,徐届四百周。前贤述山水,后儒记卧游,两书相辉映,河山特锦绣。"

　　我开始提出"徐学"这个名称时,思想上完全从我长期从事郦学研究而引起的。我的希望是,既然当前全国如此重视徐霞客诞辰 400 周年的这件大事,徐霞客为我们留下了一部内容丰富的《游记》，正如郦道元为我们留下一部《水经注》一样。而且二书虽然并不相同，却也有其类似之处。既然郦学已经成为一门国际性的学问，则徐学也应该步郦学后尘，发扬光大。当然，在我提出了徐学这个名称以后，并非没有考虑到这两者之间的差距，所以我在为郑祖安、蒋明宏二位主编的《徐霞客与山水文化》（郑祖安、蒋明宏《徐霞客与山水文化》，上海文化出版社1994年版）一书所写的序言中曾经提及："我之所以几次用'郦学'对比'徐学'，也寓有以成熟的郦学促进后起的徐学的用意。"此后几年，虽然徐学的声势不小，活动频繁，但是我应该坦率地指出，从学术研究的要求来说，徐学的进展并不是理想的。为此，我在为香港郦学家吴天任教授所撰《郦学研究史》（吴天任《郦学研究史》，台湾台北艺文印书馆1991年版）一书所写的序言中，就这两门学问发展的现状，提出了我的看法和希望，我说：

在中国，一本书成为一门学问的事，例子不多。称《红楼梦》研究为"红学"，现在已经非常流行，但这门学问的研究历史，不过半个多世纪。称"徐霞客研究"为"徐学"，这是我在80年代所首先提出，虽然各方纷纷响应，但"徐学"作为一门专门的学问，还有待不断研究和提高，庶几名符其实。

现在，从1983年全国纪念徐霞客诞辰400周年筹委会起，已经经过了近15个年头，我们平心静气地观察分析一下，当然，气氛是活跃的，成果也是不少的。但是也必须承认，宣传上的优势和学术上的提高并不相称，会议的频频举行和提出的论文的质量颇不一致，浮光掠影的描述和深入细致的研究不成比例，陈词老调的写作与创造性的钻研数量悬殊。每一次会议都有一本论文集，在每一本论文集中，有份量的论文实不多见。当然，一种学问在从初步形成到登堂入室，其间需要有一个较长的过程，并不能一蹴而就。从这样的实际来看，这几年来徐学研究的发展，或许是正常的。但是假使我们翻阅一下40年代浙江大学在贵州遵义举行"徐霞客先生逝世300周年纪念会"的成果，即1948年商务印书馆出版的《地理学家徐霞客》一书，就会立刻发现，此书中的不少论文，如方豪的《徐霞客与西洋教士关系之初步研究》，林文英的《江流索隐》，任美锷的《江流索隐质疑》，谭其骧的《论丁文江所谓徐霞客地理上之重要发现》等文，其所达到的水平，实为当今许多论文所不逮。当然，上列诸文的作者，都是一代名家，但除了这些作者在研究工作中的深入细致以外，他们对于徐学研究在思想境界上和方法上，也值得当今的许多徐学研究者所学习。方豪关于徐霞客与西洋传教士的关系一文，虽然全文未曾提出确证，但其旁征博引，从多方面深入考察的方法却甚有可取。方氏文中绝未提出徐霞客与某教士有直接关系的说法，如当时有些人所谓登峨嵋和上积石之类的捕风捉影之谈。方氏虽花了大力气考证，但其结论却非常谨慎，他说：

综上所述，霞客一生，似不能不受西洋科学之影响，而与当时之西洋教士不能无间接之关系。其友好中有八人与教士有直接关系一也，霞客入闽，值天主教大行二也，闽中传教士艾儒略曾著《职方外纪》三也，墓志称霞客不喜谶纬术数家言，故易与教士接近四也，苟霞客生前未尝与教士相往还，则卫匡国（P. Martinus Martini S. J. ，1614—1661）意大利人，汉名卫匡国。著有《中国新图书》、《支那名称学》、《鞑靼战议》等，其中内容有参考《徐霞客游记》之处）不易于霞客卒后10年内获得其《游记》五也，霞客友朋颇多，以海外纪述著称者，则当时来自海外之教士必更乐过从六也。举此六端，则吾人今日初步研究所得，霞客与西洋教士之关系，虽只以间接者为限，然谓其有直接关系，亦颇可信也。

这一段话中，唯最后一句："然谓其有直接关系，亦颇可信也"值得商榷。其余各种推论，都可言之成理。而在徐霞客的时代，士大夫受海外传教士的影响，而具有科学的进步思想的，其实非独徐霞客而已。

林文英、任美锷二文，实际上无非以徐霞客的记述为引子，而讨论了金沙江石鼓袭夺的问题，林、任二氏，不仅均提出理论依据，而且都有实地考察的经验。对于金沙江在石鼓急转的原因，林氏主河流袭夺而任氏主向源侵蚀，实际都远过徐霞客当时的见识。所以林氏在文中指出："继《江源考》之后作《江流索隐》，非敢谓能追踪前人，不过聊补当年学术之所未逮，想必为霞客冥录之所乐闻也。"由此可知，尽管林、任二氏的主张不同，也尽管这类新的地学理论显然是徐霞客"当年学术之所未逮"，而继徐霞客之志而赓续勘查，追索原因，这是值得提倡的徐学研究。

谭其骧的《论丁文江所谓徐霞客地理上之重要发现》一文，或许称得上这半个多世纪来徐学研究的最杰出成果之一。此文不仅指出了丁文江之误，也指出了徐霞客之误。丁文江所谓徐霞客地理的5项重要发现，经谭氏仔细厘订以后，指出："惟最不重要之第三项（指枯柯河之出路及碧溪江之上流）诚足以匡正前人。"对于徐霞客的错误，谭文指出："丁谱所指霞客之误凡二，以为皆由于误采旧志之说。自余考之，其以南盘江为右江之上流，果明人之通病，至其以寻甸、杨林之水为可渡河之上流，而不知其实下牛栏入大江，此则前人类多知之，《一统志》亦不误，霞客不察，误从霑益人龚起潜之妄说耳。"

丁文江是地质学家，其在地理学上的错误不足为疵。徐霞客奔波于山岳崎岖，河流纷歧的西南地区，考察之中的偶误，也不足为疵。但错误必须指正，以免贻误后人，这是徐学研究者的责任。从谭氏的研究中可以说明，徐学研究，不仅要研究徐霞客的贡献，而且也要研究徐霞客的失误。现在，社会上不少行业，流行着一种可以名之曰"捧杀"的恶劣作风，捧影星、捧歌星、捧体星（指运动员）、捧达官大贾……，语言和行径令人作呕。而这种"捧杀"的歪风邪气，也已经侵入学术界，这是正派的学者应该抗拒的。学术界以外的事，我们既不能管，也不必管，让他们去"捧杀"好了。但学术的发展，维系着民族国家的命脉，我们不得不引起重视，对于那些已经沾上或正在沾上这种恶习的学人，读读谭其骧此文，亦可以少愧矣。

其实，指出徐霞客在地理考察中的一些错误，这是十分正常的事，丝毫不会影响他的成就和声望。我在拙著《郦道元评传》（陈桥驿《郦道元评传》，南京大学出版社1994年版）中，特设《水经注的错误和学者的批评》一章，用意也是一样。一部1400年前的涉及全国河川的著作，没有错误才是怪事。如唐杜佑（杜佑批评水经注，见《通典》卷一七四《州郡四》）、明周婴（周婴批评水经注，见《析郦》）、黄宗羲（黄宗羲批评水经注，见《今水经序》）、清刘献廷（刘献廷批评水经注，见《广阳杂记》卷四）等，都提出了郦道元的种种错误。郦学研究者对于《水经注》，不仅扬其美，而且揭其误，在这方面早已作出了榜样，徐学研究自然也应如此。

自从1983年以来，徐学研究的文章的确如雨后春笋，这当然令人鼓舞。但遗憾的是，在这些作品中，泛泛而论的为数不少，而夸夸其谈的也并非没有。在一门学问刚刚兴起的时候，学风的树立最关紧要。所以我们要求每一位有志于徐学的研究者，都应该脚踏实地，深入细致地钻研思考。信口开河，不求甚解，这是做各种学问的大病，非独徐学而已。

这些年来徐学研究论文中有没有佳作？当然是有的。不过要发现好文章，也需要深察细读。不下功夫，不仅自己写不出好文章，发现别人的好文章，也同样不是易事。也就是说，自己没有下过功夫的人，也就很难体会别人所下的功夫。我想在这里举个例子。我认为辛德勇、韩茂莉《徐霞客史事二题》（《千古奇人徐霞客——徐霞客逝世三百五十周年国际纪念活动文集》，科学出版社1991年版），是近年来徐学研究的佳作之一。此文一开头，就提出了一个严肃的问题：

> 自从丁文江倡言徐霞客在地理学上，有所谓重大发现，后人就把徐霞客列为明代著名地理学家，而赞誉之声日盛，乃至今日学术界论及中国地理学发展，必举之以作为有明一代最高成就之标志。论者多以为徐霞客游迹山水是有目的的、自觉的地理科学考察，并将《徐霞客游记》中可以与现代地理科学相互印证的某些内容视为徐霞客的科学创建。提出这些观点，对于认识徐霞客其人、其游记，固然富有积极意义，但通观自丁氏以来的研究状况，却不能不承认从整体上来说，目前学术界对于徐霞客及其游记，还需要进行更为深入的研究。

此文提出的所谓"史事二题"，一题为"金沙江为长江正源并非徐霞客首先提出"，另一题名"徐霞客奉母出游当在天启四年"。二题都是作者下了很大功夫的收获，而第一题在徐学研究中显然更为重要。其文论述金沙江为长江正源的问题，作者引及谭其骧文:"霞客以真理驳圣经,敢言前人所不敢言。"其实,有关徐霞客对待经书的问题,我在拙作《关于徐霞客与江源的问题》(中国科协、中国地理学会等编印《纪念徐霞客诞辰四百周年文集》,1987年)已经论及。因为徐霞客在《江源考》中曾说明:"导河自积石,而河源不始于积石;导江自岷山,而江源亦不出于岷山。"所以我说:"从上文可见,徐霞客虽然指出了岷山不是江源,但是他并不说经书错了。而只是利用了在当时已经相对清楚的黄河河源的例子,把'导河积石',而河源实非始于积石的事实引用于'岷山导江'之中,用以反证江源亦非始于岷山。而对夏禹跑到积石去'导河'和跑到岷山去'导江'等今天没有人再信以为真的传说,他并无任何异议。因此,从另一种角度说,他还是尊重经书的。但是,对于这样的事,我们千万不能忘记时代,我们不能苛求于3个多世纪以前的徐霞客。也正和我们不能苛求于十多个世纪以前的郦道元一样"。

我们不能苛求于徐霞客,因为《江源论》比古人有了很大的进步。现在,由于辛德勇等对于明代文献的研究和搜索,终于发现了在这个创见上比《江源论》更早的文献。这就是成书于万历五年(1577)由章潢编纂的类书《图书编》。此书中论及江源之事凡二见,而其中《江流总论》中已经提出了判别河源的原则:"水必有源,而源必远近大小不同。或远近各有源也,则必主夫远,或远近不甚相悬,而有大小之殊也,则必主夫大;纵使近大远微,而源远流长,犹必以远为主也"。

且不问这种类书引及的《江源总论》的内容出于何人,《图书编》本身就比徐霞客的《江源论》早70余年,而徐霞客很可能读到过《图书编》。当然,即使徐霞客在《江源论》中的观点确实得之于《图书编》,也无损于《江源论》的价值,因为宗奉《图书编》之说,在那个旧说流行的时代,本身就是一种进步。但从徐学研究来说,由于《图书编》这种类书的发现,毕竟使《江源论》的渊源和徐霞客对于长江江源的观点获得了更进一步的论证和认识。谭其骧在其论丁文江的文章中曾经指出:"吾侪今日纪念徐霞客,首须真正了解徐霞客。"而辛德勇等此文,在"真正了解徐霞客"方面,无疑作出了贡献,确实有裨于徐学研究的发展。此文的另一题是辩证了几种前人误传的关于徐霞客奉母出游的年份。

在近年发表的徐学文章中,有许多声势很大,调子甚高的题目,但读其内容,虽然有的也看得出费过一番功夫,具一定见解;但确实有不少旧词重弹,味如鸡肋的东西。辛德勇等的文章,题目虽平淡无奇,而其内容却显出了作者博览深究的考证功夫,所以我认为这是近年来徐学研究的一篇难得佳作,值得徐学研究者一读。

前面已经申述,我之所以一直将郦学与徐学并提,重要的原因之一,是由于清初以来,郦学界出过不少治学严谨、刻苦钻研的郦学大师,如孙潜(潜夫)、何焯(义门)、沈炳巽、全祖望、赵一清、戴震、杨守敬等等，对郦学研究，从考据、词章、地理三方面作出了重大的贡献，而在郦学研究的领域中形成了考据、词章、地理三个学派。民国以后，又有熊会贞、王国维、郑德坤、胡适等著名学者，继承前辈的研究成果，再接再厉，佳作迭出，出现了长江后浪推前浪的局面。此外，由于郦学研究领域的精深宏大，引起了许多外国汉学家的重视，法国著名学者沙畹（Edouard Chavannes）于1905年首先把《水经注》卷二《河水》翻译发表，于是，许多学者研究郦学的热潮顿起，如费郎（G. Ferrand）、伯希和（P. Pelliot）、马伯乐（H. Mospero）、鄂卢梭（L. Aurousseau）等等，他们依靠《水经注》的记载，写出了大量汉学研究的论文和专著。而在日本，以森鹿三为首的郦学家，不仅发表了许多郦学论文，并且还集体翻译出版了《水经注（抄）》（日本东京平凡社1974年版）的日译本。他们在大学和研究生院开设有关郦学研究的课程，延聘中国郦学家前去讲学。由于许多郦学家长期以来刻苦踏实的研究，使郦学不断地发展壮大，成为一门国际性的学问。现在，徐学作为一门已经拥有一支专业队伍的专门学问开始兴起，这门学问是有希望的，它可以和郦学一样地不断发展壮大。当然，这需要徐学研究者共同努力。作为一门学问，它的生命力首先是学风。所以我们必须像清初以来的许多郦学家一样，在徐学领域中建立起艰苦治学、一丝不苟的学风，排除一切干扰，全心全意地做这门学问，像郦学一样，不断创造出优秀的研究成果。这样，徐学的繁荣发展是可以预期的。

"郦学渊源长，徐学后来昌"。这是我对这门学问的殷切希望。

原载《徐霞客研究古今集成》，中国书籍出版社2004年版

《中国运河开发史》（主编）概论

一　引言

　　《中国运河开发史》的出版，汇集了当前对中国运河有较长时期研究的部分学者的成果，是一种学术界对运河研究的小结，或者也是一种抛砖引玉的尝试。对于历史上的中国运河，从自然科学到人文科学，可以作各方面的研究，获得各种不同的成果。此书各篇的研究者，都是历史地理学家，所以主要是历史地理学的研究成果。

　　研究中国运河的论文和专著，包括在国外用外文发表的，自来不计其数，论述的内容也各具其专。且不计专著，先以在国内发表的论文举点例子。在一般文化界，写运河文章往往与隋炀帝相牵连。为了方便，我不作另外调查，而专以我的朋友杜瑜先生和朱玲玲女士合编的《中国历史地理学论著索引》一书为例。[①] 此书统计，仅 1964 年一年之中的历史地理学论文，其中关于隋炀帝与运河的文章，从 1964 年 1 月 7 日《文汇报》的《从隋炀帝开凿运河谈起》到当年《学术月刊》第 9 期《关于隋炀帝开凿运河的评价》，一共达到 8 篇。当然，做学问的人都知道，在隋炀帝时代（公元 7 世纪初），中国早已有了具有运河功能的水道，而在权威文献中当时还未曾出现过"运河"这个词汇。我举这个例子，只是为了说明，关于隋炀帝开运河的故事，在中国已经深入民间，并且流行于一般文化界。

中国的运河很多,其中最著名的是一条通常称为"南北大运河"的航道。显然是因为隋炀帝的故事所致,历来不少文献画运河,都是把杭州作为南方的终点。这其实与事实并不符合。这条中国历史上曾经在一个极短时期从今北京沟通南方的运河,其终点绝非杭州而是比杭州更向南的明州(今宁波)。这种事实,不仅中国学者早已看到,做学问认真的外国汉学家也注意了这条所谓"大运河"的流程。例如美国的曼苏恩教授(Susan Mann)在其所著《Local Merchant and the Chinese Bureaucracy: 1750—1950》一书中所绘的 The Grand Canal, Showing Provinces and Major Ports, 图上表示运河的注记符号,就从 Ningbo(宁波)标到 Lingqing(临清)。②

曼苏恩的《大运河图》只绘到临清,临清以北的注记符号改用天然河流,说明她对中国自然地理确很熟悉。至于把曹娥江东岸通明以东的姚江江段也用运河的注记符号表示,由于过去我并不注意这个问题,所以我们虽然曾几次见面并且通信,都没有讨论过这幅地图的事。1989 年 6 月以前,他们夫妇曾把小女儿寄读于上海的供外国儿童寄读的小学里,夫妇两人定居宁波作研究工作达几个月,在姚江沿岸必然作过田野工作。此图的绘制早于 1989 年,由于她丈夫在斯坦福大学建宁绍研究室为时甚久,1980 年就亲自到这个地区考察。1981 年他们夫妇的好友日本汉学家斯波义信③也到这个地区考察。在我沿姚江勘察的过程中,也确实发现余姚以东的江段,有数处截弯取直的痕迹。因为拙作《浙东运河的变迁》④把重点放通明坝以西河段,所以并未提及。西方汉学家不远千里而来,他(她)们当然十分注意这类问题,为此她在图上把姚江也视作运河,而把宁波作为南北运河的起点,看来是无可非议的。我在拙作《南北大运河——兼论运河文化的研究和保护》⑤一文中也曾提及:"必须特别指出的是,我国的南北运河,除了上述北段以外(按指从北京到杭州的一段),还有从杭州越钱塘江经绍兴到宁波的一段。"所以宁绍平原上的河网显然应该归属江南运河系统,而宁波可以视为"南北大运河"的起点或终点。

我们这本《中国运河开发史》,是一本主要从历史地理学研究运河的纯学术专著。撰写各篇的学者,在他所撰写的部分,基本上都有沿河以及流域中的田野工作经历。我自己作为此篇主编,惭愧对沿河所作的田野工作极少。去年曾经被坚邀参加过十余天的从北京出发到杭州的沿运旅行,那不过是一种参观,绝非学者的田野考察,所以不能记入我的运河研究经历之中。我实际上从历史地理学研究的角度进行沿运踏勘的,只是从钱塘江以南的西兴到宁波的一段,这是南北大运河的江南运河部分,现在通常称为浙东运河。⑥

上世纪 80 年之初,对中国运河有长期研究经历和丰硕成果的历史地理学前辈史念海先生,谦逊地认为他对南北运河的这一段比较生疏,要求我能不能沿运踏勘一次,以弥补他在这方面的缺陷。当时我已年届花甲,沿运步行或辅以舟行一次,虽然不过200余公里,事实上却有一定困难。所幸自从1950年后,我担任浙江师范学院地理系(杭州大学地理系前身)的经济地理教研室主任,按当时的教学计划,四年级学生有一次为时5—6周的经济地理田野实习,一年一度,我都要带领学生和教研室教师进行这种田野实习。我们的实习基地选择在宁绍平原,所以沿运地段多年来实已踏遍。虽然当时的实习内容不以运河为主体,但运河无疑也是重点之一。因此,对于史念海先生的嘱咐,我虽然确实用两条腿步行,但只是对当年生疏段落的补充,并不走完全程,最后写成了《浙东运河的变迁》一文,史先生对此甚表赞赏,但在我其实是在历年的资料上作了一些补充,并不是一气呵成的文章。尽管此文也是学术著作,但是显然攀不上《中国运河开发史》的高度。所幸此书的这一部分,由当地长期从事水利工作并发表过不少这方面著作的专家邱志荣先生和陈鹏儿先生这样两位实力人物同意承担。邱先生近几年来又担任了当地水利部门的领导工作,在绍兴市近郊段运河作出了突出的建树,兴建了在全国获奖的"运河园",而且由于对水利行政的领导在资料收集和田野考察工作方面得以增加了许多便利条件。他们对这部分的著述,当然具有很高的学术价值。可惜被史念海先生认为在全国运河研究中的薄弱河段,此书中的成果已经不及为他所见。傅增湘在其《宋刊残本水经注书后》(《图书季刊》新第2卷第2期[⑦])一文中言及杨守敬与傅的话:"独以未睹宋刊为毕生憾事。……洎余获此书,而君已久谢宾客,不能相与赏异析奇,一慰其生平之愿,思之怅然。"两者差可相比。

　　从长江以南到钱塘江边的是江南运河。如以下将要引述的《水经注》的话,这个大片的河网地域,江南运河实际上是一种总称。因为在交错如织的许多河段之间,都有经过人工开凿的传说和遗迹。在化肥尚未普及使用的三四十年前,几乎每条大小河浜,都有农民为了获取有机肥料常年疏凿(当地方言多称"捻泥")。所以从通航和灌溉的运河概念而论,这个地区的大片河网,实际上都是运河。我们当然只能择其要者,即从杭州北上,东经嘉兴、西经湖州,然后进入苏南而达于长江的这几条加以议论。由于这一大片河湖网都在我们身边,多年以来为了学生的田野实习和其他课题研究,这个地区确实为我们所多次踏遍。为此,撰写江南运河的篇章,当然是杭州一带的历史地理学者所义不容辞的,所以由浙江大学地球科学系、城市与区域发展研究所的负责人之一汪波先生承担。他出于我门下,而且在同校同系,可以常相商榷,而他为此又曾"旧地重游",做了多次的田野工作,同时也查考文献,写成此篇。

　　这里特别要指出的是这条运河的杭州段,这是历史上扬名已久的河段,尤其是从南宋以来,许多文献都对此作过各方面的描述。更为重要的是,近年以来,杭州市领导对全市水环境作了通盘规划和悉心整治,江南运河杭州段显然是其中重点,诸凡考证故迹,装点新颜,都做得十分缜密细致,让这座世界名城倍增光彩,而江南运河杭州段无疑已成为整条大运河各河段中的翘楚。为此,对此河段,特由本书副主编,浙江教育学院地理系张环宙女士亲自执笔。为了记叙这个河段,她不仅查遍古今文献,并且反复地做了多次田野工作。却因整治工程仍在赓续进行,沿河景观日新又新,她在写作中经常发生"跟不上"的感叹。此书出版以后,杭州段运河必然还要不断地推陈出新,那只能在此书再版时补充了。感谢她为了这个近在身边的独特河段付出了大量心力。繁忙的编务工作之余,在全国运河网中相对偏远的湘桂灵渠也由她负责撰写,而此篇成就在历来对这条秦代运河的许多记叙中确实超群。我不必因她出于我门下而为她谦逊,对此书的问世,她确实作出了重要贡献。

以上所介绍的"大运河"的几段,其实是我国广阔土地上的运河网中的一小部分。其余大片地域中的运河,分别由学术界久负盛名而用不着由我介绍的邹逸麟、王守春、朱士光三大家分片执笔。拜读他们的大作,对我这个85岁的老人,实在是一种获益非浅的"学后教育"。

其中撰写北方一大片的王守春先生,他出自侯仁之先生门下,长期在中国科学院历史地理所从事历史地理学研究,在当前这一行专家中,他称得上是田野工作最有经验和成果最丰富的学者。这里还要感谢他的是,为了此篇的撰写,他推辞了西北某重要部门的田野工作邀请,专心从事我们之间的约定,是全书按时交稿的第一位学者。他所撰写的《黄河北侧运河的开凿与水运系统的形成》在中国运河开发史上确实别开生面。由于对历史文献的熟娴和深入分析,特别是田野工作的丰富经验,不要说整篇内容的精辟,仅以对"枋头"的独特论证为例,在中国运河的历史地理学研究中,实在是一个重大的突破。

邹逸麟先生求学邹鲁,而长期工作于谭其骧先生门下,是众所周知的谭门台柱。1985年,我从国外讲学半年返国,甫抵国门,谭先生就已吩咐把他多年担任的中国历史地理专业委员会主任之职交卸给我,而且说明此举是与历史地理学界的其他两位前辈侯仁之、史念海先生商量决定的。论学问声望,我怎能接受谭老衣钵? 只是因为中国学术界素有不敢悖上的道德传统而勉为其难。我在这个职务上10多年,与邹先生常相过从,早已见及了无论学术、精力,我都应该让贤。特别是我在国外的同辈汉学家均已退休,我却老而不退,以至我力争的每隔三四年举行的一次国际历史地理学术讨论会,也已很难邀请这些外国汉学家与会。所以在上世纪90年代中期以后,我坚决地把这副担子交给了他,而他的确让这个专业委员会蓬勃发展。邹先生长期从事运河研究,而对鲁运河有特殊的造诣。济州河与会通河,是主要依靠人工开凿的水道,"大运河"和西方人的"Grand Canal"都是因此而得名的。本来我也请求他撰写邗沟,因为他对此也有精深研究,但是由于他实在很忙,年事毕竟也已渐高,所以由他转托早期谭门高足郭黎安女士撰写。郭女士传承谭门之学,对江苏境内的历史河川水利研究有素,并且发表了不少成果,是一位成就卓著的历史地理学家,所以此篇也是必然能传诵于学术界的杰作。

朱士光先生早年出于侯仁之先生门下,但从上世纪 60 年代起就在西北从事水土保持工作,80 年代以后成为史念海先生的左右手,传承了史先生的中国古都和历史河川研究之学。由于他素来就有坚实功底,所以尽管继承了史老中国古都学会会长的繁忙职务,但是仍然得心应手地撰写了这篇多年积累的文章。按照下面将要提及的《哥伦比亚百科全书》的解释,灌溉运河是与农业同时出现的。朱先生所在的关中平原,既是我国农业发展的最早地区之一,灌溉运河当然也在这里最早出现。及至见诸权威文献的"郑国渠"的开凿,这个地区在新石器时代和先秦的灌溉运河,或许已经不计其数,朱先生在文中专门讨论的西汉、隋唐两篇,以确凿的材料和精辟的议论,阐述这个地区从远古以来的运河系统。文章对人们的重要启发是,灌溉事业与关中平原曾经在汉唐盛世成为全国政治、经济、文化中心的渊源关系。在这方面,与他当前同时领衔的古都研究,实在相得益彰。

在约略介绍了此书内容和作者以后,我还得对此书性质再做一次说明。前面已经指出,《中国运河开发史》是一部从历史地理学原理研究运河的专著。全书各篇的作者,特别是其中邹、王、朱 3 位,都是当代中国历史地理学的学科带头人,著作等身,是这个学科领域中的第一流专家。而各篇的其他几位作者,也都是对运河有长期研究的著名学者。他(她)们多年来潜心于河川历史地理的研究,各自都收藏有原始的和经过自己加工的大量资料。对中国运河历史开发,各自都有自己观点。虽然各位专家应我们之邀是分地域撰写的,但是在内容中难免会发生交错重复的情况,其他如有关年代、里程、水文、地形等,并且涉及具体计量数据,包括拙撰《概论》在内,我们都不作"统一口径"的工作,专家们的观点和资料,都是长期治学过程中积累和形成的。做学问的事不同于政治,所以我们只是在全书的体例格局方面作过一点调整措施,对于各位专家,除了在某些称谓方面的出处问题,曾以通信、电话、e-mail 等方式(包括国外)作过多次商榷外,并无改动专家们原文或授意专家们改动原文等事。在此顺便说明一下。

二　运河,"大运河",CANAL,"GRATED CANAL"

在此文开始时,我已经提及隋炀帝开凿运河是中国许多人都知道的故事,而且也指出在那个公元 7 世纪时代,"运河"这个词汇还没有在中国出现,我或许独学无闻,但至少在权威典籍中,绝无使用这个词汇的实例。现在,我们的书名称为《中国运河开发史》,"运河"已经成为一个通用词汇。尽管如浙东运河、江南运河以及此外更大地区的运河,他们在开发的时代都不称"运河",但是现在大家都以"运河"相称,所以对于这个词汇的使用,已经成为为时颇久的约定俗成。在中外互译时也是一样,我们称国际上的著名运河,如欧亚间的苏伊士(Suez)、太平洋和大西洋间的巴拿马(Panama)、波罗的海与北海间的基尔(Kiel)等通航水道,都称"运河"。而外国人也称我国的南北运河为"大运河"(Grand Canal)。由于此书不是一本通俗读物,所以开宗明义,还有必要把"运河"这个词汇做一番论证。从现在的惯例来说,英语的 canal 和汉语的运河已是一种完全正确的对译,但其实,从词汇的历史渊源来说,"运河"与"canal"这两个词汇,都是中古以后才出现的。所以需要在此作一点说明。

　　先说 canal,按当前在国外流行并且认为是权威的几种著名辞书,例如美国纽约兰登书屋出版的眼下流行的《兰登英语字典》,[⑧]它标明 canal 一词是晚中古英语,始见于1400 年—1450 年,原义为"水管"(waterpipe)或"通水管道"(tubular passage),是从拉丁文 cane 一词演化过来的。而 cane 一词则来自中古拉丁文和希腊文,拉丁文作 canalis,或即 canna,希腊文作 karma,此词始见于 1350—1400 年,较 canal 为早,英语源出自更早的闪含(Semitic Hamito)语系,如阿卡廷语(Akkadian)[⑨]和希伯来语(Sebrew)。至于 canal 一词的正规释义,则几种国外的著名辞书,如《牛津英语字典》、《韦伯斯特英语字典》等,基本都是相似的解释,大同小异而已。举一个《韦伯斯特英语字典》的例子,此字典解释"canal"一词共有 8 条,其中第四条说:"一条设计用于航运、排水或灌溉土地的人工水道。"[⑩]其余如《牛津》、《兰登》等的解释也大体如此。但另一种《哥伦比亚简明百科全书》的 canal 条下,除了与上述各字典类似的解释外,最后加了一句:"灌溉运河或许是与农业同时开始的,比作为航运运河的发展要早得多。"[⑪]从上述国外辞书的解释可见,运河(canal)是一条用于航运、排水(泻洪)、灌溉的水道,而用于灌溉的运河,是最早出现的。

　　中国古代,在文字上没有与 canal 相应的"运河"这个名称,但我们的历史比世界上许多国家悠久,经过人力加工而用于航运、排水、灌溉的水道,也比世界上许多国家出现得早。假使按《哥伦比亚简明百科全书》的话,用于灌溉的运河是与农业同时开始的。那末,我国的运河,从南方来说,在河姆渡文化和良渚文化时期就已经出现,只是没有文字记载而已。

　　当然,在有了文字以后,我们也没有"运河"这个词汇。中国古代命名水道,凡是著名的大江大河,都有单独的专名,如黄河称"河",长江称"江"。其余许多河川,也都有它们的专名。以我们身边的钱塘江为例,由于此水在古代越人境域之内,汉人按越语译作"渐"、"浙"、"制"等。[12]后来称为钱塘江、钱唐也是越语汉译。

和钱塘江一样,南方的其他河流也多如此。按地名学理论,地名有专名与通名之别。汉人进入这个地区以后,常在这些越语河流的专名之下,增加一个汉语通名,今上海的黄浦江、浙江诸暨的五泄溪,都是这类例子。专名之下加通名的体例,首先出于战国前期成书的《山海经》(指《五藏山经》),河流的通名,最早用"水"字。在《山海经》中,如《南山经》的"怪水",《西山经》的"灌水",《北山经》的伊水和栎水,《东山经》的"食水",《中山经》的"共水"等,均是其例。较《五藏山经》后出的《禹贡》(战国后期),在首篇《九州》中,只举了《梁州》的"黑水"和《雍州》的"黑水"。但第二篇《导水》中就用得较多,如弱水、黑水、降水("降",一作"泽"或"绛")、沧浪之水、沇水等。到了《史记·河渠书》,开始有选择地把"水"字作为许多河流的通名,如汉水、褒水、斜水、洛水等,为数不少。而《汉书·沟洫志》较《河渠志》更有增加,除了称黄河为"河水"外,尚有沫水、漳水、泾水、褒水、斜水等等。当然,《史记》和《汉书》虽然开始把"水"字作为河流的通名,但其实数量仍然是有节制的。到了三国时代的《水经》和北魏的《水经注》,"水"字就从此普遍地成为河流的通名,如黄河称河水,长江称江水,其他如济水、淮水、渭水、沔水等,不胜数举。甚至有把作为黄河专名的"河"移用作通名的,如沽河和叶榆河。[13]至于那些不著名的小河流,中国古代一般称为"沟",《说文》对沟的解释是"水渎广四尺,深四尺"。有时也称为"渠",《说文》的解释是:"水所居。"所以"沟"、"渠"都是水道中的小枝末流而已。

前面提及,现代英语中的 canal 一词,是从中古时代闪含语系通过阿卡廷语和希伯来语演化而流行的中古英语。现在,canal 一词在汉语中除了"运河"以外,恐怕没有其他译法。这两个词汇的中外对译,我无暇详查最早的年代,但可以认为是比较晚近的事。因为在明代,也曾开凿过这类用于航行的水道,却没有使用过"运河"这个词汇。而 canal 一词,英语系统中在明初已经出现。把 canal 一词称为"运河"形式上是西语汉译,实际是汉字的移用。为什么? 因为 canal 一词在英语中出现时,"运河"一词在汉语中早已出现了,只是由于习惯和汉语词汇的丰富以及对河川水道使用词汇的传统,所以元明二代开凿的航行水道,仍未用这个词汇。

我缺乏在一般文献中仔细寻觅的时间,而且思想上素来相对地尊重权威史书。所以对"运河"这个词汇,仍然依靠正史。《新唐书》卷三十六《五行志》记及开成二年(837):"夏旱,扬州运河竭。"这是正史上首次出现"运河"这个词汇。按我的理解,这个"扬州运河"并非地名,而是扬州境域内一切河流的总称。《新唐书》以后,"运河"这个词汇又出现于《宋史》。《宋史》第四十八《河渠志五》,在"御河"条下,加入了神宗熙宁四年（1071）秋的臣属语言：

> 况御河堤道，仅如蔡河之类，若欲吞纳河水，须如汴岸增修，犹恐不能制蓄。乞别委清疆官相视利害，并议可否。又言，今之水官，尤为不职，容易建言，侥俸恩赏，朝廷便为主张，中外莫敢异议。……已而都水监言，运河乞置双闸，例放舟船实便。

上列引文是臣属在水利治河事务上对皇上的奏议，而其中这位不知其名的都水监提出"运河乞置双闸"的话，说明"运河"一词在北宋已经使用。这一段话引自《河渠志》"御河"节下。宋元时期的"御河"，指今河北省与河南省境内的卫河亦即隋代所疏凿的永济渠的一部分。这位都水监为了在这条御河上通行船舶的方便，提出"运河乞置双闸的"建议。把御河称为运河，显然不是 canal 的对译。《新唐书》中的"运河"一词，比《兰登字典》所释 canal 一词的出现早了近 600 年。而《宋史·河渠志》中，"运河"一词更为常见，在《宋史》中，此词多达 70 次以上。但按《兰登字典》，canal 一词当时在西方也尚未出现。说明"运河"这个词汇，从中国的权威史书查索，在公元 9 世纪已经出现。到了开凿山东运河的元朝《元史·河渠志》上，"运河"一词就经常出现，有将运河作为一个地名的，如"扬州运河"；也有在议论一般水利时使用"运河"这个词汇的，如"练湖"条下的"若运河浅阻"，"龙山河道"条下的"宜改修运河"等等，不胜枚举。但确实由朝廷花了大力在今山东省境开凿的运河，也就是以后被称为"南北大运河"中工程最艰难的两个河段，《河渠志》中却一直以济州河和会通河相称，绝不使用"运河"这个名称。《明史·地理志》也是一样，如"杭州府"下的钱塘县称"南直运河"，"嘉兴府"下的秀水县称"漕舟由此入运河"。但在兖州府下，诸凡济宁州、东平州、汶上县、寿张县等都只称"会通河"而不称"运河"。说明直到公元 13 世纪之末，甚至在 15、16 世纪，"运河"还是一个水利上的普通词汇，还很少作为专名的地名使用，所以后来因此获得"大运河"之称的济州河和会通河，都不用运河命名。

从实际情况而论，世界上的河流大都是自然形成的。人类自从创制了木筏和独木舟之类以后，水运比陆运方便的事实，早在远古就人所共见。所以利用河流航运或把不便于航运的河流稍加疏凿以利航运，这类事发轫想必很早。以后人们也发现，几条河流非常接近，用人工在这些河流之间加以挖掘沟通，使航运能变得更加便利，于是疏凿沟渠的事也就开始出现。而《哥伦比亚简明百科全书》所说"灌溉运河或许是与农业同时开始"，看来也是事实。所以早在闪含语系的古代语言尚未转化为 canal 以前很久，具有"运河"功能的水道，不管是天然的和人工的，或是在天然的基础上施加人工的，如前所述，在中国南方，如河姆渡文化和良渚文化时代都已存在。《哥伦比亚简明百科全书》所说的"农业"，当然是种植业，由于河姆渡和良渚文化的遗存，都有稻谷的发现,说明粗放的种植业在那个时代已经存在,为此,灌溉运河在新石器时代就已经出现。

当然,灌溉运河究竟在什么时代出现,在整个远古,其间存在地区、自然条件、文化发展程度等各种区别。按《中国自然地理·历史自然地理》[13]的论断,人类的集体生产活动始于全新世,略早于新石器时代。而新石器时代初期距今也已达1万年,与全新世的差距已不过2000年之谱。在如此邈远的时期中,人类的集体生产活动如上所述各地区无疑存在差异,孰前孰后的问题可以不计。问题是,早期的人类集体生产活动,在经营种植业以前,必然有过一个漫长的狩猎和采集为生的过程。从狩猎到畜牧,从采集到种植,这个过程虽然存在地域的差异,但为时都不会很短。这里只是简述一下从采集到种植的过程,因为我们着眼的还是所谓"灌溉运河"的问题。

采集业指的是人类早期以采集野生植物为生的生产活动。由于人类发现某些木本植物的果实和某些草本植物特别是禾本科和豆科一类的籽粒都可以果腹。初期,木本植物的果实当然具有优势,因为它们体积较大,一般没有什么加工需要,而且采摘容易,可以直接入口,因而成为人类采集的最早对象。但是人们也发现它们的缺点,诸如品种多、成熟期不一致,其中有很多不便贮藏,容易腐烂。集体采集虽然比较容易,但采集所得要满足集体较长时期的需要显然存在困难。在这个过程中,人们就逐渐发现了草本植物籽粒的优点。他们的生长成熟期一致,数量大,采集比较容易,特别是可以贮藏,能够维持群体在一定时期中的需要。其中当然还存在一个加工问题,特别是禾本科植物的籽粒,加工相当困难。这些问题是远古人们一代一代地逐渐解决的。他们也发现了同类植物的生长和采集时期的一致性,从而发展到播种和收获。早期的粗放种植业,就是这样开始的。

还得回到"灌溉运河"的问题上来。粗放种植业发展的早期,不可能有"灌溉运河"的出现。这类草本植物需要水,当时的古人当然知道。他们采用两种办法"灌溉":第一种是"候水"。这是因为东亚的季风气候形成于晚第三纪(Neogene),当时人们对四季变化和干湿循环的规律已经基本清楚,所以禾本科植物和豆科植物等的播种和收获怎样与季节配合的事,人们的经验已较丰富。特别是水稻,在中国南方,季风气候为粗放经营的这种种植业提供了多多少少总有一点收成的条件。这种早期粗放农业的另外一种靠天吃饭的办法是"就水"。《水经·沔水注》中说到"东南地卑,万流所凑"的话。这个地区在第四纪的几次海退时期,都是一片河湖沼泽,既是野生水稻繁殖的环境,也是粗放撒播这种植物的环境。人们早已知道这种植物需要水,而在这个环境里"就水"的条件十分方便。河滨湿地,到处都是,人们在这样的环境里粗放撒播,也能多少获得一点收成。在上面两种粗放种植的办法中,"就水"显然比"候水"重要，因为这种办法或许就是"灌溉运河"的开端。至于在整个漫长的新石器时代中，到底什么时候才出现"灌溉运河"？由于自然环境的差别，各地有很大的不同，很难作出论断。

前面已经对"运河"和"canal"两个词汇作过一番粗浅的溯源。从词汇本身来说，"运河"比"canal"要早，但从这种事物的本身来说，在远古时期，水运比陆运方便的事是人所共见的。所以利用河流航运，或把不便于航运的河流稍加疏凿以利航运，对相互接近的河流之间，施加人工挖掘，航运可以获得额外的便利。这类事，远古的人们已都看到，而且在许多地方也有付诸实施的。不过从辞书对"运河"或"canal"这个词汇的释义方面，在我所见到的中外各种辞书上，中国辞书或许比外国说得简略。

但在其他文献中，我们也有把"运河"写得相当详细的。《春明梦余录》卷四十六，[15]对此就说得相当清楚："舟楫砲碾不得与灌田争利，灌田者，不得转漕争利。"说明中国的运河，其功能也是多种多样的。由于长期来的以农立国的基础，所以"灌溉"的重要地位胜于舟楫。

当然，同样是使用舟楫的航行，最至高无上的是"转漕"。此词始见于《史记》，《平准书》说："转漕甚辽远。"到许慎编《说文》时代，或许是由于水运已很发达，所以其解释已作为："漕，水转也。"[16]据司马贞对《史记》此条下的《索隐》，"转漕"也是舟楫运输。但由于所运的是官粮，所以其重要性不仅超过一般的舟楫，而且也超过"灌田"。漕运是中国历代运河必须承担的特殊任务，因为这是官事，官事重于民事，这是中国古今一律的传统。

运河的漕运，可真是一件大事，也是外国辞典上找不到的中国运河的特殊任务。《春明梦余录》在同卷中还特别为此重大的官事。录下了当年的所谓"行河八因"。

> 因河未泛而北运，因河未冻而南还，因风南北为运期，因河顺流为运道，因河安则修堤，因河危则塞决，因冬春则沿堤修治，因夏秋则据堤防守。

"行河八因"当然是为了官事所订立的条款，但实际上也是一种修护运河的措施。对维护河运，积蓄水量，巩固堤坊，通畅舟楫和沿岸灌溉等方面，都能得到好处。老百姓因官而遭殃，有时也因官而得利，中国历史上，古今都有这类例子。

前面说了许多，主要是为了把眼下称为"关键词"的"运河"这个词的渊源说清楚。现在可以对此作一点小结。"canal"是个晚中古英语，其意义如上所述，国外各著名辞典的解释都基本相同。而"运河"一词，以权威文献而论，《新唐书·河渠志》中在北宋时代已经见及，按时代实早于西方的"canal"。但现在我们使用这个词汇已很普遍，无疑是"canal"的合适对译。这里还有因"运河"而涉及的另外一个问题。因为从古代的伟大建筑来说，中国人可以称雄世界的，自东而西的有"万里长城"，自北而南的有"大运河"，即英语中的 Great Wall 和 Grand Canal。对这两个词汇,我们自己的翻译和某些外国学者的著作特别是游记之类的文章里,也都照译不误。其实,在国际学术界,对 Great Wall 和 Grand Canal 二词是存在区别的。以著名的《韦氏新世界字典》为例,[17]对于"万里长城",其词条就作 Great Wall of China,[18]但是对于"大运河",词条虽然也作 Grand Canal,但其释义却有两条,其一是中国的南北运河,其二是意大利的威尼斯运河。[19]所以对于长城和运河,中国人自己当然是自豪的,但是在国际上,对这两者还存在不同的评价。所以特地在此一提,对一些不大注意国际行情的人打个招呼。

三 中国早期的运河开发——从新石器时代到先秦

本书各篇的撰者,特别是邹、王、朱3位教授,都是当前国内的第一流历史地理学家,从历史地理学角度研究运河,在深度和广度两方面,显然都代表了眼下研究的最高水准。对于他们论述的内容,我当然除了钦佩以外,不可能提出什么意见。

我个人比较熟悉的,仅仅是我在大学执教逾半个世纪的东南地区。我曾经对这个地区从晚更新世到全新世的海进、海退作过一点思考,并且利用一点考古学和科学测年资料,研究古代越人在这个地区的活动和流散概况,绘制了两幅粗糙的示意图,而且特意发表在对外交流的期刊上。[20]因为自从 1980 年起,我经常到国外讲学,我知道外国汉学家,特别是日本学者,对此感兴趣并富于研究成果的不乏其人。在这类期刊上发表,易于让他们看到和提出意见。结果倒是有几位我的日本汉学家朋友同意拙文和拙图,所以这两幅从晚更新世到全新世的示意图,以后也在国内的出版物中转载。

在拙绘"假轮虫海退"示意图上,海岸线基本上紧依东海大陆架,从今浙江省来说,面积比目前大一倍多,沿海岛屿当然与大陆连成一片。我试绘此图的重要依据之一,是在今大陆架一带获得的一些贝壳堤的放射性碳素测年数据,14780±700 年,而这些贝壳堤是在今黄海零点 150 米以下获得的。[21]陆地如此宽广,海面如此低落,时代大致是距今 1.5 万年。就以示意图中的今浙江省为例,"南蛮鴂舌"[22]的部落已经在几片广阔的平原上从事原始的生产活动,而且从河姆渡发现的稻谷,特别是萧山跨湖桥发现的独木舟,可以证明粗放的水稻种植和灌溉运河当时已经存在。

先说河姆渡,从成书于先秦的《越绝书》推论,假轮虫海退时期,在今宁绍平原上从事生产的南蛮是百越(粤)中属于"于越"的一支,[23]这是一片宽广而不受潮汐影响的土地,对他们的聚居和生产活动都很有利。但到了全新世之初,另一次卷转虫海进开始掀起,海面逐渐抬高,陆地不仅缩小而且由于潮汐的影响增加使土壤盐渍化的程度不断提高。粗放种植的水稻,不仅收成减少,甚至成活也发生了困难。当然,过程是漫长的,从海进开始到平原沦为一片浅海,大约经历了5000年之久。在这段时间中,平原上的越人,有一批是依靠木筏和独木舟外流,即后来《越绝书》和《林邑记》等古籍上称为"外越"的,[24]他们当然不能与"五月花号"相比,但其中也有侥幸地成批到达彼岸的,例如南方的"越南"。而在北边的日本,带有"越"字的地名就普遍存在。[25]另一批越人则随着海岸的南移而向南播迁。在宁绍平原,河姆渡一线是他们南迁的最后基地,这一线已经都在浙东丘陵的山麓线边缘。这批在古籍上称为"内越"的越人,最后放弃了他们在山麓线边缘的基地而进入山区。所以在河姆渡发现的稻谷,可以说明他们在平原宽广的时期已经从事了粗放的水稻种植。以后"内越"[26]人在山区,过着比平原辛苦得多的"随陵陆而耕种"[27]的刀耕火种的生活。而从"耕种"一词中,可以证明这种"耕种"的生产技术,"内越"人是从平原带入山区的。也可以证明,假轮虫海退时期,越人已经以"候水"、"就水"的方法发展了粗放的水稻种植。再说跨湖桥。我自己曾经亲自去看过放射性碳素测定为距今8000年的独木舟。而不久前出版的《萧山水利史》,[28]对此记叙得相当详细:

> 发掘发现,独木舟是处在已干涸状态的湖边,周围保存有相关的遗迹现象。独木舟周围,有规律地分布着木桩(12个)和桩洞(3个)即桩架结构,木桨(两支)与木料(一堆),砺石(1个),石锛(多个)与锛柄(3个),以及席状编结物(多处小块)。专家鉴定,遗迹为独木舟加工现场。

按地史年代来说,距今8000年尚在卷转虫海进鼎盛时期,今宁绍平原和杭嘉湖平原基本上沦为海域。不过由于地形和其他条件,对于这个七八千年前的海进范围,现在很难加以细致地界定。河姆渡遗址,其第四层距今也有7000年,但仍能相当完整地保留下来。跨湖桥的这条独木舟,如上述同书所记:"独木舟呈西南—东北向摆放,东北端保存基本完整,船头上翘,比船身窄,宽约29厘米。离船头25厘米处,船身宽突增至52厘米,而南端船身已被砖瓦厂取土时挖失。船体残长5.6米,宽0.25米,高0.15米,底部与侧舷厚度均为2.5厘米左右,船体最大内深不足15厘米。经鉴定,独木舟的材质为松木。"从此书作者的详细记叙与我个人的亲眼目击估计,按船型和结构,此船绝非海上行驶之船,而是一条内河船。当时,这个地区经过海进,尚在一片泥泞之中,水道是淤浅混乱的,这样的独木舟能够行驶的河道,必须是经过人工疏掘修治的。所以尽管水道是天然的,还是可以纳入"运河"的概念。这样的运河当然包括航行与灌溉的双重需要。

虽然这些年来,学风也和其他行业的"风"一样地江河日下,[29]但是学人与其他行业的"人"不同,继承乾嘉学风的正派人毕竟还比较多些。前面已经指出,这本《中国运河开发史》是一种纯学术著作,我们力求内容的学术性,特别是尽可能地"言必有据"。从跨湖桥的独木舟推论当时已有包括通航和灌溉两用的运河存在,这样的推论或许可以成立。但问题是运河与独木舟不同,后者可以用放射性碳素测出它的年代,误差数不大;但天然河道经过人力加工,而且显然是经过不同时期的多次加工,对于这样的水道,眼下还缺乏测定其人力加工年代的手段。所以只能说这条航行和灌溉两用的运河,其存在时代早于8000年,但无法估算这条运河存在和历次加工的具体年代,这一点必须说明。

中国是世界上最早存在运河(当然包括灌溉运河)的国家之一。除了局部地区的规模不大者以外,如本文开头提及的,在一般人民包括文化界,广泛流行的是隋炀帝开凿运河的故事。由于他在东都开凿了通济渠和永济渠,并且又疏凿了江南运河。从此沟通黄河、淮河、长江、钱塘江的运河系统才告完成。这种说法开始往往以隋炀帝游江南的贬义故事而易于流传。但或许也因为此,后来不少人以为黄、淮、江、浙四个水系的沟通始于公元7世纪。不谈贬义故事,南北几大水系间的通航之功,也是挂在他名下的。所以这方面还有作一番研究的必要。

《水经·河水五》在经文"又东过荏平县西"下,注文记及一个"四渎津"的地名:"河水又东北流迳四渎津,津西侧岸……自河入济,自济入淮,自淮达江,水径周通,故有四渎之名也。"四渎津在今荏平县附近,《尔雅》称江、河、淮、济为"四渎"。㉚说明在《水经注》时代,这四条大河之间已经彼此沟通。其中当然利用天然河道,但也必然有人工的疏凿。郦氏时代的荏平县在今临清东南,聊城以东。所以今天称南北大运河,必推元代济州河与会通河的开凿,而其实,早在北魏,这一带与南边的淮河之间,已经"水径周通",由于黄河的几次改道,济水湮废,这个地区的"水径周通"必然是时通时塞。但事实是,在济州河与会通河之前几乎一千年,这里曾经有过一个河、济、淮、江"水径周通"的时代。所以中国在古代的运河开发,其实要比流行的传统说法复杂得多。又如《水经·浊漳水》在经文"又东北过斥漳县南"下,注文记及:"汉献帝建安十八年,魏太祖凿渠,引漳水东入清洹以通河漕,名曰利漕渠。"这条运河与隋炀帝的永济渠相距不远,但开凿时间也早了近400年。

中国古代的运河,要查清它们疏凿的具体年代是很困难的。"四渎津"是以地名为证,证明河、济、淮、江的"水径周通"局面,至迟在南北朝以前就已经存在。而这种四渎沟通的局面也不是一次性完成的。不像我特意举出的利漕渠一样,它是建安十八年(213)这一具体年份中开凿成功的。

我仍然只好以我比较熟悉的东南地区作点议论。前面已经引用过《水经注》对这个地区的描述。郦道元的原话是:"东南地卑,万流所凑,涛湖泛决,触地成川,枝津交渠,世家分脉,故川旧渎,难以取悉,虽粗依县地,缉综所缠,亦未必一得其实也。"要查索东南地区的历史包括河川疏凿,最权威也许是至今唯一残存的文献是《越绝书》。此书虽然署东汉人所撰,但其实是先秦古籍,无非经过东汉人的整理和增删而已。对此,我在《关于越绝书的作者》[31]及《点校本越绝书序》[32]诸文中都已作了考证,而且获得学术界的认可。[33]在这个水网地带,可以估计疏凿年代的古运河只有一条,即《越绝书》卷二所记:"秦始皇造道陵南,可通陵道,到由拳塞,同起马塘,湛以为陂,治陵水道到钱塘越地,通浙江。"这里所说的"造道陵南"按原文上溯,知其所指为"寿春东凫陵亢",从此造陵道到由拳塞,这当然是一条陆路。但到了由拳塞后,地域已在郦道元所说的"东南地卑"之区,即今杭嘉湖平原范围中。"万流所凑,涛湖泛决,触地成川",只要稍加疏凿就可以沟通几条河流,达到航行的目的,所以"治陵水道到钱塘越地,通浙江",在这个地区,其工程当然可以列为运河,但工程量实在不大,目的是为了秦始皇要到已被他改名为山阴县的于越故都大越城去。按《史记·秦始皇本纪》,他牧平江南是其在位的第二十五年(前221),则《越绝书》所载从由拳(今嘉兴附近)与钱塘江沟通的这条河,其疏凿年代,估计当在前221年—前220年之间。当然,水道大概是原有的,由于万乘之君的来到,当然要再加疏凿整治,以保万全。但结果是,秦始皇的御舟到了"通浙江"之处,却因这条浙江的"水波恶",[34]还是到以西120里的钱塘江较狭处(主要显然是为了避开"水波恶")过渡。所以在今江南运河水系中,可以对早期的疏凿在时间上作出估计的,就是从今嘉兴到杭州钱塘江边的这一段。

钱塘江以南是宁绍平原,也是一片河湖交错的水网地带,按水系仍然属于江南运河的范围之中。在众多的河流中,《越绝书》卷八却对其中的一条作了特别记叙:"山阴故水道,出东郭,从郡阳春亭,去县五十里。"这条河流与卷二所记从由拳塞到钱塘通浙江的一条不同,因为那一条只记经过路程,没有名称,而这一条却有名称:"山阴故水道。"山阴也和由拳一样,到处是河湖,为何特别提出"山阴故水道"的名称,而且也记清了这条水道"出东郭",即水道是东西向的情况。这正是说明,这是一条在于越时代就存在的运河。

按秦始皇在前221年置会稽郡,从郡名到县名,基本上都保持原来的越语地名称谓,用汉语改易越语的,在全郡20多县中,按《越绝书》查索只有两处。一处是由"大越"改易的"山阴",另一处是由"武原"改易的"海盐"。大越是于越故郡,势在必改。武原是当时在国计民生上最关重要的盐产地,所以也在必改之列。现在要解释"山阴故水道"这个名称,需要作几种考虑。"山阴"是秦所改和所置的县名,既在秦时称为"故水道",则这条运河存在于先秦是无疑的。越王句践所谓"以舟为车,以楫为马",[35]则当时在这片平原上的水道纵横可以想见。所以《越绝书》特别记及"山阴故水道",或许可以作两种解释,一是于越最主要的水道,二是这片沼泽平原所有水道的总称。㊱按越王句践在其即位之初（前497），已将其都邑从会稽山内部迁到山麓冲积扇附近的平阳。当时越人在会稽山区已经刀耕火种了几千年，实在山穷水尽，生存维艰。所以在海退之初，许多人已经纷纷出山，以平原上星罗棋布的孤丘为基地，垦殖这片海退未久的沼泽斥卤之地。而句践随即也于其在位的第七个年（前490年）定都孤丘林立的大越城（即今绍兴市域区）。按《哥伦比亚简明百科全书》，运河是与农业同时出现的，所以越人在这个地区围堤筑塘，拒咸蓄淡，"故水道"已在平原上陆续出现。如此说来，"山阴故水道"不管是按以上两种解释中的哪一种，大部分都属于新石器时代的运河。现在无法估算这些河流疏凿的具体年代。情况与上述跨湖桥的独木舟一样，因为对于一条河流的疏凿，我们还没有这样的测年手段。

前面已经引及《水经·浊漳水注》中曹操开凿利漕渠的具体年代。《水经注》记及的不少运河，都是有年代可以估算的，例如卷二十二《渠水》的经文"其一者，东南过陈县北"下，注文就记及两条："沙水又南与广漕渠合，上承庞官陂云邓艾所开也。虽水流废兴，沟渎尚夥。昔贾逵为魏豫州刺史，通运渠二百里余，亦所谓贾侯渠也。而川渎逶复，交错畛陌，无以辨之。"虽然郦道元已经分辨不清这两条运河的具体位置，但贾逵（174—228）和邓艾（197—264）都是三国时代人，和曹操的利漕渠一样，开凿年代基本上就可以估算的。

上列几条可以估算开凿年代的运河，时代都在后来普遍传播的隋炀帝以前。不过在公元2世纪—3世纪，中国各地的运河其实也已经很多，所以三国时代的这些运河，虽然开凿年代可以估算，但为时已不算很早。《水经注》中还有一条值得研究的、具有开凿的时代概念的运河。记叙此河的注文在卷八《济水》的经文"又东过徐县北"下："偃王治国，仁义著闻，欲舟行上国，乃通沟陈蔡之间。""陈蔡之间"的这条运河，历史上没有明确记载，而徐偃王其人，也是一个传说中的人物。《后汉书·东夷列传》记及："后徐夷僭号，乃率九夷以伐宗周，西至河上。穆王感其方炽，乃分东方诸侯，命徐偃王主之。偃王处潢池东，地方五百里。"周穆王是西周的第五代国君，其在位时间约当公元前11世纪—前10世纪。当然，中国历史在共和元年（前841）以前的纪年并不可靠，而周穆王其人也是一位见过"西王母"㊲的传奇人物。所以徐偃王"欲舟行上国，乃通沟陈蔡之间"，这条陈蔡运河是我国"于传有之"的第一条运河。按陈蔡的地理位置，都在后来的所谓鸿沟水系之间，是黄淮之间的一片水网，所以徐偃王疏凿的这条运河，工程量不会很大。当然，由于其记载不是出于权威的信史，疏凿的年代也是一种估计，所以只能说是我国传说中的最早运河。而《左传·哀公九年》（前486）："秋，吴城邗，沟通江淮。"这就是邗沟，又称邗溟沟、邗江、渠水、中渎水等，这才是中国见于权威文献而且年代确凿的第一条运河。《国语·吴语》比《左传》记得更为详明："阙为深沟,通于商、鲁之间,北属之沂,西属之济,以会晋武公于黄池。"

四　"开发"略论

我们的书名称为《中国运河开发史》,所以其中还有一个必须讨论的问题。"开发"包括"开凿",但不等于"开凿"。本文中已经多次使用"疏凿"一词,显然也包括在"开发"之中。其实,中国的运河之中,有大量河段都是在天然河流的基础上加以人工的疏凿整治而成的。疏凿工程在平原河网地区可能轻而易举,"于传有之"的徐偃王陈蔡运河以及秦始皇南巡时从由拳塞到钱塘通浙江的运河,显然都利用了原来的天然河流加以疏凿而成,工程量是不大的。但是在山地丘陵之中,为了便于航运,也有需要从事疏凿的天然河流,工程就非常艰巨了。

举一个权威史书记载的例子,即《后汉书·虞诩传》中关于后汉太守虞诩疏凿整治浊水(今甘肃省境内嘉陵江上流的西汉水支流,今称普里河,在四川开县南)的故事:"先是运道艰险,舟车不通,驴马负载,儳五致一。诩乃自将吏士,案行川谷,由沮至下辨数十里,皆烧石翦水,开漕船道。以人儳直,雇皆佣者。于是水运通利,岁省四千余万。诩始到郡,户裁盈万,及绥聚荒余,招还流散,二三年间,遂增至四万余户,盐米丰贱,十倍于前。"《后汉书》记载的主要是改驴马陆运为水运,但对疏凿这条浊水的工程,仅有"烧石翦水"一语,还没有对"烧石"的艰巨工程加以细述。而《水经注》卷二十《漾水》的经文"漾水出陇西氏道县嶓冢山,东至武都沮县为汉水"下,注文引用现在已经亡佚的司马彪《续汉书》,其所记叙的浊水水道原况和疏凿的艰难工程,就比《后汉书》更为具体:"虞诩为武都太守,下辨东三十余里有峡,峡中白水生大石,障塞水流,春夏辄溃溢,败坏城郭。诩使烧石,以醯灌之,石皆碎裂,因镌去焉,遂无泛溢之害。"

上述《续汉书》所记虞诩对这条山溪峡谷河流的"烧石"方法是"以醯灌之,石皆碎裂"。"醯"就是醋。"峡中白水生大石",这种"大石"为数必然很多,要在许多"大石"中凿出孔穴,然后在许多孔穴中灌醋。为的是使醋的腐蚀力让峡谷中的岩石变得疏松,然后逐块进行烧凿,所以这种疏凿的工程量是极大的。而在经过这种疏凿工程以后,乱石嵯峨的峡谷河流,就成了一条可以通航的运河。前面《后汉书》记载的工程效益,实在是非常可观的。

既然此书名为《中国运河开发史》,除了把"开凿"和"疏凿"说清以外,在"开发"过程中,有开发成功的,也有开发不成功的,邹逸麟先生论证的胶莱河,就是不少开发但未获成功而见诸权威文献记载的例子。其实这类事例还有不少,有许多是我们不知道,也有不少由于不见于权威文献而不足道。此外还有一类,是已经筹议开凿,但工程高度艰巨,施工中造成大量伤亡,结果有公正果断而不计个人得失的有识之士出面奏请朝廷而中止开凿的。后汉的"虖沱石臼河"是这方面最著名的例子。这是一条利用溏沱河(今海河的大支流之一)上流支流石臼河(又名秽河)与今山西省汾河水系沟通的翻山越岭的运河,即《水经·汾水注》所谓"盖资承呼沱之水,转山东之漕",是一条在太行山区开凿的人工水道,目的是为了要与当时囤积粮食的羊肠仓沟通。《汾水注》在经文"汾水出太原汾阳北管涔山"下说:"汉高帝十一年,封新疆为侯国,后立屯农,积粟在斯,谓之羊肠仓。"此仓位于今太原以西,不仅路程颇远,而且山岭崎岖。按《后汉书·邓训传》所载:

> 永平中,理虖沱石臼河,从都虑至羊肠仓,欲令通漕。太原吏人苦役,连年无成,转运所经三百八十九隘,前后没溺死者不可胜算。建初三年,拜训谒者使监领其事。训考量隐括,知大功难立,具以上言,肃宗从之。遂罢其役,更用驴辇,岁省费亿万计,全活徒士数千人。

我们邀请当前国内对历史上运河开发研究有素的一流学者撰写此书,他们当然都熟悉《邓训传》,我不便一一征询他们对邓训的看法,但是我坚信,这些学者,特别是其中的几位经历了这半个多世纪世态的年长者,一定会赞赏这条"虖沱石臼河"幸而不列入我们运河名录的。《汾水注》最后的一句话:"和熹邓后之立,叔父陔以为训积善所致也。"③虽然事属牵强,但是郦道元在邓氏本传中引及这样一句,正是《史记·太史公自序》中所谓"善善恶恶,贤贤贱不肖",亦即一般常言的"好有好报"的劝人为善传统,也是《水经注》其书值得称赞之处。撰写此书的专家们,一定抱有同感。特别是前面提到的几位年长者,在这半个多世纪中,听到过多少口号的宣传,也目击和身受过多少口号的施行。从当年的"一不怕苦,二不怕死",到今天的"以人为本"。"以人为本",真让我们由衷庆幸和竭诚拥护。

我们评价历史,当然也包括在我们这本《中国运河开发史》中评价历史上的运河开发,尽管古今的技术条件和社会制度都有差别,但是以《邓训传》中记叙的关于"虖沱石臼河"的故事为训,"以人为本"也应该在褒贬中有所考虑。在我们的国土上,有自从新石器时代以来就开始出现历代不断增加扩大的一个运河网,这当然是我们的一宗重大资源财富,也是我们民族的光荣。这中间,有多少劳动人民胼手胝足,有多少谋士能人沥尽心血,有多少河官循吏策划整治。为我们这个巨大运河网作出贡献和牺牲的前辈,实在是个难以估计的数字。像后汉的邓训那样,在我们的运河网上,他的业绩是制止了一条运河的开凿,但在我们的运河开发史上,他却也应是一位功臣。"以人为本",而他的胆识是"全活徒士数千人"。当然,在我们的运河开发史中,也难免有不少不懂事理、不惜苍生的统治者和经营者,他们在宫廷府第中发号施令,漠视民命。像邓训这样不顾个人得失而毅然进谏,像后汉章帝这样能够实事求是地采纳谏奏的,为数实在不多。而不少邀功求宠、媚上欺下的酷吏佞幸,明知不可为而为。《邓训传》中所说的,"死者不可胜算",其间就因为有这批应该受到历史诅咒的恶人。所以总的说来,这个伟大的运河网,当然是我们国家和民族的历史光辉,但我们撰写《中国运河开发史》,在为我们的运河而自豪之余,也有必要在这方面明辨是非,作一些历史的反省。

葛剑雄教授最近发表了一篇《水利过度开发的历史教训》[39]的论文。由于文章发表在媒体副刊上,文字不多,但称得上短小精悍。葛文以《历史教训》为题,这个"历史",显然包括现代史在内,明眼人一见就知。文中几次指出"水利过度开发"的后果是"劳民伤财"。其实,只要看看这半个多世纪,"水利的过度开发","劳民"还算不上主要的"历史教训"。为此而丧失的生命,以今天的"以人为本"的主旨回顾,确实让人痛心。人命关天,这才是最应该反省的"历史教训"。由于葛文的启发,让我恍然记起往年曾经写过一篇《黄河需要可持续发展》的长文,发表在《科技治黄大家谈》[40]这本书上。骤听此书名,以为是本科普读物,但其实是本从各方面议论黄河的专著。卷首有黄委会主任李国英的《序》,全书收入了30多位水利专家著名的治黄高级工程师的专论。承主编的谬尊,把我的拙文排在首篇,我在这篇万余言文章中,从黄河历史、水利理论和我亲自考察过的河段,论述了不少"水利过度开发"的问题。我当然承认这半个多世纪中我们在水利开发方面取得了很大的成绩,但是也不可否认,曾经有一段时期,我们从事"与天斗其乐无穷"的水利事业,在指导思想上曾经存在很大失误。而对于"过度开发",我只举了水库的例子。正是因为"其乐无穷",所以贪多而滥,导致在技术上奉行"土法上马,土洋结合"的教条,实际上既是"过度开发",也是粗制滥造,也就是葛剑雄教授要我们吸取的"教训"。我在拙文中有一段话说:

　　对这方面,大家恐怕不会忘记 1975 年 8 月 8 日凌晨发生的那场滔天大祸。板桥水库拖带着石漫滩水库 7 万余 m^3/s、时速达 30km—50km 的洪峰流量,把一大片地区一扫而光。京汉铁路也因此中断了十多天,真是往事不堪回首。

在中国历史上,特别是黄河的决口泛滥,确是我们民族的一个重大负担,几千年来,我们为此付出了难以估计的沉重代价。一直以来,从郑州以下,主要是依靠堤防,于是就出现了堤高河涨的现象。例如在柳园口附近,黄河滩面高出开封市地面 7 米;封丘县曹冈附近,黄河滩面高出堤外地面高达 10 米。堤防一旦溃决,真是"黄河之水天上来",沿河城邑乡里所受灾难,实在不堪设想。[41]上世纪 50 年代以来,人们在某种指导思想下萌发了用水库拯救黄河的理论和实践。于是"水库热"一时兴起。在其主要支流上纷纷兴建，技术上当然是"土法上马"。例如渭河，按 1985 年的统计，新中国成立以来已建成大型水库两座（库容 1 亿 m³ 以上），中型水库 17 座，小型水库 132 座。又如汾河，按 1980 年的统计，全流域中已建成库容逾 100 万 m³ 的水库 65 座。[42]但是这些水库，都是只背熟"土法上马"或者再加一句"土洋结合"的教条而拍板"上马"的，因为他们有权，又有上头的号令可以凭借。所以在一个时期，水利开发不仅"过度"，而且盲目。其实这些人（主要是拍板兴建大中型水库者），有许多根本不懂得黄河是怎样一条河流，黄土高原是个什么东西？他们连最起码的科学水利学知识都没有。他们的手下人中虽然有一些懂得黄土高原，懂得黄河，也研读过科学的水利学的，但那是一个从上到下的"外行领导内行"的时代。从如来佛一般的大手，到逐级缩小的手板，他们的手板拍了以后，内行人除了"一不怕苦，二不怕死"以外，没有一丁点讨价还价的余地。黄土高原上的这些水库，虽然没有闯板桥水库的那种史无前例的大祸，但它们从开工之日起，注定的命运的是慢性自杀。

唐积善先生在其《略谈黄河的治理》[43]一文中曾经提出"三门峡水库几乎变成泥库的教训"。三门峡水库的兴建，性质与上述渭河、汾河诸水库的兴建有所不同。因为当时苏联是社会主义阵营的老大，"苏联的今天就是我们的明天"，中苏之间有一种牢不可破的、磐石般的友谊。他们对我们作出许多"无私援助"，大量蹩脚"专家"（也有较好的），由我们支付高薪，拥入各个部门，这个"三门峡泥库"，除了"拍板"以外，其他一切，其实全是这些由我们支付高薪而由他们"无私援助"的苏联"专家"的杰作，现在已经成为历史，不必谈了。不过在渭河和汾河这些黄河大支流上的情况，为了节省笔墨，只以汾河为例。大型水库如娄烦县的汾河水库（库容 7230 万 m³），孝义县的张家庄水库（库容 4348 万 m³），临汾市的渠河水库（库容 4228 万 m³）等，这些水库，都建成于上世纪 60 年代的初期，到这世纪 80 年代，已经淤积的库容，都已超过一半。[44]

由于葛剑雄教授《水利过度开发的历史教训》恰恰在这个时候发表，所以引出了我的这一段议论。因为时代的差别，这半个多世纪在水利中的"过度开发"当然不会落在运河上，由于葛文的用意在要当代人接受"历史教训"，所以我说"明眼人一见就知"。在这半个多世纪中，我们最值得反省的水利"过度开发"就是"水库热"，"土法上马，土洋结合"。即使是当官的，有谁犹豫一下，丢乌纱帽还是小事，"观潮派"、"算账派"，名目繁多。老百姓当然只有一条路："一不怕苦，二不怕死。"

五　中国运河开发简评

我在前面已经提及了最近当局提出的"以人为本"。我赞赏这四个字："真让我们由衷庆幸和竭诚拥护。"由于《后汉书·邓训传》的故事和最近发表的葛剑雄教授的文章,为此我又提出,包括运河和古代的许多伟大建设,"以人为本"也应该在今天的褒贬中有所考虑。例如"万里长城",⑤这是我们值得自豪的伟大古代建筑。但《水经·河水三》在经文"屈东过九原县南"下,郦道元就引用民歌对此作了鞭挞。

　　　　秦始皇三十三年,起自临洮,东暨辽海,西并阴山,筑长城,及开南越地。昼警夜作,民劳怨苦,故杨泉《物理论》曰:"秦始皇使蒙恬筑长城,死者相属。"民歌曰:"生男慎勿举,生女哺用脯,不见长城下,尸骸相支拄。"

其冤痛如此矣。

"万里长城"的伟大和我们对此的自豪是毫无疑问的,但作为历史文献的杨泉《物理论》⑯也是抹不掉的。当然,对于历史,特别是古代的历史,所得所失,人们都会懂得适当的评论。从秦始皇到近年,从"以朕为本"到"以人为本",其中经历了多少曲折复杂的过程。许多事,我们现在认为很适当的评论,以后的人或许认为并不适当,他们还会重作评论。这就是历史。说这些话,或许和本书,已经离题太远了。

还是回到我们的主题,按书名《中国运河开发史》说话。我们现在有"大运河"这个词汇可以自豪,而外国人也相应有 Grand Canal 这个对译的词汇。尽管前面已经提及,在《韦氏新世界字典》中,Grand Canal 有两种解释,但我们毕竟占了其中之一。在中、外辞典上出现"大运河"和"Grand Canal",主要是因为元朝在今山东境内凿通济州河和会通河这两段水道,否则,中外辞典上的这两个词汇是不可能出现的,也就是说,我们没有"大运河"。前面已经列举过中外辞典,对"运河"这个词汇的释义,双方基本相同,但中国运河的航运功能中比外国多了"漕运"这样一条,即所谓"转漕"。前面引《春明梦余录》明明指出运河最重要的职能是"灌田":"舟楫硊碾不得与灌田争利。"但最后又加上一句:"灌田者,不得与转漕争利。""转漕"其实也是用舟楫航运,但是这种航运有一个特殊名称"漕运"。因为这类舟楫中装的是官粮。即《史记·平准书》所说:"漕转山东粟,以给中都官。"漕运当然主要利用天然河川。但元朝计划开凿运河,直到开凿成功,最重要的考虑,也是为了漕运。

元朝是从戈壁滩上起家,依靠驼峰马背厮杀出天下。忽必烈大皇帝定都于大都城(今北京西南隅),大批官员兵民集中到这个原来人口比较稀疏的地区,对粮食的需要急遽上升,而来源主要依靠南方的产粮区。开始,他们利用近海航运,从东南沿海几个港口装粮,沿海北运到直沽(今天津),然后换装内河船舶到大都。长途海运,而且要经过成山角(今山东半岛东端)之艰,当然是一件很冒风险的事。于是他们想到缩短海运的航程,尽可能利用比较稳妥的内河航运。因为在当时,今山东省南境内的"南四湖"⑰已经存在,而战国邗沟虽然淤浅阻滞,但经过疏凿整治后,从南四湖到长江的航运仍可畅通。于是在济州（今济宁市）境域内开凿济州河。工程始于至元十三年（1276），至元二十年（1283）完成。南接作为运河重要水源的泗水，北通大清河（今黄河）。这样，船舶从扬州驶入，经过古邗沟，由南四湖与济州河沟通，从济州河入大清河，由大清河入海，最后循海道经天津到大都。既缩短了海运里程，又避开了成山角之险，为元王朝的转漕获得了颇大方便。从工程量评估，如《元史·河渠志》"济州河"条下所说："经济州，而其地又有一河，傍有民田，开之甚便。"所以按地形、水源等条件，济州河的开凿，对官漕民运，都称得上是一项合算的水利工程。

但是这些从戈壁上来的权势人物，他们毕生驰骋在马背上，对于"天苍苍，野茫茫，风吹草低见牛羊"的环境当然是熟悉的。而对于水利，他们无疑是外行。济州河的成功，给了他们一种开凿运河并不困难的错觉，让这些戈壁人萌发了让"转漕"摆脱海运的念头。因为从临清到天津有天然河道是他们知道的，假设能开凿一条从大清河向北沟通临清的河道，那么南粮北运就可安稳地由内河直达，不必再冒海运的风险了。这就是"大运河"的最后一段"会通河"的来由。按照地形和水利条件，开凿这条运河可以与前面提到的"虖沱石臼河"相比。但是忽必烈是个从马背上厮杀出来的皇帝，并不是后汉章帝。朝廷里也没有邓训这样的谏臣。其实，假使让济州河向西与今豫省的鸿沟水系连通，虽然里程延长，河道曲折，但同样可以达到南粮北运的目的，特别是从地形和水源等方面的考虑，这条河道不仅开凿比较省事，而且效果当然要比会通河好得多。唯一不合"御意"的，恐怕是没有做到"截弯取直"。

在每个时代里，像邓训一流的人物总是少数，而揣摩"御意"的人往往很多，这些人尽管并不来自漠北，但对于水利同样也是外行。这就是《元史·河渠志》"会通河"条下所记下的一伙。当然，这类人古今历代都有，何况会通河，虽然劳民伤财，而且实际上没有在南北航运中起过多少作用，但毕竟全线凿通，从大都南驶船舶和江南北运漕粮，在一段短时期中，翻越许多闸坝，可以勉强地通过这段全长不过100多公里的航道，特别是因此而获得了"大运河（Grand Canal）"的称号，假使当时采用济州河沟通鸿沟水系的设计，"大运河"的名号照得不误。所以褒贬虽然应该分明，但元朝到底还是古代，今天不必多作计较了。至于当时奉承"御意"的这些人物，《河渠志》记下了其中的"佼佼者"：

> 至元二十六年，寿张县尹韩仲晖、太史院令史边源，相继建言，引汶水达舟于御河，[48]以便公私漕贩。省遣漕副马之贞，与源等按视地势，商图工用，于是图上可开之状。

上述韩、边、马等人合作绘制上奏的这幅"可开"之图，显然是虚伪不实的。在这个地区，不仅是水源不足，而由于地形崎岖致使水位差距不小。忽必烈根本不懂水利，看了他们奏上的这幅地图,以为"转漕"从此不必再由海道,当然诏准动工。《河渠志》的记载也颇详细。

> 是年(按至正二十六年)正月己亥起于须城安山之西南,止于临清之御河,其长二百五十余里,中建闸三十有一。度高低,分远迩,以节蓄泄。六月辛亥成。凡役二百五十一万七百四十有八,赐名曰会通河。

全长不过百余公里的河道,竟要建闸 31 座。在事前奏上的"可开"之图中,大概不会绘上这许多的闸坝。正是由于这些闸坝,不仅造成航行的困难,而且仍然难以发挥蓄水和调节水位的作用,《河渠志》对此也有记载:

> 天历三年(1330)三月,诏谕中外:都水监言:世祖费国家财用,开辟会通河以通漕运,往来使臣、下番百姓,及随从使臣、各枝干脱权势之人,到闸下不候水则,恃势捶挞看闸人等,频频启放。又漕运粮船,凡遇水浅,于河内筑土坝积水以渐行舟,以故坏闸,乞禁治事。……

由此可以设想,往来船舶,特别是满载官粮的北上漕船,航行在这样一条河道中,要经过 30 多次的起卸盘驳,其间还必须候水开闸,花费许多时间和周折,所以他们宁愿从济州河入大清河东航入海,然后循海道北上,免于遭受这条所谓"会通河"的折磨。因而终元一代,南粮北运的 9/10 通过海道,通过运河的只占 1/10。明初"靖难之变"以后,首都北迁京师(今北京),南粮北运仍属必需,因而对会通河又曾做过一番整治,沿河增闸,全河之闸竟逾 50,航行艰难,可以想见。自明至清,河道时通时塞,航行价值特别是对于重载的漕运,实在非常有限。迨清末宣统三年(1911)津浦铁路建成通车,会通河实际上就遭湮废。

我在《概论》中用较多的文字讨论会通河,这是因为在我国的南北水道中,这是以人工开凿的最后一段,它既是我们获得"大运河"之名的关键,也是"大运河"最后在实际上遭到腰斩的根源。假使当年选择从济州河向西借鸿沟水系沟通御河,里程当然较长,但地形和水源等条件都比从安山直通临清要好得多。全程毋需设置这许多闸坝,不仅"大运河"的美名照样可以得到,虽然津浦铁路对这条"大运河"也有同样的影响,但绝不会像会通河那样遭到腰斩湮废。今天,我们在济宁运河码头上所见的堆积如山的煤炭、矿石和其他笨重物资,可以理解尽管运输手段进步和增加,但内河航运仍然具有不小的价值,假使"大运河"的最后一段的开端,是利用御河通过鸿沟水系与济州河连接,那末我们今天在济宁运河码头所见的景象,或许会在临清见到。由于在此书开头我就指出这是一本纯学术著作,所以我的这种观点和议论,只是一种学术上的探讨,也是我的一家之言。是耶非耶,学术界可以各抒己见。历史本来是留给后人褒贬的,这是一个方面;另一方面是,会通河是"大运河"的最后凿成的重要河段,这是历史事实。所以我们以"大运河"自豪,当然仍应推崇会通河的功绩。

六　沿运参观有感

前面已经提及了我去年曾应邀参加过一个由全国政协组织的考察团,作了10多天的沿运"考察"。开始受邀时,我由于手上"爬格子"的任务甚重,加上年事稍高,尽管我对"水事"很有兴趣,但是对此行却颇犹豫。不过因为从北京和杭州都挂来电话,说得非常恳切,而且派专人随路保护。并且还说明同行的还有几位年事与我相仿的专家。为此,我认为此行的专家之中,必有不少对河流水文学、地质地貌学等自然科学和运河开发史等人文科学造诣深厚的学者,是一个很难得学习的机会,所以最后也就同意参加了。但是我在前面指出:"那不过是一种参观,绝非学者的田野考察,所以不能记入我的运河研究经历之中。"这是参加"考察"不久就心领神会的话。"考察"是一件"官事",不是一件"学事"。

甫抵北京,我就打听着有些什么专家。发现对运河研究精深并发表过许多著作的应届全国政协委员、复旦大学邹逸麟教授并不在名单之内。邹先生是我的老友,我们曾有几个月的时间一起从事历史自然地理的研究工作。对于运河开发史,特别是"大运河"的关键河段鲁运河的历史地理研究和学术论文,国内或许没谁超过他的,说明组织者并不熟悉学术界的行情。不过我也想到,可能是邹先生当时另有要务。但毕竟是开始前就感到失望。

3月11日上午,全体考察团员集中在一个大厅中,台上来了好几位领导。我当时认为,既要对"大运河"进行考察,领导说话以后,必有一位运河专家介绍运河情况,并在屏幕上要大家观察一下资源卫星上的"大运河"图像。竟不料在领导的几句开场白后,大家就登车上路。6辆中巴加上前面的警车,浩浩荡荡,直奔通州。沿运市县当然早已接到指示,除了殷勤丰盛的食宿招待外,初到时,必先看运河(有的是河,有的是滩涂,有的在河心滩涂上已长满草丛),河边上悬挂了写着河情的牌子,由多位人员招待解说,摆出一副现场"考察"的样子。所以在开始几处,我都向他们提问。但是随即发现,对于我提问中使用的诸如"流量"、"水位"、"富营养化"等这类很普通的专业词汇,他们有的是支支吾吾,有的是答非所问。而代表团的许多成员,他(她)们忙着拍照、看风景。现场提问成了我的独角戏。所以"考察"者,参观之谓也。在出行一二天后,对此我就心中有数了。而且由于每到一处现场,都是我作"出头椽子",随行的和当地的记者们都看到,他(她)们把我误作一位对"大运河"研究有素的专家,大家都纷纷向我采访。众目睽睽,许多话都是当时不便启齿的。倒是一件我实在惭愧的事为我解脱了尴尬处境。因为我说不好普通话,不少人确实听不懂我乡音浓重的语言。因此我宣称:我说不好普通话,以后采访,一律使用英语。同时我也注意,不再在现场"考察"的场合中出头说话。确实为我省了不少口舌,一路上只有在邳州,因为当地有一位从山东大学外语系毕业的记者,还能说颇为流利的口语,我们谈了好久,我向他说了一些"老实话",当然,这些"老实话"是不会见报的。

　　3月15日早上,我们离开河中滩涂上长满草丛和垃圾成堆的沿运城市德州,来到号称水城的聊城。我当时想到,这是沿运考察中的至关重要的一站,因为聊城以北就是元明会通河,这是南北运河最后开凿的一段。"大运河"之名,其实就是会通河的凿成而获得的。午前到聊城,照例盛宴招待,当然也介绍了这个水城的"市情",重点放在"水"上。其实,几年以前由于绍兴市举办的"全国水城市长讨论会",我已经知道这座华北水城的盛况了。在午宴席上,主客都没有提过一句会通河的话,我当时的想法,这是"考察"中的重头戏,必然是下午的大事。

　　这里还得插入一段我对会通河的回忆。那是1954年冬,我在六和塔附近(原之江文理学院校址)的浙江师范学院地理系执教。一位院长办公室的负责人急急然找我,说北京水利部来了一位首长,住在大华饭店(当时杭州唯一可以接待贵客的宾馆),点名要与我见面,学校已经备好小车,要我即刻前去见他,我只好披上大衣就走。到了饭店的这位首长卧室,他手上拿着我当年出版的《祖国的河流》⑩一书,这或许就是他点名要和我谈话的原因。他对我很尊重和客气。自称拿枪杆子出身,担任水利部的一部分领导工作,主要是内河航行方面,但对此实在是外行,所以要向我"请教"许多问题。显然是因为这本发行量很广的小书,他误以为我是一位河流水利专家。他说这次从北京南行主要是为看看"大运河"的现状,一路沿运而行,既然到了杭州,当然不能放弃和我谈谈的机会。他就全国的河流水利提出许多问题,谈了近两个小时,态度很诚恳。他是为了看运河而沿运南下的,所以在北京时曾对运河作过准备,各段名称和沿运城市都说得出来,我趁机也对他提了一个问题:"临清以南,会通河的现状怎样?"他不假思索地随即回答"全没了"。

　　当年我应约写《祖国的河流》,就是因为摸不清会通河的存亡,所以书中写了全国的所有大河,却没有写运河。既然会通河"全没了",那末"大运河"实际上就不存在了。午宴席中,我以为午后去考察会通河遗迹,这是必然的。出乎意料的是,午宴后小憩片刻,主人让我们游览这个水城,用豪华的游艇和精美的茶点,在东昌湖上泡了整个下午。主客双方谁都没有提起会通河的事。我在船上向一位著名的铜雕艺术家探询,尽管我知道他毕生与运河水利绝无关系,但也是考察团员,而且消息灵通。他立即告诉我"去济宁"。

　　晚宴席中,主人们要客人们提出对这座水城的意见,客人们则对水城交口荐誉,绝未有谁提出"会通河"这个名称。我实在按捺不住了,放大嗓门,向主人提出了会通河的事。市委办公室主任毕先生回答得很简单:"解放初还有水。"毕先生看上去是个中年人,"解放初"还没有出生,"还有水"当然是他的听说。不过他的话和1954年那位首长亲见的"全没了"或许并不矛盾。因为会通河的全废当在津浦铁路通车的1911年以后,从此到"解放初",为时不过40年,若干河沟中的积水是可能的。河沟总比两岸低洼,偶遇一场大雨,河沟也是积水之处。至于1954年那位首长的"全没了",他是领导内河航运的,从航运的功能说话,"全没了"当然是正确的。席上的主客双方对此都不感兴趣,在客人们对水城的赞扬声中,我提出这个问题,实在是节外生枝,属于不识时务,所以也只好缄口不言了。

　　晚宴结束为时已不早,我仍单独溜出宾馆,好在一路灯火通明,摸索尚不困难。走到一条有店铺的街上,目的当然是为了打听会通河。这一番就吃了说不好普通话的亏。问了几位,他们听不懂我的,我也听不懂他们的。在一家稍有规模的烟酒店中,坐着一位年逾花甲的老人,与店主谈天,显然是店主的熟人,是出来闲聊消遣的。店主人称他某老师,所以可能是一位退休教师。我向他请教,彼此说话可懂六七成,真是一种好机遇。我先从聊城这个水城说起,然后转入会通河正题。他一听会通河,立刻精神抖擞,挥手告诉店主人,说会通河是件大事,你们这辈人都不知道了。于是他眉飞色舞地和我讲了一通,大意是:会通河是元朝头代大皇帝"亲自督工"⑤开凿的,北通京城,南到济州府。历朝历代都靠它运皇粮。可惜到了民国,皇帝没有了,皇粮不运了,会通河也不通了。前一阵子上头要大家"农业学大寨",生产队在干河上开垦种庄稼,说也奇怪,到底是元朝皇帝看中的地方,土地挺肥,庄稼长得出奇的好。这是这位老人所说的大概,他当然也是祖上传下来的故事,而且有些话我还没有听懂。但有一点可以肯定,他很以当地曾有会通河而自豪。

　　次日早上,大家准备去济宁,我不得不把会通河之事告诉了考察团的主要领导之一刘先生,因为我们都是从浙江出去的。刘先生主张恢复。恢复需要经费,他的意见是让国家出一份,山东省出一份,聊城市也出一份,这样就摆平了。刘先生毕竟比我想得周到,除了恢复这个前提以外,他还考虑到经费。而经费投入的这种办法,不仅是为了公平,而且是为了有关三方,大家都得到名分。

　　于是大家登车上路,很快就到了济宁。考察团总算看到了真正通航的"大运河"。说它是起点也好,终点也好,反正眼前看到的是河岸上有货物,水上有船舶,正在进行航运作业的河流。堆积如山的煤炭,各种矿石和其他笨重物资,船身庞大、船底宽平、适于进行吃水不深而载重不小的内河航行的特殊船舶,一艘艘排列在码头边上。有的正在进行装货,有的已经离开码头向南行驶。这番烦嚣的场景,即使是没有看到过江南运河上船舶如梭的人,也会意识到,现在虽然有铁路,有高速公路,但内河运输仍然具有它的特殊功能,仍然是值得发展的。所以我很赞成离开聊城前刘先生恢复"会通"的主张。"大运河"是因为会通河的湮废而被腰斩的,这是事实。但是我并不主张恢复会通河。虽然从津浦铁路通车到今天已经 100 多年,要重新凿通会通河,在技术条件上与当年已经不可同日而语。施工技术、建筑材料,从元世祖到今天,确实有了极大改变,但这个地段中的地形和水文条件却并无变化。100 多公里的河段中,仍然必须修建不少闸坝。对于船舶来说,钢筋混凝土的闸坝,与当年桐油石灰、熔锡块石的闸坝,同样是一种航行的阻碍。所以我认为恢复南北大运河,不论是从历史遗产、声名,特别是实际需要方面,都是一件很有价值的大事,但不宜重走忽必烈的老路。从临清以南的这一段,还是利用古鸿沟水系,然后到济宁沟通济州河为好。这样做,里程长了一些,但论地形和水文条件,都比恢复会通河上算。而且虽然作了一小段改道,但它仍然是一条北起北京,南到宁波的南北"大运河"。

前面已经提及,此书是各位著名专家各自撰写的著作。各篇之中,凡有观点、引用资料包括计量数值不同等情事,我们都尊重各位专家各自的意见,不做通常所谓"统一口径"的修改,全书各篇,都保持专家们多年精研的原貌。我的这篇作为全书发端的《概论》,虽然不能与书内专家们的文章相比,但文中存在的与书内各篇有观点分歧甚至牴牾之处,也就让其求同存异吧。

注释:

① 书目文献出版社 1986 年版。

② 《地方商贾和中国的官僚政治:1750—1950》,美国斯坦福大学出版社 1987 年版。

③ 斯波义信在退休前任东京大学东洋研究所所长,日本著名汉学家,其所撰《宁波及其腹地》(*Ning-Po and Its Interland*)一文,收入施坚雅(G. W. Skinner)主编的著名汉学巨著《中华帝国晚期的城市》(*The City in Late Imperial China*,斯坦福大学出版社 1977 年版)。施坚雅在该书第二编《导言》中,称赞此文:"斯波关于宁波城市的经济描述,在现有叙述传统的中国城市英语著作中,可能是最完备的一种了。"我在此书中译本(叶光庭等译,陈桥驿校,中华书局 2000 年)的《后记》中说:"必须补充施坚雅的话,在我所见得到的有关宁波城市研究的中文著作中,像斯波这样的论文也是凤毛麟角的。"

④ 《运河访古》,上海人民出版社 1984 年版。

⑤ 《杭州师范学院学报》(哲学社会科学版)2006 年第 3 期。

⑥ 浙东运河是一个没有权威出处的名称,因为位处浙东,才在近百年中出现此名。由于《宋

史·河渠志》有"浙西运河"之名,此名或因此而来。

⑦　此文亦收入于《藏园群书题记初集》卷三。

⑧　*The Random House Dictionary of the English Language*, New York: Random House, 1987, P. 303: Canal.

⑨　Akkadian,位于古代美索不达米亚的巴比伦地区。阿卡廷语是古代流行于这个地区的语言。

⑩　*Webster's Third New International Dictionary of the English Language. Springfield*, Mass.; Merriam-Webster Inc. 1986. P. 324: canal.

⑪　Levey Juditbs, Agnes Greenhall. *The Concise Columbia Encyclopedia.* Columbia University Press, 1983. P. 135: Canal.

⑫　《山海经》称"浙江",以后多数文献如《越绝书》、《吴越春秋》、《史记》等都称"浙江",《说文解字》称"浙江",但也称"浙江",《水经》称"浙江",《庄子·外物篇》称"渐"河。按"浙",古音读"斩",故"浙"、"渐"、"渐",均为一音之转,是越语的不同汉译。

⑬　也有认为由于《水经注》经过多年传抄,"沽河"与"叶榆河"二水中的"河字",原应作"水",是传抄之讹。

⑭　谭其骧、史念海、陈桥驿主编,科学出版社1982年版。

⑮　(清)孙承译撰,全书70卷,均记叙明代事。

⑯　《说文解字》卷一一上,《水部》。

⑰　*Webster's New World Dictionary of the American Language.* The World Publishing Co. 1972.

⑱⑲　See, P. 612.

⑳　《史前漂流太平洋的越人》,浙江省对外文化交流协会《文化交流》第22辑,1996年。

㉑　王靖泰、汪品先《中国东部晚更新世以来海面升降与气候变化的关系》,《地理学报》1980年第4期。

㉒　《孟子·滕文公上》。

㉓　《越国文化序》,方杰主编,陈桥驿序,上海社会科学出版社1998年版。

㉔　《越绝书》卷八。《水经注》在《温水注》和《叶榆河注》两篇中均从《林邑记》引及"外越",但《林邑记》已亡佚。

㉕　陈桥驿《吴越文化与中日两国的史前交流》,《浙江学刊》1990年第4期。收录于《吴越文化论丛》,中华书局1999年版。

㉖　《越绝书》卷八。

㉗　《吴越春秋》卷六。

㉘　陈志富著,方志出版社2006年版。

㉙　陈桥驿《论学术腐败》,《学术界》2004年第5期。

㉚　《尔雅·释水》。

㉛　《杭州大学学报》(哲学社会科学出版社)1979年第4期,收入于《吴越文化论丛》。

㉜　乐祖谋点校,陈桥驿序,上海古籍出版社1985年版。《序》又收入于《吴越文化论丛》。

㉝　例子甚多。如仓修良《〈越绝书〉江浙两省共有的文化遗产——兼论〈越绝书〉的成书年代、作者及性质》（《江苏地方志》2006 年第 4 期）："著名历史地理学家陈桥驿先生为上海古籍出版社出版的〈越绝书〉序中，在引用了余氏（按指余嘉锡）上述那段论述后，接着说：'由此可见，《越绝书》的渊源远比《吴地传》的建武二十八年古老，而袁康（假使确有其人）和吴平的工作，无非是把一部战国人的著作，加以辑录增删而已。'不仅如此，陈先生在这篇文章序中，还批评了《四库全书总目提要》，失之于轻率。"

㉞　语见《史记·秦始皇本纪》。"水波恶"当指钱塘江的涌潮。

㉟　《越绝书》卷八。

㊱　原文有"出东郭从郡阳春亭"等，当是东汉人整理时所加。

㊲　参阅《穆天子传》，记周穆王西行见"西王母"故事。此书是汲冢书中的一篇，现存 4 卷，当然是个神话。

㊳　《后汉书·邓训传》。

㊴　《联谊报》2007 年 9 月 15 日。

㊵　王明海主编，黄河水利出版社 2004 年版。

㊶　陈桥驿《黄河啊，黄河！》，《黄河文化论坛》2000 年第 5 期，中国戏剧出版社。

㊷　水库资料，根据《黄河志》第七卷《黄河防洪志》。河南人民出版社 1994 年版。

㊸　《光明日报》1998 年 5 月 3 日。

㊹　《黄河防洪志》。

㊺　现在作为旅游点让大家登临的如八达岭、山海关之类，均是明长城。战国与秦长城，在陕西关中平原以北，尚有若干段落存在，实在是泥巴土墙，我曾经亲自考察过。

㊻　《隋书·经籍志》及两《唐志》均著录 16 卷，书已亡佚，辑本收入于《平津馆丛书》、《龙溪精舍丛书》、《丛书集成初编》、《汉学堂丛书》等。

㊼　南宋绍熙五年（金章宗明昌五年，1194 年），黄河自阳武决口，夺泗注淮出海，泗水等河流淤积，形成今山东南境的南阳、独山、昭阳、微山四个连接的湖泊，称为"南四湖"，以其位置在济宁以南而得名。南北长约 126 公里，东西宽仅 5 至 20 公里，总面积约 1300 平方公里。最近半个世纪以来，由于期间作出了一些水利工程，情况已有些改变。

㊽　"御河"，自《宋史·河渠志》以来，均指海河的支流之一卫河，也称南运河。

㊾　上海新知识出版社 1954 年版，不过是本不到 10 万字的小册子，但发行量很大，从 1954 年—1957 年，先后重印 9 次，印数共达 7 万册。

㊿　皇帝"亲自督工"当然是传讹，但当地有如此夸张的传说，说明他们把会通河看得至高无上。

原著署　陈桥驿主编，中华书局 2008 年版